Wolf-Dieter Hauschild · Kirchengeschichte Lübecks

Wolf-Dieter Hauschild

Kirchengeschichte Lübecks

Christentum und Bürgertum in neun Jahrhunderten

Verlag Max Schmidt-Römhild Lübeck
1981

©Copyright 1981
Verlag Schmidt-Römhild, Lübeck
Alle Rechte vorbehalten
Printed in Germany
Druck: Schmidt-Römhild, Lübeck
ISBN 3-7950-2500-1

Vorwort

Auch dieses Buch hat sein eigenes Geschick, in besonderer Weise durch die Biographie des Autors bedingt. Es wäre ungeschrieben geblieben, wenn ich mich nicht beim Weggang aus meiner Vaterstadt im Jahre 1968 gegenüber dem damaligen Lübecker Bischof Prof. D. Heinrich Meyer moralisch verpflichtet hätte, bei meiner akademischen Beschäftigung mit der Historischen Theologie auch an die Lübecker Kirchengeschichte zu denken. Vage Pläne, einzelne kleinere Studien irgendwann einmal in einer Gesamtdarstellung zusammenzufassen, erfuhren durch Bischof Meyers Amtsnachfolger, den damaligen Lübecker Senior und heutigen Schleswiger Bischof Karlheinz Stoll, seit 1972 so freundlich-beharrliche Anstöße und nachhaltige Förderung (1975 durch Synodalbeschluß bekräftigt), daß das Wagnis eines solchen Unternehmens gleichsam zur Pflicht wurde. Zu dem eigenartigen Reiz der Materie trat der Gesichtspunkt, daß Lübeck durch den Zusammenschluß zur Nordelbischen Kirche 1977 eine über achthundertjährige kirchliche Selbständigkeit verlor und diese Zäsur einen Rückblick nötig mache. Die Zielvorgabe seitens der Lübecker Kirche hatte eine populärwissenschaftliche Darstellung im Blick. Ich habe mich nach Kräften daran gehalten. Oft genug standen die normalen Aufgaben in Kirche und Universität im Wege, doch die Faszination der alten Reichsstadt mit ihrer unverwechselbaren Tradition motivierte mich stets neu zur Auseinandersetzung mit dem umfangreichen Stoff.

Nur mit bereitwilliger Hilfe anderer konnte das Buch entstehen. Meinen Dank möchte ich auch an dieser Stelle bekunden: Herrn Kirchenoberarchivrat Dr. Horst Weimann, Lübeck, dem besten Kenner der lübischen Kirchengeschichte, für unermüdliche Beratung und Bereitstellung von Material; dem vormaligen Direktor des Archivs der Hansestadt Lübeck, Herrn Dr. Olof Ahlers, und seiner Nachfolgerin, Frau Dr. Antjekathrin Graßmann, sowie den Mitarbeitern im Archiv für vielfältige Hilfe; Herrn Oberbibliotheksrat Dr. Gerhard Meyer von der Lübecker Stadtbibliothek und dessen Mitarbeitern für großzügige Benutzungsmöglichkeiten; dem Museum für Kunst und Kulturgeschichte der Hansestadt Lübeck sowie dem Kirchenarchiv Lübeck für Bereitstellung und Genehmigung zum Abdruck der Abbildungen; den Schreib- und Hilfskräften am Institut für Kirchengeschichte der Universität München für die Vorbereitung und Anfertigung des Manuskripts; Herrn Prof. Dr. Bernhard Lohse, Hamburg, ebenso wie Frau Dr. Graßmann und Herrn Dr. Weimann für die kritische Durchsicht von Teilen des Manuskripts; Herrn Propst Dr. Niels Hasselmann ebenso wie seinem Amtsvorgänger Bischof Stoll und dem Kirchenkreis Lübeck für die großzügige Finanzierung des Drucks; dem Verlag für ein ungewöhnliches Entgegenkommen bei der Terminplanung und Drucklegung; meinen Lübecker Verwandten und Freunden für stetige Gastfreundschaft und Hilfsbereitschaft, schließlich meiner Frau und meinen Söhnen für viel Geduld. Eine Benutzung der wertvollen alten Lübecker Archivbestände, die im Zweiten Weltkrieg ausgelagert waren und heute von der Deutschen Demokratischen Republik verwaltet werden, wurde mir leider nicht gestattet. Der Lübecker Kirche fühle ich mich seit meiner Kindheit dankbar verbunden; dies Buch möge ein Zeichen dafür sein.

Wengleich jedes menschliche Werk bestenfalls ein Torso ist, wird es beim vorliegenden Buch schon daran sichtbar, daß entgegen der ursprünglichen Planung der Schlußteil für die Zeit 1919–1976 fehlt. Äußere Gründe gaben dafür den Ausschlag: Das Buch sollte rechtzeitig zum Lübecker Reformationsjubiläum 1981 fertig werden und hatte mit dem jetzt erreichten Umfang das gesetzte Limit schon überschritten. Überdies ist die Quellenlage aufgrund der Archivverluste so problematisch und der Forschungsstand für die Zeit nach 1945 noch so unbefriedigend, daß hier durch Detailarbeit erst der Weg bereitet werden muß. Für die Zeit 1933 ff kann vorerst auf das Buch von K. F. Reimers verwiesen werden. Ich hoffe, meine Vorarbeiten zu einem späteren Zeitpunkt in eine literarische Form bringen zu können.

München, im Januar 1981   Wolf-Dieter Hauschild

Inhaltsverzeichnis

Einleitung 13

I. Teil: Kleriker und Stadtgemeinschaft. Die Kirche im Mittelalter 19

1. Kapitel: Die Christianisierung Wagriens und das alte Lübeck 21

Karolingische und ottonische Mission S. 21 – Fürst Gottschalk und die Christianisierung der Abodriten im 11. Jahrhundert S. 23 – Lübecks kirchliche Anfänge unter Gottschalk bis 1066 S. 25 – Alt-Lübeck als slawisches Zentrum unter Fürst Heinrich 1093–1127 S. 26 – Vizelins erste Missionsversuche 1126–1131 und ihr Scheitern S. 27 – Vizelins Neuansatz und die endgültige Zerstörung Alt-Lübecks 1138 S. 28 – Lübeck als deutsche Neugründung unter Graf Adolf II. seit 1143 S. 30 – Die ältesten Kirchen S. 31 – Die Mission und der Wendenkreuzzug 1147 S. 32 – Heinrichs des Löwen nordelbische Kirchenpolitik S. 33 – Vizelins Nachfolger: Bischof Gerold S. 34

2. Kapitel: Stadt und Bistum in der Zeit der Neugründung 37

Ende der gräflichen Stadt und Neubeginn unter Heinrich dem Löwen S. 37 – Gründungssituation und Ratsverfassung S. 38 – Die Stadt als neue Lebensform S. 39 – Lübeck als Bischofssitz unter Gerold 1160 S. 41 – Das Domkapitel S. 42 – Der Herrschaftsbereich des Bischofs S. 44 – Das kirchliche Abgabensystem S. 46 – Gerolds Nachfolger: Die Bischöfe Konrad und Heinrich S. 47 – Die Kirchbauten bis 1170 S. 49 – Die Bischofskirche: Dombau 1173 S. 50 – Die Mönchskirche: Das Johanniskloster S. 51 – Die Bürgerkirche: St. Marien S. 52

3. Kapitel: Reichsfreiheit und bürgerliches Selbstbewußtsein 1181–1250 54

Veränderungen der politischen Situation 1181–1193 S. 54 – Die geschwächte Position des Bistums S. 55 – Lübeck unter der Dänenherrschaft seit 1201 S. 57 – Reichsfreiheit und militärische Befreiung 1226/27 S. 58 – Lübecks Rolle bei der Christianisierung des Baltikums S. 60 – Lübeck und der Schwertbrüderorden S. 62 – Lübeck und der Deutsche Orden S. 63 – Konfrontation zwischen Bistum und Stadt S. 64 – Streit um das Pfarrbesetzungsrecht seit 1220 S. 65 – Streit um das Bürgerhospital 1227–1234 S. 66 – Aufschwung des Mönchtums: Die Bettelorden seit 1225/29 S. 68 – Streitigkeiten mit den Benediktinern 1231–1256 S. 70

4. Kapitel: Der Entscheidungskampf zwischen geistlicher und weltlicher Gewalt 72

Albert Suerbeers Plan eines Ostsee-Erzbistums 1247 S. 72 – Lübeck im Kampf zwischen Papsttum und Kaisertum 1246–50 S. 73 – Kampf um die Reichsunmittelbarkeit 1252–74 S. 74 – Die innerstädtische Konfliktsituation zwischen Bürgertum und Klerus S. 75 – Neuordnung des Heilig-Geist-Hospitals 1263 S. 76 – Das Leprosenspital St. Jürgen S. 78 – Der Streit um das Begräbnisrecht der Bettelmönche 1277–81 S. 80 – Der Prozeß an der römischen Kurie S. 82 – Neuauflage des Pfarrbesetzungsstreites 1281–86 S. 83 – Der große Streit zwischen Stadt und Bistum 1296–1317 S. 84 – Interdikt, Bann und Gewalttätigkeiten S. 85 – Eingriffe des Rates in das Kirchenwesen S. 86 – Der römische Prozeß und das Ergebnis des Streites 1317–19 S. 87

Abbildungen Nr. 1–20 .... *89–104*

5. Kapitel: Bürgerliche Frömmigkeit in Lübecks großer Zeit 105

Die politische Entwicklung S. 105 – Monument einer neuen Zeit: St. Marien S. 107 – Gotischer Umbau der Bürgerkirchen S. 108 – Neue Klosterkirchen S. 110 – Kollektive Hysterie angesichts der Pest S. 110 – Die Pest als Stigma der Vergänglichkeit S. 112 – Testamente, Stiftungen, Memorien S. 112 – Religiöse Frauenbewegung: Die Beginen S. 114 – Geistliche Bruderschaften als neues soziologisches Element S. 116 – Die Kalande S. 117 – Der Klemenskaland S. 118 – Ständische Bruderschaften. Die Zirkelgesellschaft S. 118 – Berufsspezifische Bruderschaften S. 119

6. Kapitel: Klerus und Bürgertum im 14./15. Jahrhundert 121

Die Stellung des Bischofs S. 121 – Herausragende Bischöfe: Johann Schele und Albert Krummediek S. 122 – Die Kapitelspfründen S. 124 – Die „Verbürgerlichung" des Domkapitels S. 124 – Ämter und Funktionen des Kapitels S. 125 – Der niedere Klerus S. 126 – Bürgerliche Vikarienstiftungen S. 127 – Die kommunale Bedeutung der Vikarien S. 129 – Geistliche Standesprivilegien. S. 130 – Päpstlicher Einfluß auf die Stellenbesetzung S. 131 – Sittliche Mißstände im Klerus S. 132 – Bürgerliche Schulen S. 132 – Neugründung eines Klosters 1502 S. 133 – Lübecker Theologen im 14./15. Jahrhundert S. 134

7. Kapitel: Das Spätmittelalter als religiöse Blüte- und Umbruchszeit 136

Hochblüte der Marienfrömmigkeit S. 136 – Madonnen und Marientiden S. 137 – Neue Passionsfrömmigkeit S. 138 – Sakramentsfrömmigkeit S. 139 – Die Heiligenverehrung S. 140 – Der Reliquienkult S. 141 – Aufschwung der Wallfahrten S. 142 – Das Ablaßwesen in seiner religiösen Bedeutung S. 143 – Ablaß als Geldgeschäft S. 145 – Der Totentanz von 1463 als theologisches Programm S. 146 – Kritische Frömmigkeit: Die Devotio moderna S. 147 – Der Buchdruck im Dienst der Devotio S. 149 – Die Lübecker Bibel von 1494 S. 150 – Die Theologie der Erbauungsliteratur S. 152

Abbildungen Nr. 21–35 . . . . *155–164*

II. Teil: Evangelische Reformation. Die Kirche der Bürger und Theologen . . . 165

8. Kapitel: Die Anfänge der evangelischen Bewegung 1522–1529 166

Luther und die Reformation im Reich S. 166 – Die Anfänge in Lübeck 1520–23 S. 167 – Evangelische Kreise in der Mariengemeinde S. 168 – Rat und Domkapitel S. 169 – Unruhen in der Gemeinde S. 170 – Abwehrmaßnahmen des Rates S. 171 – Die Hanse und die Reformation 1525 S. 172 – Fortgang der Bewegung. Zögern der Altgläubigen S. 173 – Die Sondersteuer 1528. Neue Initiative der Gemeinde S. 175 – Kampf um die Predigt. Walhoff und Wilms S. 176

9. Kapitel: Die Einführung der Reformation 1530/31 179

Reformation und Politik S. 179 – Der „Singekrieg" der Gemeinde 1529/30 S. 181 – Erste Erfolge der Gemeinde S. 182 – Der Umschwung Juni/Juli 1530 S. 183 – Hinhaltende Taktik des Rats S. 184 – Reformation und Demokratisierung. Der Bürgerausschuß S. 185 – Bugenhagen in Lübeck S. 186 – Die Anfänge der evangelischen Kirchenordnung S. 188 – Innen- und außenpolitische Probleme. Der Vergleich vom Februar 1531 S. 188 – Brömses Flucht und die Verfassungsänderung S. 190 – Die Reformation im Landgebiet S. 191

10. Kapitel: Bugenhagens Kirchenordnung von 1531 und die evangelische Neugestaltung der Stadt 194

Integration von kirchlichem und bürgerlichem Leben S. 194 – Zentrale Finanzverwaltung. Armenfürsorge S. 195 – Schule und Kirche S. 196 – Evangelische Geistliche S. 198 –

Stadtregiment und Kirchenregiment S. 199 – Folgen der Reformation für Bruderschaften, Klerus, Kirchbauten S. 200 – Die Gottesdienstreform S. 201 – Feiertage und kirchliche Handlungen S. 203 – Katechismusunterricht. Bonnus' Katechismus 1539 S. 203 – Niederdeutsche Bibel 1533/34 S. 205 – Bonnus' Gesangbuch S. 205 – Soziale Folgen der Reformation 206 – Evangelische Kunst S. 207 – Buchdruck S. 208 – Kirchenordnung im Landgebiet S. 209

11. Kapitel: Politische Folgen der Reformation und obrigkeitliches Kirchenregiment 1531–1555 212

Außenpolitische Zusammenhänge S. 212 – Die innenpolitische Situation S. 213 – Wullenwevers Kriegspolitik S. 215 – Christliche Demokratie S. 216 – Bonnus' Protest gegen den „unordentlichen" Rat S. 217 – Der Krieg von 1534 und die innenpolitischen Folgen S. 218 – Konvent zu Hamburg 1535. Kampf gegen die Täufer S. 219 – Kirchen- und Lehrordnung S. 220 – Der Rezeß von 1535 und die Kirchenverfassung S. 221 – Katholische Restaurationsversuche S. 223 – Bischof Reventlow und die Reformation im Stiftsgebiet S. 225 – Reste des Katholizismus S. 226 – Schmalkaldischer Krieg und Augsburger Interim (1546–48) S. 227 – Der Kampf gegen das Interim S. 228 – Endgültige Sicherung der Reformation 1552–55 S. 230

Abbildungen Nr. 36–49 .... *233–242*

12. Kapitel: Lehrstreitigkeiten um das evangelische Bekenntnis nach 1548 243

Lübecks theologiepolitische Führerrolle im Luthertum S. 243 – Die grundsätzliche Bedeutung des Adiaphoristischen Streits S. 244 – Die Heilsbedeutung der guten Werke. Streit um Lorenz Mörsken 1550/51 S. 246 – Der Majoristische Streit um die guten Werke S. 248 – Der Osiandrische Streit S. 249 – Abwehrmaßnahmen gegen die Täufer (Mennoniten) S. 250 – Abwehr der „Sakramentierer" 1554 S. 251 – Friedensbemühungen 1557 S. 252 – Der Hardenbergsche Abendmahlsstreit 1556–1561 S. 253 – Lübecker Konsensusformel und Konkordienbuch 1560/61 S. 254 – Eberhard von Holle, Lübecks evangelischer Bischof S. 255 – Der Lübecker Abendmahlsstreit mit Johannes Saliger S. 256 – Nachgeschichte des Saligerschen Streits S. 257

13. Kapitel: Lübecks Beteiligung am lutherischen Einigungswerk 1558–1580 260

Frankfurter Rezeß 1558 S. 260 – Konvent von Mölln 1559 S. 261 – Die Lüneburger Artikel 1561 S. 262 – Reaktion auf die Lüneburger Artikel S. 264 – Abendmahlskonkordie des Ministerium Tripolitanum 1567 S. 265 – Jakob Andreäs Konkordienwerk 1569 S. 265 – Konvent zu Zerbst 1570: Scheitern der Einigungsbemühungen S. 266 – Konvent in Wolfenbüttel 1571: Niedersächsische Verständigung S. 267 – Neue Initiativen. Lübecker Rezeß 1574 S. 267 – Konvent zu Bergedorf 1574 S. 268 – Andreas Pouchenius und der Fortgang des Einigungswerks S. 270 – Von der schwäbisch-sächsischen zur gesamtlutherischen Konkordie 1577 S. 271 – Einführung des Konkordienbuches 1580 S. 273

III. Teil: Christliche Praxis im Zeitalter von Orthodoxie und Aufklärung 275

14. Kapitel: Staatliches und geistliches Kirchenregiment im Konflikt 1580–1620 277

Kirchen- und Sittenzucht als neue Aufgabe S. 277 – Konflikte um das geistliche Strafamt S. 279 – Staatlicher Anspruch auf totale Kirchenhoheit 1582 S. 280 – Der Streit zwischen Superintendent und Schulrektor 1581–88 S. 281 – Bürgerliche Opposition gegen die Ratsautokratie 1598–1605 S. 283 – Reform der Sozialfürsorge 1601/02 S. 284 – Bürgerliche Hospitalverwaltung S. 285 – Pfarrerwahl, Bürgereid, Kirchenverfassung S. 286 – Bleibender Gegensatz zum Calvinismus S. 287 – Bündnispolitik und Konfessionalismus 1613/14 S. 288 – Streit Burchard–Stampelius S. 289

15. Kapitel: Kirche und Politik in der Zeit des Dreißigjährigen Krieges 1618–1648 292

Die Kriegsereignisse in Norddeutschland S. 292 – Die kaiserliche Politik und der Frieden von Lübeck 1629 S. 293 – Restitutionsedikt und Fortdauer des Krieges S. 294 – Der Westfälische Frieden 1648 S. 296 – Die Folgen des Krieges S. 297 – Religiöser Nonkonformismus als politisches Problem seit 1624 S. 298 – Der Äthiopien-„Missionar" Peter Heyling S. 300 – Abwehrmaßnahmen der Orthodoxie unter Nikolaus Hunnius S. 301 – Konfessionelle Polemik und Irenik S. 303 – Seelsorgerliche Reformversuche S. 304 – Kirche und Schule S. 305 – Witwenkasse, Schabbelstiftung, Sklavenkasse S. 306 – Hunnius' Kampf gegen das Staatskirchentum S. 308 – Hunnius' Ideal einer christlichen Stadt S. 309

16. Kapitel: Die Problematisierung des konfessionellen Absolutismus 311

Die Superintendenten Hanneken, Pomarius und Pfeiffer S. 311 – Bürgerliche Unruhen 1661–65 S. 312 – Die Verfassungsstreitigkeiten und der Bürgerrezeß 1669 S. 313 – Der Zustand der Kirchenverfassung S. 315 – Mystischer Spiritualismus. Christian Hoburg und das Ministerium Tripolitanum S. 316 – Spiritualistische Konventikel 1665/66 S. 318 – J. W. Petersen und der frühe Lübecker Pietismus S. 319 – Prophetischer Enthusiasmus bei Adelheid S. Schwartz S. 320 – August Hermann Francke S. 321 – Kampf der Orthodoxie gegen den „Atheismus" S. 322 – Die Hinrichtung des Gotteslästerers Peter Günther 1687 S. 323 – Hexenverbrennungen S. 325 – Die neue Situation der reformierten Gemeinde seit 1666 S. 325 – Auseinandersetzungen um die Toleranz für die Reformierten 1669–73 S. 326 – Hugenottische Emigranten. Toleranz seit 1693/1709 S. 328 – Die Bedeutung der Reformierten für Lübeck S. 329

Abbildungen Nr. 50–65 .... *331–342*

17. Kapitel: Kirchliches Leben zwischen Orthodoxie und Aufklärung 343

Die defensive Haltung der Spätorthodoxie S. 343 – Mängel der orthodoxen Lehrpredigt S. 344 – Pfeiffers Katechismuspredigten S. 345 – Die öffentlichen Bußtage S. 346 – Gesangbuch- und Liturgiereform 1702/03 S. 346 – Dietrich Buxtehudes Abendmusiken S. 347 – Geistliche Konzerte als Ausdruck bürgerlicher Religiosität S. 349 – Die bildende Kunst des Barock S. 349 – Unruhen wegen der Juden 1696–99 S. 351 – Das Schutzjudentum und die jüdische Gemeinde in Moisling S. 352 – J. G. Carpzov als Apologet der Spätorthodoxie S. 353 – Die Unterdrückung der Herrnhuter 1738–40 S. 354 – Die volkspädagogische Bedeutung des Katechismus S. 355 – J. A. Cramers Aufklärungskatechismus S. 357

18. Kapitel: Folgen der Aufklärung und bürgerliche Christlichkeit 359

Aufklärungstheologie bei J. A. Schinmeier S. 359 – Freimaurerei und Aufklärung S. 360 – Logengründungen 1772 und 1779 S. 361 – Die Gründung der Gemeinnützigen Gesellschaft 1789/95 S. 363 – Humanitäres Christentum S. 364 – Abbau alter Ordnungen S. 365 – Auflösung von Gottesdiensten und Kirchen S. 366 – Rationalistisches Gesangbuch 1790 S. 367 – Gottesdienst und Öffentlichkeit S. 368 – Dauervakanz der Superintendentur S. 368 – Folgen der französischen Revolution S. 369 – Die Säkularisation von 1803 S. 370 – Auflösung des Domkapitels 1804 S. 371 – Französische Okkupation 1806–13 S. 373

IV. Teil: Von der Staatskirche zur Volkskirche 375

19. Kapitel: Neuaufbruch im Geist von Romantik und Erweckung 1814–1830 377

Erweckungsbewegung und Restauration S. 377 – Reaktion gegen die Judenemanzipation S. 379 – Erneuerung der Frömmigkeit bei Johannes Geibel S. 381 – Gründung der Bibelgesellschaft 1814 S. 382 – Gründung des Missionsvereins 1821 S. 384 – Kritik an der Erweckungsbewegung S. 385 – Die religiöse Kunst Friedrich Overbecks S. 385 – Die Mentalität der Geistlichkeit S. 386 – Öffentlichkeit und Presse S. 388 – C. G. Curtius und die Kirchenreform S. 388 – Ordnung der reformierten Gemeinde S. 390 – Theologische Konzeptionen für die Kirchenverfassung S. 390 – Scheitern der Reform S. 392

20. Kapitel: Restauration, Innere Mission, soziale und kirchliche Strukturprobleme 1830–1848 393

Eine neue Predigergeneration S. 393 – Erste Reformversuche S. 394 – Streit um die Gesangbuchreform 1835–39 S. 395 – Konfirmation und Katechismus S. 398 – Sozialkaritative Aktivitäten S. 400 – Wichern und die „Innere Mission" S. 402 – Gründung des Rettungshauses Fischerbuden 1845 S. 403 – Armut, Bettel, Armenfürsorge S. 405 – Reform der Armenpflege 1845/46 S. 406 – Liberalismus und Jung-Lübeck-Bewegung S. 407 – Bürgerliche Christlichkeit gegen konfessionelle Kirchlichkeit S. 409

21. Kapitel: Anfänge der Auflösung des Staatskirchentums. Liberalismus und Konfessionalismus 1848–1860 412

Reform der Staatsverfassung 1848 S. 412 – Neue Impulse zur Kirchenverfassungsreform S. 413 – Streit um Kirche und Schule 1850 S. 414 – Ein neues Konzept für die Kirchenverfassung 1852/53 S. 415 – Emanzipation der Juden 1848–52 S. 417 – Regulativ für die katholische Gemeinde 1841 S. 418 – Freireligiöse Bewegung 1851 S. 418 – Zivilehe 1852 S. 420 – Bürgerliche Unkirchlichkeit S. 421 – Bürgerliche Religiosität bei Emanuel Geibel S. 422 – Unkirchlichkeit in den Unterschichten und die soziale Frage S. 425 – Gründung eines Arbeitervereins 1849 S. 426 – Sozialpolitisches Unverständnis der Kirche S. 427 – Kirchliche Publizistik S. 428 – Kirchenkonferenz, Kirchentag, Gustav-Adolf-Verein S. 429 – Konfessionsstreit im Missionsverein 1855–59 S. 430 – Die Gemeindeordnung von 1860 S. 431

Abbildungen Nr. 66–87 435–444

22. Kapitel: Entkirchlichung der Massen und Versuche zur Reform der Volkskirche 1860–1890 445

Wirtschaftlicher Aufschwung und Bevölkerungsbewegung S. 445 – Arbeiterschaft und Kirche S. 446 – Entkirchlichung als Grundproblem S. 447 – Gottesdienstbesuch S. 448 – Sonntagsheiligung S. 449 – Reformaktivitäten S. 449 – Abschaffung der Privatbeichte S. 450 – Gottesdienstreformen S. 451 – Kasualienreform und Zivilstandsgesetze S. 453 – Streit um die Trauung 1879/80 S. 454 – Kirchliche Beerdigung S. 456 – Taufe und Konfirmation S. 458 – Kirche und Schule S. 459 – Religionsunterricht. Kindergottesdienst S. 461

23. Kapitel: Reform der Kirchenverfassung 1871–1895 463

Neuordnung des Seniorats 1863–71 S. 463 – Neue Reformpläne. Th. Behns Aktivitäten S. 465 – Kontroverse Behn–Curtius. Scheitern der Reform 1879 S. 466 – Probleme der Landgemeinden

S. 467 — Finanzfrage und Verfassung 1890—93 S. 468 — Initiativen des Ministeriums und der Kirchenvorstände S. 469 — Die Kirchenverfassung von 1895 S. 470 — Errichtung der Allgemeinen Kirchenkasse S. 471 — Einführung der Kirchensteuer 1895 S. 471 — Neue Gemeindeordnungen S. 474

24. Kapitel: Kirchliches Leben im Übergang vom staatlichen Kirchenregiment zur Autonomie 1895—1918 476

Kirchenrat und Synode S. 476 — Senior Ranke. Die Geistlichkeit S. 477 — Entkirchlichung als Dauerproblem S. 479 — Kirchenaustritte S. 480 — Neue Gemeinden, Kirchbauten, Aktivitäten S. 481 — Kirchliche Publizistik S. 483 — Vereinstätigkeit. Jugendarbeit S. 484 — Rankes Aktivitäten in der Fürsorge S. 485 — Staatliche und kirchliche Armenpflege S. 486 — Gottesdienstpraxis. Einzelkelchbewegung S. 487 — Gesangbuchreform 1916. Deutscher Evangelischer Kirchenausschuß S. 489 — Verhältnis zu Schleswig-Holstein S. 490 — Verhältnis zu Preußen S. 491 — Katholische Gemeinde S. 492

25. Kapitel: Kirche und Nation als Grundproblem im 19./20. Jahrhundert ... 494

Reichsidee und religiöser Patriotismus bei E. Geibel S. 494 — Die Kriegspredigt 1870/71 und das neue Reich S. 496 — Sedanfeiern und Nationalprotestantismus S. 497 — Nationalismus als innenpolitischer Stabilisator S. 498 — Der Kriegsausbruch 1914 als religiöser Aufbruch S. 500 — Kriegsfrömmigkeit S. 501 — Reformationsjubiläum 1917 S. 503 — Die „Novemberrevolution" 1918 S. 504 — Trennung von Staat und Kirche S. 505 — „Volkskirche" als Verfassungsanspruch S. 506 — Die „nationale Frage" nach 1918 S. 508

Anmerkungen 511

Abkürzungsverzeichnis 555

Abbildungsverzeichnis 557

Literaturverzeichnis 560

Register (Namensregister. Sachregister) 577

Einleitung

Alle Kreaturen sind Gottes Larven und Mummereien, die er will lassen mit ihm wirken und helfen allerlei schaffen.
(Martin Luther, Fastenpostille 1525)

Unsere Zeit erkennt zunehmend den Wert der Beschäftigung mit der Geschichte, die lange nur als Spezialität für antiquarisch Interessierte oder als Steinbruch für tagespolitische Argumentation galt. Die Gründe für einen solchen Wandel sind vielschichtig. Dabei spielt auch die Einsicht mit, daß wir die Aufgaben der Gegenwart verfehlen, wenn wir nicht deren geschichtlich vermittelten Traditionszusammenhang bedenken. Wer nicht weiß, woher er kommt, hat Schwierigkeiten bei der Standortbestimmung und bei der Zielprojektion. Beim Desinteresse an der Kirchengeschichte wirkt sich neben dem gestörten Verhältnis zur diskontinuierlichen Geschichte des deutschen Volkes auch der traditionskritische Ansatz des evangelischen Christentums aus, welcher eine problematische Distanz zur Institution Kirche erzeugt und zu der Annahme verleitet, die geschichtliche Entwicklung des Christentums wäre für die theologische Urteilsbildung wie für die religiöse Existenz kaum relevant.

Eine Stadt wie Lübeck erleichtert den Zugang zur Historie, weil sie seit ihren Anfängen Traditionsbindung und Kontinuitätsbewußtsein gepflegt hat. Sie hat in kirchlicher wie in politischer und sozialer Hinsicht bis ins erste Drittel dieses Jahrhunderts eine relativ einheitliche Geschichte gehabt, und diese ist in ihr noch heute gleichsam auf Schritt und Tritt präsent. Schon ein oberflächlicher Rundgang läßt angesichts der faszinierenden Sakralbauten die Bedeutung, die das Christentum für diese Stadt gehabt hat, ahnen. Das reizt zu einer intensiveren Betrachtung. Wie in einem Mikrokosmos werden in der ehemaligen Reichs- und Hansestadt die Grundprobleme der Kirchengeschichte in ihrer Verzahnung mit der politischen, sozialen und kulturellen Entwicklung sichtbar. Christentum und Bürgertum stellen sich als eine spannungsreiche Synthese dar, Kirche in der Stadt trägt ihr eigenes Gepräge. Heutige Identitätsfindung dürfte ohne eine Auseinandersetzung mit der darin bekundeten Relevanz der religiösen Dimension des Lebens nicht völlig gelingen. Kirchengeschichte liefert einen Beitrag zum besseren Verständnis der Gegenwart, sie erweitert unseren Horizont und bietet ein vielfältiges Potential für Kritik und Handlungsorientierung. Die historische Relativierung gegenwärtiger Fixierungen, modischer Trends und absolutistischer Geltungsansprüche kann befreiend wirken und damit derjenigen Wahrheit dienen, die im Evangelium als Freiheit verheißen ist (Johannes 8, 32).

Kirchengeschichte wird hier nicht als Geschichte der Institution Kirche, sondern als Geschichte des Christentums in Lübeck verstanden, d. h. als Wirkungsgeschichte der Botschaft Christi, als Realisierung des christlichen Glaubens unter wechselnden Bedingungen, als Entwicklung der religiösen Lebensäußerungen der Stadt. Christi Geist transzendiert mit seiner Dynamik jede historische Form und schafft sich Raum auch abseits institutioneller Bindungen (so gewiß kirchliche Institutionalität andererseits gut begründet ist). Kirche lebt nicht aus sich selbst heraus und nicht nur für die eigenen Interessen; sie dient der Sendung Christi, der Sammlung des Gottesvolkes in der Welt.

Demgemäß muß ihre Geschichte nach dem Leitmotiv dargestellt werden, wie sie ihren Auftrag in der jeweiligen geschichtlichen Situation zu erfüllen gesucht hat: Leben aus Glauben zu ermöglichen und zu gestalten. Kern der Kirchengeschichte ist somit die „Sache" des Christentums, die Orientierung menschlicher Existenz an der Gottesoffenbarung und am Geist Jesu Christi.

Die Bindung an die evangelische Konfession gehört zu den Voraussetzungen der vorliegenden Darstellung. Trotzdem wäre es falsch, mit einem populären Vorurteil anzunehmen, die eigentliche Geschichte der heutigen Lübecker Kirche (d. h. der evangelisch-lutherischen) beginne erst mit der Reformation des 16. Jahrhunderts bzw. sie zerfalle in einen wesensverschiedenen katholischen und einen evangelischen Teil. Gerade in Lübeck läßt sich die Kirche auch historisch als einheitliche Größe mit einer von den Anfängen bis in die Gegenwart reichenden Kontinuität erweisen, weil die Reformation hier keine Kirchenspaltung, sondern eine Erneuerung des gesamten bisherigen Kirchenwesens gebracht hat. In der geschichtlichen Kontinuität ist die Katholizität der Institution, der heute sich evangelisch-lutherisch nennenden Kirche, begründet. Nur konfessioneller Partikularismus kann die Berechtigung dieses Prädikats, welches nach gemeinchristlichem Credo das Wesen der Kirche bezeichnet, in Frage stellen. Das Christentum in Lübeck hat seit den Anfängen seine organisatorische Fixierung in der Institution Kirche gefunden, ohne allerdings auf diese beschränkt zu sein. Seit dem 16./17. Jahrhundert begegnen neben der Institution Gruppierungen von Minoritäten, die im theologischen Sinne fraglos Kirche sind, aber im institutionellen Sinne nicht beanspruchen können, „die Kirche" in Lübeck zu sein (wie es z. B. E. Illigens für seine Darstellung getan hat). Das gilt auch für die römisch-katholischen Christen, die das Merkmal der Katholizität ansonsten ausschließlich für ihre Institution reklamieren, deswegen, weil diese sich der allgemein in Lübeck akzeptierten Erneuerung im 16. Jahrhundert verschlossen hat und seitdem dort zu einer Randgruppe (mit der Terminologie der Vergangenheit: zu einer „Sekte" oder „fremden Religion") geworden ist. Diese Feststellung gilt als historisches Urteil, dessen theologische Berechtigung hier nicht erörtert zu werden braucht. Analoges müßte übrigens im Blick auf evangelische Christen in römisch-katholischen Territorien gelten.

*

Wenn Kirchengeschichte „Leben aus Glauben" darzustellen sucht, wird sie den vielfältigen Formen christlicher Frömmigkeit im Alltag der Stadt ebenso wie den spezifisch kirchlichen Lebensäußerungen in Verfassung und Kultus, Theologie und Lehre nachgehen müssen. Dabei soll der Begriff „Bürgertum" in Korrelation zu „Christentum" ganz allgemein die Lebenswirklichkeit bezeichnen, in welcher sich hier der Anspruch der christlichen Botschaft konkretisiert. Die Reichsstadt als eigentümliches politisches, ökonomisches und kulturelles Gebilde prägt die Formen von Christlichkeit und Kirchlichkeit, die sich von denjenigen in den bäuerlich-feudal bestimmten Flächenstaaten der Nachbarschaft unterscheiden. Das wird etwa an dem für die Stadt typischen Gemeinschaftsbewußtsein deutlich.

Der Begriff „Bürger", der seit der Neuzeit seine Bedeutung verändert und heute, wo jedermann als Staatsbürger gilt, seine Aussagekraft verloren hat, soll zunächst pauschal für „Stadtbewohner" stehen, also für jenes soziale Phänomen, das vom Mittelalter bis zum 19. Jahrhundert eine Besonderheit gegenüber der Majorität des deutschen

Volkes ausmacht. Doch die bürgerliche Art, die das Christentum hier formt, wird primär von den Bürgern im alten Rechtssinn repräsentiert, d. h. von den politisch relevanten Kaufleuten und Handwerkern, die mehr oder weniger Einfluß auf die Geschichte der aristokratisch geführten Stadtrepublik nehmen können (numerisch gesehen eine Minderheit im Vergleich zur gesamten Stadtbevölkerung). Das Bürgertum bildet eine Gemeinschaft freier Menschen, die von der Garantie bestimmter Grundrechte und der gleichmäßigen Erfüllung der zur Erhaltung der Stadt unabdingbaren Pflichten lebt. In diese Orientierung am Ganzen bezieht es die religiösen Interessen ein. Wie die Staatsangelegenheiten als eine diesem Personenkreis wenigstens im Prinzip zugängliche „öffentliche Sache" gelten, so wird auch – anders als in den feudalen Territorialstaaten – für die Aufgaben der Kirche eine Beteiligung der Stadtgemeinschaft beansprucht. Allerdings stellt sich diese Mitwirkung in den einzelnen Perioden der Geschichte unterschiedlich dar. Am stärksten liegt sie allezeit bei der Obrigkeit. Aber diese gilt hier nicht als absolutes Gegenüber der Bürger, zumal für die politisch relevanten Stände eine grundsätzliche Durchlässigkeit, welche soziale Mobilität in der Vertikalen ermöglicht, besteht. Insofern kann man auch den Rat als die städtische Obrigkeit dem Bürgertum subsummieren. Die bis 1848 bzw. 1918 vom Bürgerrecht wie von der politischen Mitwirkung ausgeschlossenen Unterschichten und Frauen, die den Gang der historischen Entwicklung mehr passiv als aktiv, mehr begleitend als entscheidend bestimmt haben, kommen bei dieser Optik – wie stets in der bisherigen Geschichte – zu kurz. Doch gerade an der Kirchengeschichte erweist sich je und dann in bestimmten Phänomenen und Ereignissen, daß auch sie als Gottes Mitakteure zu den Kräften gehören, die das Christentum in der Stadt gestalten.

Bürgertum in der Reichsstadt impliziert bis zur Neuzeit ein eigenes Wertesystem, das auf persönlicher Freiheit und der Mitverantwortung für das Gemeinwohl basiert. Die folgende Darstellung soll zeigen, wie das Christentum davon jeweils geprägt wird. Eine Verselbständigung gegenüber Totalitätsansprüchen der Institution Kirche ergibt sich tendenziell von Anfang an daraus. Seit dem 18./19. Jahrhundert bedeutet Bürgertum dann eine kritische Distanz zu den herkömmlichen Inhalten und Formen des Christentums, wenngleich keine Negation derselben. Thomas Mann hat 1926 in seinem Vortrag „Lübeck als geistige Lebensform" unübertrefflich das Bürgerliche als Wesen dieser Stadt charakterisiert: als diejenige Lebensform, die sich an der „Idee der Mitte" orientiert („die Mitte, das Mittlere, das Vermittelnde, . . . der mittlere Mensch im großen Stile") und die als ein Komplex von Begriffen wie Freiheit, Gerechtigkeit, Behutsamkeit, Skepsis und Form mit der Humanität gleichgesetzt werden kann. Das äußert sich auch in der lübischen Christlichkeit gleichsam als eine Konstante: maßvolle Nüchternheit, allen Extremen abhold, aufs Praktische konzentriert, doch aufgeschlossen für das Transzendente, gemäßigt in den religiösen Äußerungen, oft auch mäßig oder gar mittelmäßig, aber nie unreligiös, als wäre der Mensch das Maß aller Dinge.

**

Kirchengeschichte darzustellen, bedeutet, sowohl Theologie in bestimmter Weise (eben der historischen) zu betreiben als auch Historie in einer eigentümlichen Perspektive (eben der theologischen) zu betrachten. Insofern unterscheidet sie sich von der Profangeschichte, nicht allerdings in der Anwendung der allgemein gültigen historischen Methoden. Von der Verkündigung und Dogmatik unterscheidet sie sich, weil sie

Wahrheitserkenntnis nicht in affirmativer oder gar apodiktischer Weise mit dem Anspruch auf universelle oder gar zeitlose Gültigkeit, abgeleitet aus einer Offenbarungsquelle, vorträgt. Sie zeigt die Bedingtheit menschlichen Bemühens um das Wahre und Gute und damit die Standortgebundenheit von Religion und Theologie auf. Sie geht dabei freilich von der Prämisse aus, daß jenes Bemühen in Gott, wie er durch Jesus Christus zur Sprache gekommen ist, ein eindeutiges Gegenüber hat. Der Gottesgedanke verbindet Theologie und Historie insofern, als beide nach der Einheit aller menschlichen Lebensäußerungen, nach dem Sinn der Existenz und nach der Verantwortung des Handelns fragen.

Hier soll die religiöse Dimension des lübischen Gemeinwesens, die sich im Streben nach Wahrheitserkenntnis, nach transzendenter Sinnerfüllung jenseits der materiellen Bedürfnisse, nach sozialer Verantwortung und kultureller Gestaltung äußert, dargestellt werden. Kirchengeschichte betrifft also nicht bloß einen Sektor, sondern in einer bestimmten Optik das Ganze der Vergangenheit dieser Stadt. Darin unterscheidet sie sich z. B. von der Rechts-, Wirtschafts- oder Kunstgeschichte. Mit einer Religionsgeschichte Lübecks kann sie deshalb nicht identifiziert werden, weil ihr Inhalt nicht beliebig ist. Die religiöse Dimension vergangener Lebensäußerungen bezieht sich auf die christliche Botschaft (so mindestens bis ins 19. Jahrhundert). Von dorther bleibt sie an Normen und Kriterien gebunden, welche sowohl die Auswahl des historischen Materials als auch dessen Beurteilung bestimmen. Der gemeinsame Bezug der Christen aller Zeiten auf denselben Herrn begründet ein Kontinuum und ermöglicht es, die Geschichte als Einheit zu begreifen und die Relevanz des Vergangenen zu erweisen. Aufgabe der Darstellung ist es, die von den Lübeckern beanspruchte Christlichkeit in ihren geschichtlich bedingten Modifikationen zu analysieren.

Die Korrelation der Begriffe Christentum und Bürgertum verdeutlicht dabei, daß es sich bei beiden sowohl um konstante als auch um variable Größen handelt. Konstant bleibt die in ihr ausgedrückte Leitidee des Gegenübers von Gott und Mensch, Botschaft und Situation, Anspruch und Wirklichkeit. Aber da die göttliche Wahrheit in den geschichtlichen Perioden in unterschiedlicher Weise zum Bestimmungsfaktor menschlichen Lebens wird und die äußeren Rahmenbedingungen der Existenz in der Stadt sich ändern, variieren beide Größen. Die Gliederung des Buches in vier Teile will dem Rechnung tragen, indem sie die Besonderheiten der verschiedenen Zeitalter herausstellt.

Mittelalter und Neuzeit (so differenziert sie in der jeweiligen Vielfalt ihrer Lebensformen sind) unterscheiden sich fundamental in ihrem Zugang zur Sache des Christentums, vor allem durch die Weise der institutionellen Anbindung und der autoritätsgeleiteten Vermittlung dieser Sache. Der mittelalterliche Mensch lebt eingeordnet in die Gemeinschaft als vorgegebene göttliche Ordnung, sein Heil sieht er im sakramentalen Leben der Kirche objektiv verbürgt. Der neuzeitliche Mensch emanzipiert sich von derartigen Bindungen, er sucht sein Heil in der subjektiven Aneignung, ohne sich dabei von der Gemeinschaft zu lösen. In diesem Wandel markiert das Zeitalter der Reformation im 16. Jahrhundert eine Übergangsperiode, die den Umschlag von der Objektivität zur Subjektivität der Heilsvermittlung bringt.

Man hat in der Forschung darüber gestritten, ob mit der Reformation der Beginn der Neuzeit anzusetzen wäre. Sie bildet als eine Epoche des Umbruchs, in welcher Altes und Neues eigentümlich ineinander verschränkt sind, gleichsam die Inkubationsperiode der Neuzeit. Nimmt man Kirchlichkeit und Allgemeinheit als Kriterium für die lübische Christlichkeit, dann gelten diese bis ins 20. Jahrhundert, wobei sich die dann manifeste tiefgreifende Veränderung mit dem Beginn des 19. Jahrhunderts ankündigt. Als eine solche Übergangszeit, als unmittelbare Vorgeschichte der gegenwärtigen Zustände verdient das 19. Jahrhundert daher ebenso wie das Reformationsjahrhundert eingehendere Beachtung.

Vorbereitet wird jene Veränderung, die nicht einfach zum Merkmal der Neuzeit erklärt werden darf, im 17./18. Jahrhundert, und sie vollzieht sich im 19. Jahrhundert nicht in kompletter Entkirchlichung oder gar in innerer Abkehr einer Majorität vom Christentum. Sie bahnt die eigentümliche Situation des 20. Jahrhunderts an, welche mit dem ambivalenten Begriff Volkskirche gekennzeichnet wird: Der äußerlich gleichbleibenden Zugehörigkeit zur Institution Kirche fehlt zumeist die volle innere Übereinstimmung mit dem Auftrag der Kirche, auch wenn eine letzte, oft nicht klar artikulierte, weithin partikulare Bindung an die Sache des Christentums bestehen bleibt. Kirchengeschichte zeigt sich gerade im 19./20. Jahrhundert als das, was sie weniger deutlich in allen anderen Perioden auch war, nämlich als „Missionsgeschichte", d. h. als Bemühung um eine je neue, situationsspezifische Aneignung und Ausbreitung der Sache Jesu Christi.

***

Der Reiz der Kirchengeschichte einer Stadt wie Lübeck besteht darin, daß die allgemeine historische Entwicklung sich im Besonderen eines geschlossenen Gemeinwesens abbildet. Dessen Gründungssituation im 12. Jahrhundert läßt wie an einem Nullpunkt die Entwicklungsbedingungen von Kirche erkennen. Durch die Konzentration auf kleinem Raum gewinnen viele Vorgänge, die sich ähnlich in anderen Gebieten abgespielt haben, eine unmittelbare Lebensnähe für den mit dieser Stadt Vertrauten. Die große Kirchengeschichte berührt sich mit der kirchlichen Heimatkunde. Aus dieser Verbindung resultiert eine Anschaulichkeit, die – anders als bei der bloßen Betrachtung entfernter „Haupt- und Staatsaktionen" – dem heutigen Menschen eine intensive Begegnung mit dem verpflichtenden Erbe der Vergangenheit ermöglicht, weil seine Gegenwart vielerlei Anknüpfungspunkte für das Verstehen bietet. Territoriale Kirchengeschichte vermittelt exemplarische Erkenntnis, läßt die differenzierten Konturen der allgemeinen Entwicklung deutlich werden und korrigiert manches Pauschalurteil. Da es kirchengeschichtliche Gesamtdarstellungen für vergleichbare andere Städte kaum gibt und Lübeck innerhalb des Ostseeraums allgemeinere Bedeutung zukommt, kann dieses Beispiel wohl auch über den Kreis der unmittelbar dieser Stadt Verbundenen hinaus Aufmerksamkeit beanspruchen.

Der vorliegende Versuch einer Gesamtdarstellung basiert auf eigener Auswertung der Quellen, wobei die vorhandene Sekundärliteratur für etliche Teile diese Arbeit erleichterte, manchmal auch überflüssig machte. Nachteilig wirkte sich die mißliche Archivsituation aus (viele ältere Archivalien sind nicht zugänglich oder verschollen, die jüngeren Bestände des Kirchenarchivs bis 1942 sind verbrannt). Erschwerend trat der Umstand hinzu, daß Ansätze für eine Gesamtdarstellung und Detailforschungen zu vielen wichtigen Komplexen der Neuzeit bisher fehlen. In Lübeck ist kirchenhistorische Forschung – abgesehen vom Mittelalter, wo sich die kirchliche mit der allgemeinen

Geschichte aufs engste verzahnt – gegenüber der profanhistorischen zu kurz gekommen und im Vergleich z. B. zu den Schwesterstädten Hamburg und Bremen vernachlässigt worden. Neben den älteren Arbeiten, für die hier vor allem die Namen von J. v. Melle, C. H. Starck, K. Klug und M. Funk genannt seien, bilden unter den neueren Forschern W. Jannasch und H. Weimann eine rühmliche Ausnahme. All diesen Arbeiten ist die vorliegende Darstellung verpflichtet. Lücken und Mängel scheinen angesichts des Forschungsstandes nahezu unvermeidlich zu sein. Die Ausführlichkeit der Darstellung ist u. a. auch durch den Versuch, die Forschung stellenweise voranzutreiben, bedingt; neben den Überblick sollte in möglichst sinnvoller Verzahnung von Struktur- und Ereignisgeschichte die monographische Behandlung einzelner Probleme treten. Ein Provisorium mußte das Ganze dennoch bleiben.

Angesichts jener Schwierigkeiten hätte es naheliegen können, sich auf eine chronistische Dokumentation der Vorgänge und Umstände zu beschränken. Doch damit würde der Historiker seine Aufgabe verfehlen (die neben der Pflicht zur Objektivität und Vollständigkeit besteht), dem Zeitgenossen die Vergangenheit möglichst lebendig zu deuten. So kommt er nicht darum herum, eine Auswahl aus dem überlieferten Material darzubieten, Akzente zu setzen und Zusammenhänge zu rekonstruieren, wobei subjektive Wertung unvermeidlich ist. Um dem verbreiteten Desinteresse an der Geschichte abzuhelfen, wird heute vielfach eine „narrative Historiographie" gefordert, die Vergangenes durch erzählende Darstellungsweise belebt. Das ist leichter gesagt als getan. Vielleicht kann aber auch eine eingehende Beschreibung und aktualisierende Verdeutlichung dem heutigen Leser dessen Bedeutung nahebringen. Dies versucht das vorliegende Buch. Es will nicht primär den Fachmann, sondern den historisch Allgemeininteressierten ansprechen. Deswegen muß eine gewisse Popularisierung in Kauf genommen werden. Perfektion in dieser Hinsicht können nur wenige ausgereifte Meister der Historiographie bieten; anderen bliebe als Alternative nur der völlige Verzicht auf eine Gesamtdarstellung. Dann behielte man zwar in fachlicher Hinsicht sein gutes Gewissen, müßte sich aber nach der Verantwortung gegenüber den Zeitgenossen fragen lassen, für welche der Hinweis, daß Gesamtdarstellungen späteren Generationen vorbehalten sein müßten, vielleicht nur einen schwachen Trost bedeutet. Entwürfe von Gesamtdarstellungen können immerhin durch die unweigerlich provozierte Kritik die Detailforschung anregen, es besser zu machen. Auf dem Feld der Lübecker Kirchengeschichte bleibt noch viel lohnenswerte Arbeit übrig.

I. Teil:
Kleriker und Stadtgemeinschaft.
Die Kirche im Mittelalter

Lübecks früheste Kirchengeschichte ist durch die Missions- und Kolonisationssituation im slawischen Ostseegebiet bestimmt. Die Kaufmannssiedlung, dann die deutsche Stadt gibt von Anfang an dem Christentum hier seine spezifische Prägung. Sie wird im 11./12. Jahrhundert zu einem Zentrum der Christianisierungsbemühungen und dann seit 1159/60 infolge des enormen wirtschaftlichen und politischen Aufschwungs der Mittelpunkt des Bistums Wagrien (Ostholstein), welches fortan den Namen Lübecks trägt. Denn die kirchliche Organisation bemüht sich, am Glanz und an den Wirkungsmöglichkeiten der neuen Stadt zu partizipieren. So stehen Bistum und Stadt, Klerus und Bürgerschaft von Anfang an als bestimmende Faktoren nebeneinander. Kirche in dieser Stadt, welche seit 1226 als freie Reichsstadt weitgehend politische Unabhängigkeit gewinnt, stellt ein neues Gebilde in der kirchlichen Landschaft Nordalbingiens dar: Nicht der ritterliche Adel und das Bauerntum, nicht der Klerus und das Mönchtum prägen hier das Bild der Kirche, sondern das Bürgertum, der unternehmerische Fernkaufmann und in seinem Gefolge der Handwerker.

Dadurch wird im begrenzten städtischen Raum das große Thema der mittelalterlichen Geschichte, die rechte Zuordnung von geistlicher und weltlicher Herrschaft über die Welt, virulent. Von einer Dominanz der geistlichen Gewalt, wie sie im hochmittelalterlichen Papsttum und in den altdeutschen Bistümern zutage tritt, kann hier keine Rede sein, da der Lübecker Bischof keinen Anteil an der Stadtherrschaft und keine nennenswerte innerstädtische Grundherrschaft besitzt. Die in mancherlei Streitigkeiten ausgetragene Rivalität zwischen Bischof (samt Domkapitel) und Rat bestimmt fast die beiden ersten Jahrhunderte bis etwa 1320. Am Ende der Auseinandersetzung um die Einfluß- und Mitwirkungsmöglichkeiten im jeweils anderen Hoheitsbereich weicht die Konkurrenz einer schiedlich-friedlichen Koexistenz. Die Verbürgerlichung des Klerus begründet dann eine lange, im wesentlichen spannungsfreie Periode der Kooperation. Erst mit der Reformationszeit ergeben sich neue, folgenreiche Konflikte zwischen Bürgerschaft und Klerus.

Die Kleriker repräsentieren die Institution Kirche. Sie stehen in rechtlicher Hinsicht außerhalb der Stadtgemeinschaft, sind ihr aber – in der Arbeit des Domkapitels, der Pfarrgeistlichkeit, des niederen Klerus und der Klöster – bei der Bewältigung der fundamentalen Lebensfragen verbunden. Solange dieser Beitrag von den Bürgern als hilfreich empfunden wird, erscheinen strukturelle und theologische Mängel der spätmittelalterlichen Kirche nicht als problematisch. Die bürgerliche Mitbestimmung im Kernbereich des kirchlichen Lebens ist relativ gering. Daneben bilden sich jedoch seit dem 13./14. Jahrhundert vielfältige Ausdrucksformen einer eigenständigen, in die Kirche durchaus integrierten bürgerlichen Religiosität. Deren herausragendes Zeugnis sind die monumentalen Kirchengebäude, die nicht nur das Stadtbild äußerlich prägen, sondern auch einen bedeutsamen Teil des Alltagslebens der Bürger umschließen.

Christentum und Bürgertum gehen eine Symbiose ein, wobei die Besonderheit des geistlichen Aspekts der Lebensbewältigung durch die allseits respektierte Autonomie der Kirche institutionell gewahrt bleibt. Doch gerade durch diese wird eine von den Bürgern kaum kontrollierbare Hypertrophie solcher Lebensformen begünstigt, die an die klerikale und sakramentale Vermittlung gebunden sind. Das Problem der letzten Sinnerfüllung menschlicher Existenz (in Gestalt der religiösen Frage nach dem jenseitigen Heil) erfährt keine auf die Dauer befriedigende Antwort; die Subjektivität des nach Gott fragenden Individuums wird im bisherigen System der Heilsvermittlung unzureichend berücksichtigt. So zeigt sich gerade im bürgerlichen Christentum des späten Mittelalters ein in der Tiefe vorhandenes, zumeist nicht klar artikuliertes Ungenügen an der bisherigen kirchlichen Reglementierung der religiösen Bedürfnisse der Stadtgemeinschaft.

1. Kapitel
Die Christianisierung Wagriens und das alte Lübeck

Lübecks Kirchengeschichte ist älter, als wir wissen. Sie beginnt lange Zeit vor der Gründung der Stadt am heutigen Ort 1159 und ist bestimmt durch die schwierige Situation der Mission im Wendenland. Rudimentär zeigt sich schon hier das unauflösliche Ineinander ihrer Gestaltungsfaktoren: die wechselseitige Abhängigkeit von Evangeliumsverkündigung und Politik, von Christianisierung und Zivilisation, von Kirchenorganisation und Handel. Doch über die tatsächlichen Anfänge läßt sich mangels exakter Quellen nichts Genaues sagen, solange die frühgeschichtliche Erforschung noch so im Fluß wie derzeit ist[1]). Erst mit den schriftlichen Zeugnissen für das 11. Jahrhundert betreten wir einigermaßen zuverlässigen Boden. Unsere wichtigste Quelle für die Frühzeit ist neben den Hamburger Bischofsannalen des Adam von Bremen (bis etwa 1080 reichend) die um 1167–72 verfaßte Slawenchronik des Bosauer Pfarrers und Vizelinschülers Helmold, deren Angaben entgegen mancher vorgebrachter Kritik im ganzen als zuverlässig gelten können.

Wenn hier von Lübeck gesprochen wird, so ist damit zunächst die unter dem slawischen Namen L'ubice (sächsisch als „Lübize" gesprochen, später verdeutscht als „Lubeke") bekannte wendische Siedlung an der Schwartaumündung gemeint, später Oldenlubeke genannt. Neueren archäologischen Erkenntnissen zufolge bestand sie seit dem 8. Jahrhundert, immer wieder durch Zerstörungen unterbrochen, bis zum Jahre 1138. Die Deutung des Namens als „Schönort" oder wahrscheinlicher als „Siedlung der Leute des L'ub" ist wie fast alles in der Frühgeschichte unserer Stadt umstritten. Wenn der Name in deutscher Umformung später auf die Neugründung übertragen wurde, so spiegelt sich darin zeichenhaft die Besonderheit der Geschichte dieses Ortes, die Ablösung der slawischen durch die deutsche Besiedlung. Trotz aller Traditionsbrüche gibt es Spuren einer Kontinuität – das ist nicht zuletzt für die Geschichte des Christentums in dieser Gegend so etwas wie ein Leitmotiv. Vermutlich entstand hier schon um 817/19 im Zusammenhang mit dem Widerstand der Abodriten gegen die karolingische Erschließung der Nordmark eine wendische Burg mitsamt einer Kaufmannssiedlung, die in Konkurrenz zu Haithabu erhebliche Bedeutung für den westlichen Ostseeraum hatte[2]).

Karolingische und ottonische Mission

Im Lübecker Becken sind seit dem 8./9. Jahrhundert Ansiedlungen von wendischen (westslawischen) Sippenverbänden nachweisbar (neben Alt-Lübeck in Pöppendorf, Nieder-Büssau und am Tremser Teich), die in das von den Sachsen im Zuge ihrer Westwanderung im 4./5. Jahrhundert verlassene Gebiet von Osten her eingeströmt waren. Spätestens in mittelslawischer Zeit (10. Jahrhundert) gab es dann auch auf dem Werder zwischen Trave und Wakenitz, also im heutigen Stadtgebiet, eine Siedlung[3]). Die hier ansässigen Elb- und Ostseeslawen gehörten dem großen Stämmeverband der Abodriten (Obotriten) an, der sich in die Warnower und die Abodriten im engeren Sinne in Mecklenburg (mit der Feste Mikilinburg als Hauptresidenz) sowie in die Wagrier im heutigen Ostholstein (mit dem Hauptort Aldinburg) und die Polaben im Lande Lauenburg (mit Ratzisburg) gliederte. Die Ansiedlung im späteren Lübeck gehörte zum wagrischen Gebiet, lag aber im dünnbesiedelten Grenzbereich der drei Stämme. Die innere Aufteilung des abodritischen Gebietes war an die über das Land verteilten Burgen gebunden, wobei die Hauptburgen die herausragende Rolle spielten, welche dann mit dem 11. Jahrhundert auch Lübeck zuteil wurde.

Die Kirchengeschichte Wagriens beginnt erst unter Otto dem Großen. Bis zum Ende des 12. Jahrhunderts, bis zur Etablierung des Lübecker Bistums, ist sie geprägt durch die Mission unter den Slawen. Kirchengeschichte ist hier also zunächst Missionsgeschichte, bis das Vordringen der deutschen, bereits christianisierten Bevölkerung neue Schwerpunkte setzt.

Das missionarische Interesse des Frankenreiches konzentrierte sich hier zunächst auf die rebellischen Sachsen, die seit 772 im Zusammenhang mit Karls des Großen Eroberungsfeldzügen getreu dem Grundsatz, daß alle Glieder des Frankenreiches Christen zu sein hätten, zwangsweise „bekehrt" und dann in allmählicher Erziehungsarbeit christianisiert wurden. Nach 804, als die Machtverhältnisse in der Grenzmark einigermaßen konsolidiert waren, trennte der Limes Saxoniae das fränkisch-sächsische Einflußgebiet vom slawischen Siedlungsraum ab. Eine „äußere Mission" über diese Grenze hinaus faßte man nicht ins Auge, vermutlich kam das Christentum jedoch mit den Kaufleuten ansatzweise, freilich ohne jede organisierte Form hierher. Die Interessen des von Kaiser Ludwig dem Frommen 831 als Missionsbischof nach Hamburg berufenen Ansgar (gest. 865) und des hier etablierten Missionserzbistums, dessen Sitz 847 aus dem durch die Wikinger zerstörten Hamburg nach Bremen verlegt wurde, richteten sich nach Norden, vor allem auf Dänemark, nicht auf die Slawen[4]). In die Anfänge der Pfarrorganisation unter den Holsten, Stormarn und Dithmarschern mit den vier Gau- bzw. Taufkirchen in Schenefeld, Hamburg, Heiligenstedten und Meldorf wurde das Wendengebiet nicht einbezogen.

Erst mit Otto I. (936–972) kam es aufgrund eines neuen Missionskonzeptes zu ersten Versuchen, das Evangelium hierherzubringen. Als von Gott beauftragtes Haupt der Christenheit wußte Otto sich verpflichtet, nicht nur die Kirche zu schützen, sondern auch die Heiden in das Gottesvolk einzugliedern. Magdeburg wollte er zum Zentrum der Wendenmission machen. Für das Liutizenland gründete er 948 Missionsbistümer in Brandenburg und Havelberg. Für das Abodritengebiet in der Mark Hermann Billungs (welcher seit 953 offizieller Markgraf im Abodritenland, seit 961 Herzog in Sachsen war) plante Otto im Zusammenhang der Neuordnung der Kirchenorganisation für Dänemark und das Slawenland die Errichtung eines Bistums in Aldinburg (Oldenburg), das mit slawischem Namen Starigard hieß und dem Erzbistum Magdeburg zugeordnet werden sollte, nachdem sich Hamburg schon 947 dänische Suffragane in Schleswig, Ripen und Aarhus geschaffen hatte[5]). Die Ausführung des Plans zog sich jedoch längere Zeit hin.

Die christlichen Bistümer lehnten sich an die Struktur der slawischen Sakralräume an. Oldenburg war ein Kultzentrum des Slawengottes Prove sowie die Residenz der Wagrierfürsten und bot erst nach 967 die Voraussetzungen für die selbständige, von Schleswig gelöste Arbeit eines Bischofs. Der erste förmliche Bischof Ekward (968–73; sein von Helmold genannter Vorgänger Marko war nur ein Schleswiger Missions-Weihbischof) baute hier eine Kirche und organisierte mit Hilfe von Mönchen, den herkömmlichen Trägern der Mission, die Anfänge der Christianisierung. Helmolds pauschale Angabe, das ganze Land der Wagrier wäre mit Kirchen, Priestern, Mönchen und Nonnen gefüllt worden, ist sicher übertrieben[6]). Immerhin entrichtete es dem Bischof die schuldigen Abgaben, auch wenn der slawische Widerstand gegen das Christentum erheblich blieb; Kirchbauten sind zunächst nur für Oldenburg, Mecklenburg und Warder bezeugt. Unter Ekwards Nachfolgern Wago und Eziko wurde die Christianisierung so erfolgreich fortgesetzt, daß das ganze Land nominell als bekehrt galt.

Doch der große Aufstand des Jahres 983, mit dem die Slawen die deutsche Oberhoheit abschüttelten, wirkte sich, auch wenn er die kirchliche Arbeit nicht beseitigte, in der Folgezeit für diese negativ aus. Die Abodriten wandten sich zunehmend wieder dem Heidentum zu, der Oldenburger Bischof mußte aus Wagrien weichen, die fortwährenden Kämpfe und Slawenaufstände zerstörten die Pfarrorganisation, die letzten Reste des Christentums in Wagrien und Nordalbingien fielen dem Aufstand der Abodriten gegen ihren Gesamtherrscher Missizla 1018 zum Opfer, wobei der politische Widerspruch gegen die Zentralisierungstendenzen die Züge eines grundsätzlichen Religionskrieges annahm, der viele Opfer unter den Christen forderte[7]). Die erste, verheißungsvolle Phase der Mission war gewaltsam beendet.

Fürst Gottschalk und die Christianisierung der Abodriten im 11. Jahrhundert

Die Christianisierung der wendischen Gebiete blieb seit den Zeiten Ottos I. durch die Integration von Mission und Reichspolitik belastet. Mußten die Wenden alle Bekehrungsversuche als Teil einer Kolonisierungs- und Germanisierungsstrategie verstehen, so orientierte ihre nationale und politische Identität sich nicht zufällig an dem mit großer Intensität festgehaltenen alten Kult. Dessen polytheistischer Charakter entsprach der pluralistischen Stammesverfassung, welche einer größeren staatlichen Einheit widerstand[8]). Das Christentum war und blieb für sie die Religion der verhaßten Sachsen, ihre religiöse Eigenständigkeit war eine Funktion der politischen und nationalen Eigenständigkeit. Und die sächsisch-reichsdeutsche Markenpolitik trug auch im 11. Jahrhundert nicht dazu bei, diesen Eindruck zu korrigieren, daß die Missionierung nur die Tributpflichtigkeit und die Anerkennung der deutschen Oberhoheit verbrämen sollte. Der Chronist Adam von Bremen berichtet von der zu seiner Zeit um 1050 geäußerten Meinung, die Slawen hätten schon längst bekehrt werden können, wenn die Habsucht der Sachsen dem nicht im Wege gestanden hätte: „Denen steht der Sinn mehr nach der Zahlung der Steuern als nach der Bekehrung der Heiden" — ein Motiv, das immer wieder begegnet[9]). Tributpflichtigkeit reichte, Christianisierung erschien nicht nötig, zumal ja auch das deutsch beherrschte Nordelbingen nur ganz oberflächlich christianisiert war.

Gleichwohl kam es damals zu einem groß angelegten Versuch, im Wendenland von innen heraus das Christentum heimisch zu machen. Dies ist der Rahmen für die uns bekannten Anfänge der Lübecker Kirchengeschichte, die sich mit dem Namen des großen Abodritenfürsten Gottschalk (ca. 1010/15–1066) verbinden, dessen Schicksal die Situation des Christentums im Wendenland des 11. Jahrhunderts exemplarisch illustriert[10]).

Gottschalks Vater, der Nakonide Uto (mit slawischem Namen Pribignew) konnte es zwar nicht riskieren, nach den Aufständen von 983–1018 das Christentum wiederum systematisch zu fördern, war aber persönlich ein leidlicher Christ[11]). Deswegen ließ er seinen Sohn taufen und in der Klosterschule von St. Michaelis zu Lüneburg erziehen, wobei schon dessen deutscher Name Gottschalk die angestrebte Symbiose von Wenden, Sachsen und Christentum andeuten sollte. Als Uto um 1028 von einem sächsischen Adligen ermordet wurde, floh Gottschalk aus Lüneburg, schloß sich der heidnischen Reaktion an und rief die Abodritenstämme zur Rache an den Sachsen auf. Viele Tausende von denen sollen Gottschalks Streifzügen in ganz Nordelbingen zum Opfer gefallen sein, doch schon bald unterlag dieser dem Gegenschlag des Sachsenherzogs Bernhard. Er wurde gefangen, aber wieder freigelassen und wandte sich dann während eines längeren Aufenthalts in England unter dem Einfluß des Dänenkönigs Knut auch innerlich dem Christentum zu. Politische Motive förderten diese Bekehrung, denn 1043 nach dem Sieg der Dänen über die abodritische Fürstensippe Ratibors konnte Gottschalk in die Heimat zurückkehren und darangehen, seine Samtherrschaft über die Abodriten zu etablieren, wozu er die Kooperation mit dem Reich, Sachsen und Dänemark suchte[12]).

Besondere Förderung erfuhr Gottschalk durch den seit 1043 amtierenden Erzbischof Adalbert von Hamburg-Bremen, der zu den führenden Persönlichkeiten im Reiche Kaiser Heinrichs III. zählte und ihn für seine hochfliegenden Pläne einer systematisch organisierten Christianisierung Skandinaviens und des Wendenlandes als Verbündeten gut gebrauchen konnte. Um den kirchlichen Einfluß Hamburgs zu stärken, mußte Adalbert sich den Bemühungen Dänemarks um Verselbständigung der dortigen Kirche durch Errichtung eines eigenen Erzbistums (parallel zu den Nationalkirchen in Ungarn und Polen) widersetzen. Dem diente sein ungewöhnlicher Plan, Hamburg zu einem nordischen Patriarchat zu erheben, weil dann das dänische Erzbistum diesem untergeordnet bliebe, und in diesem Zusammenhang etliche neue Bistümer, davon fünf im nordelbischen Missionsgebiet, zu errichten. Das Vorhaben scheiterte zwar am Widerstand Roms, aber die kirchliche Organisation in Nordalbingien kam gleichwohl zustande, indem Adalbert um das Jahr 1060 mit Gottschalks Hilfe das ottonische Wendenbistum Oldenburg wiedererrichtete. Er setzte dort den Mönch Ezzo als Bischof ein, wobei er den Sprengel durch die Gründung neuer Bistümer, die sich an die stammesmäßige Aufgliederung der Abodriten anlehnten, in Ratzeburg und Mecklenburg, dem Hauptsitz Gottschalks, teilte[13]).

Mit diesen Bistümern für die Wagrier, Polaben und Abodriten sollte Gottschalks erfolgversprechende Missionsarbeit stabilisiert werden[14]). Seit 1044 hatte er durch persönlichen Einsatz viele Slawen für das Christentum gewonnen, wobei er selber zusammen mit den sächsischen Missionaren durch die Lande zog und in der Volkssprache predigte. Er förderte den Kirchbau an verschiedenen Orten, holte deutsche Kleriker ins Land und gründete Klöster u. a. in seiner Residenz Mecklenburg, in Ratzeburg, Oldenburg, Lenzen a. d. Elbe – und in L'ubice (Lübeck). Damit begegnet dieser Ort erstmals im Rahmen der kirchlichen Neuorganisation unter Gottschalk und Adalbert. Adam und Helmold erwähnen für die genannten Orte außer Klerikerkonventen auch Klöster von Mönchen und Nonnen, wobei offenbleiben muß, was für eine Gemeinschaft in Alt-Lübeck aufgebaut wurde[15]).

Lübecks kirchliche Anfänge unter Gottschalk bis 1066

L'ubice, die alte wendische Burgsiedlung in strategisch und verkehrsmäßig günstiger, aber ungeschützter Lage an der Stelle, wo die Schwartau in die Trave mündet, tritt für uns erst mit der Neugründung unter Gottschalk als klar erkennbare historische Größe auf. Seitdem gewinnt sie relativ rasch eine bedeutende Rolle als politischer und kirchlicher Mittelpunkt im Grenz- und Überschneidungsbereich der drei abodritischen Teilstämme. Ausgrabungen haben seit 1852 die spärlichen Nachrichten der Chroniken ergänzt, ohne uns jedoch ein hinreichend klares Bild der Anfänge von Lübecks Geschichte vermitteln zu können, das über einige große Linien und einzelne Hypothesen hinausführt[16]).

Möglicherweise hat hier in der Siedlung bereits vor der großen Dechristianisierung von 1018 eine Kirche bestanden. Da nach Adams Angaben (II,24) unter Bischof Eziko von Oldenburg um 990 fast alle der achtzehn Wendengaue „zum Christentum bekehrt" waren, dürfte es an den wichtigsten Orten – und zu ihnen zählte Alt-Lübeck – Kirchengebäude gegeben haben, die dann 1018 zerstört und von Gottschalk wieder aufgebaut wurden[17]). Daß dieser hier den Bau bzw. Wiederaufbau einer Kirche veranlaßt haben muß, ergibt sich aus der Nachricht über den Klerikerkonvent bzw. das Kloster und aus der Bedeutung des Ortes, der bei der allgemeinen Kirchenorganisation wohl kaum ausgelassen wurde.

Gottschalks Missionswerk drang nicht nachhaltig im Volk durch, seine Kooperation mit den Deutschen stieß bei den Abodriten zunehmend auf eine von den Liutizen angestachelte national-religiöse Opposition, die dann 1066, als Erzbischof Adalbert seine Machtstellung am Königshof und in Sachsen verlor, in eine erneute gewaltsame Reaktion umschlug. Gottschalk wurde erschlagen, überall im Lande, selbst in Hamburg, wurden die Kirchen zerstört, viele Kleriker und Mönche wurden getötet, unter ihnen auch der Ratzeburger Abt Ansverus mit seinen Klosterbrüdern[18]). Die zweite vielversprechende Phase der Mission im Wendenland (1044–1066), in der die Abodriten stärker als in der Ottonenzeit die Christianisierung zur eigenen Sache machten, endete mit einer Katastrophe. Damit blieb die für uns erkennbare Lübecker Kirchengeschichte zunächst schon im Ansatz stecken. Für lange Zeit hatte das durch die Annexionspolitik des Reiches diskreditierte Christentum bei den Slawen keine Chance mehr, zumal im Reich anarchische Zustände herrschten und es in Sachsen keine starke Herzogsmacht gab.

Der heidnische Wagrierfürst Kruto, der seinen Sitz in Oldenburg hatte, beanspruchte in der Nachfolge Gottschalks, dessen Söhne geflohen waren, die Samtherrschaft über die Abodriten. Ihm gelang es, auch die Holsten, Stormarn und Dithmarscher unter seine Botmäßigkeit zu bringen. Die Burg von Alt-Lübeck baute er wieder auf und machte sie zu einem Zentrum seines Herrschaftsbereiches. Daneben errichtete er etwas weiter südlich auf dem Werder zwischen Trave und Wakenitz an dessen engster Stelle eine Burg neu, die nach dem Hügel „Bucu" hieß und die von Süden her nach Alt-Lübeck führende Handelsstraße kontrollieren konnte[19]). Ein Versuch von Gottschalks Sohn Bodivoj (Buthue), mit Hilfe der Sachsen im Jahre 1075 Wagrien zu erobern, scheiterte blutig. Doch seinem Bruder Heinrich glückte es später, von Dänemark her allmählich den Norden Wagriens mitsamt der Feste Oldenburg zu erobern. Nach einiger Zeit gespannter Koexistenz ließ er dann ungefähr um das Jahr 1090 Kruto in Alt-Lübeck hinterhältig beseitigen und 1093 sicherte er seine Herrschaft über alle Abodritenstämme mit Hilfe des Sachsenherzogs Magnus durch einen großen Sieg über die Polaben bei Schmilau[20]). Nun ging er zielstrebig an den Aufbau eines von Lübeck aus zentral gelenkten Abodritenstaates.

Alt-Lübeck als slawisches Zentrum unter Fürst Heinrich 1093—1127

Behutsamer als sein Vater Gottschalk und deshalb langfristig erfolgreicher vorgehend, verhielt Heinrich sich gegenüber einer erneuten Missionierung des Landes zunächst zurückhaltend. Gleichwohl setzte er im Prinzip das Programm einer Verständigung mit den Deutschen unter Einschluß einer Anerkennung des Christentums fort. Vor 1093 und noch längere Zeit danach gab es im ganzen Wendengebiet anscheinend nur eine Kirche, in Heinrichs von Kruto übernommener Residenz Alt-Lübeck[21]). Wenn Helmold die Errichtung weiterer zerstörter Kirchen erwähnt, so dürfte es sich vor allem um das nichtslawische Nordelbingen handeln. Erst als mit Lothar von Supplingenburg 1106 ein tatkräftiger Sachsenherzog die Nachfolge der Billunger antrat, der die alte Markenpolitik wieder aufnahm und im Zusammenhang der Neuordnung 1111 den Schauenburger Grafen Adolf I. mit der Grenzgrafschaft Holstein-Stormarn belehnte, bahnte sich allmählich eine Wende an. Wie gefährdet Heinrichs Samtherrschaft noch um 1100 war, beweist der große Einfall der Ranen aus Rügen, die in einer gewaltigen Schlacht in der Nähe Alt-Lübecks besiegt werden konnten (Rangenberg), woraufhin die Christen diesen Tag seitdem als Dankfest begingen[22]). Auch später noch war Lübeck des öfteren slawischen Angriffen ausgesetzt.

Heinrich, der sich durch Tatkraft und Umsicht die faktische Würde eines Königs (nicht die Rechtsstellung eines solchen) erwarb, mußte sich trotz seiner unbezweifelbaren persönlichen Frömmigkeit mit der Missionierung zurückhalten, um seine Herrschaft über die Abodriten, die aufgrund der Religionsverschiedenheit ja stets latent gefährdet war, zu bewahren[23]). Nur im beschränkten Raum der Burg Alt-Lübeck konnte er die Christianisierung fördern. Die dort bestehende um 1100 erbaute Kirche, die inmitten des Burgwalls lag, war kein Missionsstützpunkt mehr wie unter Gottschalk, sondern diente Heinrich als Hofkapelle, wie die dort aufgefundenen Adels- bzw. Fürstengräber zeigen. Ob sie darüber hinaus den Bewohnern der außerhalb des Walls zum Traveufer hin gelegenen wendischen Handwerkersiedlung auch als Gemeindekirche diente, muß offenbleiben, weil nicht erkennbar ist, wie weitgehend diese Slawen christianisiert waren. Sie war ein relativ kleiner Bau, immerhin aus Feldsteinen errichtet (vielleicht mit einem Turm), also kein Holzbau wie die übrigen Siedlungsteile, und ihr fremdartiger Stil könnte auf eine spezifisch slawische Baukunst hindeuten[24]).

Darüber hinaus existierte nun aber in der Zeit nach 1093 am jenseitigen südlichen Traveufer, noch im Schutz der Burg, eine relativ große Siedlung vorwiegend deutscher Kaufleute, wo eine eigene Kirche bestand, die dem Typ der stationären Kaufmannskirchen im Kolonialgebiet zuzurechnen ist[25]). Hier waren die deutschen Kaufleute Gründer und Patrone der Kirche, deren Priester sie selber – wohl aus Sachsen – mitbrachten. Diese fungierten nicht nur als ihre geistlichen Begleiter, sondern auch als ihre Sekretäre. Bei der Kirche lag ihr Friedhof, sie bildete den Mittelpunkt ihrer Siedlung und konnte auch als Lager für besonders wertvolle Güter dienen, weshalb sie speziell gesichert wurde[26]). Heinrich hat also die planmäßige Kooperation mit deutschen Kaufleuten gesucht, um mit Alt-Lübeck das nach der Zerstörung Haithabus 1066 entstandene handelspolitische Vakuum auszufüllen. Alt-Lübeck bildete so seit ca. 1100 mit der Burg (urbs), der offenen Slawensiedlung (oppidum bzw. civitas) und dem deutschen Suburbium (oppidum) einen relativ großen christlichen Vorposten im Wendenland mit beträchtlicher Ausstrahlungskraft[27]. Es war unter Fürst Heinrich zum politischen, kulturellen und merkantilen Zentrum im nordelbisch-slawischen Bereich geworden. Deswegen verstand es sich beinahe von selbst, daß Vizelin mit dem neuen Missionswerk hier einen Schwerpunkt setzte.

Vizelins erste Missionsversuche 1126—1131 und ihr Scheitern

Nachdem Heinrichs Oberherrschaft gefestigt schien, nahm er vorsichtig die Missionspläne seines Vaters wieder auf, die schon bei diesem im Zusammenhang mit dem Versuch standen, den abodritischen Stämmestaat in einen nakonidischen Fürstenstaat umzuwandeln. Die durch die Vielzahl der Stammes- und Sippengötter begünstigte und durch die Interessen der heidnischen Priesterkasten gestärkte politische Zersplitterung sollte mit Hilfe der Christianisierung überwunden werden, indem unter dem Schutz des einen wahren Gottes der eine Herrscher als von Gottes Gnaden legitimiert und zum Dienst an der Sache Gottes berufen erschien[28]. Die deutsche Religiosität sollte zugleich eine Öffnung für die abendländische Kultur bewirken. Zu diesem Zweck kooperierte Heinrich mit dem tatkräftigen Erzbischof Adalbero II. von Bremen (1123—1148), welcher im Einvernehmen mit Herzog Lothar (seit 1125 deutscher König) an die Missionspläne des großen Adalbert anknüpfte, sich jetzt aber auf das Abodritengebiet beschränken mußte. Adalbero schickte 1126 einen jungen Mann aus seiner Diözese nach Alt-Lübeck, der sich dem Missionsprogramm besonders verschrieben hatte: Vizelin. Damit begann die dritte Phase der ältesten Kirchengeschichte Lübecks.

Der Sachse Vizelin, vor 1100 in Hameln geboren, gründlich wissenschaftlich ausgebildet, war 1118 Lehrer an der Bremer Domschule geworden und hatte sich dann 1122/23 nach Frankreich gewandt, wo er sich unter dem Einfluß Norberts von Xanten, des Vaters der noch jungen Prämonstratenserbewegung, dem asketischen Ideal zuwandte. Von Norbert wurde er auch für die Missionsaufgabe begeistert und mit ihm zog er 1126 nach Magdeburg, als dieser in dem alten sächsischen Missionszentrum Erzbischof wurde; dort ließ er sich zum Priester weihen und wurde dann von Norbert an Adalbero verwiesen, um sich im Abodritenland der Mission zu widmen[29]. So kam Vizelin im Herbst 1126 nach Alt-Lübeck, um an Heinrichs Christianisierungsplänen mitzuwirken[30]. Von Adalbero hatte er sich formell das Sendamt (legatio) für den „Hauptort Slaviens Lubike" übertragen lassen[31], und er nahm zur Unterstützung zwei Domkleriker mit, Rudolf von Hildesheim und Ludolf von Verden.

Dieser Anfang schien verheißungsvoll. Angestrebt wurde eine Mission „von oben her", d. h. nicht eine Individualbekehrung, sondern eine formale Christianisierung des ganzen Volkes mit Hilfe der politischen Spitze der Slawen. So war es schon bei der Germanenmission, zuletzt bei den Sachsen der Fall, wobei freilich eine intensive individualisierende Nacharbeit folgen mußte, welche lange Zeit in Anspruch nahm, wie die bis dahin nur mangelhafte Christianisierung der Holsten, Stormarn und Dithmarscher bewies, bei denen das Heidentum noch kräftig lebte[32]. Fürst Heinrich bot Vizelin die Lübecker Kirche als Missionsstützpunkt an und war zu guter Kooperation bereit, weil er sich davon politische Vorteile versprach. Vizelin kehrte zunächst mit seinen Mitarbeitern noch einmal nach Sachsen zurück, um dort das Unternehmen systematisch vorzubereiten. Da wurde sein ganzer Plan schon im Ansatz zunichte gemacht durch Heinrichs plötzlichen Tod im März 1127 und durch die diesem folgenden Thronwirren im Abodritenland. Alt-Lübeck schied als slawischer Missionsvorposten aus.

Vizelin suchte sich daraufhin eine neue Basis, indem er jetzt einen holsteinischen Standort wählte und so die Mission mit den politischen Kräften der deutschen Kolonisation verband[33]). 1127 wurde ihm von Adalbero die Arbeit unter den Holsten in dem verwüsteten Grenzgau Faldera übertragen, wo das Christentum fast ganz wieder vom Heidentum verdrängt bzw. überlagert worden war[34]). Hier erzielte er in einer Art Erweckungsbewegung unter den Holsten rasche Erfolge[35]), indem er von seinem Stützpunkt in Wippendorf aus (der seit 1163 Neu-Münster hieß) die Reste der heidnischen Kulte beseitigte und den Aufbau einer Pfarrorganisation einleitete. Er gewann eine Reihe von Mitarbeitern, vor allem aus dem Mönchsstand, und verfolgte sein Ziel einer Abodritenmission ansatzweise dadurch weiter, daß er von Faldera aus im grenznahen Wendengebiet predigen ließ, ohne dabei jedoch nennenswerte Erfolge zu erzielen.

Nachdem Fürst Heinrichs Sohn Sventipolk sich gegen seinen Bruder Knut als abodritischer Gesamtherrscher durchgesetzt hatte, nahm Vizelin Kontakte zu ihm auf und schickte 1128/29 die Priester Ludolf und Volkward nach Alt-Lübeck, um dort zunächst die deutschen Kaufleute zu betreuen, deren Kirche jenseits der Trave sie als Stützpunkt zugewiesen bekamen[36]). Doch wieder wurde der Missionsversuch im Keim gewaltsam erstickt, als 1129 die Ranen Burg und Siedlung Alt-Lübeck zerstörten. Der Rückschlag schien aber zunächst keine nachhaltigen Folgen zu haben, weil der von Kaiser Lothar eingesetzte Nachfolger Sventipolks, der Dänenfürst Knut Laward, ein Vetter Fürst Heinrichs, von seiner Burg auf dem Alberg (Segeberg) aus den Wiederaufbau Lübecks und der dortigen Missionsstation betrieb. Die Kirche in der Burg wurde neu geweiht, und Ludolf ließ sich mit einigen Mitarbeitern dort nieder[37]).

Als Knut Laward 1131 von seinem Vetter Magnus ermordet wurde, zerbrach sein Ansatz einer Neukonstituierung des Abodritenstaates und mit ihm das Missionswerk Vizelins in Wagrien und Polabien. Unter seinen Nachfolgern Niklot, der das Teilgebiet Mecklenburg beherrschte, und Pribislaw, einem Enkel Gottschalks und Sohn des Budivoj, der Wagrien und Polabien mit der Residenz in Alt-Lübeck bekam, setzte um der inneren Konsolidierung ihrer Staatsgebiete willen eine heidnische Reaktion ein, die – auch wenn die Christengemeinde in Lübeck geduldet blieb und beide Fürsten getauft waren – jeder weitergehenden Christianisierung widerstand. Slawentum und Christentum galten wieder als unvereinbar.

Vizelins Neuansatz und die endgültige Zerstörung Alt-Lübecks 1138.

Kaiser Lothar hatte sich schon als Sachsenherzog von der erfolglosen Methode der Billunger, durch sporadische Vorstöße die Abodriten tributpflichtig zu machen und deren Missionierung nur nebenbei zu fördern, abgekehrt und war zur planmäßigen Unterwerfung des ganzen Gebietes übergegangen, die auf Annexion und deutsche Kolonisierung zielte[38]). Das verstärkte er noch, nachdem er seit 1125 die deutsche Reichsgewalt neu auf die Expansion im Nordosten konzentrieren konnte. So wurde nun auch die Mission systematischer als im 11. Jahrhundert zu einem Instrument dieser Territorialpolitik, was zu einer problematischen Abhängigkeit der christianisierenden Überzeugungsarbeit von der voraufgehenden oder begleitenden Gewaltanwendung führte. Daß dieser neuen Methode schließlich nach der Zerschlagung der slawischen Eigenstaatlichkeit ein nachhaltiger Erfolg beschieden war, kann für die theologische Betrachtung keine Rechtfertigung bedeuten. Jedenfalls wurden so die Voraussetzungen für die Kirchengeschichte Lübecks geschaffen, die auch als eine slawisch geprägte, unter Fortführung der Ansätze Gottschalks und Heinrichs entwickelte denkbar gewesen wäre, aber dann einen ganz anderen Verlauf genommen hätte.

Der von Lothar in der Grafschaft Holstein-Stormarn eingesetzte Graf Adolf I. von Schauenburg (1111–1130) hatte von Hamburg aus die deutsche Herrschaft gegenüber Dänen und Wenden zu etablieren versucht. Sein Sohn Adolf II. (1130–1164) knüpfte hieran an, besaß aber nicht die Macht, die Kolonisierung im Grenzgebiet gegen Pribislaw und Niklot wirkungsvoll voranzutreiben. Deshalb änderte Vizelin nach der Katastrophe von 1131 seine Missionsstrategie und wandte sich direkt an Kaiser Lothar als den nominellen Oberherrn der Abodriten um Hilfe[39]).

Mit dem Einsatz der Reichsmacht sollte die Mission von oben her, jetzt flankiert durch militärische Maßnahmen, vorangetrieben werden. Anstelle des Bündnisses mit den slawischen Fürsten trat nun endgültig die Kooperation mit den Deutschen. Voraussetzung dafür war die endgültige Christianisierung der deutschen Bevölkerung in Holstein, Stormarn und Dithmarschen, die Vizelin weitgehend durchsetzte. Aufgrund seiner Vorschläge wurde 1134 auf dem Alberg, dem Segeberger Kalkfelsen, eine strategisch bedeutsame Burg angelegt, die ins Wagrierland hineinragte, Vorstöße dorthin bis zur Trave decken und Einfälle der Slawen nach Nordalbingien abwehren konnte. Im Schutz der Burg am Fuße des Kalkberges ließ Lothar ferner ein Missionskloster mit Kirche errichten und übertrug es Vizelin, von wo aus die Prediger nach Wagrien ziehen konnten. Den einsamen Vorposten Lübeck mit den Priestern Ludolf, Hermann und Bruno befahl er der besonderen Fürsorge des Fürsten Pribislav an[40]).

Lothars Tod 1137 führte zu Verwirrungen im Reich und in Sachsen mit dem Streit um die Belehnung von Lothars Schwiegersohn, des Welfen Heinrichs des Stolzen, Herzogs von Bayern, mit dem sächsischen Herzogtum herbei, die der Wendenmission schwer schadeten. König Konrad III. nahm dem zurückgedrängten Rivalen um die Königskrone das sächsische Lehen und übertrug es dem Markgrafen Albrecht dem Bären. Dieser wiederum entzog Adolf II. von Schauenburg, der ihm die Anerkennung als Herzog verweigerte, die holsteinische Grafschaft und gab sie 1138 dem lüneburgischen Ritter Heinrich von Badwide. Diese Schwächung der Reichs-, Herzogs- und Grafengewalt nutzten die Wenden zum Gegenschlag gegen die deutsche Kolonisation aus. Pribislaw griff im selben Jahr 1138 von Lübeck aus Segeberg an, zerstörte das Kloster und das Suburbium, konnte aber die Burg nicht erobern. Währenddessen fiel der mit ihm um die abodritische Oberherrschaft rivalisierende Rugier Race, ein Nachkomme Krutos, mit einer Flotte im Travegebiet ein und zerstörte Alt-Lübeck, die Burg samt Handwerker- und Kaufmannssiedlung sowie die Kirche (1138). Die Kleriker entkamen in das schützende Neumünster jenseits der Grenze[41]).

Nun begann eine allgemeine Verwüstung Wagriens, denn Heinrich von Badwide durchzog im Winter 1138/39 das Land und zerstörte die slawischen Burgen; und 1139, als er von Adolf II. verdrängt wurde, eroberten die Holsten nach und nach Wagrien bis hin zur Feste Plön[42]). Die Kämpfe zwischen den Rivalen Heinrich und Adolf trugen in der Folgezeit zur Verwüstung bei. Die abodritischen Herrschaften waren ebenso wie das Handelszentrum Alt-Lübeck und die sporadischen Missionsansätze vernichtet. Deshalb bedeutete es praktisch zunächst kaum etwas, wenn König Konrad 1139 die zerstörte Kirche „in castro Lubeke" mit den dazugehörigen Liegenschaften Vizelin schenkte und von Abgaben befreite[43]). Immerhin tat sich hierin Vizelins Wille kund, den Aufbau der Kirchenorganisation von Alt-Lübeck aus fortzusetzen. Er wurde darin vom Bremer Erzbischof Adalbero unterstützt, der 1141 den Fürsten Pribislaw anhielt, auf eigene Kosten einen Neubau der Kirche in Alt-Lübeck durchzuführen. Doch ob es dazu tatsächlich kam, muß offenbleiben; die Burg blieb zerstört, ebenso die deutsche Kaufmannsstadt, nur die Slawensiedlung bestand noch fort[44]). Die sächsischen Eroberer hatten kein Interesse an der Christianisierung der Slawen, sondern wollten nach wie vor nur deren Tributpflichtigkeit.

Lübeck als deutsche Neugründung unter Graf Adolf II. seit 1143

Nachdem der Welfen-Anhänger Adolf von Schauenburg sich gegen Heinrich von Badwide in Holstein und Wagrien durchgesetzt hatte und der junge Heinrich der Löwe (ca. 1129/31–1195), der Enkel Kaiser Lothars, seine Ansprüche auf das Herzogtum Sachsen 1142/43 durchgesetzt hatte und damit Graf Adolf Rückhalt geben konnte (Heinrich von Badwide bekam Polabien als neue Grafschaft Ratzeburg), begann Adolf in großem Stil mit der politischen, wirtschaftlichen und kirchlichen Neuordnung Nordalbingiens. Mit der Burg Segeberg als militärischem Schutz holte er neben den Holsten und Stormarn auch Kolonisten aus Westfalen, Friesland, Holland und Flandern für das weitgehend unbesiedelte Wagrien herbei[45]). Bei der Kultivierung des verwüsteten Landes spielte nun der Wiederaufbau des Handelszentrums Lübeck eine entscheidende Rolle, womit die vierte Phase von dessen frühester Kirchengeschichte eingeleitet wurde.

Die Kaufmannssiedlung von Alt-Lübeck in der ungeschützten Lage an der Trave hatte sich auf die Dauer als ungünstig erwiesen, deswegen wurden nach 1138 kaum Versuche eines Wiederaufbaus mehr unternommen[46]). Sie war der Endpunkt des großen Handelsweges von Bardowik her, der auch die sechs Kilometer südlich gelegene, besser geschützte Halbinsel zwischen Trave und Wakenitz durchquerte, wo es schon früh eine slawische Siedlung, ein Fischerdorf und im Norden die – jetzt zerstörte – Burg mitsamt Suburbium gab. Von dem auffälligen Buchenbestand, der den Werder bedeckte, trug dieser den Namen Bucu („Zu den Buchen")[47]).

Möglicherweise hatten sich einige Kaufleute schon nach der Zerstörung von 1129 und vor allem nach derjenigen von 1138 hierher zurückgezogen, denn als Graf Adolf 1143 im Rahmen seiner Kolonisation Wagriens das alte slawische Handels- und Herrschaftszentrum L'ubice hier durch die Anlage einer Burg und einer Siedlung neu begründete, fand er Siedlungsreste und sogar einen Hafen vor[48]). Es handelte sich also nicht um eine totale Neugründung im eigentlichen Sinne, sondern nur um die Verlagerung des größeren Zentrums Lübeck unter Beibehaltung des alten Namens an einen bereits bestehenden, wohl noch recht kümmerlichen, aber zukunftsträchtigen Handels- und Siedlungsplatz[49]).

Die Kontinuität zwischen dem alten und dem neuen Lübeck war also erheblich größer, als die frühere Forschung angenommen hat. Die Leistung Adolfs II. bestand darin, daß er in Anknüpfung an die slawischen Vorformen und Konzeptionen die neue Siedlung viel systematischer und großzügiger als Stadt nach den damals neuen Prinzipien plante und den nach wie vor bedrohten Ansatz einer Stadtgründung durch die Ansiedlung von Kolonisten aus dem Reich förderte[50]). War das alte Lübeck eine slawische Residenz mit dem Annex einer deutschen Kaufmannskolonie, so war das neue Lübeck primär eine deutsche Kaufmannsstadt, geschützt durch eine gräfliche Burg.

Die ältesten Kirchen

Von dieser Sicht der Dinge wird auch unser Bild der frühesten Kirchengeschichte desjenigen Ortes berührt, auf den seit 1143/59 der Name Lübeck überging (während für den bisherigen Siedlungsplatz noch längere Zeit der Name Oldenlubeke gebräuchlich blieb)[51]). Allerdings hängt es von einer Entscheidung der stark umstrittenen Frage ab, an welcher Stelle des ausgedehnten Werders Bucu diese schauenburgische Ansiedlung lag: in der heutigen Domgegend, um St. Petri herum, am heutigen Markt oder am Koberg. Die Forschung hat mit großem Scharfsinn alle diese Möglichkeiten erörtert, ohne bislang zwingende Gründe für die eine oder andere Lösung beibringen zu können[52]).

Im Norden an der Landenge lag die gräfliche Burg, von dort war es eine beträchtliche Wegstrecke zur Siedlung (civitas) und zum Markt, welcher mit dem Hafen zusammenhing und von der Siedlung wohl etwas getrennt war. Topographische Gründe, archäologische Befunde und die Angaben Helmolds sprechen dafür, daß sowohl die vorschauenburgische als auch die gräfliche Siedlung oberhalb der Wakenitzmündung, also im Bereich des späteren Dombezirks, an der nach Süden führenden Straße lag, mit einem Markt um den Klingenberg und einem Hafen am südwestlichen Traveufer (an der heutigen Obertrave)[53]).

Hier dürfte die älteste Kirche gestanden haben, denn Helmold erwähnt für das Jahr 1158 das Haus eines Priesters namens Ethelo in der Nähe der über die Wakenitz führenden Brücke (etwa am heutigen Mühlentordamm), welches bei der Kirche gelegen haben muß[54]). Vermutlich wird diese Kirche schon vor 1143 hier existiert haben, so daß also das spätere, nach 1160 in den Dom integrierte Kirchspiel den Ausgangspunkt der kirchlichen Entwicklung Lübecks bildete, da hier die ursprünglichen Pfarrechte lagen. Der später bezeugte Name St. Nikolai mit dem Zusatz „unter dem (Dom-)Turm" legt nahe, daß schon die älteste Kirche dem Schutzheiligen der Seefahrer gewidmet war, was im Zusammenhang der Gründungsgeschichte einen guten Sinn gibt. Graf Adolf als Stadtherr übernahm dann das Patronat dieser Kirche[55]). Sie ist dem Typ der Kaufmannskirche zuzuordnen, wird aber auch – da für den südlichen Teil des Stadthügels slawische Ansiedlungen bezeugt sind – für die hier als Handwerker lebenden, nach 1143 zumeist christianisierten Abodriten zuständig gewesen sein.

Ansonsten wissen wir nur ganz wenig über diese Anfangszeit, so daß wir weitgehend auf Hypothesen angewiesen sind. Jener Ethelo bzw. Athelo war nicht der einzige

Priester. Er hatte bei seinem Pfarrhof eine Reihe von Leuten, war einer von Vizelins Mitarbeitern und wurde später der erste Dompropst[56]). Jedenfalls spielte er eine herausragende Rolle, wie sich auch daran zeigt, daß er 1158 angesichts von Niklots Überfall auf Lübeck eine provisorische Verteidigung organisierte. Neben Ethelo ist als weiterer Priester namentlich nur der Mönch Rudolf, der Hildesheimer Domherr, welcher schon 1126 an Vizelins erstem Missionsversuch in Alt-Lübeck teilnahm, bezeugt. Dieser starb 1147 bei dem Wendenangriff (s. u.). Wahrscheinlich arbeiteten außerdem noch weitere Kleriker und Mönche hier.

Vermutlich gab es bald eine zweite Kirche, da Helmold von „Kirchen" (ecclesias) spricht, die durch die Feuersbrunst 1157 vernichtet und 1159 wieder aufgebaut wurden[57]). Diese wird im unmittelbaren Marktbereich zu lokalisieren sein, wahrscheinlich an der Stelle der späteren Petrikirche, und wohl schon mit dem Namen dieses neben Nikolaus zweiten Patrons der Schiffahrt, der zugleich Patron der Mission war, ausgestattet gewesen sein[58]). Wohl 1150 kam Vizelin, dem 1149 das seit 1066 unbesetzte Oldenburger Bischofsamt übertragen worden war, im Zusammenhang seiner mühevollen und vielfach vergeblichen Bemühungen um den Aufbau einer Pfarrorganisation in Wagrien auch nach Lübeck, eine der wenigen kirchlichen Stätten mit verheißungsvollen Ansätzen. Er weihte hier die neue Kirche[59]), die ebenso wie die alte noch aus Holz gebaut war. Doch seine Spannungen mit Graf Adolf verhinderten vorerst weitere Ausbaumöglichkeiten, die mit der rasch aufblühenden Stadt gegeben waren. Ob er oder der Schauenburger die Initiative zum Kirchbau gab, muß offenbleiben.

Die Mission und der Wendenkreuzzug 1147

Von einer Verbindung Lübecks mit Vizelins Missionswerk für Wagrien und Polabien hören wir nichts. Die alten Pläne, dieses Handelszentrum zu einer Missionsstation zu machen, wurden also vorerst nicht aufgegriffen. Die kirchliche Arbeit konzentrierte sich auf die Betreuung der hier ansässigen bereits christianisierten deutschen Kaufleute und slawischen Handwerker. Damit wurde schon in der frühesten Zeit derjenige Aspekt erkennbar, der im Unterschied zu Alt-Lübeck die jetzt beginnende Kirchengeschichte prägte.

Die Ostkolonisation war mittlerweile im Reich gleichsam eine Massenbewegung geworden. Da sie auf die Zivilisierung heidnischen Landes zielte, verband sich in einigen Köpfen mit ihr der Kreuzzugsgedanke, der seit dem Ende des 11. Jahrhunderts zunehmend ebenfalls zur Idee einer Massenbewegung wurde. Schon 1108 hatte ein Geistlicher dazu aufgerufen, von Magdeburg aus einen heiligen Krieg gegen die Slawen zu führen, um die dort zerstörten Kirchen wiederherzustellen[60]). An derartige Ideen und an die Interessen der Sachsen, das immer wieder unterbrochene Missions- und Siedlungswerk im Osten und Nordosten endlich zu konsolidieren, konnte der Plan eines Wendenkreuzzuges anknüpfen, den der bedeutendste Prediger jener Zeit, Bernhard von Clairvaux 1147 propagierte[61]). Seinem Aufruf zum zweiten Kreuzzug ins Heilige Land mochten die sächsischen Fürsten nicht folgen, weil die Bekehrung der Heiden in ihrer Nachbarschaft ein ebenso gottgefälliges, aber dringlicheres Werk wäre. Unter der Parole „Bekehrung oder Ausrottung der Heiden" sicherten Bernhard und ihm folgend Papst Eugen III. den Teilnehmern des Wendenkreuzzuges den Kreuzfahrerablaß zu und verboten, den Slawen aus politischen Rücksichten ihre alte Religionsausübung gegen Tributzahlung zuzusichern. In diesem Unternehmen kulminierte also die seit Kaiser Lothar angewandte Konzeption der militärischen Sicherung der Mission. Es wurde allerdings weithin ein Fiasko.

Die durch Graf Adolf eingeleitete Kolonisierung Wagriens erlitt deshalb einen jähen Rückschlag, weil der Abodritenfürst Niklot, der von den deutschen Plänen erfahren hatte, im Juni 1147 mit einem Präventivschlag in die Travegegend einfiel[62]). Die Lübecker Burgbesatzung bemerkte die herannahende Flotte und wollte die Stadtbevölkerung warnen, welche gerade den Gedenktag des Paulus und Johannes mit ausgelassener Fröhlichkeit feierte und dabei vom wendischen Angriff überrascht wurde. Die im Hafen liegenden Schiffe wurden verbrannt und mehr als dreihundert Bürger erschlagen, darunter auch der Priester Rudolf, der Freund Vizelins. Nur die Burg konnte sich verteidigen. In den nächsten Tagen verwüstete Niklot die deutschen Siedlungen im Trave-Ostseeraum. Als dann das sächsische Kreuzfahrerheer in Mecklenburg einfiel, zog er sich zurück, und da dieses mehr an der Tributpflichtigkeit als an einer Verwüstung des Landes um der Slawenbekehrung willen interessiert war, wurde das ganze Unternehmen bald darauf abgebrochen. Es machte deutlich, wie geringe Chancen eine Christianisierung auf gewaltsame Weise nach wie vor haben mußte. Hinfort wurde sie auf dem Wege einer planvollen unkriegerischen (aber nicht gewaltlosen) Germanisierung des Landes vorangetrieben. Die wenigen Abodriten, die zum Christentum übergetreten waren, enthielten sich einer entsprechenden Religionsausübung völlig[63]).

Die bisherigen Erfolge der Wendenbekehrung waren quantitativ gering und qualitativ oberflächlich; auch als Vizelin 1149 Bischof für Wagrien wurde, änderte sich daran nicht viel. Er verfolgte keine offensive Missionsstrategie mehr, sondern baute auf die allmähliche kirchliche Organisation mit Hilfe des deutschen Bevölkerungselements, um so sekundär auch die Abodriten zu christianisieren. Seine Priester kümmerten sich im allgemeinen wenig um die Slawen, erlernten nicht einmal deren Sprache und beschränkten sich auf sporadische Missionsversuche[64]). Die von ihm aufgebaute Pfarrorganisation hielt sich in den Grenzen des bisher vor allem im Westen Wagriens erschlossenen deutschen Kolonialgebiets und umfaßte 7–9 Kirchspiele (Lübeck und Oldesloe als Vorposten, Segeberg, Högersdorf, Bornhöved, Schlamersdorf, Bosau)[65]). Etliche der sog. Vizelinskirchen im heutigen Ostholstein stammen erst aus späterer Zeit.

Heinrichs des Löwen nordelbische Kirchenpolitik

Gegen hartnäckige Widerstände seitens des Bremer Erzbischofs, des Markgrafen Albrecht und der sächsischen Adeligen hatte der junge Heinrich der Löwe nach 1143 seine Herrschaft in Sachsen zu festigen und auszubauen gesucht. Dabei stützte er sich außer auf den Ausbau seines eigenen Allodialbesitzes vor allem auf seine markgräflichen Rechte im Kolonialgebiet. Deswegen konnte er den Versuch des seit 1148 amtierenden Erzbischofs Hartwig, der ihm in alter Feindschaft verbunden war, mit der Besetzung der seit 1066 vakanten Slawenbistümer die bremische Expansionspolitik wieder aufzunehmen, nicht dulden[66]). Als Herr des Grenzlandes beanspruchte er die – nach mittelalterlichem Herkommen dem König zustehende – Investitur der neuen Bischöfe, deshalb verweigerte er Vizelin die nötige materielle Ausstattung für das Bistum. Da dieser hierdurch in seinen Arbeitsmöglichkeiten völlig blockiert war, schwenkte er schließlich um ins herzogliche Lager und empfing von Heinrich im

Dezember 1150 in Lüneburg den Bischofsstab als Zeichen der Investitur und damit der Anerkennung der Oberhoheit des Herzogs über den Bischof[67].

Nun war Heinrich bereit, das Bistum zusammen mit Graf Adolf in den üblichen Formen durch Überlassung eines Dotaldorfes (Bosau am Plöner See) und eines Anteils an den Zehntabgaben auszustatten. Vizelin nahm seinen Sitz daraufhin nicht in Oldenburg, wo neben der Burg nur ein unbedeutendes Kirchlein bestand und das Heidentum noch ungebrochen herrschte, sondern in Bosau, ebenfalls einem slawischen Burgort. Doch die Kämpfe mit dem Herzog und die folgenden Auseinandersetzungen mit Hartwig von Bremen, der jene Regelung nicht akzeptierte, nahmen Vizelin gesundheitlich so stark mit, daß er bis zu seinem Tod 1154 meist ans Krankenlager gefesselt blieb[68].

Nachdem der neue deutsche König Friedrich I., auf die Koalition mit dem Welfen angewiesen, während des Goslarer Reichstages 1154 Heinrich endgültig das Recht der Bischofsinvestitur als stellvertretende Ausübung königlicher Herrschaft im Kolonialgebiet jenseits der Elbe zugebilligt hatte, war nun die Bahn frei für die kirchliche Entwicklung Nordalbingiens im Gefolge der herzoglichen Expansionspolitik. „Die Frage, ob bei der Kolonisation des Wendenlandes die weltliche Gewalt oder die Kirche die führende Rolle spielen sollte, war damit endgültig zugunsten des Staates entschieden"[69]. Entgegen dem Trend im Reich brachte der Investiturstreit, der 1122 mit dem Wormser Konkordat zu einem Ergebnis geführt hatte, das königliche Recht beschnitt und langfristig die Selbständigkeit der Bischöfe förderte, in Nordalbingien eine Stärkung der weltlichen Gewalt.

Heinrich hatte mit der Kirchenhoheit Privilegien, wie sie damals kein anderer deutscher Territorialfürst besaß. Aufgrund der Entscheidung von 1154 besetzte er nun auch das Bistum Ratzeburg (mit dem Magdeburger Stiftspropst Evermod, einem Mann seines Vertrauens) und schuf so die materiellen Grundlagen für die Christianisierung des Polabenlandes[70]. Wie in Oldenburg waren sie recht kärglich bemessen, und zusammen mit der rechtlichen und politischen Abhängigkeit vom Herzog resultierte daraus eine Situation, die den neuen Kolonialbistümern nicht entfernt die Entwicklung hin zu der Machtstellung der Bistümer in Sachsen wie im Reich erlaubte. Die geistliche Gewalt stand hier auf allen Ebenen bis hin zu den Einzelgemeinden ganz im Schatten der weltlichen – das sollte die folgende Kirchengeschichte nachhaltig bestimmen. Für Heinrich war sie im wesentlichen ein Instrument, seine Herrschermacht auszubauen. Trotz seiner persönlichen Frömmigkeit und seiner Förderung des religiös-kulturellen Lebens war er nicht bereit, der Kirche eine selbständige Position einzuräumen. Bezeichnend für sein Desinteresse an einer tiefergehenden Christianisierung des Landes ist, daß er in seinem riesigen Herrschaftsgebiet Sachsen–Nordalbingien kein einziges Kloster oder Stift gegründet hat[71].

Vizelins Nachfolger: Bischof Gerold

Als Vizelin im Dezember 1154 starb, befand sich Herzog Heinrich gerade auf dem Weg nach Italien, weil er Friedrich I. auf dessen Krönungszug nach Rom begleitete. Angesichts der Investiturstreitigkeiten mit Erzbischof Hartwig war rasches Handeln erforderlich, und so ernannte in Vertretung für Heinrich und sicher aufgrund von entsprechenden Weisungen dessen Gemahlin Clementia aus seinem „Verwaltungsklerus" den Braunschweiger Hofkaplan und herzoglichen Notar Gerold, einen Schwaben von vornehmer Herkunft, zum wagrischen Bischof[72]). Dies wird Anfang des Jahres 1155 gewesen sein. Da Hartwig Gerold nicht anerkannte und ihm die Weihe verweigerte, reiste dieser auf Veranlassung Heinrichs ihm nach, und der Herzog sorgte dafür, daß der ihm wegen militärischen Beistands dankbare Papst Hadrian IV. am 19. Juni 1155 Gerold persönlich zum Bischof weihte[73]). Damit stand das wagrische Bistum in einer apostolischen Sukzession, die bis zum letzten Bischof der Reformationszeit fortdauerte.

Als Gerold nach Wagrien kam, fand er sein Bistum völlig mittellos vor. Das Kloster Faldera (Neumünster) war nach Vizelins Tod Hamburg unterstellt worden, das Gut Bosau lag danieder. Nachdem er sich mit Erzbischof Hartwig ausgesöhnt hatte, ging er im Winter 1155/56 an die Neuordnung des Bistums, wobei er seinen Bruder Konrad, den Abt von Riddagshausen, als Helfer mitnahm. Im halbverlassenen Oldenburg feierte er unter kümmerlichen Bedingungen das Epiphaniasfest, freundlich bewirtet vom Slawenfürsten Pribislaw, der bereits Christ war[74]). Mit einer demonstrativen Aktion nahm er den Kampf gegen das Heidentum auf, indem er nahe Oldenburg den heiligen Hain des Wendengottes Prove zerstörte. Er stieß dabei auf keinen Widerstand, weil sich die Wagrier teils von ihrer alten Religion abgewandt, teils nur äußerlich dem Christentum zugewandt hatten; doch ihre Christenfeindschaft trat noch deutlich in der Behandlung gefangener Priester hervor[75]).

Anschließend zog Gerold nach Lübeck, wo sich auf Geheiß des seit 1138 weitgehend entmachteten, aber bei den Slawen immer noch als Führer angesehenen Nakoniden Pribislaw Mitte Januar 1156 „das ganze Landvolk", d. h. die Vertretung der wagrischen Sippenverbände, auf dem Marktplatz zu Verhandlungen mit dem Bischof einfand[76]). Das neue Lübeck hatte also trotz der deutschen Besiedlung für die Slawen ebenso eine zentrale Funktion wie die alte Abodritenstadt inne. Gerolds Versuch, mit Hilfe des dem Christentum aufgeschlossenen Gottschalk-Enkels eine Massenbekehrung zu initiieren, schlug fehl. Die Wagrier beklagten sich über die harte, ungerechte Behandlung seitens der sächsischen Kolonialherren und lehnten deswegen Gerolds Aufforderung, zum christlichen Glauben zurückzukehren, um sich damit bessere Lebensbedingungen zu verschaffen, mit dem Hinweis ab, zuvor müßte erst die finanzielle Ausplünderung des Landes beendet und ihre Existenzgrundlage rechtlich gesichert werden. Da Gerold den Grundsatz „Bekehrung oder Vernichtung der Heiden" nicht vertrat, wohl aber die Zusammenhänge mit der Kolonisation klar sah, versuchte er, auf einem herzoglichen Landtag in Ertheneburg an der Elbe (Artlenburg) für das gesamte Gebiet die Christianisierung gegen politische Zugeständnisse an die Wenden zu erreichen. Doch dies verweigerten sowohl der Abodritenfürst Niklot als auch Herzog Heinrich. Die Slawenbekehrung wurde nach wie vor von beiden Seiten als eine politische Frage behandelt.

Gerolds erster Anlauf zu einer großen Lösung war damit gescheitert. Er blieb nun über ein Jahr lang am Braunschweiger Hof, konnte aber beim Herzog nur erreichen, daß Graf Adolf ihm endlich einen Teil des vorgesehenen bischöflichen Landes um Bosau und Eutin auslieferte. So nahm er denn seit 1157 seine Residenz in Eutin, wo er eine Burg, einen Markt mit Kirche und einen Bischofshof errichtete[77]). Von hier aus betrieb er die Christianisierung des Landes, die ihm durch eine politische Lösung von oben her nicht geglückt war, in Anlehnung an die deutsche Kolonisationstätigkeit durch systematische Kleinarbeit: Im abseits gelegenen Oldenburg, dem Zufluchtsgebiet der Slawen, engagierte sich der ehemalige Bosauer Pfarrer Bruno, einer der Missionspioniere, der vor 1138 in Alt-Lübeck gewirkt hatte, beim Abbau des heidnischen Kultes und beim Aufbau einer Pfarrorganisation; weitere Pfarreien entstanden später in den deutschen Siedlungen von Altenkrempe, Süsel, Lütjenburg und Ratekau, wobei Gerold die enge Kooperation mit Graf Adolf zugute kam; das Högersdorfer Chorherrenstift hatte Gerold zuvor schon nach Segeberg zurückverlegt[78]).

Diese Maßnahmen fallen alle in die Zeit nach 1157. Zunächst blieb Lübeck in Wagrien neben Segeberg der einzige Ort mit einer größeren kirchlichen Organisation, und hier dominierte das deutsche Element. Der städtische Charakter, die Konzentration auf das Leben der Bürger prägte zunehmend die kirchliche Arbeit, während die Orientierung an der Missionsaufgabe zurücktrat.

Die Abodriten galten theoretisch als (zwangsweise) bekehrt, doch ihre Taufe galt nicht viel, solange sie ihren alten Lebensgewohnheiten anhingen[79]). Christianisierung bedeutete für sie, die Zivilisation der deutschen Siedler zu übernehmen, deren drückende kulturelle Überlegenheit den Zusammenbruch der slawischen Volksreligiosität beförderte. So integrierten die Abodriten sich bald sowohl in religiöser als auch in nationaler Hinsicht und bildeten nur mehr ein Ferment der Bevölkerung Wagriens, das in seiner ethnischen Eigenart allerdings bis ins späte Mittelalter erkennbar blieb. Der Gegensatz zwischen Deutschen und Slawen, der Lübecks früheste Kirchengeschichte bestimmt hatte, spielte in der Folgezeit keine Rolle mehr, und bei der Integration beider leistete die Kirche einen entscheidenden Beitrag.

2. Kapitel
Stadt und Bistum in der Zeit der Neugründung

Mit der Gründung der deutschen Stadt an dem Platz des heutigen Lübeck ist eine wichtige Zäsur gegeben. Allerdings darf man die Kontinuität zum alten slawischen Handelsort nicht unterschätzen. Der machtpolitische Eingriff Heinrichs des Löwen und die von ihm geförderte Neugründung Lübecks 1159 setzten danach sowohl in allgemeingeschichtlicher als auch in kirchengeschichtlicher Hinsicht einen Markstein, der die folgende Entwicklung nachhaltig bestimmte, auch wenn man hier in allem Neuen die Kontinuität sehen muß. Mit dem Bürgertum und dem Bistum treten nunmehr die beiden Faktoren in die Lübecker Kirchengeschichte ein, die – miteinander, gegeneinander und je für sich – ihren Verlauf lange Zeit geprägt haben. Die Gründungssituation brachte bereits entscheidende Weichenstellungen für die Zukunft. Das eigentümliche Gebilde der Kirche in der Stadt nahm hier seinen Anfang.

Ende der gräflichen Stadt und Neubeginn unter Heinrich dem Löwen

Die neue Stadt des holsteinischen Grafen Adolf hatte sich alsbald beachtlich entwickelt. Von überall kamen Händler und Handwerker, um sich hier niederzulassen, insbesondere verlegten die bis dahin in Schleswig und Bardowik, dem dänischen und dem sächsischen Vorort des Ostseehandels, ansässigen Fernkaufleute ihren Standort hierher[1]. Dadurch erlitt Adolfs Lehnsherr, der Sachsenherzog Heinrich der Löwe, der den Ausbau seiner Landesherrschaft gerade auf die Wirtschaftskraft seiner Städte stützen wollte, so erheblichen Schaden (der durch die Konkurrenz, die das gräfliche Salzwerk in Oldesloe der herzoglichen Saline in Lüneburg machte, noch verstärkt wurde), daß er das Problem in der ihm eigenen Weise durch Gewalt zu lösen suchte. Er forderte Adolf ultimativ auf, ihm die Hälfte der Lübecker und der Oldesloer Einnahmen abzutreten, und als dieser begreiflicherweise ablehnte, ließ Heinrich das Salzwerk zerstören und verbot, in Lübeck fernerhin noch Markt zu halten (vermutlich um 1152/54).

Damit drohte den hiesigen Kaufleuten auf Dauer der Verlust ihrer Existenzgrundlage, auch wenn sie das herzogliche Verbot zunächst möglicherweise noch umgehen konnten. Der Graf war nicht mehr in der Lage, ihnen Rechts- und Marktschutz zu gewähren, und deswegen verließen die Siedler im Jahre 1157, nachdem eine Feuersbrunst die Stadt, die sie mit großem Aufwand aufgebaut hatten, zerstört hatte, Lübeck und erbaten von Heinrich, ihnen den Platz für eine neue Stadt anzuweisen[2]. Da Adolf auch jetzt noch dem Herzog die Abtretung des verwüsteten Travewerders verweigerte, gründete dieser – wohl im Winter 1157/58 – außerhalb Wagriens auf eigenem Gebiet jenseits der Wakenitz eine Marktsiedlung, die er programmatisch „Löwenstadt" nannte. Doch deren (bis heute nicht genau feststellbare) Lage war für eine Handelsstadt ungeeignet, weil der dortige Hafen nur von kleinen Schiffen erreicht werden konnte und überdies zu weit von der See entfernt lag[3]. Deshalb verhandelte Heinrich erneut mit dem Grafen und erlangte diesmal für erhebliche Gegenleistungen, daß Adolf ihm die Rechte an Burg und Werder Lübeck abtrat. Das war wohl im Frühjahr 1159[4].

Der Weg zur endgültigen Gründung Lübecks als einer herzoglich-sächsischen Stadt war jetzt frei. Die Kaufleute zogen auf Heinrichs Anordnung hin, wie Helmold berichtet, wieder auf den Travewerder und „begannen, die Kirchen und die Mauern der Stadt wiederzubauen", wobei der Herzog die Ansiedlung durch wirtschaftspolitische und rechtliche Maßnahmen förderte: durch das Angebot des freien, gesicherten Handels an Kaufleute in Skandinavien und Rußland, durch die Anwerbung von Siedlern, durch Münz- und Zollrechte und „sehr wertvolle Stadtrechte" bzw. Freiheiten für die Stadt (iura civitatis honestissima)[5]. Mit diesen dürren Angaben Helmolds verbindet sich das in der Forschung viel diskutierte Problem der frühen Topographie und der Verfassungssituation der Stadt, welches hier nur kurz berührt werden kann.

Gründungssituation und Ratsverfassung

Die neue Stadt Lübeck, in der Epoche der großen mitteleuropäischen Städtegründungswelle entstanden, unterscheidet sich von dem üblichen Städtetypus landesherrlicher oder bischöflicher Provenienz dadurch, daß sie eine von Fernkaufleuten getragene Gründung auf Kolonialboden ist. Daraus sind bestimmte Besonderheiten zu erklären, die Fritz Rörig seinerzeit zu einer heftig diskutierten Theorie zusammengefaßt hat, deren Grundbestand trotz aller Einwände plausibel bleibt, wenn man aufgrund der neueren Städteforschung erhebliche Korrekturen und Modifikationen anbringt[6].

Der eine Impuls zur Neugründung kam von Heinrich dem Löwen, welchem im Zusammenhang seines Bemühens um den Ausbau einer starken herzoglichen Obergewalt gegenüber den mancherlei partikularen Herrschaften daran lag, sich mit den Städten seines Herzogtums eine neue Machtbasis zu schaffen, die auf wirtschaftlichen Gewinn gebaut war. Der andere Impuls kam von den in dieser Gegend seit den Zeiten des Slawenfürsten Heinrich ansässigen, genossenschaftlich zusammengeschlossenen Kaufleuten, die darauf drangen, endlich eine sichere, verkehrsgünstige und ausreichend große Basis für ihren Fernhandel zu bekommen. Dieser Interessengemeinschaft von Herzog und Kaufleuten verdankt Lübeck sein rasches Aufblühen: „Die Gründung einer Stadt ist ein Rechts- und ein Siedlungsakt. Als Stadtherr vollzieht der Herzog den Rechtsakt; der Siedlungsakt wird von anderen Gruppen durchgeführt"[7].

Nach längeren Verhandlungen übertrug Heinrich der Löwe den in einer Art Gilde vereinigten kaufmännischen Organisatoren der Stadtgründung das Eigentum an dem bisher nicht besiedelten Grund und Boden der neuen Stadt sowie an einer dazugehörigen Feldmark beidseits der Trave, wobei er sich außer der Burg im Norden einen erheblichen Bezirk im Süden und Osten vorbehielt. So konnten die „Gründungsunternehmer", zu denen sich neue Siedler aus dem rheinisch-westfälischen Ministerialadel gesellten, die Aufteilung des Bodens vom Zentrum des neuen Marktes aus (an der heutigen Stelle gelegen, damals eine noch weitgehend bewaldete Fläche), wo die öffentlichen Gebäude zu liegen kamen und die Gründerfamilien sich die besten Grundstücke sicherten, planmäßig vornehmen. Daraus erklärt sich die rationale Stadtanlage in diesem Teil (von der Linie Holsten- und Wahmstraße nordwärts bis zur Meng- und Johannisstraße), während an anderen Stellen (vor allem um St. Petri) wohl frühere Besitzverhältnisse berücksichtigt werden mußten. Siedlungsreste der älteren Gründungen bestanden noch bei der Burg, im Dom- und im Petribereich.

Insgesamt war der Gründungsvorgang eine sich längere Zeit hinziehende komplexe Aufgabe, eine große organisatorische und technische Leistung, an welcher unter

Leitung der Führergruppe von Kaufleuten und Adeligen viele Menschen beteiligt waren: die hinzuziehenden Händler und Handwerker; die gegenüber dem Herzog zum Burgwerk verpflichtete Landbevölkerung einschließlich der Slawen, welche die Stadtbefestigung, die Brücken und die Hafenanlagen bauen mußten; die herzoglichen Beamten; die aus dem Reich geholten Siedlungstechniker und Architekten sowie die Arbeiter der Bauhütten; und schließlich auch Kleriker, welche als des Lesens und Schreibens Kundige für den Schriftverkehr unentbehrlich waren[8]). Eine Stadt wurde hier buchstäblich aus dem Boden gestampft.

Diese Gründungssituation hatte nun verfassungsrechtliche Konsequenzen, die schon bald die lübische Geschichte und damit auch die Kirchengeschichte nachhaltig prägten: Aus der organisierten Unternehmergruppe, die mit dem Herzog nur in Form einer juristischen Person verhandeln konnte, entwickelte sich relativ rasch über eine nicht genau faßbare bürgerliche Behörde der Rat der Stadt, der uns erstmals 1201 als solcher urkundlich begegnet, aber schon vorher diese Rechtsform gehabt haben wird[9]). Hatte die Gruppe der Gründungsunternehmer, die als Organisationsleitung nicht von der Gemeinschaft der Siedler gewählt war, zunächst allgemeine Aufsichtsbefugnisse, so erhielt sie als Leitungsbehörde in einem Gründungsprivileg (1163?) das Stadtrecht mit der „Kore" (Willkür) nach Soester Vorbild, d. h. mit der Befugnis, rechtlich bindende Anordnungen für alle Einwohner zu treffen und deren Einhaltung notfalls mit Gewalt zu erzwingen, eine jurisdiktionelle Funktion, die sie zusammen mit der Marktaufsicht zur Obrigkeit im Rechtssinne werden ließ[10]). Die Rechte des Herzogs, insbesondere die Hochgerichtsbarkeit übte ein von diesem beauftragter Vogt aus (als erster wird 1161 ein Ministerialadeliger namens Reinold genannt). In der Folgezeit setzte der Rat seine Befugnisse gegenüber dem Vogt immer stärker durch und drängte diesen im Verlauf des 13. Jahrhunderts ganz in den Hintergrund. Der Bischof dagegen hatte keinen Einfluß auf das Stadtregiment.

Diese Ratsverfassung, die es im Reich bis dahin nur vereinzelt gab, ist das wesentlichste Merkmal der neuen Stadt, weil nun der Rat zentral unter seiner Hoheit die Verwaltung lenkte und zur Sicherung von Handel und Wirtschaft auch außenpolitisch agieren konnte. Das ist das eigentlich Neue gegenüber der schauenburgischen Gründung von 1143 sowie gegenüber der slawischen Siedlung Lübeck. Die Stadt war entscheidend durch die Initiative ihrer Bürger entstanden und mit einem hohen Maß an Autonomie ausgestattet. Rasch wurde sie zum Vorbild für weitere deutsche oder unter deutschem Einfluß entstehende Stadtgründungen im Ostseeraum.

Die Stadt als neue Lebensform

Inmitten der agrarisch und feudal geprägten Umwelt Norddeutschlands bildete die Stadt eine eigene Welt, einen Mikrokosmos, in welchem alle Lebensgebiete in engem Wirkungszusammenhang standen[11]). Davon wurde naturgemäß auch die Stellung der Kirche berührt, da die kirchlichen Angelegenheiten nicht bloß als Sache des Klerus galten, sondern ein Interessengebiet auch der Bürger waren, auf welchem sie dank ihrer neuen politischen Möglichkeiten eine Mitwirkung beanspruchten. Diese dokumentierte sich vor allem im Kirchbau, denn die Kirchengebäude waren nicht rein sakrale Räume, sondern auch Gemeinschaftsbauten der Stadt. Geistliche hatten sich aufgrund ihrer Bildung seit längerem als Begleiter der Kaufleute bewährt; als kundige Sekretäre wurden sie, bevor dann im 13. Jahrhundert die Schriftlichkeit in Handel und Verwaltung sich allgemeiner durchsetzte, die unentbehrlichen Helfer der Bürger.

Die Bevölkerung wuchs schnell an, weil die Stadtgründung in eine Zeit fiel, in welcher viele Menschen aus dem übervölkerten Westen in den dünn besiedelten Nordosten auswanderten. Vor allem Westfalen prägten so das Gesicht der Stadt. Auf dem Kolonialboden unter den neuen Lebensbedingungen, orientiert an den wirtschaftlichen Möglichkeiten der Stadt, verschmolzen die verschiedenen Bevölkerungsgruppen bald zu einer homogenen Bürgerschaft. Die wenigen Slawen, die hier und in der Umgebung lebten, wurden integriert und gewannen schnell eine neue nationale und religiöse Identität[12]). Soziale Unterschiede waren vor allem beruflich bedingt: Der Fernkaufmann war der eigentliche Motor der Entwicklung und dominierte daher zu Recht. In seinem Gefolge und Schutz ließen sich hier Handwerker aller Sparten und Kleinhändler nieder. Richtete er seine Aktivitäten an der Weite des Ostseeraums aus, voll Unternehmungsgeist auf möglichst hohen materiellen Gewinn bedacht, in großen wirtschaftlichen und politischen Dimensionen denkend, aufgeschlossen für fremde Kultur und Zivilisation, so orientierte sich der Handwerker an dem engen Umfeld der eigenen Stadt und produzierte für den täglichen Bedarf, nicht um des Gewinnstrebens willen. Auch die bäuerliche Lebensweise fand noch recht lange in der nicht voll erschlossenen Stadt und in ihrer Feldmark einen Platz. Die Bürger bildeten also keinen einheitlichen Stand. Auch der niedere Adel war beteiligt, aber die Schicht der – vorwiegend aus dem Rheinland und aus Westfalen stammenden – Ministerialen ist nicht als adelig im späteren Sinne anzusehen, war also nicht durch ständische Geschlossenheit und exklusive Lebensweise gekennzeichnet. Die Grenzen zum Stand der Fernhändler waren durchaus fließend, so daß diese Adeligen im Verlauf der Ansiedelung verbürgerlichten und sich als Kaufleute betätigten[13]). Derartige Kontakte zwischen Adeligen und den bürgerlichen „Patriziern" waren im ganzen Mittelalter gegeben.

Neben den bisherigen Typen von Städten, den Bischofsresidenzen, den fürstlichen Burgen und königlichen Pfalzen ist der von Lübeck repräsentierte Typ der bürgerlichen Kaufmannsstadt etwas eigentümlich Neues. Zu den konstitutiven Merkmalen städtischer Lebensform, dem Marktrecht sowie der Lebens- und Produktionsgemeinschaft auf der Basis von Genossenschaften, kam hier das Merkmal der Freiheit und Freizügigkeit hinzu. „Stadtluft macht frei", dieser für Lübeck aufgrund der herzoglichen Privilegien geltende Grundsatz machte das Leben hier attraktiv, weil zu der Befreiung von Leibeigenschaft oder Fronleistungen die Aussicht auf erhebliche wirtschaftliche Vorteile kam. Die politischen Mitwirkungsmöglichkeiten waren freilich – wenngleich bedeutender als andernorts – begrenzt, weil der Rat die Stadt leitete und diese Herrschaft zunächst nur mit dem Vogt teilte. Der Rat gewann in Selbstverwaltung und Gerichtsbarkeit zunehmend Kompetenzen, so daß die Stadt zu einem Herrschaftsverband besonderer Art wurde. Neben der auf die Einzelperson des Landes- oder Grundherrn zugeschnittenen Feudalherrschaft stand nun die kollektiv-aristokratische Herrschaft des Rates, welcher die Bürger nicht einfach als seine Untertanen behandeln konnte.

Mit guten Gründen läßt sich eine Entsprechung zwischen dem Aufstieg der bürgerlichen Stadt als einer neuen Lebensform und der die Kirche zunehmend prägenden neuen Form der Theologie, der Scholastik im 12. Jahrhundert, behaupten[14]). Städtische Existenz ist durch eine Emanzipierung des Individuums sowie eine eigentümliche

Rationalisierung der Lebensvollzüge gekennzeichnet, die diese nachhaltig verbessert. Dem korrespondiert der neue Gebrauch der Vernunft in der Theologie, der die Rationalität des Glaubens und seine Funktion bei der Bewältigung des Lebens aufzuweisen versucht. In Lübeck äußerte sich das in der Folgezeit auf vielfältige Weise, am wenigsten vielleicht in spezifisch theologischen Leistungen. Die Symbiose von Christentum und Bürgertum ist das die Kirchengeschichte hier prägende Merkmal, dem wir in immer neuen Variationen begegnen.

Lübeck als Bischofssitz unter Gerold 1160

Der vorhersehbare Aufschwung Lübecks war für Bischof Gerold wie für Herzog Heinrich der Grund, den Sitz des wagrischen Bistums im unmittelbaren Zusammenhang mit der Neugründung der Stadt hierher zu legen. Der Ausgleich des Herzogs mit seinem alten Feind Hartwig von Bremen im Jahre 1158 bot die Voraussetzung dafür. So gingen die Gründung der Stadt und die Neuorganisation des Bistums praktisch parallel. Beide markierten die Säulen, auf denen der Löwe auch sonst seine Landesherrschaft errichten wollte.

1160 hatte Heinrich nach längeren Anläufen es geschafft, den Abodritenfürsten Niklot endgültig auszuschalten, und er war nun daran interessiert, zusammen mit der staatlichen und kirchlichen Neuordnung in Mecklenburg (Verlegung des Bischofssitzes nach Schwerin) auch das Bistum Wagrien effektiver zu organisieren[15]. Ob Gerold die Initiative zur Etablierung des Bischofssitzes in Lübeck ergriff, wie Helmold sagt, kann bezweifelt werden, doch sie paßte zu seiner Politik der engen Kooperation mit der weltlichen Gewalt. Das kanonische Recht, wonach Bistümer an einem möglichst zahlreich bevölkerten Ort liegen sollten, gab ihm die Handhabe, seinen Bischofssitz, den er nur nominell in dem unbedeutenden und abseitigen Oldenburg gehabt hatte, unter Beibehaltung des Hofes in Eutin im Herbst 1160 zu verlegen[16]. Strenggenommen kann allerdings von einer Verlegung keine Rede sein, weil in Oldenburg unter Vizelin und Gerold gar keine Bischofsresidenz (auch kein Domkapitel!) existierte. So wurde Lübeck auch ein Bistum, und Gerold bezeichnete sich seitdem als „Lubicensis ecclesiae episcopus"[17]. Der Verlegung folgten die Gründung eines Domkapitels und der Aufbau entsprechender Gebäude, was noch einige Zeit in Anspruch nahm.

Mit der Etablierung der drei Bistümer Lübeck, Ratzeburg, Schwerin schloß Heinrich der Löwe die kirchliche Organisation des Abodritenlandes vorerst ab. Die Metropolitanwürde Erzbischof Hartwigs war insofern anerkannt, als die drei nordelbingischen Suffraganbistümer Hamburg–Bremen kirchenrechtlich unterstellt blieben. Aber diese unterschieden sich in ihrer verfassungsrechtlichen Struktur erheblich von den normalen deutschen Bistümern, weil sie nicht eindeutig reichsunmittelbar waren. Sie waren die ersten Bistümer, die einem Landesfürsten, nicht dem Kaiser direkt unterstanden, und im selben Jahr 1160 bestätigte Friedrich Barbarossa dem Sachsenherzog sein Investiturrecht[18]. Doch dieses blieb vom kaiserlichen Auftrag abgeleitet, und insofern blieb die Frage, ob die neuen Bistümer nicht doch als reichsunmittelbar gelten konnten, offen.

Da die Besitzverhältnisse in der Neusiedlung Lübeck noch nicht abschließend geregelt waren, wies Heinrich 1160 dem Bistum das große, noch unbebaute Areal im Südwesten des Stadtwerders, wo früher neben dem Pfarrhof und einigen Häusern die älteste

Lübecker Kirche gestanden hatte, deren Wiederaufbau die Bürger jetzt betrieben, als Platz für den geplanten Dom, der die Mutterkirche von Stadt und Bistum werden sollte, sowie für die Klosteranlage der Kanoniker zu[19]). Der Herzog hatte offenbar sogleich bei der Neugründung die Ansiedlung des Bischofssitzes im Auge gehabt. Zwölf Präbenden (Pfründen) wurden für die Domkleriker gestiftet, eine dreizehnte für den Dompropst, der als Vertreter des Bischofs das Amt eines Archidiaconus, d. h. die geistliche Gerichtsbarkeit im Bistum bekam[20]). Dieses wichtige Amt, das seinen Träger in vielfältige Kontakte mit der Bevölkerung brachte, wurde Ethelo übertragen, der seit 1143 Pfarrer der Stadt gewesen war (gest. nach 1177), so daß hierin die Kontinuität der Rechtsverhältnisse zum Ausdruck kam und die unmittelbare Nachbarschaft des jetzt begonnenen Dombaues zur Nikolai-Pfarrkirche auf keinen Widerstand stieß[21]). Die prägende Wirkung der Anfänge wird auch daran erkennbar, daß der zur Trave abfallende Platz, der spätere Bauhof, noch lange Zeit als „unter dem Hügel von St. Nikolaus" liegend bezeichnet werden konnte[22]).

Die feierliche Weihe des Doms, eines recht unscheinbaren Holzbaues, der nicht mehr als ein „Bethaus" (oratorium, so Helmold) war und außer dem heiligen Nikolaus auch der Jungfrau Maria geweiht wurde, vollzog Gerold zusammen mit Erzbischof Hartwig in Anwesenheit Herzog Heinrichs und Graf Adolfs im Juli 1163[23]). Der kranke Mann, der sich in den mancherlei Kämpfen um die Etablierung des Bistums aufgerieben hatte, hatte auf die schnelle Vollendung gedrängt, um insoweit seine Aufbauarbeit abzuschließen.

Das Domkapitel

Bei der Domweihe wurde auch die Ausstattung und Rechtsstellung des neugegründeten Domkapitels geregelt. Die Ausstattung war wichtig, weil mit ihr über die Größe und die Arbeitsmöglichkeiten des Stifts entschieden wurde. Heinrich stiftete Grundstücke für den Bau der Domherrenwohnungen, einen Anteil am Artlenburger Elbzoll, drei mecklenburgische Dörfer und einige andere Hufen Landes als Grundbesitz; Graf Adolf stiftete die Dörfer Büssau, Genin und Lankow (heute Hamberge/Hansfelde)[24]). Gerold übertrug dem Kapitel einen Anteil an den Zehntrechten der Diözese, indem ihm bestimmte Gebiete ganz oder teilweise für die Zehntung zustanden, etwas später noch den Besitz des Dorfes Bockholt; viel war es nicht, da jeder Domherr nur 15 Maß Korn und 2 Mark Geld erhielt[25]). Insgesamt handelte es sich also um keine üppige Ausstattung, nicht vergleichbar mit den alten Domkapiteln im Reich. Versuche, dem Bistum das Stift Neumünster (welches bis dahin Faldera hieß) anzugliedern, scheiterten am Widerstand des Erzbischofs Hartwig.

Alle Domherrenpräbenden waren ursprünglich mit gleichen Einkünften ausgestattet, Differenzen ergaben sich erst später. Doch vier Prälaturen waren unter ihnen besonders hervorgehoben, neben dem Amt des Propsten das des Dekans, der die Aufsicht über den Gottesdienst und den Lebenswandel der Kanoniker hatte, das Amt des Kustos (oder Thesaurarius), der die Reliquien und die gottesdienstlichen Geräte verwahrte, und das Amt des Scholasticus, der die Domschule leitete. Während die anderen drei Ämter für 1173 durch Arnold sicher bezeugt sind, muß die Besetzung des letzteren und damit die Existenz einer Domschule schon in der Anfangszeit hypothetisch angenommen werden, da sie zur normalen Ausstattung eines Stifts gehörte[26]).

Mit Kapitel und Dombezirk wurde ein Raum eigenen Rechts mitten in der neuen Stadt geschaffen, und die Stadt wiederum hatte einen Sonderstatus innerhalb des Bistums, weil sie dem Kapitel unterstand und der Bischof hier nur wenig Rechte besaß. Das Kapitel hatte das Privileg, von allen Lasten und Abgaben an die Stadt befreit zu sein. Deswegen unterschieden sich die Domherren – ebenso später die übrigen Kleriker, welche allmählich in der Folgezeit hinzukamen – in ihrer Rechtsstellung von den Bürgern. Der Domhof mit Kirche, Kloster, Friedhof und Kurien bildete eine Immunität (die „Domfreiheit"), die juristisch der Stadt nicht unterstellt war, weswegen der Rat hier keine Amtshandungen vornehmen lassen durfte. Das Aufgabengebiet der Kanoniker war zunächst die Pflege eines reichen gottesdienstlichen Lebens in der Bischofskirche, doch andere Aufgaben in Seelsorge, Unterricht, theologischer Bildung und Verwaltung kamen bald hinzu.

Gemäß der damaligen Übung, die allerdings ständigem Verfall ausgesetzt war, sollten die Mitglieder des Kapitels (die Kanoniker, Kapitulare, Dom- bzw. Stiftsherren, wie sie hießen) ein geregeltes gemeinschaftliches Leben (vita canonica) am Dom in einem „monasterium" führen, mit gemeinsamem Dormitorium, Refektorium, gemeinsamen Gottesdiensten, Stundengebeten und geistlicher Arbeit. Doch derartiges gab es in Ansätzen nur in der Anfangszeit. Allgemein war in Deutschland die vita canonica der Kleriker nach den Reformversuchen des 11. Jahrhunderts wieder im Abklingen. Ob das Kapitel überhaupt an eine Regel, d. h. an die damals übliche Augustinerregel gebunden war, muß offenbleiben[27]). Schon bald erscheinen sie jedenfalls als Säkularkanoniker. Die Statuten von 1263 erwähnen keine Regel, setzen aber mit einigen Ausnahmen noch die vita communis voraus[28]). Wohl von Anfang an hatte jeder Domherr seine eigene Kurie auf dem Domhof.

Bischof und Erzbischof verliehen 1163 dem Kapitel die Pfarrechte in der ganzen Stadt samt allen dem Ortspfarrer herkömmlicherweise zustehenden Zehnten und Oblationen, d. h. sie inkorporierten alle bisherigen und noch zu gründenden Pfarreien dem Domstift pleno iure, so daß Lübeck hinfort in rechtlicher und wirtschaftlicher Hinsicht als eine einheitliche Pfarrei unter dem Kapitel galt. Eine selbständige Organisation der einzelnen Kirchspiele war damit vom Ansatz her ausgeschlossen, zumal es auch für den bürgerlichen Bereich keine Parochialverbände gab, welche der Ratsherrschaft vorausgingen[29]). Das Kapitel erhielt damit das Monopol zur Ausübung des Gottesdienstes in allen Stadtkirchen und zur Seelsorge in den Kirchspielen, wobei der Dom die Kirche des Bischofs blieb[30]). Die Leitung des Kapitels für diesen Aufgabenbereich lag beim Dekan; der erste Inhaber des Amtes war Odo, wie Ethelo ein alter Missionar aus der Vizelinzeit[31]).

Bischof und Domherren residierten zwar in der Stadt, waren hier aber – anders als in den alten Städten des Reiches – nicht die Stadtherren und auch nicht an der Grundherrschaft beteiligt. Dadurch wurde ihre Macht in Lübeck von vornherein erheblich eingeschränkt (territorial auf die Domfreiheit begrenzt), so daß sie ihren Herrschaftsbereich vor allem außerhalb der Stadt im Stiftsgebiet zu etablieren suchten. Gleichwohl blieb eine Konkurrenz ihrer Ansprüche zu denjenigen des Rates unausweichlich. Sie prägte die Kirchengeschichte des 12./13. Jahrhunderts.

Der Herrschaftsbereich des Bischofs

Die Rechtsverhältnisse des Bistums regelte Heinrich der Löwe grundlegend in einem Privileg von 1170, das zuvor 1169 dem Bistum Ratzeburg erteilt worden war und für alle drei Wendenbistümer gelten sollte[32]). Darin bezeichnete er die Ausstattung des Bistums mit Ländereien (mensa episcopalis) und Zehntrechten und ordnete die Gerichtsbarkeit, regelte aber auch die aus der Lehnsabhängigkeit vom Herzog resultierende Verpflichtung der bischöflichen Kolonen zu Heerfolge, Burgwerk und Besuch des wagrischen Gerichtstages („marcthinc") sowie die Teilnahme des Bischofs am Landtag Transalbingiens, der zumeist in Artlenburg stattfand.

Von heutigen Voraussetzungen her besteht oft nur wenig Verständnis dafür, welch enorme Bedeutung der materiellen Ausstattung der mittelalterlichen Kirche zukam. Kirche war für die damaligen Menschen nicht, wie der heutige Zeitgenosse reichlich undifferenziert voraussetzt, eine nach den Normen des Privatrechts vorgestellte Vereinigung zur Pflege individueller Erbauung, sondern die öffentliche Institutionalisierung des Gemeinschaftslebens in religiöser Hinsicht, eine geistliche Herrschaft parallel zur weltlichen der Fürsten und Herren. Ihre Existenz gründete sich wesentlich in ihrer Unabhängigkeit, und diese wiederum wurde durch die materielle Ausstattung gewährleistet. Mit der Gründung des Bistums im Kolonialgebiet sind wir in die Lage versetzt, die komplizierte Entstehungsgeschichte des mittelalterlichen Kirchenwesens gleichsam von einem Nullpunkt her zu beobachten und seine Bedingungsfaktoren genauer zu differenzieren, als es andernorts möglich ist.

Bei der Neuorganistion des wagrischen Bistums unter Gerold hatte Herzog Heinrich 1156 eine Dotation von 300 Hufen Land (d. h. mindestens etwa 2200 Hektar) zugesagt, die Graf Adolf aus dem ihm verlehnten Kolonialbesitz hergeben sollte. Die Hufe war ein nicht genau definiertes Maß für das bebaubare Ackerland (30–60 Morgen) und bildete ursprünglich die Größe einer Bauernstelle. Der Graf versuchte nun, die vorgesehene Ausstattung, die ohnehin schon knapp bemessen war, aber derjenigen des Ratzeburger Bistums entsprach, mit allen Mitteln zu hintertreiben[33]). Dabei ging es um die grundsätzliche Frage, ob die Berechnung der 300 Hufen auch den aufgrund der Rodungstätigkeit zu erwartenden Zuwachs an dazugehörigen Ländereien einschließen sollte, so daß der Bischof faktisch in naher Zukunft bereits erheblich mehr als 300 Hufen gehabt hätte[34]). Nach längerem Streit erreichte Gerold mit Hilfe des Herzogs den Kompromiß, daß ihm der Graf zu den zunächst bewilligten 100 Hufen noch einen Zuschlag gab, so daß er auf insgesamt 257 Hufen kam. Es handelte sich um etwa 26 Dörfer, die sich auf drei Blöcke verteilten: Ländereien am Plöner See mit Bosau als Zentrum und um Eutin, um Oldenburg sowie um Lübeck (hier vor allem das Territorium Alt-Lübecks von Stockelsdorf über Rensefeld bis zur Trave). Dies war mit Ausnahme des zusammenhängenden Gebietes um Bosau und Eutin ein zersplitterter Streubesitz. Noch über hundert Jahre lang versuchten die Lübecker Bischöfe mit relativ geringem Erfolg, von den Holsteiner Grafen weitere Hufen Land herauszubekommen; um 1215 betrug ihr von Graf Albrecht bestätigter Besitzstand 31 Dörfer[35]). Nur durch Zukauf konnten sie dann später ihr Gebiet erweitern.

Damit hatte der Bischof in Analogie zu den Präbenden der Kleriker ein Tafelgut, das er in späterer Zeit zu einer eigenen Landesherrschaft ausbaute. Innerhalb der Gesamtdotation des Bistums bildete der nicht sehr umfangreiche Grundbesitz, der dem Kapitel zugewiesen war, anders als im Bistum Ratzeburg einen verwaltungsmäßig getrennten Bereich, der in der Folgezeit eine Sonderentwicklung nahm und das Eigengewicht des Kapitels stärkte. Vereinfacht dargestellt besaß der Bischof den Teil der Besitzungen im Stiftsgebiet nördlich von Lübeck, das Kapitel den südlichen Teil in unmittelbarer Stadtnähe. Seine Residenz nahm Gerold in der Bischofskurie östlich des Doms, behielt aber seine Höfe in Eutin und Bosau bei, um im Zentrum seiner Diözese präsent zu sein; in Alt-Lübeck (Oldenlubeke) baute er oder einer seiner Nachfolger einen weiteren Wirtschaftshof, eine curia, welche der Stadt ein Dorn im Auge war, weil der Bischof von dort die Travezufahrt kontrollieren konnte[36]).

Erheblich umfangreicher war das geistliche Jurisdiktionsgebiet, also die von der Grundherrschaft zu unterscheidende Diözese Lübeck. Es umfaßte ganz Wagrien (den heutigen Kreis Ostholstein, Teile der Kreise Segeberg und Stormarn), dazu die Insel Poel, war begrenzt durch die Diözesen Ratzeburg im Südosten, Schwerin im Osten, Hamburg im Südwesten und Westen, Schleswig im Nordwesten. Die südwestliche Grenze verlief von Mollhagen (östlich Bargteheide) über Rohlfshagen, Neritz, Tönningstedt (westlich von Oldesloe), von dort über Leezen, Todesfelde und Wittenborn (westlich von Segeberg) nach Rendswühren (östlich von Neumünster), Bothkamp, Rönne, Elmschenhagen zur Kieler Bucht; dann die Ostseeküste entlang (ohne Fehmarn), im Osten an Trave und Wakenitz, südlich begrenzt durch die Linie Vorrade—Wesenberg (s. Abb. 4)[37]). Um 1250 bestanden in der Diözese 45 Kirchspiele, im 14./15. Jahrhundert erhöhte sich die Gesamtzahl auf 53[38]). Damit war Lübeck eines der allerkleinsten deutschen Bistümer.

Von der geistlichen Jurisdiktion ist die dem Bischof in Deutschland üblicherweise übertragene weltliche Gerichtsbarkeit zu unterscheiden. Im Gründungsprivileg gestand Herzog Heinrich kraft seiner markgräflichen Gewalt dem Bischof mit den entsprechenden Einkünften die niedere Gerichtsbarkeit in seinem Territorium zu, desgleichen die Hochgerichtsbarkeit für die kriminellen Fälle (causae maiores), z. B. Mord, Totschlag, Raub, Diebstahl, Brandstiftung. Doch gemäß dem mittelalterlichen Grundsatz, daß die geistliche Herrschaft kein Blutvergießen übe, sollte die Ausübung der Blutgerichtsbarkeit einem Vogt zustehen, entweder dem Grafen von Holstein oder einem von dessen Lehnsmännern, der an den daraus erwachsenden Einkünften, einer bedeutenden Einnahmequelle, beteiligt wurde[39]). Das führte zu fortlaufenden Querelen, zumal diese bischöfliche Gerichtsbarkeit — anders als in den alten Bistümern des Reiches — durch das vom Herzog oder Grafen abgehaltene Markding eingeschränkt wurde, was einen gewissen Kompetenzenwirrwarr erzeugte. Deswegen drangen die Bischöfe in der Folgezeit darauf, die Vogteirechte in ihre Hand zu bringen und die Vögte selber einzusetzen. Denn nicht schon der Grundbesitz, sondern erst die dazugehörige volle Gerichtsbarkeit konstituierte die angestrebte Landesherrschaft.

Ein weiteres bedeutsames, mit der Gründung des Bistums verbundenes Recht war die Befreiung des bischöflichen Tafelgutes und seiner Kolonen von den Abgaben, die sonst dem Herzog bzw. dem Grafen geschuldet wurden. Dafür mußten die Kolonen dem Bischof als dem Grundherrn für die Überlassung des Bodens jährlichen Zins (hura) und Hand- und Spanndienste auf den Bischofshöfen leisten. Auch hier kam es bis weit ins 13. Jahrhundert zu langwierigen Streitigkeiten mit den holsteinischen Grafen, weil diese die landesherrlichen Abgaben, den sog. Grafenschatz, auch im bischöflichen Territorium beanspruchten und sie erst 1256 dem Bischof zugestanden[40]). Die Auseinandersetzung um die Besteuerung war damit keineswegs zu Ende, insbesondere nicht bei der Frage der außerordentlichen Abgaben für die Landesverteidigung. Allen Versuchen der holsteinischen Grafen, durch landständische Steuern Einwirkungsmöglichkeiten zu erhalten, mußten die Bischöfe widerstehen, wenn sie ihre Landesherrschaft im Tafelgut etablieren und behalten wollten.

Das kirchliche Abgabensystem

Die wichtigste Einnahmequelle des Bistums neben den eigenen Ländereien war der Zehnt, der in der gesamten Diözese, nicht bloß im Tafelgut eingezogen wurde, hier allerdings dem Bischof in voller Höhe, ansonsten ihm nur anteilig bzw. partiell zustand. Modern gesprochen war es eine Art Kirchensteuer in Form von Naturalien, später in Geld, die nicht als Kopfsteuer sondern als Grundsteuer erhoben wurde[41]). Seit dem frühen Mittelalter hatte die Kirche versucht, ihre Arbeit durch ein regelmäßiges Abgabensystem zu fundieren, um von den Zufälligkeiten der verschiedenen freiwilligen Oblationen unabhängiger zu sein. Seit den Kapitularien Karls des Großen wurde diese Einnahme mit staatlichem Zwang geregelt, und zwar so, daß im Prinzip gemäß dem kanonischen Recht je ein Viertel der Zehnteinnahmen dem Bischof, dem Klerus, der Armenfürsorge und der Kirchbauverwaltung zustand. Doch zumeist beanspruchten die Grundherren im germanischen Eigenkirchensystem den größeren Teil des Zehnten, so daß für die Pfarreien nur ein Drittel übrigblieb. Die Regelungen waren im einzelnen regional durchaus verschieden. Als ihre allgemeine göttliche Rechtsgrundlage galt die mosaische Gesetzgebung. Für die Lübecker Verhältnisse ergibt sich das folgende Bild, bei welchem die im 13. Jahrhundert herrschenden Zustände zur Ergänzung der Angaben über die Anfangszeit herangezogen sind.

Der Zehnt (decima) wurde zunächst als Anteil von den Bruttoerträgen des bebauten Landes in Höhe von zehn Prozent, später pauschaliert vom Besitz als solchem erhoben; von den urbar gemachten Wald- und Wiesenländereien wurde der sog. Neubruchzehnt (Novalzehnt) gefordert. Man unterschied den Acker- (bzw. Korn-) und den Viehzehnt, in der Lübecker Diözese gelegentlich auch mit der im Reich üblichen anderweitigen Differenzierung in Großzehnt und Kleinzehnt (dieser ansonsten für Garten- und Baumfrüchte) bezeichnet. Die kirchliche Besteuerung (Verzehntung, decimatio) betraf grundsätzlich alle erwerbsfähigen Personen, wobei die Slawen insofern ausgenommen waren, als sie statt des Zehnten zunächst dem Landesherren, nicht dem Bischof, einen geringeren Zins als Tribut, die decima Slavorum, zu entrichten hatten, der im Lübecker Bistum schon bald der üblichen deutschen Abgabe wich[42]). Von den Abgaben befreit waren die Kleriker, die Stiftsgüter und die Klöster (letzteres änderte sich später z. T. – abgesehen von den ohnehin befreiten Bettelorden – mit dem Wachstum des verschachtelten klösterlichen Besitztums)[43]). Eine Teilung wie im übrigen Reich gab es im Lübecker Bistum nicht, nur eine bischöfliche Verleihung.

In der Stadt konnte die Verzehntung nur zum geringeren Teil von Naturalabgaben erhoben werden, auch wenn hier die Bürger noch längere Zeit Viehzucht und Ackerbau betrieben. Deswegen gewannen die pauschalierten Geldzahlungen rasch große Bedeutung, und am Wohlstand der Stadt partizipierte das Kapitel, dem der Bischof hier 1160/63 die Zehntrechte übertragen hatte. In den übrigen Gebieten des Hochstifts wurden zumeist während des 13. Jahrhunderts die Naturalabgaben, die ja Schwankungen entsprechend der Ernte ausgesetzt waren und beim Vieh nur schwer genau berechnet werden konnten, mit einem Fixum festgesetzt und vereinzelt in Geldbeträge umgewandelt. In Lübeck wurde ebenso wie in Eutin eine Hebestätte mit einem Speicher eingerichtet, wo man die Erträge sammelte[44]).

Eine wichtige Eigenart dieses Zehntwesens war, daß die Zehntrechte des Bischofs in bestimmten Gebieten nicht nur dem Kapitel zur Ausstattung der Präbenden übertragen, sondern auch an weltliche Herren als Lehen vergeben werden konnten. Das hing damit zusammen, daß der Zehnt im Kolonialgebiet nicht als spezifisch kirchliche, sondern auch als staatliche Abgabe galt, über die der Landesherr – wie z. B. bei der Dotation des Bistums unter Vizelin 1150 ff und unter Gerold 1160/63 geschehen – verfügen konnte. Doch das widersprach dem kanonischen Recht, und im 13. Jahrhundert konnten die Lübecker Bischöfe dann durchsetzen, daß die holsteinischen Grafen ihre Zehntrechte in der Diözese vom Bischof als Lehen empfingen, weswegen sie in dieser Hinsicht zu bischöflichen Vasallen wurden. Aus einer kirchlichen Abgabe wurde der Zehnt so allmählich zu einer auf dem Boden ruhenden Last, die man wie Zinsen und Renten behandelte[45]).

Aufgrund dieser wohl schon im 11. Jahrhundert geübten Praxis und infolge der Verwüstungen des Landes sowie des Besitzwechsels zwischen Slawen und Deutschen war allgemein unklar geworden, in welchen Gebieten dem Bischof wieviele Zehnten zustanden, so daß Gerold schon bald über diese Frage mit den Holsten aus der Gegend von Bornhöved 1162/63 in heftigen Streit geriet[46]). Ihrer Berufung auf gräfliche Zugeständnisse, daß im wagrischen Kolonialgebiet nur ein ermäßigter Zehnt zu zahlen wäre, begegnete er mit einer ausführlichen Erörterung der von Gott gesetzten Pflicht, für die Unterhaltung der Kleriker, des Gottesdienstes und der Armen den biblischen Zehnten zu entrichten. Doch die hartnäckigen Holsten weigerten sich erfolgreich, trotzten auch einem Befehl des von Gerold eingeschalteten Herzogs und lehnten jeden Vergleich ab. Noch war es fraglich, ob die Zehntrechte rein kirchlich wären (was im 13. Jahrhundert dann allgemein akzeptiert war) oder ob dem Grafen eine Beteiligung zukäme.

Gerolds Nachfolger: Die Bischöfe Konrad und Heinrich

Kurze Zeit nach der Domweihe, am 13. August 1163, starb Gerold in Bosau, wo der Bischof seit Vizelins Zeiten einen Hof hatte. Sein Leichnam wurde im Chor des neuen Baues in Lübeck beigesetzt, wo sein Grab später einen Ehrenplatz einnahm[47]). Er gehört zu den großen Gestalten auf dem Lübecker Bischofsstuhl, und ihm gebührt das Verdienst, das daniederliegende Stift mitsamt den Pfarreien in den wenigen Jahren seines Episkopats tatkräftig reorganisiert, die Pfarrorganisation über die alten Kolonialgrenzen hinausgeschoben, die Christianisierung der Wenden vorangetrieben und verschiedene Kirchbauten initiiert oder gefördert zu haben (so außer im neuen Lübeck in Oldenburg, Lütjenburg, Altenkrempe, Süsel, Eutin, Ratekau und wohl auch in Neukirchen, Sarau, Warder, Rensefeld und Plön)[48]). Er kann als der eigentliche Begründer des Bistums Lübeck gelten, doch dabei hatte er die Gunst der politischen Situation ganz anders für sich als sein Vorgänger Vizelin, welcher unter widrigen Umständen mit seinen stets erneuerten Anläufen zur Christianisierung des Landes die Voraussetzungen geschaffen hatte, an welche Gerold anknüpfen konnte.

Da nach Gerolds plötzlichem Tod Heinrich der Löwe, dem die Investitur zustand, sich längere Zeit in Bayern aufhielt, blieb das Bistum zunächst vakant. Erst im Februar 1164 ernannte der Herzog gegen Widerstände des Erzbischofs und des Kapitels den Abt von Riddagshausen Konrad, Gerolds Bruder, zum neuen Bischof, also wieder einen Braunschweiger Geistlichen, um so seinen Einfluß auf Wagrien beizubehalten[49]). Die Wahl erwies sich schon bald als Mißgriff. Durch sein herrisches Auftreten, sein Machtstreben, seine Begünstigung auswärtiger Kleriker und seine Unbeständigkeit schuf Konrad sich viele Gegner im Bistum. Mit dem Herzog verdarb er es, als er sich unter dem Einfluß von Erzbischof Hartwig 1166 an der Opposition der sächsischen Adligen gegen Heinrichs Gewaltregiment beteiligte. Der Löwe verbot ihm den weiteren Aufenthalt im Bistum und sperrte dessen Einkünfte, so daß Konrad ebenso wie Hartwig bei Erzbischof Wichmann von Magdeburg, dem alten Widersacher Heinrichs, Zuflucht suchen mußte[50]).

Lübeck hatte also wieder einmal unter dem alten Gegensatz zwischen Herzog und Erzbischof zu leiden. Erst 1168, als der Kaiser eine Versöhnung zwischen dem Herzog und den sächsischen Fürsten zustandegebracht hatte, konnte Konrad unter der Bedingung nach Lübeck/Eutin zurückkehren, fortan Heinrich botmäßig zu sein. Um seine angefochtene Stellung im Bistum, das unter den Kampfmaßnahmen zu leiden gehabt hatte, zu stärken, bemühte er sich jetzt um ein gutes Einvernehmen mit dem Klerus[51]). Doch große Verdienste um den kirchlichen Aufbau im Lande erwarb er sich im Unterschied zu seinem Bruder Gerold nicht, abgesehen davon, daß er 1170 in Lübeck die neue Petrikirche baute (s. u.). Als Heinrich der Löwe 1172 eine Pilgerfahrt ins Heilige Land unternahm, schloß sich Konrad seiner Begleitung an; auf der Seereise von Akkon nach Tyrus starb er am 17. Juli 1172[52]).

Die Initiative zur Wahl eines Nachfolgers ging vom Domkapitel aus, welches erstmals als kirchenpolitisch aktiv begegnet. Um sein Wahlrecht zu behaupten, aber zugleich das durch Konrad gestörte Einvernehmen mit dem Herzog zu erhalten, wählte man einen von dessen Vertrauensleuten, Heinrich, den Abt des Braunschweiger Ägidienklosters, der an des Löwen Pilgerfahrt als Feldprediger teilgenommen hatte[53]). Da der Herzog erst Anfang 1173 wieder in Braunschweig weilte und man sich mit ihm, der ja das Investiturrecht hatte, einigen mußte, konnte der neue Bischof erst im Juni 1173 geweiht werden, und zwar von den wendischen Suffraganbischöfen Evermod von Ratzeburg, Berno von Schwerin und Walo von Havelberg. Herzog Heinrich schaltete dabei den Bremer Metropoliten Baldwin bewußt aus, um jeden neuen Investiturstreit von vornherein durch eine Demonstration seiner Macht über die Kirche im Wagrierland unmöglich zu machen. Im übrigen brauchte er Erzbischof Baldwin, den Nachfolger Hartwigs, einen ihm ergebenen Mann, nicht zu fürchten.

Wie seine Vorgänger war Bischof Heinrich von adeligem Stand, da auch im Kolonialgebiet die Bischofsstühle und hohen geistlichen Ämter zumeist an den Adel vergeben wurden. Aus Brüssel gebürtig, hatte er in Paris, wo es die berühmtesten theologischen Ausbildungsstätten des Abendlandes gab, studiert, war Schulvorsteher in Hildesheim, dann in Braunschweig gewesen und dort um 1162 Mönch in dem Benediktinerkloster St. Ägidien geworden. Mit ihm bekam Lübeck einen Vizelin und Gerold ebenbürtigen, ihnen an theologischer Bildung aber überlegenen Bischof. Seine Kenntnis der Bibelwissenschaft und seine Beredsamkeit wurden allgemein gerühmt; bei einem Religionsgespräch 1172 mit den Orthodoxen in Konstantinopel hatte er sie erfolgreich bewiesen[54]). Aber auch in der großen Politik fühlte er sich durchaus zu Hause, und da er entschieden kirchlich gesinnt war, ging er zielstrebig daran, den Aufbau des Bistums Lübeck voranzubringen. Dabei konzentrierte sich sein Interesse allerdings auf dessen politische Position und auf die Verhältnisse in der Stadt, wohingegen er die Organisation der Landpfarreien und die Aufsicht über die Amtsführung der Kleriker dort so stark vernachlässigte, daß nach seinem Tod 1182 die Mängel offen zutage traten[55]).

Die Kirchbauten bis 1170

Die neue Stadtsiedlung von 1159 knüpfte nur bedingt an die bisherigen räumlichen Verhältnisse an und orientierte sich vor allem an dem freien Gelände nördlich des alten Marktes, das bis hin zur Burg im Norden, von den Traveniederungen abgesehen, erhebliche Ausdehnungsmöglichkeiten bot[56]). Der Bezirk um den heutigen Markt bildete das Zentrum der nach Westen und Norden anschließenden, von den „Gründungsunternehmern" planvoll organisierten Stadt, wobei schon bald der unmittelbar südlich davon gelegene alte Siedlungsbereich mit seinen stärker verwinkelten Grundstücksformen (wo möglicherweise noch Besitzansprüche der 1157 von hier abgewanderten Kaufleute zu berücksichtigen waren) einbezogen wurde. Von Süden her schloß sich dann das umfangreiche bischöfliche Areal an, dessen Sonderrechte eine bürgerliche Bebauung zunächst verhinderten.

Für die kirchlichen Verhältnisse bedeutete die topographische Situation folgendes: Da seit den Anfängen die Pfarrkirche der Stadt im Süden oberhalb der Wakenitzmündung gelegen hatte, konnte Gerold an die bisherigen Verhältnisse anknüpfen, wenn er dem Kapitel die Pfarrrechte für die ganze Stadt übertrug und den bisherigen Pfarrer Ethelo zum Dompropst machte. Helmolds Angaben zufolge dürfte die alte Kirche St. Nikolai 1159 hier wiedererrichtet worden sein[57]). Ob das auch für das zweite Gotteshaus an seiner bisherigen Stelle (St. Petri) gilt, hängt davon ab, wie genau man Helmolds Formulierung nehmen darf. Wahrscheinlich wurde statt ihrer eine neue (hölzerne) Marktkirche auf dem Grund nördlich des Marktes, wo bisher noch keine Kirche stand, erbaut und der Gottesmutter Maria geweiht. Deren Gerechtsame verlieh der Bischof ebenfalls 1163 dem Kapitel[58]), inkorporierte sie also wie die alte Nikolaikirche dem Dom, der damit außer als Kathedrale des Bistums auch als Pfarrkirche der Stadt fungierte, wobei er die älteren Rechte St. Nikolais übernahm. Nördlich vom bischöflichen Bethaus ließ Herzog Heinrich vor 1170 „um der Vermehrung der Religion willen" eine Kapelle zu Ehren des Evangelisten Johannes bauen (später St. Johannis auf dem Sande, bis 1530 bestehend, 1652 abgerissen)[59]).

So gab es in der ersten Zeit mit zwei Kirchen und einer Kapelle eine zunächst ausreichende geistliche Versorgung der Stadt. Doch das Bevölkerungswachstum zwang schon bald zu Vergrößerungen, und der steigende Wohlstand ermöglichte den Bau größerer und soliderer Kirchen. 1170 oder kurz davor ließ Bischof Konrad, der Nachfolger Gerolds, „wegen der gewachsenen Zahl der Gläubigen" an der Stelle der alten, von Vizelin 1150 geweihten Kirche eine Kirche zu Ehren des Petrus, Paulus und Thomas errichten, die Vorläuferin der heutigen Petrikirche, vermutlich noch aus Holz gebaut[60]). Die auffällige spätere Überschneidung der Kirchspiele von St. Marien und St. Petri im Marktbereich, die fragen läßt, warum der Rat als Grundeigentümer des Marktes für seine Kirche keine klaren Grenzen absteckte, die den ganzen neuen Bezirk umfaßten, erklärt sich wohl aus der Tatsache, daß die neuen Herren von 1159 ff im Bereich südwestlich des Marktes weder voll über den Grund noch über die kirchliche Zuständigkeit verfügen konnten und ältere Rechte respektieren mußten.

Die Bischofskirche: Dombau 1173

Von Heinrich dem Löwen kam der nächste Impuls zur Verbesserung des Kirchbaus. Im Sommer 1173, nachdem er von der Pilgerfahrt nach Jerusalem zurückgekehrt war und in Braunschweig mit dem Bau einer monumentalen Kathedrale neue Maßstäbe herzoglich-religiöser Repräsentation setzen wollte, initiierte er nach diesem Vorgang entsprechende Domneubauten in Lübeck und Ratzeburg[61]). Mit der 1173 begonnenen romanischen Pfeilerbasilika aus Backstein (neben Segeberg und Ratzeburg der älteste Ziegelkirchbau in Nordelbingen) hielt derjenige Bautyp in Lübeck Einzug, der das Gesicht der Stadt bis zum heutigen Tage geprägt hat. Herzog Heinrich stiftete die beträchtliche Summe von jährlich hundert Mark Silber, die weiteren Mittel zum Bau gab Bischof Heinrich aus seinen Ländereien. Bei der von Herzog und Bischof gemeinsam vollzogenen Grundsteinlegung wurde der Dom jetzt Johannes dem Täufer, dem von Oldenburg übernommenen Patron der Bischofskirche als einer Missionskirche, und dem heiligen Nikolaus geweiht, wobei im letzteren Patronat die ursprüngliche Pfarrkirche ihren bleibenden Ausdruck behielt[62]).

Der Dombau von 1173, an Umfang die Segeberger Stiftskirche weit übertreffend, war ein Symbol der Kolonisationskultur und ein Denkmal des Herrscherwillens Heinrichs des Löwen. Der auf ihn zurückgehende Bauplan sah mit einer Länge von mehr als 90 Metern eine Kirche von außergewöhnlicher, nahezu gigantischer Größe vor. Als einzigartiges Monument sollte der Dom im Ostseeraum wie im unterworfenen Slawenlande die Macht des Herzogs und den Glanz seiner neuen Stadt ausdrücken.

Allerdings wurde durch Heinrichs Sturz 1178/81 der Fortgang der Bauarbeiten verzögert. In der Ausführung, die das Bistum allein zu leisten hatte, orientierte man sich an Vorbildern in Westfalen, von woher man auch die Bauleute holte, übertraf jene aber durch die ins Monumentalische gesteigerte Form. Insofern war der Dom trotz der herzoglichen Initiative auch ein Zeugnis der bürgerlichen Kolonisationstätigkeit[63]).

Um die Bedürfnisse der Pfarrgemeinde St. Nikolai ebenso wie diejenigen der Domherren zu befriedigen, führte man den Neubau gleichzeitig vom Chor im Osten und von der Turmfront im Westen her auf, wobei im Westbau nicht nur die Herrscherempore, sondern auch die Pfarrkirche „unter dem Turm" mit Nikolaus-Altar und Taufstein angelegt wurde[64]). Gemeinde und Kapitel konnten jetzt getrennt ihre Gottesdienste feiern. Der alte Holzbau blieb anscheinend in der Mitte zunächst stehen, das hier aufgeführte Langhaus wurde relativ spät, nach 1220 fertig, danach kamen die beiden Türme, während der Chor wohl schon um 1180 stand, zusammen mit dem Querschiff jedenfalls 1201 benutzt wurde. Finanzielle Engpässe verzögerten immer wieder die Fertigstellung; erst in den Jahren vor 1247 konnte die abschließende Gesamtweihe des Doms vollzogen werden, und Papst Innozenz IV. verlieh dem Kapitel das Recht, allen Bußfertigen, die hinfort den Dom am Kirchweihtag zur Andacht aufsuchen würden, ein Jahr Ablaß ihrer Bußstrafen zu gewähren[65]). Seine doppelte juristische Qualität als

Stifts- und Pfarrkirche behielt der Dom auch in der Folgezeit, doch letztere trat hinter dem Glanz der ersteren rasch zurück.

Die Mönchskirche: Das Johanniskloster

Ohne die prägende Kraft des Mönchtums ist die abendländische Kirchen- und Kulturgeschichte undenkbar. Seit den frühen Zeiten gab es die asketische Form des Christseins neben und in der Institution Kirche. Das Mönchtum stellte in immer neuen Anläufen den Versuch der Realisierung des wahren, vollkommenen Christentums dar. Es ist eine permanente Reformbewegung, die der Kirche gestalterische Kräfte zuführte, aber fast periodisch selber der von ihm kritisierten Verweltlichung unterlag und deshalb stets neu der Reform bedurfte. So entstanden gerade im hohen Mittelalter angesichts der Verfallserscheinungen im kirchlichen wie im monastischen Leben immer wieder neue asketische Bewegungen.

Im dünn besiedelten, kaum christianisierten Nordalbingien gab es seit karolingischer Zeit einen auffälligen Entwicklungsrückstand gegenüber Sachsen und dem Reich nicht nur in der Pfarrorganisation, sondern auch in der Verbreitung von Klöstern[66]). Klöster waren hier nicht die Träger der Christianisierung; Ansätze dazu gab es erst seit Vizelin mit den Konventen der Augustiner-Chorherren in Neumünster und Segeberg. Deswegen bedeutete es ein beachtliches Novum, wenn Bischof Heinrich bald nach seinem Amtsantritt 1173 zur Förderung des religiösen Lebens in Lübeck die Gründung des ersten nordelbingischen Benediktinerklosters betrieb.

Hatten bisher die Klöster in Deutschland zumeist in einer gewissen Abgeschiedenheit auf dem Lande gelegen, so brachte das Aufblühen der Städte im 12. Jahrhundert insofern eine Änderung, als monastische Gemeinschaften sich nun auch hier niederließen und neben die nach einer Regel lebenden Kanoniker der Dom- und Kollegiatstifter traten. Kanoniker gab es ja seit 1160/63 auch in Lübeck. Nun holte der Bischof aus seinem Braunschweiger Ägidienkloster Benediktiner hierher, um einen Abglanz der dortigen kirchlichen Blüte in die noch karge Kolonialstadt zu bringen. Ob schon damals ein für Mönche und Nonnen bestimmtes Doppelkloster geplant war, muß offenbleiben. Als Areal erwarb der Bischof umfangreichen städtischen Grundbesitz am noch unbebauten Wakenitzufer (zwischen der späteren Fleischhauer- und Hundestraße). Heinrichs Pläne stießen auf Widerstand beim Domkapitel, welches um seine privilegierte Stellung in der Stadt fürchtete; doch der Bischof setzte sich durch[67]).

1177 wurde das Kloster mitsamt seiner Kirche zu Ehren des Evangelisten Johannes, der Jungfrau Maria und der Heiligen Auctor und Ägidius (dies in Übernahme der braunschweigischen Tradition) geweiht[68]). Seine Ausstattung war zunächst nicht üppig, neben einer herzoglichen Dotation in Geld aus dem knappen bischöflichen Gut genommen, woraus deutlich wird, daß Heinrich der eigentliche Initiator der Gründung war: die Hälfte von Rensefeld bei Lübeck (welches mit 30 Hufen das größte bischöfliche Dorf war und sich noch im Zustand der Erschließung befand), und zwar denjenigen Teil, aus dem später das Dorf Cleve erwuchs; dazu das halbe Dorf Tangenelch, ferner die Hälfte des Zehnten der Dörfer Groß- und Klein-Gladdenbrügge und einige kleinere, vom Bischof eigens dafür erworbene Ländereien, etwas später auch noch einige Höfe im Stadtgebiet[69]). Gleichzeitig begann man mit dem Bau einer romanischen Backsteinkirche (neben dem Dom die zweite dieses Typs), die erst Mitte des 13. Jahrhunderts fertiggestellt wurde[70]).

Erster Abt des Johannisklosters wurde Arnold (gest. zwischen 1211 und 1214), der durch seine Slawenchronik, die Fortsetzung des Helmold'schen Werkes, berühmt geworden ist[71]). Mit ihm beginnt die Reihe der bedeutenden lübischen Chronisten und Historiker. Er hatte als Schüler Heinrichs eine gute wissenschaftliche Bildung in Hildesheim und Braunschweig genossen und war dort als Mönch im Ägidienkloster ein enger Mitarbeiter des späteren Lübecker Bischofs. Ob er von Heinrich hierher als Abt geholt wurde oder schon vorher in Lübeck Domkustos war (d. h. mit dem bei der Bischofswahl 1173 genannten Arnold identisch ist), muß offenbleiben[72]). Arnold gehörte zu den führenden Köpfen der Kirche in der Stadt, doch seine monastischen Interessen, die er in seinem literarischen Werk formulierte, waren in der Praxis nicht so stark, daß er dem bald einsetzenden Verfall des klösterlichen Lebens und der Moral von Nonnen und Mönchen wehren konnte. Seine hauptsächlichen Interessen galten der Beobachtung der großen Welt- und Kirchenpolitik[73]). Gegen die staufische Machtpolitik nahm er entschieden für die Päpste Partei, was auch der Haltung Bischof Heinrichs entsprach. Andererseits kritisierte er die Verweltlichung der Bischöfe, die ihr weltliches Schwert recht gut, aber ihr geistliches Regiment nur mangelhaft führten und die inneren Angelegenheiten der Diözesen vernachlässigten. Seine ganze Verehrung galt Heinrich dem Löwen, dem Schutzherrn der sächsischen Kirche und Mäzen von Wissenschaft und Künsten.

Das Kloster entwickelte sich gut unter dem Protektorat Bischof Heinrichs, der sich in der Johanniskirche begraben ließ. Auch wenn es mit den Bürgern schon bald manche Reibereien gab, weil diese Anstoß an der Lebensführung der Mönche und Nonnen nahmen, bedeutete das monastische Element, welches ebenso wie das Bistum noch rudimentär organisiert war, eine Bereicherung für die Stadt.

Die Bürgerkirche: St. Marien

Die dem Domkapitel inkorporierte Marktkirche hatten die Bürger auf dem ihrer Verfügung unterstehenden Grund errichtet, und zwar in Anknüpfung an die Tradition der Kaufmannskirchen als ein zugleich sakrales und städtisch-öffentliches Gebäude. Aus der Tatsache, daß Herzog Heinrich der Gründergilde zwar den meisten Grund und Boden, nicht aber die für die Kirche reservierten Liegenschaften übergeben hatte, erklärt sich, warum der Rat von Anfang an kein Patronat über die Kirchen in der Stadt hatte. Gegen sein Grundherrenrecht stand aufgrund der Vorgeschichte 1143 ff von vornherein limitierend das kirchliche Besitzrecht an St. Nikolai und St. Petri. Auch wenn die Marienkirche auf städtischem Boden stand, wurde sie doch nicht zur Eigenkirche des Rates, weil der Herzog als Stadtherr fast gleichzeitig mit der Stadtgründung die kirchlichen Rechte (Zehnt, Oblationen etc.) dem Bistum übertragen hatte. Wahrscheinlich hatte er zunächst für die Marktkirche ein Patronat, das er dann alsbald an den Bischof abtrat. Aber er hatte kraft seiner landesherrlichen Befugnisse in dem Gründungsprivileg von ca. 1163 den Bürgern eine Mitwirkung bei der Pfarrerwahl für St. Marien zugestanden, was in der Folgezeit zu dauernden Reibereien zwischen Bürgerschaft und Klerus führte, zumal Kaiser Friedrich 1188 dieses Recht bestätigte[74]).

Als Marktkirche, wie sie bezeichnet wurde, war sie im Unterschied zum sonstigen Typ der „ecclesia forensis" keine Stätte des bischöflichen Sendgerichts, sondern eine bürgerliche Gemeindekirche[75]). Schon früh wurde sie zur Kirche des Rates, der in Aufnahme der religiösen Elemente, welche den Gilden eigen waren, bestimmte Formen eines für ihn speziell organisierten kultischen Lebens (gemeinsame Meßfeiern, Totengedächtnis, jährliche Konvivien) pflegte. Verständlicherweise suchten die Bürger deshalb auf die Verwaltung dieser Kirche besonderen Einfluß zu gewinnen, und da das Kapitel auf seinem Rechte beharrte, kam es zu einem Streit, in dessen Verlauf der Bischof schließlich 1195 den Papst bitten mußte, ihm und dem Kapitel das Eigentum an St. Marien und alle Rechte daran zu bestätigen[76]). Doch die höchstrichterliche Mahnung, die Bürger sollten dies in Zukunft akzeptieren, richtete auf die Dauer nicht viel aus, zumal der Papst eine Beteiligung an der Pfarrwahl nicht ausgeschlossen hatte. Sie konzentrierten ihr Interesse darauf, von der Marktkirche St. Marien aus allmählich eine Mitsprache im städtischen Kirchenwesen zu erringen.

Angesichts der rasanten Bevölkerungsentwicklung und des schnell gewachsenen Ansehens des Rates war die erste Marienkirche bald zu klein und unansehnlich geworden. Deswegen gingen Rat und Kaufmannschaft um 1200 daran, eine große Steinbasilika in romanischem Stil zu erbauen. Kaum zufällig fällt das zeitlich mit der endgültigen Herausbildung der obrigkeitlichen Position des Rates zusammen. Symbol seiner Autonomie gegenüber Bischof und Kapitel sowie seines Anspruchs auf die Stadtherrschaft sollte dieser neue Bau sein[77]). Denn noch war in jenem sakral geprägten Zeitalter nicht das Rathaus, welches unscheinbar an der Nordwestecke des Marktplatzes lag, sondern die Kirche das Sinnbild der Gemeinde im bürgerlichen wie im geistlichen Verständnis. Die beachtlichen Ausmaße des Grundrisses und die geplante kunstvolle Anlage zeigten, daß hier in Konkurrenz zum Dom ein bürgerlich-religiöser Repräsentationsbau geschaffen werden sollte, der die Bischofskirche an Ausdruckskraft und Größe übertreffen sollte: „Den drei Heinrichsdomen (Braunschweig, Ratzeburg, Lübeck) als vierter Großbau folgend, gibt sie in ihren Abmessungen vom Ehrgeiz, in ihren Formen freilich von der noch geringen künstlerischen Selbständigkeit ihrer bürgerlichen Bauherren Kunde"[78]). Ob diese romanische Kirche überhaupt fertiggestellt wurde, ist nicht ganz sicher.

Von nun an blieb St. Marien für anderthalb Jahrhunderte eine permanente Großbaustelle. Bürgerlicher Tatendrang wollte sich hier in sakraler Architektur darstellen und fand doch kein Genügen an den jeweils erreichten Formen. So ist die Baugeschichte der Marienkirche von Anfang an in besonderer Weise von der Rivalität zwischen Stadt und Bistum geprägt. Die bürgerliche Religiosität als eine spezifische Form des Christentums, die die Lübecker Kirchengeschichte fortan bestimmte, tritt uns hier erstmals deutlich entgegen, wobei wir über ihre anderweitigen Äußerungen angesichts des Quellenmaterials zunächst nichts ausmachen können.

3. Kapitel
Reichsfreiheit und bürgerliches Selbstbewußtsein 1181–1250

In der Kirchengeschichte spiegeln sich die politischen Verhältnisse des jeweiligen Zeitalters wider. War Lübecks Situation in der Gründungszeit durch die herzogliche Machtstellung Heinrichs des Löwen bestimmt, so ist die folgende Epoche, an deren Ende Lübecks Behauptung gegen äußere Bedrohungen als freie Reichsstadt steht, durch die politische Verselbständigung der Stadt, durch rasches wirtschaftliches und kulturelles Aufblühen und durch eine erste bürgerliche Opposition gegen klerikale Herrschaftsansprüche gekennzeichnet. Die politischen Veränderungen in den Jahren 1181–1227 markieren eine entscheidende Übergangszeit, deren kirchengeschichtliche Folgen sich ankündigen. Durch die Gründungssituation waren kirchliche Verhältnisse geschaffen worden, die dem zeittypischen Antagonismus von geistlicher und weltlicher Gewalt ein eigenes Gepräge gaben. Die Dominanz des Herzogs hatte sich auch im kirchlichen Bereich behauptet. Lübeck war keine Bischofsstadt geworden; daß der Bischof vielmehr deutlich im Machtschatten des Bürgertums stand, sollte sich gerade in der jetzt folgenden Umbruchzeit erweisen. Die Konflikte, die das 13. Jahrhundert beherrschten, zeichneten sich ab.

Veränderungen der politischen Situation 1181–1193

Heinrich der Löwe hatte sich gegen seine mannigfachen Widersacher in Norddeutschland nicht zuletzt deswegen behaupten können, weil Kaiser Friedrich I. ihn seit 1152/54 unterstützte. Dies Bündnis zerbrach, als Heinrich dem Kaiser 1175 die Heerfolge im Kampf um Italien verweigerte, weil dieser ihm die Reichsvogtei Goslar nicht abtreten wollte[1]). Da 1177 die Kämpfe zwischen dem Herzog und den seiner Gewaltpolitik widerstehenden sächsischen Fürsten erneut ausbrachen, nutzte Barbarossa die berechtigten Anschuldigungen der Gegner, um die gefährliche Machtstellung des Löwen zu zerschlagen. Nach einem längeren landrechtlichen und lehnsrechtlichen Prozeß wurde der Herzog 1180 in die Reichsacht erklärt, das sächsische Lehen wurde ihm wie das bayerische aberkannt, und da er sich dem nicht fügte, eröffnete der Kaiser den Reichskrieg gegen ihn, in dessen Verlauf er im Sommer 1181 das stark befestigte Lübeck, welches wie die übrigen Städte treu zum Herzog hielt, belagerte. Dessen Situation war aussichtslos, als dazu noch der dem Kaiser Heerfolge leistende Dänenkönig Waldemar I. die Stadt von der See her abriegelte. Deswegen ergaben die Bürger sich nach Rücksprache mit dem Herzog dem Kaiser. Bei diesen Verhandlungen spielte Bischof Heinrich als Sprecher der Stadt sowie als Vermittler zwischen Kaiser und Herzog eine entscheidende Rolle; nicht zuletzt seiner Überzeugungskraft war Barbarossas Entgegenkommen zu verdanken[2]).

Der Kaiser bestätigte der Stadt, der Kirche und dem Johanniskloster die vom Herzog verliehenen Privilegien samt ihren Gebietsgrenzen und nahm die Stadt — anstatt sie dem neuen sächsischen Herzog, dem Askanier Bernhard von Anhalt zu übertragen — als ein erledigtes Lehen unter die Herrschaft des Reiches. Damit wurde Lübeck seit 1181 aus einer herzoglichen eine kaiserliche Stadt (neben Goslar die einzige im

Norden), wobei Barbarossa Graf Adolf III. von Holstein (1164—1201) für die geleistete militärische Hilfe die Hälfte der bisherigen herzoglichen Einkünfte einräumte. Doch es begann für Lübeck eine Zeit der Unsicherheit, weil seit dem Sturz des Löwen im Norden die klaren Machtverhältnisse dem Konkurrenzkampf verschiedener Herren gewichen waren und die Stadt nun allerlei Pressionen des immer mächtiger werdenden holsteinischen Grafen ausgesetzt war. Der Schauenburger bemühte sich, durch den Ausbau seiner Herrschaft in Nordalbingien die welfische Position einzunehmen.

In dieser Situation gelang es der Stadt 1188, die Zusagen von 1181 zusammen mit Herzog Heinrichs Gründungsprivileg in einem erneuerten kaiserlichen Privileg bestätigt zu bekommen, in welchem vor allem die Gebietsrechte gegenüber Holstein und Ratzeburg abgesichert wurden[3]). Unter den verschiedenen Rechten wurde auch dasjenige bekräftigt, für die Marktkirche dem Bischof einen Pfarrer vorschlagen zu dürfen. Doch die Reichsunmittelbarkeit und das Privileg nützten wenig, wenn der Kaiser nicht in der Lage war, den Schutz des Reiches für Lübeck gegenüber den mächtig gewordenen Territorialgewalten wirksam durchzusetzen.

Die Zeit nach der Zerschlagung des welfischen Herrschaftsgebietes war durch eine tiefgreifende Umgestaltung der Machtverhältnisse im Ostseeraum, wo Dänemark nun zunehmend dominierte, geprägt. Ein von Lübeck unterstützter Versuch Heinrichs des Löwen, 1189 über seine Allodialgüter hinaus, die ihm nicht hatten genommen werden können, die von ihm eroberten Grafschaften Stade und Holstein zurückzuerwerben und die Stadt Lübeck zu annektieren, führte nicht zum Erfolg. Graf Adolf III. belagerte 1192 Lübeck, zwang es zur Übergabe, eroberte Holstein zurück und ließ sich 1193 von Kaiser Heinrich VI., dem Barbarossasohn, faktisch (nicht rechtlich) die Herrschaft über die Stadt abtreten[4]). Lübecks Sonderstellung als kaiserliche Stadt war bedeutungslos geworden, und so wurde für längere Zeit seine Politik durch die Abwehr des holsteinischen Zugriffs bestimmt. In dieser Lage erwuchs ihm in dem erstarkten dänischen Reich ein wichtiger Bundesgenosse.

Die geschwächte Position des Bistums

Mit der Neuordnung der nordelbingischen Herrschaftsverhältnisse nach 1180 hatte sich auch die verfassungsrechtliche Position des Lübecker Bistums geändert, ohne allerdings klar definiert zu sein. Bis dahin hatte der Herzog in Nordelbingen die Kirche beherrscht, wie dies sonst in Deutschland kein Fürst konnte. Sein Investiturrecht und damit die Lehnsabhängigkeit des Bistums von ihm war an die besondere markgräfliche Stellung Heinrichs des Löwen gebunden, jetzt war jenes Recht wieder an den deutschen König zurückgefallen. Ob das Bistum damit gleichberechtigt neben die alten Bistümer im Reich trat, blieb aber eine vorerst offene Frage. Theoretisch war der Lübecker Bischof jetzt ein unmittelbarer Reichsfürst, und der Kaiser übte die Investitur aus[5]). Doch der Wegfall des herzoglichen Schutzes bedeutete zunächst, daß die Herrschaft des Bischofs stärker bedroht war als früher. So stand der rechtlichen Aufbesserung in der Folgezeit eine innere und äußere Schwächung entgegen.

Bischof Heinrich hatte dank seiner kraftvollen Persönlichkeit eine relativ unabhängige Position errungen. Als für ihn im Frühjahr 1183 ein Nachfolger gewählt werden mußte, wandte sich das Domkapitel — um einer Einflußnahme des Herzogs Bernhard von Sachsen-Lauenburg vorzubeugen, welcher den Ratzeburger Bischof lehnsabhängig machen wollte — direkt an den Kaiser mit der Bitte um die Bestimmung eines Nachfolgers[6]). Barbarossas Vorhaben, einen thüringischen Prämonstratensermönch zu benennen, stieß auf den Widerstand der Lübecker Kanoniker, und so ernannte der Kaiser schließlich einvernehmlich seinen Hofkaplan Konrad, einen kundigen Juristen und gewandten Politiker. Dieser wollte zunächst einmal die Verhältnisse seiner Diözese erkunden, bevor er die der königlichen Investitur nachfolgende Bischofsweihe, also die geistliche Übertragung des Amtes, empfing. Angesichts der Mängel im Bistum, des geringen bischöflichen Tafelgutes, der Streitigkeiten mit dem Holsteiner Grafen und der unzureichenden Pfarrorganisation, die Konrad trotz energischer Versuche 1183/84 nicht abstellen konnte, zog er es vor, das lukrativere Hildesheimer Bischofsamt zu übernehmen. Barbarossa hatte zu wenig Interesse gezeigt, mit Hilfe des Bischofs die schwache kaiserliche Machtposition im Norden auszubauen. Und weil dem Bistum für längere Zeit eine kontinuierliche Leitung fehlte, wurde seine Stellung in der entscheidenden Zeit der Herrschaftsrivalitäten nach 1180 weiter geschwächt.

Da das Domkapitel sich lange nicht auf einen neuen Kandidaten einigen konnte und in zwei Lager gespalten war, griff 1186 schließlich Erzbischof Hartwig II. von Bremen ein und setzte die Wahl eines Kompromißkandidaten durch, des Klosterpropstes von Segeberg und Zeven Dietrich[7]). Um etwaige Ansprüche des Sachsenherzogs gegenstandslos zu machen, ließ sich Dietrich vom Kaiser belehnen. Die bischöfliche Münzprägung jener Zeit läßt den neuen Hoheitsanspruch auf Reichsunmittelbarkeit deutlich erkennen[8]). Bisher hatte der Bischof nicht das Münzrecht, während die Bischöfe im Reich es ansonsten ausübten als Zeichen ihrer Zugehörigkeit zum Reichsfürstenstand. Wenn er es jetzt beanspruchte, dann nicht aus wirtschaftlichen Gründen (da eine bischöfliche Münze neben derjenigen der kaiserlichen Stadt Lübeck praktisch keine ökonomische Bedeutung gehabt hätte), sondern aus politischen Gründen, um seine Unabhängigkeit vom Sachsenherzog zu demonstrieren.

Bischof Dietrich (bzw. Theoderich; 1186—1210) zeichnete sich durch Frömmigkeit und Bescheidenheit aus, war aber den politischen Aufgaben seines Amtes nicht gewachsen, was sich für die Selbstbehauptung des Bistums gegenüber der Stadt Lübeck und der Grafschaft Holstein nachteilig auswirkte[9]). Auch die Führungsstellung des Bischofs gegenüber dem Kapitel konnte Dietrich kaum behaupten. Unter seinem Propst David, einem Parteigänger der Welfen, der sich vergeblich um das Bischofsamt beworben hatte, baute das Kapitel seine Macht kräftig aus. Ein Beispiel dafür lieferte der Streit um die Zehntrechte in der Stadt, die bei der Gründung dem Kapitel bzw. dem Dompropst zugesprochen worden waren, zwischenzeitlich aber unter die Verfügung des Bischofs geraten waren. Dietrich beanspruchte nun den Zehnten in der Stadt ebenso wie den dortigen Neubruchzehnten, der mit zunehmender Erschließung kräftig gewachsen war, als ein natürliches Bischofsrecht und fand im Streit mit David 1188/89 Hilfe bei Papst Clemens III., der ihm sein Recht bestätigte[10]).

Doch der Dompropst, der mit Recht auf die Verleihung von 1160/63 rekurrieren konnte, erreichte bei dem neuen Papst Cölestin III. eine Wiederaufnahme des Verfahrens, und nun spielten die nach Barbarossas Tod eingetretenen politischen Veränderungen eine Rolle. Propst David gehörte ebenso wie Erzbischof Hartwig und die Stadt Lübeck zu denjenigen, die Heinrich den Löwen 1190/91 bei dem Versuch, die sächsische Herzogsgewalt zurückzuerobern, unterstützten; und die Kurie hatte ein Interesse daran, gegen den jungen Kaiser Heinrich VI. die welfische Partei in Deutschland zu stärken. Deswegen konnte sich David zunächst 1191 gegen Bischof Dietrich behaupten. Doch dieser ließ nicht locker und erreichte 1195 einen Vergleich, die Teilung des städtischen Zehnten zwischen Bischof und Propst, welche seitdem gültige Praxis blieb[11]). War die Herrschaft des Bischofs in Diözese und Tafelgut permanent durch die weltlichen Herren bedroht, so wurde sie in der Stadt durch die Rechte des Kapitels begrenzt und durch die Mitwirkungsbestrebungen der Bürger zunehmend herausgefordert.

Lübeck unter der Dänenherrschaft seit 1201

Das dänische Königtum hatte unter Knud VI. (1182–1202) nach dem Sieg über die partikularen Tendenzen der Aristokratie erfolgreich versucht, seine im Innern konsolidierte Herrschaft nach Holstein und Mecklenburg auszudehnen und seinerseits – in Konkurrenz mit Graf Adolf III. – das Erbe Heinrichs des Löwen anzutreten. Die chaotischen Herrschaftsverhältnisse im deutschen Reich nach dem frühen Tode Heinrichs VI. (1197) mit dem Kampf des Staufers Philipp und des Welfen Otto, der Söhne Barbarossas und des Löwen, um die Kaiserkrone begünstigten die dänische Expansion. Der von allen Seiten bedrängte Otto IV., gegen welchen sich fast alle norddeutschen Fürsten und Bischöfe (unter ihnen der Schauenburger) gewandt hatten, suchte zunächst vergeblich Hilfe bei Knud VI. Doch als sich im Sommer 1200 Papst Innozenz III., der Weltherrscher auf dem Stuhle Petri, auf seine Seite gestellt hatte, konnte der Dänenkönig seine Expansionsabsichten als durch die deutsche Reichspolitik gedeckt verwirklichen[12]). Sein Bruder Waldemar, der Herzog von Schleswig, griff Nordelbingen mit geballter Macht an, besiegte 1201 Graf Adolf III., belagerte die Burgen Segeberg und Travemünde und eroberte das übrige Gebiet. Die Stadt Lübeck, die längst mit den Dänen sympathisierte, öffnete ihm ihre Tore. Ganz Nordelbingen einschließlich der Grafschaft Ratzeburg stand jetzt unter dänischer Herrschaft. Graf Adolf mußte auf Holstein und Dithmarschen verzichten und zog sich auf seinen Stammsitz Schauenburg an der Weser zurück. Auch Otto IV. bestand nicht auf den welfischen Ansprüchen.

Für Lübeck gaben handelspolitische Gründe den Ausschlag, mit dem Dänenkönig zusammenzugehen, weil dieser die lebenswichtigen Land- und Seeverbindungen kontrollierte, damit der Stadt einerseits schwer schaden, andererseits sie aber bei freundschaftlicher Kooperation nachhaltig fördern konnte. Die Beschlußfassung über die Übergabe an Dänemark zeigte, daß die obrigkeitliche Stellung des Lübecker Rates und seine Selbständigkeit gegenüber dem Stadtherrn im Jahre 1201 sich bereits erheblich gefestigt hatten[13]). Der neue Stadtherr Waldemar, seit 1202 dänischer König, ordnete die nordelbischen Herrschaftsverhältnisse neu, indem er seinen Neffen Albrecht von Orlamünde als Grafen über Holstein und Teile von Ratzeburg einsetzte. Lübeck wurde eine königliche Stadt und erfuhr in der Folgezeit von Waldemar II., der einer der mächtigsten Fürsten in Europa wurde, mancherlei Förderung, weil es eine Schlüsselstellung in seinem Machtbereich besaß[14]).

Nachdem Kaiser Otto IV. 1208 seine Alleinherrschaft im Reich durchgesetzt hatte, war er darangegangen, die alten welfischen Ansprüche in Nordelbingen wieder durchzusetzen. Die daraus resultierenden Konflikte mit Dänemark führten dazu, daß Waldemar sich dem vom Papst begünstigten Staufer Friedrich II. (seit 1212 König) zuwandte und deswegen nach dessen Erfolgen über die welfische Partei 1214 von diesem alle Rechte des deutschen Reiches im Grenzland nördlich von Elbe und Elde übertragen bekam. Holstein und damit auch Lübeck waren jetzt formell dänisches Staatsgebiet geworden.

Mit dieser Übertragung hatte der Dänenkönig das Investiturrecht in den Bistümern Lübeck, Ratzeburg und Schwerin bekommen. Das Erzbistum Bremen war im Zusammenhang des staufisch-welfischen Kampfes und der alten Rivalitäten zwischen dem hamburgischen und dem bremischen Domkapitel in jahrelange interne Streitigkeiten verwickelt, die dazu führten, daß anstelle des umstrittenen Erzbischofs Hartwig II. 1207 der Schleswiger Bischof Waldemar, ein Gegner des dänischen Königs, zum Metropoliten gewählt wurde. Dies wollte Waldemar II. nicht hinnehmen und unterstützte darum die durch das Hamburger Kapitel vorgenommene Wahl eines Gegenerzbischofs (zunächst Burchard, dann Gerhard)[15]. In die Auseinandersetzungen wurde auch Lübeck hineingezogen, wo im Jahre 1210 mit dem bisherigen Domherrn Bertold ein energischer, kirchenpolitisch gewiefter Nachfolger für Bischof Dietrich gewählt wurde. Bertold suchte ein gutes Einvernehmen mit König Waldemar, dessen Hoheit über das Lübecker Bistum er anerkannte[16]. Da Papst Innozenz 1210 gegen den aufsässigen Bremer Erzbischof Waldemar und dessen Anhänger mit Bann und Interdikt einschritt, war Bertolds Option auch von dieser Seite her gedeckt. König Waldemar als „Patron" bestätigte ihm daraufhin die Privilegien des Bistums, insbesondere die umstrittenen Gebietsrechte in Alt-Lübeck mit dem dort neu erbauten Bischofshof[17].

Reichsfreiheit und militärische Befreiung 1226/27

Lübeck stand sich unter Waldemars Herrschaft nicht schlecht. Doch diese brach jäh zusammen, als der König 1223 von Graf Heinrich von Schwerin in einem persönlichen Racheakt überfallen und gefangengenommen wurde[18]. Da das Staatswesen unter den damaligen Voraussetzungen der Herrschaftsbegründung völlig an der Person des jeweiligen Herrschers hing, führte Waldemars Ausschaltung angesichts des lockeren Gefüges des dänischen Staates zu einer Krise, deren Folgen der Zerfall des Ostseeimperiums und intensive Bemühungen um eine politische Neuordnung Nordelbingens waren. Lübeck war jetzt frei von der dänischen Stadtherrschaft, ihm drohte aber eine neue Gefahr, als Waldemars Vasall in Holstein, Graf Albrecht von Orlamünde von dem Schauenburger Graf Adolf IV. 1225 gefangen wurde und dieser daran ging, die Herrschaft seines Vaters in Holstein wiederaufzurichten. Indessen war es Waldemar gelungen, sich aus der Gefangenschaft des Schweriners zu befreien und die Rückeroberung Nordalbingiens vorzubereiten. In den 1224 deswegen mit den Vertretern des Reiches geführten Verhandlungen hatte Waldemar sich bereiterklären müssen, die Hoheit über das Bistum Lübeck (ebenso wie über Ratzeburg und Schwerin) wieder an Kaiser Friedrich II. abzutreten.

Lübeck, das eine geschickte Schaukelpolitik zwischen den Machtblöcken getrieben hatte, schloß sich mit Vorbehalten der antidänischen Fürstenkoalition an, unternahm aber gleichzeitig beim Kaiser einen Vorstoß, sich die alten Privilegien als kaiserliche Stadt bestätigen zu lassen, um die Ansprüche der Territorialfürsten zurückweisen zu können[19]. Angesichts der labilen Situation setzten sowohl der Schauenburger als auch der Herzog von Sachsen, der Askanier Albrecht, dem die Schutzherrschaft (das

Rektorat) über die Stadt zugedacht war, Lübecks Plänen keinen Widerstand entgegen. Nachdrücklich gefördert wurden diese am Kaiserhof vom Hochmeister des Deutschen Ordens, Hermann von Salza, der die Handelsstadt mit ihren Ostseeverbindungen für seine Missionspläne in Preußen und Livland brauchte. So ließ sich die Lübecker Gesandtschaft, die Friedrichs II. Ladung zum Reichstag in Cremona folgte, vom Kaiser nicht nur das Barbarossaprivileg von 1188 (in welches man kurz zuvor in Angleichung an den faktischen Zustand eine Erweiterung der Rechte des Rates hinsichtlich Markt, Münze und Heeresfolge eingearbeitet hatte) bestätigen, sondern auch eine neue Urkunde über die bleibende Zugehörigkeit der Stadt zum Reichsgut und ihren territorialen Besitzstand ausstellen[20]). Damit war Lübeck eine Reichsstadt geworden („für alle Zeiten frei . . . , eine unmittelbare Stadt und Ortschaft des Reiches"), in dieser Formalität die erste im Norden. „Freiheit" meinte hier die Befreiung von jeder anderen Herrschaft als derjenigen des Königs, also nicht die staatsrechtliche Souveränität, sondern die Zugehörigkeit zum Reichsgut.

Zu den erstrebten neuen Rechten sollte nach der Intention des Rats auch ein Patronat an der Marktkirche St. Marien gehören (dazu s. S. 65 f). Wenn unter den Lübecker Vertretern mit dem Domherrn Johann Volkward auch ein Vertreter des Bistums am Kaiserhof anwesend war, dann kann man — abgesehen von dem hier zutagetretenden alten Brauch der Stadt, Geistliche als schriftkundige Verhandlungsführer heranzuziehen — daraus schließen, daß auch Bischof und Kapitel ein Interesse an der politischen Selbständigkeit der Stadt hatten und dafür den Anspruch des Rats auf größere Mitsprache in kirchlichen Angelegenheiten zunächst in Kauf nahmen[21]).

Das Reichsfreiheitsprivileg bedeutete zwar angesichts der Ferne des kaiserlichen Schutzes keine unmittelbar praktische Hilfe, konnte aber von Lübeck im Kampf um die Neuordnung Nordelbingens dagegen wirksam eingesetzt werden, weil das Bündnis gegen Waldemar sich in der Schlacht von Bornhöved 1227 militärisch behaupten konnte[22]). Diese das Schicksal Nordelbingens bestimmende Schlacht fand am Tage der Maria Magdalena statt, die daraufhin zur Schutzpatronin Lübecks erkoren wurde. Allen Ansprüchen des Grafen von Holstein konnte Lübeck in der Folgezeit nicht nur politisch (aufgrund seiner militärischen Hilfestellung), sondern auch reichsrechtlich entgegentreten.

Die Schlacht von Bornhöved brachte insofern einen epochalen Einschnitt, als mit dem Zusammenbruch der dänischen Macht nicht nur die Neuordnung der nordalbingischen Herrschaftsverhältnisse konsolidiert wurde, sondern auch Lübecks Stellung als Zentrum des Ostseehandels neu gefestigt war. Das durch den Niedergang Dänemarks entstandene Machtvakuum trug entscheidend zu dem kometenhaften Aufstieg der Stadt bei, und davon wurden die kirchlichen Verhältnisse in verschiedener Hinsicht betroffen, sowohl im Innern wie nach außen. Das Reichsfreiheitsprivileg war in diesem Zusammenhang mehr ein Programm der Stadt als ein dauerhafter Schutz; es konnte wirken, weil die äußeren Umstände für längere Zeit günstig blieben. Lübeck hat sich in der Folgezeit kaum darauf berufen (insofern war es keine solenne Verfassungsurkunde)[23]), sondern es hat sich seine Privilegien durch praktische Politik zu sichern versucht. Als Symbol der historischen Wende erscheint die bald nach 1227 erfolgte Umwandlung der nun funktionslos gewordenen gräflich-herzoglichen Burg in ein Dominikanerkloster (s. S. 69 f).

Lübecks Rolle bei der Christianisierung des Baltikums

Die dominierende Rolle im Ostseehandel hatte bis zur Mitte des 12. Jahrhunderts der gotländische Bauernkaufmann in der Vermittlung zwischen Osten (mit Nowgorod) und Westen (mit Schleswig) gespielt. Dies änderte sich nach Lübecks Neugründung 1159, als die westfälisch-rheinischen Fernhändler nunmehr eine stabile Basis bekamen und durch Heinrich den Löwen vielfältige Förderung erfuhren. Sie brachten zwei Vorteile gegenüber den Konkurrenten mit, einmal ihre überlegene Kapitalkraft, zum anderen ihre Koggen, einen neuen Schiffstyp, der allein mit Segelkraft betrieben wurde und über erheblich mehr Laderaum als die herkömmlichen Ruder-Segel-Schiffe verfügte. Von den fahrenden Kaufleuten (mercatores frequentantes), die sich schon 1161 zu einer siegelführenden Eidgenossenschaft, einer Vorform der Hanse verbanden, ließen sich alsbald etliche in Gotland nieder (mercatores manentes) und gründeten dort in Wisby neben der älteren skandinavischen Siedlung eine deutsche Stadt (um 1180/90 fertig), die bald zum wichtigsten Stützpunkt für den Handel nach Rußland und Schweden wurde[24]).

Die Handelsverbindungen zum östlichen Ostseeraum dienten nun auch dem kirchlichen Verkehr, dem Gesandtschaftswesen, insbesondere der Ostmission und machten so Lübeck in dieser Hinsicht zu einer wichtigen Kontaktstelle zwischen Deutschland und den Ostseeländern. Die baltischen und finnischen Stämme in dem weiten Gebiet zwischen Litauen und dem Finnischen Meerbusen, das man als Livland bezeichnete, waren die letzten noch nicht christianisierten Völker in Europa. Dies reizte zumal in der Epoche christlich-abendländischer Expansion, im Zeitalter der Kreuzzüge, zu missionarisch-kolonisatorischer Aktivität.

Gelegenheitsmission unter den Liven betrieb seit 1180 der Augustinerchorherr Meinhard aus Segeberg, welcher zunächst als Kaufmannspriester die Dünahändler begleitete, sich dann dort niederließ und 1184 in Üxküll an der Düna eine erste Kirche erbaute. Über die alljährlich von Lübeck kommenden Händler hielt er Kontakte zur Heimatkirche; 1186 ließ er sich in Bremen zum Missionsbischof von Üxküll weihen. Doch seine Christianisierungsbemühungen, die von den deutschen Kaufleuten unterstützt wurden, scheiterten immer neu am Widerstand der Liven[25]). Dies änderte sich etwa seit 1200, als das Missionswerk im Baltikum auf eine neue, breitere Grundlage gestellt wurde.

Das unter Waldemar II. vollendete dänische Imperium verdankte sich nicht bloß der zufälligen Gunst der historischen Stunde, sondern war das Ergebnis einer planvollen Politik[26]). Waldemars Ziel, die Herrschaft über den Ostseeraum zu etablieren, kam nun die seit Beginn des Jahrhunderts spürbare Neubelebung der Heidenkreuzzugsidee und der Ostkolonisation entgegen. Diese Bestrebungen, die zunächst vom Erzbistum Lund ausgingen, richteten sich auf die Christianisierung der heidnischen Völker in Preußen, im Baltikum und in Finnland, wobei sie für Lübeck dem Bemühen, den Rußlandhandel durch Errichtung einer deutschen Handelsstadt abzusichern, entgegenkamen. Insofern verband sich die Gründung der Stadt Riga 1201 mit der Neuorganisation des Bistums Livland (mit Sitz in Riga) und der Mission unter dem neuen livländischen Bischof, dem bisherigen Bremer Domherrn Albert. Handel und Mission, Erschließung neuer Lebensräume für deutsche Bürger und Christianisierung der Slawen bildeten hier wie in Wagrien im 11./12. Jahrhundert ein Interessengeflecht[27]). Die bei der Missionierung des hiesigen Gebietes maßgebende eher defensive Maxime der Kreuzzugsbewegung, das

Christentum gegen die Heiden zu verteidigen, die bereits Getauften zu schützen und die Gottlosen zu bekehren, wurde auf das Baltikum übertragen.

Die friedliche Individualmission hatte dank der zähen Beharrlichkeit Bischof Meinhards doch einige Fortschritte gemacht, die es nun zu sichern und systematisch auszubauen galt. Lübecker Kaufleute hatten dabei geholfen und hielten die Verbindung zum Reich, aber das Bistum Lübeck, durch die lange Sedisvakanz nach Bischof Heinrichs Tod (1182) geschwächt, war nicht imstande, sich den hier möglichen Einfluß zu sichern, so daß die Führung des Missionswerks an die Bremer Kirche ging. Der neue Rigaer Bischof Albert erhob Livland in den Rang einer heiligen Stätte der Christenheit, indem er das Missionsgebiet der Jungfrau Maria übereignete, und der mit dem Kampf für die Mutter Gottes verbundene Ablaß lockte seit Beginn des 13. Jahrhunderts Pilger aus Nordwestdeutschland in Scharen an.

Ungeachtet der geschwächten Position des Bistums nahm die Stadt Lübeck schon deswegen bei der neuen Ostsiedlungsbewegung eine zentrale Stellung ein, weil es der Aufbruchshafen für die Kolonisatoren war. Zumeist handelte es sich bei diesen um die Söhne und Angehörigen von westfälischen und rheinischen Kaufleuten, welche erst kurz zuvor hier ansässig geworden waren[28]). Der Bevölkerungsüberschuß in der alten Heimat, kaufmännische Interessen und das Streben nach Verbesserung der Rechtsposition waren die Gründe, die im 13. Jahrhundert in immer neuen Wellen Auswanderer gen Osten führten; erst um 1350/70 hörte diese Bewegung auf. Wirtschaftspolitik und Kreuzzugsmentalität gingen eine eigentümliche Verbindung ein, die durchaus nicht unproblematische Folgen der für Lübeck bestimmenden Integration des Christlichen in das Bürgerliche zeitigte.

Schon 1171 hatte Papst Alexander III. die Christen der skandinavischen Reiche zum Kreuzzug gegen die wilden Esten und die anderen Heiden im Baltikum aufgerufen. Durch die Zusage der Sündenvergebung stellte er diese Missionskämpfer den Kreuzfahrern, die ins Heilige Land zogen, gleich. Daran knüpfte Innozenz III. an, als Meinhards Nachfolger, der zum Missionsbischof erhobene Zisterzienserabt Bertold von Loccum 1197 an der Kurie und in Westdeutschland für den Livlandkreuzzug warb[29]). Im Frühjahr 1198 sammelte sich das Kreuzfahrerheer in Lübeck, das zu einem erheblichen Teil aus westfälischen Bürgern und frühhansischen Kaufleuten bestand. Bertolds Nachfolger (Bertold wurde 1198 von den Liven erschlagen), der schon erwähnte Bremer Domherr Albert, erwirkte nun außer der Unterstützung des dänischen Königs bei Papst Innozenz 1199 eine neue Kreuzfahrerbulle, die die Christen in Sachsen, Westfalen und Nordelbingen zur Heidenmission aufrief. Dadurch wurde die Resonanz für dieses kühne Unternehmen gewaltig verstärkt[30]).

Wiederum von Lübeck zog Albert mit einer Flotte aus, und hinfort strömten Jahr um Jahr in festem Rhythmus wie die Fernhändler von hier Scharen bewaffneter Pilger als „Soldaten Christi" gen Osten, um nicht nur das Evangelium zu predigen und die Missionare zu schützen, sondern auch die Heiden zwangsweise zu bekehren – eine gewaltige Bewegung, die Lübeck für etliche Zeit den Charakter einer Kreuzfahrerstation gab. In Livland kooperierten die Kreuzfahrer mit Bischof Albert und dem dort 1202 gegründeten Schwertbrüderorden (dazu s. u.), aber auch mit den Dänen, die 1206 einen Vergeltungskreuzzug gegen die Insel Ösel führten, um die estnischen Überfälle auf dänisches Küstengebiet zu stoppen. Albert wollte in Livland einen kirchlichen Staat schaffen, der seit 1207 dem deutschen Reich eingegliedert war.

Den deutschen Interessen kam die Ostseepolitik König Waldemars II. zunächst entgegen. Zusammen mit Bischof Albert unternahm er 1219 einen Kreuzzug gegen Estland. Doch da Waldemar Riga, Livland und den Schwertbrüderorden unter seine Botmäßigkeit zu bringen trachtete, zerbrach das Bündnis rasch. Der dänische Versuch, 1220 den Lübecker Hafen zu sperren, um den Nachschub zu unterbinden, scheiterte. Die Behinderungen der Kreuzfahrer seitens der Dänen blieben, und weil auch der Lübecker Rat – aus Furcht vor außenpolitischen Schwierigkeiten – den Strom der von Lübeck ausreisenden Pilger zu bremsen suchte, forderte Papst Honorius III. 1226 die Stadt auf, für einen besseren Schutz der Kreuzfahrer zu sorgen[31]). Vollends seit dem endgültigen Sturz König Waldemars 1227 trat an die Stelle der gemeinsamen deutsch-dänischen Christianisierungsaktion in Livland und Estland die deutsche Ostsiedlung, von Lübeck aus durch die Kreuzfahrerbewegung gespeist, zunehmend vom Deutschen Orden gesteuert[32]).

Doch Waldemar II. versuchte, seine Machtbasis im Ostbaltikum wiederzugewinnen, und zu diesem Zweck wollte er durch eine Blockade des Lübecker Hafens den livländischen Siedlern ihren personellen Zuzug und materiellen Nachschub abschneiden. Als Verbündeten dafür gewann er Graf Adolf von Holstein, den Herrn der Burg von Travemünde. Dagegen riefen Lübeck und der Schwertbrüderorden den Papst um Hilfe an, und Gregor IX. griff 1234 mit zwei Bullen ein, stellte den Hafen unter seinen apostolischen Schutz und drohte Waldemar mit dem Bann. Stärkere Wirkung zeigte der gewaltsame Widerstand Lübecks durch Repressalien zu Lande gegen die Besitzungen des Grafen. Ende 1234 wurde die Blockade aufgehoben. Fortan florierte der Nachschub gen Osten, gefördert durch den päpstlichen Legaten Wilhelm von Modena, recht ordentlich[33]).

Lübeck und der Schwertbrüderorden

Eine besondere, für jene Epoche charakteristische Frucht der Kreuzzugsbewegung stellten die Ritterorden dar, die für eine militante Laienreligiosität manches neue Betätigungsfeld boten. Weltliche Gottesstreiteridee und kirchliches Missionsengagement gingen hier eine Synthese ein, deren frühe Blüte zu Beginn des 13. Jahrhunderts auch Lübecks Kirchengeschichte tangierte. Der 1202 von dem Loccumer Zisterzienser Theoderich von Treiden zur Förderung der Schwertmission in Livland gegründete „Orden des Ritterdienstes Christi" (meist fratres militiae Christi, später auch Schwertbrüder genannt) hatte von Anfang an intensive Verbindungen zu Lübeck[34]). Wahrscheinlich gehörte Theoderich zu jenen Loccumer Mönchen, die 1186 im Auftrag Graf Adolfs III. nach Reinfeld kamen, um dort ein Zisterzienserkloster zu gründen. Die Ritter und Mannen, die er vor allem in Westfalen und Waldeck anwarb, sammelten sich in Lübeck, wo der Orden seit etwa 1220 ein eigenes geräumiges Haus mit Hof in der Kleinen Burgstraße besaß, welches Raum für über hundert Reisige bot (1268 erstmals erwähnt als „domus militum Christi")[35]). Auch Lübecker Bürgersöhne aus den ratsfähigen, ritterbürtigen Familien traten dem Orden bei; bezeugt ist uns als erster Friedrich Dumme, der Sproß einer der Lübecker Gründerfamilien, der vor 1231 nach Livland zog und im Orden aufgrund seiner Beziehungen zur Heimat eine wichtige Rolle spielte. Sein

Bruder Heinrich und der Patriziersohn Ludolf Vifhusen gehörten ebenfalls zu den Rittern.

Seit 1225/26 steuerte der Orden unter Führung seines Meisters Volkwin zielstrebig ein Bündnis mit den frühhansischen Kaufleuten im Ostbaltikum und mit der Stadt Lübeck an, um im Ostseeraum gemeinsam den Kampf gegen das übermächtige Dänemark zu führen[36]). Die Lübecker Gesandtschaft, die sich von Kaiser Friedrich II. die Reichsfreiheit bestätigen ließ, erwirkte zugleich auf Bitten des Ordens für diesen ein kaiserliches Schutzprivileg. Es waren hauptsächlich die wirtschaftlichen Interessen des Ordens und die beiderseitigen Bemühungen um eine deutsche Kolonisation des Ostens, die das merkwürdige Bündnis zwischen Rittern und Bürgern trugen. Daß beiden dabei auch ehrlich an einer effektiven Ausbreitung der christlichen Religion gelegen war, darf nicht in Zweifel gezogen werden. Bürgerlicherseits ergab sich eine Affinität zum Ordensleben durch die risikoreiche Lebensweise auf den Handelsfahrten, die zu ständiger Waffenbereitschaft nötigten und in den Winterquartieren zu einer durch Statuten geregelten, stark religiösen Kommunität führten (so z. B. für den Nowgoroder Petershof belegt)[37]).

Als nach der Schlacht von Bornhöved 1227 und nach den Erfolgen des Schwertordens in Livland-Estland die dänische Machtstellung erschüttert war, stieg der Orden dort zur führenden Macht auf, verlor diese Position jedoch schon 1236 infolge einer katastrophalen Niederlage gegen die Litauer. Seine Reste schlossen sich mit dem Deutschen Orden zusammen, womit der Christianisierung des Baltikums eine neue Zukunft eröffnet wurde. Die engen Verbindungen zu Lübeck blieben auch nach dem Zusammenschluß erhalten (z. B. hatte der Lübecker Ritter Friedrich Dumme die Katastrophe überlebt). Verstärkt wurde das durch die Kooperation mit der aufblühenden Handelsstadt Riga, die sich − nicht zuletzt auch mit Hilfe des Ordens − immer mehr von der Herrschaft des Bischofs löste, sowie mit den Städten des Ordensgebietes (unter ihnen Reval die bedeutendste), die sich auch in kirchlich-kultureller Hinsicht an Lübeck orientierten.

Lübeck und der Deutsche Orden

Seit dessen Gründung im Jahre 1190 bestanden zwischen dem Deutschen Orden und Lübeck enge Bande. Lübecker Bürger, die an dem von Friedrich Barbarossa geführten 2. Kreuzzug 1189 zahlreich, sogar mit Schiffen beteiligt waren, hatten zusammen mit Bremern vor den Toren von Akkon in Palästina ein provisorisches Zelthospital gegründet, welches sie bei ihrer Rückkehr in die Heimat einigen frommen Männern übertrugen. Aus dem Zusammenschluß dieser Männer erwuchs dann in Jerusalem eine geistliche Bruderschaft, die sich zunächst als Spitalorden „St. Marien der Deutschen" der Krankenpflege und Betreuung der Pilger, später als Ritterorden (seit 1198) dem Kampf gegen die Heiden in Palästina und Ägypten widmete[38]). Als diese Aufgabe zunehmend erschwert wurde, fand der Orden, der unter dem genialen Hochmeister Hermann von Salza seit 1211 im Burzenland (Siebenbürgen) wirkte, nach dem Vorbild, das die Templer mit ihrer Arbeit in Spanien gaben, im Ostseeraum ein neues Betätigungsfeld, welches ihm Herzog Konrad von Masowien 1225/26 mit dem Ruf, bei der bislang erfolglosen Christianisierung der Preußen zu helfen, eröffnete. Sowohl Kaiser Friedrich II. als auch Papst Honorius III. förderten derartige Pläne. Die gleichzeitig erfolgte Verleihung des Reichsfreiheitsprivilegs an Lübeck und die kaiserliche Gründungsurkunde für den preußischen Deutschordensstaat standen in innerem Zusammenhang. Nach längeren Sondierungen begann der Orden 1230 mit der Arbeit im Kulmer Land.

Lübeck — noch in späterer Zeit als Mitbegründer des Ordens von diesem besonders geschätzt — war als wirtschaftliche Nachschubbasis und kultureller Quellort in Hermann von Salzas Plänen eine Schlüsselfunktion zugedacht. Schon 1224 hatte er versucht, hier eine Deutschordenskommende einzurichten, doch das war am Widerstand von Bischof Bertold gescheitert; erst im Verlauf des Streits zwischen Bischof und Rat über die Gründung eines bürgerlichen Hospitals (dazu s. S. 67 f), kam es wohl um 1228/29 zur Gründung einer solchen Niederlassung[39]). Lübecker Patriziersöhne beteiligten sich in der Folgezeit an den Kämpfen der Ordensritter gegen die Heiden, wie für das Jahr 1246 belegt ist, als einige aus Samland mitgebrachte gefangene Preußen, die sich in Lübeck bekehren ließen, feierlich demonstrativ in der Marienkirche getauft wurden[40]). Durch eine derartige Kooperation entstand eine weitere dauerhafte Verbindung mit den Missionsgebieten im Osten.

Eine Kooperation zwischen der Stadt und dem Orden empfahl sich schon angesichts der gemeinsamen Interessen bei der deutschen Ostsiedlung. Sie verstärkte sich bald, als der Orden anfing, die Wirtschaft des eroberten Preußenlandes zu organisieren und dort Städte zu gründen. Dafür brauchte er die Lübecker Kaufleute als Helfer. Ein schönes Beispiel für diese Zusammenarbeit ist die Gründung Elbings im Jahre 1237, die von Lübecker Kaufleuten und vermutlich sogar offiziell vom Rat mitorganisiert wurde. Die Neubürger kamen zumeist aus Lübeck, die Elbinger Stadtanlage orientierte sich am Vorbild der Travestadt, das lübische Recht wurde — vermittelt durch den päpstlichen Legaten, den Organisator der Mission in Livland und Preußen, Wilhelm von Modena — zur Grundlage des bürgerlichen Lebens[41]). Die an der Ostseeküste gelegenen Städte, welche der Orden (der seit 1237 auch in Livland arbeitete) gründete, erhielten zumeist ihr Stadtrecht nach dem Lübecker Vorbild. Zumal in den deutschen Städten des Baltikums, weniger stark auch in Preußen, stammten die Einwanderer vielfach aus Lübeck[42]). Dadurch ergaben sich personelle Bande, die nicht nur Politik und Handel lange Zeit hindurch bestimmten, sondern auch in religiöser, kirchlicher und kultureller Hinsicht die Orientierung an Lübeck beeinflußten.

Konfrontation zwischen Bistum und Stadt

Die Rivalität zwischen Rat und Bischof um die Herrschaft in der Stadt gehörte aufgrund der besonderen Gründungssituation seit 1159/60 gleichsam zu den Bedingungsfaktoren der Lübecker Kirchengeschichte. Bis zum ersten Drittel des 14. Jahrhunderts in immer neuen Streitigkeiten ausgetragen, ist sie das beherrschende Thema des 13. Jahrhunderts. Nachdem sich im Zuge der politischen Veränderungen von 1181—1227 die Herrschaft des Rates in der Stadt relativ rasch durchgesetzt hatte, kam es dem Bischof vor allem darauf an, zusammen mit dem Kapitel die entscheidenden geistlichen Hoheits- und Besitzrechte zu bewahren und eine Verbürgerlichung des Kirchenwesens nach Möglichkeit abzuwehren. Der jenes Zeitalter beherrschende Gegensatz zwischen geistlicher und weltlicher Gewalt, auf der abendländischen Ebene zwischen Kaiser Friedrich II. (1212—1250) und den Päpsten ausgetragen, begegnet uns hier im regionalen Rahmen mit den Spezifika der lübischen Situation. Dabei wurden die unvermeidlichen, der Klärung dienenden Differenzen immer wieder gemildert durch das beiderseitige Bemühen um einen modus vivendi, so daß sich Phasen der schroffen Konfrontation mit relativ friedlichen Zeiten abwechselten.

Hatte schon der sanftmütige, auf Harmonie bedachte Bischof Dietrich in seinen letzten Jahren Streitigkeiten nicht vermeiden können, so steuerte sein energischer Nachfolger Bertold (1210–1230 Bischof), zuvor Lübecker Domherr, einen bewußten Konfrontationskurs, um die Position des Bistums gegenüber der Stadt wie gegenüber den holsteinischen Adeligen und den Klöstern in Segeberg, Neumünster und Lübeck zu behaupten[43].

Nach gelegentlichen kleineren Querelen in den Vorjahren wegen der Zuständigkeit des bischöflichen Gerichts für Streitsachen zwischen Bürgern einerseits und Klerikern sowie Mönchen andererseits kam es 1211/12 zum ersten größeren Streit zwischen Bischof und Rat. Dieser hatte aus nicht klar erkennbaren Gründen den Bürgern bei hoher Strafe verboten, weiterhin der Kirche die schuldigen Oblationen in Form von Lebensmitteln zu entrichten, und damit den Gabenfluß stark gehemmt. Das Kapitel als die in ihren Pfarrrechten betroffene Instanz hatte deswegen bei der römischen Kurie geklagt, also erheblichen Aufwand nicht gescheut, und erwirkte einen Spruch Papst Innozenz' III. gegen die Bürgerschaft, der unter Androhung kirchlicher Strafen die Maßnahme rückgängig zu machen befahl[44].

Streit um das Pfarrbesetzungsrecht seit 1220

Das alleinige Recht des Kapitels, die Pfarrer an den Stadtkirchen einzusetzen, führte angesichts seiner Bedeutung für beide Seiten schon früh zu Auseinandersetzungen, die das ganze 13. Jahrhundert über andauerten. Dies ist ein für die Stadt jener Epoche in ganz Deutschland typischer Sachverhalt[45]. Überall versuchten die Bürger, an der Pfarrerwahl beteiligt zu werden oder sie sogar in ihre Hand zu bekommen. Das ergab sich folgerichtig aus dem Genossenschaftsgedanken und dem städtischen Selbstverwaltungsprinzip. Erbaut wurden die Lübecker Kirchen (mit Ausnahme des Doms) ja von den Kirchspielbürgern, und die Ratsherrschaft drängte auf Ausschaltung oder Neutralisierung fremder Einflüsse. Für die Geschlossenheit des Gemeinwesens war es wichtig, daß die Bürger auf den Pfarrstellen Männer ihres Vertrauens hatten.

Mit der geltenden Rechtslage mochten sich die Lübecker deshalb zumindest für die Marktkirche St. Marien nicht begnügen. Sie respektierten zunächst die päpstliche Entscheidung von 1195, doch um 1220 traten wieder Spannungen auf, die sich schließlich in Gewalttätigkeiten gegenüber den Klerikern und Störungen des Gottesdienstes im Domchor entluden[46]. Daraufhin verklagte das Kapitel den Rat, und es kam durch Vermittlung des Schweriner Bischofs und des Grafen von Werle 1222 zu einem Vergleich. Der Rat verpflichtete sich hier, die Bürger zu einer Bußprozession zum Dom anzuhalten, in welcher sie dem Kapitel feierliche Abbitte tun sollten, und den Rädelsführer, welcher sich vor dem geistlichen Gericht verantworten sollte, besonders zu maßregeln. Dafür war das Kapitel zu der Konzession bereit, daß die Bürger in Zukunft das Recht haben sollten, für St. Marien einen Domherrn ihrer Wahl als Pfarrherrn zu benennen, der dann nach Billigung durch den Bischof eingesetzt werden sollte[47].

Mit dieser Regelung scheint das ältere, seit Heinrich dem Löwen bestehende Recht der Bürger nur präzisiert, nicht aber erweitert worden zu sein. Das angestrebte Patronat hatte der Rat also nicht erreicht, nur ein Vorschlagsrecht (ius denominandi), welches dadurch eingeschränkt war, daß der Pfarrer nur aus dem Kreis der Kanoniker gewählt werden und von diesen, wenn er ungeeignet schien, ohne Konsultation der Bürger abgesetzt werden konnte. Darüber hinaus hatte er, wie für 1225 bezeugt ist, beschränkte Mitwirkungsmöglichkeiten bei der Verwaltung der Kirchspiele, insbesondere bei der Baulast durch „Deputierte", d. h. Juraten oder Provisoren, die von ihm beauftragt wurden und auch als Fabrikpfleger fungierten[48]).

In der bedrohlichen Situation nach dem Sturz König Waldemars II. war Bischof Bertold zur Kooperation mit dem Rat bereit, um die Anerkennung des Reichsfreiheitsprivilegs beim Kaiser durchzusetzen. Auch zu territorialen Zugeständnissen, die dem Sicherheitsbedürfnis der Stadt Rechnung trugen, ließ er sich herbei, indem er 1225 seinen Wirtschaftshof in Alt-Lübeck (Oldenlubeke) – dessen Lage an der Trave den Schiffsverkehr bedrohte, weil man von hier aus leicht durch eine Befestigungsanlage den Fluß hätte sperren können – der Stadt verkaufte, welche die Reste der alten Burg schleifen ließ[49]).

In Zusammenhang dieser außenpolitisch bedingten Verständigung versuchte der Rat, durch die Ergänzung des Barbarossaprivilegs (s. o. S. 59) sich ein förmliches Patronat mit dem Pfarrbesetzungsrecht an St. Marien zu sichern[50]). Solche Fälschungen waren damals als politisches Kampfmittel durchaus üblich, aber da der Bischof die Hintergründe kannte, konnte der Rat trotz der Bestätigung durch Kaiser Friedrich II. im Jahre 1226 seinen Anspruch nicht durchsetzen. Sein Vorpreschen beim Kaiser förderte nur die Gegensätze zwischen Stadt und Bistum. Hinsichtlich des Pfarrerwahlrechts kam der Rat über den Vergleich von 1222 während des ganzen Mittelalters nicht hinaus.

Besitz- und Erbschaftsstreitigkeiten zwischen Bürgern und Domherren veranlaßten immer wieder Verärgerungen über die geistliche Immunität im Stadtgebiet[51]). Da der Rat auf den kirchlichen Grundstücken in der Stadt keine Polizeigewalt ausüben konnte und somit in seiner Aufsichts- und Ordnungsbefugnis eingeengt war, ordnete er 1227 im Zuge neuer Auseinandersetzungen mit dem Bistum an, daß hinfort kein Bürger mehr der Kirche ein Grundstück stiften oder verkaufen dürfte; im Falle einer Stiftung sollte die Immobilie an einen anderen Bürger veräußert und der Gegenwert dann gespendet werden[52]).

Diese verständliche Defensivmaßnahme verschärfte die Konfrontation erheblich, und so kam es 1227 bei einem erneuten Vorstoß der Bürger, sich kirchliche Mitwirkungsmöglichkeiten zu sichern, zum offenen Kampf. Fraglos spielte dabei die neugewonnene politische Unabhängigkeit der Stadt eine Rolle. Der Rat versuchte nun, seine Herrschaft im Innern auszubauen, und dazu gehörte die Einschränkung der geistlichen Herrschaft. In diesem Zusammenhang drängte er auch die Kompetenzen des Vogts, der als Vertreter des kaiserlichen Stadtherrn die Kriminalgerichtsbarkeit ausübte und alle für die Stadt wichtigen Vorgänge zu beurkunden hatte, zielstrebig zurück[53]).

Streit um das Bürgerhospital 1227–1234

Die neue städtische, an Handel und Gewerbe orientierte Lebensform brachte im Bick auf die Versorgung der nicht mehr Erwerbstätigen, der Alten, Kranken und Armen schon früh gravierende soziale Probleme mit sich. Vordem in den agrarischen Strukturen konnte jener Personenkreis im Rahmen der Solidarität der Großfamilien versorgt werden. In der Stadt entfiel das oder wurde doch beträchtlich erschwert. Die fortschreitend feudalisierte und verweltlichte Kirche hatte sich bislang nicht imstande gezeigt, die nötige Armen- und Krankenfürsorge zu organisieren. Dies ist einer der Gründe dafür, warum nun die Bürger auch in Lübeck die soziale Sicherung ihrer pflegebedürftigen Angehörigen in eigene Regie nehmen wollten. Hinzu kamen die religiösen Impulse aus der Kreuzzugsbewegung, die überall in Europa zu einem Aufblühen des Hospitalwesens führte[54]).

Vermutlich im Jahre 1227 errichtete der Rat am Klingenberg (Ecke Pferdemarkt—Marlesgrube), also auf einem zum Nikolaikirchspiel gehörigen Grundstück, ein Hospital zum Heiligen Geist als Altersheim für die Angehörigen der weniger begüterten Schichten[55]). Zu deren geistlicher Versorgung sah er in diesem Haus eine Kapelle vor, für welche er einen eigenen Geistlichen anstellen wollte. Doch dazu bedurfte es der Genehmigung des Bischofs wie des Kapitels, und diese lehnten eine derartige Beschneidung der Pfarrechte durch ein Ratspatronat ab. Als Begründung führten sie an, daß das Spital entgegen seinem Namen weder der Krankenpflege diente noch eine geistliche Bruderschaft wäre und daß die noch rüstigen Insassen des Spitals anderweitig zur Kirche gehen könnten. Um sich für diese Unfreundlichkeit zu rächen und das Kapitel unter Druck zu setzen, sperrten die am Bau des Hospitals engagierten Bürger ihre für die Domfabrik bestimmten Abgaben und Zuwendungen, und das zu einer Zeit, wo Bischof Bertold die endlich notwendige Fertigstellung des 1173 begonnenen Dombaus nachdrücklich betrieb[56]). Mit dieser Maßnahme war der Versuch verbunden, bürgerlichen Einfluß auf die Bauverwaltung des Domes zu gewinnen.

Es folgten nicht mehr feststellbare Auseinandersetzungen, in deren Verlauf der Rat einige Kleriker und Mönche unter Nichtachtung allen kirchlichen Rechts gefangensetzte[57]). Nun schalteten Bischof und Kapitel den Papst ein, und Gregor IX. beauftragte im Dezember 1227 den Abt von Stade, den Propst von Zeven und den Dekan von Bremen, in dieser Streitsache zu richten. In der Frage des Hospitals konnte man sich erst später (wohl um das Jahr 1229) einigen, als der päpstliche Legat Wilhelm von Modena persönlich intervenierte. Dieser schlug als Kompromiß vor, daß die Insassen des Altersheims sich als Hospitalbrüderschaft in Anlehnung an die Regel der Johanniter konstituieren sollten. Auf dieser Basis genehmigte er den Bürgern innerhalb des Hauses die Errichtung einer Kapelle und die Abhaltung von Gottesdiensten im Hospital, aber der dazu angestellte Priester sollte voll und ganz dem Kapitel unterstehen[58]).

Die Bürger bereuten diesen Vergleich, der ihre soziale Einrichtung allzu stark unter der Aufsicht des Kapitels beließ, schon bald. Sie bauten trotz des bischöflichen Banns um 1229/30 in einiger Entfernung vom Hospital eine eigene größere Kirche, um vom Kapitel unabhängig zu sein (wo diese lag, ist heute nicht mehr feststellbar). Wahrscheinlich motivierte sie zu diesem Unternehmen die Kooperation mit dem sich jetzt in Lübeck niederlassenden Deutschen Orden, der ihnen eine geschickte Handhabe bot, die Pfarrechte des Kapitels zu unterlaufen: Sie überließen dem exemten Orden den Gottesdienst in der neuen Kirche und die Seelsorge im Hospital. Das gab begreiflicherweise neuen Streit mit dem Kapitel, welches dem Geistlichen des Ordens alle Tätigkeiten im Hospital untersagte, diese aber nicht verhindern konnte, weil der Orden sich auf das päpstliche Privileg, das ihn von der bischöflichen Hoheit freistellte, berief.

Obwohl die vom Kapitel angerufene römische Kurie das Verbot bestätigte, amtierte der Deutschordenspriester weiter, und Bürger wie Ordensleute scherten sich wenig darum, daß Bischof Bertold letztere mit dem Bann strafte und exkommunizierte.

Nach Bertolds Tod im April 1230 blieben die Fronten längere Zeit verhärtet. Die Bürger hatten ihren Willen zu kirchlicher Mitgestaltung in dem von ihnen beanspruchten sozialen Bereich vorerst durchgesetzt, das Kapitel hatte an Autorität eingebüßt. Dessen bisheriger Dekan Johannes wurde als Nachfolger Bertolds Bischof (1230–1247) und bemühte sich zusammen mit dem neuen Domdekan Nikolaus um einen Abbau der Spannungen mit dem Deutschen Orden und mit der Bürgerschaft. So kam es schließlich um 1234 zur Aufhebung des Bannes. Das Hospital entwickelte sich zusehends und bildete einen wichtigen Teil bürgerlicher Religiosität (vgl. S. 77 f).

Aufschwung des Mönchtums: Die Bettelorden seit 1225/29

Klösterliches Leben, diese notwendige Ergänzung der kirchlichen Organisation, war noch um 1220 in ganz Nordalbingien höchst defizitär entwickelt. Im dänischen Bereich sah es etwas besser aus. Das Lübecker Benediktinerkloster St. Johannis blieb neben dem Schleswiger lange das einzige dieser Observanz. Hinzu trat 1186, gefördert durch Graf Adolf III. von Schauenburg, ein Zisterzienserkloster in Reinfeld, welches gute Kontakte zur Stadt pflegte und hier seit 1266–69 einen geräumigen Hof mitsamt Abtswohnung an der Obertrave/Marlesgrube unterhielt. Bischof Bertold gründete nach 1211 in Preetz ein Benediktinerinnenkloster, um den bischöflichen Einfluß an der Nordgrenze der Diözese zu stärken. Einen Aufschwung nahm das monastische Leben erst mit der neuen Bewegung der Bettelorden, mit den Dominikanern und Franziskanern, während der Deutsche Orden der Ritter sich etwa zur selben Zeit hier nur ansatzweise betätigte und sein Arbeitsfeld im Osten fand.

Neben den älteren Formen des Mönchtums, dem Klosterleben der Benediktiner und Zisterzienser, dem Eremitentum der Kartäuser, dem Klerikermönchtum der Prämonstratenser und Augustiner brachte das Bettelmönchtum (Mendikantentum) eine neue Form, deren rapider Aufschwung auch mit dem Aufblühen der Städte zusammenhängt[59]). Waren die älteren Klöster im wesentlichen vom Adel getragen, so handelt es sich hier um eine vom Bürgertum geprägte Lebensweise. Deswegen fand sie nicht zufällig gerade in Lübeck relativ rasch Eingang.

Die von Dominikus und Franziskus seit 1206 bzw. 1209 initiierten Orden stellten eine kirchlicherseits begrüßte und geförderte Reaktion auf die im 12. Jahrhundert entstandene Armutsbewegung dar, welche ihre Kritik an der verweltlichten, vom Adel beherrschten Kirche mit der Forderung nach der vita evangelica, einem Leben in der Nachfolge der Jünger Jesu verband. Gegen diese unkontrollierbare Protestbewegung, die die Papstkirche vergeblich als häretisch auszuschalten suchte, erwies sich die von den Dominikanern und Franziskanern getragene populäre Arbeit in Seelsorge, Predigt und Armenfürsorge als hervorragendes Mittel, den Mängeln der kirchlichen Arbeit zu begegnen, die – ebenso wie die Arbeit der älteren Mönchsorden – neben der Theologie ganz auf das sakramental-kultische Leben konzentriert war. Wie stark das Bedürfnis nach einer derartigen Ergänzung war, zeigt die Bewegung der überall im Abendland entstandenen Hospitalorden, deren Reflex uns in Lübeck im Streit um das Bürgerspital begegnet. Neben dem Gedanken des sozialen Engagements war es das Armutsideal, das einfache Leben der „Mendikanten" (die im übrigen mehr von ihrer Hände Arbeit als vom Bettel lebten), welches als Reaktion auf die Verweltlichung des Christentums attraktiv für breite Kreise wirkte. Auch die religiöse Frauenbewegung des 13. Jahrhunderts konnte in den zweiten Orden der Dominikaner und Franziskaner (Klarissen) kirchlich organisiert werden.

Erstaunlich schnell verbreitete die Mendikantenbewegung sich in Deutschland, was auf die Resonanz, die sie im Volk fand, zurückzuführen ist. 1221 faßten die ersten von Franziskus selbst geschickten Minderbrüder (fratres minores) in Süddeutschland Fuß; 1222 gründeten sie in Köln ein Kloster, von wo aus sie schon im nächsten Jahr eine Reihe weiterer Konvente in den sächsischen Städten errichteten, in Nordelbingen zuerst in Lübeck 1225, wo sie sich vermutlich zunächst in der Krankenpflege betätigten[60]). Sie bildeten hier einen eigenen kleinen Konvent (von dem uns 1234 zwei Brüder namentlich bezeugt sind) und errichteten relativ früh auf einem vom Rat zur Verfügung gestellten Grundstück an der König- und Glockengießerstraße einen bescheidenen, der volkstümlichen Heiligen Katharina geweihten Klosterbau sowie eine Kirche, also damals noch am Rande der Stadt in einem großen Neubaugebiet, wo sich seit etwa 1220 vor allem Handwerker ansiedelten. Ihre Niederlassung blühte rasch auf, schon 1240 und dann noch einmal 1256 bewilligte die Stadt ihnen eine Erweiterung des Klostergeländes[61]). Im übrigen drang der Rat auch bei den Bettelorden darauf, eine allzu große Ansammlung von geistlichem Grundbesitz, der seiner Aufsicht entzogen war, zu verhindern.

Die Leitung des Klosters lag beim Guardian (vor 1240 ist dafür ein Bruder Electus bezeugt); innerhalb des Kreises der von Lübeck aus gesteuerten Neugründungen der Franziskanerklöster nahm es schon bald eine Führerstellung ein. Die um 1230 organisierte Ordensprovinz Sachsen (das Gebiet östlich der Weser bis Preußen) umfaßte zwölf Kustodien, darunter die Lübecker. Dieser gehörten außer Lübeck, wo der Kustos seinen Sitz hatte, im Verlauf des 13. Jahrhunderts neun weitere Konvente in Hamburg, Rostock, Wismar, Schwerin, Parchim, Greifswald, Stralsund, Riga und Ribnitz (dies ein Klarissenkonvent) an, wozu später noch Güstrow und Strelitz traten. Des öfteren wurden auch die sächsischen Provinzialminister aus dem Lübecker Konvent erwählt und hier die Provinzialkapitel abgehalten[62]). Durch ihr karitatives und seelsorgerliches Engagement, durch ihre lebendige Jesus- und Marienfrömmigkeit gewannen die Minderbrüder unter den Bürgern viele Anhänger. Auch der Rat hatte zu ihnen ein besonderes Vertrauensverhältnis[63]).

Fast gleichzeitig mit den Minoriten ließen sich die Predigermönche, die Dominikaner, in Lübeck nieder. Aus Dankbarkeit für den Sieg in der Schlacht bei Bornhöved (1227) stiftete die Stadt an der Stelle, wo bisher die zuletzt von den Dänen beherrschte Burg stand, 1229 für die Dominikaner ein Kloster zu Ehren der Maria Magdalena, der Heiligen des Tages von Bornhöved (parallel dazu steht die Gründung des franziskanischen Maria-Magdalena-Klosters in Hamburg durch Graf Adolf IV.). Dieses Grundstück wurde 1236 durch eine Schenkung des Rates erweitert[64]). Die hier errichtete Klosteranlage mitsamt der Kirche fiel 1276 einem Stadtbrand zum Opfer und wurde danach (vor allem im 14. Jahrhundert) durch einen prächtigen Bau ersetzt, dessen Kirche 1319 geweiht wurde.

Mit der Pflege von Predigt und Theologie brachten die Dominikaner ein neues Element in das kirchliche Leben der Stadt. Wie die Franziskaner fanden sie bei den Bürgern freudige Aufnahmebereitschaft, während Kapitel und Bischof beiden Orden mit Mißtrauen begegneten, weil sie ihnen in ihrer Domäne, der Pfarrversorgung der Stadt, unliebsame Konkurrenz machten. Da die Bettelorden nicht an Besitztümern und Rechten hingen und überhaupt nicht auf geistliche Herrschaft, sondern auf Dienst im Geiste Christi aus waren, bildeten sie für die Bürger in ihrem Kampf um kirchliche Verselbständigung willkommene Bundesgenossen. Weibliche Bettelorden bildeten sich in Lübeck nicht, ebenso keine den Bettelorden angeschlossenen Gemeinschaften von sog. Tertiariern, d. h. Bruderschaften von Weltchristen, die im Alltagsleben das Armutsideal verwirklichen wollten. Stattdessen kam es seit etwa 1260 zur Gründung von Beginenkonventen (s. u. S. 114), die sich zum Teil später als Tertiarier organisierten.

Streitigkeiten mit den Benediktinern 1231—1256

Probleme ganz anderer Art als mit den Mendikanten hatten Bistum und Stadt mit dem Johanniskloster. Dieses hatte mittlerweile seine Besitzungen außerhalb der Stadt durch Zukauf und Schenkungen des Grafen Albrecht von Orlamünde in Wagrien beträchtlich erweitert. Es bildete mit den ihm gehörigen Dörfern und seiner dortigen Gerichtsbarkeit einen Herrschaftsverband eigener Art, den die Mönche nach dem politischen Umschwung von 1227 gegen Graf Adolfs Angriffe verteidigen konnten[65]. In der Stadt besaß es eine herrschaftliche Klosteranlage, dessen monumentale dreischiffige Kirche der Vollendung entgegenging. Abt Arnold war um 1212/14 gestorben, seine Nachfolger Gerhard und Johann konnten die disziplinären Mißstände so wenig wie er beseitigen. Statt des vorgeschriebenen asketischen und kontemplativen Gemeinschaftslebens der Benediktinerregel führten die Mönche mit den Nonnen ein flott-vergnügliches, aber für die Bürger anstößiges, weil regelwidriges Zusammenleben. Und da ihr junkerhaftes Treiben vor den Bürgerhäusern der Stadt nicht haltmachte, gab es viel Ärger[66].

Da der Abt nichts ändern konnte, schritt der für die Aufsicht zuständige Bischof, zunächst Bertold, dann Johann mit Visitationen ein, doch auch das blieb vergebens. So einigten sich Abt und Bischof 1231 darauf, den Männer- von dem Frauenkonvent zu trennen und in die noch wenig kultivierte Gegend am wagrischen Ostseeufer zu verlegen, wo das Kloster an der Grömitz einen Hof besaß. Nach langen Verhandlungen war 1237 der fromme, für asketische Zucht aufgeschlossene Graf Adolf IV. bereit, gegen die Abtretung von Klostergut den Mönchen das Dorf Cismar und Umgebung samt Gerichtsbarkeiten und Dienstleistungen für eine Neugründung zu überlassen[67].

Doch die Mönche wollten das bequeme, abwechslungsreiche Stadtleben nicht mit der harten Kolonisierungsarbeit auf dem Lande tauschen und weigerten sich. So sah sich der Bischof nach längerem Hin und Her 1244 veranlaßt, seitens des Bremer Erzbischofs eine Entscheidung in zweiter Instanz zu erbitten. Nach nochmaliger Untersuchung des Sachverhalts, die die Berechtigung der Vorwürfe erwies, wurden die Mönche 1245 zum Verlassen des Johannisklosters verurteilt und dieses wurde auf Bitten der Bürgerschaft einer strengeren Observanz, Nonnen des Zisterzienserordens, mitsamt allem Besitz in und um Lübeck übertragen. Die meisten bisherigen Benediktinerinnen hatten das Kloster im Laufe der Jahre verlassen, Nachwuchs war nicht zugelassen worden.

Im Verlauf des Jahres 1245 zogen einige Zisterzienserinnen aus dem bremischen Kloster Lilienthal unter der Äbtissin Clementia im Johanniskloster ein, nachdem sie sich mit dem Kapitel über die geistlichen Rechte des Klosters verständigt hatten. Aber der Großteil der Mönche verweigerte den Auszug und belästigte die neuen Nonnen. Für sie ging es jetzt hauptsächlich um die Bewahrung ihrer Besitzungen, weil man ihnen diese in der Entscheidung von 1231 ungeschmälert zugestanden hatte. Mit Entschädigungsleistungen, zu denen selbst der Rat um des Friedens willen beisteuerte, mochten sie sich nicht zufriedengeben. Die zum Streben nach religiöser Vollkommenheit verpflichteten Asketen erwiesen sich — sehr zum Schaden der Reputation des monastischen Ideals bei den Bürgern — als Meister juristischer Winkelzüge, denen es nur um weltliche Interessen ging. Sie appellierten 1247 an Papst Innozenz IV., indem sie bisherige Verfahrensfehler des bischöflichen Gerichts rügten und die Sache so darstellten, als wären sie überrumpelt und betrogen worden. Die von dem Schweriner Bischof und dem seit 1247 amtierenden Verweser des Lübecker Bistums, Albert Suerbeer, geleitete Neuverhandlung kam zu keinem anderen als dem früheren Ergebnis. Immerhin versuchte Albert, den Mönchen den Verzicht durch finanzielle Zugeständnisse schmackhaft zu machen.

So kam es 1249 zu einem Vergleich, der aber beide Seiten nicht befriedigte. Kraft päpstlicher Autorisierung verkündete Albert nach nochmaligen Verhandlungen 1251 den endgültigen Richterspruch, und als die Benediktiner, voran ihr Abt, weiterhin gegen ihn agitierten, tat er sie 1253 in den Bann. Durch diese Strafe ließen die störrischen Mönche sich nicht beeindrucken, zumal sie jetzt auch einen Teil des gegen den Bischofsverweser opponierenden Kapitels auf ihrer Seite hatten. Nochmals mußte der Papst eingreifen, der 1254 ihre Unterwerfung unter das bischöfliche Urteil befahl. Auch dem widerstanden die Rebellen, und erst nach nochmaliger päpstlicher Intervention erklärten sie sich 1256 bereit, einem Vergleich zuzustimmen, in welchem sie zugunsten der Zisterzienserinnen auf ihre bisherigen Rechte in Lübeck verzichteten.

Das Satyrspiel, das seit Jahrzehnten die Bürger gegen die Geistlichkeit und die Mönche aufgebracht und die Verweltlichung der „religiosi" enthüllt hatte, war beendet. Der Zisterzienserinnenkonvent, dem die unverheirateten Töchter der führenden Bürgerkreise und des Landadels angehörten, konnte sein 1245 mit Mühen begonnenes Leben jetzt in Ruhe führen. Doch er war mehr eine bürgerlich-adelige Versorgungsanstalt als ein religiöses oder gar geistiges Zentrum in der Stadt. Was Bischof Heinrich einst mit der Gründung des Johannisklosters angestrebt und Abt Arnold ansatzweise realisiert hatte, war jetzt verschüttet. An geistlicher Ausstrahlung trat das Zisterzienserinnenkloster weit hinter den Bettelklöstern zurück.

Die Übergangsepoche nach der Loslösung vom Herzogtum Sachsen 1181 ff hatte dem Bürgertum, insbesondere seiner politischen Führung, dem Rat, auf fast allen Gebieten einen bedeutsamen Machtzuwachs gebracht. Das wirkte sich auch im Verhältnis zur Institution Kirche aus. Gleichwohl bildete diese innerhalb der Stadt noch einen eigenständigen Machtfaktor, dessen Relation zur weltlichen Gewalt nicht endgültig geklärt war.

4. Kapitel
Der Entscheidungskampf zwischen geistlicher und weltlicher Gewalt

Die deutsche Kirchengeschichte des 13. Jahrhunderts ist von dem erbitterten Kampf zwischen den beiden Universalgewalten Kaisertum und Papsttum bestimmt, der zum Niedergang der einst stolzen Reichsmacht führte. Lübeck war daran wegen seiner exponierten Lage nur am Rande beteiligt, doch die chaotischen Herrschaftsverhältnisse im Reich seit 1250 wirkten sich auch hier aus. Das Thema der großen Weltpolitik, die Zuordnung von geistlicher und weltlicher Gewalt, bestimmte auch hier die inneren Verhältnisse, wobei allerdings von einer Dominanz der Kirche keine Rede sein konnte. Die seit langem bestehenden Spannungen zwischen Rat und Bürgertum einerseits sowie zwischen Bischof und Klerus andererseits entluden sich während der nun folgenden Epoche in heftigen Auseinandersetzungen, die eine wesentliche Klärung der beiderseitigen Positionen brachten.

Diese Kämpfe umfaßten vor allem die Jahre 1277–1319, aber sie waren in der Zeit davor schon vorbereitet. Nimmt man die außenpolitischen Vorgänge hinzu, so ergibt sich ungefähr das Jahr 1250 als Zäsur für den Beginn dieser Epoche. Etwa mit 1320 ist der Ausklang anzusetzen (genau mit 1317–19). Seitdem waren die jeweiligen Machtsphären klar abgegrenzt, der Antagonismus beider Gewalten wich einer geregelten Koexistenz, die den Bürgern – bei aller Respektierung der geistlichen Autonomie – ein hohes Maß an Mitwirkung in religiösen Fragen ermöglichte.

Albert Suerbeers Plan eines Ostsee-Erzbistums 1247

Lübecks Funktion als Ausgangspunkt der deutschen Ostsiedlung brachte dem Bistum in den Jahren 1247–54 ein Intermezzo ein, in welchem seine kirchliche und politische Bedeutung durch die Tatkraft eines einzelnen Mannes beträchtlich verstärkt werden sollte. Doch das ganze blieb ohne nachhaltige Folgen. Albert Suerbeer, ehemaliger Domherr von Bremen, der 1229 vergeblich versucht hatte, Bischof von Riga zu werden und dann 1240 Erzbischof von Armagh und damit Primas von Irland geworden war, wurde 1246 von Papst Innozenz IV., seinem Gönner, zum Erzbischof für Preußen, Livland und Estland und zugleich zum päpstlichen Legaten für den gesamten südlichen Ostseeraum einschließlich Rußland ernannt. Da dieses Erzbistum aber noch nicht real existierte und der Bischofsstuhl von Riga noch besetzt war, wies ihm der Papst zur materiellen Ausstattung 1247 das vakante Bistum Lübeck zu, indem er ihn hier zum Administrator auf Lebenszeit ernannte. Albert war ein glänzend begabter, ehrgeiziger Kirchenfürst, der sein hochangesehenes Amt in Irland aufgab, um im Ostbaltikum den kühnen Plan der Etablierung eines an Rom orientierten Kirchenwesens zu verwirklichen. In Rußland waren durch den Mongolensturm die kirchlichen Verhältnisse schwer erschüttert, und für Innozenz IV. eröffnete sich die Aussicht, die dortige Neuordnung zu einem stärkeren Anschluß der von Byzanz aus missionierten russischen Fürstentümer an Rom auszunutzen. Dafür mußten die Organisation der preußisch-livländischen Missionsbistümer verbessert und durch einen tüchtigen Legaten die Kontakte zu den Russen gepflegt werden. Mit dem ganzen wollte die Kurie an die 1233 gescheiterten

Pläne des Legaten Balduin, im Ostbaltikum eine Art Kirchenstaat, ein nur dem Papst unterstehendes Territorium zu errichten, anknüpfen. Der Mann, der dies bewerkstelligen sollte, war Erzbischof Albert[1]).

Lübeck schien für das Unternehmen einen günstigen Ansatz zu bieten. Bei der Vergabe des Bistums spielte nun der seit 1243 heftig tobende Kampf des Papstes gegen Kaiser Friedrich II. eine Rolle, in dessen Verlauf Innozenz 1246/47 einen Gegenkönig in Deutschland (zunächst Landgraf Heinrich Raspe, dann Graf Wilhelm von Holland) einsetzte. Der Ausbau der kirchlichen Organisation im Ostseeraum war ohnehin auch deswegen wichtig, weil damit die angestrebte Oberherrschaft des Papsttums gestärkt werden konnte. Da Heinrich Raspe im Februar 1247 starb und es für die päpstliche Partei keinen anerkannten deutschen König gab, beanspruchte Innozenz als oberster Lehnsherr die Vergabe des Lübecker Bistums und griff damit in die königlichen Rechte ein. Die Pläne hinsichtlich Rußlands zerschlugen sich zwar bald, aber die Missionsaufgabe im Baltikum blieb attraktiv genug.

In diesem Zusammenhang erwog Albert den Plan, alle Bistümer im Kolonisationsgebiet südlich der Ostsee zu einem neuen Erzbistum zusammenzufassen, dessen Sitz – da er sowieso der Würde nach ja ein Erzbischof war – Lübeck oder Kammin sein sollte. Der Papst stimmte diesem Vorhaben mit einigem Zögern zu und richtete 1247 eine entsprechende Anfrage an die Bischöfe von Ratzeburg und Schwerin[2]). Damit wäre Lübecks kirchliche Bedeutung beträchtlich gewachsen, weil es, aus dem Bremer Metropolitanverband herausgelöst, nun ganz an seiner Aufgabe im Osten ausgerichtet worden wäre. Bremen, das sich bisher führend in der Livlandmission engagiert hatte, mochte natürlich eine solche Machteinbuße nicht hinnehmen. Deswegen übte Erzbischof Gerhard auf Albert Druck dahingehend aus, daß dieser feierlich geloben mußte, das Bistum Lübeck niemals aus der Bremer Obödienz herauszulösen und im Bereich seiner Legatur niemals einen Erzbischofssitz ohne Bremens Zustimmung zu errichten[3]).

Da auch die Kurie allmählich ihr Interesse an einer großen Lösung verlor und Albert, der sich gegen die kirchenpolitischen Pläne des päpstlichen Gegenkönigs Wilhelm sperrte (dazu s.u.), 1250 das Legatenamt wieder entzog, blieb der ganze Plan unausgeführt. Stattdessen wurde, da der Deutsche Orden, mit dem Albert mancherlei Streitigkeiten ausgefochten hatte, sich gegen einen erzbischöflichen Sitz in Preußen wandte, Riga 1253 zum Erzbistum erhoben. Nachdem der bisherige Rigaer Bischof Nikolaus gestorben war, konnte Albert nun dort hinziehen, was er umso lieber tat, als König Wilhelm auf seine Entfernung aus Lübeck gedrängt hatte und sein Verhältnis zum Domkapitel gespannt war. Er blieb aber der Stadt weiterhin verbunden, deren Hilfe bei der Kolonisierung Livlands er brauchte, und räumte den Lübecker Kaufleuten dort manche Privilegien ein[4]). Seine Administratorenzeit markiert hier eine historisch interessante Episode.

Lübeck im Kampf zwischen Papsttum und Kaisertum 1246—50

Von dem erbitterten Vernichtungskrieg gegen das staufische Kaisertum, den Innozenz IV. (seit 1244 vor Friedrich II. nach Lyon ausgewichen) skrupellos wie sein Vorgänger Gregor IX. mit allen kirchlichen Machtmitteln führte, wurden am Rande auch Stadt und Bistum Lübeck betroffen, als der Papst seit 1246 in Deutschland seinen Gegenkönig gegen Konrad, den Sohn des in Italien residierenden Kaisers, durchzusetzen suchte. Wie die meisten Fürsten hielten zunächst auch die Städte den Staufern die Treue; doch als Kaiser Friedrich II., der seine Herrschaft trotz Exkommunikation und kirchlichem Bann ungebrochen bewahrt hatte, 1250 starb und Papst Innozenz eine systematische Kampagne startete, um die deutschen Stände zum Parteiwechsel zu bewegen, zerbrach die Stauferpartei rasch.

Die Reichsstadt Lübeck hatte Innozenz im Rahmen seiner Ostseepolitik schon zuvor mit besonderen Gunstbeweisen auf seine Seite zu ziehen versucht. Mit der geistlichen Gerichtsbarkeit waren für die Lübecker Kaufleute häufige Schwierigkeiten verbunden. Wenn sie in eine Streitsache verwickelt wurden, für welche ein auswärtiger geistlicher Richter zuständig war, mußten sie aufwendige Reisen unternehmen, um den Prozeß führen zu können. Deswegen beantragte der Rat 1246 bei der römischen Kurie das Privileg, daß Lübecker Bürger als Angeklagte bei derartigen Streitsachen nicht vor auswärtigen geistlichen Gerichten oder vor päpstlichen Delegierten zu erscheinen brauchten, wenn sie die Sache vor ihrem Ortsbischof verhandeln ließen. Dies, das privilegium de non evocando gewährte der Papst 1247 nicht zuletzt deswegen, um damit seine Aufforderung vom Vorjahr, Lübeck sollte seinen Kandidaten Heinrich Raspe als König anerkennen, der die Stadt trotz der Androhung geistlicher Strafen nicht gefolgt war, schmackhaft zu machen[5]. Wenngleich der Rat gern das zugestandene Privileg akzeptierte, war er doch zu der politischen Gegenleistung nicht bereit. Die Wirksamkeit des später bekräftigten Privilegs, das für die Lübecker Bürger eine erhebliche Prozeßvereinfachung brachte (sofern nicht eine Appellation an die Kurie die Sache komplizierte!), zeigte sich bei entsprechenden Fällen bis ins späte Mittelalter[6].

Um die Stadt gefügig zu machen, gewährte ihr der Papst 1249 im Zusammenhang mit seiner Werbung für den Gegenkönig Wilhelm ein weiteres, allerdings nur drei Jahre gültiges Privileg, welches angesichts der bisherigen Streitigkeiten mit dem Lübecker Bischof attraktiv schien: Legaten oder Subdelegierte der Kurie sollten über die Bürger bzw. die Stadt nur dann die Exkommunikation bzw. das Interdikt verhängen dürfen, wenn sie dazu ein ausdrückliches Mandat des Papstes vorlegten[7]. Wichtiger für die Stadt war allerdings die Tatsache, daß Wilhelm ihr für seine holländischen Lande die früheren Handelsprivilegien bestätigte; daraufhin leistete sie ihm die gewünschte Huldigung[8]. Innozenz dankte ihr das, nachdem er mit dem huldvollen Angebot des päpstlichen Schutzes für Rat und Bürger die Aufforderung zur Treue gegenüber Wilhelm verbunden hatte, mit der Erweiterung des privilegium de non evocando, das er auf alle auswärtigen geistlichen Richter ausdehnte[9]. Doch solange der Kampf um die Macht in Deutschland nicht entschieden war und die mächtigen Territorialfürsten in Lübecks Nachbarschaft sich nicht für den päpstlichen Gegenkönig entschieden hatten, blieb der Rat gegenüber der päpstlichen Partei reserviert.

Kampf um die Reichsunmittelbarkeit 1252—74

Bedrohlich wurde die Situation nun 1252, als Wilhelm sich in Braunschweig von zahlreichen norddeutschen Fürsten als König bestätigen ließ und dabei unter anderen Zugeständnissen den Brandenburger Markgrafen die Reichsstadt Lübeck als erbliches Lehen überlassen wollte[10]. Parallel dazu gingen Vereinbarungen König Wilhelms mit dem Herzog von Sachsen, diesem das einst im Besitz Heinrichs des Löwen befindliche

Investiturrecht für die drei Wendenbistümer wieder abzutreten[11]). Das politische Chaos, welches der Papst mit seinem Kampf gegen die Staufer angerichtet hatte, griff nun auch auf den Norden über.

Gegenüber der doppelten Bedrohung ergab sich ein natürliches Bündnis zwischen Stadt und Bistum, und es war für beide ein Glücksfall, daß ein versierter Politiker wie Albert Suerbeer, der vorerst die Residenz in der prächtigen Travestadt nicht mit dem Entwicklungsland im Osten tauschen mochte, hier noch die Bischofsgeschäfte versah. Albert legte zusammen mit dem Schweriner und dem Ratzeburger Bischof Verwahrung bei der Reichsfürstenversammlung ein und konnte mit Hilfe der deutschen Bischöfe, die sich gegenüber solchen Mediatisierungsplänen solidarisch wußten, sowohl den König als auch den Herzog so unter Druck setzen, daß sie ihren Plan fallen ließen[12]).

Hatte ihm der Rat geholfen, so unterstützte der Bischof wiederum dessen Kampf um die Reichsfreiheit. Gegen die Drohung des päpstlichen Legaten Hugo, die Stadt mit dem Interdikt zu belegen, falls sie die Brandenburger Markgrafen nicht als Herren anerkennen würde, und gegen einen entsprechenden Vollzug durch das Kapitel wehrte sich der Rat gemäß dem Privileg von 1249 mit einer Appellation an die römische Kurie, die von Erzbischof Albert mitgetragen wurde[13]). Militärischen Schutz gegen Übergriffe brandenburgischer Vasallen erhielt die Stadt vom holsteinischen Grafen, den sie 1247 zum Schirmvogt (Rektor) bestellt hatte. Den renitenten Albert wollte König Wilhelm loswerden und betrieb deshalb 1253 beim Papst die Beendigung von dessen Lübecker Administratur durch die Wahl eines ordentlichen Bischofs, wofür er seinen Vertrauten, den Samländer Bischof Johann von Diest vorsah[14]).

Als Albert Anfang des Jahres 1254 Lübeck verließ, bekam er noch den Erfolg der vereinten Abwehrmaßnahmen mit. Innozenz IV. nahm die Stadt Lübeck in seinen Schutz und bestätigte ihr kraft päpstlicher Autorität, mit welcher er als angeblicher Herr der ganzen Welt auch über die weltlichen Lehen zu verfügen beanspruchte, die alte Reichsfreiheit[15]). Dem fügten sich die Brandenburger Markgrafen. Doch 1257, als Alfons von Kastilien zum Nachfolger des getöteten Königs Wilhelm bestimmt wurde, erneuerten sie ihre Ansprüche. Zwar war Erzbischof Albert jetzt nicht mehr in Lübeck, aber das Kapitel unterstützte nachhaltig den Protest des Rates beim neuen Papst, und Alexander IV. wiederholte im Juli 1257 die Bestätigung der Freiheitsrechte sowie des Privilegs zum Schutz vor vorschnellem Interdikt und des privilegium de non evocando[16]).

Nachdem mit dem Königtum Rudolfs von Habsburg (1273–91) sich wieder besser geordnete Verhältnisse in Deutschland anbahnten, wurde die Gefahr für Stadt und Bistum, politischen Interessen im Machtkampf der Universalgewalten geopfert zu werden, vorerst endgültig gebannt. Beide ließen sich auf Rudolfs erstem Reichstag in Nürnberg 1274 ihre Reichsunmittelbarkeit und Privilegien bekräftigen, Bischof Johann III. Tralau wurde ausdrücklich als Reichsfürst anerkannt und mit den Regalien, den weltlichen Gütern und Rechten, belehnt; auch gegenüber seinem Nachfolger Burkhard verfuhr König Rudolf 1279 entsprechend[17]). Eine außenpolitisch bewegte Epoche war erfolgreich überstanden.

Die innerstädtische Konfliktsituation zwischen Bürgertum und Klerus

Nachdem mit dem Abklingen der außenpolitischen Nöte das Zweckbündnis von Rat und Bischof obsolet geworden war, traten die alten inneren Spannungen wieder stärker hervor. Anders als auf der abendländischen Ebene der Universalgewalten, wo das Papsttum das Kaisertum besiegt und damit die Dominanz der geistlichen Gewalt für viele Lebensbereiche durchgesetzt hatte, mußte sich in Lübeck die Geistlichkeit (Bischof und Domklerus) darum bemühen, ihren bisherigen Hoheitsbereich zu erhalten. Hatte der Bischof in seinem Stiftsgebiet gegen Ende des 13. Jahrhunderts eine recht gut ausgebaute Landesherrschaft, so war in der Stadt eine entsprechende Bemühung von vornherein aussichtslos. Die hier gebotene defensive Einstellung, kontrastiert mit dem Ausbau der obrigkeitlichen Stellung des Rates zur faktischen Alleinherrschaft in der Stadt, macht es erklärlich, warum die Streitfragen, die bisher schon zu gelegentlichen Reibereien geführt hatten, jetzt zu einem heftigen, mit Unterbrechungen fast vierzig Jahre dauernden Konflikt führten.

Auch die außenpolitische Situation spielte hier mit herein. Lübeck war in der zweiten Hälfte des 13. Jahrhunderts durch seine geschickte Bündnispolitik gegenüber den Fürsten und Städten im Ostseeraum in eine führende politische Position gerückt, die allerdings latent bedroht blieb, vor allem seitens der holsteinischen Grafen[18]). Darum mußte der Rat zu verhindern suchen, daß der Bischof zu einer konkurrierenden oder gar bedrohlichen politischen Macht im Stadtbereich werden konnte. Die Bedeutung des großen Streits, der 1277 begann und mit Unterbrechungen bis 1308 bzw. 1317/19 dauerte, liegt nicht nur darin, daß sich lübische Kirchengeschichte und die allgemeine Stadtgeschichte so eng verzahnten, wie es dann erst wieder im Reformationszeitalter der Fall war, sondern vor allem in der hier stattfindenden grundsätzlichen Klärung des Verhältnisses von Stadt- und Kirchenregiment, welche die folgenden zwei Jahrhunderte bestimmt hat.

Der Rat hatte seit 1211 konsequent die Kirche mit verschiedenen Erlassen unter Druck gesetzt: mit dem Verbot des Opferns von Lebensmitteln und der Übertragung von Grundbesitz an Geistliche, mit der Begrenzung der Spenden bei Hochzeiten, mit der Einschränkung von Seelenmessen bei Beerdigungen; da Kleriker keine Bürger und dem Geltungsbereich des Stadtrechts entzogen waren, galten sie für die städtische Gerichtsbarkeit als Unmündige und bedurften für Rechtsgeschäfte eines Prokurators; der Rat verletzte das Asylrecht, indem er gelegentlich Verbrecher innerhalb der kirchlichen Friedensbezirke verhaften ließ, und er strebte nach einer Einschränkung der Gerichtsbarkeit des Dompropsten, zumal in Ehesachen[19]). Demgegenüber hatte das Kapitel wenig Möglichkeiten, sich zur Wehr zu setzen; z. B. ordnete es an, daß Altarstiftungen nur noch akzeptiert würden, wenn die Bürger dabei auf das Recht, einen Vikar dafür zu präsentieren, verzichteten.

Neuordnung des Heilig-Geist-Hospitals 1263

Mit der Gründung eines eigenen Hospitals 1227–34 auf dem Platz am Klingenberg hatten die Bürger sich auf kirchlichem Gebiet ein Stück Mitwirkung erkämpft. Im Zusammenhang seiner Bemühungen um Verständigung mit der Stadt erließ Bischof Johannes III. im Jahre 1263 eine Ordnung für das Bürgerspital, die den dortigen Gottesdienst, die Lebensführung der Insassen und die Verwaltung des „Hauses zum Heiligen Geist" regelte[20]). Damit wurde die bisherige Tendenz, der weltlichen Stiftung ein leicht monastisches Gepräge zu geben, verstärkt. Das Hospital diente nicht mehr bloß als bürgerliche Versorgungsanstalt, sondern auch als Stätte frommen Lebens für einen besonderen Personenkreis, wo sich Diakonie und Spiritualität verbanden. Unterkunft fanden jetzt vor allem personae miserabiles, bedürftige ältere Personen beiderlei Geschlechts aus dem niederen Bürgertum (mit ungefähr achtzig Dauerplätzen). Dadurch verstärkte sich der karitative Charakter des Hospitals gegenüber der Gründungszeit, woraus die hinfort übliche Bezeichnung als „Haus der Armen" bzw. „Haus der Gebrechlichen" resultiert. Begüterte Insassen, die nach einjähriger Probezeit endgültig aufgenommen wurden, überließen ihr Hab und Gut dem Hospital. Damit gewährleisteten sie ihren Lebensunterhalt, wobei es später üblich wurde, sich durch Verpfründungsverträge die Aufnahme im Spital zu erkaufen. Die Armen, die keine solche Präbende (Pfründe, Pröve) beibrachten, wurden für Gottes Lohn aufgenommen, ihr Unterhalt wurde aus Stiftungen und Spenden finanziert, und dafür leisteten sie regelmäßige Fürbitte für ihre Wohltäter.

Die religiös-bruderschaftliche Komponente kam in der ganzen Lebensweise zum Ausdruck. Die Insassen mußten vorweg ein Gelübde ablegen, mit welchem sie sich auf Dauer an das Gemeinschaftsleben banden und Keuschheit, Armut und Gehorsam gegen den Leiter (magister) gelobten, was auch für die Begüterten und die Verheirateten unter ihnen galt. Sie mußten eine einheitliche Kleidung aus ungefärbter Schafwolle tragen, ihre einfachen Mahlzeiten an einer gemeinsamen Tafel stillschweigend einnehmen und außer häufigen Fastenübungen regelmäßig am Gottesdienst teilnehmen. Dreimal täglich mußten sie sieben Paternoster für die Wohltäter des Hospitals beten, desgleichen Psalmen für das Seelenheil verstorbener Brüder und Schwestern. Da sie das Haus nur bei besonderen Anlässen verlassen durften, bildeten sie eine gegenüber der Stadt abgeschlossene Lebensgemeinschaft.

Verwaltung und Lebensordnung standen unter der Aufsicht eines aus ihrem Kreise gewählten Meisters, welchem sie ohne Widerrede Folge zu leisten hatten. Ein eigener Kapellan fungierte hier als bischöflich beauftragter Priester für Gottesdienst und Seelsorge (Beichte). Verbindungen zu den Pfarrgemeinden existierten nicht. Ungehorsam und Übertretungen der Hospitalordnung, insbesondere Verstöße gegen das Keuschheitsgelübde, wurden streng bestraft. Diese klosterähnliche strenge Zucht gewährleistete in der Folgezeit, daß im Heilig-Geist-Hospital keine derartigen Mißstände wie seinerzeit im Johanniskloster auftraten. Hier bildete sich im Zusammenhang der Fürsorge eine eigene Form bürgerlich-monastischer Religiosität.

Kranke Brüder und Schwestern wurden im Hospital gepflegt, außerdem konnten in geringerem Umfang auch Kranke aus der Stadt aufgenommen werden. Überdies bot das Haus bedürftigen Wanderern und Pilgern vorübergehende Aufnahme für eine Nacht. Diese Bestimmung des Jahres 1263 führte dann dazu, daß wegen des stärker anwachsenden Herbergsbetriebes in der ersten Hälfte des 14. Jahrhunderts auf dem neuen Hospitalgelände (dazu s. S. 78) ein eigenes Haus für Pilger und wandernde Handwerksburschen, das sog. kleine Heilig-Geist-Hospital bzw. St. Gertruden-Hospital, errichtet wurde[21]).

Im Zusammenhang mit der Ordnung von 1263 dürften bereits Pläne für einen Neubau des Hospitals entwickelt worden sein. Bischof und Kapitel hatten die ursprünglich bürgerliche Einrichtung weitgehend unter ihre Kontrolle bekommen; um sie wenigstens räumlich ihrem unmittelbaren Zugriff zu entziehen und zugleich dem gestiegenen

Raumbedarf Rechnung zu tragen, vermutlich auch durch den großen Stadtbrand von 1276 veranlaßt, errichteten die Bürger einen großzügigen Neubau am Koberg, die Grundform des heute noch existierenden Gebäudes, das Platz für 100–200 Insassen, die zumeist den ärmeren Schichten entstammten, bot. Wohl 1285/7 war es fertiggestellt, und das alte Gebäude an der Marlesgrube wurde an einen Bürger verkauft[22]). Daß dieser Neubau (oder gar schon das erste Hospital von 1227 ff) eine Stiftung des reichen Ratsherrn Bertram Morneweg oder seiner Familie gewesen wäre, wie neuzeitliche Chronisten meinten, gehört in den Bereich der Legende. Allerdings war Morneweg zusammen mit Siegfried von der Brüggen und zehn anderen Ratsherren einer der Initiatoren des Neubaus, die diesen mit beträchtlichen Mitteln finanzieren halfen[23]).

Die Aufsicht über die Hospitalverwaltung, die außer der Vermögensverwaltung eine Mitwirkung bei der Wahl des Meisters, bei der Aufnahme von Mitgliedern und bei Disziplinarmaßnahmen einschloß, lag bei den beiden ältesten Bürgermeistern als Vorstehern (Provisoren), in der Gründungszeit des Neubaus wohl bei Morneweg und Brüggen. Kaum zufällig begegnet uns letzterer auch unter den Anführern des 1277 ausgebrochenen Streits mit dem Domkapitel (s. S. 81 f). Der Neubau des Heiligen-Geist-Hospitals dürfte im Zusammenhang mit diesem Streit, mit dem Kampf der Bürger um eine größere Mitsprache auf kirchlichem Gebiet und eine gewisse Emanzipation gegenüber dem Klerus stehen. Er sollte ein Denkmal praktischer Frömmigkeit der Bürger sein. Nicht zufällig begegnet deswegen hier erstmals die Übung, zum Andenken der Stifter und Förderer des Hospitals programmatisch deren Bildnisse (gleichsam in der Nachfolge Christi um ein Jesusbild gruppiert) als Wandschmuck der neuen Kirche anzubringen. Vom Geist einer neuen Zeit legte auch die imposante Anlage Zeugnis ab, die mit ihren Ausmaßen und mit der eigenwilligen Fassade ihrer den Spitalräumen vorgelagerten Kirche, die vom üblichen Kirchbaustil signifikant abwich, bürgerliches Selbstbewußtsein ausdrückte[24]).

Der Besitzstand des Hospitals nahm bald infolge von Stiftungen und Erwerbungen, die auch aus den reichlichen Rentenzuweisungen und Nachlässen der Insassen getätigt werden konnten, einen beachtlichen Aufschwung[25]). Im Stadtgebiet besaß es den Bertramshof (das spätere Marli) und den Mönkhof sowie weitere Ländereien vor dem Burgtor und dem Mühlentor; im Lauenburgischen erwarb es vor 1321 den Hof Falkenhusen, in Holstein hatte es im Laufe der Zeit acht Dörfer (beginnend 1272 mit Scharbeutz, einer bürgerlichen Schenkung) erworben. Sein reichster Besitz aber lag seit 1285 in Mecklenburg mit zwölf Dörfern und weiteren Hufen, im übrigen reichten die Erwerbungen bis nach Pommern (seit 1299) und schlossen auch erhebliche Anteile an Sülzhäusern und Salzpfannen in Lüneburg ein. In den eigenen Gebieten übte das Hospital durch einen Vogt die Grundherrschaft nebst Gerichtsbarkeit aus, die Kolonen erhielten ihre Stellen gegen festgelegte Abgaben und Dienstleistungen übertragen. Insgesamt verfügte das Heiligen-Geist-Hospital bis in die Neuzeit unter den geistlichen Stiftungen neben dem Johanniskloster über den größten Grundbesitz – eine imponierende Einrichtung bürgerlicher Wohlfahrtspflege.

Das Leprosenspital St. Jürgen

Neben der Fürsorge für die Alten begegnete schon früh die religiös motivierte Fürsorge für die Randsiedler der Gesellschaft. Seit den Kreuzzügen, übertragen durch die zahlreichen Pilger und Kreuzfahrer, verbreitete sich in Deutschland die Lepra (Aussatz) im 12./13. Jahrhundert rapide, nachdem es sie vorher nur vereinzelt gegeben hatte. Schon in der alttestamentlichen Gesetzgebung kam dieser Krankheit besondere Bedeutung zu. Sie bewirkte die totale kultische Unreinheit und soziale Isolierung, den Ausschluß vom Gottesdienst wie aus der Volksgemeinschaft. Wegen der hohen Ansteckungsgefahr war man daher allenthalben bemüht, die Aussätzigen aus der Gesellschaft auszuschließen[26]). Zunächst mit harmlosen Hautflecken beginnend, führte die Krankheit, oft erst nach Jahren, im fortgeschrittenen Stadium zu Geschwüren am ganzen Körper und auch zu psychischen Deformationen. Heilung war möglich, aber die meisten Leprosen lebten, sofern sie nicht der Krankheit erlagen, in elendem Siechtum dahin, aus der Stadtgemeinschaft ausgestoßen, bürgerlich für tot erklärt. Zumeist mußten sie außerhalb der Stadt in provisorischen Hütten leben (daher als „Feldsieche" bezeichnet); sie mußten durch eine besondere Tracht und eine Klapper in den Händen die Mitmenschen rechtzeitig vor ihrer Nähe warnen. Um ihnen ein halbwegs erträgliches Leben zu ermöglichen, bauten die Städte spezielle Häuser vor den Toren, um sie dort zwar ausgeschlossen, aber doch gut versorgt leben zu lassen – eingedenk der Tatsache, daß Jesus sich der Aussätzigen liebevoll angenommen hatte. Sanitäre Maßnahmen verbanden sich so mit christlicher Fürsorge.

In Lübeck wurde relativ früh ein Aussätzigenspital gegründet, doch seine Anfänge liegen im dunkeln. Einzelheiten sind uns für das Jahr 1260 aus der Leprosenordnung des Bischofs Johann III. von Tralau, einer allgemeinen für das Bistum und einer speziellen für das bereits bestehende St. Jürgen-Hospital vor dem Mühlentor, bekannt, womit Bischof Johann die schärferen Bestimmungen seines Vorgängers ablöste[27]). Wahrscheinlich bestand das Spital, ein Doppelkonvent für Männer und Frauen, also schon um 1240, um 1330 bekam es dann einen Neubau. Außerdem gab es 1260 ein Spital für weibliche Leprosen in Schwartau auf bischöflichem Territorium[28]).

Mit diesen Ordnungen wurde für die Aussätzigen eine eigene Welt etabliert, in der ihr Leben klosterähnlich geregelt war. St. Georg (Jürgen) war der übliche Schutzpatron für diesen Personenkreis, der zunächst nicht allzu groß war, später so weit anwuchs, daß man vierzig Plätze in dem Hospital vorsah. Unmittelbar vor dem Mühlentor an der Straße nach Ratzeburg gelegen, bildete das Spital eine Welt für sich, wie ein Kloster von der Außenwelt durch eine Mauer abgeschlossen, mit einer eigenen Kapelle für die täglichen Gottesdienste (weil wegen der Ansteckung jeglicher Kontakt mit den gesunden Mitbürgern verboten war), sogar mit einem eigenen Friedhof, weil auch die Toten diesem Sonderbereich zugehörten. Schon die Aussonderung aus der Gesellschaft, aus der Kirchengemeinde und der Familie im Falle der Krankheit trug ein rituelles Gepräge, um angesichts der drückenden Schwere der Krankheit die unvermeidbare soziale Diskriminierung durch religiöse Formen zu mildern.

Ein Leproser gehörte gleichsam zu einem besonderen Stand. Wenn seine Krankheit unheilbar schien, wurde er vom Priester ausgesondert, in feierlichem Zuge, einem Begräbnis gleich, zu seiner Pfarrkirche geleitet, dort mit einer Totenmesse (später abgemildert mit einer speziellen Leprosenmesse) symbolisch-rituell bestattet und schließlich zum Aussätzigenhaus geleitet, wo er sich mit einer Pfründe eingekauft hatte (Arme wurden unentgeltlich aufgenommen und erbrachten für ihre Wohltäter Gegenleistungen in Form der regelmäßigen Fürbitte). Die ihm im Anschluß an diesen Akt gegebene Aussätzigenkleidung von grobem Wollenzeug sowie die Tonsur symbolisierten seine Zugehörigkeit zum Stand der Ausgesonderten. Doch hinfort war er nicht einfach ausgestoßen und isoliert, sondern Glied einer neuen Gemeinschaft von Brüdern und Schwestern, die unter der Leitung eines Priors, eines Magisters und einer Priorin nach eigenen Gesetzen lebte und dem einzelnen Mitglied eine sinnvolle Lebensgestaltung mit Arbeit und Gottesdienst bot, ganz nach Analogie eines Klosters. Hatten die vielbeschäftigten Bürger bei ihrem Handel und Gewerbe keine Zeit für die Pflege ihrer Seelen, so gab es neben den Ordensleuten hier einen besonderen Stand, der außer der eigenen Andacht auch Zeit zur Fürbitte für die gesunden Mitmenschen hatte. Dafür waren diese dann bereit, durch milde Stiftungen die äußeren Lebensbedingungen der Aussätzigen zu finanzieren. Die bürgerliche Zuständigkeit drückte sich darin aus, daß zwei Ratsherren und zwei Bürger als Vorsteher der Stiftung amtierten.

Das Leben im Spital unterlag einer strengen Zucht. Es war eine vita communis mit gemeinschaftlichen Mahlzeiten und Dormitorium (wobei es allerdings auch einzelne Wohnräume gab), mit regelmäßigen Stundengebeten und Messen, die ein eigens vom Domkapitel eingestellter Priester hielt (seit 1341 kam eine Vikarie, später noch weitere dazu)[29]. Feldarbeit, Pflege der Schwerkranken und Betteln um Almosen vor der Hospitalmauer an der Landstraße bildeten die Hauptbeschäftigung. Auch war es den Leprosen möglich, in dem Bezirk außerhalb der Stadt kleinere Handelsgeschäfte zu treiben oder ein Handwerk auszuüben. Hier zeigte sich die besondere Liberalität des Lübecker Leprosenrechts. Bäder sorgten für eine Linderung des Aussatzes, wenngleich die medizinische Versorgung mit der geistlichen nicht Schritt halten konnte. Da nicht alles Eigentum der Gemeinschaft überlassen werden mußte, war ein gewisses Privatleben möglich. Zänkereien und sexuelle Vergehen, die die mit der Krankheit verbundene Reizbarkeit beförderten, wurden streng geahndet. Besuche in der Stadt bei Verwandten oder für Einkäufe waren verboten, nur die gesunden Ehegatten (denen die Kirche trotz des bürgerlichen Todes ihrer Partner die Scheidung verweigerte) durften gelegentlich herkommen; und wenn einer der Hospitalen im Laufe der Zeit als geheilt entlassen werden konnte, dann kam das dem Wunder einer sozialen Auferstehung gleich.

Alles in allem bot das Spital in zeitbedingter Form einen eindrucksvollen Versuch, die sozialen Erfordernisse einer Grenzsituation städtischen Lebens von christlicher Diakonie und Frömmigkeit her zu bewältigen. 1294 bekam das St. Jürgen-Spital eine neue Ordnung[30]). Mit dem Rückgang der Lepra im 16./17. Jahrhundert wurde das Siechenhaus auch für andere Seuchenkranke gebraucht.

Der Streit um das Begräbnisrecht der Bettelmönche 1277—81

Zunehmend war die Tätigkeit der beiden Bettelorden in der Stadt dem Kapitel ein Dorn im Auge geworden, weil diese mit ihren vielfältigen Aktivitäten eine Bürgernähe praktizierten, die von der steifen Amtskirchlichkeit der Prälaten und Pfarrherren wohltuend abstach und ihnen viel Zulauf bescherte. Vom Papst reichlich mit Privilegien bedacht, weil diesem als mobile Eingreiftruppe direkt unterstellt und in vieler Hinsicht nützlich, konnten sie auch gewichtige Einbrüche in die normale Pfarrtätigkeit des Ortsklerus, die Sakramentsverwaltung, erzielen.

Zu einem besonderen Streitobjekt wurde das Begräbnisrecht. Da viele Bürger zu den Bettelmönchen ein Vertrauensverhältnis besaßen und in deren Kirchen eine geistliche

Heimat gewonnen hatten, wollten sie dort auch beerdigt werden. Das stieß sich insofern mit dem Kirchenrecht, als zwar jeder Christ seine Begräbnisstätte frei wählen, aber eine feierliche Beerdigung nur in der für ihn zuständigen Pfarrkirche bekommen konnte. Daran hing die nicht unerhebliche Begräbnisgebühr, und bei finanziellen Fragen zeigte sich der damalige Klerus stets engagiert. Deswegen hatte das Kapitel dem Johanniskloster 1245, als die Zisterzienserinnen dort eingezogen waren, einen Verzicht auf die Durchführung der Beerdigung von Nichtmitgliedern abgehandelt. Bei den Mendikanten war ihnen das nicht gelungen, zumal diesen Papst Innozenz IV. 1250 generell das Begräbnisrecht eingeräumt hatte, sofern sie der zuständigen Pfarrgeistlichkeit einen Anteil an den Gebühren überließen.

In Lübeck hatten Franziskaner und Dominikaner bislang nur zurückhaltend von dieser Möglichkeit Gebrauch gemacht[31]). Doch sie hatten durch despektierliche Predigtäußerungen über die Prälaten und durch die Tatsache, daß die Bürger ihnen zunehmend ihre Gaben zukommen ließen, das Kapitel verärgert. Dieser Gegensatz wurde nun durch die Animosität vieler Bürger gegen die Pfarrherren noch verstärkt, und so kam es aus relativ nichtigem Anlaß im Juli 1277 zum Streit, der die tief sitzende Unzufriedenheit der Bürger mit der geistlichen Herrschaft enthüllte[32]). Eine Witwe aus einer der angesehenen Familien namens Rikborg hatte in St. Katharinen bei den Franziskanern beerdigt werden wollen, war aber nach ihrem Tode in die zuständige Marienkirche überführt worden, und die dortigen Vikare — einen Pfarrherrn gab es noch nicht, die Stelle war seit 1276 vakant — bereiteten das Begräbnis vor. Da griffen einige Freunde und Angehörige der Witwe Rikborg, unter ihnen die Ratsherren Bertram Stalbuk und Siegfried von der Brüggen, ein und überführten die Leiche gewaltsam in die Franziskanerkirche, um sie dort bestatten zu lassen.

Dieser außergewöhnliche Vorfall erklärt sich daraus, daß die Bürger den Anlaß benutzten, um ihr Streben nach Freiheit vom Parochialzwang und vom Herrschaftsanspruch des Kapitels zu demonstrieren. Deswegen unterstützte der Rat den Gewaltakt und nutzte die Gelegenheit, die Besetzung der vakanten Marienpfarrstelle in seinem Sinne vorzunehmen, indem er — sein Präsentationsrecht in das erstrebte Patronat überleitend — als Mann seines Vertrauens den Domherrn Wulbodo ernannte[33]). Als daraufhin Dekan und Propst die beteiligten Bürger mit der Exkommunikation und Wulbodo mit dem Ausschluß aus dem Domkapitel bestraften, brach ein kleiner Kirchenkampf aus. Die Mönche polemisierten in ihren Predigten gegen die Domherren und verhöhnten deren Gerichtsurteil (wobei die Dominikaner sich solidarisch mit ihren ansonstigen Konkurrenten, den Franziskanern, zeigten); die Bürger brachten ihre kirchlichen Abgaben (Zehnten) zu ihnen und belästigten die Kleriker auf der Straße. Daraufhin verbot Bischof Burkhard beiden Orden das Predigen und Beichthören in Stadt und Diözese. Aber vergeblich suchte er damit die von ihm beklagte Spaltung der Lübecker Kirche in zwei Teile zu bekämpfen. Deswegen griff er, als die Bürger diesem (Partikular) Interdikt zuwider in die Klosterkirchen strömten und der Rat die Ausschreitungen des Pöbels gegen die Kanoniker nicht unterband und diese deshalb die Stadt verließen, zu einer härteren Kirchenstrafe: Er belegte die ganze Stadt mit dem (General-) Interdikt, d. h. er verbot die Abhaltung aller Gottesdienste und Amtshandlungen[34]).

Doch der Rat konnte unter Verweis auf das Privileg Papst Alexanders IV. von 1257 die Rechtsgültigkeit dieser Strafe bestreiten, weil dafür kein Spezialmandat aus Rom vorlag. Außerdem nützte sie auch in der Praxis nichts, weil es außer den Bettelmönchen einige in der Stadt verbliebene Vikare gab, welche sich als „Streikbrecher" betätigten. Als im Oktober 1277 der Bremer Erzbischof Giselbert eine Aussöhnung vermittelte, war der Rat zum Einlenken bereit und zog dem Bischof wie gewünscht vor der Stadt entgegen, um ihn samt Kapitel feierlich zurückzugeleiten. Doch die Mendikanten, denen der Erzbischof vorerst das Beerdigen ganz untersagte, hetzten das Volk auf; es störte die Versöhnungszeremonie, hinderte den Klerus am Betreten der Stadt, dieser zog sich daraufhin grollend wieder in die bischöfliche Residenz Eutin zurück und blieb dort bis 1281. Die Fronten waren endgültig verhärtet. Der Bischof exkommunizierte jetzt die Ratsherren und eine stattliche Reihe von „maiores", d. h. von Angehörigen der ratsfähigen Geschlechter, stieß sie also aus der christlichen Gemeinschaft aus, wobei er zur Begründung auf die antiklerikale Gesetzgebung seit 1211 rekurrierte[35]).

Der Prozeß an der römischen Kurie

Die geistlichen Strafen des Bischofs hatten sich als unwirksam erwiesen. So berechtigt sie in diesem Fall sein mochten, sie waren allgemein durch die kirchenpolitischen Kämpfe des vergangenen Jahrhunderts zu einem reinen Kampfmittel degeneriert und damit untauglich geworden, weil ihr geistlicher Sinn den Gläubigen nicht mehr einsichtig war, wenn mit ihrer Hilfe kirchliche Geldforderungen oder päpstliche Machtansprüche durchgesetzt werden sollten. Bedeutete das Interdikt den zeitlich begrenzten Ausschluß einer Personengemeinschaft oder eines Gebietes von der Teilnahme an Gottesdienst und Sakramenten, so war die Exkommunikation (der Bann) eine gezielt gegen bestimmte Personen als Todsünder gerichtete Strafe. Sie bewirkte den praktischen Ausschluß aus der Kirche, obwohl rechtlich die Kirchenmitgliedschaft und damit die Verpflichtung zu finanziellen Leistungen blieb. Der Exkommunizierte verlor alle kirchlichen Rechte einschließlich desjenigen auf ein ehrenvolles Begräbnis, ihm war die Heilswirkung der kirchlichen Fürbitten und Ablässe entzogen, auch verlor er die Prozeßfähigkeit vor kirchlichen Gerichten. Seit der papstfreundlichen Gesetzgebung des jungen Friedrich II. 1220 sollte reichsrechtlich auf den Bann die Acht folgen, also der Ausschluß aus der bürgerlichen Gemeinschaft, doch das war zumeist schwer durchsetzbar, schon gar nicht in dem Lübecker Fall von 1277, als die Obrigkeit selbst davon betroffen wurde. Und da die geistliche Versorgung der Stadt durch die Mönche, durch einige gegen das Kapitel rebellierende Vikare und durch von außerhalb zuziehende Priester gewährleistet war, mußte die Exkommunikation ebenso wie das Interdikt wirkungslos bleiben. Der kirchliche Betrieb lief auch ohne das Kapitel. Diesem blieb nur als Kampfmaßnahme die Bestimmung, daß hinfort die Söhne Lübecker Bürger nicht mehr als Domherren oder Geistliche angenommen werden sollten[36]).

Der streitbare Bischof Burkhard, dem an einem Einlenken nicht gelegen war, zog nach Rom, um an der Kurie in letzter Instanz den Prozeß gegen die beiden Klöster und die Stadt zu führen, und blieb dort bis 1282. Im Oktober 1280 entschied der die Untersuchung führende Kardinal Jakob Colonna, daß Bischof und Domherren ungestört nach Lübeck zurückkehren, die Mendikanten die päpstlichen Privilegien, also auch das Begräbnisrecht behalten und die Stadt ihre antiklerikalen Erlasse zurücknehmen sollte[37]). Der Rat war mit dem Urteil ebenso wie das Kapitel vorerst zufrieden, und unter seinem Schutz zogen im April 1281 die Domherren und Vikare mit Gefolge aus dem eutinischen Exil in ihre Kurien unbehelligt zurück. Der Bischof, welcher das Leben in Italien und Rom dem Ärger in seiner Diözese vorzog, kam erst 1282 nach.

Neuauflage des Pfarrbesetzungsstreites 1281—86

Der aktuelle Konfliktstoff schien beseitigt, doch im Hintergrund standen die ungelösten Probleme der Abgrenzung von bürgerlicher und klerikaler Einflußsphäre. Darüber kam es sogleich nach der Rückkehr des Kapitels wieder zu Auseinandersetzungen, die diesmal allerdings friedlich ausgetragen wurden. Beide Seiten führten bei den von der Kurie beauftragten Pröpsten von Ratzeburg und Segeberg Beschwerde über angeblich unzulässige Maßnahmen der Gegenseite, die Domherren über die Einschränkungen bei Totenmessen und Oblationen, die Ratsherren über die Behinderungen beim Eintritt von Bürgersöhnen in das Kapitel und bei der Stiftung von Vikarien. Der Rat nutzte die Gelegenheit, um auf die seinerzeit vom Kapitel gegen Wulbodo verhängte Strafe und damit auf die Besetzung der Marienpfarre zurückzukommen. Da er hier nach wie vor auf Granit biß, unterstützte er Wulbodo dabei, seine Sache durch einen Prozeß in Rom zu klären, indem er diesen sogar finanzierte. Doch der hatte dort keinen Erfolg, und auch in dem Verfahren wegen der antiklerikalen Erlasse, das ebenfalls durch die Kurie entschieden wurde, zog der Rat den kürzeren[38]).

In der Frage des Pfarrbesetzungsrechtes, die nicht grundsätzlich entschieden war, mochte er jedoch nicht klein beigeben und berief sich nun auf das angeblich im Barbarossaprivileg zugestandene Patronatsrecht. Das Kapitel war nur bereit, den Vergleich von 1222, wonach die Bürger für St. Marien ein Denominationsrecht haben sollten, abgeschwächt auf St. Petri und St. Jakobi auszudehnen, wo ihre Mitwirkungsrechte bei der Pfarrerwahl noch ungeklärt waren. Provokativ präsentierte (wohl im Jahre 1283) der Rat von sich aus einen der ortsfremden Priester, die während des Interdikts den Gottesdienst aufrechterhalten hatten, namens Rudolf von Rheinau zum Marienpfarrer, indem er dabei sogar die Einschränkung, daß dieses Amt nur ein Domherr bekleiden könnte, durchbrach. Als der Domdekan die Amtseinsetzung verweigerte, prozessierte Rudolf mit Hilfe des Rats in Rom dagegen, aber wieder hatten die Bürger mit ihrem Vorstoß keinen Erfolg.

Der Prozeß zog sich längere Zeit hin, schließlich willigte der Rat 1286 in einen von Bischof Burkhard vorgeschlagenen Vergleich ein, der die alte Rechtslage festschrieb: Bei der Besetzung der Marienpfarre sollten die dortigen parochiani (d. h. die stimmberechtigten Kirchspielangehörigen) einen Domherrn als Pleban (Rektor, d. h. Pfarrherrn) benennen können, der dann vom Bischof einzusetzen wäre und vom Kapitel wieder abgesetzt werden könnte, wenn gegen seine Amtsführung Bedenken bestünden. Für die Petri- und Jakobipfarrei bekamen die Parochianen nur das Recht, einen Domherrn zu erbitten (ius petendi), ohne daß das Kapitel an diesen Vorschlag gebunden wäre. Für St. Ägidien hatten die Bürger keinerlei Wahlrecht, weil dieses Kirchspiel als Ableger des Doms diesem untergeordnet war; hier setzte der Dekan als der für die Dienstgeschäfte des Kapitels Zuständige einen Pleban ein; die Parochianen konnten höchstens die Absetzung eines ungeeigneten Pfarrherrn erbitten. Von St. Nikolai war gar keine Rede, weil diese Pfarrkirche so sehr Bestandteil des Doms war, daß die Amtsgeschäfte unstrittig Bestandteil der Kapitelsaufgaben waren[39]).

Mit dieser Regelung des Jahres 1286 blieb der Rechtszustand bei der Pfarrerwahl bis zur Reformationszeit endgültig fixiert. Immerhin hatten die Bürger als parochiani sich beachtliche Mitwirkungsrechte erkämpft, die sich sachlich aus der Tatsache herleiteten, daß sie es waren, die die großen Kirchspielkirchen erbaut hatten. Andernorts, wie z. B. in Hamburg, gab es derlei Rechte nicht; dort wurde der vom Kapitel bestimmte Pfarrer den Bürgern nur vorgestellt[40]).

Der große Streit zwischen Stadt und Bistum 1296—1317

Bischof Burkhard war im Grunde an einem friedlichen Verhältnis zur Stadt interessiert, um sich ungestört der inneren Konsolidierung seines Bistums widmen zu können. Zumal im Kampf gegen die immer wieder bedrohlichen Raubritter verband ihn ein gemeinsames Interesse mit der Stadt, weswegen er ebenso wie die Holsteiner dem 1283 zwischen Lübeck, anderen Städten und den mecklenburgischen Herren geschlossenen Rostocker Landfrieden beitrat[41]). Konkret lag ihm, als er 1286 den Vergleich wegen der Pfarrbesetzung betrieb, daran, daß der Rat den Ausbau des bischöflichen Hofes im Gebiet von Alt-Lübeck (zur Unterscheidung von dem 1225 der Stadt abgetretenen Hof in Alt-Lübeck als Nova Curia = Neuhof oder Kaltenhof bezeichnet), mit dem er 1283 begonnen hatte, duldete. Hier sollte ein Verwaltungszentrum für den südlichen Teil seines Tafelgutes entstehen, durch Befestigungen abgesichert gegen die Angriffe plündernder Raubritter oder sonstiger Landfriedensbrecher. Doch eben dies war ein neuralgischer Punkt, weil der Hof zwar auf bischöflichem Territorium, aber innerhalb des Sperrgebiets an der Trave lag, wo kraft kaiserlichen Privilegs von 1226 im Umkreis von zwei Meilen längs des Flusses von Oldesloe bis Travemünde keine Befestigungsanlagen errichtet werden durften, um den Schiffsverkehr der Stadt nicht zu gefährden. Deswegen wollte der Rat den Bau von Mauern und Gräben dort nicht hinnehmen.

Überhaupt bot das Gebiet von Alt-Lübeck, wo auch die Stadt verschiedene Besitzrechte geltend machte, seit langem Anlaß zu Reibereien. Die Stadt beanspruchte hier die an der Trems (einem in die Trave fließenden Bach südlich des heutigen Schwartau) gelegene wirtschaftlich interessante Mühle, die in bischöflichem Besitz war, aber in Erbpacht vergeben und auf diese Weise an den Rat gelangt war. Darüber hinaus gab es Streitigkeiten über Gebietsabgrenzungen in der Kieperhorst südlich der Stadt bei der Kuckucksmühle (an der Stelle der späteren Walkmühle)[42]).

Die Gebietserweiterungswünsche der Stadt waren der eigentliche Grund des 1296 ausbrechenden großen Streits, der Bau des Kaltenhofes nur sein Anlaß. Im Hintergrund spielte die für Lübeck bedrohliche Situation mit, die Gefährdung seiner Selbständigkeit durch den deutschen König Adolf und die brandenburgischen Markgrafen seit 1295 sowie die Unsicherheit, die von den holsteinischen Grafen und den Raubrittern ausgingen[43]). Die Stadt erstrebte eine Abgrenzung der beiderseitigen Territorien auf Kosten des Bischofs. Nach Zwischenfällen und gegenseitigen Drohungen einigten sich beide Parteien 1298 auf die Bestellung eines Schiedsgerichts, welches einen Spruch fällte, der die Stadt in jeder Hinsicht begünstigte[44]). Burkhard wehrte sich nun begreiflicherweise gegen die Vollstreckung des Spruchs und appellierte an den Bremer Erzbischof Giselbert, welcher — obgleich von der Stadt als nicht zuständig abgelehnt — durch die beiden Domdekane von Hamburg und Schwerin im März 1299 ein Urteil sprechen ließ, das dem Bischof die strittigen Besitzungen zusprach[45]). Gleichzeitig hatte er in dieses Verfahren all jene Beschwerden einbezogen, die das Bistum im Laufe der Zeit gegen die antiklerikalen Erlasse des Rates vorgebracht hatte und die nun auch zu seinen Gunsten entschieden wurden[46]). Ihm ging es also um eine umfassende, grundsätzliche Klärung der gesamten Konfliktlage.

Interdikt, Bann und Gewalttätigkeiten

Jede der beiden Parteien beharrte auf der Gültigkeit des für sie günstigen Spruches. Bischof Burkhard drohte der Stadt wegen der Nichterfüllung das Interdikt an, diese legte zwar dagegen die vorschriftsmäßige Appellation in Rom ein (die sich zudem auf das päpstliche Privileg von 1257 berufen konnte), aber Burkhard ließ das Interdikt gleichwohl mit dem 29. März 1299 in Kraft treten, so daß dessen Rechtmäßigkeit von vornherein bezweifelt werden konnte. Die alten Verbündeten der Bürger, die Franziskaner und Dominikaner, waren als Aushilfskräfte sogleich willig zur Stelle und hielten die vom Bischof verbotenen Gottesdienste. Insofern spielte sich der Streit wie eine Neuauflage desjenigen von 1277 ff ab, auch mit den folgenden (wirkungslosen) Strafmaßnahmen gegen die Mendikanten und mit den Ausschreitungen der Bürger, die sich ungerecht behandelt fühlten, gegen die Domkleriker[47]). Der Rat war entschlossen, mit Gewalt durchzugreifen, um den unliebsamen und durch den ersten Schiedsspruch untersagten Bau des Kaltenhofes zu verhindern. Um nicht direkt einzugreifen, animierte er im Juni 1299 seine im Gebiet von Trems und Schwartau tätigen Arbeiter, den Kaltenhof zu stürmen und zu verwüsten. Er hatte auch nichts dagegen einzuwenden, als diese Horde, verstärkt durch aufgebrachte Bürger und Einwohner der unteren Schichten, ihr Zerstörungswerk in der Stadt fortsetzte, wo sie im geschützten Bereich der Domimmunität – unter ermunterndem Zuspruch eines Bürgermeisters und unter den Augen des Vogtes – sämtliche Kurien der Domherren ruinierten und ausplünderten[48]).

Das war ein unglaublicher Gewaltakt, wie es ihn in dieser Massivität weder zuvor noch später je gegeben hat; ein Zeichen dafür, daß der ansonsten so strenge Rat (der die Ausschreitungen leicht hätte unterbinden können, wenn er gewollt hätte) den Klerus einschüchtern und sich an ihm für die jahrzehntelange Opposition gegen seine Herrschaftsansprüche rächen wollte. Wie im Streit von 1277 zogen sich Bischof und Domherren nach Eutin zurück, während alle übrigen Geistlichen in Lübeck blieben, und Burkhard belegte alle Ratsherren mit dem Bann, nachdem sie sich geweigert hatten, Genugtuung für die Ausschreitungen zu leisten[49]). Außerdem wandte er sich um Hilfe an die Geistlichkeit der gesamten Erzdiözese, und eine erzbischöfliche Synode beschloß, den Bettelorden in der ganzen Kirchenprovinz Bremen das Predigen und Beichtehören zu untersagen. Der Kampf war voll entbrannt und weitete sich über Lübeck hinaus aus. Während in Rom die Prozeßbevollmächtigten beider Seiten die Streitsache nach den Normen des kanonischen Rechts verhandelten, griff der Rat zum deutschrechtlichen Mittel der Fehde um – unter Beachtung gewisser Formen – sich weiterhin mit Gewalt gegen das Bistum durchzusetzen[50]). Die Bürger zerstörten eine Kloake am Domhof und weitere Gebäude, später sogar den in Hamberge gelegenen Hof des Dekans; der (Ausreite-) Vogt, der als Stadthauptmann die Ratssöldner befehligte, überfiel zwei reisende Domherren. Die Männer der bischöflichen Gegenseite zahlten daraufhin mit gleicher Münze heim, überfielen z. B. reisende Bettelmönche und plünderten Krempelsdorf; Herzog Otto von Lüneburg kam mit etlichen seiner Ritter dem bedrohten Sippengenossen Burkhard von Serkem zu Hilfe. Weitere Gewalttaten bestimmten so zwei Jahre lang die Szenerie, bis im September 1302 ein Friedensschluß zustande kam.

Bei alledem spielten die seit 1299 ausgebrochenen Feindseligkeiten zwischen Lübeck und den holsteinischen Grafen mit; die Stadt mußte das Bistum dabei als politisch gefährlichen Faktor ausschalten. Wenn eine derartige Selbstjustiz nicht verhindert und der Streit zwischen Stadt und Bistum befriedigend beigelegt werden konnte, dann lag es entscheidend auch daran, daß es an einer durchsetzungskräftigen Reichsgewalt fehlte. Da beide Kontrahenten reichsunmittelbare Stände waren, wandten sie sich schon 1299 an König Albrecht, doch der unternahm nicht viel. Stattdessen setzten beide Parteien auf den Papst, der doch gar keine realen Machtmittel für die Schlichtung hatte, dessen moralische Autorität aber noch fraglos anerkannt wurde.

Eingriffe des Rates in das Kirchenwesen

Inzwischen hatte der Rat, um sich gegen das Interdikt zu wehren, in unerhörter Weise in die Kirchenhoheit des Kapitels eingegriffen. Nachdem alle Domherren im Juni 1299 aus der Stadt gewichen waren, hatten die beiden Pfarrer an St. Ägidien und St. Nikolai und an den drei anderen Pfarrkirchen je ein Vikar die Stellung gehalten und das Interdikt praktiziert, d. h. bei geschlossenen Kirchentüren Stillmessen gehalten[51]). Als sie einer ultimativen Aufforderung des Rates, ihre Gottesdienste öffentlich zu halten, nicht nachkamen, nahmen ihnen die Gemeindevertreter in den Kirchspielen die Kirchenschlüssel ab, und die jeweils zwei Ratsherren, die an den vier Pfarrkirchen (mit Ausnahme von Dom-St. Nikolai) als bürgerliche Kirchenvorsteher für die Finanzverwaltung mitzuständig waren, setzten an jeder Kirche einen kommissarischen Pfarrer aus dem Kreis der Vikare bzw. der zahlreich vorhandenen stellungslosen Geistlichen ein; für St. Nikolai tat das ein Ausschuß der Kirchspielmitglieder. Der Rat gebot den Bürgern kraft obrigkeitlicher Autorität, diese Geistlichen als ihre legitimen Pfarrherren anzuerkennen, und in der Praxis der nächsten Zeit war das auch weithin der Fall.

So konnte die bischöfliche Strafmaßnahme unterlaufen werden, wenngleich kein vollwertiger Ersatz gegeben war und das gottesdienstliche Leben manchen Einschränkungen unterlag. Damit hatte der Rat zusammen mit den Kirchenvorstehern einen gravierenden Übergriff in den Bereich der geistlichen Gewalt gewagt und das, was er mit seiner alten Forderung nach dem Patronat an St. Marien bezweckte, erheblich überboten. Es war „ein kirchenrechtlicher Staatsstreich von bemerkenswerter Radikalität"[52]). Ein vergleichbarer Vorgang ereignete sich erst während der Reformation im 16. Jahrhundert — daraus wird das Singuläre dieses Streits der Jahre 1299—1308 ersichtlich.

Parallel zur Besetzung der Pfarreien ging ein zweiter Eingriff des Rates in das Kirchenwesen, der noch einschneidender als jener erste war. Das Schulwesen lag entsprechend der mittelalterlichen Tradition völlig in der Hand des Klerus, weil dieser als fast einziger Träger des kulturellen Erbes der Vergangenheit ein faktisches Bildungsmonopol besaß. Nun gab es in Lübeck neben der internen Domschule des Kapitels, die unter Leitung des Scholasticus nur den Klerikernachwuchs ausbildete, zwei Lateinschulen für die Bürgersöhne, um diese in den artes liberales zu unterweisen, die eine ebenfalls am Dom, die andere seit 1262 an St. Jakobi für den nördlichen Teil der Stadt. Deren Leiter, die vermutlich mit dem Kapitel zusammen die Stadt verlassen hatten, ersetzte der Rat nun durch neue Lehrer, ging dann aber über diese Maßnahme noch weit hinaus: Er errichtete vier weitere Schulen an St. Marien, St. Petri, St. Ägidien und St. Klemens (im Jakobikirchspiel) für solche Kinder, die nicht den geistlichen Beruf anstrebten, ohne Lateinunterricht, nur mit Schreiben und Lesen[53]).

Der Rat nutzte also die Gelegenheit, die sich mit dem Vakuum in der geistlichen Herrschaft bot, um seinen Anspruch auf Schulhoheit zu demonstrieren und zugleich eine Reform auf diesem Gebiet durchzuführen. Darin zeigte sich die Bemühung um ein grundsätzlich neues, weil bürgerlich-lebenspraktisches Bildungsideal, und auch hierin wurde wie mit der Pfarrerwahl die Reformation des 16. Jahrhunderts präludiert. Der während des 13. Jahrhunderts angebahnte Umbruch in der kaufmännischen Praxis, die Umstellung auf das Kontorwesen mit der gesteigerten Schriftlichkeit erforderte ein im Lesen und Schreiben geschultes Personal; dazu aber brauchte man neue Schulen[54]). Auch an diesem Punkt zeigt sich also, daß der Streit mit dem Bistum Teil eines umfassenderen Klärungsprozesses war.

Der Kampf um die bürgerliche Beteiligung am Schulwesen gehörte später in vielen deutschen Städten zu den Dauerkonflikten zwischen Klerus und Bürgerschaft. Lübeck ging hier relativ früh gegen das geistliche Monopol vor, doch der Handstreich der Stadt stand zu sehr im Banne der gewaltsamen Auseinandersetzung mit dem Bistum, als daß er auf Dauer Bestand haben konnte. Nach 1308 kam das Schulwesen wieder in kirchliche Hände, doch die neu eingerichteten vier deutschen Elementarschulen scheinen weiterbestanden zu haben[55]).

Der römische Prozeß und das Ergebnis des Streites 1317/19

Seit Anfang 1299 lief in Rom der Prozeß zwischen Bistum und Stadt, und der geistlichen Gerichtsbarkeit unterlagen auch alle weiteren Rechtsverletzungen. Papst Bonifatius VIII. beauftragte drei deutsche Prälaten, den Propst und den Prior von Ratzeburg sowie den Propst von Stendal, in Ratzeburg eine erste Untersuchung zu führen. Doch die Verhandlungen (1300–01) kamen nicht recht voran, so daß fortan die Beteiligten durch ihre Prokuratoren in aufwendigem Verfahren in Rom verhandeln mußten. Da währenddessen Bonifatius VIII. starb und jede Gerichtsbarkeit bis zur Wahl eines Nachfolgers ruhen mußte und da dieses Verfahren sich angesichts des raschen mehrfachen Wechsels auf dem Stuhle Petri wiederholte und weitere Verzögerungen durch die politisch bedingte Verlagerung der Kurie von Rom an andere Orte eintraten, zog sich der kostspielige Prozeß fast endlos hin[56]). Deswegen einigten sich schließlich Rat und Bischof, des langen Streites müde, am 6. Dezember 1308 auf einen Vergleich. Der Bischof und das Kapitel waren dazu schon 1304 bereit gewesen, weil ihnen infolge des Kampfes die städtischen Einkünfte gesperrt blieben. Der Rat aber hatte eine konsequente Verzögerungstaktik betrieben, hatte nun indessen auch kein Interesse mehr am Konflikt, zumal die außenpolitische Bedrohung seit dem Schutzvertrag mit Dänemark von 1307 abgeklungen war[57]).

Der Vergleich regelte nur die aktuellen Streitfragen hinsichtlich der Besitzrechte, um damit dem Kapitel die Rückkehr nach Lübeck und den Bürgern die Lösung von Interdikt und Bann zu ermöglichen. Dabei kam die Stadt besser weg, sie erhielt für eine Geldentschädigung die Tremsmühle und die Hälfte der Kuckucksmühle und konnte die Grenzziehung in den dortigen Gebieten in ihrem Sinne vornehmen. Der Bischof durfte seine Kurie Kaltenhof wieder aufbauen, mußte aber auf Befestigungs- und Sicherungsanlagen verzichten. Alle Privilegien der Geistlichen einschließlich des Schulmonopols sollten in Kraft bleiben. Auch die nicht unwichtigen Fragen des Abwasserkanals der domkapitularen Latrinen und der Störungen der Domruhe durch den städtischen Pferdemarkt fanden eine Lösung.

Die Domherren kehrten zurück und begannen mit dem Wiederaufbau ihrer Kurien. Bedauerlicherweise hatte aber Papst Clemens V. mehr Interesse an den einträglichen Prozeßgebühren als an dem ohne sein Zutun geschlossenen Vergleich und verweigerte darum die erbetene Zustimmung zu demselben. So durften – zumal auch die diffizilen Probleme der antiklerikalen städtischen Verordnungen noch ungelöst waren – beide Parteien noch einige Jahre an der nach Avignon verlegten Kurie prozessieren. Da das Interdikt in Kraft blieb, verglichen sie sich daheim im Jahre 1314 erneut (diesmal mit Verbesserungen für das Bistum), so daß nun auch Bischof Burkhard wieder in der Stadt residieren konnte[58]. Doch infolge der langen Sedisvakanz nach Papst Clemens' Tod konnte der Prozeß mit einer Bestätigung des Vergleichs und der Aufhebung des Interdikts erst unter Johannes XXII. 1317 abgeschlossen werden. Der hochbetagte Bischof Burkhard starb kurz vorher, sein Nachfolger wurde der bisherige Dompropst Hinrich Bockholt (1317–41), der erste Lübecker Bürgersohn auf dem Stuhl Gerolds, mit dem eine neue Ära der Beziehungen zwischen Bistum und Stadt begann.

Am 2. Juli 1317 wurde unter allgemeinem Jubel mit feierlicher Prozession das amtskirchlich legitimierte Gottesdienstleben nach achtzehnjähriger Störung wieder aufgenommen. Nach zähen Verhandlungen verständigte sich 1319 das Bistum auch mit den renitenten Mendikantenklöstern und klärte die noch strittigen Grenzziehungen gegenüber der Stadt in einem weiteren Vergleich[59].

Das Ergebnis des Streites hatte einige wichtige grundsätzliche Aspekte: Keine der beiden Seiten konnte sich voll durchsetzen, doch die innerstädtische Dominanz der weltlichen Gewalt war nunmehr anerkannt. Das Bistum bemühte sich, dem Rat willfährig zu sein, soweit das mit seinen eigenen Interessen irgend vereinbar war. Das Prinzip des guten Einvernehmens sollte beiderseits den seit über hundert Jahren herrschenden Konfrontationskurs ablösen. Die jeweiligen Hoheitsgebiete waren abgegrenzt, dabei blieben die kirchlichen Gerechtsame hinfort unangetastet, was die strittigen Rechtsbeschränkungen, die Pfarrbesetzung und das Schulwesen betraf. Das Kapitel wurde zunehmend zum eigentlichen Partner des Rates, der Bischof zog sich weitgehend in seine Residenz Eutin zurück.

1. Stadtansicht von Osten aus Hartmann Schedels Weltchronik 1493

2. Stadtansicht von Osten. Ausschnitt aus dem Hochaltar zu St. Nikolai in Reval von Hermen Rode 1484

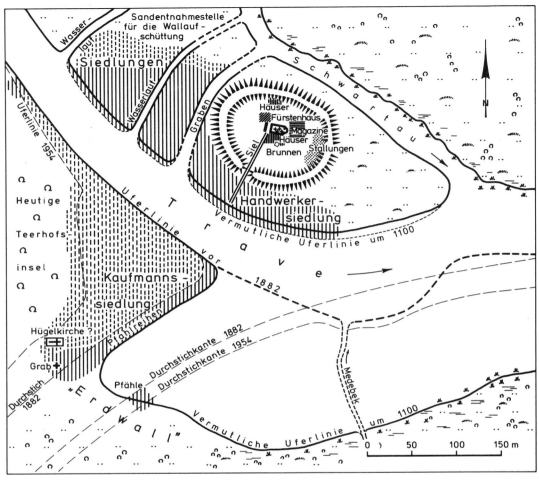

| | | gesicherte Besiedlung :|:|:|: vermutete Besiedlung

Fürstenhaus, Magazine, Stallungen: aus Funden erschlossen

Kirche, Brunnen, Siel, Häuser: durch Grabungen gesichert

Kaufmannssiedlung gem. Befund 1882 und Helmold - Chronik

3. Burg und Siedlung Alt-Lübeck vor 1127

4. Bistum Lübeck mit Pfarreien um 1300

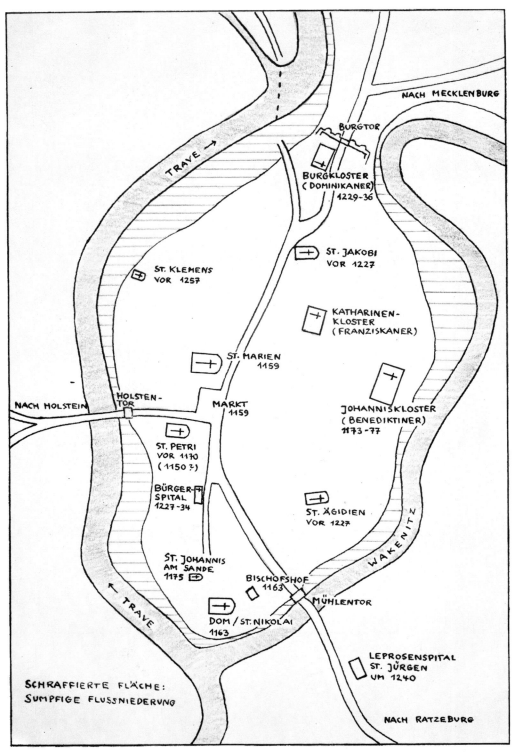

5. Früheste Stadtsiedlung bis 1250

6. Modell „Lübeck um 1250"

7. Dom um 1250. Modell

8. Dom von Süden mit Predigthaus (Zustand um 1880)

9. St. Petri von Nordosten (vor 1942)

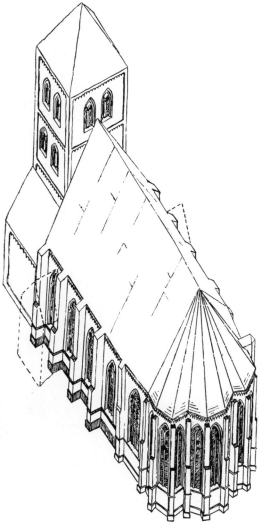

10. St. Petri. Rekonstruktion der dreischiffigen gotischen Kirche um 1350

11. St. Marien von Osten (vor 1942)

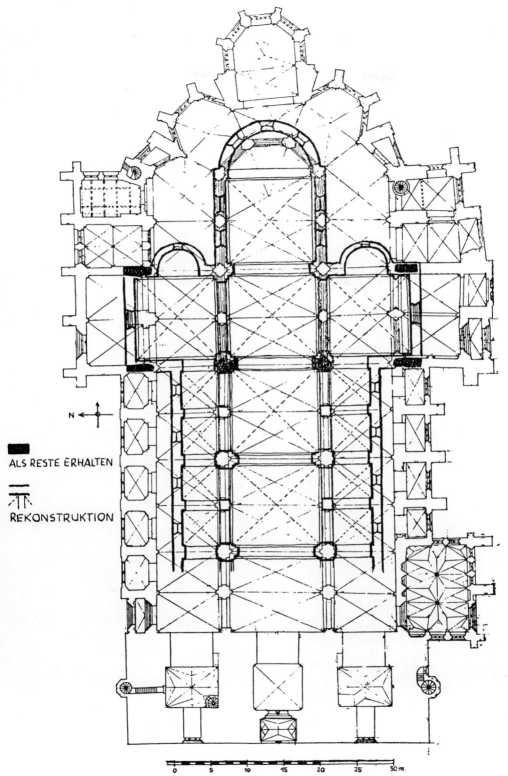

12. St. Marien. Grundriß mit Rekonstruktion der romanischen Basilika

13. St. Jakobi von Norden

14. St. Ägidien von Osten

15. St. Katharinen von Nordosten

16. St. Katharinen. Blick in den Chor

17. Dominikanerkirche St. Maria Magdalena (Burgkirche)

18. Heiligen-Geist-Hospital mit Kirche von Westen

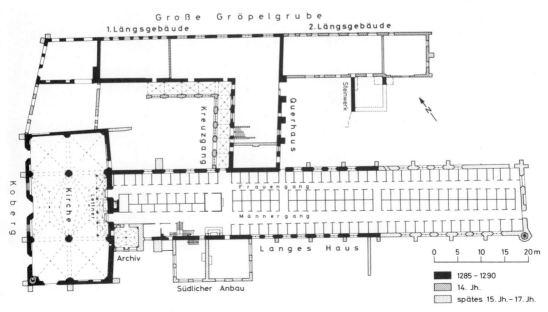

19. Heiligen-Geist-Hospital. Grundriß (Rekonstruktion)

20. Kranenkonvent (Beginenstift) in der Kleinen Burgstraße

5. Kapitel
Bürgerliche Frömmigkeit in Lübecks großer Zeit

Mit dem 14. Jahrhundert trat Lübeck in seine große Zeit als politisches und kulturelles Zentrum im Ostseeraum ein. Über zwei Jahrhunderte lang hat es seine Führungsposition behaupten können, bis es sie dann im 16. Jahrhundert allmählich einbüßte. Besondere kirchengeschichtliche Ereignisse standen nicht im Zusammenhang mit dieser Entwicklung, wohl aber waren die kirchlichen Strukturen und das religiöse Leben durch sie beeinflußt. Der Verlauf der europäischen Kirchengeschichte, insbesondere die Auseinandersetzung des Papsttums mit den entstehenden Nationalstaaten und mit dem deutschen König, tangierte Lübeck nur am Rande. In der sog. babylonischen Gefangenschaft des Papsttums in Avignon 1309–1377, d. h. dessen politischer Abhängigkeit von Frankreich, sowie in dem nachfolgenden großen Schisma 1378–1415 trat die Auflösung der hochmittelalterlichen Ordnung drastisch zutage.

In der politischen Geschichte Lübecks spielten Kirche und Religion als bestimmende Faktoren während des 14. Jahrhunderts keine Rolle, auch nicht bei den internen Unruhen. Die Knochenhaueraufstände von 1380–84 und die Revolte der Bürger gegen den alten „patrizischen" Rat 1403–16 signalisierten einen Umbruch, der aus den Differenzierungen im städtischen Sozialgefüge, welche zu einer stärkeren Verfestigung führten, resultierte. Die Epoche danach war durch eine prinzipielle Stabilität gekennzeichnet, die erst wieder mit der Reformationszeit in Frage gestellt wurde. Auch von den lübischen Gegebenheiten her legt es sich nahe, die Zeit etwa zwischen 1320 und 1420 parallel zur allgemeinen Kirchengeschichte als eine Periode zusammenzufassen.

Die politische Entwicklung

Lübecks außenpolitische Situation blieb weiterhin entscheidend durch das Verhältnis zu Dänemark bestimmt. Am Anfang dieser Periode begab sich die Stadt, um die von Holstein drohenden Gefahren abzuwehren, wie zu Beginn des 13. Jahrhunderts unter die Schutzherrschaft des dänischen Königs (1307–19), was ihren wirtschaftlichen Aufstieg begünstigte[1]). Am Ende stand die beginnende Auseinandersetzung mit Dänemarks Sundzollpolitik, der lange, zunächst erfolgreiche Abwehrkampf gegen die skandinavischen Staaten und gegen das wirtschaftliche Vordringen der Holländer und Engländer im Ostseeraum, der das 15./16. Jahrhundert bestimmte. Dazwischen lag der Höhepunkt lübischer Geschichte: die Konstituierung der Städtehanse nach 1350 und der Friede von Stralsund 1370, der den Sieg über den Dänenkönig Waldemar IV. Atterdag mit der Vormachtstellung der Hanse und ihres Hauptes Lübeck besiegelte[2]).

Der Stralsunder Frieden signalisierte insofern eine Peripetie in Lübecks politischer Entwicklung, als die Phase der stürmischen Expansion nun abgeschlossen war. Die wirtschaftliche Überlegenheit gegenüber den Fürstenstaaten neigte sich dem Ende zu, doch kluge Politik vermochte die erreichte Machtposition noch längere Zeit zu bewahren. Es erwies sich als ein Segen für Lübeck, daß in seiner Ratsstube hervorragende Diplomaten saßen, deren Verhandlungskunst überall ebenso geschätzt wie gefürchtet war. Genannt seien für diese Epoche nur die Namen der Bürgermeister Brun Warendorp (gest. 1369), Jakob Pleskow (gest. 1381), Johannes Perceval (gest. 1399) und Jordan Pleskow (gest. 1425).

Friedlicher Ausgleich durch zähes Verhandeln wurde die oberste Maxime lübischer Außenpolitik. Nur wenn es unvermeidbar war, setzte man die Kriegsführung als politisches Mittel ein, wobei der Stadt ihre überlegene Flotte zugute kam. Daß Lübecks wirtschaftliche Macht auf Privilegien und Monopolen basierte, welche es auf die Dauer schwer halten konnte, gab seiner Außenpolitik von vornherein einen defensiven Akzent. Deswegen bemühte es sich intensiv (und erfolgreich), die Hanse organisatorisch auszubauen. Und das schloß Eingriffe in die inneren Verhältnisse der verbündeten Städte gerade in jener Zeit sozialer Unruhen ein. Lübeck ergriff die Initiative zur Einberufung von Hansetagen, welche in der Regel hier zusammentraten. Seine Vorrangstellung, die sich im 13. Jahrhundert in der Kaufmannsgemeinschaft angebahnt, im 14. Jahrhundert bei der Städtehanse durchgesetzt hatte, wurde durch die Statuten von 1418 offiziell sanktioniert[3]. In speziell kirchlichen Fragen spielte sie kaum eine Rolle, aber im religiös-kulturellen Bereich strahlten Lübecks Leistungen auf die verbündeten Städte aus.

Die ohnehin schwache Verbindung zum deutschen Reich hatte sich in der ersten Hälfte des 14. Jahrhunderts infolge der durch den Kampf zwischen Papst und König/Kaiser bedingten inneren Wirren noch weiter gelockert, weil für die königlichen Interessen der Ostseeraum außerhalb des Horizonts lag. Das einzige kontinuierliche Band war der beträchtliche Reichszins. Kaiser Karl IV. (1347–78) schien das ändern zu wollen, denn er bemühte sich im Rahmen seiner Wirtschaftspolitik zur Stärkung seiner Hausmacht seit etwa 1360 um intensivere Beziehungen zur Hanse[4]. Daß diese sich mit dem Frieden von Stralsund 1370 als ein wichtiger Faktor im nordischen Kräftespiel erwies und so für die nach Norden ausgreifende Reichspolitik Karls interessant wurde, motivierte den Kaiser 1375 zu einem prunkvollen Besuch in Lübeck, nachdem er dem Rat schon im Jahr zuvor wichtige Privilegien für die Landfriedenswahrung verliehen hatte. Der seit 1181 erste Kaiserbesuch blieb aber eine folgenlose Episode, weil die kühlen Diplomaten im Lübecker Rathaus Karls Plänen, mit Hilfe der Hanse Dänemark durch eine dortige Thronfolge der mecklenburgischen Herzöge (die Lübeck feindlich gesonnen waren) fester an das Reich zu binden und die Wirtschaft seiner neu erworbenen Ländereien in Schlesien, in der Lausitz und der Kurmark anzukurbeln, geschickt Widerstand leisteten. Daß der Kaiser die Lübecker Ratmänner ausdrücklich als „Herren" (d. h. als dem Adel ebenbürtig) anerkannte und ihnen neben Rom, Venedig, Florenz und Pisa das exzeptionelle Recht einräumte, bei Kaiserbesuchen seine Räte zu sein, hatte höchstens für die internen Verhältnisse der Stadt Bedeutung, weil es die patrizischen Tendenzen der Ratsgeschlechter begünstigte[5].

Die Zeit zwischen 1380 und 1420 brachte in Lübeck wie andernorts innere Unruhen, die sich zunächst aus dem Gegensatz zwischen den Handwerkern und Kaufleuten (so 1380–84), dann auch aus dem Gegensatz zwischen den vom Stadtregiment ausgeschlossenen, wirtschaftlich führenden Bürgern und den sich standesmäßig verfestigenden Ratsfamilien (so 1403–16) ergaben[6]. Für die Kirchengeschichte sind diese Kämpfe insofern von Bedeutung, als sie die zunehmende soziologische Verhärtung der Stadtgemeinschaft illustrieren. Durch die gegenseitige Abgrenzung der verschiedenen bürgerlichen Schichten in patrizischen Kreisen, kaufmännischen Kompagnien und handwerklich-gewerblichen Ämtern (wie die Zünfte in Lübeck hießen) wurde die frühere gesellschaftliche Fluktuation, ein Lebenselement des städtischen Aufschwungs, erschwert. Allerdings ist darauf hinzuweisen, daß ein Patriziat im strikten Sinne, d. h. die Beschränkung der Ratsfähigkeit auf wenige Familien, sich hier zu keiner Zeit herausbildete, dieser Begriff auf die Lübecker Verhältnisse also nur bedingt angewandt werden kann.

Monument einer neuen Zeit: St. Marien

In die Zeit der Auseinandersetzungen zwischen Bürgern und Domklerus fiel die enorme Bautätigkeit, die dem späteren Stadtbild das Gepräge gegeben hat. Nicht nur im 13. Jahrhundert, auch noch zwischen 1300 und 1350 wirkte Lübeck wie eine große Baustelle, da an fast allen öffentlichen Gebäuden gearbeitet wurde und private Bautätigkeit die bislang noch freien Flächen nördlich von St. Jakobi, im Handwerkerviertel östlich der Königstraße und um St. Ägidien erschloß. Zumal den Umbau der Kirchen im gotischen Stil muß man als charakteristischen Ausdruck der damaligen Mentalität würdigen, und hier steht der Monumentalbau von St. Marien voran. Mit ihm wollten Lübecks Bürger ein Sinnbild für die Geltung der Stadt als Vorort des Ostseeraums setzen; es war der erste Bau des neuen Stils, der fortan Lübecks Gesicht prägte, der Backsteingotik[7]).

Von Anfang an produzierte die Rivalität zwischen Stadt und Bistum konkurrierende Baupläne für St. Marien und den Dom, weil jede Seite die andere an Monumentalität übertreffen wollte, um so die Herrschaftsüberlegenheit zu demonstrieren. Dem romanischen Dom als Sinnbild geistlicher Herrschaft setzte der Rat mit seiner romanischen Basilika seit ca. 1200 einen entsprechenden, aber größer bemessenen Bau entgegen. Diesen begann er nun um 1240/50 aus nicht klar erkennbaren Motiven (wobei die rasante Bevölkerungszunahme der Stadt sicher ebenso eine Rolle spielte wie die Rivalität mit dem Bischof) zu einer riesigen Hallenkirche im gotischen Stil mit der heutigen Breite umzubauen. Dieser von Westfalen aus vordringende Bautyp war zu jener Zeit gleichsam eine bürgerliche Modeerscheinung geworden. Als das neue Langhaus der Fertigstellung entgegenging und der Chorbau an der Reihe war, änderte man abermals die Planung. Inzwischen hatten Lübecker Kaufleute auf ihren Fahrten nach Flandern und Nordfrankreich den neuen, noch imposanteren Typ der hochragenden Basilika kennengelernt, und es gelang ihnen, einen genialen (namentlich leider unbekannten) Baumeister aus jener Region zu gewinnen, der den neuen Ostchor in einer bis dahin für die Backsteintechnik unerhörten Höhe und Stilistik als polygonalen Kathedralchor mit Kapellenkranz gestaltete, wie er heute erhalten ist. Begonnen wurde der Chor vermutlich um 1260, beendet war er um 1280.

Die wohlhabenden, unternehmungsfreudigen Bürger, die sich — wie die Streitigkeiten seit 1277 zeigten — nunmehr in ihren kirchlichen Ansprüchen auch gegen Bischof und Kapitel durchsetzen wollten, begnügten sich mit der stilistischen Inkongruenz nicht und gingen daran, das Ganze nach dem Maßstab des Chores neu zu gestalten — just in der Zeit, als der Kampf mit dem Bistum voll im Gange war. Den jetzt zu plump wirkenden romanischen Turm mußten sie ersetzen; sie taten es durch eine gewaltige Doppelturmanlage (1304 Grundsteinlegung des Norderturms, 1310 des Süderturms). Die etwa

1315 beginnende Arbeit am neuen Langhaus – welcher der Bau der beim Süderturm gelegenen, auch als Platz für die öffentlichen Marktschreiber vorgesehenen Briefkapelle voranging – übernahm als Leiter der Bauhütte Meister Hartwich. Da dieser die Umfassungsmauern der bisher geplanten Hallenkirche einbeziehen mußte und damit eine erhebliche Breite vorfand, legte er deren Höhe den neuen Seitenschiffen zugrunde und erhöhte das neue Mittelschiff um des basilikalen Stils und um der Übereinstimmung mit dem Chor willen entsprechend, so daß als Resultat die Zweigeschossigkeit mit der enormen Gewölbehöhe von 39 Metern bei knapp 13 Metern Breite herauskam. Damit übertraf St. Marien den Dom beträchtlich. Um 1335 war dieser Bau vollendet, und die Türme wurden 1350/51 fertiggestellt.

Das eindrucksvollste Monument bürgerlichen Christentums als einer selbständigen Gestaltungskraft neben der Kirche der Kleriker symbolisierte die neue Epoche der Kirchengeschichte: mit ihrem Ausgreifen in die Höhe den gesteigerten Transzendenzbezug, mit ihrem Streben nach dem höchsten Stand von Bautechnik und -kunst den religiösen Leistungsdrang, mit ihrem Formenreichtum in Mauerwerk und Ausstattung die Vielfalt städtischer Christlichkeit, mit dem steinernen Abbild der göttlichen Herrlichkeit den Hinweis auf die menschliche Schöpferkraft.

Mühsam versuchten Bischof und Kapitel, diesem Monument bürgerlicher Herrschaft etwas Adäquates entgegenzustellen. Der romanische Dom war bis 1247 nur schleppend fertiggestellt worden, 1266 ging Bischof Johannes von Tralau, durch den Neubau von St. Marien angestachelt, an einen Erweiterungsbau, der zunächst mit einem gotischen Hallenumgangschor, wohl als Teilstück einer neuen gotischen Basilika, begonnen werden sollte[8]. Wegen der bischöflichen Finanzknappheit machte der Bau in den unruhigen Jahren der Kämpfe mit den Bürgern keine Fortschritte. Bischof Burkhard begnügte sich mit der Errichtung zweier Kapellen für seine Altarstiftungen (1293 und 1299).

Erst sein Nachfolger Hinrich Bockholt griff 1329/30 die alten Pläne energisch auf und ließ unter kräftigem Einsatz eigener Mittel bis 1334/35 den prächtigen, dem romanischen Langhaus angepaßten polygonen zweijochigen Chor mit fünf Kapellen weitgehend fertigstellen. Er erlebte aber dessen Weihe nicht mehr; sein Nachfolger Johann Mul nahm sie wenige Wochen nach Bockholts Tod, der ein prächtiges Grab in „seinem" Chor bekam, 1341 vor[9]). Parallel dazu, vielleicht auch erst nach 1335, begann man, die flachen romanischen Seitenschiffe durch gotische zu ersetzen, deren Höhe man dem Langhaus, welches seine romanische Form behielt, anglich. Dadurch entstand eine stilistisch uneinheitliche, aber mit 125 Metern ungewöhnlich lange, reizvolle Hallenkirche (so nach dem Anbau der Marientidenkapelle 1444). St. Marien blieb neben den Klosterkirchen die einzige Basilika. Der tatkräftige Bischof Bockholt vergrößerte auch den Bischofshof auf der Domfreiheit, und gut hundert Jahre später schuf Nikolaus Sachow dann dort eine repräsentative Anlage[10]).

Gotischer Umbau der Bürgerkirchen

Die Hochgotik von St. Marien entsprach mit der technischen Gigantik des Bauwerks dem neuen Menschentyp, wie er im hansischen Kaufmann exemplarisch begegnete[11]). An die Stelle des in der Gruppe reisenden, seine Waren selbst begleitenden Händlers trat jetzt der von seinem Kontor in Lübeck aus in den Formen der Schriftlichkeit agierende weltgewandte Großkaufmann. Mit kapitalistischen Wirtschaftsformen sowie mit technischer Überlegenheit beherrschte er die riesigen Handelsräume im Norden und Osten, aber er nahm auch die Kultur West- und Südeuropas lernbereit auf. Es war ein dynamischer, seiner Individualität ebenso wie seiner Verpflichtung gegenüber der Gemeinschaft bewußter Menschenschlag, welcher nun im Stadtregiment die alte Führungsschicht der sich auf ihrem Vermögen ausruhenden „Rentner" ablöste. Wenn man an der Backsteingotik, die nach dem Vorbild von St. Marien fortan Lübecks im Umbau befindliche Sakralbauten prägte und von hier aus den Ostseeraum eroberte, die Funktionalität und Herbheit des Stils, die Kühnheit bei der Lösung technischer Probleme, die Ablösung der erdverhaftet-beschaulichen Form der romanischen Bauten durch ein Ausgreifen in die Höhe gerühmt hat, dann paßt das genau zu der Mentalität jener Männer, die als Ratsherren und Bürger die Auftraggeber und Finanziers des Neubaus waren.

Kennzeichen einer neuen Zeit war es, daß die Lübecker nun allenthalben ihre romanischen Kirchen umbauten. Der wirtschaftliche Aufschwung gab ihnen die Mittel, dies in erstaunlich kurzer Zeit zu bewerkstelligen. Für St. Petri hatten sie, um den schlichten Holzbau von 1170 abzulösen, etwa 1220–40 einen eindrucksvollen dreischiffigen romanischen Hallenbau nach westfälischen Vorbildern geschaffen[12]). Dieser Typ war zu jener Zeit im Backsteingebiet noch ungewöhnlich; daß man ihn von Westfalen her übernahm, wo sich diese großräumige Bauart als Ausdruck bürgerlicher Repräsentationsfreude seit 1200 durchsetzte, ist begreiflich, wenn man die Herkunft vieler Lübecker aus Westfalen bedenkt. Die romanische Petrikirche stellte somit im Ostseeraum durchaus eine Pionierleistung dar. Aber aufgrund des imponierenden Vorbilds von St. Marien mit dem dortigen Chorumbau entschlossen die Petri-Herren sich wohl gegen Ende des 13. Jahrhunderts zu einer Vergrößerung ihrer Kirche durch den Anbau eines kunstvoll gegliederten Chores im hochgotischen Stil, der 1305 vollendet wurde und die romanische Kirche weit überragte. In der Logik der Entwicklung lag nun der weitergehende Umbau des Langhauses zu einer gotischen Halle mit derselben Höhe, der um 1330 fertig wurde. Die wohlhabende Kaufmannsgemeinde schuf sich so mit der stilistisch reizvollen lichten Halle ein kirchliches Zuhause, das ihren geistigen Ansprüchen entsprach. Die geplante und schon begonnene Doppelturmanlage konnte sie dagegen nicht ausführen; stattdessen zog sie den Turm, gekrönt mit einer schönen Spitze, hoch (fertig um 1427).

Ähnlich verfuhr das Jakobikirchspiel[13]). Sein romanischer, zu Beginn des 13. Jahrhunderts errichteter Bau war der Feuersbrunst von 1276 zum Opfer gefallen und sollte durch eine prächtige Basilika mit Doppeltürmen ersetzt werden. Mitten während der Bautätigkeit änderte man zu Beginn des 14. Jahrhunderts diesen Plan und begnügte sich mit einer eintürmigen, dem Stil der Hallenkirche angenäherten Stutzbasilika, die 1334 vollendet war. Erheblich kleiner fiel der Umbau der Ägidienkirche in der Zeit vor 1350 aus[14]). Diese weniger begüterte Gemeinde der kleinen Handwerker und Ackerbürger fühlte sich durch die Modernisierungstendenzen der anderen angespornt, doch ihre Mittel reichten nur für eine Ausgestaltung der romanischen Basilika zu einer dreischiffigen gotischen Hallenkirche auf demselben Grundriß (kürzer und niedriger als St. Petri und St. Jakobi) sowie zu einem beachtlichen Ausbau des Turmes nach dem Vorbild von

St. Marien. Seit Ende des 14. Jahrhunderts bemühte man sich um Spenden für einen Chorausbau, der erst 1446 abgeschlossen wurde.

Neue Klosterkirchen

Die gotische Modernisierungswelle machte auch vor den Klöstern nicht halt. Die ebenfalls vom Stadtbrand 1276 zerstörte Burgkirche St. Maria Magdalena bauten die Dominikaner als gotische Basilika bis 1319 neu[15]). Da sie in den zu jener Zeit entbrannten Streitigkeiten mit dem Bistum auf der Seite der Bürger standen, brauchten sie sich um die Mittel für ihren schönen Neubau, der sich an dem für die Bettelorden typischen Baustil orientierte, nicht zu sorgen.

Ein ehrgeizigeres Programm nahmen sich seit ca. 1290 die Franziskaner mit einer hochragenden Basilika für St. Katharinen vor, wobei auch sie sich an dem neuen Marienchor orientierten[16]). Zunächst errichteten sie bis etwa 1330 einen prächtigen Chor, und zwar – als baugeschichtliche Rarität – mit dem eigentlichen, für die Gottesdienste der Mönche bestimmten Chorraum in einem Obergeschoß. Zu St. Katharinen pflegten gerade die höheren Bürgerschichten enge Beziehungen; daraus sowie aus der Tatsache, daß das Lübecker Minoritenkloster Hauptort einer Kustodie war, erklärt sich das in dem herrlichen Bau (Langhaus seit 1335) zutage tretende Repräsentationsbedürfnis. Da die alten Klostergebäude baufällig waren, veranlaßte der Guardian Emeke 1351 einen Neubau, der mit den während der Pest des Vorjahres überreichlich eingegangenen Spenden der Bürger finanziert und daher rasch hochgezogen werden konnte – ein Denkmal der Verbundenheit zwischen Stadtbevölkerung und Franziskanern. Schon 1353 wurde der Kreuzgang geweiht, 1356 fand das Ordenskapitel der Kustodie im fertigen Neubau statt[17]). Auch die Klosterkirche St. Johannis erfuhr damals einen gotischen Umbau, welcher aber im Schatten der Leistungen der Minderbrüder stand[18]).

Die Hauptbauzeit der Lübecker Kirchen in der Gestalt, wie wir sie heute vorfinden, lag in der ersten Hälfte des 14. Jahrhunderts. Die Grundzüge der Planung stammten noch aus der „Gründerzeit" im frühen 13. Jahrhundert, denn neue Kirchen kamen nicht mehr hinzu. Im 15. Jahrhundert begnügte man sich – abgesehen von dem Chor der Ägidienkirche und von Maria am Stegel – mit dem Anbau von Kapellen an den großen Gotteshäusern. Die große Zeit Lübecks, das 14. Jahrhundert, ist somit in den klassischen Baumonumenten Gegenwart geblieben.

Sakrale Räume von einer derartigen Größenordnung überragten die beschränkten Dimensionen des alltäglichen Lebens. Sie stellten gleichsam ein Abbild des himmlischen Jerusalem dar: In der Pracht des Gotteshauses ebenso wie im Kultus wurde die transzendente Herrlichkeit antizipiert. Zugleich aber bildeten diese großen Räume mit ihren wachsenden Kapellenanbauten Versammlungsstätten auch für nichtsakrale Zwecke. So pulsierte in ihnen ein vielfältiges Leben, sie gaben der Synthese von Christentum und Bürgertum den großartigsten Ausdruck.

Kollektive Hysterie angesichts der Pest

Daß das 14. Jahrhundert eine Zeit epochaler Veränderungen brachte, offenbarte sich zugespitzt an der tiefen Erschütterung Nordeuropas durch den „schwarzen Tod", der zum Symbol jener Zeit wurde. Als ein bis dahin unbekanntes Phänomen verbreitete sich seit 1347/48, von Südfrankreich und Italien durch die Handelsverbindungen nach Deutschland eingeschleppt, die Pest vor allem in Nordeuropa und forderte entsetzlich viele Todesopfer. 1349 war sie bereits in Schweden und Preußen, so daß sie in Lübeck im Sommer 1350 gleichsam von allen Seiten eindrang.

Eine religiöse Begleiterscheinung in Formen kollektiver Hysterie machte sich schon vorher bemerkbar: die Züge der Flagellanten (Geißelbrüder), eine ältere, jetzt neu belebte asketisch-apokalyptische Bewegung, die von Italien her zunächst in Süddeutschland, dann auch in Norddeutschland die Städte heimsuchte, um in mystischer Ekstase durch wilde Tänze, düstere monotone Gesänge („Nun hebet auf eure Hände, daß Gott dies große Sterben wende!") und vor allem durch butige Selbstkasteiung die Bevölkerung zur Buße vor dem nahenden Endgericht aufzurütteln[19]. Es bildeten sich Geißelbruderschaften und Büßervereine, die mit der Institution Kirche kollidierten, weil sie den Klerus als völlig verdorben kritisierten und ihre Geißelbuße als das wahre Sakrament, welches Eucharistie und Beichte außer Kraft setzte, hinstellten. Da ihre Kirchenkritik sich mit radikaler Gesellschaftskritik verband, waren die Obrigkeiten allenthalben bemüht, diese Vorboten der Pest fernzuhalten. Der Lübecker Rat verständigte sich, als zu Ostern 1350 ein Geißlerzug Einlaß in die Stadt begehrte, mit dem Klerus; der Bischof tat die Flagellanten in den Bann, der Rat verbot ihnen den Aufenthalt in der Stadt, und so blieb diese vor Erschütterungen bewahrt[20].

Im Zusammenhang mit der allgemeinen Furcht vor der Pest kam es wie im übrigen Reich auch in Norddeutschland, allerdings abgeschwächter als im Süden, erstmals zu Judenverfolgungen. Während Kaiser und Päpste früher die Juden als Bankiers gerne geduldet hatten, solange die Christen das kirchenrechtliche Verbot des Geldverleihs gegen Zinsen ernstnahmen, änderte sich das mit der allgemeinen Umstellung der Natural- auf Geldwirtschaft. Als religiös und sozial suspekte Minderheit erlitten die Juden seit dem 13. Jahrhundert vor allem im Rheinland erste Verfolgungen. Mit dem Aufkommen der Pest verbreitete sich nun allenthalben das Gerücht, die Juden hätten sie durch Brunnenvergiftung verursacht. Seit 1348 beunruhigten einzelne Fälle auch die wendischen und niedersächsischen Städte; es kam zu spontanen Ausschreitungen und obrigkeitlichen Hinrichtungen von Juden[21].

In Lübeck wurden 1349 zwei Personen aufgegriffen, die angeblich als Giftmischer mit den Juden unter einer Decke steckten und gestanden, daß diese überall in den Städten des Ostseeraumes die Christenheit vergiften wollten. Der Rat konnte freilich in der Stadt keine derartigen Vorkommnisse feststellen. Aber als die Ratsherren von Stralsund, Rostock und Wismar angesichts der drohenden Pest über ein gemeinsames Vorgehen gegen die Juden berieten und der Lübecker Rat aus Gotland und Thorn weitere Informationen über vermeintliche Giftpläne in niedersächsischen Städten bekam, intervenierte er bei Herzog Otto von Lüneburg mit der Bitte, die im dortigen Gebiet ansässigen Juden als Gefahr für die Christenheit auf dem Gerichtswege zu vernichten[22]. Entsprechend schrieb er nach Rostock. In Lübeck kam es zu keinen Judenverfolgungen. Doch der ganze Vorgang ist wichtig, weil er die kollektive Hysterie während der Pestzeit illustriert und erstmals eine feindselige Einstellung gegenüber den Juden bezeugt.

Die Pest als Stigma der Vergänglichkeit

Die Pest wütete in Lübeck von Pfingsten bis Michaelis 1350 und forderte unzählige Todesopfer in allen Ständen (unter den Ratsherren allein über ein Drittel), so daß die Stadt auch wirtschaftlich schwer getroffen wurde[23]). Genaue Zahlen sind schwer zu schätzen, doch man wird mit etwa einem Drittel Bevölkerungsverlust, d. h. mit mindestens 6–7000 der etwa 20–24000 Einwohner rechnen können. (Unter ihnen war auch Bischof Johann Mul). Gottes Gericht, das der mittelalterliche Gläubige zutiefst fürchtete, erschien jetzt als eine unmittelbare Existenzbedrohung. Das mußte Folgen für die Religiosität haben. Eine allgemeine Weltuntergangsstimmung machte sich breit, da man die Pest als Zeichen des nahen Weltendes deutete.

Die Furcht vor der Verdammnis stachelte zu guten Werken an. Zahlreiche fromme Stiftungen sind dadurch motiviert worden, und die Motivation dazu blieb erhalten, weil Pestseuchen nunmehr fast regelmäßig in Deutschland grassierten: 1358/59, 1365/67, mehrfach in den siebziger Jahren, in Lübeck besonders schwer wieder 1387/88. Viele Vikarien und neue kirchliche Ländereien konnten aus den Spenden finanziert werden[24]). Das eindrucksvollste Monument dieser Bußgesinnung ist der bereits erwähnte Neubau des Katharinenklosters, der aus gestifteten Geldern bezahlt wurde, mit welchen die Bürger sich die Fürbitte der frommen Mönche um Rettung vor dem Fegefeuer erkaufen wollten[25]). Aus hygienischen Gründen legte der Rat vor dem Burgtor einen neuen Friedhof an, um die Pesttoten außerhalb der Stadt beerdigen zu lassen; und dort wurde bald auch eine Kapelle, der heiligen Gertrud geweiht, errichtet[26]).

Das bis dahin unvorstellbare Massensterben veranlaßte zuerst vermutlich in Würzburg die Entstehung einer Kunstgattung, welche überall in Deutschland rasch Anklang fand und sich von schlichten Formen zu imponierenden Kunstwerken entwickelte: des Totentanzes[27]). Hier wurde die alte, im Volk verbreitete Vorstellung vom Tanz der „armen Seelen" der unbußfertigen Sünder, die in ihrer Fegfeuerpein nachts einen unheimlichen Reigen auf den Friedhöfen vollführen, weil sie im Grabe keine Ruhe finden, im Stil der populären Bilderbogen (vgl. dazu die „Armenbibeln") zur monumentalen Vision eines alle Stände erfassenden Todesreigens umgeprägt. Es handelte sich um den Tanz, zu dem die jüngst Verstorbenen, noch in der Pracht ihres abrupt beendeten Lebens dargestellt, von den bereits verwesten Toten gezwungen wurden. Prediger des Dominikaner- und des Franziskanerordens waren die ersten Multiplikatoren dieser Darstellung, um so zur Buße angesichts des schwarzen Todes aufzurufen.

Ein derartiges Bildprogramm sollte nicht nur die Bußpredigt illustrieren, sondern auch im volkstümlich-magischen Verständnis als Sympathiezauber der Abwehr des Pesttodes dienen. Deswegen erstellten viele Städte derartige Kunstwerke im unmittelbaren Zusammenhang mit drohenden Epidemien. Vermutlich wurde auch in Lübeck schon zu jener Zeit ein Totentanzgemälde in der Marienkirche angebracht, wohl 1387/88[28]). Es orientierte sich an dem Würzburger Vorbild und vergegenwärtigte in 24 Figuren eindrucksvoll die Klage der jäh vom Tod abberufenen Menschen. Da es 1463 durch ein „modernes" Gemälde ersetzt wurde (s. u.), ist von ihm nichts mehr erhalten.

Testamente, Stiftungen, Memorien

Die Sorge um Sicherung des Seelenheils bestimmte, durch die Pest stimuliert, die Praxis guter Werke durch Almosen und fromme Stiftungen. Die für Lübeck besonders zahlreich erhaltenen, wenngleich heute im Original verschollenen Testamente jener Zeit artikulierten diese Sorge so, daß bei aller bürgerlichen Individualisierung die Bindung an die Institution Kirche nicht preisgegeben wurde. Sie sind für den Bürgerstand ein repräsentatives Zeugnis, weil für die knappe Zeitspanne 1351–1363 immerhin ca. 600 Testamente vorliegen, eine sozial- und kulturgeschichtlich bedeutsame Quelle[29]). In der Regel vermachte jeder Erblasser der Kirche irgendwelche Legate, meist mit Gaben für die Armenfürsorge verbunden. Oft bevorzugten die Bürger ein Kloster oder Hospital, zu dem sie persönliche Beziehungen besaßen, und besondere Aufmerksamkeit wandten sie den neuen Beginenhäusern zu. Ihre zuständige Kirchspielkirche bedachten sie dabei mit Zuwendungen für die Bauunterhaltung oder die Anschaffung von Geräten.

In manchen Fällen machten die Legate für Arme und Kranke den Hauptanteil aus, worin sich eine interessante Schwerpunktsetzung dokumentierte. Zwei beliebige, aber typische Beispiele mögen den skizzierten Sachverhalt illustrieren. Im Jahre 1351 vermachte der reiche Kaufmann Marquard Langheside neben reichlichen Schenkungen für Kirchen und Klöster sowie einer Meßstiftung für sein Seelenheil in Höhe von 100 Mark den größten Anteil in Höhe von 300 Mark den Armen und Bedürftigen[30]). Ähnlich verfuhr 1352 der Kaufmann Lubbert Omeke, bei dessen Verfügungen die breite Streuung für verschiedene Zwecke typisch war: Seinen Begräbnisplatz in St. Marien erkaufte er mit 40 Mark, für sein Seelenheil und dasjenige seines Schwiegervaters stiftete er 22 Mark für eine ewige Messe; aber 100 Mark bestimmte er für die Einweisung armer Mädchen in einen Konvent, und die Fürbitten möglichst vieler Frommer wollte er sich durch eine Fülle kleinerer Legate an sämtliche Stadtkirchen, an die Franziskaner und Dominikaner sowie alle Beginenkonvente, ferner an die Nonnen in Reinfeld und Rühn, nicht nur an die Hospitäler in Lübeck, sondern in Grönau, Mölln, Schwartau, Travemünde, Dassow und Oldesloe erkaufen[31]).

Gottes Ehre und die eigene Seligkeit bildeten die Motive für derartige Stiftungen. Die Zuwendungen an Arme erfolgten auch aus Eigennutz, weil sie als gute Werke dem Leben eine vor Gott zählende Sinnerfüllung verliehen. Von diesen Zuwendungen verdient eine besondere Art hervorgehoben zu werden, die sich im Zusammenhang mit den Pestepidemien seit 1350 verbreitete: das sog. Seelbad, die Finanzierung von Bädern in darauf spezialisierten Badestuben (niederdeutsch: staven), was der Gesundheit, auch als Vorbeugemittel gegen Hautkrankheiten, diente[32]).

Die testamentarischen Stiftungen sorgten für ein reiches kultisches Leben in den Kirchen, wie die Memorienbücher (Nekrologien) bezeugen, welche die Geistlichkeit jeder Kirche und die Klöster anlegten, um den ihnen gestellten Aufgaben nachzukommen[33]). Die aufwendigste der normalen Memorien war die Seelenmesse, die jährlich am Todestag des Stifters, meist im Beisein von dessen Familie zelebriert wurde. Dabei faßten die Priester oft mehrere solcher Messen aus Gründen der Rationalisierung zu einer einzigen Feier zusammen, was gerade im 15. Jahrhundert Mißbrauch und geistliche Verflachung der Messe beförderte. (Zu den Vikarien s. u.) Eine zweite Art des Totengedächtnisses war das sog. officium defunctorum, eine Zusammenstellung von Gebeten, Antiphonen und Lektionen, bei der man persönliche Wünsche des Stifters hinsichtlich bestimmter Psalmen und Hymnen berücksichtigen konnte. Die häufigste, weil am wenigsten aufwendige und daher auch für minder begüterte Kreise erschwingliche Art der Memorie war die Fürbitte von der Kanzel im Anschluß an die Predigt[34]). Durch sie wurde im normalen Gottesdienst mit der Namensnennung – zumeist am Todestag – die Erinnerung an den Verstorbenen präsent. Wenn jemand Wert darauf legte, tagtäglich und in allen Kirchen namhaft gemacht zu werden, so kam ihn das teuer zu stehen, verstärkte aber die Hoffnung, daß eine derart gehäufte Fürbitte ihm im Gericht Gottes doch wohl nützen würde.

Wir haben hier ein eindrucksvolles Beispiel für die seit dem 14. Jahrhundert zunehmende Veräußerlichung und Häufung der frommen Werke. Für die Folgezeit ergab sich daraus ein nicht unerhebliches Problem: Das irdische soziale Gefälle prolongierte sich so in die Ewigkeit, da die Masse der Mittellosen sich derlei fromme Stiftungen nicht oder nur in geringem Maße leisten und deswegen für ihr Seelenheil nur wenig tun konnte. Auch aus diesem Grund gewannen kompensatorische Organisationsformen verschiedener Art wie z. B. die Bruderschaften für diese Bevölkerungsgruppen eine große Bedeutung.

Religiöse Frauenbewegung: Die Beginen

Zur Differenzierung des Christentums in der Stadt trug eine Erscheinung bei, die sich im Gefolge der nonkonformistischen Armuts- und Heiligungsbewegungen von Flandern aus ins niederdeutsche Gebiet verbreitete: der Zusammenschluß kleiner Lebensgemeinschaften von Frauen, die dem apostolischen Ideal folgten und eine mystische Frömmigkeit pflegten, der Beginen[35]).

Das neue Phänomen irritierte, wo immer es auftrat, die Zeitgenossen, insbesondere die Kleriker, weil diese Frauen in einer nicht genau definierten Weise zwischen Laien- und Religiosenstand, zwar ohne Gelübde, aber in einer fest geordneten Kommunität als Schwestern lebten. Im städtischen Sozialgefüge mußten sie zunächst als Störfaktor wegen ihres vermeintlichen Müßiggangs wirken; zudem entzogen sie sich der kirchlichen Disziplin und Lehraufsicht. Eine einheitliche Bezeichnung für sie gab es nicht, weil sie – anders als die Bettelorden – keine homogene oder gar einheitlich organisierte Bewegung bildeten. In dem Namen „Beginen", der sich seit dem 13. Jahrhundert allgemein durchsetzte, schwang zunächst der Häresieverdacht mit, und gelegentlich kam es zu Ketzerprozessen. In Lübeck allerdings fanden die Beginen in der Bevölkerung zunehmend eine positive Resonanz[36]).

Diese Bewegung bestimmten nicht nur religiöse, sondern auch sozioökonomische Faktoren: Sie war ein Aspekt der seit dem Hochmittelalter gestellten Frauenfrage, d. h. der sozialen und kulturellen Auswirkungen des Überschusses an Frauen (welcher sich aufgrund der hohen männlichen Todesquote und der großen Zahl unverheirateter Männer ergab) sowie der mangelnden Berufsmöglichkeiten für Frauen[37]). Die Gründung von Beginenkonventen bot eine Möglichkeit, unverheiratete Töchter aus Bürgerfamilien und ältere, aus dem Arbeitsleben ausscheidende Dienstboten zu versorgen. Für Lübeck bleibt unklar, welchen Ausschlag die Initiative religiös motivierter junger Frauen gab. Die Tatsache, daß die frühesten Gründungen nicht mit dem Namen eines Stifters verbunden sind und daß fünf Konvente in relativ dichtem zeitlichen Zusammenhang entstanden, läßt auf eine solche Emanzipationsbewegung schließen.

Am Beginn des hier verhandelten Zeitraums existierten fünf Beginenhäuser. In der Folge kamen wohl weitere hinzu, wobei man die morphologische Bandbreite der unter dem Namen der Beginen zusammengefaßten Frauenbewegung bedenken muß[38]). Die ältesten Konvente dürften vor 1270 entstanden sein: der Johanniskonvent (Ecke Johannisstraße/Rosengarten), mit dem dortigen Kloster in Kontakt, und der Ägidienkonvent an der Ecke Stavenstraße, beide wohl aufgrund von spontanen Zusammenschlüssen gebildet. Einer der angesehensten Bürger, Willekinus Crane, der unter den Stiftern des Neubaus für das Heilig-Geist-Hospital begegnet, ließ im Jahre 1283 in der Kleinen Burgstraße für etwa zwanzig Frauen ein Haus erbauen[39]). Möglicherweise tat er dies, um von der neuen Bewegung erfaßte Familienangehörige standesgemäß unterzubringen und in geordnete Bahnen zu lenken, denn er besorgte sich für diesen Konvent eigens eine bischöfliche Bestätigung. In der unmittelbaren Nachbarschaft stiftete wohl zur selben Zeit der reiche, durch viele Schenkungen bekannte Johannes Kruse (latinisiert: Crispus) in einem ihm gehörigen Haus einen Beginenkonvent (1295 urkundlich bezeugt). Und nur wenig später kaufte 1301 der Ratsherr Volmar von Attendorn in der Glockengießerstraße neben dem Chor der Katharinenkirche ein Haus, um dort Beginen unterzubringen, den später sog. Katharinenkonvent.

Jedem der fünf Konvente gehörten etwa zwanzig Frauen an. Sie widmeten sich unter Leitung einer „Meisterin" nicht nur der Pflege religiöser Gemeinschaft, sondern auch der Betreuung von Kranken und Armen. Eine spezielle Tracht trugen sie wohl nicht. Da sie trotz ihrer Verpflichtung zu Keuschheit und Armut an kein Gelübde gebunden waren, konnten sie jederzeit austreten und heiraten.

Die religiöse Zielsetzung stand bei einem weiteren, wohl um 1320 gegründeten Konvent, der sich zunächst nach St. Michael benannte, seit dem 15. Jahrhundert aber nach der ihn besonders fördernden Familie allgemein Segebergkonvent hieß (neben dem Ägidienkonvent gelegen), im Vordergrund. In ihm lebten der Buße hingegebene Frauen, „de Boterynnen" genannt, die sich bewußt als Bekehrte verstanden und sich als Tertiarierinnen an den Maximen des Franziskanerordens orientierten[40]). Sie trugen uniforme graue Gewänder und lebten wie die Mendikanten von ihrer Hände Arbeit, von Spinnen und Weben, weswegen sie auch die „Wollsüsteren" hießen. Nach der Reform Mitte des 15. Jahrhunderts stellten sie Seife her, wie ein Text von 1477 belegt[41]). Der Krankenpflege widmeten sich seit dem 14. Jahrhundert die Beginen im St. Elsaben-Haus in der Johannisstraße, deren Konvent vermutlich im Zusammenhang der großen Pest von 1350 entstand und 1389 mit einem Armenhaus zusammengeschlossen wurde. Die Spannbreite der ganzen Bewegung verdeutlicht das Haus der „Blauen Jungfern", welches Wilhelm von Warendorp 1358 für Frauen stiftete, die durch die typische Beginenkeidung auffielen, aber insgesamt kaum als Beginenkonvent, sondern eher als Armenhaus anzusprechen sind. Gleiches gilt für den „Schwarzen Konvent" und für das von Gerd de Odeslo 1337 begründete Armenhaus[42]).

Nachdem der religiöse Schwung der Gründergeneration verklungen war, traten bei den „willigen Armen", wie sie im Volksmund hießen, teilweise Entartungserscheinungen auf, weil diese Willigkeit nachließ und die Häuser zu bloßen Versorgungsanstalten degenerierten. Das veranlaßte den Rat im Jahre 1438, für sie erstmals eine förmliche Ordnung, die ihre interne Organisation und ihren Lebensstil regelte, festzusetzen[43]). Im übrigen standen die Beginen bei der Bevölkerung in gutem Ansehen (wie z. B. die

Bürgertestamente bezeugen, in denen sie stets bedacht wurden), so daß man bei der Reformation keinen Grund sah, die Konvente aufzulösen, und sie in der Form von Armenhäusern weiterbestehen ließ.

Die männliche Entsprechung zu den Beginen, die weniger organisierten Begarden, eine gesellschafts- und kirchenkritische Frömmigkeitsbewegung der unteren Schichten, trat in Lübeck nicht hervor. Gelegentlich kamen wohl einzelne Begarden, als Ketzer beargwöhnt und verfolgt, von außerhalb. Für 1402 ist sogar die Verbrennung eines Begarden durch die Lübecker Inquisition bezeugt, aber das blieb ein Einzelfall[44]).

Geistliche Bruderschaften als neues soziologisches Element

Die bürgerliche Religiosität stellte sich seit der Mitte des 14. Jahrhunderts in einem weiteren Phänomen dar, welches das Bild städtischen Lebens bis in die Neuzeit formte: in den geistlichen Bruderschaften (fraternitas, broderschop). Das waren Zusammenschlüsse verschiedener sozialer Gruppen, die sich meist einen Heiligen als Patron erkoren und an eine der Kirchspiel- oder Klosterkirchen anschlossen, wo sie an einem eigenen Altar oder gar in einer eigenen Kapelle ihr Domizil hatten. Ihre Zweckbestimmung wies unterschiedliche Akzente auf. Neben einer intensivierten Heiligen-, Marien- oder Christusverehrung standen das gemeinsame feierliche Grabgeleit für die verstorbenen Mitglieder und die regelmäßige Fürbitte für deren Seelenheil im Mittelpunkt. Aber auch Armenfürsorge, Geselligkeit und gegenseitige Unterstützung bestimmten das bruderschaftliche Leben. Bei alledem gab es neben den hier skizzierten Grundzügen eine Fülle von Besonderheiten, welche die Bruderschaften als ein komplexes Phänomen erscheinen ließen[45]).

Am Ende des Mittelalters um 1500 existierten etwas über siebzig dieser Bruderschaften neben den sonstigen kaufmännischen und gewerblichen Korporationen. Ihre genaue Zahl ist nicht feststellbar, gerade für die Frühzeit fehlt es an präzisen Angaben. Der Großteil entstand erst in der Zeit nach 1410/30. Auch in anderen Städten bildeten sich zu jener Zeit Bruderschaften; in Hamburg z. B. existierten vor der Reformation mindestens 99, zumeist nach 1450 gegründet[46]). Als karitative Organisationen bestanden sie teilweise bis ins 19. Jahrhundert, die im 16. Jahrhundert reorganisierte Schiffergesellschaft sogar bis zum heutigen Tag. Auf die kulturellen Spuren der Bruderschaften stoßen wir überall in den Kirchen und im Museum, wo ein Teil ihrer Altäre, Bilder, Leuchter und heiligen Geräte erhalten ist.

Soziologisch erklärt sich die Entstehung und Entwicklung der Bruderschaften im 14./15. Jahrhundert aus dem Geselligkeitstrieb, der nach Vereinsbildung drängte. Schon in der römischen Antike gab es vergleichbare Kollegien; das germanisch-frühmittelalterliche Genossenschaftswesen wirkte in der Kolonisationszeit im Gildewesen der Kaufleute nach und verband sich mit christlichen Inhalten. Der Mensch des Mittelalters lebte nicht als isoliertes Individuum, sondern war vielfältig in Gemeinschaften integriert. Daß ihm nunmehr die Bindung an die großen Gemeinschaften, die Institutionen von Stadt und Kirche, nicht mehr ausreichende Geborgenheit bot und er ein Zuhause in kleineren Gruppierungen suchte, war ein Zeichen für eine der neuen Individualität stärker entsprechende soziale Gestaltung. Gerade die „kleinen Leute" konnten hier Aktivitäten entfalten, die ihnen sonst in Staat und Kirche unmöglich waren.

Religiös erklärt sich das neue Phänomen aus dem Interesse an einer stärker persönlichen, von dem normalen kirchlichen Betrieb unterschiedenen Frömmigkeitspraxis. Der Aktivismus einer Werkfrömmigkeit, die ein nach dem Leistungsdenken geformtes Gottesbild voraussetzte, korrespondierte dem unternehmerischen Menschentyp, der uns in denjenigen Generationen von Lübeckern begegnet, welche die großen Kirchbauten und öffentlichen Gebäude schufen, Handel und Gewerbe zu extensiver Prosperität führten und zusammen mit anderen Städten die Hanse organisierten. Auch der gesteigerte Transzendenzbezug, die Furcht vor dem göttlichen Gericht und das Bemühen um Sicherung des ewigen Lebens, die die alltägliche Existenz in einem uns Heutigen nur schwer nachvollziehbaren Maße bestimmten, muß als Bedingungsfaktor genannt werden.

Man kann in der Frühzeit zwei Grundtypen von Bruderschaften unterscheiden: den primär von Geistlichen bestimmten Zusammenschluß (den Kaland) und die ständisch oder beruflich gebundene Organisation.

Die Kalande

Paralell zu den genossenschaftlichen Organisationen der Kaufleute und Handwerker standen die Korporationen der Geistlichen, Vereinigungen von Vikaren, die sich seit dem 14. Jahrhundert an den jeweiligen Kirchen bildeten, sowie der Priesterkonvent der gesamten Lübecker Diözese, dem nur die höhere Pfarrgeistlichkeit aller Kirchspiele angehörte und der sich pflichtgemäß am ersten Tag jedes Monats (lateinisch: calendae) versammelte, woher sich für derartige Priesterkonvente im niederdeutschen Raum der Begriff „Kaland" bildete[47]).

Ein solcher Diözesan- oder Domkaland, der schon im 13. Jahrhundert bestand, konstituierte sich formell 1305 zur Förderung des Gottesdienstes, zur Stärkung des christlichen Glaubens und zur Ausübung barmherziger Werke als Marienbruderschaft und erhielt dafür die bischöfliche Bestätigung[48]). In der Zeit danach war er in der Kapelle St. Johannis auf dem Sande beim Dom domiziliert, wo er bis zu deren Auflösung nach der Reformation seinen Sitz hatte. Die Mitgliederzahl war beschränkt (1421 auf 21 festgesetzt, und zwar nur Landpfarrer des Bistums), weil der Kaland nicht bloß den genannten Zwecken und der Pflege einer exklusiven Geselligkeit diente, sondern seine Angehörigen finanziell unterstützte und so ihren Lebensunterhalt sicherte[49]). Die Kalande stellten also geistliche Selbsthilfeorganisationen mit religiös-karitativen Aufgaben dar.

1339 organisierten sich die „armen Priester und Schullehrer" an St. Jakobi (wo seit 1262 eine Lateinschule bestand) mit zwanzig Mitgliedern und einem Altar an dieser Kirche als religiösem Zentrum[50]). Die gegenseitige Unterstützung spielte hier eine beachtliche Rolle; so auch bei dem 1342 gegründeten Marienkaland der niederen Kleriker von St. Ägidien, von welchem ebenfalls die Mitgliedschaft einiger Laien (und zwar von vier Bürgern samt deren Ehefrauen) bezeugt ist, die an der Vorsteherschaft beteiligt waren[51]). Das hatte weniger einen tiefen religiösen als einen vordergründigen praktischen Grund: Da Geistlichen in der Stadt seit 1227 der Erwerb von Immobilien und Renten verboten war, mußten sie sich, um z. B. für ihren Kaland ein Versammlungshaus (wie der Ägidienkaland in der Wahmstraße) zu kaufen, bürgerlicher Mittelsmänner als Treuhänder bedienen.

Indem sie diese zu Mitgliedern ernannten, unterliefen sie die staatliche Einschränkung. Deren Anteil machte zwar nur einen geringen Teil der Mitgliedschaft aus, aber das Zusammenwirken von Klerikern und Laien in den Kalanden stellte doch insofern einen geschichtlich wichtigen Faktor dar, als damit eine weitere Verbindung von niederer Geistlichkeit und Bürgertum gegeben war.

Dem Muster dieser älteren Kalande folgten weitere. An der Kapelle des Siechenhauses St. Jürgen formierte sich ein Georgskaland der Vikare, der 1394 vom Bischof genehmigt wurde und neben den üblichen religiösen Zwecken auch der Unterstützung armer Vikare diente. Die spätere Jodokusbruderschaft an derselben Kapelle dürfte ebenfalls ein Kaland gewesen sein wie auch die vor 1420 entstandene Leichnamsbruderschaft am Heiligen-Geist-Hospital[52]).

Der Klemenskaland
Zum bedeutendsten Kaland entwickelte sich die vor 1380 bestehende (vielleicht noch ältere), aber erst 1383/85 durch bischöfliche Bestätigung im Rechtssinne gegründete Marienbruderschaft, die an der Schifferkirche St. Klemens, der seit der ersten Hälfte des 13. Jahrhunderts bestehenden Filiale von St. Jakobi, domiziliert war und daher später allgemein Klemenskaland hieß[53]). Bei ihrer Konstituierung spielte der wohlhabende Bürger Berthold Holthusen eine einflußreiche Rolle, der durch seine Stiftungen die materielle Basis des Kalands schuf (u. .a. für den Ankauf des Kalandshauses in der Hundestraße, welches bis in die Neuzeit bestand) und zusammen mit seinem Onkel, dem Vikar Hinrich Speigelberg, die Statuten der Bruderschaft entwarf[54]).

Hier schlossen sich die an St. Klemens amtierenden Geistlichen mit Laien zusammen, ließen aber auch Vikare und Offizianten von St. Marien, St. Petri und St. Jakobi zu, wobei die Höchstzahl auf 24 Mitglieder festgesetzt und der Laienanteil größer als in den anderen Kalanden war. Die Vorsteherschaft übten neben drei Geistlichen (Vikaren oder Offizianten) drei Bürger aus, unter ihnen auch Ratsherren und Bürgermeister, was den vornehmen Charakter der Bruderschaft unterstrich. Die Versammlungen im Kalandshaus zur Pflege der Geselligkeit verbanden sich mit religiösen Feiern, Vigilien oder Vespern. Für die verstorbenen Mitglieder sollten die Priester in den viermal täglich zu St. Klemens gehaltenen Messen beten[55]).

Während die anderen Kalande nur kleineren Grundbesitz erwarben, entwickelte sich der Klemenskaland im 15. Jahrhundert zu einem vermögenden Unternehmer. Ihm gehörten die Dörfer Merkendorf, Klein-Schlamin, Marxdorf (1474 erworben) sowie etliche in Holstein angelegte Renten, Siedepfannen an der Lüneburger Saline und einige Grundstücke in und vor der Stadt; 1528 kam noch das von den Petri- und Jakobivikaren übernommene Bliestorf hinzu[56]). Dank der starken bürgerlichen Beteiligung überdauerte der Klemenskaland als Institution die Reformation. Sein Vermögen diente in der Neuzeit in segensreicher Weise der Finanzierung des Schul- und Armenwesens.

Ständische Bruderschaften. Die Zirkelgesellschaft
Später als die Kalande organisierten sich die weltlichen Stadtbewohner, Kaufleute, Handwerker und Dienstmänner in eigenen Bruderschaften, wobei sie an das bisherige religiöse Brauchtum der Ämter (Zünfte) anknüpften. Schon seit dem 13. Jahrhundert waren, wie aus den Zunftrollen der Zeit nach 1330 hervorgeht, Wachsstiftungen bei der

Annahme eines Lehrlings oder eines Meisters, gemeinsame Feiern bei Begräbnissen oder Seelenmessen der Zunftgenossen, Stiftungen einzelner Messen oder kleinerer sakraler Gegenstände üblich[57]). Auch die in dieser Zeit sich formierenden Kaufleutekollegien, die Schonenfahrerkompagnie als älteste (seit 1365 nachweisbar, aber älter, seit 1378 fest organisiert) und die etwas jüngeren Vereinigungen der Bergenfahrer und der Nowgorodfahrer, die sämtlich ihre kirchliche Heimat in St. Marien hatten, widmeten sich nebenbei der gemeinsamen Frömmigkeitspflege.

Zur ausdrücklichen Konstituierung als geistlicher Bruderschaft führte von dort nur ein kleiner Schritt. Darum bleibt es auffällig, daß die meisten Korporationen diesen Schritt erst im 15. Jahrhundert vollzogen, später als in anderen vergleichbaren Städten. Die Knochenhauer z. B., die nach ihrem Aufstand gegen die Ratsherrschaft 1385 neue Statuten bekamen, ließen an einem eigenen Altar in der Marienkirche durch ihren Priester täglich eine spezielle Messe für ihre Amtsgenossen zu einer dieser passenden Zeit feiern, weil ihr Arbeitsrhythmus den Besuch der normalen Meßfeiern unmöglich machte[58]). Und obwohl sie auch sonst sich allerlei religiöse Verpflichtungen auferlegten, bildeten sie keine Bruderschaft. Das ist nicht allein daraus zu erklären, daß der Rat ihnen nach dem Aufstand keine geselligen Zusammenkünfte, die der Rotterei dienen könnten, gestattete. Vielmehr griff der Bruderschaftsgedanke offenbar erst allmählich im Bürgertum Platz.

Die erste religiöse Bruderschaft von Weltleuten gründeten 1379 Angehörige der vornehmsten Familien der Stadt: die Dreifaltigkeitsbruderschaft oder Zirkelgesellschaft, wie man sie wegen ihres Wappens, welches die Trinität symbolisierte, später gemeinhin nannte[59]). Zunächst neun Personen erwarben von den Franziskanern, zu denen traditionsgemäß gerade die höheren Stände gute Beziehungen pflegten, eine Kapelle in der Katharinenkirche, um dort eine tägliche Messe für das Seelenheil der Mitglieder sowie feierliche Leichenbegängnisse beim Tode eines Angehörigen zu halten und die Bruderschaft der Fürbitte und der guten Werke des Ordens teilhaftig werden zu lassen. Zweimal jährlich versammelten sich die Mitglieder beiderlei Geschlechts auf der Olavsburg zu einem prächtigen Gelage; der Armenpflege dienten sie durch reichliche Prövenausteilung (Statuten von 1429).

Fraglos handelte es sich bei der Zirkelgesellschaft um einen exklusiven „Klub" der Spitzen der Stadtgesellschaft, die sich dem Adel gleichzählten. Zunehmend dominierten hier die ständisch-elitären und politischen Interessen, weswegen man sich 1485 eine kaiserliche Bestätigung des Adels der Mitglieder einholte. 1479 erwarb die Gesellschaft ein feudales Haus in der Königstraße, wo man sich an Winterabenden zu fröhlichen Zechereien traf. Stadtberühmt wurden ihre Fastnachtsfeiern mit Theateraufführungen[60]). So trat der geistliche Charakter der Bruderschaft rasch zurück. Aber die Integration von gruppenspezifischem religiösem Leben und Geselligkeit war ja ein konstitutives Merkmal der Bruderschaften, so daß man die Dominanz nichtreligiöser Motive nicht als Entartung ansehen darf.

Berufsspezifische Bruderschaften

Stärker auf das Berufsleben bezogen sich die nächsten Gründungen. Für die Maler ist seit 1380 an der Jakobikirche eine Leichnamsbruderschaft bezeugt; die Goldschmiede gaben sich für eine gleichnamige Bruderschaft an der Kirche des Heiligen-Geist-Hospitals 1382 Statuten[61]). Der Name signalisierte eine spezifische Pflege des im

14. Jahrhundert anwachsenden Hostienkults (vgl. dazu z. B. das Fronleichnamsfest). Weitere Leichnamsbruderschaften gründeten 1393 wohlhabende Kaufleute an der Burgkirche (wobei hier Geistliche angeschlossen waren), ferner 1400 Kaufleute an St. Petri und 1408 Mühlenknechte am Dom[62]). Der zunehmenden Reliquien- und Passionsfrömmigkeit trugen Gründungen von Heilig-Kreuz-Bruderschaften Rechnung, so seit 1390 an St. Katharinen und vor 1400 an St. Petri[63]).

Berufsständisch geprägt war auch die Leichnamsbruderschaft der Fischer (seit 1415 bezeugt). Die Nikolausbruderschaft, zu der sich Weihnachten 1400 die Schiffsherren, Kaufmänner und Schiffsleute mit Domizil an der Burgkirche zusammenschlossen, um intensive Fürbitten für die besonders gefährdeten Angehörigen der Seefahrt zu fördern, umfaßte alle einschlägigen Berufsgruppen[64]). Erst 1497 bildete sich mit der Annenbruderschaft an St. Jakobi eine spezifische Organisation nur der Bootsleute. Gleichzeitig mit der Nikolausbruderschaft wuchs (um 1400?) aus dem Bergenfahrerkollegium an St. Marien eine Olavsbruderschaft für die Pflege der religiösen Interessen heran[65]). Berufsübergreifende Bruderschaften entstanden vor allem im späteren 15. Jahrhundert.

Zunehmend in Bruderschaften engagierten sich die unselbständig Tätigen, die nicht das Bürgerrecht besaßen, die Handwerksgesellen, die in den Zusammenschlüssen ihrer Meister nicht zugelassen waren. Für die frühe Zeit sind uns außer der genannten eine Thomasbruderschaft der Brauerknechte (vor 1405), eine Marienbruderschaft der Schusterknechte und eine der Küfer (vor 1419) sowie eine Antoniusbruderschaft der Garköche (vor 1420) bezeugt. Später besaßen dann auch die Maler- und Glasergesellen, die Schmiede- und Schneidergesellen eigene Bruderschaften[66]). Sie alle umfaßten relativ viele Mitglieder, waren aber nicht so wohlhabend wie die Bruderschaften der Ämter. Zu diesem Komplex gehörten auch die Bruderschaften der Ratsbediensteten (vor 1418) sowie der sog. Verlehnten, d. h. der vom Rat mit bestimmten Aufgaben betrauten, nicht-zünftigen Arbeiter, insbesondere der Lastenträger[67]).

Bei der Zielsetzung derartiger Bruderschaften überwog das berufsbezogene Gruppeninteresse. Für die Solidarität bei Krankheit, Invalidität und Tod besaßen sie oft Unterstützungskassen, in die auch die Meister einzahlten. Insofern entsprachen sie auf mittelalterliche Weise den modernen Gesellen- und Arbeitervereinen; es war kein Zufall, daß gerade die frühen Gründungen von Bruderschaften sich in diesen Kreisen besonders zahlreich fanden. Doch die religiöse Komponente trat dabei nie ganz zurück, und der Förderung einer bürgerlich-christlichen Moral dienten diese Bruderschaften dadurch, daß sie nur sittlich einwandfreie Mitglieder duldeten. Sie waren ein Zeichen dafür, wie stark damals Frömmigkeit ihren „Sitz im Leben" der städtischen Gemeinschaft hatte.

Die geistlichen Bruderschaften zeigten ebenso wie die verschiedenen frommen Stiftungen und die neuen Kirchenbauten, daß die bürgerliche Religiosität sich in vielfältiger Weise als eigene Ausdrucksform christlichen Lebens neben der durch den Klerus repräsentierten Institution Kirche entwickelte. Allerdings verselbständigte sie sich nicht abseits von dieser oder gar gegen sie. Sie war in eminentem Maße kirchlich, Emanzipationstendenzen machten sich noch nicht bemerkbar. Nach den Auseinandersetzungen der ersten beiden Jahrhunderte der Stadtgeschichte war jetzt eine prinzipiell störungsfreie Synthese von Kirche und städtischer Gemeinschaft gefunden.

6. Kapitel
Klerus und Bürgertum im 14./15. Jahrhundert

Die durch Kooperation zwischen Stadt und Klerus gekennzeichnete Atmosphäre wurde – außer den bisher skizzierten Möglichkeiten der Bürger, Einfluß auf das kirchliche Leben zu gewinnen – auch durch eine Verbürgerlichung des Klerus auf den verschiedenen Ebenen gefördert. Wie Bürger und Priester, durch mancherlei verwandtschaftliche Beziehungen verbunden, z. B. in den Bruderschaften zusammenarbeiteten, so ergab sich auch auf der höheren Ebene des Verhältnisses von Rat und Kapitel durch familiäre Bande eine prinzipielle Bereitschaft zur Übereinstimmung trotz der berechtigten Eigeninteressen der jeweiligen Institution. Anders als in vergleichbaren deutschen Städten blieb daher die Kirchengeschichte des 14./15. Jahrhunderts in Lübeck von Konflikten zwischen Klerus und Bürgertum – von kleineren Rechtsstreitigkeiten abgesehen – weitgehend frei[1]). Doch abseits dieser politischen Harmonie wuchs die Kritik, welche die Bürger am privilegierten Lebensstil der Kleriker, an ihrer Unbildung und an ihren sittlichen Mängeln übten. Im späten 15. Jahrhundert verbreitete sich die Klage über Mißstände im Klerus allgemein. Nach wie vor stellte dieser einen nicht in die Stadtgemeinschaft integrierten Faktor dar.

Die Stellung des Bischofs

Seit Hinrich Bockholt (Amtszeit 1317–41), dem ersten Lübecker Bürgersohn auf dem Stuhle Gerolds, standen an der Spitze der Diözese fast ausschließlich Bischöfe bürgerlicher Herkunft, von 17 in der Zeit 1317–1535 allein neun aus Lübecker Familien, zwei aus Hamburg[2]). Das war entscheidend durch eine entsprechende Verbürgerlichung des Kapitels bedingt. Den Lübecker Bürgerfamilien gelang es im Verlauf der Auseinandersetzungen zwischen Stadt und Bistum, den Einfluß des Adels auf die Besetzung der Kanonikate und Prälaturen zurückzudrängen (so deutlich spürbar seit dem Ende des 13. Jahrhunderts). Erst 1466 wählte man aus politischen Gründen mit Albert Krummediek wieder einen holsteinischen Adeligen zum Bischof.

Die kirchlichen Funktionen des Bischofs in der Stadt reduzierten sich im 15. Jahrhundert auf repräsentative Aufgaben, unter denen die Teilnahme an den glänzenden Prozessionen und die jährlich einmal im Dom abgehaltene Synode des Diözesanklerus hervorstachen. Die eigentliche Kirchenleitung hier lag jetzt in den Händen des Kapitels, dem schon bei der Gründung des Bistums sämtliche Pfarrechte und die geistliche Gerichtsbarkeit in der Stadt übertragen worden waren. Nur bischöfliche Aufgaben wie z. B. Kirchenweihe, Ordination und Firmung gehörten nicht in seine Kompetenz. Der Bischof residierte hauptsächlich in seinem Eutiner Hof und ließ sich in Lübeck nur noch selten blicken. An den Kapitelsitzungen nahm er nicht mehr teil, auf das seit längerem ausgehöhlte Recht zur Visitation der Kanoniker verzichtete er 1491 förmlich. Die Geschäfte seines Offizials, der als sein ständiger Vertreter in der Stadt fungierte (und z. B. im „Paradies", der Eingangshalle des Doms, Recht sprach, was sich aber weithin auf die freiwillige Gerichtsbarkeit beschränkte), blieben insgesamt von marginaler Bedeutung[3]). Zutreffend beschrieb um 1450 Bischof Arnold Westphal die Lage, als er von dem Klosterreformer Johannes Busch um Maßnahmen gegen das Johanniskloster gebeten wurde: „Er habe in der Stadt Lübeck kein Recht in geistlichen Dingen, sondern der Dekan habe dort an der Spitze zusammen mit seinem Kapitel seit alters her alles Recht in geistlichen Dingen"[4]).

Der Bischof mußte dem Kapitel zwar bei seinem Amtsantritt den üblichen Eid zur Wahrung seiner herkömmlichen Rechte (seiner Statuten und Privilegien sowie seiner consuetudines, seines Gewohnheitsrechtes) leisten. Ansonsten konnte er unabhängig von diesem in seinem Tafelgut und weitgehend auch in der Diözese regieren, wenngleich er bei allen wichtigen Entscheidungen die Zustimmung des Kapitels einholte. Während andernorts in Deutschland die seit dem 13. Jahrhundert aufkommende Praxis der Wahlkapitulationen den Handlungsspielraum der Bischöfe einengte, blieb der Lübecker Bischof bis 1492 hierin frei. Erst die durch Albert Krummediek bewirkte finanzielle Zerrüttung des Tafelgutes gab dem Kapitel bei der Wahl der Nachfolger die Handhabe, fortan den Bischof auf besondere Abmachungen festzulegen[5]).

Seit dem Ende des 13. Jahrhunderts baute der Bischof seine Landesherrschaft aus und sicherte sie gegen die Zugriffe des holsteinischen Grafen[6]). Er besaß in seinen ostholsteinischen Gebieten die Grundherrschaft, hatte Grund und Boden an Bauern verlehnt, bedurfte aber für die Ausübung der Hochgerichtsbarkeit eines weltlichen Vogtes, welches Amt zumeist der holsteinische Graf wahrnahm. Durch Kauf der Vogteirechte war es ihm gelungen, den Vogt als Lehnsmann einzusetzen, wobei der Graf auch hinsichtlich der Übertragung bischöflicher Zehntrechte als lehnsrechtlich abhängig galt. Der Bischof war zwar ein Reichsfürst, aber dem Grafen an faktischer Macht unterlegen. Eine reichsrechtliche Begründung der Vasallität setzte erst Bischof Johann Schele 1434 bei Kaiser Sigismund durch (1438 vollzogen), obwohl die holsteinischen Grafen ihm dies Recht bestritten und 1474 mit der Herzogswürde für Holstein, Stormarn, Dithmarschen und Wagrien die Reichsunmittelbarkeit erlangten[7]). So blieb das beiderseitige Verhältnis durch eine komplexe Über- und Unterordnung gekennzeichnet: Einerseits galt der Bischof als Landstand des Grafen (Herzogs), wiewohl kraft Privilegs weitgehend von entsprechenden Pflichten befreit; andererseits war er Reichsstand und in mancherlei Rechten Lehnsherr des Holsteiners, ohne in dieser Funktion eine faktische Herrschaft auszuüben.

Herausragende Bischöfe: Johann Schele und Albert Krummediek

Unter Lübecks Bischöfen begegneten gerade im 15. Jahrhundert einige herausragende Gestalten, voran Johann Schele (1369–1439), aus einer vornehmen Bürgerfamilie Hannovers stammend, ein glänzender Jurist, der sich seit 1420 als Bischof tatkräftig um eine Reorganisation der Diözese Lübeck bemühte[8]). In diesem Zusammenhang erneuerte er sogleich 1420 die Statuten für die Geistlichkeit, die deren Amts- und Lebensführung regelten. Er konzentrierte die bischöfliche Hofhaltung ganz auf Eutin und wollte 1427 dort (nicht mehr im Lübecker Dom) entgegen der Tradition die Diözesansynode einberufen, mußte aber dem allgemeinen Protest nachgeben. Zur Stadt pflegte er, von geringeren Auseinandersetzungen um die geistliche Immunität abgesehen, ein freundschaftliches Verhältnis.

Scheles Domäne bildete die Politik, wo er sich als gewandter Diplomat großes Ansehen erwarb, zunächst in verschiedenen norddeutschen Streitsachen (insbesondere im

Konflikt zwischen Holstein und Dänemark um das Herzogtum Schleswig), dann in kaiserlichen Diensten bei verschiedenen Anlässen. Seine diplomatische Tätigkeit im Süden brachte es mit sich, daß er nach 1433 nicht mehr in der Diözese weilte (von einer kurzen Ausnahme 1438 abgesehen). Seit 1433 tat er sich in den schwierigen Verhandlungen auf dem Reformkonzil von Basel als geschickter Sachwalter der Reichsinteressen hervor[9]). Gegen den päpstlichen Zentralismus vertrat er 1434 die Position des Konziliarismus in einer vielbeachteten Reformdenkschrift, deren Gedanken in der berühmten „Reformatio Sigismundi" Aufnahme fanden. Auch an der Formulierung der Mainzer Akzeptationsurkunde von 1439, die − dem Beispiel Frankreichs folgend − Deutschlands nationalkirchliche Interessen gegenüber der Kurie durchsetzen wollte, wirkte er mit[10]).

Die konziliaristische Position vertrat auch Scheles Nachfolger Nikolaus Sachow, der sich seine Wahl deshalb nicht vom Papst, sondern vom Konzil bestätigen ließ. Er konzentrierte sich ganz auf die regionalen Probleme seiner Diözese und förderte hier insbesondere die monastische Reformbewegung[11]). Der Lübecker Ratsherrensohn Arnold Westphal (seit 1433 Domherr, seit 1449 Bischof), wie Schele Doktor des kanonischen Rechts und diplomatisch begabt, spielte als geistlicher Vermittler in politischen Händeln nicht nur für die holsteinische Landespolitik eine bedeutsame Rolle sondern auch für seine Vaterstadt, die er bis zu seinem Tode 1466 mehrfach bei Gesandtschaften, auch in Hanseangelegenheiten, vertrat[12]).

Als ein glänzender, aber problematischer Repräsentant einer neuen Zeit amtierte 1466−1489 Bischof Albert Krummediek[13]). Bei einem längeren Aufenthalt in Rom und Italien hatte er das dortige Bildungsgut kennengelernt, konnte aber den Geist von Humanismus und Renaissance in Lübeck nur partiell vermitteln. Er entstammte einer der ältesten holsteinischen Adelsfamilien, war als päpstlicher Notar in die Geschäfte der Kurie eingeweiht und als Berater Christians I. von Dänemark mit der Situation in den Herzogtümern vertraut. In der Hoffnung, daß er deswegen in den politischen Wirren jener Zeit dem bedrängten Bistum aufhelfen könnte, wählte das Domkapitel ihn zum Bischof. Doch diese Hoffnung erfüllte sich nur bedingt. Zwar spielte Krummediek am Hofe Christians I. eine wichtige Rolle und sicherte die alten Rechte des Bistums weitgehend. Aber er strapazierte die bischöflichen Einkünfte durch seine Amtsführung so sehr, daß das Bistum nach seinem Tode Schulden in Höhe von 20.000 Mark Lübisch (nach heutigem Geldwert einen Millionenbetrag) abzutragen hatte.

Krummediek war nicht bloß der den schönen Künsten zugetane, schwelgerische Renaissancefürst, als den ihn die spätere Chronistik vielfach gezeichnet hat. Er wollte das kirchliche Leben durch mannigfache Impulse erneuern. So regte er zur besseren Bildung der Kleriker 1475 den Druck des „Rudimentum novitiorum", eines Elementarbuchs für angehende Kleriker in Form einer Universalgeschichte (verfaßt wohl von einem Lübecker Domherrn) sowie 1477 den Druck des Breviers und 1486 des Missale an, damit die kanonischen Stundengebete und die Messe von allen Priestern ordnungsgemäß und mit Verstand gehalten werden könnten[14]). Den in Lübeck gerade aufkommenden Buchdruck setzte er also bewußt für kirchliche Reformen ein. Der Pflege der Wissenschaft diente die von ihm initiierte Bischofschronik (Cronica episcoporum). Um die Armenfürsorge kümmerte er sich in einer Intensität, die schon die Zeitgenossen beeindruckte.

Vor allem aber förderte Krummediek die Kunst als ein Mittel, der neu aufbrechenden individualistischen Religiosität einen adäquaten Ausdruck zu verleihen. Den jungen, in Lübeck als Außenseiter angefochtenen Maler und Bildschnitzer Bernt Notke wählte er vor 1470 als den ihm kongenialen Mann aus, welcher seinen großen Plan verwirklichen sollte: den Bau des monumentalen, 1477 fertiggestellten Triumphkreuzes im Dom, das mit seinem tief durchdachten Bildprogramm (s. u.) als Grabdenkmal des bischöflichen Stifters gedacht war[15]). Erlösungsbedürftigkeit und Heilssehnsucht formten hier eines der größten Kunstwerke, welches im Bewußtsein der Lübecker die Erinnerung an einen typisch spätmittelalterlichen Bischof festhielt.

Die Kapitelspfründen

Kirchliche Macht und Autorität in der Stadt repräsentierte das Domkapitel[16]). Umfaßte es ursprünglich nur 13 inkorporierte Kanonikate, so waren es durch verschiedene Pfründenstiftungen (darunter 16 von Bürgern und von aus lübischen Familien stammenden Geistlichen) seit dem 14. Jahrhundert 39 Domherrenpräbenden geworden. Damit gehörte das Lübecker Kapitel zu den größeren im Reich. Die Pfründen unterschieden sich in ihrer Ausstattung und Rechtsqualität zum Teil beträchtlich. Es gab 27 inkorporierte Präbenden, d. h. solche, deren Stiftungsvermögen (Ländereien, Dörfer) mit allen Rechten einen Bestandteil des Kapitelsgutes bildete. Sie wurden gemeinsam als geistliche Grundherrschaft verwaltet, und den mit ihnen bepfründeten Domherren stand ein entsprechender Anteil an den Erträgen als Besoldung zu, wobei die Inhaber der 15 großen Präbenden (die Integraten) einen vollen Anteil, die Inhaber der 12 kleinen bzw. mittleren (die Non- oder Semi-Integraten) dagegen nur einen halben Anteil bekamen.

Neben den inkorporierten gab es fünf nichtinkorporierte kleine Präbenden mit einem eigenen Rechtsstatus (z. B. ohne Stimmrecht im Kapitel). Sie waren zu Beginn des 14. Jahrhunderts gestiftet worden, um Stellen für zusätzliche Aufgaben zu schaffen[17]). Außerdem bestanden Pfründen, deren Vermögen separat neben dem Tafelgut des Kapitels verwaltet wurde, die sog. Distinktpräbenden. Diese hatten die Stifter mit Grundbesitz dotiert, ohne dem Kapitel die dazugehörigen Gerichtshoheiten zu übertragen, so daß sie anders behandelt werden mußten als diejenigen Pfründen, über die es die volle öffentlich-rechtliche Grundherrschaft ausübte[18]).

Angesichts der verschiedenen Rechte und Einkünfte bedeutete das Aufrücken (die Aszension) von einer kleinen oder nichtinkorporierten Pfründe in eine höherwertige viel. Normalerweise erhielt ein neu ins Kapitel aufgenommener Kanoniker, der in der Regel die niederen Weihen besaß, eine der minderen Stellen. Beim Freiwerden einer der besser dotierten Stellen rückten die jeweils unteren Pfründeninhaber gemäß dem Ancienitätsprinzip nach, wobei dem zumeist ein allmähliches Aufsteigen in den geistlichen Weihestufen (vom Subdiakon über den Diakon zum Priester) parallel ging.

Die „Verbürgerlichung" des Domkapitels

Das Recht zur Besetzung der Stellen lag beim Kapitel, sofern es nicht für einige Präbenden durch Patronatsrechte eingeschränkt war. Solche hatte es aber im Verlauf des 14. Jahrhunderts weitgehend ausgeschaltet. Seit etwa 1250 hatten nämlich Bürger oder Geistliche, die Lübecker Familien entstammten, die Stiftung von Präbenden als Möglichkeit benutzt, um mit dem Patronat sich bzw. ihrer Familie (da das Patronat zumeist für mehrere Generationen galt) ein Präsentationsrecht für die betreffende Stelle zu sichern. Bis 1274 gab es bereits sechs solcher inkorporierten Stiftungen, bis 1332 kamen acht weitere hinzu[19]. Dadurch konnten die Bürgerfamilien die Zusammensetzung des Kapitels beeinflussen und angesichts der Tatsache, daß aus dessen Reihen die Plebane der Stadtpfarrkirchen bestimmt wurden, auch indirekten Einfluß auf die Pfarrerwahl ausüben. Um dem einen Riegel vorzuschieben, bestimmte das Kapitel im Jahre 1327, daß bei Neugründungen das Patronat nicht vererbt werden dürfte[20]. Aber noch 1505 konnte der Rat vom Papst das Patronat über die Dompropstenstelle erwerben, um so Einfluß auf die damit verbundene geistliche Gerichtsbarkeit zu bekommen (woraufhin er seinen Protonotar Osthusen zum Propst machte)[21].

Gleichwohl kamen auf jenem Wege im 14. Jahrhundert immer mehr Lübecker in das Kapitel, so daß dieses seitdem durch mannigfache familiäre Bande mit der Bürgerschaft verbunden war. In der Zeit bis 1400 bestand es zu zwei Dritteln aus Domherren bürgerlicher Herkunft (größtenteils Lübeckern); im 15. Jahrhundert trat dann das adelige Element noch weiter zurück, z. B. befanden sich im Jahre 1488 unter 39 Kanonikern nur 4 Adelige[22]. Die verwandtschaftlichen Beziehungen zwischen Ratsherren und Domherren führten dazu, daß ungeachtet der institutionellen Interessengegensätze eine Atmosphäre gegenseitigen Verständnisses bestand, die eine Kooperation begünstigte und insofern die innere Einheit des Gemeinwesens stabilisierte. Bischof Arnold Westphal, Sohn eines Lübecker Ratsmannes, stellte im Zusammenhang der oben schon zitierten Äußerung um 1450 etwas zugespitzt, aber in der Tendenz richtig fest, daß das Kapitel bei der Ausübung seiner Kirchenhoheit keine Entscheidung ohne Zustimmung des Rates treffe[23].

Ämter und Funktionen des Kapitels

Dem Rang nach das höchste Amt im Kapitel bekleidete der Dompropst[24]. Doch da seine Hauptfunktion, die geistliche Gerichtsbarkeit in der Diözese nicht an das Kapitel gebunden war, spielte er in dessen Geschäftsablauf keine entscheidende Rolle. Das eigentliche Leitungsamt hatte der Dekan inne. Dieser übte die Dienstaufsicht nicht nur über die Domherren, sondern auch über alle Weltgeistlichen in der Stadt, die dem Kapitel unterstanden, aus. Er leitete dessen Sitzungen und führte die kirchlich relevanten Geschäfte. Auch nach außen hin, gegenüber Rat und Bevölkerung, repräsentierte er das Kapitel.

Die vier anderen Prälaturen bzw. Dignitäten waren weniger gewichtig. Der Thesaurar (Schatzmeister, in älterer Zeit Kustos genannt) verwaltete die für den Gottesdienst benötigten Sachmittel und Gegenstände sowie den Kirchenschatz (die vasa sacra, Reliquien etc.). Der Scholaster (Scholasticus) beaufsichtigte das Schulwesen in der ganzen Stadt und führte die Domschule, war aber auch für den Schriftverkehr, das Archiv und die Bibliothek des Kapitels zuständig. Der Kantor leitete Liturgie und Chorgesang bei den Gottesdiensten des Kapitels. Der Cellerarius (Kellermeister) mußte nur die Brotverteilung für die sog. Panisten (d. h. diejenigen Kanoniker, deren Pfründe eine Brotzuteilung einschloß) organisieren; wegen seiner Bedeutungslosigkeit wurde dieses Amt seit Mitte des 14. Jahrhunderts kaum noch besetzt und um 1440 ganz aufgehoben.

Nicht als Dignitäten galten die Ämter des Kämmerers (ursprünglich für das Dormitorium zuständig, daher später bedeutungslos) und des Lektors. Letzteres Amt bestand seit 1393, um den Bedürfnissen nach Predigten und nach besserer theologischer Bildung des Klerus nachzukommen. Da die entsprechenden Aufgaben ständig wuchsen, richtete das Kapitel vor der Mitte des 15. Jahrhunderts ein zweites Lektorat (lectura) ein. Andere, unter den Domherren wechselnde Ämter betrafen die Vermögensverwaltung des Kapitels.

Die originäre Aufgabe des Kapitels bestand – abgesehen von der Bischofswahl – in der Gestaltung eines reichen Gottesdienstes im Domchor. Deswegen galt im Prinzip eine Residenzpflicht, die aber im Laufe des 14. Jahrhunderts so abgeschwächt worden war, daß etliche Domherren sich kaum in Lübeck aufhielten, weil sie anderswo ihren Geschäften nachgingen. Allerdings hatten nur die hier Residierenden Stimmrecht im Kapitel und Anspruch auf die ungeschmälerten Pfründeneinkünfte. (Im 15. Jahrhundert waren es in der Regel etwa 20–25). Faktisch traten die vielerlei Verwaltungsgeschäfte in den Vordergrund und machten das Kapitel zu einer geistlichen Behörde, deren Hauptinteresse der Ausübung ihrer Grundherrschaft galt. Die ursprüngliche Ausstattung mit acht Dörfern in Ostholstein und Mecklenburg war bis zur Mitte des 15. Jahrhunderts durch Stiftungen und Zukauf auf einen beachtlichen, aber verstreuten Besitz angewachsen, den das Kapitel durch Tausch und Verkauf schwerpunktartig zusammenzufassen suchte. Es handelte sich um die innerhalb der Lübecker Landwehr gelegenen Dörfer Genin, Vorrade, Ober- und Niederbüssau sowie südlich davon die Dörfer Hamberge und Hansfelde; ferner um nördlich der Stadt im Holstenort und im Travemünder Winkel liegende 15 Dörfer und Dorfteile sowie um Besitzungen auf der mecklenburgischen Insel Poel[25]).

Die ursprünglich verbindliche vita communis im Domkloster, in welcher das Kapitel sich als geistliche Gemeinschaft darstellen sollte, war längst aufgelöst. Die Kanoniker wohnten je für sich auf der Domfreiheit in ihren Kurien, die sie teilweise zu prächtigen Hofhaltungen ausbauten. Außer der Immunität im eigentlichen Sinn (Dom, Friedhof, Kurien) hatte das Kapitel keinen öffentlich-rechtlichen Grundbesitz in der Stadt. Doch es besaß privatrechtlich in dem Areal zwischen Mühlenstraße und Marlesgrube (das ihm ursprünglich ganz gehört hatte, aber seit 1276 grundstückweise an Bürger verkauft worden war) eine Anzahl von Häusern, z. B. für seine Bediensteten und Vikare[26]). So bildete es nach wie vor einen Komplex mit besonderer Atmosphäre innerhalb der Stadt, von vielen Bürgern als Fremdkörper empfunden.

Der niedere Klerus

Die Domherren zogen sich im 15. Jahrhundert zunehmend die Kritik der Bevölkerung zu, weil sie ein wenig religiöses, sondern möglichst dem Junkertum angepaßtes Leben führten. Geistliche Aufgaben versahen vor allem diejenigen, denen das Kapitel das Pfarramt an den Kirchspielkirchen übertrug, die Plebane oder Kirchherren (rectores)[27]). Nur einige Kanoniker mit Priesterweihe kamen für dieses Amt in Betracht. An St. Marien, St. Petri und St. Jakobi mußten die Plebane in der Regel Domherren sein; an St. Ägidien und St. Nikolai sub turri (im Dom) waren sie es nur höchst selten, sondern andere vom Kapitel beauftragte Priester. Ihr Dienst beschränkte sich meist auf die bloße Aufsicht über die betreffende Kirche, an der ja eine Fülle von Geistlichen in verschiedenen Funktionen beschäftigt war.

Die eigentliche Arbeit in Sakramentsverwaltung, Seelsorge und Predigt übertrugen die Plebane den Kaplänen, die sie privat als ihre persönlichen Hilfspriester gegen geringes Entgelt anstellten. (An St. Marien waren es vier, davon zwei für die Predigttätigkeit, an St. Petri und St. Jakobi drei, an St. Ägidien zwei.) So war ein Kaplan finanziell von seinem Pleban abhängig und stand sich dabei, wenn er nicht zusätzlich einige Vikarien verwaltete, wirtschaftlich ziemlich schlecht.

Die Masse der Weltgeistlichen machten die Vikare aus, die durch Altarstiftungen eine Pfründe (bzw. mehrere solcher) besaßen, von der sie existieren konnten. Das war, wenn die entsprechenden Kapitaleinkünfte gering waren oder manchmal ganz ausblieben, oft mühselig. Hinzu kam eine Beteiligung an den verschiedenen Gebühren für Memorien, an den Oblationen und milden Gaben (consolatien). Es gab allerdings etliche Vikare, die so gut ausgestattet waren, daß sie es zu beträchtlichem Vermögen brachten. Demnach bestand innerhalb dieser Gruppe ein erhebliches soziales Gefälle[28]). Um 1500 existierten weit mehr als 200 Vikarien, die Zahl der in Lübeck ansässigen Vikare betrug um 1450 etwa 170, um 1525 sogar 208[29]).

Dazu kamen noch weitere niedere Kleriker mit unterschiedlichen Rechtsverhältnissen: die Kommendisten und Elemosinarien, die mit einer kümmerlichen Pfründe (commenda oder elemosina) minderen Rechtes belehnt waren; die Offizianten (bzw. Kommendisten im streng kirchenrechtlichen Sinne), die amtierenden Stellvertreter derjenigen begüterten Vikare, die auswärts lebten, ihre Lübecker Pfründe nur wegen der Einkünfte besaßen und deshalb gegen geringen Lohn die damit verbundenen Dienstpflichten an die Offizianten abtraten (welche nur gelegentlich eine Pfründe besaßen und insofern zu den Vikaren oder Kommendisten im weiteren Sinne zählten); schließlich als weitere Gruppe die nicht Bepfründeten, die als Schreiber, Lehrer, Sekretäre oder auch ohne feste Anstellung durch Gelegenheitsarbeiten ihren Unterhalt verdienten (um 1525 etwa 60-70).

Insgesamt umfaßte der niedere Klerus, einschließlich der Vikare, um 1450 etwa 240, um 1525 etwa 300 Personen und stellte somit eine beachtliche Berufsgruppe dar[30]). Nimmt man die Domherren und die Mönche hinzu, dann gehörten dem geistlichen Stand in der Zeit zwischen 1450 und 1525 gut 400 Personen an, knapp zwei Prozent der Bevölkerung, neben der entscheidenden Gruppe der Bürgerrechtsinhaber (mit ca. 3000 bis 3500) ein Faktor, der das städtische Leben prägte.

Bürgerliche Vikarienstiftungen

Im Bereich des Niederpfründenwesens hatten die Bürger sich seit der Mitte des 13. Jahrhunderts durch die Errichtung von Vikarien zunehmend eine direkte Verfügungsgewalt gesichert[31]). Wohlhabende Bürger stifteten ein bestimmtes Kapital, einen hohen Geldbetrag oder Grundvermögen, dessen Treuhänderschaft beim Domkapitel lag, um aus dem Zinsertrag (der Rente) einen speziellen Priester zu besolden, der an einem Nebenaltar in einer Kapelle der Kirchspielkirchen regelmäßig Messe lesen sollte. Diese Grundfigur der Stiftung konnte verschieden ausgestaltet werden; oft kam auch die Verpflichtung der Vikare zum Chordienst hinzu. Außer einer Bereicherung des gottesdienstlichen Lebens sollten derartige Messen (täglich gehalten bei einer besonders reichen Stiftung oder abgestuft weniger häufig an bestimmten Gedenktagen) als eucharistisches Totengedächtnis dem ewigen Seelenheil der Stifter dienen. Ihr theologisches Fundament waren die seit dem frühen Mittelalter ausgebildeten Lehren über Meßopfer und Fegefeuer.

Die erste Vikarie in Lübeck ist für das Jahr 1230 bezeugt, als der Ratsherr Friedrich Dumme in seinem Testament „eine Kapelle bzw. einen Altar" im Dom stiftete, „damit dort für sein (Seelen-)heil und für dasjenige der Seinen ein Priester auf ewige Zeiten dienen sollte"[32]). Über ein Patronatsrecht der Stifterfamilie sagte dieser erste Vertrag nichts, doch derartige Bestimmungen gehörten später unabdingbar dazu, wie schon bei den beiden nächsten im Dom gestifteten Vikarien im Jahre 1257 zwischen den Stiftern, dem Ratsherrn Hinrich Wullenpunt sowie seinem Sohn Nikolaus, und dem Domkapitel vereinbart wurde[33]). Danach sollten die Stifter, ihre Söhne und Enkel, sofern sie in Lübeck wohnten, das Recht haben, dem Kapitel geeignete Priester für die beiden Stellen zu präsentieren, während dieses die Vikare ernannte und die Dienstaufsicht über sie führte. An der Seelsorge, die den Kaplänen und Pfarrherren oblag, waren die „Altaristen" nicht beteiligt, weswegen ihre Pfründen solche „sine cura animarum" hießen (woraus dann der Begriff „Sinekure" resultierte). Es bildete eine Ausnahme, wenn z. B. 1257 der Ratsherr Alfwin Swarte in seiner Stiftungsurkunde zugestand, daß sein Vikar zu gelegentlichen Amtshandlungen herangezogen wurde[34]). Durch das als Präsentationsrecht geordnete Patronat, welches in der Regel bis zur vierten Generation galt und dann an das Kapitel oder an den Bischof fiel, bekamen die Stifterfamilien einen nicht geringen Einfluß auf die niederen Kleriker als „ihre Leute". Oft versorgten sie mit einer solchen Pfründe (bzw. mehreren Vikarien kumuliert) einen Angehörigen, der in den geistlichen Stand trat. Wenn ein Bischof, Domherr oder Priester eine Vikarie stiftete (was seit 1252 und 1263, als Domdekan und Dompropst den Anfang machten, nicht selten vorkam), fiel ein bürgerliches Patronat fort.

Die Jahre zwischen 1320 und 1420 waren die Blütezeit der Altarstiftungen, wie ein schematischer Überblick über die z. Zt. der späteren Register noch bestehenden Vikarien zeigt[35]): Am Dom wurden im Zeitraum 1230–1320 20 Vikarien gestiftet, im Zeitraum 1320–1420 dagegen 34 und 1420–1530 nur noch 6. In St. Marien waren es in den entsprechenden Zeiträumen 7, 42 und 18, in St. Jakobi 1, 15 und 7, in St. Ägidien 8 im Zeitraum 1320–1420 gegenüber 3 für 1420–1530. Der Grund für eine derartige Zunahme lag in dem gesteigerten Bedürfnis der Bürger, Seelenmessen, Fürbitten und Totengedächtnisse zur Beruhigung des Gewissens einzurichten. Und da der vorhandene Klerus dazu mit seinen personellen Kräften nicht ausreichte, setzte man neue ein. Im 15. Jahrhundert ging dann die Zahl der Stiftungen bemerkenswert zurück.

Zunächst baute man nach Möglichkeit für jede Vikarie eine Kapelle. Doch schon bald – vor allem dann, als der Raum für solche Anbauten knapp geworden war – legte man mehrere Vikarien an einen Altar bzw. in dieselbe Kapelle. So befanden sich z. B. im 15. Jahrhundert in der Sängerkapelle von St. Marien 12 Vikarien. Keine Vikarien existierten an den Klosterkirchen der Bettelmönche, weil diese die entsprechenden Aufgaben selber übernahmen. Dagegen gab es an der Kirche des Johannisklosters, die der Aufsicht des Domkapitels unterstand und in das städtische Pfarrsystem einbezogen war, im 14./15. Jahrhundert mindestens 7 Vikarien[36]).

Die kommunale Bedeutung der Vikarien

Die vor allem seit dem 14. Jahrhundert entstehenden Anbauten von Kapellen, die schließlich in einem dichtgefügten Kranz die Seitenschffe der großen Kirchen umgaben, und die Altäre an den Pfeilern der Seitenschiffe rings um das Mittelschiff und den Hauptaltar (für diejenigen Vikarien, die keine eigene Kapelle besaßen) symbolisierten eindrücklich das kirchliche Engagement der Bürger. Die institutionell-öffentliche Sphäre des (Dom- bzw. Kirchspiel-) Klerus war gleichsam umlagert von der mehr privaten Sphäre der speziell auf die Bürger bezogenen Kultausübung.

Ein derartiges Vertragsverhältnis, das gegen die Weggabe von vergänglichen materiellen Gütern ein unvergängliches geistliches Gut garantierte und ein spezielles Heimatrecht in den Kirchgebäuden verlieh, konnten freilich nur wenige begüterte Familien begründen. Den übrigen Bevölkerungsschichten bot die im 15. Jahrhundert gelegentlich praktizierte Stiftung einer Vikarie durch eine Bruderschaft oder ein Amt, an deren Segnungen alle Mitglieder derselben Anteil bekamen, einen gewissen Ersatz.

Den Anfang machten die Schonenfahrer, die sich 1396 nur unter der Bedingung zu einer vom Rat geforderten Beteiligung an den Kosten für eine neue Marienorgel bereitfanden, daß sie einen eigenen Altar in der Kirche aufstellen dürften, wofür sie 1397 eine Vikarie stifteten[37]. Nun wollten die ebenfalls um Spenden gebetenen Bergenfahrer nicht nachstehen, obwohl sie bereits seit etwa 1350 in St. Marien einen Altar ihres Patrons St. Olav besaßen. Nach längeren Verhandlungen erreichten sie 1401, daß ihnen der Raum zwischen den Türmen für eine Kapelle mit eigener Altarstiftung überlassen wurde, wo sie nun für ihre Vikarie einen neuen Altar errichteten, den sie außer dem Heiligen Olav auch der Gottesmutter, St. Sunniva, der Schutzpatronin von Bergen, und allen Heiligen weihten. Dort konnten sie fortan die bruderschaftlichen Versammlungen ihrer 1400 erstmals erwähnten Olavsgilde und ihre geistlichen Begängnisse halten. 1411 kam aus dem Nachlaß eines Bergenfahrers eine zweite Vikarie hinzu, 1476 noch eine dritte. In der Stiftungsurkunde von 1401 formulierten die Älterleute als Zweck: „zur Mehrung des göttlichen Kultes, zur Vergebung ihrer Sünde und derjenigen der genannten Kaufleute (sc. der Bergenfahrer) und zum Heil ihrer Seelen[38]".

Das Patronat für die Besetzung lag analog zu den privaten Stiftern korporativ bei den Bruderschaften. Doch da die Vikarien teuer und die Bruderschaften zumeist in den Klosterkirchen domiziliert waren, traten sie nur vereinzelt als Stifter auf. An St. Marien gab es außer den Vikarien der Schonen-, Bergen- und Nowgorodfahrer keine weiteren, an St. Petri nur zwei, an St. Jakobi immerhin vier, an St. Ägidien dafür gar keine und am Dom unter 66 Vikarien nur eine Kommende der Stecknitzfahrer und eine Vikarie der Rochus-Bruderschaft von 1511[39]).

Als ein politisches Instrument nutzte der Rat die Vikarienstiftung im Jahre 1354, um den Einfluß in der Marienkirche zu bekommen, den ihm Bischof und Kapitel in den Kämpfen um das Pfarrerwahlrecht verwehrt hatten. Im Zusammenhang einer Sühneleistung für den von der Stadt verschuldeten Tod des holsteinischen Ritters Marquard von Westensee stiftete er auf einen Schlag sechs Vikarien in der Ratskirche und ließ sich dafür von Papst Innozenz VI. die Patronatsrechte bestätigen. Das aber provozierte den Widerstand des Domklerus, und Bischof Bertram Cremon, welcher die päpstliche Bewilligung als Eingriff in seine Diözesanrechte für nichtig ansah, konnte den Rat zur

Zurücknahme seines Plans bewegen. In einer 1357 vereinbarten Kompromißlösung bekam der Rat dann das Patronat für vier auf die Kirchspiele verteilte Vikarien (zwei an St. Marien, je eine an St. Jakobi und St. Ägidien, wo dies überhaupt die erste Vikarie war)[40]. So hatte er über die private Beteiligung der ratsfähigen Familien hinaus auch eine korporative obrigkeitliche Mitwirkungsmöglichkeit im Niederpfründenwesen.

Die Namen der Stifter der verschiedenen Begängnisse mitsamt den angeordneten Terminen waren in sog. Memorienbüchern oder Kalendarien verzeichnet, an denen die Vikare sich ebenso wie die übrigen Geistlichen orientierten, um ihren Pflichten exakt nachzukommen[41]. Und die Bürger wachten eifrig darüber, daß nichts versäumt wurde. So trugen die Funktionen der Vikare zu einer enormen Steigerung des kirchlichen Lebens bei.

Dem Beispiel der Zünfte und Korporationen folgend, schlossen die Vikare sich an der jeweiligen Pfarrkirche zu Kollegien zusammen, die aufgrund von Statuten ihre Geschäfte gemeinschaftlich regelten (dazu ein Siegel führten), zumeist auch die Stiftungskapitalien verwalteten, als Geldgeber auftraten und eine gewisse Geselligkeit pflegten, welche in den jährlichen Festgelagen ihren Höhepunkt fand[42]. Sie bildeten eine eigenständige Gruppe innerhalb des geistlichen Standes, bei welcher das gute Einvernehmen mit den Bürgern gewissermaßen zu den Lebensbedingungen gehörte.

Geistliche Standesprivilegien

Bürgerliche Kritik am Klerus entzündete sich immer wieder an dessen vielfältigen Privilegien. Da die Kleriker keine Glieder der bürgerlichen Gemeinschaft, sondern rechtlich exemt waren, genossen sie für ihre persönliche Habe ebenso wie für das Kirchengut Steuerfreiheit, die ihnen schon Heinrich der Löwe 1164 verliehen hatte. Der Rat hatte dem schon frühzeitig einen Riegel vorgeschoben, indem er 1227 die Übereignung von Liegenschaften an Kleriker verboten hatte. Nach dem langen Streit mit dem Bistum verständigten sich beide Seiten im 14. Jahrhundert auf einen modus vivendi, der ein Treuhandsystem vorsah, wonach der von Geistlichen erworbene Besitz in der Stadt nominell einem Bürger gehörte, welcher gegenüber dem Rat die Steuerpflichten erfüllte[43].

Nur in besonderen Notsituationen konnte der Rat vom Klerus eine außergewöhnliche Abgabe als Beitrag zu den gemeinsamen Lasten fordern. Doch davon machte er anscheinend so gut wie keinen Gebrauch (nur einmal 1404, dann erst wieder 1523). Hinsichtlich der sonstigen Abgaben, der Akzise und des Zolls für verschiedene Gebrauchsgüter des täglichen Bedarfs, galt ebenfalls Immunität, ebenso für die Lasten der Stadtbefestigung und -verteidigung. Die Freiheit von der Bierakzise schuf oft Ärger, weil die Geistlichen sich an die Beschränkung, Bier allein innerhalb ihrer Häuser und zwar nur an Kleriker auszuschenken, nicht hielten, so daß zumal in den Domkurien gelegentlich eine Art Wirtshausbetrieb entstand[44]. Insgesamt aber kam es in Lübeck während des ganzen Spätmittelalters nicht zu Streitigkeiten wegen der Steuerprivilegien, wie sie für viele andere Städte typisch waren.

Bei Streitfällen galt die Exemtion der Geistlichen vom weltlichen Gericht. Auch hier hatte man sich seit dem 14. Jahrhundert auf eine schiedliche Abgrenzung der beiderseitigen Kompetenzen verständigt. Wurde ein Kleriker wegen eines Delikts oder wegen Störung der öffentlichen Ordnung von der Stadtwache aufgegriffen (z. B. 1345 der Domherr und spätere Bischof Johann Mul, der sich mit einer Dirne herumtrieb), so wurde er alsbald dem Gericht des Dekans überstellt, welcher die Sache verhandelte – meist mit einem recht milden Urteil, was begreiflicherweise dauernden Unmut der Bürger über diese Exemtion schuf[45]).

Päpstlicher Einfluß auf die Stellenbesetzung

Eine Quelle ständigen Ärgers bildeten die mit dem päpstlichen Zentralismus ausgebildeten Möglichkeiten der Kurie, die Vergabe kirchlicher Pfründen zu bestimmen. In Lübeck äußerte sich diese Einflußnahme vor allem bei der Besetzung der einträglichen Kanonikate am Dom. Ihre kirchenrechtliche Grundlage war mit der Ausübung des päpstlichen Universalepiskopats gegeben. Doch über den ursprünglichen Sinn, die Behebung von lokalen Mißständen, hinaus hatte das kanonische Recht im 14. Jahrhundert die Fälle, in denen Ämterverleihungen bei bestimmten Arten von Vakanzen dem Papst reserviert blieben (sog. Provisionen bzw. Reservationen), enorm ausgeweitet. Dahinter stand als treibendes Motiv das Interesse der Kurie, für ihren durch das politische Engagement des Papstes ausgeuferten Finanzbedarf neue Geldquellen zu erschließen. So kam im 15. Jahrhundert zu den im einzelnen kompliziert geregelten Reservationen sowie zu der Vergabe von allgemeinen Anwartschaften auf irgendeine künftig freiwerdende Pfründe (den sog. Exspektanzen) auch noch der päpstliche Anspruch, alle in den sechs päpstlichen Monaten (d. h. den ungeraden) vakant werdenden Kanonikate zu besetzen. Für den Zeitraum von ewa 1250–1400 sind 162 Provisionsfälle verschiedener Art (davon 100 Exspektanzen) nachweisbar, so daß man für das 15. Jahrhundert eine entsprechende Zahl annehmen kann[46]).

Pfründenjäger mit guten Beziehungen zur Kurie vereinigten in ihrer Hand (oft unter Inanspruchnahme päpstlicher Dispense für kanonisch unzulässige Kumulationen) eine Reihe einträglicher Stellen in verschiedenen Domkapiteln, obwohl sie den damit verbundenen Aufgaben gar nicht nachkommen konnten. Im 15. Jahrhundert gehörte dieser Typ eines verweltlichten Klerikers, der seine Ämter nur unter finanziellen Aspekten betrachtete, zum normalen kirchlichen Bild. Ein extremes Beispiel bot der Lübecker Domscholastikus Hermann Dwerg um 1405 mit der Kumulation von acht Pfründen in verschiedenen Kapiteln und neun weiteren kleineren Benefizien. Doch was hundert Jahre später der Domherr Hinrich Bockholt, der nachmalige Bischof, anhäufte, war auch ganz beachtlich[47]). Das bot den Bürgern Anlaß für zunehmende Kritik an der Verweltlichung der Kirche. Eine Satire wie das „Geldevangelium" fand auch in Lübeck bereitwillige Leser[48]).

Auf der Ebene des Niederpfründenwesens suchten die Priester möglichst viele Vikarien, Kommenden und sonstige Einnahmequellen zu erhaschen. Auch hier verstand der Papst es, Einfluß zu nehmen, den er sich entsprechend vergüten ließ. Da die Kurie angesichts der ausfernden Vergabepraxis nicht immer die Übersicht behielt, passierten häufig genug Doppelverleihungen von Pfründen, die nur durch Prozesse in Rom geklärt werden konnten, was wiederum dem päpstlichen Fiskus zugute kam[49]). Die mancherlei finanziellen Belastungen der Lübecker Kirche, die mit einem volkswirtschaftlich problematischen Abfluß von Kapital nach Rom verbunden waren, gehörten seit dem Konstanzer Konzil 1414–18 zu den „Gravamina der deutschen Nation".

Sittliche Mißstände im Klerus

Von der Idealvorstellung, wonach die Diener Gottes ein vorbildhaftes Leben führen müßten, war der Lübecker Weltklerus im Spätmittelalter weit entfernt. Auch die Geistlichen waren nur Kinder ihrer Zeit, welche derbe Sinnenlust in einem früher unbekannten Maße zu schätzen wußten. Daraus erklärt sich, daß die Kritik an diesem Punkt hinter dem Ärger über die Standesprivilegien zurückstand. Die satirische Literatur jener Zeit, voran die Lübecker Ausgaben des „Reinke de Vos" und des „Narrenschyp", traf trotz mancher Übertreibungen insofern die Wahrheit, als Geldgier, Hurerei und Unbildung im Erscheinungsbild des Klerus fast als normal galten. Im Druck des Lübecker Totentanzes wurde das mit einem Ton des Bedauerns kritisiert[50]).

Den zwangsweise im Hochmittelalter durchgesetzten Zölibat weichten unzählige Kleriker durch ein mehr oder minder offenes Konkubinat auf. Vergeblich suchten die Synodalstatuten der Lübecker Diözese von 1420 durch rigorose Maßnahmen diesem Mißstand zu begegnen[51]). Teilweise waren Träger niederer Weihen regelrecht verheiratet, ohne aus dem Klerikerstand ausgeschlossen zu werden, wie vier zufällige Beispiele der Zeit 1427–48 belegen[52]). Bischof Johann Schele setzte sich 1433/34 auf dem Reformkonzil zu Basel, welches das allgemein kritisierte Übel durch rigorose Zölibatsbestimmungen abstellen wollte, nachdrücklich für eine vernünftige und humane Lösung ein: Er befürwortete im Namen des Kaisers mit einer detaillierten Denkschrift die Abkehr vom bisherigen Weg und die Zulassung der Priesterehe, fand aber bei der Mehrheit der Konzilsväter keine Zustimmung[53]).

So blieb das Konkubinat der Priester weiterhin ein Ärgernis, doch in Lübeck nicht schlimmer als anderswo. Hinzu kamen Klagen über unziemliche Kleidung und weltliche Lustbarkeiten, vor allem aber über ausschweifendes Treiben in den Domherrenkurien, die vielen Bürgern als Brutstätten des Lasters galten[54]). Dadurch sank das Ansehen der „Pfaffen" allmählich so tief, daß kritische Zeitgenossen, wie sie in den Erbauungsschriften der Zeit nach 1475 begegnen, von ihnen für die Durchsetzung der Sache Christi nichts mehr erwarteten[55]). Geistlichen Einfluß auf die Gesinnung der Bürger besaß das Domkapitel kaum noch. Reformstatuten wie diejenigen des Bischofs Nikolaus Sachow von 1449, welche die Moral und den Amtseifer der Kleriker bessern sollten, richteten ebensowenig etwas aus wie Bischof Albert Krummedieks pädagogische Anregungen. „Wenn die Laien die Kirchenmänner sich vollsaufen sehen, machen sie den Schluß, daß es ihnen um so mehr selbst erlaubt sei", stellte Sachow resignierend fest[56]).

In der Reformationszeit nach 1525, als die Kritik auch vor den Grundlagen des alten Kirchenwesens nicht mehr haltmachte, fiel der Klerus als eine geistig-moralische Potenz völlig aus. Das war aufgrund der hier aufgezeigten Entwicklung begreiflich. Doch für die spätmittelalterliche Zeit galt, daß der Ärger über die Mißstände nirgends zu prinzipieller Infragestellung des bisherigen Systems der an den priesterlichen Dienst gebundenen Heilsvermittlung führte.

Bürgerliche Schulen

Das Schulwesen blieb ein konfliktträchtiger Überschneidungsbereich bürgerlicher Bildungs- und klerikaler Machtinteressen. Klosterschulen bei den Dominikanern oder Franziskanern existierten nicht. Für die bei St. Jakobi bestehende zweite Lateinschule hatte der Rat eine begrenzte Mitzuständigkeit erworben, wie ein Vertrag über das Schulhaus von 1340 zeigte[57]). Die vier im Kampf von den Bürgern errichteten „dudeschen Scryfscolen" blieben nach 1317 bestehen, ohne formell vom Kapitel, welches nach geltendem Recht die Schulhoheit besaß, legitimiert zu sein[58]). Diese „Kirchspielschulen" (zu St. Marien, St. Jakobi, St. Petri, St. Ägidien), wie sie später bezeichnet wurden, unterstanden allein der kommunalen Verwaltung.

Das führte zu permanenten Reibereien, die noch durch die Aversion des Kapitels gegen weitere „heimliche" Schulen in Beginenhäusern und in den Klöstern (d. h. gegen nicht formell geregelte Unterrichtstätigkeit einzelner Religioser) verstärkt wurden. Schließlich kulminierten Ende des 14. Jahrhunderts die Streitigkeiten darin, daß das Domkapitel auf Betreiben des als „Pfründenfresser" bekannten Scholastikus Hermann Dwerg alle bürgerlichen Schulen mit dem Interdikt belegte. Daß dabei die finanziellen Interessen den Ausschlag gaben, erwies sich an dem Vertrag, der daraufhin 1418 zwischen Rat und Kapitel zustande kam[59]). Darin genehmigte letzteres die vier Kirchspielschulen als auf das Lesen- und Schreibenlernen beschränkte Einrichtungen, unterstellte die (vom Rat zu benennenden) Schulmeister der Aufsicht des Scholastikus, welchem sie ein Drittel ihres Schulgeldes abtreten mußten. Für die Bürger eröffnete sich damit eine geregelte Mitwirkung auf einem kulturell bedeutsamen Sektor. Streit um das Schulwesen, der in anderen Städten die Beziehungen zum Klerus belastete, gab es hinfort nicht mehr.

Neugründung eines Klosters 1502

Ein aufschlußreiches Beispiel für das bürgerliche Engagement im kirchlichen Bereich bot die Gründung des St. Annenklosters. Da die Frauenklöster weithin dazu dienten, den unverheirateten Töchtern wohlhabender Bürger eine Versorgung zu bieten, und da für diesen Zweck die Plätze im Johanniskloster nicht ausreichten, kauften die Lübecker seit jeher ihre Töchter in holsteinischen und mecklenburgischen Klöstern gegen hohe Einstandsgelder ein. Enge wirtschaftliche und persönliche Beziehungen bestanden vor allem zum Benediktinerinnenkonvent in Preetz; Lübecks Bürger unterstützten diesen z. B. bei dem Kirchneubau seit 1327 und bei Erweiterungsbauten im 15. Jahrhundert[60]).

Da nun traditionsgemäß viele Lübecker Bürgertöchter auch in den Jungfrauenklöstern zu Zarrentin und Rehna untergebracht waren, der Mecklenburger Herzog diese aber für seinen Landadel reservieren wollte, kam es deswegen zum Streit. 1501/02 ordnete Herzog Magnus den Auszug der Lübeckerinnen an, woraufhin der Rat sowie der Lübecker Bischof den betroffenen Familien die Gründung eines neuen Klosters in der Stadt genehmigten[61]).

Seit dem frühen 15. Jahrhundert lag den Bürgern die Klosterreform, die stärkere Bindung an die monastischen Ideale, am Herzen. Der Reformator der Windesheimer Kongregation, der Augustinerpropst Johannes Busch, hatte um 1450 versucht, die Nonnen zu St. Johannis auf das Armutsgebot zu verpflichten, und auch seitens der Bürger gab es danach entsprechende Anstrengungen[62]). Die Bürger, die unter der Führung des Kaufmanns Werner Buxtehude die Klosterneugründung betrieben und aus eigenen Mitteln finanzierten, orientierten sich an den Windesheimer Reformgrundsätzen. Zwölf von ihnen bildeten die Vorsteherschaft, sie erwarben ein zur Stadtmauer hin gelegenes Gelände an der Ritterstraße (welches sie durch spätere Zukäufe erweiterten) und begannen 1502 mit dem Bau einer Klosteranlage samt Kirche. Für den Konvent sollte die Augustinerregel gelten, als Schutzpatronin bestimmte Bischof Dietrich Arndes, dem damaligen Trend der Heiligenverehrung folgend, St. Anna.

Als Stammkonvent holte man sich aus dem braunschweigischen Steterburg einige Nonnen mit monastischer Erfahrung, und 1515 konnte dann der Aufbau als abgeschlossen gelten[63]). Gegen den hinhaltenden Widerstand des Kapitels, welches eine Minderung seiner Pfarrgerechtsame befürchtete, wurde das Projekt mit Hilfe des Papstes und des Rates durchgesetzt. Eine päpstliche Bulle von 1508 eximierte das Kloster von der Jurisdiktion des Lübecker Bischofs und unterstellte es der Aufsicht des Abtes von Windesheim (Holland). 1515 regelte dann ein Vertrag zwischen Vorsteherschaft und Kapitel die Rechtsverhältnisse so, daß die Hoheit des Domdekans über den Klosterklerus nicht tangiert wurde[64]). Das neue Kloster war im wesentlichen eine bürgerliche Versorgungseinrichtung, konnte für das religiöse Leben der Stadt aber auch deswegen keine Bedeutung erlangen, weil die Reformation seine Entwicklung jäh abschnitt.

Lübecker Theologen im 14./15. Jahrhundert

Herausragende Theologen gab es im späten Mittelalter nicht[65]). Neben der wissenschaftlich unbedeutenden Domschule pflegten aber die beiden Mendikantenklöster eine ordentliche Bildung, die durch Unterricht und Predigt in das städtische Leben ausstrahlte. Die Chronistik betrieben die Mönche mit besonderer Hingabe. Der Franziskaner Detmar und der Dominikaner Hermann Korner sind vor allem zu nennen. Doch schon vor ihnen hatte ein uns unbekannter Minorit, der Verfasser der „Annales Lubicenses", eine mit der großen Kaiser- und Papstgeschichte verzahnte lübische Historiographie der Jahre 1264—1324 geliefert[66]). Sie vermochte zwar nicht den Geschichtsablauf als Ganzheit theologisch zu begreifen, suchte aber von der Bibel her die einzelnen Ereignisse zu beurteilen.

Ein bedeutenderes Werk in niederdeutscher Sprache verfaßte der 1368—80 als Lesemeister im Katharinenkloster für die theologische Bildung der jungen Ordenskleriker der Kustodie Lübeck zuständige Detmar (gest. nach 1395)[67]). 1385 erhielt er den Auftrag, die offizielle Stadtchronik fortzuschreiben. Nachdem er diese Arbeit erledigt und auch noch über die Streitigkeiten zwischen Stadt und Bistum geschrieben hatte, verfaßte er auf Grund des amtlichen Materials eine größere lübeckische Weltchronik, die seit 1105 die städtischen und hansischen Ereignisse in die Weltgeschichte integrierte. Später arbeitete er sie um und ergänzte sie bis 1395. Das theologische Interesse, welches Detmar damit verband, ging dahin, anhand der Geschichte das Widerspiel von Gut und Böse darzustellen und den Leser zum Tun des Guten als Vorbereitung auf das göttliche Gericht anzuleiten[68]). Brüder des Katharinenklosters setzten die Arbeit für die Jahre 1395—99 und 1400—1413 fort. In der Reformationszeit erwies sich dann der Franziskaner Reimar Kock als würdiger Vertreter dieser historiographischen Tradition.

Eine eigenwillige Leistung erbrachte mit seiner Chronica der seit 1414 als Lesemeister des Burgklosters tätige Hermann Korner (ca. 1365—1438), von Geburt ein Lübecker, der wie viele andere Bürgersöhne jener Zeit an der Universität Erfurt studierte[69]). Er faßte die bisherigen chronistischen Arbeiten der dominikanischen Mitbrüder in einer theologisch-moralisierenden Gesamtschau der mit der Schöpfung beginnenden Weltgeschichte, als deren Teil er die Geschichte Lübecks begriff, zusammen. Mit seinem Tadel an den unsittlichen Zuständen in Klerus und Bürgerschaft hielt er dabei ebenso wenig zurück wie mit theologischer Kritik an den „Konkurrenten" aus dem Franziskanerorden.

Durch diese Geschichtswerke bekundeten die Lübecker Ordenstheologen ihre enge Verbundenheit mit der Lebenswelt der Bürger. Nicht zufällig beschränkte sich die einzige entsprechende Leistung des Domklerus, die von Albert Krummediek angeregte Bischofschronik, auf den klerikalen Bereich[70]). Von dogmatischen Arbeiten ist nur wenig bekannt. Erhalten sind aus dem frühen 14. Jahrhundert schöpfungstheologische Quodlibeta des Dominikaners Heinrich von Lübeck (gest. 1336), der der deutschen Thomistenschule zugehörte[71]). Neue theologische Kräfte rührten sich erst im Zusammenhang mit der Devotio moderna nach 1450.

Eine geistig-moralische Führungsrolle kam dem Klerus nicht mehr zu. Er konzentrierte sich ganz auf die Bestandssicherung der hergebrachten Kult- und Rechtsordnung und zeigte kaum Ansätze, auf die Herausforderungen einer im Umbruch befindlichen Zeit produktiv zu reagieren. Kräfte, welche in diese Richtung wiesen, machten sich vor allem neben der Institution bemerkbar. Die Bestrebungen der Bürger, Einfluß auf einige für das Gemeinschaftsleben wichtige Bereiche zu gewinnen, waren teilweise erfolgreich, tangierten aber die Selbständigkeit der Kirche nicht. Der Rat gewann zwar – auf dem Wege der Kooperation mit dem Kapitel – mancherlei Einfluß auf das kirchliche Leben, aber dieser war nur in wenigen Punkten rechtlich fixiert. Weltliche und geistliche Herrschaft bestanden weiterhin nebeneinander, ihre partnerschaftliche Verbundenheit bewahrte die innere Einheit der Stadtgemeinschaft.

7. Kapitel
Das Spätmittelalter als religiöse Blüte- und Umbruchszeit

Es ist schwer, in der komplexen Entwicklung des Spätmittelalters bestimmte Grundtendenzen zu benennen, die den Fortgang der Kirchengeschichte plausibel erklären. Gleichwohl wird man eine fundamentale Ambivalenz der Frömmigkeit herausstellen können, die dem für jenes Zeitalter charakteristischen, auf allen Gebieten beobachtbaren Ineinander von Altem und Neuem entspricht: Neben einer ungebrochenen Kirchlichkeit, die das Heil von einem massiven Einsatz insitutionell geregelter, gleichsam objektiver Vermittlungsmöglichkeiten abhängig machte, standen Tendenzen der Bürger, die religiöse Gestaltung ihres Lebens als eine ganz persönliche Aufgabe zu begreifen. Den Klerikern wurde vereinzelt, aber deutlich zunehmend die Kompetenz bestritten, die berufenen Hauptrepräsentanten der Sache Jesu Christi zu sein. Bei alledem prägte ein schier unbändiger Aktivismus die bürgerlich-christlichen ebenso wie die institutionellen Ausdrucksformen. Orientierung an der göttlichen Transzendenz in Furcht und Hoffnung vermischte sich mit einer für das Zeitalter eigentümlichen Diesseitigkeit[1]).

Auch im 15. Jahrhundert gehörte Lübeck noch zu den prächtigsten Städten des deutschen Reiches, wenngleich seine politische Macht und seine wirtschaftliche Kraft – freilich nicht für jedermann erkennbar – stagnierten. Vor allem in Kunst und Kultur äußerte sich sein Glanz. Welchen Eindruck die Stadt auf Auswärtige machte, belegt die fast hymnische Feststellung eines Besuchers aus Preußen um 1460: „Kurz, was es überhaupt Gutes und Schönes gibt, ist hier glänzender und in größerer Fülle vorhanden als in anderen Städten, so daß man Lübeck mit Recht ein zweites Paradies nennen kann"[2]). Der Autor bezog das ausdrücklich auch auf die kirchlichen Verhältnisse, und in der Tat konnte – bei aller Übertreibung des zitierten Urteils – von einem Niedergang keine Rede sein.

Hochblüte der Marienfrömmigkeit

Das Bild spätmittelalterlicher Frömmigkeit wurde wohl am stärksten durch die Marienverehrung bestimmt. Der Kult der Gottesmutter, in der griechischen Alten Kirche aus dem Inkarnationsdogma erwachsen, nahm im Abendland zunächst Formen an, welche die menschliche Nähe Marias betonten. Doch neben eine Marienverehrung, die in der Madonna den Typ des von Gott begnadeten Menschen sah (in der Mystik als Urbild der reinen, für Gott empfänglichen Seele begriffen), traten im Spätmittelalter populäre Formen, die sie ins Metaphysische zur Gnadenmittlerin, Nothelferin und Beschützerin der ganzen Christenheit erhoben, zu welcher jeder einzelne ein persönliches Vertrauensverhältnis haben konnte[3]).

Wie die Heiligenverehrung fand der Marienkult auch deswegen Verbreitung, weil das Bild Christi als des gnädigen Mittlers weithin durch das für das Spätmittelalter typische Bild des zürnenden Richters überdeckt wurde. Da er in strenger Transzendenz ganz mit Gott-Vater zusammen gesehen wurde, bedurfte der Christ anderer Mittlerinstanzen, die ihm gleichsam schrittweise den Aufstieg von seiner Lebenswirklichkeit zur Sphäre Gottes ermöglichten. Maria gewann dabei eine Schlüsselstellung, wie die Fülle der Marienfeste, der Mariendichtungen und -legenden, der Marienbilder und -hymnen beweist. Für Lübeck bildete das 15. Jahrhundert den Höhepunkt dieser Entwicklung. Das „Ave Maria" wurde zusammen mit dem Vaterunser zum zentralen, das tägliche Leben bestimmenden Gebet; jetzt bürgerte sich auch der seit den Kreuzzügen aufgekommene Rosenkranz allgemein ein.

Ein eindrucksvolles Beispiel für diese Frömmigkeit bot der Lübecker Druck der „Nachfolge Christi" des Thomas a Kempis von 1489 durch ein vom Drucker hinzugefügtes Marienlied (von Hans van Ghetelen verfaßt?). Dieses umrahmte, verteilt auf das Buch, die Aussagen über die Nachfolge und pries Maria als Vorbild der Armut und Demut, als Fürbitterin bei Gott und Nothelferin in drangvollen Lebenslagen, aber auch als Heilsmittlerin („du heffst van uns verjaget den ewighen Doet")[4]. Die Lübecker Erbauungsschriften des späten 15. Jahrhunderts (s. u.) thematisierten die Marienverehrung, wobei sie die damals umstrittene Auffassung von der unbefleckten Empfängnis Mariä im Sinne der franziskanischen Lehre vertraten: „Alsus is Maria mit ereme sonen allene anich aller sunde"[5]). Als Mittlerin ein Ausnahmemensch, verkörperte die Madonna die tröstliche Zuwendung des fernen Gottes.

Zahlreiche Bruderschaften widmeten sich einer speziellen Pflege der Marienverehrung, so z. B. die schon im 14. Jahrhundert entstandenen Marienbruderschaften des Ägidien-, des Dom- und des Klemenskalands, ferner die in der 1. Hälfte des 15. Jahrhunderts gebildeten Marienbruderschaften der Schuhknechte, der Decker und Höppener, der Küfer, der Fleischer (sowie zweier weiterer, nicht näher bekannter Berufsstände). Zwei um 1490/1500 gegründete Rosenkranzbruderschaften konzentrierten sich auf die Ausgestaltung von Marienandachten. Typisch für das späte 15. Jahrhundert war die Ausgliederung einzelner Aspekte der Marienverehrung. Dem Mitvollzug der Schmerzen Marias als der exemplarisch leidenden Mutter widmete sich eine Marien-Mitleidsbruderschaft in der Burgkirche. An St. Jakobi bestand seit etwa 1400 eine Mariä-Berggang-Bruderschaft. Die erlösende Schutzfunktion feierte eine Bruderschaft Maria Losinge[6]).

Als ein Annex der Marienverehrung verselbständigte sich zunehmend der Kult der heiligen Anna, der Mutter Marias, die man zutreffend als die Modeheilige dieses Jahrhunderts bezeichnet hat. Sie galt als Helferin in allen Lebenslagen. Drei Annenbruderschaften bildeten sich kurz vor 1500, und nicht zufällig erhielt in jener Zeit das neue Jungfrauenkloster diesen Namen. In der bildenden Kunst wurden Darstellungen der heiligen Familie (Sippe) beliebt.

Madonnen und Marientiden

Das durch die Marienverehrung angeregte künstlerisch-religiöse Leben fand in allen Kirchen seinen Ort, voran in der Marienkirche. Dort stand vor dem Westportal eine monumentale Marienstatue; der Taufstein von 1337 wies in seiner Inschrift Maria deutlich als Gnadenmittlerin neben Christus aus; und der 1425 vollendete Hochaltar brachte Darstellungen aus dem Marienleben[7]). Auch in den anderen Kirchen gab es Madonnen als zentrale Kultgegenstände, von denen heute nur noch ein Teil erhalten ist. Viele Frauen vermachten testamentarisch ihren Schmuck und ihre kostbarste Kleidung der Madonna ihrer Kirche, die an Feiertagen prächtig geschmückt gleichsam lebendig in der Gemeinde stand — die erhabene Himmelskönigin ausgestattet mit menschlichem Zierrat wie eine Bürgersfrau[8]). Eine besondere Stätte der Marienfrömmigkeit war auch das Dominikanerkloster zur Burg.

Zur Pflege besonderer Marienandachten („Marientiden" genannt) stiftete Bischof Johann Schele 1420 aufgrund von Spenden einiger Domherren neun kleinere Pfründen, um damit in der östlichen Chorkapelle des Doms ständige Lobgesänge zu Ehren der Gottesmutter einzurichten. Um 1440 baute das Kapitel mit einer Stiftung des Dompropstes Bertold Dives eine spezielle Marientidenkapelle an den Chor an[9]).

Dieses Beispiel regte die Bürger zur Nachahmung an. Im Jahre 1462 taten sich etwa 40 Personen aus den angesehensten Familien unter Führung des Bürgermeisters Hinrich Castorp, des hervorragenden Vertreters hansischer Diplomatie zusammen, um in der Kapelle im Chor der Marienkirche tägliche Marienandachten mit besonderer musikalischer Ausgestaltung durchzuführen[10]). Dieser Initiative entsprang eine der glänzendsten bürgerlichen Stiftungen des Mittelalters. Vermöge der immensen Geldspenden konnte die Vorsteherschaft der neuen Marientiden- bzw. Sängerkapelle unter Castorps Regie acht Sänger und vier Vikare anstellen, welche von frühmorgens bis abends ein kontinuierliches musikalisches Marienlob — im Wechsel von Messen und Stundengebeten — darbrachten. Eine eigens für diesen Zweck gestiftete Sängerschule in der Hundestraße sorgte für die Ausbildung und den Unterhalt des Nachwuchses[11]). Die Bevölkerung nahm an der prachtvollen Einrichtung regen Anteil, und wohlhabende Bürger erweiterten die Ausstattung der Sängerkapelle durch Dotationen. Reiche Ablässe für andächtige Teilnehmer verstärkten die Attraktivität der Marientiden (1467 durch den Papst, 1469 durch Bischöfe der nordelbischen Diözesen, 1499 durch den Lübecker Bischof sowie durch das Kardinalskollegium ausgestellt)[12]).

Im Zusammenhang dieser Bemühungen, der bürgerlichen Frömmigkeit eine repräsentative Betätigungsmöglichkeit zu schaffen, gründeten die Träger der Sängerkapelle 1497 die Bruderschaft zur Verkündigung Mariä. Es war eine vornehme Vereinigung von Männern und Frauen der höchsten Gesellschaftskreise, welche die drei patrizischen Bruderschaften (die Zirkelgesellschaft, die Kaufleute- und die Greveradenkompagnie) durch einen stärker religiösen Zwecken dienenden Zusammenschluß ergänzen wollten. Neben Ratsherren gehörte ihr z. B. auch der Bischof Dietrich Arndes an[13]). So verbanden sich Marienverehrung, Ablaß, Musik und Geselligkeit in typisch spätmittelalterlicher Weise.

Neue Passionsfrömmigkeit

Neben der ausufernden Heiligen- und Marienverehrung wirkten die neuen Formen einer vertieften Christusfrömmigkeit wie eine reformerische Konzentration auf das Fundament des christlichen Glaubens, auch wenn sie teilweise der typischen Massierung religiöser Betätigung entsprachen. Inhaltlich handelte es sich um Passions- und Abendmahlsfrömmigkeit, durch die vor allem die Kunst geprägt wurde.

Das großartigste Beispiel dafür lieferte Bernt Notke (gest. 1509) mit seinem Triumphkreuz für den Dom, 1477 fertiggestellt, von Bischof Albert Krummediek in Auftrag gegeben[14]). Dieser dürfte das theologische Programm des Werkes mitbestimmt haben, die typologische Konzentration von 24 alttestamentlichen Gestalten auf den Heilsmittler Christus und seine sakramentale Gegenwart im Abendmahl. Die vielfältigen Motive bezogen sich auf die Stationen des Heilsweges, insbesondere auf Christi Passion als Fundament der Hoffnung für die sündigen Menschen, als deren Repräsentantin Maria Magdalena neben Bischof Albert erschien. Das Kreuz Christi, die Mitte aller Frömmigkeit, wurde hier als Lebensbaum dargestellt.

Die Gestalt Christi trat auch bei einigen neuen Altären in den Mittelpunkt, so z. B. in dem für den Dom gestifteten Passionsaltar des Hans Memling von 1491. Diesen bestellten die Brüder Adolf und Heinrich Greverade, zwei wohlhabende Kaufleute, in Brügge, um den in Lübeck üblichen Schnitzaltären ein vollständig gemaltes Monumentalwerk entgegenzustellen. Adolf Greverade wurde nach 1494 Priester, 1497 Domherr in Lübeck; die Stiftung stand wohl im Zusammenhang mit seiner geistlichen Laufbahn. Das prächtige Werk, welches sich in durchaus ungewöhnlicher Weise auf die Passionsdarstellung konzentrierte, genoß in der Bevölkerung höchstes Ansehen[15]).

Passionsfrömmigkeit motivierte auch zur Anlage des „Jerusalemsberges", einer Nachbildung Golgathas vor dem Burgtor mitsamt einem bei der Jakobikirche beginnenden, über das Kanzleigebäude führenden Stationsweg (durch steinerne Reliefs gekennzeichnet), der den originalen Maßen von Jesu Weg zum Kreuz entsprach. Stifter war der reiche Ratsherr Hinrich Constin (gest. 1482), welcher nach einer Pilgerfahrt ins Heilige Land um 1467 den Bau der Anlage begann, die man nach seinem Tod 1493 mit einer Aufschüttung des Kalvarienberges und einer steinernen Kreuzigungsgruppe vollendete[16]). Beliebt wurden im 15. Jahrhundert dramatisch-liturgische Aufführungen von Passionsspielen in den Kirchen, die den Zuhörer unmittelbar am Geschick Christi teilnehmen ließen. Das uns erhaltene sog. Redentiner Osterspiel (wohl 1464 in Lübeck entstanden) zeigt eine moralisierende Variante, die mit ihrer Verbindung von Christusfrömmigkeit und Bußgesinnung charakteristisch für das Zeitalter war[17]).

Die neue Konzentration auf die Passion machte sich in der Kunst auch in den sog. Vesperbildern („Marien medelidinghe", Mariä Mitleid) bemerkbar, d. h. in Darstellungen der Mutter Jesu, die den Gekreuzigten auf ihren Knien hält und mit dem Toten innigklagende Zwiesprache führt. Beispiele solcher Bilder aus der Zeit um 1420/30 sind vom Lübecker Bildhauer Johannes Junge und aus seiner Werkstatt sowie von Bernt Notke (nach 1490, möglicherweise von Henning van der Heide) erhalten[18]). Hier verbanden sich Marienkult und Passionsfrömmigkeit, indem der andächtige Beter zur Vesper das Geschehen von Golgatha meditativ nachvollzog und so Marias Trauer teilte.

Die deutsche Mystik hatte derartige populäre Andachtsformen theologisch vorbereitet, die bis zu einer Darstellung der Trauer Gott-Vaters selber reichen konnten, wie die noch erhaltene Skulptur der „Not Gottes", um 1500 für das Heiligen-Geist-Hospital (von Notke?) geschaffen, zeigt[19]). Neben die Vorstellungen von der Ferne Gottes, neben die ständige Heilsunsicherheit trat eine Frömmigkeit, die etwas von der Nähe und Menschlichkeit Gottes wußte. Die Literatur des 15. Jahrhunderts, insbesondere diejenige der Devotio moderna lieferte weitere Beispiele dafür (s. u.).

Sakramentsfrömmigkeit
Gegenüber einer solchen individualisierenden Verinnerlichung stachen die herkömmlichen Formen eines massierten, veräußerlichten Christuskults ab, wie sie sich auf dem

Boden der Meßtheologie entwickelt hatten und in der überbordenden Fülle der Votivmessen zutage traten. Zahlreiche Leichnamsbruderschaften konzentrierten sich in besonderer Weise auf eine eucharistische Frömmigkeit[20]. Aufgrund der Transsubstantiationslehre galten die verwandelten Abendmahlselemente als Träger der Präsenz Christi auch außerhalb des eucharistischen Vollzugs. So kam seit dem 13./14. Jahrhundert die Sitte auf, die geweihten Hostien beim Altar in einem Tabernakel aufzubewahren und zur Schau zu stellen. Dadurch wurde der vulgäre, abergläubische Sakramentskult nur gefördert. Denn dem bloßen Anschauen der Hostie schrieb man wunderbare Wirkungen zu. Die Spätgotik bildete das Tabernakel zum Typ des prächtigen Sakramentshäuschen fort, von dem dasjenige aus St. Marien, ein reich gegliederter Erzguß von fast zehn Metern Höhe, noch erhalten ist (1476—79 angefertigt; weitere bronzene Sakramentshäuschen in St. Ägidien 1478 und St. Petri 1487 verschwanden nach der Reformation)[21]. Damit war für die Gläubigen jener Zeit Christus im Kirchengebäude leibhaft anwesend.

Diese Gegenwart feierten die Prozessionen in prächtigen Formen eines volksbegeisternden Schauspiels. Neben der im 14. Jahrhundert eingebürgerten Fronleichnamsprozession am Donnerstag nach dem Trinitatisfest stand als Höhepunkt derartiger Begehungen die große Prozession am Sonntag nach Trinitatis, die 1419 von dem damaligen Domherrn Nikolaus Sachow und dem Bürgermeister Jordan Pleskow angeregt worden war, um der Wiederherstellung der alten Ordnung nach der „Revolte" von 1408—16 bleibend zu gedenken[22]. Herrlichstes Denkmal dieser eucharistischen Frömmigkeit war Bernt Notkes Gregorsmesse (um 1504), ein monumentales Tafelbild, das die Legende von der Erscheinung des blutenden Christus vor Papst Gregor I. darstellte. Wie beliebt dieses Thema der Überwindung aller Glaubenszweifel im späten 15. Jahrhundert war (wegen der mit dem Gnadenbild verbundenen Ablässe), zeigen die restlichen erhaltenen Darstellungen der Gregorsmesse von Henning van der Heide, dem sog. Imperialissimameister und anderen unbekannten Künstlern[23].

Die Heiligenverehrung

Seit dem 14. Jahrhundert war die Heiligenverehrung kräftig aufgeblüht. Als Heilige wurden in der christlichen Frühzeit zunächst die Märtyrer, später auch herausragende Fromme und Wundertäter verehrt. Im Mittelalter gewannen sie für die Volksfrömmigkeit mit deren latenten polytheistischen Neigungen und ihrem gestuft-transzendenten Gottesbegriff konstitutive Bedeutung als Fürsprecher gegenüber Gott sowie als Helfer in den mancherlei Nöten des täglichen Lebens. Daraus erklären sich die Vielschichtigkeit und der Wildwuchs der Heiligenverehrung, die die Kirche nur mühsam, insbesondere durch die erforderliche päpstliche Kanonisierung, kontrollieren konnte. In den zahllosen Legenden, den Reliquien, den Altären und Bildern waren sie überall präsente Begleiter der Lebenden. Allmählich bildete sich eine spezialisierte Zuständigkeit der verschiedenen Heiligen für bestimmte Schutz- und Hilfsfunktionen aus, und dies war der Grund, warum nicht nur die Kirchengemeinden ihr Patrozinium einzelnen Heiligen übertrugen, sondern auch unterschiedliche Gruppen innerhalb der Stadt sich an „ihren" Heiligen banden[24].

In Lübeck gab es keine lokalspezifische Heiligenverehrung, wohl aber insgesamt eine Form, die dem städtischen Christentum im Ostseeraum entsprach. Die Ämter der

Handwerker verehrten wie im übrigen Deutschland ihren Spezialheiligen, z. B. Brandanus die Schmiede, Crispinus die Schuster, Lukas die Maler, Eligius die Goldschmiede, Cosmas und Damian die Wundärzte. Die Kaufleute dagegen orientierten sich in der Fremde an den Patronen ihrer Heimatkirchen oder zuhause an denjenigen ihrer Zielgebiete, z. B. die Bergenfahrer an St. Olav, die Englandfahrer an St. Thomas.

In Zusammenhang der Kolonisierung des Ostseegebiets hatten traditionelle Heilige eine neue regional- und sozialspezifische Funktion bekommen[25]). So wurde St. Klemens erst im Hansegebiet zu einem ausgesprochenen Seefahrerpatron, während dies St. Nikolaus seit alters war. St. Jakobus genoß hier eine ausgeprägte Verehrung, ohne ausschließlich zum Schiffer- und Kaufmannsheiligen zu werden. St. Ägidius, dessen Kult als St. Gilles aus Südfrankreich stammte, besaß von Anfang an eine Affinität zu Handel und Marktwesen; im Ostseeraum wurde er auch zum speziellen Reisepatron (niederdeutsch als St. Tilgen). Eine Art Modeheilige wurde um 1350, bedingt durch die Pest, St. Gertrud als Spitalheilige und Reise- wie Todespatronin, welcher man in Lübeck eine Kapelle (samt Friedhof) und Altäre weihte.

Insgesamt galt auch für Lübeck die im ganzen Ostseeraum bemerkbare Standardisierung mit Beschränkung auf relativ wenige Heilige (neben den genannten natürlich Maria und Maria Magdalena, Petrus und Johannes, der Spitalspatron St. Georg/Jürgen, dessen Kult durch Kaiser Karl IV. gefördert wurde, und St. Anna). Mit der Mitte des 15. Jahrhunderts ließ die Intensität der Heiligenverehrung nach, nur bei den Wallfahrten behielt sie ihre ungebrochene Kraft.

Der Reliquienkult

Durch die Kreuzzüge hatte der im Zusammenhang der Mission aus den alten christlichen Stammländern importierte Reliquienkult, ein Annex des Heiligenkultes, einen Aufschwung erfahren, der im 14./15. Jahrhundert kulminierte. Er war ein markanter Zug der verdinglichten, wundersüchtigen Frömmigkeit jener Zeit mit ihrer dem kaufmännischen Leistungsdenken entsprechenden Voraussetzung, daß auch das Heil zumindest partiell käuflich wäre. Insofern stand er in unlöslichem Zusammenhang mit dem Ablaßwesen (s. u.). Nur so kann man die Auswüchse verstehen, die – in einer seltsamen Mischung aus Frömmigkeit und Skepsis gegenüber der tatsächlichen Präsenz des Numinosen im Kreatürlichen – das Reliquiensammeln zu einem exklusiven „Hobby" der wenigen Reichen, vorab der Fürsten, werden ließen. Und da die steigende Nachfrage nach Splittern vom Kreuz, nach Partikeln von Gewändern Jesu, Marias und der Apostel, nach Knochenteilen von Märtyrern und dergleichen mit den wenigen alten Reliquien kaum gestillt werden konnte, spielten Fiktionen und Imitationen auf dem Sammlermarkt eine große Rolle[26]).

Verglichen mit den Kirchen in Süd- und Mitteldeutschland gab es in Lübeck relativ wenige solcher „Heiltümer". Daher suchte der Rat, auch in dieser Hinsicht um das Ansehen und die Sicherung des Heils der Stadt bemüht, mit Hilfe seiner weitgespannten Handelsbeziehungen dem Mangel abzuhelfen[27]). In seinem Auftrag erwarb 1375 anläßlich einer diplomatischen Reise der Bürgermeister Simon Swarting in London ein begehrtes Heiltum, ein Knochenteil und Gewandstück des Märtyrers Thomas Becket, des 1170 ermordeten Erzbischofs von Canterbury. Sie sollten, in ihrer Echtheit durch

Zertifikate beglaubigt, vom päpstlichen Legaten mit einem Ablaß von vierzig Tagen ausgestattet, der Reputation der vom Rat neu erbauten, ihm unterstehenden Gertrudenkapelle vor dem Burgtor zugute kommen, deren Altar schon 1373 auch dem Märtyrer Thomas geweiht worden war[28]). Als im Jahre 1394 die Lübecker Dominikaner in Italien anderthalb Skelette der von Herodes gemordeten Kindlein von Bethlehem erwarben, transferierten sie unter großer Anteilnahme der Bevölkerung ein Skelett in ihre Burgkirche, die andere Hälfte in die Gertrudenkapelle; und der Papst setzte für die Verehrung dieser kostbaren Reliquien wieder einen speziellen Ablaß aus, welchen er später (1459 und 1503) in seiner Wirkkraft noch erweiterte[29]).

Neben St. Gertrud boten auch die anderen Kirchen etwas, wobei der tatsächliche Bestand heute nicht mehr klar zu erhellen ist. Voran stand wohl die Klosterkirche zu St. Johannis mit einem Partikel der Dornenkrone Christi und Knochenteilen der Heiligen Katharina, Maria Magdalena und Barnabas, die in einer kostbaren Monstranz auf dem Altar einer Seitenkapelle ausgestellt waren, dazu in einer Franziskusstatue Reliquien von Jakobus, Ursula und den 10.000 Rittern[30]). Das Heilig-Geist-Hospital besaß Reliquien des Apostels Paulus und der Heiligen Mauritius und Barbara[31]). Aus der Liste der 1530 vorgefundenen Kirchenschätze sowie aus deren heute noch erhaltenen spärlichen Resten läßt sich einiges für den Dom, St. Jakobi, St. Ägidien, die Burgkirche und auffallend wenig für die reiche Ratskirche St. Marien erschließen. Als Reliquiensammler tat sich für den Dom Bischof Johann Schele hervor. Er stiftete 1424 eine wunderkräftige Münze (s. u. S. 144) und 1429 den Teil eines Partikels vom Mantel der Jungfrau Maria, das Kaiser Sigismund ihm für seine Dienste geschenkt hatte[32]).

Ein Beispiel zeigt, wie leicht man bei dieser Reliquiensucht einem Betrug aufsitzen konnte. Im Kloster Cismar verehrte man seit langem einen Blutstropfen Christi, den Heinrich der Löwe von seiner Palästinafahrt mitgebracht und dem Lübecker Bischof geschenkt haben sollte. Ein so kritischer Mann wie Bischof Albert Krummediek entlarvte 1467 die Fälschung[33]).

Aufschwung der Wallfahrten

Wallfahrten zu heiligen Stätten, denen eine außerordentliche Präsenz des Göttlichen anhaften sollte, gab es schon im frühen Christentum. Neben Jerusalem und die Orte von Jesu Wirken traten die Stätten, an denen exemplarische Märtyrer gestorben waren, im Westen vor allem Rom, wo sich die Petrus- und Paulusverehrung mit der Romaaeterna-Idee verband. In Lübeck gehörte die Wallfahrt seit dem 14. Jahrhundert zu den gern geübten frommen Werken[34]). Standen vordem die Pilgerfahrten ins Heilige Land im Vordergrund des Interesses einiger begüterter Frommer, so traten nunmehr verschiedene Gnadenorte in Deutschland und Europa hinzu. Neben San Jago de Compostela in Spanien (wo die Gebeine des Herrenbruders Jakobus verehrt wurden) sowie Stätten aufsehenerregender Marienerscheinungen und Wunderwirkungen (wie z. B. Wilsnack im Bistum Havelberg, wo seit 1383/84 das Heilig Blut, d. h. wunderkräftige Hostien angebetet wurden) blieben die alten heiligen Städte Deutschlands Aachen, Köln, Trier mit ihren Marien- und Christusreliquien attraktiv. Auch in der Nähe konnten die Lübecker die damit verbundenen Ablässe finden, so an den beliebten Wallfahrtsorten Schwartau, Ahrensbök, Plön, Ratzeburg, Schwerin, Güstrow, etwas weiter entfernt in Verden, Osnabrück und Königslutter[35]).

Besonders geschätzt waren zwei Wallfahrten, die den Charakter enthusiastischer Volksbewegungen annahmen: nach Compostela und nach Wilsnack. Zur spanischen Jakobusstätte zogen aus den Hansestädten Jahr um Jahr Scharen von Pilgern per Schiff von Hamburg aus, oft, um den Gelübden zu genügen, die sie in Seenot dem Patron der Schiffer abgelegt hatten[36]. Für die zahlreichen Wilsnack-Pilger stiftete der Lübecker Bürger Johann von der Heide 1436 ein Steinkreuz als Wegweiser, um damit zur Fürbitte aufzufordern[37].

Pilgerfahrten waren entbehrungsreiche, oft genug gefährliche Unternehmungen. Darin lag ihr Wert als einer besonderen religiösen Leistung. Sie dienten verschiedenen Zwecken, oft der Sühne eines zugefügten Unrechts, sonst allgemein der Erlangung von Ablaß und Seelenfrieden. Zum Beispiel verpflichtete sich 1467 ein Lübecker Bürger für eine fahrlässige Tötung, außer einer Sühnezahlung auch eine Wallfahrt nach St. Enwald (in Westfalen), Wilsnack und Maria Einsiedeln zu unternehmen, um dem Erschlagenen das ewige Heil zu sichern[38].

Typisch für das Spätmittelalter wurde die Übung, daß ein „Mietling" im Auftrag eines Erblassers dessen testamentarisch verfügte Wallfahrt durchführte, um für diesen gegen Lohn den am Gnadenort ausgeteilten Ablaß zu erwerben. Wohlhabende Stifter konnten sich die Beauftragung mehrerer Mietpilger leisten, auch dies ein beredtes Zeichen für die Tendenz zur Massierung frommer Übungen. Bestimmte z. B. 1419 ein Heinrich Westphal, seine Testamentsvollstrecker sollten einen bedürftigen Mann für die Pilgerfahrt zur Madonna von Aachen anwerben, so wollte 1432 ein Cord Grabow einen Pilger nach Aachen und Trier, ein Gerd Schuweshusen gar gleich mehrere Pilger an verschiedene Orte entsenden lassen[39]. Diese Mietpilger sollten oft Votivtafeln für die Verstorbenen an heiliger Stätte anbringen, und zur Gewähr dafür, daß sie auch tatsächlich ihren Bestimmungsort erreichten, mußten sie die dort ausgegebenen Pilgerzeichen oder Zertifikate der Priester nach Lübeck mitbringen[40].

Das Ablaßwesen in seiner religiösen Bedeutung

Hervorstechendes Charakteristikum der spätmittelalterlichen Kirchenfrömmigkeit war der im 15. Jahrhundert ausufernde Ablaßbetrieb. Ursprünglich ein Instrument des kanonischen Rechts, um persönlich zu erbringende Bußleistungen und Kirchenstrafen durch dingliche Werke zu ersetzen, veränderte der Ablaß seit dem 13. Jahrhundert im Zusammenhang mit der Lehre vom Kirchenschatz und der Heiligenverehrung sein Wesen und blühte schließlich in der Form des Geldablasses seit der Mitte des 14. Jahrhunderts mächtig auf, weil das verweltlichte Papsttum in seinem zentralistischen Fiskalismus darin eine attraktive Finanzierungsquelle erblickte[41].

Der theologische Grundgedanke des Ablasses war der des apostolischen Schlüsselamtes (Sündenvergebung gemäß Joh. 20,23), verbunden mit der Fegefeuerlehre und mit der 1343 zur offiziellen Lehre erklärten Vorstellung, daß die überschüssigen Verdienste der Heiligen, die sie für die Tilgung ihrer eigenen Sünden nicht benötigten, den sündigen Gliedern der Solidargemeinschaft Kirche zugute kommen könnten. Diese Verdienste bildeten den Kirchenschatz, aus welchem der Papst als Haupt der Christenheit Anteile an die reuigen, absolvierten Christen vergab, um deren Sündenstrafen zu ermäßigen oder ganz zu löschen oder um die Seelen bereits Verstorbener kraft der kirchlichen Fürbitte von der Strafabbüßung im Fegefeuer zu befreien. Typisch für die Entwicklung im 15. Jahrhundert wurde die Verwilderung durch die immer stärkere Konzentration auf die Fegefeuerstrafen, durch die Loslösung vom Bußsakrament, durch die massive Häufung, durch die Käuflichkeit, die den Ablaß von einer religiösen Leistung abkoppelte, und schließlich durch die damit verbundenen Finanzpraktiken.

Stationär gebundene, zeitlich begrenzte Ablässe gab es in Lübecks Kirchen von Anfang an. Mit ihnen war z. B. der Dom besonders reich ausgestattet, seitdem im Jahre 1221/22 anläßlich der Fertigstellung des romanischen Baues Papst Honorius III. für diejenigen, die in wahrhafter Reue an den Tagen der Dompatrone Johannes des Täufers und Nikolaus in der Kathedrale ihre Andacht hielten und milde Gaben für den Kirchbau spendeten, zwanzig Tage Ablaß der ihnen auferlegten Bußstrafen gewährte. 1247 erweiterte Papst Innozenz IV. diesen Ablaß auf ein ganzes Jahr[42]). Vordergründiger Zweck war es, den häufigen Kirchenbesuch zu fördern. Der geistliche Zweck bestand darin, wie der päpstliche Legat Gregor in einer theologischen Begründung für die Lübecker Diözese 1222 formulierte, dem durch die Sünde total verdorbenen und der Verzweiflung preisgegebenen Menschen die Heilsfrucht des Versöhnungswerkes Christi, vermittelt durch das kirchliche Schlüsselamt, zuzueignen. Analoge Kirchweihablässe existierten auch für die anderen Gotteshäuser; selbst bei Kapellenanbauten und -umbauten wurden sie vergeben wie z. B. noch 1517 bei der Rochuskapelle im Dom[43]).

Im Unterschied dazu waren die Ablässe, die der Verehrung der in den Kirchen ausgestellten Reliquien zuteil wurden, nicht an bestimmte Termine gebunden. Ein etwas seltsames, aber durchaus zeittypisches Beispiel dafür bot die von Bischof Johann Schele 1424 gestiftete Reliquie. Er hatte 1424 in Ungarn die Heilige Lanze kennengelernt, und da man deren Wunderkraft für übertragbar hielt, hatte er mit ihr eine Münze durchbohrt, deren Kraft er noch durch Berührung mit einem Nagel vom Kreuz Christi verstärkte. In einem „Becher des göttlichen Leidens" ausgestellt, sollte sie hinfort jedem reuigen Sünder, der im Dom am Tage des Herrenmahls (Gründonnerstag) zum Gedächtnis des Leidens Christi aus dem Becher trank und fünf Vaterunser samt Ave Maria (dies zum Lobpreis der fünf Wunden Jesu) betete, vierzig Tage Ablaß von der ihm auferlegten Buße bringen[44]). Vergleichbare Ablässe gab es seit 1459 in der Gertrudenkapelle, seit 1449 in der Klosterkirche zu St. Johannis, seit 1497 in St. Jakobi im Blick auf eine Partikel vom Kreuz Christi (deren Echtheit freilich schon den Zeitgenossen fraglich schien)[45]). Auch besondere religiöse Übungen verschafften Ablaß, und die Bürger waren bemüht, ihn für ihre Stiftungen zu besorgen, um deren Attraktivität zu erhöhen. So bekam man z. B. für die Teilnahme an den Marienhymnen in St. Petri seit 1440 und für die Gottesdienste in der Sängerkapelle von St. Marien seit 1467 und 1499 (s. o.) Ablässe[46]).

Die Tendenzen zur Massierung der Frömmigkeitsübungen traten beim Ablaßwesen drastisch hervor. Weil man der Kraft der „normalen" Sündenvergebung nicht genügend Wirkung zutraute, häufte man die Ablässe der verschiedenen Sorten an. Aber ganz sicher konnte keiner sein, weil die Dauer der zu erwartenden Fegefeuerstrafen unbekannt blieb. So verband sich ein extremes Sicherheitsbedürfnis mit einem veräußerlichten religiösen Leistungswillen.

Ablaß als Geldgeschäft

Theologische Kritik am Ablaß übten außer einigen Scholastikern vor allem religiöse Abweichler wie die Wiclifiten und die Hussiten, aber auch fromme Einzelgänger, die durch Mystik und Devotio moderna für eine verinnerlichte Frömmigkeit gewonnen waren. Aus Lübeck sind uns allerdings dafür keine Beispiele überliefert, wohl aber für die Kritik der Obrigkeit und der Bürger an den finanziellen Mißständen, die das Ablaßwesen seit 1450 zunehmend offenbarte. Schuld daran war die zwischenzeitlich durch die päpstlichen Plenarablässe eingetretene Verwilderung.

Neben den unvollkommenen (d. h. zeitlich begrenzten Ablaß, der z. B. für 40 Tage oder 1 Jahr der unbekannten Gesamtdauer des Purgatoriumaufenthalts galt) trat seit den Kreuzzügen der vollkommene Ablaß, der alle Strafen tilgen sollte. Seit der Einführung des Jubiläumsablasses für das Heilige Jahr 1300 durch Bonifatius VIII. als eine besondere Form der Romwallfahrt gedacht, fand er bei den Gläubigen so starke Resonanz, daß die Päpste in ihrer Einnahme- und Vergebungsbereitschaft ihn 1350 und 1390 wiederholten, danach alle 33 Jahre, seit 1450 aber alle 25 Jahre stattfinden ließen. Fatalerweise hatte Bonifatius VIII. den Jubiläus erstmals als Nachlaß nicht nur der zeitlichen Strafen (a poena), sondern auch aller Sündenschuld (a culpa), deren Vergebung Gott allein vorbehalten war, angekündigt. Das stimulierte die Nachfrage, und so häuften sich im 15. Jahrhundert derartige Plenarablässe unabhängig von Kreuzzug oder Romwallfahrt.

Sehr attraktiv waren auch die kleinen Ablässe, die sog. Butter- und Fleischbriefe, aufgrund von deren Erwerb man während der Fastenzeiten die verbotenen Speisen ohne Furcht vor geistlichen Strafen genießen konnte. Verständlicherweise profitierten von diesem ganzen System hauptsächlich die zahlungskräftigen Bürger, und zwar sowohl in metaphysischer als auch in leiblicher Hinsicht. Das von der Kirche vermittelte Heil war käuflich geworden.

Legaten des Papstes reisten seit der Jahrhundertmitte als Ablaßverkäufer durch Nordeuropa, oft mit zweifelhafter Legitimation. Anlaß ihrer Werbung war zumeist der Krieg gegen die das Abendland in immer neuen Wellen bedrohenden Türken. Als einer der Legaten 1455 in Lübeck Ablaßbriefe zugunsten des gefangenen Königs von Cypern verkaufen wollte, untersagten Rat und Kapitel ihm die öffentliche Werbung und beschränkten seinen Wirkungskreis auf seine Herberge, wo der Ablaß gleichwohl beim Volk reißenden Absatz fand[47]. Eine große Aktion startete Papst Pius II. 1463 mit dem Aufruf zum Türkenkreuzzug. Sein Legat Erzbischof Hieronymus von Kreta kam 1464 nach Lübeck, um Teilnehmer zu werben und denjenigen, die lieber zuhause die gute Sache unterstützen wollten, Ablaßbriefe zu verkaufen[48]. Der gegenüber dem Ablaßverkauf skeptisch gewordene Rat handelte für den Fall, daß der Kreuzzug nicht zustande käme, die Zusage des Legaten ein, daß dann die Gelder für Kirchbau und Stadtbefestigung in Lübeck verwandt werden sollten. Zur persönlichen Teilnahme am Kreuzzug erklärten sich viele Lübecker bereit und zogen gen Süden, mußten aber nach längerem Warten in Venedig einsehen, daß der Papst keine Vorkehrungen getroffen hatte, um über den Geldappell hinaus den Feldzug vorzubereiten. Die einkassierten Ablaßgelder teilten sich dann 1466 die Stadt und die Kirche[49].

Für die Kirchentreue der Lübecker spricht, daß durch dieses Fiasko — ebenso wie durch die zwielichtigen Machenschaften des 1463–65 mit dem Vertrieb des Kreuzzugsablasses im Ostseeraum betrauten Marinus de Fregeno – ihr Zutrauen zum Ablaß nicht grundsätzlich erschüttert wurde. Für die seit 1468 propagierte gewaltsame Bekämpfung der Hussiten in Böhmen zahlten sie im Verlauf von knapp zwei Jahren reichlich in die im Dom aufgestellte Ablaßkiste ein. Als 1470 die Legaten der Bischöfe von Ferrara und Breslau das Geld abholen wollten, stellten sie fest, daß es inzwischen gestohlen war. Dem Rat blieb nur übrig, drei der Diebe hinzurichten[50]).

Den Verkauf des im Jahre 1500 ausgeschriebenen Jubiläumsablasses kurbelte der Kardinallegat Raimundus Peraudi im Jahre 1503, begeistert von der Bevölkerung empfangen, persönlich in Lübeck an. Sein schon 1490 hier vertriebener Türkenablaß, der reichlich Käufer fand, sah einen entsprechend der Höhe der Kaufsumme gestaffelten Ablaß bis hin zur Loslösung von jeder Art Exkommunikation sowie zur vollkommensten Vergebung aller Sünden und zum Nachlaß der Fegefeuerstrafen vor[51]). Trotz gelegentlich auftretender Schwierigkeiten bei der Abwicklung (an welcher der damalige Dompropst und spätere Bischof Hinrich Bockholt lukrativ beteiligt war) kamen in der Folgezeit enorme Summen zusammen, 1509 allein fast 5000 Mark Lübisch[52]).

Aufgrund seiner Verkehrslage bildete Lübeck eine zentrale Sammel- und Durchlaufstelle für die in Nordeuropa einkassierten Gelder. Der Ablaß war zu einem florierenden Geschäft für alle Beteiligten geworden, auch für die Gläubigen, welche sich auf diese Weise transzendentale Sicherheit zu kaufen wähnten. Obwohl diese Art der religiösen „Werkerei" die Wohlhabenden begünstigte, ist nicht überliefert, daß die Ärmeren gegen ein derartiges Zweiklassen-Heilssystem protestiert hätten.

Der Totentanz von 1463 als theologisches Programm

Eines der eindrucksvollsten Zeugnisse der neuen Frömmigkeit, die neben jener Veräußerlichung stand, bot die im Jahre 1463 (vielleicht auch erst 1466) für die Marienkirche geschaffene Totentanzdarstellung, nach einer älteren Vorlage von dem jungen Bernt Notke (gest. 1509) gemalt, mit dem Text eines unbekannten Lübecker Geistlichen, vermutlich eines Franziskaners versehen. Notke errang mit diesem monumentalen Gemälde seinen ersten Ruhm; das Geheimnis des Todes blieb für ihn zeitlebens eines der Leitmotive seines Schaffens[53]). Den Anstoß zu dieser künstlerischen Predigt über die Macht des Todes gab die Pest, die 1462–64 Norddeutschland heimsuchte.

Seit 1350 kamen die Totentanzdarstellungen nicht nur als künstlerische Auseinandersetzung mit dem Thema, sondern auch als Versuch, die Bedrohung durch Bildmagie (den realen Tod durch den abgebildeten) fernzuhalten, auf[54]). Notke orientierte sich an einem französischen Vorbild, welches über die Niederlande hierher einwirkte, und formte es zu einer generellen religiösen Aussage, welche die Daseinshaltung damaliger kritischer Geister repräsentierte, um. Das schon in seinen Ausmaßen eindrucksvolle Werk (ein Wandfries auf Leinen von 30 m Länge und fast 2 m Höhe), das eine eigene Kapelle in St. Marien ausfüllte, ist heute leider nicht mehr erhalten. 1588 mußte es erstmals restauriert werden, wobei in diesem Zusammenhang die erste Hälfte der Figurenfolge des Originals nach Reval verkauft wurde. Der in Lübeck verbliebene Rest wurde 1701 durch eine zeitgenössische Kopie ersetzt, mit barocken Versen ausgestattet, und verbrannte 1942 beim Bombenangriff[55]).

Als grundsätzliche Neuerung gegenüber den traditionellen Mustern stellte der Künstler nicht mehr die Toten dar, die die soeben Verstorbenen zum makabren Reigen zwingen, sondern den personifizierten Tod selbst, der alle Menschen zum Tanz ruft. Darin wirkte auch das Vorbild des geistlichen Osterspiels mit der Rolle Luzifers als des mächtigen Herrn. Anstelle der allgemeinen Klage über das jeweilige Todesgeschick wurde jetzt den verschiedenen Personen die Bitte in den Mund gelegt, Aufschub und Gnade zu gewähren, wobei die grausame Universalherrschaft des Todes in seinem schroffen Nein dramatisch hervortrat. Diese Abfuhr entsprach dem Grundgefühl jener Zeit, der Erfahrung der Vergänglichkeit in ihrem scharfen Kontrast zur intensiven Sinnenfreude und Lebenslust.

Die Prediger der Bettelorden hatten sich stets darum bemüht, eine größere Bußfertigkeit durch Abkehr von den weltlichen Vergnügungen und demütiges Vertrauen auf den Erlöser Christus zu bewirken. Jetzt kam ein neues Element als Spezifikum des Lübecker Textes hinzu: die moralisierende Kritik an den Großen dieser Welt, insbesondere an den Klerikern, an deren Hoffart, Ehrgeiz und Genußsucht. Der Kardinal mußte sich vom Tode sagen lassen, er hätte als Gottes Apostel den Glauben der Christen stärken sollen, wäre aber stattdessen auf stolzem Roß geritten. Der Domherr bereute, nur auf seine Pfründen geachtet und dabei Gott nicht gedient zu haben. Und der Kaplan, der ebenfalls allein nach weltlichen Dingen getrachtet hatte, erfuhr, daß er gegenüber den ihm anvertrauten Seelen versagt hätte[56]). Dieser Kritik, von welcher der Papst erstaunlicherweise ausgenommen wurde, korrespondierte eine liebevolle Zuwendung zu den kleinen Leuten, die ein tröstlich-erbauliches Moment in die Darstellung brachte. Dem frommen, bußfertigen Klausner wurde das himmlische Reich verheißen, der arbeitsame Bauer damit getröstet, daß Gott ihm seine Mühe und Not lohnen würde[57]).

Das Leben erschien so als ein Weg zum Tode, und zwar gleichermaßen für alle Stände, die, von Papst und Kaiser angefangen, in der mittelalterlichen Rangordnung, geistliche und weltliche Stände abwechselnd, einen Reigen bildeten. In den bedrückenden Ohnmachtserfahrungen bei Seuchen und Landplagen war dies ein gewisser Trost, daß angesichts des Todes nur Frömmigkeit und Almosengeben zählen sollten. Deswegen stellte Notke an den Anfang des Frieses einen Prediger, der die vernünftige Kreatur zum Nachdenken über die allgemeine Todesverfallenheit aufforderte. Moralisierend in dieser Weise verfuhr auch der Lübecker Geistliche, der vermutlich im Zusammenhang der Pest 1464 ein Osterspiel dichtete, welches die Übertretung der Gebote und die Unbußfertigkeit bei Bürgern und Klerikern kritiserte[58]).

Das bitterliche Sterben, der Klang der Totenglocke, der Abschied vom freudvoll erlebten Diesseits bildeten das Thema dieser Predigt, nicht die Hoffnung auf die Auferstehung und das Leben in der göttlichen Herrlichkeit. Hierin entsprach der Totentanz den übrigen Äußerungen der Frömmigkeit jener Zeit. Angst vor dem Jenseits des Todes, Unsicherheit in der Heilsfrage und damit das Gefühl einer permanenten Existenzbedrohung markierten die Grenze der neuen Weltlichkeit des Zeitalters.

Kritische Frömmigkeit: Die Devotio moderna

Seit Beginn des 15. Jahrhunderts erfaßte eine Frömmigkeitsbewegung, von den Niederlanden ausgehend, weite Gebiete Norddeutschlands, deren Selbstbewußtsein sich schon in der Bezeichnung als „Devotio moderna" kundtat. Modern wollte diese

Frömmigkeit in ihrer Kritik an der Verweltlichung von Klerikern und Mönchen, an der lebensfremden Spekulation der scholastischen Theologie, an der Oberflächlichkeit der normalen Religiosität sein. Christusmystik, Nachfolge Jesu, Bewährung christlicher Tugenden im Alltag, geregeltes Gemeinschaftsleben waren ihre positiven Maximen. Diese in ihren Konturen nicht immer klare Sammlungsbewegung der „Brüder und Schwestern vom gemeinsamen Leben", die der fromme Wanderprediger Gert Groote (1340–84) aus Deventer ins Leben gerufen hatte, wurde organisatorisch faßbar in den nach klösterlichem Vorbild aufgebauten Brüder- und Schwesternhäusern. Neben dem Schwerpunkt in den Niederlanden gab es in Deutschland vier Zentren mit dem nordwestdeutschen Kreis (Fraterhaus in Münster seit 1401), dem mittelrheinischen Kreis (Köln seit 1416), dem mitteldeutschen (Hildesheim seit 1440) und dem württembergischen Kreis[59]).

In Lübeck existierte kein Fraterhaus, wohl aber in Rostock (seit 1462), dessen Ausstrahlungskraft auch die benachbarten Hansestädte umfaßte. Zusammen mit den durch die hansischen Verbindungen aus den Niederlanden und Westfalen vermittelten Einflüssen drang so der Geist der Bewegung über die organisierten Gemeinschaftsformen hinaus in lockere Kreise von Devoten. Solche fanden sich in Lübeck sowohl im Bürgertum als auch in den Bettelklöstern. Schwesternhäuser gab es in Segeberg und im holsteinischen Neustadt, und auch den Lübecker Beginenkonvent zu St. Michaelis bei der Ägidienkirche muß man hierher zählen. Dieser bildete das eigentliche Devotenzentrum in der Stadt[60]). Wenn wir dafür nur wenig direkte Quellen haben, so hängt das mit der Tatsache zusammen, daß die Devoten in Zurückgezogenheit und Stille wirkten und mehr an der allgemeinen Verbreitung ihrer Ideen als an profilierter Institutionalität interessiert waren.

Die rund dreißig Michaelis-Schwestern reorganisierten 1463/64 mit Hilfe der Windesheimer Kongregation, speziell des Visitators Johannes Busch, ihren seit 1320 bestehenden Beginenkonvent im Geiste der Devotio moderna. Um 1450 hatte ihnen der Ratsherr Johann Segeberg ein neues Haus gestiftet, kirchlich domiziliert waren sie bislang in der Ägidienkirche. Nun ließen sie sich von Bischof Arnold Westphal eine neue Ordnung gemäß der Augustinerregel geben, wonach sich ihr Zusammenleben klosterähnlich mit Probezeit, Gelübde, asketischer grauer Tracht, Unterordnung unter eine Meisterin, Arbeit und Bibellektüre sowie Stundengebeten gestaltete[61]).

Die Pflege geistlichen Lebens, konzentriert auf Passionsfrömmigkeit und Marienandachten, trat in den Mittelpunkt, die seelsorgerliche Betreuung des Konvents lag in den Händen westfälischer Fraterherren. Die Gottesdienste in der nunmehr eigens eingerichteten, mit zwei Altären geschmückten Hauskapelle übten auf die Bewohner des Ägidienkirchspiels starke Anziehung aus[62]). Wie die Devoten andernorts so widmeten sich auch die Lübecker Schwestern, unter denen es eine Reihe geistig bedeutender Frauen gegeben haben muß, der religiösen Jugenderziehung und dem Abschreiben theologischer Werke. Ihre Bibliothek, deren Bestände die Bürger gerne benutzten, umfaßte neben geistlicher Dichtung zahlreiche Erbauungsbücher, u. a. die klassische Schrift der späteren Devotenbewegung, die „Nachfolge Christi" des Thomas a Kempis[63]). So repräsentierten die „Wollschwestern" (wie der Volksmund sie wegen ihrer handwerklichen Tätigkeit nannte), deren Zahl sich bald auf 50 erhöhte, die spätmittelalterliche Verselbständigung der Frömmigkeit gegenüber den hergebrachten kirchlichen Institutionen.

Der Buchdruck im Dienst der Devotio

Die Inhalte der neuen Frömmigkeit sind uns vor allem durch die in Lübeck seit 1475 gedruckten Schriften überliefert. Der allgemeine Aufschwung der religiösen Laienbewegungen ging mit einer starken Zunahme volkssprachlicher, praxisorientierter Erbauungsliteratur einher, wobei die Devotio moderna, kritisch beargwöhnt vom Klerus, auch die deutsche Bibellektüre propagierte. Durch die Erfindung des Buchdrucks fanden derartige Tendenzen eine breitere Resonanz in der Bevölkerung. Als Drucker betätigten die Devoten sich in hervorstechender Weise (so z. B. in Rostock); ein erheblicher Teil der Lübecker Meister scheint mit ihnen in Verbindung gestanden zu haben. Drucker waren damals nicht nur Handwerker und Unternehmer, sondern auch Künstler und engagierte Multiplikatoren neuer Ideen. Durch ihre Tätigkeit erlangte Lübeck für etwa eine Generation innerhalb der Hanse eine geistige Führungsrolle.

Die Anfänge des Lübecker Buchdrucks liegen im dunkeln[64]). Der erste datierbare Druck ist das „Rudimentum novitiorum" von 1475. Rasch entwickelte sich Lübeck zu einem Zentrum des Buchdrucks mit einer Reihe von Offizinen, die vielfältige Werke von erstaunlicher Qualität herstellten. Lucas Brandis (gest. nach 1500), der aus Merseburg 1473 hierher zog, war der erste große Meister, der seine Kunst bewußt in den Dienst der neuen Religiosität stellte[65]). Sein Psalterdruck entsprach dem Interesse an der Bibellektüre, sein Druck der Offenbarungen der heiligen Birgitta den mystischen Neigungen jener Zeit. Seine verschiedenen Erbauungsbücher (z. B. der „Spegel der mynschliken Behaltnisse" um 1476) atmeten den Geist der Passionsfrömmigkeit und der psychologisierenden Selbsterfahrung. Für kirchliche Auftraggeber druckte Brandis ein Meßbuch und ein Brevier, wie überhaupt der Vorrang religiöser Drucke vor profanen die kirchliche Prägung der Kultur jenes Zeitalters anzeigte. Die verschiedenen Ablaßbriefe gehörten zu den in Lübecker Offizinen häufig gedruckten Werken. Zwar ohne literarischen Wert, brachten sie der ständig am Rande des Bankrotts lebenden Zunft etwas finanziellen Gewinn. Brandis' Bruder Matthäus, seit 1485 in Lübeck tätig, konzentrierte sich auf den Druck niederdeutscher Schriften, darunter einer Übersetzung des „Lucidarius", eines verbreiteten Dialogs über die christliche Glaubenslehre[66]).

Noch deutlicher waren die Verbindungen zur Devotio moderna bei Johann Snell (gest. nach 1520), der – typisch für die Pioniertätigkeit des Buchdrucks – stärker als Brandis sich mit Aufträgen in Skandinavien engagierte[67]). Snell hatte beim Michaeliskonvent der Rostocker Brüder die damals noch weithin unter Arkandisziplin stehende Druckkunst gelernt. Seit 1480 druckte er in Lübeck, zunächst ein niederdeutsches Gebetbuch („De tyde des lydendes unses heren ihesu cristi"), später erbauliche Traktate. In diese Richtung gingen auch die Arbeiten des berühmteren Bartholomäus Ghotan (gest. um 1494), der in Magdeburg eine Domvikarie innehatte, sich dort schon als Produzent religiösen Schrifttums hervortat und 1484 nach Lübeck kam[68]). Neben Kalendern und Almanachen druckte er verschiedene Erbauungsschriften, 1484 das „Licht der Seelen", 1485 den für die psychologisierende Spiegel-Literatur der Devoten charakteristischen „Speygel der doghede" sowie zwei niederdeutsche Gebetbücher 1484/85.

Gleichsam die Zentrale des neuen Erbauungsschrifttums bildete sich um den als Verleger seit 1480 in Lübeck tätigen Hans van Ghetelen (gest. vor 1528) mit den aus verschiedenen Offizinen stammenden Mohnkopfdrucken, die so nach ihrem Signet mit drei Mohnblütenköpfen heißen[69]). Das Bild dieses rätselhaften Mannes, dessen Produktion Lübeck eine literarische Hochblüte brachte, schwankt in der Forschung. Einerseits hat man ihn als Autor der verschiedenen Erbauungsschriften namhaft machen wollen und seine Bedeutung für die niederdeutsche Literaturgeschichte wie für die Devotio moderna herausgestellt. Andererseits hat man in diesem Kaufmann bloß den Finanzier von aus verschiedenen Druckereien stammenden Produkten oder den Mitinhaber der Mohnkopfdruckerei sehen wollen. Wahrscheinlich war er von beidem etwas, Kaufmann und Dichter in einer Person.

Ghetelen pflegte enge Verbindungen zu Lübecker Devotenkreisen und förderte zielstrebig die Verbreitung der neuen Religiosität, indem er mit Hilfe mehrerer Drucker (u. a. Johann Snell, Stephan Arndes, Matthäus Brandis) außer verschiedenen Erbauungsschriften eine Reihe bedeutender Werke publizierte: zwei Plenarien (mit liturgischen Bibellesungen entsprechend dem Kirchenjahr und kurzen Erläuterungen zur privaten Lektüre) von 1488 und 1492, „Des Dodes Danz" (eine umfangreiche literarische Bearbeitung älterer Totentanz-Vorbilder) von 1489 und 1496, den „Speygel der Leyen" (eine erbaulich-didaktische Anweisung zur frommen Lebensgestaltung) von 1496, das „Narrenschyp" (eine eigenständige Bearbeitung von Sebastian Brants zeitkritischem Werk) von 1497, „Henselyns boek" (ein Fastnachtspiel) und schließlich 1498 als berühmtestes Werk „Reinke de vos" (eine pädagogische Satire mit Anklagen gegen die moralische Verderbtheit in Klerus und Bürgertum)[70]. Nur oberflächlich betrachtet waren das weltliche, der Unterhaltung dienende Dichtungen. Vielmehr verfolgten sie dem Geist der Devotio entsprechende Intentionen und trugen insoweit einen relativ einheitlichen Charakter. Deswegen hat man ihre Entstehung zu Recht mit einem Kreis lübischer Erbauungsschriftsteller in Verbindung gebracht (s. u.).

Die Lübecker Bibel von 1494

Theologisch am klarsten trat die Mentalität dieses Kreises in dem bedeutendsten Werk des aus Hamburg gebürtigen, seit 1486 in Lübeck ansässigen Druckers Stephan Arndes (gest. 1519), in der Lübecker Bibel von 1494 hervor[71]. Schon früher hatte Arndes kirchliches Schrifttum gedruckt, 1488 brachte er das „Boek der Profecien", 1492 das von einem Lübecker Franziskaner bearbeitete Passional, eine Sammlung von Christus- und Marienlegenden, und 1493 ein weiteres Plenar heraus.

Seine Prachtausgabe einer volkssprachlichen Bibel („de Biblie mit vlitigher achtinghe recht na deme latine in dudesk auerghesettet"), nach der Kölner Bibel von 1478 die zweite niederdeutsche, gehörte zu den herausragenden Druckwerken jener Zeit. Mit ihren 92 Holzschnitten, die mindestens teilweise wohl aus Bernt Notkes Werkstatt stammten (dessen Religiosität sich in manchem mit der Devotio moderna berührte), bot sie ein einzigartiges künstlerisches Niveau[72]. Die Illustrationen nahmen mit ihrer naturalistischen Darstellung selbstbewußter Menschen, die in ihrem Schicksal Gott begegnen, einen Grundzug der Renaissancefrömmigkeit auf. Sie sollten den Leser zur vertiefenden Betrachtung der biblischen Geschichte anleiten, welche hier in größtenteils neuer Übersetzung dargeboten und mit kurzen Erläuterungen (Glossen) versehen wurde. Das ganze war nicht das Werk eines einzelnen, sondern eines „Teams" unbekannter Lübecker Theologen.

Bibelübersetzungen in der Volkssprache wurden seit dem 14. Jahrhundert beliebt, als die religiöse Selbständigkeit der Laien nach genauerer Kenntnis der Heiligen Schrift drängte[73]). Die Kirche betrachtete derartige Bestrebungen mißtrauisch, sofern sie mit häretischer Abkehr von der Institution einhergingen. Gegenüber französischen Sekten hatte der Papst schon im 12./13. Jahrhundert Übersetzungen verboten. 1369 erließ Kaiser Karl IV. ein entsprechendes Edikt für Böhmen, und 1485/86 erneuerte der Mainzer Erzbischof, als nunmehr mit dem Buchdruck die Bibelverbreitung neue Möglichkeiten fand, für sein Gebiet die bisherigen Verbote. An Druckausgaben kamen in vorreformatorischer Zeit neben 15 hochdeutschen Vollbibeln nur drei niederdeutsche heraus.

Die Lübecker Bibel gehörte zu den kirchlich geduldeten Werken, obwohl sie neben der unbestreitbaren Orthodoxie ihrer Kommentierung eine gewisse Distanz zur Institution Kirche aufwies. Schon die in der Vorrede programmatisch formulierte Forderung, jeder Christ müßte um seines Seelenheils willen sich in der Bibellektüre üben, war damals ungewöhnlich: „Dyt boek der hilligen scrift de Biblie is van allen tolesende mit entvoldigher innicheit vnde nuchterheit to erer sele salicheit"[74]).

Wer die Bearbeiter des Textes und der Glossen waren, ist in der Forschung noch nicht ausreichend geklärt. Inhaltliche und stilistische Berührungen mit anderen Lübecker Druckern lassen auf einen mehrköpfigen Kreis von Devoten schließen. Sicherlich befanden sich, wie die Kommentierung verrät, akademisch gebildete Theologen darunter. O. Schwencke hat sie mit einem im Katharinenkloster ansässigen Kreis von Erbauungsschriftstellern identifizieren wollen, dessen Leitung beim damaligen Franziskaner-Kustos Nikolaus Bucholt, einem in Erfurt promovierten Doktor der Heiligen Schrift, lag[75]). Mehr als eine mögliche Hypothese ist das nicht, weil das einzige Argument (die Übereinstimmung von Aussagen über Mariä unbefleckte Empfängnis mit der spezifisch franziskanischen Lehre) keine genügende Basis für eine sichere Zuschreibung abgibt. Indes wird man, wenn man die geistige Regsamkeit des Katharinenklosters sowie seine mannigfaltigen Beziehungen zu kritischen Bürgern bedenkt und wenn man einen starken Einfluß der Devotio moderna auf diesen Konvent annimmt, eine derartige Identifizierung für sinnvoll halten können: Ein Kreis von religiös erweckten Laien (unter ihnen Stefan Arndes und Hans van Ghetelen, vielleicht auch Bernt Notke), von Theologen und Mönchen (die in der Stadt auch außerhalb der Institutionen zahlreich vertreten waren) arbeitete in geistigem Anschluß an das Minoritenkloster seit 1480/90 intensiv an der Publikation religiöser Schriften, um in der Bevölkerung die neue Frömmigkeit zu vertiefen. Ihre Arbeit nahm das auf, was populäre Prediger an geistlicher Erziehungsarbeit leisteten.

Die Glossen der Bibel gingen über ihre Vorlagen, die Glossa ordinaria und die Postillen des Nikolaus von Lyra (zwei damalige Standardwerke) hinaus[76]). Sie wandten sich vor allem an die „Armen", die einfachen und ungebildeten Leute, um sie zu einem Leben in Demut nach dem Beispiel des leidenden Christus anzuleiten. An dogmatischer oder mystischer Auslegung zeigten sie sich nicht interessiert, ihr ausgeprägter Biblizismus stand ganz im Banne einer pädagogisch-seelsorgerlichen Praxisorientierung. Kirchenkritik äußerten sie weder prinzipiell noch in Einzelheiten. Doch ihre distanzierten Bemerkungen über die Prälaten und Weltkleriker im Verein mit dem Lob der Volksprediger und Lehrer deuteten in die Richtung eines monastischen Kirchenideals.

Der durchgängige Moralismus paßte zu dem leistungsorientierten Grundzug der spätmittelalterlichen Religiosität. Der Mensch war gehalten, sich sein Heil als Täter des

Wortes selber anzueignen. Insofern sprengte auch die Lübecker Bibel nicht den üblichen Rahmen. Aber sie zeigte, wie stark gerade bei gebildeten Bürgern das Interesse an einer selbständigen Begegnung mit der biblischen Botschaft geworden war. Nicht zufällig ließ z. B. der fromme Ratsherr Hinrich Kerckring sich auf dem von ihm 1520 gestifteten Altar in andächtiger Haltung vor einer aufgeschlagenen Bibel darstellen[77]).

Die Theologie der Erbauungsliteratur

Ebenso wie die ausgedehnte Predigttätigkeit belegt die Vielfalt der religiösen Drucke ein individualistisches Streben nach intellektueller Aneignung der Heilsbotschaft, welches im sakramental-kultischen Leben der Kirche keine hinreichende Befriedigung fand. Die praktischen Interessen standen im Vordergrund, deswegen stießen die antispekulativen Tendenzen der Devotio moderna im Bürgertum auf Resonanz, während Mystik und Nominalismus ebenso wie der heraufziehende Humanismus hier keine Rolle spielten[78]). Man kann darin, wenn man die gleichgeartete Mentalität anderer Perioden bedenkt, ein Merkmal lübischen Christentums sehen. Nicht zufällig begegneten hier im Mittelalter keine herausragenden wissenschaftlichen Theologen.

Die Bearbeiter der verschiedenen Plenarien (der für die häusliche Andacht und die katechetische Unterweisung bestimmten Lektionare) zielten im Stil der Mendikantenprediger auf moralische Besserung[79]). Der Autor des Mohnkopfdrucks von 1492, vielleicht identisch mit dem Franziskaner-Lesemeister, bewies in der Berücksichtigung aktueller Alltagsfragen ein volkstümliches Seelsorgetalent, wobei er sich speziell an Kaufleute wandte. Der Verfasser des „Dodes Danz" von 1489 ermahnte alle Stände, angesichts des nahen Gottesgerichts vom sündhaften weltlichen Treiben Abstand zu nehmen[80]). Hans van Ghetelen kritisierte in seinem „Narrenschyp" umfassend die vermeintlichen Werte der Weltleute und rief sie zur Abwendung von der närrischen Welt auf, „wente allent, dat up erden mach wesen, is doch vor gode unnutlyke dorheyt"[81]). Ähnlich warnte der geistliche Verfasser des „Reinke de vos" vor der Weltweisheit des großen Reinke-Geschlechts verdorbener Menschen; seine im Ideal der Bescheidenheit und Einfachheit fundierte Gesellschaftskritik traf schonungslos gerade die höheren Stände[82]).

Gottes Wille sollte die Richtschnur rechter Lebensführung sein. Deswegen achteten diese Schriftsteller auf Schärfung der Gewissen, wobei die Bibellektüre das entscheidende Medium bildete[83]). Für Heiligen- und Reliquienkult, Ablässe und Sakramente äußerten sie kein Interesse. Sie konzentrierten ihre Heilshoffnung auf den Erlöser Christus als das Vorbild leidender Hingabe und stellten ihn den Angehörigen der städtischen Unterschichten, denen sie sich mit besonderer Liebe zuwandten, als einzigen Weg zum Heil hin. Sie tadelten die Gier nach materiellem Reichtum bei Prälaten, Pfarrherren und den kleinen „papen", weil sie als berufene Leiter der Kirche dem Volk ein schlechtes Beispiel gäben. Nur vor dem Papst und der Heilsbedeutung der Institution Kirche machte die Kritik halt[84]).

So blieb diese Theologie trotz ihres Drangs nach individueller Frömmigkeit grundsätzlich im Rahmen der traditionellen Kirchlichkeit und entsprach damit der für jenes Zeitalter charakteristischen Ambivalenz. Doch in ihr kündigte sich ein kritischer Rückgriff auf das Evangelium an, der verständlich macht, warum schließlich gerade die religiös aufgeweckten Bürger und Mönche im 16. Jahrhundert die Reformation betrieben. Die neuen Möglichkeiten des Buchdrucks verstärkten ihr Interesse an theologischen Fragen.

Auf allen Gebieten des religiösen Lebens zeigte sich ein extensives Bemühen um transzendentale Sicherheit, das nahezu sämtliche Möglichkeiten frommer Betätigung ausschöpfte, von den institutionell-kultischen bis hin zu den privat-personalistischen. Eine Erschütterung des kirchlichen Systems machte sich nicht bemerkbar. „Vorreformatorisch" in dem Sinne, daß alles auf eine neue Lösung der Heilsfrage hindrängte, war die Atmosphäre in Lübeck nicht. Aber die Kritik an mancherlei Mißständen der Institution und die Tendenzen, den Laien zum selbstbewußten Träger einer auf das Individuum konzentrierten Frömmigkeit zu machen, signalisierten den auf Umbruch drängenden Geist einer neuen Zeit.

21. Grabmonument des Bischofs Hinrich Bockholt (gest. 1341)

22. Grabplatte der Bischöfe Burkhard von Serkem (gest. 1317) und Johann von Mul (gest. 1350)

23. Bischof Albert Krummediek (gest. 1489). Figur vom Triumphkreuz im Dom

24a Bischofssiegel Krummedieks

24b Großes Siegel des Domkapitels

25. Wegekreuz für Wilsnack-Pilger 1436 an der Straße nach Schwerin

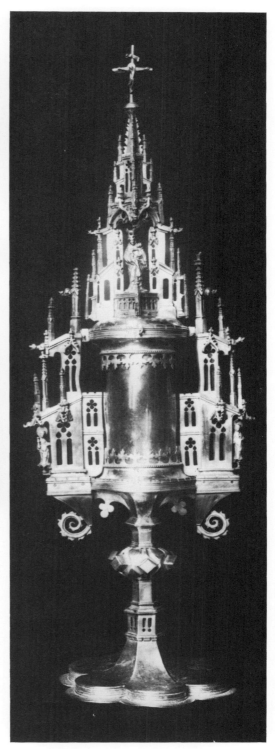

26. Monstranz aus der Ägidienkirche um 1430–50

27. St. Olav. Standbild aus dem Haus der Bergenfahrer 1472

28. St. Nikolaus. Statue der Bruderschaft der Schiffer um 1401 (mit Reliquienkammern in Mithra und Brust)

29. Madonna mit Kind im Dom um 1460

30. St. Anna Selbdritt um 1490. Statue der Annenbruderschaft der Bootsleute

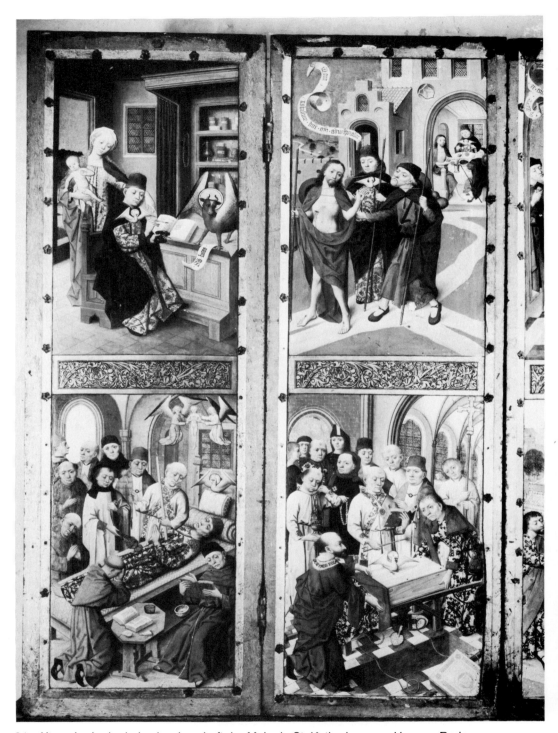

31. Altarschrein der Lukasbruderschaft der Maler in St. Katharinen von Hermen Rode 1484 (Szenen aus dem Leben des Lukas)

32. Fronleichnamsaltar (mit Gregorsmesse im Mittelschrein) der Leichnamsbruderschaft in der Burgkirche von Henning van der Heide 1496

33. Triumphkreuz des Bernt Notke im Dom 1477

34. Passionsaltar des Hans Memling im Dom 1491 (Mitteltafel)

35. Totentanz in der Marienkirche von Bernt Notke 1463 (1942 verbrannt). Ausschnitt: Küster, Kaufmann.

II. Teil:
Evangelische Reformation.
Die Kirche der Bürger und Theologen

Die Reformation als Epoche der Lübecker Kirchengeschichte kann deswegen besondere Aufmerksamkeit beanspruchen, weil in wenigen Entscheidungsjahren die mittelalterliche Kirchenstruktur verändert und das Fundament für die neuzeitliche Entwicklung von Stadt und Kirche, Christentum und Bürgertum gelegt wird. Allgemeine Geschichte und Kirchengeschichte verzahnen sich für kurze Zeit in einem für Lübeck singulären Maße. „Evangelische Reformation" bedeutet Veränderung der Kirchenstrukturen auf der Basis eines neuen Verständnisses dessen, worum es im Christentum geht: Die geschichtsmächtige Kraft Jesu Christi wird konzentriert als „Evangelium" begriffen, d. h. als worthafte, personale Anrede an das Gewissen des Individuums, als Ermöglichung einer prinzipiellen Freiheit von den lebensbedrohenden Unsicherheiten sowie als Kritik an allen Versuchen des Menschen, sich durch Leistung sein Heil zu besorgen. Das hat einschneidende Konsequenzen für die künftige Form des Christentums in der Stadt, dessen herausragendes Kennzeichen die verstärkte Beteiligung der Bürger an der Leitung der Kirche und der Gestaltung kirchlichen Lebens wird (wobei hier außer Betracht bleiben kann, daß diese Beteiligung schließlich vor allem für die Stadtobrigkeit gilt).

Im Blick auf die Lübecker Verhältnisse wird man die Reformation nicht als totalen Bruch mit der bisherigen Entwicklung verstehen dürfen, so als entstünde damals eine neue Kirche. Vielmehr verbindet sich Innovation mit Kontinuität, das Neue knüpft in vielem an Hergebrachtes an und formt es um. Eine fundamentale Theologiereform setzt Impulse für eine Kirchenreform frei, wie es sie in dieser Radikalität im Verlauf der Lübecker Kirchengeschichte sonst nicht gibt. Daraus erklärt sich, warum in der Folgezeit die „Theologen" (die als eigener Stand in Lübeck im Spätmittelalter kaum an Profil gewonnen haben) neben den Bürgern als die entscheidenden Akteure auftreten. Die Geistlichen sind jetzt nicht mehr Kleriker im alten Sinne, keine Priester, sondern Prediger, die im Prinzip kein Monopol der Heilsvermittlung beanspruchen können. Vereinfachend ausgedrückt: Der bisher für das kirchliche Leben konstitutive Ritualismus weicht einem Verbalismus, Kirche stellt sich jetzt als „Kirche des Wortes", nicht mehr primär als Kirche des Sakraments dar.

Theologische Fragen gewinnen nunmehr für die Stadtgemeinschaft zentrale Bedeutung, weil es um die Neudefinition ihrer religiösen Fundamente geht. Aber am Ende der Epoche steht eine doktrinäre Erstarrung, welche die ursprüngliche Kraft des theologischen Aufbruchs durch die Fixierung evangelischer Lehre konservieren will. Die für die Reformation charakteristische Allianz von Bürgern und Theologen löst sich allmählich auf und macht neuen Formen weltlicher und geistlicher Religiosität Platz. Die Fundierung einer spezifisch evangelischen Institutionalität von Kirche und damit die plausible Begründung, warum Kirche im Lebensvollzug der Stadtgemeinschaft notwendig ist, wird zum Dauerproblem der Neuzeit.

8. Kapitel
Die Anfänge der evangelischen Bewegung 1522–1529

Die Situation in Lübeck war nicht „vorreformatorisch" in dem Sinne, daß eine verbreitete Kritik an kirchlichen Mißständen unaufhaltsam auf Änderungen drängte. Was andernorts zu den Entstehungsbedingungen der Reformation gehörte, war hier kein ausschlaggebender Faktor. In Hamburg z. B. wuchs die Entwicklung der Jahre 1522 ff aus den vorangehenden Streitigkeiten zwischen Bürgerschaft und Klerus heraus und konnte an ältere Reformbestrebungen anknüpfen. In Lübeck dagegen erschien das kirchliche Leben mit seiner Integration in das bürgerliche eher noch als „heile Welt". Nur unterschwellig kündigten sich Spannungen und Veränderungstendenzen an. Daß dann auch hier seit 1522 ein Drang nach grundlegender Kirchenreform entstand, beruhte stärker auf von außen kommenden Einflüssen, die hier vorhandene religiöse Tendenzen verstärkten.

Diese Einflüsse kamen entscheidend von Luthers Theologie und der Wittenberger Reformation her, und doch ging es nicht einfach um eine direkte Übernahme der Position Luthers. Dessen Ideen, die seit 1518/20 überall in Deutschland lebhaft diskutiert wurden, fanden in Norddeutschland eigenständige Multiplikatoren, die vor allem durch die Devotio moderna auf eine „evangelische" Orientierung, auf eine neue Christusfrömmigkeit, auf Bibellektüre und Predigthören vorbereitet waren. Neben aufgeschlossenen Bürgern handelte es sich um Mönche und Theologen aus dem „zweiten Glied", die keinen allseits bekannten Namen hatten, sich nicht literarisch produzierten und doch das Bewußtsein der Bevölkerung nachhaltig prägten.

Luther und die Reformation im Reich

Als eine breite Volksbewegung wurde die Reformation durch Luther ausgelöst. Kirchenkritik war eines ihrer hervorstechendsten Merkmale, doch im Kern war sie eine Predigtbewegung: Man wollte „Gottes Wort" hören. Dahinter stand die Sehnsucht nach einer authentischen Begegnung mit der Wahrheit, die den Menschen angesichts der Tatsache, daß das bisherige System kirchlicher Heilsvermittlung nicht die gesuchte Sicherheit bot, seines Heils gewiß machen sollte. In dieser Form der Frage nach der Sinnerfüllung des Lebens äußerte sich die spätmittelalterliche Konzentration auf das Individuum. Gegenüber der durch die Institution angebotenen Sinnvermittlung wurde Luthers Rechtfertigungslehre (sein Rekurs auf die Befreiung von der Lebensangst durch den Glauben an die in Christus zugesagte Gnade) von vielen Zeitgenossen als eine lösende Antwort auf quälende Fragen aufgegriffen. Diese religiöse Bewegung erreichte mit den Reaktionen auf Luthers Reformschriften des Jahres 1520 einen ersten Höhepunkt. Strukturveränderungen wurden durch einen allgemeinen Bewußtseinswandel vorbereitet. „Bewegung" war die Reformation auch darin, daß starke Triebkräfte aus der Bevölkerung, vor allem aus dem niederen Klerus und dem Mönchtum kamen. Priesterehe und Austritt aus dem Kloster signalisierten als Ausdruck der neuen Gesinnung die provokative Auseinandersetzung mit der alten Kirchenstruktur.

Die Reformation war weder eine planmäßig organisierte Reform noch eine bewußte Revolution gegen das bestehende „System". Sie war aber auch keine rein religiöse Bewegung, was angesichts der politischen, sozialen und kulturellen Implikationen des kirchlichen Lebens nicht gut möglich gewesen wäre. Fast überall verbanden die religiösen Forderungen sich mit politischen und sozialen. Allerdings ist eine genauere Differenzierung der Art und Weise dieser Verbindung unerläßlich, weil die reformatorische Bewegung hierin keineswegs einheitlich war und wie fast überall so auch in Lübeck regionale Eigentümlichkeiten festgestellt werden müssen.

Evangelische Bewegungen zeigten sich vielerorts, ohne daß es gleich zu einer Einführung der Reformation kam. Da das Zentrum des mittelalterlich-katholischen Kirchenwesens das Sakrament, insbesondere die Messe mit ihrer Wiederholung des Opfers Christi war, kann von Einführung der Reformation erst dann die Rede sein, wenn diese Form der Messe abgeschafft und durch einen spezifisch evangelischen Gottesdienst ersetzt wurde. Das war in Wittenberg 1521/22, in Zürich 1523, in Straßburg und Nürnberg 1524, in Hamburg 1528 und in Lübeck erst 1530 der Fall. Da sich aus dieser Änderung der Messe enorme Folgen in kirchenstruktureller, sozialer und ökonomischer Hinsicht ergaben, verband sich mit ihr die Nötigung, eine neue evangelische Kirchenordnung auszuarbeiten. Erst wo dies erfolgte, ist die Reformation endgültig durchgeführt (so in Lübeck 1531).

Seit 1518 war die „causa Lutheri", Luthers populärer Kampf gegen Entartungen der Papstkirche, mit der großen Reichspolitik verbunden, weil Kurfürst Friedrich von Sachsen, der seinen Professor vor der Inquisition schützte, im Blick auf die bevorstehende Königswahl (1519 dann die Kaiserwahl) von Papst und Kaiser schonsam behandelt werden mußte. 1521 auf dem Wormser Reichstag war diese Rücksichtnahme nicht mehr nötig, so daß Karl V. mit dem Wormser Edikt die Reichsacht über den vom Papst gebannten Ketzer und alle seine Anhänger aussprechen konnte. Dieses Edikt ist – in Verbindung mit den Beschlüssen der folgenden Reichstage – die Rechtsgrundlage der weiteren Entwicklung und insofern auch im Blick auf Lübeck wichtig, obwohl hier für die Frühzeit keine öffentlich hervortretenden Lutheranhänger nachzuweisen sind. Trotz des Verbots kam aber im Reich die Reformation deswegen voran, weil die für eine Exekution entsprechender Maßnahmen zuständige Zentralgewalt ausfiel. Karl V. hielt sich in Spanien auf, und das Reichsregiment in Nürnberg hatte kaum Einfluß. So hing das weitere Schicksal der Reformation davon ab, ob die einzelnen Territorialherren die Bewegung unterdrückten, begünstigten oder zumindest tolerierten.

Die Anfänge in Lübeck 1520—23

Die Reformation in Lübeck geht auf eine evangelische Bewegung zurück, deren Anfänge im dunkeln liegen und die seit 1523/24 sowohl in Form von festen Gruppen als auch in Gestalt von einzelnen Sympathisanten, die man zunächst „Martinianer" nannte, deutlich hervortritt. Dieser Bewegung ging es primär nicht um Kirchenkritik wie andernorts, sondern um eine neue Frömmigkeit und um eine Reform der Predigt. Zwei Einflüsse zeigten sich dabei: Zum einen die emanzipierte, individualistische bürgerliche Frömmigkeit, zum anderen der Einfluß der Theologie Luthers.

Auffällig ist, daß die Träger dieser Bewegung zumeist junge, gutsituierte Bürger waren – ein religionssoziologisch bedeutsamer Umstand, der fast überall in Deutschland zu bemerken ist, ohne daß man aber deswegen die Reformation als eine Jugendbewegung klassifizieren könnte. Die Verbindung der beiden genannten Einflüsse wird bei der am frühesten greifbaren Gruppe sichtbar. Lutherisches Gedankengut wurde dieser Gruppe zunächst durch persönliche Kontakte vermittelt, da der Stiefsohn des begüterten Kaufmanns Hans Sengestake, Jürgen Benedicti-Sengestake seit 1518 bei Luther und Melanchthon in Wittenberg studierte und dafür sorgte, daß die neue Theologie seinen Verwandten und Freunden in Lübeck bekannt wurde, zunächst durch die Zusendung von Wittenberger Schriften, seit 1522 dann durch seine direkte Wirksamkeit in Lübeck. Dieser gebildete Laie, der trotz seines Studiums nie ein kirchliches Amt bekleidete, wirkte in der Stille bis 1530 als einer der wichtigsten Multiplikatoren des Neuen[1]).

Einfluß auf breitere Kreise gewann reformatorisches Gedankengut seit 1518 von außen her durch die Flugschriften, die fliegende Händler hier vertrieben, aber auch durch in Lübeck gedruckte Schriften in niederdeutscher Sprache. Diese Quelle ist für die Ausbreitung und Festigung der evangelischen Bewegung entscheidend. Der Lübecker Drucker Hans Arndes stellte sich seit 1520 in den Dienst der Reformation, neben ihm wirkte von Rostock her in Verbindung mit Lübecker Bürgern Ludwig Dietz, hinzu kamen die zahllosen fliegenden Händler mit Material von auswärts. So kursierten die wichtigsten Schriften Luthers, evangelische Erbauungsbücher und polemisch-kirchenkritische Traktate („Schmähschriften") in der Stadt.

Eine weitere Quelle für das Einströmen reformatorischer Ideen bildete das Wirken von evangelischen Wanderpredigern, die in dem großen Verkehrsknotenpunkt Lübeck Station machten oder zum Teil sich hier auch länger aufhielten. Ihr Auftreten ist seit 1522/23 bezeugt. Der humanistisch-evangelische Prediger Johannes Cusanus, der später (1527) ausgewiesen wurde, hielt sich seit 1523 immer wieder in der Stadt auf. 1523 predigte in den Privathäusern ein namentlich unbekannter Mann, für später ist die Tätigkeit eines Nikolaus aus Dithmarschen bezeugt. Im auffälligen Unterschied zu anderen Städten, etwa zu Hamburg und Stralsund, traten dagegen Lübecker Prediger und Mönche in der Frühzeit nicht als Initiatoren der evangelischen Bewegung auf, ein Zeichen dafür, daß diese noch keine theologisch ausgearbeitete konfessionelle Identität gewonnen hatte. Die Reformation war hier primär eine von Laien getragene Bürgerbewegung, und zwar zunächst weniger der niederen Stände, als vielmehr der Kaufleute und begüterten Handwerker.

Evangelische Kreise in der Mariengemeinde

Unter diesen Bürgern bildeten sich mehrere feste Kreise, die sich als „Evangelische" verstanden und sich in Privathäusern, z. B. bei Sengestake, versammelten. Mitglieder dieser Kreise waren vorwiegend junge Kaufleute, aufgeschlossene Laien, die selbstbewußt gegen die herrschende Frömmigkeit und gegen die religiösen Privilegien des Klerus protestierten. Besondere Bedeutung als Kristallisationskern bekam dabei die vornehme Leonhardsbruderschaft, die neben der Antoniusbruderschaft die bedeutendste auf dem karitativen Sektor tätige Bruderschaft war und überdies auch die kirchliche Kunst pflegte. Die meisten der von 1522 bis 1528 hervortretenden Lutheraner gehörten ihr an, so z. B. Jakob Krappe, Jasper Bomhower, Hans Sengestake und der Großkaufmann Harmen Israhel, welcher als Förderer Gustav Wasas, dem er in Lübeck eine

Zuflucht geboten hatte, über beste Handelsbeziehungen im Ostseeraum verfügte. Durch ihre Verbindungen zu Nürnberger Kaufleuten, die für die Leonhardsbruderschaft typisch sind, wurde auch aus diesem süddeutschen Zentrum der Reformation evangelischer Einfluß vermittelt. Die Bruderschaft hatte zwar ihre kirchliche Heimat in der Klosterkirche der Dominikaner zu Burg, aber ihre evangelischen Mitglieder sammelten sich vor allem im Marienkirchspiel[2]).

Im Bereich der Kirche des konservativen, strikt antireformatorischen Rates bildete sich noch ein zweiter einflußreicher Kreis von Lutheranern. Anfang 1522 trat er erstmals hervor, als der als Kustos in St. Marien fungierende, akademisch gebildete Johannes Steenhoff (später Ratsphysikus und Bürgermeister in Naumburg) durch ein öffentliches Bekenntnis zur evangelischen Freiheit und gegen das Papsttum solches Aufsehen erregte, daß der Dekan des Domkapitels ihn als Ketzer gefangensetzte und ihm den Prozeß machen wollte[3]). Aber seine Freunde mobilisierten eine größere Menschenansammlung, und so ließ der Dekan aus Furcht vor Aufruhr Steenhoff wieder frei. Dieser Erfolg veranlaßte den durch Benedicti informierten Wittenberger Mitarbeiter Luthers, Nikolaus Amsdorff, am 20. Februar 1522 an Rat und Bürgermeister Lübecks zu schreiben, weil er sie irrtümlich für aufgeschlossen gegenüber der evangelischen Sache hielt. Er ermahnte sie, standhaft gegenüber den Papisten beim Evangelium zu bleiben, empfahl ihnen Jürgen Benedicti als Gewährsmann, da er selber nicht nach Lübeck kommen könnte, und stellte ein ausführlicheres Lehrschreiben in Aussicht[4]). Wie wichtig für die Wittenberger die Möglichkeit einer Reformation in Lübeck erschien, wird aus Amsdorffs Anerbieten deutlich, er würde gerne selbst die Lübecker in der neuen Lehre unterweisen, wenn er nur die niederdeutsche Sprache könnte.

Rat und Domkapitel

Durch diese Ereignisse wurde dem Rat klar, daß nun auch in Lübeck mit der neuen Bewegung, die andernorts in Norddeutschland bereits Erfolge zu verzeichnen hatte, gerechnet werden müßte. Zumal die Vorgänge in Bremen, wo die Bürger gegen den Widerstand des Erzbischofs zur Reformation schritten, waren der Anlaß für ein Provinzialkonzil der Bremer Suffraganbistümer gewesen, das sich im Februar 1523 in Buxtehude mit dem Kampf gegen die vordringende lutherische Ketzerei beschäftigte[5]).

Die nicht ungefährliche Situation veranlaßte Rat und Kapitel Lübecks, die bei kirchenpolitischen Problemen seit längerem bewährte Kooperation auch in dieser Frage fortzusetzen. Insbesondere der Rat zeigte sich bis 1530 als der hartnäckigste Verteidiger des alten Kirchenwesens. Mit den neuen Kirchenführern, mit Bischof Heinrich Bockholt (1462/3–1535) und vor allem mit dem Domdekan Johannes Brand (beide seit 1523 amtierend) hielt er fortan ständigen Kontakt in allen Religionsangelegenheiten. Bockholt, gebürtiger Hamburger und promovierter Jurist, der an seiner Vaterstadt das Vordringen der Reformation miterleben mußte, war ein starrer Gegner der Lutheraner, ein Kirchenfürst der Renaissancekultur, mehr an Kunst, Musik und Geselligkeit als an religiösen und theologischen Problemen interessiert, dessen aufwendige Hofhaltung in Eutin Kritik erregte. Auch der friedliche, gebildete, in Lübeck wohlangesehene Domdekan Brand war bis zu seinem Tod 1531 ein entschiedener Verteidiger des Katholizismus, doch ein viel klügerer als Bischof Heinrich, weil er die religiöse Umbruchstimmung der Zeit erfaßte.

Dagegen erwies das Kapitel als die Kirchenleitung der Stadt der altgläubigen Sache schlechte Dienste. Interesse artikulierte es nur dort, wo es um die Verteidigung seiner wirtschaftlichen Privilegien ging, wie sich schon 1523 im Streit mit der Bürgerschaft um die Beteiligung an einer wegen des Dänenkrieges notwendig gewordenen Sondersteuer zeigte[6]). Gerade dadurch arbeitete es den der Reformation aufgeschlossenen Bürgern in die Hände. Und die allgemeine Opposition verstärkte es noch durch immer wieder zutagetretende Unmoral, durch Vernachlässigung der Gottesdienste und durch verweltlichtes Auftreten. Trotz aller Kritik an den Klerikern, den „Pfründenfressern", war aber die Opposition in Lübeck niemals so ausgeprägt, daß sie als treibende Kraft für die Reformation in Anschlag zu bringen wäre. Sie war ein für die Gesamtatmosphäre nicht unwesentlicher Begleitumstand: Von einem solchen Klerus konnte ernsthaft keine Reform erwartet werden[7]).

Unruhen in der Gemeinde

Der evangelische Kreis in der Mariengemeinde hatte sich 1523 so weit gefestigt, daß er plante, eine eigene Stiftung für eine evangelische Sonntagspredigt einzurichten. Doch aus dem Plan wurde nichts. In dem neuen Predigtkaplan von St. Marien, Magister Johannes Fritze, fand der Kreis einen Sprecher, mit dessen Person vorübergehend die Theologen als bestimmender Faktor auftraten. Im Dezember 1523 wurde Fritze vom Kapitel wegen seiner Angriffe gegen den Klerus zur Rechenschaft gezogen. Auch der Petrikaplan Johannes Bentze war wegen seiner Kritik am Heiligenkult aufgefallen. Die Tatsache, daß beide sich ohne weiteres mit den Vertretern des Kapitels, mit dem Domtheologen, dem Dekan und den beiden zuständigen Pfarrherrn verständigten, zeigt, daß die Lübecker Prediger noch keine klare reformatorische Konzeption hatten. Als geistige Führer traten sie nicht auf[8]).

Neben den festen Gruppen und den Befürwortern einer Reform im gehobenen Bürgertum gab es auch etliche Sympathisanten in den unteren Schichten. Die Reformation in Lübeck blieb also nicht eine Angelegenheit einiger gebildeter, kirchlich interessierter Bürger, sondern wurde zunehmend eine Volksbewegung. Dieses Element, das sich im Laufe der Jahre bedeutsam verstärkte, trat 1523/24 durch gelegentliche demonstrative Störaktionen seitens der „Martinianer" (wie man die Lutheranhänger nannte) hervor. Es kam zu Predigtstörungen, zu Verspottung der Pfaffen, gelegentlich wurde Weihwasser verunreinigt oder Heiligenbilder wurden geschändet, ja es kam sogar zu ersten Angriffen des Pöbels auf der Straße gegen Kleriker[9]). Allmählich entstand in der kleinbürgerlichen Ägidiengemeinde ein weiteres evangelisches Zentrum.

So zeichnete sich die Bildung von zwei Parteien in der Stadt ab. Da dies Unruhe in die Bürgerschaft brachte, sah sich der Rat im Januar 1524 veranlaßt, beim Kapitel die Anordnung einer feierlichen Bittmesse zu beantragen, um damit nicht nur Unwetter und Krieg, sondern auch die immer stärker werdende „martinianische" Häresie abzuwenden. In einem Fall bemühte er sogar die Inquisition der Dominikaner, um einen Unruhestifter ausweisen zu können[10]). Insgesamt ging seine Politik gegenüber dem neuen Phänomen zunächst dahin, um der inneren Ruhe und Ordnung willen die „Martinianer" behutsam zu behandeln, nach Möglichkeit zu ignorieren und in Einzelfällen auch einmal Nachsicht zu zeigen. Der Bürgermeister Thomas von Wickede (gestorben 1527), der große Staatsmann und erfahrene Politiker, vertrat allerdings die harte Linie, daß alle Ketzer den Feuertod verdient hätten. Er erkannte klar die Gefahr, die dem Gemeinwesen im Zusammenhang mit der allgemeinen politischen und wirtschaftlichen Unzufriedenheit vom religiösen Aufruhr einiger Bürger drohte: „Lever tein Kuninge buten der Stadt tho vyande tho hebben denn ore burger darbynnen" war seine Maxime[11]). Diese Befürchtung bestimmte auch das vorsichtige Handeln des Rats; ihm lag daran, daß die Bewegung keinen Anlaß bekam, sich weiter auszubreiten.

Seit 1524 tendierten die Evangelischen – diese Bezeichnung verwandte der Marienkaplan Fritze programmatisch – dahin, als eigene Gemeinde hervorzutreten. Fritze war jetzt offen zu evangelischer Predigt übergegangen, und das führte zu einem permanenten Kampf mit dem anderen Predigtkaplan an St. Marien, dem katholischen Johannes Wienken. Demonstrativ brach Fritze für seine evangelischen Gemeindemitglieder im April 1524 mit der katholischen Beichtpraxis, indem er die Absolution ohne vorgängige Einzelbeichte spendete[12]). Von nun an provozierte er den Streit mit dem Kapitel, wodurch er sich als Führer der Evangelischen profilierte. Bemerkenswert ist freilich, daß die andernorts in Deutschland zentralen Fragen des Meßopfers und des Laienkelches weder von Fritze noch von den evangelischen Laien angesprochen wurden.

Abwehrmaßnahmen des Rates

Die Konsolidierung der evangelischen Bewegung war der Grund dafür, daß der Rat im Juli/August 1524 seine bisherige Politik zugunsten systematischer Maßnahmen änderte. Hinzu kam ein außenpolitischer Anstoß. Weil Lübeck im Kampf gegen den vertriebenen Dänenkönig Christian II. (der der evangelischen Sache zuneigte und seinen Thron mit Hilfe deutscher Fürsten und seines Schwagers Karls V., an dessen Hof er geflüchtet war, wiederzugewinnen hoffte) sich als eine der kaiserlichen Religionspolitik treu ergebene Macht darstellen wollte, nahm der Rat den Abschied des Nürnberger Reichstages von 1524, der eine Durchführung des Wormser Edikts gegen die Lutheraner nur eingeschränkt empfahl, in der vom Kaiser verschärften Form auf, „alse de gehorsamen vnde ghetruwen Vnderdanen". Der Rat publizierte ein Mandat, mit dem er erstmals in aller Form öffentlich unter Bezug auf das Wormser Edikt die reformatorische Bewegung verbot: Keiner dürfte dem Irrtum des Ketzers Martin Luther nachfolgen und dessen Schriften verkaufen oder drucken, abschreiben, lesen oder besitzen[13]). Dies richtete sich gegen die reformatorischen Flugschriften und Erbauungsbücher.

Gegen die Wirksamkeit der von auswärts eindringenden „Winkelprediger", die über längere Zeit hinweg von evangelischen Kreisen aufgenommen wurden, wandte sich eine zweite Maßnahme. Am 10. August 1524 hatte der Prämonstratensermönch Johann Osenbrügge aus Stade, dessen Kloster schon früh im Elbegebiet die Reformation propagierte, im Hause des Leonhardsbruders Jasper Bomhower in der Mengstraße, der zu dem evangelischen Kreis der Mariengemeinde gehörte, vor fast dreihundert Zuhörern gepredigt[14]). Wahrscheinlich ist dieser Osenbrügge (d. h. Johann aus Osnabrück) identisch mit dem Stader „Weißen Mönch" Johann Wiedenbrügge (d. h. Johann aus Wiedenbrück), der 1522 in Hamburg in den Bürgerhäusern predigte und dort von der Inquisition vertrieben worden war. Über seine Person kamen Kontakte nicht nur zu den Hamburger Evangelischen, sondern auch zu den Niederländern zustande. Großen Zulauf hatte der Mönch auch in der nächsten Zeit, woraufhin der Rat, der ein Zeichen setzen wollte, ihn schließlich gefangennahm. Trotz des Einspruchs und der Fürsprache zahlreicher einflußreicher Bürger ließ er ihn nicht frei. Der Rat statuierte an ihm ein Exempel, um dem Konventikelwesen beizukommen. Bis 1528 blieb Osenbrügge im Turm, obwohl auf Betreiben der Lübecker Lutheraner sogar auswärtige Fürsten wie Friedrich von Dänemark, Christian von Holstein und Johann von Kursachsen 1526 für ihn intervenierten. Freilich konnte er auch aus dem Gefängnis heraus dank der Kontakte mit den Evangelischen weiterhin missionarisch tätig sein[15]. Dieses Vergehen gegen Johann Osenbrügge entsprach auch dem andernorts feststellbaren gewaltsamen Einschreiten gegen evangelische Prediger, für das die Person des Bremer Reformators Heinrich von Zütphen, des ersten evangelischen Märtyrers, ein besonderes Beispiel bietet, welcher bei einer Predigtfahrt in Dithmarschen von den dortigen Bauern in Heide hingerichtet wurde.

Im Zusammenhang mit Osenbrügges Verhaftung fand am 1. September 1524 die erste öffentliche Verhandlung zwischen Rat und Bürgern über die Kirchenfrage statt. Der Rat eröffnete den Älterleuten der Kollegien, die Lutheraner beabsichtigten, die Stadt in Aufruhr zu versetzen. Daraufhin erklärten diese, nachdem sie untereinander wie üblich beraten hatten, daß sie das gemeingefährliche Treiben der Ketzer ablehnten und dem kaiserlichen Edikt nachleben wollten. Es ist deutlich, wie wenig die Bürgerschaft insgesamt und in ihren einzelnen Vertretungskorporationen sich offiziell der Reformation geöffnet hatte. Ihre Forderungen in der Kirchenfrage zielten lediglich auf eine maßvolle Reform von Gottesdienst- und Predigtwesen[16].

Die Abwehr der reformatorischen Bewegung führten die konservativen Mächte mit politischen, nicht mit religiösen Mitteln. Theologische Streitgespräche, wie z. B. in Hamburg, fanden in Lübeck nicht statt, es fehlte auf beiden Seiten an dafür geeigneten Männern. Das Domkapitel war bereit, eine militärische Aktion des Bremer Erzbischofs Christoph gegen die renitente Stadt Bremen und gegen evangelische Herren, die dem Stift Verden zusetzten, finanziell zu fördern, nachdem auf einem Provinzialkonvent der bremischen Bistümer, zu dem im März 1524 Vertreter der Bischöfe und Kapitel von Bremen, Verden, Hamburg, Lübeck, Ratzeburg und Schwerin in Lübeck versammelt waren, die evangelische Bewegung als akute Gefahr für den Bestand der Kirche deutlich geworden war. Doch zu Aktionen oder gar zu einer gemeinsamen Strategie konnten sich die Hüter des Alten nicht aufraffen[17].

Die Hanse und die Reformation 1525

Auch im überregionalen Bereich war es der Lübecker Rat, der sich intensiver als Kapitel und Bischof um die Abwehr der Ketzerei bemühte. Die Erfolge der Evangelischen in Bremen, Hamburg, Wismar, Stralsund und Danzig konnten nicht ohne Wirkung auf den politischen und wirtschaftlichen Zusammenhalt der Hanse bleiben. Deswegen betrieb der Rat auf dem Tag der wendischen Hansestädte im Januar 1525 in Lübeck eine Verständigung über Abwehrmaßnahmen. Wismar und Stralsund machten zwar nicht mit, weil dort die Reformation nicht mehr aufzuhalten war, aber mit Hamburg, Lüneburg und Rostock einigte Lübeck sich auf einen Rezeß, in welchem folgende Maßnahmen vereinbart wurden: Verbot der lutherischen Predigt und des Auftretens solcher Prediger, die ohne besonderen Auftrag wären; Verbot des Drucks und der Verbreitung von reformatorischen Schriften, privaten Versammlungen, von Winkelpredigten und von religiösen Gesprächen bei geselligen Zusammenkünften. Die offiziellen Prediger sollten sich nach der Lehre der Heiligen Schrift und der anerkannten Theologen richten, damit das Volk nicht durch Zweifel und Kritik am Herkömmlichen beunruhigt, vielmehr zum Gehorsam gegen die Obrigkeit angehalten würde. Kanzelpolemik wurde untersagt, ebenso alles, was den inneren Frieden der Städte hätte stören können[18]).

Dieser Rezeß bestimmte das Vorgehen des Rats in den Jahren 1525–29 gegenüber der evangelischen Bewegung in der Stadt. Aber auch in außenpolitischer Hinsicht blieb der Rat aktiv. Weil die durch die Reformation ausgelösten innenpolitischen Unruhen in einigen Städten Auswirkungen auf den Zusammenhalt der Hanse hatten und handelspolitische Schwierigkeiten im Verkehr mit katholischen Mächten bereiteten, versuchte er, auf dem Hansetag in Lübeck vom 7.–29. Juli 1525 (auf welchem im Unterschied zu dem regionalen Tag vom Januar die gesamte Hanse vertreten war) gemeinsame Maßnahmen durchzusetzen. Reformation war für ihn gleichbedeutend mit Revolution, sie richtete sich nicht nur gegen die Geistlichkeit, sondern auch gegen die Obrigkeit. Doch seine Befürchtungen wurden von den Sendboten der übrigen Städte nicht geteilt; seine Haltung erschien vielen als reaktionär, so daß nach längerer Diskussion der vage Beschluß zustandekam, die Städte wollten dafür sorgen, „dat de undersaten jegen de overicheit nicht erwecket wurden". Im übrigen ging die Meinung dahin, man könnte den inneren Frieden am besten durch die Anstellung solcher Prediger fördern, die geeignet wären, „dat worth Gotes reyn unde rechtfertig ane menschen getichticht unde frembden gloszen czu predigen"[19]).

Dieses Ergebnis war magerer als dasjenige des wendischen Tages, trotz der Bemühungen des Lübecker Rats. Im März 1526 fühlte er sich als Haupt der Hanse abermals zum Einschreiten genötigt. Er forderte aufgrund einer Beschwerde des englischen Königs Wismar und Danzig auf, dafür zu sorgen, daß deren Englandfahrer im Londoner Stalhof keine lutherischen Bücher mehr mitführten, weil daraus eine politische Gefährdung des Handels entstehen könnte[20]).

Fortgang der Bewegung. Zögern der Altgläubigen

Die reformatorische Bewegung in der Stadt ging weiter. Vor allem in der kleinbürgerlichen Ägidiengemeinde begann es nun zu rumoren, und die Kirchenkritik wurde seit 1525 immer lauter[21]). Auch der seit Juli 1524 amtierende, für den späteren Verlauf der Reformation wichtige Sonntagsprediger am Dom, Andreas Wilms, fiel im Juni 1525 durch Äußerungen gegen die Messe auf[22]). Unter den Flugschriften erregte eine Abhandlung gegen die Messe solche Aufmerksamkeit beim Kapitel, daß es nun erstmals eine theologische Reaktion ins Auge faßte. Und der scharfen Kritik an der unsittlichen Lebensweise der Domherren begegnete das Kapitel auf Anmahnen des Dekans Brand hin mit dem Vorsatz, sich zu „reformieren". Der Erfolg war jedoch gering[23]).

Auch die scharfen Maßnahmen des Rats konnten die neue Bewegung nicht stoppen. In Verfolg des Rezesses von 1525 ließ er im Verlauf des Herbstes vier Männer wegen Predigtstörungen, Lästerungen gegen katholische Gebräuche und Aufsässigkeit gegen die Geistlichkeit ins Gefängnis sperren[24]). Mehrfach wurden lutherische Schriften bei

Buchhändlern beschlagnahmt, und als das nichts nützte, führte der Rat im September 1526 sogar eine öffentliche Bücherverbrennung auf dem Markt als Warnsignal durch. Die Folge war, daß sich zwar Lübecker Drucker wie Arndes und Balhorn eine Zeitlang zurückhielten, aber evangelisches Schrifttum weiterhin heimlich kolportiert wurde[25]).

Im August 1526 erließ der Rat ein Mandat, mit dem alle von auswärts gekommenen abtrünnigen Priester, die hier für die Reformation wirkten, ausgewiesen wurden. Ein Mann wie der durch die Unruhen in Livland bekannt gewordene spiritualistisch-apokalyptische Laienprediger Melchior Hoffman bekam nach der Flucht aus Livland und Stockholm bei seinem Aufenthalt in Lübeck (Februar/März 1527), wo er einige Zeit gepredigt haben dürfte, diese Härte des Rats zu spüren. Er berichtet von sich, daß „die obersten regenten von Lübeck gantz hart auch nach seinem halß, blut, leib und leben stunden", muß also in der Stadt Aufsehen erregt haben[26]). Viel bewirkt hat er hier nicht; seit 1527 predigte er in Kiel. Namentlich bekannt ist ferner, daß schon früher der humanistische Gelehrte Johannes Cusanus (Johannes Enklen aus Kues), der seit 1523 sporadisch in Lübeck als Wanderprediger agierte, am 18. August 1525 der Stadt verwiesen wurde, auch er ein Opfer des obrigkeitlichen Durchgreifens[27]).

Zur selben Zeit wurde der Leonhardsbruder Jasper Bomhower, ein profilierter Lutheraner, der schon mehrfach vom Rat wegen evangelischer Äußerungen verwarnt worden war, wegen Körperverletzung gefangengesetzt und nach einiger Zeit gegen Urfehde, hinfort sich nicht mehr um die lutherische Sekte zu kümmern, freigelassen[28]). Der besondere gegenreformatorische Einsatz des Rats, der auch dem Ratzeburger Bischof gegen Übergriffe des Herzog Magnus von Lauenburg beistand, wurde von Papst Clemens VII. durch ein Dankschreiben vom 16. März 1526, das die Unnachgiebigkeit gegen die Ketzer rühmte, völlig zutreffend – aufgrund einer entsprechenden Initiative des Lübecker Kapitels in Rom – gerühmt[29]). Im Jahre 1527 setzte sich das Hin und Her zwischen Aktionen der Evangelischen und des Rats fort.

Die Lage blieb vorerst unentschieden und war nur bedingt unter der obrigkeitlichen Kontrolle. Als Führer des politischen Widerstands gegen die Lutheraner trat nun zunehmend der Bürgermeister Nikolaus Brömse hervor, der bis 1531 das Schicksal der Reformation und damit der Stadt entscheidend mitbestimmt hat. Er war Mitglied der vornehmen Zirkelgesellschaft, der Sohn eines aus Lüneburg zugezogenen Kaufherren, der ebenfalls schon Lübecker Bürgermeister gewesen war, und galt, wie der Chronist Reimar Kock vermerkt, im Volk als frommer und leutseliger Mann, verkörperte aber dabei ganz die obrigkeitliche Autorität. Zu einer systematischen Verfolgung der Lutheraner konnte der Rat sich nicht bereitfinden, es blieb bei einzelnen Maßnahmen. Die Unentschlossenheit der Verteidiger des Alten wird erhellt durch die Tatsache, daß ein vom Hamburger Rat im August 1527 betriebener Plan für eine Provinzialsynode des Erzbistums Bremen unter Beteiligung aller betroffenen Bistümer einschließlich Ratzeburg, Schwerin und Schleswig, auf welcher Kirchenreformen zwecks Abwehr der Ketzer beschlossen werden sollten, nicht realisiert werden konnte. Der Plan scheiterte, weil der Erzbischof Christoph sich mit Rat und Kapitel von Lübeck über Verfahrensfragen nicht verständigen konnte[30]). So wuchs die reformatorische Stimmung in der Bevölkerung angesichts der fortbestehenden Mißstände, aber auch angesichts des obrigkeitlichen Widerstandes.

Die Verteidiger des alten Kirchenwesens hatten der ganzen Entwicklung nichts Positives entgegenzusetzen. Sie reagierten nur mit etwas schwächlichen politischen Mitteln. Dies erwies sich erneut Ende August/Anfang September 1527, als die Franziskanerklöster der sächsischen Provinz im Lübecker Katharinenkloster ihr Provinzialkapitel abhielten, um in der gefährdeten Stadt eine eindrucksvolle Demonstration des katholischen Glaubens zu geben. Vielleicht spielte auch die Überlegung eine Rolle, diejenigen Lübecker Brüder, die wie Reimar Kock der evangelischen Sache zuneigten, auf den rechten Weg zurückzubringen. (Der Chronist der Reformation, der 1530 evangelischer Prediger wurde, war wohl schon zu jener Zeit ein Neuerer.) Die Minoriten hatten eine große Prozession, Predigten gegen die Lutheraner und eine öffentliche Disputation über ein Thema, das zwischen Luther und den Altgläubigen seit 1525 in besonderer Weise strittig war, die Willensfreiheit des Menschen gegenüber Gottes Gnadenhandeln, vorbereitet. Die uns erhaltenen Disputationsthesen des Minoriten Jakob Spilner aus Frankfurt/Oder zeigen, daß man um eine fundierte, gemäßigte Widerlegung der lutherischen Theologie im Sinne des klassischen Synergismus bemüht war. Aber da Rat und Kapitel keine Unruhe in der Stadt entstehen lassen wollten, mußten die Franziskaner ihre Veranstaltungen unter Ausschluß der Öffentlichkeit durchführen und konnten somit ihr gegenreformatorisches Ziel nicht erreichen[31]).

Die Sondersteuer 1528. Neue Initiative der Gemeinde

Wie sehr sich mittlerweile die evangelische Bewegung konsolidiert hatte, zeigte sich im Jahre 1528, als sich erstmals die Gelegenheit bot, den Unterdrückungsmaßnahmen des Rats mit politischen Mitteln zu begegnen. In dem Krieg gegen Dänemark 1522/23 — bei der Abwehr der Bedrohung des hansischen Handels durch Christian II. und der Durchsetzung von Friedrich von Schleswig als König in Dänemark und von Gustav Wasa als König in Schweden — hatte Lübeck zwar noch einmal seine nordische Großmachtstellung bewiesen, dafür aber gewaltige Schulden machen müssen. Schon 1523 hatte der Rat eine Sondersteuer beschlossen, zu der die Bürger und auch die Kleriker durch Abgaben an die „Kiste" beitragen sollten. Der von ihm zur Beitreibung der Steuer eingesetzte Ausschuß erklärte aber im Frühjahr 1528 seine Arbeit für gescheitert. Der drückenden Schuldenlast war also nur mit außergewöhnlichen Maßnahmen beizukommen, an denen die bürgerlichen Kollegien stärker als bisher beteiligt werden mußten, weil anders die Zustimmung der Bürger zu höheren Steuern nicht zu erlangen war.

In dieser Situation ergriff die Gemeinde Ende März 1528 die Initiative, indem sie Artikel für die Verhandlungen mit dem Rat ausarbeitete, welche die Steuerfrage, für die sie neue Vorschläge machte, mit der Forderung koppelte, „gude predikanten to stellen"[32]). Damit begegnete eine für die Reformationsgeschichte aufschlußreiche Größe. „Christliche Gemeinde" meinte in Luthers volkstümlichen Flugschriften ein kritisches Korrektiv gegen die mittelalterliche Identifizierung der Kirche mit dem Klerus. Doch „Gemeinde" war nicht nur ein neutestamentlicher, sondern wurde auch ein politischer Begriff, vor allem in Städten wie Lübeck. Hier war damit im Gegenüber zum Rat als Obrigkeit die Versammlung der verschiedenen bürgerlichen Kollegien und Ämter (Zünfte) gemeint, welcher als Repräsentation der Bürgerschaft seit alters bei elementaren Fragen des Gemeinwesens ein Mitspracherecht zustand, ohne daß deswegen von einer Demokratie die Rede sein konnte. In den Reformationswirren wurde „die Gemeinde" im Sprachgebrauch der damaligen Akteure zum Begriff für ein nicht präzise definiertes Subjekt, bei dessen Auftreten als Verhandlungspartner des Rates politische und religiöse Interessen ineinanderlagen. In der Tradition des Mittelalters waren die Bürger als „Laien" kein in kirchlichen Fragen mitbestimmendes Element (von der Bauverwaltung der Kirchen abgesehen). Indem die im Rahmen der Stadtverfassung sich profilierende Größe „Gemeinde" jetzt auch eine Mitzuständigkeit für religiöse Grundfragen beanspruchte, gewann der Begriff für das Kirchenwesen einen neuen Sinn, für welchen charakteristisch ist, daß bei ihm nicht im heutigen Sinne zwischen Bürger- und Kirchengemeinde differenziert werden kann.

Die Verkopplung der Prediger- mit der Steuerfrage war ein gezielter Schlag gegen die antireformatorische Position des Rats, aber die Bürger verfolgten ihre Forderung mit so wenig Nachdruck, daß nichts dabei herauskam. Es kam lediglich zur Aufstellung der für die Sondersteuer bestimmten „Kiste" und zur Bestellung eines Ausschusses von 24 bürgerlichen Kistensitzern, deren Wortführer einer der profilierten Evangelischen, der Kaufmann Harmen Israhel wurde. Die Verhandlungen mit dem Kapitel, das versuchte, sich den Zahlungen zu entziehen, trugen nur zur Verschärfung der Kritik an den kirchlichen Zuständen bei. Eine gravierende Zäsur im Verlauf der Lübecker Reformationsgeschichte brachte jene Aktion der Bürger nicht. Deswegen wird man nicht wie Wilhelm Jannasch mit ihr den „Umschwung" beginnen lassen können[33]. Die Gemeindeartikel waren nur ein Hinweis auf Möglichkeiten, die man nutzen konnte. Doch es passierte vorerst nichts, was eine einschneidende Reform befördern konnte. Alle weiteren Maßnahmen und Ereignisse bis zur Mitte des Jahres 1529 bewegten sich im Rahmen der bisherigen Entwicklung.

Kampf um die Predigt. Walhoff und Wilms

Hatten die Prediger bislang eine untergeordnete Rolle in der evangelischen Bewegung gespielt, so änderte sich das mit dem Frühjahr 1528. Der Nachfolger Fritzes als Predigtkaplan an St. Marien, Johannes Walhoff, und der Ägidien-Pleban und Domprediger Andreas Wilms verstärkten in ihren Predigten, um die sich die Evangelischen sammelten, die antikatholische Agitation. Wilms, der studierte Jurist, wandte sich dabei vor allem den praktischen Mißständen zu, während Walhoff sich auf die theologisch kontroversen Themen konzentrierte. Eine Reise nach Wittenberg, die Wilms Anfang Mai unternahm, um die Führer der norddeutschen Reformation und ihre theologische Konzeption kennenzulernen, und von der er sich eine Klärung seiner noch schwankenden Position versprach, erregte beträchtliches Aufsehen in der Stadt. Das Kapitel wollte ihn aus seinen Ämtern entfernen, aber durch geschicktes Taktieren erzeugte Wilms den Eindruck, nach wie vor auf dem Boden der alten Kirche zu stehen[34]. Gleichwohl beriet man weiterhin über Maßnahmen gegen ihn und Walhoff.

Die dadurch hervorgerufene Unruhe in der Bevölkerung führte im August zu einer spontanen Demonstration von etwa dreihundert Lutheranern auf dem Markt, bei der es neben der Predigerfrage auch um die Freilassung des seit 1524 inhaftierten Osenbrügge ging[35]. Dies war das erste Anzeichen dafür, daß die reformatorische Bewegung in Aufruhr umschlagen könnte, für den Rat ein Anlaß, effektivere Gegenmaßnahmen zu ergreifen. Er verständigte sich mit den Älterleuten der Ämter und Zünfte auf ein Konkordat, das eigenmächtige Versammlungen dieser Art bei Todesstrafe verbot[36]). Auch die Bürger zeigten sich also nicht an Aufruhr und Umsturz interessiert. (Im übrigen wurde Osenbrügge im September, nachdem er in seiner Urfehde geschworen hatte, Lübeck hinfort zu meiden, freigelassen.)[37]).

Um ebenfalls der allgemeinen Unruhe zu begegnen, raffte sich das Kapitel zu einem ersten Schritt der Selbstreinigung auf. Sein Dekan Brand veröffentlichte im September 1528 ein Mandat, das sich gegen die von der Bevölkerung kritisierte Unmoral der Kleriker richtete und diesen u. a. den Betrieb von Schankwirtschaften und Bordellen, das Zusammenleben mit Konkubinen und den unmäßigen Bierkonsum verbot[38]). Doch die überfällige Reform des Klerus war mit dieser einzelnen Anordnung nicht zu erreichen. Mehr Erfolg war der Aktion gegen die renitenten Prediger Wilms und Walhoff beschieden. Bischof Heinrich Bockholt schaltete sich, gewarnt durch die Entwicklung in Hamburg, persönlich ein, verhörte Wilms und konnte Ende Dezember 1528 den zögernden Rat, der für St. Marien ein Mitspracherecht hatte, dazu bringen, der Amtsenthebung der beiden zuzustimmen, weil alles Unheil, das über die Kirche in Deutschland hereingebrochen wäre, von Predigern verursacht wäre[39]). Er war sich darin einig mit dem schärfsten Gegner der Evangelischen, Bürgermeister Brömse, welcher mit Recht die politischen Konsequenzen der Reformation fürchtete: „Winnen se uns aff den predickstol, so winnen se uns ock wol aff dat Radhus"[40]). Auch Wilms' Kaplan in St. Ägidien, Michael Fründ, wurde entlassen und zog nach Hamburg. Wilms und Walhoff wurden zwar nicht aus der Stadt verwiesen, aber sie konnten nicht mehr öffentlich wirken. Deswegen zog Wilms nach Rostock, Walhoff ging als Prediger nach Kiel[41]).

Diese Maßnahmen gegen die Prediger dürften nicht wenig durch die Hamburger Verhältnisse motiviert worden sein, wo Bürgerschaft und Prediger nach und nach den Rat auf ihre Seite gezogen hatten, so daß im Herbst 1528 dort die Reformation praktisch eingeführt war. Lübecks evangelische Kreise nahmen die Entlassung von Wilms und Walhoff erstaunlicherweise ohne Gegenwehr hin, so daß Rat und Kapitel meinen konnten, die kirchlichen Verhältnisse wieder stabilisiert zu haben. Deswegen bemühten sie sich um geeignete Prediger als Nachfolger für die beiden, doch damit konnten sie die evangelische Bewegung keineswegs eindämmen, weil diese sich unabhängig von theologischen Führern konstituiert hatte.

Um sich Gottes Wort predigen und das Abendmahl reichen zu lassen, verfielen die Evangelischen auf eine Abhilfe, die ein Spezifikum der Lübecker Reformationsgeschichte ausmacht. Da Holstein für die Reformation aufgeschlossener war, fuhren sie zu Lande und zu Wasser nach Oldesloe, um die Gottesdienste des aus den Niederlanden 1529 dorthin geflohenen Peter von Friemersheim zu besuchen. Es wird sich nur um sporadische, mehr demonstrative Fahrten gehandelt haben, doch der Rat verbot sie und bestrafte einige Bürger, die sie trotzdem wagten. Als in Grönau im Herzogtum Lauenburg, nahe bei der Stadtgrenze, im Sommer 1529 ein lutherischer Prediger auftrat, zogen die Lübecker ebenfalls in hellen Scharen hinaus – ein Zeichen dafür, daß mit Polizeimaßnahmen die Bewegung nicht mehr zu stoppen war[42]).

Der Rat war allenthalben in die Defensive geraten, auch außenpolitisch, weil die reformatorischen Tendenzen in den meisten anderen Hansestädten im Vormarsch waren. Seine Versuche, die lutherische Ketzerei und damit den Aufruhr zu bremsen, gingen so weit, daß er im norwegischen Hansekontor in Bergen vorstellig wurde, weil dort die Lübecker Kaufleute von neuen Prädikanten durch evangelische Lehren verführt würden und diesen Einfluß in die Heimat vermittelten; da Lübeck es mit Gottes Hilfe bisher „in allen dingen Gades densten na older cristliker ordeninge geholden", bat der Rat darum, „dat de uprorigen predicanten afgestellet" würden[43]*). Aber auch das nützte nichts mehr.*

9. Kapitel
Die Einführung der Reformation 1530/31

Im Reich hatte sich die reformatorische Bewegung seit 1526 infolge des Reichstagsabschieds von Speyer, wonach den evangelischen Ständen die Ausführung des Wormser Edikts anheimgestellt wurde, in einigen Territorien konsolidiert. Kursachsen und Hessen führten mit Hilfe der großangelegten Visitationen die Neuordnung des kirchlichen Lebens durch. Auch Anhalt-Zerbst tat diesen Schritt. In Franken war mit der Markgrafschaft Ansbach-Bayreuth und den Reichsstädten Nürnberg, Weißenburg und Windsheim ein großer Block von Territorien evangelisch geworden, welche nun ebenfalls durch Visitationen die Kirchenreform vorläufig abschlossen. Zurückhaltender, aber doch eindeutig in der evangelischen Richtung ging das Fürstentum Braunschweig-Lüneburg vor. In der Grafschaft Ostfriesland hatten sich die lutherischen Prediger 1527 durchgesetzt, wohingegen die Entwicklung in Oldenburg erst in den Anfängen steckte. Eine Sonderstellung nahm das Ordensland Preußen ein, das der Hochmeister Albrecht 1525 in ein weltliches evangelisches Herzogtum umwandelte.

Außer diesen Territorien waren es im Süden wie im Norden einzelne Städte, die die Reformation einführten. Schon 1524/25 wurden Magdeburg und Stralsund evangelisch, in Wismar und Bremen war seit 1525 die Reformation im Gang. Stettin und Danzig gingen behutsam zu Neuerungen über, Braunschweig schloß die reformatorische Entwicklung mit der Einführung der Bugenhagenschen Kirchenordnung 1528 ab. In den Herzogtümern Schleswig und Holstein, die außer den genannten Städten wegen der räumlichen Nähe für den Vergleich mit der Lübecker Entwicklung aufschlußreich sind (trotz der andersgearteten Strukturen), konnte sich dank der toleranten Politik Friedrichs I. seit 1524 die evangelische Bewegung ausbreiten, ohne daß jedoch die katholische Ordnung angetastet wurde (abgesehen von dem ersten Ansatz, der mit der Haderslebener Reformation unter Herzog Christian 1528 gemacht wurde). Auch im Herzogtum Lauenburg galt weitgehende Toleranz gegenüber der evangelischen Bewegung. So kamen also zu den innenpolitischen Spannungen Lübecks im außenpolitischen Bereich reformatorische Tendenzen auf breiter Front. Es mußte fraglich werden, ob die konservative Politik des Rates dem auf die Dauer widerstehen konnte.

Reformation und Politik

Für Lübeck von besonderer Bedeutung war die Entwicklung in Hamburg[1]). Dort hatte die evangelische Bewegung unter Führung der Prediger Stephan Kempe, Johann Zegenhagen und Johannes Fritze (des Lübecker Marienkaplans, der dort 1526 Pastor an St. Jakobi geworden war) sich so stark entwickelt, daß sie sich 1528 gegenüber dem Kapitel und dem Rat durchsetzen konnte. Verbindungen zur Lübecker evangelischen Bewegung gab es allerdings kaum, während die konservativen Mächte beider Städte um Kooperation bemüht blieben. Das bedrängte Hamburger Kapitel hatte mehrfach bei dem Lübecker Kapitel Rat und Hilfe gesucht. Als ihm im Gefolge der Reformmaßnahmen vom Herbst 1528 die Kirchenschätze und Pfründeneinkünfte entzogen wurden, retteten der Dekan Grothe und einige Domherren die Stiftungsurkunden nach Lübeck, um sie bei dem jetzt angestrengten Reichskammergerichtsprozeß gegen die Stadt zu verwenden. Ebenso wie Grothe, der gebürtiger Lübecker war, blieben etliche der vertriebenen Hamburger Domherren und einige Mönche in Lübeck, um von hier aus den Prozeß zu führen. Der Lübecker Rat wurde vom Reichskammergericht mit der Durchführung der Zeugenverhöre beauftragt, doch diese fanden erst im Mai/Juni 1530 statt[2]). Im Februar 1529 hatten Rat und Bürgerschaft von Hamburg in dem „langen Rezeß" die kirchliche Neuordnung verfassungsrechtlich sanktioniert, am 15. Mai 1529 wurde die von Bugenhagen erarbeitete Kirchenordnung verabschiedet. So bildeten die kirchlichen Verhältnisse in beiden Städten einen auffälligen Kontrast, noch konnte Lübeck als Hort des Alten gelten.

Insgesamt kann festgestellt werden: Die Reformation als kirchenkritische und erneuernde Bewegung hatte zu dieser Zeit auch in Norddeutschland einen breiten Einflußbereich gewonnen, aber sie war nur an wenigen Orten organisatorisch so verfestigt, daß man von einer durchgreifenden Änderung der Verhältnisse sprechen konnte. Die Entwicklung war durchaus offen, nach beiden Seiten hin.

In manchen Territorien, vor allem im Süden, brachte das Jahr 1529 aufgrund des harten Reichstagsabschieds von Speyer, der zur „Protestation" der evangelischen Stände und zu ersten ernsthaften antikatholischen Bündnisverhandlungen führte, für die Evangelischen eine Verschlechterung der Lage. Dem Lübecker Rat kam die kaiserliche Anordnung, alle Neuerungen auf kirchlichem Gebiet einzustellen, zu verhüten, daß der gemeine Mann durch evangelische Predigten aufgestachelt würde, und ketzerische Schriften zu verbieten, gerade recht. Er ließ sie ins Niederdeutsche übersetzen und öffentlich aushängen[3]). In der Praxis änderte sich dadurch allerdings nichts. Lübeck stand äußerlich nach wie vor fest auf dem Boden des Wormser Edikts. Aber die evangelische Bewegung war kräftiger als zuvor, durch Rückschläge und Widerstand gefestigt. Die Unruhe unter den Bürgern ließ sich auf die Dauer nicht ersticken. Zwar war die Mehrheit der Gemeinde noch katholisch, aber im Verlauf des Jahres 1529 kamen zwei- bis dreitausend Evangelische hinzu[4]). Wenn dies trotz der Polizeimaßnahmen möglich war, wird man die Zahl der Lutheraner auch vorher nicht gering ansetzen können.

Schon 1528 hatte sich angedeutet, daß die Frage der Sondersteuer der Hebel sein könnte, um die Reformforderungen der zahlreich gewordenen evangelischen Bürger gegenüber der katholischen Obrigkeit durchzusetzen. Diese Möglichkeit bestand nun im August 1529 wieder, als der Rat neue Steuerartikel vorlegte, weil die bisherigen Abgaben immer noch nicht ausreichten, die Kriegsschulden zu tilgen. Strikter als damals reagierte die Stadtgemeinde jetzt mit der Forderung nach evangelischen Predigern. Ihrem neuen Ausschuß, bestehend aus 48 Vertretern der Junker, Kaufleute und Ämter, gab sie als Verhandlungspunkt auf, „dat se vor allen Dingen den artikel van Gades Wort scholden anstellen" und „dat se geltartikel maken scholden und desulvige wulde de gemene up sik nehmen, so veren (insofern) as se gude predicanten mochten kriegen, de en Gades Wort mochten predigen und lehren"[5]). Dies war ein klares Junktim, zu dem man sich endlich durchgerungen hatte. Die religiöse Bewegung, die schon lange ein Politikum war, ging daran, sich mit politischen Mitteln durchzusetzen. Darin liegt der Umschwung gegnüber der bisherigen Entwicklung. Angesichts der

Finanznot des Staates konnte es nur eine Frage der Zeit sein, wann der Rat nachgeben würde. Zunächst taktierte dieser aber hinhaltend, und eine Lösung der Predigerfrage bedeutete noch lange keine Reformation.

Der „Singekrieg" der Gemeinde 1529/30

Daß die evangelische Bewegung inzwischen eine breite Volksbewegung geworden war, wurde in dieser Situation durch den „Singekrieg" deutlich, mit dem die Martinianer, ihre früheren Einzeldemonstrationen systematisierend, eingriffen. Zunächst in St. Jakobi und dann im Dom stimmten sie am 5. Dezember 1529 nach der Predigt evangelische Psalmgesänge („Leisen") an, um so gegen die katholische Lehre zu protestieren. Vor allem das Kampflied Luthers „Ach Gad vom hemel seh darin" war es, womit diesem Protest Ausdruck verliehen wurde. Daraus entstand spontan eine neue Bewegung, die schnell die ganze Stadt ergriff und Unruhe verbreitete[6]). So wurde der niederdeutsche Choral, der in Lübeck bisher nur in den Hausgottesdiensten gepflegt worden war, als evangelisches Volkslied zu einem Mittel der öffentlichen Verkündigung. Wir begegnen hier einem Spezifikum der Lübecker Reformationsgeschichte, das seine Parallelen vor allem in Basel und in Frankfurt 1525/26 hat. Zwar ist auch andernorts gelegentlich der Gemeindegesang als Verkündigungs- und Agitationsmittel eingesetzt worden, aber nicht in dieser umfassenden Weise wie in Lübeck[7]).

Den Verhandlungen mit dem Rat in der Predigerfrage gab die Singebewegung neuen Auftrieb. Nachdem am 10. Dezember eine Abstimmung in der Gemeinde eine Mehrheit für „Gades wort", gegen „des pawestes regimente" ergeben hatte, gelang es, beim Rat die Rückberufung von Wilms und Walhoff – gegen die Konzession, die Zeremonien, d. h. die bisherige Ordnung des kirchlichen Lebens, unverändert zu lassen und für ein Ende der Singebewegung zu sorgen – durchzusetzen[8]). Die beiden Prediger traten im Januar 1530 ihr Amt in St. Petri und St. Marien an. Ein drittes evangelisches Zentrum bestand daneben in der Ägidiengemeinde, deren Pleban Johann by der Erde sich nun offen zur Reformation bekannte. Und in St. Jakobi amtierte mit dem Kaplan Hildebrand Odingk ein ebenfalls für die evangelische Sache aufgeschlossener Prediger. Zur Stärkung ihrer Position sandten Luther und Bugenhagen im März an Wilms und Walhoff einen Brief, in dem sie empfahlen, zunächst darauf zu achten, daß die evangelische Lehre von der Rechtfertigung des Sünders allein durch Gottes Gnade sich durchsetzte; die Änderung der Kirchenordnung würde sich dann später von selbst ergeben. Die Lübecker Vorgänge fanden im Reich Beachtung, schon im Januar hatte Landgraf Philipp von Hessen Zwingli darüber informiert, und Luther verfolgte die Entwicklung aufmerksam[9]).

Die Evangelischen gingen jetzt zur Offensive über, zumal die Gottesdienststörungen durch Protest-Lieder nicht aufhörten und Bischof und Kapitel sich mit Reaktionen auf die Bewegung zurückhielten. Wilms setzte seinen katholischen Kollegen in St. Petri unter Druck, sich in der Predigtweise ihm anzugleichen. Johann by der Erde weigerte sich, Messe zu halten, und brach den Zölibat durch demonstrative Heirat[10]). In die Verhandlungen mit dem Rat wurde die Forderung nach Laienkelch und deutscher Messe eingebracht. Wie in anderen Reichsstädten sollte nun auch in Lübeck über die Abschaffung der alten Lehre und Kirchengebräuche durch eine öffentliche Disputation zwischen evangelischen und katholischen Theologen entschieden werden. Aber die letzteren weigerten sich. Die Unruhe in der Bevölkerung stieg, so daß es für Außenstehende wie Johannes Bugenhagen in Wittenberg oder den dänischen Gesandten Nielsen, von denen uns entsprechende Notizen erhalten sind, wie Aufruhr erscheinen konnte. In dieser Situation verständigte sich Ende März 1530 ein informeller Kreis von Anhängern beider Seiten darauf, durch ausgewogene Reformmaßnahmen den Frieden zu retten. Damit schuf er die Basis für die Vereinbarung zwischen Rat und Bürgerausschuß vom 2.–7. April 1530, welche den Durchbruch der Reformation einleitete[11].

Erste Erfolge der Gemeinde

Der Rat lud die ganze Gemeinde vor, und es wurde beschlossen, daß in Zukunft nur noch von den lutherischen Prädikanten gepredigt werden sollte, weil die Altgläubigen durch die Verweigerung der Disputation sich ins Unrecht gesetzt hätten. Alle übrigen Pfarrer und Kapläne sowie die Mönche erhielten Predigtverbot. Die Einsetzung neuer Prediger sollte durch Rat, Bürgerausschuß und Prediger gemeinsam beschlossen werden. Für St. Ägidien, aber nicht für die anderen Kirchen, wurde der Laienkelch zugelassen. Das spontane Leisen-Singen der Gemeinde sollte unterbleiben; in Zukunft dürfte nur in geordneter Form unter Kontrolle des Predigers ein Psalm während des Gottesdienstes gesungen werden. Im übrigen sollten die alten Zeremonien beibehalten werden bis zum Ende des nach Augsburg einberufenen Reichstages. Sollte der Reichstag ergebnislos bleiben, dann sollte Lübeck es so halten wie die anderen Reichsstädte – eine Bestimmung, die jede Seite in ihrem Sinne interpretieren konnte. Als Gegenleistung für die Zugeständnisse des Rats stimmte der Bürgerausschuß den Steuerartikeln nunmehr zu. Für die Verwaltung der „Kiste" wurde ein neuer Ausschuß, jetzt mit 64 Bürgern besetzt, gewählt, dem auch die Wortführer der Evangelischen angehörten. Genannt seien von diesen hier die Kaufleute Harmen Israhel, Hans Sengestake und sein Stiefsohn Jürgen Sengestake, Jakob Krappe und Jürgen Wullenwever, der erstmals in Erscheinung trat, Johann van Achelen sowie Borcherdt Wrede und Jochen Sandow aus den Ämtern. Dieser Vierundsechziger-Ausschuß (mit je 32 Vertretern aus den vier Ämtern und aus den Kaufleuten) gewann in der Folgezeit für die Reformation größte Bedeutung, weil er sich als politische Vertretung der Gemeinde gegenüber Rat und Kapitel verstand und damit über seine ursprünglich eingegrenzte Funktion, die auf die Einsammlung der Sondersteuer bezogen war, hinausging[12].

Für die Lübecker Entwicklung waren die Vorgänge im Reich nicht unwichtig. Anfang 1530 hatte Karl V. den Reichstag nach Augsburg ausgeschrieben und bei den Protestanten den Eindruck erweckt, als sollte generell über die Berechtigung der evangelischen Sache verhandelt werden. Der Kaiser war aber im Verein mit den altgläubigen Reichsständen entschlossen, mit den geplanten Religionsverhandlungen und mit einer maßvollen Kirchenreform im katholischen Geiste der aufrührerischen Bewegung ein Ende zu setzen. Die Einheit des Reiches durch Wiederherstellung der kirchlichen Einheit zu bewahren, war sein Ziel. Von einer solchen Reichstagsentscheidung erwartete der Lübecker Rat seit dem Frühjahr 1530 ebenso wie das Kapitel eine Stärkung im Kampf gegen die Evangelischen. Deshalb sah er seine Zugeständnisse für die Kirchenreform als vorläufig an, denn in der Kirchenorganisation war ja Entscheidendes unverändert geblieben, wie zumal die mit großem Aufwand auch jetzt gehaltenen

Prozessionen bewiesen. Die bisherigen Änderungen aber konnten leicht wieder rückgängig gemacht werden. Das Kapitel erbat darum in einem Schreiben nach Augsburg das kaiserliche Einschreiten gegen die Tyrannei des Vierundsechzigerausschusses. Der Rat weigerte sich, die Vereinbarung in der Predigerfrage dem Ausschuß schriftlich zu geben. Die dadurch entstandene Unruhe wurde durch weitergehende Schritte der Evangelischen noch verstärkt. Sie forderten zwei neue Prediger, darunter den ihnen vertrauten Peter von Friemersheim, und Walhoff führte bei der Taufe die deutsche Sprache ein. Mit ihrer Drohung, die noch nicht angelaufene Zahlung der Sondersteuer zu sistieren, konnten sie ein Druckmittel einsetzen, das den Rat zum Nachgeben zwang. Das wiederum führte dazu, daß sie ihre Forderungen noch erweiterten[13]).

Der Umschwung Juni/Juli 1530

Die neue Initiative kam nicht vom Ausschuß, sondern aus der Gemeinde, die durch Gerüchte über Gewaltmaßnahmen gegen die Evangelischen aufgeschreckt worden war. Als die Einzahlungen in die „Kiste" beginnen sollten, legten sie am 30. Juni 1530 Artikel vor, welche auf eine vollständige Reform der Kirche im evangelischen Sinne zielten[14]): 1. Die katholischen Geistlichen sollten sämtliche Messen und Zeremonien bis zu der großen Disputation abstellen. 2. Für jede Kirche sollten vier bürgerliche Kirchgeschworene eingesetzt werden, je zwei aus der Gemeinde und aus dem Vierundsechzigerausschuß. 3. Das Katharinenkloster sollte in eine Schule, das Burgkloster in ein Armen-Krankenhaus umgewandelt werden. Die Mönche sollten in Unterricht und Krankenpflege tätig werden. 4. Für die evangelischen Pfarrer sollten die Wedemen (Pfarrhöfe), soweit noch nicht geschehen, als Wohnhäuser geräumt werden. 5. Die Kirchen- und Klosterschätze sollten registriert werden, damit nichts unterschlagen würde. Die Vorsteher der Spitäler zu St. Jürgen und zum Heiligen Geist sollten dem Ausschuß Rechenschaft ablegen. 6. Die Privilegien der Domherren und Kleriker sollten dadurch fallen, daß sie das Bürgerrecht erwerben oder auswandern müßten. 7. Den kirchlichen Forderungen folgten einige politische Forderungen, deren wichtigste den Vierundsechzigerausschuß als eine ständige Bürgervertretung verfassungsrechtlich verankern wollte.

Die Reformation verband sich also in diesen Artikeln der Gemeinde mit Ansätzen zu einer demokratischen Bewegung. Es ist begreiflich, daß der Rat die Artikel ablehnte. Doch als die Gemeinde hart blieb, mußte der Rat nach stundenlangen Verhandlungen, wenn er Aufruhr vermeiden wollte, nachgeben. So gelang am 30. Juni 1530 der reformatorische Durchbruch. Aufgrund der Forderung der Gemeinde, ihre Artikel in eine Kirchenordnung umzusetzen, beschloß der Rat, die Prediger sollten einen gelehrten Mann, nach Möglichkeit Luther selber, für diese Aufgabe benennen[15]).

Die Neuordnung der Verhältnisse kam jedoch nur allmählich in Gang, weil sie gegen den hinhaltenden Widerstand des Rats durchgesetzt werden mußte. Der katholische Gottesdienst wurde seit dem 1. Juli überall eingestellt und durch evangelische Messen in deutscher Sprache ersetzt. Eine Ausnahme bildete wie schon beim Vergleich vom 2. April der Dom. Obwohl die Gemeinde die Forderung nach Abschaffung der Messe auf alle altgläubigen Geistlichen bezog, scheute sie einen Übergriff in den exterritorialen bischöflichen Bereich. Doch die Domherren waren durch die allgemeine Stimmung derart verunsichert, daß sie am 2. Juli, als ihre Meßfeier im Chor gestört wurde, in Panik gerieten, den Gottesdienst abbrachen und die Domportale verrammelten. Erst sechs Wochen später wurde der Dom wieder geöffnet, allerdings nicht für den Gottesdienst, sondern weil die Bürger ihn als Durchgang zum Mühlendamm beanspruchten[16]). Während die vier Kirchspielkirchen sogleich in evangelische Pfarrkirchen umgewandelt wurden, konnte das Kapitel den Dom noch bis 1535 behaupten und dort im Chor seine Gottesdienste feiern. Bei den Neuregelungen der Folgezeit blieb der Dom ausgeklammert; es hat den Anschein, daß die Gemeinde hier ihre alte Pfarrkirche St. Nikolai „unter dem Turm" vorerst einbüßte und erst 1535 durch Bischof Reventlow mit evangelischem Gottesdienst zurückerhielt[17]).

Am 15. Juli ließ der Rat auf Drängen der Bürger die Kirchenschätze aus allen Kirchspiel- und Klosterkirchen, eine enorme Menge silberner und goldener Bilder, Monstranzen, Altargeräte etc. in die städtische Trese bringen; am 18. Juli stimmte er der Wahl bürgerlicher Vorsteher für die Kirchen, Klöster und Hospitäler zu, allerdings nur widerstrebend, weil er darin eine Einschränkung seiner Hoheit sah, die er nun auch auf das Kirchenwesen ausdehnen wollte[18]).

Ende Juli wurden die beiden Kaufleute Jakob Krappe und Johann van Achelen nach Augsburg zum Reichstag gesandt, um dort vom sächsischen Kurfürsten die Abordnung eines Reformators zu erbitten[19]). Beide waren Mitglieder des Vierundsechzigerausschusses, Leonhardsbrüder und seit 1522 eifrige Anhänger der evangelischen Bewegung. Krappe war ein Verwandter Melanchthons, so daß man schon darin einen Grund für seine Entsendung sehen konnte. Sie reisten über Wittenberg und knüpften dort erste Kontakte zu Bugenhagen. Aber die Verhandlungen mit den Wittenbergern waren nicht einfach, weil der Kurfürst und Luther den Mann, den die Lübecker erbaten, Johann Bugenhagen, nicht schon wieder ziehen lassen wollten. Er wurde als Stadtpfarrer in Wittenberg dringend gebraucht und war ja erst 1528/29 längere Zeit in Braunschweig und Hamburg gewesen. Doch angesichts der Bedeutung der Aufgabe und der Chance, das Haupt der Hanse für die Wittenberger Reformation zu gewinnen, konnten jene Bedenken überwunden werden.

Hinhaltende Taktik des Rats

Welches Doppelspiel der Rat inzwischen trieb, wurde bald deutlich. Ebenso wie die in der Stadt verbliebenen Domherren erhoffte er von den Beschlüssen des Reichstages ein baldiges Ende der reformatorischen Bewegung. Deswegen ließ er dem Kaiser über seinen Gesandten Hinrich Brömse, den Bruder des Bürgermeisters, der im Juni heimlich zum Reichstag gereist war und den Rat mit Informationen über die kaiserlichen Pläne versorgte, die Reformartikel der Bürgerschaft mitteilen. Gerüchte über die Lübecker Vorgänge waren auch anderweitig nach Augsburg gedrungen, und die Altgläubigen prangerten, wie Melanchthon mit Sorge vermerkte, diese als Aufruhr an, der konsequent aus der Reformation folgte.

Bereits am 4. August kündigte Brömse ein kaiserliches Einschreiten an, das mit Mandat vom 16. August erfolgte[20]). Darin stellte Karl V. den Rat unter seinen Schutz, mit dessen Wahrnehmung einige katholische Fürsten beauftragt wurden, und gebot, die Aufrührer unter den Bürgern zu verhaften, die Reformartikel zu kassieren und die lutherische

Lehre zu verbieten. Doch der Kaiser konnte faktisch auf die Lübecker Verhältnisse keinen Einfluß nehmen und die Erfüllung des Mandats nicht erzwingen. Deswegen behielt der Rat dieses wohlweislich zunächst für sich, obwohl gerüchtweise die Existenz des Mandats in der Stadt bekannt wurde. Die Bürger hatten immerhin schon Anfang Juli vorsorglich in einer Protestation dem Rat erklärt, sie wollten ungeachtet des Ausgangs der Verhandlungen in Augsburg bei der evangelischen Sache bleiben[21]).

Im September folgten weitere Mandate, die eine Beseitigung der kirchlichen und verfassungspolitischen Veränderungen forderten, und auch der Reichstagsabschied, der der Reformation Einhalt gebot und gewaltsames Einschreiten androhte, bestärkte den Rat in seiner Haltung. Deswegen informierte er am 10. Oktober den Bürgerausschuß über die kaiserlichen Mandate, aber nur insoweit, als der Inhalt diesen direkt betraf[22]). Dadurch entstand der berechtigte Argwohn, der Rat hätte heimliche Maßnahmen zur Gegenreformation betrieben. Immerhin war die Drohung eines Einschreitens kaiserlich gesinnter Fürsten wie des sächsischen Herzogs Georg und des Herzogs Heinrich von Braunschweig-Wolfenbüttel sowie der Bischöfe von Bremen und Lübeck nicht ganz von der Hand zu weisen. Deswegen stellten die Bürger Wachen an den Stadttoren auf und erzwangen gegen hinhaltenden Widerstand des Rats eine Versammlung der ganzen Gemeinde. Die Verhandlungen, die am 12. und 13. Oktober 1530 unter dem Druck der Bürgerschaft stattfanden, leiteten eine weitere „Demokratisierung" der Verfassungsverhältnisse ein, die der Rat deswegen zulassen mußte, weil er sich durch die geheimen Verhandlungen mit dem Kaiser verdächtig gemacht hatte, gegen das Gemeinwohl der Stadt zu handeln.

Reformation und Demokratisierung. Der Bürgerausschuß

Der Rat akzeptierte 26 Artikel der Gemeinde, die eine einschneidende bürgerliche Mitbestimmung brachten[23]): Ohne Zustimmung des Vierundsechzigerausschusses und der Kirchengeschworenen, die im Vergleich vom 30. Juni vorgesehen waren, sollten hinfort keine Bündnisse mehr geschlossen und keine Schulden aufgenommen werden dürfen. Der Ausschuß erhielt Einsicht in alle städtischen Privilegien. Ihm sollte der Rat Rechenschaft über alle Einkünfte der Stadt ablegen, auch die Kämmerei sollte kontrolliert werden. Der Ausschuß würde künftig im Niedergericht vertreten sein, um für das Recht der Bürger zu sorgen. In diesem Zusammenhang wurde der Schutz der Bürger vor willkürlicher Verhaftung geregelt, auch Willkürakte der Justiz sollten ausgeschlossen werden (was eine Art Habeas-Corpus-Akte bedeutete). Die Geschütze der Stadt sollten kontrolliert werden. Die kirchlichen Güter sollten von bürgerlichen Vorstehern verwaltet werden, deren Wahl der Gemeinde oblag. Die Einkünfte der Bruderschaften und frommen Stiftungen sollten in jeder Kirche in einem Gotteskasten gesammelt werden, aus dem die Besoldung der Prediger und Kirchendiener sowie die Armenfürsorge bestritten werden sollten. Den Nonnen und Mönchen wurde freigestellt, in den Klöstern zu verbleiben, doch durften sie keine Tracht mehr tragen, und in den Klöstern durften ebenso wie in den Kapellen innerhalb und außerhalb der Stadt keine katholischen Gottesdienste und Sakramentsfeiern gehalten werden. Geistliche Lehen (Dompfründen, Vikarien und Kommenden) sollten hinfort nicht mehr vergeben werden, um die katholische Kirchenstruktur nicht weiterhin zu stabilisieren.

Um der Gemeinde eine effektive Vertretung zu sichern, wurde in den Artikeln beschlossen, daß der Vierundsechzigerausschuß einen zweiten Ausschuß mit hundert Bürgern einsetzen sollte, was dann am 22. Oktober geschah[24]). Dessen wichtigste Kompetenz sollte die Beteiligung an der Beratung über städtische Probleme und der Erlaß von Anordnungen „vor dat gemene beste" sein. Zusammen mit den anderen Bestimmungen folgte daraus eine beträchtliche Mitwirkung der Bürgerschaft am Stadtregiment. Zum Abbau der alten Spannungen zwischen Kaufleuten und Handwerkern (Ämtern) und damit zur Förderung der Einheit der Bürgerschaft trug die Bestimmung bei, daß beide Berufsgruppen sich gegenseitig keine Konkurrenz machen sollten.

So hatte der Augsburger Reichstag indirekt gerade das Gegenteil dessen gebracht, was der Rat intendiert hatte: den weiteren Fortgang der kirchlichen und politischen Reformen. Die 26 Artikel waren zusammen mit den Beschlüssen vom April und Juni die Grundlage sowohl der späteren Kirchenordnung als auch der „demokratischen" Stadtverfassung. Fraglos hatte der Rat mit seiner doppelbödigen Kirchenpolitik eine Radikalisierung innerhalb der Bürgerschaft verursacht. Letztlich trug er die Schuld daran, daß die anfänglich unpolitische evangelische Bewegung zu einer religiös motivierten politischen Emanzipationsbewegung wurde. Die Veränderungen betrafen jetzt nicht nur das alte Kirchenregiment, sondern auch das mit diesem allzu stark paktierende Stadtregiment, und beide Aspekte lagen bei der künftigen Entwicklung wie im Verlauf des Jahres 1530 ineinander.

Bugenhagen in Lübeck

Mitten in dieser Zeit der Unruhe und des Umbruchs traf am 28. Oktober 1530 Johann Bugenhagen, den Jakob Krappe und Johann van Achelen von Wittenberg hergeleiteten, in der Stadt ein[25]). Der sächsische Kurfürst dürfte ihn trotz aller Bedenken deswegen beurlaubt haben, weil die Festigung der Reformation in Lübeck für das protestantische Lager gerade in der bedrohlichen Situation nach dem Augsburger Reichstag einen willkommenen Machtzuwachs bedeutete. Der Pommer Bugenhagen, 1485 in Wollin geboren, Schulrektor in Treptow, seit 1521 in Wittenberg beim Aufbau eines evangelischen Kirchenwesens tätig, war zum großen Spezialisten für Kirchenordnungsfragen, gerade im niederdeutschen Sprachraum, geworden. Den ersten Entwurf einer evangelischen Kirchenordnung hatte er 1526 mit seiner für Hamburg bestimmten Schrift „Von dem Christenglauben und rechten guten Werken" geliefert, den er dann 1528 in Braunschweig erstmals in die Praxis umgesetzt hatte. Zu Hamburg hatte er ein besonderes Verhältnis, seit er 1524 zum Pfarrer an der dortigen Nikolaikirche gewählt worden war, aber sein Amt wegen des obrigkeitlichen Einspruchs nicht hatte antreten können. Die dortige Reformation hatte er durch die Erarbeitung einer an dem Braunschweiger Muster orientierten Kirchenordnung in der Zeit von Oktober 1528 bis Mai 1529 vollendet. Gerne hätten die Hamburger ihn zu ihrem Superintendenten gemacht, aber Bugenhagen war in Kursachsen unabkömmlich. Auch mit Holstein und Schleswig pflegte er seit dieser Zeit Kontakte (wie insbesondere seine Teilnahme an der Flensburger Disputation mit den „Schwärmern" 1529 zeigte), so daß die neue Aufgabe in Lübeck sich organisch mit seinem bisherigen Wirken verband[26]).

Nach den eigenen Worten verstand Bugenhagen seine Lübecker Tätigkeit als die eines „geropen unde erwelet ordinarius", also als bischöfliche Funktion. Seine Bedeutung als Theologe besteht vor allem darin, daß er Luthers Ansatz in die Praxis von Predigt und kirchlichem Leben umzusetzen wußte, wie sich neben seinen Schriften zu Kirchenordnung und Liturgie vor allem an seinen Bibelkommentaren zeigte. Dabei hatte er eine durchaus eigene theologische Position. Sein Charisma für Gemeindeleitung und Organisation verlieh ihm einen sicheren Blick für die Kompliziertheit der praktischen Einzelfragen, die es jeweils zu lösen galt. So hatte er seine Kirchenordnungsprinzipien in Braunschweig und Hamburg nicht einfach schematisch angewandt, sondern mit einer gründlichen Analyse der gegebenen Verhältnisse verbunden. Dieses Vorgehen ist auch in Lübeck zu beobachten. Leitendes Prinzip seiner Arbeit war die Konzentration auf die Predigt: Zunächst einmal müßte hier die neue evangelische Position und damit in der Gemeinde eine rechte christliche Gesinnung durchgesetzt werden, dann würde sich die Organisation der äußeren Verhältnisse daraus ergeben.

Das entsprach durchaus der bisherigen Konzeption der Lübecker Martinianer. Und auch sein konservativer Grundzug paßte hierher. Denn Bugenhagen wollte nur solche Dinge im kirchlichen Leben ändern, die mit der evangelischen Position überhaupt nicht zu vereinbaren wären. Dadurch ergab sich eine Kontinuität, die es unmöglich machte, von einer „neuen" Kirche zu sprechen. Es ging um „Kirchenverbesserung", wie man damals zutreffend formulierte, auf dem Fundament einer erneuerten Frömmigkeit. Sein Wirken in Lübeck begann Bugenhagen damit, daß er intensiv predigte, und die Predigttätigkeit begleitete auch die dann folgende Arbeit an der Kirchenordnung. Die Neuregelung der äußeren Verhältnisse durfte nicht toter Buchstabe als Anordnung von oben her bleiben, sondern mußte vom Volk verstanden und akzeptiert werden.

Eine einzelne, etwas skurrile Begebenheit sei hier erwähnt, weil sie ein bezeichnendes Licht sowohl auf Bugenhagens Einschätzung der Situation als auch auf die Widerstände, die ihm begegneten, wirft. Ihm selber erschien sie so wichtig, daß er einen Bericht darüber in Wittenberg drucken ließ, und noch 1536 erzählte er den Oberdeutschen um Martin Bucer bei den Verhandlungen um die Abendmahlskonkordie davon. Beruhte die Sache nicht auf einem tatsächlichen Vorgang, dann hätte er sie kaum publizieren können[27]). Vier Tage nach seinem Eintreffen in Lübeck, so berichtet er, trat eine vom Teufel besessene Jungfrau gegen ihn auf und prangerte ihn als Verräter an, denunzierte ihn also als Satans ungetreuen Bundesgenossen. (Alle Anzeichen der Krankheit, die Bugenhagen schildert, deuten auf Epilepsie hin.) Bugenhagen, dem es schließlich gelang, die Frau vom bösen Geist zu befreien, wertete diesen Vorfall als ein Zeichen dafür, daß der Satan sich dem Einzug des Evangeliums in Lübeck mit aller Macht entgegenstemmte. Was immer im einzelnen passiert sein mag, bemerkenswert ist daran zweierlei: 1. Die Polemik der altgläubigen Geistlichen gegen die Reformation fand im Volk noch hinreichende Resonanz, so daß ein entsprechend beeinflußtes krankes Mädchen zur Sprecherin dieser Opposition werden konnte. 2. Bugenhagen deutete die Lübecker Reformation mit ihren scharfen Spannungen zwischen Rat und Kapitel einerseits und Bürgerschaft andererseits geschichtstheologisch als Kampf überirdischer Mächte. Daraus erhellt, wie sehr man damals überzeugt war, trotz der beachtlichen Kontinuität der äußeren Umstände in einem epochalen Umbruch zu stehen.

Die Anfänge der evangelischen Kirchenordnung

Die Verfassungsarbeiten ließen sich zunächst etwas mühsam an. Am 11. November 1530 wurde durch einen Vergleich des Kapitels mit der Stadt dafür die rechtliche Basis geschaffen: Die vier Kirchspielkirchen (Marien, Petri, Jakobi, Ägidien) und die zugehörigen Kapellen mit allen Rechten und Einkünften, die das Kapitel und die Kleriker daran besessen hatten, wurden gegen eine angemessene Versorgung der Vikare, Kommendisten und Offizianten „umme Fredens willen" der Stadt übertragen. Der Dom als Zentrale der Altgläubigen blieb ausgeklammert, zumal das Kapitel hierüber gar nicht ohne den Bischof verfügen konnte. Bemerkenswert ist, daß die Vertragspartner auf Seiten der Stadt der Rat und der Vierundsechzigerausschuß waren[28]).

Am 23. November bildeten diese beiden Gremien einen Ausschuß, der mit Bugenhagen die Kirchenordnung ausarbeiten sollte. Ihm gehörten die beiden Ratsherren Gotthard von Höveln und Hinrich Castorp, die seit längerem mit der evangelischen Partei sympathisierten, ferner der Protonotar Berend Heinemann sowie acht Vertreter der Bürgerschaft an, allesamt angesehene Kaufleute und Handwerker, darunter Jürgen Sengestake, der Lutheraner der ersten Stunde, welchen Bugenhagen vom Studium in Wittenberg her kannte, sowie sein Stiefvater Johann Sengestake, Borcherdt Wrede und Godeke Engelstede, drei der politischen Wortführer, die nach dem „Umsturz" 1531 Ratsherren wurden[29]). Dieser Ausschuß legte seiner Arbeit Bugenhagens Ordnungen für Braunschweig und Hamburg zugrunde. Daraus ergaben sich als Orientierungsschema die drei Aufgabenbereiche Schule, Gottesdienst (einschließlich der Geistlichkeit) und Armenfürsorge. Aber die entscheidenden Probleme steckten in den Details, und so kam die Arbeit nur langsam voran.

Um den hinhaltend taktierenden Rat zu drängen, legte die Gemeinde am 7. Januar 1531 abermals Artikel vor, in denen weitere Maßnahmen zur Abstellung des katholischen Gottesdienstes und der Agitation altgläubiger Kleriker, zur Auflösung der beiden Jungfrauenklöster sowie zur Schulreform gefordert wurden[30]). So kam als erstes Teilstück der Neuordnung die Schulreform zustande, die für Bugenhagen deswegen wichtig war, weil das evangelische Verständnis eines „bewußten" Christseins beim einzelnen bestimmte intellektuelle Voraussetzungen erforderte, um dessen Ansprechbarkeit für Gottes Wort zu gewährleisten. Seit dem 28. Dezember hatte Bugenhagen mit dem Rat über die Errichtung einer bürgerlichen Lateinschule verhandelt; sie wurde im aufgelösten Katharinenkloster eingerichtet und am 19. März 1531 eingeweiht[31]). Als Schulrektor fungierte Hermann Bonnus, ein Schüler Bugenhagens aus dessen Treptower Zeit, der auch in Wittenberg studiert hatte, ein gebürtiger Westfale, der zuletzt in Greifswald und Gottorf tätig gewesen war. Obwohl sich Rat und Bürgerschaft schon Anfang Januar auf das Amt eines „Probstes" (prawest) verständigt hatten, konnte diese Stelle zunächst nicht besetzt werden, weil man keinen geeigneten Mann dafür fand. Die Verhandlungen mit dem Rigaer Superintendenten Johann Briesmann führten zu keinem Ergebnis, und so übte Bugenhagen selber zunächst interimistisch einige Leitungsfunktionen aus[32]).

Innen- und außenpolitische Probleme. Der Vergleich vom Februar 1531

Doch das gesamte Reformwerk blieb überschattet von dem politischen Gegensatz zwischen Rat und Gemeinde. Die Atmosphäre war durch gegenseitiges Mißtrauen vergiftet, weil der Rat einen Aufstand befürchtete und sich andererseits gegen die kirchlichen Neuerungen stemmte, so gut er konnte. Die Kirchenfrage blieb weiterhin mit der ungeklärten Finanzlage verbunden. Inzwischen hatte sich der Bürgerausschuß im Januar ein Vertretungsorgan von je zwei Kaufleuten und Handwerkern analog zu den vier Bürgermeistern geschaffen und dafür neben den bekannten Vorkämpfern der evangelischen Sache, dem Brauer Jochen Sandow, dem Ankerschmied Borcherdt Wrede und dem Kaufmann Harmen Huttenbarch auch Jürgen Wullenwever bestimmt, der nunmehr an führender Stelle in das Geschehen eingreifen konnte. Dieser aus Hamburg gebürtige, erst kürzlich (wohl 1526) nach Lübeck übergesiedelte Kaufmann, Ältermann der Nowgorodfahrer, der mancherlei Geschäftsverbindungen in Norddeutschland hatte, war im Vierundsechzigerausschuß der hervorragende politische Kopf, gleichermaßen ein Streiter für die Reformation wie für die politische Mitbestimmung der Bürger.

Die innenpolitischen Probleme wurden nun durch einen außenpolitischen Vorgang verschärft. Am 24. Januar 1531 traf der Kanzler des Herzogs von Braunschweig-Lüneburg in Lübeck ein, um die Stadt für den Beitritt zum Schmalkaldischen Bund zu gewinnen, den man schon bei der ersten Bündnisabsprache im Dezember einkalkuliert hatte. Dieses Verteidigungsbündnis war nach dem gefährlichen Augsburger Reichstagsabschied unter Führung des Landgrafen Philipp von Hessen und des Kurfürsten Johann von Sachsen von einigen wenigen evangelischen Fürsten und den Städten Magdeburg und Bremen im Dezember 1530 geschlossen worden und sollte nun erweitert werden. Von Lübecks Position her stand die Bündnisfrage in einem außenpolitischen Kontext, der für die Stadt von größerem Interesse als die Sicherung der Reformation war: Es ging um das Verhältnis zu Dänemark und zu den Holländern. Um den 1523 aus Dänemark vertriebenen König Christian II., seinen Schwager, wieder auf den Thron zu bringen, suchte Kaiser Karl V. die Verständigung mit Lübeck, das nach wie vor zu Friedrich I. hielt. Die evangelischen Bürger versprachen sich nun sowohl in der dänischen Sache als auch im Kampf gegen die vordringenden Holländer von einem Beitritt zum Schmalkaldischen Bund Vorteile. Für den kaisertreuen Rat dagegen bedeutete die Werbung der Schmalkaldener eine arge Zumutung, während die beiden Bürgerausschüsse auf einen Anschluß drängten. Aufgrund des Widerstands der Bürgermeister Brömse und Plönnies blieb die Sache mit dem hinhaltenden Bescheid des Rats, man wollte den Beitritt andere Reichsstädte abwarten, vorerst unentschieden[33]).

Die Bürgerschaft nahm dies zum Anlaß, den Rat — dem sie vorwarf, er arbeite der Reformation den bisherigen Absprachen zuwider im Bündnis mit Domherren, Mönchen und Pfaffen entgegen — zur Klärung seiner Haltung zu drängen. Unter Berufung auf ihre Artikel vom Oktober forderte sie die Rechenschaftslegung über die Einnahmen, Ausgaben und die Verschuldung der Stadt. Als der Rat sich hartnäckig weigerte und die Gefahr heraufbeschworen wurde, er könnte wieder wie 1408 die Stadt verlassen und einen Konflikt mit dem Reich auslösen, verständigten beide Parteien sich nach langen Verhandlungen, in denen Wullenwever als Wortführer eine besondere Rolle spielte, auf einen Vergleich. Gegen das eidliche Versprechen des Rats, „dat se Gades wort und sine ehre willen helpen fortsetten und handhaven", gelobten die Bürger, in Treue und Gehorsam keine Rechenschaft über die Schulden zu fordern und den Rat nicht wegen irgendwelcher Versäumnisse zu belangen[34]). Dieser Vergleich vom 18. Februar 1531 war ein wichtiger Schritt, denn er enthielt die förmliche Verpflichtung des Rates zur Fortführung der reformatorischen Maßnahmen. Nicht unbillig wurde er daher mit Dankgottesdiensten in allen Kirchen gefeiert.

Brömses Flucht und die Verfassungsänderung

Nach Auffassung der Bürger war damit auch über den Beitritt zum Schmalkaldischen Bund entschieden, und so wurden Anfang März zu dem ersten Bundestag nach Schmalkalden der Ratsherr Tönnies van Stiten und aus dem Vierundsechzigerausschuß Jakob Krappe und Johann van Elpen als Lübecker Gesandte abgeordnet. Allerdings trat die Stadt auf dieser Tagung dem Bündnis noch nicht bei, weil die Höhe des lübischen Beitrags noch geklärt werden mußte, und wohl auch deswegen, weil der Rat die Sache hinauszögern wollte[35]). Die Annäherung an den Bund war der Grund dafür, daß die beiden Bürgermeister Nikolaus Brömse und Harmen Plönnies, die entschiedensten Gegner der Reformation, einen spektakulären Schritt taten. Sie verließen am 8. April, am Ostersonnabend, zusammen mit dem Stadthauptmann und kleinem Gefolge in der Morgendämmerung heimlich die Stadt, um auswärts Hilfe gegen die „Aufrührer" zu suchen und zogen zunächst zu Herzog Albrecht von Mecklenburg, mit dem die Sache vorher abgesprochen war, nach Gadebusch. Der Mecklenburger hatte früher gelegentlich die Hilfe des Lübecker Rats gegen die reformatorischen Tendenzen in Wismar gesucht, hatte dabei stets die Hilfe von Brömse und Plönnies erfahren und war gerade jetzt vom Kaiserhof zurückgekehrt mit Aufträgen in Sachen Lübecks und Christians II. So mußte die Flucht der Bürgermeister wie eine kaiserlich begünstigte Verschwörung wirken. Im Juli begab sich Brömse dann weiter an den Kaiserhof nach Brüssel, wo er einen Schutzbrief erwirkte und Anklage gegen die Stadt erhob (außerdem von Karl V. in den Ritterstand erhoben wurde), während Plönnies bei Verwandten in Münster blieb, wo er zwei Jahre später starb[36]).

Die Flucht der beiden Bürgermeister wurde als Verstoß gegen den Vergleich vom 18. Februar aufgefaßt und belebte den alten Verdacht der Bürger gegen den reaktionären Rat. Sie ließen die Stadttore schließen und stellten die verbliebenen Ratsherren unter Hausarrest, weil sie mit den entwichenen Bürgermeistern angeblich unter einer Decke steckten. Jetzt wirkten sich die politischen Folgen der Reformation in einer grundlegenden Veränderung der Stadtverfassung aus, die weit über das hinausging, was die Gemeinde bisher schon an Mitwirkungsrechten erstritten hatte[37]).

Die Ratsherren erklärten sich am 11. April 1531 bereit zurückzutreten, da ihnen das Vertrauen der Bürger fehlte, und einen neuen Rat zu wählen. Aber weder dem Rücktritt noch dem Selbstergänzungsrecht mochten die Bürger, als deren Sprecher Wullenwever agierte, in dieser Situation zustimmen, weil dadurch nur wieder Freunde und Verwandte des alten Rats an die Macht gekommen wären, die in derselben Weise gegen das Evangelium handeln könnten. So gab es eine längere Auseinandersetzung über die Rechtslage, in der sich die Bürger auf das Privileg Heinrichs des Löwen für die Ratswahl, die Ratsherren aber auf das Herkommen und das Verfahren des Jahres 1416 nach der damaligen Wiedereinsetzung des alten Rats beriefen. Endlich beschloß die Gemeinde am 27. April, die Zahl der Ratsherren gemäß jenem Privileg auf 24 zu erhöhen, die bisher amtierenden Ratsherren vorerst in ihrem Amt zu belassen, aber die vakanten Ratsstühle neu zu besetzen, wobei sie vor dem Präjudiz zurückscheute, auch die Plätze der abwesenden Brömse und Plönnies wiederzubesetzen. So mußten sieben Ratsherren gewählt werden, und der Rat stimmte der Forderung der Gemeinde zu, daß für diesmal die Ergänzung gemeinsam vom Rat und von den beiden Bürgerausschüssen vollzogen werden sollte. Hierbei aber wurde die Mitwirkung des Rats insofern faktisch aufgehoben, als er an der Kandidatenaufstellung gar nicht beteiligt war und die Ausschüsse aus ihrer Mitte, also nicht aus dem Kreis der ratsfähigen Patriziergeschlechter, neun Kandidaten vorschlugen, aus welchen dann Bürgermeister Pakebusch sieben durch das Los auswählen durfte. Es waren Kaufleute und Händler, allesamt Parteigänger der Evangelischen, unter ihnen Godeke Engelstede, Jochen Grammendorp und Gerd Odinkberg, die sich besonders für die Reformation eingesetzt hatten. Wullenwever war nicht dabei; ob er aus Taktik im Hintergrund bleiben wollte oder unter den beiden nicht ausgelosten Kandidaten war, muß offenbleiben.

Jetzt waren die Bürger über ihren Ausschuß hinaus auch unmittelbar am Stadtregiment beteiligt, die Reformation hatte zu einer Demokratisierung der Verfassung geführt. Als Umsturz oder Revolution kann diese Veränderung vom heutigen Standort aus nicht bezeichnet werden, obwohl sie nach damaliger Auffassung wie Aufruhr wirken mußte. Die Bürger hatten sich an das herkömmliche Recht gehalten und für ihre Beteiligung die Zustimmung des amtierenden Rats eingeholt. Doch diese war unter dem Druck der Verhältnisse gegeben worden, so daß die Neuordnung von vornherein unter einem Vorbehalt stehen mußte.

Darin unterschied sich Lübeck von Hamburg, wo zwar der Gemeinde auch eine stärkere Beteiligung an Stadt- und Kirchenregiment in Form eines Bürgerausschusses gegeben worden war, wo es aber nicht zu einem Eingriff in die herkömmlichen Rechte des Rats gekommen war. Eine stärkere Stellung hatten die Bürgerausschüsse in Stralsund und Wismar erkämpft[38]). Gemeinsam war allen Städten der Zusammenhang von bürgerlicher Emanzipation auf kirchlichem Gebiet mit Tendenzen zur Demokratisierung des Stadtregiments, die allerdings in Lübeck am weitesten gingen, weil dort der Rat als besonders hartnäckiger Verteidiger der alten Kirchenstrukturen die innen- wie außenpolitische Bedeutung der Reformation am schärfsten erfaßt hatte, diese deswegen als Aufruhr ablehnte, so aber zugleich mit dem religiösen Widerstand auch die politische Opposition stärkte, bis es zu jener grundlegenden Verfassungsänderung kam.

Die Reformation im Landgebiet

In den Landgebieten mitsamt den Orten Mölln und Travemünde wurde die Reformation gleichsam als logische Konsequenz der städtischen Reformation eingeführt. Über die einschlägigen Vorgänge sind wir allerdings nur dürftig unterrichtet. In Mölln hatte die evangelische Bewegung, die von außerhalb, insbesondere durch fahrende Tuchmacher, eingetragen worden war, schon vor 1530 einen bedeutenden Anhang. Als die dortigen Bürger im Juni 1530, den Lübecker Ereignissen folgend, einen evangelischen Pfarrer bestellen wollten, verhinderte der seit 1525 dort amtierende Stadtvogt Johann Krevet, ein enger Vertrauter von Nikolaus Brömse, dessen Kampf gegen die evangelische Bewegung er auf Mölln übertragen hatte, solche Pläne. Die Bürger beschwerten sich darüber beim Vierundsechzigerausschuß in Lübeck, der nach einer Untersuchung der Möllner Vorgänge beim Rat Beschwerde einlegte, weil die innerstädtischen Abmachungen nach seiner Auffassung auch für das Landgebiet gelten sollten. Die Anhänger der Reformation nahmen auch in Mölln zu. Im Zusammenhang der in Lübeck durch die kaiserlichen Mandate ausgelösten Unruhen wurde Krevet auf Druck des Ausschusses am 13. Oktober 1530 vom Rat abberufen, und in den 26 Artikeln vom selben Tage wurde gefordert, daß ohne Mitwirkung der Gemeinde kein neuer Vogt eingesetzt würde[39]).

Mit Krevets Sturz verlor Brömse einen militärisch wichtigen Bundesgenossen. Es gelang dem Ausschuß, noch im Oktober mit Gottschalk Lunte einen Evangelischen einzusetzen, der 1531 nach dem Umsturz in Lübeck Bürgermeister wurde. Dadurch konnte die Reformation auch in Mölln eingeführt werden, um deren Konsolidierung sich dann Luntes Nachfolger Jakob Krappe, der 1532−35 Vogt war, besonders verdient machte[40]). Im Frühjahr 1531 ordneten Rat und Bürgerausschuß im Zusammenhang mit der Reformation des Landgebietes eine Visitationskommission nach Mölln ab, welche zusammen mit dem neuen Vogt, Gottschalk Lunte, und mit Rat und Bürgern von Mölln eine kurze „Christlike Ordeninge" für die Versorgung der „kerckdenere", der Schule und der Armen sowie für die Pfarrwahl erarbeitete. Am 4. August 1531 erließ die Stadt Mölln diese Ordnung[41]).

Auch in Travemünde muß es schon vor 1530 eine evangelische Bewegung gegeben haben, doch dort hatten die Einwohner nicht die Stadtgerechtigkeit und daher nicht die Selbstverwaltungsrechte, die die Möllner besaßen und gegenüber dem dortigen Vogt geltend machen konnten. Deswegen kam der entscheidende Anstoß aus Lübeck, als dort die Gemeinde in einem Forderungskatalog vom 14. August 1530, mit dem die Konsolidierung der Reformation durchgesetzt werden sollte, den Rat veranlaßte, den Travemünder Vogt dahingehend zu instruieren, daß er die Mönche, die dort noch die Kirche innehatten, ausweisen und dem dortigen Prädikanten die Predigt von Gottes Wort befehlen sollte[42]). Als zwei Tage später die Nachricht aus Augsburg über das kaiserliche Mandat eintraf, revozierte der Rat sogleich diese Anweisung. Travemünde war eine Filialkirche von St. Marien, und so mußte sich dort der Erfolg der städtischen Reformation auf die Dauer auswirken. Dies war im Frühjahr 1531 der Fall, als eine vom Rat kraft dessen Patronatsrecht gebildete Visitationskommission (an der im Unterschied zu den sonstigen Kommissionen für die Landgebiete die Bürger nicht beteiligt waren) je einen evangelischen Pfarrer, Kapellan und Küster bestellte[43]). Vermutlich im Sommer 1531 erließ der Rat als alleiniger Inhaber des Kirchenregiments dann auch für Travemünde eine gesonderte Kirchenordnung (vgl. S. 209).

Parallel zu dem politischen Abschluß der Reformation wurde während des Frühjahrs 1531 die Kirchenordnung fertiggestellt. Die Verhandlungen im Ausschuß drehten sich, nachdem die Schulfrage gelöst war, vor allem um die komplizierte Neuregelung der kirchlichen Vermögensverhältnisse, um die bürgerliche Mitwirkung und um die Zukunft der Klöster der Dominikaner zur Burg, der Zisterzienserinnen zu St. Johannis und der Augustinerinnen zu St. Annen, die sich im Unterschied zum Franziskanerkloster der Reformation verschlossen. Nach der Umbildung des Rates, in dem die Evangelischen jetzt den Ton angaben, konnte die Ordnung zu einem raschen Ende gebracht werden.

Für die beiden Frauenklöster fand man keine in der Kirchenordnung fixierte Lösung; das Johanniskloster unter der tatkräftigen Leitung von Adelheid Brömse, der Schwester des Bürgermeisters, unterstellte sich dem kaiserlichen Schutz, um dem Zugriff der Stadt zu entgehen; das Annenkloster löste sich seit 1532 allmählich auf. Das Domkapitel verschwand als ein das kirchliche Leben bestimmender Faktor. Innerhalb eines Jahres veränderte sich 1530/31 das Erscheinungsbild der Kirche tiefgreifend.

10. Kapitel
Bugenhagens Kirchenordnung von 1531 und die evangelische Neugestaltung der Stadt

Am 27. Mai 1531 wurde „Der Keyerliken Stadt Lübeck Christlike Ordeninge" einmütig von Rat und Bürgerausschuß verabschiedet[1]). Sie wurde bald darauf bei Johann Balhorn im Druck publiziert, wohingegen die Hamburger Ordnung seinerzeit nicht gedruckt worden war[2]). Der Text trägt ganz die Handschrift Bugenhagens und stimmt weitgehend mit der Hamburger Ordnung überein. Das konservative Prinzip, nur das zu ändern, was sich mit der evangelischen Grundeinstellung nicht vereinbaren ließ, blieb auch hier maßgeblich, trotz der revolutionären Begleiterscheinungen der Lübecker Reformation[3]).

Dadurch erhielt diese Kirche das für das norddeutsche Luthertum typische konservative Gepräge in der Liturgie und in der Ordnung des kirchlichen Lebens – im Unterschied etwa zu den von Zwinglis Ordnungsprinzip her bestimmten süddeutschen Reichsstädten, wo das Kirchenwesen entprechend dem Neuen Testament von Grund auf neugebaut und deswegen vieles Althergebrachte abgeschafft wurde. Wenn dieser konservative Grundzug Bugenhagens betont wird, muß aber ergänzend hinzugefügt werden, daß die Ordnung in ihrer entschlossenen Orientierung am Gemeindeprinzip die Lübecker Kirchenstrukturen revolutionierte. Sie versuchte damit, die „demokratischen" Errungenschaften der politischen Reformation auch auf kirchlichem Gebiet zu realisieren. Allerdings ist es gerade hierin begründet, daß mit ihrer Regelung der kirchlichen Herrschaftsstrukturen insofern ihr Kern hinfällig wurde, als die politische Restauration des Jahres 1535 unmittelbare kirchliche Auswirkungen haben mußte.

Integration von kirchlichem und bürgerlichem Leben

Der prinzipielle Neuansatz gegenüber dem Mittelalter wird an Bugenhagens Ordnung deutlich. War die Kirche trotz aller Verbindungen mit Gesellschaft und Staat eine klar abgegrenzte eigenständige Institution im Gegenüber zu ihnen, so wurde diese Grenze jetzt in entscheidenden Punkten abgebaut. Kirche wurde nicht als eigene Institution thematisiert, da die Reform der Kirche zugleich eine ganz neue Integration derselben in das Gemeinwesen brachte. Demgemäß handelte es sich eigentlich gar nicht um eine Kirchenordnung, sondern – wie der Titel selber ankündigte – um die Ordnung des Christentums in der Stadt oder um die Ordnung derjenigen Aufgaben, die sich aus dem Charakter der Stadt als einer christlichen ergaben. Die Erstellung einer solchen Ordnung war ein kirchengeschichtliches Novum, denn Vergleichbares hatte es bisher in Lübeck nicht gegeben.

Strenggenommen waren es zwei ineinandergehende Ordnungen, eine Kirchenverfassung (für die Ämter, die Finanzen und die kirchlichen Aufgaben) und eine Gottesdienstordnung (eine Agende). Drei Dinge sollten vor allem erreicht werden: „Scholen, predikere vnd de armen möten yn desser guden Stadt versorget syn"[4]). Die Reformation hatte den Abbau der alten Konzentration auf die rein religiösen Aufgaben der Kirche gebracht, die sich im Kult, in den Privatmessen und in den verschiedenen Weihehandlungen ausdrückte. Die religiöse Dimension wurde nun in neuer Weise auf das alltägliche Leben bezogen und mit ihm verschränkt. Kirchliche Praxis erstreckte sich damit nicht nur auf die privaten, sondern auch auf die öffentlichen Interessen. Das Schulwesen wurde verbessert, der Beherrschung durch die Kirche entnommen und zur Sache des christlichen Gemeinwesens gemacht. Mit der Armenfürsorge wurde gar ein neues Aufgabenfeld kirchlich organisiert. Und der Gottesdienst erhielt mit der Dominanz der Predigt eine unmittelbare Beziehung zum bürgerlichen Leben, weil die Predigtthemen sich jetzt stärker als früher auf allgemeine Existenzprobleme konzentrierten.

Die neuartige Integration von christlichem und bürgerlichem Leben wurde an der neuen Rolle der Gemeinde sichtbar. „Gemeyne" war bis dahin ein politischer Begriff und bezeichnete die Gesamtheit der Einwohner im Gegenüber zur Obrigkeit. Diese „Gemeyne" wurde nun innerhalb der Kirche aus der bisherigen passiven Rolle als „Laien" herausgeholt und im Sinne der neutestamentlichen ecclesia (die Luther und Bugenhagen nicht zufällig mit „Gemeyne", und nicht mit „Kirche" übersetzten) neben dem geistlichen Amt zum Träger der kirchlichen Funktionen. Die Beteiligung der Gemeinde an der Wahl der Pfarrer und sonstigen Amtsträger, an der Organisation des Schulwesens und der Armenfürsorge sowie an der kirchlichen Verwaltung lehnte sich nun aber an die neuerdings erkämpften bürgerlichen Organisationsformen an.

Mitwirkung der Gemeinde, das hieß jetzt Mitwirkung des Bürgerausschusses (bzw. der Bürgerausschüsse, da ja neben den Vierundsechzigern noch die Hunderter amtierten); das bedeutete zugleich ein Ineinander von politischen und kirchlichen Handlungsebenen, das sich in der Folgezeit als problematisch erweisen sollte. Daß es für Bugenhagen hier nicht bloß um eine Konzession an die derzeitigen Machtverhältnisse der Stadt ging, erweist die Bestimmung, wonach die Ordnung für den Fall der Auflösung des Bürgerausschusses eine andere Form der bürgerlichen Mitbestimmung vorsah[5]).

Zentrale Finanzverwaltung. Armenfürsorge

Die Neuordnung der Finanzen bildete den wichtigsten und zugleich schwierigsten Punkt, weil sie die Basis für die gesamte Existenz einer selbständigen, sowohl gegenüber dem Staat als auch gegenüber klerikalem Gewinnstreben freien Kirche sichern mußte. Das schloß die Ablösung des bisherigen Pfründenwesens durch ein verobjektiviertes Besoldungssystem ein.

Für die Besoldung der Geistlichen, der Küster und Organisten, für die Bauunterhaltung und für allgemeine Ausgaben sollte mit dem „Schatzkasten" wie in Braunschweig und Hamburg eine zentrale Kirchenkasse geschaffen werden[6]). Diese Kiste sollte in der Marienkirche aufgestellt werden, in sie sollten die zu Ostern, Pfingsten, Michaelis und Weihnachten zu zahlenden Abgaben der Gemeindeglieder (der Vierzeitenpfennig), die Gebühren für Amtshandlungen und die Erträge der Kirchengüter, der Jungfrauenklöster und der Beginenhäuser sowie einiger Dompfründen fließen. Für deren Verwaltung wurden zwanzig Kirchväter (kerckvedere) bestimmt, die Schatzkasten-Diakone, vier aus jedem Kirchspiel, vom Bürgerausschuß gewählt und vom Rat bestätigt[7]). Das bisherige Amt der Kirchpfleger (Provisoren bzw. Juraten), die nur für die Bauverwaltung, die „Fabrik", zuständig waren, erhielt so einen erheblichen Kompetenzzuwachs. Denn außer den genannten Aufgaben wurde ihnen auch die Beteiligung an der Pfarrerwahl und an der Schulaufsicht übertragen.

Daß damit ein neues, spezifisch kirchliches Amt geschaffen werden sollte, zeigt der Titel „Diakon". Neben den Kirchvätern gab es ein zweites, ebenfalls neues Laienamt: das der für die gemeindliche Armenfürsorge zuständigen Diakone. Die insgesamt sechzig Armen-Diakone, je zwölf aus jedem Kirchspiel, gliederten sich in zwei verschiedene Typen auf[8]). Fünfzehn „Älteste" waren für den – ebenfalls in St. Marien aufgestellten – Armen-Hauptkasten und damit für die gesamtkirchliche Fürsorge verantwortlich, jeweils neun „Jüngste" in jedem Kirchspiel verwalteten die dortige Almosenkiste, hatten also ein parochiales Amt.

Der Hauptkasten, eine ursprünglich Hamburger Konzeption (in der dortigen Kastenordnung von 1528 fixiert, aber nicht durchgeführt), sollte dem Finanzausgleich zwischen den reichen und den ärmeren Gemeinden dienen. Denn die Opfergaben für die Armenpflege wurden wöchentlich aus den verschiedenen Kisten eingesammelt, in den Hauptkasten in St. Marien gebracht, von den Ältesten-Diakonen auf die Kirchspiele gleichmäßig verteilt und dann von den Jüngsten-Diakonen an die bei ihnen registrierten „Hausarmen" verteilt. In den Hauptkasten flossen auch die Erträge der eingezogenen Güter der Hospitäler, Bruderschaften und Kalande sowie der Stiftungen[9]). Die ganze Konstruktion des Finanzwesens wurde allerdings nach 1535 mit der neuen politischen Situation grundlegend verändert (s. u. S. 221 f).

Die Armenfürsorge, bis dahin nur ansatzweise kommunal organisiert, von privater Initiative abhängig, wurde nun erstmals als kirchliches Aufgabengebiet systematisch geordnet, und zwar nicht im Gegenüber zum Bürgertum, sondern als Aufgabengebiet einer christlichen Stadt. Das hing mit dem reformatorischen Verständnis des Christseins zusammen, wonach Glaube und Liebe zusammengehören und die fromme Betätigung des Christen sich auf den Nächsten im weltlichen Lebensbereich, nicht aber auf „fromme Werke" richtet[10]). Armenfürsorge ist Gottesdienst, deswegen wird sie in der Ordnung so ausführlich geregelt. Ihre kommunale Bedeutung liegt darin, den Bettel zu verhindern. Sie bezieht sich auf die „rechten Armen", die von ihren Angehörigen nicht versorgt werden können, auf in Not geratene arbeitslose oder kranke Handwerker und Arbeiter, auf Witwen und Waisen, auf arme Jungfrauen und Dienstmägde. Auch solche infolge der Reformation unversorgt dastehenden Mönche und Kleriker, die keinen weltlichen Beruf ergreifen können, sollen versorgt werden. Als Wohnung wird diesen, aber auch den obdachlosen Hausarmen, das Burgkloster zur Hälfte zugewiesen. Im anderen Teil des Klosters wird ein Kranken- und Pockenhaus eingerichtet[11]).

Schule und Kirche

Auch das Schulwesen wurde als eine bürgerlich-christliche Einrichtung geordnet[12]). War die klerikale Schulherrschaft in Hamburg einer der Faktoren, die die Reformation auslösten, so hatte es in Lübeck darum kaum Streit gegeben. Die Forderung nach einer bürgerlichen Lateinschule, erstmals im April 1530 vorgetragen, war bereits vor Verabschiedung der Ordnung durch die Eröffnung der Gelehrtenschule im Katharinenkloster am 19. März 1531 erfüllt worden[13]). Die dem Kapitel unterstehenden Lateinschulen am Dom und an St. Jakobi wurden aufgelöst, um die Mittel zu konzentrieren. Das

Katharinenkloster bot sich nicht nur wegen seiner zentralen Lage für die neue Funktion an, sondern auch deswegen, weil mit ihm die 1462 für die musikalische Gestaltung der täglichen Messen in der Marienkirche gestiftete Sängerschule verbunden war und dafür reichliche Stiftungsmittel zur Verfügung standen. Diese Mittel konnten jetzt aber nur teilweise freigegeben werden und dienten neben den Beiträgen aus dem „Schatzkasten" der Finanzierung der Schule, da der Rat außer einer geringen Baulast nichts dazu beitrug. Deswegen wurden die Vorsteher der Sängerkapelle zu Schulverwesern bestellt und ihnen zehn Kirchväter für die Aufsicht über Besoldung und Bauverwaltung beigeordnet. Sieben Lehrer, erstmals mit fester Besoldung, sollten an der Lateinschule wirken.

Die kirchliche Bindung wirkte sich im Schulalltag darin aus, daß die Schüler den Chorgesang in den Gottesdiensten der fünf Kirchen übernahmen[14]). Sie wirkte sich auch in den Lehrinhalten aus, da neben der Beschäftigung mit der lateinischen Sprache und Literatur, dem eigentlichen Unterrichtsgegenstand, nur die religiöse Unterweisung in Bibel und Katechismus stand. Der Gelehrtenschule angegliedert waren eine Bibliothek (aus den alten Klosterbeständen gebildet) und das Lektorium, in welchem der Superattendent und sein Adjutor, gegebenenfalls auch der Rektor oder die Pastoren für die gebildeten Bürger theologisch-biblische Vorlesungen halten sollten. Hatte Bugenhagen in Hamburg das Lektorium zu einer wissenschaftlichen Anstalt unter Einbeziehung anderer akademischer Disziplinen (Jura, Medizin) ausbauen wollen, so blieb es in Lübeck, in Fortführung der alten Domlekturen, bei einer christlichen Erwachsenenbildungsstätte. Man darf vermuten, daß die Lübecker gegenüber weitergehenden akademischen Plänen zugeknöpft blieben.

Neben der Lateinschule bestanden natürlich die alten Elementarschulen, die deutschen Schreibschulen, fort, auch sie an der christlichen Erziehung in Bibellektüre und Katechismusunterweisung orientiert[15]). Neu eingerichtet wurden drei Jungfrauenschulen, die der Erziehung der Mädchen zu christlichen Hausmüttern dienen sollten und deren Lehrplan demgemäß außer Lesen und Schreiben nur religiöse Inhalte vorsah.

Der kirchlichen Bindung, nicht zuletzt auch der kirchlichen Finanzierung der Schulen entsprach die Beteiligung der Kirchväter und des Superattendenten an der Schulaufsicht. Aber auch die Obrigkeit und die Bürgerschaft waren beteiligt, weil sie zusammen mit dem Superattendenten den Schulrektor einsetzten. Dieser hatte darüber hinaus die Befugnis, über die Eignung eines Lehrers vor dessen Einstellung durch den Rektor mitzubestimmen und über die Rechtgläubigkeit des Schulbetriebs durch Visitationen zu wachen.

Die Errichtung einer bürgerlichen Lateinschule wurde von Bugenhagen deswegen vordringlich betrieben, weil Stadt und Kirche einen solchen Nachwuchs für die gelehrten geistlichen und weltlichen Berufe brauchten, der im Geiste des Evangeliums zu wirken imstande war. Basis für die Christlichkeit der Stadt mußte die christliche Erziehung sein. Diesem Zweck dienten auch die regelmäßigen Katechismuspredigten in den Kirchen, die jung und alt zu einer ständigen und konkreten Begegnung mit den Verheißungen und Forderungen von Gottes Wort für den Alltag verhelfen sollten. Wandte sich die Religion ehedem fast ausschließlich an das Gefühl, so jetzt primär an den Verstand. Eine Folge dessen war die typisch protestantische Pädagogisierung und Intellektualisierung des Christentums, die der neuen sozialen Integration des Religiösen entsprach.

Evangelische Geistliche

Die Struktur des Klerus wurde durch die Reformation grundlegend verändert. Einen Bischof alten Rechts und eine Kirchenleitung, wie das Kapitel sie für Lübeck darstellte, gab es nicht mehr. Desgleichen entfiel mit der Abschaffung der Vikarien der ganze Unterbau der Geistlichkeit. Was blieb, war die Pfarrgeistlichkeit, die fünf Plebane („Parrner", Pastoren) der fünf Kirchspiele und die Kapläne (Capellane, Prediger), deren Zahl auf zwölf festgesetzt wurde, je drei an St. Marien und an St. Jakobi, je zwei an den übrigen Kirchen[16]). Neugeschaffen wurde das Amt des Superattendenten (bzw. des Superintendenten, wie er später hieß), der keinerlei parochiale Funktionen hatte, sondern der „upseher" (entsprechend der Wortbedeutung von Episkopos = Superattendent) über die Amtsführung der Geistlichen, über die Einhaltung der christlichen Ordnung und die Reinheit der Lehre in der ganzen Stadt sein sollte[17]).

Damit war im Grunde ein evangelisches Bischofsamt geschaffen. Doch die alte bischöfliche Jurisdiktionsgewalt entfiel ebenso wie die Weihegewalt. Wenn dem Superattendenten die Ordination der Pastoren aufgetragen wurde, dann war das nichts Besonderes, weil auch die Pastoren das Ordinationsrecht, nämlich gegenüber ihren Predigern, hatten[18]). Die Superintendentur bildete so eine Spezialaufgabe des Predigtamtes, ihr Bezugspunkt war die Einheit der Kirche in der Stadt. Einer der Pastoren sollte Helfer (Adjutor) des Superattendenten sein, er erhielt schon bald die Bezeichnung „Senior". Als Maxime für diese neue Geistlichkeit galt im Unterschied zur alten geistlichen Obrigkeit: Nicht herrschen, sondern dienen. Ihre Aufgaben wurden dadurch definiert, daß sie keine Kultdiener, sondern Prediger und Seelsorger sein sollten: „Unse prestere daruen nycht Ceremonysten syn"[19]). Sie nahmen damit die Funktionen wahr, die früher auf Kapläne und Mönche verteilt waren.

Gegenüber den zahlreichen Pfründen für Geistliche im alten System bedeutete die Schaffung von nur achtzehn Stellen für evangelische Geistliche eine enorme Reduktion, die das Gewicht jedes einzelnen von ihnen zwangsläufig erhöhte. Auch wenn die Namen und die Amtsdauer dieser ersten Prediger nach 1530 nicht mehr ganz präzise zu erhellen sind, dürfte es doch von Interesse sein zu sehen, wer die Männer waren, die in jener Umbruchssituation das geistliche Amt neu prägten[20]). Es waren zunächst die alten Vorkämpfer der evangelischen Bewegung, sie rückten in die Pfarrstellen der Plebane ein: Johannes Walhoff an St. Marien, Andreas Wilms an St. Petri, Peter von Friemersheim an St. Jakobi und Wilhelm Antoni an St. Ägidien, der als Magister wegen seiner besseren theologischen Bildung dem bisherigen Pleban Johann by der Erde vorgezogen wurde. Die Dompfarrstelle dürfte ebenso wie die dortigen Predigerstellen zunächst nicht besetzt worden sein, weil die Stadt darüber nicht verfügen konnte und der evangelische Gottesdienst dort noch nicht zugelassen war.

Den Superintendenten nahm man nicht aus jenem Kreis, wohl deswegen, weil man einen theologisch besonders geschulten Mann haben wollte. Doch als längeres Suchen erfolglos blieb und Bugenhagen, den man vergeblich zu gewinnen versucht hatte, nach Ostern 1532 seine Tätigkeit als „Übergangsbischof" hier beendete, konnten Rat und Bürgerausschuß den Rektor der Katharinenschule, Hermann Bonnus (1504–1548) bewegen, dieses Amt zu übernehmen, obwohl er eher ein Pädagoge als ein Kirchenführer war. (Die übliche Annahme, Bonnus hätte schon 1531 dieses Amt angetreten, ist zu korrigieren, weil sie weder mit Reimar Kocks Chronik noch mit der Voraussetzung der

Kirchenordnung, daß das Amt vakant war, zusammenstimmt.)[21]). Mit Bonnus bekamen die Lübecker einen ganz ordentlichen Theologen, einen konservativen Vertreter der Reformation im Sinne Bugenhagens, der persönliche Verbindungen zu vielen führenden Evangelischen in Norddeutschland hatte.

Unter den Predigern (Kaplänen, wie die Kirchenordnung sie nannte, Diaconi, wie sie später auch hießen) sind uns einige Namen bezeugt, die ansonsten wenig bekannt sind und deren Amtsantritt meist nicht genau datierbar ist: Für St. Marien Hermann Greven, für St. Petri Reimar Kock, der ehemalige Franziskaner, Chronist der Reformation und der Lübecker Geschichte, auch als Schiffsprediger seit 1532 tätig, und der nicht weiter bekannte Reiner von Rensen sowie seit 1534 Valentin Curtius aus Rostock, der spätere Superintendent (vgl. S. 244). An St. Jakobi amtierten Johannes Schabow, vorher Guardian des Katharinenklosters, Nikolaus aus Dithmarschen, der schon 1529 als Kaplan für die evangelische Sache eingetreten war, und Johann Werner aus Deventer, ein Freund Peter von Friemersheims. An St. Ägidien dürfte Johann by der Erde Prediger geworden sein, weil dort kaum zwei Plebane amtierten, daneben wird Gerhard Nordthorn genannt.

Stadtregiment und Kirchenregiment

Eine erhebliche Strukturveränderung ergab sich insofern, als rechtlich nicht mehr die ganze Stadt als eine einzige Parochie (Kirchengemeinde) wie vordem unter dem Kapitel begriffen wurde. Die Lübecker Kirche setzte sich jetzt aus den fünf Kirchspielen zusammen, deren Eigenleben sich im Laufe der Zeit verstärkte. Die gesamtkirchliche Organisation sollte aber nach Bugenhagens Intentionen kräftig genug sein, um die Einheit der Stadtkirche zu wahren. Ausdruck dafür war neben der Funktion des Superattendenten die Aufgabenbestimmung der Kirchväter und Ältesten-Diakone, also die zentrale Finanzverwaltung in Schatzkasten und Armenhauptkasten. Es muß allerdings schon hier darauf hingewiesen werden, daß diese Zentralisierung nach 1535 fortfiel.

Auch die neuen Mitwirkungsrechte von Rat und Bürgerschaft drückten die Einheit von Kirche und Stadt aus. Begründen ließ sich diese Neuerung, die die Selbständigkeit der Kirche fraglos einschränkte, nur mit dem veränderten Verständnis der Beziehung zwischen Bürgergemeinde und Christengemeinde. Daß dem Rat eine Oberaufsicht über die Finanzverwaltung, die Pfarrbesoldung, die Bauunterhaltung und die Armenpflege zugestanden wurde, war in seiner Ordnungsfunktion als Obrigkeit begründet, weil diese Bereiche das öffentliche Leben berührten. (An der Verwaltung sollte er aber nicht direkt beteiligt sein.) Doch daß dem Rat über diese weltlichen Funktionen hinaus auch die Befugnis eingeräumt wurde, zusammen mit dem Bürgerausschuß den Superattendenten einzusetzen, war ein schwerwiegender Eingriff in die Selbständigkeit der Kirche. Dazu paßten dann Veränderungen wie diese, daß die Geistlichen nun voll der städtischen Gerichtsbarkeit unterlagen und die kirchlichen Kapitalien zur Schoßzahlung herangezogen wurden. Die alten Immunitäten galten weitgehend nicht mehr.

Die Ausübung jener Kontrolle über die Finanzverwaltung und Armenpflege lag bei vier Ratsherren, den „Kastenherren", von denen je zwei für den Schatz- und den Hauptkasten zuständig waren[22]). Sie sollten den Diakonen „behülplick syn" — „und schölen syn eyn oge des Rades, dat alle dinck recht vthgerichtet werde". Ihr Einfluß war groß, denn sie waren außerdem auch an der Wahl aller Diakone, des Adjutors und des Subrektors beteiligt. Neben dieser direkten Mitwirkung des Rates gab es freilich eine noch wirkungsvollere indirekte. Denn in dem Vergleich mit dem Bürgerausschuß vom 18. Juli 1530 war eine paritätische Bestimmung der Kirchgeschworenen vorgesehen, und die Ordnung bemühte sich, diesen Kompromiß gegen das Vordrängen der Ausschüsse bei der Wahl der Kirchväter (der Schatzkasten-Diakone) und damit bei den übrigen Ämtern durchzusetzen. So wirkten Ratsherren in den verschiedenen Bereichen der Kirchenverwaltung unmittelbar mit. Dies wurde der rechtliche Ansatzpunkt für das spätere Kirchenregiment des Rates, welches zwar der Intention der Bugenhagenschen Ordnung nicht entsprach, ihr aber auch nicht ausdrücklich widersprach.

Angebahnt wurde diese Entwicklung durch die starke Beteiligung des Vierundsechziger-Bürgerausschusses: Er hatte die paritätische Mitbestimmung bei der Wahl nicht nur der bürgerlichen Kirchväter und Diakone, sondern auch des Superattendenten und des Schulrektors. Bei dieser Vertretung der Gemeinde war wegen des kirchlich-bürgerlichen Doppelcharakters des Gemeindebegriffs nicht klar definiert, ob es sich um ein politisches oder ein kirchliches Mandat handelte. Aber eben diese Differenzierung wurde gar nicht gemacht, weil die Eigenart der Reformation in Lübeck ja darin bestand, daß sie eine zugleich religiöse und politische Veränderung bedeutete.

Folgen der Reformation für Bruderschaften, Klerus, Kirchbauten

Eine einschneidende soziale Veränderung ergab sich im Blick auf die Existenz der Bruderschaften, die das religiöse und gesellschaftliche Leben im 14./15. Jahrhundert in starkem Maße bestimmten. Sie waren mit der katholischen Sakramentsfrömmigkeit unlösbar verbunden, deswegen setzte die Kirchenordnung ihre Auflösung voraus und verfügte die Überführung ihrer Kapitalien in den Armen-Hauptkasten[23]). Doch sie verschätzte sich hinsichtlich der Beharrungskraft dieser Organisationen, die ja nicht nur religiösen Zwecken dienten. Zunächst blieben die Bruderschaften noch bestehen, vor allem solche, die eine enge Verbindung zu einzelnen Ämtern hatten. Dann lösten sie sich allmählich auf, doch einige bestanden noch lange fort, weil sie als Instrumente der Armenpflege, die zu ihrem einzigen Zweck geworden war, Nutzen stiften konnten. Z. B. wirkte die Antoniusbruderschaft, der auch Jürgen Wullenwever bis zu seinem Tode angehörte, noch im 18. Jahrhundert recht beachtlich (bis zum Tode ihres letzten Ältermannes Andreas Albrecht von Brömse 1757) und wurde erst 1846 aufgelöst, als ihre Stiftungen mit der Armenanstalt verschmolzen wurden[24]). Dieser Vorgang entspricht der Entwicklung in anderen Städten, z. B. in Hamburg, wo die Bruderschaften für die Armenpflege weithin erhalten blieben.

Die Veränderungen, die das alltägliche kirchliche Leben betrafen, machten sich für den einzelnen vor allem in der Gottesdienstordnung bemerkbar. Hier ist der im ganzen konservative Charakter der Reform besonders deutlich. Die Grundform der Liturgie blieb diejenige der alten Messe, sie orientierte sich nicht — wie in der süddeutschen Reformation — am schlichten Aufbau des Predigtgottesdienstes. Die zahlreichen Still- und Votivmessen waren abgeschafft, an deren Stelle traten nun die — zahlenmäßig weit geringeren — Wochengottesdienste. Die Heiligenverehrung wurde in ihren unevangelischen Auswüchsen beschnitten, sollte aber im Prinzip bleiben. Die Nebenaltäre und die anderen mit dem alten Gottesdienst verbundenen Kunstgegenstände, zu denen die Gemeinde (Bruderschaften, Stifterfamilien) ja oft ganz persönliche Beziehungen hatte, blieben lange Zeit unangetastet. Das gewohnte Innere der Kirchen veränderte sich kaum. Auffällig wirkte dagegen die Veränderung bei dem in den Kirchen amtierenden „Personal": Die zahllosen Kapläne, Vikare und Kommendisten, die die Kirchen bevölkerten, verschwanden fast schlagartig. Insgesamt machte sich eine Tendenz zu größerer Konzentration bemerkbar.

Beträchtliche Auswirkungen hatte die Reduktion des kultischen Lebens auf die Verwendung der vorhandenen Kirchbauten. Sie betraf nur die kleineren Gebäude, tangierte aber damit den Charakter der Sakrallandschaft Lübeck, weil jetzt nur noch die monumentalen Bauten genutzt wurden. Die fünf großen Kirchen wurden Gemeindekirchen. In der Kirche St. Maria-Magdalena des Burgklosters wurde für die Insassen des Armen- und Krankenhauses weiterhin Gottesdienst gehalten und ein Prediger eingesetzt, und auch in St. Katharinen, nun zur Filialkirche von St. Marien geworden, hielten deren Prediger bis ins 18. Jahrhundert sonntäglich Gottesdienste. St. Johannis blieb ebenfalls bestehen, doch es konnte hier erst 1576 ein evangelischer Prediger eingesetzt werden, weil das Kloster der Reformation hartnäckig widerstand. Einzig für die Klosterkirche St. Annen gab es zunächst keine Verwendung mehr; sie wurde deshalb 1542 profaniert und an einen Privatmann verpachtet, nachdem im selben Jahr die letzten Nonnen aus dem Kloster ausgeschieden waren; später wurde die Kirche zum Büchsen- und Geschützhaus gemacht, erst nach der Errichtung des Armenhauses im alten Kloster 1601 wurde sie teilweise wieder gottesdienstlich genutzt. Auch die Kirche des Heilig-Geist-Hospitals blieb jahrzehntelang ungenutzt[25]).

Verfuhr man mit den Klosterkirchen noch recht konservativ, so fielen die Kapellen weitgehend der Profanierung anheim. Die kleinen Heilig-Kreuz-Wegekapellen vor dem Burgtor und an der Medebek wurden seit 1533 nach und nach abgerissen (erstere sollte ein Galgen werden!). Die bedeutsame Kapelle St. Gertrud wurde 1534 aus militärischen Gründen teilweise eingerissen, später wiederhergestellt, dann 1622 endgültig wegen der Stadtbefestigung abgebrochen. Die St. Jürgen-Kapelle wurde 1534 vom Pöbel unter Führung einiger Ratsherren im Bildersturm verwüstet und abgerissen, doch sie wurde 1540-42 als Hospitalkapelle wieder instandgesetzt. Die alte Kapelle St. Johannis am Sande vor den Domtürmen blieb ungenutzt und verfiel allmählich (1652 abgerissen). Ebenfalls profaniert wurden die Kapelle St. Michael des Beginenkonvents an der Weberstraße und die Kapelle St. Maria am Stegel bei der Marienkirche. Einzig in der Klemenskirche an der Böttcherstraße als Filial von St. Jakobi blieb der Gottesdienst erhalten (bis 1803)[26]).

Die Gottesdienstreform

Ausführlich widmete sich Bugenhagen der Gottesdienstreform, die er nach seinen in Wittenberg, Braunschweig und Hamburg erprobten Prinzipien durchführte[27]). Der Kampf gegen den katholischen Meßgottesdienst betraf nicht die Messe als solche, sondern deren Deutung als Wiederholung des Opfers Christi durch den Priester und damit als von der Kirche dargebrachtes Opfer. Das richtete sich insbesondere gegen den Meßkanon (canon missae) mit dem eucharistischen Hochgebet. Hier wurden Änderungen nötig, im übrigen behielt Bugenhagen die traditionelle Meßform bei: „Sülke ordeninge na der gewanten wise, ane wat dat Sacramente andrept, wille wy gerne holden, dat wy nichts nyes maken ane nodt"[28]). Die wichtigste Änderung war die obligatorische Predigt, die im Mittelalter aus der Messe verdrängt worden war und nun in das Zentrum des Gottesdienstes rückte.

Die Lübecker Ordnung entsprach bis auf geringfügige Modifikationen der Braunschweiger Ordnung; z. B. wurde wie in Hamburg das Credo hinter die Predigt verlegt, wohl deswegen, weil die hiesige Gewohnheit, das Evangelium von der Kanzel zu verlesen und mit der Predigt zusammenzunehmen, beibehalten werden sollte[29]). Die Tatsache, daß die Meßreform Bugenhagens Konzept völlig berücksichtigte, zeigt, daß es in Lübeck ansonsten noch keine verfestigte lokale Praxis gab, die zu berücksichtigen gewesen wäre. Man war hier seinem und Luthers Rat gefolgt (vgl. S. 181 deren Brief vom 12. Januar 1530), die Reformation zunächst auf die neuen Predigtinhalte, nicht aber auf die Änderung der Riten zu konzentrieren. Deswegen konnte bei der Meßreform 1531 das Prinzip der evangelischen Freiheit befolgt werden, dasjenige aus der liturgischen Tradition beizubehalten, was nicht dem Wort Gottes widersprach. Die alten Formen wurden so mit neuen Inhalten gefüllt.

Die Form der Messe galt nicht für alle Gottesdienste, nur für den Hauptgottesdienst am Sonntagmorgen. Für diesen wurde immerhin die Abendmahlsfeier mit Kommunion zur Regel gemacht, also nicht – wie es im oberdeutschen Bereich unter Zwinglis Einfluß und erst im 17./18. Jahrhundert auch in Lübeck der Fall war – auf wenige Male im Jahr beschränkt. Die zweite Gottesdienstform bildete der reine Predigtgottesdienst, der am Sonntag in der Frühe und nachmittags sowie an jedem Wochentag in jeder Kirche stattfand, zum Teil in Verbindung mit den Horen. Die Horen (Stundengottesdienste am Morgen und Abend: Metten und Vespern) kamen als regelmäßig jeden Tag gehaltene dritte Gottesdienstform ohne Predigt hinzu[30]). Insgesamt wurden wöchentlich in den Stadtkirchen 91 Gottesdienste angeboten (ohne die Gottesdienste in den Kloster- und Filialkirchen), wobei die dominierende Rolle der Predigt klar zutage lag. Von einer Verarmung des liturgischen Lebens gegenüber der katholischen Zeit konnte keine Rede sein. Mit geringen Modifikationen behielt die Gottesdienstordnung von 1531 im ganzen 16. Jahrhundert ihre Gültigkeit.

Messe und Gottesdienste wurden im wesentlichen in der Volkssprache gehalten, doch verfuhr Bugenhagen auch darin konservativ, daß er für etliche liturgische Stücke die lateinische Sprache beibehielt, z. B. für Kyrie, Gloria, Präfation, Sanctus und vor allem für die von den Schülern des Katharineums mit Chorgesang auszugestaltenden Horen. Versuche, die lateinische Tradition ganz zu verdrängen, hatten damals kaum Aussicht auf Erfolg, wie das Beispiel des Rostocker Reformators Slüter zeigt, mit dem Bugenhagen sich dieserhalb in Lübeck im Sommer 1531 auseinandersetzte[31]).

Gemeindegesang mit deutschen Chorälen wurde reichlich vorgesehen; dies war neben der als Regelfall vorgesehenen Kommunion der Gemeinde die einschneidendste Änderung des gottesdienstlichen Lebens. Die Bürger waren nicht mehr nur passive Teilnehmer, sondern Mitakteure. Hinzu traten der von den Schülern gestellte Chor und die Orgelmusik, wobei nicht diese, sondern der Chor den Gemeindegesang begleitete; die Orgel präludierte, stützte den Chor und spielte allein oder im Wechsel mit dem Chor liturgische Stücke und Choräle[32]). An Festtagen gab es zusätzlich Instrumentalmusik, die von den zu diesem Zweck herangezogenen Ratsmusikanten bestritten wurde (so erstmals für 1539 bezeugt). Konzertante Musikaufführungen, die später große Bedeutung für das kirchliche Leben bekamen, gab es damals noch nicht; die bis dahin üblichen Passionsdarstellungen wurden von Bugenhagen unterbunden[33]).

Feiertage und kirchliche Handlungen

Das Kirchenjahr erfuhr eine einschneidende Veränderung durch die Reduktion der Feste und Feiertage, was sich auf das bürgerliche Leben insofern auswirkte, als die damit zwangsweise verbundene Arbeitsruhe weniger extensiv war. Die Aposteltage wurden nicht mehr eigens, sondern am darauffolgenden Sonntag gefeiert. Von den Marientagen blieben immerhin Mariä Reinigung (Lichtmeß), Mariä Verkündigung und Mariä Heimsuchung erhalten, ein Beispiel dafür, daß es durchaus auch eine evangelische Marienfrömmigkeit gab. Der eingerissene Müßiggang an den Feiertagen sollte nach Möglichkeit eingeschränkt werden („dath vele ynn den hylligen daghen supen, slomen (= Schlemmen), houwen, slan, spelen"), doch sollte gleichwohl genug Ruhezeit für das Gesinde bleiben[34]). Unter den für Lübeck besonderen Gedenktagen, die jeweils an einem Sonntag gefeiert wurden, seien das Fest zur Einführung der Reformation an Trinitatis, das Dankfest für die Missionierung des heidnischen Landes durch Willehad, Ansgar „vnd andere frame lüde" am Sonntag nach Mariä Reinigung sowie das Gedächtnis des Sieges über die Dänen bei Bornhöved 1227 am Sonntag nach Magdalenen genannt[35]).

Die Mischung von Kontinuität und Veränderung zeigte sich auch bei der für das alltägliche Leben wichtigen Institution der Beichte, die unproblematisiert als Privatbeichte beibehalten wurde (weswegen auch die Beichtstühle in den Kirchen erhalten blieben). Sie sollte am Sonnabend nach der Vesper gehalten werden, „dat me eynen yewelicken besondergen höre nha nottrofft"[36]). Hatte Bugenhagen in der Braunschweiger und Hamburger Ordnung die Beichte zur Vorbedingung für den Abendmahlsempfang gemacht, so wurde in Lübeck – wohl aufgrund einer stärkeren Aversion gegen diese katholische Praxis – eine derartige Bestimmung nicht erlassen.

Bei der Taufpraxis behielt die Ordnung aufgrund von Bugenhagens Hamburger Erfahrungen (wo er die dortige Sitte, die Stirn des Täuflings mit etwas Wasser zu besprengen, vergeblich abzustellen versucht hatte) die Begießung von Kopf und Rücken bei[37]). Salbung und Wasserexorzismus fielen fort, auch hier war die Konzentration auf den schlichten biblischen Sachverhalt maßgebend. Ausführlicher als z. B. in der Hamburger Ordnung wurde die für das bürgerliche Leben bedeutsame Praxis der Trauung geregelt, die bei angesehenen Bürgern mit einem besonderen, vom Kaplan zu haltenden Gottesdienst am Werktag in der Kirche gefeiert wurde; „vnbekande Börgere", die nicht feierlich zur Kirche gehen wollten, und unbekanntes Volk sollten sich ohne Gepränge zu Hause oder vor der Kirche trauen lassen[38]). Das Begräbnis dagegen wurde nicht als kirchliche Handlung angesehen, hier wurde nur die vom Schülerchor begleitete Prozession geregelt[39]).

Katechismusunterricht. Bonnus' Katechismus 1539

Der religiösen Erziehung der Jugend hatten die Reformatoren von Anfang an größte Bedeutung beigemessen. Demgemäß regelte die Kirchenordnung den Katechismusunterricht: für die Schüler des Katharineums jeden Sonnabend Katechismuslehre (zehn Gebote, Glaubensbekenntnis, Vaterunser und Sakramente) und für die verständigeren Jungen die Lektüre leichter lateinischer Bibeltexte; für die Schüler der deutschen Schreibschulen und für die Schülerinnen der Jungfrauenschulen Katechismus- und Bibellektüre[40]).

Wie wichtig die allgemeine, in die Breite wirkende Erziehung im evangelischen Geiste war, wird aus den Bestimmungen deutlich, auch die Erwachsenen im Katechismus zu unterweisen, und zwar in den Frühgottesdiensten an Werktagen und am Sonntag, außerdem in den speziellen Katechismuspredigten des Superintendenten[41]). Bugenhagen selber widmete sich dieser Aufgabe während des Jahres 1531 nachdrücklich, danach kümmerte sich Hermann Bonnus darum. Die Einrichtung besonderer Katechismuszeiten innerhalb des Kirchenjahres (viermal pro Jahr zwei Wochen lang: während des Advents, zu Beginn der Fastenzeit, in der Zeit vor Pfingsten und vor Michaelis) hat in der Folgezeit bis ins 19. Jahrhundert hinein dem kirchlichen Leben in Lübeck ein besonderes Gepräge gegeben. Für den Superintendenten lag hier einer der Schwerpunkte seiner Aufgaben; er sollte der bischöfliche Lehrer und geistliche Erzieher der Stadt sein.

Bonnus' Bemühungen fanden ihren Niederschlag in dem von ihm 1539 publizierten Katechismus (Eine korte Voruatinge der Christliken Lere vnde der vörnemesten fragestücke, so under dem Euangelio gemenliken vöruallen")[42]). Dieser war nicht nur ein Lehrbuch, sondern auch eine evangelische Propagandaschrift, in die Form eines Gesprächs zwischen einem Erwachsenen und einem Schüler, der Prediger werden will, gekleidet. Eines der Ziele dieses Katechismus war es, die Lübecker Bürger dazu zu bewegen, ihre Kinder auf die höhere Schule zu schicken, den Rat zu deren weiterem Unterhalt zu veranlassen und für die dringend nötige Ausbildung des erforderlichen Theologennachwuchses zu werben[43]).

Das andere Ziel von Bonnus' Katechismus betraf die Vermittlung der wichtigsten Inhalte reformatorischer Lehre in volkstümlicher Gestalt. So verband er die Ausführungen über die neue Rechtfertigungslehre mit handfesten Informationen darüber, wie nach evangelischer Auffassung die Notwendigkeit der guten Werke zu beurteilen wäre. Der neue Frömmigkeits- und Lebensstil mußte mühsam eingeübt werden, und jenes Thema war gerade in der Abgrenzung gegenüber dem alten ritualistischen Kirchenwesen wichtig: „Wat sind denn de rechten guden Wercke? Dat wy Kinder vader und moder eeren unde unser Overicheit gehorsam syn unde ein yeder synen negesten dene in synem stande"[44]). Die Intention, zu einer christlich-bürgerlichen Ordnung zu erziehen, ist deutlich.

In diesem Zusammenhang war die vieldiskutierte Frage, ob die Reformation schuld wäre an dem allgemeinen sittlichen Niedergang, wie die katholische Polemik behauptete, für die Verteidigung der konfessionellen Identität wichtig. Bonnus verwies darauf, daß dies nicht an der evangelischen Predigt, sondern an den Hausvätern und an der weltlichen Obrigkeit läge, die zu viele Sünden durchgehen ließen; die Anregung, eine neue geistliche Sittengerichtsbarkeit zu etablieren, lehnte er ab[45]). Die Abgrenzung gegenüber dem Katholizismus war für Bonnus in einer Zeit, in der das evangelische Kirchenwesen noch keineswegs als endgültig konsolidiert gelten konnte, von besonderem Interesse. Deswegen thematisierte er die Probleme der Heiligenverehrung, der menschlichen Sündhaftigkeit, der Macht des Teufels, der Gebete, des Meßopfers und der Kirchenorganisation ausdrücklich[46]). Daraus wird ersichtlich, welche Fragen des alltäglichen Lebens der Gemeinde damals im Vordergrund der Diskussion standen.

Niederdeutsche Bibel 1533/34

Neben dem Katechismuslernen bildete die Bibellektüre den Stoff der religiösen Unterweisung. Deswegen war es wichtig, die älteren niederdeutschen Bibelübersetzungen (die Kölner von 1478, die Lübecker von 1494 und die Halberstädter von 1522) durch evangelische zu ersetzen. Niederdeutsche Ausgaben des Neuen Testament nach der Lutherübersetzung und einzelner Teile des Alten Testaments (der 5 Bücher Mosis und des Psalters) gab es seit 1523. Was fehlte, war eine komplette Bibelausgabe. In Verbindung mit Bugenhagen regten nun Lübecker Bürger – die uns als Anführer der evangelischen Bewegung bekannten Kaufleute Johann van Achelen, Jakob Krappe und Godeke Engelstede sowie der Drucker Ludwig Dietz – eine Übertragung der gesamten neuen Lutherübersetzung ins Niederdeutsche bzw. eine Zusammenfassung der bisher vorliegenden niederdeutschen Teile an. Die Arbeit dazu wurde von einigen unbekannten Wittenberger Studenten und Geistlichen aus dem norddeutschen Raum unter Bugenhagens Aufsicht geleistet. Dieser selber verfaßte kurze Erläuterungen und die Vorrede dazu. Die Kosten des Drucks und der prächtigen Ausstattung mit den 82 Holzschnitten von Erhart Altdorfer übernahmen jene Kaufleute[47]). 1532 hatte die Arbeit begonnen, der Druck erfolgte zum Teil 1533 und war im April 1534 abgeschlossen, so daß diese niederdeutsche Bibel noch ein halbes Jahr vor der ersten vollständigen Ausgabe der hochdeutschen Lutherbibel in Wittenberg erscheinen konnte, weil sie ältere Teildrucke benutzt hatte: „De Biblie vth der vthlegginge Doctoris Martini Luthers yn dyth düdesche vlitich vthgesettet . . . "[48]). Ein Hausbuch, auch für den kleinen Mann, konnte diese teure Prachtausgabe nicht sein, weil nur wohlhabendere Bürger sie sich leisten konnten. Aber mit der Übersetzung war der entscheidende Anfang dafür gemacht, das Volk im gottesdienstlichen Gebrauch mit dem Inhalt der ganzen Bibel in seiner Sprache vertrautzumachen. Verbreiteter und wirksamer waren allerdings zunächst Erbauungstraktate, Gebetbücher und Bibelteile.

Bonnus' Gesangbuch

Ein wesentliches Element der neuen Frömmigkeit stellten die evangelischen Choräle dar, weil sie am stärksten in die Breite wirkten. Hier tat sich in Lübeck der Superintendent Bonnus als Förderer des Kirchengesangs hervor, den die Kirchenordnung für alle Haupt- und Nebengottesdienste reichlich angeordnet hatte. Ein offizielles Gesangbuch gab es während des ganzen 16. Jahrhunderts nicht, privat viel benutzt wurde das 1526 in Lübeck publizierte „Ghebedebokelyn nyge vth der hylgen schrifft" des Rostocker Reformators Joachim Slüter[49]). Dessen Gesangbuch von 1531, das in Norddeutschland weit verbreitet war, war das in Lübeck am häufigsten benutzte. Bonnus ergänzte es durch eigene und andere Choräle und ließ das so veränderte Gesangbuch 1534 in Magdeburg drucken; 1543 erschien es in einer neuen Auflage. 1545 gab er als ältestes Lübecker Gesangbuch, allerdings ohne amtlichen Charakter, bei Johann Balhorn Slüters Bearbeitung des Wittenberger Gesangbuchs, d. h. die niederdeutsche Fassung des auf Lutherliedern basierenden Gesangbuchs von Joseph Klug (erstmals in Wittenberg 1529 erschienen) mitsamt einem Zusatzteil heraus, das „Enchiridion. Geistlike Lede vnd Psalmen vppet nye gebetert"[50]).

Der erste Teil mit 72 Liedern war unverändert übernommen, am zweiten Teil, der Slüterschen Ergänzung des Wittenberger Gesangbuches, hatte Bonnus Korrekturen vorgenommen. Hier fanden sich 117 Choräle, darunter die von Bonnus geschriebenen. Auffallend groß war die Zahl der Psalmen mit 45 Stücken, hinzu traten Verdeutschungen von lateinischen Hymnen und Sequenzen, die die Kontinuität zur mittelalterlichen Kirche herstellten. Von letzteren wurden sogar einige in der lateinischen Form beibehalten. Viele der vordem beliebten Mariengesänge und Heiligenlieder waren wegen ihres für evangelische Theologie anstößigen Inhalts schon von Bugenhagen in der Kirchenordnung als „unchristlich" ausgeschlossen worden; deren Prinzip, daß die Liedtexte schriftgemäß sein müßten, war hier realisiert[51]). Schon 1547 erfuhr das Gesangbuch eine Neuauflage.

Die vielfältigen Bemühungen um ein spezifisch evangelisches Liedgut zeigen die Bedeutung, die dieses für das kirchliche Leben gewonnen hatte. Von Bonnus' Chorälen ist der bekannteste das Passionslied „Och wy armen Sünders" von 1542, eine Umdichtung des älteren Schmähliedes auf den Verräter Judas („Och du arme Judas"), dessen Melodie beibehalten wurde; es ist noch heute im Evangelischen Kirchengesangbuch enthalten (dort Nr. 57; vgl. auch Nr. 200 EKG die Umdichtung des Magnificats)[52]). Bonnus hat sich insgesamt, nicht nur mit diesem Buch, um die Förderung des niederdeutschen Kirchengesanges in Lübeck sehr verdient gemacht. Das Gesangbuch von 1545 blieb bis zum 17. Jahrhundert im Gebrauch, solange die plattdeutsche Sprache vorherrschte, und erfuhr verschiedene Bearbeitungen in den Neuauflagen von 1556, 1564 und 1614. 1559 erschien sein speziell für Schüler verfaßtes Gesangbuch.

Soziale Folgen der Reformation

Der konservative Charakter der Lübecker Reformation tritt vielleicht am deutlichsten auf dem Gebiet der kirchlichen Kunst zutage. Allerdings ist diese Feststellung durch die paradoxe Bemerkung zu ergänzen, daß die sozialen, wirtschaftlichen und kulturellen Folgen der Trennung vom mittelalterlichen Kirchenwesen gerade auf diesem Gebiet besonders spürbar geworden sind. Konservativ verfuhr man hier insofern, als man das Alte weithin beließ: die auf die Bedürfnisse des katholischen Gottesdienstes zugeschnittenen Kirchengebäude mit dem Hochchor und den Seitenkapellen und mit ihrer kultischen Innenausstattung – den Haupt- und Nebenaltären, den Heiligen- und Marienfiguren, den Christusbildern, Sakramentsschreinen, Prozessionsleuchtern – blieben erhalten. Das Inventar gehörte in erheblichem Umfang den Ämtern und Bruderschaften; und während letztere rasch an Bedeutung verloren, achteten erstere sorgsam darauf, daß die Kontinuität erhalten blieb. Eine Reinigung im Sinne der reformierten Bilderstürmerei war auch von den lutherischen Prämissen her unnötig, weil die äußerliche Form gleichgültig blieb, wenn sie mit den neuen Inhalten nur irgendwie vereinbar war. Die Beschlagnahmung des Kirchenschatzes im Jahre 1530 (jede Kirche durfte nur zwei Meßkelche und Patenen behalten) und die Einschmelzung desselben 1533 kann nicht als religiöser Bildersturm gewertet werden, sondern war finanz- und militärpolitisch motiviert (vgl. S. 216 f).

Aber die unkultische, nüchterne evangelische Frömmigkeit schuf zunächst auch keine neuen Formen, weil man außer Kanzel, Altartisch, Abendmahlsgerät und Orgel keiner Kultgegenstände bedurfte. Das Schauen wurde durch das Hören ersetzt. So blieb die nachreformatorische Zeit auf dem Gebiet der Kunst zunächst unproduktiv, weil die Beibehaltung des Alten vorerst reichte[53]).

Wenn man bedenkt, welch enormer Aufwand hier in vorreformatorischer Zeit getrieben wurde, dann sind die einschneidenden wirtschaftlichen Konsequenzen ohne weiteres verständlich. Hatte die Reformation schon für den Stand der Kleriker und Mönche eine erhebliche „Arbeitslosigkeit" zur Folge, so verstärkte sich das bei den Handwerkszweigen, die von Produkten für das religiöse Leben und die kirchliche Kunst lebten: bei den verschiedenen Sparten von Malern, den Bildschneidern und -schnitzern, Glasern, Bildhauern, Paternostermakern. Die Überhitzung der Konjunktur hatte schon um 1500 zu Auftragsrückgängen und damit zu Konkursen bei den Handwerksbetrieben dieses gerade in Lübeck so exportabhängigen Gewerbes geführt; jetzt blieben neue Aufträge ganz aus, und so mußten die bisher florierenden Betriebe entweder ganz aufgeben oder ein kärgliches Auskommen mit anderen Aufgaben suchen[54]). Die Folge waren zahlreiche Betriebsstillegungen und Abwanderungen. Auch das Baugewerbe war betroffen, weil Neu- oder Anbauten nicht mehr erforderlich waren; der vorhandene Bestand reichte. Als Beispiel für diese Entwicklung sei der berühmte Bildschnitzer Benedikt Dreyer genannt, der nach 1510 viele wichtige Aufträge ausgeführt hatte und nun bis zu seinem Tode 1555 ein kümmerliches Leben mit belangloser Handwerksarbeit fristen mußte[55]).

Evangelische Kunst

Die Veränderungen im Kunst- und Bauwesen waren – von der Vernichtung des Kirchenschatzes durch Wullenwever abgesehen – im ganzen geringfügig. Die Marienkirche erhielt 1533/34 eine neue Kanzel, um die vorreformatorische, mit Marienbildern geschmückte Kanzel abzulösen[56]). Die spätere, 1568–70 aufgrund einer Stiftung des Pastors Dionysius Schünemann gebaute Kanzel im Dom zeigte mit ihrem lehrhaften Programm (der Geschichte von Gesetz und Evangelium von Mose bis Christus) sehr schön die Motive, die zu derartigen Neuschöpfungen führten[57]). Auch die anderen Kirchen erhielten erst später neue Kanzeln: 1555 St. Petri, 1560 St. Ägidien, 1577 St. Jakobi, Ende des Jahrhunderts St. Katharinen[58]). Neue Orgeln waren zunächst kaum erforderlich, nur für St. Petri wurde 1536–38 von dem Marienorganisten Meister Bartold Hering eine neue Orgel gebaut[59]). Zu einer neuen Produktivität bei der kirchlichen Baukunst kam es erst zwei Generationen nach Einführung der Reformation, beginnend mit Lettnern, Kanzel und Gestühl. Vorerst begnügte man sich mit der Erhaltung und Renovierung des Vorhandenen.

Eigene künstlerische Impulse setzte die Reformation nicht frei. Das wird auch an der Malerei deutlich, deren Produktion rein quantitativ ebenfalls vom allgemeinen Rückgang betroffen wurde. Hier wirkte die Programmatik von Renaissance und Humanismus mit der Orientierung am Menschlichen und mit der Trennung von weltlichem und sakralem Bereich nach. Neu war, wie schon an den Kanzelbildern erkennbar wurde, eine Tendenz zur lehrhaften Darstellung, die der künstlerischen Qualität nicht zuträglich war.

Das Werk des Cranach-Schülers Hans Kemmer, der seit 1522 in Lübeck als ein gefragter Maler wirkte und durch den wirtschaftlichen Niedergang weniger als andere betroffen wurde (gest. 1561), kann als exemplarisch für diese Entwicklung stehen[60]). Die Malerei stellte sich ganz in den Dienst der evangelischen Predigt und konzentrierte sich auf biblische Inhalte, wobei Christus als Erlöser und Lehrer neu in den Mittelpunkt des Interesses gerückt wurde. Die unmittelbare persönliche Beziehung, die der einzelne im Glauben zu ihm gewonnen hatte, kam vor allem in den Votivbildern zum Andenken Verstorbener und in den Epitaphien zum Ausdruck, die „gewissermaßen als Nachfolger des Altarbildes" jetzt zunehmende Verbreitung fanden[61]). Die reformatorische Rechtfertigungslehre wirkte sich also in der bildenden Kunst aus. An die Stelle des Kultbildes trat das Lehr- und Mahnbild mit dem Bezug auf Christus.

Buchillustrationen und Epitaphien bildeten die Bereiche, in denen die Künstler vorerst die einzigen lohnenden Aufgaben fanden. Erhart Altdorfer für jenen und Hans Kemmer für diesen Bereich repräsentierten die Prototypen der neuen evangelischen Kunst. Altdorfers Holzschnitte für die Bibel von 1534 sind zu den eindrücklichsten dieser Art zu rechnen[62]). Der Baumeister und Hofmaler der Mecklenburger Herzöge, Bruder des großen Regensburger Malers Albrecht Altdorfer, gehörte als Graphiker zu den bedeutendsten nach Cranach und war von Dietz für jenes Werk, das er schon 1530 mit dem ersten Holzschnitt begann, gewonnen worden. In der Realistik, mit welcher Altdorfer die biblischen Personen darstellte, zeigte sich das gegenüber dem Mittelalter neue evangelische Verhältnis zur Bibel: Die Personen der Heilsgeschichte treten dem Gläubigen nicht mehr als Vertreter einer göttlichen Welt gegenüber, sondern stellen sich gleichsam neben ihn als von Gott begnadete Menschen, die unter denselben Bedingungen wie das betrachtende Subjekt vor Gott gelebt haben.

Analoges zeigt sich bei den Epitaphien in Kemmers Werk. Seine Votivtafeln für Heinrich Gerdes und das Ehepaar Witinghof von 1544 und 1552 überragen an künstlerischer Qualität andere Arbeiten wie z. B. die Epitaphien für den Ratsherrn Kerckring von 1540 (vielleicht das älteste dieser Art) und für den Prediger Walhoff von 1544 in St. Marien[63]). Stellten noch die spätmittelalterlichen Epitaphien in Weiterführung der alten Andachtsbilder den Erlöser, die Gottesmutter und die Heiligen in den Vordergrund, so rückt mit der Renaissance der Mensch in den Mittelpunkt, was in der evangelischen Kunst, z. B. bei Kemmer, korrigiert wird durch den zentralen Hinweis auf Christus. Bei den Aufschriften, die vordem meist Bitten um Erbarmung und Erlösung waren, dominieren jetzt Bibelworte (so z. B. bei dem Gerdes-Epitaph), die anzeigen, daß man von der Gewißheit der durch Christus vollbrachten Errettung ausgehen kann, zu welcher der gläubige Betrachter eine individuelle Beziehung besitzt.

Im übrigen aber verlor Lübeck mit der Reformationszeit seine bis dahin im Norden führende Stellung als Kunstmetropole. Denn zu den genannten Gründen kam der durch die Wullenwever-Ära beförderte Verlust der wirtschaftlichen und politischen Vormachtstellung, so daß die Stadt an Attraktivität für Künstler abnahm. An die Stelle der Kunst trat das Kunsthandwerk: „Die Reformation trieb die Künstler von den Aufgaben hohen kirchlichen Charakters fort ins praktische Leben"[64]).

Buchdruck

Die Buchdruckerkunst wurde in Lübeck wie anderwärts schon früh in den Dienst der Reformation gestellt, obwohl hier der Rat die Zensur aufgrund des Wormser Ediktes recht rigoros handhabte. Nach 1530 konnte sie ungehindert aufblühen, da die Produktion religiöser und theologischer Literatur die Hauptbeschäftigung der Drucker war, welche als Verleger in gewissem Maße auch propagandistisch tätig sein konnten[65]).

Hans Arndes, der Sohn des großen Stephan Arndes, und der Rostocker Ludwig Dietz, der seit 1524 in Lübeck eine Niederlassung hatte, waren in der Frühzeit die ersten evangelischen Drucker, wobei sie noch hinreichend gut katholische Literatur veröffentlichten, um nicht unliebsam aufzufallen[66]). Noch vor 1530 trat neben sie Johann Balhorn, ein unternehmerischer Verleger, der zunächst als Propagator des Humanismus tätig war; 1527 kollidierte er wegen des Drucks von Pasquillen mit der Obrigkeit, 1528 publizierte er eine niederdeutsche Bearbeitung von Erasmus' „Hyperaspistes", der Streitschrift gegen Luther. Nach 1530 druckte er dann die Schriften der Reformatoren, Katechismen, Gebet- und Gesangbücher[67]). Sein für Lübeck wichtigstes Werk war der Druck der Kirchenordnung 1531. Anfang der dreißiger Jahre kehrte Jürgen Richolff der Jüngere nach Lübeck zurück, welcher für die Verbreitung des reformatorischen Schrifttums in Schweden bedeutendes leistete[68]).

Kirchenordnung im Landgebiet

Für die Landgebiete, für Mölln und für Travemünde waren im Laufe des Sommers 1531 drei kurze Kirchenordnungen erlassen worden, die im selben Jahr bei Balhorn zusammen im Druck erschienen: „Ordeninge der Lubischen butenn der Stadt yn erem gebeede" mit jeweils einer „Sunderge Ordeninge" für Mölln und Travemünde[69]). Bugenhagen kann — entgegen der traditionellen Meinung — nicht als ihr Verfasser gelten, die sprachlichen Unterschiede deuten auf verschiedene, uns unbekannte Verfasser[70]).

Die Ordnungen berücksichtigten die lokalen Besonderheiten, waren aber nach demselben Prinzip konstruiert und untereinander durch Querverweise verbunden. Unterschiede zeigten sich vor allem hinsichtlich des Kirchenregiments: Während in Mölln, das als Stadt eine eigene Kommunalverfassung hatte, der dortige Rat daran beteiligt war, übte es in Travemünde und in den Dörfern der Vogt (bzw. Bauernvogt) zusammen mit den bürgerlichen Kirchenvorstehern („Kerckvederen") aus, wobei der Lübecker Rat und der Superattendent bestimmte Hoheits- und Aufsichtsrechte besaßen. Der auffällige „demokratische" Zug, daß „Kirchväter" wie in der Lübecker Ordnung an der Pfarrwahl, Finanzverwaltung und Armenfürsorge (in Mölln auch an der Schulaufsicht) beteiligt sein sollten, war ein durchgängiges Strukturprinzip der neuen Ordnung. Doch es wurde wie in der Stadt nach 1535 nicht realisiert.

Die wichtigste Aufgabe für die Reformation im Landgebiet war die Bestellung von evangelischen Geistlichen und im Zusammenhang damit die Neuregelung der kirchlichen Vermögensverhältnisse. Jede Dorfkirche (d. h. Schlutup und die Kirchdörfer Nusse und Behlendorf) sollte außer einem Küster einen Pastor erhalten, welcher dreimal wöchentlich zu predigen, insbesondere den Katechismus fleißig zu lehren hatte. Die Geistlichen sollten vor ihrer Anstellung vom Superattendenten in Lübeck examiniert werden, um ihre Eignung festzustellen. Mölln und Travemünde bekamen dazu noch einen Kapellan, welcher in Travemünde den Schulunterricht halten mußte, während für Mölln ein eigener Schulmeister und außerdem ein Organist vorgesehen war. In

Travemünde war Johann Kock der erste evangelische Prediger (seit 1533), für Schlutup wird um 1542 Christian Bonne genannt, während für Mölln, Nusse und Behlendorf Namen der Prediger erst eine Generation später bezeugt sind[71]). Die Möllner Ordnung bestimmte als Aufgaben des Pastors: Predigen, Beichtehören, christliche Unterweisung, Krankenbesuche, Sakramentsspendung. Die Armenfürsorge wurde überall als wichtige Aufgabe eingeschärft. Zu diesem Zweck stellte man in allen Kirchen Armen-Kästen auf. In Mölln wurde nach dem Lübecker Vorbild außerdem für die Besoldung der kirchlichen Bediensteten die Einrichtung eines „Schat Caste" angeordnet.

Die bisherige Vernachlässigung der Landgebiete änderte sich auch durch die Reformation nicht grundlegend; für die Stadt lagen sie außerhalb des eigentlichen Interessengebietes. Doch die kirchliche Versorgung, die früher zumeist in der Hand von schlecht dotierten Vikaren lag, wurde erheblich verbessert durch die Anwendung evangelischer Verfassungsprinzipien, nach denen es im Gegenüber von Gemeinde und Amt einen unabdingbaren Grundstock von zu erledigenden Aufgaben gab. Das Kirchenregiment blieb nach dem politischen Umschwung von 1535 ganz in Händen des Rats, der seine Aufsichtsbefugnisse an die Kämmerei, die für die Verwaltung der Landgebiete zuständige Behörde (gebildet aus dem jeweils jüngsten Bürgermeister und zwei Ratsherren), delegierte. Die Prediger setzte der Rat ein, mit Ausnahme von Travemünde, wo die Vorsteherschaft von St. Marien mitsamt dem Superintendenten zuständig war[72]). Das Dorf Genin wurde von der Neuordnung zunächst ausgenommen, weil es dem Kapitel und nicht der städtischen Jurisdiktion unterstand. In den die Kirchspiele betreffenden Vergleich zwischen Rat und Kapitel war es nicht einbezogen worden, doch der Rat ging in der Folgezeit davon aus, daß es als innerhalb der Landwehr gelegene Gemeinde in kirchlicher Hinsicht der Stadt konform sein müßte, und wollte den katholischen Gottesdienst in Genin nicht weiter dulden[73]).

Besondere Verhältnisse herrschten auch in dem von Lübeck gemeinsam mit Hamburg verwalteten Amt Bergedorf, das die Städte 1420 dem Herzog von Sachsen-Lauenburg gewaltsam abgenommen hatten[74]). Zu ihm gehörten in den Vierlanden sechs Kirchspiele: Bergedorf, Curslack, Altengamme, Neuengamme, Kirchwärder, Geesthacht, die kirchlich dem Bistum Ratzeburg unterstanden, mit Ausnahme von Kirchwärder, das zum Bistum Verden gehörte. Alternierend stellten Lübeck und Hamburg jeweils im sechsjährigen Turnus den Amtmann (in Lübeck stand dieses Amt dem dienstältesten Ratsherrn zu), die Gesetzgebung für das Amt erfolgte gemeinsam. Trotz evangelischer Tendenzen wurde die Reformation in Bergedorf nicht schon 1531 zusammen mit der Reformation in den beiden Städten eingeführt, weil der seit 1530 hier regierende Amtmann, der Hamburger Ratsherr Gerd von Hudlen (Hutlem), ein entschiedener Katholik, der wegen seiner religionspolitischen Haltung aus Hamburg abgeschoben worden war, dies verhinderte. Und von 1536 bis 1542 amtierte der Lübecker Nikolaus Brömse, der alte Gegner der Evangelischen, welcher hier im Gegensatz zu Lübeck nicht gezwungen war, eine Kirchenveränderung hinzunehmen.

So kam es in Bergedorf erst 1542, als der evangelische Ratsherr Ditmar Koel aus Hamburg Amtmann wurde, zur Einführung der Reformation, die dann 1544 durch eine vom Hamburger Superintendenten Johannes Äpin konzipierte Kirchenordnung, welche vor allem den Gottesdienst regelte, fixiert wurde. Dadurch, daß die Lübecker und die Hamburger Ordnung weitgehend gleich waren, war eine Verständigung auf eine gemeinsame Bergedorfer Ordnung leicht möglich. Allerdings war die kirchliche Anbindung an Hamburg stärker; z. B. wurden die Pastoren vor ihrer Amtseinführung vom dortigen Superintendenten examiniert. Wechselweise benannten die beiden Städte die neuen Pastoren, gemeinsam übten sie durch die Superintendenten und Senioren die Visitation aus.

Mit den Kirchenordnungen für die Stadt und die Landgebiete war seit 1531 die Veränderung der Kirchenstrukturen im evangelischen Sinne gewährleistet. Allerdings blieben sie nicht in allen Punkten gültig, weil die politischen Ereignisse der Jahre 1531–35 die Verfassung des Gemeinwesens einschneidend berührten. Im kirchlichen Bereich wurde davon die Ausübung der bischöflichen Rechte, die Konstruktion des Kirchenregiments betroffen, welches entgegen den Intentionen der Kirchenordnung nun ganz in die Hände der Obrigkeit geriet.

11. Kapitel
Politische Folgen der Reformation und obrigkeitliches Kirchenregiment 1531—1555

Ohne die verfassungspolitischen und sozialen Implikationen, ohne die Emanzipationsbestrebungen der Bürger gegenüber geistlicher und weltlicher Obrigkeit hätte die Einführung der Reformation einen anderen Verlauf genommen. Schon bald wurde aber die Verbindung mit der demokratischen Bewegung der weiteren Entwicklung zu einer evangelischen Gemeindekirche abträglich. Die 1530/31 erkämpfte Verfassungsreform, die 1532 fortgeführt wurde, scheiterte 1535, und die Restauration des alten Ratspatriziats hatte gravierende kirchengeschichtliche Folgen: Auch in Lübeck kam es nun zu dem andernorts unter anderen Voraussetzungen entstandenen obrigkeitlichen Kirchenregiment, und zwar unter Fortfall fast all derjenigen Elemente der Bugenhagenschen Ordnung, die eine Mitwirkung der Gemeinde an der Gestaltung des Kirchenwesens ermöglicht hätten. Hatte die kirchliche Reformation die verfassungspolitischen Reformen befördert, so mußte die politische Reaktion auch kirchliche Folgen haben.

Deshalb bildet das Jahr 1535 einen tiefen Einschnitt in der Lübecker Kirchengeschichte. Die Entwicklung dorthin verbindet sich vor allem mit dem Namen Jürgen Wullenwevers, der seit längerem im Bürgerausschuß vom Hintergrund her in der lübischen Innenpolitik mitbestimmt hatte. Insofern kann man die Jahre 1531—35 als Wullenwever-Ära bezeichnen.

Außenpolitische Zusammenhänge

Die Einführung der Reformation war auch ein außenpolitisch belangvoller Vorgang, weil Lübeck innerhalb der Hanse immer noch die Führung hatte und die Hanse trotz ihres unbestreitbaren Niedergangs immer noch einen respektablen Machtfaktor in Nordeuropa bildete. Bugenhagen wußte ebenso wie der sächsische Kurfürst sehr wohl, warum sein ungewöhnlich langer Aufenthalt in Lübeck sinnvoll war. Die Konsolidierung des Luthertums hier mußte Auswirkungen auch auf die benachbarten Territorien haben. Denn noch war die Reformation in den Herzogtümern Schleswig und Holstein nicht gesichert, obwohl sie dort seit 1528 angebahnt war; in Mecklenburg zeichnete sie sich erst allmählich ab und machte auch durch die dortigen Visitationen des Jahres 1534 beachtliche Fortschritte; in Pommern wurde unter Bugenhagens Einfluß 1534/35 eine evangelische Kirchenordnung eingeführt; und auch in dem weniger bedeutenden Lauenburg war zwar die evangelische Bewegung obrigkeitlich gefördert (Annahme der Confessio Augustana 1531), aber die Reformation wurde erst in den sechziger Jahren offiziell durchgeführt.

Noch waren die Städte überall im Ostseeraum die führenden Kräfte der Reformation, doch unaufhaltsam schob sich die Macht der Fürsten in den Vordergrund, nachdem sie erkannt hatten, welche Chancen die Reformation für den Ausbau ihrer landesherrlichen Position bot. So vollzog sich in den dreißiger Jahren der Übergang von der Reformation als einer städtisch-bürgerlichen Emanzipationsbewegung zur Reformation als einer von den Fürsten gesteuerten kirchlich-politischen Neuordnung Norddeutschlands. Die Wullenwever-Ära in Lübeck 1531—35 markierte diesen Übergang besonders deutlich.

Die geistlichen Territorien, im Einzugsbereich der Stadt die Hochstifte Lübeck, Ratzeburg und Schwerin, verharrten ohnehin noch bei der alten Ordnung, konnten sich aber auf die Dauer der reformatorischen Entwicklung nicht entziehen. Doch dies ist ein Vorgang, der noch Jahrzehnte dauerte. In den dreißiger Jahren war im niederdeutschen Ostseeraum ein breites zusammenhängendes Gebiet entstanden, in welchem die Reformation durchgeführt war, im Süden begrenzt durch die Territorien von Braunschweig-Wolfenbüttel, Herzogtum Sachsen und Kurbrandenburg, die erst nach 1539 evangelisch wurden, sowie durch die Bistümer Bremen, Verden, Münster, Osnabrück, Minden, Hildesheim, Halberstadt und Magdeburg, die erst später und auch nur teilweise der Reformation angeschlossen wurden.

Die Städte gingen bei dieser Entwicklung überall voran, und da spielten die hansischen Verbindungen eine Rolle. So wirkte z. B. in den besonders mit Lübeck verbundenen Städten Lüneburg, Rostock und Wismar das Lübecker Vorbild anregend für den bislang zögernden Rat[1]). Hatte sich in den Jahren nach 1525 die divergierende religionspolitische Haltung der Städte negativ auf das Bündnis ausgewirkt (vor allem, solange Lübeck bremste), so schien jetzt dieser Störfaktor beseitigt. Doch durch die sozialen und politischen Unruhen in einigen Städten trug die Reformation im Gegenteil zunächst zur Uneinigkeit der Hanse noch weiter bei, und auch hier war die künftige Entwicklung in Lübeck bedeutsam, die zwischen 1532 und 1535 zu einer tiefen Krise innerhalb der Hanse führte[2]). Auch insofern bildet das Jahr 1535 einen Einschnitt, weil von da an das hansische Bündnis von einer enormen Belastungsprobe befreit war.

Die innenpolitische Situation

Um die außenpolitischen Folgen der Lübecker Reformation zu verstehen, muß man sich die innenpolitischen Ereignisse vergegenwärtigen, denn beide Bereiche verzahnten sich gerade in der Wullenwever-Ära unauflöslich. Die in jeder Hinsicht unzeitgemäßkonservative Elite der „Junker" mit ihrer Tendenz zum Grundbesitzenden Rentnertum war 1530/31 durch eine mit der Reformation mächtig gewordene neue Führungsschicht verdrängt worden, die im wesentlichen aus dem aktiven, aber von der politischen Verantwortung ferngehaltenen Kaufleutestand kam. Einige führende Vertreter der Ämter (Zünfte) gehörten dazu, im übrigen aber war die Gemeinde als ganze nur bedingt die treibende Kraft, diente vor allem dieser neuen Elite als Rückhalt ihrer Politik und blieb als Mitakteur auf einige Grundsatzentscheidungen beschränkt.

Die beiden Bürgerausschüsse (der Vierundsechziger- und der Hunderter-Ausschuß), in denen die Zünfte erhebliche Mitspracherechte hatten, traten im weiteren Verlauf stärker zurück. Die Zusammensetzung des neuen Rates nach der Flucht der Bürgermeister Brömse und Plönnies drückte die gewandelten Machtverhältnisse klar aus, aber der Bürgerschaft lag daran, diese weiter zu ihren Gunsten zu verändern. Noch bildeten die Vertreter des Alten die Majorität. Die kirchlichen Verhältnisse waren im Verlauf des Jahres 1531 durch die Bugenhagensche Ordnung vorläufig geregelt, doch noch standen Kapitel und Bischof abwartend im Hintergrund, und vom Reich her drohte der von Brömse eingeschaltete Kaiser mit Maßnahmen. Um die politische Handlungsfähigkeit zu verstärken, mußten die beiden vakanten Bürgermeisterstellen neu besetzt werden. Entgegen altem Herkommen wählte nun im August 1531 der Bürgerausschuß, nicht der Rat, zwei Bürgermeister, und zwar an erster Stelle als eigenen Vertrauensmann den evangelisch gesinnten Gottschalk Lunte (gest. 1532), den neuen Möllner Stadthauptmann, der bislang gar nicht im Rat saß, daneben den Patrizier Gotthard von Höveln (1468–1555), der seit 1527 Ratsherr war, in den Religionswirren klug zwischen den Parteien vermittelt hatte und auch jetzt die nötige Distanz zu dem illegalen Verfahren der Bürger wahrte[3]).

In diese Situation griffen im September kaiserliche Mandate ein, welche die Wiederherstellung der alten Ordnung befahlen und damit begreifliche Tumulte unter den Bürgern hervorriefen. Diese richteten sich gegen die herrschenden Geschlechter und das Kapitel, die von den Mandanten zu profitieren hofften. Doch der neue Domdekan Johann Rode (gest. 1532) meisterte insofern die bedrohliche Situation, als er der Bürgerschaft, die erneut eine Disputation zur Klärung der strittigen theologischen Fragen forderte, vertraglich zusicherte, die notorischen Gegner der Reformation unter den Domherren würden sich hinfort mit Angriffen zurückhalten, wofern der Rat nur den Schutz des Kapitels garantieren würde[4]).

Diese vorläufige Vereinbarung wurde dann zum Jahresende 1531 durch einen umfangreichen Vertrag zwischen Stadt und Kapitel (einschließlich der Vikare) bestätigt, der die Vermögensverhältnisse regeln sollte. Aber diese Eintracht beruhte auf der Androhung von Gewalt, der Vertrag sicherte dem Kapitel die bisherigen Einkünfte nur interimistisch für die Lebzeiten der amtierendern Domherren und Vikare zu (freiwerdende Stellen sollten nicht mehr besetzt werden), während die Kapitalien an den „Kasten" gehen sollten[5]). Das bedeutete den Anfang vom Ende des Kapitels als Institution. Abgesehen von dem persönlichen Schutz und den Einkünften verblieb nur die Verfügung über die Kurien und den Dom, der im Gegensatz zu den vier Pfarrkirchen auch diesmal nicht unter den Vertrag fiel, weil das bischöfliche Gut von diesem nicht berührt wurde.

Trotz aller Situationsbedingtheit des Zustandekommens wird man die Bedeutung dieses Vertrages kaum überschätzen, wenn man in ihm eine Art Fundamentalordnung des künftigen Lübecker Kirchenwesens sieht. Denn mit ihm wurde das obrigkeitliche Kirchenregiment in Lübeck auf legalem Wege durch Übertragung seitens des alten Kirchenregiments begründet. Freilich beschränkte sich der Vertrag auf die Externa, doch die daraus resultierenden Folgerungen griffen weiter. Man kann sich das an der einfachen Fragestellung klarmachen, wer als der Eigentümer der Kirchengebäude und des kirchlichen Vermögens und damit Repräsentant der Kirche gelten konnte. Vordem war es das Kapitel (im Blick auf die vom Vertrag berührten Gegenstände, über die der Bischof kein Verfügungsrecht hatte), der Klerus, jetzt aber war es die Stadt bzw. Rat und Bürgerausschuß zusammen. Das mochte theologisch noch angehen, weil sie die „Gemeinde" repräsentieren konnten, wurde aber rechtlich schwierig, weil die Kirche nunmehr kein eindeutig abgrenzbares Rechtssubjekt mehr hatte. Das lag an der reformatorischen Konzeption, wonach anstelle des Klerus die Gemeinde zum Hoheitsträger von Kirche wurde. Eine Trennung zwischen kirchlichem und weltlichem Bereich wurde damit unmöglich, eine Differenzierung schwer.

Das bisherige kirchliche Eigentum gehörte jetzt der Gemeinde, der christlichen Stadt, konnte also auch als „staatlich" angesehen werden (wie sich 1533 an der Verwendung des Kirchenschatzes für Kriegszwecke zeigte; vgl. S. 216). Nun brauchte nur der Bürgerausschuß aus der Mitregierung auszuscheiden, wie es 1535 dann der Fall war, und das obrigkeitliche Kirchenregiment war perfekt. Denn abgesehen von dem kirchlichen

Vermögen hatte das Kapitel in dem Vertrag „de vere grotenn Kaspel Kercken, mith aller gerechticheit vnde Herlicheit, so se darinne gehabt, deme Erb. Rat vnde gemenen Borgern ouergedragen"[6]). Damit war die gesamte Hoheit in den Kirchspielen dem Stadtregiment übertragen – die Reformation als die endgültige Inbesitznahme der Kirche durch die Bürger war zum Jahreswechsel 1531/32 abgeschlossen. Auch vermögensrechtlich war nunmehr zwischen Christengemeinde und Bürgergemeinde nicht mehr zu unterscheiden.

Nach Lage der Dinge mußte das Kapitel seine Hoffnung allein auf einen allgemeinen politischen Umschwung setzen. Um seine Güter außerhalb Lübecks begann in den folgenden Jahren ein Streit zwischen der Stadt, dem Bischof und dem holsteinischen Adel. Gegenüber den kaiserlichen Drohungen fühlte Lübeck sich sicher, weil es auf den Schutz des Schmalkaldischen Bundes vertraute, der im Nürnberger Anstand 1532 von Karl V. erstmals begrenzte religiöse Toleranz zugesagt bekam (von Lübeck mitunterzeichnet). Doch der Prozeß vor dem Reichskammergericht ging fort; der Bund war keineswegs geneigt, mit den verdächtigen Aufrührern in Lübeck gemeinsame Sache zu machen, zumal die Stadt ihren finanziellen Bündnispflichten nicht recht nachkommen wollte, weswegen es seit 1532 permanent Probleme gab[7]).

Wullenwevers Kriegspolitik

Das bekam Lübeck außenpolitisch zu spüren, als es Ende 1531 eine kriegerische Unternehmung um die Sundherrschaft begann, die sich zunehmend ausweitete[8]). Der Mann, der diese Kriegspolitik betrieb, war Jürgen Wullenwever (ca. 1488–1537), der Hauptdrahtzieher bei allen innenpolitischen Vorgängen des Jahres 1531[9]). Auslösender Faktor war die Landung des 1523 entmachteten dänischen Königs Christian II. in Norwegen, der mit Hilfe seines Schwagers Karl V. und der Holländer die Krone zurückzugewinnen trachtete. Gegen ihn bot Lübeck Friedrich I. Hilfe an, falls dieser den Holländern die Sunddurchfahrt, die das Lübecker Stapelprivileg verletzte und damit seinen Handel schwer schädigte, verwehren würde. Doch Friedrich verständigte sich heimlich mit den Holländern, während die Lübecker Flotte, unterstützt durch Rostock und Wismar, zusammen mit den Dänen Christian II. besiegte und dieser 1532 widerrechtlich von Friedrich gefangengesetzt wurde. Weiterungen ergaben sich nun, als durch Friedrichs Tod im April 1533 die dänische Thronfrage zu der Holländerfrage hinzukam. Christian II., der zum Katholizismus zurückgekehrt war, erhob ebenso wie Friedrichs Sohn Christian, seit 1533 Herzog von Schleswig und Holstein und seit langem ein Förderer der Reformation, Ansprüche und hatte seinen Anhang im altgläubigen Adel. Lange Zeit blieb die Thronfolge offen, und in die Parteikämpfe versuchte nun Lübeck wie in der Vergangenheit entscheidend einzugreifen.

Die Stadt stand isoliert da, weil die Hanse bei dem Unternehmen gegen die Holländer nicht mitmachen wollte (die meisten Städte, zumal im Osten, hatten gar kein Interesse daran, den vorteilhaften Handel mit ihnen zu unterbinden) und auch Schwedens König Gustav Wasa durch politisches Ungeschick ins Lager der Feinde getrieben wurde. Der ganze Handel ging allein um Lübecks Vormachtstellung, die Wullenwever auf der neuen, durch die Reformation beförderten innenpolitischen Basis festigen wollte. Doch das war eine Fehlkalkulation in außen- und militärpolitischer wie in religionspolitischer Hinsicht. Denn die gemeinsame Konfession spielte, z. B. in den Bündnisplänen des alten Dänenkönigs und der Kronprätendenten, keine Rolle, und dem Schmalkaldischen Bund war eine Beteiligung unter Hinweis auf die evangelische Sache gegen Christian II. und die von Karl V. protegierten Holländer nicht schmackhaft zu machen, wenn der andere Prätendent, der evangelische Herzog Christian Bundesmitglied war und zudem die Verbindung von Reformation und demokratischem Prinzip in Lübeck den Fürsten gar nicht geheuer schien. Lübeck hatte sich ohnehin im Bund nie sonderlich engagiert. In dieser Situation wagte Wullenwever im Sommer 1533 allein den Kampf, den Kaperkrieg gegen die holländischen Schiffe in der Nordsee, den als Führer der Lübecker Flotte Markus (Marx) Meyer, eine wahre Abenteurernatur, leitete, wie sein Freund Wullenwever aus Hamburg gebürtig und erst seit 1533 in der Stadt ansässig[10]).

Christliche Demokratie

Mittlerweile war Wullenwever im Februar 1533 in den Rat gewählt, im März zum Bürgermeister und damit auch nominell zum Leiter der lübischen Politik geworden[11]). Die damit verbundene Ratsergänzung war wieder gegen das alte Recht vom Bürgerausschuß durchgesetzt worden und brachte acht seiner Protagonisten (darunter auch Hans Sengestake, den Stiefvater Jürgen Benedictis) an die Macht. Nun konnte Wullenwever seine kühnen Pläne in die Tat umsetzen, wobei als sein politischer Berater der Rostocker Syndikus Johann Oldendorp (ca. 1488–1567), ein Freund Wullenwevers aus Hamburger Tagen, der im Sommer 1534 nach Lübeck übersiedelte, zunehmend hervortrat[12]).

Oldendorp zählte zu den berühmtesten Juristen seiner Zeit und hat als Theoretiker eines aus dem Evangelium begründeten Naturrechts folgenreich gewirkt. In Rostock hatte er für die Reformation als Bürgeremanzipation gestritten, nun sah er die Gelegenheit gekommen, sein Konzept einer christlichen Demokratie mit Hilfe Lübecks im Norden verwirklichen zu können. Noch waren hier die Städte ja die hauptsächlichen Träger der evangelischen Bewegung, doch die Fürsten als die bedeutenderen Machtfaktoren bestimmten zunehmend auch im Norden den Gang der Reformation. Die politische Rolle des Bürgertums zusammen mit dem Rekurs auf das reine Gotteswort als Grundlage des Gemeinwesens zu stärken, war Oldendorps Ziel, das ihn mit Wullenwever verband. Gottes Wort als Norm und Gottes Volk als Träger der Politik – das war eine Konzeption, von der her im Norden ein Gegenstück zur demokratischen Reformation Zwinglis und Bucers im Süden entstehen sollte. Doch es fehlte in Lübeck sowohl an Theologen, die dabei mitmachten, als auch an politischem Durchsetzungsvermögen. Wullenwevers Politik war kühn, aber unsolide, und insofern widersprach sie dem lübischen wie dem hansischen Geist. Allerlei unruhige Geister nahmen Einfluß auf sie, und daß der berüchtigte Otto von Pack, der sächsische Hofrat, der 1528 durch Wichtigtuerei beinahe einen Krieg zwischen Evangelischen und Altgläubigen im Reich angestiftet hätte, wieder in der Stadt erschien, sprach nicht gerade für Seriosität.

Die Flotte, mit der Markus Meyer den Krieg gegen die Holländer führte, konnte nur dadurch ausgerüstet werden, daß Wullenwever im Frühjahr 1533 den Lübecker Kirchenschatz, der 1530 von der Stadt beschlagnahmt worden war, hatte einschmelzen lassen. Das war abgesehen von der religiösen und kulturellen Barbarei (diese Sammlung von silbernen und goldenen Altargeräten, Kruzifixen, Leuchtern u. ä. war einer der reichsten Kirchenschätze in Deutschland – 96 Zentner Silber ergaben sich beim

Einschmelzen!) auch eine politische Torheit, weil es nach verdächtiger Bilderstürmerei aussah und die Besitzverhältnisse zumeist von Reichs wegen noch nicht endgültig geklärt waren[13]). Zudem brachte der so finanzierte Kaperkrieg nicht den gewünschten Erfolg, und deswegen ging Wullenwever auf die Initiative der anderen Hansestädte und des Kaisers ein, mit den Holländern zu verhandeln.

Bei den in Hamburg im Februar/März 1534 geführten Verhandlungen, bei welchen unter den kaiserlichen Räten auch Brömse, der Bruder des alten Bürgermeisters, mit einer Klageschrift gegen die Stadt anwesend war, trat nun zusammen mit Wullenwevers diplomatischem Ungeschick die Isolierung Lübecks schmerzlich zutage. Die Bürgerbewegung blieb den anderen Städten suspekt, vor allem Bremen und Danzig plädierten für die Rückkehr zur alten Ordnung. Die Sorge, diese Gegner seiner Politik könnten sich mit den innenpolitischen Widersachern verbünden, trieb nun Wullenwever zu einer spektakulären Aktion. Er verließ die Verhandlungsrunde in Hamburg, zog nach Lübeck und hetzte eine in St. Marien zusammengetretene Bürgerversammlung gegen seine Widersacher ebenso wie gegen die anderen Hansestädte auf. Die letzten Anhänger des alten Rates verließen daraufhin die Stadt oder wurden verhaftet, gemäßigte Evangelische wie Cord Wibbeking, Tönnies van Stiten, Hinrich Kerckring u. a. schieden aus dem Rat. Bei den Ratswahlen vom April 1534 verblieben nur vier alte, legitime Ratsherren im Amt, auch sie natürlich evangelisch Gesinnte[14]).

Bonnus' Protest gegen den „unordentlichen" Rat

In dieser Situation, als Wullenwever auf dem Gipfel seiner Macht stand, machte sich der Superintendent Bonnus zum Sprecher der Opposition. Zwar war er mit Oldendorp befreundet, aber dessen demokratische Ideen teilte er nicht; er erwies sich vielmehr als Legitimist lutherischer Prägung, für den Wullenwevers Innenpolitik Aufruhr des gemeinen Mannes gegen die von Gott gesetzte Obrigkeit bedeutete. Dies war der Vorwurf, den er in einem Memorandum vom 4. Mai 1534 an Wullenwever, den Rat und den Vierundsechzigerausschuß richtete[15]).

Bonnus hatte sich bisher aus der Politik herausgehalten, die jüngsten Rechtsbrüche hatte er jedoch öffentlich kritisiert, ohne Erfolg. Dies wird der Anlaß für sein Memorandum sein, daß der Rat ihm daraufhin derartige Predigten verbot, denn Bonnus bat nun um seine Entlassung mit eben dieser Begründung: „wente dath ick tho dessen Tiden vnder sodanen Regemente predigen scholde vndt dat sulue nicht straffen, dadt fole ick mi beschweredt". Er mochte es nicht durchgehen lassen, daß man die ordentliche Obrigkeit angetastet hatte und „vth forderinge des gemenen Mannes" etliche Personen aus dem Rat verwiesen hätte; er wies warnend auf das Beispiel von Münster hin, wo man auch so angefangen hätte, bis man schließlich bei einem gottlosen Wiedertäuferregiment geendet wäre.

Erstmals nahm der Lübecker Superintendent sein politisches Wächteramt wahr und begründete damit gleichsam eine Tradition, die bis ins 17. Jahrhundert fortwirkte. Das war ein mutiger Schritt, der der Öffentlichkeit nicht verborgen bleiben konnte, auch wenn Bonnus selbst wußte, daß die meisten Bürger ihn nicht billigen würden. Ganz allein stand er mit seiner Kritik jedoch nicht, vielmehr nahmen die inneren Spannungen der Stadt zu[16]). Bonnus wollte nach Lüneburg ziehen, doch Wullenwever ließ es nicht zu,

217

weil ihm eine theologisch begründete Opposition aus dem evangelischen Lager gar zu ungelegen kam, und so erteilte er Bonnus Predigtverbot.

Von anderen Predigern wissen wir nichts über ihre Haltung gegenüber Wullenwever. Da sie nach 1535 unangefochten in ihren Ämtern blieben, werden sie vermutlich mit der Bürgerbewegung nicht zu stark sympathisiert haben. (Reimar Kocks kritische Äußerungen können kaum als Beleg dienen, weil sie nach Wullenwevers Ende aufgezeichnet sind.) Daß Bonnus sich von der demokratischen Bewegung distanzierte, und zwar nicht aus taktischen, sondern aus grundsätzlichen Erwägungen (sonst hätte er es nicht in deren Blütezeit getan), trug entscheidend dazu bei, daß die Reformation im Jahre 1535 nicht zusammen mit der politischen Restauration rückgängig gemacht wurde.

Der Krieg von 1534 und die innenpolitischen Folgen

Im Streit mit den Holländern setzte Wullenwever nun ebenso wie in der dänischen Frage auf Krieg, entschlossen, den katholischen Christian II. zum König von Lübecks Gnaden zu machen. Er verbündete sich mit dessen Vetter Graf Christoph von Oldenburg, der zusammen mit den Lübecker Truppen unter Markus Meyer den Krieg in Holstein eröffnete (Sommer 1534), wobei man hier ebenso wie in Dänemark und Schweden versuchte, die unteren Schichten für die demokratische Bewegung zu gewinnen, die Bauern gegen den Adel einzunehmen. Kontakte zur Bauernrepublik Dithmarschen und zu dem von den Wiedertäufern beherrschten Münster wurden hergestellt[17]). Die Eroberung des Stiftsgebiets Lübeck und die Vertreibung von Bischof Heinrich aus Eutin eröffneten die Möglichkeit, die längst beanspruchte territoriale Arrondierung nun durchzuführen und insofern die Reformation im ganzen Bistum Lübeck machtpolitisch durchzusetzen.

Doch Wullenwevers Proklamation eines religiösen Feldzugs für die evangelische Sache mußte angesichts seines Engagements für Christian II. unglaubwürdig wirken. Von den protestantischen Fürsten Norddeutschlands, vom dänischen Adel und vom Schwedenkönig unterstützt, konnte sich Herzog Christian bald des Angriffs erwehren. Während die Lübecker und Oldenburger Truppen Seeland eroberten, zog er gegen Lübeck und sperrte die Zufahrt zur Ostsee. Es waren Akte der Verzweiflung, wenn Wullenwever jetzt dem sächsischen Kurfürsten die Dänenkrone und dem Mecklenburger Herzog Schweden anbot.

In dieser bedrohlichen Situation bahnte Lübeck, unterstützt durch die wendischen Hansestädte, Friedensverhandlungen an, und währenddessen gelang der stärker werdenden innerstädtischen Opposition ein erster Erfolg gegen Wullenwever. Die beiden Bürgerausschüsse lösten sich aus Furcht vor Vergeltungsmaßnahmen des alten Rates auf, durch Vertrag mit der Bürgerschaft wurde das Prinzip der alten Ratsaristokratie wiederhergestellt, Bürgerversammlungen sollten künftig unterbleiben. Die im Frühjahr ausgeschalteten Ratsherren kehrten in ihr Amt zurück[18]). Die alte Verfassung war zwar grundsätzlich wieder in Geltung, aber Wullenwever war damit nicht entmachtet. Noch blieb er ja Bürgermeister, nur traten jetzt besonnenere Politiker neben ihn, welche die sich anbahnende Katastrophe abzuwenden suchten. Der Waffenstillstand von Stockelsdorf (Nov. 1534) bannte die unmittelbare dänische Bedrohung. Damit war aber der Anspruch auf die besetzten Stiftsgüter des Lübecker Bischofs hinfällig; nun hielt

Herzog Christian diese Besitztümer besetzt, Dänemark und Holstein erhoben ihre Ansprüche auf Einverleibung.

Die dänische Frage war jedoch immer noch nicht entschieden, von allen Seiten griffen die interessierten Fürsten mit verschiedenen Plänen ein, obwohl Herzog Christian auf dem besten Wege war, sich in Dänemark durchzusetzen. An diesem Spiel beteiligte sich Lübeck jetzt im Bunde mit Herzog Albrecht von Mecklenburg als Kronprätendenten, zumal noch Christoph von Oldenburg und Markus Meyer mit ihren Truppen in Seeland standen. Die Ereignisse sind im einzelnen für die Kirchengeschichte irrelevant[19]). Entscheidend ist das Ergebnis, daß Lübeck und seine Verbündeten zu Wasser und zu Lande im Frühjahr und Frühsommer 1535 geschlagen wurden und dadurch weitere interne Konsequenzen unabdingbar wurden.

Ein Hansetag trat zusammen, zunächst in Lüneburg, dann in Lübeck, und forderte, gestützt auf ein Mandat des Reichskammergerichts, die völlige Wiederherstellung des alten Regiments. In die politischen Erörterungen wurde auch die religiöse Frage einbezogen, denn die Katastrophe des Täuferreiches in Münster mit seinen apokalyptischen Verwirrungen hatte allgemein, nicht nur bei den Fürsten, die Befürchtung heraufbeschworen, daß der gemeine Mann, angestachelt durch die theokratisch-demokratischen Ideen der Täufer, sich auch andernorts erheben könnte. Und Lübeck war – neben Rostock und Wismar – in Verdacht geraten, solche Bestrebungen zu begünstigen, obwohl Wullenwever ebenso wie Oldendorp dieser Position nicht zuneigte.

Konvent zu Hamburg 1535. Kampf gegen die Täufer

Unter Führung Hamburgs waren die Städte des wendischen Hansequartiers schon zuvor im Frühjahr 1535 übereingekommen, Maßnahmen gegen die Wiedertäufer zu ergreifen und die Reformation durch eine Verständigung der Städte über die Gleichförmigkeit in Lehre und Kultus zu stabilisieren[20]). Auf Anordnung der Obrigkeiten versammelten sich deshalb im April 1535 in Hamburg die Superintendenten von Lübeck, Hamburg, Lüneburg, Rostock, Stralsund und Bremen. Wismar war zwar eingeladen, aber nicht vertreten, weil täuferische Ideen dort Eingang gefunden hatten und der Superintendent Hinrich Never sich Zwinglis Position gegen Luther zugewandt hatte[21]). Die Leitung des Konvents lag formell bei Bonnus als dem Superintendenten des Vorortes, faktisch aber bei seinem Freund, dem Hamburger Johannes Äpinus, dem bedeutendsten Theologen in diesem Kreis. Es war gleichsam ein erster Predigerkonvent der evangelisch gewordenen wendischen Städte.

Die in der Hanse gegebene Zusammengehörigkeit wurde damit erstmals auf den kirchlichen Bereich übertragen und Lübecks Führungsrolle auch auf diesem Gebiet angebahnt. Der Auftrag lautete, Vorschläge für gemeinsame Maßnahmen gegen die Seuche der Täufer zu unterbreiten, welche „heimlich agieren und die Pestkeime ihrer Lehre bei der schlichten, unerfahrenen Bevölkerung ausstreuen zum öffentlichen Verderben der Religion und der Städte", wobei die Obrigkeiten einsichtig genug waren, daß mit Polizeimaßnahmen allein nichts auszurichten wäre. Als Ergebnis beschloß der Hamburger Konvent 17 Artikel, die ein grundlegendes Dokument der niederdeutschen Kirchengeschichte darstellen[22]).

Darin plädierten die Geistlichen zunächst für gewaltsames Durchgreifen gegenüber den Täufern. Weil die Irrlehre den öffentlichen Frieden störe, müßte die Obrigkeit ein Mandat erlassen, wonach Täufertum als Aufruhr strafbar wäre. Im übrigen aber sollten parallel dazu die Prediger die Bevölkerung aufklären und gegen Irrlehren immunisieren, auch im Blick auf die heimlichen Papisten und die Sakramentierer (d. h. die Anhänger einer spiritualistischen Abendmahlslehre). Damit wurden erstmals in aller Deutlichkeit die politischen Implikationen der evangelischen Neuordnung für das innere Gefüge des Gemeinwesens sichtbar. Eine Kirche, die in dieses ganz integriert war und sich ausschließlich auf das „Wort Gottes", d. h. auf die evangelische Lehre gründete, mußte jede Abweichung in der Lehre als Angriff auf ihren Bestand und damit auf den Bestand des Gemeinwesens empfinden, sei es nun die altgläubige Bestreitung ihres neuen ekklesiologischen Prinzips, sei es die schwärmerische Kritik, für die die evangelische Kirche nicht radikal-biblisch genug war.

Das machte die Auseinandersetzung mit dem Täufertum (ebenso wie mit anderen Spielarten eines konsequenten Biblizismus) so wichtig: daß die Reformation hier mit ihrem eigenen ekklesiologischen Prinzip, der alleinigen Orientierung an Gottes Wort, konfrontiert wurde und sie sich dem Vorwurf mangelnder Konsequenz stellen mußte. Denn die Täufer wollten abseits aller Kompromisse mit der gesellschaftlichen Wirklichkeit ein entschiedenes Christentum in den Lebensformen der Urkirche verwirklichen; Symbol dafür war der Vollzug der Taufe, die sich auf die persönliche Entscheidung für Christus gründete, unter Ablehnung der Kindertaufe. Die Bibel galt für sie als alleinige Norm; das als bald anbrechend erwartete Reich Gottes relativierte alle irdischen Gestaltungsformen in Staat und Kirche.

Weil die Täufer die kritische Kraft des Evangeliums ernstnahmen, gerieten sie überall mit den Vertretern einer reformatorischen Kirchlichkeit in Konflikt. Im Vergleich zu ihnen mußte die Reformation als eine konservative Bewegung erscheinen, die sich vom Katholizismus nur wenig unterschied, weil sie die Kontinuität mit der Tradition hinsichtlich der kirchlichen Ordnungen und der gesellschaftlichen Einbindung der Religion bewahrte.

Kirchen- und Lehrordnung

Die Hamburger Artikel von 1535 sind für die Geschichte der Kirchenstrukturen in den beteiligten Städten deswegen grundlegend geworden, weil sie neben der unmittelbaren Abwehr der Täufer gleichsam flankierende Maßnahmen zur inneren Konsolidierung anregten, und zwar einerseits für die Kirchenordnung im engeren Sinne, andererseits für die Lehrordnung. Gegenüber den „Radikalen" verständigten sich die Städte auf das Programm einer konservativen Reformation mit dem Ziel, jeweils im Innern die Einheit und im Miteinander der Städte die konfessionelle Verbundenheit zu fördern[23]).

Für die Liturgie wurden Bugenhagens Grundsätze allgemein verbindlich gemacht: Beibehaltung der lateinischen Gottesdienstsprache, des Aufbaues der Messe (entsprechend der Kirchenordnung) samt Meßgewändern, der Früh- und Abendgottesdienste, der Privatbeichte, der Kindertaufe. Die Heiligenbilder und -legenden sollten aus pädagogischen Gründen beibehalten werden; der Katechismusunterricht, das Schulwesen, die Exkommunikation und die Sittenzucht, die Ehegerichtsbarkeit und die

Vermögensverwaltung sollten einheitlich geregelt werden. Im Blick auf die Lehrübereinstimmung der Prediger sollte die innere Einheit der Stadtkirchen durch schriftliche Verpflichtung aller Prädikanten auf die Confessio Augustana gesichert werden, was die Bereitschaft einschließen sollte, weder öffentlich noch privat etwas zu lehren, was den durch die „Norm der gesunden Worte" der CA gesteckten Rahmen sprengte.

Hier wurde erstmals für Lübeck und die Hansestädte die Confessio Augustana im Sinne einer evangelischen Bekenntnisverpflichtung kanonisiert. Insofern standen die Hamburger Artikel am Anfang der Entwicklung, die zur Fixierung eines lokalen Bekenntnisbuches 1560 und des gesamtlutherischen Konkordienbuches 1580 führte. Nun konnte durch eine derartige Lehrübereinkunft und die Ordinationsverpflichtung der Prediger natürlich nicht ausgeschlossen werden, daß in Zukunft neue theologische Probleme auch neue Antworten erforderten. Deswegen schrieben die Hansestädte ein Verfahren zur internen Wahrung des Konsensus vor: Über eine neue Lehrauffassung müßte ein Geistlicher sich zuvor mit dem Superintendenten und den Amtsbrüdern verständigen, dann sollte man die erzielte Übereinkunft den anderen Hansestädten mitteilen, „damit durch diese Übereinkunft die Eintracht in der Lehre bewahrt bliebe und die Kirche nicht durch irgendeine verkehrte Position infiziert würde"[24]).

Damit erschien die doktrinäre Uniformität als theologiepolitische Zielvorstellung neben dem kirchenpolitischen Ziel, daß „im Blick auf die Ordnung der Zeremonien . . . keine große Verschiedenheit" geduldet werden sollte. Insofern markierte der Theologenkonvent von 1535 den Abschluß der Reformation in Lübeck. Der reformatorische Ansatz von 1529–31, wonach grundverschiedene Formen der Lehre (der katholischen neben der evangelischen) nicht akzeptabel erschienen, der zur schroffen Intoleranz gegenüber den altgläubigen Klerikern geführt hatte, kehrte sich nun nach innen einerseits gegen die radikalen Vertreter der evangelischen Position, andererseits gegen mögliche Abweichler von einem Konsensus, der schlechterdings konstitutiv für das Gemeinwesen war, aber in der Praxis mehr postuliert als realisiert wurde.

Die Hamburger Beschlüsse der Geistlichkeit wurden insofern in die Tat umgesetzt, als der Lübecker Rat am Trinitatissonntag 1535 ein Mandat gegen die Wiedertäufer publizierte, das diese mit strengen Strafen bedrohte, und die Obrigkeiten der anderen wendischen Städte, mit Ausnahme Rostocks und Wismars dem Lübecker Beispiel folgten[25]). Auf dem folgenden Hansetage, der wegen der Unordnung in Lübeck zunächst in Lüneburg abgehalten wurde (vgl. S. 219), kam zwar am 16. Juli 1535 ein gemeinsamer Beschluß gegen die Täufer zustande, aber dessen Ausführung durch alle Städte blieb umstritten. Danach sollte eine Stadt, die Täufertum, Sakramentiererei oder anderes Schwärmertum duldete, aus der Hanse ausgeschlossen werden (diese Drohung betraf vor allem Rostock und Wismar), einzelne Personen sollten von den Obrigkeiten bestraft werden[26]).

Der Rezeß von 1535 und die Kirchenverfassung

Für Lübecks innere Situation entscheidend wurde der Beschluß des Hansetages vom Juli/August 1535, daß entsprechend dem kaiserlichen Mandat von der Stadt die Rückführung des alten Bürgermeisters Brömse ins Amt (Plönnies war 1533 verstorben) und die völlige Ausschaltung der durch die Bürger an die Macht gekommenen Ratsherren zu fordern wäre. Daraufhin befragte der Rat die Bürgerschaft, und diese erklärte sich zur Befolgung des Mandats bereit, sofern damit eine Rückkehr zur alten Kirchenordnung ausgeschlossen wäre[27]). Wullenwever versuchte vergeblich, unter Hinweis auf diese gefährlichen Folgen noch einmal die Gemeinde für sich zu gewinnen. Gegen die Zusicherung, daß die Reformation beibehalten und eine gewaltsame Verfolgung der Bürgeropposition ausgeschlossen würde, stimmten die Bürger der Rückkehr Brömses zu. Doch erst nach abermaligem Drängen der Hansevertreter erklärten die „neuen" Ratsherren und auch Wullenwever ihren Rücktritt, und nun wurde unter der Federführung des alten Bürgermeisters Joachim Gercken am 26. August 1535 (noch bevor Brömse zurück war) ein Rezeß vereinbart, der die künftige Verfassungsgrundlage für Staat und Kirche definierte und deswegen epochale Bedeutung hat, weil er faktisch das obrigkeitliche Kirchenregiment des Lübeckischen Rates für fast vierhundert Jahre begründete, reichsrechtlich ergänzt durch den Augsburger Religionsfrieden von 1555[28]).

Der Rezeß deklarierte als Ziel die Herstellung des Friedens in der Stadt, Bürgerschaft und Rat schlossen mit ihm gleichsam einen neuen Verfassungsvertrag, der diesem die volle Hoheit restituierte (so der Beschluß): „ . . . hebben wy, de ganze Gemene, samptlich unnd sunderlich, eynem Er. Rade als der ordentlichen overicheit eth regimente vulkomelick und in aller maten, als se vor desser twespalt gehatt unnd darinne geseten, wedderumme in ore hande togestelt, des sulvigen mith ganser vullenkamer gewalt . . . , to ewigen tiden". Diese alte Herrschaftsgewalt hatte nun durch die Reformation inzwischen einen bedeutsamen Kompetenzzuwachs in kirchlichen Dingen erfahren, weil das Kapitel seine Kirchenhoheit an die Stadt übertragen hatte (so zuletzt im Vertrag vom 31. Dezember 1531) und diese durch die Ausschaltung der Gemeindevertreter jetzt allein vom Rat repräsentiert wurde. Infolge der mancherlei politischen Verschiebungen der Jahre 1530–35 gehörten das Kirchengut und die Kirchengebäude mit allen Rechten jetzt dem Rat. Aus dieser Rechtssituation heraus wird es verständlich, daß der erste der beiden Artikel des Rezesses die Reformationsfrage thematisierte.

Um die befürchtete katholische Reaktion auszuschließen, gelobten Rat und Bürgerschaft sich feierlich, bei „Gades wort" zu bleiben, so daß auch hinfort in evangelischer Weise gepredigt, die Sakramente verwaltet und die Zeremonien gehalten werden sollten. Damit war die Reformation über die politischen Wechselfälle der Jahre 1530–35 hinaus im Kern bewahrt, freilich mit dem damals üblichen Vorbehalt, dies gelte nur bis zu dem erwarteten allgemeinen Konzil.

Eingeschlossen in die Absprache war die Zugehörigkeit zum Schmalkaldischen Bund. Der zweite Artikel des Rezesses betraf die politischen Folgen der evangelischen Bewegung und deklarierte Amnestie für alle Worte und Taten, die in der Vergangenheit von der Gemeinde gegen den Rat und umgekehrt gerichtet waren. Die Bürger verzichteten auf die politischen Mitwirkungsrechte, die sie nach 1528 im Zusammenhang der Reformation erstritten hatten, und das schloß den Verzicht auf die in der Bugenhagenschen Ordnung vorgesehene Beteiligung am Kirchenregiment ein. So konnte diese Ordnung fortan formell in Geltung bleiben und war doch in ihrem Kern durch die staatsrechtliche Veränderung von 1535 außer Kraft gesetzt.

Alle Bestimmungen über die Beteiligung des Bürgerausschusses an der Wahl der Kirchenvorsteher und Diakone, der Pfarrer und des Superintendenten fielen hin; an seine Stelle trat nun der Rat, und so wurde aus der in der Ordnung vorgesehenen indirekten Beteiligung des Rates an alledem eine direkte massive Mitwirkung. Mit der Gemeinde als politischer Größe war zugleich die theologische Größe ausgeschaltet. Wo ihr in der Kirchenordnung Leitungskompetenzen zugesprochen waren, fielen diese dem Rat zu, weil er jetzt das einzige politisch handlungsfähige Vertretungsorgan der Bürger war. Und dieser Rat war aristokratisch zusammengesetzt, sich selbst durch Kooptation ergänzend, nicht demokratisch gewählt, eine Obrigkeit im alten Sinn. Auch finanziell wurde die Kirche jetzt in starkem Maße vom Staat abhängig, weil die vorgesehene zentrale Kirchenkasse (der „Schatkasten") nicht zustandekam.

Katholische Restaurationsversuche

Mit Nikolaus Brömse kam ein Mann wieder an die Macht, der nach wie vor ein überzeugter Gegner der Reformation blieb. Noch im Jahre 1541 stiftete er für die Jakobikirche eine katholische Vikarie (die natürlich nicht „arbeiten" konnte) und bestimmte 1543 testamentarisch, daß die dafür vorgesehenen Mittel vorerst für wohltätige Zwecke verwandt werden sollten, „bet so lange solke Nygeringe in den Kerken wedderum affgedan unde op olde Wyse Misse geholden werden"[29]). Die Wiedereinführung des Katholizismus lag daher nach 1535 im Bereich des Möglichen und war abhängig von der politischen Lage im Reich, wo Karl V. entschlossen die Gegenreformation betrieb.

Beunruhigend für Lübeck blieb auch zunächst das weitere Geschick Jürgen Wullenwevers, der nach seinem Rücktritt Amtmann von Bergedorf werden sollte, aber bei einer Reise ins Land Hadeln, wo er Söldner für den Mecklenburger Herzog anwerben wollte, vom Bremer Erzbischof Christoph im November 1535 verhaftet wurde. Das war ein rechtlich höchst bedenklicher Akt, weil Wullenwever seitens Lübecks unter der Amnestie stand, aber der ihm nun drohende Prozeß ging nicht nur um seine zweifelhafte Kriegspolitik gegen Dänemark, sondern auch um sein religionspolitisches Gesamtkonzept, und insofern wurde die evangelische Sache davon berührt[30]). Ihm wurde nämlich außerdem Wiedertäuferei und Kirchenraub (dies wegen der Verwendung des Lübecker Kirchenschatzes) vorgeworfen. Treibende Kraft des Prozesses war Herzog Heinrich von Braunschweig-Wolfenbüttel, der energischste Gegner der Reformation in Norddeutschland, der sich gegenüber Lübeck in der Vergangenheit gerne als Beschützer des alten Kirchenregiments, insbesondere des Domes aufgespielt hatte.

„Wiedertäuferei" war ein gefährlicher Vorwurf der Altgläubigen, weil sie darunter auch die demokratischen Tendenzen der Lübecker Reformation begreifen konnten. Nicht von ungefähr hatte auf dem Hansetag 1535 Johann Oldendorp vor einem allzu undifferenzierten Vorgehen gegen das Täufertum gewarnt, weil die Grenzen gegenüber der legitimen evangelischen Position nur schwer zu ziehen wären[31]). Im Zusammenhang des Wullenwever-Prozesses verhaftete der Lübecker Rat im März 1536 acht der führenden evangelischen Bürger unter der Anklage der Wiedertäuferei, um der Stadt insgesamt ein Alibi zu verschaffen, u. a. Ludewich Taschemaker und Johann von Elpen, die Ratsherren der Wullenwever-Ära, und die Sprecher des Bürgerausschusses Harmen Israhel, Hinrich Möller, Borcherdt Wrede und Johann van Achelen[32]).

Unter der Folter hatte Wullenwever das später widerrufene Geständnis abgelegt, er hätte zusammen mit Oldendorp den Übergang der Stadt zum Wiedertäufertum vorbereitet, und dabei wären außer einigen Bürgern auch die Prediger von St. Jakobi und vom Dom, Peter Friemersheim und Johann Flachsbart (Lüthken) beteiligt gewesen[33]). Es gelang aber dem schleunigst informierten Bugenhagen, den sächsischen Kurfürsten zu einer Intervention beim Rat zu bewegen (in der klaren Erkenntnis, daß hier ein Schlag gegen die ganze evangelische Sache vorbereitet werden könnte), und so wurden die acht gegen Urfehde wieder freigelassen[34]). Doch der Verdacht blieb auf ihnen lasten, zumal Wullenwever von einem wolfenbüttelschen Landgericht im September 1537 wegen der ihm zur Last gelegten Anklagepunkte zum Tode verurteilt wurde, was man als Justizmord werten muß. Erst 1538 wurden die acht Bürger endgültig von dem Verdacht befreit[35]).

Da Lübecks Mitgliedschaft im Schmalkaldischen Bund 1537 ablief, bemühten sich in dieser Situation die Bundeshauptleute, Kurfürst Johann Friedrich von Sachsen und Landgraf Philipp von Hessen, 1536 beim Rat um eine Verlängerung. Doch dieser zögerte, zumal Lübeck vom Bund bislang wenig Nutzen gehabt hatte und weder an dem Beschluß von 1535, die Bündnisabsprache um zehn Jahre zu verlängern, noch an der Frankfurter Bundesversammlung im April/Mai 1536 beteiligt war. Der Kanzler des Lüneburger Herzogs, Johann Forster, welcher im Verein mit Gesandten aus Hamburg und Bremen im Juni 1536 mit dem Rat über das Bündnis verhandelte, gewann den Eindruck, dieser bereite die Rückkehr zum Papsttum vor; die evangelische Bürgerschaft wäre so sehr in Angst versetzt, daß niemand mehr öffentlich für die Reformation und den Schmalkaldischen Bund einzutreten wagte[36]). In Norddeutschland ging das Gerücht um, Lübeck plante zusammen mit dem Wolfenbütteler Herzog „practiken ... zu vertruckung gotlichs worts"[37]). Diese Sorge bewog auch Johann Friedrich von Sachsen und Philipp von Hessen angesichts der vom Lübecker Rat immer wieder aufgeschobenen Bündniszusage, diesem offen seine katholisierenden Neigungen als Widerspruch gegen den Rezeß von 1535 vorzuhalten und ihm für den Fall der Abkehr von der evangelischen Sache ernsthafte politische Konsequenzen anzudrohen[38]).

Nun lenkte der Rat ein und erklärte in seiner Antwort, er hätte nie die Absicht gehabt, sich „von gods worde aftowenden, edder demsulvigen sinen gang ... to hinderen" (freilich mit der bezeichnenden Einschränkung: „bet to einem kumpftigen concilio") oder sich vom Schmalkaldischen Bund zurückzuziehen; aber Lübeck wäre aufgrund der inneren Unruhen nicht in der Lage, seinen finanziellen Beitrag zu leisten (der mit 2000 Gulden monatlich immerhin nicht unbeträchtlich war) und damit das Bündnis zu erneuern[39]). Daraufhin erklärten sich die übrigen Bundesmitglieder bereit, den Beitrag zu ermäßigen, aber die im Dezember 1536 in Lübeck geführten Verhandlungen scheiterten schließlich doch, nicht so sehr deswegen, weil Bürgerschaft und Rat die hohen Ausgaben scheuten, sondern weil letzterer prinzipiell nicht mitmachen wollte. Zu dem Bundestag in Schmalkalden im Februar 1537 schickte Lübeck keinen Gesandten, es war fortan am Bund nicht mehr beteiligt, auch nicht an den gemeinsamen Beratungen über die evangelische Haltung gegenüber den Konzilsplänen. Doch immerhin legte der Rat sich darauf fest, bei der evangelischen Sache zu bleiben[40]).

Bischof Reventlow und die Reformation im Stiftsgebiet

Eine katholische Restauration blieb also nicht ausgeschlossen, auch wenn sie zu jener Zeit aus außen- wie aus innenpolitischen Gründen unmöglich war. In dieser Situation war es ein bedeutsamer Gewinn, daß 1535 als Nachfolger des hartnäckigen Gegners der Reformation Heinrich Bockholt ein Sympathisant der evangelischen Sache zum Lübecker Bischof gewählt wurde: Detlev Reventlow, bis 1529 Propst des Klosters Reinbek, dessen Reformation er mit durchgeführt hatte. Er war deswegen gewählt worden, weil er als Kanzler des dänischen Königs dessen Vertrauen und gute Beziehungen zum holsteinischen Adel besaß, die er nutzen sollte, um diesen gegenüber den bedrohten Bestand des Stiftsgebiets zu wahren.

Da Christian III. ebenso wie die meisten Landstände evangelisch war, lag für Reventlow ein Übergang zur Reformation nahe, um wenigstens das Kirchengut zu sichern. Aber er ging behutsam vor. In Eutin setzte er mit Paul Severini den ersten evangelischen Prediger ein und für den Lübecker Dom ordnete er die Abschaffung der Reste des katholischen und die Einführung des evangelischen Gottesdienstes an[41]). Doch das wurde nur teilweise befolgt. Zwar blieben die Domherren ebenso wie die Eutiner Kollegiatherren noch zumeist katholisch und um die Aufrechterhaltung der alten Ordnung bemüht, aber am Dom konnte mit Andreas Wilms 1536 endlich ein evangelischer Pfarrherr eingesetzt werden, so daß auch dieses Kirchspiel nun – unbeschadet der Hoheit von Bischof und Kapitel – in den Verband der evangelischen Stadtkirche eintrat[42]). Für die Landprediger im Stiftsgebiet verfaßte der Prädikant am Dom Johann Lüthken eine kurze Anleitung, wie man evangelisch predigen sollte[43]). Aber die Reformation in den Kirchdörfern kam ebenso wie in Eutin nur langsam voran.

Bischof Reventlow starb schon 1536, doch sein Nachfolger, der Dompropst von Schleswig und königliche Rat Balthasar Rantzau, setzte seine Politik der Anlehnung an die Herzogtümer unter Wahrung der Eigenständigkeit des Bistums fort. Dies implizierte bei prinzipieller Aufgeschlossenheit für die evangelische Theologie die Beibehaltung der alten Kirchenstrukturen und Zeremonien, um einer Säkularisierung zu wehren. Deswegen leistete Rantzau auch um der päpstlichen Bestätigung willen dem Papst den Treueid[44]). 1545 wurde er von einem mecklenburgischen Ritter, der Forderungen gegenüber dem König mittels einer Geiselnahme durchsetzen wollte, auf Kaltenhof bei Lübeck überfallen und verschleppt. Da sowohl Christian III. als auch Rantzaus Familie ein Lösegeld verweigerten, seine Brüder vielmehr das bischöfliche Tafelgut besetzten und bis 1549 nach Kräften ausbeuteten, zog eine gefährliche Zeit für das Hochstift herauf. Rantzau starb 1547 in der Gefangenschaft.

Um mit Hilfe des Papstes für die Bestandssicherung zu sorgen, wählte das Kapitel in der Folgezeit mit Jodokus Hodtfilter (1548–51) und Dietrich von Rheden (1552–54) zwei entschiedene Katholiken zu Bischöfen, die zwar Rückhalt bei der Kurie fanden, aber die inneren Verhältnisse des Bistums nicht konsolidieren konnten, weil sie ständig in Rom weilten. Unter der umsichtigen Leitung des Dekans Johannes Tiedemann verteidigte das Kapitel die Rechte des Stifts gegenüber Herzog und Adel; allerdings blieb angesichts der fortschreitenden Reformation die Verwaltung der Güter fast die einzige Aufgabe[45]).

Unter dem Druck Christians III. wurde 1554 mit dessen Kanzler Andreas von Barby wieder ein evangelischer Bischof gewählt, der die Einverleibung des Bistums in den herzoglichen Machtbereich betreiben sollte. Unabhängig von der Konfession wurde die Existenz des Bistums zu einer politischen Machtfrage. Der nach Barby nur kurz als Bischof amtierende Johannes Tiedemann (1559—61), ein treuer Anhänger des Papstes, konnte die Entwicklung nicht mehr aufhalten. Der König setzte 1561 die Wahl eines ihm genehmen Koadjutors als des präsumtiven Nachfolgers durch: des jungen Abtes des Lüneburger Michaelisklosters, Eberhard von Holle, der die Reformation zum Abschluß brachte (s. u. S. 255 f).

Reste des Katholizismus

Die Gefahr für den Bestand der Reformation in Lübeck war auch nach 1540 noch keineswegs gebannt. Bugenhagen, der 1536 auf der Durchreise in der Stadt weilte, mußte eine immer noch vorhandene Gegnerschaft gegen das Evangelium feststellen, und 1539 teilte er König Christian III. das Gerücht mit, etliche Ratsherren wirkten zusammen mit dem Bischof darauf hin, „das die thumbpfaffen zu Lubeck ire gotlose wesen wedder anrichten sollen"[46]). Andreas Wilms hatte schon 1537 Aufsehen erregt, weil er gegen die Haltung der Mehrheit im Rat, die sich mit dem Kapitel arrangierte, öffentlich polemisierte[47]).

Das Domkapitel war zwar ein kirchlich unerheblicher Faktor geworden, zog aber aus der Restauration des alten Rats von 1535 immerhin den Vorteil, daß ungeachtet des Vertrages von 1531 sein Bestand insofern erhalten blieb, als es sich weiterhin selbst ergänzen konnte und einen Teil seiner früheren Einkünfte behielt. 1538 erklärte es sich bereit, vorübergehend der Stadt Steuern zu zahlen und ein Nominierungsrecht des Rates für einige Domherrenstellen zu akzeptieren[48]). Doch Evangelische kamen zunächst nicht in diese Position, noch im Jahre 1575 stellte ein päpstlicher Gesandter nach einer Visitation des Stiftsgebiets fest, daß das Kapitel bis auf einen einzigen Domherren noch komplett katholisch wäre[49]).

Die katholischen Vikare konnten ebenfalls zunächst die Stellung halten und blieben als Kollegium bestehen. Auch sie übernahmen 1538 die Steuer, sicherten sich ihre Einkünfte und verpflichteten sich in ihren Statuten, die 1565 schriftlich zusammengefaßt wurden, zum Gehorsam gegenüber der römischen Kirche und dem katholischen Glauben, wobei die darin enthaltene Verpflichtung, die Messe zu halten, natürlich nicht allgemein und öffentlich eingelöst werden konnte[50]). Doch heimliche Messen hielten sie weiterhin ab und provozierten damit immer wieder den Einspruch der lutherischen Geistlichen. 1541 beklagten diese sich beim Rat darüber, daß im Dom, in St. Katharinen, in der Burgkirche, im Johanniskloster, im Heilig-Geist-Hospital und an anderen Orten noch heimliche Messen gehalten würden. 1544 erließ der Rat auf Drängen von Bonnus endlich ein Mandat gegen diese Winkelmessen, doch auch das Verbot nützte nicht viel, weil der Rat im übergeordneten religionspolitischen Interesse nicht zu scharfen Maßnahmen bereit war[51]).

An den Pfarrkirchen büßten die Vikare durch Todesfälle nach und nach ihre Stellen ein, die für die Besoldung der evangelischen Prediger herangezogen wurden; doch es gab immerhin um 1556 an St. Marien und St. Petri noch je zwei der alten Vikare, allerdings ohne die Möglichkeit, dort zu amtieren. Allmählich verloren sie ihren Rückhalt in der

Bevölkerung, wo die Zahl der Katholiken stetig abnahm (für 1575 ist nur mehr eine katholische Frau in der Stadt bezeugt)[52]). Auch die Mönche und Nonnen des von der Säkularisation bedrohten Klosters Marienwohlde in Lauenburg, die sich 1534 nach der Zerstörung des Klosters hierher zurückgezogen hatten, verließen nach 1558 Lübeck[53]).

In dem Landgebiet, über das das Kapitel verfügen konnte, war es bemüht, den öffentlichen katholischen Gottesdienst aufrechtzuerhalten. Daraus ergaben sich Reibereien mit der evangelischen Bevölkerung. Im Blick auf das Kapitelsdorf Genin, über das der Rat die Kirchenhoheit beanspruchte, kam es immer wieder zu heftigen Auseinandersetzungen. Der Prediger Hinrich Brokes wurde 1542 auf Drängen des Rates wegen beharrlichen Festhaltens am Katholizismus aus seinem Amt entfernt; aber die Messen wurden weiterhin dort gehalten, was den Rat 1545 zu dem spektakulären Eingriff veranlaßte, die Geniner Kirche gewaltsam vorübergehend zu schließen. Das Kapitel widerstand dem mit Hilfe des Bischofs und des dänischen Königs, der den Schutz seiner Güter garantierte. Gab es zwischenzeitlich evangelische Prediger wie den namentlich bekannten Jochim Blöker (bis 1553), so konnte das Kapitel noch 1556 dort einen Mönch als Pfarrer einsetzen[54]).

Ein Hort der alten Ordnung blieb neben dem Kapitel zunächst das Johanniskloster, das sich mit seiner tatkräftigen Äbtissin Adelheid Brömse, der Schwester des Bürgermeisters, 1531 dem kaiserlichen Schutz unterstellte und seitdem den Anspruch erhob, ein reichsunmittelbarer Stand zu sein. Bis zu ihrem Tode 1538 verteidigte Adelheid Brömse die katholische Kirchenordnung im Kloster, doch unter ihrer Nachfolgerin Christina von Kempen öffnete sich der Konvent, der ja mit den vornehmen Familien der Stadt verbunden blieb, allmählich dem Luthertum.

Wegen seines ungeklärten reichsrechtlichen Status blieb das Kloster in der Folgezeit von der Säkularisation verschont, und der Rat zog es nach dem Religionsfrieden von 1555 (dazu s. u.) vor, den alten Besitzstand nicht anzutasten, da auch der Kaiser das Kloster als reichsunmittelbar betrachtete. So blieb neben dem Domkapitel eine weitere markante Institution aus katholischer Zeit bis 1803 erhalten, wenngleich sie nun dem bürgerlich-evangelischen Geist angepaßt wurde. Auf Druck des Rats wurde 1569 die evangelische Lehre eingeführt und 1574 nach langen Verhandlungen eine neue Klosterordnung erlassen. Hinfort sollten die 24 Konventualinnenstellen lutherischen Bürgerstöchtern vorbehalten sein, deren monastische Verpflichtungen erheblich reduziert wurden; ein evangelischer Prediger wurde vom Rat bestimmt, und nicht mehr der Konvent, sondern der Rat wählte die Äbtissin; überhaupt gewann die Obrigkeit durch die Regelung, daß die beiden ältesten Bürgermeister nunmehr als Vorsteher des Stifts amtierten, beträchtliche Einwirkungsmöglichkeiten. So war auch hier eine Generation nach der Reformation der Katholizismus überwunden, und das Johanniskloster bot nun ein gutes Beispiel für den konservativen Charakter der „Kirchenverbesserung"[55]).

Schmalkaldischer Krieg und Augsburger Interim (1546–48)

Eine letzte ernsthafte Bedrohung des evangelischen Bekenntnisstandes der Lübecker Kirche ergab sich im Gefolge der gegenreformatorischen Politik Karls V., der nach dem gewonnenen Krieg gegen die Protestanten (dem sogenannten Schmalkaldischen Krieg 1546/47) noch einmal versuchte, mit Gewalt die alte Kirchenordnung im ganzen Reich durchzusetzen.

Karl hatte seit dem gescheiterten Versuch, auf dem Augsburger Reichstag 1530 die Protestanten durch gütliche Vereinbarung zurückzuholen, die gewaltsame Lösung umsichtig von langer Hand vorbereitet, ohne dabei angemessen in Rechnung zu stellen, daß die Zeit gegen ihn arbeitete. Die politische Uneinigkeit der evangelischen Reichsstände und die zunehmende Schwäche des Schmalkaldischen Bundes kamen ihm jedoch zu Hilfe, so daß er 1546 den Krieg eröffnete, die süddeutschen Städte unterwarf und mit dem überraschenden Sieg über das Bundesheer in der Schlacht bei Mühlberg in Sachsen 1547 den sächsischen Kurfürsten und den hessischen Landgrafen ausschaltete. Ganz Norddeutschland zu erobern, war er indessen zu schwach; aber hier hatte er in Herzog Erich von Calenberg sowie in den Bischöfen, voran Erzbischof Christoph von Bremen, tatkräftige Verbündete gefunden, die mit ihrem Heerhaufen nach und nach weite Teile Nordwestdeutschlands besetzten und im Frühjahr 1547 die Stadt Bremen, die eine Schlüsselstellung einnahm, zu erobern versuchten[56]). Doch die noch Aktionsfähigen unter den Schmalkaldenern, die Grafen Albrecht von Mansfeld und Christoph von Oldenburg sowie einige Städte, voran Hamburg, das sich besonders engagierte, kamen Bremen zu Hilfe und besiegten in der Schlacht bei Drakenburg an der Weser 1547 die kaiserlichen Truppen. Lübeck hatte sich, weil nicht mehr dem Bund angehörig, völlig ferngehalten.

Der Kaiser bedrohte mit seinem Heer von Sachsen her Niedersachsen und die Seestädte, und zeitweise mußte auch Lübeck die gewaltsame Rekatholisierung fürchten. Aber Karl gab im Sommer 1547 seinen Plan, die Städte einzeln zu erobern, als zu zeitraubend auf und wandte sich nach Süden. Dadurch war die unmittelbare Kriegsgefahr abgewandt, wenngleich die Bedrohung blieb. Die widersetzlichen Städte, voran Hamburg, suchten daher einen Verständigungsfrieden mit dem Kaiser, wobei Lübeck als Haupt der Hanse sich nun koordinierend einschaltete[57]). Einzeln mußten sie sich dem Kaiser unterwerfen, Hamburg leistete ihm im Juli 1547 fußfällig Abbitte und hohe Strafgelder, Magdeburg blieb in der Reichsacht, Braunschweig unterwarf sich dem zurückgekehrten Herzog Heinrich, den der Schmalkaldische Bund 1542 vertrieben hatte.

In dieser Situation hielt Karl V. den Reichstag in Augsburg ab, auf welchem er den protestantischen Ständen seine Friedensbedingungen diktieren konnte. Sein Programm, aus kaiserlicher Hoheit allgemein einen Reformkatholizismus durchzusetzen, scheiterte zwar am Widerstand des Papstes und der katholischen Reichsstände, aber die besiegten Protestanten konnte er dazu zwingen. Ihnen wurde die „Erklärung, wie es der Religion halben im heiligen Reich bis zu Austrag des gemeinen Concilii gehalten werden soll" aufgenötigt, das sog. Augsburger Interim, das den Evangelischen in der Lehre einige Zugeständnisse machte, sie aber in der Kirchenordnung mit Ausnahme des Zugeständnisses von Laienkelch und Priesterehe zur katholischen Praxis und zur bischöflichen Jurisdiktion zurückführen sollte[58]). Das betraf auch Lübeck, dessen Gesandter das im Juni 1548 verabschiedete Interim in Augsburg akzeptierte, ohne indessen vom Rat dahingehend bevollmächtigt zu sein, weswegen dieser später sich an die Entscheidung nicht gebunden fühlte[59]). Doch die Situation wurde kritisch.

Der Kampf gegen das Interim

Nun mußte sich zeigen, ob der Lübecker Rat voll zur bisherigen Entscheidung für die Reformation stand. Mit den Bürgermeistern Brömse und Gercken waren 1543/44 zwei der hartnäckigsten Anhänger des Katholizismus gestorben, aber noch war der Rat keineswegs in seiner Gesamtheit eindeutig evangelisch. Er lud die Städte des niedersächsisch-wendischen Hansequartiers zur Beratung über die Annahme des Reichstagsabschiedes für den 1. August 1548 nach Mölln ein. Viele Städte hatten zuvor ihre Bereitschaft erklärt, das Interim abzulehnen, aber als es jetzt um die gemeinsame Aktion ging, war eine Einigung nicht zu erzielen. Den Vorschlag, die Geistlichen mit einem Gutachten zu beauftragen, um dann weiterzusehen, unterstützten außer Lübeck nur Lüneburg und Hamburg, die anderen Städte hielten sich aus unterschiedlichen Gründen zurück[60]). Gegen die kaiserliche Taktik, die Städte einzeln zu bearbeiten, konnte ein Zusammenstehen am ehesten helfen.

Da Lübecks Superintendent Hermann Bonnus im Februar 1548 gestorben war, lag die theologische Führung bei dem Hamburger Johannes Äpin. Er plädierte von vornherein für die Ablehnung des Interims und suchte Unterstützung für diese Haltung nicht nur beim Hamburger Rat, sondern auch bei den Hansestädten und bei dem dänischen König. Von ihm stammte die Anregung zu dem Hansetag, er wollte die seit Einführung der Reformation bewährte Allianz zwischen evangelischer Geistlichkeit und politischer Obrigkeit in dieser Stunde der Gefahr nicht preisgeben, während Melanchthon, Bugenhagen und die Wittenberger, die mit ihrem neuen Landesherrn Moritz von Sachsen einen Verfechter des Interims bekommen hatten, dazu rieten, die Theologie von der Politik abzukoppeln, um die reine Lehre nicht in den Bereich diplomatischer Kompromisse hineinzuziehen. Diese Auskunft erhielt auch der Petripastor Valentin Curtius, der sich als Sprecher der Lübecker Kirche an Melanchthon gewandt hatte, aber da die Situation der Hansestädte besser als diejenige Sachsens war, suchte man hier nach Wegen, die theologische mit der politischen Verteidigung der evangelischen Sache zu koordinieren[61]).

Im August 1548 trafen sich Vertreter der geistlichen Ministerien Lübecks, Hamburgs und Lüneburgs in Hamburg und verständigten sich auf eine von Äpin entworfene ausführliche Erklärung gegen das Interim, die sogleich in Hamburg gedruckt wurde, um die öffentliche Meinung gegen das Interim zu mobilisieren[62]). Das war in zweifacher Hinsicht ein epochales, die weitere Kirchengeschichte im 16. Jahrhundert bestimmendes Ereignis: In Fortsetzung der Beschlüsse des Konvents von 1535, an welchem allerdings auch andere Hansestädte beteiligt waren, ergab sich nun eine konstruktive Zusammenarbeit der drei benachbarten Kirchen auf theologischem Gebiet, die sich in den protestantischen Lehrstreitigkeiten der folgenden Jahrzehnte bewährt und – da die übrigen Städte des niedersächsisch-wendischen Kreises nicht mitmachten – so etwas wie eine ständige Einrichtung wurde (später mit dem Begriff Ministerium Tripolitanum als kirchliche Vertretung der drei Städte bezeichnet). Und inhaltlich hatte man mit der Erklärung über die Hamburger Beschlüsse von 1535 hinaus eine klare Definition des eigenen Bekenntnisstandes als Grundlage für die weitere Lehrentwicklung. Die kirchen- und theologiepolitische Bedeutung der Erklärung reichte also über die Situation des Jahres 1548 weit hinaus.

Die lutherischen Stellungnahmen gegen das Interim votierten angesichts der Frage, wie ernst die Regelung der Ordnungsfragen zu nehmen wäre, verschieden. Während Melanchthon und die Wittenberger diese für sekundär hielten, wenn nur die evangelische Lehre und Verkündigung unangetastet blieb (was dem ursprünglichen Ansatz der

Reformation entsprach), gaben Männer wie Nikolaus Amsdorff und Matthias Flacius den Ordnungsfragen in dieser Entscheidungssituation den Rang von Bekenntnisfragen. Folgerichtig lehnten diese dann die von Melanchthon entworfene Form eines evangelisch modifizierten Interims (das sogenannte Leipziger Interim vom Dezember 1548) scharf ab.

Die Erklärung der Hansestädte lag auf derselben Linie, war aber durchaus bemüht, Verständnis für die reformkatholische Position des Interims aufzubringen. Sie bot in Antithese zu diesem eine vollständige Darlegung der evangelischen Lehre, fungierte somit als Bekenntnisschrift der drei Ministerien. Der Gegensatz zur katholischen Rechtfertigungs- und Meßopferlehre und das reformatorische Schriftprinzip wurden klar herausgestellt, auch in der Sakramentenlehre die Positionen als unvereinbar erwiesen und die Rückkehr unter die päpstliche Jurisdiktion sowie die Wiedereinführung katholischer Zeremonien strikt abgelehnt. Gerade hier konnte man aus volkspädagogischen Gründen keinerlei Konzessionen machen, weil die Kirchenordnung ja vom evangelischen Glauben her geprägt war und für den gemeinen Mann das Proprium der Reformation sinnfällig demonstrierte. Die Kirchenspaltung war 1548 so weit verfestigt, daß eine Verständigung in der Lehre ganz unmöglich war. Zu diesem Ergebnis kam die Erklärung.

Die Obrigkeiten der drei Städte waren über eine derart klare Ablehnung des Interims keineswegs glücklich. Sie ließen die Sache deshalb zunächst unerledigt. Hamburg blieb gegenüber dem Kaiser wegen der Kriegsbeteiligung in einer prekären Lage und versuchte, ihn durch eine halbe Zusage, das Interim später schrittweise einzuführen, zu beschwichtigen. Lüneburg rückte von der Erklärung ab, indem es dem Kaiser ein kurzes, nichtssagendes Bekenntnis einreichte, welches die strittigen Fragen ignorierte. Der Lübecker Rat zögerte mit seiner Entscheidung und ließ eine kaiserliche Mahnung, das Interim zu akzeptieren und polemische Schriften gegen dieses nicht zu dulden, unbeantwortet. Nach längerer Auseinandersetzung beschloß er schließlich am 31. Dezember 1548 unter Berufung auf die theologische Erklärung mit der knappen Mehrheit von zehn gegen sieben Stimmen die Ablehnung des Interims[63]). Damit war eine wichtige Klärung für die künftige Religionspolitik gegeben, und der Rat widerstand im folgenden Jahr und 1550 verschiedenen Aufforderungen des Kaisers, das Kirchenwesen gemäß dem Interim umzuorganisieren, mit dem Hinweis, dieses wäre durch das Drei-Städte-Bekenntnis widerlegt; er wollte dem Kaiser in weltlichen Dingen gern gehorsam sein, im geistlichen Bereich aber hätte er nichts vorzuschreiben; ja, selbst dem üblichen Vorbehalt, der evangelische Bekenntnisstand sollte vorerst bis zu einem allgemeinen, freien Konzil gelten, mochte der Rat nicht mehr zustimmen[64]).

Lübeck verständigte sich im Laufe des Jahres 1549 mit Hamburg, Bremen und Magdeburg auf diese Widerstandspolitik und suchte auf einem Tag der niedersächsischen und Seestädte im August, der in Lübeck stattfand, eine Kooperation mit den Fürsten, so daß der päpstliche Nuntius Bertano nach Rom berichtete, er sähe keine Chancen für die Durchsetzung des Interims[65]).

Endgültige Sicherung der Reformation 1552—55

Trotz des religionspolitischen Widerstandes zeigte sich der Rat nicht bereit, bei der militärischen Opposition gegen den Kaiser, die vor allem Moritz von Sachsen organisierte, mitzumachen. Dieser bemühte sich 1551/52 für seinen Kampf gegen die autokratischen Tendenzen Karls V. vergeblich um Truppenkontingente der Hansestädte unter Hinweis auf die in der Religionsfrage drohende Gefahr. Doch Lübeck befürchtete, auf diese Weise in den französisch-holländischen Seekrieg einbezogen zu werden, da Frankreich sich mit Moritz verbündet hatte, und begnügte sich mit der Verständigung der Städte untereinander[66]). So schlug denn Moritz mit der Streitmacht, die er im Auftrage des Kaisers für die Vollstreckung der Reichsacht an der Stadt Magdeburg gesammelt hatte, im Frühjahr 1552 los, eroberte im Handstreich das ungeschützte Süddeutschland und verjagte den völlig überraschten Kaiser aus Innsbruck.

Die protestantische Partei hatte mit einem Schlage die Bedrohung durch das Interim überwunden, und nun mochte auch Lübeck, nachdem Graf Volrad von Mansfeld im Bistum Ratzeburg eingefallen war und die Stadt bedrohte, zusammen mit Hamburg und Bremen die Fürstenopposition finanziell unterstützen. Dies beschloß der Rat, obwohl der Kaiser ihn noch im April vom Bündnis mit Sachsen abzuhalten versuchte und obwohl nach Auskunft des Mansfelders einige Ratsherren immer noch „Papisten" waren. Ein Städtetag in Lübeck (mit Beteiligung Lübecks, Hamburgs, Lüneburgs und Bremens) bekräftigte den Beschluß, bei der „wahren christlichen religion inhalts der A(ugsburgischen) C(onfession) und libertet des vaterlands ze bleiben"[67]).

Es folgten Verhandlungen mit der kaiserlichen Partei unter Karls V. Bruder Ferdinand über die bislang ungelösten Religionsfragen, und hier brachte der Passauer Vertrag vom 2. August 1552 die große Wende, weil er den endgültigen Frieden vorbereitete. Lübeck trat dem Vertrag gerne bei, weil es dadurch nur Vorteile errang[68]). Der nächste Reichstag, der die endgültige rechtliche Regelung bringen sollte, konnte wegen des Krieges, den Karl mit Frankreich führte, erst 1555 in Augsburg zusammentreten. Er brachte mit dem lange ersehnten Religionsfrieden die endgültige Konsolidierung der Reformation auch für Lübeck.

Bei der Beratung über den wichtigsten Grundsatz des Religionsfriedens, das ius reformandi der Landesherren (d. h. die Regelung, daß der Landesherr über die Konfession der Untertanen entscheiden sollte), wurde über eine Sonderstellung der nicht reichsfreien Hansestädte noch ausdrücklich diskutiert, obwohl Lübeck ebensowenig wie die wichtigsten norddeutschen Städte auf dem Reichstag vertreten war. Die evangelischen Fürsten wollten mit Rücksicht auf die westdeutschen katholischen Territorien dieser Städtegruppe einen besonderen Rechtsstatus zuerkennen, der den Schutz des evangelischen Bekenntnisses einer Stadt auch gegenüber katholischen Landesherren verbürgt hätte. Doch dies wurde teils abgelehnt, teils als überflüssig angesehen, weil viele Hansestädte entweder als Reichsstädte oder durch besondere Verträge dem Zugriff der Landesherren entzogen waren. So entfiel eine Sonderregelung für die Hansestädte[69]). Der Artikel über die Reichsstädte sah zwar eine Parität bzw. Koexistenz der „alten Religion" und „der Augsburgischen Confession Verwandten Religion" vor, aber das war auf die süddeutschen Verhältnisse zugeschnitten und in Lübeck, wo es kaum noch Katholiken gab, nicht praktikabel[70]).

Durch den Augsburger Religionsfrieden von 1555 war das obrigkeitliche Kirchenregiment des Lübecker Rats auch reichsrechtlich abgesichert. Denn die bischöfliche Jurisdiktion, die schon mit dem Passauer Vertrag suspendiert war, galt nun nicht mehr in den evangelischen Territorien — bis zur endlichen „Religionsvergleichung", die zu beschwören man immer noch nicht aufgab. Dies war ja der wichtigste Grund für Lübecks Widerstand gegen das Interim gewesen. Denn der Rat hatte mittlerweile erfahren, welch beträchtlicher innerer Machtzuwachs mit der unmittelbaren Herrschaft über die Kirche verbunden war. Neben der endgültigen Abkehr von der alten Kirchenordnung und der Klärung des evangelischen Bekenntnisstandes ist deshalb das Kirchenregiment des Rates das dritte geschichtsträchtige Resultat der Entwicklung zwischen 1535 und 1555.

36. Stadtansicht von Osten. Holzschnitt von Elias Diebel 1552

37. Stadtansicht von Osten. Ausschnitt aus dem Gemälde von Johann Willinges 1596: St. Marien, St. Katharinen, St. Jakobi, Heiligen-Geist-Hospital, Burgkirche, Burgtor, Gertrudenkapelle

38. Ausschnitt aus der Stadtansicht von Elias Diebel 1552: St. Ägidien, Hüxtertor, St. Petri, Rathaus

39. Ausschnitt aus der Stadtansicht von Elias Diebel 1552: Rathaus, St. Marien

40. Bürgermeister Nikolaus Brömse (gest. 1543)

41. Bürgermeister Jürgen Wullenwever (gest. 1537)

42. Johannes Bugenhagen (1485–1558)

43. Hermann Bonnus (1504–1548), erster Superintendent

44. Peter Friemersheim (gest. 1574), erster evangelischer Pastor an St. Jakobi

45. Epitaph von Johannes Walhoff (gest. 1543), erstem evangelischen Pastor an St. Marien

46. Bischof Eberhard von Holle (1522–1586), der Reformator des Hochstifts

47. Titelblatt der Lübecker Kirchenordnung 1531

48. Titelblatt der niederdeutschen Bibel 1533/34. Holzschnitt von Erhart Altdorfer

49. Epitaph des Hinrich Gerdes aus der Katharinenkirche von Hans Kemmer 1544

12. Kapitel
Lehrstreitigkeiten um das evangelische Bekenntnis nach 1548

War schon die Einführung der Reformation kein isoliert lokales Ereignis gewesen, so wurde Lübeck durch die religionspolitische Entwicklung im Reich als evangelische Stadt in die Auseinandersetzungen der Protestanten – sowohl in diejenigen mit dem Kaiser als auch diejenigen untereinander – einbezogen. Waren Lübecks Außenbeziehungen im norddeutschen Raum bislang durch die handelspolitischen Interessen geprägt, so bekamen sie daneben jetzt neue Inhalte durch die umstrittenen religiösen Fragen. So brachte die Reformation ein neues Element in die Lübecker Kirchenpolitik. Kirchengeschichte war im 16. Jahrhundert in einem Maße in die allgemeine Geschichte der Stadt integriert wie kaum zuvor oder später.

Lübecks theologiepolitische Führerrolle im Luthertum

Für mehrere Jahrzehnte wurde die Religionsfrage zu einem wichtigen Thema nicht nur der Innen-, sondern auch der Außenpolitik, und die hervorragende Stellung der Stadt in der Hanse führte dazu, daß sie gegenüber den norddeutschen Städten und Fürsten auch eine führende Funktion in der Religionsfrage bekam. War die Lübecker Kirche vordem hinsichtlich ihrer theologischen und kirchlichen Potenz regional oder überregional nur von marginaler Bedeutung, so änderte sich das, weil jetzt die Theologen gewissermaßen an der Rolle der Politiker partizipierten, aber auch deswegen, weil die konfessionelle Absonderung von der alten Kirche bei den Evangelischen auf Reichsebene ein neues Zusammengehörigkeitsgefühl und Kommunikationsbedürfnis produziert hatte. Die neue theologiepolitische Führungsrolle deutete sich erstmals 1535 mit dem Kampf gegen die Wiedertäufer an; in den Auseinandersetzungen um das Interim lag sie dann klar zutage.

Lübeck, ansonsten in der deutschen Kirchengeschichte ganz am Rande gelegen, gewann in den Jahren 1548–1580 eine nicht unbeträchtliche Bedeutung für die Kirchengeschichte des Protestantismus. Das Bistum war bis dahin deswegen relativ unbedeutend im allgemeinen kirchenpolitischen Geschehen gewesen, weil es keine kraftvollen gesamtkirchlichen oder theologischen Führergestalten hatte und als geistliches Territorium viel zu unbedeutend war, um überregionale Einflüsse auszuüben. Auch die Stadt hatte sich während des Mittelalters in der Kirchenpolitik nach außen hin zurückgehalten; nun aber trat durch die neue Verbindung von Christen- und Bürgergemeinde, von Stadt- und Kirchenregiment ein Wandel ein. Lübecks führende Stellung als Haupt der Hanse wirkte sich im kirchlichen Bereich aus, weil die dort zu fällenden Entscheidungen unmittelbar politische Relevanz bekamen. Deswegen sind auch die dem heutigen Betrachter reichlich fremden Lehrstreitigkeiten, die zumeist in überregionalem Zusammenhang standen, wichtig und müssen – unter weitgehender Reduktion ihrer theologiegeschichtlichen Komplexität – hier dargestellt werden.

Die innerkirchliche Bedeutung dieser Kämpfe um das Bekenntnis ergibt sich aus dem evangelischen Prinzip, auf welches sich die Lübecker Kirche seit 1530 gründete. Durch die Konzentration auf die Verkündigung des Wortes Gottes als Fundament der Existenz des Christen in der Korrelation von Wort, Glaube und Bekenntnis wurde die theologische Lehre konstitutiv für die Gestaltung des Kirchenwesens, weil sie die reflektierte, situationsbezogene Artikulation jener Korrelation darstellte. Damit bekamen aber auch die Differenzen in der Lehre ein neues Gewicht als heilsbedrohende und gemeinschaftszerstörende Faktoren. Nur so erklärt sich das uns Heutigen so befremdliche Engagement auch der Laien und Politiker an den theologischen Sachproblemen. Denn diese hingen mit dem Zentrum der evangelischen Existenz und auch mit der Abgrenzung gegenüber dem Katholizismus zusammen. Es ging um die religiöse Relevanz der kirchlichen Zeremonien, um die Heilsbedeutung der guten Werke, um das Verständnis der Rechtfertigungslehre, um die Anthropologie, um Kindertaufe und Abendmahl[1]).

Da nach CA 7 die Übereinstimmung in der Lehre das entscheidende Kriterium der Kircheneinheit war, ist es verständlich, daß in einer Zeit, wo die evangelische Kirche immer noch um ihre Konsolidierung kämpfen mußte, theologische Kreativität und Originalität — nachdem man in Luthers Position nun einmal die grundlegende Orientierung gefunden und akzeptiert hatte — stärker eingeschränkt waren, als dies bei einem individualistischen oder institutionalistischen Kirchenbegriff möglich war.

An allen jener Lehrstreitigkeiten war Lübeck mehr oder weniger beteiligt, zumal auch innerstädtische Kontroversen erwuchsen, die im Zusammenhang mit der allgemeinen Thematik standen. Die Beteiligung ergab sich allerdings aus der politischen Vorrangstellung der Stadt, nicht aus der Qualität der hier wirkenden Theologen. Diese war insgesamt mittelmäßig, so daß der Braunschweiger Andreas Pouchenius, welcher seit 1574 als Lübecks Superintendent endlich auch auf theologischem Gebiet neues Profil brachte, im Jahre 1571 bissig urteilen konnte, hier wäre unter den Klerikern der Einäugige König[2]).

Außer Bonnus, der 1548 gestorben war, gab es keinen qualifizierten Theologen. Der in Lübeck seit 1547 ansässige Humanist Johannes Draconites fand hier „großes Schweigen in der theologischen Schule" und konnte in den folgenden Jahren durch seine Vorlesungen über die Propheten und durch seine Publikationen das Vakuum wenigstens etwas ausfüllen, bis er schließlich 1551 die Stadt verließ, um in Rostock eine Professur zu übernehmen[3]). Vergeblich bemühte sich der Rat viele Jahre lang, als Bonnus' Nachfolger namhafte auswärtige Theologen für das Superintendentenamt zu gewinnen (so z. B. Johannes Aurifaber, Friedrich Staphylus und Joachim Mörlin), bis er schließlich 1553 einen eigenen Mann nahm, den Petripastor Valentin Curtius (1493–1567), einen Reformator der ersten Stunde, der nicht als Theoretiker, wohl aber als theologisch-gebildeter Praktiker sich durchaus Meriten in den mancherlei Streitigkeiten erwarb[4]).

Die grundsätzliche Bedeutung des Adiaphoristischen Streits

Der Ansatz für die Polarisierung innerhalb des norddeutschen Luthertums zwischen Vertretern der reinen Lehre Luthers (den Gnesiolutheranern) und Anhängern der humanistisch gemilderten Position Melanchthons (den Philippisten), die die Theologiegeschichte bis zum Jahre 1580 nachhaltig prägte, lag in der divergenten Haltung gegenüber der vom Augsburger Interim angestrebten Rekatholisierung. Während die

Hansestädte ebenso wie die Theologen in den welfischen Landen und in Süddeutschland hartnäckigen Widerstand leisteten, fand sich die Wittenberger Fakultät unter Bugenhagens Leitung bereit, für Kursachsen eine von Melanchthon erarbeitete spezielle Fassung, das sog. Leipziger Interim, zu akzeptieren. Hier wurde die Rechtfertigungslehre so interpretiert, daß sie mit dem Reformkatholizismus vereinbar war; außer der bischöflichen Jurisdiktion wurden die Messe, die sieben Sakramente und fast alle Riten und Zeremonien wieder anerkannt.

Damit propagierte Wittenberg eine spezifische Weise der Rekatholisierung, die in manchen Einzelheiten recht naiv wirkte, aber im Prinzip der konservativen Haltung Bugenhagens und Melanchthons entsprach. Sie wollten ja stets die Katholizität der evangelischen Kirche durch möglichste Kontinuität zur alten Tradition in Lehre und Praxis bewahren, und auch die Lübecker Kirchenordnung war von diesem Prinzip her gestaltet. Aber jetzt ging es darum, ob die neue Institution einer vom Evangelium her reformierten Kirche sich durch Angleichung an die katholische Ordnung faktisch selbst preisgeben sollte. Für Melanchthon galt die evangelische Lehre als entscheidend, die kirchliche Praxis hielt er dagegen für mehrdeutig und letztlich belanglos. Diese Position konnten die Gnesiolutheraner, unter ihnen auch Lübeck, nicht teilen.

In dem Streit um bestimmte untergeordnete Fragen der äußerlichen Kirchengestaltung, die für das Seelenheil und die Christenexistenz als belanglos erschienen (sog. Adiaphora) ging es deswegen letztlich um die Identität der lutherischen Kirche. Von daher ist die Heftigkeit dieser und der folgenden Auseinandersetzungen zu verstehen. „Adiaphoristen" oder „Interimisten" wurde zum Sammelbegriff für die innerlutherischen Abweichler, die zusammen mit Papisten und Wiedertäufern das Werk des Antichristen betrieben. Und Lübeck profilierte sich im Widerstand gegen derartige Machinationen als Hort der reinen Lehre Luthers, worin es in den ersten Jahren nach 1548 durchaus einer Minorität innerhalb Norddeutschlands zugehörte. Eines der Ergebnisse der Lehrstreitigkeiten, vorab des Streites um die Adiaphora, ist die Tatsache, daß seit den fünfziger Jahren, im wesentlichen von den Hansestädten ausgehend, diese zunächst kleine Gruppe zur Majorität innerhalb des Luthertums wurde.

Nikolaus Amsdorff, der alte Weggefährte Luthers, 1548 aus seinem Bischofsamt in Naumburg vertrieben, und der begabte Hitzkopf Matthias Flacius, Hebräischprofessor in Wittenberg, der sich aber wie jener nach Magdeburg, in die Hochburg des lutherischen Widerstandes gegen das Interim, zurückgezogen hatte, eröffneten 1549 den Kampf gegen Melanchthon und Bugenhagen[5]. Flacius, fraglos einer der bedeutendsten unter den jüngeren Theologen, profilierte sich schon bald durch eine Fülle von Flugschriften und Voten als der geistige Führer der Gnesiolutheraner, die von den Gegnern als „Flacianer" herabgesetzt wurden. Flacius' Differenzierung zwischen wahren und falschen Adiaphora wurde wegweisend, hier insbesondere seine Behauptung, daß im Falle, wo das Bekenntnis auf dem Spiel stünde, keine Äußerlichkeit mehr gleichgültig wäre, weil es dann nicht um die bloße Form, sondern um deren Beziehung zur evangelischen Grundlehre ginge. Insbesondere stand die volkspädagogisch wichtige Symbolfunktion der gottesdienstlichen Riten zur Diskussion.

Die Hamburger Geistlichkeit unter Führung Äpins trat Amsdorff und Flacius mit einem Votum zur Seite, und auch das Lübecker Ministerium schrieb 1549 an das Magdeburger in dieser Sache, so daß sich die in der Ablehnung des Interims angebahnte Koalition hier bewährte[6]). Der Streit nahm heftige Formen an, weil die Wittenberger als Verräter der evangelischen Sache erschienen; er hielt auch nach 1552 an, als das Interim durch den Passauer Vertrag gegenstandslos geworden war. Melanchthons Autorität war grundlegend erschüttert, zumal er auch in den weiteren Kontroversen seinen Abstand zur Lehre Luthers offenbarte. So verband sich der adiaphoristische Streit mit den Grundsatzfragen. 1555 formulierte Lübecks Ministerium zusammen mit den Ministerien von Hamburg, Lüneburg, Braunschweig, Rostock und Bremen ein scharfes Votum gegen die Ketzerei der „adiaphoristischen Sekte"[7]). Die Interimisten wurden hier zusammen mit den Papisten, Sakramentierern und Täufern als Feinde der wahren Kirche denunziert, die Spaltung der evangelischen Kirche schien unheilbar.

Die Heilsbedeutung der guten Werke. Streit um Lorenz Mörsken 1550/51.

Mit dem Gegenstand des späteren Majoristischen Streits, der religiösen Bedeutung der Ethik, wurde Lübeck im innerstädtischen Bereich gleichsam vorab und unmittelbar befaßt, weil einer ihrer Geistlichen, der Burgprediger Lorenz Mörsken durch seine Verkündigung Anlaß zu Kontroversen bot[8]). Dieser, im niederrheinischen Moers gebürtig, ein ehemaliger Mönch, schon etwas betagt, war 1549 durch Vermittlung seines Landsmannes Peter von Friemersheim nach Lübeck gekommen und hatte hier als für die städtischen Spitäler zuständiger Prediger eine Anstellung bekommen. Er hatte in Wittenberg studiert, u. a. auch bei Georg Major, und war, in melanchthonischem Geist erzogen, ein relativ gebildeter Theologe und begabter Kanzelredner. Mit diesen Eigenschaften konnte er in der theologisch nur mittelmäßig versorgten Stadt sogleich einen beachtlichen Anhang gewinnen, hauptsächlich in den höheren Ständen, auch unter den Ratsherren[9]). Der reiche Bergenfahrer Hans Lestemann protegierte ihn, andere Notabeln – z. B. der Ratssyndikus Johannes Rudel – öffneten ihm ihre Häuser. Das hatte zur Folge, daß seine Amtsbrüder, die ihn wegen seines gewandten Auftretens argwöhnisch beobachteten und ihm seine Erfolge neideten, ihm dogmatisch am Zeuge zu flicken suchten.

Einen Punkt stellte Mörsken in seinen Predigten besonders heraus, der eine neuralgische Stelle der neuen evangelischen Position berührte und auf Verständnis in der Gemeinde stieß. Er warnte vor einem unbedachten, durch eine verkürzt dargestellte lutherische Lehre ermöglichten Heilsoptimismus, so als wäre es möglich, vor Gott das Heil durch einen bloßen Glauben, durch eine verbal-intellektualistische Zustimmung zum Evangelium von der Erlösung durch Christus zu erlangen, ohne seinen Existenzwandel durch ein konkretes neues Leben, die „Früchte" des Glaubens zu dokumentieren. Drastisch stellte er seinen Hörern im Hospital vor Augen, daß im Jüngsten Gericht nach ihrer tatsächlich praktizierten Gottes- und Nächstenliebe gefragt werden würde und sie sich deswegen ihr Gewissen nicht so beruhigen könnten, es käme nur auf einen festen Glauben an, „ob wir schon hier in diesem gesunden Leben uns nicht bessern". „Wahr ist es, daß ich nicht einmal, sondern vielmal gesagt habe, es mag kein Glaube vor Gott in der Stunde des Todes und am jüngsten Gericht bestehen als ein seligmachender Glaube, so nicht durch die Liebe tätig"[10]).

Es ging also Mörsken wie vielen anderen um das seelsorgerlich-pädagogische Problem, die bedenklichen Folgen einer falsch verstandenen evangelischen Rechtfertigungslehre, welche in einem ethischen Quietismus kulminierten, zu bekämpfen.

Verständlicherweise fand er gerade bei denjenigen Bürgern Anhang, die dem alten Glauben mit seiner scharfen Akzentuierung der guten Werke noch stärker zuneigten. Mörsken beging nun die Unvorsichtigkeit, an diesem empfindlichen kontroverstheologischen Punkt den Gegensatz gegen eine vulgärlutherische Position zu scharf herauszustellen, obwohl er sich über das Spezifikum des evangelischen Glaubensverständnisses durchaus im klaren war. Und er fand Formulierungen, die gut reformkatholisch klangen und bei den strengen Lutheranern das Mißverständnis provozieren mußten, als rechtfertige für ihn nicht der Glaube, sondern die Liebe des Menschen: „Denn so Christus dem Herzen der Gläubigen eingelebet ist und die Gemeinschaft Christi durch den Glauben an ihn angefangen hat, so hat er auch gewiß den Geist Christi, das ist, den heiligen Geist. Und so da den Geist Christi haben, so werden sie auch die Kraft des Geistes dartun, welche ist die Liebe Gottes und die Liebe der Menschen"[11]). In einer Zeit, wo die Stadt sich des vom Augsburger Interim propagierten Reformkatholizismus zu erwehren hatte, war es verständlich, wenn die anderen Prediger auf jede vermeintlich katholisierende Lehre von den guten Werken allergisch reagierten. Der auf der Durchreise befindliche hessische Reformator Erasmus Alber, ein wackerer Streiter gegen das Interim, polemisierte in dieser Hinsicht heftig gegen Mörsken.

Mörsken stellte seine Grundintention auch in der Abendmahlsverkündigung heraus und brachte sich damit in den Verdacht, ein zwinglianischer Sakramentierer zu sein: Die bloße Teilnahme am Sakrament bewirke keine Sündenvergebung, das Abendmahl sei primär eine Feier der wahren, erlösten Christen. Widerspruch erregte er durch seine Praxis, das in der Kirchenordnung vorgeschriebene spezielle Beichtverhör als Zulassungsvoraussetzung zum Abendmahl durch eine Generalabsolution zu ersetzen.

Mörsken bot somit wohl Anlaß zu Mißverständnissen, aber nicht zum Verdacht auf Irrlehre. Diesen schürten die anderen Geistlichen, die systematisch seine Predigten abhörten, weil ihnen seine populäre Amtsführung und der Zulauf, den er überall fand, aber auch seine etwas großsprecherische Art mißfiel, welche den Eindruck erzeugte, er allein verkündete die reine Wahrheit, während die übrigen kleine Geister mit theologischen Defiziten wären. Die im Verlauf des Jahres 1550 immer heftiger werdende Kanzelpolemik veranlaßte den Rat, eine Kommission von Ratsherren und angesehenen Theologen Niedersachsens zu berufen (u. a. die Superintendenten von Hamburg und Lüneburg, Johann Äpin und Friedrich Henninges, ferner Johann Aurifaber aus Rostock; auch der in Lübeck weilende Johannes Draconites wurde als Experte hinzugezogen).

Die Kommission prüfte die Streitsache und handelte — nachdem Mörsken eine gut fundierte Rechtfertigung seiner Position eingereicht hatte — am 20. Februar 1551 einen Rezeß zwischen ihm und den Predigern aus, der beide Seiten zum Frieden verpflichtete, weil ernsthafte dogmatische Differenzen nicht vorlägen. In der Frage der Heilsbedeutung der guten Werke einigte man sich. Bedeutsam im Blick auf die weitere Bekenntnisentwicklung war, daß man als Lehrnorm neben der Augsburgischen Konfession und der Apologie (so schon 1535 auf dem Hamburger Konvent) auch das Drei-Städte-Bekenntnis von 1548 gegen das Interim benannte[12]). Der beträchtliche Aufwand des Schlichtungsverfahrens bekundete die Bedeutung, die die Obrigkeit dem Streit beimaß. Es war der erste tiefgehende Dissensus innerhalb der evangelischen Geistlichkeit, und Fragen der Lehre hatten nun einmal seit der Reformation eine öffentliche Relevanz.

Von einer Amtsenthebung Mörskens konnte keine Rede sein (hier berichten die Chronisten wie z. B. Starck unzutreffend), aber der Rat war auch nicht geneigt, sich dem Mann, der so viel Unruhe erregt hatte, sonderlich gewogen zu zeigen. Als Mörsken im Frühjahr 1551 um eine bessere Besoldung und um eine Entlastung in seinem Amt für den Krankenbesuchsdienst bat, verweigerte der Rat ihm dies, und deswegen wird er (die Quellen lassen uns hier im Stich) Lübeck verlassen haben[13]). Seine Anhänger gaben noch eine zeitlang keine Ruhe, da das Problem der guten Werke, das zwar theologisch, nicht aber praktisch-existentiell gelöst war, nach wie vor die Gemüter bewegte.

Der Majoristische Streit um die guten Werke 1553

Der Streit um Laurentius Mörsken war ein rein lokales Ereignis, aber er hing thematisch mit dem Majoristischen Streit zusammen, der seit 1552 die evangelische Kirche erschütterte[14]). Auch hier ging es implizit wieder um die Abwehr einer tendenziellen Rekatholisierung. Deswegen kam die 1550/51 hier andiskutierte Problematik in der Folgezeit nicht zur Erledigung, und man versteht, warum die in dieser Frage vorab sensibilisierte Lübecker Geistlichkeit sich hier besonders engagierte.

Der Streit erwuchs 1551 aus der Polemik Amsdorffs gegen Bugenhagens und Majors konziliante Haltung gegenüber dem Interim: Sie hätten die Lehre von der Rechtfertigung allein durch Glauben preisgegeben, stattdessen dem christlichen Lebenswandel eine notwendige Heilsbedeutung zugeschrieben, damit aber die katholische „Werkerei" befürwortet. („Daß D. Pommer und D. Major Ärgernis und Verwirrung angericht", Magdeburg 1551). Georg Major, seit 1545 als Wittenberger Theologieprofessor Kollege von Bugenhagen und Melanchthon, wehrte sich in einer Schrift von 1552 gegen eine derartige Verunglimpfung durch eine differenzierte Darlegung seiner lutherischen Rechtfertigungslehre, in welcher er allerdings betonte, „daß gute Werke zur Seligkeit nötig sind . . . , daß niemand durch böse Werke selig werde, und daß auch niemand ohne gute Werke selig werde".

Es ging hier um das Grundproblem der lutherischen Reformation, ob der Mensch durch seine moralische Aktivität das Heil, das Ziel des Lebens vor Gott, erreichen bzw. zum Gelingen des Lebens beitragen könnte oder ob über seine Stellung vor Gott ausschließlich die Beurteilung seiner Person, nicht seiner Werke, durch Gott selber entscheidet: Muß sich der Mensch letztlich durch Leistung rechtfertigen oder ist er gerechtfertigt, wenn er sich von Gott angenommen weiß und auf der Basis dieses Grundvertrauens sein Leben führt? Es hängt mit der in der bedrohlichen Situation des Interims (1548–52) verstärkten Neigung der Theologen, die Wahrheit in Gegensätzen, nicht in Konvergenzen der verschiedenen nuancierten Positionen zu denken, zusammen, wenn der Streit um Majors Äußerung von 1552 die Polarisierungen im evangelischen Lager zwischen Gnesiolutheranern und Philippisten verschärfte, zu keinem produktiven Ergebnis führte und erst mit Majors Tod 1574 bzw. mit der Stellungnahme der Konkordienformel (FC Art. 4) im Jahre 1577 zu einem Abschluß kam.

Lübecks Ministerium hatte mit seiner Denkschrift zum Interim in dieser Frage bereits den gnesiolutherischen Standpunkt vertreten. In den Streit schaltete es sich 1553 mit seiner Reaktion auf das Votum der Magdeburger Geistlichkeit gegen Major, welches von Matthias Flacius und Nikolaus Gallus verfaßt war, ein. Diese suchten aufgrund der guten Kooperation im Kampf gegen das Interim und gegen die „Adiaphoristen" erneut die Unterstützung des Ministerium Tripolitanum, um die lutherische Position zu stärken. Der Hamburger Superintendent Äpinus fertigte im März eine ausführliche Stellungnahme an, der die Lübecker und Lüneburger beitraten[15]). Zugleich bekräftigte das Lübecker Ministerium in einem von sämtlichen Geistlichen unterzeichneten Schreiben vom 7. April 1553 seine Ablehnung des Majorismus, indem es die Bedrohung der Fundamente evangelischer Lehre mit kräftigen Worten beschwor und auf die eigenen Erfahrungen im Streit mit Mörsken verwies: Major betreibe nur das Geschäft der Papisten, wenn er die Lehre von der Rechtfertigung allein durch Glauben destruiere[16]). Für die Rechtfertigung vor Gott sollten die Werke nicht gelten, wohl aber als „Früchte" der Neuwerdung im Glauben folgen. Heilsentscheidend war demnach nur das in Christi Erlösungswerk gegründete Grundvertrauen; die Wichtigkeit eines christlichen moralischen Lebens wurde nicht geleugnet, doch sie sollte entgegen Majors Auffassung nicht über die ewige Seligkeit entscheiden.

Die Magdeburger publizierten noch im selben Jahr die verschiedenen Voten der vier Ministerien und brachten damit die gnesiolutherische Allianz der norddeutschen Städte gegen das philippistische Kursachsen zur Geltung[17]). Im Fortgang der Streitigkeiten kam es in der Sache zu keiner weiteren Klärung; der verständigungsbereite Major korrigierte seine früheren mißverständlichen Äußerungen, doch er blieb für die Gnesiolutheraner fortan diskreditiert. Auch die Lübecker führten in den mancherlei Listen von Irrlehren der folgenden Jahre, die − fortlaufend neue Namen enthaltend − der Abgrenzung und Identitätsfixierung dienten, den Majorismus mit auf. Noch 1561 hielten sie es für aktuell, erneut eine Stellungnahme gegen Major zu veröffentlichen[18]).

Der Osiandrische Streit

Aus der durch das Interim erzeugten Kampfsituation ist auch erklärbar, warum die profilierte, neu akzentuierte Rechtfertigungslehre des Andreas Osiander (1498−1552), des verdienstreichen Nürnberger Reformators, der auf der Flucht vor dem Interim aus Süddeutschland Anfang 1549 nach Königsberg kam, dort heftige Kontroversen auslöste, welche sogleich ins Reich hinüberwirkten[19]). Osiander erregte durch seine eigenständige Rechtfertigungslehre, die sich ebenso gegen den melanchthonischen wie gegen den lutherischen Lehrtypus mit dessen forensischem Personalismus, der sich auf die Exzentrizität des Heils in Christus gründete, absetzte, auf allen Seiten nur Widerspruch. Dabei war seine Lehre schon wegen ihrer systematischen Stringenz und ihrer Bibeltreue eine durchaus ernstzunehmende Ergänzung des Spektrums reformatorischer Theologie. Lutheraner jeglicher Schattierung mußten sich aber herausgefordert fühlen, und so nimmt es nicht wunder, daß man − nachdem Herzog Albrecht von Preußen 1551 die evangelischen Fürsten und Städte zu einer Stellungnahme aufgefordert hatte − auch in Lübeck gegen Osiander votierte, obgleich hier dieser Streit nicht dieselbe Beachtung fand wie die anderen Lehrkontroversen jener Zeit.

Melanchthon, der sich alsbald literarisch gegen Osiander engagierte und überall Bundesgenossen suchte, schrieb im März 1551 an seinen Schüler Petrus Vincentius, Lehrer am Lübecker Katharineum, um ihn für seine Position zu gewinnen; ein Jahr später schickte er diesem sein gedrucktes Gutachten gegen Osiander, wohl in der

Hoffnung, auf diesem Wege auch das ihm ansonsten wenig gewogene Lübecker Ministerium zu beeinflussen[20]). Dieses hatte sich schon 1551 ebenso wie die Hamburger Geistlichkeit gegenüber dem ebenfalls nach Königsberg emigrierten Joachim Mörlin, dem dortigen Hauptgegner Osianders, negativ über den Osiandrismus geäußert[21]).

Ansonsten hielt das Ministerium sich vorerst zurück, aber eines seiner Mitglieder, der seit 1548 an St. Marien amtierende Prediger Georg Barth (der spätere Senior, gest. 1595) verfaßte eine für das einfältige Volk bestimmte „korte und gründlike declaration" gegen Osianders Schrift[22]). Dieses Buch scheint als die Lübecker Stellungnahme an Herzog Albrecht gegangen zu sein. Auch der 1552 für einige Zeit in Lübeck weilende hessische Reformator und Liederdichter Erasmus Alber, der nach der Eroberung Magdeburgs hier Zuflucht gefunden hatte, publizierte ein ablehnendes, schroff lutherisches Votum[23]). An dem von Äpinus und Westphal verfaßten Gutachten des Hamburger Ministeriums (1552, gedruckt 1553), dem das Lüneburger beitrat, beteiligte Lübeck sich nicht. Erst 1555 gab es, als der Streit andauerte, eine eigene offizielle Erklärung ab, die aber nicht gedruckt wurde und keine sonderliche Wirkung erzielte[24]).

Abwehrmaßnahmen gegen die Täufer (Mennoniten)

Zur konfessionellen Abgrenzung und Sicherung der kirchlichen Identität gehörte seit 1535 der scharfe Kampf gegen die radikalen, nonkonformistischen und systemverändernden Kräfte unter den Evangelischen (s. S. 220). 1540 hatte der Rat durch ein erneutes Mandat die Maßnahmen gegen heimlich in die Stadt eingesickerte Täufer verstärkt[25]); doch angesichts der relativen Offenheit der Handelsstadt kamen immer wieder die überall Verfolgten, meist auf der Durchreise, hierher. Flüchtlinge aus dem Niederrheinischen hatten sich schon seit 1532 unmittelbar vor der Stadtgrenze, so etwa in Steinrade, Rensefeld und Grönau angesiedelt[26]). Es waren zumeist Handwerker, die von der Bevölkerung ungeachtet der religiösen Abweichungen wegen ihrer Tüchtigkeit geschätzt wurden. Sie versuchten, in der bürgerlichen Welt nach den Maximen Jesu und der Apostel ein entschiedenes Christsein zu leben. Zu ihrer Kritik an der Verweltlichung der normalen Christen kam die Kritik an zentralen Punkten der kirchlichen Lehre, vor allem an dem in Kindertaufe und Abendmahl praktizierten objektiven Sakramentsbegriff. Von daher wird verständlich, warum die lutherische Polemik sie mit den ebenfalls als „Sakramentierern" bekämpften Reformierten (Calvinisten) zusammenfaßte.

Die versprengten Gruppen der nach der Katastrophe des Täuferreichs von Münster in Norddeutschland neu formierten Bewegung hatten in dem Westfriesen Menno Simons als „Bischof der Zerstreuten" ihren geistigen Führer gefunden[27]). Nach ihm benannten sie sich später als Mennoniten, um sich gegenüber dem diskreditierten Täufernamen abzusetzen. Simons hatte sich, seit er aus Friesland vertrieben war überall verfolgt, nach längerem Umherirren in Wismar niedergelassen; von dort kam er 1546 zu einem Religionsgespräch in die Nähe von Lübeck auf eines der täuferischen Anwesen im Landgebiet vor der Stadt und disputierte mit seinen Gegnern innerhalb der neuformierten Täuferbewegung, den Anhängern des David Joris, radikalen Apokalyptikern und Spiritualisten, über deren Kritik an der Trinitätslehre[28]). Das konnte der Öffentlichkeit nicht verborgen bleiben, und so erließ der Rat 1546/47 erneut Mandate, welche die Beherbergung von Wiedertäufern verboten[29]).

Die Wirkung war wie früher nicht groß, schon 1552 fand sich Simons erneut im Lübecker Gebiet zu einer Disputation der Ältesten der Mennoniten ein, diesmal mit dem Antitrinitarier Adam Pastor, der die Gottheit Christi leugnete und deswegen aus der Gemeinde ausgestoßen wurde[30]). Nachdem er 1554 zusammen mit der dort ansässigen Täufergemeinde aus Wismar ausgewiesen worden war, ließ sich Menno Simons im liberalen Holstein auf dem Gut Fresenburg (in Wüstenfeld) bei Oldesloe nieder, von wo aus er weiterhin auch nach Lübeck hinein wirken konnte (bis zu seinem Tod 1561).

Diese verschiedenen Aktionen, die Diskussion um die Aufnahme der calvinistischen Londoner Exulantengemeinde (s. S. 252) und die Vorgänge in Wismar waren der Anlaß dafür, daß Rat und Ministerium 1555 erneut einschritten, diesmal in Kooperation mit den übrigen wendischen Städten, mit denen man schon 1553 gemeinsame Maßnahmen verabredet hatte[31]). Gegen die heimlich eindringenden bösen und aufrührerischen Irrlehrer sollte das Ketzerrecht des Reiches angewandt werden; es sollte genau kontrolliert werden, wer seine Kinder nicht zur Taufe brächte und sich der Teilnahme am Abendmahl enthielte. Die Bürger wurden aufgerufen, bei der Überwachung mitzuhelfen und den Täufern weder Unterkunft noch Arbeit zu gewähren. Doch die damit verbundene Strafandrohung blieb wirkungslos, solange man sie nicht konsequent exekutieren konnte oder wollte.

Der Lübecker Rat war weit entfernt davon, ähnlich rigoros wie andere Landesherren vorzugehen, die solche Untertanen, welche Täufer beherbergten, mit dem Tode bestraften. 1561 auf dem Lüneburger Theologenkonvent (s. S. 263) mußte schon wieder über das leidige Thema beraten werden, 1567 kam ein neues Mandat. 1574/75 beklagte sich schließlich das Ministerium beim Rat, er ließe es an dem nötigen Nachdruck fehlen. Der tat aber nicht mehr, als zum wiederholten Male 1576 Polizeimandate zu publizieren[32]). So gab es auch in den folgenden Jahrzehnten im Untergrund weiterhin zahlreiche Nonkonformisten.

Abwehr der „Sakramentierer" 1554

Die Abendmahlslehre war eine der zentralen Streitfragen der ganzen Reformationszeit. Gehörte die Beseitigung der katholischen Meßopferpraxis zu den Entstehungsfaktoren der Reformation, so konstituierte die Abgrenzung gegen eine spiritualistische Abendmahlslehre das Luthertum als via media zwischen Altgläubigen und Schwärmern. Die Eucharistiefeier im sonntäglichen Gottesdienst bildete zusammen mit der Predigt nach wie vor das Zentrum des religiösen Lebens. Deswegen berührten alle Lehren, welche die reale Gegenwart Christi in den Elementen Brot und Wein bestritten oder problematisierten, die Gemüter nicht nur der Theologen, sondern auch der Laien überaus stark. Das muß man sich vergegenwärtigen, wenn man verstehen will, warum gerade die Abendmahlsfrage in dem hier verhandelten Zeitraum zu harten Polarisierungen und damit zur endgültigen Spaltung zwischen Lutheranern und Reformierten führte.

Wieder war es Melanchthon, der durch die Fortentwicklung der Abendmahlslehre immer stärker das lutherische Prinzip der Realpräsenz in Frage gestellt hatte, der damit in dieser Hinsicht für seine Gegner nicht eine Rekatholisierung, sondern eine Calvinisierung und Sakramentiererei zu fördern schien. Er hatte für seine Lehre, die den Akzent von der Realpräsenz in den Elementen auf die Gegenwart Christi in der ganzen Sakramentsfeier verschob, zunehmend Anhänger gefunden, und Calvins an Luther angenäherte Neuprägung der reformierten Position hatte – zumal seit dem Züricher Konsens von 1549, der für alle Nichtlutheraner eine neue Plattform schuf – auch in Norddeutschland unter den Melanchthonianern viele Anhänger gefunden. Das veranlaßte den Hamburger Pastor Joachim Westphal im Jahre 1552, Alarm zu schlagen, indem er auf die schleichende Aushöhlung der wahren Lehre Luthers hinwies[33]). Er provozierte damit einen heftigen, jahrelangen Streit mit Calvin und den deutschen Philippisten, der dazu führte, daß man allerorten in Norddeutschland Divergenzen in der Abendmahlslehre polemisch austrug.

Die bedenklichen kirchenpolitischen Folgen zeigten sich schon 1553, als die von dem polnischen Humanisten Johann Laski geleitete Londoner Gemeinde der nichtlutherischen evangelischen Exulanten, die zumeist infolge des Interims ihre deutsche Heimat verlassen hatten, nach dem Regierungsantritt der „blutigen" Maria Tudor England mitten im Winter verlassen mußte. Ein großer Teil der Gemeinde unter Führung der reformierten Theologen Martin Micronius und Jan Utenhove wandte sich zunächst nach Dänemark, wurde aber dort von den Lutheranern vertrieben und suchte daraufhin in Rostock, Wismar (wo die Täufergemeinde ihnen helfen wollte) und Lübeck unterzukommen. Eine Gruppe landete am 19. Dezember 1553 in Travemünde und erhielt zunächst Asyl in der Stadt gewährt[34]).

Gegen ihren Antrag, sich in Lübeck niederlassen zu dürfen, entfachten der Superintendent Curtius und die Prediger eine heftige Polemik, die bewirkte, daß der Rat ihnen nur einen kurzen Aufenthalt genehmigte, weil sie als Sakramentierer die öffentliche Ordnung gefährdeten. Immerhin erreichten die inzwischen aus Wismar hierher gekommenen Micronius und Utenhove soviel, daß sie in einer Disputation am 26. Februar 1554 über Christologie und Abendmahlsfrage mit den Predigern Peter Friemersheim, Dionysius Schünemann und Briccius Nordanus ihre Position darlegen und viele der Gegenargumente entkräften konnten. Doch sie erwirkten auch damit nicht das begehrte Dauerasyl[35]). Vielmehr wurden sie jetzt ausgewiesen.

Da auch Hamburg die Exulanten abwies, ging ihre Irrfahrt weiter, wobei sie, aufgelöst in kleinere Gruppen, sich nach Friesland, nach Mittel- und Süddeutschland wandten. Nicht nur bei den Gegnern der Gnesiolutheraner stieß deren unbarmherziges Verhalten auf herbe Kritik. Der schwelende Abendmahlsstreit erfuhr dadurch eine weitere Verhärtung, wobei die in Hamburg jetzt heftig ausgetragene Kontroverse zwischen den Lutheranern um Westphal und den Melanchthonianern um den Superintendenten Paul von Eitzen auch in Lübeck Auswirkungen hatte, wo es allerdings keine derartigen Gegensätze gab[36]).

Friedensbemühungen 1557

Die zumal im Abendmahlsstreit als unheilvoll erwiesene Spaltung des Luthertums gab nun aber jenseits allen Streits auch Veranlassung, nach einer Verständigung zwischen Gnesiolutheranern und Melanchthonianern zu suchen. Einer der ersten wichtigen, von seiten der Hansestädte unternommenen Ansätze dazu ist der Versuch einer Verständigung mit Melanchthon im Jahre 1557. Angeregt von Männern, die das Vertrauen beider Parteien genossen, kam Flacius im Jahre 1556 auf seinen 1553 gescheiterten Plan zurück, von den Wittenbergern die Verdammung des Adiaphorismus, Osiandrismus, Majorismus und Synergismus als Basis einer Verständigung zu verlangen.

Begreiflicherweise sperrte Melanchthon sich dagegen und wollte mit dem streitsüchtigen Flacius nichts zu schaffen haben. Doch dieser konnte die Theologen der Hansestädte für seinen Plan gewinnen. Die Vertreter des Ministerium Tripolitanum (aus Lübeck waren es Valentin Curtius und Dionysius Schünemann) trafen sich am 14. Januar 1557 mit Joachim Mörlin und Martin Chemnitz in Braunschweig und verständigten sich auf von Flacius entworfene Artikel, in welchen sie von Melanchthon eine Zustimmung zur gnesiolutherischen Position in der Frage der guten Werke und der Adiaphora forderten[37]). Zusammen zogen die Niedersachsen darauf nach Wittenberg, wo sie ganz erfolgversprechende Gespräche führten, doch die von Mörlin vermittelte Verständigung zwischen Melanchthon einerseits, den Flacianern andererseits, die in Verhandlungen Ende Januar 1557 in dem Städtchen Koswig auf halbem Wege zwischen Wittenberg und Magdeburg bewerkstelligt werden sollte, scheiterte an der Schroffheit des Flacius, der von Melanchthon einen öffentlichen Widerruf verlangte. Curtius und Schünemann spielten bei alledem nur eine Nebenrolle[38]).

Der Hardenbergsche Abendmahlsstreit 1556—1561

In den Streit um die melanchthonisch-zwinglianische Abendmahlslehre des Bremer Dompredigers Albert Hardenberg, der von diesem mit den lutherischen Geistlichen Bremens seit 1555 geführt wurde und die Stadt heftig erschütterte, wurde auch Lübeck hineingezogen, weil die Kontroverse in ihren theologischen wie in ihren politischen Aspekten ganz Norddeutschland berührte[39]). Hardenberg verwarf die lutherische Ubiquitätslehre und damit die Lehre der Realpräsenz Christi im Abendmahl, lehnte überdies eine Bekenntnisbindung an die Confessio Augustana ab und mußte in alledem seinen Gegnern als Sakramentierer verdächtig sein. Der Bremer Rat bat im Dezember 1556, um den Streit zu schlichten, die Wittenberger Fakultät und die Ministerien der wichtigsten Hansestädte um Gutachten. Während die Wittenberger das von den Bremer Lutheranern 1556 verfaßte, von Hardenberg abgelehnte Abendmahlsbekenntnis kritisierten, unterstützte das Lübecker Gutachten ebenso wie dasjenige der anderen Städte (Anfang 1557) die lutherische Position[40]).

Lübeck sah mit der theologischen Gefahr eines Kryptocalvinismus, die es schon 1554 durch die Maßnahme gegen die Londoner Exulanten bekämpfen wollte, die politische Gefahr, daß Bremen mit der Hinwendung zum Calvinismus aus dem Religionsfrieden herausfallen und sich den Niederländern annähern könnte. Deswegen schaltete es neben dem Ministerium Tripolitanum auch die Hanse ein, die Bremen mit Sanktionen drohte, und bewog den Dänenkönig Christian III. zum Einschreiten. Als dessen Bemühungen, den Bremer Rat zur Entlassung Hardenbergs zu bewegen, fruchtlos blieben (nicht zuletzt deswegen, weil Hardenberg nicht dem Rat, sondern dem Erzbischof und dem Domkapitel unterstand), sperrte er den Bremern auf Anregung der Hanse alte Handelsprivilegien[41]). In ganz Niedersachsen verfestigte sich die feindselige Stimmung gegen das abtrünnige Bremen.

Der Streit schwelte in den folgenden Jahren weiter, bis 1560 der neue Erzbischof Georg die Sache vor dem niedersächsischen Kreistag zur Verhandlung brachte. Es folgten umfangreiche Beratungen, an denen auch Lübeck mit seinen Theologen (V. Curtius, G. Barth, P. Friemersheim) beteiligt war. Sie fanden ihren Abschluß in der Verurteilung Hardenbergs auf dem Kreistag in Braunschweig am 8. Februar 1561, wo Curtius Lübeck vertrat[42]). Damit war es den niedersächsischen Fürstentümern und Städten gelungen, sich auf eine lutherische Position in der Abendmahlsfrage zu verständigen, und das war angesichts der noch offenen theologiepolitischen Entwicklung von erheblicher Tragweite. Zwar mußte nun Hardenberg aus Bremen entfernt werden, doch sein Parteigänger, der Bürgermeister Daniel von Büren, setzte es in der Folgezeit durch, daß Bremen sich seit 1562 endgütig dem Calvinismus zuwandte. Die Hanse versuchte erneut, wirtschaftspolitischen Druck dagegen geltend zu machen, indem sie 1563 Bremen aus dem Bündnis ausschloß[43]). Doch das hatte wenig Nutzeffekt, zeigte aber, welchen Einfluß Lübecks Theologen auf die Politiker und damit auch auf die Hanse hatten.

Lübecker Konsensusformel und Konkordienbuch 1560/61

Die verschiedenen, zumeist von auswärts eingedrungenen Lehrstreitigkeiten führten in Lübeck dazu, die seit 1535 angestellten Überlegungen, durch eine feste Lehrordnung für die Einheit in der Verkündigung zu sorgen, voranzutreiben. Im Unterschied zu den meisten anderen Städten blieb man hier von einer konfessionellen Polarisierung innerhalb der Geistlichkeit verschont, womit eine gute Voraussetzung für eine doktrinäre Normierung, verbunden mit dem Lübecker Sinn für klares Rechtsdenken, gegeben war. Auf Betreiben des Superintendenten Valentin Curtius verständigten sich deshalb am 28. Februar 1560 alle Prediger durch ihre Unterschrift auf eine von diesem verfaßte Konsensusformel über Evangeliumsverkündigung und Sakramentenverwaltung (Formula consensus de doctrina evangelii et administratione sacramentorum)[44]).

Ziel der Vereinbarung war es, den inneren Zusammenhalt der Kirche dadurch zu bewahren, daß die Theologen sich „auf eine bestimmte Form der Lehre" einigten, die sie in der Praxis vertreten wollten. Diese Form konnte gemäß dem evangelischen Prinzip nur die Bibel sein. Doch das war eine schwer praktikable Norm, und darum bedurfte sie einer ihre zentrale Aussagen zusammenfassenden „Summe". Als solche fixierte Curtius in Anlehnung an die Absprache, die Lübeck im Ministerium Tripolitanum 1559 für das gesamtevangelische Konkordienwerk getroffen hatte (s. S. 262), ein Corpus Doctrinae, eine Sammlung von verpflichtenden Bekenntnisschriften: die altkirchlichen Bekenntnisse und als deren Explikation die Confessio Augustana samt deren Apologie und Schmalkaldischen Artikeln, dazu in einem Anhang aktuelle, auf die jüngsten Streitfragen bezogene Texte mit den Schriften des Ministerium Tripolitanum gegen das Interim (1548), gegen die Adiaphoristen (1549) und gegen die Majoristen (1553) sowie eine pauschale Verwerfung zeitgenössischer Irrlehren von den Papisten über die Wiedertäufer und Sakramentierer bis hin zu Zwingli und Calvin. Die kirchlichen Riten sollten entsprechend der Bugenhagenschen Ordnung gehalten werden. Bei aller Lehrgesetzlichkeit, die das Konsensus-Unternehmen charakterisierte, blieb der Bezug auf die Gegenwart gewahrt; das Bekenntnis war keine historische Größe, sondern lebendiger Ausdruck der tatsächlichen Lehre. Nach dem Lübecker Vorbild richtete sich

Hamburg, wenn dort im Juli 1560 der Rat durch einen „Machtspröke" die Streitigkeiten der Prediger aus der Welt zu schaffen suchte, in welchem eine ähnliche Bekenntnisschriftensammlung, erweitert um Hamburger Spezifika, fixiert wurde[45]).

Einen förmlichen Ausdruck bekam die Lehrvereinbarung vom Februar 1560 im nächsten Jahr, nachdem der Lüneburger Konvent der niedersächsischen Theologen die neue Idee eines lutherischen Corpus Doctrinae allgemein propagiert hatte (s. S. 263). Nun wurden die normativen Schriften (Confessio Augustana und Apologie, Schmalkaldische Artikel, Kleiner Katechismus, die Schriften gegen das Interim, die Lüneburger Artikel von 1561 und die Lübecker Konkordienformel von 1560) handschriftlich in einem speziellen Lübecker Konkordienbuch zusammengefaßt, ohne daß dieses im Druck erschien, und von allen Geistlichen unterschrieben[46]).

Damit hatte Lübeck zusammen mit Hamburg als erstes lutherisches Territorium ein offizielles Bekenntnisschriftenbuch, welches weitgehend dem späteren Konkordienbuch von 1580 entsprach. Jeder Geistliche mußte hinfort durch die Unterschrift in diesem Buch seine Übereinstimmung mit der Lübecker Lehrnorm bekunden; diese Praxis wurde bis 1685 — neben der Unterzeichnung des Konkordienbuches von 1580 — beibehalten. Die Pastoren der Landgemeinden und solche, die nach auswärts entsandt wurden, unterschrieben sogar noch bis 1852[47]).

Eberhard von Holle — Lübecks evangelischer Bischof

Die Auseinandersetzung mit dem Katholizismus trat nach dem Religionsfrieden von 1555 zunehmend hinter anderen Themen zurück. Nachdem die Abgrenzung des reformatorischen Kirchenwesens gegenüber der alten Ordnung allen Gefährdungen zum Trotz vollzogen war, konzentrierte sich die Identitätsfindung auf den internen Bereich des Protestantismus. Nur im Zusammenhang mit der Einladung von Papst Pius IV. an die deutschen Protestanten, das seit 1545 in Trient mit Unterbrechungen tagende, 1560 neu einberufene Konzil zu beschicken, kam es noch einmal zu einer umfassenden Thematisierung der antirömischen Position. Curtius fertigte 1561 für den Rat, der das päpstliche Einladungsschreiben beantworten mußte, ein ausführliches Gutachten an, das eine evangelische Teilnahme ablehnte, weil dieses Konzil nicht das früher immer wieder geforderte allgemeine, freie und rechtmäßig berufene Konzil wäre[48]).

Eine neue Zeit brach 1561 auch für das Bistum an, als mit dem Lüneburger Abt Eberhard von Holle (1522—86) ein entschieden evangelisch gesinnter Bischof gewählt wurde, nachdem die Vorgänger den Katholizismus zu bewahren versucht hatten. Der dänische König und der holsteinische Adel hatten schon seit langem versucht, das Stiftsgebiet in ihre Verfügungsgewalt zu bekommen. Dafür war ein Konfessionswechsel des Bischofs unerläßlich. Es gelang ihnen mit Hilfe des Kapitels, dem alten, erst seit 1559 amtierenden streng katholischen Bischof Johann Tiedemann einen Koadjutor zur Entlastung bei der Amtsführung zur Seite zu stellen, den jungen Holle, einen Verwandten des königlichen Statthalters Rantzau, der schon zwei Monate später nach Tiedemanns Tod Bischof wurde[49]).

Zwar war Holles lutherische Position noch keineswegs klar, aber er war Diplomat und Opportunist genug, um die Chancen zu erkennen, die für das Bistum in einer

Hinwendung zum Protestantismus lagen. So ließ er sich vor der Wahlkapitulation durch ein theologisches Gutachten versichern, daß die dem Kapitel zugesagte Beibehaltung der „alten christlichen Catholischen Religion" und der Privilegien mit seiner evangelischen Konfession vereinbar wäre. 1562 erhielt Holle sogar vom Papst die Bestätigung seiner Wahl, nachdem er auch vom Kaiser durch Belehnung mit den Regalien anerkannt worden war. Damit war er der erste durch das kanonische Recht legitimierte evangelische Bischof, obwohl der im Religionsfrieden 1555 ausgedrückte sog. Geistliche Vorbehalt (Reservatum ecclesiasticum) verletzt wurde, wonach ein Bischof bei der Konversion sein Territorium aufgeben mußte.

Holle sorgte zunächst für die Restitution der Güter und Einkünfte des seit der Reformation verarmten Stiftes. Erst seit 1566 — nachdem er auch Koadjutor im Bistum Verden, 1567 dessen Administrator geworden war — ging er zielstrebig an die Einführung des evangelischen Bekenntnisses im Hochstift Lübeck. Er förderte in seiner Residenz Eutin das evangelische Kirchen- und Schulwesen durch Ausstattung mit Pfründen und sorgte dafür, daß die Stellen im Lübecker Kapitel zunehmend mit evangelischen Domherren besetzt wurden[50]. 1571 demonstrierte er den vorläufigen Abschluß der Reformation im Bistum durch die Einführung des evangelischen Gottesdienstes auch im Hochchor des Lübecker Domes, d. h. in der dem Bischof und dem Kapitel reservierten Gottesdienststätte[51]. Zwar klagte das Kapitel dagegen beim Reichskammergericht und es setzte auch nach einem Vergleich 1575 seinen Widerstand fort, aber dieser verlief im Sande; das Bistum war und blieb evangelisch — ein Unikum innerhalb der konfessionspolitischen Landschaft.

Der Lübecker Abendmahlsstreit mit Johannes Saliger

Ein zunächst lokaler Konflikt, der sich jedoch rasch ausweitete und allgemeine Bedeutung im norddeutschen Protestantismus bekam, war der Lübecker Abendmahlsstreit des Jahres 1568, der sich vor allem mit der Person des Predigers an der Marienkirche, Johannes Saliger verband[52]. In diesem Streit ging es um die Deutung der Konsekration der Abendmahlselemente, um die Frage der sakramentalen Gegenwart Christi in Auseinandersetzung mit einer katholisierenden Auffassung, die in der Bevölkerung noch breit verwurzelt war und zu deren Sprecher sich neben Saliger und dem Jakobiprediger Hinrich Fredeland vor allem ein Laie, der Stadtphysikus Lambertus Fredeland machte, welcher die Kontroverse in der Stadt noch bis 1574 wachhielt.

Johannes Saliger (auch mit der latinisierten Form seines Namens Beatus genannt), möglicherweise ein Sohn oder Verwandter des 1530 verstorbenen Ratsherren Johann Salige(r), war zunächst Prediger in Woerden/Holland, dann 1566 in Antwerpen und kam — wegen des dortigen Streites um die Erbsünde als Flacianer nicht geduldet — zu Beginn des Jahres 1568 nach Lübeck, wo er eine Predigerstelle an St. Marien bekam[53]. Durch ein Gespräch mit Amtsbrüdern in Holstein war er auf einige Probleme der Abendmahlspraxis gestoßen, die er am 5. April 1568 in einem Memorandum dem Senior Peter von Friemersheim unterbreitete[54]. Mitverfasser war der Prediger an St. Jakobi Hinrich Fredeland (der 1562 von Schlutup dorthin berufen worden war), vermutlich ein alter Freund Saligers.

Es ging vor allem darum, ob der nichtkonsekrierte Wein, der bei der Austeilung zur Ergänzung in den Kelch nachgefüllt wurde, einer erneuten Konsekration bedürfte. Diese

Frage bejahte Saliger in einer ausführlichen Erörterung der Problematik, weil die Gegenwart Christi durch das wirkende Wort der Einsetzung vermittelt und nicht gleichsam magisch vom konsekrierten auf das unkonsekrierte Element übertragen würde. Damit hatte er, als von außen Kommender mit geschärftem Blick, auf Unklarheiten der Lübecker Praxis aufmerksam gemacht, doch die angestrebte Diskussion im Ministerium wurde verweigert. Vielmehr antworteten die Pastoren (die hier als für die Lehre zuständiges Kollegium neben dem Ministerium begegnen), die Anfrage erledige sich deswegen, weil bei der Rezitierung der Einsetzungsworte nicht nur Wein und Brot in Kelch und Patene, sondern auch in der auf dem Altar stehenden Kanne und Kiste von der Konsekration betroffen würden; wegen dieser benedictio generalis sei eine spezielle Nachkonsekrierung unnötig[55]).

Mit dieser Antwort gab sich Saliger nicht zufrieden, doch zum regelrechten Streit kam es erst, als er gegen die am 4. Juni 1568 vollzogene Aufnahme des aus Danzig gekommenen Predigers Hermann Stampius in einem an das Geistliche Ministerium gerichteten Schreiben protestierte: Dieser hätte sich dort einer unlutherischen Sakramentiererei verdächtig gemacht und wäre von dem häretischen Danziger Buch auch bei dem Aufnahmekolloquium im Ministerium nicht abgerückt. Er würde lehren, daß die Gegenwart Christi im Sakrament nicht schon durch die Konsekration bewirkt würde, sondern erst dann gelte, wenn Brot und Wein von der Gemeinde genossen würden. Darin sah Saliger einen gefährlichen Synergismus, der die Gegenwart Christi von der Aufnahme des gläubigen Subjekts abhängig machte. Und so folgerte er, Christi Leib und Blut wären schon vor der Austeilung, allein aufgrund der Einsetzungsworte präsent[56]). Das entsprach fraglos lutherischer Lehre. Problematischer war sein Insistieren darauf, daß die nicht benutzten Elemente nach der Abendmahlsfeier als Leib und Blut Christi zu gelten hätten und demgemäß behandelt werden müßten. Denn damit implizierte er eine Substanzverwandlung der Elemente entsprechend römischer Lehre, und dies war der Punkt, an welchem er durch seine in Predigten vorgetragene öffentliche Polemik gegen die Lübecker Amtsbrüder auf Beifall in der Gemeinde stieß.

Der Streit erregte die Bevölkerung und führte zum Zwiespalt, da Saliger und Fredeland viele Anhänger fanden[57]). Sie gerieten zu Unrecht in den Verdacht der Papisterei, doch ihre unablässige Polemik weitete sich aus und bezog auch die in dem Streit mit Flacius diskutierte Erbsündenlehre ein, in der Saliger die flacianische Behauptung vertrat, die Sündigkeit sei mit der Natur des unerlösten Menschen wesensmäßig verbunden. Ausschlaggebend war indessen ihr Vorwurf, die Lübecker Geistlichkeit würde das Abendmahl profanieren. Der Rat versuchte zu vermitteln und holte sogar den gerade in Rostock weilenden Martin Chemnitz Anfang Juli nach Lübeck, welcher durch sein Urteil den Ausschlag gab: Am 4. Juli 1568 wurden Saliger und Fredeland ihres Amtes enthoben und als notorische Unruhestifter aus der Stadt ausgewiesen.

Nachgeschichte des Saligerschen Streits

Saliger zog nach Rostock und fand dort nach einigen Verhandlungen Aufnahme im Ministerium, nachdem er sich zu friedlichem Verhalten verpflichtet hatte; denn eine dogmatische Abweichung vom lutherischen Bekenntnis lag bei ihm offenbar nicht vor, weil er auf seiner Erbsündenlehre nicht beharrte. Doch er und Fredeland hatten mittlerweile den Streit auch im übrigen Norddeutschland publik gemacht und bekamen

Unterstützung z. B. bei den Theologen der Grafschaft Mansfeld, welche die Lübecker der Sakramentiererei verdächtigten[58]). So griff Saliger denn in Rostock die Sache wieder auf, worüber es 1569 zum heftigen Streit dort kam, in den auch das Lübecker Ministerium mit einem ausführlichen Abendmahlsbekenntnis eingriff, um sich vor dem eigenen Rat gegen den Verdacht der Sakramentiererei zu verteidigen[59]). Hierin formulierte es seine mit Luther übereinstimmende Abendmahlslehre (Realpräsenz Christi vor der Nießung aufgrund der Einsetzungsworte) und seine der Bugenhagenschen Ordnung entsprechende Praxis (nach Möglichkeit sollen keine Elemente übrigbleiben, doch außerhalb des sakramentalen Gebrauches sind diese nicht Leib und Blut Christi).

Saliger wurde nun auch aus Rostock vertrieben, ging nach Wismar, später nach Hamburg, wo er wieder mit Fredeland zusammentraf, sich aber ebenfalls nicht halten konnte und mit diesem schließlich 1577 nach Holland zurückkehrte, wo sich seine Spur verliert – ein typisches Schicksal in einer Zeit, in der die theologischen Differenzen innerhalb des Luthertums den noch nicht gesicherten konfessionellen Bestand desselben zu bedrohen schienen.

Durch die Kontroversen in Mecklenburg bekam der Fall Saliger allgemeine Bedeutung, weshalb noch später die lutherische Konkordienformel 1577 die Sache für so wichtig ansah, daß sie unter Aufnahme des von David Chyträus initiierten Wismarer Abschieds von 1569 das Problem der Konsekration thematisierte[60]).

Zu einem Nachspiel, das uns zeigt, wie lange die von Saliger angerührte Frage noch die Gemüter bewegte, kam es im Jahre 1573/74. Der Stadtphysikus und Doktor der Medizin Lambertus Fredeland, ein Bruder des vertriebenen Predigers, griff die Sache auf, wohl im Zusammenhang mit der Übersiedelung Saligers und Hinrich Fredelands nach Hamburg, die das Lübecker Ministerium anscheinend verhindern wollte. Er bezichtigte das Ministerium einer päpstlichen Tyrannei in der Verfolgung unschuldiger Prediger, wo es doch angesichts der Lübecker Abendmahlspraxis, die einer Profanierung des Sakraments Vorschub leiste, allen Anlaß zur Bußfertigkeit habe[61]). Fredeland fand dabei die Unterstützung einflußreicher Bürger, woraufhin das Ministerium beim Rat Klage gegen ihn erhob und ihn samt seinen Anhängern von den kirchlichen Rechten (Patenamt, Beerdigung) ausschloß.

Die Aufforderung des Rats vom Mai 1574, die Lästerungen einzustellen und bei der Geistlichkeit Abbitte zu tun, beantwortete Fredeland mit einer kurzen Darlegung seiner Position: Es sei gegen die biblische Ordnung, beim Abendmahl unkonsekrierten mit konsekriertem Wein zu vermischen, darum müsse das Ministerium Buße für seine verfehlte Praxis leisten. Dieses gab als Erwiderung eine „korthe Erkleringe" zur Abendmahlslehre, in der Lamberts katholisierendes Verständnis abgewiesen wurde; zum Sakrament gehöre die ganze Handlung einschließlich der Nießung durch die Gemeinde, auch wenn die Realpräsenz davon unabhängig sei.

Damit war der Streit aber nicht beizulegen, und so lud der Rat den Rostocker Theologieprofessor Lukas Backmeister, welchen er gerne für die noch immer vakante Superintendentur gewinnen wollte, und den Braunschweiger Superintendenten Martin Chemnitz, die auch zu Verhandlungen wegen der Konkordienformel nach Lübeck kommen sollten (vgl. S. 268), zu einem Gespräch mit Fredeland ein. Daraus wird die große Bedeutung ersichtlich, die das Problem immer noch für Lübeck hatte. Die Verhandlung fand am 25. Juni in der Katharinenkirche im Geistlichen Ministerium unter Hinzuziehung von Vertretern des Rates statt. Sie zog sich in die Länge, doch am 30. Juni 1574 wurde ein Vergleich ausgehandelt[62]). Nachdem das Ministerium erklärt hatte, daß keine Vermischung mit unkonsekriertem Wein stattfände, vielmehr eine Nachkonsekration geübt würde, zog der Physikus seine Beschuldigungen zurück, und in einer öffentlichen, von allen Kanzeln verlesenen Danksagung konnte die Versöhnung gefeiert werden. Dieser Dank war auch angebracht, denn damals kam es selten vor, daß eine Kontroverse so friedlich endete. Allerdings war das Problem nicht so völlig ausgeräumt, daß nicht auch später noch (bezeugt ist es für 1576) Vertreter der Saligerschen Position sich bemerkbar machten[63]).

Die verschiedenen Lehrstreitigkeiten hatten den inneren Bestand der Lübecker Kirche nicht wie in anderen Territorien erschüttern oder auch nur nennenswert tangieren können. Sie markierten zwischen 1548 und 1580 die Entwicklungslinie, die von der ersten zur zweiten reformatorischen Generation, von der Kirche des Wortes zu der Kirche der reinen Lehre verlief. Der fast permanente Streit der verschiedenen Positionen war der Preis für eine Reform der Kirche, die das gläubige Subjekt ins Zentrum gestellt hatte. Umso dringlicher wurde die Frage nach der Einheit der Kirche.

13. Kapitel
Lübecks Beteiligung am lutherischen Einigungswerk 1558—1580

Die evangelischen Lehrstreitigkeiten der fünfziger Jahre sind Ausdruck einer Krise des Protestantismus, die ihren Grund in dessen ekklesiologischem Prinzip hat, welches sich aus der neuen Soteriologie, der Rechtfertigungslehre ergibt: Als primär personal definierte Größe ist die Kirche „Versammlung aller Gläubigen" (so Artikel 7 der Confessio Augustana) und gleichwohl ist sie objektiv, institutionell gegründet; denn sie ist als wahre Kirche überall dort, „wo das Evangelium rein gelehrt und die Sakramente richtig verwaltet werden" (CA 7).

Der Streit um die rechte Lehre war also ein Streit darum, wo die wahre Kirche wäre. Er gehörte somit zu den Ursprungsbedingungen der Reformation, und mußte er zunächst an nur einer Front ausgetragen werden, nämlich gegen den Institutionalismus der Papstkirche, so war schon bald der Kampf auch an einer zweiten Front eröffnet, gegen den Spiritualismus und Subjektivismus der „Schwärmer". Seit den Lehrstreitigkeiten zwischen Gnesiolutheranern und Philippisten wurde die Gemengelage vollends unübersichtlich, so daß die Katholiken den Evangelischen mit Recht vorwarfen, jeder von ihnen verträte eine eigene Position und eine einheitliche Kirche wäre bei ihnen gar nicht mehr erkennbar. Dies war der Ansatzpunkt für die Bestrebungen der Evangelischen, den Dissensus durch eine Verständigung in der Lehre zu überwinden[1]). Schon in den frühen Streitigkeiten nach 1548 hatte Lübeck in Norddeutschland eine führende Rolle gespielt. Diese trat nun noch stärker in den Einigungsbemühungen, die nach 1555 einsetzten, hervor.

Frankfurter Rezeß 1558

Eine Konkordie erwies sich schon aus politischen und reichsrechtlichen Gründen als unabdingbar, weil die eingeschränkte Toleranz seit 1532 bzw. 1548 und dann die endgültige Anerkennung durch den Religionsfrieden von 1555 nur den Angehörigen der Confessio Augustana galt. Natürlich beteuerten alle Evangelischen ihre Übereinstimmung mit der CA, um überhaupt eine Existenzberechtigung zu haben. Aber die Problematik einer solchen Behauptung war durch die Streitigkeiten angezeigt und wurde 1557 manifest, als auf dem Wormser Religionsgespräch, wo in Konsequenz des Augsburger Friedensschlusses eine erneute Verständigung zwischen Katholiken und Protestanten versucht werden sollte, diese sich nicht einmal auf einen gemeinsamen CA-Text einigen konnten und das Gespräch schon deswegen scheiterte. Die Gnesiolutheraner sprachen den Philippisten gar das Recht ab, sich weiterhin auf die CA zu berufen. Um die innere Zerrissenheit zu beheben, unternahmen die drei evangelischen Kurfürsten (Sachsen, Pfalz, Brandenburg) als die Sprecher der protestantischen Stände 1558 in Frankfurt anläßlich der Kaiserkrönung Ferdinands I. erstmals den Versuch einer Konkordie, an dem fünf weitere süddeutsche Fürsten beteiligt wurden.

Aufgrund eines von Melanchthon gefertigten Entwurfs entstand der sog. Frankfurter Rezeß, der allen evangelischen Ständen mit der Bitte um Zustimmung geschickt wurde[2]). Sein Inhalt bestand in der Bekräftigung, an der reinen Lehre festzuhalten, wie sie in der Bibel als der Norm sowie in den altkirchlichen Bekenntnissen (den drei Symbola) enthalten und durch die Confessio Augustana sowie deren Apologie expliziert sei (wobei allerdings offenblieb, welche Textfassung der CA als authentisch gelten sollte, diejenige von 1530/31 oder die Variata von 1540/42). Um die aktuellen Streitfragen zu klären, wurden vier etwas vage gehaltene Kompromißartikel zu den Themen Rechtfertigung, Gute Werke, Abendmahl und Adiaphora hinzugefügt.

Das Ganze war eine Maßnahme der christlichen Obrigkeit, „denen der Schutz und Aufpflanzung der göttlichen erkannten Wahrheit ernstlich auferlegt" worden sei, um den Streit der Theologen mit politischen Mitteln zu beenden. Erstmals begegnete hier der Grundriß eines Corpus Doctrinae, d. h. einer Sammlung von normativen Bekenntnisschriften, wie sie schließlich 1580 im lutherischen Konkordienbuch allgemein akzeptiert wurde. Dahinter stand Melanchthons Konzeption, der evangelischen Kirche ein verbindliches Lehrfundament zu schaffen[3]). Auch das im Rezeß festgelegte Verfahren der Lehrverpflichtung und Konfliktregelung ging auf ihn zurück: In Zukunft dürften die Obrigkeiten in ihren Kirchen und Schulen keine Lehre dulden, die jenem Fundament widerspräche. Sollte ein Theologe „streitige Opinionen" entwickeln, „in denen er aus menschlicher Schwachheit nicht ruhig seyn möchte", dann müßte er die Problematik zuvor seinen Vorgesetzten und Kollegen vorlegen. Einschlägige Druckschriften sollten nur nach vorheriger Zensur „durch die verordneten Befehlshaber" publiziert werden dürfen, „Schmähbücher" ganz verboten sein. Abweichler sollten aus ihren Ämtern entfernt werden.

Mit dem Rezeß beabsichtigte man also, eine strenge Kontrolle der Lehre zu schaffen, die um der inneren Ordnung und der gesamtkirchlichen Einheit willen für Uniformität zu sorgen hätte. Den erstrebten Konsensus sollten die Fürsten so herbeiführen, daß sie die jeweiligen evangelischen Stände in ihrem Bereich zur Zustimmungserklärung bewegten. Während dies in Süddeutschland weitgehend gelang, erhob sich in Norddeutschland eine kräftige Opposition, die das ganze Vorhaben zum Scheitern brachte.

Konvent von Mölln 1559

An dieser Opposition war Lübecks Geistliches Ministerium maßgeblich beteiligt, wobei sich die lutherische Position mit dem Widerstand gegen die von den Obrigkeiten beanspruchte Kompetenz in Religionsfragen verband. Auf einem Konvent in Mölln 1559 verständigte es sich in gewohnter Weise mit den Ministerien von Hamburg und Lüneburg (repräsentiert jeweils durch die Superintendenten und Senioren: Valentin Curtius und Peter Friemersheim aus Lübeck, Friedrich Henninges und Johannes Eckenberg aus Lüneburg, und aus Hamburg Paul von Eitzen und Joachim Westphal) auf eine Stellungnahme, die einer Annahme des Rezesses widerriet[4]).

Zwar wurde der Versuch einer Verständigung prinzipiell begrüßt, aber als zu oberflächlich abgelehnt, weil die Kontroversen nur durch eine exakte Darlegung des positiven Sachverhaltes und eine Verwerfung der abzulehnenden Positionen, die die Dinge beim Namen nennen müßte, behoben werden könnten. Als ein neues Bekenntnis dürften die Frankfurter Artikel nicht gelten, vielmehr würden CA und Apologie mit Recht bekräftigt;

zu diesen müßten aber als Inhalt des Corpus Doctrinae und damit als Lehrnorm die Schmalkaldischen Artikel, der Katechismus und andere Schriften Luthers treten, wobei auch Melanchthons und Bugenhagens Bücher als autoritativ anzusehen wären. Zum Problem der Verwerfung von Irrlehre wurde festgestellt, daß die Städte bei ihren bisherigen Erklärungen gegen Adiaphoristen, Majoristen, Osiandristen, Sakramentierer und Wiedertäufer blieben und deswegen in einer Konkordie entsprechende namentliche Verwerfungen ausgesprochen werden müßten – was natürlich eine Einigung mit den Wittenbergern unmöglich machte.

Zum Konsensusverfahren wurde in Mölln gegen den weitherzigen Reduktionismus Melanchthons, der möglichst viele Positionen umschließen wollte, ein Prinzip geltend gemacht, das Lübecks Theologiepolitik im ganzen Einigungswerk bis 1580 bestimmte: Konsensusformeln hätten nur Sinn in Verbindung mit ausführlichen normativen Bekenntnisschriften und Verwerfungen der Irrlehren[5]). Dies war die gnesiolutherische Position, die sich schließlich im Konkordienbuch, in der Vereinigung eines Corpus Doctrinae der klassischen Bekenntnisse mit einer aktuellen Konkordienformel durchsetzte.

Angesichts der im Kampf gegen das Interim bewährten Kooperation mit den Theologen sahen deshalb die Obrigkeiten der drei Städte keine Veranlassung, dem Frankfurter Rezeß zuzustimmen. Die gesamtevangelische Verständigung war schon im Ansatz gescheitert, zumal auch Mecklenburg, Pommern, Magdeburg und besonders schroff das Herzogtum Sachsen ablehnten (letzteres publizierte 1559 das antiphilippistische Weimarer Konfutationsbuch). Stattdessen zeichnete sich für unser Gebiet eine Kircheneinheit der drei Hansestädte ab. Das im Möllner Gutachten formulierte Konzept eines Corpus Doctrinae wurde als territoriale Lehrordnung in Lübeck und Hamburg alsbald realisiert, und damit schufen sich diese beiden Städte als erste Landeskirchen in Deutschland eine offizielle Bekenntnisschriftensammlung, wobei Lübeck voranging (s. o. S. 254 f).

Die Lüneburger Artikel 1561

Da in der Situation des Jahres 1558/59 alle Bemühungen, eine evangelische Generalsynode – gewissermaßen als Pendant zu dem in Trient tagenden Konzil der Katholiken – einzuberufen, von vornherein aussichtslos bleiben mußten, setzten die Fürsten, voran Christoph von Württemberg, angesichts der Einladung zum Trienter Konzil den mit dem Frankfurter Rezeß eingeschlagenen Weg den Widerständen zum Trotz fort. Das Ergebnis des daraufhin in Naumburg abgehaltenen Fürstentages vom Januar 1561 war aber noch dürftiger, weil jetzt die Differenzen über die unterschiedlichen Fassungen der Confessio Augustana nur mühsam durch einen Kompromiß verschleiert werden konnten[6]). Man wollte sich auf die Formalia der Konsensusherstellung einigen, ohne die Inhalte zu klären, um so gegenüber dem Kaiser begründen zu können, warum die evangelischen Reichsstände einmütig an ihrer Position von 1530 und 1555 festhielten und deshalb eine Beteiligung am Konzil ablehnten. Demgemäß wurde die CA (samt Apologie) als maßgebliche Bekenntnisschrift bekräftigt und mit einer neuen Vorrede versehen; die Stände wurden zur Unterzeichnung aufgefordert.

Die massive Kritik der Norddeutschen an dieser Kompromißpolitik – Herzog Ulrich von Mecklenburg hatte auf Anraten des Rostockers David Chyträus schon in Naumburg die

Unterschrift verweigert – führte dazu, daß man hier auf dem Weg zu einer lutherischen Lehreinigung konsequent voranschritt, nachdem schon im Februar 1561 die Verständigung auf eine Abendmahlslehre im Hardenbergschen Streit gelungen war (s. o. S. 254). Da die Räte und Theologen des niedersächsischen Reichskreises Ende Juli 1561 in Lüneburg zur Beratung über den Naumburger Abschied zusammenkommen sollten, stimmte das Ministerium Tripolitanum zuvor durch Beratungen in Mölln sein Vorgehen ab[7]: Die CA gegenüber dem Kaiser nochmals zu bekräftigen, hätte nur Sinn, wenn dem der Zusatz beigefügt würde, daß damit alle inzwischen geäußerten Irrlehren verworfen würden. Gerade in der zentralen Frage des Abendmahlsverständnisses gäbe es Dissensus, weswegen die irrenden Kirchen und Universitäten (d. h. Wittenberg!) zuvor öffentlich widerrufen müßten. Als Norm der Lehre müßten die im Lübecker und Hamburger Corpus Doctrinae enthaltenen Bekenntnisse Luthers und der drei Städte gelten. Das Mandat von 1555 gegen Wiedertäufer und Sakramentierer sollte bestätigt werden, und die Einladung des Papstes zum Konzil wäre abzulehnen, weil man dem Antichrist zu folgen nicht schuldig wäre. Mit diesen Beschlüssen waren die Lüneburger Beratungen präjudiziert.

Zwischen den auf dem Konvent von Lüneburg vertretenen sieben Städten Lübeck, Hamburg, Lüneburg, Bremen, Rostock, Magdeburg und Braunschweig war die Kooperation seit den Auseinandersetzungen der fünfziger Jahre gut eingespielt. Das Ergebnis ihrer Beratungen waren die sogenannten Lüneburger Artikel, ein ausführliches Votum zum Naumburger Abschied in der Art einer Grundsatzerklärung[8]. Als Wortführer traten der Braunschweiger Superintendent Joachim Mörlin und sein Koadjutor Martin Chemnitz hervor, deren Plan einer norddeutschen Sonderkonkordie sich mit der Konzeption des Ministerium Tripolitanum deckte. Dessen Vertreter, der Superintendent Valentin Curtius, der Senior Peter Friemersheim und der Dompastor Dionysius Schünemann sorgten dafür, daß Lübecks Corpus Doctrinae in den wichtigsten Stücken approbiert wurde als die Lehrform, „darbey man gedenckett in vnsern Kirchen . . . zu uerharren": CA, Apologie, Schmalkaldische Artikel, Katechismus und andere Schriften Luthers. Die Offenheit dieses Corpus zur Gegenwart hin wurde verdeutlicht durch den Hinweis auf die Geltung der norddeutschen Partikularbekenntnisse.

Die von Mörlin entworfenen Artikel nahmen zum Naumburger Abschied (mit den drei Themen: Lehrnorm, Verwerfung von Irrlehren, Konzil) in grundsätzlicher Weise Stellung, indem die vier Sachkomplexe des Frankfurter Rezesses einbezogen wurden und die antirömische Position den Leitfaden abgab. An dieser Systematik zeigte sich, daß die eigene konfessionelle Identität immer noch im Gegenüber zum Katholizismus (wenn auch kaum noch im Gespräch mit diesem) geklärt werden mußte: Die Bestreitung dieser Identität wurde mit dem Nachweis gekontert, daß die neueren protestantischen Irrlehren nur je für sich die Entfaltungen dessen darstellten, was im Papismus zusammengefaßt sei. Sie seien also gar nicht aus dem Protestantismus entstanden, wie die römischen Theologen glauben machen wollten, sondern seien Relikte des Papismus, der „Mutter aller Schwermerey oder geistlichen Hurerei". Dies wurde zunächst in einem etwas grobschlächtigen Katalog von zehn Ketzereien (von Osiander bis zu den Täufern) dargetan und dann gegen Osiandristen, Majoristen, Sakramentierer, Adiaphoristen und Synergisten entfaltet. Dabei wurden zu den Themen Rechtfertigung, Gute Werke, Abendmahl, Adiaphora, Freier Wille jeweils die entsprechenden Aussagen aus CA und

Apologie herangezogen und gegen die Irrlehren präzisiert. Der gnesiolutherische Grundsatz, daß eine neue Konsensformel auf der Basis der CA „affirmative und negative" ausgearbeitet werden müßte, wurde hier also eingelöst.

Deswegen lehnten die Lüneburger Artikel das Naumburger Unternehmen ab: Die bestehenden Differenzen aus politischen Motiven zu vernebeln, um gegenüber den katholischen Ständen einheitlich auftreten zu können, sei auch politisch gesehen unklug, weil die Papisten diese Taktik leicht durchschauen könnten. Eine einfach erneuerte Unterzeichnung der CA lasse alle bisherigen Irrlehren als durch diese legitimiert gelten und gebe ihr den Anschein, als böte sie mit ihren scheinbar offenen Formulierungen den Deckmantel für unvereinbare Positionen. Im Blick auf die innere Situation der niederdeutschen Kirchen würde damit den Irrlehren nur ein gefährlicher Rechtstitel gegeben, hier wieder einzudringen; im Blick auf das Reichsrecht ergebe sich die Gefahr, daß diese Kirchen als Gesinnungsgenossen von Häretikern („Sakramentsschändern"!) aus dem Religionsfrieden herausfallen könnten.

Reaktion auf die Lüneburger Artikel

Die Artikel, in denen die Konzeption des Konkordienbuches von 1577/80 vorweggenommen wurde, verursachten mit ihrer Intention, ein eigenes Konkordienwerk für den niedersächsischen Reichskreis zustandezubringen, große Turbulenzen. Die Prediger und Räte der sieben bedeutendsten Städte hatten sich zwar zu einheitlicher Meinungsbildung zusammengefunden, und die übrigen Städte und die Fürstentümer sollten die Druckfassung der Artikel zur Begutachtung erhalten, damit alle zusammen auf einem Konvent in Braunschweig das Konkordienwerk beschließen könnten[9].

Aber dies lief den weiterreichenden Absichten der Fürsten zuwider, und deswegen verständigten sich deren Räte unter Führung Braunschweig-Lüneburgs und Mecklenburgs auf einer Kreisversammlung in Lüneburg im Juni 1562 auf ein Mandat gegen die Lüneburger Artikel, das die Position des Frankfurter Rezesses einnahm[10]. Die Artikel wurden zurückgewiesen als eine Unruhe erzeugende Schmähschrift, die ganze Universitäten ebenso wie einzelne Personen, welche noch keines Irrtums überführt worden seien, verurteilte. Der theologischen Zänkerei solle hinfort seitens der Obrigkeiten gewehrt werden, weil sonst „weiterer Schade und Nachtheil, Aufstand und Empörung des Volks, Zerrüttung aller löblichen Polizey und Zucht, auch wohl der Untergang der Religion und der Schulen zu besorgen sey". Namentlich die präzise Formulierung der Abendmahlslehre in den Lüneburger Artikeln wurde durch die Forderung zurückgewiesen, hierin nur gemäß den Worten der Schrift, der CA und Apologie zu lehren. Um Aktionen wie diejenigen Mörlins und seiner Kombattanten zu verhindern, wurde gemäß dem Frankfurter Rezeß eine Zensur verhängt; ohne obrigkeitliche Erlaubnis durfte im niedersächsischen Kreis kein theologisches Buch publiziert werden.

Das Mandat rief große Aufregung hervor. Mörlin, Chyträus und Heshusius veröffentlichten Gegenschriften; des letzteren Polemik in Magdeburg führte 1562 zu seiner Ausweisung aus der Stadt. Hamburg nahm trotz der Proteste Joachim Westphals das Mandat an, worüber sich die Geistlichkeit spaltete; doch damit war keine Abkehr vom bisherigen gnesiolutherischen Bekenntnisstand verbunden. In Mecklenburg wehrten sich die Theologen der Rostocker Fakultät unter Führung von Chyträus erfolgreich mit einem ausführlichen Gutachten gegen den Herzog. Für Schleswig und Holstein aber signalisierte die Zustimmung der Theologen – an deren Spitze jetzt Paul von Eitzen als Generalsuperintendent von Schleswig trat, der seine Zustimmung zu den Lüneburger Artikeln widerrufen hatte, um die Verständigung mit Wittenberg nicht zu blockieren – die Abkehr vom Luthertum lübischer und braunschweigischer Prägung[11]).

Da auch Lüneburg durch die Politik des Herzogs unter Druck geriet, fiel der geplante Braunschweiger Konvent aus, so daß außer Braunschweig vorerst nur Lübeck als Vorkämpfer einer lutherischen Konkordie auf dem Felde blieb. Das Mandat wurde hier nicht befolgt, vielmehr wurden die Lüneburger Artikel förmlicher Bestandteil des Corpus Doctrinae. (So auch in Braunschweig 1564.) Curtius setzte sich gegenüber dem Rostocker Ministerium, das seinem Superintendenten Johannes Kittel die Gefolgschaft versagte, weil er die Artikel ohne Vollmacht unterzeichnet hätte, erfolgreich für deren Akzeptation ein[12]).

Abendmahlskonkordie des Ministerium Tripolitanum 1567

Die Gegensätze zwischen den lutherischen und den melanchthonischen Positionen, die eine Konkordie unmöglich machten, verhärteten sich in den folgenden Jahren noch, bedingt vor allem durch das zunehmende Eindringen des Calvinismus, dem sich insbesondere der Kurfürst Friedrich von der Pfalz, einer der einflußreichsten evangelischen Fürsten, zuwandte (Heidelberger Katechismus 1563). Dadurch war die Abendmahlslehre, und mit ihr verbunden die Christologie, in das Zentrum der Kontroversen gerückt, also der Differenzpunkt, an dem sich die Reformation von Anfang an gespalten hatte. Es war abzusehen, daß alle Verständigungsversuche zum Scheitern verurteilt bleiben mußten.

Gegenüber den „Sakramentierern", den Vertretern einer spiritualistischen Abendmahlsauffassung, hatte Lübeck stets eine abweisende Haltung eingenommen, ebenso wie Hamburg. Die durch das gescheiterte Konkordienwerk getrübte Zusammenarbeit des Ministerium Tripolitanum wurde nun 1567 neubelebt durch einen Konvent in Mölln (22. September), der vom Lübecker Rat angeregt worden war, um angesichts des zunehmenden Eindringens der „Sakramentiererei" in den drei Städten zwischen diesen das bisherige „Band der enicheit in der heylsamen lere ... tho vornyen"[13]). Das Ergebnis war eine Verständigung auf das Lübecker und Hamburger Corpus Doctrinae unter Einschluß der Lüneburger Artikel (1561) und der anderen Bekenntnisse der drei Städte, sowie die Verpflichtung zur gemeinsamen Abwehr der Irrlehren und die Aufforderung an die in Mölln anwesenden Bürgermeister und Ratsherren, den schädlichen Irrtümern der Sakramentierer und der verführerischen Sekte der Calvinisten mit Polizeimitteln zu wehren. Doch damit hatte Lübeck nur eine Bekräftigung der bisherigen Lehrübereinstimmung erreicht, aber noch keine einheitliche Kirchenpolitik in der Frage, ob eine evangelische oder eine lutherische Konkordie anzustreben wäre.

Jakob Andreäs Konkordienwerk 1569

Das erwies sich in den Verhandlungen über das von dem Tübinger Professor Jakob Andreä 1568/9 initiierte Einigungswerk, welches mit mancherlei Modifikationen und nach langwierigen Verhandlungen – an denen Lübeck maßgeblich beteiligt war – schließlich 1577 zu einem gewissen Erfolg führte[14]). Andreä nahm aufgrund der

Erfahrungen, die er mit den Pfälzern in seit 1564 geführten Lehrgesprächen gemacht hatte, den harmonistischen Ansatz des Frankfurter Rezesses auf. Mit fünf kurzen Artikeln zu den strittigen Themen wollte er den Dissensus durch Reduktion auf die wesentlichen biblischen Aussagen ohne Verwerfung irgendwelcher Positionen überwinden. Dieses 1567 verfaßte „Bekenntnis und kurze Erklärung etlicher zwiespaltiger Artikel" ließ er seit 1568 in Norddeutschland zirkulieren, nachdem er von Herzog Julius nach Braunschweig-Wolfenbüttel geholt worden war, um dort zusammen mit Martin Chemnitz, welcher jetzt Superintendent der Stadt Braunschweig war, bei der Durchführung der Reformation zu helfen.

Im Herbst 1569 warb Andreä auf einer Rundreise in den wichtigsten Territorien und Städten für seine Konkordie, aber die Reaktionen blieben zurückhaltend, weil man hier eine Konkordie um den Preis doktrinärer Unklarheit nach wie vor nicht wollte. In Lübeck, wo man gerade die innere Unruhe durch den Streit mit Saliger und Fredeland überwunden hatte (s. S. 257), bereitete der Rat ihm einen kühlen Empfang, indem er erklärte, bei der 1560 beschlossenen Konsensusformel (d. h. bei dem Lübecker Corpus Doctrinae) zu bleiben, weil man die mit den anderen Städten erreichte Übereinstimmung, wie sie in den Lüneburger Artikeln formuliert wäre, nicht zugunsten einer weitläufigeren Konkordie gefährden wollte[15]). Doch wie 1561 waren es wieder die Fürsten, jetzt auf Betreiben des Herzogs Julius, die aus politischen Gründen die Städte zu dem größeren Zusammenschluß drängen wollten.

Konvent zu Zerbst 1570: Scheitern der Einigungsbemühungen

Auf einem großangelegten Konvent aller norddeutschen Kirchen in Zerbst (bei Magdeburg) sollte im Mai 1570 die Konkordienfrage auf der Basis von Andreäs Artikeln verhandelt werden. Zur Vorbereitung trafen sich auf Anregung des Lübecker Rats die Abgeordneten des Ministerium Tripolitanum – von Lübeck die Pastoren Schünemann und Schröder – in Lüneburg[16]). Lübecks theologische Führungsrolle war dadurch eingeschränkt, daß nach Valentin Curtius' Tod (1567) das Amt des Superintendenten lange Zeit vakant blieb und andere theologische Potenzen nicht vorhanden waren.

Die Instruktion des Rats an die Abgesandten ging dahin, bei dem Lübecker Corpus Doctrinae und den Lüneburger Artikeln zu verharren und kein neues Bekenntnis zu akzeptieren[17]). Daraufhin brach der alte Dissensus wieder auf, weil die Lüneburger mit Rücksicht auf Herzog Julius der Position Andreäs folgten und deshalb im Gegensatz zu den Artikeln von 1561 keine Verwerfungen der anders Lehrenden wollten, um dem Streit endlich ein Ende zu bereiten, und das Drei-Städte-Bekenntnis gegen das Interim von 1548 als ausreichend ansahen. Während die Hamburger eine mittlere Position einzunehmen versuchten (kein neues Bekenntnis und Zurückhaltung bei den „Spezial-Kondemnationen"), verfochten allein die Lübecker die bisherige gnesiolutherische Position, auf die sie sich im übrigen mit der Rostocker Fakultät verständigt hatten[18]).

Dies taten sie auch auf dem Konvent in Zerbst. Während sich dort die Lutheraner mit den Melanchthonianern in der Ablehnung einer Konkordienformel als eines neuen Bekenntnisses und in der Bekräftigung der Idee des Corpus Doctrinae als einer normativen Sammlung von Bekenntnisschriften einig waren, scheiterte der in dem oberflächlichen „Kommuniqué" Andreäs formulierte Konsensus daran, daß beide Parteien sich über den Inhalt des Corpus Doctrinae gar nicht einig waren[19]). Immerhin aber hatte sich die auch von Lübeck seit langem vertretene Position wenigstens im Grundsatz durchgesetzt (Einigung nur auf der Basis einer ausführlichen Bekenntnisschriftensammlung). Doch der Konsensus war ferner denn je, und jetzt waren noch die Differenzen zwischen Lübeck und den beiden Nachbarstädten hinzugetreten. Allerdings betrafen diese zunächst nur deren Konkordienpolitik, nicht die Substanz ihrer theologischen Beziehungen.

Konvent in Wolfenbüttel 1571: Niedersächsische Verständigung

Der Zusammenhalt der norddeutschen Kirchen wurde auf Betreiben von Martin Chemnitz im folgenden Jahr dadurch gefördert, daß die Theologen der braunschweigischen Herzogtümer und der Seestädte sich zur Abwehr des Philippismus zusammenfanden, nachdem die Wittenberger sich mit ihrem Katechismus und ihrer „Grundfeste" in demselben Jahre eindeutig der calvinischen Abendmahlslehre und Christologie zugewandt hatten, unter heftiger Polemik vor allem gegen die Lehre des Chemnitz. Herzog Julius, der nun die kleine Lösung einer Konkordie der norddeutschen Lutheraner befürwortete, berief einen Konvent nach Wolfenbüttel ein (August 1571), und dieser einigte sich auf die sog. Sächsische Confession „Vom Abendmahl des Herrn, von der persönlichen Vereinigung der göttlichen und menschlichen Natur in Christo, von seiner Himmelfahrt und Sitzen zur Rechten Gottes", die die lutherische Lehre von der Realpräsenz, der communicatio idiomatum der beiden Naturen Christi und der Ubiquität seiner menschlichen Natur im Sinne von Chemnitz sicherte und hierin die spätere Konkordienformel (FC Art. 8) vorbereitete[20]).

Chemnitz' Braunschweiger Koadjutor Andreas Pouchenius warb auf einer Reise in Lübeck und anderen Seestädten dort um Zustimmung zur Confession. Wieder war es Lüneburg, das um der Verbindung zu Wittenberg willen trotz des Drängens aus Lübeck nicht mitmachte[21]). Doch insgesamt war damit ein wichtiger Schritt in Richtung auf eine Konkordie der niedersächsischen Lutheraner getan, wie Lübeck gegenüber Herzog Julius bekräftigte[22]).

Neue Initiativen. Lübecker Rezeß 1574

Das wirkte sich positiv aus, als Jakob Andreä im Februar 1573 mit der Veröffentlichung seiner „Sechs Predigten von den Spaltungen" einen erneuten Vorstoß unternahm, ermuntert durch die Fortschritte in Norddeutschland, um eine Verständigung der württembergischen und der niedersächsischen Kirchen gegen den Wittenberger Kryptocalvinismus herbeizuführen. Da außer Chemnitz auch Joachim Westphal als Hamburger Superintendent diesen Anstoß aufgriff, schloß Lübeck sich trotz der Vorbehalte gegen die Person des allzu betriebsamen Andreä an, was wegen der Schlüsselrolle der Stadt als wichtig angesehen wurde. Man einigte sich darauf, die neue Vorlage in Form von Artikeln fixieren und von den schwäbischen Kirchen in einem förmlichen Zustimmungsverfahren unterzeichnen zu lassen[23]).

So brachten nun, da Westphal am 17. Januar 1574 starb und Hamburg ebenso wie die Rostocker Fakultät dem ganzen Unternehmen skeptisch gegenüberstand, Braunschweig und Lübeck die mühevollen und langwierigen Verhandlungen über den neuen

Text aus Tübingen (die Formula consensionis inter Saxonicas et Suevicas Ecclesias vom März 1574) in Gang[24]). Es ging jetzt um die offizielle Verständigung vieler Kirchen auf eine präzise inhaltliche Darlegung, die die bisherigen Konkordienvorlagen an Umfang weit übertraf. Chemnitz reiste deshalb im Auftrag von Herzog Julius im Juni 1574 bei den Ständen des niedersächsischen Kreises umher und gewann auch den Lübecker Rat für seine Pläne[25]).

Dieser setzte sich massiv für das neue Unternehmen ein, wobei er vor allem die seit 1570 abseits stehenden Lüneburger und die Rostocker Fakultät unter Lukas Backmeister, den Lübeck 1571/72 vergeblich als Superintendent zu gewinnen versucht hatte, zur Beteiligung drängte[26]). Er lud das Ministerium Tripolitanum ein, zusammen mit Chemnitz und Backmeister, die wegen des Streits um Fredeland (s. o. S. 258) einige Zeit in der Stadt weilten, hier zur Beratung zusammenzutreten. Da aber die Hamburger ihre Abneigung gegen das neue Konkordienunternehmen nicht überwinden konnten, kamen nur die Lüneburger (ihr Superintendent Caspar Gödemann und der Pastor Hieronymus Herberding) nach Lübeck, wo zusammen mit Chemnitz, Backmeister und dem hiesigen Ministerium am 3. Juli 1574 ein Votum zu Andreäs Vorlage beschlossen wurde[27]).

Dieser Lübecker Rezeß markiert eine wichtige Stufe im Entstehungsprozeß der lutherischen Konkordienformel, weil hier eine erste Verständigung über das weitere Verfahren erzielt wurde. Die neue Formel sollte nicht den Rang einer Bekenntnisschrift haben, sondern als Lehrübereinkunft den geltenden Bekenntnisstand der beteiligten Kirchen festschreiben. Die Hamburger erklärten deswegen im September ihre Bereitschaft zur Mitwirkung, woraufhin sich das Ministerium Tripolitanum am 25. Oktober 1574 zu einem Konvent in Bergedorf traf.

Konvent zu Bergedorf 1574

Anwesend waren in Bergedorf von Lübeck der Senior des Ministeriums, der Ägidienpastor Georg Barth und der Petripastor Gerhard Schröder, Männer, die schon Erfahrungen bei den Konkordienverhandlungen gesammelt hatten, außerdem als Vertreter des Rats der Bürgermeister Johann Brokes, der Syndikus Hermann Warmböke und der Ratsherr Gottschalk van Stiten. An der Hinzuziehung der Politiker, die für die Tagungen des Ministerium Tripolitanum allerdings nichts Ungewöhnliches war, kann die Bedeutung abgelesen werden, die die Städte dieser Zusammenkunft beimaßen. Lübecks Führungsrolle war hier eindeutig nicht auf die Theologen, sondern auf die Ratsherren gegründet.

Auch aus Hamburg und Lüneburg waren Vertreter des Rats anwesend, dazu die beiden Superintendenten Cyriacus Simon und Caspar Gödemann sowie die Senioren David Penshorn und Hieronymus Herberding. Es war zu erwarten, daß Lüneburg aufgrund seiner bisherigen Kirchenpolitik Schwierigkeiten haben würde, und so kam es denn in Bergedorf zu einer Auseinandersetzung mit den Lübecker Vertretern um die weitere Marschroute. Lüneburg hatte zuvor schon versucht, über den Generalsuperintendenten des Fürstentums, Christoph Fischer, Chemnitz dazu zu veranlassen, Brandenburg, Pommern, Holstein und Kursachsen, das soeben in einer Säuberungsaktion den Kryptocalvinismus abgetan hatte, zu beteiligen[28]). Lübeck argwöhnte darin eine Verwässerung des lutherischen Charakters der Konkordie.

Trotz dieser Probleme konnte man sich auf dem Bergedorfer Konvent einigen[29]). Der getrübte Konsensus der drei Ministerien wurde „renoveret unn confirmeret" auf der Basis des Lübecker Corpus Doctrinae (unter Einschluß der bisher umstrittenen Lüneburger Artikel), und es wurde um der verstärkten Zusammenarbeit willen beschlossen, daß keine Stadt in Zukunft isoliert, ohne Beratung mit den beiden anderen, Beschlüsse in allgemeinen Religionssachen oder bei internem Lehrstreit fassen sollte. Über das Konkordienwerk wurden in Fortführung des Lübecker Rezesses vom Juli für den weiteren Gang wichtige Beschlüsse gefaßt. Entgegen dem Vorschlag der Lüneburger sollten zwar die anderen Kirchen (außer den schwäbischen und niedersächsischen) nicht formell in die Verhandlungen einbezogen werden, aber – insoweit war Lübeck den Hamburgern und Lüneburgern entgegengekommen – ihnen sollte der Konkordientext mit der Bitte um Zustimmung zugestellt werden. Hinsichtlich der Dignität des neuen Textes wurde der Beschluß vom Juli dahingehend präzisiert, daß die Artikel in der Reihenfolge dem Aufbau der Augsburgischen Konfession entsprechen und im Wortlaut sich möglichst eng an diese halten sollten. Diese Forderung, die seitdem in allen Fassungen der Konkordienformel bis hin zur Endgestalt berücksichtigt wurde, entsprach der Auffassung, daß der Text kein neues Bekenntnis, sondern nur eine Aktualisierung der CA wäre. In der umstrittenen Frage der Verwerfungen setzte sich die Lübecker Auffassung durch, die gegnerischen Positionen konkret zu benennen; doch sollten die abzuweisenden Lehren möglichst wortgetreu aus den Originalpublikationen, nicht aber in polemischer Vergröberung zitiert werden, um so einen, wenn auch bescheidenen Beitrag zur Versachlichung der Kontroverse zu leisten.

Zum Inhalt der schwäbischen Artikel wurden einige detaillierte Änderungswünsche vorgebracht, die ebenfalls bei der weiteren Redaktion berücksichtigt wurden. Schon im Lübecker Rezeß war die Aufnahme einer Aussage gefordert worden, daß die Abendmahlselemente außerhalb des gottesdienstlichen Vollzugs keine sakramentale Qualität hätten, um so dem Ergebnis des Saligerschen Streits Rechnung zu tragen (was dann zu dem heutigen Text der Konkordienformel FC Art. 7, 73 führte)[30]). Jetzt wurde darauf gedrängt, die Aussagen über die Rechtfertigung stärker an dem Aspekt der Exklusivität von Christi Heilsmittlerschaft zu orientieren (daher allein durch den Glauben, allein durch das Wort), um auszuschließen, daß dem menschlichen Handeln die Rolle eines Verdienstes, einer Mitwirkungsmöglichkeit oder eines Mediums im Rechtfertigungsgeschehen zukäme. In den christologischen Aussagen über die Verbindung der Menschheit Christi mit seiner Gottheit wurde in Abänderung der Lüneburger Vorschläge, die auf eine Abschwächung der Lehre von der communicatio idiomatum zielten, an den früheren Bekenntnissen, also auch an der Confessio von 1571 festgehalten.

Wegen der zwischen Lübeck und den beiden anderen Städten strittigen Zielsetzung, ob zunächst die kleine Lösung oder sogleich eine möglichst weite Union angestrebt werden sollte, kam es nach dem Bergedorfer Konvent zu einer längeren Auseinandersetzung, durch die das Konkordienwerk verzögert wurde. Die Lüneburger weigerten sich, ihre Änderungsvorschläge, wie eigentlich vereinbart, zur Gesamtredaktion an die Rostocker Fakultät zu senden. Sie interpretierten vielmehr die Bergedorfer Vereinbarung so, daß zuvor alle Augsburgischen Konfessionsverwandten ihre Stellungnahmen abgeben sollten, ehe mit der Redaktion begonnen würde[31]). Hamburg zögerte ebenfalls.

Das lief Chemnitz' Planung zuwider, der bereits die Kirchen in den braunschweigischen Herzogtümern, in den Grafschaften Hoya und Oldenburg, in niedersächsischen und westfälischen Städten an der Mitarbeit beteiligt hatte. Deswegen mobilisierte er den Lübecker Rat für den Plan, zunächst in Norddeutschland eine allgemein anerkannte Lehrformel durchzusetzen, dann die Württemberger für die Zustimmung zu gewinnen und erst wenn dies gelungen wäre, weitere Schritte zu planen[32]). Doch auch dessen energische Vorhaltungen, daß eine Verzögerung auf eine Torpedierung des ganzen Konkordienwerks hinausliefe, konnten die Lüneburger und Hamburger nicht sogleich umstimmen[33]). Hamburg benutzte jetzt offenbar die Forderung nach einer großen Lösung dazu, um sich einer überregionalen Verständigung mit den Württembergern zu entziehen; es sah die Sicherung der eigenen konfessionellen Identität und die Zusammenarbeit mit den Nachbarstädten als ausreichend an. So gab Lübeck schließlich zum Verdruß seiner Nachbarn die Bergedorfer Beschlüsse von sich aus nach Rostock weiter[34]).

Andreas Pouchenius und der Fortgang des Einigungswerks

Förderlich für das ganze Unternehmen wirkte sich die Neubesetzung der Lübecker Superintendentur nach jahrelanger Vakanz aus. Nachdem es trotz abermaliger Versuche nicht gelungen war, den Rostocker Professor Backmeister freizubekommen, wurde im März 1575 Andreas Pouchenius aus Braunschweig, Chemnitz' alter Mitstreiter, berufen, der in Lübeck aufgrund der früheren Verhandlungen kein Unbekannter war[35]). Er war theologisch gebildet und kirchenpolitisch versiert und vermittelte so dem Ministerium ein neues Selbstbewußtsein.

Nachdem die Rostocker unter Federführung von David Chyträus die eingegangenen Stellungnahmen in den Text der schwäbischen Konkordie eingearbeitet und sich ebenfalls gegen die Politik der Hamburger und Lüneburger ausgesprochen hatten, berief Lübeck die Räte und Geistlichen der drei Städte nach Mölln ein (1.–12. Juli 1575), um den Dissensus endgültig auszuräumen[36]). Allerdings mußten jetzt die Ratsherren die Kontroverse ausfechten, weil sie durch ihre unterschiedlichen Interessen die Verhärtung herbeigeführt hatten. Den Theologen dagegen gelang unter dem Einfluß des Pouchenius eine rasche Einigung über die endgültige Textgestaltung.

Neu und für den Fortgang der Verhandlungen bedeutsam war der Beschluß, daß die Konkordienartikel als Vorrede der Sammlung der klassischen lutherischen Bekenntnisschriften vorangestellt und das Ganze als Corpus Doctrinae bzw. Konkordienbuch gedruckt werden sollte. Damit waren die Beschlüsse des Lüneburger Konvents von 1561 wieder aufgenommen worden. Lüneburg und Hamburg machten reichsrechtliche Bedenken geltend: Wenn nur die Stände des schwäbischen und niedersächsischen Reichskreises sich auf der Basis einer neuen Lehrformel vereinigten, bestünde die Gefahr, daß die anderen evangelischen Stände mit ihrem Übergewicht im Reichstag sie als Abweichler vom Augsburgischen Bekenntnis hinstellen könnten, so daß sie außerhalb des Religionsfriedens zu stehen kämen. Lübecks Syndikus Hermann Warmböke, der sich schon bislang als eifriger Förderer des Konkordienwerkes hervorgetan hatte, begegnete diesem Einwand durch die Interpretation, es ginge nicht um ein religionspolitisch relevantes Bündnis, sondern um den rein theologischen Vorgang, daß die hiesigen Kirchen und Prediger den Schwaben Übereinstimmung in der Lehre bestätigten.

So wurde ein Kompromiß möglich, der zwar die theologische Substanz des Konkordienwerkes bewahrte, aber dessen kirchenpolitische Zielsetzung abschwächte. Pouchenius stellte auch die innenpolitische Bedeutung des neuen Bekenntnisbuches heraus, weil man auf dieser Basis gemeinsam verstärkt gegen Abweichler, insbesondere gegen die Sakramentierer, die immer wieder in die Städte einsickerten, vorgehen könnte.

Von der schwäbisch-sächsischen zur gesamtlutherischen Konkordie 1577

Mit den Möllner Beschlüssen war der Weg frei für die sog. schwäbisch-sächsische Konkordie, deren Endredaktion Chemnitz vornahm, wobei Pouchenius mit der Abfassung der Vorrede beauftragt wurde[37]). Andreä und die Württemberger zögerten, dem so völlig veränderten Text, der ihnen nach eineinhalb Jahren zurückgeschickt wurde, zuzustimmen, weil die ursprüngliche Konzeption der Konkordie umgestoßen war. Vor allem Lübeck aber hatte darauf bestanden, daß dort ein ebenso förmliches Zustimmungsverfahren wie in Norddeutschland in Gang gesetzt würde, und so bedurfte es längerer Beratungen der Süddeutschen, bevor die Sache weitergehen konnte. Eine abermalige grundlegende Änderung des Textes war nicht sinnvoll, und deswegen gaben die württembergischen Theologen zusammen mit den badischen in der Maulbronner Formel (Januar 1576) ein eigenes Gutachten ab.

Eine kirchenpolitisch neue Wendung ergab sich dadurch, daß nun der Kurfürst August von Sachsen nach der Zurückdrängung des Philippismus sich für das Unternehmen einsetzte und das ebenfalls interessierte Brandenburg hinzuzog. Auf einem von ihm nach Torgau einberufenen Theologenkonvent (Mai/Juni 1576), an dem auch Andreä, Chemnitz und Chyträus teilnahmen, wurden aus einer Kompilation der Schwäbisch-Sächsischen Konkordie und der Maulbronner Formel das sog. Torgische Buch geschaffen, die endgültige Vorform der lutherischen Konkordienformel.

Damit war es gelungen, das norddeutsche Einigungswerk auf andere Gebiete zu übertragen, ohne seine Substanz anzutasten. Zwar trat Lübecks Rolle nun hinter derjenigen der großen Territorien zurück, aber die von ihm seit 1561 zusammen mit Braunschweig verfolgte Konzeption hatte sich durchgesetzt. Es hatte als politische Führungsmacht zusammen mit den Theologen von Braunschweig und Rostock den Vorreiter im niedersächsischen Raum gespielt und so die Flächenstaaten mitgezogen. Deswegen setzte es sich für die Annahme des Torgischen Buches ein, das von Chemnitz persönlich nach Lübeck gebracht und gegenüber Rat und Ministerium erläutert wurde[38]). Auch Pouchenius hatte gegenüber dem Rat für die Annahme des neuen Buches eindringlich plädiert.

Die Bedenken der Lüneburger gegenüber dem Text wurden auf einem Konvent des Ministerium Tripolitanum in Mölln (30. Oktober – 2. November 1576) durch einen sorgfältigen Vergleich mit dem Text der Schwäbisch-Sächsischen Konkordie zerstreut. In einem ausführlichen, von Pouchenius konzipierten Rezeß einigte man sich auf ein Verfahren, das den Charakter der Konkordie als eines bindenden Lehrgesetzes durch eine entsprechende Subskriptionsformel herausstellen sollte[39]): Die beteiligten Stände dürften bei der Annahme des Buches nicht einfach durch eine frei formulierte Verpflichtungsformel die Geltungsweise der Übereinkunft entsprechend ihrer jeweiligen Position relativieren. Diejenigen, die früher anders gelehrt hätten, sollten dies bei ihrer Unterschrift bußfertig anzeigen, damit deutlich würde, daß der lange Streit nicht unnötig gewesen wäre. Im Innern der Territorien sollten alle Prediger und Lehrer auf die neue Formel persönlich verpflichtet werden; um künftige Irrlehre zu verhüten, sollte eine Zensur theologischer Bücher und eine Kontrolle zureisender Fremder verhängt werden. Fraglos nahm damit das Bestreben, die Bekenntniseinheit der drei Städte nach innen und außen hin zu sichern, totalitäre Züge an.

Bekräftigt wurde im Möllner Rezeß ferner der Standpunkt, daß in den drei Städten keine neue Lehre eingeführt, sondern die alte Position beibehalten würde, die in diesen Kirchen von Anfang an gegolten hätte, und daß „noch viel weniger hier mit einige politische confoederation, Verwandtniß, obligation noch etwas äußerliches oder weltliches . . . gesuchet" würde. Das Ganze sollte ein rein theologischer Vorgang sein. Hinter dieser Abwehr möglicher organisatorischer Folgen stand die Sorge, die großen Territorien könnten unter Berufung auf die neue Kirchengemeinschaft die kirchliche Selbständigkeit der Städte antasten. Insbesondere Lüneburg sah hier Anlaß zu Befürchtungen, weil durch die vereinbarten Zwangsmaßnahmen zur Überwachung der Lehreinheit und der Abwehr von Irrlehren eine Generalvisitation im dortigen Herzogtum etabliert werden konnte, welche Eingriffsmöglichkeiten in der Stadt böte. Doch die damit begründeten Bedenken gegen eine Annahme des Torgischen Buches wurden vom Lübecker Rat durch den Hinweis, daß die Rechtslage sich nicht ändern würde, vorläufig zerstreut[40]). So konnte Chemnitz zusammen mit den anderen „Censuren" der Norddeutschen auch diejenige der Hansestädte in den Text einarbeiten, der dann in einer peniblen Redaktionsarbeit, unter Berücksichtigung aller Stellungnahmen, von ihm, Selnecker und Andreä im Mai 1577 im Kloster Bergen fertiggestellt wurde (sog. Bergisches Buch, das ist die heutige Form der Konkordienformel).

Doch noch war das Werk nicht beendet. Der Unermüdlichkeit der Theologen jener Zeit, im Streit ständig neue, einheitsbedrohende Kontroverspunkte festzustellen, korrespondierte die nun aufgewandte Sorgfalt des Konsensusverfahrens. Es war auch hinsichtlich des Kraftaufwandes ein einmaliges Werk, denn nun mußten alle Stände – auch diejenigen, welche wie z. B. die schleswig-holsteinischen Herzogtümer schon das Torgische Buch abgelehnt hatten – noch einmal offiziell wegen ihrer Zustimmung angefragt werden, nachdem man den Plan einer evangelischen Generalsynode als zu riskant fallengelassen hatte. Der Kurfürst von Sachsen forderte den Lübecker Rat auf, auch die benachbarten Städte zur Unterschrift zu bewegen.

Deswegen traf sich das Ministerium Tripolitanum mit Chemnitz in Uelzen zu einer Besprechung der Vorlage (14.–17. Juli 1577), die es billigte, weil in der Substanz nichts geändert sei[41]). Daraufhin stimmte der Lübecker Rat zu, und Pouchenius versammelte am 29. Juli alle Prediger (auch die aus Travemünde und Schlutup) und die Lehrer des Katharineums und ließ sie die Konkordienformel, in der jetzt auch die Verpflichtung auf das alte lutherische Corpus Doctrinae enthalten war, unterschreiben. („Daß diß unser aller Lehr, Glaub vnd Bekentnuß sey . . . , dawieder auch nichtes heimlich noch offentlich reden oder schreiben wollen")[42]). Von Bedeutung für Lübeck war es, daß unter den Ständen, die sich in Niedersachsen auf Anregung des Herzogs Wilhelm von Braunschweig-Lüneburg zur Annahme der Konkordie bereitfanden, auch der Lübecker Bischof Eberhard von Holle war, der zugleich Administrator von Verden und Abt von St. Michael in Lüneburg war, welcher ebenfalls alle Geistlichen und Lehrer seiner Gebiete zur Unterschrift anhielt⁴³). Dadurch war die Reformation des Stifts Lübeck endgültig besiegelt.

Einführung des Konkordienbuches 1580

Probleme gab es noch, weil Pouchenius' Forderung, die in Mölln 1576 beschlossenen Punkte der Subskriptionsformel zusammen mit der Zustimmungserklärung an den sächsischen Kurfürsten zur Berücksichtigung bei der Endfassung weiterzuleiten, in Hamburg und Lüneburg auf Ablehnung stieß. Dort sah man in der Forderung nach einer Bußerklärung der irrenden Theologen und einer namentlichen Verwerfung eine unnötige Belastung der Verständigung⁴⁴). Pouchenius setzte sich zwar schließlich durch, aber im Text der Vorrede wurden die Wünsche der drei Städte nicht berücksichtigt. Nur ihr späterer Einwand von 1579 gegen die Formulierung vom „christlichen" Abschied zu Frankfurt (1558) in der Vorrede führte noch zu einem gewissen Erfolg; in dieser Kleinigkeit kam noch einmal die Animosität gegen den Philippismus zum Ausdruck⁴⁵).

Der Lübecker Rat unterschrieb schließlich das Konkordienbuch (wo er in der Städteliste mit Recht an erster Stelle erscheint, während Bischof Eberhard von Lübeck in der Fürstenliste obenan steht), und am 17. Juli 1580 wurde es mit einem allgemeinen Dankfest feierlich eingeführt. Pouchenius verglich in seiner Festpredigt vor 4000 Teilnehmern das Ergebnis mit der Auffindung des Gesetzbuches durch König Josia (2. Chronik 34): Wie damals gegen alle Entstellung das wahre Gottesgesetz wiederentdeckt worden sei, so habe Gott nun für die Wiederherstellung der reinen Lehre Luthers gesorgt⁴⁶).

Der Rat ließ am 18. Dezember 1580 durch Syndikus Warmböke und den Ratsherrn Heinrich van Stiten, die beide in den vergangenen Jahren die Verhandlungen um das Konkordienwerk geführt hatten, das Buch mit einem besonderen Einband dem Ministerium bei seiner Versammlung in St. Katharinen vorlegen, damit jeder Geistliche und Lehrer sich durch seine Unterschrift darauf als ein „Furbild heilsamer lehr" verpflichtete. Warmböke fügte als Interpretation hinzu, daß dadurch die Bugenhagensche Kirchenordnung „in dem allem geringsten durch diese annehmung . . . nicht geschwecht oder abgethan sein, Sonder neben dieser formula Concordiae, fur vnd fur, bestendiglich, in allen punctis et clausulis, kreftig verbintlich vnd in esse [d. h.: im Zustand wie zuvor] sein vnd bleiben solle"⁴⁷).

Deswegen wurde die damals eingeführte Bekenntnisverpflichtung auf das Konkordienbuch, die zukünftig von jedem neuen Geistlichen und Lehrer gefordert wurde, neben der Verpflichtung auf die Lübecker Konsensusformel von 1560, in der die Kirchenordnung eingeschlossen war, praktiziert. Neben die spezifisch lübische Bekenntnisordnung (die zuletzt 1685 bzw. von den nach auswärts entsandten Geistlichen zuletzt 1852 unterschrieben wurde) trat somit die allgemein lutherische, die bis in die Gegenwart gegolten hat.

Lübeck hatte sich durch sein Engagement in den Lehrstreitigkeiten nach 1548 und im Konkordienwerk nach 1561 in die Reihe der streng lutherischen Kirchen gestellt und dabei gerade gegenüber seinen Nachbarkirchen ein eigenes Profil gewonnen. Dies gilt vor allem im Blick auf Schleswig-Holstein. Dort hatte sich, seitdem Paul von Eitzen 1562 Generalsuperintendent in Schleswig geworden war, ein milder Philippismus durchgesetzt, der sich nach der Ablehnung der Konkordienformel konsolidierte, bis ins 17./18. Jahrhundert vorherrschend blieb und die Entwicklung eines konfessionell einheitlichen Luthertums dort verhinderte[48]). Lübeck galt zwei Jahrhunderte den Zeitgenossen mit Recht als Hochburg der lutherischen Orthodoxie. Ob dies immer der Pflege christlichen Geistes in der Stadt gedient hat, kann schon im Blick auf die Kontroversen des 16. Jahrhunderts bezweifelt werden.

Für die Bewertung der weiteren Kirchengeschichte ergeben sich daraus allerlei kritische Anfragen. Die Reformation, die mit dem Aufbruch einer neuen Frömmigkeit begonnen hatte, war jetzt, im Jahre 1580, zwar gesichert, aber nur in einer erstarrten Form. Die Sicherung der lauteren Verkündigung des Gotteswortes durch die gründliche Arbeit der Theologen hatte zu einer Bekenntnisbildung geführt, deren Inhalte allen Respekt verdienen, deren Formalisierung aber Gefahren für die Lebendigkeit der Verkündigung heraufbeschwor. Das hing mit der politischen Relevanz zusammen, die die neue Lehre von Anfang an gehabt hatte. Denn nur in der Abgrenzung gegenüber dem Fremdartigen meinte man, das Fundament des evangelischen Kirchenwesens bewahren zu können. Und das forderte seinen Preis: die Intoleranz, die das neue Zeitalter prägte. Allerdings wäre es verkehrt, die nach 1580 beginnende Zeit der Orthodoxie nur als doktrinär erstarrt und intolerant abzuwerten. Die in diese Richtung weisenden Tendenzen liegen zwar auf der Hand und bestimmen die nachträgliche Würdigung der Ergebnisse der Reformation. Aber zugleich gilt es, die kräftigen Spuren eines frischen Lebens aus dem Geist des Evangeliums zu würdigen. Diese ambivalente Beurteilung entspricht damit der Verteilung von Licht und Schatten bei der Beurteilung der katholischen Zeit der Lübecker Kirche vor 1530.

III. Teil
Christliche Praxis im Zeitalter von Orthodoxie und Aufklärung

Die Geschichte der frühen Neuzeit ist durch das vielfältige Bemühen geprägt, den Platz der Kirche im öffentlichen Leben und den Stellenwert des Christlichen bei der Gestaltung des Alltags zu bestimmen. Die rechte Zuordnung und Abgrenzung von Christentum und Bürgertum ist die durch die Reformation gestellte Aufgabe. Deswegen treten jetzt Probleme der Praxis in den Vordergrund: die Differenzierung von Staat und Kirche sowie von Individuum und Gemeinschaft (Bürger–Staat, Christ–Kirche). Die absolutistischen Züge des Staatskirchentums haben zunehmend eine Emanzipierung bürgerlich-säkularer Religiosität einerseits, eine institutionelle Verkümmerung des kirchlichen Bereichs andererseits zur Folge. Der allgemein festgestellte Hiatus zwischen Kirche und Christentum ist im späten 18. Jahrhundert der deutlichste Ausdruck dieser Entwicklung.

Probleme der christlichen Lebensgestaltung begegnen in den kirchengeschichtlich relevanten Ereignissen, Strukturen und Ideen auf Schritt und Tritt: so in der Orthodoxie (der Periode institutionell geregelter Kirchlichkeit zwischen etwa 1580 und 1750 mit ihren verschiedenen Phasen); so in der dazu gegenläufigen Bewegung des vielfältigen Nonkonformismus der Schwärmer und Spiritualisten, die sich in Deutschland seit etwa 1675 als Pietismus organisiert, aber in Lübeck kaum Fuß faßt; so schließlich in der hier relativ spät, erst seit 1750/70 sich durchsetzenden Aufklärung, die an die praktische Frömmigkeit des Zeitalters der Orthodoxie durchaus anknüpfen kann und der es um eine rational wie theologisch begründete neue Humanität geht.

Zielen Orthodoxie und Pietismus auf eine spezifisch religiöse Frömmigkeit, auf Leben aus Glauben (sei es kirchlich reglementiert, sei es privat-frei), so ist die Aufklärungsfrömmigkeit säkular in dem Sinne, daß sie sich vordringlich an bürgerlichen Alltagsdingen orientiert, wobei sie teilweise ihre christliche Identität einzubüßen droht. Zwar findet auch hier im Verlauf des 18. Jahrhunderts eine starke Privatisierung der Frömmigkeit in Emanzipation von den Institutionen Staat und Kirche statt, aber allgemein hat das keinen Rückzug in die Innerlichkeit zur Folge, sondern man bezieht sich neu auf die Gestaltung des Gemeinwesens. So bringt die im folgenden behandelte Zeit spezifische Variationen zu unserem Grundthema, der Integration von Christentum und Bürgerexistenz. Davon ist noch das 19. Jahrhundert bestimmt, aber um 1815 ist – nach Revolutionszeit und Befreiungskriegen – auch in kirchengeschichtlicher Hinsicht eine Zäsur festzustellen, die eine neue Periode markiert. Für die Geschichte der Stadt insgesamt bedeutet die Katastrophe der französischen Eroberung 1806 und der folgenden Okkupationszeit einen tiefen Bruch der Kontinuität in wirtschaftlicher und kultureller Hinsicht. Die Zeit nach 1815 ist davon bestimmt, mit den langfristigen Folgen dieses Bruchs fertigzuwerden.

Die politische Entwicklung im 17./18. Jahrhundert ist durch den stetigen Niedergang der einstigen Größe Lübecks gekennzeichnet. Der Zerfall der Hanse ist ein Symptom dafür.

Die Hauptursache liegt im Aufblühen der Territorialstaaten rings um die Ostsee und in der Schwerpunktverlagerung des Welthandels auf die ozeanischen Verbindungen. Der Vergleich mit Hamburg illustriert die Veränderung: Stand Hamburg bislang wirtschaftlich, politisch und kulturell im Schatten Lübecks, so kehren sich seit dem 17./18. Jahrhundert die Relationen um. Jetzt orientiert Lübeck sich an Hamburg; dieses wird eine Weltstadt, jenes verliert seine europäische Geltung. Ein äußerliches Indiz ist die Einwohnerzahl beider Städte. Während Lübeck auf dem im Spätmittelalter erreichten Niveau von ca. 25 000 Einwohnern bis zur Mitte des 19. Jahrhunderts stagniert (und zeitweise im 17./18. Jahrhundert diese Marke unterschreitet), wächst Hamburg von ca. 15 000 Einwohnern im 15. Jahrhundert auf ca. 40 000 Anfang des 17. Jahrhunderts und auf über 100 000 Ende des 18. Jahrhunderts.

Der traditionell stark ausgeprägte Konservativismus lübischer Politik führt unter den Bedingungen der neuen Zeit zu einem unflexiblen Verharren in alten Strukturen. Trotz der mancherlei europäischen Kriege dieses Zeitalters, die auch Lübeck tangieren, herrscht hier immer noch ein beachtlicher Wohlstand, nicht zuletzt deswegen, weil einzelne Kaufleute neue Handelsräume in Rußland und Südwesteuropa erschließen. Das Bild der Stadt bleibt vom Handel geprägt, auch wenn in vieler Hinsicht der Blick enger, provinzieller wird. Gewann Lübeck in kirchlicher Hinsicht während des 16. Jahrhunderts eine überregionale Bedeutung, so reduziert sich diese im Verlauf des 17. Jahrhunderts. Vollends im 18. Jahrhundert ist die lübische Kirchengeschichte auf den engen Raum der Stadt beschränkt.

14. Kapitel
Staatliches und geistliches Kirchenregiment im Konflikt 1580—1620

Die Kämpfe des 16. Jahrhunderts um die Sicherung der konfessionellen Identität waren Ausdruck des Bemühens, die Stadt in einer neuen Einheit von Christentum und Bürgertum als evangelische Lebensgemeinschaft, als vom Wort Gottes her geprägtes Corpus Christianum zu begreifen. Das verstärkte sich im Zeitalter der Orthodoxie, dessen Beginn — auch wenn die Übergänge fließend sind — durch den Abschluß der lutherischen Konkordie 1580 markiert wird. Jetzt verstand sich der Rat als eine auch für kirchliche Ordnung und christliche Lebensart zuständige Obrigkeit. Kraft des von ihm beanspruchten bischöflichen Kirchenregiments unterstanden ihm nicht nur das Schul- und Armenwesen, sondern auch das gesamte Kirchenwesen. Dagegen aber stand der Anspruch der Geistlichkeit, ebenfalls die Kirche zu repräsentieren und — bei allem Willen zur Kooperation — die Eigenständigkeit kirchlicher Arbeit gegenüber dem staatlichen Zugriff zu behaupten.

So wurde die Zuordnung von politischem und geistlichem Regiment im engen Lebensgefüge der Stadt zum Grundproblem der folgenden Periode. Das schon im Mittelalter virulente, im 13./14. Jahrhundert aber weithin geklärte Thema kehrte in neuer Variante wieder. Und wiederum dauerte es konfliktreiche Jahrzehnte, bis mit der obrigkeitlich beherrschten Staatskirche ein modus vivendi gefunden war.

Kirchen- und Sittenzucht als neue Aufgabe

Die durch die Reformation bewirkte neue Integration von bürgerlicher und kirchlicher Sphäre hatte unter anderem zur Folge, daß der geistlichen Sittenzucht, dem Strafamt der Kirche gegenüber moralischen Verfehlungen (aber auch gegenüber dogmatischen Abweichungen) ein neues Gewicht zukam. 1545 hatte der Rat das Konsistorium geschaffen, eine als geistliches Gericht fungierende Kommission, die hauptsächlich für Ehesachen, Kirchenzucht und Überwachung der kirchlichen Ordnungen, aber auch für die Vorbereitung der Berufung von Geistlichen sowie für Disziplinarverfahren zuständig war[1]). Es handelte sich um eine staatliche Behörde, welcher unter dem Vorsitz des ältesten Stadtsyndikus drei Vertreter der städtischen Gerichte (des Niedergerichts für die Stadt, der Wette für das Gewerbe, des Marstalls für das butenstädtische Gebiet innerhalb der Landwehr) angehörten. Der Superintendent war seelsorgerlicher Beisitzer, die Pastoren der Kirchspiele wurden bei Bedarf als Sachverständige hinzugezogen. Das jeweils zuständige weltliche Gericht vollstreckte die Urteile des Konsistoriums, sofern nicht eine Appellation an den Rat als oberste Instanzu diese aufhob. In der Regel tagte das Gremium dreimal jährlich, und zwar im Konsistorialzimmer im Katharinenkloster. Mit ihm war eine Instanz für die Kooperation von Obrigkeit und Geistlichkeit geschaffen worden, deren Bedeutung für die christliche Ordnung des Gemeinwesens sich gerade im 17. Jahrhundert manifestierte. Wie andernorts ein Instrument des Staatskirchentums, entwickelte es sich in Lübeck nicht zu einer Kirchenbehörde mit umfassenden Verwaltungskompetenzen, sondern blieb auf die Kirchenzucht beschränkt.

Neben dieser Gerichtsbarkeit für gravierende Fälle sorgten die Geistlichen für die normale Kirchenzucht, wie sie in der Kirchenordnung vorgesehen war. Andreas Pouchenius (1526–1600), seit 1575 Lübecker Superintendent, ein typischer Vertreter der lutherischen Orthodoxie mit ausgeprägtem kirchlichen Selbstbewußtsein, bemühte sich in hervorragender Weise um die Realisierung einer christlichen Praxis, was sich bei ihm mit Tendenzen zu klerikaler Herrschaft über die Bürger verband. Sein praktisches Geschick bewährte er bei der Visitation des Herzogtums Lauenburg, wozu Franz II. ihn gebeten hatte, um den dortigen Wildwuchs der ohne geregelte Reformation evangelisch gewordenen Gemeinden zu beschneiden[2]). In der Lauenburgischen Kirchenordnung, die Pouchenius 1585 publizierte und die hinfort in den norddeutschen Kirchen als Vorbild für viele Regelungen, insbesondere in Fragen der Gottesdienstordnung genommen wurde, thematisierte er eingehend die Kirchenzucht, und zwar in einer Art, die sich an Lübecker Verfahrensweisen anlehnte bzw. diese in seinem Sinne beeinflußte[3]).

Die Reformation hatte die verschiedenen Kirchenstrafen, eine Quelle ständigen Ärgers für die Bürger, reduziert. Bugenhagens Kirchenordnung konzentrierte alles auf seelsorgerliche Maßnahmen und behielt nur den sog. kleinen Bann bei, den zeitweisen Ausschluß vom Abendmahl und Patenamt. Seit der Mitte des 16. Jahrhunderts setzte sich zunehmend der große Bann, die öffentliche Exkommunikation, wieder durch, und Pouchenius hatte daran durch seine Kirchenordnung und die Lübecker Praxis entscheidenden Anteil[4]). Diese geistlich-richterliche Maßnahme griff dann, wenn ein Gemeindeglied trotz mehrfacher Ermahnung durch seinen Seelsorger, das Ministerium und das Konsistorium unbußfertig blieb. Dann erklärte der zuständige Geistliche öffentlich von der Kanzel es zu einem faulen Glied am Körper der Kirche, was den Ausschluß von allen Amtshandlungen mitsamt den entsprechenden Folgen bewirkte. Die Mitbürger mußten die Gemeinschaft mit einem solcherart geächteten Sünder meiden, und wenn dieser im Zustand der Exkommunikation verstarb, gab es für ihn kein ordnungsgemäßes Begräbnis. Zeigte er dagegen Reue und Besserung und bekräftigte er das durch öffentliches Bekenntnis, dann nahm ihn sein Pastor feierlich im Gottesdienst wieder auf.

Galt der große Bann zunächst nur bei groben Verstößen gegen das Sittengesetz, so wandte man ihn zunehmend im 17. Jahrhundert auch bei offenkundiger Abweichung von der rechten Lehre sowie bei hartnäckiger Verweigerung des Gottesdienstbesuchs und der Teilnahme am Abendmahl an. Die mit dem Ganzen verbundene Diskriminierung förderte die Abneigung gegen den hier hervortretenden Anspruch der Orthodoxie auf geistliche Erziehung des Volkes.

Ein kultur- und literaturgeschichtlich bedeutsames Sittengemälde, welches diese geistlichen Erziehungsinteressen aufschlußreich dokumentiert, lieferte das von dem Lübecker Prediger Johann Stricker 1584 publizierte Theaterstück „De düdesche Schlömer"[5]). Stricker amtierte, bevor er 1584 Burgprediger in Lübeck wurde, als Pastor im ostholsteinischen Grube, hatte dort Einblicke in das ausschweifende Leben der Adeligen gewonnen und polemisierte nun in erbaulicher Form gegen deren Schlemmerei und Unzucht. Ebenso wie in seinem ersten Drama „Adam und Eva" von 1570, das die Folgen des Sündenfalls im menschlichen Verhalten aufwies, versuchte Stricker, Zeitkritik mit evangelischer Sittenzucht zu verbinden.

Konflikte um das geistliche Strafamt

Das geistliche Amt gliederte sich nach zeitgenössischer Auffassung in die beiden Teile des Lehramts und des Strafamts. Da die Prediger mit ihren volkspädagogischen Bemühungen nur allzuoft ins Leere stießen, suchten sie Rückhalt bei der Obrigkeit, um mit Polizeigewalt ihre Vorstellungen von christlicher Lebensart durchzusetzen. Doch diese unterstützte sie zumeist nur halbherzig. 1575 erließ der Rat erstmals eine Verordnung zum Schutz der Sonntagsheiligung, um störende Vorgänge wie Schankbetrieb und Fleischverkauf während der Gottesdienstzeiten zu unterbinden[6]. Zu einem völligen Verbot des sonntäglichen Wirtshausbesuches, wie vom Ministerium gefordert, mochte er sich jedoch nicht durchringen – eine derart rigoristische Frömmigkeit paßte eben nicht zur lübischen Lebensart. Bei dieser Gelegenheit fügte der Rat andere Anweisungen zur Kirchenzucht hinzu, um mit Hilfe des geistlichen Strafamtes diejenigen, die Gottesdienstbesuch und Abendmahlsgang vernachlässigten, sowie die in den Straßen und Krügen lärmenden Trunkenbolde zu belangen. Schließlich wies er die Quartierherren an, „Calvinisten, wiederteufer und andere, so die leute heimlich verfuren" aufzuspüren und auszuweisen. In diesem Mandat von 1575 begegneten die klassischen Themen der Kirchenzucht, die im 17. Jahrhundert dann fortlaufend wiederholt wurden, wobei begreiflicherweise die bürgerlichen Adressaten gegenüber derartigen staatskirchlichen Ordnungsappellen schon bald abstumpften.

Die rigiden Maßnahmen gegen konfessionelle Abweichler (1576 durch ein erneutes Edikt gegen Wiedertäufer und Sakramentierer unterstrichen)[7] paßten in das gewohnte Bild, doch mit den Maßnahmen zur Kirchen- und Sittenzucht begegnete ein neues Element, welches für die folgende Periode der Kirchengeschichte typisch ist. Lübeck sollte, nachdem man den evangelischen Bekenntnisstand gefestigt hatte, nicht nur in dogmatischer Hinsicht als christliche Stadt gelten, sondern auch in moralischer und religiöser Hinsicht. Das entsprach dem reformatorischen Verständnis von Frömmigkeit, wonach Christsein sich nicht in isolierten „guten Werken" und in passiver Teilnahme am Kult erschöpfte, sondern die ganze Existenz prägen sollte. Aber das konnte, wenn man die Verwirklichung der Maximen erzwingen wollte, leicht zu einem unevangelischen religiösen Polizeistaat führen. Da die Obrigkeit nur eingeschränkt bereit war, die Geistlichkeit bei der Durchführung dieses schwer realisierbaren Programms zu unterstützen, kam es im Verlauf der nächsten Jahrzehnte immer wieder zu Konflikten, und zwar zunehmend auch in Fragen der konfessionellen Einheitlichkeit der Stadt.

Die obrigkeitlichen Anordnungen zur Sittenzucht, die nach Möglichkeit auf den inneren Frieden Rücksicht nahmen, zeitigten nur geringen Erfolg. Deswegen forderte das Ministerium im Spätherbst 1578 den Rat erneut, diesmal in einem ausführlichen Memorandum auf, Maßnahmen gegen die Entheiligung des Sonntags, gegen Verletzungen der kirchlichen Lebensordnung, gegen unsittliches Treiben, gegen Unordnung in der Schule u. a. zu ergreifen. (Pouchenius verglich gar die Lübecker Verhältnisse mit dem Augias-Stall!)[8] Aber der Rat gab darauf nur eine hinhaltende Antwort, weil er befürchtete, eine extensiv ausgelegte geistliche Sittenzucht, welche immer neue Lebensgebiete tangierte, könnte auf die Dauer zu bedenklichen Eingriffen der Geistlichkeit in das weltliche Regiment der Obrigkeit und damit zu einer Verschiebung der Herrschaftsverhältnisse führen.

Dem Rat schien unter dem durch die Reformation veränderten Vorzeichen eine Erneuerung der Klerikerherrschaft zu drohen, deren Abbau er im Mittelalter so erfolgreich betrieben hate. Dem mußte er rechtzeitig einen Riegel vorschieben. Andererseits hatten die Prediger den Eindruck, daß weder die Bevölkerung noch die Obrigkeit Gottes Wort, das neue Fundament des evangelischen Gemeinwesens, hinreichend ernstnähmen; und da die Pflege der Religiosität nun einmal nach der Reformation nicht mehr im Kult, sondern auf den Gebieten der Lehre und der Lebensführung ihren Schwerpunkt hatte, mußten sie auf eine spürbare Realisierung der mit dem göttlichen Willen identifizierten kirchlichen Ordnungsvorstellungen drängen, um nicht das Wort Gottes zu einer unerheblichen, rein spirituellen Größe werden zu lasen. Die mittelalterliche Konzentration auf das Kultische hatte schließlich eine schiedlich-friedliche Trennung des weltlichen und geistlichen Herrschaftsbereichs ermöglicht. Die reformatorische Beanspruchung des Alltagslebens als des Feldes der Religion intendierte eine neue Integration von Christlichkeit und Bürgerlichkeit, die eine saubere Trennung beider Regimente unmöglich oder zumindest problematisch machte. Deswegen bekamen die seit 1580 sich anbahnenden Konflikte um scheinbar zweitrangige Fragen eine grundsätzliche Bedeutung für das Verhältnis von Staat und Kirche, Bürgergemeinde und Christengemeinde.

Staatlicher Anspruch auf totale Kirchenhoheit 1582

Pouchenius und die anderen Prediger waren nicht gewillt, die hinhaltende Taktik des Rates zu billigen. Sie hielten die Mißstände für unerträglich, und nachdem eine nochmalige spezifizierte Eingabe an den Rat nichts gefruchtet hatte, polemisierten sie von der Kanzel herab kräftig gegen Unsittlichkeit und Unordnung, griffen dabei aber zunehmend auch den Rat wegen dessen problematischer Duldsamkeit öffentlich an. Ja, sie gingen sogar dazu über, in den sonntäglichen Fürbitten dafür zu beten, daß der Rat bei seiner Gerichtstätigkeit seines von Gott gegebenen Ordnungsamtes walten möge, was dieser als Provokation empfinden mußte. Deswegen schritt der Rat schließlich im Januar 1582 mit einer programmatischen Klärung der Sachlage ein. Er zitierte die Prediger auf das Rathaus und ließ ihnen vom Syndikus Calixt Schein ein ausführliches Dekret vortragen, wie sie sich hinfort allgemein in ihrem Amt gegenüber der Obrigkeit und speziell in den strittigen Einzelfragen zu verhalten hätten[9]).

Der Rat stellte damit unmißverständlich klar, bei wem die Hoheit in kirchlichen Ordnungsfragen läge: An der vom Ministerium kritisierten Praxis der Haustrauungen und der Beerdigung armer Leute durch die Schubande und Schinder wollte er nichts ändern; es sollte gefälligst derlei Dinge seiner Disposition überlassen. Schroff betonte der Rat, daß die Geistlichen für die Wortverkündigung und Sakramentsverwaltung von ihm eingestellt wären und sich deswegen hüten sollten, über die rein dogmatischen Fragen hinaus auch Angelegenheiten des weltlichen Regiments zu behandeln. Derartige Übergriffe sah er in der Tatsache, daß der Superintendent sich bei den Verhandlungen im Konsistorium die „Präeminenz" anmaße und im Katharineum über seine Zuständigkeit hinaus in viele pädagogische Fragen eingreife und dem Rektor Weisungen erteile (s. dazu S. 282). Besonders gravierende Übergriffe aber fand der Rat in der Praxis des Geistlichen Ministeriums, bestimmte Fragen der Gottesdienstordnung ohne Benehmen mit ihm zu regeln (wie z. B. Einsammeln der Gaben, Abkündigen der Paten,

Ruhen der Orgel bei der Taufhandlung, Verbot des übermäßigen Schmucktragens beim Abendmahlsgang). Für derartiges beanspruchte der Rat jetzt eindeutig die Hoheit: „Es sollen auch hierfurder keine ordinationes in des ministerii zusammenkunft beratschlaget und publiciret werden, ohn des rats vorwissen und mitbewilligung". Das war ein staatskirchlicher Anspruch auf das ius liturgicum, der jetzt im Zusammenhang mit der Regelung äußerlicher Ordnungsfragen im Raum der Kirche vorgetragen, in der Folgezeit aber allgemein durchgesetzt wurde.

Scharfer Kritik wurde das Verhalten der Geistlichen unterzogen: ihr Schelten und Fluchen auf der Kanzel, ihr auf bloßes Hörensagen gegründetes Anprangern angeblicher Sünder, ihre Übertreibung bei der Kritik von Mißständen („So wird doch dabei auf der cantzel ... so greulich davon geredet, als wenn Lubeck ein gross hurhauss und nachbar bei nachbar ehebrecher weren"), ihre Einführung neuartiger Gebühren bei Taufe, Trauung und Bestattung – auch der Umstand, daß Prediger gelegentlich Amtshandlungen in angetrunkenem Zustand vollzogen hatten. Wie berechtigt derlei Kritik, die sich auch andernorts findet[10], im einzelnen war, kann nicht mehr festgestellt werden. Deutlich wird, daß der Rat die Amtsführung der Geistlichkeit unter dem Vorwand solcher Kritik stärker unter seine Kontrolle zu bringen suchte.

Pouchenius war jedoch nicht der Mann, eine derartige Abfertigung durch den Ratsyndikus und die Verweigerung der Herausgabe des Wortlauts des Ratsdekrets schweigend hinzunehmen. Mit dem versammelten Ministerium zog er tags darauf auf die Kanzlei und protestierte bei dem Bürgermeister Johann Brokes gegen die ungerechten Anschuldigungen, und dieser spielte die ganze Sache herunter, um Aufsehen in der Stadt zu vermeiden[11]). Dennoch hatte der Vorgang erhebliche Signalwirkung: Die staatliche Kirchenhoheit begründete sich mit ihrem Anspruch auf Totalität und Absolutheit unabhängig von geistlichen Aspekten.

Der Streit zwischen Superintendent und Schulrektor 1581–88

Durch die Reformation war die Schule in bürgerliche Trägerschaft gekommen, aber da sie nach wie vor christlich orientiert war, unterstand sie der geistlichen Aufsicht des Superintendenten. Neben lateinischem Katechismus und Confessio Augustana bildeten seit 1567 die theologischen Lehrbücher Melanchthons und des Urbanus Rhegius Unterrichtsgegenstände[12]). 1571 hatten der Rat und die Schulaufseher dem Katharineum eine neue Ordnung gegeben, welche rechte Lehre und Lebensführung im Sinne von Gottes Wort und Luthers Katechismus zur obersten Maxime erhob[13]). Pouchenius, der früher in Helmstedt und Braunschweig Schulrektor gewesen war, nahm seine diesbezüglichen Aufgaben sehr ernst; er sah die Schule als eine Pflanzstätte der Orthodoxie an und versuchte deshalb, die Lehrer in diesem Sinne zu beeinflussen. Das führte immer wieder zu Querelen. 1576 monierte er die theologische Position der Lehrkräfte, 1579 deren pädagogische Fähigkeiten in einer Weise, die Anstoß erregte[14]).

Eine Quelle neuen Streits um die Befugnisse der Geistlichkeit bildeten die Auseinandersetzungen, die Pouchenius mit dem Rektor des Katharineums Pancratius Crüger führte, den er von Braunschweig her gut kannte und 1581 aus Helmstedt hierher geholt hatte[15]). Dabei spielten persönliche Animositäten zwischen den beiden eigenwilligen Männern, die sich bald nach Crügers Amtsantritt über pädagogischen Auffassungsunterschieden entzweit hatten (Pouchenius tadelte Crügers Modernismus), eine erhebliche Rolle. Doch es ging um mehr, für Pouchenius um das Prinzip der Unterordnung der Schule als einer Pflanzstätte der Christenheit unter die Kirche, weswegen er beanspruchte, daß der Rektor seinen Anweisungen folgen müßte; für Crüger dagegen ging es um die Selbständigkeit des Pädagogen in fachlichen Fragen, z. B. um seine Bevorzugung des modernen Systems des Ramismus gegenüber dem System Melanchthons. Pouchenius hatte als überzeugter Melanchthon-Schüler kein Verständnis für derlei Neuerungen, konnte sie jedoch nicht verhindern. Da Crüger aber nicht nur durch seinen aufklärerischen Humanismus und seine Kritik am Dogmatismus der Theologen, sondern auch durch sein jähzorniges Verhalten gegenüber Schülern und Lehrern, durch die Vernachlässigung des Katechismusunterrichts, durch Unkirchlichkeit und junkerhaften Lebenswandel auffiel, übte Pouchenius gegen ihn das geistliche Strafamt, in dem er ihn öffentlich von der Kanzel herab kritisierte. Das erregte beträchtliches Aufsehen, änderte aber nichts, sondern verhärtete nur die Fronten, wobei beide ihre Parteigänger im Rat wie in der Bürgerschaft hatten.

Um diese unselige, jahrelang sich hinziehende Konfrontation abzubauen, unternahm schließlich der Marienpastor Michael Rhau 1586 einen Vermittlungsversuch, der aber an Crügers Weigerung, dem Superintendenten förmliche Abbitte zu leisten, scheiterte. Daraufhin schloß Rhau ihn als notorischen Unruhestifter vom Abendmahl aus und rügte öffentlich die schlechten Schulzustände, wogegen Crüger beim Rat protestierte, weil dadurch entgegen den Bestimmungen der Kirchenordnung sein Ansehen geschändet würde. Der Rat sah sich zum Einschreiten genötigt und setzte eine Kommission zur Verhandlung über die beiderseitigen Beschwerden ein, die nach langem Hin und Her (wobei sogar die Universität Tübingen mit einem Gutachten eingeschaltet wurde) im Oktober 1588 mit einem Schuldspruch für Crüger endete, so daß der Rat ihn aus seinem Amt entließ.

Die grundsätzliche Bedeutung des ganzen Falles liegt — abgesehen von dem Konflikt um die Schulaufsicht des Superintendenten — in dem Streit um die Kompetenzen des geistlichen Strafamtes. Crüger hatte sich über die Art beschwert, wie er persönlich angegriffen worden sei, obwohl doch die Prediger keinen Namen nennen, sondern nur die Sünden allgemein strafen dürften. Das nahm der Rat zum Anlaß, um zusammen mit der Absetzung Crügers ein Dekret über die moderate Anwendung des Strafamtes zu erlassen; und nach einem Einspruch des Ministeriums gab er im Dezember 1588 eine ausführliche Erklärung zu diesem Thema ab, die der seit 1582 deutlich gewordenen staatskirchlichen Tendenz zur Beschränkung der geistlichen Autonomie in Ordnungsfragen entsprach[16]).

Danach sollten die Prediger hinfort nur noch solche Fälle auf der Kanzel anprangern dürfen, wo die Sündhaftigkeit notorisch und für jedermann erkennbar wäre wie bei Gotteslästerern, Häretikern, Totschlägern, Meineidigen, Blutschändern und überführten Ehebrechern; wo eine Verfehlung dagegen nicht notorisch und öffentlich manifest sei, sollten die Prediger schweigen und eine Prüfung des Sachverhalts dem Konsistorium überlassen, wenn die Bürgermeister dieses einschalteten. So beanspruchte der Rat die Kontrolle über die von der Geistlichkeit ausgeübte Sittenzucht, was deren Freiraum zu öffentlicher Kritik beträchtlich einengen mußte. Da die Prediger sich damit nicht abfanden, kam es zwangsläufig auch weiterhin immer wieder zu Konflikten.

Bürgerliche Opposition gegen die Ratsautokratie 1598—1605

Die staatskirchlichen Bestrebungen des Rates, für die Kontrolle der inneren Ordnung eine absolute Verfügungsgewalt über das Kirchenregiment zu bekommen, waren nur Teil einer umfassenderen Entwicklung, in der sich die alte aristokratische Ratsherrschaft, die auf der mittelalterlichen Verfassungskonzeption von der Bürgergemeinschaft basierte, im Sinne der jetzt aufkommenden absolutistischen Staatstheorien und analog zum Ausbau der Fürstenmacht als souveräne, uneingeschränkte Staatsgewalt neu zu begründen trachtete. Gegen derartige absolutistische Tendenzen hatte die Geistlichkeit bereits protestiert. Jetzt kam es zunehmend auch zu Unruhen in der Bürgerschaft, wobei sich jedoch beide Oppositionsbewegungen nicht miteinander verbanden, weil man die tieferen Zusammenhänge nicht erkannte. Anders als in der Reformationszeit konvergierten bürgerliches Emanzipationsstreben und geistliche Selbstbehauptung nicht mehr, weil die kirchlichen Belange inzwischen kaum noch als eine auch die vitalen Interessen der Bürger tangierende Angelegenheit, sondern als primär in die Zuständigkeit der neu profilierten Kleriker gehörig begriffen wurden.

Zu den latenten verfassungspolitischen Spannungen und den wirtschaftlichen Schwierigkeiten der letzten Jahrzehnte kam 1598 mit dem Konflikt zwischen Lübeck und Schweden ein außenpolitischer Anlaß, der langanhaltende bürgerliche Unruhen hervorrief. Deren Träger war nicht die gesamte Bürgerschaft, auch nicht die Schicht der Handwerker und kleinen Leute, sondern die Oberschicht der vom Stadtregiment ausgeschlossenen Kaufleute[17]. Die Führer der Opposition gehörten zumeist der vornehmen Kaufleute-Kompagnie an, ihre Sprecher waren die beiden Juristen Hinrich Brokes und Hinrich Reiser. Angesichts der außenpolitischen Bedrängnisse Lübecks protestierten sie dagegen, daß der Rat Zusammenkünfte der Bürger zur Beratung über ihre Interessenvertretung nicht duldete und daß er allein über die Lebensfragen der Stadt entscheiden wollte, wo doch „ein Erb. Rath und die Bürger coniunctim und nicht der Rath allein einen standt des Reichs" bildeten[18].

Angesichts der prekären Situation bewilligte der Rat 1599 die Bildung eines Bürgerausschusses, der vorübergehend an der Führung der Regierungsgeschäfte beteiligt wurde und sich auch um die Behebung innerer Mißstände kümmerte. Der Ausschuß legte 64 Gravamina vor, unter denen kleinere kirchliche Mißstände (z. B. bei den Begräbnissen, beim Glockenläuten, bei der Verwaltung der Klostergüter von St. Johannis) voranstanden. Daß es vor allem um bürgerliche Mitwirkung bei der inneren Verwaltung ging, zeigte auch das Bemühen des Ausschusses um die Wiederbesetzung der Superintendentur nach Pouchenius' Tod (13. Oktober 1600)[19]. Neben Steuerfragen spielten die sozialen Mißstände in einer Zeit, wo infolge der jahrzehntelangen Geldentwertung die Armut entsprechend angewachsen war, eine bedeutsame Rolle.

Der grundsätzliche verfassungsrechtliche Aspekt des Streits trat in dem Dissensus über die Form des Bürgereides zutage[20]. Bei der Frage, ob der Gehorsamseid nur dem Rat oder dem Rat und der Stadt geleistet werden müßte, ging es um die Grundsatzfrage, wer der Träger der Staatssouveränität wäre, ob Rat und Bürger durch ein gegenseitiges Treueverhältnis einander verpflichtet wären oder ein einseitiges Über- und Unterordnungsverhältnis wie in den Fürstenstaaten bestünde. Der Kompromiß vom Jahre 1600, die Bürger auf Rat und Stadt zu verpflichten, schrieb die bisher geübte Praxis fest und bekräftigte damit gegen einen neuzeitlichen Absolutismus (wie ihn ein Teil der Ratsaristokratie unter Führung des Bürgermeisters Gotthard von Höveln anstrebte) die mittelalterliche Verfassungsbasis. Von einer Umwandlung der Ratsaristokratie in eine bürgerliche Demokratie konnte keine Rede sein, sie wurde auch vom Ausschuß nicht angestrebt. Doch die verfassungsrechtlichen Grundsatzfragen blieben während des ganzen 17. Jahrhunderts virulent und bildeten auch den Hintergrund der Konflikte zwischen Kirche und Staat.

Es gehört zu den bitteren Ironien der Geschichte, daß die Lübecker Prediger sich dieser bürgerlichen Opposition gegen einen obrigkeitlichen Absolutismus, die ja ihrem Widerstand durchaus entsprach, nicht nur nicht anschlossen, sondern einige von ihnen sie sogar als Aufruhr gegen die von Gott gesetzte Obrigkeit und als Bruch des Bürgereides seit 1599 öffentlich brandmarkten. Dabei taten sich die Domprediger Joachim Dobbin, Matthias Krumtinger und Georg Scherenhagen als Parteigänger des alten autokratischen Bürgermeisters Gotthard von Höveln besonders hervor. Demgegenüber beriefen sich die Bürger zu Recht auf Luther und andere Theologen, nach deren Lehre es kein Aufruhr wäre, wenn sie Mißstände in der Jurisdiktion und Staatsverwaltung beseitigen wollten, ohne die Hoheit des Rats generell anzutasten. Im Verlauf des Jahres 1601 kam es zu heftigen Auseinandersetzungen zwischen Krumtinger und Reiser, weil jener die Gemeinde gegen die angeblichen Machenschaften der Ausschußbürger mobilisieren wollte. Nach einem scharfen Protestschreiben des Ausschusses an das Geistliche Ministerium und nachdem der Rat diesem gegenüber die Legalität der bürgerlichen Bestrebungen bekräftigt hatte, beruhigten die Prediger sich[21]).

Als ganzes verhielt das Ministerium sich eher passiv und erwies sich so in einer kritischen Situation als unfähig, über den engen Horizont seiner amtskirchlichen Probleme hinaus politische Grundfragen des Gemeinwesens mitzubedenken. Dazu trug eine konservative Obrigkeitslehre nicht wenig bei.

Reform der Sozialfürsorge 1601/02

Verfassungsrechtliche Konsequenzen brachte die Bürgeropposition nicht, nachdem die Ratsergänzung 1601 in kluger Weise die Neuerer berücksichtigt hatte. Der Rezeß von 1605 regelte Detailfragen von Verwaltung, Handel und Gewerbe, der Streit um die Form des Bürgereides war durch den Kompromiß des Jahres 1600 beigelegt. Das kirchengeschichtlich wichtigste Ergebnis war die Reform der Armenfürsorge von 1601/02.

Durch die Reformation war die Sozialarbeit, intensiviert auf allen Gebieten, zu einer bürgerlich-christlichen Aufgabe des ganzen Gemeinwesens geworden. An der spezifisch kirchlichen, parochial organisierten Armenpflege waren die Bürger durch das Wirken der Armendiakone beteiligt, die in den Gottesdiensten die freiwilligen Gaben einsammelten und diese regelmäßig verteilten[22]). Infolge der enorm gestiegenen Lebenshaltungskosten bei weitgehend gleichbleibenden Löhnen war die Verelendung breiter Bevölkerungsschichten in einem Maße gestiegen, mit welchem die finanziell ohnehin recht schwache Fürsorge der Kirchspiele nicht Schritt halten konnte. Auch die bisherigen milden Stiftungen und städtischen Versorgungseinrichtungen reichten nicht mehr aus. Hinzu kam – im Zusammenhang der Opposition gegen die alte Ratsherrschaft – das Drängen der Bürger nach größerer Mitsprache auf diesem für das Gemeinwohl so wichtigen Feld. Deswegen verständigte man sich auf einige Maßnahmen, die zwar keine radikale Änderung der bisherigen Verhältnisse, wohl aber Ansätze zu einer besseren Verwaltung der Sozialfürsorge brachten.

1601 vereinbarten Rat und Bürger eine neue Armenordnung (diejenige von 1596 war wirkungslos geblieben), wofür der Ausschuß eine umfangreiche Vorlage erarbeitet hatte, die auch mit dem Geistlichen Ministerium diskutiert worden war. Danach wurde im Annenkloster, das seit der Reformation ungenutzt leerstand, ein Armenhaus mit verschiedenen Abteilungen eingerichtet, und zehn Bürger wurden als Provisoren mit der Leitung dieser Anstalt betraut. Dadurch entstand erstmals eine rein bürgerliche Fürsorgeeinrichtung, wobei dem Rat ein Verzicht auf hoheitliche Rechte deswegen relativ leicht fiel, weil seine Mitglieder seit 1530 an der Verwaltung des Annenklosters nicht mehr beteiligt waren. Finanziert wurde das Ganze aus dem alten Klostervermögen. In das neue Armenhaus wurden die in der Stadt aufgegriffenen Bettler eingewiesen (hier lag das aktuelle Interesse der Neuordnung), wobei die Arbeitsfähigen unter ihnen im Werkhaus beschäftigt wurden, während die Kranken und Arbeitsunfähigen im Hospital verpflegt und versorgt wurden. Zusätzlich richtete man ein Waisenhaus und eine wöchentliche zentrale Almosenverteilung für die in der Stadt verstreuten Armen ein, welche sich aus den kirchlichen Spenden und sonstigen privaten Gaben finanzierte[23]). Das Werkhaus war eines der ersten dieser Art in Deutschland. Im Jahre 1613 wurde das angrenzende Von-Stiten-Armenhaus in ein Arbeits-Zuchthaus für soziale Problemfälle (auch für ungeratene Kinder!) umgewandelt und dem St. Annenkloster angegliedert, wodurch der mildtätige Charakter des ganzen Komplexes in ein eigenartiges Licht rückte. Doch Sozialfürsorge erwuchs damals eben nicht nur aus christlicher Verantwortung für den armen Nächsten, sondern war als Ordnungsmaßnahme für den Bestand des Gemeinwesens wichtig. Die seit 1542 als Speicher profanierte Klosterkirche wurde jetzt als Kirche der Armenanstalt wieder hergerichtet. Als Prediger und Seelsorger fungierten außer dem Präzeptor (Hauslehrer) des Klosters, der für den Unterricht der Waisenkinder angestellt wurde, vier Kandidaten des Geistlichen Ministeriums.

Bürgerliche Hospitalverwaltung

Bürgerliche Mitverwaltung erstrebte der Ausschuß auch für die dem Rat unterstehenden Hospitäler. Die Vorsteherschaft für das reich begüterte Heiligen-Geist-Hospital lag seit jeher in den Händen der beiden ältesten Bürgermeister, die auf Lebenszeit amtierten. Allerlei Mißstände der Verwaltung empfanden die Bürger als ärgerlich, ohne es aber ändern zu können. Gegen den hartnäckigen Widerstand des Bürgermeisters Höveln setzte der Bürgerausschuß durch, daß 1602 zusammen mit einer neuen Hospitalordnung ein Rezeß vereinbart wurde, wonach nunmehr vier Bürger als Vorsteher auf Zeit gewählt und den beiden Bürgermeistern, welche weiterhin das staatliche Hoheitsrecht (z. B. die Gerichtsbarkeit) ausübten, beigeordnet wurden, um die interne Verwaltung und den Wirtschaftsbetrieb des Hospitals zu überwachen[24]). Mit dieser vom Rat zunächst argwöhnisch betrachteten bürgerlichen Mitbestimmung, die analog auch für das Siechenspital zu St. Jürgen galt, kam ein ungewohntes Element der Kooperation zwischen Obrigkeit und Gemeinde auf dem Gebiet der Sozialfürsorge zur Geltung. Gerade hier entwickelte die Bürgerschaft fortan verstärkt eine rege Mitverantwortung, die ihr ansonsten für die staatlichen Behörden verwehrt blieb[25]).

Schon 1601 hatte das Heiligen-Geist-Hospital eine neue Hausordnung bekommen, die die seit dem Mittelalter vorgeschriebene klosterähnliche Zucht zugunsten einer stärkeren Weltoffenheit dem Geist der neuen Zeit anpaßte. Nach wie vor blieb das Hospital jedoch ein abgeschlossener eigener Lebensraum, was auch in den speziellen Gottesdiensten zum Ausdruck kam, die – nachdem die 1531 eingeführte Zuordnung zur Jakobikirche mancherlei Unzuträglichkeiten gebracht hatte – der Prediger der Burgkirche in der nach der längeren Nichtbenutzung renovierten Hospitalkirche hielt, während die täglichen Betstunden von einem Lektor versehen wurden[26]). Der geistliche Charakter der Hospitäler hatte sich im Laufe der Zeit zwar stark abgeschliffen, aber Grundelemente eines religiösen Lebens blieben in der neuen Ordnung mit der Verpflichtung zu christlichem Lebenswandel und regelmäßigem Gottesdienstbesuch.

Pfarrerwahl, Bürgereid, Kirchenverfassung

Ein profilierter Teil der Kirchenhoheit war und blieb die Wahl und Einsetzung von Predigern und Pastoren, einer der wesentlichen Kontroverspunkte, die seinerzeit die Reformation auslösten. Der Kirchenordnung Bugenhagens gemäß sollte die Wahl von Gemeinde und Geistlichkeit gemeinsam durchgeführt werden, aber das war infolge des obrigkeitlichen Kirchenregiments nach 1535 modifiziert worden. Einen der fünf Pastoren wählten jeweils die vier vom Rat ernannten Vorsteher der betreffenden Kirche (in der Regel zwei Ratsherren) sowie der Superintendent und die anderen vier Pastoren, sofern deren Ämter nicht vakant waren. Eine Beteiligung der Gemeinde gab es nur bei der Wahl eines Predigers (Diaconus), wo die bürgerlichen Diakonen (in der Regel sechs) außer den Vorstehern und sämtlichen Pastoren mitbestimmten.

Naturgemäß blieben Differenzen über die Eignung der Kandidaten bei den Wahlvorgängen nicht aus, wobei zumeist die Ratsvertreter ihre Vorstellungen durchsetzten. Deswegen thematisierte das Ministerium diese Frage in einem Memorandum an den Rat im Jahre 1596 grundsätzlich, um ein gemeinschaftlich-einvernehmliches Handeln der drei Stände Obrigkeit, Geistlichkeit, Gemeinde sicherzustellen[27]). Insbesondere wehrte es sich gegen die Praxis, daß bei Unstimmigkeiten der Rat über den Kopf des Ministeriums hinweg entschied, doch es erreichte damit nichts. Der Rat war nicht gewillt, seine Hoheitsrechte in dieser für die innere Ordnung der Stadt wichtigen Frage beschneiden zu lassen, hatte er doch darum im Mittelalter immer wieder vergeblich gekämpft.

Zum Bestreben des Rates, die Geistlichen als seine weisungsgebundenen Beamten in den Staat einzuordnen, gehörte auch die Regelung, sie den Bürgereid schwören zu lassen, wenn sie ein Predigeramt antraten bzw. einen eigenen Hausstand gründeten. Das hatte es so im 16. Jahrhundert noch nicht gegeben, worin die mittelalterliche Auffassung von der Autonomie und rechtlichen Exemtion des Klerus fortwirkte. Die Steuerfreiheit der Geistlichen war nur ein, wenn auch wesentlicher Aspekt dieser Rechtslage.

Als im Jahre 1610 der Rat daran Anstoß nahm, daß einige Geistliche sich verheiratet hätten, ohne den Bürgereid zu leisten, und der für die Kämmerei zuständige Ratsherr Hinrich Brokes diese aufforderte, gleich anderen Bürgern des gelehrten Standes das Bürgerrecht zu gewinnen und dem Rat Gehorsam zu schwören, kam es zum Streit darüber, ob ein solches Ansinnen berechtigt wäre. Das Ministerium hielt sich dabei zurück. Während einige Prediger zur Eidesleistung bereit waren, polemisierten andere (namentlich der Marienprediger Sebastian Schwan) gegen diese unerhörte Neuerung, die die Besonderheit des geistlichen Standes nivelliere. Doch der Rat setzte sich durch und erließ 1612 ein allgemeines Dekret, das von den Geistlichen den Bürgereid forderte, sie aber von der Steuerpflicht weiterhin befreite. Als im selben Jahr der junge Magister Peter Sinknecht (der später wegen kirchenkritisch-spiritualistischer Tendenzen Anstoß erregte) zum Diaconus an St. Ägidien berufen werden sollte, dabei aber das Ratsdekret mit heftigen Worten als unchristlich angriff, machte man auf Brokes' Druck hin die Wahl sofort rückgängig[28]). Seitdem wurde allmählich die Eidesleistung zu einer gewohnten Praxis.

Die seit einiger Zeit vermehrt auftretenden Konflikte veranlaßten den Rat, der sich gegen alle Änderungswünsche der Geistlichen stets auf „die Kirchenordnung" berufen hatte (womit er die geltende Praxis, nicht den Bugenhagen'schen Text meinte), im Jahre 1620, als er über eine der Geldentwertung Rechnung tragende Besoldungserhöhung für die Geistlichen beriet, dem Ministerium Verhandlungen über eine Revision des Textes von 1531 vorzuschlagen, wozu er seinerseits eine Zusammenstellung von Punkten, die der Änderung bedurften, vorlegte[29]). Er hatte dabei vor allem die zeremoniellen Fragen des gottesdienstlichen Lebens im Sinn, um ein einheitliches Vorgehen der Geistlichen sicherzustellen und die zum Teil ärgerlichen öffentlichen Diskussionen über die sinngemäße Anwendung der alten Ordnung zu unterbinden. Die grundsätzliche Bedeutung der Bugenhagen-Ordnung, die er schon 1580 bei der Einführung des Konkordienbuches bekräftigt hatte, stand ihm auch jetzt außer Zweifel. Doch als das Ministerium Anstalten machte, unter Berufung auf die Ordnung von 1531 die staatskirchliche Verfassungswirklichkeit zu korrigieren, erlahmte das Interesse des Rates jählings, und er ließ die Sache einschlafen, weil nach Auffassung der Mehrheit im Rat gar keine Mitzuständigkeit des Ministeriums gegeben war.

Diese Episode illustriert gut, wie absolutistisch der Rat seine obrigkeitliche Kirchenhoheit verstand. Der Wunsch nach einer Reform der Kirchenverfassung blieb zwar auch fortan lebendig (er wurde z. B. noch 1670 im Konsistorium vorgetragen), hatte aber keinerlei Realisierungschancen. Die Praxis hatte sich so eingespielt, daß der Rat keine Verfassungstexte brauchen konnte, die im Konfliktfall nur hinderlich wirkten.

Bleibender Gegensatz zum Calvinismus

Seit den innerevangelischen Lehrstreitigkeiten nach 1548 war man in Lübeck empfindlich gegen theologische Abweichungen vom Luthertum, gegen die mancherlei evangelischen Positionen, die die Kirchenbildung in Oberdeutschland und Westeuropa prägten, insbesondere seit dem Abendmahlsstreit und seit der Konkordienformel gegen den Calvinismus. (Zu den Vorgängen von 1554 s. S. 251 f). Seit dem Augsburger Religionsfrieden waren die Anhänger der reformierten Lehre reichsrechtlich nicht zugelassen, doch sie versuchten konsequent, sich durch eine weite Auslegung des Begriffs der „Augsburger Konfessionsverwandten" eine Rechtsbasis zu verschaffen. Überall war diese Position im Vormarsch; schon waren die Kurpfalz, Nassau, Bremen, Ostfriesland und andere Grafschaften calvinistisch geworden, und nicht nur in Lübeck betrachtete man diese Entwicklung mit Sorge.

Als 1583 ein schwedischer Diplomat, der Jurist Zacharias Veling, bei seinem Aufenthalt in Lübeck calvinistische Bücher zu verbreiten suchte und die lutherische Abendmahlslehre und -praxis als kryptokatholisch angriff, schritten Superintendent und Rat sogleich scharf ein. Pouchenius hielt mit Veling ein Kolloquium, um in der Öffentlichkeit aufkommende Zweifel hinsichtlich der Berechtigung des eigenen konfessionellen Standpunktes im Ansatz auszuräumen, und Veling blieb nur darum unbehelligt, weil er bald darauf die Stadt ohnehin verließ[30]).

Calvinistischen Exulanten aus den Niederlanden, die wegen der blutigen Unterdrückungspolitik des Herzogs Alba in den Jahren 1567–73 aus ihrer Heimat geflohen waren und in Lübeck als Kaufleute oder Handwerker unterkommen wollten, verweigerten Rat und Geistlichkeit das Asyl, um die konfessionelle Homogenität der Stadt nicht zu gefährden[31]). Der Krieg der Spanier gegen die aufständischen Niederländer tangierte die Handelsinteressen der Hansestädte zumal dann, als 1584/85 Ostfriesland betroffen war und den niedersächsischen Reichskreis, in dem Lübeck als einzige Hansestadt vertreten war, um Hilfe gegen die Spanier bat. Doch die Religionsfrage, die Unterstützung der gefährdeten Evangelischen gegen die brutale spanische Rekatholisierung, spielte für Lübeck keine Rolle, zum einen weil die Bedrohten als Häretiker galten und zum anderen weil man an einer Sicherung des Westhandels und darum an gütlicher Verständigung mit den Spaniern interessiert war[32]).

Mißtrauisch hatte man seit den Verhandlungen um die lutherische Konkordie die Konfessionspolitik in Holstein und Schleswig beobachtet, wo man von einem philippistischen Standpunkt her auch für den Calvinismus aufgeschlossen war und gegen das strenge Luthertum polemisierte[33]). Eine derartige Polemik des herzoglichen Rates Johann von Münster, der in einem Pamphlet die Lutheraner schwer angegriffen hatte, nahm 1612 der Petriprediger Caspar Holsten zum Anlaß, in einer anonymen Schrift die Holsteiner des Calvinismus zu bezichtigen und gleichzeitig die theologischen Fakultäten sowie die Ministerien der Hansestädte um Stellungnahmen zu bitten. Dadurch zog die Sache Kreise, denn ihre politische Brisanz lag ja darin, daß man Holstein seitens des Reiches vorwerfen konnte, den Boden des geltenden Religionsfriedens zu verlassen. Herzog Johann Adolph verwahrte sich deshalb gegenüber dem Lübecker Rat in scharfer Form, und nun gab es in Lübeck bis 1614 heftige Diskussionen um die Berechtigung dieses nicht mit dem Ministerium abgesprochenen Alleingangs eines einzelnen Predigers. Schließlich aber verlief die ganze Angelegenheit im Sande[34]). Ihre Bedeutung liegt darin, daß sie illustriert, wie gespannt das Verhältnis der Lutheraner zum Calvinismus nach wie vor war.

Bündnispolitik und Konfessionalismus 1613/14

1613 bekam Lübeck nach langer Vakanz wieder einen Superintendenten als Nachfolger des 1600 verstorbenen Pouchenius. Es war Georg Stampelius (1561–1622), zuvor Professor für orientalische Sprachen in Frankfurt/Oder, ein alter Studienfreund des Bürgermeisters Hinrich Brokes, von diesem 1611 als Pastor nach St. Petri geholt, nachdem damals der Versuch, ihn zum Superintendenten zu machen, fehlgeschlagen war[35]). Stampelius' Berufung stieß auf Widerstand bei vielen Predigern, die keinen Auswärtigen haben wollten und sich selber zurückgesetzt fühlten; auch schien er ihnen als ein irenischer Theologe und als Freund des Bürgermeisters zu wenig aufgeschlossen für die Interessen der konfessionell und klerikal auf Eigenständigkeit bedachten Geistlichkeit. Doch trotz dieser Opposition schaffte Brokes es, als der 1611 zum Superintendenten gewählte Christoph Butelius aus Stettin noch vor Amtsantritt verstarb, Stampelius die Kirchenleitung zu übertragen. Damit zog ein anderer Geist ein, als unter dem streitbaren Pouchenius geherrscht hatte.

Die handelspolitische Situation Lübecks hatte sich seit geraumer Zeit zunehmend verschlechtert. Vielfältige Ursachen spielten bei dieser Entwicklung eine Rolle, der Aufschwung des Überseehandels mit den Kolonien, der Gegensatz zu Dänemark und Schweden, die zunehmende Konkurrenz der Holländer und Engländer, die Verselbständigung der östlichen Hansestädte um Danzig und Stettin[36]). Zumal gegen Christian IV. von Dänemark, der die hansischen Freiheiten konsequent eingeschränkt hatte und mit dem Sundzoll den Handel empfindlich störte, schien eine gemeinsame Aktion mit den Holländern erfolgversprechend. Deswegen schloß Lübeck auf Betreiben von Hinrich Brokes – nachdem andere Hansestädte wie Rostock, Wismar und Hamburg, Bremen einen Beitritt abgelehnt hatten – 1613 mit den souverän gewordenen niederländischen Generalstaaten einen Bündnisvertrag zur Sicherung der freien Schiffahrt in Nord- und Ostsee[37]). Da der Vertrag eine Kooperation beider Partner vorsah, mußte er auch die schwierige Frage der konfessionellen Differenz regeln (in Artikel 10): „Den Unterthanen der an dieser Vereinigung Anteil nehmenden Städte soll wechselseitig das Bürgerrecht zugestanden werden, ohne Unterschied der Religion, falls sie sich nur zu einer solchen bekennen, welche im Heiligen Römischen Reiche recipiret und zugelassen ist". Damit war die Ansiedlung von Calvinisten in Lübeck möglich geworden, auch wenn ihnen die öffentliche Ausübung ihres Gottesdienstes keineswegs eingeräumt war.

Diese realpolitisch bedingte Abkehr des Rates von den bisherigen Grundsätzen konfessioneller Uniformität rief nun Empörung bei vielen Bürgern, insbesondere bei den Geistlichen hervor, zu deren Sprecher sich zunächst der Marienprediger Anton Burchard machte[38]). Bei seinen Donnerstagspredigten griff er 1613 in Anwesenheit zahlreicher Ratsherren das Bündnis mit Angehörigen einer fremden Religion als gottlos an (wobei er den Propheten Nahum mit seinen Drohungen über das dem Verderben ausgelieferte Ninive auslegte). Auch die Kollegen Burchards an St. Marien, der Pastor Stolterfoth und der Prediger Schwan kritisierten öffentlich das Bündnis. Als Stampelius Superintendent geworden war und nach Michaelis die vorgeschriebenen Katechismuspredigten zu halten hatte, trug er dabei seine entgegengesetzte Auffassung vor, daß man in dieser Sache dem politischen Kalkül der Obrigkeit zu folgen habe. Das entsprach seiner theologischen Position, mußte aber angesichts seiner engen Verbindung zu Bürgermeister Brokes als Nachgiebigkeit gegenüber der Obrigkeit erscheinen, zumal Brokes ihn aufgefordert hatte, gegen Burchard Stellung zu nehmen.

Streit Burchard–Stampelius

Nun spaltete sich die Geistlichkeit wie die Bürgerschaft in zwei Lager, und es kam zu heftigen Auseinandersetzungen, in deren Verlauf Burchard den Superintendenten wie den Rat öffentlich von der Kanzel als Sünder strafte und zur Buße aufrief. Daraufhin zitierte der Rat die Geistlichen auf die Kanzlei und verbot ihnen, fernerhin über die Bündnisfrage zu predigen. Ihm lag daran, daß Ruhe in der Bevölkerung herrsche und seine politischen Pläne nicht durch religiöse Querulanten durchkreuzt würden, wenn die

Holländer von dem Widerstand erführen. Doch sein Diskussionsverbot nützte nichts, dazu waren die allseits geweckten Emotionen zu stark, und so forderte er Anfang 1614 schriftliche Darlegungen der konträren Positionen. Stampelius lieferte einen theologisch fundierten, abgewogenen Traktat über Bündnisse und Zusammenleben unter Menschen verschiedener Religion in lateinischer Sprache. Burchard, ein persönlich integrer, aber intoleranter Streiter für das lutherische Bekenntnis, reichte ein umfangreiches, leidenschaftliches „Kurtz Bekentnuß oder Buß vnd Warnungs prediget" ein[39]).

Burchard verwarf jegliche Gemeinschaft zwischen Lutheranern und anderen Konfessionen, auch im politischen Bereich, und berief sich dafür nicht ungeschickt auf die diversen Ratsmandate gegen die „Sakramentierer". Er wandte sich gegen eine Beeinflussung von Theologie und kirchlichem Leben durch die Politik, plädierte also durchaus im Sinne der Orthodoxie für die Autonomie des religiösen Bereichs, was in diesem Fall freilich zu einer Einschränkung des politischen Handelns führen mußte. Stampelius dagegen hielt dies für eine unzulässige Vermischung der beiden Regimente und plädierte für eine Unterscheidung zwischen staatlichen und kirchlichen Erfordernissen. Der Staat habe ein politisches Gut zum Zweck, die Kirche als Religionsgemeinschaft dagegen ein geistliches Gut; deswegen gebe es Staatsinteressen, die sich mit den kirchlichen nicht deckten, ihnen aber auch nicht widersprächen, wie dies bei der Bündnisfrage der Fall wäre, welche lediglich auf äußerliche Vorteile abziele, die Religion aber nicht tangiere.

In dieser strikten Trennung der Bereiche Politik und Religion, die die Politik beinah wertneutral erscheinen ließ, zeigte sich bei Stampelius eine typisch neuzeitliche Position. Dies galt auch für seine Irenik hinsichtlich des Zusammenlebens der Konfessionen in Lübeck, die mit der bisherigen Tradition brach: In einer weltoffenen Handelsstadt mit vielfältigen Verbindungen müßten auch Andersgläubige leben können, und zwar nicht nur als einzelne, sondern auch als religiöse Gemeinschaft, ohne freilich öffentlichen Gottesdienst auszuüben.

Eine solche, mit guten theologischen Argumenten begründete Aufforderung zur Toleranz, wie sie Stampelius schriftlich und mündlich vertrat, paßte dem Rat momentan ins politische Konzept und wurde deshalb akzeptiert. Bei den Lübecker Geistlichen stieß sie aber auf weitgehende Ablehnung, und der Ägidienpastor Menne z. B. prangerte Stampelius als Opportunisten an, der sich illoyal gegenüber seinen Amtsbrüdern verhielte[40]). Doch da die juristische Fakultät zu Rostock und die theologische Fakultät zu Gießen die Position des Rates für korrekt erklärten, schlichtete dieser den Streit autoritär, indem er Burchard 1614 seines Amtes enthob und ihn wenig später sogar aus der Stadt wies – ein drastischer Beweis staatskirchlicher Praxis. Toleranz gegen politisch renitente Prediger zu üben, war man nicht bereit. Vergeblich beriefen sich Burchard und die oppositionellen Geistlichen darauf, daß der Rat für eine solche Absetzung gar nicht zuständig wäre, weil das Ministerium die Angelegenheit sachlich prüfen müßte und nur die Vorsteherschaft des Kirchspiels die Abberufung aussprechen könnte. Der Rat pochte auf seine bischöflichen Rechte, die ihm als Obrigkeit zuständen. Da er auch den übrigen Predigern die Entlassung androhte, gaben diese klein bei, doch ihre Animosität gegen Stampelius und das obrigkeitliche Kirchenregiment blieb.

Die grundsätzliche Bedeutung des ganzen Streits liegt darin, daß der Staat einen nicht unberechtigten Eingriff der Kirche, der vom Prinzip der Lebenseinheit des lutherischen

Corpus Christianum ausging, zugunsten einer religiös neutralen Politik abgewehrt hatte. Damit zeigte sich erstmals deutlich, wie gering im Konfliktfall die konfessionelle Bindung der Obrigkeit zu veranschlagen war. Der neuzeitliche säkularisierte Staat kündigte sich an; Lübeck als Corpus Christianum war eine Fiktion, die nur in wenigen Bereichen der Realität entsprach. Auch auf diesem Sektor erwies sich, daß jetzt die dogmatischen Fragen hinter den Problemen der Praxis und der Lebensgestaltung zurückzutreten begannen.

15. Kapitel
Kirche und Politik in der Zeit des Dreißigjährigen Krieges 1618—1648

Die konfessionelle Spaltung des Reiches hatte von Anbeginn gravierende politische Implikationen und Auswirkungen. Auch seit dem Augsburger Religionsfrieden von 1555 blieb die auf Reichsebene geschaffene Ordnung labil. Der Dreißigjährige Krieg brachte dann eine explosive Entladung der angestauten Spannungen und veränderte die politische wie die kirchliche Landschaft tiefgreifend. Das Epochenjahr 1648 markiert in kirchengeschichtlicher Hinsicht den Beginn der Neuzeit, der sich freilich in vielfältiger Weise längst angekündigt hatte. Der im Gang befindliche politische, geistige und soziale Umbruch wurde durch den Krieg nur gefördert.

In Lübeck machte sich das nicht so stark wie andernorts bemerkbar, weil es vom unmittelbaren Kriegsgeschehen weitgehend verschont blieb und weil es schon zuvor nicht so intensiv in die Reichspolitik verflochten war wie die großen protestantischen Territorien. Doch die langfristigen Kriegsfolgen bestimmten auch hier das kirchliche Leben. In der Epoche des großen Krieges setzten sich die in der vorhergegangenen Periode deutlich gewordenen Tendenzen, insbesondere die staatskirchliche Herrschaft der Obrigkeit, die konfessionelle Intoleranz und die dogmatische Verfestigung der evangelischen Position fort. Daneben traten interessante Anzeichen für Neuaufbrüche im kirchlichen Leben. Während fast des ganzen Zeitraums stand mit dem Superintendenten Nikolaus Hunnius ein Mann an der Spitze der Lübecker Kirche, der in vielem prägend wirkte, so daß man auch von einer „Ära Hunnius" sprechen könnte.

Die Kriegsereignisse in Norddeutschland

Die religionspolitischen Spannungen zwischen Evangelischen und Katholiken hatten im Reich infolge der gewaltsamen Gegenreformation seit Beginn des 17. Jahrhunderts besorgniserregend zugenommen, betrafen aber kaum den fest in protestantischer Hand befindlichen Norden, sondern die gemischten Territorien im Süden und Westen[1]). Gleichwohl wurde Lübeck, das sich von der 1608 zum Schutz gegen katholische Übergriffe gegründeten Union der protestantischen Stände ferngehalten hatte, bei Ausbruch des großen Krieges 1618/19 von beiden Seiten als Bündnispartner umworben. Die böhmischen Stände suchten für ihren Aufstand gegen den Kaiser beim Rat Hilfe; die Obristen des Niedersächsischen Kreises, der Herzog von Braunschweig und der Administrator des Stifts Magdeburg forderten ein militärisches Kontingent Lübecks an; die Fürsten der Union baten sowohl die Stadt als auch die ganze Hanse um Beitritt; schließlich kamen auch kaiserliche Gesandte, um den Rat zur Treue in Form konkreter Beistandsverpflichtungen gegenüber Ferdinand II., dem neben dem bayerischen Herzog Maximilian aktivsten Vorkämpfer der Gegenreformation, zu ermahnen[2]).

Doch der Rat blieb bei seiner strikten Neutralitätspolitik und verhandelte deshalb nach allen Seiten hinhaltend, wobei Bürgermeister Brokes sich einmal mehr als kluger Sachwalter der hansestädtischen Interessen hervortat. Er sah die Ursache des Krieges in der religiösen Hetze der Papisten und Jesuiten und gab es dem Kaiser unumwunden zu verstehen; dieser sollte den evangelischen Ständen im Reich endlich ihr Recht verschaffen, andernfalls könnte es keinen Frieden geben[3]).

Die Stadt hatte ihre Befestigungsanlagen seit einiger Zeit mächtig ausgebaut und verstärkte angesichts des Krieges diese Bemühungen mit dem Ergebnis, daß Lübeck allgemein als eine uneinnehmbare Festung galt. (Im Zusammenhang dieser Maßnahmen wurden die unmittelbar vor den Toren gelegenen Kapellen St. Gertrud 1622 und St. Jürgen 1629 trotz heftiger Proteste der Geistlichkeit abgerissen.)[4]) Deswegen blieb die Stadt auch dann verschont, als seit 1623 infolge der militärischen Abenteuer der beiden protestantischen Condottieri, Christians von Braunschweig (des „tollen Halberstädters") und Ernsts von Mansfeld, sowie seit 1625 mit dem Kriegseintritt Christians IV. von Dänemark der Niedersächsische Kreis unmittelbar betroffen war (Phase des sog. niedersächsisch-dänischen Krieges 1625–29)[5]). Jetzt ging es entscheidend auch um die Frage, ob die norddeutschen Bistümer, die säkularisiert waren bzw. von evangelischen Administratoren verwaltet wurden, restituiert werden müßten.

Das betraf Lübeck insofern, als sein alter Feind Christian IV., der Verden bereits besaß und auf Bremen eine Anwartschaft hatte, für Holstein Ansprüche auf das lübische Bistum erhob. Die Stadt blieb weiterhin neutral, weil eine Allianz mit dem Dänenkönig, der die Stadt seit 1596 durch ständige Übergriffe bedrohte, ebensowenig wie ein Krieg gegen diesen gefährlichen Nachbarn in Frage kam. So versagte sich Lübeck 1627/28 auch den intensiven Werbungen Wallensteins und Ferdinands II., die – angeregt zunächst durch spanische Pläne einer Kooperation gegen den niederländischen Ostseehandel – für das habsburgische Ziel, die kaiserliche Macht nunmehr auch im Ostseeraum zu etablieren. eine Flotte benötigten und deshalb die Hansestädte gewinnen wollten[6]).

Die kaiserliche Politik und der Frieden von Lübeck 1629

Nach der Niederlage der norddeutschen Protestanten und Dänemarks in der Schlacht bei Lutter am Barenberge gegen Tillys Heer 1626, nach dem siegreichen Vorrücken von Wallensteins Armee und nach der Besetzung Holsteins, Schleswigs und Mecklenburgs durch die Kaiserlichen war Lübecks Situation prekär geworden. Allerdings kam ihm jetzt die gegenüber Dänemark und Schweden strikt befolgte Neutralitätspolitik, die 1627 eine dänische Blockade der Travemündung einbrachte, zugute, und eine militärische Besetzung der Stadt mußte aus Wallensteins Kalkül angesichts der Aussichtslosigkeit des Unternehmens ausscheiden. Wallenstein okkupierte Wismar als kaiserliche Garnison, um einen Seehafen zu haben, und versuchte, die mecklenburgischen und pommerschen Städte in die Hand zu bekommen, scheiterte aber 1628 mit der Belagerung Stralsunds. Ohne Flotte nützte auch die Besetzung der ganzen Ostseeküste nichts, und die Hansestädte, die in dieser Lage ihr zerfallendes Bündnis noch einmal zu erneuern suchten, waren nicht bereit, auf das so plötzlich bekundete, höchst durchsichtige kaiserliche Interesse an den jahrhundertelang vernachlässigten niederdeutschen Kaufleuterepubliken positiv zu reagieren[7]). Handelspolitische Vorteile waren nicht erkennbar, doch die Gefahr einer Rekatholisierung schreckte, zumal mit Wallensteins Annexion des mecklenburgischen Herzogtums nun ein mächtiger katholischer Fürst unmittelbarer Nachbar wurde. (Die vertriebenen Herzöge nahmen übrigens seit 1629 in Lübeck ihren Wohnsitz.)

Bei allen Lippenbekenntnissen zur Reichs- und Kaisertreue war die politische Distanz Lübecks zum Hause Habsburg, insbesondere zum rigiden Gegenreformator Ferdinand II., unüberbrückbar. Dazu trug auch der religiöse Gegensatz bei, den vor allem die schwedische und dänische Propaganda beschwor, um die Hansestädte zum gemeinsamen Kampf für das Evangelium und die Freiheit gegen die katholischen Mächte Kaiser, Papst, Spanien und Jesuiten zu gewinnen[8]).

Wenngleich die Stadt, wohin sich zahlreiche Bewohner Holsteins und Mecklenburgs vor der Kriegsfurie flüchteten, verschont blieb, so wurde das lübische Landgebiet von den Kriegsfolgen zum Teil hart getroffen. Die Truppen des Mansfelders nahmen 1625/26 ihre Winterquartiere im Lauenburgischen, besetzten Mölln und die Dörfer, marodierten in den zu Lübeck gehörigen Gebieten, woraufhin Lübeck die Befestigungsanlagen in Mölln sowie in den Höfen Ritzerau und Behlendorf ausbaute, sein Söldnerheer vergrößerte und die mansfeldischen Truppen vertrieb[9]). Tillys Soldaten kamen bald danach, und seitdem plünderten immer wieder Truppen dieses Gebiet, wobei die evangelischen sich von den kaiserlichen in nichts unterschieden[10]).

Aufgrund des Fehlschlags seiner Ostseepolitik war der Kaiser an Frieden im Norden interessiert, Dänemark war das angesichts der militärischen Niederlagen auch, und Wallenstein suchte den Ausgleich mit Dänemark, um seine mecklenburgische Herrschaft zu etablieren und gegen Schwedens Expansion zu schützen. So einigte man sich mit Beginn des Jahres 1629 darauf, durch Delegierte im neutralen Lübeck Friedensverhandlungen zu führen, die dort in der Dompropstei und im Festerschen Gartenhaus vor dem Burgtor stattfanden[11]). Schon im Mai einigte man sich auf einen Vertrag, der im wesentlichen den Zustand vor Beginn des niedersächsisch-dänischen Krieges wiederherstellte. Christian IV. mußte sich hinfort weiterer Einmischungen im Reich, die über seine Herrschaft in Holstein hinausgingen, enthalten sowie auf die Ansprüche, die er für seine Söhne auf das Erzbistum Bremen und das Bistum Lübeck erhob, verzichten. Mecklenburg blieb kaiserlich bzw. in Wallensteins Hand[12]). Am 7. Juni wurde der Frieden solenn verkündet und von der Stadt mit großem Jubel und unter Glockengeläut und Geschützdonner gefeiert. In allen Kirchen fanden Dankgottesdienste statt, der dänischen Delegation hielt der Marienpastor Siricius eine Predigt über Gottes Gerechtigkeit und Barmherzigkeit, die sich im Friedensschluß erwiesen hätte[13]).

Restitutionsedikt und Fortdauer des Krieges

Unmittelbar vor dem Frieden von Lübeck erließ Kaiser Ferdinand II. im März 1629 ein Restitutionsedikt, um dem Sieg über die Protestanten auch in religionspolitischer Hinsicht Rechnung zu tragen. Darin ordnete er die Vollstreckung des sog. Geistlichen Vorbehalts (Reservatum ecclesiasticum) von 1555 an, d. h. er forderte die Rückgabe der seitdem gegen das Reichsrecht säkularisierten oder evangelisch verwalteten Bistümer und Erzbistümer an die katholische Kirche. Das betraf auch das Stiftsgebiet Lübeck, ungeachtet des Bündnisses, welches Fürstbischof Johann Friedrich (zugleich Administrator des Erzstifts Bremen) mit dem Kaiser geschlossen hatte[14]). Ferner erklärte das Edikt die Declaratio Ferdinandea von 1555, die den Schutz der evangelischen Stände in geistlichen Fürstentümern und damit deren Einwirkungsmöglichkeiten — z. B. auch in den Domkapiteln — sicherte, für ungültig und befahl die katholische Restituierung aller landsässigen geistlichen Stifter, die nach 1555 evangelisch geworden waren, was in der Stadt Lübeck das Johanniskloster betraf. Begreiflicherweise erhob sich dagegen allenthalben der Widerstand der Protestanten, die sich durch die beginnende Rekatholisierung in ihrem Bestand bedroht sahen. So stieß z. B. Ferdinands Sohn Leopold Wilhelm, der zum Erzbischof von Magdeburg und Bremen (dieses hatte Johann Friedrich von Lübeck ihm abtreten müssen) sowie zum Bischof von Halberstadt ernannt wurde, auf hartnäckige Ablehnung in den Stiftern. Wallenstein, der klug genug war, die Restitution in Norddeutschland nicht mit Gewalt durchzusetzen, belagerte 1629 immerhin Magdeburg (woraufhin Lübeck zusammen mit anderen Hansestädten die Stadt freikaufte), doch seine auf Vermittlung bedachte Politik büßte er 1630 mit der von Bayern betriebenen Absetzung durch den Kaiser.

In dieser für die evangelischen Stände bedrohlichen Situation griff 1630 Gustav Adolf von Schweden ein[15]). Er hatte ein Ausgreifen auf die südlichen Ostseegebiete von langer Hand vorbereitet, dabei aber in den Hansestädten keine Bündnispartner gefunden. Die Hanse erwies sich auf ihrem letzten in alter Form abgehaltenen Tag in Lübeck 1629 als unfähig zu weiterer gemeinsamer Interessenvertretung. Sie löste sich faktisch auf, wobei nur Lübeck, Hamburg und Bremen in einem Verteidigungsbündnis 1630 beisammenblieben und die Hansetradition fortführten[16]).

Gustav Adolf gelang es rasch, die kaiserlichen Truppen aus Norddeutschland zu verjagen, so daß die zunächst zögernden deutschen Protestanten sich ihm anschlossen. Fürstbischof Johann Friedrich verbündete sich mit ihm, während die Stadt neutral blieb, dafür aber sich zu hohen jährlichen Geldzahlungen zur Unterstützung der schwedischen Truppen bereitfinden mußte[17]). So führte der Schwedenkönig zusammen mit seinen imperialen Plänen auch die evangelische Sache nach der Bedrohung von 1529 zu einem unerhofften Erfolg, der freilich durch seinen frühen Tod in der Schlacht von Lützen 1632 und nach der schwedischen Niederlage bei Nördlingen 1634 stark gemindert wurde. Im Frieden zu Prag von 1635 zwischen Sachsen und dem Kaiser, dem sich zusammen mit anderen norddeutschen Territorien auch Lübeck anschloß, konnte der protestantische Besitzstand einigermaßen gesichert werden. Durch den Kriegseintritt Frankreichs verlagerte sich nunmehr der Schwerpunkt der Auseinandersetzungen nach Süddeutschland.

Die folgenden Jahre brachten trotzdem kein Ende des Krieges für Norddeutschland, weil die schwedischen Truppen weiterkämpften und Christian IV. von Dänemark erneut, diesmal gegen die Übermacht Schwedens, eingriff. So litten die Stadt, deren Handel weitgehend zum Erliegen kam, und ihr Landgebiet weiterhin unter Tributzahlungen, unter der marodierenden Soldateska sowie unter den wirtschaftlichen und kulturellen Folgen des Krieges[18]).

Das Gefüge der städtischen Ordnung war durch den starken Zustrom von Flüchtlingen gestört, was vor allem ökonomische Probleme mit sich brachte. Viele Arbeitslose versuchten, sich als Bettler durchzuschlagen, Arbeit wurde infolge des Überangebots an Handwerkern und Arbeitern knapp. Die Preise stiegen infolge der Nachfrage unaufhörlich, die enormen Kontributionen führten zur Verschuldung der Stadt, die allgemeine Geldentwertung verstärkte die inflationären Tendenzen, die es schon früher gegeben hatte. Hinzu kamen Seuchen und Krankheiten, infolge des knappen Wohnungsangebotes verschlechterten sich die Lebensbedingungen. Durchziehende Offiziere und Soldaten, Marketender und Troßvolk verweilten immer wieder längere Zeit in der Stadt und trugen dazu bei, daß auch hier die allgemeine Moral sich der Kriegsmentalität anpaßte. Die herkömmliche Zucht und Sitte lockerte sich: Trunksucht und Spiel, Hurerei und Ehebruch, Diebstahl und Schlägereien gehörten nun zum alltäglichen Bild. Vergebens bekämpften die Prediger diesen Verfall durch moralische Appelle – die Maßstäbe für normales Verhalten hatten sich verschoben, auch hinsichtlich der Sonntagsheiligung, des Gottesdienstbesuches, der Religiosität allgemein[19]).

Der Westfälische Frieden 1648

In der zunehmend chaotischen Situation brachte endlich 1648 der Friedensschluß zwischen dem Reich, Frankreich und Schweden eine Wende. Bei den Verhandlungen in Osnabrück war Lübeck durch seinen Syndikus David Gloxin, den klügsten politischen Kopf im Rat, vertreten. Das umfangreiche Vertragswerk (dessen einer Teil, das Instrumentum Pacis Osnabrugensis auch die Lübecker Verhältnisse betraf) regelte viele bedeutsame interne Fragen des Reichs, wobei Schweden die protestantischen Interessen wirksam vertrat. Lübeck erhielt wie Hamburg und Bremen seine alte Reichsfreiheit bestätigt, mußte sich aber an der riesigen Entschädigungssumme, die an Schweden zu zahlen war, kräftig beteiligen.

Einschneidende Säkularisationen der alten Bistümer im evangelischen Norddeutschland dienten als Entschädigung für die Kriegskosten der verschiedenen Mächte. So erhielt z. B. Schweden das Erzbistum Bremen und das Bistum Verden; Mecklenburg bekam als Entschädigung für Gebietsabtretungen die Bistümer Schwerin und Ratzeburg. Lange Zeit gefährdet war in den Verhandlungen der Bestand des Lübecker Bistums, das seit 1586 von Fürsten aus dem Hause Gottorf regiert wurde. Aber Fürstbischof Johann gelang es, diesen Besitz erfolgreich gegen dänische Zugriffe zu verteidigen und sowohl eine katholische Restituierung seitens des Kaisers als auch eine Säkularisierung auszuschließen[20]). So blieb das Stift Lübeck fortan das einzige evangelische Bistum mit amtierendem Fürstbischof und Domkapitel neben Osnabrück mit seiner Sonderregelung einer evangelisch-katholisch alternierenden Besetzung und Magdeburg, welches 1680 Brandenburg einverleibt wurde. Das Kapitel hatte sich 1647, um den Bestand zu wahren, vertraglich gegenüber den Gottorfern verpflichtet, nach dem Tode des Fürstbischofs Johann und dessen Sohnes Friedrich, des Koadjutors, noch sechsmal Bischöfe aus diesem Hause zu wählen, hatte aber seine Wahlfreiheit grundsätzlich bewahrt. Gegen eine Einordnung als holsteinischer Landstand sicherte es die Reichsfreiheit des Bistums. Auch in seiner Sonderstellung innerhalb der Stadt blieb das Kapitel ungeschmälert.

Bedeutung für Lübecks innere Verhältnisse bekamen weitere Bestimmungen. Der Religionsfriede von 1555 wurde ausdrücklich bekräftigt und hatte fortan Bestand. Beide Konfessionen galten paritätisch im Reich und konnten nicht mehr im Reichstag von der anderen überstimmt werden; die protestantischen Interessen wurden jetzt vom Corpus Evangelicorum der Reichsstände vertreten. Als Schiedsinstanz in konfessionellen Streitfragen schieden Kaiser und Reich praktisch aus. Der in protestantischen oder katholischen Händen befindliche Besitzstand an geistlichen Gütern und Rechten sollte so bleiben, wie er 1624, das künftig als Normaljahr galt, gewesen war. Aufgrund der Intervention des brandenburgischen Kurfürsten erkannte der Friedensvertrag den Reformierten die Gleichstellung mit den vom Reichsfrieden geschützten Evangelischen zu, was zur Folge hatte, daß sie zukünftig auch in Lübeck nicht mehr so einfach als Häretiker und Feinde der öffentlichen Ordnung behandelt werden konnten. Allerdings erlangten sie erst nach 1666 in langen Kämpfen die Erlaubnis, öffentlichen Gottesdienst zu halten[21]).

Die Abgrenzung des katholischen Besitzstandes entsprechend dem Normaljahr 1624 vorzunehmen, war nicht ganz einfach, weswegen es später zu manchen Streitereien kam. Die Katholiken beanspruchten sechs Domherrenstellen (Kanonikate), besaßen aber faktisch – da die Konfessionszugehörigkeit und das Besitzrecht an abgetretenen Kanonikaten nicht zweifelsfrei feststand – seit Ende des 17. Jahrhunderts nurmehr vier. Hinzu kamen 41 Vikarien und 8 Kommenden, von denen jeweils mehrere in der Hand eines Inhabers waren[22]). Ebenfalls strittig war in der Folgezeit das Recht zur privaten Ausübung des katholischen Gottesdienstes. Dies besaßen die katholisch gebliebenen Domherren, aber sie durften nur in ihren Kurien Messe halten lassen, wobei ungeklärt war, inwieweit diese Gottesdienste jedermann aus der Stadt offenstehen durften oder auf die Familie und das Personal der Domherren beschränkt werden mußten. Auch die katholischen Vikare mit ständigem Wohnsitz in Lübeck, die Priester waren, durften in ihren Häusern die Messe und die anderen Sakramente zelebrieren; doch ihre Zahl fluktuierte, und bei von außerhalb kommenden Priestern und „Missionaren" war ungewiß, ob ihnen der Schutz des Reichsrechts zustand. All das bildete eine Quelle ständiger Konflikte zwischen den Katholiken und dem Geistlichen Ministerium, dem Kapitel und dem Rat[23]).

Strittig war in der Folgezeit, wie die Bestimmung über das Normaljahr 1624 auf die Behandlung des Johannisklosters anzuwenden wäre. Der Rat nahm das Hoheitsrecht über das nichtsäkularisierte Kloster hinfort in vollem Umfang in Anspruch, weil er es als ein mittelbares geistliches Stift ansah. Der Kaiser dagegen betrachtete es als reichsunmittelbar und versuchte seit 1652 mehrfach, es zu entsprechenden Abgaben und auch zum Besuch des Reichstages heranzuziehen. Dem evangelisch gewordenen Kloster, das seit der Reformation seine rechtliche Eigenständigkeit verteidigt und die Reichsstandschaft beansprucht hatte, kam das nicht ungelegen, weil es so seine nach wie vor reichen Güter gegenüber dem weltlichen Zugriff am besten schützen konnte. Als der Rat 1661/63 gewaltsam versuchte, das Kloster der Aufsicht eines städtischen Vogtes zu unterstellen, prozessierte die streitbare Äbtissin Hardeke Henninges dagegen beim Reichskammergericht. Der Prozeß zog sich wie gewohnt in die Länge, und in der Folgezeit erhob das Kloster noch in weiteren Streitfällen Klage, so daß der Rat vorsichtig taktieren mußte. Es gelang ihm schließlich, Äbtissin und Konventualinnen zu überzeugen, daß das Kloster niemals reichsunmittelbar gewesen wäre. Dieser 1667 geschlossene Vergleich gab die Basis für einen künftigen modus vivendi ab, der unter der Vorsteherschaft der Bürgermeister dem Kloster die Eigenständigkeit in Rechnungswesen und Gerichtsbarkeit beließ. Diese Regelung hatte bis 1803 Bestand[24]).

Die Folgen des Krieges

Der Westfälische Friede wurde in der Zeit nach 1648 ein allgemeines Reichsgrundgesetz, das die lange Periode der gewaltsamen konfessionellen Auseinandersetzungen abschloß und die fortan gültige Verfassungsordnung des Reiches schuf. Seine Auswirkungen waren in verschiedener Hinsicht epochal. In staatlicher Hinsicht brachte er den deutschen Territorien weitgehende Souveränität und trug damit zur endgültigen Entmachtung des Reiches bei. Die Folge war der weitere Ausbau der Fürstenherrschaften zu absolutistischen Staaten nach neuzeitlichen Prinzipien. Innerhalb Europas stieg Frankreich zur Führungsmacht auf, was sich auch kulturell in Deutschland auswirkte. In kirchlicher Hinsicht beendete der Krieg das Zeitalter des Konfessionalismus (Reformation und Gegenreformation). Vergeblich hatte der Papst gegen die für die katholische Kirche nachteiligen Friedensbestimmungen protestiert – er war keine politische Großmacht mehr, die von den sich säkular begründenden neuen Staaten hätte ernst genommen werden müssen. Die Herrschaft der Kirche über Staat und Gesellschaft war ebenso vorbei wie die Vormachtstellung der Theologen im Geistesleben. Säkularität und Rationalität traten an deren Stelle. Dies war der Punkt, an dem das Jahr 1648 für die deutsche Kirchengeschichte die Schwelle zur Neuzeit am deutlichsten markierte.

Die Zeitgenossen begrüßten den Friedensschluß als langersehnte Befreiung von den Kriegsgreueln. Der Wiederaufbau des verwüsteten Landes konnte beginnen. Allenthalben fanden Dankgottesdienste statt, doch als Ausdruck der Anfänge einer religiösen Neubesinnung wird man sie kaum verstehen dürfen. Schon während der Friedensverhandlungen hatte man in Lübeck regelmäßig ein eigens dazu formuliertes Gebet in die Gottesdienste eingefügt und die Betgottesdienste am Dienstag und Donnerstag auf diese Thematik abgestellt (die Dienstagsgottesdienste waren 1623 als besondere Fürbitt- und Bußfeiern wegen der Kriegsnot eingerichtet worden). Den großen Friedensdankgottesdienst vom 22. Oktober 1648 nahm der Rat im darauffolgenden Jahr zum Anlaß, die Bevölkerung zu größerer Dankbarkeit gegenüber Gott durch verbesserten Besuch der Wochengottesdienste zu ermahnen[25]). Auch 1650 rief er anläßlich der Nürnberger Ratifizierung des Friedens durch das deutsche Reich zu Dankgottesdiensten auf, und in der Tat hatte Lübeck, das im Krieg vergleichsweise glimpflich davongekommen war, allen Anlaß zu derartiger Besinnung.

Doch die allgemeine Frömmigkeit nahm keineswegs einen durch die Kriegsereignisse bedingten Aufschwung. Vielmehr wirkten die langfristigen Folgen hier eher destruktiv. Der Religionskrieg wurde ja nicht primär um religiöser, sondern um machtpolitischer und territorialer Interessen willen geführt. Aber da der konfessionelle Gegensatz sich im großen und ganzen dabei doch bemerkbar machte, waren eine allgemein zunehmende Distanz zu den religionspolitischen Fragen und eine innere Reserve gegenüber dem konfessionellen Absolutheitsanspruch die Konsequenz des Krieges. Christliche Ansprüche auf Wahrhaftigkeit und Moral wurden im Lichte der militärischen Brutalität in einem Maße fraglich, wie es das zuvor nicht gegeben hatte. Neben dem wirtschaftlichen Niedergang gehörten die geistigen Erschütterungen auch in unserem Raum zu den nachhaltigsten Kriegsfolgen[26]).

Religiöser Nonkonformismus als politisches Problem seit 1624

Infolge der Kriegsumstände kamen mit Flüchtlingen und fahrendem Volk auch fremde Konfessionen und religiöse Ideen in die Stadt, die deren bisherige doktrinäre Uniformität tangierten. Schon seit längerem kündigte sich ein geistiger Umbruch als Reaktion auf die permanenten Religionsstreitigkeiten zwischen Evangelischen und Katholiken, Lutheranern und Calvinisten sowie auf die politischen Verwirrungen und den wirtschaftlichen Niedergang an. In mystischen und theosophischen Strömungen fand er seinen

Ausdruck ebenso wie in der Zunahme von Wundergläubigkeit, Astrologie, Alchemie und Okkultismus. Eine weitverbreitete Weltuntergangsstimmung belebte angesichts der in den Kriegsleiden manifestierten Herrschaft des Bösen den alten christlichen Chiliasmus, die Erwartung eines irdisch-messianischen Reiches des Guten. Diese religiöse Unruhe hatte durchaus auch politische Implikationen, weil sie mit einer prinzipiellen Infragestellung der überkommenen Institutionen verbunden war.

In Lübeck machten sich derlei Tendenzen von „Fanatikern", „Enthusiasten" oder „neuen Propheten", wie man sie nannte, seit 1624 öffentlich bemerkbar. Hier hielt sich seit einiger Zeit der junge Hamburger Joachim Morsius auf, ein Universalgelehrter mit theosophischen Neigungen, von Jakob Böhmes Schriften beeinflußt, befreundet mit zahlreichen Gelehrten seiner Zeit, u. a. mit Joachim Jungius (dessen um 1623 gegründete Societas Ereunetica zur Pflege der modernen Wissenschaft auch in Lübeck Mitglieder hatte) und mit dem Katharineumsrektor Johann Kirchmann. Morsius sammelte in Lübeck einen Kreis von Gleichgesinnten um sich, darunter die ebenfalls von auswärts zuziehenden Theosophen Balthasar Walter und Johann Staritius[27]). Durch seine Publikationen (z. B. 1617 gegen die spanischen Jesuiten, 1623 über Astrologie, 1624 über die griechische Religion) war er ein bekannter Mann geworden, der der Geistlichkeit als Nonkonformist Ärger bereitete. Im Jahre 1624 zeigte das Ministerium ihn schließlich beim Rat an, und der nahm ein in seinem Besitz befindliches magisches Buch und einen von ihm zum Druck vorbereiteten mystischen Traktat zum Anlaß, ihn mitsamt seinen Freunden aus der Stadt auszuweisen.

Kaum war dieser Fall erledigt, gab es 1624/25 neuen Ärger mit dem von Havelberg zuziehenden Schneider Johann Bannier. Bei ihm handelte es sich im Unterschied zu dem humanistisch gebildeten Forscher Morsius um einen anderen Typ von religiösem Außenseitertum. Bannier war ein frommer Spiritualist und Rigorist, den Johann Arnds „Wahres Christentum" zum Kirchen- und Gesellschaftskritiker gemacht hatte[28]). In Lübeck fiel er mit seiner apokalyptischen Enderwartung und seinen asketischen Forderungen auf, insbesondere mit seiner Verdammung von Geschlechtsverkehr und Kindererzeugung, die er in einem Buch vortrug, welches er in Lübeck publizieren wollte. Der Drucker Valentin Schmalhertz aber gab das Manuskript aufgrund der Zensurverordnung dem Superintendenten. Hunnius verbot den Druck, versuchte in einer privaten Unterredung Bannier vergeblich von seinen Irrlehren abzubringen und veranstaltete schließlich im Januar 1625 ein öffentliches Kolloquium, bei welchem Banniers spiritualistische Schriftauslegung und seine radikale Wiedergeburtslehre den Ausschlag zu seiner Verurteilung gaben[29]). Der religiöse Phantast wurde daraufhin vom Rat ausgewiesen, zog nach Schweden und fand dort als Ketzer den Henkerstod.

Gleichwohl gab es auch weiterhin keine Ruhe. Außer Taufgesinnten (Mennoniten), die seit 1627 aus Holstein hierher flohen[30]), kamen immer wieder „Enthusiasten". Auch häufte sich die Verbreitung von mystisch-theosophischem Schrifttum, das dem Ministerium höchst verdächtig war. Besondere Aufregung erregte 1631/32 ein Buchhändler, der für die in Amsterdam gedruckte Schrift „Das Geheimnis vom Tempel des Herrn" des in Norddeutschland weitberühmten Spiritualisten Paul Felgenhauer reißenden Absatz fand[31]).

Felgenhauer (1593—1677) gehörte zu den „neuen Propheten", war in Spekulation und Theosophie von Weigel und Böhme beeinflußt, ein Prediger von Toleranz und Pazifismus, der mit seinem radikal antikirchlichen Individualismus gerade in den unteren Volksschichten einen großen Anhang fand[32]). Man wird dies als einen auch politisch bedeutsamen Sachverhalt würdigen müssen. Zunehmend mehr Menschen empfanden in ihrem durch die Zeitumstände gesteigerten religiösen Bedürfnis ein Ungenügen an der offiziellen kirchlichen Theologie. Typisch neuzeitlich ist, daß die Autorität der Bibel als Offenbarungsquelle ihnen nicht mehr hinreichende Vergewisserung bot und sie die Wahrheitserkenntnis an die eigene Erfahrung banden. Wenn sie die verbotenen Traktate lasen (und auffallend viele taten das gerne!), dann war das eine deutliche Protesthaltung. Sie versuchten, sich innerlich der Herrschaft von Kirche und Staat zu entziehen, zumal diejenigen unter ihnen, welche chiliastische Erwartungen pflegten, um so eine grundlegende Veränderung der desolaten Lebensumstände durch religiöse Hoffnung zu antizipieren. Insgesamt kann deshalb die separatistische Religiosität jener Zeit als Ausdruck einer mehr oder weniger bewußten Anti-Haltung gegen das bestehende staatskirchliche System gelten. Das macht sie über den rein theologiegeschichtlichen Aspekt hinaus auch allgemeinhistorisch bedeutsam.

Der Äthiopien-„Missionar" Peter Heyling

Lübecker Nonkonformistenkreisen entstammte ein Mann, dessen Name mit einer bewundernswerten Pionierleistung der Missionsgeschichte verbunden ist[33]). Peter Heyling (ca. 1607/08–1652), Sohn eines hiesigen Goldschmieds, war seit 1624 durch den Verkehr in den kritisch-gelehrten Kreisen der „Schwärmer" durch eine unorthodoxe Religiosität geprägt. Durch sein Studium in Paris 1628–32, wohin er mit sechs Lübecker Freunden (unter ihnen die Patriziersöhne Brömse, Dorne und Warendorf) gezogen war, geriet er unter den Einfluß des großen Hugo Grotius. Frömmigkeit und Unternehmungslust motivierten ihn dort zu einem ungewöhnlichen Schritt: Die Freunde vereinbarten, das Evangelium in solche Weltgegenden zu bringen, wo es bisher nicht oder nur in konfessionell verzerrter Weise verkündigt worden wäre. Von dreien ist die Realisierung des Plans überliefert. Doch nur bei Heyling zeitigte er Erfolg, während Hieronymus von Dorne und Andreas Blumenhagen über eine ergebnislose Reisetätigkeit im Vorderen Orient nicht hinauskamen.

Heyling kam 1632 über Malta nach Ägypten, lernte dort die koptische Sprache und schloß sich 1634 dem Gefolge des in Alexandria geweihten Abbuna, des Oberhauptes der äthiopischen Kirche an. In Äthiopien bestand zwar eine der ältesten christlichen Kirchen, die sich des islamischen Ansturms erwehrt hatte. Aber sie war zeitweise im Gefolge portugiesischer Militärhilfe unter den Einfluß der jesuitischen Mission geraten, die auf eine Union mit Rom hinarbeitete. Die daraus folgende innere Erschütterung sollte durch mancherlei Reformen überwunden werden, an welchen sich Heyling durch eine ausgedehnte Erziehungstätigkeit beteiligte. Er übersetzte auch das Neue Testament in die amharische Landessprache und erzielte durch seine Arbeit eine beträchtliche Resonanz in der Bevölkerung, was ihm andauernde Konflikte mit den katholischen Missionaren einbrachte. In seine Heimat kehrte er allerdings nicht wieder zurück. 1652 wurde er auf einer Reise von den Türken getötet.

Heylings Unternehmung war keine Mission im eigentlichen Sinne, zumal er sich ja nicht an Heiden wandte. Zu würdigen ist sie als ein Stück ökumenischer Entwicklungshilfe in einer Zeit, als die evangelische Christenheit erst anfing, aus der bisherigen provinziellen

Enge herauszutreten. Daß ein Lübecker an derartigen Versuchen als einer der ersten beteiligt war, war insofern kein Zufall, als diese Stadt ihre Weltoffenheit auch im 17. Jahrhundert noch bewahrte. Irgendwelchen Einfluß auf das kirchliche Leben in Lübeck hatte Heylings Werk jedoch nicht.

Abwehrmaßnahmen der Orthodoxie unter Nikolaus Hunnius

Gegen eine die herkömmliche Ordnung bedrohende individualistische Religiosität schritt das Geistliche Ministerium energisch ein. Der seit 1624 amtierende Superintendent Nikolaus Hunnius (1585–1643) hatte den Kampf gegen alle konfessionellen Abweichler auf seine Fahne geschrieben[34]). Zuvor Theologieprofessor in Wittenberg, 1623/24 ein gutes Jahr lang Lübecker Marienpastor, als Gelehrter wie als Kirchenpolitiker hervorragend begabt, gehörte Hunnius zur ersten Garnitur der lutherischen Theologen in der Zeit der Frühorthodoxie. So bekam Lübecks Kirche in kritischer Umbruchszeit einen profilierten Leiter von bischöflichem Format, der ihr noch einmal eine Führungsrolle unter den niederdeutschen Kirchen verschaffte. Von Lübecks Superintendenten des 16.–18. Jahrhunderts, unter denen viele kluge Köpfe waren, war er der wissenschaftlich bedeutendste. Daß die Stadt solche hervorragenden Persönlichkeiten (und auch sonst überdurchschnittliche Geistliche) gewinnen konnte, lag im übrigen nicht nur an der Attraktivität der hiesigen Arbeitsmöglichkeiten, sondern auch an der Besoldung, die die in Norddeutschland übliche übertraf[35]).

Hunnius' theologiegeschichtliche Bedeutung bestand nicht zuletzt darin, daß er als einer der ersten schon früh die fundamentale Relevanz der spiritualistischen Bewegung erkannte, ihre Konzeptionen erforschte, systematisierte und zu widerlegen suchte. Durch ihn wurde Lübeck zu einem Zentrum dieses Kampfes, wobei ihn hauptsächlich dogmatische Interessen leiteten. Denn als aufrechter Theologe verstand er das Auftreten solcher Nonkonformisten als Herausforderung zum Streit um die Wahrheit. Vor allem die spiritualistische Bestreitung der Bibelautorität war ihm ein Dorn im Auge. Die politischen Aspekte thematisierte er nur implizit, wenn er die Abweichung von der rechten Schriftauslegung und der Kirchenlehre mit ausführlicher theologischer Argumentation widerlegte[36]). Explizit wurden sie auf der Verfahrensebene virulent, weil er konsequent sowohl die Geistlichkeit als auch die Obrigkeit zum Schutz der alten Ordnung mobilisierte.

Hunnius forderte den Rat Anfang 1632 in einer Ministerialeingabe auf, den Verkauf mystischer Bücher zu verbieten und den Buchhandel stärker zu überwachen. Da der Rat zunächst zögerte und sein Vorgehen mit den benachbarten Städten abstimmen wollte, regte Hunnius eine Wiederbelebung jener 1535 im Kampf gegen die Schwärmer entstandenen, in den Lehrstreitigkeiten des 16. Jahrhunderts bewährten Kooperation mit Hamburg und Lüneburg, des Ministerium Tripolitanum, an[37]). Die erste Aktion war ein gemeinsames Schreiben der drei Ministerien an die Geistlichkeit von Amsterdam, um etwas gegen den dortigen Druck „fanatischer" Bücher zu unternehmen. Dann erließ der Rat im Januar 1633 ein Dekret, welches den Vertrieb suspekter Bücher verbot und ganz allgemein die Bevölkerung vor der Gemeinschaft mit „gottlosen Schleichern, Schwärmern und Irrgeistern" warnte, weil diese „unterm Schein einer äußerlichen Heiligkeit und vermeinten Gottseligkeit mit erdichteten, abscheulichen Calumnien wider die von Gott vorgesetzte Obrigkeit und würdiges Predigtamt" den Bestand der städtischen Ordnung gefährdeten[38]). Doch mit der Ausweisung dieser verdächtigen Subjekte hielt der Rat sich auffällig zurück — er wollte in den unruhigen Kriegszeiten den inneren Frieden nicht zusätzlich durch religiöse Querelen belasten. Den Zuzug von weiteren „Fanatikern" wie z. B. des Mystikers Angelius Werdenhagen konnte er nicht verhindern.

Die Abgeordneten der drei Geistlichen Ministerien trafen sich im März 1633 in Mölln und einigten sich auf einen von Hunnius entworfenen Maßnahmenkatalog[39]). Die Prediger sollten bei allen passenden Gelegenheiten das Volk über die gefährlichen Irrtümer der Enthusiasten aufklären; sie sollten verdächtige Personen verhören und auf den Weg der rechten Lehre zurückbringen; sie sollten darauf achten, daß die Schullehrer (auch in den Privatschulen) mit ihrem Unterricht die Jugend nicht verführten. Schließlich vereinbarte man zwei Publikationen, um damit ein religiöses Bildungsdefizit der Gemeinden aufzuarbeiten. Deren Anfertigung übernahm Hunnius. Schon 1633 veröffentlichte er „Dat Neddersassische Handtboek", eine Sammlung von Katechismus, Bibelsprüchen und -texten, Psalmen, Liedern und Gebeten zum privaten Gebrauch, die auf breite Zustimmung stieß und in der Folgezeit viel gebraucht wurde. Der theologischen Aufklärung diente Hunnius' „Ausführlicher Bericht von der Newen Propheten, die sich Erleuchtete, Gottesgelehrte vnd Theosophos nennen, Religion, Lehr vnd Glauben, damit der Satan die Kirchen Gottes auffs Neue zu verunruhigen sich vntersteht", der 1634 in Lübeck gedruckt wurde, von den orthodoxen Theologen Norddeutschlands als Hilfe im Abwehrkampf begrüßt, von Felgenhauer und anderen Spiritualisten heftig bekämpft[40]).

Nicht primär mit Polizeimaßnahmen, wie im 16. Jahrhundert gegen die Täufer und Schwärmer, sondern auch mit pädagogischen Maßnahmen suchte man also dem Phänomen der neuen mystisch-spiritualistischen Religiosität beizukommen. Eine Abkehr vom konfessionellen Absolutismus bedeutete das allerdings nicht. Ein Mann wie Joachim Morsius, der wieder in Lübeck aufgetaucht war, verließ die Stadt freiwillig. Zwei Lübecker Spiritualisten, Johann Tankmar und Johann Wessel, gelobten gegenüber dem Ministerium Besserung, ohne sich konsequent daran zu halten. Die Anwendung von Kirchenzuchtmaßnahmen war nur bedingt wirksam, wie 1635 das Verfahren gegen Johann Wessel und Hinrich Ottendorff bewies. Der begabte bergische Prediger Christoph Andreas Raselius, welcher eine Frömmigkeitsreform ohne Abwendung von der Institution Kirche anstrebte, bemühte sich seit 1633 (1641—43 dann durch intensive persönliche Verhandlungen mit Hunnius) vergeblich um eine Verständigung mit dem Ministerium Tripolitanum, welches schroff seinen Widerruf aller neuen Lehren forderte[41]).

Zunächst war um 1640 der Spiritualismus als akute Bedrohung abgewehrt, doch eine Generation später stellte sich das Problem mit den Vorformen des Pietismus neu. Die „neue Prophetie" mit ihrer Abkehr vom orthodoxen Schriftprinzip, mit ihrer Kritik am Christusdogma und mit ihrem Drängen auf unmittelbare religiöse Erfahrung sprengte den Rahmen der traditionellen Kirchlichkeit. Diesen aufrecht zu erhalten, war Hunnius bemüht, wobei er die Position der lutherischen Orthodoxie mit großer Gelehrsamkeit argumentativ vertrat. Auch die von ihm angeregten Reformen der kirchlichen Praxis dienten ebendieser Stabilisierung der herkömmlichen Ordnung.

Konfessionelle Polemik und Irenik

Die insbesondere von den Jesuiten getragene katholische Gegenreformation hatte die konfessionelle Auseinandersetzung auch im theologisch-literarischen und im kirchlich-praktischen Bereich verschärft. Durch die Kriegssituation erhielt sie nun zusätzliche Brisanz. Angesichts der vom kaiserlichen Heer seit 1626/27 drohenden unmittelbaren Gefahr bemühten Rat und Ministerium sich darum, innerhalb der Stadt allen Expansions- und Propagandabestrebungen der Katholiken entgegenzutreten, da diese in den Häusern der Domherren und Vikare der Arbeit der Jesuiten und Kartäuser gleichsam exterritoriale Stützpunkte boten. Aufsehenerregende Konversionen wie die des Schulmeisters des St. Annen-Werkhauses konnte Hunnius rückgängig machen; um derartiges generell zu unterbinden, veranlaßte er 1628 ein obrigkeitliches Verbot jeglicher Proselytenmacherei und eine entsprechende polizeiliche Überwachung der in Lübeck weilenden Katholiken. Gleichwohl konnte infolge der durch die Kriegsumstände bedingten Bevölkerungsfluktuation das Problem nicht radikal gelöst werden[42]).

Seit seiner Wittenberger Professorenzeit 1617 ff hatte Hunnius seinen wissenschaftlichen Ruf als antikatholischer Polemiker begründet. Den literarischen Kampf gegen den Katholizismus setzte er auch in Lübeck fort. 1628 verteidigte er die Confessio Augustana gegen die Angriffe der Jesuiten von Dillingen und protestierte gegen den Bruch des Religionsfriedens durch den Kaiser und den Bischof von Augsburg, welche die Stadt Augsburg rekatholisieren wollten. Ähnliche Schriften publizierte er in jenen Jahren mehrfach[43]). Besonderes Gewicht bekam in dieser Situation der konfessionellen Bedrohung die im Protestantismus allgemein begangene Jubiläumsfeier zum hundertjährigen Bestehen des Augsburgischen Bekenntnisses, die auch in Lübeck zwecks Stabilisierung des lutherischen Selbstbewußtseins mit einigem Aufwand begangen wurde[44]). Im Zusammenhang dieser Auseinandersetzung mit dem Katholizismus entwickelte Hunnius 1632 in einer ausführlichen Schrift seinen berühmten Plan zur friedlichen Aufarbeitung der konfessionellen Differenzen[45]): Die deutschen Protestanten sollten ein aus zehn bis zwölf hervorragenden Theologen bestehendes Collegium gründen, welches analog zu den evangelischen Fakultäten in Reaktion auf die jesuitischen Kollegien personell und sachlich so ausgestattet werden müßte, daß es in der Art eines konfessionskundlichen Instituts (wie man heute sagen würde) alle literarischen Produkte des Katholizismus aus Gegenwart und Vergangenheit, dazu auch die Schriften der Spiritualisten und Calvinisten, aufarbeiten könnte, um der aktuellen theologischen Auseinandersetzung das erforderliche Grundlagenmaterial zu liefern.

Irenische Tendenzen lagen Hunnius hiermit ganz fern, aber er wollte die konfessionelle Polemik von der politischen und militärischen Gewaltausübung auf das Feld der wissenschaftlichen Diskussion verlagern. Zwar konnte sein Plan wegen der Kriegszeit nicht realisiert werden, aber das „Collegium Hunnianum", wie man es vielfach nannte, blieb noch lange in der allgemeinen Diskussion, bis schließlich 1670/72 Herzog Ernst von Gotha die Idee wenigstens teilweise realisierte, ohne aber nachhaltigen Erfolg damit zu erzielen. Auch hier zeigte sich wie bei den speziell lübischen Problemen, daß Hunnius' Beitrag zur Gestaltung der kirchlichen Praxis primär in der Formulierung von Ideen, nicht aber in deren mühseliger Durchsetzung bestand.

Hunnius' vitales Interesse galt der theologischen und religionspolitischen Abgrenzung der lutherischen Orthodoxie gegen den Calvinismus. Hier konnte er sich in die bisherige Tradition des Lübecker Ministeriums mühelos einordnen. 1626 publizierte er eine Schrift über den fundamentalen Unterschied zwischen der lutherischen und der reformierten Lehre[46]). Seine darin erstmals stringent durchgeführte Unterscheidung zwischen fundamentalen und nicht-fundamentalen Glaubensartikeln wurde seitdem von den meisten orthodoxen Lutheranern rezipiert und bekam im 17. Jahrhundert für die Religionsgespräche mit den Reformierten erhebliche Bedeutung, weil sie die Klärung von Dissensus und Übereinstimmung förderte.

Verständlicherweise war Hunnius ein beliebtes Angriffsziel nicht nur katholischer, sondern auch calvinistischer Polemiker. So mußte ein Ireniker oder Ökumeniker wie der Schotte John Durie (Duräus, 1596–1680) bei ihm auf Granit beißen. Er war Prediger der englischen Kaufmannsgemeinde in Elbing gewesen und warb seit 1631 in Europa, unterstützt durch Gustav Adolf von Schweden und den Erzbischof von Canterbury, für die auch politisch in jener Krisenzeit brisante Idee einer Überwindung der theologischen Gegensätze zwischen Lutheranern, Reformierten und Anglikanern durch ein evangelisches Generalkonzil[47]). Im Zusammenhang einer gescheiterten Reise nach Schweden und Dänemark, wo man eine Union mit den Calvinisten strikt ablehnte, kam Durie im Oktober 1639 nach Lübeck und suchte beim Rat die grundsätzliche Zustimmung zu seinem Unionsplan. Doch dieser dachte nicht daran, sich auf eine so heikle Sache ohne das Votum der Geistlichkeit einzulassen, und schon in einem ersten Gespräch mit Hunnius mußte Durie die Aussichtslosigkeit seines Vorhabens erkennen. Er zog bald weiter nach Hamburg und dann nach Holland.

Da eine Stadt wie Lübeck mit ihren Handelsbeziehungen zu Holland und England die Thematik nicht bloß akademisch-theologisch, sondern auch politisch interessieren mußte, erarbeitete Hunnius zusammen mit dem Ministerium ein umfassendes Gutachten, welches 1641 dem Rat übergeben und in späterer Zeit, als der alte Durie von Kassel aus unbeirrt seine Pläne weiterverfolgte, 1677 vom Superintendenten Pomarius gedruckt veröffentlicht wurde[48]). Die konfessionellen Gegensätze innerhalb des Protestantismus blieben also trotz der Erschütterungen durch den Religionskrieg verfestigt. Irenisch-ökumenische Überlegungen, wie sie damals über Durie hinaus angestellt wurden (man denke nur an die Bemühungen des Helmstedters Georg Calixt), hatten in einer Hochburg lutherischer Orthodoxie wie Lübeck keine Chancen.

Seelsorgerliche Reformversuche

Veränderungen und Neuerungen legen sich im Laufe der Kirchengeschichte immer wieder, der jeweiligen Situation entsprechend, nahe. Oft sind es gerade die kleinen Schritte, die die Entwicklung bestimmen. Hunnius suchte nun gemäß seiner Leitvorstellung, daß Lübeck eine christliche Stadt sein müßte, den Herausforderungen der Zeit produktiv zu begegnen. Er war nicht bloß ein wissenschaftlicher Theoretiker, sondern auch – was typisch für die Orthodoxie ist – an Fragen der Praxis interessiert. Aber er konnte die meisten seiner Reformvorhaben nicht realisieren, weil der Rat zur Kooperation mit einem derart schroff auf die Eigenständigkeit der Kirche bedachten Superintendenten nicht bereit war und deshalb Hunnius' Pläne blockierte.

Die immer wieder umstrittene Ausübung des geistlichen Strafamts suchte Hunnius schon bald nach seinem Amtsantritt grundsätzlich zu klären, wozu er zusammen mit dem Ministerium 1626 eine Abhandlung publizierte[49]. Die Grundfragen (Berechtigung der Prediger, die Sünden öffentlich namhaft zu machen; Abgrenzung der Kompetenzen zwischen ziviler Ordnungsgewalt der Obrigkeit und geistlichem Gericht; Erziehung der Gemeindeglieder zu friedlichem Zusammenleben durch die Kirchenzucht) wurden hier in der Weise klarer Distinktionen und Deduktionen abgehandelt, wie sie sich im orthodoxen Unversitätsbetrieb herausgebildet hatte. Doch da der Rat sich auf eine prinzipielle Auseinandersetzung nicht einließ, blieb das Ganze ein kirchliches Programm. Ein Versuch von Hunnius 1630, die Diskussion durch eine direkte Eingabe an den Rat voranzutreiben, führte zu nichts[50].

Der seelsorgerlichen Erziehung der Gemeinde sollte eine von Hunnius seit 1627/28 betriebene Neuerung bei den Abendmahlsfeiern dienen: die in Lübeck bisher nicht praktizierte sog. applicatio individualis, d. h. der persönliche Zuspruch der sakramentalen Heilsgabe an den einzelnen Kommunikanten. Hunnius wollte damit die Lübecker Praxis an die in Deutschland allgemein verbreitete Sitte angleichen und die Beteiligung am Abendmahl durch stärkere Konzentration auf das Individuum fördern. Doch das Geistliche Ministerium mochte eine solche Änderung nicht einführen, scheute auch eine Auseinandersetzung mit dem Rat, der ja das ius liturgicum auch in derlei Fragen beanspruchte; so kam es erst unter Hunnius' Nachfolger Hanneken zur Einführung der applicatio individualis[51].

Dem lehrhaften Grundzug der Orthodoxie gemäß war Hunnius an der dogmatischen Bildung der Gemeinden interessiert, und mit seinem pädagogischen Geschick leistete er auf diesem Gebiet Beachtliches. Schon 1625 gab er eine Art Laiendogmatik heraus, einen Leitfaden zu den wichtigsten Themen der evangelischen Lehre, „so viel einem Christen darvon zu seiner Seelen Seligkeit zu wissen und zu glauben hoch nötig und nützlich ist"[52]. Diese Informationsschrift, für das intellektuell anspruchsvollere Bürgertum geeignet, fand nicht nur in Lübeck eine erstaunliche Aufnahme (1632–91 sechs Auflagen), sondern auch im übrigen Deutschland. 1637 veröffentlichte Hunnius eine volkstümlich-katechetische Bearbeitung dieser Epitome als „Anweisung zum Rechten Christenthumb, für junge und einfältige Leute im Hauß und Schulen zu gebrauchen", die ebenfalls weite Verbreitung erfuhr[53]. Sein schon 1633 publiziertes „Neddersassisches Handtboek" (s. o.) gehörte auch in diesen Zusammenhang der Bemühung um theologische Erwachsenenbildung.

Kirche und Schule

Verständlicherweise bemühte ein Mann wie Hunnius sich besonders um das Schulwesen, allerdings nur um die religiösen Inhalte desselben. Die neue Schulordnung des Katharineums von 1620 (verfaßt von dem theologisch engagierten Rektor Johann Kirchmann, einem der Protagonisten der Orthodoxie) hatte ganz im Sinne orthodoxer Sittenzucht unter der Leitidee, daß Frömmigkeit als Basis aller übrigen Tugenden das oberste Erziehungsziel zu sein hätte, die religiösen und moralischen Pflichten der Schüler ausführlich katalogisiert. Ausführliche „Anordnungen über die Pflichten der Lehrer" von 1621 hatten das im Blick auf die Lehrkräfte spezifiziert, um diese zum Eifer für die wahre Lehre des Evangeliums anzuspornen[54]. Die in der Kirchenordnung vorgesehene Schulvisitation führte Hunnius entsprechend den 1620/21 fixierten Prinzipien regelmäßig durch und aufgrund der hierbei gewonnenen Einsichten machte er seit 1627 dem Rat manchen Verbesserungsvorschlag[55]).

Doch an seiner spezifischen Aufgabe, den theologischen Vorlesungen für die Primaner des Katharineums, scheiterte er, weil die intellektuellen Fähigkeiten der Schüler der anspruchsvollen Materie nicht gewachsen waren und ihnen auch jegliches Interesse fehlte. Vergeblich forderte Hunnius 1630 Abhilfe unter Hinweis darauf, wie nötig es wäre, daß die künftige Führungsschicht der Stadt, die ja immer wieder auch mit religiösen Fragen befaßt würde, ein solides theologisches Elementarwissen besäße[56]). So gab er schließlich die von Bugenhagen seinerzeit mit guten Gründen eingeführte Praxis auf – ein Indiz dafür, daß auch die Schule sich von der durch die Orthodoxie repräsentierten Kirchlichkeit abzuwenden begann. Die Christlichkeit der Stadt war nicht mehr in der nach 1531 intendierten Weise durch die ständige Auseinandersetzung mit den biblischen Lehrinhalten zu erreichen. Hunnius' Nachfolger nahmen dann später mit relativ begrenztem Erfolg die Vorlesungstätigkeit wieder auf[57]).

1622 hatte Georg Stampelius, um dem erschreckenden Mangel an Bibel- und Katechismuskenntnissen zu begegnen, kurz vor seinem Tod ein Examen catecheticum angeregt, um die Kinder durch die Geistlichen abfragen und notdürftig unterweisen zu lassen[58]). Da das aber nicht recht funktionierte, betrieb Hunnius eine stärker pädagogisch fundierte Reform. Seine Katechismuserklärung von 1627 gab Lehrern und Schülern einen guten Leitfaden, und seit 1636 betrieb er erneut die Einrichtung von Katechismus-Examina, jetzt aber in der Form eines von den Geistlichen im Anschluß an die Frühpredigt zu erteilenden Unterrichts für Kinder und Gesinde, weil „in dieser guten Stadt mancher Mensch in Kellern und Buden ohne alle Gotteserkenntniß oder Furcht aufgezogen wird". Parallel zu seinen Bemühungen um die Sittenzucht wollte Hunnius auch für eine bessere Christlichkeit im kognitiven Bereich sorgen. Doch der Rat war nicht bereit, die erforderliche Anordnung seinerseits zu erlassen, die der Bevölkerung diese Unterweisung zur Pflicht gemacht hätte; erst recht lehnte er die von Hunnius vorgeschlagene Errichtung einer speziellen Katechismusschule aus finanziellen Gründen ab[59]). Auch hier traten Kirche und religiöses Bewußtsein der Bürger zunehmend auseinander.

Witwenkasse, Schabbelstiftung, Sklavenkasse

Die Versorgung der Witwen und Waisen war für den Pfarrerstand bislang höchst mangelhaft geregelt. Hunnius legte den Grundstein für eine nachhaltige Verbesserung, indem er 1624 zunächst für die Geistlichen von St. Marien und St. Johannis, 1625 dann für das ganze Ministerium eine Witwen- und Waisenkasse schuf, die bis zum 20. Jahrhundert effektiv arbeiten konnte. Jeder Geistliche zahlte jährliche Beiträge in einen Fonds, wozu noch milde Stiftungen kamen; die Erträge, die schon nach kurzer Zeit einen erheblichen Umfang erreichten, flossen als Unterhaltszuschüsse an die Hinterbliebenen. Damit wurde gerade in jener Zeit der wirtschaftlichen Unsicherheit und Not ein gutes Fürsorgeinstrument geschaffen. Auch die Lehrer des Katharineums richteten 1635 für sich eine entsprechende Kasse ein, woraus ersichtlich wird, daß derartige Organisationen sich damals allgemein nahelegten[60]).

Ebenfalls bis zur Gegenwart für das kirchliche Leben bedeutsam wurde die Stiftung, die der Hamburger Kaufmann Hinrich Schabbel, dessen Bruder Hieronymus Syndikus in Lübeck war, 1637 errichtete und nach Hunnius' Vorschlägen organisierte: ein außergewöhnlich gut dotiertes Stipendium, um mitten in den Wirren der Kriegszeit für eine bessere Förderung des Theologennachwuchses zu sorgen[61]). Die Idee dazu stammte von Hunnius, der mit Hilfe einer der Fundationsurkunde beigefügten Studienordnung akademische Lehrkräfte heranbilden wollte, die vom Geist der lutherischen Orthodoxie geprägt waren. Jeweils vier Stipendiaten wurden mit dem Ziel gefördert, den Doktorgrad zu erlangen: „Vnnd soll alles zu diesem scopo gerichtet sein, das sie mit Gotlicher verleyhung einmal in Theologia excelliren, andere mit nutzen lehren, den wiedersachern vnnd falschen Lehrern mit guttem grunde vnnd bestande wiederstehen, auch durch nutzliche schrifften die gemeine Christenheit erbawen konnen". Ganz von Hunnius' Engagement für die Sittenzucht diktiert war die rigide Reglementierung des Lebenswandels der Stipendiaten, die unter anderem vorsah, daß sie sich „des Mußiggangs, Spielens, Gastereyen, offentliche Bier vnd Weinheuser, Fechtboden, Tantz Plätze etc." enthalten sollten[62]). Diese Studienordnung machte ebenso wie die herausragende Dotierung das Schabbel-Stipendium zu einer historisch bemerkenswerten, in Deutschland fast singulären Einrichtung.

Ihre Kandidaten wählte die Schabbelstiftung nicht nur aus Lübeck, sondern aus ganz Norddeutschland, bevorzugt allerdings aus Angehörigen der Stifterfamilie. Unter ihnen fanden sich schon bald solche, die bedeutende Repräsentanten der Theologie wurden, als berühmtester A. H. Francke. Auf die Förderung des speziell lübischen Pfarrernachwuchses war dagegen seit 1648 ein Teil der Westerauer Stiftung gerichtet. Vier Stipendiaten wurden davon finanziert, später änderten sich die Zahl und die Bindung an das Studienfach, aber auch diese Stiftung bestand bis ins 20. Jahrhundert[63]).

Eine ganz andere Zielsetzung hatte die 1629 auf Betreiben des Geistlichen Ministeriums vom Rat eingerichtete Sklavenkasse[64]). In der Vergangenheit gerieten Lübecker Schiffer auf der im 16. Jahrhundert expandierenden Spanienfahrt hin und wieder in die Gefangenschaft algerischer Seeräuber und wurden als Sklaven verkauft, zumeist in Nordafrika. Nur gegen hohes Lösegeld konnten ihre Angehörigen sie wieder freikaufen. Seit Beginn des 17. Jahrhunderts häuften sich derartige Fälle (für die Zeit 1615–29 zählte man 22 Schiffe mit 84 Personen). Da die christliche Solidarität sich auf die gottesdienstliche Fürbitte nicht beschränken mochte und sich auch durch den Umstand herausgefordert fühlte, daß die Gefangenen oft genug zum Islam übertreten mußten, aktivierte das Ministerium die Schonenfahrerkompagnie und die Schiffergesellschaft, welche beim Rat eine Verbesserung der schon 1627 eingeführten Schiffsabgaben durch Stiftung eines speziellen Fonds durchsetzten. Für diesen sammelte man auch in den Kirchen, und so konnten trotz großer Schwierigkeiten die gefangenen Lübecker allmählich ausgelöst werden. Nach wenigen Jahrzehnten verlor die Sklavenkasse ihre aktuelle Bedeutung, weil kaum noch Seeleute in mohammedanische Gefangenschaft gerieten; doch mit ihrem beträchtlichen Kapital spielte sie als innerstädtische Finanzierungsquelle bis zur Auflösung im Jahre 1861 eine Rolle und erinnerte an einen bemerkenswerten diakonischen Einsatz der Vergangenheit.

Hunnius' Kampf gegen das Staatskirchentum

Besonders scharf traten die politischen und gesellschaftlichen Konflikte, die sich für eine auf Eigenständigkeit gegenüber dem Staat sowie auf die religiöse Kontrolle des öffentlichen Lebens bedachte Kirche ergeben mußten, in Hunnius' Amtszeit hervor. Da die Ausübung der Kirchenzucht auch den Bereich der öffentlichen Ordnung tangierte, führte sie notwendig immer wieder zu einer Kollision zwischen der Zuständigkeit des Ministeriums und derjenigen des Rates. Gegen die „Schwärmer" und Nonkonformisten, die im Zusammenhang der Kriegsereignisse zahlreicher als früher in Lübeck Zuflucht fanden, hatte Hunnius erfolgreich die obrigkeitliche Polizeigewalt mobilisiert. Schwierigkeiten bekam er dagegen im Blick auf die Reformierten, die er — orthodoxem Selbstbewußtsein wie lübischem Herkommen gemäß — als Feinde der wahren Religion und damit der öffentlichen Ordnung ansah. Seit 1613/14 war es über der Frage, ob man den Reformierten in der Stadt ein normales feierliches Begräbnis gestatten dürfte, des öfteren zum Dissensus gekommen, weil es sich dabei nicht um einen rein kirchlichen Akt handelte. Zuletzt hatte das Ministerium 1622 und 1626 gegen die Gewährung derartiger christlich-bürgerlicher Ehrungen protestiert. 1628 erreichte es vom Rat, der wegen der durch die Kriegsereignisse bedingten Unruhe und Bevölkerungsfluktuation eine konfessionelle Polarisierung vermeiden wollte, die Zusage, daß Beerdigungen von Angehörigen fremder Religionen nur nach Rücksprache mit dem Ministerium gestattet werden sollten[65]).

Als der Rat gleichwohl 1630 und 1633 von sich aus erneut zwei prominenten Reformierten, denen die Stadt wegen guter Dienste beim Befestigungsbau verpflichtet war, das ordentliche Begräbnis mit Glockengeläut und Gesang der Schola gewährte, kam es zu einer Auseinandersetzung von grundsätzlicher Bedeutung[66]). Eine von Hunnius verfaßte Beschwerdeschrift des Ministeriums, wonach bei sämtlichen die Kirche betreffenden Entscheidungen alle drei Stände des Gemeinwesens (Obrigkeit, Geistlichkeit, Bürgerschaft) mitwirken müßten, konterte der Rat im Dezember 1633 mit einem Reskript, welches die staatskirchenrechtliche Situation generell thematisierte. In schroffer Klarheit stellte er sein auf den Passauer Vertrag von 1552 und den Augsburger Religionsfrieden von 1555 gegründetes obrigkeitliches Kirchenregiment heraus und beanspruchte in strittigen Fragen die alleinige Entscheidungskompetenz. Der Rat nahm hier, rechtskundig beraten durch seinen Syndikus Otto Tanck (seit 1632 auch Dompropst) und seinen Protonotar Feldhusen, die damals entwickelte verfassungsrechtliche Theorie des Episkopalsystems auf, die im protestantischen Bereich allgemein zur Legitimierung der staatlichen Hoheit in Kirchenfragen herangezogen wurde: Die alten Rechte des Lübecker Bischofs und Domkapitels seien in vollem Umfang (also nicht nur hinsichtlich der Jurisdiktions- und Ordnungsgewalt einschließlich Kirchenzucht und Liturgie, sondern auch hinsichtlich der speziell geistlichen Kompetenzen der Wortverkündigung und Sakramentenverwaltung) auf den Rat übergegangen, der somit zu einer juristischen Doppelperson, Obrigkeit und Landesbischof, geworden sei. Aus dieser Kirchenhoheit leitete der Rat den Anspruch ab, über alle kirchlichen Fragen souverän entscheiden und über die Geistlichen als seine Beamten verfügen zu können.

Eine Selbständigkeit der Kirche wurde so im Prinzip unmöglich, kirchliches Handeln mußte als staatliche Auftragsarbeit gelten. Mit Hilfe des Reichsrechts (der Fiktion von der Suspension und Translation der bischöflichen Rechte) konnte der Rat sein

Staatskirchentum begründen und für diesen Bereich den angestrebten Absolutismus verwirklichen, den ihm auf fast allen anderen Gebieten des öffentlichen Lebens die Bürgerschaft bestritt. Die faktische Entwicklung seit 1535 fixierte er jetzt verfassungsrechtlich.

Vergeblich versuchte Hunnius, nachdem er Fakultätsgutachten aus Leipzig, Wittenberg, Jena und Königsberg eingeholt hatte, gegen die juristische Argumentation in einer ausführlichen „Declaration" vom März 1634 die von den orthodoxen Theologen, insbesondere von Johann Gerhard, zur Behauptung der kirchlichen Eigenständigkeit ausdifferenzierte lutherische Drei-Stände-Lehre ins Feld zu führen. Er nahm die Episkopaltheorie auf, modifizierte sie aber dahingehend, daß die bischöflichen Rechte nicht auf den Rat allein, sondern auf das gesamte christliche Gemeinwesen in seinen drei Ständen übergegangen wären, wobei für die hoheitlichen Ordnungsfragen außer der Obrigkeit auch die Gemeinde zuständig wäre, die im staatlichen Bereich aufgrund der lübischen Verfassungssituation von der Bürgerschaft gebildet würde. Hier ergab sich in Hunnius' Argumentation eine Verbindung zu der seit 1598 formierten bürgerlichen Opposition. Doch er hatte kein Interesse daran, sie nachdrücklich zu artikulieren und damit politisch effektiv zu machen; ihm lag allein an den Kompetenzen der Geistlichkeit, welche als ordo ecclesiasticus mit allen religiösen Aufgaben betraut war und sich letztlich mit der Kirche identifizierte, wie es der Klerus im Mittelalter getan hatte.

Hunnius' Ideal einer christlichen Stadt

Hunnius' Ordnungsmodell zielte auf eine Partnerschaft von Staat und Kirche, d. h. von Rat und Ministerium, ohne eine Trennung beider Bereiche auch nur zu erwägen. Gegen das absolutistische Staatskirchentum setzte er das Ideal des evangelischen Corpus Christianum, doch er mußte damit zwangsläufig an der andersgearteten Realität scheitern. Das demonstrierte ein weiterer Konflikt mit dem Rat aus dem Jahre 1640, der sich ebenfalls um ein vielverhandeltes Thema drehte, um das geistliche Strafamt hinsichtlich der Sittenzucht[67]).

Der Superintendent hatte herkömmlich die Aufgabe, zweimal im Jahr einen Zyklus von Katechismuspredigten zu halten. Da deren Inhalt neben dogmatischer und ethischer Belehrung auch die Kritik an Glaube und Lebenswandel der Bürger betraf, ließ er sich zuvor eingehend von den Geistlichen über etwaige Mißstände informieren, um begründet die Dinge beim Namen nennen zu können. Es handelte sich also um lokalpolitisch bedeutsame, konkrete Sittenpredigten, die das öffentliche Bewußtsein zu beeinflussen suchten. Infolge der Kriegseinwirkungen lag vieles im argen. Hunnius hatte seit längerem erfolglos den Rat um polizeiliches Einschreiten gebeten, deswegen trat er in der Fastenzeit 1640 bei der Auslegung der Zehn Gebote die Flucht in die Öffentlichkeit an: Die Gottlosigkeit habe trotz früherer Mandate zugenommen, weil der Rat deren Beachtung nicht erzwungen habe. Gotteslästerungen, Fluchen, Krankenbeschwörungen, Zauberei und Verstöße gegen die Sonntagsheiligung seien allgemein verbreitet; die moralische Erziehung der Jugend sei mangelhaft, Mord und Totschlag, Diebstahl, Ehebruch und Hurerei seien an der Tagesordnung: „Ehebruch und Hurerey ist in dieser Stadt so gemeine, daß sichs niemand schämet; ursach ists, daß die obrigkeit hinten angesetzet Gottes wort und gebot, die verbrecher anders nicht, denn mit gelde straffet; den Ehebruch hat Gott mit dem Tode zu straffen angeordnet"[68]).

Hunnius plädierte allen Ernstes nicht nur für eine verbesserte Befolgung der göttlichen Gebote, sondern auch für eine solche staatliche Bestrafung der Sünder, die sich nicht an dem üblichen deutschen Recht, sondern an dem mosaischen Recht des Alten Testaments orientierte. Das war politisch völlig utopisch und theologisch unmöglich, zeigte aber in schöner Klarheit seine Intention, Lübeck im Zusammenwirken von Geistlichkeit und Obrigkeit als christliche Stadt zu formieren. Seine Kritik daran, daß der Rat die Eigentumsdelikte in übergroßer Schärfe strafe, schwere moralische und pädagogische Verfehlungen aber nachsichtig durchgehenlasse, daß in jenen wirtschaftlich harten Jahren die sozial Schwachen ständig benachteiligt würden, daß die Rechtspflege die Reichen begünstige, all dies und anderes war durchaus bedenkenswert.

Hunnius nahm profiliert für die Geistlichkeit ein moralisches Wächteramt (gestützt auf den locus classicus dieser Konzeption beim Propheten Hesekiel) in Anspruch und verteidigte gegen die Vorwürfe des Rates, er sollte sich auf das rein Religiöse beschränken, entschieden die politische Verantwortung der Kirche. Darum wollte er den Rat, der in Verfassungsfragen stets seine Hoheit als „Bischof" von Lübeck herauskehrte, bei ebendieser spezifischen Verantwortung als christlicher Obrigkeit packen, und zwar in ethischen Fragen ebenso wie in dogmatischen. Das entsprach der seit Melanchthon allgemein rezipierten Auffassung, wonach der Obrigkeit die custodia utriusque tabulae zustehe, d. h. daß sie für die Einhaltung der Gebote beider Tafeln mit den Verpflichtungen gegenüber Gott und dem Mitmenschen zu sorgen habe.

Doch während der Rat bereit war, nach wie vor (wenn auch faktisch jetzt etwas milder als im 16. Jahrhundert) für die Reinheit der lutherischen Lehre in der Stadt einzutreten, mochte er die ihm zugedachte cura religionis hinsichtlich der christlichen Normierung bürgerlicher Sittlichkeit nur zögernd wahrnehmen, sofern es nicht um rein religiöse Ordnungsfragen wie Verstöße gegen die ersten drei Gebote (Gotteslästerung, Fluchen, Sonntagsentheiligung, mangelnder Gottesdienstbesuch u.ä.) ging. Er verstand die Bereiche von Politik und Rechtspflege als autonom, trennte sie also im typisch neuzeitlich-säkularen Sinne von der Religion ab. Dagegen mußte Hunnius' Konzeption, die ja den seit Jahrzehnten vertretenen Intentionen des Ministeriums entsprach, überholt wirken. Der scharfe Einspruch seitens des Rates zeigte das. Dieser zitierte ihn wegen seiner Katechismuspredigten auf die Kanzlei, und der Syndikus Benedikt Winckler erteilte ihm einen scharfen Verweis. Als Hunnius daraufhin sich in einer umfangreichen Darlegung rechtfertigte, ging der Rat auf seine grundsätzlichen Argumente gar nicht ein[69]).

Die Zuordnung von geistlichem und weltlichem Regiment in der evangelischen Stadt wurde mit Beginn der neuzeitlichen Emanzipation problematisch. Die Kirche sollte wie im Mittelalter auf das religiös-kultische Gebiet beschränkt sein. Die mit der Reformation im 16. Jahrhundert angestrebte Integration von bürgerlicher und christlicher Existenz löste sich, was ihre institutionellen Fixierungen betraf, zunehmend auf. Anderslaufende Bestrebungen der Geistlichkeit blieben erfolglos, zumal sie vom Geruch klerikaler Einmischung nicht frei waren. Das zeigte sich in der ersten Hälfte des 17. Jahrhunderts besonders deutlich bei Ordnungsfragen mit politischer Relevanz, erst andeutungsweise auf den Sektoren Schulwesen, Sozialfürsorge und Kunst. Insgesamt markierten all die hier skizzierten Ereignisse eine typische Übergangszeit.

16. Kapitel
Die Problematisierung des konfessionellen Absolutismus

Bedingt durch die konstitutive Bedeutung der Lehre im Protestantismus, wurde die Kirche nach damaligem Verständnis primär von den Theologen repräsentiert. Diese besaßen großen öffentlichen Einfluß, doch zu einer Theologenherrschaft in der Stadt kam es selbst im Zeitalter der Orthodoxie nicht. Vielmehr machten sich Tendenzen zur Distanzierung von der offiziellen Kirchlichkeit zunehmend bemerkbar. Demgegenüber wurde die Polemik gegen alles Abweichlertum zur dominierenden Äußerungsform der Amtskirche. Als konfessionellen Absolutismus kann man diese Haltung bezeichnen, weil die Geltung der in der Stadt herrschenden Konfession – der im 16./17. Jahrhundert manifest gewordenen Partikularität ihres Wahrheitsanspruches zum Trotz – absolut gesetzt wurde.

Lübecks Kirche im Zeitalter der Orthodoxie war nicht so dogmatisch erstarrt, wie man aufgrund ihrer konfessionellen Intoleranz annehmen könnte. Neben dem Interesse, ihre öffentliche Geltung durch die unangetastete Reinheit der lutherischen Lehre zu bewahren, stand ihr zweites Hauptanliegen, die Besserung unchristlicher Lebensweise durch Sittenzucht und mancherlei Reformen. Damit bot sie durchaus Raum für eine lebendige Frömmigkeit (s. das 17. Kapitel). Doch sie erwies sich als unfähig, die radikale Reformbewegung aufzunehmen, die sich im 17. Jahrhundert in Spiritualismus und Pietismus äußerte, und so wurden der Kirche im Zeitalter der neuzeitlichen Subjektivität wichtige Erneuerungskräfte vorenthalten. Das führte dazu, daß in Lübeck eine konservative, auf das Dogmatische konzentrierte Orthodoxie bis weit ins 18. Jahrhundert hinein herrschte. Ihr Geltungsanspruch wurde allerdings für viele Bürger problematisch, wie sich paradigmatisch an den Auseinandersetzungen der Geistlichkeit mit Vertretern abweichender theologischer Positionen zeigte. Den kirchlichen Auflockerungstendenzen entsprach im staatlichen Bereich das Bestreben der Bürger nach mehr politischer Mitbestimmung.

Die Superintendenten Hanneken, Pomarius und Pfeiffer

Mit Hunnius hatte Lübecks Kirche einen wissenschaftlichen Theologen von Format, einen schroffen Vorkämpfer der lutherischen Orthodoxie an ihrer Spitze gehabt. Nach seinem Tode bemühte der Rat sich, einen prominenten Nachfolger zu finden, was erst nach einigen Anläufen im Oktober 1646 mit Meno Hanneken (1595–1671) gelang[1]. Hanneken hatte seinerzeit bei Hunnius in Wittenberg studiert und war seit 1626 Theologieprofessor in Marburg gewesen. An wissenschaftlicher Bedeutung trat er hinter seinem Vorgänger weit zurück, aber er verstand es aufgrund seines besseren praktisch-kirchenpolitischen Geschicks, eine Reihe von Reformmaßnahmen durchzusetzen und die unter Hunnius eingetretene Konfrontation zwischen Ministerium und Rat abzubauen[2]. Sein Hauptinteresse galt jedoch der Abwehr religiöser Dissidenten aller Schattierungen; in der Verteidigung der konfessionellen Einheit der Stadt erwies er sich als Vertreter einer streitbaren Orthodoxie. Von einer Reformorthodoxie, wie sie sich zum Beispiel in Rostock und Hamburg mit volkstümlicher Predigt und Jugenderziehung, mit

Armen- und Krankenpflege darstellte, konnte im damaligen Lübeck nur sehr eingeschränkt die Rede sein.

Nach Hannekens Tod blieb das Superintendentenamt 1671—75 vakant, bis dafür in Samuel Pomarius (1624—1683), einem Orthodoxen Wittenberger Prägung, ein geeigneter Mann gefunden wurde[3]). Pomarius besaß als Kenner der orientalischen Sprachen einen wissenschaftlichen Ruf. Durch seine bewegte Tätigkeit in den lutherischen Gemeinden im slowakischen Teil Ungarns (wo er seit 1667 eine Professur in Eperjes versah) war er zu einem harten Verfechter lutherischer Identität gegenüber Katholiken und Calvinisten geworden. Diesen Kurs setzte er in Lübeck fort, zumal gegen die Jesuiten, seine alten Gegner, und verband ihn mit der Polemik gegen Spiritualisten und konfessionelle Ireniker. Hier gab ihm die Jubiläumsfeier des Konkordienbuches 1680 eine besondere Gelegenheit, die öffentliche Geltung des Luthertums zu bekräftigen[4]). Trotz seines schroffen Konfessionalismus genoß Pomarius in der Bürgerschaft wegen seiner wissenschaftlichen Bildung, seiner Predigttätigkeit und seiner Aufgeschlossenheit für sozialpolitische Probleme (so z. B. bei den Unruhen der Bierbrauer) wie sein Vorgänger Hanneken ein hohes Ansehen.

Pomarius' Nachfolger, wie dieser ein Orientalist, wurde 1689 der Leipziger Professor August Pfeiffer (1640—1698)[5]). Wieder war zuvor eine längere Vakanz eingetreten, weil der Rat kein vitales Interesse an der Neubesetzung hatte und erst nach intensivem Drängen des Ministeriums tätig wurde. Wenn dieses als mögliche Kandidaten an erster Stelle Spener und an zweiter den Pietistengegner Philipp Ludwig Hanneken (Theologieprofessor in Marburg, Sohn des vormaligen Superintendenten) vorschlug, dann verrät sich darin außer der nach wie vor hohen Reputation der Lübecker Superintendentur eine gewisse Liberalität gegenüber theologischen Positionen. Mit Pfeiffer bekam Lübeck einen energischen Bekämpfer des Pietismus, der in Leipzig einschlägige Erfahrungen gesammelt hatte. Der Richtung der Reformorthodoxie zugehörig, stand er als Erbauungsschriftsteller in hohem Ansehen (Johann Sebastian Bach z. B. las ihn später eifrig); sein „Antimelancholicus" von 1683 verriet seelsorgerliche Gaben, die er auch in Lübeck einsetzte[6]). Seine Reformtätigkeit hier hielt sich allerdings in Grenzen, und als Prediger gab er vor allem Beispiele trockener Gelehrsamkeit, denn sein Interesse konzentrierte sich auf die wissenschaftliche Auslegung des Alten Testaments.

Bedeutende Theologen mußte Lübeck sich von außerhalb holen, da hier nur selten solche nachwuchsen und die Stadt ein eigentümliches Unvermögen bewies, die wenigen heimischen Talente zu fördern wie z. B. Ph. L. Hanneken, Michael Siricius oder den streitbaren, schriftstellerisch ungemein produktiven Lorenzprediger Franz Wörger[7]). Das prominenteste Beispiel gab der Umgang mit dem jungen August Hermann Francke ab (s.u.).

Bürgerliche Unruhen 1661—65

Die Wirkungen des Dreißigjährigen Krieges bestimmten Lübecks Geschichte in vieler Hinsicht noch lange. Zu den Störungen im Wirtschaftsleben und im Sozialgefüge trat die finanzielle Belastung der Stadt durch die enormen Schulden, die sie aufnehmen mußte, um — zusätzlich zu ihren Kosten für die Befestigungsanlagen — den Großmächten die Kontributionen und Kriegsentschädigungen zu bezahlen. Die Zinslasten fraßen das öffentliche Budget fast auf, so daß der Rat 1661, als sich eine Belebung der Konjunktur abzeichnete, bei der Bürgerschaft eine Erhöhung der Steuern und eine Einführung neuer Abgaben beantragte. Das gab den Anlaß zu Unruhen und Streitigkeiten, die erst 1669 durch den Bürgerrezeß beendet wurden, welcher Lübecks künftige Verfassungsgrundlage bildete[8]). Den Konflikten, die andernorts zwischen Landesfürsten und Ständen auftraten, entsprachen hier die Spannungen zwischen Rat und Zünften (bzw. Korporationen), die sich im Lübecker Staatsaufbau nach Analogie von Landständen verstehen wollten.

Der Rat verfolgte gegenüber den Forderungen der Bürgerschaft nach stärkerer Beteiligung an der Finanzverwaltung kein einheitliches Konzept. Der Bürgermeister Gotthard von Höveln (1603–71), der jeden Kompromiß schroff ablehnte, vertrat als Exponent der adeligen Patriziergruppe im Rat eine absolutistische Verfassungskonzeption. Dagegen plädierte der Syndikus David Gloxin (1597–1671), der Lübecks Außenpolitik seit fast zwanzig Jahren besonnen und erfolgreich führte, für eine maßvolle Beteiligung der Kaufleute- und Handwerkerkorporationen am Stadtregiment. Höveln und Gloxin repräsentierten in typischer Weise die beiden um die Stadtherrschaft konkurrierenden Gruppen. So erlebte die in den sog. Reiserschen Unruhen 1598–1605 geführte Auseinandersetzung eine Neuauflage. Und auch diesmal beteiligte sich die Geistlichkeit, ergriff jetzt aber nicht so eindeutig Partei für den Rat.

Als dieser 1664 den Kaiser einschaltete und der Streit daraufhin eskalierte, versuchte Superintendent Hanneken, zwischen den streitenden Parteien zu vermitteln. Skandalgeschichten in einigen führenden Familien hatten seit 1652/53 das Ansehen der Ratsherren lädiert und führten – zusammen mit den strukturellen Spannungen zwischen den Interessen der Kaufleute und der landbegüterten „Junker" – zu einer Krise innerhalb der führenden Gesellschaftsschicht[9]). Angesichts der berechtigten Vorwürfe der Zünfte, daß die Ratsgeschlechter Günstlingswirtschaft betrieben, den Gemeinbesitz wie Privateigentum behandelten und den Rechtsschutz der städtischen Handwerksbetriebe vernachlässigten, stand das Ministerium auf Seiten der Bürgerschaft. Deswegen schlug Hanneken im Oktober 1664 Bürgermeister Höveln in einem Memorandum die Bildung einer gemischten Kommission von Rat und Bürgerschaft vor, um die beiderseitigen Interessen gleichmäßig zu berücksichtigen. Diesen Vorschlag nahm der Rat zwar nicht an, aber Hannekens detaillierte Vorschläge für eine Zweiteilung der Finanzverwaltung und für eine bürgerliche Beteiligung an einer neu zu bildenden Kasse für die „Zulage" machte er sich weitgehend zu eigen, zumal diese der in anderen Staaten bereits geübten Praxis entsprachen[10]). Im Juli 1665 kam so der Kassarezeß zustande, der neben der Kämmerei die Einrichtung einer Stadtkasse vorsah. Im Dienst für den inneren Frieden hatte sich die Kirche als Vermittlungsinstanz bewährt.

Die Verfassungsstreitigkeiten und der Bürgerrezeß 1669

Die grundlegenden Strukturprobleme waren mit dem Kassarezeß keineswegs behoben. Eine bürgerliche Mitwirkung am Stadtregiment war seinerzeit 1530 im Zusammenhang mit der Lösung von Finanzproblemen auf dem Weg über die neue Hoheit der Stadt in kirchlichen Fragen erreicht worden, aber schon 1535 verlorengegangen. Wieder auf dem Finanzsektor wurde sie nun mit säkular-staatsrechtlicher Begründung erstrebt, wobei die Bürgerschaft zwar einen Anteil an der Staatshoheit, nicht aber an der

Kirchenhoheit beanspruchte. Der im 16. Jahrhundert so lebendige religiöse Impuls der „Gemeinde" fehlte jetzt völlig.

Die 1625 zugestandene Beteiligung der Bürger am „Bretling", einer Behörde zur Verwaltung der Traveregulierung, bedeutete noch keinen Einbruch in die ausschließlich obrigkeitliche Hoheit über die fast 40 städtischen Behörden[11]). Doch die neue Kassenverwaltung brachte einen weiteren Schritt in diese Richtung. Der Forderung der Bürgerschaft nach einer umfassenden Mitbestimmung in Staatsangelegenheiten kam die Degenerierung der alten Ratsherrschaft entgegen. Die in der 1581 wiedergegründeten Zirkelgesellschaft (die seitdem zumeist „Junkerkompagnie" hieß) zusammengeschlossenen führenden Familien sonderten sich immer stärker vom Bürgerleben ab und bildeten eine geschlossene Gruppe, die sich ihren Adel 1641 vom Kaiser bestätigen ließ. Es handelte sich um die sechs Familien Brömse, Kerkring, Lüneburg, Stiten, Warendorf und Wickede, zu denen bald noch andere Familien wie z. B. Höveln, Plönnies, Pleskow und Brokes kamen. Ihre Interessen hatten sich weitgehend vom bürgerlichen Handel auf ein aristokratisch-höfisches Leben verlagert. Dieser Lebensstil rechtfertigt es, sie im soziologischen Sinne als Patriziat anzusprechen (was sie selber z. B. 1601 taten, als sie sich als „die Lübecker Patrizier und Stadtjunker" von der übrigen Stadtgemeinde abhoben), wobei dieses Patriziat auf die Mitglieder der Zirkelgesellschaft beschränkt blieb[12]). Allerdings hatten sie kein Monopol auf die Besetzung der Ratsstühle durchsetzen können, auch wenn sie die einflußreichste Gruppe im Rat bildeten; im rechtlichen Sinne gab es also in Lübeck nach wie vor kein Patriziat.

Die Patrizierfamilien bauten auf ihren rings um die Stadt verteilten Gütern Wirtschaftsbetriebe auf, welche das städtische Handwerk schwer beeinträchtigten. Das führte zu explosiven Spannungen, die sich 1666 in Gewaltaktionen der Zünfte gegen die Landgüter entluden. Daraufhin unterstellten die patrizischen Familien ihre Besitzungen außerhalb der Landwehr (z. B. in Moisling, Steinrade, Mori, Stockelsdorf, Niendorf, Eckhorst) der holsteinisch-dänischen Hoheit. Die verfassungsrechtliche Folge dieses Schrittes war, daß die beiden Wortführer der Patrizier, Dietrich von Brömse und Gotthard von Höveln, auf Drängen der Bürger 1666 aus dem Rat ausscheiden mußten. Nun trat mit David Gloxin ein profilierter Vertreter des neuen Kurses als Bürgermeister in den Rat ein[13]).

In der Diskussion um die Verfassungsgrundlagen spielten neben der strittigen Auslegung der alten Privilegien Heinrichs des Löwen sowie Friedrichs I. und II. auch theologische Argumente eine Rolle. Die Zünfte beriefen sich nicht nur auf ihr angeblich im Barbarossaprivileg verankertes ius emendandi (das Recht, die bisherigen Rechtsgrundlagen fortzuschreiben), sondern auch auf Lehren über die Volkssouveränität, wie sie der reformierte Staatsrechtler Johannes Althusius im Gegensatz zu der Absolutismustheorie Jean Bodins ausgearbeitet hatte. In dem Juristen Johannes Conradi hatten sie einen klugen Kopf gefunden, der ihre praktischen Anliegen wissenschaftlich mit einer Theorie der bürgerlichen Freiheiten untermauerte[14]).

Demgegenüber vertrat der Rat den Anspruch, seine herkömmliche Position als Obrigkeit unangetastet zu lassen, auch mit dem Hinweis auf die Bibel (Römer 13) und Luthers Lehre: Nicht im Auftrage der Bürgerschaft als Trägerin der Souveränität verwalte er die Staatsgeschäfte, sondern durch Gottes Berufung, als dessen Stellvertreter er das Regiment führe. Diese Auffassung unterstützten die Prediger mit ihrer konservativ-patriarchalischen Obrigkeitslehre und ermahnten die Bürger, entsprechend dem Vierten Gebot wie Kinder ihre Väter die Ratsherren als „ihre von Gott vorgesetzte Obrigkeit" zu ehren[15]).

Gloxins ausgleichender Verhandlungsführung war es zu verdanken, daß die Unruhen schließlich mit dem Bürgerrezeß vom 9. Januar 1669 beigelegt werden konnten[16]). Damit wurde die fortan bis 1848 gültige Verfassungsbasis formuliert. Die Bürgerschaft erhielt Mitbestimmungsrechte in wichtigen Teilen der inneren Verwaltung, die zwar die obrigkeitliche Stellung des Rates nicht wesentlich beeinträchtigten, aber seiner bisherigen Totalzuständigkeit gewisse Grenzen setzten. Die hauptsächliche Bedeutung des Rezesses lag im Grundsätzlichen, weil die Bürgerschaft zur Mitträgerin der Staatsgewalt proklamiert wurde[17]).

Die aristokratische Grundstruktur des Staates blieb insofern erhalten, als das Selbstergänzungsrecht des Rates nicht angetastet, sondern nur an bestimmte Regeln der Zusammensetzung gebunden wurde, die das bürgerlich-kaufmännische Element kräftigten und allen patrizisch-absolutistischen Tendenzen wehrten[18]). Von den zwanzig Ratsherren durften nur drei der Junkerkompagnie entstammen; ihre Majorität mußte aus den verschiedenen Kaufleutekorporationen gewählt werden, wozu noch mit fünf Juristen (die von jetzt an stets drei von den vier Bürgermeistern stellten!) der für das neuzeitliche Bürgertum immer wichtiger werdende Gelehrtenstand trat. Allerdings hatte dieser schon seit dem 16. Jahrhundert bei der Zusammensetzung des Rates stärkere Berücksichtigung gefunden. Der Einfluß der alten Familien wurde dadurch beschnitten, daß direkte Verwandte nicht gleichzeitig im Rat sitzen durften.

Die „Bürgerschaft" als neues Verfassungsorgan umfaßte keineswegs alle Bürger (ganz zu schweigen von den „Einwohnern" minderen Rechts), war also kein Parlament im modernen Sinne, sondern eine ständische Vertretung. Sie bestand aus zwölf Kollegien der Kaufleute, Gewerbetreibenden und Handwerker, wobei letztere, obwohl sie die zahlenmäßig größte Gruppe bildeten, in nur einem stimmberechtigten Kollegium zusammengefaßt waren. Der Gelehrtenstand war, weil er keine wirtschaftlich produktiven Berufe umfaßte, überhaupt nicht vertreten. So stellte sich der Erfolg der Bürgeropposition letztlich als Sieg der aktiven Kaufmannschaft dar. Für die Kirchengeschichte hatte dies u. a. zur Folge, daß im Vorfeld der kirchlichen Entscheidungsprozesse nun auch die Meinung der Bürgerschaft stärker berücksichtigt werden mußte.

Der Zustand der Kirchenverfassung

Das Kirchenregiment des Rates blieb im wesentlichen von der Verfassungsreform unberührt. Doch diese ermöglichte prinzipiell eine bürgerliche Mitwirkung, die z. B. in der Sozialfürsorge die Mitzuständigkeit für die Armen- und Klosterangelegenheiten und in der Kirchenverwaltung ein Mitspracherecht bei der Veräußerung und dem Erwerb von Kapitalien umfaßte[19]). Grundsätzlich bedeutsam war auch das Zugeständnis, daß der Rat hinfort nicht mehr allein über die Aufnahme von Angehörigen fremder Religionen entscheiden sollte, was sich in der Folgezeit konkret bei der Behandlung der Reformierten und der Juden auswirkte. Auch wenn der Rat theoretisch auf seinem alleinigen Summepiskopat beharrte, entschied er in wichtigen Fragen des Kirchenwesens nicht, ohne sich mit der Bürgerschaft ins Benehmen zu setzen. Einen langfristig wichtigen Effekt brachte die Verstärkung des Kaufmanns- und Gelehrtenstandes im Rat, weil dadurch die Versippung zwischen Ratsangehörigen und Geistlichen befördert wurde (so vor allem seit dem 18. Jahrhundert), was die Verständigungsbereitschaft zwischen beiden Institutionen förderte.

Die praktizierte Kirchenverfassung orientierte sich nur teilweise an der nach wie vor gültigen Bugenhagen-Ordnung. Sie bestand im entscheidenden aus dem hergebrachten Gewohnheitsrecht. In allen Fragen, welche die Gesamtkirche betrafen, entschied der Rat korporativ, wobei er in der Regel das Einverständnis des Geistlichen Ministeriums suchte. Die Verwaltung der Kirchspiele lag bei der jeweiligen Vorsteherschaft, die sich zumeist aus zwei Ratsherren und zwei im Kirchspiel ansässigen Bürgern zusammensetzte. Deren Amt galt generell auf Lebenszeit. Einer der Ratsherren war stets ein Bürgermeister, der als Obervorsteher den maßgeblichen Einfluß ausübte (wobei der jeweils älteste Bürgermeister die Obervorsteherschaft an St. Marien und am Dom innehatte). Die beiden Bürger wurden zunächst von ihren Mitvorstehern kooptiert, seit 1722 vom Rat auf Vorschlag der Bürgerschaft bestimmt. Eine Ausnahmeregelung galt für die Domgemeinde, wo nur die beiden ältesten Bürgermeister zusammen mit dem Kapitel die Vorsteherschaft bildeten. Im neuen Lorenzkirchspiel (seit 1669) amtierten ausschließlich bürgerliche Vorsteher[20]).

Weniger begehrt war bei den Bürgern das Amt der Diakone bzw. Armenpfleger, von denen an jeder Kirche neun für jeweils drei Jahre ihren Dienst taten. Sie hatten die Spenden während der Gottesdienste einzusammeln und im Kirchspiel zu verteilen. Da diese Funktion viele Bürger genierte und mit wenig Einfluß auf das kirchliche Leben verbunden war, bestand die Möglichkeit, sich davon mit einer für das St. Annen-Armenhaus bestimmten Summe freizukaufen[21]).

Die Gliederung der Geistlichkeit bestand seit der Reformation unverändert. Der vom Rat erwählte Superintendent, der kein Pfarramt zu versehen hatte, amtierte an St. Marien. Die geistliche Leitung der fünf Kirchspiele lag jeweils bei den Pastoren (die seit dem 18. Jahrhundert gelegentlich auch als Hauptpastoren bezeichnet wurden). Aus ihnen wählte das Ministerium jeweils den dienstältesten zu seinem Senior. Zusätzlich amtierten an St. Marien und St. Jakobi drei Prediger, an den drei anderen Hauptkirchen je zwei Prediger, deren dienstältester den Titel Archidiaconus führte (und meist als Pastor nachrückte, wenn dessen Stelle frei wurde), während der zweite den Titel Diaconus führte. Die Domprediger mußten die Gottesdienste der St. Jürgenkapelle mitversehen, die Jakobiprediger diejenigen in St. Klemens und die Marienprediger diejenigen in St. Katharinen. Im 1669 vor dem Holstentor neugegründeten St. Lorenz-Kirchspiel gab es einen Prediger, keinen Pastor. Die Burgkirche hatte seit der Reformationszeit für die Betreuung der im Kloster untergebrachten Armen einen eigenen Prediger, der auch das Heilig-Geist-Hospital versorgte. Dazu kamen noch der Prediger des Johannisklosters und der seit 1631 eingesetzte Präzeptor der Kirche des Annen-Werkhauses, so daß insgesamt im 17./18. Jahrhundert 22 Stellen für Geistliche existierten[22]).

Mystischer Spiritualismus. Christian Hoburg und das Ministerium Tripolitanum

Die Infragestellung einer institutionell reglementierten Kirchlichkeit durch einen vielfältigen religiösen Individualismus erwies sich im 17. Jahrhundert immer deutlicher als ein Grundproblem. Der Geist der Neuzeit revoltierte gegen die alte „öffentliche Religion", zumal deren Mängel offensichtlich hervortraten. Das Auseinandertreten von Glauben und Leben, welchem die orthodoxe Geistlichkeit im wesentlichen mit den hergebrachten Kirchenzuchtmitteln zu wehren suchte, arbeiteten andere Männer, zumeist Einzelgänger so auf, daß sie Frömmigkeit primär als Gestaltungskraft des privaten Lebens begriffen. Diese seit den zwanziger Jahren in Lübeck hervortretende Bewegung (die mit dem Begriff „mystischer Spiritualismus" nicht ganz zureichend charakterisiert wird) verstärkte sich in der Zeit nach dem Dreißigjährigen Krieg, weil dessen Verwüstungen als Strafgericht Gottes über die unbußfertige Kirche und über die äußerliche bürgerliche Religiosität interpretiert wurden. Schließlich mündeten sie nach 1675 größtenteils in den Pietismus ein. Während dieser in Lübeck als organisierte Kraft kaum hervortrat, kam jener spiritualistischen Bewegung einige Bedeutung zu.

An erster Stelle muß hier der radikalste und begabteste Vertreter der norddeutschen Spiritualisten, der Lüneburger Christian Hoburg (1607–75), genannt werden. Als unerbittlicher Kirchenkritiker stieß er überall auf Ablehnung, verlor seine Ämter als Lehrer in Uelzen und Pfarrer in Bornum (bei Königslutter) und starb schließlich nach einem unsteten Leben in Altona, der Freistätte für Täufer und Spiritualisten. Seinen Ruf bei Freund und Feind begründete er 1644 mit dem Buch „Spiegel der Mißbräuche beym Predigt-Ampt im heutigen Christenthumb Vnd wie selbige gründlich vnd heilsam zu reformieren", welches er unter dem Pseudonym Elias Praetorius publizierte. Hierin lehnte er die verfaßte Kirche als die apokalyptische Hure Babel grundsätzlich ab. Er begründete dies mit dem Fehlverhalten der Geistlichkeit, die ein wahres Christsein durch ihre Äußerlichkeiten und ihre Pfaffenherrschaft verhindere, ebenso wie mit der Gewaltherrschaft der Obrigkeit, die die gottlosen Prediger schütze und die wahrhaft Frommen unterdrücke. Seine scharfen Anklagen gegen die Obrigkeit, oft verbunden mit leidenschaftlichem sozialen Pathos, ließen ihn als staatsgefährdenden Aufrührer erscheinen. Doch tiefer griffen seine Vorwürfe gegen die Geistlichkeit, weil diese mit ihrer unchristlichen Versöhnungslehre, welche den Trost der Gewissen intendierte, die herrschenden Strukturen bloß stabilisiere. Als Ursache der gesellschaftlichen Krise der Kriegszeit diagnostizierte Hoburg also das Versagen der Theologen[23].

Sein eigentliches Interesse zielte dahin, in einer durch den Krieg moralisch zerrütteten Gesellschaft Anhänger für ein Christentum der Wiedergeburt zu gewinnen. Der „neue Mensch", hervorgegangen aus der inneren Umwandlung durch die Kraft des Heiligen Geistes, in seiner Seele mit Christus vereint, bewährt in der leidenden Nachfolge Jesu, war sein Leitmotiv. Er suchte also eine Reform nicht der Kirche, sondern des Christentums in radikalem Subjektivismus und frommer Innerlichkeit. Dieses Engagement für eine bessere christliche Praxis mußte zwangsläufig zur Kollision mit der Orthodoxie führen, der es ja ebenfalls um das rechte Leben, allerdings fundiert in der rechten Lehre, ging. Auf Anregung Hamburgs verfaßte das Ministerium Tripolitanum 1645 gegen Hoburg eine oberflächliche „Kurtze Nothwendige, in Gottes Wort gegründete Warnung", in der es Hoburgs Verstöße gegen die geltende Lehre, seine Anlehnung an die verurteilten „Schwärmer" der Reformationszeit (vor allem Münzer und Schwenckfeld) und damit seinen Aufruhr gegen die öffentliche Ordnung nachwies. In der Folgezeit wurde die literarische Polemik von beiden Seiten fortgesetzt; 1656 faßten die drei hansestädtischen Ministerien ihre dogmatische Kritik in der „Prüfung des Geistes Eliae Praetorii" zusammen, einer substantiellen Widerlegung des Spiritualismus vom lutherischen Schrift- und Kirchenverständnis her[24].

Die Abwehr des mystischen Spiritualismus gehörte für Lübecks Kirche im 17. Jahrhundert zu den wichtigsten Aufgaben; sie fand dabei Beachtung in ganz Deutschland. In ihr äußerte sich ein tiefes Unverständnis der Orthodoxie für die neuen geistigen Strömungen. Auch wenn ihre Kritik an der Hoburgschen Lehre und ihren systemverändernden Konsequenzen berechtigt war, erfaßte sie doch die Lebensprobleme der Zeitgenossen durch ihre formalisierte Theologie nicht.

Spiritualistische Konventikel 1665/66

Den Übergang vom individualistischen Schwärmertum bisheriger Prägung zum Pietismus signalisierte die Konventikelbildung, die der Kandidat des Lübecker Ministeriums Thomas Tanto 1665 anregte[25]). Hoburgs Kritik am Predigtamt verband sich bei ihm mit den von Johann Arnd herkommenden Bestrebungen, ein Christentum persönlicher Erbauung zu verwirklichen. Sein unmittelbarer Lehrer war, als er sich längere Zeit im niederländischen Zwolle aufhielt, der gelehrte Schleswiger Spiritualist Friedrich Breckling, der mit seinem Schrifttum die Verbreitung des kirchenkritischen Gedankenguts in Norddeutschland gefördert hatte[26]). Die Erfahrungen mit den Konventikeln reformierter Separatisten in Holland übertrug Tanto nun nach Lübeck. Er wollte die einzelnen Christen gegenüber der Institution Kirche verselbständigen. Deswegen betonte er die Freiheit aller, das Wort Gottes zu predigen und das Abendmahl zu feiern; jeder wahre Christ besitze den Heiligen Geist und sei gehalten, Christi Gegenwart in seiner Privatsphäre zu realisieren. Mit dieser revolutionären Idee gewann Tanto einige junge Leute und Frauen; aber das Ministerium intervenierte dagegen beim Rat, und dieser verbot die Abhaltung derartiger Hauskreise, weil sie das System der Parochialbindung in Frage stellten.

Obwohl die separatistischen Tendenzen auch beim Großteil der Bevölkerung auf einhellige Ablehnung stießen, unternahmen die Spiritualisten schon 1666 einen neuen Versuch. Der vom Niederrhein zugezogene Prediger Jakob Taube scharte im Hause des angesehenen Bürgers Hans Fischer etliche Gleichgesinnte um sich, die private Erbauungsstunden mit Wortverkündigung und Abendmahlsfeier hielten[27]). Auch Tanto gesellte sich dazu. Aber nur kurze Zeit lang blieb dieser Kreis unbehelligt, denn Taube verscherzte sich durch grobe Polemik gegen den Jakobipastor Heinrich Engenhagen das anfängliche Wohlwollen, das etliche Prediger ihm entgegenbrachten. Superintendent Hanneken verbot Taube nach einem fruchtlosen dogmatischen Verhör die weitere Versammlungstätigkeit. In der Folgezeit kam es zu allerlei Querelen in den Bürgerfamilien, deren Angehörige Kontakt mit Taube pflegten, ja sogar zu Ausschreitungen des Pöbels gegen ihn. Daraufhin verließ er im Oktober 1666 die Stadt mit dem Fluch gegen dieses Sodom und Babel, welches sich seiner Botschaft verschlossen habe, und zog nach Altona, von wo er 1668 ein polemisches „Christliches Glaubens-Bekänntniß eines einfältigen Christen" gegen das Lübecker Ministerium veröffentlichte.

Taubes Auftritt blieb eine Episode, aber die Konventikelbewegung war damit keineswegs am Ende. Nun zeigte sich, daß diese Idee trotz aller Widerstände bei einzelnen Frauen und Männern aus verschiedenen Schichten Begeisterung gefunden hatte. Da unter ihnen auch Angehörige der vornehmen Kaufleutekompagnie waren, hielt sich der Rat mit polizeilichem Einschreiten zunächst zurück. Unter Tantos Leitung publizierte der Kreis 1668 ein „Öffentliches Bekenntniß etlicher Personen in Lübeck . . . Jedermänniglich zur Benehmung des Argwohns . . . und zur Erkenntniß der Wahrheit"[28]). Die „Separatisten" wollten damit ihre privaten Abendmahlsfeiern als Ausdruck einer Gemeinschaftsbildung nach apostolischem Vorbild legitimieren und bekräftigten den Vorsatz, ihre normale Kirchenmitgliedschaft dadurch nicht aufzulösen. Im Grunde erstrebten sie also keinen Separatismus. Gleichwohl griff der Rat nun ein und wies Tanto aus der Stadt aus, der bald darauf 1673 in Hamburg starb.

Der Kreis um Tanto wollte Versammlungsfreiheit, um einer von der offiziellen Kirchlichkeit abweichenden Religiosität nachleben zu können. Gegen die doktrinäre Erstarrung der Kirche erhoben sich einzelne überzeugte Christen, die sich mit ihren Andachten in Gebet, Gesang, Bibellektüre und sakramentaler Gemeinschaft einen Freiraum der Privatheit erobern wollten. Das verstieß im Zeitalter des konfessionellen und staatlichen Absolutismus gegen die öffentliche Ordnung. Beargwöhnte das Ministerium hauptsächlich die Lehrabweichungen hinsichtlich Schrift und Bekenntnis, so war der Rat in einer politisch unruhigen Zeit empfindlich gegen alles, was das innerstädtische Gefüge unkontrollierbar auflockerte.

Es müßte erforscht werden, ob innere Beziehungen zwischen der vorpietistischen Konventikelbewegung in der Kirche und den Kämpfen um mehr bürgerliche Mitwirkung im Staat bestanden. Die zeitliche Entsprechung ist immerhin auffällig, und die Sympathisanten der Konventikel fanden sich auch in den Kreisen, die gegen die alte Machtelite im Rat opponierten. Ein Mann wie David Gloxin, die treibende Kraft der Bürgerbewegung, war zwar kein Pietist, aber durchaus aufgeschlossen für eine Abkehr von orthodoxer Erstarrung, und seine Frau nahm später an Pietistenversammlungen teil.

J. W. Petersen und der frühe Lübecker Pietismus

Die Konventikelbildung, die keine grundsätzliche Trennung von der Kirche implizierte, gehörte in Verbindung mit der Wiedergeburtslehre und dem Heiligungsstreben zu den Kennzeichen des Pietismus[29]). Mit diesem Begriff faßt man die maßgeblich von Speners Reformschriften (insbesondere seinen „Pia desideria" 1675) beeinflußte Bewegung, die sich zu jener Zeit in verschiedenen Gegenden Deutschlands formierte, zusammen. Durch die genannten Kennzeichen erwies sich der Pietismus als Alternative zur Orthodoxie. Denn ihm ging es nicht um die Reform der Großkirche durch Besserung der Unfrommen, sondern um die Herausbildung der wahren Kirche innerhalb der Großkirche durch Sammlung der wahrhaft Frommen.

Der Mann, der den Lübecker Spiritualistenkreisen Speners Ideen und die Praxis der Frankfurter Pietisten vermittelte, war der bedeutende Theologe Johann Wilhelm Petersen (1649–1727)[30]). Als Sohn eines Lübecker Kanzleibeamten hatte er sich mit Hilfe des Schabbelstipendiums auf die wissenschaftlich-theologische Laufbahn vorbereitet, hatte u.a. in Rostock, der Hochburg der Reformorthodoxie, und dann in Gießen studiert, von wo aus er 1675 längere Zeit in Frankfurt Verbindungen zu Spener aufnahm, mit welchem er seitdem befreundet war.

Im selben Jahr kehrte Petersen nach Lübeck zurück, um hier eine Predigerstelle zu bekommen, zog sich aber durch ein Schmähgedicht gegen die katholische Zölibatspraxis den Zorn der hiesigen katholischen Domherren und der Jesuiten zu. Diese erwirkten gegen ihn bei Kaiser Leopold ein Mandat, und vor der darin gebotenen Festnahme durch den Rat floh Petersen zunächst nach Rostock, 1677 nach Hannover, bis er schließlich 1678 eine Zuflucht am Eutiner Hof des Fürstbischofs August Friedrich fand, der ihn zum Superintendenten des Hochstifts Lübeck ernannte. 1688 ging er dann als Superintendent nach Lüneburg.

Bei seinem kurzen Aufenthalt 1675/76 warb Petersen für die neuen Ideen, und nach 1678 hielt er von Eutin aus zusammen mit seiner genial-frommen Frau Johanna Eleonora Kontakte zu dem kleinen, führerlosen Pietistenkreis in Lübeck[31]). Probleme gab es, als er mit seinen Abweichungen von der orthodoxen Lehre (insbesondere mit seiner spiritualistischen Behauptung der Notwendigkeit neuer göttlicher Offenbarungen und mit seinem Chiliasmus) seit 1689 in Streit mit der Lüneburger Geistlichkeit geriet, welche die Ministerien von Lübeck und Hamburg um Unterstützung bat.

Petersen protegierte eine seltsame Enthusiastin, Rosamunde Juliane von Asseburg, die mit ihren Christusvisionen seine eigene Offenbarungskonzeption bestätigte. Zusammen mit dieser Visionärin reiste Johanna Petersen 1691 auch nach Lübeck, was der hiesigen pietistischen Bewegung schwer schaden sollte[32]). Denn nun wurde diese in den Kampf des Geistlichen Ministeriums gegen Petersen hineingezogen, gegen welchen der Superintendent August Pfeiffer 1691 seine Schrift „Anti-Chiliasmus" verfaßte. Zudem übertrug sich der Enthusiasmus hierher.

Prophetischer Enthusiasmus bei Adelheid S. Schwartz

Eine Lübecker Freundin der Petersens, Adelheid Sibylle Schwartz (gest. 1703), die Frau eines Kunstmalers, eine hochbegabte, originelle Persönlichkeit mit Neigung zu religiöser Überspanntheit, verkündete in den Konventikeln ihre geheimen Offenbarungen. Sie griff Pfeiffer und die Geistlichkeit mit der charismatischen Autorität und der verbalen Radikalität einer Prophetin an. Im Namen Gottes orakelte sie gegen den Superintendenten: „Du, an Welchem Meine Selle Einen Eckel hat . . . Siehe Zu, Wass du Thust, die Zeit ist Kurtz, Sage ich Jehova der Herr . . . Du hast Einen Schein der Wahrheit, aber die Krafft Verleugenstu; Siehe Wohl Zu, und Thue Rechtschaffene Früchte der Busse dar, das es Sehen, die du geärgert hast, damit sie auch Widerkehren, und nicht sampt dir in die Tieffe Grube fallen und deine Verdamung mit ihrer anklag mehren"[33]).

Solche ungewohnten Töne verrieten den tiefen Gegensatz dieser Lübecker Spiritualisten gegen die etablierte Kirche. Mit ihrem Chiliasmus (der Erwartung des baldigen Gerichts, das die Reinigung der Kirche bringen würde) und ihrer Konventikelbildung, die eine formale Zugehörigkeit zur Großkirche nicht ausschloß, entsprachen sie dem Grundzug des von Spener beeinflußten lutherischen Pietismus.

Verständlicherweise reagierte die Geistlichkeit darauf schroff abwehrend, nachdem der zuständige Seelsorger, der Marienprediger Balthasar Hanneken, Adelheid Schwartz vergeblich zu beschwichtigen versucht hatte. Pfeiffer schaltete den Rat ein, der nach ergebnislosen Gesprächen der Gerichtsherren mit der Schwartzin Ende Mai 1692 ein Mandat „Wider die Schwermer und Neuen Propheten" erließ. Daraufhin wurden die Konventikel polizeilich observiert, um den Teilnehmerkreis unter Kontrolle zu bringen, wobei sich herausstellte, daß auch der Neffe des Superintendenten und der Sohn des Marienküsters beteiligt waren. Adelheid Schwartz wurde nach längeren Gerichtsverhandlungen aus Lübeck ausgewiesen[34]).

Daraufhin suchte sie Rückhalt bei Petersen, Spener und Francke. Bei letzterem, ihrem Jugendfreund aus gemeinsamen Lübecker Zeiten (Francke nannte sie seine „Debora"), den sie gegenüber den Anfeindungen der Anti-Pietisten in Leipzig und Erfurt mit geistlichem Zuspruch unterstützt hatte, fand sie in Halle Aufnahme, obwohl er ihrem prophetischen Enthusiasmus mit Skepsis begegnete[35]). Aufgrund von Speners Fürsprache durfte sie im Dezember 1693 nach Lübeck zurückkehren, stieß aber sogleich wieder mit dem mißtrauischen Superintendenten Pfeiffer zusammen, so daß sie 1697 nach Berlin übersiedelte[36]).

Auch andere Angehörige des Lübecker Pietistenkreises zogen ein Leben in der Fremde der Verfolgung durch Staat und Kirche vor. Der Kaufmann Johann Jauert, Sohn des Marienküsters und Schwager der Schwartzin, kam durch seine Geschäftsreisen mit Pietisten in Mitteldeutschland zusammen und siedelte 1701 als Vertreter der Frankfurter Compagnie nach Pennsylvanien über. Der Arzt Johann Hattenbach dehnte seine Kontakte mit auswärtigen Pietisten bis nach England auf die dortigen Nonkonformistenkreise aus. Den Rektor des Katharineums Abraham Hinckelmann, einen Freund Speners und J. W. Petersens, hielt es 1685 nicht länger hier, als er in Hamburg eine Predigerstelle bekam. Dagegen blieb der radikale Pazifist Jaspar Könneken, ein vielseitig gebildeter Buchhändler, der seit 1681 im Konflikt mit geistlicher und weltlicher Obrigkeit lebte, im Lande[37]). Die Pietistenverfolgung von 1692 traf im übrigen auch die kleine Gruppe der Mennoniten, die schon 1690 erneut unterdrückt worden waren[38]).

August Hermann Francke

In dem aus Lübeck gebürtigen August Hermann Francke (1663–1727) bekam die kirchenkritische Reformbewegung neben Spener seit 1688/90 einen jungen, dynamischen Führer. Einflüsse des mystischen Spiritualismus verbanden sich bei ihm mit solchen der Reformorthodoxie. Nicht zufällig prägte sich in den Auseinandersetzungen um Franckes Aktivitäten in Leipzig der – zunächst von den Gegnern als Spottname gemeinte – Begriff Pietisten. Franckes Bedeutung für die Lübecker Kirchengeschichte beschränkt sich allerdings auf seine familiären Verbindungen, auf die Kontakte mit der hiesigen Pietistin Adelheid Schwartz 1687–92 und auf seinen allgemeinen geistigen Einfluß, der von Halle aus auch hierher wirkte[39]).

Franckes Großvater hatte sich als Bäcker seinerzeit in Lübeck angesiedelt. Sein Vater, der begabte Jurist Johannes Francke, als Syndikus des Ratzeburger Domkapitels tätig, dann nach Lübeck übergesiedelt, hatte eine Tochter des Ratssyndikus und späteren Bürgermeisters David Gloxin geheiratet, war dann aber 1666 in die Dienste des frommen Herzogs Ernst von Sachsen-Gotha getreten. Für dessen kirchliche Reformpläne warb er auch in Lübeck, stieß aber bei der Geistlichkeit auf kühle Zurückhaltung, während er bei einflußreichen Bürgern Zustimmung fand. Nach seinem frühen Tod 1670 sorgte die Lübecker Verwandtschaft für den jungen Francke, und dessen Onkel Anton Hinrich Gloxin vermittelte diesem 1679 als Vorsteher der Schabbelstiftung ein Stipendium derselben[40]). Francke studierte nun gemäß der Stiftungsordnung an der theologischen Fakultät in Kiel bei dem Reformorthodoxen Christian Kortholt und kam durch diesen dazu, das Bibelstudium in den Vordergrund zu stellen. Nach seinem Aufenthalt in Hamburg 1683/84, wo er sich hervorragende Hebräischkenntnisse erwarb, setzte er sein Studium in Leipzig fort.

Der lange innere Konflikt mit der dort durch den streitbaren Johann Benedikt Carpzov repräsentierten dogmatischen Orthodoxie führte schließlich 1687 in Lüneburg — wohin er von der Schabbelstiftung zwecks exegetischer Studien bei dem dortigen Superintendenten Hermann Sandhagen geschickt worden war — zu seiner berühmten Bekehrung. Nach Leipzig zurückgekehrt, nahm er Kontakte mit Spener in Dresden auf, organisierte unter den Studenten eine Art Erweckungsbewegung mit erbaulichen Bibelkreisen und stieß nun auf heftigen Widerstand in der Fakultät. Durch diese Pietistenunruhen wurde sein Name rasch überall bekannt.

In jener Zeit reichte Francke der Schabbelstiftung einige der obligatorischen Studienarbeiten und -berichte ein, die für seinen inneren Wandel von der Reformorthodoxie zum Pietismus aufschlußreich sind[41]). Er weigerte sich, den stiftungsmäßig vorgeschriebenen Doktorgrad zu erwerben, weil er in der abstrakten Bildung des orthodoxen Lehrbetriebs nicht das Ziel einer Theologenexistenz sehen mochte. Vielmehr konzentrierte er diese ganz auf den persönlichen Glauben und das Studium der Bibel, weil ihm an einer lebenskräftigen Vertretung der Sache Jesu Christi lag.

Die lutherischen Bekenntnisschriften achtete Francke nur insoweit als verbindlich, als sie sich aus der Heiligen Schrift legitimieren ließen; die übliche Bekenntnisbindung hielt er für nicht sachgemäß. Hinter dem erlebten Herzensglauben trat für ihn der orthodoxe Autoritäts- und Gewohnheitsglaube zurück. Ganz im Sinne Speners diagnostizierte er als den Krebsschaden der Kirche die Mängel in der Ausbildung und Berufsausübung der Pfarrer: Sie achteten nur auf die formale Rezeption der Dogmatik, nicht aber auf die innere Aneignung des Evangeliums durch eine gläubige Heiligung; und so wären sie unpassende Vorbilder für die Gemeinde. Dagegen stellte Francke in einem Brief an seinen Onkel Gloxin 1688 positiv „die rechten Haupt-Stücke der wahren Gottes-Gelahrtheit, wie unsere Seele von den toten Werken der Finsternis müsse gereiniget, und durch Christum zum Ebenbilde Gottes verneuert werden"[42]).

Nach Anton Gloxins Tod kam Francke 1690 für einige Monate nach Lübeck zurück, stieß hier aber auf die Abneigung der Geistlichkeit[43]). Die Leipziger, voran Carpzov, hatten ihn auch hier als Ketzer denunziert. So erlaubte Superintendent Pfeiffer ihm nur widerstrebend, zweimal zu predigen (einmal davon sogar in der Marienkirche), weil einige Geistliche, insbesondere der Archidiaconus von St. Marien Balthasar Hanneken, für Francke eintraten. Aussichten, in Lübeck eine Anstellung zu finden, hatte er nicht, so daß er eine Berufung zum Prediger in Erfurt annahm, obwohl er dadurch sein viel besser dotiertes Schabbelstipendium einbüßte. Hinfort beschränkten sich die Verbindungen zu seiner Vaterstadt — abgesehen von der Korrespondenz mit seinen Verwandten — auf Kontakte mit Bürgern, die für den Pietismus aufgeschlossen waren und Rückhalt bei dem berühmten Mann suchten, welcher seit 1694 in Halle seine vielfältigen Aktivitäten entwickelte. Nach Lübeck kam Francke nicht mehr. Hier wirkten seine Anhänger (unter ihnen der Petriprediger Caspar Lindenberg und der Kaufmann Joachim Haack als seine ständigen Verbindungsleute) im Stillen und unterstützten die Hallischen Stiftungen nach Kräften[44]).

Kampf der Orthodoxie gegen den „Atheismus"

Neben dem „Enthusiasmus" (dem Spiritualismus und Pietismus) sah die Geistlichkeit eine weitere Hauptgefahr in der vermeintlich zunehmenden Gottlosigkeit, der „Atheisterei". Dabei ging es für sie nicht um den im 17. Jahrhundert vor allem von französischen Philosophen vertretenen theoretischen Atheismus, gegen welchen damals auch in Deutschland eine Fülle theologischer Streitliteratur erschien. Vielmehr meinte sie den praktischen Atheismus, die provokative Abkehr von der hergebrachten kirchlichen Lebensordnung, welche sie als Vorstufe zu jener expliziten Gottesleugnung interpretierte. Seit den achtziger Jahren häuften sich die Klagen darüber in den Ministerialakten[45]). Kritisiert wurden der zurückgehende Gottesdienstbesuch, die Geringschätzung der Predigtinhalte, die fehlende Sonntagsheiligung, der Materialismus der Lebenseinstellung, die Amoralität, der Alkoholismus – alles Dinge, die schon früher Gegenstand der geistlichen Sittenzucht waren.

Zum Atheismus zählte auch die Bestreitung des Trinitätsdogmas, wie sie die Sozinianer seit dem 16. Jahrhundert vertraten. Gegen deren Lehren hatte die lutherische Orthodoxie im 17. Jahrhundert intensiv polemisiert. Als aufgrund der Antitrinitarierverfolgungen in Polen im Jahre 1664 polnische Sozinianer auch nach Lübeck kamen und hier Asyl begehrten, war der Rat in Unkenntnis ihrer Position zunächst bereit, ihnen die private Religionsausübung und sogar das Bürgerrecht zu gewähren. Denn in der Bürgerschaft waren viele einer derartigen Toleranz zugeneigt, weil man die Sozinianer als Geschäftspartner schätzte. Vorsichtshalber holte der Rat aber vor der Beschlußfassung die Meinung von Superintendent Hanneken ein, und dieser widersprach der geplanten Zulassung, indem er auf den Atheismus der Sozinianer aufmerksam machte. Als nun der Rat von den Exulanten ein Bekenntnis zur orthodoxen Trinitätslehre forderte, zogen die Polen es vor, die Stadt wieder zu verlassen und ins liberalere Holland zu ziehen[46]).

Die Hinrichtung des Gotteslästerers Peter Günther 1687

Eine aufsehenerregende, singuläre Behandlung religiöser Abweichung von den Normen der Orthodoxie, die im Zusammenhang mit deren Kampf gegen die „Atheisterei" stand, ergab sich im Frühjahr 1687. In Lübeck zog ein von Danzig und Wismar kommender Handwerksbursche namens Peter Günther zu, der in seiner ostpreußischen Heimat von sozinianischen Ideen beeinflußt worden war und diese mit kirchenkritischem Spiritualismus verband[47]).

Günther war ein frommer Sonderling, ein Grübler, der schon andernorts als rigoroser Sittenprediger aufgefallen war. Bezeichnend für die penible religionspolizeiliche Überwachung der damaligen Zeit war es, daß das Wismarer Geistliche Ministerium den Lübecker Senior Johann Reiche (der die Geschäfte der seit 1683 vakanten Superintendentur führte) im Dezember 1686 vor Günthers Kommen gewarnt hatte. Deswegen verhörte man ihn hier sogleich vor dem Senior, dann vor den Ältesten des für ihn zuständigen Amtes der Kleinschmiede. Ihn auch fernerhin zu observieren, fiel um so leichter, als Günther schon bald in den Kreisen seiner Schlosserkollegen wegen seines religiös-moralischen Eifers Anstoß erregte. Bei einem ihrer Krugtage, als es feuchtfröhlich zuging, provozierten jene ihn zu einigen heftigen Äußerungen über Jesu Gottheit und zeigten ihn dann beim Rat als Gotteslästerer an, woraufhin dieser ihn verhaften ließ.

Welche Position Günther in jener konfliktträchtigen Äußerung vertreten hatte, konnte auch im folgenden Prozeß nicht geklärt werden. Vermutlich hatte er im sozinianischen Sinne die wahre Gottheit Christi bestritten und damit die Trinitätslehre geleugnet, welche er schon früher angezweifelt hatte[48]). Daß er im übrigen ein frommer Mann war, erkannten alle Beteiligten an. Er ging regelmäßig zur Kirche, las die Bibel und Erbauungsbücher wie z. B. Johann Arnds „Paradiesgärtlein". Möglicherweise hielt er Kontakt zu den Lübecker Pietisten. Denn nach seiner Verhaftung kam Johann Wilhelm Petersen eigens aus Eutin, besuchte ihn im Gefängnis, überzeugte sich von seiner Unschuld und erwirkte beim Bürgermeister Kerkring eine Hafterleichterung[49]).

Kerkring und die Mehrheit im Rat wollten daraufhin die Anklage wegen Gotteslästerung fallen lassen und Günther ausweisen. Als das in der Stadt ruchbar wurde, erhob sich unter den Geistlichen ein Sturm der Entrüstung; in ihren Predigten polemisierten sie gegen den religiösen Indifferentismus des Rates und forderten die schuldige Bestrafung Günthers. Diese konnte nach der in der peinlichen Halsgerichtsordnung (der Carolina von 1532) fixierten Rechtslage nur die Hinrichtung sein – eine in evangelischen Territorien ganz ungewöhnliche Härte. In Lübeck hatte es seit dem Inquisitionsverfahren gegen einen Begarden 1402 keine Hinrichtung wegen religiöser Delikte mehr gegeben (wenn man von den Hexenverbrennungen absieht, die nicht primär religiöse Gründe hatten), und Günthers Fürsprecher verwiesen zu Recht darauf, daß Lübeck mit diesem Fall in die finsterste päpstliche Tyrannei verfallen würde[50]).

Die inhumane Prinzipienstrenge der Geistlichkeit, die alle Entlastungsmöglichkeiten für Günther negierte, erklärte sich daraus, daß sie hier gegen den die orthodoxe Lehre zersetzenden Zeitgeist ein Exempel statuieren wollte. Die Kieler Juristenfakultät erklärte in einem Gutachten, daß ein Gotteslästerer die Todesstrafe verdiene, wollte aber offenlassen, ob in diesem Fall wirklich Gotteslästerung vorläge. Diese Frage ohne genaue Kenntnis der Sachlage eindeutig zu bejahen, zögerte die ebenfalls um ein Gutachten ersuchte Wittenberger Theologenfakultät nicht, auch wenn sie ihrerseits die Notwendigkeit der Todesstrafe offenließ und nur für den Fall hartnäckiger Gotteslästerung zum Zwecke exemplarischer Abschreckung empfahl[51]). Angesichts solcher Konvergenz von theologischem und juristischem Votum blieb dem Gericht im August 1687 nichts anderes übrig, als die Todesstrafe auszusprechen.

Der Vorgang hatte mittlerweile in ganz Deutschland Aufsehen erregt, und nicht nur in den Kreisen der Spiritualisten und Pietisten fand Günther Verständnis. Vergebens intervenierte Petersen nochmals und beschwor den Rat, eine dogmatische Unklarheit, wie sie bei Günther vorläge, angesichts von dessen unbestreitbarem Gottesglauben nicht als Gotteslästerung zu werten; die meisten Christen in Lübeck würden nur mit den Lippen Jesus als Gottes Sohn bekennen, in Wahrheit aber keinen Glauben haben: „Wenn nun Lübeck die leute aus der stadt stossen solte, so würde sie nicht viel behalten"[52]).

Doch für das Ministerium zählte die formale Intaktheit einer verbalen dogmatischen Orthodoxie mehr als die praktizierte Herzensfrömmigkeit. Eine starke Minorität im Rat sperrte sich nach wie vor gegen die Bestrafung, doch sie war dem Druck seitens der Prediger und der gegen alles religiöse Abweichlertum aufgebrachten Volksmeinung nicht gewachsen[53]). So wurde denn nach langen, vergeblichen Verständigungsversuchen (bei denen das subjektiv ehrliche Bemühen der Geistlichen, Günther zu einem Widerruf seiner Position zu bringen, nicht verkannt werden darf!) der arme Schlossergeselle am 25. Oktober 1687 mit dem Schwert hingerichtet. Der „Atheist" starb mit den bezeichnenden Worten: „Oh, du ewiges und wahrhaftiges Licht, erbarme dich meiner".

Sein Fall erregte die Gemüter weiterhin längere Zeit, so daß noch im Jahre 1714 der Superintendent Götze eine Apologie des orthodoxen Verfahrens gegen Gotteslästerer publizierte[54]).

Hexenverbrennungen

Nur bedingt mit dem konfessionellen Absolutismus, umso mehr aber mit der inneren Unruhe und den religiösen Vorurteilen jener Zeit hing es zusammen, daß im 17. Jahrhundert allenthalben in Deutschland die Hexenprozesse anstiegen. In Lübeck passierte in dieser Hinsicht nur gleichsam Normales, wenn seit 1637 etliche Frauen, die von ihren Mitmenschen als Hexen denunziert wurden, mit der in der Carolina vorgesehenen Strafe, der Verbrennung bei lebendigem Leibe, belegt wurden[55]).

Zauberei war seit alters geächtet, seit dem Mittelalter galt sie als Abfall vom Christentum. Nachdem es im späten 15. Jahrhundert aufgrund der päpstlichen Hexenbulle von 1484 eine Welle von Inquisitionsverfahren gegeben hatte, hielten die Hexenprozesse trotz der Reformation auch in protestantischen Landen an, wo die weltlichen Gerichte zuständig wurden. Die Theologen begleiteten diese Vorgänge durch eine rege wissenschaftliche Diskussion über die Frage, ob es Hexen gäbe und in welcher Weise sie einen übersinnlichen Einbruch Satans in die geordnete Welt der Christenheit verkörperten. Doch in Lübeck kam es nicht zu solchen Exzessen wie andernorts in Deutschland; der Rat bekundete bei der Strafverfolgung eine bemerkenswerte Zurückhaltung.

Im Jahre 1637 wurden in Lübeck fünf (vielleicht auch acht) Frauen, nachdem sie auf der Folter verhört waren, vor dem Burgtor auf dem Scheiterhaufen hingerichtet; vier weitere, der Hexerei verdächtige, aber nicht überführte Frauen, wurden ausgewiesen. Für 1645–1681 sind weitere Fälle von erheblich geringerem Umfang bezeugt, die meist mit Freispruch oder gelinder Strafe endeten; strenger verfuhren die Gutsherren im Landgebiet, wo die Hexenhysterie offenbar stärker verbreitet war[56]). Während in Norddeutschland im 17. Jahrhundert mehrere Tausend angebliche Hexen hingerichtet wurden, blieb es in Lübeck relativ ruhig. Im 18. Jahrhundert beendete dann die rationalistische Kritik an den metaphysischen Voraussetzungen des Hexenwahns die unselige Praxis.

Die neue Situation der reformierten Gemeinde seit 1666

Infolge der Handelsbeziehungen nach Bremen, Friesland und den Niederlanden hatten sich im Verlauf des 17. Jahrhunderts einige reformierte Kaufleute und Handwerker in der Stadt niedergelassen, die nur teilweise zum Luthertum übertraten. Da das wirtschaftliche Leben nach dem Dreißigjährigen Krieg lange Zeit stagnierte, bekundete der Rat ein Interesse an dem Zuzug kapitalkräftiger, arbeitsamer Calvinisten. Das nahmen die Sprecher der hiesigen, bisher gleichsam nur im Untergrund existierenden reformierten Gemeinde zum Anlaß, im Januar 1666 die offizielle Genehmigung ihres privat abgehaltenen Gottesdienstes zu beantragen. Immerhin hatten die wortführenden Bürgermeister Gotthard von Höveln und Gottschalk von Wickede ihnen dies mündlich in Aussicht gestellt. Bezeichnend für den sich ankündigenden neuzeitlichen Pluralismus war, daß die Reformierten ihr Zulassungsgesuch u. a. damit begründeten, das religiöse Leben der Stadt könnte durch die friedliche Konkurrenz zweier Konfessionen nur bereichert werden[57]).

Doch der Rat schreckte um des inneren Friedens willen (es war die Zeit der Verfassungskämpfe) vor einem förmlichen Toleranzdekret zurück. So blieb es bei der vagen Auskunft der Bürgermeister, sie dürften ihren Gottesdienst halten, sich einen Prediger beschaffen und sollten das auch ihren auswärtigen Glaubensgenossen mitteilen, damit diese nach Lübeck kämen. Die Reformierten taten das, holten sich als Pastor den Hamburger Theologen Wilhelm Momma (1642–77), einen Schüler des Johann Coccejus, und feierten seit August 1666 ihre Gottesdienste im Privathaus des Kaufmanns Claus Bruns am Klingenberg. Mit dieser Konstituierung als Gemeinde schien eine neue Ära für die bisher unterdrückten Reformierten anzubrechen.

Völlig unerwartet schritt der Rat aber nach einigen Wochen ein. Zweifellos bewog ihn dabei die Rücksichtnahme auf die lutherische Geistlichkeit, die in ihrer Polemik die Reformierten auf eine Stufe mit den gerade unterdrückten Enthusiasten um Tanto und Taube stellte. Gerichtsdiener störten gewaltsam den Gottesdienst, und der Rat erklärte sich nur für den Fall, daß kapitalkräftige Reformierte von auswärts zuzögen, bereit, ihre Religionsausübung außerhalb der Stadtmauern zu dulden. Seine Toleranz entsprang also politischem Opportunismus, auch wenn es einige Ratsherren gab, denen sie ein innerliches Anliegen war.

Die Reformierten fanden nun Fürsprecher im brandenburgischen Kurfürsten Friedrich Wilhelm und in dessen Schwester, der Landgräfin Hedwig Sophie von Hessen-Kassel, die bei einem Aufenthalt im Sommer 1667 den Rat dazu bewegen konnte, den Gottesdienst in einem Privathaus außerhalb der Stadt (auf Westings Hof bei der Reeperbahn vor dem Holstentor, den die Gemeinde als Versammlungort käuflich erwarb) zu genehmigen[58]).

Wieder eiferten die lutherischen Prediger dagegen, so daß der Rat ausgerechnet am Weihnachtstag 1667 die reformierte Gemeinde polizeilich ausheben ließ mit der Begründung, sie versammle sich zu nahe bei der Stadt. Aus Rücksicht auf die beiden fürstlichen Fürsprecher, die wiederum für ihre Glaubensfreunde vorstellig wurden, sowie auf die Konfliktsituation in der Bürgerschaft erklärte der Rat jedoch, kleine Privatversammlungen in stillem Rahmen dulden zu wollen. Die Bürgerschaft, für konfessionelle Toleranz aufgeschlossen, beschloß sogar die Resolution, ihnen den Gottesdienst im Haus vor dem Holstentor zu gestatten; der Verfassungsrezeß vom Januar 1669 gab ihr ja die Handhabe zur Mitwirkung in der Konfessionsfrage.

Auseinandersetzungen um die Toleranz für die Reformierten 1669–73

Die Lage war verworren genug, der Rat fühlte sich hin- und hergerissen zwischen den verschiedenen politischen Rücksichtnahmen auf Bürgerschaft, Geistlichkeit und auswärtige Reformierte. Unter den Ratsherren gab es erhebliche Divergenzen, wie in dieser Sache zu verfahren wäre. Z. B. plädierte David Gloxin immer wieder für die Beibehaltung der alten staatskirchlichen Ordnung, während Heinrich Kerkring für größere Toleranz eintrat. Für das Geistliche Ministerium, welches darauf beharrte, daß im lübischen Staat die evangelische Religion durch ein „unabänderliches Grundgesetz" als alleingültig etabliert wäre, ging es um die Bewahrung des alten Rechtszustandes[59]). Nun spielte aber gerade in den Verfassungskämpfen jener Jahre die Beibehaltung des guten alten Rechts als prinzipielles Argument eine erhebliche Rolle. Daraus erklärt sich der Zick-Zack-Kurs des Rates, der das Ganze beinahe zu einem Satyrspiel ausarten ließ, dessen wenig erbauliche Einzelheiten hier nicht aufgeführt zu werden brauchen. Der Rat versuchte, zwischen verfassungsrechtlicher Prinzipientreue (und die schloß die öffentliche Geltung nur einer Konfession ein) und den politischen Notwendigkeiten einer neuen Zeit einen für alle akzeptablen Mittelweg zu finden. Insofern ergänzten die durch Gloxin und Kerkring vertretenen Positionen einander.

Lübecks Kirche als herausragende Festung der lutherischen Orthodoxie tat sich schwer mit der Einsicht, daß ein Zeitalter konfessioneller Auflockerung angebrochen war. Die Geistlichkeit unter Hannekens Führung beeinflußte durch ihre schroffe Haltung, durch ihre ständige Agitation gegen „fremde Religionen" die Stimmung zumal in den mittleren Bevölkerungsschichten in ihrem Sinne. Denn die Bürger begrüßten die reformierte Konkurrenz in Handel und Gewerbe nur dort, wo sie ihnen nützlich schien, wollten ansonsten aber das hergebrachte Sozialgefüge konservieren.

Als die Reformierten mit ihrem Prediger Momma im Janur 1669 wieder öffentlichen Gottesdienst in ihrem Haus vor dem Holstentor hielten, wohin die wohlhabenden Gemeindeglieder auch ihr Gesinde mitbrachten, so daß einiges Aufsehen entstand, verbot der Rat dies erneut. Und als Kerkring ihnen daraufhin aus Opposition gegen die knappe Ratsmehrheit sein an der Trave gelegenes Gartenhaus zur Verfügung stellte, verfügte der Rat, daß die Wache am Holstentor keinen Reformierten mehr aus der Stadt herausließ und Momma verhaftete. Der wiederum eingeschaltete Kurfürst Friedrich Wilhelm drohte daraufhin Lübeck mit Repressalien, falls es nicht Toleranz übe. Wegen dieser außenpolitischen Verwicklungen griffen die Lutheraner nun die Reformierten als Agenten auswärtiger Mächte an. Der Rat lenkte ein und erlaubte im Frühjahr wieder den stillen Gottesdienst in den Privathäusern der Stadt, den die Reformierten hinfort trotz der unermüdlichen Angriffe des Ministeriums, das hierin auch von der Hamburger Geistlichkeit unterstützt wurde, relativ ungestört hielten[60]).

Als Vorkämpfer für die Reinheit der evangelischen Lehre und die konfessionelle Einheit der Stadt taten sich jetzt, nachdem Hanneken im Februar 1671 gestorben war, außer dem streitbaren Marienpastor Bernhard Krechting, der auch heftige Kollisionen mit dem Rat nicht scheute, der Domprediger Joachim Wendt, welchem der Rat ein Gerichtsverfahren androhte, und der Senior Daniel Lipstorf hervor. Sie waren sogar bereit, den kleinen Bann, die Verweigerung der Absolution in der Beichte und der Abendmahlszulassung, gegen die Ratsherren anzuwenden.

Wegen der anhaltenden inneren Unruhen gab der Rat schließlich dem Drängen der Prediger nach und sprach 1672 (wieder zu Weihnachten) ein erneutes Verbot aus. Dieses Verbot dehnte er im August 1673 auch auf Kerkrings Gartenhaus aus, indem er seine interimistische Erlaubnis nach heftigen internen Auseinandersetzungen mit dem Ministerium zurücknahm[61]). Der Rat scheute vor den öffentlichen Protesten der Geistlichen zurück, um seinen Summepiskopat nicht infragestellen zu lassen. Denn als „Bischof" der Stadt war er zur Abwehr aller Häretiker verpflichtet.

Bei Gefängisstrafe war jetzt der reformierten Gemeinde jeglicher förmliche Gottesdienst verwehrt, Momma verließ die Stadt. Der alte Zustand der Zeit vor 1666 war wiederhergestellt. Nur in Privathäusern hielten die Laien ihre Andachten mit Gebet und Bibellesen. Wie bisher blieb den Reformierten das öffentliche Begräbnis versagt; ihre Taufen und Eheschließungen mußten sie – wegen der bürgerlich-rechtlichen Relevanz – von dem zuständigen lutherischen Geistlichen vollziehen lassen; zum Gevatterstand wurden sie nicht zugelassen; das Bürgerrecht durften sie nicht erwerben (was der Rat 1677 auf Antrag des Ministeriums ausdrücklich noch einmal dekretierte)[62]).

Noch herrschte der konfessionelle Absolutismus, aber nur formal und unter Anwendung äußerer Gewalt. Langfristig gesehen mußten die stereotypen Argumente einen Abnutzungs- und Abstumpfungsprozeß befördern, an dessen Ende eine relative Gleichgültigkeit gegen den orthodoxen Totalitätsanspruch stand. Einige Ratsherren und führende Kaufleutekreise schienen in ihrer Politik auf diesen Effekt zu bauen.

Hugenottische Emigranten. Toleranz seit 1693/1709

Eine Auflockerung der konfessionalistischen Verhärtung trat erst nach 1685 ein, als auch in Lübeck französische Hugenotten, die wegen der Aufhebung des Toleranzedikts von Nantes durch Ludwig XIV. ihr Land verlassen mußten, Aufnahme begehrten. Als wegen ihrer Religion Verfolgten lag ihnen natürlich vor allem an der Duldung ihres Gottesdienstes, die ihnen der Rat im Juni 1685 – mit dem bemerkenswerten Argument, daß ihr Glaube von dem lutherischen im Grunde kaum abweiche – trotz der Einwände des Ministeriums gewährte. In den nächsten Jahren wuchs die französisch-reformierte Gemeinde durch den Zuzug weiterer Flüchtlinge, zumeist kleiner Handwerker und Gewerbebetreibender, die Rückhalt bei Kurfürst Friedrich III. von Brandenburg fanden. Wieder war es Heinrich Kerkring (seit 1671 Bürgermeister), der den Reformierten in seinem Gartenhaus eine Versammlungsmöglichkeit bot. Allerdings durften die Hugenotten ihren Gottesdienst nur in französischer Sprache halten, wozu sie sich 1690 einen eigenen Pastor holten[63]).

Vergeblich protestierte das Ministerium unter dem neuen Superintendenten Pfeiffer gegen diese Aufweichung der konfessionellen Geschlossenheit. Auch Gutachten der theologischen Fakultäten von Wittenberg und Leipzig halfen ihm nichts. Die Ministerien von Hamburg und Lüneburg hatten mittlerweile einen Kurswechsel in dieser Frage vorgenommen und unterstützten Lübeck nicht mehr. Damit fand die alte, unter dem Namen Ministerium Tripolitanum firmierende Kooperation gegen fremde Konfessionen ihr Ende[64]). Die außenpolitische Rücksichtnahme auf Brandenburg und die ökonomischen Interessen bewogen den Rat, jetzt endlich diesen evangelischen Christen Toleranz einzuräumen.

So vereinigten die Hugenotten sich mit dem bislang unterdrückten Kreis der Deutsch-Reformierten zu einer Gemeinde. Aus Berlin bekamen sie in Johann Roux 1692 einen Pastor, der sich über das Verbot, deutsch zu predigen, souverän hinwegsetzte und allen Anfeindungen der Lutheraner trotzte. 1693 kaufte sich die Gemeinde ein neues Anwesen vor dem Holstentor und konnte dort, unterstützt durch Brandenburg und Dänemark, in Zukunft mit Genehmigung des Rates ihre Gottesdienste halten. Gelegentlich durchbrach sie auch das Verbot, selbst zu taufen und zu kopulieren, doch auch dagegen schritt der Rat nur deklamatorisch, nicht aber polizeilich ein. 1709 räumte ihr dieser schließlich die Toleranz des öffentlichen deutschen Gottesdienstes ein. Die ungebrochene Polemik des Ministeriums wiederholte die alten Argumente, fand aber dafür nicht mehr die allgemeine Resonanz wie früher[65]).

Die Bedeutung der Reformierten für Lübeck

Als politisches Problem hatte sich die Konfessionsdifferenz erledigt, weil die Bürger sich mehr an einer christlichen Lebenspraxis als an subtilen dogmatischen Distinktionen über Christologie und Abendmahlslehre interessiert zeigten. Bevor der tolerante Geist der Aufklärung seinen Einzug in der Kirche halten konnte (und das dauerte noch zwei Generationen), zeitigte er heilsame Wirkungen im Gemeinwesen. Die allgemeine Stimmung kehrte sich vom konfessionellen Absolutismus ab. Unbeschadet der offiziellen Geltung der lutherischen Lehre bahnte sich ein modus vivendi für die anderen Konfessionen an. Denn ihre Tolerierung, so eingeschränkt sie auch sein mochte, bedeutete eine prinzipielle Relativierung des alleinigen Geltungsanspruches der lutherischen Kirche.

Rein zahlenmäßig haben die Reformierten auch im 18. Jahrhundert mit etwa 1 bis 2 Prozent der Bevölkerung nur ein geringes Gewicht besessen, zumal die meisten hugenottischen Exulanten schon bald in andere Städte wie Altona, Hamburg oder Berlin abwanderten, wo man ihnen mit größerer religiöser Aufgeschlossenheit begegnete. So löste sich die französisch-reformierte Gemeinde, die bis dahin ihren eigenen Prediger besaß, um die Mitte des 18. Jahrhunderts allmählich auf, bis sie sich 1781 mit der deutsch-reformierten vereinigte[66]). Die der letzteren angehörigen Familien, infolge der Zuwanderung süd- und westdeutscher Kaufleute beträchtlich ergänzt, bildeten im 18. Jahrhundert ein wirtschaftlich und geistig belebendes Element in der Stadt, freilich nicht vergleichbar mit der Bedeutung der Reformierten für Hamburg. Seit dem Ende des 18. Jahrhunderts spielten einige von ihnen eine führende Rolle im Lübecker Geistesleben, was sich dann auch auf das kirchliche Leben befruchtend auswirkte[67]).

Allerdings bestand die rechtliche Diskriminierung der Reformierten fort. Da ihnen Bürgerrecht, Ratsfähigkeit und Bekleidung städtischer Ämter bis 1811 versagt blieben, übten sie keinen politischen Einfluß aus. Und in kirchenrechtlicher Hinsicht wurden sie teilweise wie Glieder der lutherischen Staatskirche behandelt (insofern, als sie Trauungen bis 1754 nur vom zuständigen lutherischen Geistlichen vornehmen lassen durften), teilweise weiterhin wie Häretiker angesehen (insofern, als sie unter den von der Kirchenzucht vorgesehenen diskriminierenden Bedingungen beerdigt werden mußten). Taufen durften sie allerdings seit 1734 in ihrer Kirche vor dem Holstentor, deren Neubau 1736 vollendet wurde, jedoch nur nach vorheriger Genehmigung des zuständigen lutherischen Geistlichen und nicht innerhalb der Stadt, was angesichts der allgemeinen Praxis der Haustaufen Probleme mit sich brachte[68]). An diesen Diskriminierungen entzündete sich oft Streit mit dem Geistlichen Ministerium, denn für dieses blieben die Reformierten ebenso wie für den Großteil der Bevölkerung fremdartige Außenseiter. Erst mit Beginn des 19. Jahrhunderts kam es infolge der Aufklärung zu einer generellen Einstellungsänderung.

Die öffentliche Geltung der lutherischen Orthodoxie war trotz der Auseinandersetzungen mit Spiritualisten und Atheisten, Pietisten und Reformierten um 1700 noch keineswegs erschüttert. Doch jene Kämpfe signalisierten eine zunehmende Abkehr vom konfessionellen Absolutismus. Christliche Existenz bedeutete nach wie vor für die Orthodoxie die äußerlich sichtbare Übereinstimmung mit den dogmatischen und ethischen Normen der Kirche. Entscheidend war für sie nicht das persönliche Engagement der neuzeitlichen Subjektivität, wie es sich in der Herzensfrömmigkeit des Pietismus artikulierte, sondern der praktische Vollzug der religiösen Pflichten, insbesondere die Zustimmung zur evangelischen Lehre. Dadurch leistete sie einer Veräußerlichung und Oberflächlichkeit des bürgerlichen Christentums Vorschub.

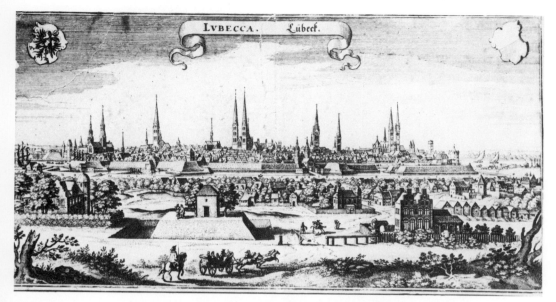

50. Stadtansicht von Westen. Kupferstich aus der Werkstatt des Matthäus Merian 1641

51. Stadtmodell von Asmus Jessen 1934

52. Andreas Pouchenius (1526–1600),
    Superintendent 1575–1600

53. Georg Stampelius (1561–1622),
    Superintendent 1613–1622

54. Nikolaus Hunnius (1585–1643), Superintendent 1624–1643

55. Meno Hanneken (1595—1671), Superintendent 1646—1671

56. Georg Heinrich Götze (1667–1728),
    Superintendent 1702–1728

57. Johann Gottlob Carpzov (1679–1767),
    Superintendent 1730–1767

58. Johann Andreas Cramer (1723–1788),
    Superintendent 1771–1774

59. Johann Adolph Schinmeier (1733–1796),
    Superintendent 1779–1796

60. Barockepitaph des Bürgermeisters Peter Hinrich Tesdorpf (1648–1723) in der Marienkirche

61. Orgel im Dom nach Plänen von Arp Schnitger 1696—99

62. Barockaltar (sog. Fredenhagen-Altar) in St. Marien 1697 von Thomas Quellinus (1942 zerstört)

63. Evangelisches Meßgewand (Kasel) aus St. Marien, 1697 von Thomas Fredenhagen gestiftet

64. Abendmahlsgerät. Kelch und Altarkanne aus der St. Annenkirche 1614

65. Bürgermeisterstuhl (später Senatsstuhl) von 1574/75 in St. Marien

17. Kapitel
Kirchliches Leben zwischen Orthodoxie und Aufklärung

Grundlegende Erschütterungen des bisherigen Wertesystems machten sich auf allen Gebieten des geistigen Lebens bemerkbar. In Philosophie und Theologie, Recht und Politik, Literatur und Kunst rückte der Mensch als autonom gestaltendes Subjekt in den Vordergrund des Interesses. Die Orientierung an der göttlichen Transzendenz büßte an Gestaltungskraft für das bürgerliche Leben zusehends ein und wurde durch eine säkulare Diesseitigkeit überlagert. Neben der Wahrheitsfrage war nun die Nützlichkeitsfrage auch im Blick auf die Religion unausweichlich gestellt.

Neben die institutionellen Bindungen trat das Autonomiestreben des Individuums, der Einfluß der Kirche auf das öffentliche wie auf das private Leben reduzierte sich. Ein privates Christentum neben der Institution Kirche kündigte sich in Umrissen an, gewann aber erst im Gefolge der Aufklärung allgemeinere Bedeutung. Bis zur Mitte des 18. Jahrhunderts blieb die Geltung der traditionellen kirchlichen Lebensformen unangetastet, auch wenn diese vielfach ihre innere Überzeugungskraft verloren. So stellt sich das 18. Jahrhundert in kirchengeschichtlicher Hinsicht als eine Übergangsperiode ohne fundamentale Veränderungen und ohne epochale Ereignisse dar.

Die defensive Haltung der Spätorthodoxie

Die Herrschaft der lutherischen Orthodoxie war um 1700 meistenorts in Deutschland gebrochen. Das zeigte sich ebenso an dem Aufkommen einer historischen Kritik an Bibel und Bekenntnis wie an neuen Formen der Frömmigkeit[1]. Doch in Lübeck war davon nur wenig zu spüren. Die nicht ernsthaft bestrittene formale Geltung der reinen Lehre war für die Theologen ein Grund, trotz ihrer Kritik am Schwinden kirchlicher Sitte Lübeck nach wie vor für eine Hochburg orthodoxer Frömmigkeit zu halten: „Lieb- und Lob-eck mag man Lübeck billig nennen, weil der Höchste seine Liebe in vielen Wohlthaten, sein Lob in der reinen seligmachenden Evangelischen Lehre in diese Stadt als in eine edle Behaltungs-Eck ausgeschüttet", so pries der Prediger Johannes Hilmers im Jahre 1716 die hiesige Situation[2].

Auch wenn Lübecks Kirche immer noch an ihrer Spitze herausragende Theologen besaß und innerhalb Norddeutschlands ihre Stellung neben den Universitätsstädten und Residenzen gehalten hatte, so schwand doch die lebendige theologische Gestaltungskraft. Neben ordentlichen Praktikern des Pfarramts standen respektable Gelehrte; originelle, wegweisende Theologen, die produktiv auf den Zeitgeist hätten reagieren können, fehlten dagegen.

Für die Generation um 1700 repräsentierten die Superintendenten August Pfeiffer (zu ihm s. o.) und Georg Heinrich Götze (1667–1728) die orthodoxe Gelehrsamkeit. Die nachfolgende Generation stellte dann mit dem Polyhistor Jacob von Melle (1659–1743, seit 1684 Marienprediger, seit 1719 Senior des Ministeriums) und dem Literaten Johann Heinrich von Seelen (1688–1762, seit 1718 Rektor am Katharineum) beachtliche Köpfe, deren Genie sich auf das Sammeln von gelehrtem Material konzentrierte. Melle erschloß durch immense Quellenarbeit die Geschichte Lübecks auf vielen Gebieten. Seelen, einer gemilderten Orthodoxie zugetan, mühte sich um die Vergegenwärtigung des theologischen Erbes des 16./17. Jahrhunderts. In diesen Zusammenhang gehörte auch die bedeutende Förderung der theologischen und historischen Wissenschaft, die der Senior Hinrich Scharbau (1689–1759), in seiner universellen Gelehrsamkeit ein typischer Vertreter des 18. Jahrhunderts, durch seine reiche Bibliotheksstiftung leistete[3]).

Götze, seit 1702 Superintendent, war ein vielseitig begabter Mann von einer fast erschrecklichen literarischen Produktivität[4]). Neben wissenschaftlichen Werken zum Neuen Testament und zur alten Kirche, zur Reformationsgeschichte und zur Dogmatik verfaßte er populäre Erbauungsschriften und Predigten, die den Geist einer milden Reformorthodoxie atmeten. Seine Leichenpredigten und Bibelauslegungen waren in der Stadt allgemein geschätzt. Doch einen Durchbruch zu neuem Praxisbezug der theologischen und kirchlichen Tradition vermochte auch Götze nicht zu vermitteln. Sein Nachfolger Carpzov lenkte seit 1730 wieder stärker in die Bahnen eines orthodoxen Dogmatismus zurück (s. u.).

Die vorwiegend defensive Einstellung der Spätorthodoxie gegenüber dem durch Pietismus und Aufklärung signalisierten Zerfall der alten kirchlichen Uniformität artikulierte sich exemplarisch in dem „Gebeth umb Erhaltung der reinen Lehre", welches dem Lübecker Gesangbuch von 1703 (dazu s. u.) beigegeben wurde: „Ach Gott! wie schnöde ist doch der Undanck gegen dein Evangelium? Wie gräulich die Verachtung deiner Wahrheit? wie ärgerlich die Leichtsinnigkeit in der Religion? Und wie so sehr gemein sind diese Laster worden? ... Die undanckbaren Menschen (sind) der alten Prophetischen und Apostolischen Lehre müde; und die Ohren jücken ihnen nach was neuem; sie wenden sich von der Wahrheit, und kehren sich zu den Fabeln, ... und sind verliebt in Menschliche Weisheit"[5]). Eine solche Klage über die Entfremdung der Gemeinde übersah jedoch, daß diese in deutlichen Insuffizienzen der orthodoxen Kirchlichkeit begründet war.

Mängel der orthodoxen Lehrpredigt

Die Predigt stand immer noch im Zentrum des kirchlichen Lebens. Das „Lübeckische Kirchenhandbuch", 1754 vom Ministerium unter J. G. Carpzov herausgegeben, fixierte die alte Sitte durch eine Art Lektionar und Agende für die verschiedenen Gottesdienste[6]). Deren Zahl war immer noch beträchtlich: In allen Hauptkirchen sonntags um sechs der Frühgottesdienst mit Katechismusauslegung (vor 1648 fand er sogar um fünf Uhr statt, nach 1764 dann erst um sieben), um acht der Haupt- und später noch ein Nachmittagsgottesdienst, dazu jeden Dienstag und Donnerstag Frühgottesdienste, an den anderen Wochentagen abwechselnd Gottesdienste in den verschiedenen Kirchen, insgesamt im 17./18. Jahrhundert 42 Predigtgottesdienste wöchentlich[7]).

Charakteristisch für die spätorthodoxe Predigtweise war neben dem langatmigen Formalismus eines Vorlesungsstils ein doktrinärer Biblizismus. Ständig zitierten die Prediger Bibelsprüche, in langen Reihen aneinandergefügt, und verwiesen auf Personen der Heilsgeschichte als Vorbilder für ein frommes Leben. Theologie boten sie als trockene Gelehrsamkeit dar, ohne Bezug zu den konkreten Problemen des alltäglichen

Lebens. Das mußte auf die Dauer zu Verdruß und innerer Abkehr von einer Kirche, die nur ihre eigenen Probleme reproduzierte, führen.

Als Beispiel einer derartigen Predigtweise sei hier der 1689–98 amtierende Superintendent August Pfeiffer genannt, der sich immerhin in Leipzig einen guten Ruf als Erbauungsschriftsteller erworben hatte. In seiner Lübecker Tätigkeit war davon freilich nicht viel zu spüren. Die Weihe der neuen Marienkanzel 1691, zu welcher sich die Gemeinde festlich versammelte, nahm er zum Anlaß, eine ausführliche Vorlesung über die Geschichte und das Wesen der Kanzel (deren Urbild er in dem Baum der Erkenntnis von 1. Mose 2 aufspürte) zu halten[8]. In barocken Variationen entfaltete Pfeiffer sein Grundthema, die Bedeutung des göttlichen Wortes für die Lebensführung der biblischen Heiligen, ohne auch nur irgendwas zur Erbauung der Gemeinde, z. B. über die Kraft des Wortes Gottes als Lebenshilfe, vorzutragen. Wenn er keinen Grund sah, sich über mangelnden Eifer beim Predigthören zu beklagen, so konnte das angesichts der dürren Quintessenz seiner homiletischen Bemühung nur verwundern: „Behüte (sc. Gott) diesen Lehrstuhl, daß er ja nimmermehr von Papisten, Calvinisten und andern falschen Lehrern betreten werde"[9].

Nicht besser stand es mit Pfeiffers Predigtweise bei der Weihe des neuen, von Thomas Fredenhagen gestifteten Hochaltars in St. Marien 1697. Zwar assoziierte er zum Namen des Stifters das Stichwort Frieden, aber er bot dann nur eine dürre Aneinanderreihung biblischer Belegstellen über die Errichtung von Altären, ihre bauliche Beschaffenheit und ihren kultischen Zweck. Der gelehrte Orientalist hatte außer reichlicher Polemik gegen Reformierte und Pietisten nichts Aktuelles zur christlichen Lebensbewältigung zu bieten[10].

Pfeiffers Katechismuspredigten

Traditionell gehörten die zweimal jährlich gehaltenen Katechismuspredigten des Superintendenten zu den öffentlich beachteten Möglichkeiten, vom Worte Gottes her das bürgerliche Leben kritisch zu reflektieren. Aber auch hier drängten sich abstrakte Wissenschaftlichkeit und konfessionalistische Polemik in den Vordergrund. Seine theologische Erwachsenenbildung stellte Pfeiffer 1693 unter den Titel „Klugheit der Gerechten", um damit gegen das pietistische Glaubensverständnis zu polemisieren. Hatte Spener das weitgehende Fehlen eines echten Christusglaubens in der erstarrten Kirche kritisiert, so wehrte sich Pfeiffer gegen ihn, indem er von seinem doktrinären Kirchenverständnis her Glauben als die intellektuelle Zustimmung zu den in der Heiligen Schrift geoffenbarten Wahrheiten interpretierte und konstatierte, daß ein solcher Glaube sehr wohl im Kirchenvolk vorhanden wäre[11].

Demgemäß bedeutete religiöse Erziehung der Jugend für ihn primär die Schulung kognitiver Fähigkeiten durch Reproduktion von Bibelsprüchen. Mit deren Hilfe sollte eine grundsätzlich-theoretische Lebenseinstellung gewonnen werden, die nachträglich auf die Praxis dergestalt anzuwenden wäre, daß ein Christ denkerische Probleme wie z. B. die Realpräsenz Christi im Abendmahl im orthodoxen Sinne zu lösen vermöchte und dergestalt „würdig" an der Sakramentsfeier teilnähme[12]. Auf die Idee, seinen Zuhörern die religiöse Sinnhaftigkeit oder Notwendigkeit des Abendmahls plausibel zu machen, kam Pfeiffer hier ebensowenig wie bei den entsprechenden Ausführungen über die Bedeutung der Gebote Gottes.

So orthodox diese Predigtweise sich in der Darbietung des Lehrbestandes der Kirche auch gab, sie offenbarte – gerade im Vergleich zu den Anliegen von Pietismus und Aufklärung – ein erschreckendes Unvermögen der damaligen Prediger, das Wort Gottes als lebendige Stimme des Evangeliums zu aktualisieren. Katechismuspredigten jener Art konnten die Bürger ebenso wie den Katechismus von 1702 (s. u.) kaum als hilfreiche Mittel zur religiösen Jugenderziehung empfinden.

Die kirchliche Predigt konstruierte eine religiöse Scheinwelt abseits des tatsächlich gelebten Lebens, und das generationenlang. So trug sie auf ihre Weise langfristig dazu bei, die innere Distanz der Bevölkerung zu einer als irrelevant empfundenen Sache des Christentums zu fördern. Die später lebhaft beklagte Entkirchlichung, die man unzutreffend der Aufklärung anlastete, bahnte sich hier an. Nicht zufällig häuften sich seit Ende des 17. Jahrhunderts die Klagen über einen Niedergang hergebrachter kirchlicher Sitte[13]).

Die öffentlichen Bußtage

Die Einsicht, daß menschliche Existenz zutiefst von der Sünde bestimmt wäre, aber im Glauben an Christi Versöhnungstat durch Gottes Gnade umgewandelt werden könnte, bestimmte noch in der Zeit der Spätorthodoxie das allgemeine Bewußtsein. Neben der weithin ungebrochenen Beichtpraxis belegt das die Einführung öffentlicher Bußtage. Seit der Reformation stand der Donnerstagvormittag im Zeichen der Buße, weswegen alle Krüge, Weinkeller und Kaufläden geschlossen blieben. Seit 1623 waren die Dienstagsgottesdienste als Bußtage hinzugekommen, und 1649 hatte der Rat es angesichts der allgemeinen Laxheit für nötig erachtet, in einem Mandat die Bedeutung dieser Wochengottesdienste für das öffentliche Wohl einzuschärfen und Kirchenzuchtmaßnahmen für die notorisch Unbußfertigen anzukündigen[14]).

1663 wurde erstmals ein außerordentlicher Bußtag mit allgemeinen Gottesdiensten, Beten und Fasten angeordnet, um den in dem Ansturm der Türken auf Österreich sichtbar gewordenen Zorn Gottes über die Sünde der Menschen, der dem Gemeinwesen zum Verderben gereichte, abzuwenden[15]). Solche Bußtage fanden seitdem unregelmäßig statt (bis 1770 über dreißig), je nachdem welche Anlässe eine allgemeine Bußfertigkeit erforderten: Kriege, Seuchen, Mißernten, Feuers- und Wassersnot. Die ganze Stadt erging sich dann in demütigem Schweigen, auf dessen Einhaltung die Obrigkeit streng achtete. Nach einigen Tagen Vorbereitung wurden in allen Kirchen am Donnerstag drei Gottesdienste mit genau festgelegter Bußliturgie gehalten, welche den zahlreich versammelten Gläubigen ihre Sünden (Verachtung des Gotteswortes, Übertretung der Gebote, Geldgier, Betrug, Wucher, Streit, Hoffärtigkeit und Vernachlässigung der Armen) vorhielt. Festlichkeiten, Gastereien und Vergnügungen waren an solchen Tagen verboten, die Läden und Wirtshäuser blieben ebenso wie die Stadttore bis zum Nachmittag geschlossen[16]). Die Bevölkerung machte dabei durchaus mit, so daß die öffentliche Relevanz des Gottesdienstes bei derartigen Anlässen eindrucksvoll zutage trat.

Gesangbuch- und Liturgiereform 1702/03

Ein offizielles Kirchengesangbuch gab es in Lübeck bislang nicht, auch das von Bonnus bearbeitete „Enchiridion" von 1545, welches noch bis zum Verschwinden des Plattdeutschen aus dem Gottesdienst im 17. Jahrhundert gebraucht wurde, war kein solches. Man griff zunehmend auf verschiedene neuere Textsammlungen zurück[17]). Um der daraus entstandenen Unordnung zu wehren, gab das Ministerium 1699 eine Sammlung von 974 bisher gebräuchlichen Liedern heraus, wobei es das neue Liedgut berücksichtigte (z. B. von Paul Gerhardt 76 Lieder mit ungekürztem Text), darunter aber auch zeitgenössische Machwerke von geistlicher Geschmacklosigkeit[18]).

Da nunmehr „neumodische" Texte das reformatorische Liedgut ganz zurückzudrängen drohten, vereinbarten Rat und Ministerium nach längeren Verhandlungen die Ausgabe eines auf 303 Texte reduzierten offiziellen Gesangbuchs (1703 publiziert). In der Vorrede dazu bekräftigte das Ministerium, es hätte alle dogmatisch zwielichtigen Texte eliminiert und neue Lieder sollten künftig nur im Wechsel mit den alten (im Verhältnis von 1 : 2) gesungen werden[19]). Lag dem Ministerium vor allem an der Kontinuität des frommen Bewußtseins mit der Tradition, so zeigten sich Rat und Bürgerschaft mehr an zeitgemäßen Neuerungen interessiert und hatten deswegen auch auf eine starke Reduktion der lateinischen Gesänge gedrängt.

Im Zusammenhang der liturgischen Neuordnung (zu welcher auch der neue Katechismus gehörte) wurde 1702 erstmals das Formular für ein öffentliches Fürbittengebet nach der Predigt verordnet (von Senior Honstede abgefaßt). Das bedeutete eine Neuerung, denn obrigkeitlich normierte Fürbitten gab es bisher nur bei besonderen Anlässen wie z. B. Türkenkriegen, während ansonsten die Geistlichen – wie in der Bugenhagenschen Kirchenordnung vorgesehen – im Anschluß an die Predigt freie Gebete formulierten. Der Rat trat um der Spontaneität der Andacht willen für die Beibehaltung der alten Praxis ein; doch das Ministerium, welches seit 1699 ein neues Kirchengebet forderte, setzte sich schließlich mit seinem Wunsch nach einheitlicher Reglementierung durch[20]). Als Gegenstand der öffentlichen Fürbitte erschien fortan – neben der Wirksamkeit des Gotteswortes, dem Schutz vor falscher Lehre und verderblichen Sekten, gottgefälligem Wandel in allen Ständen – auf ausdrücklichen Wunsch der Ratsherren der Handel, von dem die Stadt nach wie vor lebte („daß unter deiner Fürsichtigkeit, Regierung und Seegen unsere Kauffmanns-Schiffe ihre Waaren von ferne bringen")[21]).

In der einvernehmlichen Neuregelung des Gottesdienstes zeigte sich, daß trotz gelegentlicher Spannungen das Verhältnis zwischen Geistlichkeit und Obrigkeit ungetrübt war. Die staatlichen Mitwirkungsmöglichkeiten aufgrund des Summepiskopats gingen so weit, daß der Rat im Zuge jener Verhandlungen die ausufernde Predigtweise regeln wollte. Hier stieß er aber an Grenzen. Während das Ministerium ihm die Anordnung konzedierte, die Predigtdauer möglichst nicht über eine Dreiviertelstunde auszudehnen, widersprach es seiner inhaltlichen Kritik an dem spätorthodoxen Formalismus[22]). Die theologische Freiheit stand auch im staatskirchlichen System nicht zur Disposition, und der Rat respektierte das.

Dietrich Buxtehudes Abendmusiken

„Die Lübecker Abendmusiken sind einer der markantesten musiksoziologischen Meilensteine in der Geschichte nicht nur der Kirchenmusik, sondern der Musik überhaupt"[23]). Mit dem Namen der beiden großen Marienorganistionen des 17. Jahrhunderts Franz Tunder (1614–1667) und Dietrich Buxtehude (1637–1707) verbindet sich eine epochale Verselbständigung der Kirchenmusik gegenüber der Bindung an den Gottesdienst. Ihre kulturgeschichtliche Bedeutung liegt in der Beziehung dieser Abendmusiken zur Entwicklung von Oratorium und Oper, ihre kirchengeschichtliche Bedeutung in einer neuen Artikulation bürgerlicher Religiosität.

Seit 1641 amtierte Franz Tunder als Organist an der Ratskirche. Bald darauf dürfte er „Abendspiele" außerhalb des Gottesdienstes eingerichtet haben, d. h. solistische Orgelmusiken[24]). Vielleicht modifizierte oder ergänzte er damit eine schon länger bestehende Sitte, wonach der Marienorganist den Kaufleuten vor ihrem Gang zur Börse in der Kirche erbauliche Unterhaltung bot. Jedenfalls kamen die entscheidenden Anregungen zur Etablierung der Abendmusiken aus den Kaufleutekorporationen, die deswegen auch die erforderlichen finanziellen Beiträge leisteten, als Tunder den bloßen Orgelvortrag durch Hinzuziehung von Musikanten erweiterte[25]).

Die Praxis solcher separater Konzerte übernahmen Lübecker Kaufleute aus Holland, wo Orgelmusik in dem ganz auf Wortverkündigung abgestimmten reformierten Gottesdienst seit 1574/78 keinen Platz mehr hatte und auf Initiative der Obrigkeiten in Konzerten abseits der Gottesdienstzeiten gepflegt wurde[26]). Sie regten an, in Lübeck ähnliches zu praktizieren, und waren deswegen bereit, Tunder in jeder Hinsicht zu unterstützen. Buxtehude veränderte nach seinem Amtsantritt 1668 die bisherige Aufführungspraxis, indem er den Instrumenten- und Vokalapparat beträchtlich erweiterte und mit Hilfe spendenfreudiger Bürger einige Emporen hoch oben im Mittelschiff bauen ließ, um mehrchörige dramatische Konzerte aufführen zu können. Rückhalt für seine kühnen Pläne fand er auch bei Superintendent Hanneken und anderen Geistlichen. Das Ministerium protestierte gegen derlei Neuerungen nicht, sondern nahm sie als eine Bereicherung des kirchlichen Lebens positiv auf. Immerhin hatte sich schon seit 1620 der Petripastor Adam Helms für die Pflege der Figuralmusik „zu Gottes ehren und erweckung Christlicher hertzens Freude" tatkräftig eingesetzt[27]).

Seit 1673 verlegte Buxtehude die Konzerte von den Werktagen auf die beiden letzten Sonntage im Kirchenjahr sowie auf den zweiten bis vierten Advent. Ein derartiger Einbruch in die geschlossene Zeit jener der Bußthematik gewidmeten Sonntage zeigte eine deutliche Programmatik: Auch die werktätigen Bevölkerungsschichten sollten jetzt Gelegenheit zur Teilnahme bekommen, und die Konzentration der Aufführungen auf das Jahresende (damals zählte man populär den Jahresbeginn noch mit dem Weihnachtstag) sollte sie als eigenständigen Beitrag zur Frömmigkeitspflege ausweisen. Buxtehude wollte sie als bürgerlich-christliche Dankfeste verstehen, „daß bey zu Ende lauffendem Jahr dem Höchsten Gott auf das allerbeste auch musicalisch gedancket würde für alle erwiesene Güte"[28]). Seine Musik wollte sich also auf Probleme des Alltags im Lebensrhythmus der Stadt beziehen.

Trotz gelegentlicher Störungen durch banausische Zuhörer (die 1668 sogar zu einer kurzfristigen Unterbrechung der Praxis führten) nahmen die Abendmusiken bald einen hervorragenden Platz im kulturellen Leben Lübecks ein. Ihre Wirkung strahlte von hier auf den Ostseeraum und nach Norddeutschland aus. Denn sie waren ein bislang singuläres Phänomen („ein sonst nirgends wo gebräuchliches Werk", wie Buxtehude 1687 konstatierte), beeinflußten aber schon bald andernorts die Oratorienpraxis und übernahmen ihrerseits aus der gleichzeitig mit ihnen in Hamburg aufkommenden Oper bestimmte dramatische Elemente[29]). So erhielt Lübeck durch Tunder und Buxtehude auf dem Gebiet der Musik für zwei Generationen noch einmal ein Stück jener überregionalen Bedeutung, die einst die Kunst im Gefolge seiner politischen Größe hatte.

Geistliche Konzerte als Ausdruck bürgerlicher Religiosität

Frömmigkeitsgeschichtlich entsprachen die barocken Abendmusiken dem Geist der Orthodoxie, welchem Buxtehude sich innerlich verbunden wußte. Hieran wird – ebenso wie an dem damaligen Liedgut, für welches der Name Paul Gerhardt repräsentativ steht – deutlich, wie vielschichtig die oft sich so starr und lehrgesetzlich artikulierende Orthodoxie war. Sie zielte auf eine religiöse Durchdringung der Praxis, auch wenn sie mit den Schemata ihrer Predigt und Lehre und vollends mit ihrer konfessionellen Polemik kaum noch Resonanz in der Bevölkerung fand. Die beinahe mystische Christusfrömmigkeit, wie sie z. B. in Buxtehudes Kantate „Hochzeit des Lammes" von 1678 in den Zwiegesprächen der frommen Seele mit dem Erlöser zutage trat, bezog sich auf die religiöse Durchdringung der bürgerlichen Existenz ebenso wie z. B. die dem politisch-merkantilen Bereich zugewandte Lübeck-Kantate („Bleibe, o Vater, ach bleibe genädig, Halte Dein Lübeck in segnender Hand . . . Häufe das Käufen mit reichlichem Segen, Handel und Wandel uns wachse herzu").

In Buxtehudes Kantaten und Abendmusiken (besonders zugespitzt in denjenigen zu säkulären Feiern wie Tod und Neuinthronisation des Kaisers im Jahre 1705) begegnete eine aufschlußreiche Verselbständigung konzertanter geistlicher Musik gegenüber dem institutionell-kirchlichen Gefüge. Bürgerliche Religiosität schuf sich hier eine neue Ausdrucksform neben dem herkömmlichen Gottesdienst, deren Bedeutung nicht nur religiös, sondern auch ästhetisch begründet war. Mit zwar äußerlich passiven, aber innerlich engagierten Zuhörern entstand ein neues Teilnahmeverhalten, welches im Unterschied zum Gottesdienst nicht auf den kognitiven Mitvollzug der Theologie, sondern auf die emotionale Partizipation an deren Umsetzung in Musik angelegt war.

Damit bereitete sich auf einem wichtigen Sektor der spätere Schritt zur Säkularisierung christlicher Inhalte, d. h. zu einer eigenen Ausformung des Christentums neben den traditionellen Vermittlungsformen der Institution Kirche, vor. Seitdem gehörte die Pflege der Kirchenmusik zu den typischen Formen bürgerlicher Religiosität in Lübeck ebenso wie die Pflege der überkommenen Baudenkmäler. Die damit verbundene Gefahr einer Nivellierung der christlichen Identität, die die neuzeitliche Entwicklung seit der Aufklärung bestimmte, stellte sich freilich im 17./18. Jahrhundert noch nicht.

Die bildende Kunst des Barock

Wie in der Musik machte sich der Übergang in eine neue Zeit auch in der kirchlichen Kunst bemerkbar. Auf diesem Gebiet leistete Lübeck allerdings im 17./18. Jahrhundert kaum noch Großes – ein deutlicher Reflex der wirtschaftlich-politischen Stagnation, wenn man damit die Blüte der Kunst im Spätmittelalter vergleicht. Dennoch veränderte sich das Gesicht der Kirchen in der Zeit von Spätrenaissance und Barock durch den Einbau neuer Orgeln, Lettner, Altäre und Epitaphien erheblich.

Die Epitaphien brachten die bürgerliche Religiosität jener Epoche in besonderer Weise zum Ausdruck, in einer eigentümlichen Mischung von Andacht und menschlicher Ruhmsucht. Vor allem St. Marien wurde zur Stätte, wo – in Anknüpfung an die spätmittelalterliche Praxis, gehäuft seit etwa 1580—1600 — die führenden Ratsherren der Stadt ihr Andenken durch Wappenepitaphien, die an den Pfeilern und Wänden angebracht wurden, präsent halten wollten. Im späten 17. Jahrhundert erlebte diese Kunstgattung unter dem Einfluß des flämischen Barock eine Hochblüte (etwa 60 Epitaphien in St. Marien gegenüber etwa 30 im 15./16. Jahrhundert)[30].

Das barocke Epitaph entwickelte das antroprozentrisch orientierte Renaissanceepitaph insofern weiter, als es nun das Abbild des verstorbenen Menschen in den Mittelpunkt rückte und durch die Personifikation von Allgemeinbegriffen wie Tod und Ewigkeit sowie von Tugenden untermalte. Nicht mehr das Gebet um Erlösung wie im mittelalterlichen Kultbild, sondern die triumphierende Gewißheit der Unsterblichkeit (kontrastiert mit dem Schrecken des Todesengels) prägte diese Darstellungen zum höheren Ruhme des neuzeitlichen Individuums[31]). Wenn man bedenkt, daß allein in der Marienkirche während des 18. Jahrhunderts gut hundert solcher Denkmäler menschlicher Größe in Holz und Stein hingen (1942 waren es immerhin noch 84, in den anderen Kirchen entsprechend weniger), dann kann der Kirchenhistoriker diese Heroisierung politischer und geistlicher Führer des Gemeinwesens zwar als einen zeitgemäßen Ausdruck bürgerlichen Christentums, welches sich noch immer im Kirchenraum gleichsam zu Hause wußte, würdigen. Von evangelischer Theologie her aber wird man die Umwandlung des Gotteshauses in eine menschliche Gedenkstätte als eine bedenkliche Überlagerung seines sakralen Charakters kritisch beurteilen müssen. An die Stelle der Heiligen- und Madonnenbilder waren Bürgermeister, Ratsherren und Pastoren getreten.

Die Barockisierung der Kirchenausstattung führte zu einer allmählichen Entfernung der mittelalterlichen Sakralkunst, wobei viele wertvolle Altargemälde und Skulpturen verlorengingen. Für St. Marien stiftete der Ratsherr Thomas Fredenhagen, der Prototyp eines neuen dynamischen Kaufmanns, einen marmornen Monumentalaltar (1697 eingeweiht, mit auffälligem Stifterbild an der Seite), den der Antwerpener Bildhauer Thomas Quellinus schuf[32]). Quellinus setzte damit ebenso wie mit seinen Epitaphien und der Lentekapelle im Dom neue künstlerische Maßstäbe. Alle Hauptkirchen eiferten dem mit „modernen" barocken Hochaltären (St. Ägidien 1701, St. Petri 1713, St. Jakobi 1717, der Dom bereits 1696), sämtlich epigonalen Imitationen, nach. Durch zeitgenössische Kanzeln wurde das Bild ergänzt (Marien 1691, Jakobi 1697/98, Ägidien 1701, Petri 1725). Zur barocken Umgestaltung gehörten die Ergänzung der großen Orgel in St. Jakobi 1671—73 und der Orgelneubau im Dom 1696—99 (nach Plänen von Arp Schnitger), nachdem zuvor schon St. Ägidien 1625 durch Michael Sommer und St. Petri 1587—90 durch Tönnies Evers reichgeschnitzte Orgelprospekte erhalten hatten[33]).

Neben der Bildhauerkunst nahm die Malerei in der zweiten Hälfte des 17. Jahrhunderts, angeregt durch niederländische Vorbilder, wieder einen gewissen Aufschwung. Ihren Hauptgegenstand bildete das Porträt, zumal in den kirchlichen Epitaphien. Die Mehrzahl der Künstler wanderte von außerhalb zu. Unter den Einheimischen ragte der einfallsreiche, geschäftstüchtige Burchard Wulff (ca. 1620—1701) hervor, der während seiner Lehrjahre in West- und Südwesteuropa den Anschluß an die dortige Kunst gefunden hatte. Sein wichtigstes Werk war die große Darstellung des Jüngsten Gerichts im Dom von 1673[34]). In der volkstümlichen Kunst der Holzschnitte und Glasmalereien hatten die traditionellen Heiligen ebenso noch ihren Platz wie die Mariendarstellungen[35]). Erst im 18. Jahrhundert lockerte sich unter dem Einfluß der Aufklärung die Bindung der Kunst an Religion und Kirche.

Unruhen wegen der Juden 1696—99

Die in Deutschland allmählich, aber nur partiell einkehrende Toleranz gegenüber den Juden war ein Zeichen der neuen Zeit, des Übergangs zu aufgeklärter Humanität[36]). Während Hamburg dafür ein gutes Beispiel bot, beharrte Lübeck im Geist der alten Zeit. Seit Ende des 17. Jahrhunderts häuften sich die innerstädtischen Konflikte um die Zulassung der Juden. Bis zum Dreißigjährigen Krieg hatte man streng darauf geachtet, daß Juden die Ansiedelung in der Stadt verwehrt blieb. Als Nichtchristen konnten sie ohnehin kein Bürgerrecht erwerben, Handel und Gewerbe waren den Angehörigen der Zünfte reserviert. Seit 1648 ging der Judenschutz als bisher kaiserliches Recht in die Hoheit der Einzelstaaten über. Im Gegensatz zu Lübeck begünstigte Holstein die Ansiedlung von Juden, die aufgrund der Verfolgungen in Polen und Rußland hierher flohen und u. a. vor Lübecks Toren auf dem Gut Moisling Aufnahme fanden. Von dort kamen sie in die Stadt, um Handel zu treiben.

Erstmals im Jahre 1658 gab es Probleme, als das Amt der Goldschmiede sich über heimliche Hausiergeschäfte von Juden beschwerte. Daß der Rat den Juden daraufhin das Handeltreiben verbot, nützte nicht viel. Vereinzelt kamen sie zum Ärger der Bürger als unliebsame Konkurrenten wieder. Teilweise schritt sogar der Pöbel gegen sie ein und scheute auch 1665 nicht vor Übergriffen nach Moisling zurück. Daraufhin gewährte der Rat 1681 zwei in Lübeck ansässig gewordenen jüdischen Goldschmieden samt deren Familien als sog. Schutzjuden Toleranz. Da aber in der Folgezeit weitere Juden zuzogen, in ihren Häusern Gottesdienst hielten und Aufsehen in der Stadt erregten, wandte sich auch das Geistliche Ministerium 1691 in einem Memorial gegen die Eindringlinge, die den über ihnen liegenden Gottesfluch in die Stadt mitbrächten und darum das öffentliche Wohl gefährdeten[37]).

Religiöse und soziale Vorurteile mischten sich in dieser ersten kirchlichen Stellungnahme zur Judenfrage. Neben dem Hinweis auf jüdische Blasphemien gegen Christus stand die Polemik gegen die betrügerischen Geschäftspraktiken. Der Rat war nicht gewillt, aufgrund von derlei Vorhaltungen allzu scharf durchzugreifen, woraufhin das Ministerium weiter protestierte. Die bei den Bürgern angestaute, durch die Predigten artikulierte Animosität gegenüber den Juden führte schließlich 1696—99 zu einer nachhaltigen Kontroverse zwischen Bürgerschaft und Rat.

In einer Eingabe von 1696 beklagten sich die bürgerlichen Kollegien über das jüdische „Geschmeiß", das Lübeck wie eine Landplage verseucht hätte. Doch ihrer Forderung nach konsequenter Ausweisung kam der Rat nicht nach. Er plädierte für eine praktische Toleranz. Die Bürger ließen jedoch nicht locker. In einer erneuten ausführlichen Eingabe von 1698 beklagten sie sich, „daß diese von Gott verfluchte Nation anietzo mitten unter uns wohnet und ihrer heutigen Religion nach nichts anders thut als unsern Heyland und Seligmacher Jesum Christum zu lästern und zu schänden, ihrer profession und Handtierung nach aber nichts anders sucht, als die Christenleuthe zu betriegen"[38]). Konkurrenzangst und Unbehagen gegenüber fremdem Wesen mischten sich mit religiösen Motiven zu einer antijüdischen Einstellung, die sich nicht zuletzt auf Luthers Schriften gegen die Juden berief. Als der Rat auch jetzt nicht wie gewünscht reagierte, drohte die Bürgerschaft im Januar 1699 mit Selbsthilfeaktionen, um „diese christliche Stadt von diesem Teufels-Geschmeis und Christ-Schändern zu exoneriren und zu säubern"[39]).

Die Auseinandersetzung eskalierte nun, und die Bürger beschuldigten den Rat, den Rezeß von 1669 verletzt zu haben, welcher ihre Zustimmung zur Ansiedelung fremdreligiöser Einwohner vorsah. Das Ministerium unterstützte ihre Klage. Deswegen und angesichts der Gefahr innerer Unruhen nahm der Rat es schließlich hin, daß an einem Sabbat im März 1699 alle in Lübeck ansässigen Juden durch eine „Bürgerinitiative" unter tumultartigen Umständen aus der Stadt verjagt wurden. Das erregte im übrigen Deutschland einiges Aufsehen, und der Rat mußte sich gegenüber dem Kaiser deswegen verantworten[40]).

Das Schutzjudentum und die jüdische Gemeinde in Moisling

Da das bislang der Familie Wickede gehörige Moisling infolge der Bürgerunruhen 1665 ff unter holsteinisch-dänische Hoheit gestellt worden war, blieben die dort wohnenden Judenfamilien durch die dänischen Toleranzprivilegien geschützt, wie König Christian V. 1697 ausdrücklich bestätigte[41]). Für ihren Lebensunterhalt blieben sie allerdings auf den Handel und damit auf den Zugang zur Stadt angewiesen. Der Rat verschärfte nun nach den Unruhen von 1699 zwar die Kontrollmaßnahmen an den Stadttoren, verfolgte aber seine Praxis des Schutzjudentums weiter, indem er 1701 erneut einem Juden den Zuzug gestattete. Wieder hagelte es Proteste seitens der Bürgerschaft und der Geistlichkeit, wobei letztere durch ein im Ton besonders polemisches Memorial sich den Tadel der Obrigkeit zuzog[42]).

Der Rat widerstand diesmal (nicht zuletzt aus außenpolitischer Rücksichtnahme auf das Reich und Dänemark). So wurde das Schutzjudentum zu einer hinfort akzeptierten Institution, wonach jeweils eine jüdische Familie in Lübeck ansässig sein durfte, gegen eine Abgabe den obrigkeitlichen Schutz genoß und unbeschränkte Handelsrechte bekam, welche anderen Juden verwehrt blieben. Der Schutzjude war dem Rat für die Kontrolle darüber, daß keine weiteren Juden sich heimlich niederließen, verantwortlich[43]).

Die Moislinger Juden erhielten seit 1709 unter strengen Beschränkungen Zugang zur Stadt, um hier Einkäufe zu tätigen (jeweils einer täglich durfte zum Holstentor gegen Vorlage eines Ausweises hereinkommen). Doch es kam schon bald deswegen wieder zu Streitigkeiten, und erst aufgrund einer dänischen Intervention, die der Moislinger Gutsherr von Wedderkopp erbeten hatte, regelte der Rat 1724 die Sache neu. Der Handel in der Stadt blieb weiterhin verboten. Doch da dieser nun einmal die Lebensgrundlage der Juden war, umgingen sie immer wieder alle Verbote und Kontrollen (die 1771 durch ein Kardinaldekret vergeblich bekräftigt wurden), so daß die Konflikte mit der Bürgerschaft während des ganzen 18. Jahrhunderts fortbestanden. Um Einfluß auf die Moislinger Verhältnisse zu bekommen, erwarb die Stadt 1763 das Gut, erhielt die staatliche Hoheit darüber aber erst nach langen Verhandlungen mit Dänemark 1802/6. Auf dieser neuen Rechtsgrundlage erlangten die Juden dann 1808 den freien Zutritt zur Stadt, keineswegs jedoch die erstrebte bürgerliche Emanzipation[44]).

In Moisling praktisch im Ghetto, organisierte die jüdische Gemeinde, auch wenn sie unter kümmerlichen wirtschaftlichen Bedingungen leben mußte, aufgrund des dänischen Toleranzpatents von 1697 ihr religiöses Leben durch die Einrichtung eines Bethauses und einer Toraschule in Gestalt eines Lernvereins. Vor 1720 erhielt sie einen eigenen Rabbiner, eine kleine Synagoge sowie einen Friedhof, woraufhin die im benachbarten Holstein verstreut lebenden Juden hier ihren geistlichen Mittelpunkt fanden. In Lübeck blieb die jüdische Religionsausübung auf das Haus des jeweiligen Schutzjuden beschränkt, aber gelegentlich suchten die heimlich hier angesiedelten Juden synagogalen Gottesdienst zu halten, was polizeilich unterbunden wurde[45]).

In religiöser wie in sozialer Hinsicht blieben sie eine von der Stadtgemeinschaft ausgeschlossene, diskriminierte Minderheit. Das änderte sich nur für diejenigen Juden, welche zum Christentum übertraten. Um solche Konversionen bemühten die lutherischen Geistlichen sich durchaus; so z. B. Superintendent Pomarius, der 1669 ein spezielles Unterweisungsbuch für Juden verfaßte und manchen von ihnen bekehrte. Mit der Taufe war für diese die volle Integration in die bürgerliche Gemeinde verbunden (beurkundet durch von Rat und Ministerium ausgestellte Zeugnisse)[46]). Von einem rassisch begründeten Antisemitismus konnte im 18. Jahrhundert keine Rede sein. Humanität und religiöse Toleranz gegenüber den Juden als eigenständiger Gruppe setzten sich jedoch trotz der Aufklärung nicht durch. Die unreflektierte Abneigung gegenüber fremdem Wesen und Abweichungen von der religiös-sozialen Norm dominierte. Geistige Aufgeschlossenheit gegenüber dem Judentum oder gar Philosemitismus (so z. B. bei dem Superintendent Schinmeier) war in der Kaufmannsstadt Lübeck weniger verbreitet als in den kulturellen Zentren Deutschlands.

J. G. Carpzov als Apologet der Spätorthodoxie

Die Vorherrschaft der Orthodoxie wurde in Lübeck länger als andernorts nicht zuletzt dadurch stabilisiert, daß der Rat 1730 den Leipziger Professor Johann Gottlob Carpzov (1679–1767) zum Superintendenten berief. Damit führte einer der letzten großen orthodoxen Theologen, ein angesehener Gelehrter, dem das pietistenfreundliche Sachsen nicht mehr behagte, eine der letzten Hochburgen der lutherischen Orthodoxie. Die „reine Lehre" blieb für eine weitere Generation das Leitbild kirchlichen Lebens. In seiner Antrittspredigt erhob Carpzov den Dogmatismus zum Programm seiner Wirksamkeit: „Ich hasse, die da halten auf lose Lehre, ich hasse die Flatter-Geister ..., hoffe auch durch Gottes Gnade eher meinen Geist aufzugeben, als der Wahrheit unsers allerheiligsten Glaubens im geringsten Abbruch zu thun, oder geschehen zu lassen, daß durch meine Connivenz oder Nachläßigkeit ihr zu nahe getreten werde"[47]).

Die kirchlichen Verhältnisse in Lübeck – die noch sein Vorgänger Götze kritisiert hatte und die dem bedeutendsten Leipziger Spätorthodoxen, Valentin Ernst Löscher, zu beengend schienen – hielt Carpzov für nachgerade ideal. Versuche, Löscher als Superintendenten zu gewinnen, waren 1730 gescheitert, weil man ihm seine Forderung nach Einrichtung eines theologischen Seminars nicht bewilligte[48]). Wie dieser sah Carpzov seine Hauptaufgabe im Kampf gegen den zersetzenden Subjektivismus der Pietisten. Daß ihn der Rat und fast das ganze Ministerium dabei tatkräftig unterstützten, begrüßte er freudig. Überhaupt empfand er die Stellung der Kirche in der Reichsstadt wegen ihrer relativen Freiheit gegenüber der Obrigkeit als „viel glückseliger" als in einem Fürstenstaat. Verglichen mit den angeblichen Auflösungserscheinungen in

Sachsen, Schleswig-Holstein und Hamburg sah er Lübeck als eine noch heile Welt an, wo die alte kirchliche Sitte unangetastet galt[49]).

Da die Bibel durch die Reformation als Grundlage des gesamten Christenlebens herausgestellt worden war und als nicht hinterfragbare Autorität galt, kam der theoretischen Begründung ihres Wahrheitsanspruches eine große Bedeutung auch für die Praxis zu. Die Theologen der Orthodoxie haben an dieser Aufgabe intensiv gearbeitet, zumal in der Abgrenzung gegen den Subjektivismus der Spiritualisten und Rationalisten. Denn diese ließen die Wahrheit der biblischen Verkündigung davon abhängig sein, ob der Mensch sie durch religiöses Erleben bzw. kritische Vernunft als plausibel bestätigen könnte.

Der in Lübeck geborene, in Danzig tätige Hermann Rahtmann (1585–1628) hatte 1621 einen heftigen Streit um die Geltung und Wirksamkeit der Heiligen Schrift ausgelöst, dessen Folge die Fixierung des orthodoxen Dogmas von der objektiven, übernatürlichen Wirkung der Bibel war[50]). Sie galt damit in jeder Hinsicht als Produkt des göttlichen Geistes, der die biblischen Autoren nur als Instrumente benutzte, um seine Wahrheit schriftlich zu fixieren. Deswegen konnte die evangelische Kirche beanspruchen, daß ihr die autoritativ-irrtumslosen Weisungen für Glauben und Leben zu entnehmen wären. Und demgemäß stand die Predigt, als genaue und wortgetreue Schriftauslegung konzipiert, im Zentrum der kirchlichen Arbeit.

Gegen die rationalistischen Versuche, die biblischen Bücher als historische Dokumente mit entsprechender Fehlerhaftigkeit und Zeitgebundenheit zu relativieren, hatte sich Carpzov schon früh in Leipzig als gelehrter Verteidiger der orthodoxen Verbalinspirationslehre im Blick auf das damals durch kritische Forschung besonders umstrittene Alte Testament profiliert[51]). Für ihn war jedes biblische Wort als eine übernatürliche Offenbarung im gegenständlichen Sinne wahr, ganz Gottes Aussage, in keiner Hinsicht durch menschliche Mitwirkung alteriert. So war die Wahrheit unanfechtbar objektiv begründet, und die Aufgabe des Predigers bestand allein darin, wie Carpzov stets betonte, ein Lehrer der Heiligen Schrift zu sein, d. h. deren Aussagen so getreu wie möglich als heilbringendes Wort Gottes weiterzugeben[52]). Nicht die Bibel war in ihrer Verkündigungsintention in die Gegenwart zu übertragen, sondern die Predigthörer hatten sich an die autoritativen Aussagen der Vergangenheit anzupassen. Im Wort der kirchlichen Lehre sollte Christus präsent sein, und Bindung an ihn wurde mit der intellektuellen Zustimmung zum Wahrheitsgehalt der Predigt identifiziert. Die auffällige trocken-biblizistische Predigtweise der Orthodoxie war also durchaus reflektiert begründet. Der Widerspruch der Aufklärung richtete sich, indem er die Unfruchtbarkeit kirchlicher Praxis kritisierte, mit seiner Bibel- und Dogmenkritik auch gegen dieses theoretische Fundament.

Die Unterdrückung der Herrnhuter 1738–40

Unter Kirchenführern wie Carpzov hatten die Pietisten, die mittlerweile in Norddeutschland vielfach in einflußreiche Positionen gerückt waren oder zumindest geduldet wurden, nach wie vor keine Chance, in Lübeck Fuß zu fassen. Der enthusiastisch-spiritualistischen Prägung der frühpietistischen Kreise entsprach es, wenn hier der schwärmerische Pietismus der Herrnhuter Brüder des Grafen Zinzendorf Resonanz fand[53]). Einige dieser Brüder hatten sich 1736 mit Genehmigung der dänischen

Regierung bei Oldesloe angesiedelt, wo sie ein altes Hospital als ihr „Pilgerruh" ausbauten. Kontakte mit Lübecker Gesinnungfreunden, insbesondere die Aktivitäten des erleuchteten Lübecker Schusters Ernst Fischer, der sich als inspirierter Prophet verstand, erregten seit 1738 die Aufmerksamkeit Carpzovs. So schritt auf Anregung des Ministeriums im April 1739 eine Ratskommission − unter Berufung auf das im Stadtrecht fixierte Verbot von heimlichen „ungebührlichen" Zusammenkünften − gegen die herrnhutische Konventikelbildung ein. Carpzov publizierte eine 1739 gegen die Herrnhuter gehaltene Predigt über das umstrittene Thema Heiligung und provozierte damit auch außerhalb Lübecks den Widerspruch der Pietisten. Gegen eine gefühlsbetonte, weltüberwindende Jesusliebe stellte er als die wahre Heiligung eines Christenmenschen die Befolgung des Gottesgebots im Alltag heraus[54]).

Es zeigte sich, daß nur ein begrenzter Kreis kleiner Handwerker samt deren Ehefrauen der neuen Frömmigkeit zugetan war. Durch ihre starke Emotionalität wirkte diese deswegen so attraktiv, weil im orthodoxen Gottesdienst die affektive Komponente − abgesehen von einigen Gesangbuchliedern − fehlte. Doch die Mehrzahl der Bürger lehnte eine derartige Frömmigkeit als Abweichen von den Normen nüchternen Hanseatengeistes ab, und so wandten sich nicht nur die Zunftgenossen gegen die herrnhutischen Handwerker, sondern auch der Pöbel meinte, seinen Spott durch Randalieren bekunden zu können. Es kam im September 1740 zu Straßentumulten und Ausschreitungen gegen die Häuser der Herrnhuter, woraufhin der hierüber informierte Zinzendorf beim Rat intervenierte[55]).

Doch dieser nahm die Unruhen zum Anlaß, durch ein scharfes Mandat jegliches Konventikelwesen zu unterbinden. Private Andachten mußten hinfort streng auf den Kreis der in einem Haus familiär Verbundenen beschränkt werden. Jede Torpedierung des öffentlichen Gottesdienstes konnte mit Ausweisung aus der Stadt geahndet werden. Es klang wie ein Ton aus alter Zeit, wenn der Rat bei dieser Gelegenheit (im Jahre 1740!) seine Absicht bekräftigte, „die durch Gottes Gnade diesem Orte bißher gegönnete reine Lehre fernerweit unverfälscht beizubehalten, und allen ärgerlichen Ausschweifungen der abtrünnigen Sonderlinge zu steuern"[56]).

Carpzov war also mit seinem starren Festhalten an der orthodoxen Position kein Einzelgänger, sondern hatte die Majorität der Stadtgemeinde auf seiner Seite. Da das damals nicht mehr als selbstverständlich galt, konnte er mit Recht befriedigt sein: „Ich kann Gott nicht genug preisen, daß er einen hochlöblichen Magistrat größten Theils (denn es fehlt an hallischen Politikern auch nicht, die aber überstimmt werden) mit einer eifrigen und rühmlichen Intention ausgerüstet hat, solch Unwesen hier nicht zu gestatten, ob man wohl weiß, daß Dänemark es ungnädig nehmen und vielleicht protestieren werde"[57]). 1742 veröffentlichte er dann eine Streitschrift gegen die Herrnhuter, die wegen ihrer wissenschaftlichen Gründlichkeit überall Anklang fand[58]). Die religiöse Uniformität der Stadt war wieder einmal gewahrt, bemerkenswerterweise mit Unterstützung der Bürger, die an der Aufrechterhaltung der alten Ordnung interessiert waren.

Die volkspädagogische Bedeutung des Katechismus

Wie die Reformation hatte sich auch die Orthodoxie um die religiöse Erziehung der Jugend bemüht, und zwar in Verbindung mit einem Gesamtkatechumenat, der die

Erwachsenenbildung in Form der Katechismuspredigten einschloß. Meno Hanneken hatte 1647 zusammen mit der Einführung des „Examen catecheticum", welches für die Jugend und für „der gemeinen einfältigen des Lesens unkundigen und unerfahrenen Leute mehrer Information und besseren Unterricht in der wahren Furcht Gottes" gedacht war, eine Erläuterung zu Luthers Katechismus publiziert[59]). Er wollte damit zu praktischer Frömmigkeit im Sinne der orthodoxen Lehre erziehen, d. h. durch die intellektuell vermittelte rechte Gotteserkenntnis zu einem Leben in Gottesfurcht und Gottvertrauen motivieren. Dessen geistliches Fundament sollte neben der genauen Kenntnis der Bibel eine Vertrautheit mit den Grundzügen des lutherischen Bekenntnisses bilden (wie sie durch Hunnius' weiterhin gebrauchte Spruchsammlung zum Katechismus von 1627 und dessen „Anweisung zum Rechten Christenthumb" von 1637 vermittelt wurde). Doch beide Katechismuserklärungen waren pädagogisch ungeschickt gearbeitet, viel zu sehr von dogmatischen Interessen bestimmt.

Die allgemeine Unzufriedenheit mit diesem Zustand bewog im Jahre 1701 den Senior Thomas Honstede (der seit Pfeiffers Tod 1698 die Superintendentur vertrat), zusammen mit dem Geistlichen Ministerium eine neue Katechismuserklärung zu erarbeiten. Sie wurde 1702 kraft obrigkeitlichen Erlasses des Rates als Lehrbuch für alle Schulen eingeführt, war somit der erste offizielle Lübecker Katechismus[60]). Doch die Erwartung vieler Bürger, jetzt ein besser an den Bedürfnissen der pädagogischen Praxis orientiertes Werk zu erhalten, hatte getrogen. Es war ein theologisches Buch mit Erklärungen, die den Geist abstrakter Spekulation, verbunden mit trockenem Biblizismus, atmeten, wie er auch in der Predigtweise jener Zeit begegnete. Es sollte ja als Anleitung zum Memorieren der orthodoxen Dogmatik der Vorbereitung auf ein kundiges Predigthören dienen[61]). Für Theologiestudenten mochte es brauchbar (wenngleich nicht sonderlich interessant) sein, für die kirchliche Praxis war es ganz ungeeignet, weil es keinen Bezug zum realen Leben der Jugendlichen aufwies.

Wenn dieser Katechismus dennoch jahrzehntelang in Gebrauch blieb und mehrere Auflagen erfuhr (zuletzt 1760), dann konnte das nur bedenkliche Folgen für die religiöse Erziehung und damit langfristig für die Christlichkeit der Bürger haben. Es war ein Pauk-Mechanismus zur äußerlichen Aneignung des geltenden Lehrbestandes. So zeigt dieses Beispiel, wie die Intentionen der Orthodoxie, durch pädagogische Maßnahmen eine bessere Kirchlichkeit zu verwirklichen, wegen ihrer Nichtberücksichtigung der bürgerlichen Lebensart eher das Gegenteil erreichten.

Das erwies sich auch bei dem Scheitern der Versuche, in Lübeck die Konfirmation einzuführen[62]). Der Pietismus hatte diese Praxis propagiert, um damit dem Katechismusunterricht einen stärkeren Bezug auf ein christlich geprägtes, entschieden frommes Leben zu geben. Die mit ihm im pädagogischen Grundinteresse konforme Aufklärung verstärkte das, so daß im Verlauf des 18. Jahrhunderts die Konfirmation sich in den meisten deutschen Landeskirchen durchsetzte. Aufgrund einer Initiative des Seniors Georg Hermann Richertz beschäftigte sich das Ministerium seit 1761 mit der Frage und beantragte 1764 beim Rat die Genehmigung einer Konfirmationsordnung. Diese verband noch ganz im orthodoxen Geist das Element der Glaubensprüfung mit dem Gelübde eines Lebens entsprechend den kirchlichen Ordnungen. Angesichts der zunehmenden Distanzierung der Bürger von der Institution Kirche mußte sie etwas lebensfremd wirken. Das war für den Rat einer der Gründe, die Einführung einer derartigen Neuordnung, die nicht mit entsprechenden pädagogischen Reformen verbunden sein sollte, auf die lange Bank zu schieben. Weitere Vorstöße des Ministeriums 1767 und 1773 nützten nichts. Erst 1816/17 kam es im Zuge der Restauration zur Einführung der Konfirmation.

J. A. Cramers Aufklärungskatechismus

Ein deutliches Signal für die Ablösung der Orthodoxie durch die Aufklärung gab der im Jahre 1774 eingeführte neue Katechismus. Schon 1762 hatte das Ministerium um einer zeitgemäßen Jugendunterweisung willen eine Reform für nötig erachtet[63]). Der pädagogische Impetus der Aufklärung drängte danach, das Nachsprechen einer unverständlich gewordenen Dogmatik durch Nachdenken über die Relevanz der religiösen Dimension für das bürgerliche Leben zu ersetzen. Der Mann, der dies ins Werk setzte und durchaus mit dem traditionellen Lehrbestand zu vereinigen wußte, war Carpzovs Nachfolger im Superintendentenamt Johann Andreas Cramer (1723–1788)[64]).

Cramer gehörte als Kopenhagener Hofprediger zu den politisch einflußreichen Männern in Dänemark, als religiöser Dichter zu den geistig anregenden Gestalten der deutschen Aufklärung. Als er 1771 nach Struensees Machtübernahme Kopenhagen verlassen mußte, bot ihm Lübeck eine adäquate Wirkungsmöglichkeit, die er aber schon 1774 nach Struensees Sturz gegen eine Professur und das Kanzleramt an der Universität Kiel eintauschte. Die Aufgabe, die Grundzüge der neuen, rationalistisch fundierten, lebenspraktisch orientierten Theologie pädagogisch zu elementarisieren, griff er gleich nach seinem Amtsantritt an und gewann dafür die Zustimmung der Lübecker Geistlichkeit.

In geschickter Kooperation mit Ministerium und Rat erarbeitete er den Katechismustext und vermittelte so beiden einen Lernprozeß zur Umstellung auf die aufgeklärte Geistesart. Kurz vor seinem Weggang nach Kiel konnte der Katechismus im August 1774 veröffentlicht werden[65]). Die Vorrede des Ministeriums betonte ausdrücklich, daß damit fortan die offizielle Lehre der Lübecker Prediger „in pflichtmäßiger Uebereinstimmung mit den Bekenntnißbüchern unserer Kirche als göttliche Lehren" vorgetragen werden sollte. Praktisches Ziel war die „wahre Heiligung der Menschen" auf der Basis einer Kenntnis der „Wahrheiten der natürlichen und der geoffenbarten Religion"[66]).

Luthers Katechismus wurde hier didaktisch reflektiert auf die Wirklichkeit des späten 18. Jahrhunderts bezogen. Die Erklärungen nahmen jeweils den Einstieg bei der Erfahrungswelt der Jugendlichen und versuchten, von dorther die religiöse Dimension des Lebens plausibel zu machen, indem sie Argumente für die Richtigkeit der biblischen Lehren beibrachten[67]). Sie konzentrierten sich auf die allgemeine Gotteslehre und Anthropologie, auf die jedem Menschen zugängliche „natürliche" Gotteserkenntnis und deren Relation zur geoffenbarten Wahrheit: „Das Wesen, das alles gemacht hat, muß ein verständiges Wesen seyn; denn alles in der Welt ist gut und ordentlich eingerichtet: ohne Verstand aber kann nichts gut und ordentlich eingerichtet werden ... Gott ist ein Geist; das heißt: Gott ist ein Wesen, das Verstand und Willen hat; denn die ordentliche und nützliche Einrichtung der Welt beweist, daß sie von keinem andern als von dem größten und vollkommensten Verstand gemacht werden konnte"[68]).

Die wesentlichen Aussagen von Bibel und Bekenntnis (z. B. auch die damals als problematisch empfundenen Lehren über den Versöhnungstod und die Auferstehung

Christi) wurden nicht rationalistisch verflüchtigt oder so uminterpretiert, daß sie einen neuen Sinn ergeben hätten. Vielmehr verband sich das Interesse, die Weltwirklichkeit als Hinweis auf Gott zu verstehen, mit der orthodoxen Bewahrung der christlichen Lehrsubstanz. Religion sollte als Lebenshilfe vermittelt werden[69]).

Der eudämonistische Grundzug der Aufklärungsfrömmigkeit bildete gleichsam das Programm, denn die Leitidee der „Glückseligkeit" bestimmte den Aufbau des Ganzen, vom Einstieg angefangen („Wir Menschen wünschen alle immer froh und glücklich zu seyn" – können es aber ohne Gottes Hilfe nicht) über die Lehre von der Sünde, welche als unglücklicher Zustand definiert wurde, bis zur Lehre über die Bibel, welche die Anweisungen zur Glückseligkeit enthalten sollte. Typisch war auch die Einführung zu den Zehn Geboten: „Gott verbietet nur solche Gesinnungen und Handlungen, welche die Menschen früher oder später unglücklich machen"[70]).

Rationalismus und Eudämonismus und ein schier unerschütterlicher anthropologischer Optimismus bildeten das Fundament dieses Erziehungsprogramms, das dem Zeitgeist entsprechen wollte. Das bürgerliche Christentum der Aufklärungsepoche bekam hier einen adäquaten, theologisch ebenso beachtlichen wie seltsamen Ausdruck. Nicht zufällig fand der Katechismus auch in anderen Territorien Verwendung (sogar in der lutherischen Gemeinde Warschaus)[71]).

Später als in den kulturellen Zentren Deutschlands kam in Lübeck die Aufklärung seit 1770 zum Durchbruch. Diese nicht auf Theologie und Kirche beschränkte Emanzipationsbewegung löste als dominierende Kraft die Spätorthodoxie ab, deren Interesse an christlicher Prägung des städtischen Lebens sie teilte. Hatte diese sich um die theologische Begründung eines derartigen Interesses durch ständigen Bezug auf die Autorität der Bibel bemüht, so suchten die Aufklärungstheologen deren Plausibilität in einem Appell an die Vernunft zu finden. Die religiöse Dimension der normalen Lebenswirklichkeit kam mit ihr in typisch bürgerlicher Weise zur Sprache.

18. Kapitel
Folgen der Aufklärung und bürgerliche Christlichkeit

Mit der Ablösung der Orthodoxie durch die Aufklärung gewann seit 1770/80 die ethische Dimension der christlichen Botschaft gegenüber einer primär dogmatischen Orientierung die Oberhand. Dadurch änderte sich langfristig der Charakter des bürgerlichen Christseins. An die Stelle des unrealistischen Ziels, die Bürger zu besserer Kirchlichkeit zu erziehen, trat das Ideal, die mancherlei praktischen Aufgaben des Gemeinwesens aus christlichem Geist heraus, der Humanität einer neuen Zeit gemäß, zu bewältigen. Dies äußerte sich – abgesehen von Reformen des Katechismus und des Gesangbuchs – im Abbau alter Ordnungen, die als überholt empfunden wurden, vor allem aber in privater Vereinsbildung. Die Orthodoxie verschwand als theologische Grundposition keineswegs völlig, sie wurde nur für ein bis zwei Generationen durch rationalistische Tendenzen überlagert. Nach 1830 trat sie im Konfessionalismus mit neuer Gestaltungskraft hervor, ohne dann ihrerseits die Aufklärungstheologie zu eliminieren. Theologische Polarisierungen, die für das 16./17. Jahrhundert so charakteristisch waren, verschwanden hinfort als ein das kirchliche Leben prägendes Element.

Aufklärungstheologie bei J. A. Schinmeier

Die Ziele der Aufklärung waren primär praktischer, nicht theoretischer Art[1]). Ihre Grundprinzipien bildeten Autonomie in geistiger und sittlicher Hinsicht, Emanzipation von rein autoritätsgebundener, unzeitgemäßer Tradition, Humanität und natürliche, vernünftig begründete Religion. Es ging ihr jedoch nicht um prinzipielle Kritik am Christentum, vielmehr suchte sie dessen Wahrheit neu ans Licht zu bringen. Positiv rückte jetzt die Ethik ins Zentrum der Theologie: Lehre sollte dem Leben dienen und kein Eigengewicht als scheinbar abstrakte Spekulation beanspruchen. Das führte zu einer tiefgreifenden Reduktion und Elementarisierung des dogmatischen Bestandes, der nicht förmlich negiert, aber in vielem als unerheblich beiseite gelassen wurde.

Cramers Nachfolger als Superintendent Johann Adolph Schinmeier (1733–1796) leitete mit seinem Amtsantritt 1779 den Durchbruch des Rationalismus ein[2]). Er war zuvor Pastor in Stettin und Stockholm, Doktor der Theologie und Orientalist, aber kein Universitätsprofessor wie seine Amtsvorgänger seit Hunnius. Von der gelehrten Weltferne der Orthodoxie her gesehen tat sich in seinen Predigten und Schriften eine andere Atmosphäre auf. Die Frömmigkeit wurde heiterer und gelassener, Gott erschien nicht mehr primär als der düstere Richter menschlicher Sündhaftigkeit, sondern als der Menschenfreund, dessen Walten sich in der Natur manifestiert und dessen Gebote für humane Vernünftigkeit überzeugend erscheinen. Biblische Offenbarung und natürliche Religiosität des Menschen harmonierten miteinander[3]).

Schinmeier verstand das geistliche Amt als dasjenige eines Lehrers. Das entsprach formal dem Verständnis der Orthodoxie, doch die Inhalte hatten sich geändert. Der Pastor sollte durch Aufklärung und Besserung für die ewige Glückseligkeit und die

Herzensbildung der ihm anvertrauten Bürger sorgen, ohne dabei einer doktrinären Intoleranz zu verfallen, damit „das Christenthum, das wir predigen, keine finstre Menschen, keine Heuchler mache". Die „aufgeklärteste und erfreulichste Religion Jesu" sollte sich als eine die Gewissen schärfende Kraft, als eine den Verstand erleuchtende Lehre und als Lebenshilfe in allen alltäglichen Fragen bewähren. Gegenüber der Klage, daß die Religion immer stärker an Relevanz verliere, argumentierte er offensiv, nicht rein apologetisch, durch unermüdliche Hinweise auf die Unverzichtbarkeit der Transzendenzorientierung[4].

Einer substantiellen Preisgabe der Grundelemente der biblischen Botschaft und der kirchlichen Lehre begegnete man bei Schinmeier ebensowenig wie bei den anderen zeitgenössischen Theologen in Lübeck. Eine Mischung von Orthodoxie und Aufklärung vertraten Prediger wie Hinrich von der Hude, Johann Friedrich Petersen, Johann Gerhard Köppen und Johann Hermann von Melle[5]. Aber auch völlig vom Rationalismus geprägte Theologen wie Ludwig Suhl, Bernhard Eschenburg und Heinrich Kunhardt verließen bei allem dogmatischen Pragmatismus nicht die herkömmlichen Lehrgrundlagen[6]. Eine genauere Analyse der Lübecker Aufklärungspredigt um 1770–1800 könnte erweisen, daß die spätere Kritik am Rationalismus, welche nur allgemeinen Verfall und Niedergang diagnostiziert, unzutreffend ist[7]. Freilich kann eine gewisse Oberflächlichkeit der Aufklärungstheologie nicht bestritten werden, doch andererseits trug sie entscheidend dazu bei, der christlichen Verkündigung einen neuen „Sitz im Leben" der Bürger zu geben, weil sie sich um die Vermittlung mit deren Erfahrungswirklichkeit bemühte.

Freimaurerei und Aufklärung

Im letzten Drittel des 18. Jahrhunderts wurde auch Lübeck von der Freimaurerei erfaßt, 1772 und 1779 kam es zur Gründung der ersten Logen. Für die Kirchengeschichte ist diese Bewegung aus verschiedenen Gründen von Bedeutung[8]. Ihre geistes- und theologiegeschichtlichen Wurzeln liegen in der Aufklärung, insbesondere im englischen Deismus, der gegenüber der positiv-dogmatischen Gotteslehre der Kirchen die Natur zur beherrschenden Idee erhob und eine natürliche Religion, bezogen auf einen allgemeinen Gottesgedanken (Gott als „Weltbaumeister"), mit ethischem Humanismus verband.

Die organisatorischen Wurzeln der Logen lagen ebenfalls in England, reichten aber bis ins späte Mittelalter zurück, in das System der Dombauhütten, deren Mitglieder ihre Werkgeheimnisse durch Losungsworte schützten, mit welchen sie sich auf der Wanderschaft gegenüber ihren Genossen auswiesen. Diese Art Geheimbündelei reaktivierte man 1717 in London, wo sich die auf dem Kontinent längst verfallene Dombauhüttentradition stärker gehalten hatte, durch den Zusammenschluß von vier Logen zur Londoner Großloge. Im Unterschied zum Mittelalter handelte es sich hier um spekulative, symbolische Maurerei; die Logen wurden zur Organisation der Deisten, gewissermaßen ein Ersatz für die Kirchengemeinschaft.

In Deutschland faßte die Bewegung zuerst in Hamburg 1737 Fuß; von dort strahlte sie nach Norddeutschland aus. Daneben führten etwas später französische Einflüsse zur Bildung anderer Logen in Deutschland mit dem Hochgradsystem. In Berlin wurde Friedrich der Große Anhänger der Freimaurerei (wie nach ihm alle Preußenkönige), in

Hamburg trat Lessing 1771 einer Johannes-Loge bei, sein „Nathan der Weise" atmete freimaurerischen Geist. Die deutsche Freimaurerei war ebenso wie die englische im allgemeinen für das Christentum positiver aufgeschlossen als die französische. Neben dem humanistisch-deistischen Logentyp verbreitete sich hier mit den Johannes-Logen ein Typ, der bewußt christlich bleiben wollte, auch wenn er ein Christentum höherer Ordnung anstrebte (zum Teil mit Übernahme von Traditionen der alten Ritterorden). In Lübeck gab es in der ersten Hälfte des 18. Jahrhunderts vereinzelte Freimaurer, meist ohne Anschluß an eine bestimmte Loge. Die Loge „Barbara", die wohl 1745 hier – vermutlich als erste dieser Art – begründet wurde, bestand nur wenige Jahre[9].

Für die kirchenhistorische Betrachtung sind die Freimaurer wichtig, weil in ihren Organisationen eine neue, vom Rationalismus bestimmte Form der Synthese von Bürgertum und Christentum begegnete. Als eine Metamorphose traditioneller Christlichkeit haben sie deswegen – abgesehen von ihrem Einfluß auf das Lübecker Geistesleben, der bis zur Mitte des 19. Jahrhunderts nicht gering veranschlagt werden darf – exemplarische Bedeutung. In mancher Hinsicht lebte hier die Tradition der mittelalterlichen Bruderschaften wieder auf.

Logengründungen 1772 und 1779

1772 gründete der Lübecker Garnisonsleutnant Johann Gottlieb Möhring (1735–1820) zusammen mit einigen anderen Männern, meist Kaufleuten, unter dem Namen „Zum Fruchthorn" eine Johannes-Loge, die sich der Großen Landesloge der Freimaurer von Deutschland in Berlin anschloß. Unter ihrem späteren Namen „Zum Füllhorn" entfaltete sie eine bedeutende Aktivität, kontinuierlich bis zum Verbot durch die Nationalsozialisten im Jahre 1935. Beförderung der Glückseligkeit, Gemeinschaft in einem Bruderbund, Pflege der Philanthropie und Geselligkeit sowie Erziehung der Mitglieder zu wahrer Humanität bildeten ihre Ziele[10]. Die Loge wuchs schnell, bald gehörten ihr auch Ratsherren an, und Vorsitzender Meister wurde der Domherr D. J. v. Brockdorff. Doch schon 1774 stagnierte ihr Leben. Die allgemeinen Auseinandersetzungen mit der strikten Observanz, die formal die Riten und Grade, inhaltlich die Bindung an das Christentum betraf, berührten auch ihre Arbeit, weil einige Vertreter der strikten Observanz, d. h. der stärker vom Christentum gelösten Humanisten, den Eintritt in die Johannesloge ablehnten.

Veranlaßt durch persönliche Differenzen kam es 1779 zur Abspaltung einiger Mitglieder, angeführt von Möhring selber, und zur Neugründung einer Loge „Zur Weltkugel". Gleichwohl blieben beide Logen hinfort einander freundschaftlich zugetan. Die religiöse Bindung der neuen Loge stand außer Frage, nur trat die Übereinstimmung mit christlich-kirchlichen Grundsätzen stärker zurück. Wenngleich beide Logen Mitglieder aus allen bürgerlichen Ständen umfaßten, galt das „Füllhorn" als die vornehmere Gemeinschaft. Seit 1794 war Friedrich Ludwig Graf von Moltke mehrfach ihr Vorsitzender Meister, Dechant des Domkapitels, ein vielseitig gebildeter Mann, nach dem überspitzten Urteil von Zeitgenossen ein frommer Schwärmer[11].

Lübecker Geistliche schlossen sich zunächst vereinzelt der Freimaurerei an. Der Marienpastor Hinrich von der Hude wurde 1780 Mitglied einer Hamburger Loge; Superintendent Schinmeier, der sich in Lübeck zu den Brüdern der strikten Observanz hielt, wurde 1785 Mitglied der Hamburger Obermeisterschaft Israel, die den Philosemitismus pflegte[12]). Unter den Gründungsmitgliedern der „Weltkugel" befand sich neben dem Juristen Christian Adolph Overbeck, dem späteren Bürgermeister und Anhänger der Erweckungsbewegung, auch der für Lübecks Geschichte so bedeutsame Petriprediger Ludwig Suhl (1752–1819). Suhl war ein typischer Vertreter derjenigen Aufklärung, die zur Institution Kirche und ihren Lehren deutliche Distanz hielt. Dies bewog ihn neben persönlichen Motiven, 1793 sein geistliches Amt aufzugeben und sich der Jurisprudenz zuzuwenden. Zugleich mit der Gründung der Gemeinnützigen Gesellschaft (s. u.) übernahm er 1789 das Amt eines Meisters vom Stuhl; bis zu seinem Tode leitete er tatkräftig die Weltkugel-Loge. Von der Geistlichkeit arbeiteten dort außer ihm Hinrich von der Hude und der Geniner Pastor Johann Friedrich Brandes mit. Für das 19. Jahrhundert wäre dann der liberale Jakobipastor Karl Klug, 1850–67 Meister vom Stuhl, zu nennen[13]).

Auch in der Fruchthorn- bzw. der späteren Füllhorn-Loge arbeiteten Geistliche intensiv mit[14]). 1803–06 amtierte Johannes Geibel (zu ihm s. S. 381 f) als Vorsitzender Meister, der unter Einschränkung des Ritualismus die Arbeit auf inhaltliche Aspekte zu konzentrieren suchte und in der Vortragstätigkeit der Loge eine Strategie entwickelte, dem allgemeinen Absinken der Religiosität durch Freimaurerei entgegenzuwirken: „Das wahre, der menschlichen Natur entsprechende System der Freimaurerei muß in Ideen sein Wesen haben. Die ganze ideale Richtung des Menschen muß in demselben ausgesprochen sein. Gott, Freiheit, Unsterblichkeit, Reich Gottes, Religion sind in demselben ganz einheimisch. Da der Mensch in diesen Ideen nur als Mensch lebt, da er nur durch diese Ideen erhoben und befreit werden kann von jedem Drucke des Lebens, der Not und des Schicksals, so arbeitet er darauf hin, diese Ideen jedem seiner Bekenner in ihrem ganzen Lichte, in ihrer höheren Herrlichkeit darzustellen, sie in ihm bei jeder Gelegenheit anzuregen und lebendig zu machen, sein ganzes Wesen durch Wissenschaft, Kunst und Religion so zu veredlen, daß er hier schon ein höheres, freieres Leben lebt und sich im Bunde fühlt mit dem unendlichen Reiche der Geister". So formulierte Geibel 1804 das Programm der Loge[15]).

Die Ersatzfunktion für kirchliche Bindungen wurde an dem religiösen Symbolismus der Logen deutlich. Ihre Versammlungsräume bzw. ihre Häuser (die sie erst relativ spät erwarben, die „Weltkugel" 1834 in der Mengstraße, wo auch zunächst das „Füllhorn" unterkam, bis es 1861 in der Annenstraße ein Haus erwarb)[16]) gestalteten sie in Anlehnung an alttestamentliche Tempelsymbolik. Lichtriten und Symbolworte spielten ebenso eine wichtige Rolle wie die maurerischen Zeichen Maßstab, Winkelmaß, Wasserwaage, Senkblei und Kelle als Symbole für Wahrheit, Gerechtigkeit gegenüber Gott und den Menschen, Gleichheit, Urteilsfähigkeit und Abwehr der Sinnlichkeit. Die Versammlungen des „Füllhorns" trugen gottesdienstlichen Charakter, in seinem späteren Haus stand sogar ein Altar. Aber auch die stärker säkularisierte „Weltkugel" eröffnete ihre Sitzungen mit Gebet, und in den Vorträgen beider Logen kamen religiöse Themen mehr oder weniger häufig vor[17]).

Ohne den kirchlichen Glauben anzutasten oder die Kirche zu verlassen, wollte man eine neue Religion der Bildung und Menschenfreundlichkeit etablieren, nicht als Konkurrenz, sondern als Ergänzung zur öffentlichen Religion. In dieser Hinsicht waren die Vorträge repräsentativ, die der Theologe und Professor am Katharineum Heinrich Kunhardt (1772–1844) in der Zeit vor 1806 in der Füllhorn-Loge hielt[18]).

Die Gründung der Gemeinnützigen Gesellschaft 1789/95

Das aufklärerische Streben nach Veredelung des Menschen durch Pflege der Wissenschaft, Kunst, Religion und Humanität führte zu einer Vereinsgründung, die das Lübecker Gemeinwesen bis zum heutigen Tage geformt hat[19]. Ihr Initiator war der Petriprediger Ludwig Suhl, einer der aktivsten Aufklärer innerhalb der gebildeten Kreise. Im Dezember 1788 rief er zusammen mit einigen Gleichgesinnten zur Gründung einer literarisch-wissenschaftlichen Gesellschaft auf, die ein Korrektiv zu dem merkantilistischen Pragmatismus und Utilitarismus, der Lübeck nach wie vor das Gepräge gab, sein sollte[20]. Demgemäß waren von den 25 Gründungsmitgliedern, die sich im Januar 1789 zusammentaten, 20 aus dem Gelehrtenstand. Die enge Verbindung zu den Freimaurern dokumentierte sich darin, daß ihr 10 Logenbrüder angehörten, außer Suhl die Juristen Christian Adolph Overbeck und Matheus Eberhard Kröger sowie der Domkapitular Graf Moltke.

Dem akademischen Charakter entsprach die Mitgliedschaft prominenter Theologen, sämtlich Träger der kirchlichen Aufklärung: außer Suhl Superintendent Schinmeier, der Petripastor Köppen, die Prediger Westerwieck und Eschenburg, der Pastor der reformierten Gemeinde Otto Butendach, schließlich noch drei im Lehramt tätige Theologen. Im Zentrum der Arbeit standen zunächst wissenschaftliche Vorträge und Diskussionen, und da das Ziel einer bürgerlich-gebildeten Geselligkeit dominierte, blieb die Mitgliederzahl in den Anfangsjahren klein (noch 1792 waren es nur dreißig)[21]. Entscheidend für die weitere Entwicklung wirkte sich die Veränderung der Zielsetzung aus, die man unter dem Eindruck des im Gefolge der französischen Revolution heraufziehenden sozialen Umbruchs vornahm. Nun wandte sich die „Gesellschaft zur Förderung gemeinnütziger Thätigkeit" (wie sie seit 1793 hieß) mehr den praktischen Problemen des Gemeinschaftslebens zu. Die von dem Juristen Gütschow und dem Prediger Niemeyer entworfene Satzung von 1795 bestimmte dies als zweiten Hauptzweck neben dem literarisch-wissenschaftlichen: alles zu fördern, was „auf die Erhaltung der Existenz des Menschen ... einen wohlthätigen Einfluß haben dürfte", um so vor allem „der Unwissenheit und den Vorurtheilen des großen Haufens" entgegenzuwirken[22].

Infolge dieser Neuorientierung kam es – zumeist aus dem Vortragswesen hervorgehend – zur Gründung zahlreicher Einrichtungen, die der Verbesserung des beruflichen und privaten Lebens gerade der unteren Schichten dienen sollten, um einen Beitrag zum Abbau sozialer Unzuträglichkeiten zu leisten. Denn diese konnten, wie die Revolution lehrte, leicht in bedrohliche politische Spannungen umschlagen. Jetzt öffnete die Gesellschaft sich zunehmend auch für Kaufleute und Handwerker, womit sich der Kreis der von ihr repräsentierten Bürgerlichkeit erweiterte und ihre Mitgliederzahl schon 1798 auf 105 (1803 dann sogar 242) stieg. 1794/95 wurde die Sonntagsschule für Jungen eingerichtet (angeregt von den Predigern Suhl und Petersen), 1795 die Zeichenschule für künftige Handwerker, 1796 die Industrieschule für bedürftige Mädchen (aufgrund eines Vorstoßes von Prediger Stolterfoht), um damit die einer beruflichen Entfaltung hinderlichen Bildungsdefizite abzubauen. 1799 gründete die Gesellschaft eine Schwimmschule, 1800 eine Kreditkasse für Gewerbetreibende, und in der Folgezeit kam es zu zahlreichen weiteren Einrichtungen, wo immer sozialpolitische Notwendigkeiten diese erforderten[23].

Humanitäres Christentum

Die intensive Beteiligung von Geistlichen und Theologen bestimmte nicht nur in der Anfangszeit, sondern auch bis weit ins 19. Jahrhundert hinein die Arbeit der Gemeinnützigen Gesellschaft. Dies ist ein Indiz dafür, daß deren Wurzeln auch im christlichen Geist lagen. Einige Äußerlichkeiten seien dazu erwähnt: Suhl, Petersen und Stolterfoht wurden als Initiatoren sozialer und kultureller Einrichtungen bereits genannt. Den Unterricht an der Sonntagsschule (deren Name daher kam, daß die dort lernenden Knaben der Unterschichten wochentags arbeiten mußten und nur den Sonntag für Bildungszwecke frei hatten) wie an der Industrieschule erteilten zunächst die Kandidaten des Ministeriums. Geistliche waren neben engagierten Christen die entscheidenden Kräfte, die in Verbindung mit der Gesellschaft karitative Einrichtungen wie die Fürsorge für entlassene Strafgefangene (seit 1798), die wohlfeile Speiseanstalt für Unbemittelte (seit 1800), die Taubstummenschule (seit 1827/28), die Kleinkinderschulen (seit 1827/28), später dann auch das Kinderhospital, den Diakonissenverein, die Herberge zur Heimat ins Leben riefen bzw. unterstützten[24]). Unter den Direktoren der Gesellschaft stellten in der Frühzeit die Geistlichen das Hauptkontingent (neben Suhl z. B. Stolterfoht, Petersen, von der Hude), während sie später dieses Amt nur noch vereinzelt wahrnahmen.

Um die skandalös vernachlässigte Ausbildung der (privat tätigen) Lehrer der unteren Schulen zu verbessern, regten die Prediger H. F. Behn und J. F. Petersen 1803/06 ein Präparandenseminar an, dessen Lehrbetrieb seit 1807 im wesentlichen von Geistlichen getragen wurde[25]). Auch so weltlich-praktische Einrichtungen wie die Spar- und Anleihekasse (seit 1801), die Navigationsschule (seit 1805) und später die Wochenzeitschrift „Neue Lübeckische Blätter" gingen auf Initiativen von in der Gesellschaftsarbeit engagierten Predigern wie Suhl, von der Hude, Niemeyer, Petersen u. a. zurück. Ein eher komisches Beispiel solchen aufgeklärten Engagements gab der Kandidat und spätere Geniner Pastor Brandes, wenn er bei seiner Empfehlung eines Schwimmunterrichts für arme Kinder feststellte, der dafür in Aussicht genommene Lehrer wolle „sein Evangelium unentgeldlich lehren"[26]).

In der Vortragstätigkeit, von der beachtliche Impulse auf das kulturelle und politische Leben der Stadt ausgingen, spielten kirchenhistorische und -praktische Themen bald eine wichtige Rolle. So wurde die „Gemeinnützige" seit Beginn des 19. Jahrhunderts zu dem Forum, auf welchem die für die Erneuerung von Kirche und Staat nötigen Reformen intensiv erörtert wurden. Auch dadurch war sie in jener Umbruchzeit an der Schaffung neuer Formen bürgerlicher und kirchlicher Öffentlichkeit beteiligt. Da sie das Feld der Sozial- und Bildungsarbeit nicht exklusiv für sich beanspruchte, sondern vor allem Anregungen geben wollte, kooperierte sie in der Folgezeit mit kirchlichen Einrichtungen und christlichen Vereinen, deren Mitglieder vielfach mit den ihren identisch waren.

Sowohl mit ihrem Interesse an der Förderung allgemeiner Bildung als auch mit dem aktiven Einsatz für das Gemeinwohl stellte sich die Gesellschaftsgründung als ein typisches Produkt des aufgeklärten Bürgertums dar. Die „Beförderung des Glücks der Individuen", die die Gesellschaft in ihrer Verfassungsurkunde von 1795 anstrebte, war durchaus diesseitig-rationalistisch gedacht. Der Geist dieser neuen philanthropisch und sozial orientierten Metamorphose christlicher Motivation kam schön in der Ansprache zum Ausdruck, mit welcher 1798 einer der Gründungsväter, der damalige Vorsitzende

Meister der Füllhorn-Loge Graf Moltke die Gesellschaft als dritte Loge charakterisierte und zur Mitarbeit in ihr aufrief: Ihre Arbeit gefalle „der Gottheit, welche mit segnendem Auge auf jede Werkstätte des Wohlthuns, auf jede Pflanzschule des Wahren und Guten niederschaut"[27]).

Die Aufklärungszeit förderte eine neue Integration des Christlichen in das Bürgerliche und wehrte damit Tendenzen, die religiöse Komponente des menschlichen Lebens als einen institutionell geregelten Sonderbereich zu pflegen. Für die mit der Ablösung von der alten Kirchlichkeit verbundene Nivellierung der ausdrücklich christlichen Motive und Glaubensvorstellungen bot die Gesellschaft mit ihrer säkularen Humanität ein eindrucksvolles Beispiel. Christlichkeit wurde in der Pflege bürgerlichen Gemeinsinns, in dem sozialpolitisch und kulturell bedeutsamen Zusammenschluß zu innovatorischen Aktionen zumeist nicht mehr eigens thematisiert, aber sie wurde auch nicht vergessen oder als überholt beiseite geschoben. Sie war auf ihre praktisch-philanthropischen Aspekte konzentriert bzw. reduziert und schuf sich abseits der zu derartigen Innovationen unfähigen Staatskirche mit der „Gemeinnützigen" ein wirksames Instrument sozialer Verantwortung.

Abbau alter Ordnungen

Das klar ausgeprägte Selbstbewußtsein der Generation zwischen 1760 und 1790, in einer neuen Epoche mit einer allgemeinen Verbesserung der Lebensbedingungen zu existieren, führte zu mancherlei reformerischen Aktivitäten, die schlicht im Abbau überkommener, fraglich gewordener Ordnungen bestanden. Die Veränderung der Kirchenzucht bot das signifikanteste Beispiel, weil diese für die Orthodoxie zum Kernbestand der christlichen Gestalt des Gemeinwesens gehört hatte.

Bis 1724 stellte das Konsistorium jährlich ein Verzeichnis der notorischen Abendmahlsverächter auf, damit die Geistlichkeit gegen sie Kirchenzuchtmaßnahmen ergriffe. Seitdem schlief diese Praxis ein, weil die Ratsherren darin keinen Sinn mehr erblicken konnten. Deswegen suchte das Ministerium 1761 beim Rat um eine Erneuerung des Mandats von 1649 gegen die Gottesdienst- und Sakramentsverächter nach – ein Zeichen dafür, daß es noch vom Geist der Orthodoxie bestimmt war. Doch in der Bürgerschaft hatte sich das kirchliche Bewußtsein mittlerweile der neuen Zeit angepaßt. Darum ließ der Rat es dabei bewenden, dem Ministerium sein Bedauern über den allgemeinen Verfall der kirchlichen Sitte auszudrücken und ihm zu empfehlen, dem durch verbesserte Predigttätigkeit entgegenzuwirken[28]).

Das in Kooperation zwischen Obrigkeit und Geistlichkeit geführte alte Strafamt war obsolet geworden. Doch das Ministerium mochte das nicht wahrhaben und erneuerte 1762 sein Petitum, um die Bevölkerung mit polizeilicher Nachhilfe in die leerer werdenden Gottesdienste zu bringen. Die klare Auskunft des Rates, daß er „einen Gewißens-Zwang für bedenklich" halte, war ein Signal der Veränderung. Er widerstand auch in der Folgezeit, als nun das Konsistorium sich einschaltete, und dekretierte 1765 endgültig, daß obrigkeitliche Maßnahmen nicht in Frage kämen und durch seelsorgerliche ersetzt werden müßten[29]). Das bürgerlich-christliche Bewußtsein emanzipierte sich von der kirchlichen Tradition.

Dies zeigte sich auch beim Gottesdienst. Symbolischer Akt der Trennung von einer unverstandenen Vergangenheit war die Abschaffung der seit der Reformation beim Abendmahl gebräuchlichen Meßgewänder. Noch 1760 hatte z. B. die Vorsteherschaft von St. Marien zusätzlich zu den mittelalterlichen Stücken und einem 1697 gefertigten Meßgewand ein neues, prächtig verziertes angeschafft. Mit der im Geist des Rationalismus vorgenommenen Gottesdienstreform von 1791 fand diese Praxis ihr Ende. Schon im Jahre 1790 hatte der Rat auf Vorschlag des Ministeriums weitere als unzeitgemäß bzw. katholisch empfundenen Bräuche abgeschafft, die lateinisch gesungenen Präfationen und liturgischen Teile wie Gloria und Benedictus, ferner die in den Wochengottesdiensten gebräuchlichen Litaneien und Kollektengebete. Nur teilweise wurden sie durch deutsche Gesänge ersetzt[30]).

Auflösung von Gottesdiensten und Kirchen

Der Tendenz, das spezifisch Kultische im religiösen Leben zugunsten einer rationalen Modernität abzubauen, entsprach die Reduktion des Gottesdienstes auf die Grundelemente Predigt, Gesang und Gebet in der Liturgiereform von 1790/91[31]). Wenn diese allgemein als Verbesserung gegenüber dem früheren Zustand empfunden wurde, dann bekundete sich darin die eingetretene Entfremdung gegenüber der alten Kirchlichkeit. Auch der allmähliche Abbau der Predigerstellen (7 von insgesamt 22 bis 1830) gehörte dazu, welcher sich aus der 1790 und 1805 dekretierten Abschaffung von insgesamt 19 Gottesdiensten an Wochentagen und bestimmten Festtagen wie dem dritten Oster-, Pfingst- und Weihnachtstag ergab. Die Zahl der kirchlichen Feiertage wurde von 19 auf 12 reduziert, wobei auch die letzten Marienfeste wegfielen[32]). Das gottesdienstliche Leben beschränkte sich nunmehr weitgehend auf die Sonntage, und auch da wurden jetzt nur noch zwei Gottesdienste (vormittags und nachmittags) gehalten. Der entscheidende Einbruch in das seit dem Mittelalter geprägte gottesdienstliche Leben der Stadt erfolgte um 1790/1805 und war in manchem radikaler als die Reformation.

Der Anpassung der kirchlichen Sitte an eine neue Lebensart entsprach, daß die Geistlichen bei ihrem Auftreten außerhalb des Hauses nicht mehr im Summar, dem schwarzen Amtsrock, sondern in gewöhnlicher bürgerlicher Kleidung erschienen – auch dies ein Ausdruck der Veränderung, der im alltäglichen Leben auffiel[33]).

Ein weiteres Zeichen der Entkirchlichung setzte seit Beginn des 19. Jahrhunderts der Abbruch einiger Nebenkirchen, die man angesichts des kultischen Schwundes nicht mehr benötigte. 1791 regten die Schonenfahrer an, die kaum noch benutzte Klemenskirche am Hafen als Lagerraum zu verwenden. 1803 wurde sie in einen Kornspeicher umgewandelt, 1899 abgebrochen. 1806 wurde im Gefolge der Säkularisierung die schöne gotische Kirche des Johannisklosters abgerissen. In der Burgkirche gab es seit dem Tode des dortigen Predigers Stolterfoht, der den Straßenkämpfen der Schlacht von Lübeck 1806 zum Opfer fiel, keinen Gottesdienst mehr. Sie wurde, nachdem Teile des Gewölbes eingestürzt waren, 1818–20 abgebrochen. Die Katharinenkirche machten die Franzosen 1806 zu einem Lazarett und Pferdestall; nach ihrem Abzug wurde der Gottesdienst dort nicht wieder aufgenommen, und die Kirche stand zunächst leer[34]).

Gegenüber den Kunstwerken vergangener Zeiten war bislang noch jede Epoche verständnislos, weil an Gegenwartsinteressen orientiert, verfahren. Da der Aufklärungszeit der Sinn für Traditionspflege in besonderem Maße abging, äußerte sich ein

Banausentum hier besonders drastisch. So wurden unersetzliche Schätze vernichtet, z. B. 1784 das Triumphkreuz in St. Jakobi, 1806 das Inventar der Johanniskirche, 1816 bedeutende Kunstwerke der Petrikirche, die nicht mehr zeitgemäß schienen. Als verschiedene Persönlichkeiten dagegen protestierten und mit dem geistigen Umschwung nach 1813/15 der Sinn für geschichtliche Dokumente wieder zunahm, griff der Rat als Inhaber des Kirchenregiments 1818 mit einer Verordnung ein, welche die Veräußerung kirchlicher Kunstgegenstände genehmigungspflichtig machte. Damit war ein bedeutsamer Schritt zum Schutz und zur musealen Pflege der älteren Kunst getan, worin Lübeck sich wohltuend von anderen Städten abhob. Die zunächst im Burgkloster, dann im Hochchor von St. Katharinen aufgestellten Kunstdenkmäler bildeten den Grundstock der heute so bedeutsamen Museumssammlung[35]).

Rationalistisches Gesangbuch 1790

Der Kirchengesang nahm im 18. Jahrhundert beträchtlich zu, weil die Gemeinde mit ihm eine der wenigen Möglichkeiten zu aktiver Betätigung besaß. Seit 1722 setzte sich die vordem unübliche Praxis durch, daß die Orgel den Gesang begleitend unterstützte[36]). Schon zu Zeiten der Orthodoxie stand der Gesang ganz im Dienste der Belehrung; die lebenspraktisch-moralische Abzweckung trat jetzt determinierend in den Vordergrund. Eine Fülle neuer Dichtungen erschien, wozu z. B. der ehemalige Lübecker Superintendent Cramer das Seine reichlich beisteuerte[37]).

Da allenthalben die orthodoxen Texte durch modernere ersetzt wurden, wollte man in Lübeck nicht zurückstehen. Diesmal ergriff der Rat die Initiative. 1786 dekretierte er, daß sein Syndikus Dreyer zusammen mit dem Ministerium eine Revision des alten Gesangbuchs von 1703 vornehmen sollte; sie sollten solche Texte auswählen, die einerseits schrift- und bekenntnisgemäß, andererseits „den Umständen und Bedürfnissen unserer Zeit angemessen" wären[38]).

Daraufhin engagierten Schinmeier sowie die Pastoren Becker, von der Hude, Köppen und Nölting sich, um ein Erbauungsbuch in moderner Sprachgestalt zu erarbeiten, wobei sie sich über Widerstände in der Geistlichkeit hinwegsetzten und in allen Phasen der Bearbeitung die enge Kooperation mit dem Rat suchten. Dessen Engagement in dieser Sache war erstaunlich. Ausführlich diskutierte er in seinen Sitzungen Veränderungsvorschläge, um die angestrebte Modernität durchzusetzen, so daß das Ministerium sich schließlich düpiert fühlte und meinte, der Rat wäre der eigentliche Verfasser des neuen Gesangbuchs[39]). Man sieht daraus, wie dem Abbau der alten Formen ein positives religiöses Interesse der Bürger an einer zeitgemäßen Evangeliumsverkündigung korrespondierte.

Schließlich wurde das neue Gesangbuch 1790 offiziell eingeführt[40]). Unter seinen 589 Liedern fanden sich fast sämtliche Texte Gellerts, Cramers, Neanders, insgesamt zwei Drittel zeitgenössische Lieder, die dem pädagogischen Stil der Aufklärung entsprachen. Die Gliederung (mit zwei Teilen zur Glaubens- und Sittenlehre) orientierte sich an den Problemen des Alltags, die von der Aufklärungstheologie reflektiert wurden. So gab es z. B. jetzt Rubriken von Liedern zur „Selbsterkenntniß, Beßrung und Begnadigung" und über „Rechte Leibespflege mit allen dahin gehörigen Tugenden" sowie „Rechten Gebrauch der zeitlichen Güter". Die Lieder setzten die Aufklärungspredigt poetischdidaktisch um und sprachen damit die Zeitgenossen unmittelbar an, wie etwa die Eingangslieder über Gottes Existenz und Wesen bekundeten („Wie könnt' ich zweifeln, daß du bist, o Gott! . . . Was hilft mir Freyheit und Verstand, ists keine Wohlthat deiner Hand").

Im 19. Jahrhundert hat man diese Tendenz ungerecht verurteilt. So gewiß der hier zutage tretende Rationalismus und Moralismus nicht immer religiöse Tiefen erreichte und auf die Dauer monoton wirkte, diente das neue Gesangbuch doch fraglos in authentischer Weise dem Gotteslob und der Erbauung der von der Aufklärung geprägten Generationen. So fand das Gesangbuch allgemein eine gute Aufnahme in der Bevölkerung.

Gottesdienst und Öffentlichkeit

Die Sitzungstätigkeit des Rates stand seit jeher in enger Beziehung zur Marienkirche. Vor der Wahl neuer Ratsherren und Bürgermeister sowie vor der jeweiligen Ratssetzung versammelten die Senatoren sich zu einem kurzen Gottesdienst in der Kirche, um dann in feierlicher Prozession unter Glockengeläut ins Rathaus zu ziehen[41]). Auch vor den normalen Sitzungen am Mittwoch, Freitag und Sonnabend versammelte man sich in der Kirche (die beiden wortführenden Bürgermeister eine halbe Stunde zuvor, um im Chor Anliegen von Bürgern entgegennehmen zu können), wobei der Rat freitags am Frühgottesdienst teilnahm. Diese Teilnahme bröckelte seit der Mitte des 18. Jahrhunderts ab, so daß der Gottesdienst, den auch die Gemeinde nur schlecht besuchte, 1793 durch Ratsdekret schließlich abgeschafft wurde[42]).

Das war ein Zeichen für das sukzessive Schwinden der öffentlich-rechtlichen Bedeutung christlicher Zeremonien. Und als in der „Franzosenzeit" 1811 die althergebrachte Verfahrensweise bei Ratssitzungen und -wahlen modernisiert wurde, fiel auch die bis dahin übliche kirchliche Bindung fort. Seitdem versammelte sich der Rat nur noch bei besonderen Feierlichkeiten in der Marienkirche, um die religiöse Verpflichtung der Obrigkeit zu demonstrieren[43]).

Ein weiteres Beispiel für den Rückgang der öffentlichen Funktion des Gottesdienstes boten die Bußtage[44]). Nachdem die Beteiligung an den Frühgottesdiensten donnerstags und dienstags, welche in besonderer Weise der persönlichen Buße und dem Gebet für das öffentliche Wohl dienten, kontinuierlich zurückgegangen war, fielen sie um 1770 ganz fort. Dasselbe Geschick traf die bei besonderen Gelegenheiten angeordneten allgemeinen Buß-, Bet- und Fasttage, deren letzter im Jahre 1800 stattfand. Noch 1778 und 1793 hatte der Rat angesichts drohender Kriegsnot solche Tage angeordnet, noch 1782 und 1786 sogar zu dem Zweck, um damit die Bevölkerung zu besserer Sittenzucht anzuhalten[45]). Doch trotz guter Beteiligung gerade der unteren Schichten erschien die Fortführung einer derartigen Praxis einer aufgeklärten Zeit nicht angebracht, der zweifelhaft geworden war, ob man durch Gebet und Buße Gottes Walten beeinflussen könnte.

Dauervakanz der Superintendentur

Mit dem Einfluß der Aufklärung hing auch die ungewöhnliche Verzögerung der Neubesetzung des Superintendentenamtes nach Schinmeiers Tod 1796 zusammen, wenngleich hier noch andere Motive eine Rolle spielten[46]). In der Vergangenheit gab es des öfteren längere Vakanzen, weil der Rat nicht so leicht einen passenden Mann fand. Die jetzt eintretende Vakanz aber führte dazu, daß das Amt trotz wiederholter Anstöße seitens des Ministeriums nicht wieder besetzt und schließlich ganz aufgehoben wurde. Das hatte primär politische Gründe. Der Superintendent, ein allein vom Rat bestellter geistlicher Beamter mit bischöflicher Funktion, repräsentierte als Verhandlungspartner der Obrigkeit das kirchliche Selbstbewußtsein. Der Dualismus beider Gewalten führte gerade im Zeitalter der Orthodoxie zu mancherlei Konflikten. So erschien es vielen Bürgern und Ratsherren im Sinne einer Zeit, welche die kirchlichen Belange immer stärker in den Raum des privaten Rechts abzudrängen strebte, zu sein, dieses Amt, in welchem geistliche und weltliche Obrigkeit koinzidierten, eingehen zu lassen.

Der äußere Ablauf der Verhandlungen entsprach der hinhaltenden Taktik, die der Rat zur Verhinderung unliebsamer Entscheidungen einzuschlagen pflegte[47]). Auf eine Eingabe des Ministeriums von 1797 antwortete er ausweichend; als jenes den Antrag 1801 wiederholte, geschah wiederum nichts; 1805 setzte der Rat schließlich eine Berufungskommission ein, deren Arbeit infolge der Wirren nach 1806 zum Erliegen kam. Als das Ministerium nach der Okkupationszeit 1818 sein Petitum erneuerte, verwies der Rat 1819 auf den Geldmangel, der eine Wiederbesetzung verhindere. Niemals, auch in den folgenden Jahrzehnten nicht, erklärte der Rat das Amt für aufgehoben; aber praktisch war es obsolet und wurde duch das Amt des Seniors ersetzt.

Das führte zu einer spürbaren Schwächung der geistlichen Leitung. Denn der Senior des Ministeriums war als Sprecher der Geistlichkeit kein eigenes Verfassungsorgan, hatte eine interne Funktion (deswegen wurde seine Wahl bis 1787 dem Rat nicht offiziell angezeigt). 1770 hatte das Ministerium sich auf eine Ordnung für den Geschäftsbereich des Seniors bei vakanter Superintendentur verständigt[48]). Was dabei nicht zum Tragen kam, war die öffentliche Vertretung des geistlichen Amtes, die früher in den politischen Fragen von Ordnung und Sitte der Obrigkeit durchaus unangenehm sein konnte. Der Abbau entsprach somit der rationalistischen Beschränkung der Kirche auf die „reine Religiosität" und führte im 19. Jahrhundert dazu, daß die Reform der Kirchenverfassung zu einem Grundproblem wurde.

Folgen der französischen Revolution

Die Revolution des französischen Bürgertums gegen die absolutistische Monarchie und den feudalistischen Ständestaat im Jahre 1789 erschien vielen Zeitgenossen als politische Konsequenz der aufklärerischen Ideen. Das hatte in Deutschland ambivalente, im Endergebnis eher negative Auswirkungen. Denn die damit erwiesene Sprengkraft der neuen Humanität („Freiheit, Gleichheit, Brüderlichkeit") rief die konservativen Gegenkräfte auf den Plan. Wenn sich dennoch zunächst die Aufklärung auf politischem und kirchlichem Gebiet weiter durchsetzte, dann vor allem aus zwei Gründen: einmal weil die deutsche Aufklärung die Kirchen- oder gar Religionsfeindschaft der französischen nicht teilte, zum andern weil infolge der Reichskriege gegen das revolutionäre Frankreich politische Prinzipien von dorther zwangsweise auf Deutschland übertragen wurden. Langfristig bewirkte letzteres aber, zumal in der Zeit der französischen Okkupation, eine Diskreditierung des Rationalismus.

Führte Lübeck während des 18. Jahrhunderts abseits der großen Politik ein stilles, für seinen Handel gedeihliches Leben, so geriet es nun in den Strudel der politischen Erschütterung Europas[49]). Die Folgen der Revolution machten sich zunächst darin bemerkbar, daß zahlreiche Emigranten, vor allem aus dem Adel, sich hier niederließen und den Einfluß französischer Literatur und Kultur beträchtlich verstärkten. Z. B. entwickelte sich durch das Wirken des gebildeten Charles de Villers das Haus des Ratsherrn Matthäus Rodde, welches geistig von dessen bedeutender Frau Dorothea, geb. Schlözer, beherrscht wurde, neben den domkapitularen Kurien zu einem kulturellen Mittelpunkt der Stadt[50]).

Mit den Emigranten kamen aber auch die liberalen Ideen der französischen Aufklärung. Deswegen warnte ein kaiserliches Mandat 1792 vor der Verbreitung revolutionärer Schriften, und der Rat kontrollierte seit 1796 die Ansiedlung von Exulanten. Vom Übergreifen des Revolutionsgeistes befürchtete man alles Übel, auch für den Bestand des Christentums. Poetisch formulierte das 1791 der Lübecker Arnold G. Lohmann in seinem Gedicht „Ahnung": „Du Vaterland und du Religion, / ihr seid gleich übel d'ran, ihr Guten! / Für euch wird keiner willig bluten, / mich deucht, ich sehe eure Trümmer schon"[51]). In der Tat konnte man sich damals angesichts des schwindenden kirchlichen Bewußtseins im Bürgertum und angesichts der Tatsache, daß die Kirche trotz aller Reformbemühungen noch weithin an vergangenen Leitbildern orientiert war, Sorgen um den Bestand machen. Die weltpolitische Entwicklung brachte von außen her gravierende Änderungen.

Die Säkularisation von 1803

Der von Österreich und Preußen 1792 angezettelte Krieg gegen das revolutionäre Frankreich hatte dazu geführt, daß dieses weite Teile der Rheinlande besetzte. Lübeck war durch Beiträge zur Kriegsrüstung beteiligt, weil der Krieg seit 1793 als Reichssache galt, versuchte aber gleichwohl, gegenüber Frankreich sich die bisherige Neutralität zu bewahren. Die Friedensschlüsse mit Preußen 1795 und Österreich 1797 leiteten Verhandlungen darüber ein, wie die deutschen Fürsten für ihre von Frankreich annektierten linksrheinischen Gebiete durch Säkularisation geistlicher Territorien und Mediatisierung von Reichsstädten entschädigt werden könnten. Lübeck stand bei dem siegreichen Frankreich in besonderer Gunst, weil die Hansestädte ihm 1798 eine Millionenanleihe praktisch geschenkt hatten, und konnte deshalb den Neugliederungsverhandlungen gelassen entgegensehen[52]). Mit einigen Schwierigkeiten erwehrte es sich des Zugriffs von Preußen, dessen Neutralitätspolitik Lübeck sich nach 1795 anschloß. Von ihm hatte es eher Einverleibung als nachhaltigen Schutz zu erwarten, deswegen agierte es gegenüber Frankreich ausgesprochen entgegenkommend[53]).

Infolge des 1799 erneuerten Krieges, der für Lübeck die Drohung einer dänischen Annektion brachte, den Frankreich aber mit dem Frieden von Lunéville 1801 wiederum siegreich beendete, wurden die Neuordnungspläne zum Abschluß gebracht. Der immerwährende Reichstag in Regensburg beauftragte eine Deputation mit der Ausarbeitung von Detailvorschlägen für die Säkularisation, und nun setzte ein diplomatisches Ringen um territorialen Zugewinn bzw. Bestandsicherung ein, in welchem Lübeck durch Matthäus Rodde sowohl in Regensburg als auch in Paris geschickt vertreten wurde. Sein Interesse ging dahin, endlich das Domkapitel als eigenen Hoheitsträger innerhalb des Stadtgebiets auszuschalten und sich dessen Gebiete nach Möglichkeit anzueignen. Doch dem standen Interessen des Oldenburger Herzogs Peter Friedrich Ludwig entgegen, der seit 1785 Fürstbischof von Lübeck war. Da auch Mecklenburg an dem ganzen Geschäft beteiligt war, ergaben sich allerlei Komplikationen[54]).

Am 28. Februar 1803 wurde der Reichsdeputationshauptschluß (RDHS) verabschiedet, der hinfort die gesetzliche Grundlage für Veränderungen des territorialen Bestands abgab. Er beseitigte die Reste des mittelalterlichen Systems geistlicher Fürstentümer und der Klösterlatifundien. Dies traf vor allem die katholische Kirche in Süddeutschland, wirkte sich aber auch auf Lübeck nicht unerheblich aus, indem die schon 1802 getroffenen Vereinbarungen zum Reichsrecht wurden.

Der auch für die Kirchengeschichte wichtigste Beschluß war der, daß Lübeck ebenso wie Hamburg und Bremen zusammen mit Augsburg, Nürnberg und Frankfurt als einzige der bisher noch 51 unmittelbaren Reichsstädte bestehen blieb (§ 27 RDHS). Hier zahlte sich die profranzösische Politik aus, und nach der Auflösung des Reiches 1806 war Lübeck ein souveräner Staat. Das bisherige Bistum wurde in ein weltliches Fürstentum umgewandelt, bestand als solches fort, wurde aber mit dem Herzogtum Oldenburg vereinigt, als dessen Landesteil Lübeck es fortan galt (§ 8 RDHS). Der Mecklenburger Herzog bekam als Entschädigung für zwei Straßburger Kanonikate die in seinem Staat gelegenen umfangreichen Ländereien des Heiligen-Geist-Hospitals (§ 9 RDHS), wofür Lübeck mit Gebieten des Domkapitels entschädigt werden sollte, die § 27 RDHS so unpräzise beschrieb, daß davon auch bischöfliche Besitzungen betroffen wurden[55]). Die Folge waren schwierige Verhandlungen mit dem Herzog von Oldenburg, in denen die Stadt ihre gegenüber Frankreich und dem Reichstag errungene Position nicht ganz behaupten konnte.

Die Verfügung von § 35 RDHS, daß die bisher reichsunmittelbaren oder selbständigen Klöster von den Landesherren mediatisiert und säkularisiert werden könnten, tangierte die lübischen Verhältnisse insofern, als das Johanniskloster in seiner bisherigen Rechtsgestalt aufgehoben wurde. Es hatte seit dem Vertrag von 1667 seine Autonomie bewahrt und unter dem Regiment der Domina, der Äbtissin, als letztes Kloster ein stolzes Eigenleben in der Stadt entfaltet. Nunmehr wurde es durch Dekret des Rates vom 20. April 1804 dessen Herrschaft unterstellt und durch einen städtischen Inspektor verwaltet.

Der reiche Grundbesitz des Klosters ging in staatliche Verwaltung über und wurde u. a. auch für die Finanzierung kirchlicher Aufgaben herangezogen[56]). Nachdem die letzte Äbtissin Magdalene Maria Knoelke 1804 verstorben war, erlosch dieses Amt. Das Kloster bestand jedoch als Damenstift weiter, dessen Leitung bei der Priorin als Oberin mit stark eingeschränkten Befugnissen lag. Für die in Holstein gelegenen Klosterbesitzungen hatten schon 1802 Lübeck und Dänemark eine Teilung vereinbart. Holstein erhielt die Hoheit über elf vor allem im Segebergischen gelegene Dörfer (nicht jedoch deren volle Einkünfte), Lübeck bekam die Besitzungen in Kücknitz, Siems, Herrenwyk, Dummersdorf, Pöppendorf, Rönnau und Teutendorf[57]).

Auflösung des Domkapitels 1804

Seit 1648 war das Bistum Lübeck das einzige evangelische Hochstift. Innerhalb der Stadt bildete die Domfreiheit mit den Kurien der Kapitulare und den Häusern der

Kapitelsbediensteten nach wie vor einen autonomen Rechtsbereich, einen Staat im Staate. Die hier residierenden Adeligen, die zumeist holsteinischen und mecklenburgischen Familien angehörten, brachten aufgrund ihrer Verbindung zu den Territorialfürstentümern einen Abglanz der höfisch-weltläufigen Kultur ins städtische Leben ein. Geistliche Aufgaben versahen die Domherren seit langem nicht mehr (deswegen konnten seit 1624/48 unter ihnen auch stets vier Katholiken sein). Die Geschäfte des Kapitels beschränkten sich auf die Verwaltung der Besitzungen und die Ausübung der Landesherrschaft in den ihm gehörigen 42 Dörfern rund um Lübeck. Da die Domherrenstellen reiche Einkünfte erbrachten, blieben sie nach wie vor begehrt[58]). Auf die Stellenbesetzung konnte der Rat nur insofern Einfluß nehmen, als ihm seit 1505 das Recht zustand, alternierend mit dem Kapitel den Dompropst zu wählen. Für dieses Amt nahm er gerne verdiente Juristen, die ihm gegenüber loyal blieben, so z. B. 1761 seinen Syndikus J.C.H. Dreyer, welcher sein städtisches Amt trotz der neuen Würde beibehielt[59]).

Insgesamt aber war dem Rat die Existenz des Kapitels ein Dorn im Auge, weil es angesichts der Überschneidung beider Hoheitsbereiche auch im Verlauf des 18. Jahrhunderts zu mancherlei Streitigkeiten kam, nachdem 1693 ein schwedischer Vermittlungsversuch, die beiderseitigen Machtsphären besser auseinanderzuhalten, erfolglos geblieben war[60]). Z. B. gab es 1727 Streit wegen Bauten des Kapitels innerhalb der Landwehr, 1735 wegen gewaltsamer Übergriffe auf stadtlübische Untertanen im Travemünder Winkel, 1769–75 wegen katholischer Trauungen, die mit dem städtischen Recht kollidierten, 1776 wegen eines Duells zweier Domherren. Hinzu kamen fortlaufende Querelen wegen der Anstellung der Küster und Organisten am Dom[61]). Während der Rat dem Kapitel die Zivilgerichtsbarkeit für seinen Bereich zugestand, machte er ihm die Kriminalgerichtsbarkeit (als den hervorragenden Teil der Herrschaft) streitig. Die mancherlei, z. T. gewalttätigen Auseinandersetzungen des Kapitels mit seinen dörflichen Untertanen führten 1793 zu einem Vergleich, in welchem die Rechte der Untertanen gleichsam verfassungsmäßig verankert wurden[62]). Im Geist der Aufklärung wollten die Domherren ihr Territorium reformieren, doch gerade dadurch verstärkte sich nur die Kollision mit dem Herrschaftsanspruch der Stadt.

Die auf die Dauer unerträgliche, von den Maximen des Rationalismus her nicht mehr haltbare Situation suchte Lübeck bei den Reichsdeputationsverhandlungen erfolgreich zu ändern. Durch § 34 RDHS galt das Kapitel als aufgelöst, weil seine Güter dem Bistum einverleibt und zusammen mit diesem säkularisiert waren. Die Einzelheiten der Abtretung an die Stadt Lübeck mußten nun mit dem Herzog von Oldenburg ausgehandelt werden.

Beide Seiten zeigten sich an einer klaren Abgrenzung der jeweiligen Hoheitsrechte interessiert. Herzog Peter übte mit Hilfe Rußlands, dessen Zar der Chef des Hauses Holstein-Gottorf war, handelspolitischen Druck auf die Stadt aus, damit diese auf die ihm im Reichsdeputationshauptschluß zugesprochenen bischöflichen Gebiete und auf die mit diesen verzahnten Kapitelsbesitzungen wieder verzichtete. So verhandelte man 1803/04 beiderseits hart und erzielte schließlich einen Vergleich, in welchem Lübeck von seinen ursprünglichen Forderungen nur die Übertragung der vollen Kriminal- und Zivilgerichtsbarkeit über die Kapitelsangehörigen durchsetzen konnte[63]).

In dem sog. Indemnisations- und Permutationsvertrag vom 2. April 1804 ging es um die beiderseitige Entschädigung (Oldenburgs für den Elsflether Weserzoll, Lübecks für die Hospitaldörfer) sowie um einen sinnvollen Gebietstausch[64]). Die Stadt erhielt die innerstädtischen Besitztitel des Bischofs (Bischofshof sowie Anteil am Dom) und des Kapitels (Kurien sowie Häuser der Vikare und Bediensteten, wobei hier Übergangsregelungen für die Domherren getroffen wurden, deren letzter erst 1871 starb). Die Gerichtsbarkeit des Domkapitels fiel hin, weil dieses als Körperschaft nunmehr aufgelöst war. Der reiche Bestand der Dombibliothek mit seiner Fülle von Inkunabeln und Handschriften ging an die Stadtbibliothek. Der Dom wurde eine reine Pfarrkirche. Materiell den größten Zugewinn brachte die Übereignung der Kapitelsdörfer im Travemünder Winkel (Brodten, Gneverstorf, halb Teutendorf und Ivendorf), ferner Dänischburg und im Süden die Dörfer Genin, Vorrade, Ober- und Niederbüssau mitsamt einigen Parzellen in Kronsforde, dazu weitere hochstiftliche Besitzungen innerhalb der Landwehr. Von den ursprünglich im Reichsdeputationshauptschluß zugesprochenen Gebieten mußte Lübeck auf wichtige Teile wie z. B. Gleschendorf, Scharbeutz, Warnstorf verzichten. Mit dem Vertrag ging die seit 1160 dauernde Geschichte der Überschneidung von städtischer und hochstiftlicher Herrschaft zu Ende. Insofern bildete das Jahr 1804 innerhalb der Lübecker Kirchengeschichte eine wichtige Zäsur.

Französische Okkupation 1806–13

Im Zusammenhang des unglücklichen Krieges, den Preußen gegen Frankreich führte, brach über Lübeck eine Katastrophe herein, welche sein Schicksal langfristig tiefgreifend bestimmte. Zunächst wurde die Stadt durch die unmittelbar vor seinen Mauern und in seinen Straßen geführte Schlacht zwischen Blüchers Truppen und den Franzosen schwer in Mitleidenschaft gezogen[65]). Dann brachten französische Okkupation, enorme Militärkontributionen und die Ausdehnung der Kontinentalsperre auf die Ostsee Handel, Wirtschaft und selbständige Politik zum Erliegen.

Nach der Auflösung des deutschen Reiches 1806 gliederte Napoleon 1811 Lübeck in sein Imperium ein und verordnete ihm eine Organisation gemäß französischen Verwaltungsprinzipien. Für die Kirche ergab sich daraus – abgesehen davon, daß auch die Geistlichen Napoleon den Treueid leisten mußten – die Ablösung des vom Senat ausgeübten Kirchenregiments durch ein rein formales staatskirchlich-laizistisches Aufsichtsrecht der neuen Lübecker Kommunalverwaltung. Die im bisherigen staatskirchlichen System gültige Prägung des bürgerlichen Lebens durch die Kirche sollte fortan, dem Geist der radikaleren französischen Aufklärung entsprechend, entfallen: Der Abbau der alten gottesdienstlichen Ordnungen schritt voran, Zivilstandsregister lösten die bürgerlich-rechtliche Wirkung der kirchlichen Amtshandlungen Taufe, Trauung, Beerdigung ab; das Begräbniswesen erfuhr eine einschneidende Veränderung, weil die Friedhöfe aus der Stadt verlegt werden mußten; die völlige Kultusfreiheit und die bürgerliche Gleichberechtigung für Reformierte, Katholiken und Juden wurde von Staats wegen durchgesetzt[66]).

Die politische Funktion der Religion sollte sich jetzt, gelöst von dem unmittelbaren Bezugsrahmen der Stadt, auf die Verherrlichung und Stabilisierung des napoleonischen Imperiums beziehen. Dadurch erfuhr sie eine unverhüllte Ideologisierung. Bei allen relevanten Ereignissen des öffentlichen Lebens der Franzosen (wie den Geburtstagen des Kaisers, der Geburt des Thronfolgers, dessen Taufe u. a.), schließlich 1812 auch anläßlich des französischen Rußlandfeldzuges durften die Lübecker durch Festgottesdienste mit Glockengeläut und Fürbitten an der religiösen Begleitung des Imperialismus teilhaben, was sie – von geringen Ausnahmen abgesehen – ohne Widerstand taten. Eine Ausnahme bildete neben religiös motivierten Patrioten wie F. Herrmann und H. Kunhardt, die seit 1806 zum Widerstand aufriefen, vor allem der junge Prediger der reformierten Gemeinde Johannes Geibel (1776–1853), welcher nationale Aufbruchsstimmung zunehmend mit religiöser Erweckung verband. Als einziger Geistlicher weigerte sich Geibel 1811 (und zwar erfolgreich), die Fürbitte für Napoleon ins Kirchengebet aufzunehmen; nach dessen Niederlage in Rußland stellte er sich unerschrocken mit an die Spitze der patriotischen Erhebung, begrüßte als Sprecher einer Volksversammlung auf dem Markt die Befreiung und weihte die Fahnen der neuen hanseatischen Legion[67]).

Neben Geibel sei hier auf einen Theologen wie Heinrich Kunhardt besonders hingewiesen, weil sich bei diesem die Umsetzung der Aufklärungsfrömmigkeit in eine neue vaterländisch-säkulare Religiosität exemplarisch zeigte. In Reden und Gedichten deutete er die epochale Situation als einen „Kairos", durch welchen der in Schöpfung und Geschichte waltende Gott den Menschen zu einer Veredelung seines Wesens führen wollte, die sich in einer als Belebung des Gemeingeistes verstandenen nationalen „Auferstehung" auswirken sollte[68]). Die christliche Substanz war in dieser Art von Frömmigkeit nicht mehr erkennbar. Der Nationalismus als bürgerliche Ersatzreligion, diese das 19. Jahrhundert so stark bestimmende Kraft, die weithin der zunehmenden Unkirchlichkeit parallelging, kündigte sich an. Einen signifikanten Ausdruck dafür bildete die Einrichtung eines nationalreligiösen Dankfestes zum Gedenken der Völkerschlacht bei Leipzig, welches erstmals am 18. Oktober 1814 begangen und danach als allgemeiner Feiertag zum „öffentlich und feierlich ausgesprochenen Dank an die Vorsehung" institutionalisiert wurde[69]).

Nach der endgültigen Befreiung von der französischen Okkupation 1814 standen die Zeichen der Zeit auf Restauration, auch in kirchengeschichtlicher Hinsicht. Der Rat etablierte sein Kirchenregiment, als wäre nichts geschehen, und machte die meisten Neuerungen der französischen Verwaltung (so insbesondere die Gleichberechtigung der „fremden Religionen") wieder rückgängig. Doch in geistiger Hinsicht bedeuteten Aufklärung und Franzosenzeit einen epochalen Einschnitt, der im 19. Jahrhundert in der stärkeren Loslösung der bürgerlichen Religiosität (die sich mit Nationalismus und Liberalismus neuen Inhalten zuwandte) von der Institution Kirche auswirkte. Die bisherige Synthese von Christentum und Bürgertum war aufgelöst. Die christliche Identität der neuen weltförmigen Frömmigkeit wurde fraglich.

IV. Teil:
Von der Staatskirche zur Volkskirche

Das 19. Jahrhundert ist eine der kirchengeschichtlich interessantesten Perioden, weil hier die vielschichtigen Kräfte neuzeitlichen Christentums neben- und gegeneinander auftreten und nahezu alle Probleme des 20. Jahrhunderts bereits begegnen oder ihre Vorbereitung finden. Eine der nachhaltigen Wirkungen des Zeitalters von Orthodoxie und Aufklärung ist der Verlust des im 16./17. Jahrhundert geltend gemachten Öffentlichkeitsanspruches der Kirche. Gegenüber den Versuchen, das gesamte städtische Leben über den engeren kultischen Bereich hinaus nach christlichen Maximen zu reglementieren, hat sich eine Privatisierung der Religion durchgesetzt, die zwischen individueller Christlichkeit und offizieller Kirchlichkeit unterscheidet. Dies führt einerseits zu einer Intensivierung des christlichen Praxisbezugs im Sinne humaner Weltbewältigung, andererseits zu einem schleichenden Funktionsverlust der kirchlichen Organisationsformen und Einrichtungen.

Die Distanz eines bürgerlich nivellierten Christentums zur Institution Kirche wird so – unter dem Stichwort „Entkirchlichung" verhandelt – zum bestimmenden Thema des 19. Jahrhunderts. Ein neuer Aspekt ergibt sich mit der „sozialen Frage", die erst allmählich in ihrer Tragweite erkannt wird, d. h. mit der Ablösung der unteren Bevölkerungsschichten von ihren früheren kirchlichen Bindungen, die mit wirtschaftlichen Problemen und sozialer Entwurzelung der in die expandierende Stadt zugewanderten Bevölkerung einhergeht. Der Begriff „Staatskirche" steht innerhalb dieser ganzen Thematik für eine in der Konservierung alter Strukturen befangene, vom Staat abhängige Größe, der Begriff „Volkskirche" für die Versuche, die tiefe Relevanz- und Identitätskrise zu überwinden.

Entschiedene Christen versuchen auf vielfältige Weise, jener Entkirchlichung zu begegnen. Die „Staatskirche", die vom Staat in allen Grundsatzfragen beherrschte „Amtskirche" (d. h. die durch die Geistlichkeit repräsentierte, in den herkömmlichen Arbeitsformen von Gottesdienst und Seelsorge sich äußernde Kirche) erweist sich zunächst als zu unbeweglich, um auf die Herausforderungen der Zeit produktiv reagieren zu können. Deswegen bildet sich im 19. Jahrhundert aus den zahlreichen karitativen und missionarischen Unternehmungen frommer Kreise des Bürgertums gleichsam eine zweite Form von Kirche, die „Vereinskirche". Es handelt sich dabei um zwei unterschiedliche Organisationsformen (oft mit starken personellen Überschneidungen), nicht um sachliche Gegensätze. Denn die Rechtsfigur des Vereins bietet einen Freiraum für kreatives Handeln, der weder im Staat noch in der verfaßten Kirche besteht, weil dort die auf die herkömmlichen Strukturen fixierten Beharrungskräfte unüberwindbar scheinen. Die Entwicklung bis zum 20. Jahrhundert tendiert nun dahin, die vom Vereinsleben herkommenden Impulse für eine zeitgemäße Erneuerung der Institution Kirche zu nutzen.

So ist die Reformthematik, insbesondere die Bemühung um eine Kirchenverfassungsreform, das Dauerproblem, das erst relativ spät 1895 mit einer neuen Kirchenverfassung eine positive Lösung findet. Das bisherige Staatskirchentum wird, ohne formell beseitigt zu werden, durch neue Strukturen so aufgelockert und modifiziert, daß dadurch die nach 1918 realisierte völlige Autonomie der Kirche vorbereitet wird. Die verschiedenen Reformen entbinden neue Kräfte christlicher Lebensgestaltung, mit denen eine weitergehende Distanzierung des Bürgertums vom Christentum verhindert wird. Dazu trägt das kirchliche Engagement für die „nationale Frage" bei, auch wenn die religiöse Überhöhung des Nationalismus im wilhelminischen Reich rückblickend als theologisch bedenklich und kirchengeschichtlich verhängnisvoll erscheint. Das Ende des obrigkeitlichen Kirchenregiments (durch die Revolution im Reich 1918 vorbereitet, in Lübeck auf ganz eigene Weise geordnet) markiert eine tiefe Zäsur, die in verfassungsgeschichtlicher Hinsicht der Reformation gleichzuachten ist. Nach 1918 beginnt eine neue Periode der Kirchengeschichte.

19. Kapitel
Neuaufbruch im Geist von Romantik und Erweckung 1814—1830

Die Wirren der Kriegszeit 1806—1813 förderten den geistigen Umbruch, der sich mit Romantik und Idealismus gegen Ende des 18. Jahrhunderts angekündigt hatte. Der aufklärerische Optimismus in Welt- und Menschenbild wurde zunehmend fraglich, und das wirkte sich auch in Theologie und Kirche aus. Doch man verfiele der zeitgenössischen Selbstdarstellung der Restaurationszeit um 1830/40 allzu leichtgläubig, wenn man als Folge der Aufklärungsepoche für das kirchliche Leben nur allseitigen Verfall der Frömmigkeit und konsequente Destruktion überlieferter Formen diagnostizieren wollte, in welcher Dürre dann eine religiöse „Erweckung" den Kraftquell positiver Christlichkeit neu erschlossen hätte[1]). Die Tradition der Aufklärung hielt sich in Lübeck längere Zeit und machte sich auch nach 1830 im kirchlichen Leben geltend, die Erweckungsbewegung dagegen wirkte nur partiell, ihre Einflüsse überlagerten sich mit denen der Aufklärung.

Erweckungsbewegung und Restauration

Unter dem Begriff „Erweckungsbewegung" faßt man den mit der Romantik verbundenen Aufbruch einer neuen Frömmigkeit zusammen, der sich seit etwa 1810-20 (mit früheren Vorformen) bemerkbar machte. Verschiedene Einflüsse, deren wichtigste vom deutschen Barockpietismus und von der angelsächsischen Erweckungsbewegung des 18. Jahrhunderts herkamen, trafen zusammen. Die Erweckungsbewegung erfaßte zunächst eine geistige und soziale Elite und setzte sich dann in breiten Kreisen so weit durch, daß sie die ganze Epoche der Kirchengeschichte zwischen 1813 und 1848 prägte. Sie bildete ein überaus vielschichtiges Phänomen, war keineswegs überall in Deutschland verbreitet, sondern hatte ihre Zentren in bestimmten Regionen, vor allem in Franken, Württemberg und Pommern, im Siegerland, am Niederrhein und in Teilen Hannovers, im Minden-Ravensberger Land, in Berlin, Bremen und Hamburg (hier mit starkem englischem Einfluß). In Schleswig-Holstein wurde sie seit den neunziger Jahren vor allem durch den sog. Emkendorfer Kreis um die Grafen Reventlow und Stolberg, um Klopstock und Lavater angebahnt, wobei sie sich von einer religiösen zur nationalen Erweckung entwickelte; die dort seit 1817 vor allem durch Claus Harms in Kiel beförderte Entwicklung zum lutherischen Konfessionalismus ist charakteristisch für die norddeutsche Erweckungsbewegung. Doch wie sehr diese sich einer schablonenhaften Bestimmung entzieht, zeigt ein Mann wie Matthias Claudius (1740—1815), der enge Kontakte zu den Kreisen der „Erweckten" in Hamburg und Emkendorf hielt und dieser Bewegung ebensogut und ebensowenig zugerechnet werden kann wie der Aufklärung und der Orthodoxie. Zu Lübeck hatte Claudius nur lockere Beziehungen, hierhin zog er im Januar 1814 auf seine alten Tage, als Wandsbeck zum Kriegsgebiet geworden war, und hier publizierte er, in kümmerlichen Verhältnissen lebend, seine „Predigt eines Laienbruders zu Neujahr 1814", mit welcher er seine Zeitgenossen aufforderte, auf die von Gott verhängten Strafen des Krieges und der Fremdherrschaft mit innerer Umkehr in Demut und Erneuerung im Glauben zu reagieren[2]). Die Verwurzelung der Erweckung in der epochalen Erschütterung der napoleonischen Zeit wird hier deutlich.

Für Lübeck kann man nur mit Einschränkungen von einer Erweckungsbewegung sprechen. Sie stellte sich hier kaum als festgefügte Gruppierung dar, es gab einzelne, die in ihrem Geist aktiv waren. Doch diesen fehlten der für die Erweckungsbewegung ansonsten typische aggressive Antirationalismus, der schroffe Supranaturalismus und die neupietistische Frömmigkeit mit dem Hang zur Konventikelbildung weitgehend. Allerdings prägte sich der neue Konfessionalismus hier zunehmend aus und führte in Verbindung mit der politischen Restauration nach 1815 zu der für die Erweckungsbewegung charakteristischen Restitution traditioneller Kirchlichkeit und Orthodoxie, welche auf der anderen Seite als Reaktion den in der Aufklärungszeit deutlich gewordenen Trend zur Abkehr von der Institution Kirche nur verstärkte. Die durch die Befreiungskriege hervorgerufene nationalprotestantische Religiosität verband sich in Lübeck teils mit dem Liberalismus, teils mit der Erweckungsbewegung.

Französische Okkupation und Befreiungskriege wirkten sich nur vorübergehend in einer allgemeinen geistigen Belebung aus, von der die Kirche höchstens am Rande erfaßt wurde. Nachhaltiger waren die ökonomischen Folgen der Franzosenzeit mit der schweren Schädigung von Handel und Gewerbe, durch welche auch die Kirche betroffen wurde, weil die Kapitalien der Gemeinden und Stiftungen in Staatsobligationen angelegt waren, für die – sofern sie nicht zur Beibringung der Kontributionen an die Franzosen aufgelöst worden waren – der finanziell bedrängte Staat nach 1813 keine Zinsen zahlen konnte. 1810 betrugen diese Anleihen über 2,7 Millionen Mark, mehr als ein Viertel der städtischen Gesamtschulden[3]).

Der wirtschaftliche Niedergang war eine wesentliche Ursache für die Restaurationsmentalität in allen Bereichen, weil man versuchte, die gute alte Ordnung des status quo ante nach Möglichkeit wieder zu erreichen. Die Atmosphäre in Lübeck nahm immer mehr kleinstädtisch-provinzielle Züge an, der althergebrachte Konservativismus verkümmerte zum Biedermeiertum. Es kann als typisch für die ganze Epoche gelten, wie der Bremer Eduard Beurmann 1836 nach sechsjährigem Aufenthalt in Lübeck über die Stadt etwas einseitig-schroff urteilte: „Lübeck hat sich von allen Unfällen, die es erduldet, nicht wieder erholt . . . Seine Gegenwart ist an Interessen geknüpft, die Haus und Hof beachten, sich nicht über das Weichbild erstrecken und Deutschland teilnahmslos lassen müssen . . . Die Hansestädte haben keine positive politische Bedeutung mehr . . . Der Republikanismus der freien Städte ist so harmloser Art, daß man von ihm nichts zu befürchten hat"[4]).

Es waren nur einzelne Männer von Format, die aus dem Geist des nationalen Aufbruchs die notwendigen Reformen des Staatswesens betreiben wollten, voran die Juristen Christian Adolph Overbeck, seit 1814 Bürgermeister, Carl Georg Curtius, der Syndikus, und Senator Johann Friedrich Hach. Die von ihnen 1814 angeregte Verfassungsänderung, die eine repräsentative Bürgervertretung, etwas unabhängiger von den bisher die Bürgerschaft beherrschenden Kaufleutekollegien, schaffen sollte, scheiterte an der Unentschlossenheit des Rates und 1817 am Einspruch der Kollegien: „Wir wollen nicht Rechte opfern, deren Erhaltung wir unseren Nachkommen schuldig sind"[5]). Der Reformeifer erlahmte, die Verhandlungen schliefen nach 1823 ein, Resignation breitete sich aus. War von den Organen des Staates für dessen Reform kaum etwas zu erwarten, so erst recht nicht für kirchliche Reformen. Bewegung gab es zunächst nur durch private Initiativen. Hier zeigte sich neben der aufkeimenden Restauration die romantische Aufbruchsstimmung der Erweckung.

Reaktion gegen die Judenemanzipation

Einen besonderen Aspekt der Restauration bietet die Behandlung der Juden nach 1814[6]). Die 1811 gewährte religiöse Toleranz und bürgerliche Gleichstellung war in dem humanistischen Geist der Aufklärung begründet, allerdings den Lübeckern durch französische Gesetzgebung aufgenötigt. 1813 lebten etwa 285 Juden (65 Familien) in der Stadt und erregten durch ihren blühenden Handel Konkurrenzneid, was die Krämerkompagnie veranlaßte, in einer ausführlichen Eingabe an den Rat vom 31. Mai 1814 die Ausweisung der Juden zu beantragen, womit sie ihre traditionell antijüdische Einstellung nach dem Umbruch erneut dokumentierte. Der Text dieser Eingabe ist deswegen bemerkenswert, weil er deutlich die rein wirtschaftlichen Motive dieses Händler-Antisemitismus zeigt[7]). Er polemisierte dagegen, daß die alten Rechte von Handel und Gewerbe (Ausschluß der Juden) unter Berufung auf allgemeine Menschenrechte und Grundsätze der christlichen Toleranz verletzt würden; infolge der jüdischen Geschäftsaktivitäten müßte der größte Teil der hiesigen Kleinhändler unvermeidlich verarmen. Antisemitische Töne begegnen hier nur in der Charakterisierung der jüdischen Händlerfähigkeiten.

Der Rat hatte zunächst Bedenken, die Juden wieder auszuweisen, sah allerdings die Lösung vor, die Bürgerrechte zu revozieren und nur 25 jüdische Familien als Schutzverwandte in der Stadt zuzulassen. Um dieser Gefahr zu begegnen, protestierten die Juden durch ihren Anwalt, den liberalen Lübecker Advokaten Dr. Karl Friedrich Buchholz (1785–1843), den späteren Ratssyndikus, beim Wiener Kongreß, wo Buchholz insbesondere die Unterstützung des preußischen Ministers Hardenberg fand. Doch den vier freien Städten gelang es in gemeinsamem Bemühen, in der Deutschen Bundesakte von 1815 hinsichtlich der Judenemanzipation eine Formulierung durchzusetzen, die es ermöglichte, die französische Gesetzgebung rückgängig zu machen. Hardenbergs Versuche, den Rat für seine Toleranzpolitik zu gewinnen, fruchteten nichts; in diesem Punkte bahnte sich eine ernste Verstimmung zwischen Preußen und Lübeck an. Auf Betreiben der Bürgerschaft dekretierte der Rat schließlich 1816 die Ausweisung der Juden, doch Preußen und Österreich erwirkten, daß die Ausführung des Dekrets aufgeschoben wurde, bis die Angelegenheit vor dem Deutschen Bundestag in Frankfurt endgültig geklärt wäre. Damit geriet die Lübecker Judenfrage ins Licht der breiten Öffentlichkeit. Senator Johann Friedrich Hach, Lübecks Vertreter beim Bundestag, berichtete aus Frankfurt von der allgemeinen Animosität gegenüber Lübeck und fertigte im Auftrag des Rates eine eigene Schrift über die Juden in Lübeck an, um gewissermaßen Gegenpropaganda zu betreiben[8]).

Hachs Schrift kommt über den damaligen politischen Zusammenhang hinaus grundsätzliche Bedeutung zu, weil sie — anders als jene Denkschrift der Krämerkompagnie mit ihrem unreflektierten, ökonomisch begründeten Antisemitismus — Ansätze einer religiös-nationalistischen Begründung des Antisemitismus bietet, die im Blick auf die weitere Geschichte dieses Problems wichtig sind, nicht zuletzt auch deswegen, weil diese Ansätze bei einem so vorzüglichen Vertreter lübischer Bürgerlichkeit begegnen, den man gewiß nicht auf eine Stufe mit dem späteren Rassismus und Radauantisemitismus stellen kann. Wie es im 20. Jahrhundert zu den verhängnisvollen Auswirkungen des deutschen Antisemitismus kam, kann man — ebenso wie bei den Wirkungen des Nationalismus — nur dann verstehen, wenn man auf ihre lange Vorgeschichte, ihre theoretische Begründung in der bürgerlichen Intelligenz der Aufbruchszeit nach 1810 zurückblickt.

Bei Hach kommen das Ressentiment gegen die Folgen der Aufklärung (kulminierend in der französischen Revolution und der Unterdrückung Deutschlands) und die romantische Entdeckung der Eigenheiten der Nation zusammen: „Werden die Regierungen nicht auf die Volksstimme achten, welche allgemein sich gegen den Versuch sträubt, Christen und Juden zu Einem Volke zusammenzuschmelzen? Schon den Ungebildeten lehrt es der Instinkt, daß dann alles Volksthum, aus Christen und aus Juden, verschwinden müsse. Ihr Aufgeklärten, ihr Hoch- und Übergebildeten, ehret den Ausspruch des einfachen Natursinns. Man schätze und achte den Menschen auch in den Juden; aber eine Verbrüderung ungleicher Triebe läßt sich nicht erkünsteln!"[9] Das ist keine rassistische Begründung, denn mit Volkstum (das er auch mit Christentum gleichsetzen kann) meint Hach die historisch gewordene, spezifische Identität der Kultur. Aber der Weg hin zum Rassismus war von solcher Redeweise aus möglich.

Die religiöse Begründung, die Hach seiner Ablehnung der Judenemanzipation gibt, ist ebenfalls aufschlußreich, weil Christentum hier als Synonym für deutsches Bürgertum erscheint: „Es ist historisch und dogmatisch erwiesen, daß im Judenthum überhaupt ein starkes Hinderniß des Wohlseyns christlicher Staaten liegt; daß insbesondere ein ächter Jude mit seinem Nationalgott, seiner Theocratie und seinem Rabbiner-Aristocratismus, wodurch der verderblichste Staat im Staate gebildet wird, nie ein guter Bürger des von ihm bewohnten christlichen Staates sein kann; daß die Glaubenslehre des Juden der christlichen Religion feindselig gegenüber steht; daß es eine Blasphemie seyn würde, die christliche Moral mit den sittlichen Vorschriften des Talmud zusammenzustellen . . . Was dagegen vorgebracht wird, beruht auf leerer Declamation von Toleranz und Humanität . . . Nicht der Mensch, der sich zu einem besonderen Glauben bekennt, sondern die bürgerliche Schädlichkeit dieses Glaubens, nicht der Jude, sondern das Judentum ist der Gegenstand, dem die Regierungen entgegenwirken müssen, dem die Völker mit Widerwillen und Abscheu begegnen"[10].

Mehrfache Gesuche der Juden um Beibehaltung der Emanzipation nützten nichts, doch in der Hoffnung, daß außenpolitische Rücksichtnahmen ihnen weiterhin helfen könnten, blieben sie in der Stadt. Als der Rat daraufhin 1818/19 eine Reihe weiterer Restriktionen anordnete, um ihren Handel zu unterbinden, und die Bürgerschaft immer wieder drängte, endlich die Ausweisung zu vollziehen, richteten die Juden 1820 nach dem Vorbild ihrer Bremer Glaubensbrüder eine Eingabe an den Bundestag, aufgrund von Artikel 16 der Bundesakte ihnen gegenüber dem Rat die bürgerliche Gleichberechtigung zu erwirken. Dieser Vorstoß war aufgrund der Rechtslage zum Scheitern verurteilt, der Bundestag entschied zuungunsten der Juden, und so verfügte der Rat, daß bis zum 1. November 1821 alle in Lübeck seit 1810 zugezogenen Juden die Stadt zu verlassen hätten[11]). Sie mußten zurück ins Moislinger Ghetto, einzelne persönliche Härten wurden nicht berücksichtigt, vielmehr achtete der Rat durch Verordnungen und Polizeimaßnahmen darauf, daß keine Verbindungen zur Stadt wachsen konnten. Trotz staatlicher Beihilfen zur Herrichtung der Wohnungen in Moisling und zum Neubau einer Synagoge (1825) blieb die soziale Lage der Juden skandalös. Der ganze Vorgang 1814−21 ist ein schlimmes Beispiel für die Restauration nach 1814, für provinzielle Engstirnigkeit und Intoleranz.

Erneuerung der Frömmigkeit bei Johannes Geibel

Vor dem Hintergrund der starken restaurativen Tendenzen hebt sich die von privaten Initiativen getragene kirchliche Erneuerung positiv ab, weil sie zunächst ein primär vorwärts weisendes Element innerhalb der Geschichte darstellt (auch wenn sie eine deutliche Reaktion gegen die Aufklärung ist) und erst nach 1830 in Restauration umschlägt. Sie begann als eine Erneuerung der Frömmigkeit und insofern als Erweckungsbewegung, ihr herausragender Repräsentant war Johannes Geibel (1776−1853), der Pastor der kleinen reformierten Gemeinde[12]). Er amtierte in Lübeck seit 1798 und war theologisch wie seine lutherischen Kollegen zunächst einem mild rationalistischen Christentum verpflichtet. Kennzeichnend für diese frühe Position war Geibels aktive Mitarbeit in der Freimaurerloge „Zum Füllhorn" seit 1801, als deren Vorsitzender Meister er 1803−1806 amtierte, von welcher er sich aber dann zunehmend distanzierte[13]). Die geistige Erschütterung der Franzosenzeit, die national-religiöse Aufbruchsstimmung und der Einfluß der idealistisch-romantischen Philosophie Friedrich Heinrich Jacobis führten bei ihm seit 1807 eine allmähliche theologische Wandlung herbei.

Von Jacobi, der in Auseinandersetzung mit dem Rationalismus die Bedeutung des Glaubens neu hervorhob, wurde Geibel besonders beeindruckt. Oft fuhr er hinaus nach Eutin, wo dieser zusammen mit Johann Heinrich Voß und Friedrich Leopold Stolberg einen Kreis hervorragender geistig reger junger Leute um sich geschart hatte. Von ihm lernte er die Unterscheidung zwischen den Ergebnissen wissenschaftlich-diskursiven Denkens und der Evidenz weltanschaulich-religiöser Erfahrung. Das verband sich ihm mit der romantischen Neubegründung der Religion als „eigener Provinz im Gemüt" und der theologischen Rehabilitierung von Gefühl, Anschauung und Ahnung des Unendlichen durch Schleiermacher. Auch die auf eine im Gotteswort gegründete Glaubenserfahrung zielende Erweckungstheologie des Bremer Pastors Gottfried Menken, dessen Schriften Geibel studierte, beeinflußte ihn. So kam er zu einer neuen Christusfrömmigkeit, die im gekreuzigten Erlöser das Fundament der gläubigen Existenz fand. Durchaus im pietistischen Sinne formulierte er rückblickend in einem Gedicht seinen Gesinnungswandel als Bekehrung und Wiedergeburt: „Ich folgte dem Rufe, dem Himmelsgesang, / Und fühlte mich neu geboren. / Der Geist des Friedens mich innig durchdrang, / Den längst in der Welt ich verloren"[14]).

Der Glaube an Christus als existenzumwandelnde Kraft, gegründet auf Gottes Offenbarung, gewirkt nicht durch menschliches Bemühen, sondern durch Gottes Wunder − das war das Zentrum der Geibelschen Predigten[15]). Damit wollte er die rationalistische Theologie überwinden und die zunehmende Entchristlichung abwehren. „Was da immer gesprochen werden mag von Besserung, von Veredlung, von Tugend ohne Gott − leere Worte sind es . . . Alle Veredelung, die nicht Blüte des Glaubens ist, ist bloße

Verfeinerung, Aenderung der Gestalt . . . Welt bleibt Welt, und kann nicht über sich hinaus . . . Was ist Tugend, wenn nicht das Leben und Wirken in Gott? . . . Was ist Glück, wenn nicht das Gefühl der Liebe Gottes?" Deswegen Geibels antiaufklärerischer Appell: „Zum Glauben muß unser Geschlecht zurück"[16]). In seiner Unterweisung der Jugend versuchte er, diese Position einprägsam zu elementarisieren, um die Spezifika des Christentums zu verdeutlichen[17]). Gegen die konfessionalistische Schroffheit der Erweckungstheologie bei Claus Harms allerdings wandte er sich 1818 in einer Streitschrift, die zu dessen berühmten 95 Thesen vom 31. Oktober 1817 Stellung nahm. Mit seinem reformierten Biblizismus war eine neulutherische Hochschätzung des kirchlichen Bekenntnisses unvereinbar[18]).

Geibels Predigt von der gnadenhaften Wiedergeburt im Glaubensleben stieß in einer Zeit zunehmend auf Aufnahmebereitschaft, wo Kriegswirren und wirtschaftliche Not die Überzeugung von der natürlichen Güte des Menschen und seiner Fähigkeit zur Perfektibilität erschütterten und der moralische Appell der Aufklärungspredigt eher Frustrationen erzeugte. Daher fanden seine Gottesdienste in der kleinen reformierten Kirche vor dem Holstentor großen Zulauf aus allen Kreisen der Stadt, wenngleich seine erweckliche Art auch mancherlei Kritik provozierte.

Seine patriotische Haltung gegenüber der französischen Besatzungsmacht erhöhte die Wertschätzung, die man ihm entgegenbrachte, denn unter den lutherischen Geistlichen exponierte sich keiner derart. Bei Geibel zeigte sich auf Schritt und Tritt der auch sonst zu beobachtende Zusammenhang zwischen Erweckungsbewegung und erwachendem Nationalismus, der sich in der romantischen Neubesinnung auf Geschichte und Tradition, auf Gemeinschaft und Volk gründete. Die Neubelebung des Bewußtseins deutscher Unabhängigkeit und völkischer Einheit suchte er mit einer „Neubelebung ächtchristlicher Gesinnung in Allen" zu verbinden, wie er in der Predigt bei der Einweihung des Denkmals für den 1813 gefallenen Kommandeur der hanseatischen Kavallerie, Major von Arnim, am 18. Oktober 1814 (dessen Inschrift er dichtete) ausführte. „Dieses Denkmal . . . soll uns zurufen, daß wir eingetreten sind in eine Zeit, welche Gottesfurcht, Rüstigkeit und ein mannhaftes Streben von uns fordert!"[19])

Jener frühe Nationalismus war nicht im Volk verbreitet, sondern war die Geisteshaltung einer Avantgarde, Ausdruck der Sehnsucht nach fundamentaler Erneuerung des geistigen und kulturellen Lebens, kaum politisch orientiert, stark mit religiösen Zügen durchsetzt. Die Rückbesinnung auf das authentisch Christliche, verbunden mit der Hoffnung auf eine Erweckung (nicht so sehr der breiten Massen, die noch nicht der Kirche entfremdet waren, als vielmehr des gehobenen, vom Vulgärrationalismus geprägten Bürgertums) ging dem Erwachen des Nationalgefühls parallel, war mit ihm verschränkt, versuchte aber nicht, dieses neue Bewußtsein zum Vehikel für eine aufgesetzte Kirchlichkeit zu machen. Darin unterschied sich die Stimmungslage um 1814 von derjenigen hundert Jahre später. Die Korrespondenz von Nationalismus und Religiosität mit ihren verschiedenen Nuancierungen in den einzelnen Epochen bildete seit der Franzosenzeit und der Erweckungsbewegung bis 1945 eines der zentralen Themen auch der Kirchengeschichte.

Gründung der Bibelgesellschaft 1814

Die Befreiung von der französischen Fremdherrschaft, allgemein als Anbruch einer neuen Zeit empfunden, nahm Geibel zum Anlaß, eine Bewegung zur Förderung der Frömmigkeit im Volk anzuregen. In einem Flugblatt vom 16. September 1814 propagierte er die Gründung einer Bibelgesellschaft nach dem Vorbild der seit 1804 bestehenden British and Foreign Bible Society, welche durch „Sendboten" auch auf dem Kontinent wirkte[20]). „Im Eingange einer neuen Zeit ist ein neuer Geist uns Noth", das hieß nach Geibel: Die Trümmer, die die Franzosenzeit hinterlassen hatte, symbolisierten den Zusammenbruch des Rationalismus mit seiner am diesseitigen Glück orientierten Daseinshaltung. Dagegen sollte der Rückgriff auf die Bibel die Quellen der auf die Erlösung durch Christus gegründeten Lebenskraft neu erschließen und so das „Wohl der Menschheit, wie das Wohl unseres Staates" fördern. „Das nun ist es, was Noth ist zu dieser Zeit, daß die heilige Schrift wieder in das ihr gebührende, von Aberweisheit und Leichtsinn hintangesetzte Ansehen komme, daß sie wieder Hausbuch jeder Familie, Handbuch jedes Einzelnen werde! Durch sie . . . muß unter uns geweckt werden der neue Geist, der der Vereinzelung und Auflösung entgegenarbeitet, und Alle zu Einem lebendigen Ganzen bildet".

Der praktische Zweck der Bibelgesellschaft war ein relativ einfacher, handgreiflicher: die kostenlose oder wohlfeile Verbreitung von Bibeln in den unteren Schichten. Doch mit der Wiederentdeckung der religiösen Kraft der Bibel wurde eine umfassende Erweckung des Glaubens und der tätigen Nächstenliebe angestrebt, die in der Tat zu mancherlei Aktivitäten und Vereinsgründungen führte, wobei derartige Initiativen nicht immer scharf abzugrenzen sind gegenüber den anderweitig motivierten sozialkaritativen Unternehmungen.

Die Organisation der Bibelgesellschaft (der 1814 die Gründung von Bibelgesellschaften in anderen Ländern, z. B. in Preußen, Sachsen, Schleswig-Holstein parallel ging) richtete sich nach dem Entwurf, den die Londoner Führer der Bewegung, Robert Pinkerton und John Patterson im Sommer 1814 Geibel zugeschickt hatten. Als Präses stellte sich der Bürgermeister Christian Adolph Overbeck (1755–1821) zur Verfügung, Vice-Präses wurde der Syndikus Carl Georg Curtius, beides gleichfalls vom Geist der neuen Zeit ergriffene Männer. Geibel selber fungierte zusammen mit dem jungen Ratssekretär Carl Ludwig Roeck als Sekretär der Gesellschaft, außerdem gehörten dem Verwaltungsausschuß noch weitere Mitglieder an, darunter die vier Geistlichen Becker, Westerwieck, Petersen und Eschenburg.

Es handelte sich um eine freie Initiative christlich gesinnter Bürger, die auf einem Gebiet tätig wurden, welches die institutionelle Kirche vernachlässigt hatte, und die damit nicht unbedingt eine neue Kirchlichkeit oder einfach eine neue religiöse Praxis in der Bevölkerung hervorrufen wollten. 1822 hatte die Gesellschaft 81 Mitglieder und konnte auf einige Erfolge zurückblicken[21]). In den Schulen, vor allem in den Armenschulen und in den Freischulen, und unter den Konfirmanden waren Bibeln verteilt worden, ferner in der Sonntagsschule, im Waisenhaus, in den Krankenstuben von St. Annen, auf dem Lande; seit 1825 kamen weitere Hospitäler und Armenhäuser hinzu, besondere Anstrengungen richtete man auf die Verbreitung von Bibeln unter den Seeleuten und in den Häusern der Armen, wo die Armenpfleger als Multiplikatoren wirkten[22]). Fraglos kam die Gesellschaft, deren Blütezeit um 1840 mit fast 400 Mitgliedern lag, einem allgemeinen Bedürfnis entgegen und trug so zur religiösen Neuorientierung in der Restaurationsepoche bei.

Gründung des Missionsvereins 1821

Ausdruck der gestärkten christlichen Identität war eine weitere, mit der Bibelbewegung zusammenhängende Vereinsgründung, die ebenfalls von Johannes Geibel inauguriert wurde: der „Verein zur Beförderung der Verbreitung des Christentums unter den Heiden". Nachdem der hallische und herrnhutische Pietismus im 18. Jahrhundert die ersten Anstöße gegeben hatte, drang mit der Erweckungsbewegung zunehmend ins allgemeine Bewußtsein, daß Mission eine fundamentale Aufgabe aller Christen wäre. Nach und nach entstanden regionale private Missionsgesellschaften, denn die institutionelle Kirche betrachtete derartiges nicht als ihre Aufgabe. Seit 1820 hielt Geibel in seinem Hause Missionsstunden, um das Interesse an diesem neuen Aufgabenfeld zu wecken. 1821 wurde der Verein, angeregt durch Bürgermeister Overbeck und den russischen Generalkonsul von Aderkas, in Zusammenarbeit mit Geibel von einem Kreis junger Leute um die Predigtamtskandidaten Lindenberg und v. Rohden gegründet. In Verbindung mit der seit 1815 bestehenden Baseler Missionsgesellschaft unterstützte der Verein zunächst deren Arbeit durch materielle Zuwendungen und warb durch Vorträge und die Verbreitung geeigneten Schrifttums über die Situation der äußeren Mission[23]). Schon bald unterstützte der Verein auch die Herrnhuter, die neuen Missionsgesellschaften in Barmen (seit 1826) und Berlin (seit 1824), weswegen er sich in „Verein zur Förderung der evangelischen Missionen unter den Heiden" umbenannte.

In der Gründung des Missionsvereins, der allerdings nur zögernd Zulauf fand, kam noch deutlicher als bei der Bibelgesellschaft das gegenüber dem 18. Jahrhundert Neue heraus: Aufklärung und christliche Bürgerlichkeit vermittelten keine missionarischen Impulse, sondern waren ganz auf den Bereich des städtischen Lebens konzentriert. Nun weitete sich der Horizont. Die Tatsache, daß in weiten Teilen der Welt das Christentum unbekannt war, wurde nicht mehr als Relativierung von dessen Geltung, sondern als Ansporn zum persönlichen Einsatz empfunden. Rund um Lübeck bildeten sich in Holstein, Lauenburg, Eutin und Mecklenburg Hilfsvereine, die der Lübecker „Zentrale" angeschlossen waren und die Missionsidee auf dem Lande verbreiteten. Denn in den Nachbarterritorien gab es derartige Organisationen noch nicht, erst seit 1844 in Südholstein und seit 1845 in Lauenburg.

Die Informationen über die Pioniermission riefen ein nach und nach steigendes Engagement hervor, das auf dem Weg über die Vereinsarbeit langfristig auch das kirchliche Leben anregte. Allerdings beklagte noch 1835 Prediger Lindenberg als Wortführer des Vereins das im Vergleich zu anderen Städten geringe Interesse der Gemeinden (die Mitgliederzahl betrug nur 61, wozu noch ebensoviele fördernde Mitglieder kamen): „Wir wollen die Hoffnung nicht aufgeben, daß es auch unter uns noch wieder dahin kommen könne und werde, daß jede christliche Gemeinde zugleich ein Missions-Verein sey"[24]).

1829 entsandte der Verein, um einen eigenen Missionar zu bekommen, den Lübecker Carl Menge zur Ausbildung ins Basler Missionshaus, der 1836 dann nach Indien ausreiste und jahrelang intensive Briefkontakte zu den Lübecker Freunden hatte, die auf diese Weise an den Problemen einer ganz anderen Welt beteiligt wurden[25]). Im selben Jahr 1836 bauten Frauen und Mädchen auf Anregung von Franziska Amelung Missionsnähkreise auf, die mit Liebesgaben vor allem die Herrnhuter Mission in Grönland und Labrador unterstützten, welche der mit Lindenberg befreundete J. F.

Matthiesen von Kopenhagen aus organisierte. Aber auch nach Borneo und Südafrika gingen Unterstützungen, vor allem seitdem man sich an die Rheinische Missionsgesellschaft in Barmen, wo der Lübecker Kandidat v. Rohden als Lehrer und Missionsinspektor wirkte, und an den Hermannsburger Missionsverein (1849 von Ludwig Harms begründet) angeschlossen hatte.

War anfangs die reformierte Gemeinde mit ihrem Pastor Geibel und ihrem Presbyter, dem Oberappellationsgerichtsrat Carl Wilhelm Pauli (1792–1879) der Kristallisationskern der Missionsbewegung und ihre Kirche der Ort, wo immer wieder auswärtige Prediger und Missionare für die neue Sache warben, so wuchs unter Lindenbergs Einfluß, zu dem nach 1829 derjenige des Marienpastors Funk hinzukam, allmählich die ganze Lübecker Kirche in dieses Engagement hinein. Dadurch geriet der Verein, der anfangs im Sinne der Erweckungsbewegung ökumenisch orientiert war, zunehmend unter den Einfluß des lutherischen Konfessionalismus. (Zum Streit der Jahre 1855 ff s. u. S. 430).

Kritik an der Erweckungsbewegung

Die Skepsis gegenüber pietistischen Strömungen und Konventikelbildungen war nach wie vor im Bürgertum verbreitet, doch die gemeinnützigen oder auf praktisches Christentum bedachten Vereine fielen nicht unter dieses Verdikt, zumal sie im Lichte der Öffentlichkeit agierten und nicht gegen die Institution Kirche arbeiteten. Spezielle Erbauungsstunden, die zum Teil unter herrnhutischem Einfluß standen, fanden nur vereinzelt statt und stießen bei den Bürgern auf Bedenken, weil sie für separatistische Tendenzen nichts übrig hatten[26]). Charakteristisch dafür war die Äußerung des Bürgermeisters C. F. Kindler, der als Obervorsteher von St. Marien 1829 die Wahl Funks zum neuen Pastor damit begründete, daß dieser „dem Conventikel-Unwesen und neumodischer Frömmelei abhold" wäre[27]). Von der antirationalistischen Polemik, dem Mystizismus und Separatismus der Erweckungsbewegung distanzierte man sich hier weithin[28]).

Die religiöse Kunst Friedrich Overbecks

Als Ausdruck der romantischen Rückbesinnung auf die christlich-deutsche Vergangenheit muß auch die allgemeine Begeisterung der Lübecker für die Malerei Friedrich Overbecks (1789–1869) gelten, des Sohnes von Bürgermeister Christian Adolph Overbeck. Wenngleich dieser schon früh (1806) die Vaterstadt verließ und kein Repräsentant derselben war, so entsprach doch seine Orientierung an Mittelalter und Renaissance den historistischen Neigungen der Lübecker; und zu der neuen Erweckungsfrömmigkeit paßte der religiöse Stil der Nazarenerschule, als deren Haupt Overbeck (seit 1810 in Rom lebend, dort 1813 zum Katholizismus konvertiert) galt, mit der Konzentration auf die Gestalt Christi[29]).

Lübeck selber brachte ansonsten keine nennenswerte kirchliche Kunst hervor, was gewiß auch mit der im 18. Jahrhundert endgültig erfolgten Ablösung des kulturellen Lebens vom Christentum zusammenhing. Sofern Overbeck aber in hervorragender Weise die Erneuerung religiöser Kunst in der ersten Hälfte des 19. Jahrhunderts repräsentierte, hat er deswegen seinen Platz in der Lübecker Kirchengeschichte, weil er zeitlebens enge Kontakte mit den hiesigen Verwandten und Freunden hielt und seine zahlreichen Anhänger hier sich nicht bloß aus Lokalpatriotismus mit seiner Kunst identifizierten.

So kam es zu dem bemerkenswerten Umstand, daß nach langer Zeit wieder für die Marienkirche repräsentative künstlerische Auftragsarbeiten vergeben wurden. Auf Initiative des Kunsthistorikers C. F. v. Rumohr, mit Unterstützung führender Persönlichkeiten wie Syndikus Curtius und Senator Hach betrieb man seit 1818 die Sammlung für das Monumentalgemälde „Christi Einzug in Jerusalem", das 1824 fertiggestellt wurde und in Lübeck nicht zuletzt deswegen auf allgemeine Begeisterung stieß, weil Overbeck in etlichen der dargestellten biblischen Personen Lübecker Zeitgenossen abkonterfeit hatte. Dies Werk, das in der Sängerkapelle der Marienkirche aufgestellt wurde (und dort 1942 verbrannte), begründete Overbecks künstlerischen Ruhm. Die „nazarenische" Darstellung Jesu als des menschlichen Heilandes, der in edler, weltentrückter Anmut mitten im alltäglichen Leben der Menschen erscheint, korrespondierte der verbreiteten Ästhetisierung der Person Christi (z. B. in Klopstocks „Messias") und wirkte in der Folgezeit als typisch in der kirchlichen Gebrauchskunst. Die in der Frömmigkeit erstrebte Nachfolge Christi fand hier einen imponierenden künstlerischen Ausdruck.

Schon bald tauchte in Lübeck der Wunsch auf, als Seitenstück zum Einzug eine Kreuzesdarstellung bei Overbeck zu bestellen; 1837 wurde zu diesem Zweck ein eigener Verein gegründet, 1846 traf das Gemälde „Die Trauer um den eingeborenen Gottessohn" in Lübeck ein und wurde in der Marienkirche in der eigens dafür hergerichteten alten Gerwekammer unter der Totentanzorgel angebracht, eine Darstellung des vom Kreuz abgenommenen Leichnams Christi, um den seine Mutter Maria, Johannes, Maria Magdalena, Maria und Martha u. a. gruppiert sind.

Overbecks historisierende Kunst entsprach dem religiösen Bewußtsein jener Zeit mit seinem Interesse an dem geschichtlichen Jesus, der als Größe einer fernen Vergangenheit in das Leben hineinragte. Ihr entsprach auf theologischem Gebiet die restaurative Besinnung auf Bibel und Bekenntnis. Nicht zufällig also sammelten etliche Lübecker seine Werke, die dann später im Museum zusammengefaßt werden konnten[30]).

Die Mentalität der Geistlichkeit

Die Geistlichen der Epoche 1814—30 waren zumeist Vertreter der „alten Zeit", vom Rationalismus geprägt, auf ihre Art vortreffliche Prediger, aber ohne wegweisende Kraft für neue Perspektiven. Als Senior amtierte seit 1795 der hochbetagte Dompastor Johann Henrich Carstens (1738—1829), der einer alteingesessenen Familie angehörte und mit den führenden Geschlechtern der Stadt versippt war. Ihm war die undankbare Aufgabe zugefallen, nach dem Tode Schinmeiers 1796 anstelle des Superintendenten die Kirche zu leiten, ohne dessen Amtsvollmachten zu besitzen. Er war nicht der Mann, gegen einen konservativen, allen Neuerungen widerstrebenden Rat substantielle Veränderungen des Kirchenwesens durchzusetzen. Die Entwicklung, die dieses unter dem Einfluß der Aufklärung z. B. mit der Gottesdienstreform genommen hatte, entsprach ja durchaus seinen Intentionen. Carstens vertrat das rationalistische Konzept eines pädagogischen, auf verbesserte Humanität zielenden Christentums. So lautete der Titel einer von ihm 1816 gehaltenen Predigt, die als Druckschrift in den Schulen gelesen wurde und die religiöse Einstellung der Jugend prägte, bezeichnenderweise

„Weisheit und Bedürfniß einer auf Ehrfurcht und Liebe zu Gott gegründeten Tugend"[31]). Die Ethik stand für ihn im Zentrum des Christentums, Frömmigkeit hieß: Bewältigung des Alltags im Geiste Jesu. Gleichsam die Summe dieses praxisorientierten frommen Humanismus zog Carstens als Neunzigjähriger in seinem Ratgeber für Beichtkinder und Freunde, in dem er dazu anleitete, durch „täglichen Anschluß an Gott und Jesum Christum" die religiöse Dimension im normalen Leben zur Geltung zu bringen[32]). Mit ihm starb 1829 einer der liebenswürdigsten Vertreter des Rationalismus.

Carstens' Nachfolger, der Petripastor Hermann Friedrich Behn (1767—1846), war eher ein Mann des Übergangs, ein in der Stadt geschätzter Prediger, dessen soziales Engagement aus dem Geist der Aufklärung erwuchs und bei einigen Reformen des Volksschulwesens und der Armenfürsorge bemerkenswerte Resultate erbrachte (vgl. z. B. S. 364). Eine neue theologische Ära markierte sein Seniorat nicht, weil auch er ein frommer Rationalist war, vom Geist der Toleranz geprägt, ganz auf die Verwirklichung christlicher Maximen im städtischen und privaten Leben ausgerichtet. Doch er respektierte die Zeichen einer neuen Zeit mit ihrem Drängen auf erweckliche Religiosität und verstärkte Kirchlichkeit, die sich an urchristlichen Idealen orientierte. So zeigte er sich immer wieder bereit, den „jungen Leuten" um Funk und Lindenberg (s. S. 394) freie Hand für ihre Reformideen zu lassen, weswegen gerade in seinem Seniorat 1829—46 entscheidende Neuerungen angebahnt werden konnten[33]).

Ein Forum, wo neue Ideen diskutiert werden konnten, sollte die 1829 von den Kandidaten des Ministeriums gegründete „Theologische Gesellschaft" werden. Es handelte sich um einen freien Zusammenschluß von Geistlichen, Kandidaten und interessierten Laien, die sich monatlich zu Vorträgen ihrer Mitglieder über theologisch und kirchlich relevante Themen versammelten. Man wollte nicht nur aktuelle Fragen besprechen, wollte kein kirchenpolitisches Gremium sein, sondern sich auf Grundsatzfragen konzentrieren, doch die Diskussionen gaben mitunter gute Gelegenheiten, eine Verständigung über notwendige Aktionen anzubahnen. Da prinzipiell alle Lübecker Geistlichen hier beteiligt waren, ohne Unterschied ihrer jeweiligen theologischen Position, trug der „Theologische Verein" (wie er sich später nannte) auf Jahrzehnte hinaus dazu bei, theologiepolitische Polarisationen in der Pastorenschaft zu verhindern bzw. abzubauen[34]). Auch diese Gründung entsprach der Aufbruchsstimmung jener Zeit.

Den Erfordernissen einer zeitgemäßen Pfarramtsführung wollte das Geistliche Ministerium 1829 durch neue Bestimmungen für die Prüfung der Kandidaten Rechnung tragen. Danach wurde besonderer Wert auf die Fähigkeiten in der Schriftauslegung, in der Predigt und Katechisation sowie auf eine dem lutherischen Bekenntnis entsprechende Dogmatik gelegt — hier verband sich die Erweckung mit der konfessionellen Restauration. Die alte Sitte, daß das Ministerium die von der Universität kommenden Theologen selber prüfte und ihnen die Anstellungsfähigkeit zuerkannte, blieb beibehalten. Da die Kandidaten meist nicht sogleich in ein geistliches Amt einrücken konnten, wurden sie zu fleißiger Fortbildung verpflichtet. Funk, von dem der Entwurf der neuen Ordnung stammte, schlug sogar eine Art praktischen Vorbereitungsdienst nach dem Examen (entsprechend dem erst seit 1902 üblichen Lehrvikariat) vor, welcher mit einem zweiten Examen abschließen sollte, aber er konnte sich damit nicht durchsetzen. 1841 wurden die Bestimmungen präzisiert, insgesamt war damit die im 19. Jahrhundert geltende Ausbildungsordnung festgelegt, welche den im allgemeinen hohen Leistungsstandard der Geistlichen in einer Mischung aus Wissenschaftlichkeit und Praxisbefähigung gewährleistete[35]).

Öffentlichkeit und Presse

Das neue Bedürfnis nach „Öffentlichkeit", nach relevanter Artikulation von Wünschen und Vorstellungen solcher Bürger, die an den politischen Entscheidungsprozessen nicht beteiligt waren, führte 1826/27 zur Gründung einer Wochenschrift, der „Lübeckischen Blätter", deren erste Nummer im Januar 1827 erschien, die aber schon 1828 aus Mangel an Resonanz ihr Erscheinen einstellen mußten. Maßgeblich beteiligt an der Unternehmung war der junge J. F. Petersen, damals noch Kandidat, schon bald Prediger am Dom, über den Verbindungen zur „Gemeinnützigen Gesellschaft" liefen. „Vergangenheit und Gegenwart" wollte Petersen hier so zusammenfügen, daß die Besinnung auf die Kräfte, die einst Lübeck groß machten, den Antrieb für die nötigen Reformen in „Handel, Gewerbe und Kirche" gäbe. Deswegen bot diese Wochenschrift neben literarischer und historischer Bildung auch Beiträge zu aktuellen Organisationsproblemen des städtischen Lebens. Unmittelbare Stellungnahmen zu politischen oder kirchlichen Fragen fehlten dagegen[36]).

Ein weiterer Vorbote des geistigen Aufbruchs war die von dem jungen Kollaborator am Katharineum, H. C. A. Overbeck, einem Neffen des Bürgermeisters, 1828 herausgegebene „Glocke". Overbeck hatte zuletzt die „Lübeckischen Blätter" herausgegeben, sein Wochenblatt sollte eine neue Zeit einläuten, indem es „ganz besonders für Lübeck" einen Weg eröffnen wollte, „auf welchem das, was ein Einzelner Gutes und Schönes denkt und wünscht, Vielen bekannt, Vielen vertraut, Vielen wünschenswert werde"[37]). Die „Glocke" wollte keine im engeren Sinne politische, sondern eine literarische Zeitung sein, die auch allgemeine Probleme mit politischer Relevanz behandelte. Sie lebte ganz von Overbecks Esprit und von den Beiträgen, die sein Freund, der junge Ernst Deecke beisteuerte. Auch zu religiösen Fragen nahm sie Stellung, gegen kirchlichen Traditionalismus und klerikale Indolenz für ein liberal-aufgeklärtes Christentum (so Deeckes Beiträge, der unter dem Pseudonym Hans van Eppen Auszüge aus seiner Dissertation über den Mystizismus abdruckte). Die führenden Kreise lehnten das Blatt als zu oppositionell ab, aber das wollte Overbeck nicht gelten lassen, weil „eine Zeitschrift, welche in keinerlei Opposition tritt, etwas höchst Ueberflüssiges" wäre[38]). Nach seinem frühen Tod 1829 ging das Blatt schnell ein, weil Deecke nicht die Kraft hatte, allein die Beiträge zu schreiben.

C. G. Curtius und die Kirchenreform

In der Staatsverwaltung waren nach 1814 die spärlichen Tendenzen zu Strukturreformen und geistiger Neubelebung rasch durch die Restaurationsmentalität erstickt worden, doch auch hier gab es einzelne Männer, die dem Geist der neuen Zeit durch Reformen zu entsprechen suchten. Neben Overbeck und Hach muß vor allem Carl Georg Curtius (1771–1857) genannt werden. Seit 1801 Syndikus der Stadt, hatte er Lübecks Außenpolitik in der Franzosenzeit bestimmt und war als Patriot 1813 wie Geibel und andere ins Exil ausgewichen. Zusammen mit Hach führte er 1814/15 die schwierigen Verhandlungen über die Selbständigkeit der Stadt, nach 1814 gab er vergebliche Anstöße zur Reform der Staatsverfassung und seit 1822 vertrat er Lübeck in verschiedenen Perioden als Gesandter beim Deutschen Bund in Frankfurt. Er war kirchlich stark engagiert und als Präses der Kirchenkommission des Senats an allen einschlägigen Reformvorhaben bis 1847 beteiligt.

Als typischer Repräsentant der guten Tradition bürgerlicher Christlichkeit zeigte Curtius für seine Person, wie sich Aufklärung und Erweckungsfrömmigkeit durchaus vereinen ließen, wenn man nur die schroffen Einseitigkeiten beider Positionen vermied. Er war mit Geibel und Lindenberg eng befreundet, und letzterer urteilte über ihn: „Er gehörte zu den alten, frommen Rationalisten, die die christliche Wahrheit im Gewissen und Gefühl noch festhielten . . . Curtius hat nie in seinem Leben nöthig gehabt, von der Richtung seines Lebens plötzlich umzukehren, von der Gottlosigkeit zum Glauben; die Wiedergeburt war bei ihm . . . eine stetige innere Fortentwicklung"[39]). Er war geprägt durch die religiöse Erneuerung nach 1813, nahm an der Gründung der Bibelgesellschaft teil, deren Präsident er etliche Jahre war, korrespondierte mit bedeutenden Theologen über kirchliche Fragen, engagierte sich als Armenpfleger und Verwalter von milden Stiftungen und führte oft erweckliche Gespräche mit allerlei Personen niederen Standes.

Allerorten wurde über eine Reform der Kirchenverfassung, d. h. eine Änderung des mehr oder weniger absolutistischen Kirchenregiments der Landesherren diskutiert. Damit standen sowohl das Verhältnis von Staat und Kirche im Grundsätzlichen als auch wichtige Strukturprobleme der Kirchenorganisation zur Diskussion, bei der es insgesamt um die Frage ging, wie der erstarrten, verknöcherten Kirche zu neuem Leben verholfen werden könnte. Kirchenreform wurde damit das große Thema der Kirchengeschichte des 19. Jahrhunderts; daß sie nur zögernd vorankam, daß insbesondere die Verfassungsreform in Lübeck erst 1895 zum Abchluß gebracht werden konnte, hing mit der lübeckischen Mentalität, der Abneigung gegen Neuerungen, die nicht unbedingt notwendig wären, zusammen[40]).

Von Curtius gingen die ersten substantiellen Impulse zur Reform der Kirchenverfassung aus, nachdem der äußere Anstoß dazu in gewohnter Weise von der Finanzsituation herkam. Im Jahre 1818 hatte der Rat dem Ministerium Verhandlungen über die Kirchenverfassung vorgeschlagen, doch diese waren am Problem der Wiederbesetzung des seit 1796 vakanten Superintendentenamtes, für das der Rat angesichts der desolaten Finanzlage kein Geld aufwenden wollte, gescheitert. Im Jahre 1823 schaltete sich die Bürgerschaft ein, weil die Kirchengemeinden, die aus ihren Staatsobligationen seit langem keine Erträge mehr ziehen konnten, zur baulichen Unterhaltung der großen Kirchen gezwungen waren, ihre Kapitalsubstanz anzugreifen. Um dieser bedenklichen Praxis zu wehren, forderte sie daher vom Rat die Einführung einer Kirchensteuer, was die Beteiligung der Gemeinden an der Kirchenverwaltung zur Folge haben müßte.

Die vom Rat als zuständige Kassenrevisionsinstanz mit der Prüfung der Sachlage beauftragte Central-Armen-Deputation kam 1825 zu dem Ergebnis, daß die Finanzfragen nur im Rahmen einer neuen Kirchen- und Gemeindeordnung, die den Staat aus seiner Haftung entließe, zu regeln wäre. Dies griff der Rat auf, indem er bei seiner Kommission für liturgische Angelegenheiten, bestehend aus Curtius als Präses und Senator Wunderlich als Beigeordnetem, die Ausarbeitung von Vorschlägen anforderte. Curtius nahm sich viel Zeit zu gründlicher Prüfung, beriet sich mit verschiedenen Sachverständigen in ganz Deutschland und legte 1827/28 „Berathungspunkte über den Entwurf einer Kirchenordnung" vor.

Ordnung der reformierten Gemeinde

Inzwischen war durch die Neuregelung der Rechtsverhältnisse der reformierten Gemeinde ein Vorgang geschaffen worden, an den die Verfassungsüberlegungen anknüpften. Der reformierten Gemeinde war durch Artikel 16 der Bundesakte von 1815 — ebenso wie den Katholiken — die religiöse, politische und bürgerlich-rechtliche Gleichberechtigung prinzipiell zugesprochen, nachdem in Lübeck die Franzosen diese schon 1811 durchgesetzt hatten. Der Rat hatte sie nach 1813 beibehalten und mit dem Kaufmann Röttger Ganslandt 1815 erstmalig einen Reformierten zum Senator bestimmt, dem 1822 mit Conrad Platzmann ein zweiter folgte[41]). Es war nicht zuletzt der überragende Einfluß Geibels, dem die neue interkonfessionelle Aufgeschlossenheit verdankt wurde. Die gemeinsame Wirksamkeit in den neuen Vereinen trug ebenso wie die nationale und religiöse Erweckung dazu bei, die Konfessionsgrenzen zu nivellieren.

Daraus erklärte sich der Vorschlag einer Union zwischen Reformierten und Lutheranern, den der Rat auf Anregung von Curtius der reformierten Gemeinde 1823 machte, als diese sich um einen kirchlichen Neubau innerhalb der Stadtmauern bemühte[42]). Doch Geibel und sein Presbyterium lehnten ein solches Ansinnen ab — institutionelles Beharrungsvermögen setzte sich auch in der damaligen Aufbruchsstimmung gegenüber den geistigen Veränderungen durch. Stattdessen entwarfen sie zusammen mit Curtius eine Gemeindeordnung und ein Regulativ für die staatsrechtliche Gleichstellung der Gemeinde, die der Rat 1825 verabschiedete[43]). Der Neubau der reformierten Kirche in der Königstraße im klassizistischen Stil wurde 1826 fertiggestellt, ein Symbol dafür, daß die Gemeinde nunmehr nach zweihundertjähriger Intoleranz den ihr gebührenden Platz in der Stadt bekommen hatte. So konnte die reformierte Gemeinde das Modell einer vom Staat unabhängigen Kirche abgeben, denn das obrigkeitliche Kirchenregiment hatte dort ja nie gegolten, und der Rat beschränkte sich auch fortan auf einige formale Aufsichtsrechte.

In dieser Hinsicht Folgerungen für die lutherische Kirchenverfassung zu ziehen, lag Curtius jedoch völlig fern. Dazu war er der Lübecker Tradition zu sehr verpflichtet. Aber die reformierte Gemeindeorganisation regte ihn ebenso wie seine Frankfurter Erfahrungen an, für die lutherische Kirche eine presbyterial-synodale Ordnung auszuarbeiten. Danach sollten unter dem Dach des staatlichen Kirchenregiments die Gemeinden stärker repräsentative Vorstände (Presbyterien) bekommen (nicht wählen!) und zusammen mit den Geistlichen für allgemeine Fragen der Stadtkirchen eine Synode bilden. Das bedeutete für Lübeck eine interessante Neuerung, entsprach aber dem damals allgemein diskutierten Verfassungsschema, wie es in verschiedener Form z. B. 1818 in Bayern, 1821 in Baden und dann 1835 in der Rheinisch-Westfälischen Kirchenordnung realisiert wurde.

Theologische Konzeptionen für die Kirchenverfassung

In gewohnter Betulichkeit verhandelten Geistliches Ministerium und Bürgerschaft 1828/29 über Curtius' Entwurf, als plötzlich von theologischer Seite neue Aspekte eingebracht wurden, die der Diskussion eine grundsätzliche Wendung gaben. Den Anstoß dazu gab der in die Beratungen eingeschaltete neue Marienpastor Johann Ä. L. Funk. Hatten die alten Pastoren Behn, Becker und Petersen mit Curtius' staatskirchlichem Entwurf sich noch höchst zufrieden gezeigt, so machte Funk in seinem Gutachten deutlich, wie wenig die spezifisch biblischen Gesichtspunkte einer Gemeindeordnung berücksichtigt wären[44]).

In Lindenberg fand er einen Mitstreiter, so daß das Ministerium sich für die überraschend neue Perspektive öffnete und die Ordnung des Evangeliums zum Kriterium für die Kirchenverfassung machte. Als Konsequenz ergab sich daraus die Forderung nach Trennung der Kirche vom Staat und die Ablehnung des Curtius-Entwurfs. In einer ausführlichen Erklärung vom Februar 1830 formulierte das Ministerium Verfassungsprinzipien, die den Einfluß der Erweckung verrieten[45]): Die Kirchenordnung müßte sich an den Bedürfnissen und Möglichkeiten der aktiven, bekennenden Christen, nicht aber an der amorphen Masse der Mitglieder orientieren. Demgemäß sollten die Gläubigen als Träger des Geistes Christi in gewählten Gemeindeausschüssen an der Gestaltung des Kirchenwesens mitwirken, damit „der Geist des Herrn möglichst freien Einfluß auf die Berathung und Leitung der kirchlichen Angelegenheiten gewinne". Die Forderung einer biblisch begründeten Demokratisierung gipfelte in der Ablösung des staatlichen Kirchenregiments durch ein spezifisch kirchliches Leitungskollegium. Begreiflicherweise weigerte sich der Rat, auch nur in die Beratung dieser Ministerialerklärung einzutreten.

Das Jahr 1830 gab mit den Jubiläumsfeiern zur Confessio Augustana der kirchlichen Selbstvergewisserung weiteren Auftrieb[46]). Der junge Petersen, Diaconus am Dom, rief in einer kleinen Schrift zur Rückbesinnung auf die reformatorischen Grundlagen auf[47]): „Das Evangelium erkennt nur diejenigen für Christen, welche durch das Band des Glaubens mit dem Erlöser verknüpft sind, welchen Christus eine Quelle der Erleuchtung, der Erlösung, der Heiligung und somit eine Ursache ewiger Seligkeit geworden ist. Zu allen Zeiten haben einzelne, welche an die äußere Gemeinschaft der Christen sich anschlossen, dieses Band verkannt oder zerrissen." Im November 1830 zog Petersen in einem vielbeachteten Vortrag vor der Gemeinnützigen Gesellschaft, den er auch publizierte, unter Berufung auf die Bugenhagensche Kirchenordnung die Konsequenzen für die Kirchenverfassung[48]). Die Gemeinden müßten sich selbst verwalten durch gewählte Vorstände, da die inneren Angelegenheiten der Kirche „ganz außer der Sphäre des Staates" lägen. Von der äußeren Strukturreform, die die bisherigen staatskirchlichen Hemmnisse beseitigte, versprach er sich die notwendige innere Belebung.

Daß Petersen mit seiner Forderung nach Trennung von Staat und Kirche nicht alleinstand, sondern eine in kirchlichen wie in bürgerlichen Kreisen verbreitete Auffassung aussprach, zeigte ein von ihm zitiertes Memorandum der Gemeinnützigen Gesellschaft, welches es gar als „das Verderben des Christenthums" ansah, „daß man Kirche und Staat, die wie Himmel und Erde von einander geschieden sind, nicht gehörig von einander unterschieden, vielmehr die Kirche nur für eine heilsame Staats-Anstalt, oder auch nur für ein fünftes Rad am Wagen des Staates gehalten hat"[49]). Auch J. L. Funk propagierte in Vorträgen und durch Publikationen die Rückkehr zur reformatorischen Kirchenordnung; die Idee der grundsätzlichen Trennung von Staat und Kirche bei gleichzeitiger Koordination beider Bereiche fand immer mehr Anhänger in allen Kreisen[50]).

Scheitern der Reform

Doch die neue, von der romantischen Entdeckung des Wertes einer in Urkundlichkeit und Positivität der Wahrheit gegründeten Autonomie der Kirche beeinflußte Verfassungskonzeption konnte sich gegen das noch allgemein verbreitete aufklärerische Denken, wonach die Kirchenorganisation Teil des Staates war, nicht durchsetzen. Die jetzt von Bürgermeister Frister geleitete Kirchenkommission des Rats erklärte 1831 schlicht, die „Trennung des Kirchenvereins oder der Kirche in ihrer äußeren Erscheinung . . . von der Staatsgewalt" entspräche weder deren Wesen noch dem lübischen Herkommen.

Gegenüber einer Verselbständigung des kirchlichen Bereichs, wie sie sich in den Vereinsgründungen und in der Aktivierung der Frömmigkeit äußerte, sollte die alte Integration von Bürgertum und Christentum wenigstens noch in der Identität von Staats- und Kirchenregiment zum Ausdruck kommen. Deshalb beharrte der Rat auf Curtius' Beratungspunkten, und daran konnten auch das Drängen der Bürgerschaft, die Mitwirkungsrechte für sich herausschlagen wollte, und ein ausgeführter Verfassungsentwurf des Ministeriums, den Funk wegen einer schweren Erkrankung 1833 nicht fertigstellen konnte, nichts ändern. Ihm war die ganze Reformdiskussion suspekt und lästig geworden, und so verschleppte er die weitere Arbeit durch beharrliche Nichtbehandlung, ein Verfahren, in dem er seit jeher sein Können bewiesen hatte.

Es war nur ein später Nachklang, wenn der Senat endlich 1839 seinen von Frister auf der Basis der Curtius'schen Ideen erarbeiteten Entwurf einer Kirchenordnung präsentierte, der auf geringe Modifikationen des status quo hinauslief. Das Ministerium, das in dieser Angelegenheit resignierte, empfahl, auf eine neue Kirchenverfassung überhaupt zu verzichten. Das hing mit der allgemeinen Resignation zusammen, die durch das Scheitern so mancher Reformpläne in den dreißiger Jahren verursacht wurde. Auch wenn die Aufklärung nunmehr als überholt galt, das rationalistisch begründete Staatskirchentum blieb — wie es sich ja überhaupt seit dem 16. Jahrhundert unter wechselnden Bedingungen als überlebensfähig, wenn auch nicht als lebenskräftig genug erwiesen hatte, um dem Staatswesen von der Kirche her eine lebendige Regeneration zuzuführen.

Die Kirche erschien allgemein als Unterabteilung des Staates. So machte es seit 1809 der Lübecker Staatskalender, das offizielle Handbuch, ausdrücklich kenntlich, und die 1839 erscheinende Topographie von Lübeck ordnete das Kirchenwesen zwischen Polizei-, Handels- und Schulverwaltung ein. Nur langsam setzte sich das Bewußtsein durch, daß die Kirche als ein eigenständiger Bereich der Autonomie bedürfte.

20. Kapitel
Restauration, Innere Mission, soziale und kirchliche Strukturprobleme 1830—1848

Die Impulse der Erweckungsbewegung hatten bislang nicht auf die Institution Kirche gewirkt, sondern private Initiativen freigesetzt, von denen langfristig die eigentliche Regeneration des Gemeindelebens ausging. Man hat deshalb das 19. Jahrhundert zutreffend als die Vereinsepoche des deutschen Protestantismus bezeichnet. Was in Lübeck nach 1814 begonnen hatte, setzte sich in den Vereinsaktivitäten nach 1830 vor allem auf sozialkaritativem Gebiet fort, doch es fand nun auch Eingang in die „Amtskirche". Hier wirkte sich die Erweckungsbewegung in der Ablösung der alten, von der Aufklärung geprägten Predigergeneration durch junge Leute aus, die eine antirationalistische Grundstimmung mit entschlossener Reformgesinnung, ein profiliertes Bewußtsein von der Eigenständigkeit der Kirche mit der konsequenten Orientierung an Bibel und Bekenntnis verbanden. Doch es lag eine gewisse Tragik darin, daß daraus keine lebenskräftige Reform der Kirche erwuchs, sondern eine Restauration, die hinter die Aufklärungszeit auf Zielvorstellungen der Orthodoxie zurückgriff.

Das im 18. Jahrhundert deutlich gewordene Problem, daß sich die meisten Christen von der Institution Kirche distanzierten, wuchs sich im 19. Jahrhundert zu einer grundlegenden, dauerhaften Strukturkrise der Kirche aus. So sind neben dem fortbestehenden Staatskirchentum einerseits die zunehmende Unkirchlichkeit, andererseits die Reaktionen darauf in Gestalt einer konfessionalistischen Kirchlichkeit, verbunden mit der inneren Mission freier Träger, die bestimmenden Faktoren der Kirchengeschichte in der sogenannten Vormärzzeit zwischen 1830 und 1848.

Eine neue Predigergeneration

Positiv wirkte sich auf das kirchliche Leben aus, daß um 1830 zunehmend solche Geistlichen Einfluß bekamen, die von der Erweckungsbewegung in deren konfessionell-bibeltheologischer Ausprägung berührt waren. Maßgeblich für die neue Hinwendung zur Kirche war auch der in der Romantik neu erwachte Sinn für die geschichtlich gewachsenen Gemeinschaften, für Traditionen und Institutionen. Der junge Kandidat Johann Carl Lindenberg (1798—1892), Sohn des 1813 aus Altersgründen zurückgetretenen Bürgermeisters Johann Caspar Lindenberg und Schwiegersohn von Johannes Geibel, wurde schon als Mitakteur bei der Gründung des Missionsvereins erwähnt; auch in der Bibelgesellschaft arbeitete er mit, deren Sekretär er seit 1823 war. Durch sein Studium in Halle und in Berlin bei Schleiermacher und Neander war seine Theologie antirationalistisch bestimmt, was sich unter Geibels Einfluß, der ihn auch mit dem Erweckungstheologen Gottfried Menken vertraut machte, vertiefte[1]). 1827 wurde er zum Prediger (Archidiaconus) an der Ägidienkirche gewählt und schon in seiner Antrittspredigt stellte er programmatisch die neue christuszentrierte Frömmigkeit heraus.

Neben Lindenberg standen unter den „jungen Leuten", die frischen theologischen Wind in die rationalistisch verknöcherte Geistlichkeit brachten, der seit 1827 amtierende Domprediger Johann Friedrich Petersen (junior) und vor allem der Marienpastor Dr.

Johann Ägidius Ludwig Funk (1792–1867), der 1829 hierher berufen wurde, ein Ostpreuße, der wegen seiner lutherischen Position und seiner Gegnerschaft gegen die Preußische Union als Danziger Militärpfarrer im preußischen Agendenstreit 1822 amtsenthoben worden war[2]). Auch bei diesem verbanden sich Luthertum und Erweckungsbewegung mit dem Einfluß Schleiermachers.

Der betagte, seit 1829 amtierende Senior Hermann Friedrich Behn hatte zwar wie die älteren Amtsbrüder nur geringes Verständnis für die neuen Ideen, aber er ließ den jungen Leuten Raum für ihre Initiativen im Geistlichen Ministerium, zumal hier schon bald weitere, von der religiösen Erneuerung beflügelte Theologen nachrückten: Seit 1831 Niemeyer jun. an St. Ägidien und Fabricius jun. an St. Jakobi, dort seit 1833 Michelsen und an St. Marien 1832 Münzenberger und 1835 Köppen.

Neubelebung war auch damals auf die Dauer nicht möglich ohne eine Reform der Ordnungen; eine solche war jedoch bisher stets am obrigkeitlichen Konservatismus gescheitert. Die Neubesinnung auf Bibel, Bekenntnis und kirchliches Leben führte nun überall zu der Erkenntnis, daß die Kirche als eine gegenüber dem Staat autonome Institution neu organisiert werden müßte. Dies mußte zwangsläufig zu Kollisionen mit dem althergebrachten, durch die Aufklärung noch verstärkten Staatskirchentum führen.

Erste Reformversuche

Die Aktivitäten der neuen Generation im Vereinswesen und auf dem Gebiet der Verfassungsreform sind schon angesprochen worden. Mit einigem Schwung versuchte sie, auch auf anderen Gebieten Reformen zur Überwindung der vermeintlichen oder auch tatsächlichen Schäden der Aufklärungszeit durchzusetzen. Hier zeigt sich deutlich, daß „Reform" ein zunächst neutraler Begriff ist, der je nachdem, mit welchen Inhalten er gefüllt wird, progressiven oder restaurativen Tendenzen dienen kann, wobei auch diese Wertungen keine objektiven, vor der Historie bestehenden Wertbegriffe implizieren. Wenn hier von „Restauration" gesprochen wird, dann ist damit das Bemühen gemeint, die Aufklärung zu überwinden, und zwar zumeist durch ein an der Vergangenheit orientiertes Ideal von Kirchlichkeit. Insofern kann man von restaurativen Reformen sprechen. Kirchliches Leben beschränkte sich nach wie vor im wesentlichen auf den öffentlichen Gottesdienst und die religiöse Erziehung der Jugend, erst allmählich füllte es sich von den Vereinsaktivitäten her mit neuen Inhalten, wobei diese Entwicklung in der Epoche 1830–1848 vereinzelt angebahnt wurde, z. B. auf dem Sektor Äußere Mission.

Einen interessanten Versuch, die vereinsmäßigen Arbeitsformen in die Kirche zur Förderung des Gemeindelebens zu übertragen, unternahm Funk an St. Marien um 1830. Er wollte eine wöchentliche Bibelstunde als reguläre kirchliche Veranstaltung einrichten, hatte damit aber keinen Erfolg, weil nicht genügend Interessenten kamen. Als er 1837 auf Wunsch einiger Gemeindemitglieder dieses Vorhaben erneuerte, mußte er die Bibelstunde in seinem Pastorat abhalten, denn der Obervorsteher Bürgermeister Kindler und der Rat hatten ihm die Abhaltung von Bibelstunden in der Kirche untersagt, weil diese nicht für derlei Zwecke da wäre[3]).

Ein Antrag der Bibelgesellschaft im Jahre 1839, auch in anderen Kirchen solche Kreise einzurichten, wurde vom Geistlichen Ministerium mit der Bemerkung abgelehnt, eine private Gesellschaft wäre nicht befugt, im Namen der Gemeinde gottesdienstliche Einrichtungen zu beantragen — außer Gottesdienst kannte man damals keine kirchlichen Veranstaltungsformen. Das Ministerium schlug aber immerhin die Einrichtung von Bibelstunden anstelle und in der Form der alten Wochengottesdienste vor und wollte damit das geistliche Leben bereichern; jedoch weigerte sich der Rat zunächst, dem zuzustimmen, und genehmigte derartige Veranstaltungen nur als periphere Ausnahmeerscheinungen (in zwei Kirchen sollten sie nur während des Sommers früh von 7 bis 8 Uhr gehalten werden!). Er war skeptisch gegenüber freien Aktivitäten der Gemeinde und blieb seinem Reduktionsprinzip von 1804/05 treu, wonach die Sonntagsgottesdienste ausreichten. Doch auf die Dauer konnte er sich den neuen Interessen nicht verschließen; 1840 genehmigte er regelmäßige Andachten in den Kirchen mit Bibelerklärungen, zu welchen dann noch die von den Geistlichen gehaltenen Missionsstunden hinzukamen[4]).

Das Begräbniswesen hatte sich im Laufe der Zeit immer mehr von der Kirche abgelöst, was noch verstärkt wurde durch den seit der Franzosenzeit im Gange befindlichen Ausbau von Friedhöfen außerhalb der Stadt. 1832 wurde, befördert durch eine Choleraepidemie, der allgemeine Gottesacker vor dem Burgtor eingeweiht, doch die Vorstöße des Ministeriums (vor allem von Funk angeregt), aus der bürgerlichen Beerdigung eine kirchliche Feier zu machen, in welcher die Standesunterschiede nivelliert werden sollten, wurden in der vom Rat 1834 proklamierten Begräbnisordnung nicht berücksichtigt. Danach sollte wie bisher bei den aufwendigen Beerdigungen der höheren Klassen Chorgesang unter Hinzuziehung eines Geistlichen auch auf dem säkularen kommunalen Friedhof freigestellt sein. Allerdings unterblieb der notwendige, vom Ministerium gewünschte Bau einer speziellen Friedhofskapelle. Um den kirchlichen Charakter neu herauszustellen, gingen deswegen die meisten Geistlichen in freier Initiative dazu über, Trauerfeiern entweder im Haus des Verstorbenen oder in der zugehörigen Kirche zu halten, und machten so allmählich aus der rein bürgerlichen Handlung eine religiöse Zeremonie[5]). Es brauchte aber einige Jahrzehnte, bis diese Reform allgemein durchschlug (vgl. S. 456 f).

Streit um die Gesangbuchreform 1835—39

Ähnliches Unverständnis des staatlichen Regiments für spezifisch kirchliche Interessen zeigte sich bei den angestrebten liturgischen Reformen. Kirchengesang und -musik waren in der Franzosenzeit so weitgehend verfallen, daß selbst der Rat, der ja durch seine rationalistische Liturgiereform von 1790 und 1805 zum Abbau der reicheren Gottesdienstgestaltung beigetragen hatte, sich gedrungen fühlte, 1821 und 1829 die Heranziehung der Lehrer und Schüler zu den Kirchenchören zu dekretieren[6]). Doch mit einem Dekret ohne weitergehende Förderungsmaßnahmen war es nicht getan. So regte denn der junge Jakobiprediger Carl August Fabricius 1832 eine Gottesdienstreform an, die der erfreulich gewachsenen „Theilnahme am Kirchenwesen" entsprechend nicht durch Verordnung von oben her gelenkt werden, sondern von unten her wachsen sollte: „Alle Verbesserungen müssen von der Gemeinde selbst ausgehen"[7]). Doch der allgemeine Wunsch nach Förderung des Kirchengesangs stieß auf die Schwierigkeit, daß die Reformer mit dem alten, im Geist der Aufklärung konzipierten Gesangbuch von 1790 nicht mehr viel im Sinn hatten.

Jede Epoche benötigt ein ihrer Mentalität entsprechendes Liedgut. Deswegen arbeitete man überall dort in Deutschland, wo man im Geist der Romantik den Rationalismus zu überwinden trachtete, an einer Gesangbuchreform, welche — und hier verband sich das neuerwachte Geschichtsbewußtsein mit der ekklesiologischen Neubesinnung — die Schätze des älteren deutschen Liedguts fruchtbar machen wollte. Den Anstoß zu dieser Bewegung hatte Ernst Moritz Arndt mit seiner Schrift „Von dem Wort und dem Kirchenliede" (1819) gegeben, das von Schleiermacher geprägte Berliner Gesangbuch von 1829 stellte einen ersten Ansatz zur Verwirklichung der Reformideen dar. Größere Fortschritte erzielte dann in Lübeck 1831/32 die reformierte Gemeinde mit ihrem Gesangbuch, das allgemeine Beachtung in Deutschland fand[8]. Dieses Werk verdankte sich der Arbeit des Oberappellationsgerichtsrats Carl Wilhelm Pauli, der zu den geistig führenden Köpfen der Stadt gehörte, auf vielen Gebieten anregend wirkte, und als reformierter Presbyter sein Konzept einer Gesangbuchreform mit der Orientierung an den ursprünglichen Texten des älteren Liedgutes gegen die Bedenken Geibels durchgesetzt hatte.

Diesem Vorbild wie den Anregungen Fabricius' folgend, beschloß nun das Geistliche Ministerium auf Initiative von Funk und Lindenberg 1832, ein neues Gesangbuch zu erarbeiten, dessen Texte anstelle der alten Lieder mit ihrer weltförmig-praktischen Frömmigkeit der neuen Bibelfrömmigkeit Ausdruck verleihen sollten. Doch schon bald zeigte sich an dieser Stelle, wo vitale und elementare Interessen der praxis pietatis berührt wurden, daß von einer Überwindung der Aufklärung in breiten Kreisen noch keine Rede sein konnte. Zu sehr entsprach sie mit ihrer nüchtern-alltäglichen Sinnorientierung dem althergebrachten Christentum der Lübecker, als daß man nun der neuen, stärker emotional-transzendental und biblisch-orthodoxen Frömmigkeit folgen mochte. Insofern war der 1835 ausbrechende Streit um die Gesangbuchreform ein gutes Exempel für die Problematik der kirchlichen Erneuerung jener Epoche insgesamt[9]. Denn gegenüber den Protagonisten der Reform, vor allem gegenüber Funk, argwöhnte man, sie wollten das Rad der Geschichte um hundert Jahre zurückdrehen und zu überholter Orthodoxie und klerikaler Verkirchlichung zurücklenken.

Die Ratskommission für liturgische Angelegenheiten unter dem kirchlich in rationalistischem Geist engagierten Bürgermeister Frister stellte sich ebenso wie der gesamte Rat im Grundsätzlichen zunächst positiv zu einer Revision. Doch als es an inhaltliche Konzessionen ging, kamen Bedenken auf. Sie wurden durch die Opposition etlicher Geistlicher, voran des Dompredigers H. F. Niemeyer sen., gegen die Reform sowie durch eine Eingabe der bürgerschaftlichen Kollegien vom 15. März 1836 verstärkt. Die Eingabe betonte die Zufriedenheit mit dem bisherigen Gesangbuch und äußerte die Befürchtung, daß die Umarbeitung nur dazu dienen sollte, „veraltete Gesänge, Ausdrücke, Wendungen und Bilder wieder einzuführen, . . . der Vernunft und Willensfreiheit . . . Gefühl und Zwang, dem Verstande den todten Buchstab, dem vernünftigen Begriffe blinden Glauben, den tugendhaften Handlungen religiösen Unwerth, der ruhigen Überzeugung Poesie und Schwärmerei, und endlich dem Lichte ein beliebtes Halbdunkel unterzustellen"[10].

Demgegenüber versuchten die Befürworter eines neuen Gesangbuchs den Zusammenhang mit einer Rückbesinnung auf Bibel und Bekenntnis sowie mit der gesamten, in der Kirchenverfassungsdiskussion gebündelten Reformproblematik plausibel zu machen. Lindenberg betonte, das Liedgut dürfte zwar „nicht gereimte Dogmatik" sein, müßte vielmehr das christliche Leben in dichterischer Form darstellen, dürfte aber dabei die biblischen Inhalte nicht ausklammern, wie es das rationalistische Gesangbuch mit seinem diesseitigen Moralismus und Naturalismus getan hätte; ein neues Gesangbuch müßte „kirchlich" sein, indem es der Heiligen Schrift entspräche[11]). Auch Petersen plädierte für die Neuorientierung an der Bibel („Ein Lied, dessen Inhalt nicht ganz unläugbar aus dem Inhalte der heiligen Schrift geschöpft ist, das bleibe fern!"), weil so die erstarrte Kirche neu aktiviert werden könnte: „Ich kann kein neues Gesangbuch mir denken, ohne ein neues kirchliches Leben"[12]. Freilich blieb die wechselseitige Kausalität offen, und die Gegner bestritten ja überhaupt derlei Notwendigkeiten als „leere Frömmelei", als „theologischen Sekten- und Kastengeist" und als illusionäre Orientierung an urchristlichen Idealen; sie verwiesen darauf, „wie sehr man den natürlichen, gesunden Sinn der Gemeinden jetzt verkennt, in dem gerade die Liebe zur Kirchlichkeit viel tiefer wurzelt, als man meint"[13]).

Die Kontroverse wurde nicht durch kirchliche Konsensusbildung, sondern durch staatliches Machtwort beendet. Insofern illustrierte der gesamte Streit die inhaltlichen Implikationen der parallellaufenden Verfassungsdiskussion von 1830−39 um die Autonomie der Kirche. Die reformierte Gemeinde hatte bei ihrer Gesangbuchreform im Februar 1832 den Versuch des Rats, aus der formalen Staatsaufsicht eine materielle Mitbestimmung abzuleiten, unter Hinweis auf das Regulativ von 1825 erfolgreich abgewehrt[14]); sie war eben verfassungsrechtlich bessergestellt. Für die lutherische Kirche ordnete der Rat kraft seines ius liturgicum als summus episcopus am 30. März 1839 die Beibehaltung des alten Gesangbuchs an, stellte es aber dem Ministerium frei, seine neue Liedersammlung für die Erprobung in den Gemeinden zu publizieren, was dieses denn auch tat[15]). So kam es als Kompromiß zu dem problematischen Nebeneinander eines offiziellen und eines von den meisten Geistlichen bevorzugten Gesangbuchs, eines aufgeklärt-bürgerlichen und eines konfessionell-kirchlichen.

Verständlicherweise konnte es bei einem solchen Zustand nicht bleiben, und so ging die Diskussion weiter. Doch die Resignation, im staatskirchlichen System zu sinnvoller Reform vorwärtszuschreiten, war verbreitet. 1846 notierte Lindenberg, nunmehr Senior geworden, in seinem Tagebuch: „Sollte ich wirklich noch die Einführung eines neuen Gesangbuches erleben, . . . das würde ich für eine besondere Gnade Gottes achten". 1859 kam es dann schließlich nach langem Ringen auf der Basis des alten Ministerialentwurfs zur Einführung des neuen Gesangbuchs[16]).

Daß der Rat entschlossen war, sein ius liturgicum allen Veränderungen der Zeit zum Trotz durchzuhalten, zeigte auch der Streit mit Funk um das öffentliche Fürbittgebet im Jahre 1839/40[17]). Seit 1702 stand ein Formular für das Kirchengebet nach der Predigt in Geltung, wurde aber oft durch freie Gebete ersetzt, und dies erregte angesichts der politischen Bedeutung dieser Praxis gerade im Blick auf die Ratskirche Anstoß. Funk wurde deshalb aufgefordert, sich an den offiziellen Text zu halten, doch er sah das mit Recht als eine Gelegenheit an, eine prinzipielle Klärung über die Freiheit der Kirche im liturgischen Bereich herbeizuführen. Bei Lindenberg fand er Unterstützung, das Ministerium war nur halbherzig bereit, ihm zu folgen. So dekretierte denn der Rat unbekümmert um kirchliche Gesichtspunkte am 23. Januar 1841 abermals, daß die Geistlichen wie gehabt seinen liturgischen Einrichtungen und Anordnungen zu folgen hätten.

Konfirmation und Katechismus

Wie das Gesangbuch spiegelt auch der Katechismus den jeweiligen Zeitgeist exemplarisch wider. Auf diesem Feld setzten daher die antirationalistischen Reformbestrebungen parallel zu den anderen Vorhaben ein; sie verbanden sich mit dem Versuch, neben dem schulischen Religionsunterricht eine spezielle kirchliche Unterweisung zur Vorbereitung der Konfirmanden zu etablieren.

Die Konfirmation als öffentliche Gemeindefeier wurde in Lübeck erst spät, nämlich 1816/17 eingeführt; neben Hamburg (dort erst 1832) war es die letzte Landeskirche[18]). Die damit verbundene Zielvorstellung war stärker dem Pietismus als der Aufklärung verpflichtet, sofern es sich um das feierliche Gelübde Jugendlicher handelte, ihren Glauben bis ans Lebensende zu bekennen, „fromm und christlich zu leben" in Andacht und Gebet sowie den öffentlichen Gottesdienst „nie zu versäumen".

Seit 1761 war die öffentliche Konfirmation angeregt worden, doch es blieb noch lange bei der alten Praxis, wonach die Geistlichen als Beichtväter der Familien im Rahmen ihrer seelsorgerlichen Tätigkeit die Kinder einzeln privat konfirmierten und damit zum Abendmahl zuließen. Dies entsprach der privaten, im Haus vollzogenen Taufe. Die Geistlichen hatten kein Interesse an der Änderung dieser Praxis und widerstanden deshalb den gelegentlich von Eltern vorgetragenen Wünschen nach feierlicherer Ausgestaltung. Sie erkannten nicht die Bedeutung, die ein derartiger Gottesdienst ebenso wie die anderen Kasualien im Lebensrhythmus des Normalbürgers hatte. Doch als das Drängen aus der Bevölkerung immer stärker wurde und einzelne Pastoren 1816 dazu übergingen, die Konfirmation vor dem Altar in der Kirche zu halten, beantragte das Geistliche Ministerium schließlich beim Rat die Einführung der öffentlichen Konfirmationsfeier, um dem Bedürfnis der Gemeinden Rechnung zu tragen.

Das Ratsdekret vom 28. September 1816 brachte die lange aufgeschobene Reform „dieser für das Seelenheil junger Christen so hochwichtigen Angelegenheit" und schloß Privatkonfirmationen hinfort aus[19]). Neben dem oben zitierten Gelübde legten die Konfirmanden ein vom Ministerium in Anlehnung an das Nizänum formuliertes Glaubensbekenntnis ab, welches trotz des orthodoxen Gesamttenors Einflüsse der Aufklärungstheologie verriet (Bekenntnis zur „Unsterblichkeit" anstelle der Auferstehung).

Am Palmsonntag 1817 wurde die öffentliche Konfirmation erstmals gefeiert, sie schloß zwar eine kurze Prüfung bei der Anmeldung ein, aber keinen Unterricht, setzte vielmehr die ausreichende Vorbereitung in der Schule voraus. Dies schuf je länger desto mehr Probleme. 1818 hatte das Schulkollegium eine spezielle Vorbereitung angeordnet, doch da die Lehrer sich mit dieser Aufgabe überfordert fühlten, regte es 1820 die Übernahme des Konfirmationsunterrichts durch die Geistlichen an, was diese mit der Begründung ablehnten, sie wären dazu pädagogisch nicht hinreichend geschult.

Welche Chancen die neue Einrichtung für eine Erziehung zu größerer Kirchlichkeit bot, begriff erst die durch die Erweckungsbewegung geprägte neue Predigergeneration. Der junge Fabricius war es, der 1832 mit seinem Antrag an das Ministerium, hinfort den Konfirmandenunterricht in eigene Regie zu nehmen, den Stein ins Rollen brachte. Denn nun verband sich dies Problem mit der Katechismusfrage, und die Unterschiede zur älteren, von der Aufklärung geprägten Pastorengeneration traten deutlich hervor. Im September 1833 beantragten Funk, Lindenberg, Fabricius jun., Niemeyer jun., Michelsen und Meyer, da das Ministerium als ganzes sich verweigerte, in einem Sondervotum beim Rat die Übernahme des Konfirmandenunterrichts. Der Entwurf für einen neuen Katechismus, der den Cramerschen von 1774 ablösen sollte, wurde im November Lindenberg übertragen.

Doch zunächst bewegte sich nichts, und so gingen ein Jahr später die sechs Reformer (statt Meyer war jetzt der Jakobipastor Fabricius sen. dabei) mit einer aufsehenerregenden Verlautbarung an die Öffentlichkeit[20]). Darin erklärten sie, in Zukunft nur noch solche Kinder zur Konfirmation zuzulassen, welche von ihnen ein halbes Jahr zuvor darauf vorbereitet wären. Dies rief den Protest der Bürgerschaft hervor, die damit die Grenzen zwischen Kirche und Schule verwischt sah und für eine neue kirchenspezifische Unterweisung kein Verständnis aufbrachte[21]). Der Rat nahm die Prediger gegenüber den Vorwürfen in Schutz, ohne indessen die erwünschte Änderung allgemein verbindlich zu machen. Gleichwohl kam es im Verlauf der nächsten Jahre dazu, daß der Konfirmandenunterricht allgemein auf die Geistlichen überging.

Widerstand regte sich auch gegen die Abschaffung des aufklärerischen Katechismus, dessen pädagogische Qualität allgemein anerkannt war und dessen theologische Konzeption den Bedürfnissen der Mehrheit entsprach. Der Entwurf eines Katechismus (im wesentlichen von Lindenberg unter Beteiligung von Funk, Petersen, Fabricius und Michelsen bearbeitet)[22]) wurde als zu restaurativ-orthodox empfunden. Senior Behn und andere Vertreter der alten Generation, auch Syndikus Curtius in der zuständigen Ratskommission, plädierten daher für Beibehaltung des Cramerschen Katechismus. Aufschlußreich für den neuen konfessionalistischen Geist war Funks Reaktion auf das im Rat geäußerte Bedenken, durch die Bindung des Unterrichts an einen neuen Katechismus der geplanten Art würde die Gewissensfreiheit verletzt: „Die Unterordnung eines jeden einzelnen Lehrers unter die Anweisung dieses Katechismus ist eine Unterordnung unter die darin enthaltene Lehre der heiligen Schrift, und nichts Anderes und Mehreres, als die Unterordnung eines jeden Geistlichen unter die symbolischen Bücher unserer Kirche, damit wir eben unsre Gemeinden nicht in Privatmeinungen und subjectiven Theorieen unterweisen, sondern in der Lehre der heiligen Schrift, die unsre lutherische Kirche als ihren gemeinsamen Glauben bekennt"[23]).

Trotz der Widerstände gelang es den „Reformern", den neuen Katechismus durchzusetzen, der mit Dekret des Rats vom 26. August 1837 als Grundlage des Religionsunterrichts in allen Schulen und zur Vorbereitung der Konfirmanden um der „nothwendigen Gleichförmigkeit einer auf die heilige Schrift gegründeten Lehre" willen angeordnet wurde[24]). Die primär doktrinäre Orientierung verdeutlichte schon der Einstieg: „Was ist der christliche Katechismus? Ein kurzer Inbegriff der Wahrheiten, die ein Christ wissen und glauben soll, um als ein Kind Gottes ihm wohlgefällig zu leben". Das Werk war im guten Sinne orthodox, mehr aber nicht.

Welche problematischen Folgen eine derartige Orientierung an verstärkter Kirchlichkeit haben mußte, zeigte der Katechismus von 1837 exemplarisch für die ganze in kirchliche Restauration übergegangene Erweckungsbewegung. Der normale Jugendliche konnte nur wenig damit anfangen, empfand die neue Kirchlichkeit und Schriftgemäßheit als künstlich, hatte aber zunehmend kein Sensorium mehr für das Eigenrecht des Religiösen. Der Katechismus wurde schon bald im Unterricht wegen seiner Vernachlässigung pädagogischer Gesichtspunkte kaum benutzt, denn seine steil-theologischen Erklärungen zu Luthers Text waren ohne umständliche Erläuterungen nicht verständlich[25]). Daß er trotzdem 1849 und noch 1872 (unter Lindenbergs Einfluß!) neu aufgelegt und erst 1905 abgelöst wurde, war kein gutes Zeichen für die Sensibilität der Kirche gegenüber den religiösen Bedürfnissen der meisten Zeitgenossen. Aber diese bildeten damals gar nicht den Maßstab der Reformen, sondern konfessionelle Korrektheit. Welche lebenskräftige Christlichkeit konnte bei einer Jugend entstehen, die nach einem so abstrakten Katechismus religiös erzogen wurde?

Die Überwindung der durch die Aufklärung verursachten Identitätskrise wurde um den Preis mangelnder Relevanz der neuen Ordnungen für das normale Kirchenmitglied teuer erkauft. Insofern hatten die Reformen an der Restauration im pejorativen Sinne teil und verfehlten ihr Ziel. Die allgemeine Unkirchlichkeit schritt nur weiter voran.

Sozialkaritative Aktivitäten

Die Erweckungsbewegung hatte ebenso wie die Aufklärung – trotz der andersgearteten Motivation darin dieser folgend – private Initiativen zur Gründung von Vereinen angeregt, um neue Aufgaben zu lösen und Mißstände zu beseitigen. Die bürgerliche Emanzipation erschien hier in ungebrochener Aktivität, verstärkt nun durch die ausdrücklich religiöse Motivation, die bei den aus aufklärerischem Geist hervorgegangenen Vereinsgründungen zurückgetreten war. Neben Bibelgesellschaft und Missionsverein sind karitative Unternehmungen zu nennen, deren Gründungen zumeist erst nach 1840 erfolgten.

Erweckliche Frömmigkeit war das Motiv, das schon früher Margaretha Elisabeth Jenisch (1763–1832) zur Bildungsarbeit mit armen Kindern trieb[26]). Aus einer reichen Hamburger Familie stammend, nach dem frühen Tod der Eltern seit 1787 in Lübeck bei Verwandten wohnend, dort an einer Lähmung erkrankt, kümmerte sie sich seit etwa 1790 um Handarbeitsunterricht und christliche Unterweisung für arme Mädchen und baute diese Aktivität 1803 aus zu einer eigenen Freischule für Mädchen aus den niederen Schichten mit dem Ziel, diese zu christlichen Dienstboten heranzubilden. Die Schule fand regen Zulauf, hatte bald über hundert Schülerinnen, seit 1811 ein eigenes Haus in der Hartengrube und mehrere Lehrkräfte. 1829 wurde die Jenisch'sche Stiftung gegründet, und auch in den folgenden Jahrzehnten wirkte die Freischule segensreich.

Seit 1829 wirkte in der Armenpflege der reformierten Gemeinde, durch Johannes Geibels Predigten bekehrt, Franziska Amelung (1789–1879), die sich zunehmend vor allem der verwahrlosten Kinder annahm und dann eine private Organisation der Krankenpflege für die Armen und die weiblichen Dienstboten aufbaute[27]). Außer dem wenig geschätzten Armenkrankenhaus in St. Annen gab es damals keine öffentliche Einrichtung dieser Art, Kranke wurden im Hause gepflegt, und das war angesichts der desolaten Wohnverhältnisse der unteren Stände wenig ersprießlich. Mit Hilfe von Freunden bekam Franziska Amelung die Mittel für die Anmietung und Einrichtung einiger Zimmer als Krankenhaus zusammen, welches bis zur Errichtung des – auch durch dieses Vorbild angeregten – allgemeinen Krankenhauses im Jahre 1850 bestand. Daneben regte sie noch die Gründung des Kinderhospitals an, das 1857 in der St. Jürgen-Vorstadt errichtet und in christlichem Geist von Ludwigsluster Diakonissen geführt wurde, Franziska Amelung engagierte sich auch in der Missionsarbeit, in der Fürsorge für arme Kinder und im weiblichen Armenverein (s. dazu S. 403). In den fünfzig

Jahren ihrer Wirksamkeit verkörperte sie die Tradition der aus dem Geist der Erweckung geborenen Diakonie, der „Inneren Mission" hervorragend.

Neben diesen von der Erweckungsbewegung bestimmten Gründungen lebte aber auch das sozialkaritative Engagement aus allgemeiner bürgerlicher Christlichkeit fort. 1813 hatten einige angesehene Bürgersfrauen einen Verein zur Unterstützung solcher Frauen gebildet, deren Familien durch den Einzug der Männer in den Krieg in Not geraten waren. Dieser Frauenverein konzentrierte später seine Arbeit auf die Unterstützung derjenigen Familien, die noch nicht so weit verarmt waren, daß sie von der Armenanstalt versorgt werden mußten (der sogenannten verschämten Armen)[28].

Die Erweckungsbewegung hatte vor allem in Hamburg bemerkenswerte Aktionen auf sozialkaritativem Gebiet hervorgerufen, die man in Lübeck schon aufgrund der mancherlei persönlichen Kontakte, die zwischen den beiden Städten bestanden, zur Kenntnis nahm. Das Vorbild Amalie Sievekings (1794–1859) in der Armen- und Krankenpflege wirkte bei manchen der genannten Lübecker Initiativen anregend. Der bedeutende Erweckungsprediger Johann Wilhelm Rautenberg (1791–1865) fand auch hier Anhänger, zumal dessen seit 1825 realisiertes Konzept einer Sonntagsschule für verwahrloste Kinder sich mit der in Lübeck schon seit 1795 geübten Praxis, die allerdings nicht von der Erweckungsfrömmigkeit bestimmt war, berührte.

Vor allem aber fand der junge Johann Hinrich Wichern (1808–1881) seit seinem ersten Besuch in Lübeck 1830 hier Anhänger für sein Programm der Rettungshausbewegung. Sein Freund Alexander Michelsen, Prediger an St. Jakobi, propagierte 1833 in der Theologischen Gesellschaft einen Entwurf für die Errichtung von Rettungsanstalten, Sonntagsschulen und Besuchsvereinen nach dem Hamburger und Berliner Vorbild. Er fand damit bei seinen Kollegen und aufgeschlossenen Laien wie dem Präses der Gesellschaft, Syndikus Curtius, zwar insofern grundsätzliches Verständnis, als diese beschlossen, die bisherigen Versuche auf diesem Gebiet zu intensivieren, aber eine spezielle Vereinsgründung wurde als unnötig abgelehnt[29]. Dabei dürfte das alte Mißtrauen gegenüber religiöser Konventikelbildung mitgespielt haben, entscheidend aber war, daß man in der Gemeinnützigen Gesellschaft eine Dachorganisation besaß, von welcher aus Neugründungen geplant und gelenkt werden konnten (wie es auch bei dem Frauenverein von 1813 der Fall war).

Hier wurden 1827/28 durch Senator J. F. Hach und Prediger C. A. Fabricius die Anregungen gegeben, die in Verbindung mit den Hamburger Vorbildern 1834 zur Gründung der ersten Kleinkinderschule führten. Sie diente der Betreuung solcher ärmerer Kinder des Vorschulalters, deren Eltern sich wegen Berufstätigkeit nicht um sie kümmern konnten; wegen des großen Zuspruchs, den diese soziale, durch private Stiftungen und Mittel des Klemenskalands und des Heilig-Geist-Hospitals unterstützte Einrichtung sogleich erfuhr, wurde schon 1839 ein zweiter derartiger Kindergarten eingerichtet (ein dritter erst 1882)[30]. 1841 wurde die Seemannskasse zur Unterstützung bedürftiger Seeleute eingerichtet[31], und im selben Jahr entstand auf Initiative von Christian G. Overbeck, Johann Carl Lindenberg und anderer Mitglieder der „Gemeinnützigen", darunter einiger Geistlicher, der „Verein für entlassene Strafgefangene und sittlich verwahrloste Individuen"[32]. Die personellen Verzahnungen all dieser Vereine und Unternehmungen machen deutlich, daß die Erweckungsbewegung in Lübeck nicht mit anderweitigen, vor allem in der Gemeinnützigen Gesellschaft zusammengefaßten

Aktivitäten konkurrierte, sondern sich harmonisch ins bürgerliche Gesamtleben einfügte.

Was in der hier dargestellten Zeit an kirchlicher Erneuerung geleistet wurde, entwickelte sich vor allem in den freien Vereinen. Sie trugen entscheidend dazu bei, daß die allgemeiner werdende Distanz gegenüber der Kirche nicht zur Entfremdung vom Geist des Evangeliums führte, der in den verschiedenen Formen und in unterschiedlicher Motivation gestaltend wirkte. So hinterläßt diese Epoche einen zwiespältigen Eindruck: Unter der Oberfläche offizieller Restauration und privater Biedermeierlichkeit entstanden neue Bewegungen, die in unterschiedlicher Intensität den Verlauf der Kirchengeschichte im 19. Jahrhundert bestimmten und dazu führten, daß Reform der Kirche nicht nur ein allseits stärker vorgetragenes Postulat blieb, sondern schrittweise und partiell Realität wurde.

Wichern und die „Innere Mission"

Die Erweckungsbewegung hatte den sich abzeichnenden sozialen Umbruch der frühen Industriegesellschaft vor allem in seinen religiösen Auswirkungen erkannt und einzelne karitative Maßnahmen initiiert, die sich mit der in Lübeck relativ gut ausgebauten privaten bürgerlichen Fürsorgetätigkeit verschränkten. Nach der ersten Welle sozialer Aktivitäten aus der Zeit nach 1780/90, die durch die Aufklärung motiviert war, ist seit etwa 1830 eine zweite, durch die Erweckungsbewegung veranlaßte Welle zu verzeichnen, deren Aktivitäten in den vierziger Jahren ihren Höhepunkt erreichten.

„Innere Mission" wurde überall in Deutschland das namentlich von Wichern seit 1836 und verstärkt seit 1842 propagierte Leitbild: Erneuerung der Kirche durch freie Initiativen einzelner entschiedener Christen auf evangelistischem und diakonischem Gebiet, ganzheitliche Fürsorge des „heilerfüllten" Teils des Volkes an dem „heillosen" Teil mit dem Ziel, das Evangelium in der entkirchlichten Gesellschaft wieder zur lebensbestimmenden Kraft zu machen analog zur Bekehrung der Heiden in Übersee (daher die Bezeichnung „Innere" Mission), Volk und Kirche neu zur Deckung zu bringen in der „Volkskirche".

In Lübeck hatte Wichern schon früh einen Kreis von Freunden und Anhängern gefunden, unter denen vor allem der aufgeschlossene, begabte Jakobiprediger Alexander Michelsen (1805–1885) durch seinen Einsatz für die innere wie für die äußere Mission hervorragte[33]). Michelsen hatte Wichern 1830 bei dessen erstem Lübeck-Besuch kennengelernt, woraus eine langjährige Freundschaft erwuchs, die erst 1871, als Michelsen durch Wicherns Vermittlung Direktor des evangelischen Gymnasium Paulinum in Berlin geworden war, mit dem Zerwürfnis endete. Auch zu anderen Lübeckern knüpfte Wichern enge Kontakte; seit 1840 reiste er des öfteren zu Gesprächen und Vorträgen hierher und war um gute persönliche Beziehungen zu führenden Persönlichkeiten in Kirche und Gesellschaft bemüht, die allgemein seine Ideen und speziell sein Rauhes Haus in Hamburg-Horn unterstützen konnten[34]). Mit Carl W. Pauli verband ihn seit 1831 eine Freundschaft, die auf der Gleichheit der reformerischen Interessen beruhte (zutreffend urteilte er über diesen: „Übrigens ist Pauli ganz der Mann für mich, da er lutherisch gesinnter Reformierter ist, wie ich reformierter Lutheraner bin")[35]).

Im Curtius'schen Hause verkehrte er oft, mit Johannes Geibel tauschte er sich über theologische Fragen aus, ohne allerdings zu diesem (der 1847 aus seinem Amt schied) in nähere Beziehungen zu treten. Auch die Kontakte zu Lindenberg und Funk waren mehr amtlicher Art. Seine Korrespondenz mit der sozialkaritativ aktiven Henriette Nölting (vor allen in den Jahren 1844–57), deren Mann, der Konsul Christian Adolf Nölting als Kirchenvorsteher von St. Marien sich in kirchlichen Angelegenheiten stets engagierte, diente der Anregung in Missionsfragen und der Kooperation der Hamburger mit den Lübecker Erweckungskreisen[36]). Mit Carl Julius Milde, dem Maler und Konservator lübischer Altertümer, der in Nöltings Haus lebte, war Wichern seit der gemeinsamen Hamburger Zeit verbunden.

Keineswegs waren in Lübeck alle sozialkaritativen Aktivitäten nur eine Ausführung Wichernscher Pläne. Eine durchaus selbständige, an dem Hamburger Vorbild Amalie Sievekings orientierte Unternehmung stellte der 1842 gegründete, von Franziska Amelung angeregte, von einflußreichen Damen der Gesellschaft (wie z. B. Emilie Kulenkamp, Henriette Nölting, Emmy Pauli und den Pfarrfrauen Henriette Funk und Meta Fabricius) getragene „Weibliche Armenverein" dar[37]). Dieser Besuchsverein sollte gerade die ärmsten Familien, die in Keller- und Gangwohnungen unter schlechtesten hygienischen Bedingungen wohnten und von Krankheitsfällen heimgesucht waren, durch Speisen, Kleidung, Feuerung und Arbeitsbeschaffung unterstützen. In Zusammenarbeit mit der Bibelgesellschaft wurde auch für die religiöse Betreuung gesorgt. Durch ihren Besuchsdienst kamen die Frauen mit den unzumutbaren Lebensbedingungen in Kontakt und deswegen traten sie sowohl gegenüber den Behörden als auch gegenüber den Hausbesitzern für bessere Wohnverhältnisse ein, oft mit Erfolg, wie denn überhaupt ihr Bestreben dahin ging, Hilfe zur Selbsthilfe zu leisten. Später entstanden in den Vorstädten Ableger dieses Vereins, und sowohl die kirchliche als auch die kommunale Armenfürsorge empfingen durch seine Arbeit neue Impulse.

Wicherns Einfluß machte sich vor allem auf dem sozialpädagogischen Sektor geltend, so bei der Gründung der Kleinkinderschulen und des Vereins zur Fürsorge für Strafgefangene und Entlassene. Angesichts der zunehmenden Verwahrlosung der Jugendlichen gingen seine Bemühungen dahin, in Lübeck ein Rettungshaus wie in Hamburg-Horn, welches nicht mehr in der Lage war, Lübecker aufzunehmen, zu gründen. Der Lübecker Resozialisierungsverein war bei seiner Arbeit seit 1841 rasch auf das Problem der Jugendkriminalität gestoßen und bemühte sich um präventive Maßnahmen. Doch erst ein aufrüttelnder Vortrag Wicherns in der Gemeinnützigen Gesellschaft (1843) und eine zu diesem Thema eingeladene Bürgerversammlung in der Katharinenkirche (1844), wo Wichern einem breiten Kreis seine Gedanken vortrug, brachten die Sache in Gang[38]).

Gründung des Rettungshauses Fischerbuden 1845

Unter Führung Overbecks und Lindenbergs warb ein kleiner Kreis von Engagierten für die Gründung einer Rettungsanstalt für Knaben aus zerrütteten Familienverhältnissen, die auf die schiefe Bahn geraten waren, und für den Ankauf eines geeigneten Grundstücks analog zum „Rauhen Haus". Die Dringlichkeit dieser Initiative wurde allgemein anerkannt. Das war ein Zeichen dafür, daß man zunehmend die sozialen Strukturprobleme als solche erkannte, auch wenn als äußerliches Motiv mitspielte, daß die Arbeit der städtischen Verwahrungsanstalt durch den Brand des St. Annen-Werkhauses von 1843 stark zu leiden hatte. Ein Aufruf zu privaten Spenden für die Grundausstattung und zu kontinuierlichen Beiträgen (der wöchentlichen sogenannten Schillingssammlung) fand schon 1844 so viel Resonanz, daß ein Anwesen auf dem dritten Fischerbuden an der Wakenitz vor den Toren der Stadt, der heutige Wakenitzhof, angekauft werden konnte.

Doch bevor die Arbeit aufgenommen werden konnte, gab es eine aufschlußreiche Verzögerung. Damals wurde gerade die Reform der staatlichen Armenfürsorge geplant, und deswegen äußerte die Central-Armen-Deputation, die eine kommunale Besserungsanstalt für Jugendliche vorgesehen hatte, Bedenken gegen eine Zersplitterung der Bemühungen durch eine derartige Privatinitiative. Auch in der Presse wurde Kritik daran laut, die von der Prämisse ausging, daß die Sozialarbeit zunehmend vom Staat getragen werden müßte[39]. Overbeck und Lindenberg setzten sich schließlich mit dem Argument durch, gerade ein derartiges sozialpädagogisches Experiment bedürfte der Flexibilität, die nur von einem freien Träger aufgebracht werden könnte.

Im April 1845 wurde das Rettungshaus unter Leitung des Wichernschülers Friedrich Chr. Kix, eines begnadeten Pädagogen, der in der Arbeit des Rauhen Hauses Erfahrungen gesammelt hatte, bewußt mit zunächst wenigen Zöglingen eröffnet, deren Zahl sich dann später auf gut dreißig erhöhte. Bei der Resozialisierung der Jugendlichen, die mit der Konfirmation „ins Leben entlassen" wurden, konnte das Haus in der Folgezeit allgemein anerkannte Erfolge erzielen; die Lübecker Bevölkerung nahm regen Anteil an seiner Arbeit und förderte es durch private Initiativen. Im Vorstand arbeiteten von den Geistlichen Michelsen und Lindenberg mit, welcher nach Overbecks Tod 1846 den Vorsitz des Vereins übernahm. Auch in späteren Jahren blieb die Verbindung mit der Kirche erhalten.

In dieser Anstalt kamen die Intentionen der „Inneren Mission", die geistliche und soziale Erneuerung des deutschen Volkes durch ganzheitliche, Leib und Seele umfassende, individuelle Förderung zu bewirken, besonders gut zum Ausdruck. „Bete und arbeite" war die Regel des Zusammenlebens; Unterricht, Arbeit auf dem Felde und in der Werkstatt, Leibesübungen und Andachten bestimmten den Tageslauf. Den Zöglingen sollte eine neue christlich-bürgerliche Zukunft durch Erziehung in einer „Gemeinschaft der Liebe" eröffnet werden. Die asoziale oder kriminelle Vergangenheit wurde getilgt und durfte nicht mehr zur Sprache kommen. „Rettungshaus" wollte es darin sein, daß man die rettende, vergebende Liebe Christi praktizierte, damit jeder Zögling „seinen Gott und Heiland kennen und lieben lernen sollte". „Wir sind gewiß sehr weit entfernt", so formulierte der Vorstand unter der Leitung Lindenbergs sein Programm von 1846, „eine Frömmigkeit erzwingen zu wollen, wie sie mit christlicher Freiheit überhaupt, namentlich aber mit der Natur des jugendlichen Alters in Widerspruch stehen würde ... Wir quälen unsere Kinder nicht mit vielen Andachtsübungen, bearbeiten sie nicht mit langen Predigten, prägen ihnen nicht fromme Redensarten ein"[40].

Das Rettungshaus wurde zum wesentlichen Bestandteil christlicher Sozialarbeit in Lübeck. Es blieb lange Zeit mit dem Rauhen Haus zu Horn verbunden; Wichern stand Kix, der bis 1868 das Haus leitete, fernerhin mit Rat und Tat zur Seite. Erst unter Kix' Nachfolger, Franz Lichtwark, kam es 1875 wegen dessen Konzeption, das Rettungshaus als Arbeitsschule zu führen, zum Zerwürfnis mit Wichern und den Brüdern im Rauhen Haus[41]).

Eine weitere Initiative auf sozialpädagogischem Gebiet war die Gründung eines christlichen Vereins zur Betreuung jugendlicher Gesellen in deren Freizeit, des „Feierabend" im Jahre 1847, der auf dezidiert christlicher Grundlage in einem Haus in der Engelsgrube Bildung und Geselligkeit pflegen wollte. Die Anregung dazu kam von Johann Heinrich Zietz, Prediger an St. Ägidien, später Pastor am Dom, der zusammen mit Geistlichen und Lehrern lange Jahre den Verein leitete[42]). Der Jünglingsverein stieß mit seinem Bildungsangebot gerade bei von auswärts zuziehenden Gesellen auf reges Interesse, hatte zeitweise mehrere hundert Mitglieder, siechte aber in den sechziger Jahren allmählich dahin (bis er nach 1874 dann neubelebt wurde durch die Aktivität des Jakobipastors Hofmeier).

Armut, Bettel, Armenfürsorge

Die soziale Problematik der Unterschichten wurde nach wie vor in den althergebrachten Bahnen der Armenfürsorge behandelt. Diese lebte im Grunde von dem privaten Engagement des Einzelnen, nur die Organisation war durch Staat und Kirche geregelt, die mancherlei Vereine kamen als dritte Säule hinzu. Sie hatte bisher relativ gut funktioniert und hier wie in nur wenigen anderen Städten (z. B. Bremen) die Entstehung eines Massenelends wenn nicht verhindert, so doch gemildert. Darauf wies man gerne mit einigem Stolz hin[43]).

Freilich darf man nicht die heutigen Maßstäbe für humane Lebensgestaltung bei den damaligen Zeitgenossen voraussetzen. So war etwa das, was man unter dem Existenzminimum jeweils begriff, durchaus schichtenspezifisch verschieden, je nachdem, was als standesgemäße Lebensführung galt; und die wurde in einem Armenhaushalt erheblich niedriger angesetzt als für den Haushalt eines Arbeiters oder gar eines Kleinbürgers. Nach R. Engelsings Untersuchungen für Bremen galt um 1820 in der Armenfürsorge ein Existenzminimum von jährlich 65 Talern pro Familie, für den Arbeiterhaushalt lag die untere Grenze bei 100 Talern, und das war nur ein Bruchteil dessen, was ein bürgerlicher Haushalt aufwenden konnte bzw. mußte[44]). Sowohl die Blüte der Lübecker Armenpflege als auch die bedenkliche Lage der Unterschichten zeigen sich uns in der Tatsache, daß um 1830 fast der sechste Teil der Bevölkerung ganz oder teilweise nur durch Beihilfen ernährt werden konnte; über 800 Erwachsene und 350 Kinder erhielten Unterkunft und Verpflegung, Unterstützungen gingen außerdem noch an ca. 3000 Personen[45]).

Bettelei wurde von den Behörden unterbunden, wenn sie aber trotzdem auffällig zutagetrat, war das ein deutliches Zeichen für soziale Insuffizienz. „Wiewohl die hiesige Armen-Anstalt ihren Pflegebefohlnen eine Unterstützung gewährt, welche denselben einen Vorwand zum Betteln nicht weiter übrig lassen kann, hat doch die Betteley an den Tagen vor den Quartal-Festen, ungeachtet der auch hiergegen bestehenden Verbote, in einer Weise bisher sich erhalten, daß sie den Bewohnern der Stadt zu einer gerechten Beschwerde gereicht, und dieselben zum Theil selbst veranlaßt, ihre freiwilligen Beiträge zur allgemeinen Armen-Versorgung zu vermindern oder wohl gar gänzlich zurückzuhalten". So beschrieb der Rat 1837 die Situation und verbot zum wiederholten

Male jegliche Bettelei mit „Gefängnißstrafe bey Wasser und Brodt", jedoch ohne durchschlagenden Erfolg, wie die ständig wiederkehrenden Verbote in der Folgezeit beweisen[46]).

Die Armenfürsorge war seit jeher ein Überschneidungsbereich bürgerlicher und kirchlicher Motivationen und Aktivitäten. Im kommunalen Bereich waren ihre Träger die Hospitäler, die unter Aufsicht der Obrigkeit verwalteten milden Stiftungen und das St. Annenkloster, das als Armen- und Werkhaus bis zum Brand von 1843 einen großen Komplex mit folgenden Einrichtungen bildete: einem Asyl für gesunde Arme, einem Siechenhaus, einer Verwahrungsanstalt für Verwahrloste, einem Arbeitshaus, Krankenstuben, Gefängnis- und Zuchthausräumen sowie einem Heim für etwa 200 Kinder. Neben dieser Anstaltsfürsorge gab es seit 1783 das Armeninstitut (allgemeine wöchentliche Sammlungen und Austeilungen von Almosen in der ganzen Stadt), welches 1801 zur „Armen-Anstalt" ausgestaltet wurde, ohne indes eine Anstalt wie das Annenkloster zu sein oder auch nur dessen Bedeutung zu erlangen. Die Stadt wurde in vier Armenquartiere aufgeteilt, die je von einem Ratsherrn und zwei bürgerlichen Deputierten beaufsichtigt und von je sechzehn Armenpflegern betreut wurden, untergliedert in so viele Bezirke, daß jeder Pfleger für höchstens zehn Arme zu sorgen hatte[47]). Damit war die mit der Armenordnung von 1601 eingeleitete Verbürgerlichung dieses Sektors weiter ausgebaut worden. Doch die Mittel der Armenanstalt blieben begrenzt, weil sie durch private Spenden aufgebracht werden mußten.

Reform der Armenpflege 1845/46

Schwierigkeiten ergaben sich immer wieder aus der Zersplitterung der Armenpflege, insbesondere durch die zahlreichen privaten Stiftungen, die zumeist nicht mehr effektiv arbeiteten. Neben 12 größeren Anstalten bestanden 6 Höfe für Witwen und Jungfrauen, 11 Armenhäuser, 2 Konvente, 9 Armengänge und ca. 180 kleinere Stiftungen und Legate. Nur die Armenanstalt, das Waisenhaus, das Irrenhaus, das St. Jürgen-Hospital und das St. Gertrud-Pockenhaus waren öffentliche Einrichtungen. Das alte Klostergut (St. Annen, St. Johannis) wurde ebenso wie die Güter der großen und kleinen Stiftungen (Heilig-Geist-Hospital, Klemenskaland, Ägidien- und Kranenkonvent u. a.) getrennt verwaltet. Zwar hatte der Staat hierüber die Verfügung und auch die Aufsicht über die privaten Stiftungen, aber er konnte nicht koordinieren, so daß die Wohltätigkeitseinrichtungen ihre Klienten sehr unterschiedlich bedachten, oft auch kaum unterstützungsbedürftigen Personen etwas gaben, während dagegen viele wirklich Arme ohne Hilfe blieben.

Deswegen strebte der Rat seit 1841 eine Reform an, mit deren Vorbereitung er seine Central-Armen-Deputation (CAD), die seit 1830 die Oberaufsicht über alle Armenanstalten führte, beauftragte. Das war begreiflicherweise keine leichte Aufgabe, weil gleichsam das gewachsene Erbe aus Mittelalter und früher Neuzeit systematisch zu ordnen war. Doch die Bereitschaft, die CAD aus einer bloß revidierenden und kontrollierenden Ratskommission zu einer wirklichen Zentralbehörde zu machen, war allgemein vorhanden, nur das Verhältnis der kommunalen zur kirchlichen Armenpflege bereitete Schwierigkeiten.

Die CAD legte nach sorgfältiger Bestandsaufnahme 1844 einen Bericht vor, der heftige Diskussionen in der Öffentlichkeit auslöste[48]). Im Blick auf die Armenanstalt, d. h. die bezirksweise geordnete Unterstützung der einzelnen Haushalte, verwarf sie den Vorschlag, in Anlehnung an die bisherige Praxis des kirchlichen Diakonats die gesamte Armenpflege in die Hand der Kirchengemeinden zu legen, weil sie dadurch auf acht, zum Teil konfessionsverschiedene Träger zersplittert würde. Sie hielt vielmehr die kirchliche Armenpflege insgesamt für eine überholte Organisation und befürwortete die Einverleibung auch der kirchlichen Stiftungen in die zentrale kommunale Armenbehörde. Der Senat tendierte dahin, dem zuzustimmen. Hier machte es sich also nachteilig bemerkbar, daß keine einheitliche Lübecker Kirche als Rechtssubjekt neben dem Staat existierte, sondern bloß einzelne Gemeinden.

Damit kam nun aber die seit 1839 liegengebliebene Verfassungsfrage wieder ins Spiel. Einflußreiche Stimmen plädierten dafür, daß die Armenfürsorge auch eine kirchliche Aktivität bleiben müßte und der Diakonat beibehalten, ja ausgebaut werden müßte[49]. Demgegenüber hielten gerade die liberalen Kräfte ein autonomes kirchliches Handeln auf diesem Gebiet für unmöglich. (Vgl. dazu die Programmschrift von K. Mosche S. 409f, die in diesem Zusammenhang eine Rolle spielte.) Die zur Begutachtung von der Bürgerschaft eingesetzte Kommission kam zu dem bemerkenswerten Schluß, daß eine Absonderung des Kirchenguts gegenüber dem Vermögen der Stiftungen und den staatlichen Anstalten illegitim wäre, weil die Kirche „nur als identisch mit dem Staat betrachtet werden" könnte. Denn die Kirche wäre nichts anderes als die Gemeinde, welche wiederum mit der bürgerlichen Gemeinde zusammenfiele, so daß der Staat als die umfassende Repräsentanz auch über das Kirchengut verfügen könnte[50].

Die Bürgerschaft machte sich in ihrer Erklärung zur Senatsvorlage vom 17. Juni 1845 diese liberal-staatskirchliche Position nicht zu eigen, sondern meinte bei aller Zustimmung zu den Zentralisierungsplänen, „daß das Armenwesen in eine möglichst innige Beziehung zur christlichen Gemeindeverfassung gebracht werden müsse, und daß deren Armenwesen die größte Öffentlichkeit in jeder Beziehung zu geben sei". Bei aller Integration der Kirche in das Gemeinwesen trat sie für deren Eigenständigkeit ein, deswegen wiederholte sie ihre alte Forderung, endlich eine neue Kirchenverfassung zu verabschieden[51].

Doch der Senat gab dem nicht statt, ließ aber den Diakonat und die kirchliche Armenpflege bestehen, und so trat dann 1846 die Reform des Armenwesens in Kraft[52]. Sie brachte eine begrüßenswerte Stärkung der Armenanstalt durch die Zusammenfassung der verschiedenen Mittel, durch die koordinierende Kontrolle der privaten Stiftungen und durch die Einteilung der Stadt in 38 Fürsorgebezirke (später auf 50 erweitert), tangierte aber das historische Bild der verschiedenen Stiftungen ansonsten so wenig wie möglich – bis auf die Auflösung des St. Jürgen-Siechenhauses, des St. Gertrud-Pockenhauses, des Ägidienkonvents sowie des Kranen- und Krusenkonvents in der Kleinen Burgstraße, des beachtlichen Vermögens des Klemenskalandes und der anderen Bruderschaften, womit diese Reste des mittelalterlichen Kirchenwesens endgültig verschwanden.

Liberalismus und Jung-Lübeck-Bewegung

Die Jahre der sogenannten Vormärzzeit vor dem Epochenjahr 1848 sind durch eine eigentümlich ambivalente Atmosphäre gekennzeichnet. Auf der einen Seite regte sich viel Neues und brachte auf allen Gebieten Bewegung in überholte Strukturen, auf der anderen Seite stand das resignative Empfinden, daß man gegen die verfestigte Restauration nichts ausrichten könnte. Speziell in Lübeck wurde diese Mischung aus Reformmentalität und Resignation durch die isolierte politische Situation und durch den hinterwäldlerischen Konservatismus vieler Bürger noch verstärkt. „Es herrscht hier in unserer Stadt eine ungemüthliche, unzufriedene Stimmung", urteilte 1843 der junge Weinhändler Heinrich Leo Behncke und meinte, es wäre hier im Vergleich zu süd- und mitteldeutschen Städten „wie hinter der chinesischen Mauer, wo alles stehen bleibt und Nichts Neues Eingang findet"[53]). Die Unruhen des Jahres 1843, wo die Kritik am Steuer- und Militärwesen zu gelegentlichen Straßentumulten führte, signalisierten die Unzufriedenheit.

Der Liberalismus, der nach 1848 für einige Jahre auch in Lübeck eine bedeutsame Gestaltungskraft wurde, hatte sich seit Beginn der dreißiger Jahre – gleichsam parallel zu den im vorigen Kapitel dargestellten kirchlichen Erneuerungsbestrebungen, aber mit umgekehrtem Vorzeichen – als Bewegung im allgemeinen Geistesleben bemerkbar gemacht. Als das „junge Lübeck" sammelten sich einige Intellektuelle zu fruchtbarem Gedankenaustausch und zu publizistischen Initiativen, „um in den alten Schlendrian ein Loch zu machen", wie es Theodor Curtius, einer der Angehörigen dieses Kreises, formulierte[54]). Neben Männer wie die Oberappellationsgerichtsräte Overbeck und Pauli und die Katharineumsprofessoren Evers, Dettmer und Deecke, die schon länger reformerisch agiert hatten, traten nach 1835 jüngere wie der Jurist Theodor Curtius mit seinen Brüdern Ernst und Georg, der Dichter Emanuel Geibel, die Juristen Heinrich Thöl und Carl Alexander von Duhn, Friedrich Krüger und Kurd von Schlözer, die Historiker Wilhelm Wattenbach und Wilhelm Mantels, später auch der Jurist Theodor Behn, insgesamt eine geistige Elite, wie es sie in dieser Art hier nicht wieder gegeben hat[55]). Die bürgerliche Revolution in Frankreich 1830 wirkte auf das allgemeine Bewußtsein nachhaltig, weil sie der unzufrieden gewordenen jungen Generation von außen her signalisierte, daß die Restauration nicht ein widerspruchslos hinzunehmendes Schicksal wäre, und Bewegung in das politische Denken brachte.

Dieser Elite ist es vor allem zu verdanken, daß der „Vormärz" zu einer fruchtbaren Periode der Vorbereitung innerer Reformen wurde und daß deswegen die allgemeine Revolution des Jahres 1848 in Lübeck wenig Anhalt fand, weil die bürgerlichen Emanzipationsbestrebungen auf evolutionärem Wege zum Erfolg kamen. Freilich mußte das mühsam erstritten werden.

Waren die Jahre nach 1835 die Zeit der Reformdiskussionen, so schritt man erst nach 1842/43 zur Tat. Neben der Gemeinnützigen Gesellschaft mit ihrem Vortragswesen gab es seit 1835 mit den von C. G. Overbeck ins Leben gerufenen „Neuen Lübeckischen Blättern" ein wirksames Diskussionsforum. Das Ziel der neuen Wochenzeitschrift war nicht ein direkt politisches, aber auch nicht ein primär literarisches; sie wollte die politische Bildung und staatsbürgerliche Gesinnung fördern und damit die Schranken beseitigen, die in einer Zeit freisinniger Ideen deren Realisierung entgegenstanden. Die Losung lautete: Weckung des Gemeingeistes unter Zurückdrängung des individualistischen Egoismus, sittliche Vervollkommnung des Einzelnen durch Verwirklichung seiner Freiheit in einem gut geordneten Gemeinwesen[56]). Es entsprach der Tradition lübischen

Christentums, daß religiös-kirchliche Themen von Anfang an hier auch behandelt wurden und Geistliche sich mit Beiträgen beteiligten.

Der Grundgedanke aller Reformer war der, daß die erforderliche Neuordnung des Staatswesens sich aus einer allgemeinen neuen Geisteshaltung herausentwickeln müßte. Die Orientierung am Staat gab diesem Kreis das spezifische Profil, was ja der alten Tradition des Bürgersinnes entsprach. Nun ging es um die Verwirklichung liberaler Ideen und um die Politisierung derjenigen bürgerlichen Schichten, die bislang kaum Mitwirkungsrechte im Staat hatten, der Bildungsbürger.

Den pädagogisch und publizistisch tätigen Mitgliedern des Jung-Lübeck-Kreises wie Deecke, Dettmer, Evers standen die Männer zur Seite, die nach 1840 eine politische Rolle im Staat spielten wie Behn, Curtius und Senator Brehmer. Gustav Evers (1809–1858) sei hier genannt, wei bei ihm die christlich-liberale Motivation besonders stark hervortrat. Er hatte Theologie studiert, war von Johannes Geibel und Schleiermacher geprägt, aber aus Gewissensgründen hatte er kein geistliches Amt angetreten, sondern ein Lehramt am Katharineum übernommen. Er fand in der Vormärzzeit mit seinen Vorträgen und Publikationen weitgehende Resonanz[57]). Aber auch bei den anderen Männern dieses Kreises wirkten christliche Motive und Ideen in je verschiedener Ausprägung mit.

Bürgerliche Christlichkeit gegen konfessionelle Kirchlichkeit

Die atmosphärische Ambivalenz der Vormärzzeit machte sich auch auf kirchlichem Gebiet bemerkbar, und zwar in der Profilierung zweier verschiedener Gruppierungen, die je für sich das Erbe der Lübecker Kirchengeschichte repräsentierten. Auf der einen Seite standen die restaurativen Reformer der Zeit nach 1830 um Lindenberg, Funk, Petersen, Michelsen u. a. Sie waren vom Bewußtsein durchdrungen, daß die eingeleiteten Reformmaßnahmen eine Verbesserung der Kirchlichkeit einleiten würden oder auch teilweise schon eingeleitet hätten, daß vom „wiedererwachten Evangelium" her die Kirche auf dem Wege wäre, „zu einer Gemeinde Jesu zu regeneriren"[58]).

Auf der anderen Seite wurde gerade durch die verkirchlichenden konfessionalistischen Tendenzen die Entfremdung der meisten Bürger von der Kirche nur noch weiter vorangetrieben, wenn man von der kleinen Zahl der in den Vereinen und Zirkeln Aktivierten absieht. Unkirchlichkeit galt zunehmend als normales Verhalten, wobei – und das macht dies Phänomen so interessant! – vielfach durchaus christliche Motivationen beibehalten wurden. So wurde die Distanz zur Kirche, die in der Aufklärungszeit weithin nur eine innere war und jetzt auch eine äußere wurde, zu einer neuen christlich-autonomen Position. Nur von diesem Faktum her dürfte die eigentümliche Konstanz des Christentums in unserer Stadt bis in die Gegenwart hinein zu verstehen sein.

In einer Diskussion des Jahres 1845, die im Zusammenhang mit den damals diskutierten Reformerfordernissen in Staats-, Kirchen-, Armen- und Schulwesen die grundsätzlichen Aspekte thematisierte (vgl. S. 406), kam jene Ambivalenz exemplarisch zum Ausdruck. Angesichts der neuorthodoxen, konfessionalistischen Tendenzen hatte der liberale Professor am Katharineum Karl Mosche in einer Streitschrift eine programmatische Abkehr von der institutionellen Kirchlichkeit gefordert[59]). Kirche als Institution wäre etwas dem deutschen wie dem protestantischen Geist Fremdes, etwas Katholisch-

Hierarchisches, sie hätte neben dem Staat als der Organisation der Bürger kein eigenes Existenzrecht: „Denn die Gesammtheit der Bürger mit ihrer Obrigkeit und ihrem ganzen Regiment ist doch wohl der Staat, und unter Bürgern und Obrigkeit, die auch aus Bürgern besteht, ist Keiner, welcher nicht mitgezählt werde in der Christengemeinde. Wenn also die Kirche als Gemeine aus den Bürgern und der Staat aus denselben Bürgern besteht, so ist für diesen Fall beides eins und dasselbe"[60]). Damit wollte Mosche das neutestamentliche Leitbild der Gemeinde aufnehmen, bei der weltliche und kirchliche Existenz nicht zu trennen wären, weil die einzelnen, als Gemeinde verstanden, ihr Leben gemäß dem Geiste Jesu in sittlicher Verantwortung regulierten. Und so wandte er sich gegen das allgemeine Gerede von der Unkirchlichkeit der Zeitgenossen als unsachgemäße Panikmache. Denn alles, „was bei uns von der Gemeine durch die Gemeine geschieht zur Belebung und Pflege jeglicher bürgerlicher Tätigkeit" in Kultur, Wissenschaft, Geselligkeit und Fürsorge, das wäre „als unverkennbares Zeugniß des lebendig christlichen Gemeingeistes" anzusehen.

Gegen diese liberale, für weite Kreise typische Differenzierung zwischen Kirchenbindung und moralistisch nivellierter Christlichkeit bei Mosche erhob sich berechtigter Widerspruch auf vielen Seiten, nicht nur bei den Geistlichen. Aufschlußreich ist für uns in diesem Zusammenhang die Tatsache, daß die Einschätzung der allgemeinen Situation auf beiden Seiten gar nicht so sehr divergierte. Wollte Mosche angesichts der Klagen über die Entkirchlichung auf das Vorhandensein lebendiger christlicher Kräfte und ihren hohen Stellenwert im Gemeinwesen aufmerksam machen, so stimmten ihm seine Kritiker darin zu, leiteten aber gerade daraus die Existenzberechtigung einer spezifisch religiösen Institution ab: „Ueberhaupt ist es am wenigsten jetzt an der Zeit, der Kirche, als einer eigenthümlichen Gemeinschaft und Lebensordnung, schon den Todtenschein auszuschreiben. Wie regt es sich überall!"[61]). In der Tat waren verschiedene Kräfte in der Kirche am Werk, die langfristig für die ersehnte größere Lebendigkeit sorgten.

Die gedrückte, resignative Grundstimmung war nicht zuletzt durch die außenpolitische Situation Lübecks, durch die dänische Einschnürungspolitik und durch die Isolation im Reich bedingt. Doch nun kündigte sich allmählich ein Hoffnungsschimmer am Horizont an, weil es – vor allem durch die diplomatischen Erfolge des 1846 in den Senat gewählten Theodor Curtius – mit Hilfe der Großmächte Preußen, Österreich, England und Rußland gelang, Dänemark in der Eisenbahnfrage zum Einlenken zu zwingen. Der Staatsvertrag von 1847 über den Bau der Lübeck-Büchener-Eisenbahn garantierte den Anschluß an die wirtschaftliche Entwicklung im übrigen Deutschland[62]).

Im selben Jahr dokumentierten zwei große Veranstaltungen den Willen der nationalen Bewegung, das abgelegene Lübeck nicht mit seinem Schicksal alleinzulassen: Das Allgemeine Deutsche Sängerfest im Juni 1847 und die Germanistenversammlung im September 1847, der „geistige Landtag des deutschen Volkes", auf welchem die Stadt durch die Vertreter der Jung-Lübeck-Bewegung hervorragend repräsentiert war[63]). Wurde das Sängerfest mit dem Choral „Ein feste Burg" eröffnet und mit „Des Deutschen Vaterland" geschlossen, so zeigte sich daran die religiöse Färbung des mächtig aufbrechenden Nationalgefühls, ein Vorbote der neuen Zeit, die Geibel in seinem Begrüßungslied besang. Aber auch ein anderer Vorgang war symptomatisch für jene Zeit. Der alte Streiter für reine Kirchlichkeit J. L. Funk protestierte öffentlich in scharfer Weise gegen die Veranstaltung eines Konzertes mit weltlicher Musik in der Marienkirche⁶⁴). Säkularisierte und klerikalisierte Religiosität standen damit als Ausdruck jener Zeit nebeneinander.

Neigten um 1820/30 bürgerliche Kreise dem Urteil zu, die Kirche wäre langfristig zum Absterben verurteilt, so brachte die Zeit bis 1848 mit der Profilierung neuer Aufgaben und einer Rückbesinnung auf stärkere Kirchlichkeit erste Ansätze für einen Aufschwung. Weder erhob sich die Kirche wie der Phönix aus der Asche noch mühte sie sich wie Sisyphus ab – es ging allmählich voran.

21. Kapitel
Anfänge der Auflösung des Staatskirchentums. Liberalismus und Konfessionalismus 1848—1860

Ein neues kirchliches Selbstbewußtsein, das auf Autonomie der Kirche zielte, hatte sich im Konfessionalismus seit 1830 verfestigt. Dem stand mit dem Liberalismus eine gänzlich andere, im kirchlichen Raum wesentlich schwächer verankerte Position gegenüber, die aber letztlich auch eine Beseitigung des alten Staatskirchentums intendierte. Die Reformen der Zeit nach 1848 wurden nicht von der Kirche, sondern vom Staat im Sinne größerer Liberalisierung bewirkt. Dadurch kam es zu Differenzen und Konflikten, die vor allem auf dem Gebiet der Kirchenverfassung hervortraten. Deren Reform ist das große Thema der Kirchengeschichte zwischen 1848 und 1860.

Reform der Staatsverfassung 1848

Im Staat war die Neuordnung des Armenwesens 1845/46 die erste gelungene Reform nach einer langen Periode der Stagnation. Noch zum Jahresbeginn 1845 hatte der Redakteur der Neuen Lübeckischen Blätter, der Liberale Carl Heinrich Dettmer festgestellt: „Die Ueberzeugung, daß fast alle unsre Zustände einer durchgreifenden Regeneration bedürfen, ist allgemein geworden"[1]. Doch inzwischen war auch die vom Jung-Lübeck-Kreis initiierte Reform der Staatsverfassung in Gang gekommen, nachdem 1842 das Kollegium der Stockholmfahrer die Initiative aufgegriffen hatte. Erste Kommissionsberatungen begannen 1843, und am 8. April kam die Arbeit mit der Zustimmung der Bürgerschaft zur Verfassung zu einem angesichts der Vorgeschichte erstaunlich raschen Abschluß.

Als Ergebnis kam eine moderate Demokratisierung heraus. Der Senat (wie er seitdem offiziell hieß) wurde nicht mehr durch reine Selbstergänzung, sondern in Kooperation mit der Bürgerschaft gewählt. Die alte Kollegienverfassung der Bürgerschaft wurde beseitigt, doch blieb diese weiterhin ständisch gegliedert und wurde nicht in gleicher Wahl gewählt. Die Staatsgewalt wurde zwar nach wie vor vom Senat ausgeübt, aber die Bürgerschaft erhielt eine Reihe neuer Mitwirkungsrechte. Demokratisch im strengen Sinne war also diese Verfassung der Republik nicht. Allerdings modifizierte sich im Verlaufe des Jahres 1848 infolge der bürgerlichen Revolution in Deutschland einiges, so daß im Dezember 1848 in einer Verfassungsergänzung die ständische Zusammensetzung der Bürgerschaft ganz aufgehoben und das gleiche Wahlrecht für alle Einwohner eingeführt wurde[2].

Bei der ersten Wahl zur neuen Bürgerschaft wurden im Mai 1848 auch die Pastoren Lindenberg und Klug (für den Stand der Gelehrten) gewählt. Während ersterer schon nach einigen Jahren ausschied, blieb Klug mit einer Unterbrechung bis 1861 Bürgerschaftsmitglied. Das war eine ganz neue Weise der politischen Betätigung der Geistlichen, aber diese blieben doch insgesamt bei ihrer gewohnten Zurückhaltung. Lindenbergs neulutherische Trennung der Zwei Reiche führte bei ihm zu einer eindeutigen politischen Haltung und zur Kritik an allen Versuchen, Religion und Politik als „zwei ganz von einander verschiedene Gebiete" zu vermengen[3].

Schlecht stand es nach wie vor mit der Reform der Kirchenverfassung, die die Bürgerschaft zuletzt 1845 bei der Diskussion um die Zentralisierung der Armenpflege angemahnt hatte. An dem Kirchenregiment des Senats änderte die neue Staatsverfassung nichts, nur die Mitwirkungsrechte der Bürgerschaft bei der kirchlichen Vermögensverwaltung wurden in Art. 51 etwas präziser bestimmt, ohne daß sie die obrigkeitliche Kirchenhoheit substantiell tangieren konnten. Der Senat war im Jahre 1848 entschlossen, gleichsam als Annex zur Staatsverfassung seinen Entwurf von 1839, der das alte Staatskirchentum festschrieb, durchzubringen, nachdem Verhandlungen, die Curtius im Jahre zuvor mit Lindenberg, dem neuen Senior, geführt hatte, keine neuen Ergebnisse brachten[4]).

Neue Impulse zur Kirchenverfassungsreform

Durch Johann Carl Lindenberg, der 1846 als Nachfolger von H. F. Behn das Seniorat übernahm und es bis zu seinem Tode im Jahre 1892 innehatte, wurde eine ganze Ära der Lübecker Kirchengeschichte im konservativen, mild konfessionalistischen Geist geprägt[5]). Die Reformideen, die Lindenberg schon in den zwanziger und dreißiger Jahren entwickelte und nach 1848 mit nur leichten Modifikationen beibehielt, zielten auf Bewahrung des Bestehenden durch eine verbesserte Kirchlichkeit (vgl. S. 394). Dazu gehörte auch die Idee, daß die Kirche autonom gegenüber dem Staat sein müßte, doch Lindenberg war viel zu sehr der Lübecker Tradition verpflichtet, als daß er sein Ziel in Opposition zum hartnäckig widerstrebenden Senat durchzusetzen versuchte. So ergab er sich darein, daß seine Reformvorschläge auf fast allen Gebieten immer wieder abgelehnt wurden. Die rechtliche Position des Seniors war nach wie vor unbefriedigend geregelt, da er ja nur Verwalter für einige Aufgaben des seit 1796 vakanten Superintendentenamtes war, ohne dessen volle Kompetenzen als geistlicher Leiter der Kirche zu haben. Reformversuche waren auch in dieser Frage gescheitert, zuletzt 1846[6]).

Mit der liberalen Märzrevolution von 1848 und dem Zusammentreten des deutschen Nationalparlaments in der Frankfurter Paulskirche änderte sich die allgemeine Stimmung auch im Blick auf die Kirchenverfassung. Diskussionen, die im Theologischen Verein seit Mai 1848 geführt wurden, geben darüber Aufschluß[7]). Lindenberg machte sich zum Sprecher all derer, die eine vom Staat freie, von der Basis her organisierte lebendige Gemeindekirche forderten. Der grundsätzlichen Trennung vom Staat widersprachen nur wenige Geistliche, strittig blieb aber, welcherart die gleichwohl für notwendig erachtete Verbindung sein sollte. Und in dieser Frage wurde das ganze vielschichtige Problem von Christentum und Gesellschaft mitdiskutiert. Während Lindenberg und die Konservativen eine kleine, auf die Zahl der entschiedenen Christen gegründete Bekenntniskirche unter Leitung des geistlichen Amtes anstrebten (mit dem Argument, es wäre besser, sich auf zehn Prozent Aktive zu stützen als wie bisher auf hundert Prozent Gleichgültige), verbanden die Liberalen wie z. B. der Domprediger Luger die Idee des Volksstaates mit der Tatsache, daß dessen Glieder samt und sonders Christen wären, zur Forderung einer demokratischen Volkskirche.

Der Vorstellung einer fundamentalen Reform durch Rekurs auf das neutestamentliche Gemeindeideal in Antithese zur bisherigen Staats- und Jedermannkirche stand die realistische Konzeption gegenüber, die bestehende Synthese mit der Gesellschaft durch Aufnahme der in dieser lebendigen demokratischen Impulse für die Kirchenverfassungsreform zu nutzen. Dies wurde dann auch der Ansatz, von dem die weitere Planung ausging und letztlich die ganze Reformarbeit während des Jahrhunderts bestimmt war.

Seitens des Reiches war die Trennung von Staat und Kirche durch die von der Nationalversammlung am 12. Juli 1848 proklamierten „Grundrechte des deutschen Volkes" allen Einzelstaaten bindend vorgeschrieben (in Lübeck am 17. Januar 1849 eingeführt). Das bedeutete im einzelnen: Religionsfreiheit, Unabhängigkeit der staatsbürgerlichen Rechte vom Bekenntnis, Gleichstellung der Konfessionen einschließlich der Juden, Einführung der Zivilehe, Emanzipation des Schulwesens von der Kirche, Abschaffung der Staatskirche, Autonomie der Kirche in Gesetzgebung und Verwaltung. Damit wurden alte liberale Forderungen eingelöst, denen viele Kirchenmänner bisher zugestimmt hatten, ohne die für die Kirche nachteiligen Folgen einer Entkirchlichung des öffentlichen Lebens im einzelnen zu bedenken.

In der neuen Situation ergriff das Geistliche Ministerium die Initiative, indem es gemäß den Paulskirchenbeschlüssen die Übertragung des Kirchenregiments auf ein synodales Vertretungsorgan der Gemeinde forderte[8]). Dadurch bekam die Verfassungsdiskussion insofern eine Wendung, als nun auch der Senat sich zu neuen Verhandlungen bereiterklärte und der Bildung einer Verfassungskommission zustimmte, deren Zusammensetzung demokratischen Ansprüchen genügen konnte. In Anknüpfung an die Beratungen von 1832/33 legte das Ministerium im November 1849 Grundzüge einer Kirchenverfassung vor, die erstmals auch Regelungen für das kirchliche Leben, also eine vollständige Kirchenordnung, orientiert am Werk Bugenhagens, enthielten. Damit war ein Präjudiz für die ganze weitere Diskussion geschaffen. Unter Wahrung der Kontinuität zur bisherigen Praxis sollte keine vollständige Trennung zwischen Staat und Kirche eintreten, wohl aber dieser durch eine presbyterial-konsistoriale Organisation die notwendige Autonomie gegeben werden: ein Kirchenrat für die Gesamtkirche, Ausschüsse für alle Gemeinden, geistliche Leitung durch Senior und Ministerium, Neuordnung des Finanzwesens, Einbeziehung der Landgemeinden (so daß eine einheitliche Landeskirche entstand).

Der Entwurf, der maßgeblich von Lindenberg gestaltet worden war, war ein sinnvoller Kompromiß zwischen den beiden im Jahre 1848 strittigen Positionen. Doch die Verfassungskommission konnte ihre Arbeit nicht aufnehmen, weil Senat und Bürgerschaft sich erst nach längerem Hin und Her über den Wahlmodus für ihre Zusammensetzung einigten. Dadurch verstrich wertvolle Zeit.

Streit um Kirche und Schule 1850

So drängten sich mittlerweile andere Probleme gegenüber der Verfassungsfrage in den Vordergrund. Von Preußen und Österreich ausgehend setzte 1850 überall die antiliberale Reaktion ein, doch in Lübeck, das ja 1848 eine Revolution durch rechtzeitige Reform gegenstandslos gemacht hatte, lagen die Dinge anders. Hier ging die Liberalisierung auf etlichen Gebieten weiter, obschon recht langsam und moderat.

Die beabsichtigte Trennung von Staat und Kirche mußte auch Folgen für das Schulwesen haben, dessen Reform allerdings unabhängig von diesen Implikationen anstand. Im Zusammenhang der Neuorganisation von Gericht und Verwaltung publizierte der Senat

1850 den Plan, die Aufsicht über das gesamte Schulwesen einem Oberschulkollegium zu übertragen, zusammengesetzt aus zwei Senatoren, dem Direktor des Katharineums und zehn Bürgern. Dadurch wurden die Interessen der Kirche erheblich tangiert, deren Mitwirkung an der Schulaufsicht seit dem 18. Jahrhundert immer stärker beschnitten worden war. Für das höhere Schulwesen bedeutete das zwar keine große Veränderung, weil an der Aufsicht über das Katharineum seit der Errichtung der Schuldeputation im Jahre 1837 kein Geistlicher mehr beteiligt war. Aber die kirchliche Mitwirkung an der Verwaltung der Volks- und Mittelschulen (zuletzt 1810 neu geordnet), die bislang den Charakter dieser Bildungsstätten geprägt hatte, sollte wegfallen. Das Geistliche Ministerium, welches sich zu Recht übergangen fühlte, weil es bisher bei derartigen res mixtae vor der öffentlichen Verhandlung stets konsultiert worden war, protestierte – in klarer Erkenntnis der neuen Bedeutung, die die Öffentlichkeit gewonnen hatte! – nicht wie früher durch eine Eingabe an den Senat, sondern durch eine an die Gemeinden gerichtete Flugschrift[9]).

In der dadurch entfachten Auseinandersetzung kamen exemplarisch die Grundsatzfragen der neuen staatskirchenrechtlichen Situation zur Sprache. Das Ministerium sah die Neukonstruktion der Schulaufsicht, an welcher ja auch inhaltliche Aspekte der Lehrerbildung und der Lehrpläne hingen, als eine illegitime Trennung von Schule und Kirche an, weil bislang der Senat als solcher in Wahrnehmung seines Summepiskopats für den christlichen Charakter der Schule verantwortlich gewesen wäre. Auf interessante, aber letztlich doch sehr unzeitgemäße Weise zog das Ministerium inhaltliche Konsequenzen aus dem vom Senat beanspruchten Kirchenregiment für die Christlichkeit seines gesamten Regiments: „In jeder Verwaltungsbehörde demnach, an welcher Mitglieder des Senates von Amts wegen Theil nehmen, waren bisher Staat und Kirche in denselben Personen vertreten". Sollten nunmehr beide Institutionen getrennt werden, so folgte daraus für das Schulwesen, daß dessen postulierte Christlichkeit durch die dazu legitimierte Institution überwacht werden müßte, und dies konnte der religiös neutrale Staat nicht mehr sein. Zugleich argumentierte das Ministerium mit der alten Interdependenz von Christentum und Bürgertum: „Und doch kann die Kirche ohne Schule nicht gedacht werden. Aus der Schule erbaut sie sich; aus ihr erwächst die künftige Gemeinde; in der Schule sollen die Keime der Gottesfurcht, christlicher Sitte und Tugend gepflanzt werden, welche zu pflegen und zu fördern die wesentliche Aufgabe der Kirche ist".

Konkret bedeutete der Vorstoß des Ministeriums, daß durch die kirchliche Vertretung im Schulkollegium der neuen Rechtssituation der prinzipiellen Trennung von Staat und Kirche Rechnung getragen würde. Das hätte ein Modell partnerschaftlicher Kooperation beider Institutionen bedeutet. Doch die Mobilisierung der öffentlichen Meinung[10]) brachte nur einen Teilerfolg. Der Bürgerausschuß votierte am 19. Februar 1851 dafür, die Einrichtung der neuen Schulbehörde mit Rücksicht auf die unerledigte Kirchenverfassungsfrage zurückzustellen, weil die Organisation der Gemeinden und die Stellung der Kirche zum Staat noch ungeklärt wären[11]). Verärgert mußte der Senat die Sache auf sich beruhen lassen, aber als er sie dann 1864 wieder aufnahm, konnte er sie mit dem Schulgesetz von 1866 in seinem Sinne lösen (vgl. S. 460).

Ein neues Konzept für die Kirchenverfassung 1852/53

Die Arbeit an einer Kirchenverfassung nahm erst im Juni 1851 ihren Fortgang, als die endlich zustandegekommene Kommission ans Werk ging. In ihr dominierten die Vertreter der Bürgerschaft, neben einem kirchlich engagierten Mann wie Nölting der Wortführer der Bürgerschaft Theodor Behn (1819–1906), der Mann, der sich bei der Revision der Staatsverfassung sehr verdient gemacht hatte und der nun für über vierzig Jahre mit dem Schicksal der Kirchenreform verbunden blieb. Seitens der Geistlichkeit waren mit Lindenberg, Klug, Luger, Michelsen, Heller und Plitt die verschiedenen im Ministerium geäußerten Positionen vertreten. Den Kommissionsvorsitz führte der energische Senator Friedrich M. J. Claudius, Sohn des bekannten Dichters, nach Fehlings Urteil „durch eine göttliche Grobheit gegen Jedermann berühmt"[12]), der dadurch, daß er im Senat viele Gegner hatte, nicht gerade ein Garant für einen glücklichen Ausgang des Verfassungswerkes war. Kann man von Lübeck nicht von einer generellen antiliberalen Reaktion nach 1850 sprechen, so bildet das Kirchenwesen hier eine Ausnahme. Nachdem die ersten Impulse, die Verhältnisse von Grund auf neu zu ordnen, abgeklungen waren, konnte der Senat ohne nennenswerten Widerstand am 9. Oktober 1851 die Proklamation der demokratischen Grundrechte, und damit auch das Gebot der Trennung von Staat und Kirche wieder aufheben[13]). Das war kein gutes Vorzeichen für ein Gelingen der Kirchenreform.

Doch die Kommission arbeitete zunächst unverdrossen und präsentierte mit dem umfangreichen Entwurf einer „Kirchengemeinde-Ordnung" vom 21. Mai 1852 schon bald ein hervorragendes Ergebnis, zu welchem Stellung zu nehmen zunächst alle Gemeindeglieder mit öffentlicher Kundgebung in den „Lübeckischen Anzeigen" vom 2. Juni 1852 aufgefordert wurden[14]). Doch diese machten von der neuen demokratischen Möglichkeit so sparsamen Gebrauch, daß der Entwurf nahezu unverändert 1853 dem Senat eingereicht werden konnte.

In Fortführung der Vorschläge des Ministeriums von 1849 verband der Entwurf eine Ordnung für die Gemeinden und das geistliche Amt mit einer Verfassung für die Gesamtkirche, die als das Primäre erschien, und begriff insofern Lübeck als kirchliche Einheit. Neu war die ausdrückliche Bindung an die Bekenntnisschriften. Eine „absolute Unabhängigkeit der Kirche" vom Staat fand der Entwurf nicht empfehlenswert, in der Übernahme wesentlicher staatskirchlicher Elemente zeigte sich deutlich das Nachlassen der Reformbegeisterung. Die Kirchenhoheit sollte beim Senat verbleiben, aber von diesem auf einen Kirchenrat übertragen werden. Dessen Vorsitzender sollte zwar ein Senator sein, aber durch die Mitgliedschaft des Seniors und zweier Gemeindevorsteher wären erstmals neben der Obrigkeit auch die Gemeinde und das geistliche Amt direkt an der Kirchenleitung beteiligt worden. Die Stellung des Seniors wurde gestärkt, er rückte in die bisherige Rechtsposition des Superintendenten als des geistlichen Leiters der Kirche ein. Dafür sollte das Geistliche Ministerium seine Beteiligung an kirchenleitenden Funktionen verlieren. Erhebliche Kompetenzen waren der Synode als Gesamtvertretung der Gemeinden zugedacht, auch wenn sie rechtlich nur als Erweiterung des Kirchenrats gelten sollte, wohl um zu verschleiern, daß man den beargwöhnten demokratischen Tendenzen aus spezifisch kirchlichen Gründen entgegenkommen mußte. Eine allzu starke Demokratisierung sollte auch auf der Gemeindeebene durch die Einführung von Gemeindeausschüssen neben den Vorständen und durch ein Filtrierungssystem bei den Wahlen abgewehrt werden. Der diakonischen Dimension trug man dadurch Rechnung, daß die Armenfürsorge als integraler Bestandteil der gemeindlichen Arbeit neu geregelt wurde.

Insgesamt handelte es sich bei dem Verfassungsentwurf von 1852/53 um eine realistische Mischung aus Anknüpfung an die bestehenden Strukturen und Neuerungen, und er hätte die Möglichkeiten der Kirche, auf die Herausforderungen der Zeit selbständig-produktiver als bisher zu reagieren, beträchtlich verbessert — wenn er vom Senat akzeptiert worden wäre. Doch diesem ging er im Abbau des Staatskirchentums viel zu weit, und darum wandte er zunächst seine alte Methode der Verschleppungstaktik an. Trotz mehrfachen Drängens von Ministerium und Bürgerschaft trat er jahrelang gar nicht erst in die Verhandlung über den Entwurf ein. Kirchenreform war für ihn eine Modeerscheinung, die mit der Überwindung der Revolution ihre Aktualität verloren hatte. Immerhin aber waren mit jenem Entwurf Maßstäbe gesetzt, an denen man auch später nicht mehr einfach vorbeikommen konnte.

Emanzipation der Juden 1848—52

Durch die Einführung der Grundrechte waren Tendenzen zur Liberalisierung auf religionspolitischem Gebiet in Gang gekommen, die auch dann noch fortwirkten, als die Grundrechte formell wieder aufgehoben wurden. Die moralisch bedeutsamste Neuerung betraf die bürgerliche Gleichstellung der Juden, die ihnen 1821 nach langem Streit zuletzt verwehrt worden war (vgl. S. 380 f). Auch sie wurde nicht durch die Situationsänderung von 1848 erzwungen, sondern von längerer Hand vorbereitet.

Da den Juden der Absatz ihrer Waren in der Stadt verboten blieb, mußten sie im Moislinger Getto ein erbärmliches Dasein fristen. Ihre Not brachte schließlich viele Einsichtige dahin, für die Gewährung der Gewerbefreiheit einzutreten. Die Neuen Lübeckischen Blätter setzten sich dafür ein, 1842 wurde schließlich eine Kommission unter Führung des Syndikus Karl August Buchholz, des alten Streiters für jüdische Rechte, eingesetzt. Sie gelangte nach Prüfung der Sachlage schon 1843 zu der einmütigen Empfehlung an den Senat, aus Gründen der Humanität und Gerechtigkeit („zur Ehre unserer Stadt") den Juden die volle Gewerbe- und Wohnfreiheit zu gewähren, um so ihrer Verarmung aufzuhelfen. Doch der Senat zögerte, setzte 1847 erneut eine Kommission ein, erklärte sich aber im Januar 1848 wenigstens bereit, für die Juden deutsche Familiennamen vorzuschreiben[15]).

Ihre bürgerliche Gleichberechtigung wurde im Zusammenhang der Verfassungsrevision, die den Unterschied zwischen Bürgern und Einwohnern aufhob, durch den Rats- und Bürgerschluß vom 8. Oktober 1848, welcher das Bürgerrecht allen Einwohnern „ohne Rücksicht auf das religiöse Bekenntniß" zugestand, implizit anerkannt. Denn bei dieser Gesetzgebung war auch die Judenfrage thematisiert worden, weil die Bürgerschaft sich zunächst dagegen gewehrt hatte, sie unabhängig von der gesamten Religions- und Kirchenfrage zu lösen, dann aber der Lösung zustimmte, daß die Juden, sollten sie in die Bürgerschaft gewählt werden, sich der Abstimmung über Angelegenheiten der christlichen Kirche zu enthalten hätten[16]).

Ohne es durch ein ausdrückliches Gesetz zu fixieren, ging der Senat seit der Proklamation der Grundrechte 1849 davon aus, daß die Juden auch die gewerblichen Rechte hätten. Infolge dieser Praxis zogen die meisten Juden von Moisling in die Stadt, die Gemeinde kaufte sich schon 1850 ein Haus in der Wahmstraße, das ihr als Synagoge diente, aber bald schon viel zu eng wurde. In dem Rabbiner Alexander Adler bekam sie einen tatkräftigen Leiter, und seit der Wahl von 1851 war mit dem Gemeindediener Samuel Marcus auch ein Jude Mitglied der Bürgerschaft[17]).

Die Aufhebung der Grundrechte stellte die ganze Entwicklung jedoch plötzlich wieder in Frage, weil die Emanzipation nicht positiv gesetzlich geregelt war. Allerdings war der Senat entschlossen, dieses Versäumnis nachzuholen, und nachdem auch eine Bürgerschaftskommission unter Leitung des Liberalen Crome, an welcher der Jakobipastor Klug, seit langem für die Judenfrage aufgeschlossen, beteiligt war, sich nachdrücklich gegen jede Beschränkung der gewerblichen Berechtigungen der Juden ausgesprochen hatte, trat am 16. Juni 1852 das Gesetz in Kraft, wonach „die Bekenner der jüdischen Religion . . . mit den übrigen Staatsangehörigen so wie in staatsbürgerlicher so auch in gewerblicher Berechtigung" gleichgestellt sein sollten. Hinfort übte der Senat die Aufsicht wie über die christlichen Kirchen so auch über die jüdische Gemeinde aus[18]).

Regulativ für die katholische Gemeinde 1841

Die katholische Gemeinde in Lübeck hatte schon 1841 ein Regulativ bekommen, in welchem in Fortführung der seit dem 17. Jahrhundert geübten Duldung des Gottesdienstes in einem Privathaus in der Pfaffenstraße (der heutigen Kapitelstraße) eine relative Toleranz für ihre Arbeit garantiert wurde[19]). Eine völlige Gleichstellung mit der lutherischen Kirche oder nur der reformierten Gemeinde war dadurch allerdings nicht gegeben. Sie wurde auch nach 1848 nicht zugestanden: Öffentliche Kundgebung der katholischen Gebräuche, insbesondere Prozessionen, und Bekehrungsversuche „zum Zweck der Vermehrung seiner Glaubensgenossen, z. B. durch gestellte Bedingungen bey gemischten Ehen" blieben dem Geistlichen verboten. Ansonsten wurde er der Staatsaufsicht wie die lutherischen Prediger unterstellt, mußte der Stadt einen Treueid leisten und dem Rat die erforderlichen Einstellungsvoraussetzungen nachweisen. Der Senat behielt „das jus circa sacra in Bezug auf die katholische Gemeinde in seinem ganzen Umfange", u. a. die Kontrolle der „ökonomischen Angelegenheiten".

Freireligiöse Bewegung 1851

Die durch die Inkraftsetzung der Grundrechte ausgelöste Liberalisierung gab den Anlaß dafür, daß nun erstmals auch in Lübeck kirchen- und christentumskritische Geister sich in der freireligiösen Bewegung organisieren konnten. Diese Bewegung, eine Konsequenz der aufklärerischen Kritik an Bibel, Bekenntnis und Frömmigkeit, hatte sich in den vierziger Jahren sowohl im Katholizismus als auch im Protestantismus gegen die antirationalistische Reaktion der Kirche herausgebildet. Vor allem in der preußischen Kirchenprovinz Sachsen suchte eine relativ breite Bewegung in Lehrerschaft und Pfarrerschaft das Erbe des Rationalismus mit der Tradition des evangelischen Spiritualismus zu verbinden (als Verein der „Protestantischen Freunde", von den Gegnern als „Lichtfreunde" verspottet). Gegen das papierene Papsttum des Bibelbuchstabens wollten sie einzig den im menschlichen Bewußtsein gegebenen Geist, gegen die heteronome Gebotsethik der Kirche eine vernunftgemäße Moralität als Norm gelten lassen. In Lübeck hatte eine derartige Denkweise keine fundierte Tradition, doch die Schriften der freireligiösen Pastoren Adolf T. Wislicenus und Eduard Baltzer und vor allem die Gründung der freien Gemeinde in Nordhausen 1847 durch letzteren wirkten auch hier, verbunden mit radikalem politischem Liberalismus. So bildete sich hier allmählich ein kleiner Kreis Gleichgesinnter, der im Frühjahr 1851 der erstaunten Öffentlichkeit unter Berufung auf die grundrechtlich garantierte Religionsfreiheit den Austritt aus der Kirche und die Konstituierung einer „Freien Gemeinde" mitteilte[20]).

Neben dem Buchhändler Carl Boldemann, dem eigentlichen Initiator und Publizisten des Lübecker Kreises, trat vor allem der prominente Liberale Dr. Friedrich Crome (1821—1883) als Anhänger der „Freien Gemeinde" hervor, ein hochbegabter Jurist, Rechtsanwalt in Lübeck, 1879 als kaiserlicher Justizrat an das neugegründete Reichsgericht in Leipzig berufen. Crome hatte schon 1839 für die Religionsfreiheit plädiert[21]), wobei sich in seinen Liberalismus eine irrationale Deutschtümelei mischte, wonach Freiheit von Konfessionalismus und Klerikalismus dem germanischen Geiste eigen wäre. In den Verfassungsberatungen des Jahres 1848 trat er als radikaler Demokrat hervor (mit Erfolg, denn zur Wahlrechtsänderung trug er entscheidend bei), seine Forderung nach Liberalisierung berührte bald alle Bereiche des öffentlichen Lebens und implizierte auch die Abschaffung des Staatskirchentums. Als glänzender Redner brachte er in der Bürgerschaft einiges in Gang, schuf sich aber auch manche Gegner.

Für Crome und seine Freunde war der Liberalismus ein eigenes Wertesystem, eine Art säkularer Religion wie in der amerikanischen Demokratie, auf die sie sich gerne beriefen[22]). Ihre Grundsätze verstanden sie durchaus als Glaubensbekenntnis, die rational begründete Idee der Humanität koinzidierte für sie mit der Gottesidee: „Wir haben den, sozusagen, religiösen Glauben an die überzeugende, obsiegende Kraft der Wahrheit und der Gesinnung"[23]). Ihr soziales Engagement ließ sie — erstmalig in Lübecks politischen Kreisen — die Probleme des neuen Arbeiterstandes bedenken, doch sozialistischen Ideen standen sie fern.

Die Freie Gemeinde entwickelte zwar 1851 eine rege Aktivität, konnte aber nur wenige Anhänger gewinnen. Wislicenus hielt sich einige Zeit in der Stadt auf und warb durch Vorträge für seine bibelkritische, pantheistische Position. Auch Baltzer kam und propagierte den Wert des freien Zusammenschlusses moralisch hochstehender Individuen in Abkehr von der veräußerlichten Staatskirche[24]).

Der Senat war nicht bereit, die Gründung der Freien Gemeinde einfach hinzunehmen, die ja auch deswegen erfolgte, weil ein bloßer Kirchenaustritt, ohne Zugehörigkeit zu einer Religionsgemeinschaft, rechtlich unmöglich war. Vielmehr beschied er den Kreis um Crome, er müßte die staatliche Anerkennung beantragen (was der unter Hinweis auf § 147 der Paulskirchenverfassung ablehnte), und bereitete im Januar 1851 ein „Gesetz, hieselbst sich bildende neue Religionsgesellschaften betreffend" vor. Da Atheismus als staatsgefährdend angesehen wurde, vor allem im Blick auf die Geltung des Eides, der ja unter Anrufung Gottes geleistet wurde, sollte hinfort jede neue Gemeinschaft Auskunft über ihre Lehren geben, damit staatsgefährliche oder sittenverderbliche Lehren und Zielsetzungen unterbunden werden könnten: „Als unbedingt den Staat gefährdend wird jede Lehre betrachtet, welche den Glauben an Gott als Schöpfer und Erhalter der Welt verwirft"[25]). Der Kirchenaustritt sollte der Polizeibehörde (!) angezeigt werden, eine scharfe Überwachung der neuen Gemeinschaften sollte den religiösen und politischen Frieden sichern.

Eine Kommission des Bürgerausschusses, die den Entwurf begutachtete und der auch Crome angehörte, kam zu einem zwiespältigen Ergebnis. Begreiflicherweise lehnte Crome das ganze Vorhaben ab, während Pastor Klug bei grundsätzlicher Zustimmung (um einem Platzgreifen des Atheismus zu wehren!) darin seine liberale Position zum Ausdruck brachte, daß er die harten Einschränkungen gemildert wissen wollte. In Bürgerausschuß und Bürgerschaft konnte Crome sich durchsetzen, und der z. B. von Theodor Behn vertretenen Auffassung, daß das Gesetz entbehrlich, weil „zur Sicherung des Staatswohls und der Moral unzulänglich" wäre[26]), schloß der Senat sich an, da es nach Aufhebung der Grundrechte in seiner Verwaltungskompetenz lag, über die Zulassung neuer Religionsgemeinschaften zu entscheiden.

Die ganze Bewegung verlief schnell im Sande, die Freie Gemeinde behielt nur wenige Anhänger, obwohl Boldemann 1853 ein eigenes „Monatsblatt für freies religiöses Leben" aufmachte, das sich freilich nicht lange hielt. Bei der Volkszählung 1875 wurden nur mehr 22 Mitglieder registriert, Lindenberg erachtete es allerdings noch 1864 für nötig, in einer Predigt gegen sie – ebenso wie gegen die modernen Theologen – als „Feinde des Evangeliums" zu polemisieren[27]).

Kirchengeschichtlich relevant ist diese Bewegung nicht deswegen, weil spätere Freireligiöse und Freidenker an ihre organisatorischen Reste anknüpfen konnten, sondern weil sie eine zwar isolierte, aber profilierte Ausprägung des Liberalismus darstellte, die Konsequenzen aus der Entkirchlichung im Sinne der Dechristianisierung zog und damit für ihren Teil die Auflösung des Staatskirchentums signalisierte. Und dies ist das eigentlich Bemerkenswerte, daß trotz der in weiten Kreisen Lübecks verbreiteten Unkirchlichkeit kaum jemand auf die Idee kam, sich in derselben Weise von der Kirche abzuwenden. So weit ging die allgemeine Emanzipation vom Christentum doch noch nicht, und als „Volkskirche", d. h. als eine der bürgerlichen Existenz angefügte Christlichkeit, hielt sich das Staatskirchentum weiterhin. Das zeigt sich auch daran, daß Sekten und evangelische Freikirchen hier in der Folgezeit kaum Zulauf fanden. Einzig die Baptisten hatten von Hamburg aus seit Ende der vierziger Jahre Fuß zu fassen gesucht, aber 1856 schritt der Senat auf eine Intervention von Lindenberg hin gegen sie ein[28]).

Zivilehe 1852

Als Auswirkung der freireligiösen Bewegung auf den bürgerlich-rechtlichen Bereich zeichnete sich schon 1851 die Nötigung ab, eine zivile Eheschließung für nicht der Kirche angehörende Bürger bzw. für solche, die eine kirchliche Trauung verweigerten, einzuführen. Zusammen mit dem Gesetzentwurf über neue Religionsgesellschaften legte der Senat daher einen solchen „die Vollziehung von Civilehen betreffend" vor[29]). Dadurch sollte die kirchliche Trauung nicht angetastet werden, die ihre volle bürgerliche Gültigkeit ohne einen zusätzlichen Zivilakt behielt, wohl aber sollte den Tendenzen zur Entkirchlichung an diesem zentralen Punkt Rechnung getragen werden. Das Geistliche Ministerium fand eine derartige Regelung unbedenklich, auch wenn einzelne Pastoren dagegen als eine Auflösung der religiösen Qualität der Ehe polemisierten[30]). Der Bürgerausschuß lehnte sie ab, aber ein der Unkirchlichkeit unverdächtiger liberaler Konservativer wie Behn plädierte in Übereinstimmung mit der reformatorischen Ehelehre für das Vorhaben, weil die Einführung der Zivilehe für einen toleranten Staat, der sich nicht auf eine einzige Religion gründen könnte, unabdingbar wäre[31]). Da der Senat aus diesem Grunde an seinem Vorhaben festhielt und die Gegner der Zivilehe in der Bürgerschaft keine Mehrheit gewinnen konnten, wurde 1852 ein Gesetz erlassen, welches die Zivilehe als Ausnahme zuließ[32]). Es war ein bezeichnender Zufall, daß Crome als erster von dieser neuen Möglichkeit Gebrauch machen konnte; als Ersatz für das öffentliche Aufgebot in der Kirche erschien seine Bekanntmachung in den „Lübeckischen Anzeigen" vom 2. Juni 1852[33]).

Bürgerliche Unkirchlichkeit

Die freireligiöse Bewegung war eine unter dem Einfluß des Liberalismus erfolgte, aus der Situation nach 1848 erklärbare Zuspitzung des Sachverhalts, daß die Distanz zur kirchlich gebundenen Frömmigkeit in den bürgerlichen Schichten um 1850 weit verbreitet war. Dieses Phänomen war früher nicht so deutlich geworden, weil die Gottesdienste im allgemeinen ganz ordentlich besucht waren. Seit 1830/40 häuften sich Klagen über das Desinteresse am Gottesdienst, und zwar nicht nur in Lübeck, sondern auch anderswo. Als Massenerscheinung trat Entkirchlichung seit etwa 1840 in den großen Städten auffällig hervor, verstärkt durch die Revolution von 1848, während in den ländlichen Gebieten die alte Sitte noch treuer bewahrt wurde[34]). Die anfänglichen Hoffnungen der Geistlichen, ihr mit Hilfe staatlicher Zwangsmaßnahmen Einhalt zu gebieten (eine für das damalige Staatskirchentum typische Reaktion), hatten sich schnell als unrealistisch und schädlich erwiesen.

Als Beispiel für eine solche distanzierte Haltung sei der Weinhändler Heinrich Leo Behncke genannt. Seine Berichte über Weihnachtsfeier und Silvester zeigen, daß in dieser Kaufmannsfamilie von Kirchgang keine Rede war; auch sonst begegneten religiöse oder kirchliche Fragen im Alltag schlechterdings nicht, mit einer bezeichnenden Ausnahme: Der Festgottesdienst zum Gedächtnis an die Befreiung von den Franzosen machte auf die ganze Familie starken Eindruck – die neue nationalistische Religiosität des Bürgertums! Behncke beschäftigte sich in jüngeren Jahren durchaus mit religiösen Fragen, ohne dabei ein spezifisch christliches Bewußtsein zu haben. Religiosität wurde nicht eigens gepflegt, aber auch nicht kritisiert, sie gehörte für ihn nach der Beschäftigung mit Literatur und Kunst zu den Marginalien eines ansonsten aufgeschlossenen Kaufmanns; praktische Fragen waren ihm auch im Blick auf die Religion entscheidend. Doch immerhin ließ er sich von guten Predigten durchaus beeindrucken, die er aber höchst selten erlebte. Für 1847 vermerkte er eigens den Kirchenbesuch an seinem Geburtstag mit der Predigt des reformierten Pastors Deiß, der ihm in seiner menschlichen Authentizität imponierte. Im übrigen war die Predigtweise der Pastoren gerade für die Gebildeten so wenig attraktiv, daß dies auch öffentlich kritisiert wurde – die Nichtbeteiligung am kirchlichen Leben hatte durchaus gute Gründe[35]).

Ein weiteres Beispiel für diese kirchlich distanzierte Christlichkeit gab um die Jahrhundertmitte der angesehene, wohlhabende Kaufmann Johann Christoph Fehling, der, wie sein Sohn berichtet, im Gegensatz zu seiner Frau „kein Kirchgänger" war, so daß die Familie niemals (!) gemeinsam Gottesdienste besucht hätte – aber er wäre ein „frommer Mann" gewesen[36]). Dasselbe läßt sich cum grano salis auch für den Sohn Emil Ferdinand, den späteren Senator und Bürgermeister sagen, der immerhin kirchliche Ämter innehatte. Im Konfirmandenalter erwies er sich zwar als ein interessierter, eifriger Christ, der fleißig Predigten mit- bzw. nachschrieb, aber später bildeten Kirche und Religion für ihn keine sonderlich bestimmenden Lebensinhalte, in keiner Weise vergleichbar mit Kultur und Wissenschaft[37]).

Diese Beispiele für eine nicht unchristliche Unkirchlichkeit ließen sich nahezu beliebig vermehren und sind insofern typisch. Neben diesem Typ stand dann zahlenmäßig weit geringer der hanseatische Bürger, für den es zum Lebensstil gehörte, der keineswegs gering geachteten religiösen Dimension des Lebens durch ein stetes Engagement in kirchlichen Ämtern und durch Gottesdienstbesuch Ausdruck zu verleihen. Neben Bürgermeister Kindler und Syndikus Curtius, die schon erwähnt wurden (s. S. 389), muß für die zweite Hälfte des 19. Jahrhunderts auf den hervorragendsten Repräsentanten dieses kirchlich engagierten, aber nicht „frommen" Bürgertums hingewiesen werden, auf Heinrich Theodor Behn (1819–1906). Schon als Wortführer in Bürgerschaft und Bürgerausschuß setzte er sich seit 1851 für die genuinen Belange der Kirche ein, und dies tat er in großer Sachkunde, seit er 1858 zum Senator gewählt worden war, auch im obrigkeitlichen Kirchenregiment (seit 1871 siebenmal Bürgermeister). Er war persönlich Senior Lindenberg lange Jahrzehnte verbunden, der bedeutendste Lübecker Staatsmann neben Theodor Curtius, zugleich neben Lindenberg der bedeutendste Kirchenmann. Übrigens engagierte er sich auch unermüdlich auf kleinerer Ebene: im Jakobikirchenvorstand, dem er Jahrzehnte, meist als Vorsitzender, angehörte.

Die führenden Männer der Stadt waren also zumeist allenfalls einer distanzierten Kirchlichkeit zuzurechnen. Auch unter den Liberalen war die Kritik an der Kirche bei gleichzeitigem Festhalten am Christentum verbreitet, wie sich an der Position von Ernst Deecke (1805–1862), des Lübecker Paulskirchenabgeordneten 1848/49, demonstrieren läßt[38]). Er hatte in Halle 1824–28 bei Wegscheider, einem der letzten bedeutenden Rationalisten, Theologie studiert, war dann Kandidat des Lübecker Ministeriums geworden, hatte aber eine Stelle am Katharineum gefunden. Der Erweckungsbewegung und dem Konfessionalismus stand er ablehnend gegenüber, dagegen hielt er sich seit früher Jugend zur Freimaurerei und war 1848–1862 engagierter Vorsitzender Meister der Loge „Zum Füllhorn", deren Leben er maßgeblich prägte[39]). Mit dem Marienpastor Funk focht er gelegentlich theologische Kontroversen aus. Ihn bedrückte die kirchliche Enge, auch in religiösen Fragen vertrat er eine liberale Position. Religion war für ihn gottgläubige Humanität; an die Stelle des Glaubens trat ihm die Wissenschaft, deswegen kritisierte er die Vernunftfeindlichkeit der meisten Theologen sowie ihre Apologetik bezüglich der alten Dogmen und des Wunderglaubens. Aber er unterschied am Christentum „das motorische Prinzip" und „die historische Erscheinung" (die Kirche): „Jenes kann allen Arten der Kritik erliegen und bleibt doch gesund, eben wie die Schöpfung der Welt; die andere aber muß sich jede Art von Kritik gefallen lassen können" (so in einem Brief von 1852)[40]).

Die Klagen der Pastoren über leere Gottesdienste und über die Wirkungslosigkeit der Predigten waren allgemein. Sie waren auch nicht unberechtigt. Doch wenn das „gewohnheitsmäßige Christenthum . . . der Namenchristen ohne eigene Erfahrung und Erkenntnis des Heils" von einem Ideal engagierter Kirchlichkeit her denunziert wurde[41]), so zeigte sich darin ein bedenklicher Mangel an analytischen Fähigkeiten zum Verständnis der bürgerlichen Christlichkeit.

Bürgerliche Religiosität bei Emanuel Geibel

Ein eigentümliches, aber typisches Beispiel für die unkirchliche, noch durchaus christliche bürgerliche Religiosität um die Mitte des 19. Jahrhunderts bietet Emanuel

Geibel (1815–1884), auf welchen in diesem Rahmen schon um seiner allgemeinen Bedeutung willen näher eingegangen werden muß[42]). Dem Liberalismus kann man Geibel nur bedingt zurechnen, auch wenn er sich bis 1848 dieser Bewegung zugehörig fühlte und bestimmte liberale Grundzüge bei ihm begegnen[43]). Der Sohn des reformierten Predigers Johannes Geibel, der nach 1868 seinen Lebensabend in der Vaterstadt verbrachte, hatte zu dieser auch in seiner Berliner und Münchener Zeit den Kontakt nie abreißen lassen. Er hatte, bevor er sich der Philosophie, Historie und Literatur zuwandte, 1835/36 in Bonn Theologie studiert (vor allem bei Karl Emanuel Nitzsch, dem liberalen Vermittlungstheologen). Die so erworbenen theologischen Kenntnisse zeigen sich auch in seiner späteren Dichtung.

Obwohl Geibel nicht als spezifisch religiöser Dichter gelten kann, ist sein Werk durchsetzt mit religiösen Motiven. Man hat darüber gestritten, ob und inwiefern diese Dichtung als christliche anzusprechen sei. Alexander Michelsen, sein Schwager, hat betont, daß er „in seinem Innersten von der Macht des Christentums ergriffen" gewesen sei[44]). Und Heinrich Lindenberg, ein Neffe Geibels, der spätere Senior der Lübecker Kirche, hat zutreffend herausgestellt, daß die wesentlichen Inhalte des christlichen Glaubens bei Geibel, freilich in poetisch-rhetorischer Umformung, begegnen[45]).

Durch die enorme Verbreitung seiner Gedichte hat Geibel auch darin prägend gewirkt, daß weite Kreise des Bildungsbürgertums für eine derartige, die Lebensvollzüge interpretierende Religiosität ansprechbar blieben, ohne indes ein positiv „kirchliches" Bewußtsein zu haben. In diesem Sinne hat er mehr für die religiöse Bildung seiner Zeit geleistet als viele Predigten, die ihre Adressaten nicht erreichten. Und wenn seine Qualität als Dichter auch anfechtbar ist, bleibt seine Bedeutung als poetischer Propagandist. Er war kein Kirchgänger und hatte eine religiös begründete Abneigung gegen den neuaufkommenden Konfessionalismus, der ihm zumal in der Person des Marienpastors Funk entgegentrat. Deswegen konnte er auch zu seinem Schwager, dem Senior Lindenberg, kein rechtes inneres Verhältnis gewinnen[46]). „Religion und Theologie / Sind grundverschiedene Dinge, / Eine künstliche Leiter zum Himmel die, / Jene die angebor'ne Schwinge"[47]). Gegen die Orthodoxen seiner Zeit polemisierte er im typisch liberalen Geist: „Wollt ihr in der Kirche Schooß / Wieder die Zerstreuten sammeln, / Macht die Pforten breit und groß, / Statt sie selber zu verrammeln!"[48]).

Geibel hat seinen Dichterberuf durchaus als religiös-prophetische Aufgabe, mit der er von Gott betraut wäre, verstanden. Das klingt immer wieder in seinen Gedichten durch, und darin wußte er sich von den meisten seiner Zunftgenossen unterschieden („Fern von dem Schwarm, der unbesonnen / Altar und Herz in Trümmern schlägt, / Quillt mir der Dichtung heil'ger Bronnen / Am Felsen, der die Kirche trägt", 1842)[49]). Nicht so sehr die Natur als vielmehr das menschliche Leben mit seinen Höhen und Tiefen ist ihm der Ort, wo Gott begegnet. Darin unterscheidet er sich von der Romantik und steht er in der Tradition der bürgerlichen Frömmigkeit. Schicksalsschläge und Schmerzen werden von ihm in eindrücklich-faßbaren Versen als Prüfungen Gottes gedeutet; Glaube und Liebe werden als die Kräfte namhaft gemacht, mit denen man das Leben meistern kann, und immer wieder verweist er auf das Gebet als die Möglichkeit der Kommunikation mit dem Herrn des Schicksals, wie denn überhaupt viele seiner Gedichte in Gebetsform abgefaßt sind[50]). „Im Gegensatz zu jenem noch immer weit verbreiteten falschen Idealismus, der die menschliche Natur für grundgut hält, wenn sie nur vollkommen frei sich entwickeln kann, hat Geibel ein tiefes Bewußtsein von der Macht und Allgemeinheit der Sünde . . . Im Himmel die Gnade und durch sie geweckt die Liebe auf Erden – das ist der eigentliche Kern des Geibelschen Glaubensbekenntnisses, wenn man von einem solchen reden darf"[51]).

Gott als Herrn der Geschichte thematisierte Geibel auch in seiner patriotischen Lyrik (dazu s. S. 494): „Nun sehn wir reifend durch die Zeiten, / Das Antlitz wandelnd Zug um Zug, / Des Gottes Offenbarung schreiten, / Die jeder gab, was sie ertrug . . . / Zum Kern des Lebens wird der Glaube, / Von dem das Kleid der Formel fällt, / Und wir verehren tief im Staube / Den Gott im Tempelbau der Welt"[52]). Gott und die deutsche Nation rückten für ihn eng zusammen, in seinem liberal geprägten Nationalismus, der demjenigen der Befreiungskriege und des Vormärz entsprach, drückte sich seine Religiosität wohl am signifikantesten aus. (Nicht zufällig dichtete er 1841 Nicolais Choral „Wachet auf, ruft uns die Stimme" um in ein nationales „Türmerlied"). Seiner Vaterstadt hat Geibel sich zeitlebens verbunden gefühlt, auch wenn er Distanz zu den innerstädtischen Problemen bewahrte. Darin war er für die bürgerliche Religiosität seiner Zeit typisch, daß er vor allem in den monumentalen Kirchengebäuden Lübecks in besonderer Weise das numinose Wesen Gottes sich äußern sah[53]).

Die menschliche Existenz in ihrer religiösen Dimension zu interpretieren, ihre Offenheit zu Gott hin aufzuweisen, das Leben als eine Reise zur Ewigkeit und göttlichen Herrlichkeit zu deuten, das hat Geibel in den Gedichten seiner verschiedenen Schaffensperioden immer wieder unternommen. Darin liegt seine Bedeutung für die Kirchengeschichte in einer säkularen Welt, in welcher das Christliche für überholt erklärt wurde von „den Verneinenden", die sich Heiden nennen und alle Götterbilder zerschlagen, denen aber nichts bleibt „als die große Leere"[54]). Gegenüber dem Materialismus und der Religionsfeindschaft seiner Zeit formulierte Geibel seine Hoffnung auf eine neue Reformation: „Woll' uns deinen Tröster senden, / Herr, in dieser schweren Zeit, / Da die Welt an allen Enden / Durstig nach Erlösung schreit! . . / Ach, sie fühlen's: alles Wissen, /Ob's den Stoff der Welt umfaßt, / Bringt, vom Ew'gen losgerissen, / Kein Genügen, keine Rast". Die notwendige religiöse Erneuerung sah Geibel aber durch die herkömmliche Institution Kirche nur behindert: „Was einst Trost und Heil den Massen, / Ward zur Satzung dumpf und schwer; / Dieser Kirche Formen fassen / Dein Geheimniß, Herr, nicht mehr". Darum erhoffte er sich eine „neue Kirche", in der der Geist Gottes – „Aus dem dunkeln Schriftbuchstaben, / Aus der Lehr' erstarrter Haft" befreit – mit dem Menschengeist versöhnt lebendig weht[55]).

Fraglos kam darin ein reformatorisches Kirchenverständnis in neuprotestantischer Form zum Zuge. In seinem späten „Wintertagebuch" faßte er das so zusammen: „Nicht wie die Mumie sei, dem Phönix gleiche die Kirche, / Der sich den Holzstoß selbst thürmt, wenn die Kraft ihm erlahmt. / Freudig den sterblichen Leib, den gealterten, gibt er den Flammen, / Weiß er doch, daß ihn die Glut jugendlich wiedergebiert". Echte Religiosität ist an institutionelle Formen nicht gebunden: „Gebt ihr dem Göttlichen irdische Form, wie wollt ihr es hindern, / Daß sie das irdische Loos alles Vergänglichen theilt?"[56]).

Der Geist des Christentums wurde somit bei Geibel wie bei den anderen Vertretern einer unkirchlichen Religiosität gegen die Institution Kirche für die eigene Position, und darüber hinaus für eine grundlegende Reform der Kirche reklamiert. Das führte dazu, daß das Evangelium in der Zeit allgemeiner Entkirchlichung in neuen Formen, wenngleich nicht ungetrübt, so doch immerhin lebendig blieb. Auf seine Weise spiegelt also auch Geibel die Grundproblematik der Kirchengeschichte des 19. Jahrhunderts, die Erneuerung der Kirche, wider.

Unkirchlichkeit in den Unterschichten und die soziale Frage

Hatte sich Unkirchlichkeit bislang vor allem in den von der Aufklärung erfaßten bürgerlichen Schichten manifestiert, so zeigten sich seit 1830/40 gerade auch in den Unterschichten Verhaltensänderungen, die einen langfristigen geistigen und sozialen Umbruch signalisierten. An der Schicht der Dienstboten, die bis über die Mitte des 19. Jahrhunderts hinaus einen erheblichen Anteil der arbeitenden Bevölkerung ausmachten (um 1845 fast 12 Prozent), läßt sich das illustrieren[57]).

Lange Zeiten hindurch waren für sie Bibel, Gesangbuch und Katechismus der einzige oder hauptsächliche Gegenstand der Lektüre und Bildung gewesen, worin sie – ebenso wie im peinlich korrekten Kirchgang – meist das Verhalten ihrer Herrschaften nachahmten. Diese konstante, bei den Frauen manchmal reichlich bigotte Dienstbotenfrömmigkeit änderte sich unter der Fernwirkung der Aufklärung, weil auch jetzt das Vorbild der Herrschaften auf die Dauer ein neues Rollenverhalten prägte. „Weltliche" Lektüre wurde maßgebend, regelmäßiger Kirchenbesuch wurde verpönt, eine unreflektierte Kirchenkritik machte sich breit und trat oft zusammen mit der Bibelkritik als Surrogat einer Sozialkritik auf[58]). Religiosität und Kirchlichkeit galten zunehmend als Ausdruck von Rückständigkeit – man versteht, weshalb weltliche und geistliche Obrigkeiten in kurzschlüssiger Kausalität die zunehmende Irreligiosität als Grundursache aller sozialen Unzufriedenheit ansahen.

Eine „soziale Frage", bedingt durch die Industrialisierung und die damit gesetzten ökonomisch-gesellschaftlichen Veränderungen, existierte allerdings für Lübeck in der Zeit vor 1850 noch gar nicht oder wurde jedenfalls nur in Ansätzen für einzelne erkennbar. Das hing damit zusammen, daß industrielle Produktion und damit eine Fabrikarbeiterschaft hier kaum vorhanden waren. 1845 begrüßten die Neuen Lübeckischen Blätter die Errichtung des ersten Fabrikschornsteins freudig als Signal einer lange angestrebten Entwicklung, noch 1855 gab es in der Stadt erst 45 Betriebe mit 485 Arbeitern[59]). Ein eigentliches Proletariat existierte nicht, doch die Lebensbedingungen und Wohnverhältnisse der unteren Schichten waren skandalös genug, und nur langsam bekamen die führenden Schichten einen Blick dafür, z. B. wenn bei einer Seuche wie der Cholera von 1848 gerade in den Unterschichten die Sterblichkeitsquote auffallend hoch war.

Als ein Signal für neue soziale Probleme konnte die zunehmende Praxis der Kinderarbeit aufgefaßt werden, die um 1840 allgemein üblich wurde. Der Marienpastor Johann Funk veranlaßte Anfang der vierziger Jahre aufgrund der für ihn überraschenden Entdeckung, daß schon siebenjährige Kinder zur Fabrikarbeit herangezogen wurden, Bürgermeister und Syndikus zum Einschreiten; und der „Lübecker Bürgerfreund", eine liberale Zeitschrift des gehobenen Mittelstandes berichtete 1845 kritisch über einen Fall, wo zwei Elfjährige, die in einer Fabrik arbeiteten, straffällig geworden waren[60]). Kinderarbeit galt natürlich als Notbehelf, für die Familien, die zu ihrer Ernährung darauf angewiesen waren, ebenso wie für die Fabrikanten, denen es in Lübeck an den nötigen

Arbeitskräften fehlte, was sie nur bedingt durch auswärtige kompensieren konnten. Solange man dafür sorgte, daß die Kinder ausreichenden Schulunterricht bekamen, hielt man die Kritik an der Kinderarbeit (trotz der Doppelbelastung!) weithin für ein „unseliges Vorurteil"[61]). Begreiflicherweise wurde so die Verwahrlosung Jugendlicher zu einem immer dringlicheren Problem.

Gründung eines Arbeitervereins 1849

In den unteren Schichten war ein Bewußtsein der Unerträglichkeit ihrer Situation, waren Unzufriedenheit oder gar sozialistische Ideen zu jener Zeit noch nicht lebendig; sie selber hatten ihre Lage noch gar nicht als ein öffentlich relevantes soziales Problem begriffen. Nur bedingt als Ausnahme kann die Gründung eines Arbeitervereins im Jahre 1849 gelten, dessen Existenz vor allem durch die Liberalisierung im Gefolge der Revolution von 1848 ermöglicht wurde. Dieser gehörte in die Bewegung von Bildungsvereinen, die von Arbeitern nach 1830 nach dem Vorbild der bürgerlichen Vereine, meist gefördert durch sozial engagierte Bildungsbürger, an vielen Orten in Deutschland gegründet wurden[62]). Intellektuelle Schulung und Pflege der Geselligkeit sollten den Mitgliedern einen Ersatz für die bürgerliche Erziehung bieten, zugleich aber durch Bildung den sozialen Aufstieg ermöglichen. Gewerkschaftliches Engagement trat demgegenüber fast ganz zurück.

1849 gründeten einige Arbeiter einen „Volks-Verein" für Arbeiter, der das Ziel verfolgte, „die volkstümliche Entwickelung des sittlichen, geistigen, gewerblichen und geselligen Lebens seiner Mitglieder" zu fördern, wie seine Statuten von 1850 besagten[63]). Der Verein unterhielt am Koberg ein eigenes Heim, wo er ein Lesezimmer für wichtige Zeitungen und eine Bibliothek hatte. Die Bildungsarbeit stand im Vordergrund mit Kursen in Lesen, Schreiben und Rechnen, mit Vorträgen und Chorgesang. Es war eine Aktion zur Selbsthilfe nach dem Motto „Hilf dir selbst, so hilft dir Gott", wie der Vorsitzende in seiner Ansprache zur ersten Stiftungsfeier 1850 betonte: „Die Arbeiter haben diesen Ruf verstanden, sie haben gelernt, sich Brüder zu sein in Noth und Gefahr". Es galt, „der geistigen und sittlichen Verkrüppelung des Arbeiters einen Damm zu setzen, indem wir sein Wissen zu vermehren trachten" (so der Vereinspräses in seinem Bericht 1851), die „Veredelung des innern Menschen", „Sittlichkeit und wahre Menschenwürde" zu befördern. Von antikirchlicher oder antireligiöser Agitation war hier nichts zu spüren, im Gegenteil klangen in dieser humanistischen Zielsetzung auch religiöse Töne an, wenn die Entwicklung des Menschen in Eintracht und Liebe zur Vollkommenheit angestrebt wurde, „deren unerreichbares Vorbild Gott selbst" wäre: „Der Lenker aller Dinge, der Urquell alles Guten, wird auch zur Vollendung seinen Segen geben", betonte der Vizepräses Ahrens. Die Solidarität der Arbeiter wurde als Nächstenliebe verstanden[64]).

In Motivation und Zielsetzung begegneten hier im „Volks-Verein" wie in den meisten Strömungen des frühen deutschen Sozialismus christliche Motive in säkularisierter Form. Insofern lag auch hierin eine Parallele zu den aufgeklärt-bürgerlichen Vereinsbildungen. Trotz der Distanz zur Institution Kirche und zu den traditionellen Inhalten christlicher Lehre blieb auch in dieser frühen Arbeiterbewegung etwas von der Substanz des Christentums bewahrt, in schichtenspezifischer Ausprägung analog zur bürgerlich-unkirchlichen Christlichkeit.

Sozialpolitisches Unverständnis der Kirche

Die Revolution von 1848 hatte, auch wenn sie keine sozialrevolutionäre, ökonomisch bedingte Proletarierbewegung war, gerade in den unteren Schichten den Glauben an das bisherige patriarchalisch-autoritäre System als gottgewollte Ordnung, deren Bestandteil auch die Kirche war, erschüttert. Noch war der Kommunismus „ein Gespenst", wie Karl Marx in seinem Manifest vom selben Jahr zutreffend formulierte, d. h. er existierte in Deutschland nicht wirklich, schreckte aber als Zukunftsaussicht die besitzenden und politisch führenden Schichten. Es war eine Belastung der Inneren Mission, daß sie schon bald nach ihrer gesamtdeutschen Organisierung im „Centralausschuß für die innere Mission der Deutschen Evangelischen Kirche" von 1849 ins reaktionäre Fahrwasser geriet und ihre Bemühungen als Rettungsversuche der bürgerlichen Gesellschaft zur Verhinderung von Aufruhr abgestempelt werden konnten.

Doch auch von amtskirchlicher Seite wurde die Innere Mission hinsichtlich ihrer ekklesiologischen Problematik beargwöhnt, obwohl man in Lübeck sich weder an den Centralausschuß anschloß noch eine eigene programmatische Zusammenfassung der Aktivitäten suchte[65]). Man war überzeugt, immer schon – in den milden Stiftungen, Brüderschaften und Vereinen – die damit gesetzten Aufgaben gelöst zu haben, war gegenüber einer erwecklichen Stilisierung dieser Aktivitäten zur Weltanschauung und gegenüber der Herausbildung einer karitativen Parakirche skeptisch. Deswegen plädierten viele für die Anbindung der Liebestätigkeit an das kirchliche Amt, zumal so deren „polizeilicher Charakter" als reiner Ordnungsmaßnahme abgebaut werden könnte[66]).

„Unkirchlichkeit" war der Generalnenner, unter dem die Geistlichen die neuen sozialen Probleme ebenso wie die Folgen von Aufklärung und Liberalismus verhandelten. Daß kaum einer von ihnen ein Sensorium für die gesellschaftlich-strukturellen Ursachen hatte, wird nur derjenige verargen können, der die Zeitgebundenheit auch der damaligen Theologie verkennt. Deren Qualifizierung der geschichtlich bedingten Strukturen als absoluter göttlicher Ordnung war allerdings zunehmend mißlich, und man braucht sich nicht zu wundern, daß Kritiker bald die Geistlichen als die „schwarze Polizei", als verlängerten Arm des Staates zur Aufrechterhaltung der bestehenden Machtverhältnisse ansahen.

Ein Beispiel für diese Haltung: Allgemein beklagt wurde die Entheiligung des Feiertages durch Sonntagsarbeit, zu Recht wiesen die Prediger darauf hin, daß gerade die unteren Schichten, die Dienstboten, Gesellen und Lehrlinge durch ihre Arbeitgeber vom Gottesdienstbesuch abgehalten wurden. Drastischen Ausdruck gab Senior Lindenberg dem in einer Konfirmationspredigt 1858, indem er auf das seit 1817 übliche Gelübde, den Gottesdienst nie zu versäumen, mit der Begründung verzichtete, die Konfirmanden könnten das doch nicht einhalten in einer Arbeitswelt, wo von Glauben und christlicher Sitte nichts mehr zu spüren wäre und ihre Lehrherren den Kirchgang verböten, weil gearbeitet werden müßte[67]). Nun sollte man meinen, daß der Senior derartige Verhältnisse scharf kritisiert oder amtlicherseits zu ändern gesucht hätte, doch ihn hinderte seine konservative Ordnungstheologie daran. Da die Meister und Herrschaften nun einmal von Gottes Gebot her den Anspruch auf Gehorsam hätten, müßten die Jugendlichen folgen. Auf den Gedanken, in diesem Konfikt das dritte Gebot über das vierte zu stellen und im Namen Gottes gegen die religiösen Folgen sozialer Ausbeutung zu kämpfen, kam Lindenberg gar nicht.

Typisch war auch die prinzipielle Hinnahme der wirtschaftlichen Unterschiede zwischen Arm und Reich, der man seit alters in einer an sich keineswegs abwegigen Weise einen religiösen Sinn abzugewinnen versuchte. So argumentierte 1857 ein Zeitungsartikel, vermutlich von dem Prediger Kunhardt verfaßt, zum Thema „Armennoth", daß diese gegenwärtige Not im Unterschied zur Armut als einer pädagogischen göttlichen Ordnung, in welcher die Reichen zur Wohltätigkeit und die Armen zur Dankbarkeit erzogen würden, ein Ergebnis sündiger Verkehrtheit wäre, weil in Hartherzigkeit auf der einen Seite und in Faulheit auf der anderen Seite das harmonische Sozialgefüge durch den Klassenkampf zerstört würde[68]). Der Einführung einer Armensteuer, die von liberaler Seite vorgeschlagen war und den Ansatz zu einer umfassenden staatlichen Sozialpolitik hätte bilden können, widersprach man mit dem Argument, dadurch würde das Problem als ein rein materielles abgetan, und man verwies – nicht zu Unrecht, aber in Verkennung der komplexen Sachlage – auf die geistig-religiöse Komponente des Pauperismus. Aber wenn man die Armen zu demütiger Zufriedenheit ermahnte, weil Gottlosigkeit die Quelle von Pauperismus, Sozialismus, Kommunismus und Liberalismus wäre, dann lieferte man nur einen Beitrag zur weiteren Entfremdung zwischen den Unterschichten und der „bürgerlichen" Kirche[69]).

Kirchliche Publizistik

Die mangelnde Aufgeschlossenheit der Kirche für die Probleme der Zeit trat auch auf einem Sektor hervor, dessen Bedeutung gerade durch den Liberalismus herausgestellt worden war, in der Publizistik. Hier erkannte sie nicht die große Chance, durch eine eigene kirchliche Presse in der öffentlichen Meinung mitzubestimmen und neue Kontakte zu den distanzierten Kirchengliedern aufzubauen. Was Wichern und die freien Träger der Inneren Mission auch hier beispielhaft vorexerzierten, blieb ohne Auswirkung auf die Amtskirche. So gab es denn außer den Jahresberichten der mancherlei Vereine keine christliche Presse in Lübeck, man blieb auf Zeitschriften von außerhalb angewiesen. Allerdings stand für die Erörterung kirchenpolitischer Fragen seit 1835 mit den „Neuen Lübeckischen Blättern" ein geeignetes Organ zur Verfügung, nur blieb das auf den kleinen Kreis der Bildungsbürger beschränkt. Die liberalen, von B. J. A. Meyer herausgegebenen Blätter der Vormärz- und Revolutionszeit („Lübecker Bürgerfreund" 1843–48, als dessen Fortsetzung der „Lübecker Korrespondent" 1848, der „Lübecker Volksfreund") und auch der seit 1849 erscheinende „Volksbote" berücksichtigten nur am Rande kirchliche Themen. Die Pressezensur blieb seit 1848 aufgehoben, sie war ohnehin stets recht liberal gehandhabt; für alle Druckschriften mit kirchlichem Inhalt hatte sie der Senior ausgeübt.

Da einige Geistliche die Bedeutung einer kirchlichen Presse durchaus erkannt hatten, erörterte man im Theologischen Verein 1851 die Anregung zur Gründung eines unabhängigen, von den Pastoren getragenen Volksblattes, die Avé-Lallemant, einst Lübecker Kandidat, 1843 deutscher Pastor in Rio de Janeiro, gegeben hatte, um dem „verderblichen Einfluß" der schlechten Presse konstruktiv zu begegnen[70]). Doch die Pastorenschaft öffnete sich für eine derartige Neuerung nicht, und so war es 1857 wieder eine Privatinitiative, die etwas in Gang zu bringen suchte. Der Prediger an St. Ägidien Friedrich Kunhardt gab ein „Lübecker Kirchenblatt" heraus, aber die Unterstützung durch die Kollegen war so kümmerlich, daß er bereits nach dem ersten Jahrgang das Blatt wegen zu geringen Interesses wieder einstellen mußte. Es war ein typisches Gemeindeblatt, sollte in der Bevölkerung ein stärkeres kirchliches Engagement durch entsprechende Informationen, verbunden mit erbaulichen Betrachtungen, wecken, wobei es gegen Liberalismus und Nachwirkungen der Aufklärungstheologie als Urheber der allgemeinen Unkirchlichkeit polemisierte, ohne indessen schroff konfessionalistisch zu sein. Der kirchenpolitische Einsatz bei speziell lübischen Problemen entsprach dieser Position, aber Kritik und Reformimpulse hielten sich hier in Grenzen. Es war kein gutes Zeichen für den inneren Zustand der Kirche, daß der Aufbau einer eigenen Presse noch zwei Generationen auf sich warten lassen mußte (vgl. S. 483).

Kirchenkonferenz, Kirchentag, Gustav-Adolf-Verein

Die nationale Begeisterung hatte schon in der Franzosenzeit, verbunden mit der rationalistischen Relativierung der Institution Kirche, zu Ideen für die Schaffung einer einigen deutschen Nationalkirche geführt, die in der Aufbruchsstimmung des Vormärz neubelebt wurde. Eine dieser Ideen wollte, an die alte Reichsinstitution des Corpus Evangelicorum anknüpfend, eine Konferenz aller Kirchenregierungen als Vorstufe für eine Nationalkirche ins Leben rufen. Die Pläne gingen vom preußischen und vom württembergischen König aus, im Januar 1846 sollte die Konferenz sich in Berlin konstituieren. Doch der Lübecker Senat befürchtete ebenso wie Hamburg, Bremen und Frankfurt, eine Kooperation mit den großen Flächenkirchen könnte leicht zu einer Majorisierung der Städte und damit zu einer Beeinträchtigung seines Kirchenregiments führen. Deswegen lehnte er die Beschickung der Konferenz ab, was die Zustimmung der Konfessionalisten, aber die Kritik der Liberalen fand[71]).

Doch die 1846 angebahnte Kooperation der deutschen Landeskirchen wurde durch die im Geist der nationalen Bewegung abgehaltenen Kirchentage, insbesondere durch die von 1850 und 1851 in Stuttgart und Elberfeld verstärkt, so daß es 1852 in Eisenach zur Gründung der „Deutschen evangelischen Kirchenkonferenz" kam, die in der Folgezeit ein Diskussionsforum bot, auf welchem die Vertreter der Kirchenregimente sich über gemeinsame Maßnahmen verständigten. Da eine einzelne Kirche nicht zu irgendwelchen Beschlüssen gezwungen werden konnte, war jetzt auch Lübeck mit von der Partie, von Senior Lindenberg im Auftrag des Senates vertreten. Für die Reform kirchlicher Arbeit ergab sich daraus manche Anregung, doch in der Konferenz selber spielte das kleine Lübeck keine auffällige Rolle, auch wenn Lindenberg gelegentlich einen Vortrag hielt (so z. B. 1855 über die Ehescheidung), Anregungen gab oder Anträge stellte.

Ein Konfessionalist wie Funk lehnte diese Mitarbeit allerdings ab, weil er darin die Gefahr des Unionismus sah; er befürwortete stattdessen im Kontakt mit dem konservativen Luthertum um Harleß, Kliefoth, Hengstenberg u. a. den Zusammenschluß aller lutherischen Kirchen unter einem Generalkonsistorium[72]). Doch gegenüber den lutherischen Sonderbestrebungen, die nach 1866, nach der Einverleibung Hannovers und Schleswig-Holsteins durch Preußen, in der Allgemeinen Evangelisch-Lutherischen Konferenz organisatorische Gestalt annahm, blieb man in Lübeck allgemein zurückhaltend.

Die Divergenzen traten auch bei der Vorbereitung des Kirchentages, der 1856 in Lübeck stattfinden sollte, zutage[73]). Die Anregung dazu war von Lübecker Bürgern gekommen, die in der Inneren Mission engagiert waren. Im Ministerium gab es einige Bedenken, jedoch keine solchen grundsätzlicher Art, und derjenige, der diese hatte, J. L. Funk, fehlte bei der Abstimmung, so daß der Durchführung des Kirchentages im September 1856 in der Katharinenkirche nichts mehr im Wege stand[74]). Lübeck selber war bei der insgesamt schlecht besuchten Tagung nicht durch Abgeordnete vertreten, weder das Kirchenregiment noch die Pfarrer. Darin drückte sich die bisherige Distanz gegenüber der zentralen Organisation des freien Protestantismus und der Inneren Mission aus. Allerdings hielt Lindenberg die Predigt im feierlichen Eröffnungsgottesdienst in der Marienkirche, nahm für seine Person an den Sitzungen teil und wurde in den Tagungsvorsitz gewählt. Für die Lübecker Bevölkerung waren die Gottesdienste und Begegnungen mit Menschen aus anderen Kirchengebieten (unter ihnen auch Amerikaner) eine eindrückliche Demonstration kirchlicher Zusammengehörigkeit.

Im Schatten von Konfessionalismus und Unkirchlichkeit arbeitete der Gustav-Adolf-Verein eher kümmerlich. Dieser in ganz Deutschland seit 1841 verbreitete Verein diente der Unterstützung hilfsbedürftiger protestantischer Gemeinden in der Diaspora, vor allem in den katholischen Ländern Süddeutschlands und außerhalb des Reiches, wobei er auf eine Bekenntnisbindung verzichtete. 1844 bildete sich auch in Lübeck ein kleiner Kreis, der sogleich den Status eines Hauptvereins, weil auf der Ebene eines Staates organisiert, erhielt. Doch das Desinteresse an der Situation in katholischen Territorien und das Mißtrauen der meisten Geistlichen gegen die gesamtevangelische, unionistische Orientierung des Vereins und gegen einzelne Persönlichkeiten machten zunächst eine Ausdehnung der Arbeit schwer, die jahrelang dahinsiechte. Erst in der zweiten Hälfte der fünfziger Jahre wurde der Verein aktiver und konnte durch Gottesdienste und Vorträge Interesse in der Öffentlichkeit wecken. 1857 bewilligte der Senat eine jährliche Kollekte für seine Arbeit, 1860 konstituierte sich ein Frauenverein, der Handarbeiten für die Konfirmanden in der Diaspora anfertigte, und 1863 verankerte schließlich die in Lübeck abgehaltene Hauptversammlung des deutschen Gustav-Adolf-Vereins die Diasporaarbeit im allgemeinen Bewußtsein[75]).

Konfessionsstreit im Missionsverein 1855—59

Anders als in den größeren Landeskirchen spielten die Unterschiede der theologischen Positionen in Lübeck keine solche Rolle, daß es zu Polarisierungen und Streit kam. Schroffen Konfessionalismus vertrat nur Funk, dagegen bewegten Männer wie Lindenberg, Köppen, Zietz, Kunhardt, Michelsen sich auf einer mittleren Linie, während ein milder, durchaus positiver Liberalismus vor allem von Klug und Luger repräsentiert wurde. Und doch entzündete sich zu jener Zeit ein konfessioneller Streit, der tiefe Wunden schlug. Er betraf eine der ältesten und wichtigsten Unternehmungen der Erweckungsbewegung, den Missionsverein, hatte aber darüber hinaus seine Wurzeln in dem allgemeinen, durch den lutherischen Konfessionalismus erzeugten Klima.

Der Missionsverein war bislang ein schönes Beispiel evangelischer Kooperation gewesen, in welcher sich die alten konfessionstrennenden Differenzen zwischen Lutheranern und Reformierten als irrelevant erwiesen hatten. Man wollte das Evangelium ausbreiten und damit Kirche Christi bauen helfen, ohne genauer danach zu fragen, welche Form von Kirche auf den Missionsfeldern entstand, d. h. man verkannte zunächst die Problematik, die darin lag, daß dort durch die verschiedenen Missionare die Vielfalt der Konfessionskirchen nur reproduziert wurde. 1836 hatte sich mit der

Leipziger Mission ein Verein im Geist des konfessionalistischen Luthertums gebildet, mit dem auch einige Lübecker, voran Funk sympathisierten; 1849 trat die von Ludwig Harms begründete Hermannsburger Mission hinzu.

Der hiesige Verein hatte bisher hauptsächlich die Basler und die Barmer Mission, also zwei stärker reformiert geprägte Unternehmungen unterstützt. Nun forderten einige Lutheraner, auch Beiträge an die Hermannsburger und Leipziger Mission zu geben. Eine Verständigung konnte nicht erzielt werden. In diese Situation fiel 1855 die Jubiläumsfeier des Augsburger Religionsfriedens, zu welcher eine von Funk verfaßte Schrift, die die Bedeutung des Luthertums herausstellte, in den Schulen verteilt wurde und Funk selber in seiner Festpredigt in St. Marien auf die bleibenden Konfessionsdifferenzen gegenüber den Reformierten aufmerksam machte[76]). Dies empfanden einige Reformierte als Herabsetzung ihres Glaubens, und Carl Wilhelm Pauli (1792–1879), seit Jahrzehnten engagierter Vorkämpfer eines unionistischen Missionswerkes, griff Funk publizistisch (anonym) als Störenfried an, wobei er sogar die Obrigkeit zum Einschreiten mahnte, um nicht in die Verhältnisse des 17. Jahrhunderts zurückzufallen[77]). Nun brach ein Streit zwischen Reformierten und Lutheranern aus, der an Heftigkeit nichts zu wünschen übrigließ und sogar den Redakteur des liberalen „Volksboten" sein lutherisches Herz entdecken ließ.

Pauli griff die Bestrebungen der lutherischen Mitglieder des Missionsvereins, auch konfessionalistische Missionen zu fördern, als den alten Zielen des Vereins widersprechend an, da diese an der Einheit der evangelischen Kirche orientiert wären[78]). Da aber das mit Zitaten von diesbezüglichen Äußerungen der Wortführer des Vereins, vor allem Lindenbergs, belegte, mußte dieser sich wehren, um nicht als Unionist zu erscheinen[79]). Er deklarierte darum jene Äußerungen als inzwischen überholt, weil die Lutheraner in den letzten zwei Jahrzehnten ein neues konfessionelles Selbstbewußtsein und ein Verständnis für die integrale Zusammengehörigkeit von Mission und Kirche entwickelt hätten. Diese Integration wäre bei den Hermannsburgern und Leipzigern gegeben, nicht aber bei Basel und Barmen, welche Mission in freier Initiative ohne kirchliche Anbindung betrieben. Pauli lehnte das als Fanatismus ab und trat aus dem Vorstand des Vereins aus[80]).

Viele Lutheraner plädierten nun angesichts dieser Diskussion dafür, sich im Missionsverein von den Reformierten zu trennen, um ein Zeichen gegen den Unionismus zu setzen, doch solchen Vorschlägen widerstand Lindenberg, und so blieb es auf dem Höhepunkt des Streits 1857 dabei, daß die Missionsversammlung wie gehabt verlief[81]). 1859 kam es dann allerdings zur Spaltung des Missionsvereins, aber auch in den folgenden Jahren gingen die Beiträge hauptsächlich nach Basel und Barmen, die Zuwendungen für Leipzig und Hermannsburg stiegen, erreichten aber nicht annähernd dieselbe Höhe. Konfessionalistische Mission wurde von der Lübecker Kirche unter Lindenberg trotz aller Wertschätzung der Konfession nicht sonderlich gefördert.

Die Gemeindeordnung von 1860

Liberalismus und Konfessionalismus hatten mit verschiedenen Argumenten eine Reform der Kirchenverfassung befürwortet, die das Staatskirchentum abbauen sollte. Aber der Senat hatte 1853 alle diesbezüglichen Bemühungen abgewehrt, seine

Kirchenhoheit wollte er von der allgemeinen Liberalisierung ausgenommen wissen. Noch lag der Verfassungsentwurf unerledigt, und infolge dieses Schwebezustandes wurden wie schon in den vierziger Jahren wieder alle kleineren Reformen – z. B. die Neuregelung der Funktionen des Seniors – auf die lange Bank geschoben. Nicht unschuldig an diesem Zustand war Senior Lindenberg, der wegen seiner Bedenken gegen einige demokratische Tendenzen im Entwurf von 1852/53 kein Interesse daran hatte, diesen durchzubringen. Überhaupt hielt er es nicht für angebracht, im Konfrontationskurs gegen den Senat für kirchliche Belange zu streiten. Erst 1858 verhandelte der Senat über die Angelegenheit und beschloß, Inhaber der Kirchengewalt wie bisher zu bleiben[82]).

Damit war die Reform erledigt. Daß sie dann doch noch zum Teil realisiert wurde, lag an dem Sachzwang, die inneren Verhältnisse der Gemeinden, z. B. die Armenpflege, neu zu ordnen (was ja das staatliche Kirchenregiment nicht tangierte), und war dem taktischen Geschick Theodor Behns zu verdanken, der 1858 in den Senat gewählt wurde und sich dort für die Reform einsetzte. Aus dem Verfassungsentwurf wurden alle Bestimmungen, die das Leben der einzelnen Gemeinden betrafen, herausgenommen und im Januar 1860 als Entwurf einer Kirchengemeindeordnung (KGO) dem Geistlichen Ministerium zur Stellungnahme vorgelegt. Dort kam es zu einer heftigen Auseinandersetzung um die vorgesehene Demokratisierung, wonach die Gemeindevorstände und -ausschüsse aus allgemeinen Wahlen hervorgehen sollten und alle Gemeindeglieder in den Ausschüssen ein bestimmtes Maß an Mitwirkungsrechten erhalten sollten. Lindenberg konnte sich mit seinen Bedenken nicht durchsetzen. Die Bürgerschaft verzichtete unter Hinweis auf die Aufhebung der Grundrechte von 1851, welche die alleinige Kirchenhoheit des Senats wiederhergestellt hätte, auf eine Mitentscheidung, und so erließ der Senat am 8. Dezember 1860 die „Ordnung für die evangelisch-lutherischen Kirchengemeinden der Stadt Lübeck und zu St. Lorenz"[83]). Da die 1852/53 geplante einheitliche Landeskirche nicht zustandegekommen war, mußten die Landgemeinden zunächst ausgenommen bleiben und erhielten etwas später nach dem Muster der Stadtgemeinden ihre eigenen Ordnungen (1862 Travemünde, 1866 Schlutup und Genin).

Die Ordnung legte die Rechte und Pflichten der Gemeindeglieder fest, regelte die Wahl und die Arbeitsweise der Gemeindevorstände, die die bisher vom Rat eingesetzten obrigkeitlichen Vorsteherschaften ablösten (ein Frauenwahlrecht wurde „selbstverständlich" in der Diskussion nicht einmal erwähnt!), und sah mit der Einrichtung von Gemeindeausschüssen so etwas wie Synoden für jede einzelne Gemeinde vor, die aber nur wenig Kompetenzen hatten (Wahlen und Etat). Gegenüber früher waren das zweifellos Verbesserungen, da die Gemeinden vordem nicht an der Verwaltung ihrer Angelegenheiten beteiligt waren und die Obliegenheiten der Vorsteher sich im wesentlichen auf die Vermögensverwaltung und Bauunterhaltung beschränkt hatten, während nun ausdrücklich für die Vorstände ein geistliches Mandat vorgesehen war.

Trotz dieser Fortschritte war die Gemeindeordnung von 1860 ein insgesamt dürftiger Abschluß der mit großen Hoffnungen 1848/49 neu begonnenen Verfassungsreform, eine Konzession an die Reste des Liberalismus. So blieb das Desiderat einer Kirchenverfassung, welche die kirchliche Autonomie hergestellt und damit die Hand-

lungsfähigkeit begründet hätte, auf die Herausforderungen der Zeit flexibler zu reagieren. Immerhin aber bot die Ordnung wenigstens Ansätze, von der Gemeindeebene her Reformen des kirchlichen Lebens zu initiieren. Diese Chance wurde auch genutzt, und insofern bildet das Jahr 1860 eine Zäsur in der Lübecker Kirchengeschichte.

66. Stadtpanorama von Osten 1859

67. Stadtansicht von Südwesten mit Bahnhof um 1860

68. Marktplatz mit St. Marien und Rathaus um 1830

69. Dom mit Kurien und Parade um 1800

70. Bischofshof (Rückseite) vor 1819

71. Dom mit Obertrave um 1850

72. Koberg mit St. Jakobi und Heiligen-Geist-Hospital um 1820

73. „Christi Einzug in Jerusalem" von Friedrich Overbeck. 1824 (St. Marien)

74. Reformierte Kirche, erbaut 1824–26

75. Katholische Kirche, erbaut 1888–91 (mit alten Domkurien)

76. Die alte Lorenzkirche (1669), 1899/1900 abgerissen

77. St. Matthäi, der erste ev.-luth. Kirchenneubau 1899/1900

78. Prediger Ludwig Suhl (1752–1819)

79. Bürgermeister Christian Adolph Overbeck (1755–1821)

80. Pastor Johannes Geibel (1776–1853)

81. Margarethe Elisabeth Jenisch (1763–1832)

82. Senior Johann Henrich Carstens (1738–1829)

83. Senior Hermann Friedrich Behn (1767–1846)

84. Senior Johann Carl Lindenberg (1798–1892)

85. Johann Ä. L. Funk (1792–1867), Pastor an St. Marien

86. Bürgermeister Theodor Behn (1819–1906)
87. Senior Leopold Friedrich Ranke (1842–1918)

22. Kapitel
Entkirchlichung der Massen und Versuche zur Reform der Volkskirche 1860–1890

Im letzten Drittel des 19. Jahrhunderts, vor allem in der Zeit von 1871 bis 1895, erlebte Lübeck einen ungeheuren wirtschaftlichen Aufschwung, der zu einer Bevölkerungsexplosion mit den entsprechenden sozialen Problemen führte. Angebahnt durch die geschickte Handels- und Außenpolitik der fünfziger und sechziger Jahre, entscheidend gefördert durch die Einführung der Gewerbefreiheit 1866 und durch den Anschluß an den Deutschen Zollverein 1868 und an das Deutsche Reich 1871, begann nun die Industrialisierung. Vordem gab es nur wenige zu Industriebetrieben erweiterte Handwerksbetriebe, der Handel prägte nach wie vor das Gesicht der Stadt. Aber auch um 1870 gab es hier, bedingt durch die lange verkehrsmäßige Abschnürung vom Reich, kaum Industrie.

Wirtschaftlicher Aufschwung und Bevölkerungsbewegung

Durch den Neu- und Ausbau der Eisenbahnverbindungen zum Reich und durch den Ausbau des Hafens und die Travevertiefung in den sechziger Jahren (später dann auch durch den Bau des Elbe-Trave-Kanals, der 1900 eröffnet wurde) blühten die traditionellen Zweige von Handel und Gewerbe auf, so daß Lübeck als Ostseehafen des industriereichen Westens und Mitteldeutschlands unter Zurückdrängung Kiels wieder eine führende Rolle im Handel mit Nord- und Osteuropa einnahm. Noch mehr neue Arbeitsplätze wurden durch die Industrieansiedlungen des Maschinen- und Schiffsbaues, der Eisen- und Metallgießerei, der chemischen Industrie, des Baugewerbes und der Nahrungs- und Konservenindustrie geschaffen. In der durch den neuen Kanal ermöglichten Ansiedlung von Großindustriebetrieben nach der Jahrhundertwende fand die Entwicklung bis 1914 ihren Abschluß[1]).

Der dadurch bedingte soziale Wandel wird schon durch die Bevölkerungszahlen angezeigt. In der Stadt und den Vorstädten wohnten 1867 rund 37000 Menschen, was eine große Steigerung gegenüber den etwa zwanzigtausend Einwohnern des Jahrhundertbeginns bedeutet. In den Vorstädten wohnten nach der Volkszählung des Jahres 1851 nur 3754 Menschen. Die Torsperre, die in Lübeck als der letzten deutschen Stadt erst 1864 aufgehoben wurde, hatte die Ansiedelung vor den Toren stark behindert. Seitdem ging die Entwicklung voran. An der Vorstadt St. Lorenz, die bis dahin stark agrarisch geprägt war und wo sich die neuen Betriebe vor allem ansiedelten, läßt sich das Wachstum gut studieren. 1851 waren es 1427 Einwohner, 1880 aber bereits 8100, 1890 dann 13400, 1900 schließlich 27400 Einwohner[2]). Nicht ganz so stark expandierten die anderen Vorstädte St. Gertrud und St. Jürgen. Insgesamt stieg die Bevölkerungszahl des Stadtgebietes von 36998 im Jahre 1867 auf 51055 im Jahre 1880 (d. h. um fast 40 Prozent) sowie auf 63590 im Jahre 1890 und 82098 im Jahre 1900.

Die Bevölkerung hatte sich also in dem hier behandelten Zeitraum mehr als verdoppelt, die kirchlichen Strukturen waren aber bis 1895 an der Altstadt mit ihren ca. 35000 Einwohnern orientiert. Für die Lorenzvorstadt gab es nur die alte, viel zu kleine Kirche mit einem Pastor für rund 8000 Seelen (bis 1882 dann ein zweiter berufen wurde), während die Bewohner der Vorstädte zu St. Jürgen (mit über 5000 Seelen im Jahre 1880) und St. Gertrud (mit über 4000) dem Dom- bzw. Jakobikirchspiel zugeordnet waren. Auch dort hatte sich die Zahl der Geistlichen nicht verändert; für die kleine St. Jürgenkapelle gab es keinen eigenen Geistlichen, die Friedhofskapelle zu St. Gertrud war schon 1622 abgerissen worden.

Hatte es im 18. Jahrhundert in der Stadt noch 22 Stellen gegeben, so waren es bis 1882 nur 14 an den sechs Stadtkirchen (einschließlich St. Lorenz). Eine amtskirchliche Reaktion auf die neue Situation blieb also zunächst aus, obwohl deren Problematik aus anderen Städten, in denen diese Entwicklung früher eingesetzt hatte, bekannt war. Doch die Aktivitäten der freien Vereine konzentrierten sich relativ schnell auf die neuen Aufgabengebiete – hier war die Kirche präsent. Und auch der Staat blieb mit dem Aufbau des Schulwesens in den Vorstädten nicht wesentlich zurück.

Arbeiterschaft und Kirche

Der neue Arbeiterstand hatte in Lübeck, so bedenklich seine Lebensbedingungen waren, nicht in einer derartigen Verelendung wie in Berlin, Hamburg oder in den neuen Großstädten der Industriereviere zu leben. Das hing mit der noch einigermaßen überschaubaren Größenordnung zusammen, aber auch z. B. mit den Wohnverhältnissen in den Vorstädten. Riesige Mietskasernen in öden Stadtvierteln gab es hier im Unterschied zu anderen Städten nicht; die Neubauten wurden zunächst noch in relativ lockerer Bauweise, meist zweistöckig aufgeführt, infolge des Spekulantentums und der Verknappung des Wohnraums nach 1890 dann in der Regel drei- bis vierstöckig, aber immer noch in einer Siedlungsweise, die gegenüber den engen Altstadtwohnungen Vorteile bot. Gleichwohl waren die sozialen Probleme der neuen Bevölkerungsschichten groß genug. Sie waren, zumeist vom Lande zugezogen, ihrem herkömmlichen Lebensrhythmus entfremdet, und die kirchliche Entfremdung war ein Aspekt dieser Entwurzelung.

Für die Lübecker Kirche war die soziale Frage, d. h. die Situation der Arbeiterschaft, abgesehen von den seit jeher angepackten Problemen der Fürsorge damals kein nennenswertes Thema. In den offiziellen Jahresberichten der Senioren begegnete sie nicht. Das hing wohl, abgesehen von den genannten Faktoren, vor allem damit zusammen, daß Arbeiterschaft und Sozialdemokratie in Lübeck kaum eine antikirchliche oder gar antireligiöse Agitation entfalteten[3]).

Antikirchliche Äußerungen sind aus der Zeit des nach 1850 aufblühenden Volks-Vereins (vgl. S. 426), dessen radikalere, an verschärftem Klassenkampf interessierte Mitglieder ausgeschlossen wurden, nicht überliefert[4]). Selbst das Polizeiamt, das seine Aktivitäten sorgfältig observierte, konnte nichts Bedenkliches feststellen. Diese Tendenz hielt sich auch später im wesentlichen durch. 1866 wurde eine Sektion des Allgemeinen Deutschen Arbeitervereins und 1873 wurde eine Mitgliedschaft in der Sozialdemokratischen Arbeiterpartei begründet. Hier kam es vereinzelt zu antireligiöser Agitation, die aber im ganzen gesehen nicht typisch für die Lübecker Sozialdemokratie war. Z. B. begründete der erste Führer des Arbeitervereins, der Schneidergeselle Albert Joschonneck, die Zulässigkeit eines zu Pfingsten 1873 geplanten Rundmarsches mit einer

Polemik gegen christliche Feste und die Lehre von der Auferstehung Jesu (an deren Stelle man lieber die Auferstehung Lassalles feiern sollte!)[5]. Hier wurde eine entschiedene Abkehr vom Christentum deutlich, doch Joschonneck fand darin kaum Nachahmer. Zwar forderte der für die Reichstagswahl 1874 als Lübecker Kandidat aufgestellte Altonaer Sozialdemokrat W. Hartmann unter seinen Programmpunkten auch die „Trennung der Schule von der Kirche, damit die Bildung des Volkes vom pfäffischen Zuschnitt befreit werde"; und er polemisierte grobschlächtig gegen die Kleriker (die Jesuiten, „ob katholisch geschoren oder protestantisch gescheitelt"), mit denen das Volk, wenn es erst hinreichend gebildet wäre, schon fertigwerden würde[6]. Aber auch das fand wenig praktische Resonanz, so sehr es auch der Stimmung breiter Kreise der Arbeiterschaft entsprechen mochte.

Die eingehende polizeiliche Beobachtung der sozialdemokratischen Versammlungen von 1874–1878 zeigte, daß Kirche und Religion kein Gegenstand der Agitation und Diskussion waren; bei dem immer wieder behandelten Thema „Die Socialdemokratie und ihre Gegner" kamen sie nicht vor. 1877 meinte ein Redner auf einer Versammlung der Tischler, die Arbeiter „brauchten sich nicht daran zu kehren, ... was für eine Religion ein Jeder hätte; ein Jeder würde auf seinen Glauben selig"[7]. Auch in der späteren Zeit änderte sich an dieser Position der Sozialdemokratie nichts, so daß es nicht zufällig ist, wenn der „Lübecker Landbote" für 1904 in einer zündenden Kritik am bestehenden System zum Kampf gegen alles aufrief, was der Vernunft und der Gerechtigkeit widerspräche, dabei die Kirche aber nicht erwähnte. Die Sozialdemokraten hatten in der Stadt politisch schon seit 1871 (wo sie bei der Reichstagswahl 22 Prozent der Stimmen erhielten) eine starke Stellung errungen. Mit Theodor Schwartz stellten sie 1890–93 und 1898–1919 den Lübecker Reichstagsabgeordneten, und auch dieser Mann war kein antikirchlicher Agitator[8]. Die Zurückhaltung entsprach der im ganzen gemäßigten Position der Sozialdemokratie in Lübeck, wozu nicht wenig beitrug, daß der Senat, voran der für das Polizeiamt zuständige Senator Rittscher, im Unterschied zu Preußen eine Politik der Toleranz verfolgte[9].

Entkirchlichung bedeutete also damals weder für das Bürgertum noch für die Arbeiterschaft Entchristlichung. Spezielle kirchliche Aktivitäten im Blick auf den Arbeiterstand gab es neben dem allgemeinen Vereinsleben nicht; die andernorts seit 1882 gegründeten evangelischen Arbeitervereine, mit denen die Geistlichen die Beziehungen zwischen Kirche und Arbeiterschaft pflegen wollten, fanden hier keine Resonanz. Auch wenn man insgesamt nicht von einem Versagen der Kirche angesichts der sozialen Fragen sprechen kann, wenn man ihre karitativen Tätigkeiten bedenkt, so blockierten doch ihr Bündnis mit der Staatsmacht und ihre bürgerlich geprägte Struktur das Verständnis der unteren Schichten für die christliche Botschaft. Aber die Kirche galt nicht als Teil eines Systems, das beseitigt werden müßte. Von daher wird die Situation nach der „Revolution" von 1918, die die Kontinuität jener sozialdemokratischen Haltung gegenüber der Kirche bestätigte, verständlich.

Entkirchlichung als Grundproblem

Durch die sozialen Veränderungen nach 1860 wurde die seit Beginn des Jahrhunderts zutagegetretene Unkirchlichkeit zu einem Massenphänomen und damit zu einem Strukturproblem ersten Ranges. Zu einem gewissen Abschluß, aber auch zugleich zum

Kulminationspunkt kam die Entwicklung in den Jahren nach 1918. Diese Entkirchlichung ist nicht monokausal erklärbar, sondern hat ein ganzes Geflecht von Bedingungsfaktoren sowohl allgemein geistig-kultureller als auch speziell sozialer Art. Erst am Ende der Entwicklung stand die allgemeine Einsicht, daß Lübeck keine christliche Stadt im alten Sinne mehr war und kirchliche Arbeit sich deswegen an neuen Konzeptionen orientieren müßte.

Trotz der inneren Distanz bedeutete Entkirchlichung damals nicht Austritt aus der Kirche, in welchen Formen ein solcher sich auch immer hätte vollziehen können. Um 1875 war Lübeck noch eine geschlossen evangelisch-lutherische Stadt. Von 44799 Einwohnern (ohne Landgebiete) waren nach dem Ergebnis der Volkszählung 42122 Lutheraner. Dazu kamen noch 963 „Evangelische" (d. h. Unierte), da ja in Lübeck viele Einwohner mit preußischer Staatsbürgerschaft lebten. Man kommt so auf einen Anteil von knapp 96 Prozent. Reformierte, römische Katholiken und Juden machten jeweils 1,2–1,5 Prozent aus (541 bzw. 516 und 552 Einwohner). Nur 95 „übrige Christen" und 10 Einwohner ohne Angabe der Religionszugehörigkeit wurden registriert[10]. Entkirchlichung bedeutete damals: Alltägliches und kirchliches Leben entsprachen sich nicht mehr, sondern standen mit Ausnahme weniger Berührungspunkte beziehungslos nebeneinander. Das kirchliche Leben, sofern es als religiöse Sonderexistenz begriffen wurde, unterlag einem steten Schrumpfungsprozeß. Die Indizien dafür sind deutlich[11]).

Gottesdienstbesuch

Trotz des Bevölkerungsanstiegs nahm die Zahl der Gottesdienstbesucher weiterhin ab, so daß die Sonntagsnachmittags-Gottesdienste, die in St. Petri und St. Ägidien schon seit 1854 stark eingeschränkt waren, nun auch in St. Marien und im Dom abgeschafft wurden (1880), nachdem die Frühgottesdienste schon 1854 reduziert worden waren. 1858 war die Feier des Johannis- und des Michaelistages aufgehoben; die Einführung neuer, auf den Rhythmus des Kirchenjahres zugeschnittener Gottesdienste (1853 in St. Petri Advents- und Passionsandachten am Dienstagabend) wurde 1880 rückgängig gemacht[12]). Der seit 1805 durchgeführte Abbau hielt also an. Im Laufe des Jahrhunderts war damit die Zahl der Kirchen, in denen regelmäßig Gottesdienst gefeiert wurde, von 13 auf 6 gesunken, die Zahl der Geistlichen von 22 auf 14, die Zahl der Gottesdienste pro Woche von 45 auf 13. Immerhin gab es noch regelmäßige Wochengottesdienste am Mittwoch und Donnerstag, die aber schlecht besucht wurden. Diese 13 Gottesdienste in den 6 Stadtkirchen wurden um das Jahr 1880 wöchentlich von etwa 2000 Teilnehmern besucht, d.h. von knapp vier Prozent der lutherischen Bevölkerung. Für das Jahr 1881 ist aus St. Marien eine Zählung erhalten, die während dreier Monate durchgeführt wurde[13]). Danach nahmen am sonntäglichen Hauptgottesdienst in der Regel etwa 300 Personen teil (zu Pfingsten immerhin 552), während die Teilnahme an den Frühgottesdiensten zwischen 30 und 179 schwankte (zu Pfingsten 204) und die Sonnabendgottesdienste nur schwach beansprucht wurden (7–42 Personen). An den Teilnehmerzahlen änderte sich auch in der Folgezeit nur wenig, so daß Senior Ranke 1902 offiziell feststellen mußte: „Mit dem Kirchenbesuch der Erwachsenen steht es nicht gut"[14]).

Auch die Zahl der Abendmahlskommunikanten, seit jeher ein verläßlicher Indikator für Kirchlichkeit, hatte während der letzten Jahrzehnte kontinuierlich abgenommen, von 10206 im Jahre 1830 auf 6307 im Jahre 1875, und dies trotz einer Bevölkerungssteigerung um über fünfzig Prozent[15]). Bei diesen Zahlen muß man bedenken, daß es Sitte war, etwa zweimal jährlich zum Abendmahl zu gehen. Deswegen kann man sagen: Nach Ausweis der Kommunionsstatistik lag die Kirchlichkeit unter zehn Prozent – gegenüber fast dreißig Prozent um 1830 und fast fünfzig Prozent im 18. Jahrhundert. Im volkreichsten Kirchspiel St. Jakobi, wo 1875 mit 13233 Gemeindegliedern fast ein Drittel der lutherischen Stadtbevölkerung, zumeist den unteren Schichten angehörig, wohnte, waren es 1855 Kommunikanten, während es im Jahre 1846 bei geringerer Bevölkerungszahl noch 2426 gewesen waren. Die Entwicklung der Zahlen zeigt, daß die größte Abnahme während der sechziger Jahre erfolgte. Und eben dies hing, wie die Zahlen der Jakobi-Gemeinde zeigen, mit der beginnenden sozialen Verschiebung zusammen. In den unteren Schichten, zumal bei den neu Zugezogenen, war die Entfremdung von der traditionellen Kirchlichkeit am stärksten.

Sonntagsheiligung

Die Sonntagsheiligung als ein Punkt, an dem das bürgerliche Leben am stärksten von kirchlicher Sitte geprägt wurde, war seit dem 16. Jahrhundert ein konflikträchtiges Dauerthema. Im Verlauf des 19. Jahrhunderts war sie schließlich so weit eingeschränkt worden, daß sie nur noch für die Dauer der Vormittagsgottesdienste galt, zumal die Nachmittagsgottesdienste ja entfallen waren. Bürgerliche Kreise hatten unter Hinweis auf die weithin fehlende Christlichkeit im Interesse des Geschäftslebens auf Änderung der Gesetze gedrängt. Allerdings besaß die Obrigkeit wie in den anderen deutschen Staaten ein Interesse an der ungestörten öffentlichen Ausübung der Gottesdienste. Deshalb erneuerte der Senat, nachdem die Kirchenvorstände seit 1862 in Beschwerden über Ruhestörungen darauf gedrängt hatten, 1865 die früheren Anordnungen „zur Heilighaltung der Sonntage und der christlichen Festtage", um „die Erreichung des heiligen Zweckes zu befördern und zu sichern". Jede den öffentlichen Gottesdienst störende Handlung war verboten, insbesondere das Arbeiten außerhalb der Wohnungen, der Handel in den Kauf- und Handwerksläden und der Betrieb in den Schankwirtschaften – freilich nur während der Gottesdienstzeiten[16]). Für Übertretungen wurden nicht geringe Geld- oder Haftstrafen angedroht. Auch um den Gottesdienstbesuch sorgte sich der Senat, was angesichts der Ausbeutung der Arbeitskräfte, für die es keine Feiertage gab, verständlich war, aber wirkungslos blieb: „Arbeiter, Gehülfen, Lehrlinge und Dienstboten dürfen von ihren Vorgesetzten an dem Besuche des öffentlichen Gottesdienstes nicht ungebührlich (!) gehindert werden". In der Praxis sah es dagegen anders aus, weil der Senat nicht mit unzeitgemäßen Polizeimaßnahmen eine Sonntagsheiligung erzwingen wollte, die der allgemeinen Lebensgewohnheit nicht mehr entsprach. Erhob das Geistliche Ministerium gegen Verstöße gelegentlich Einspruch, so wurde für Abhilfe gesorgt. Bis zum Beginn des 20. Jahrhunderts funktionierte diese eingeschränkte Sonntagsheiligung noch leidlich. Nach 1910 war sie dann immer weniger zu halten.

Reformaktivitäten

Auf die Entkirchlichung reagierte die Kirche seit etwa 1830 und vollends dann seit etwa 1860 mit einer doppelten Strategie, wobei diese allerdings nicht als solche ausdrücklich bewußt gemacht wurde: einerseits mit einer Reform der traditionellen Formen kirchlichen Lebens, andererseits mit neuen Formen einer verstärkten Gemeindearbeit. Gegenüber der alten öffentlichen, stark rituellen Funktion der Religion wurde damit die Hinwendung zum einzelnen verstärkt. Was früher nur in individuellen Ansätzen vorhanden war, wurde nun systematisch ausgebaut. So kann man von einem ungefähr 1860 einsetzenden kirchlichen Neubau als Ineinander von Gemeinde- und Betreuungskirche sprechen. Zu einer Entkirchlichung der Massen im strengen Sinne kam es gerade nicht, sondern zu neuen volkskirchlichen Verhaltensformen gegenüber der Institution Kirche. Auch dafür seien die wichtigsten Beispiele genannt.

Ordnungen haben auch im kirchlichen Bereich eine ambivalente Wertigkeit. Man kann mit ihnen zwar kein ansonsten fehlendes Leben erzeugen, aber man kann die Entfaltung neuer Kräfte durch unpassende Ordnungen behindern und durch Reformen anregen. Dies war der Grund für die Aufstellung neuer Ordnungen in verschiedenen Bereichen, beginnend mit der Gemeindeordnung von 1860, dem Ergebnis der großen Verfassungsreformbestrebungen. Ihr Ziel war die Aktivierung der Gemeinde durch stärkere Beteiligung an der Kirchenverwaltung. Dieses Motiv hatte die gesamte Verfassungsdiskussion seit 1815 geprägt, weil man den allgemeinen Niedergang der Kirchlichkeit auch mit auf das Fernhalten der Christen von jeglicher Mitverantwortung zurückführte. Der Domprediger Petersen hatte schon 1830 die programmatische These vertreten, eine stärkere Kirchlichkeit müßte von einer Neukonstruktion der Gemeindevorstände, die bislang vom Senat aus den Reihen des Rates und der Kaufmannschaft gestellt wurden, im Sinne einer demokratischen Reform ausgehen. Aber das blieb nicht unbestritten. Zumal Senior Lindenberg war grundlegenden Neuerungen abgeneigt, und er blieb auch gegenüber der neuen Ordnung von 1860 zeitlebens skeptisch. Daß sie bisher ungewohnte Aktivitäten der Gemeinden ermöglichte, kann indessen nicht geleugnet werden. Vor allem die Gemeindevorstände traten seit 1860 mit Initiativen hervor und bildeten, wenn sie sich zu gemeinsamer Aktion zusammenfanden, sogar einen gewissen Ersatz für eine Kirchenleitung als Pendant zum Senat.

Abschaffung der Privatbeichte

Ein gutes Beispiel dafür wie für den Versuch einer Reform der herkömmlichen Formen des kirchlichen Lebens bildete der Antrag des Jakobi-Vorstandes im Jahre 1863, eine öffentliche Beichtfeier in den Kirchen einzuführen[17]). Nach der neuen Ordnung waren die Vorstände ja für die „Förderung christlicher Gesinnung und Sitte in der Gemeinde" und für die Durchführung der Gottesdienste zuständig, während das Jus liturgicum nach wie vor beim Senat lag. Ihrer Initiative waren also Grenzen gesetzt. Die Privatbeichte war nun als wichtiger Ausdruck kirchlicher Bindung beibehalten worden (deswegen standen auch noch die Beichtstühle in den Kirchen!), aber nicht mehr in der Form der freien Einzelbeichte, sondern als mehr oder weniger formalisierte Familienbeichte. Ein paarmal jährlich, im Zusammenhang mit dem Abendmahlsempfang, gingen die Familienangehörigen gemeinsam zum Beichtstuhl in der Kirche, sprachen ein Beichtgebet und empfingen die Absolution. Kundige Seelsorger hatten es vermocht, aus der Beichte als einem Mittel der Kirchenzucht die Gelegenheit zu seelsorgerlichen Gesprächen zu machen, doch blieb das auf Einzelfälle beschränkt.

Wie umstritten die Beichtpraxis geworden war, zeigte die Diskussion des Jahres 1863. Der Jakobiprediger Michelsen betrieb ihre Änderung mit dem Argument, echte Seelsorge würde im Beichtstuhl gar nicht praktiziert und überdies würde die Beichte nur noch von einer verschwindenden Minorität begehrt; eine Förderung des kirchlichen Lebens wäre von einer liturgisch gestalteten Beichtfeier, an der alle Gottesdienstbesucher teilnehmen, zu erwarten[18]). Die Kirchenkommission unter Senator Roeck stimmte dem zu, aber das Geistliche Ministerium unter Führung Lindenbergs lehnte mehrheitlich eine Aufhebung der Privatbeichte mit der Begründung ab, daß diese Möglichkeit einer persönlichen Bindung zwischen Pastoren und Gemeindegliedern erhalten bleiben sollte[19]). (Nicht ganz aufzuhellen ist, ob bei dieser Ablehnung auch finanzielle Gründe mitspielten, denn mit der Privatbeichte wäre das bisherige Beichtgeld entfallen.)

Die Sorge um die Entkirchlichung bestimmte beide Parteien, doch war das Ministerium durch sie nur zur Defensive, nicht zur Reform motiviert: „In Zeiten religiösen Aufschwunges und überströmenden Lebens mag man jede neue Form einführen, sie wird Leben gewinnen. In einer Zeit dagegen, wie die gegenwärtige, in welcher die Massen dem kirchlichen Leben mehr abgewendet als zugewendet sind, ist große Gefahr vorhanden, daß mit dem Zerbrechen einer Vielen noch ehrwürdigen Form auch das noch mit ihr verwachsene Leben entweicht, dagegen die neue Form von vorn herein eine todte bleibt"[20]). Das war typisch gerade für Lindenbergs retardierende Haltung. Viele wollten diese Form der Beichte als einzig noch verbliebenes Mittel der Kirchenzucht nicht aufgeben[21]).

Es gab zweifellos gute Gründe gegen eine Abschaffung der Privatbeichte, die vor allem den seelsorgerlichen Aspekt betrafen. Aber an jener Begründung zeigte sich recht deutlich, daß das Ministerium der Veränderung der Situation nicht durch eine globale Reformstrategie Rechnung trug. Die Reformen kamen durch einzelne, allmähliche Änderungen des status quo zustande. Nachdem die öffentliche, allgemeine Beichte schon 1866 in der Lorenzkirche praktiziert wurde, wurde sie 1875 offiziell vom Senat für St. Jakobi zugelassen, nicht zuletzt auf Betreiben von Bürgermeister Behn, des engagierten Kirchenvorstehers von St. Jakobi.

Schon 1875 wurde ein agendarisches Formular publiziert, das 1887 allgemein eingeführt wurde[22]). Nach 1890 setzte sich diese Neuerung in allen Gemeinden durch. Ob damit der Entkirchlichung wirksam begegnet werden konnte, muß offenbleiben. Zu sehr war die neue Ordnung von den Versuchen geprägt, die alte Idee der Kirchenzucht in Verbindung mit dem Abendmahl aufrechtzuerhalten. Sie war im guten Sinne orthodox, entsprach aber kaum dem seelsorgerlich Notwendigen. Ziel ihrer Bußermahnung war es, ein nicht vorhandenes Sündenbewußtsein allererst zu wecken, um so eine Anknüpfung für den Trost des Evangeliums zu schaffen. Der seit den achtziger Jahren zu beobachtende allmähliche Anstieg der Zahl der Abendmahlsteilnehmer ist eher auf den Bevölkerungszuwachs als auf diese Reform zurückzuführen. Z. B. waren es im Jahre 1900 11833 Kommunikanten bei 84160 Einwohnern gegenüber 6307 bei 44799 Einwohnern im Jahre 1875, d. h. die Abendmahlsteilnahme blieb trotz Verdoppelung der absoluten Zahl relativ konstant.

Gottesdienstreformen

Eine Reform der Liturgie des Hauptgottesdienstes wurde seit 1868 diskutiert[23]). Schon zuvor hatten immer wieder Vorstöße stattgefunden, die karge, auf Predigt und Liedergesang beschränkte Liturgie (das Ergebnis der von der Aufklärung beeinflußten Reform von 1791) durch Rückkehr zur reformatorischen Ordnung anzureichern. Erfolge waren bisher ausgeblieben. Die Gesangbuchreform, die 1839 an der konservativen Haltung von Rat und Bürgerschaft gescheitert war, war zwar 1859 vollzogen worden, aber sie wurde als so ungenügend empfunden, daß man während der siebziger Jahre in mühseligen Kommissionsberatungen ohne durchgreifenden Erfolg Änderungen versuchte (leicht revidierte Fassung von 1877). „Die Form der Gottesdienste ist fast durchgängig die denkbar einfachste und dürftigste. Von einer thätigen Teilnahme der Gemeinde an denselben kann kaum gesprochen werden", urteilte 1884 Martin Funk[24]). Eine „liturgische Bewegung", die vor allem von der Jakobigemeinde, aber auch von St. Ägidien ausging und das aufnahm, was andernorts in Deutschland angeregt wurde, brachte hier Abhilfe. Seit 1884 praktizierte St. Jakobi eine Liturgie, in der vor allem der verkümmerte Eingangsteil neu gestaltet war[25]). Andere Gemeinden experimentierten ähnlich.

Der Wunsch nach einheitlichem Vorgehen führte schließlich dazu, daß — aufgrund eines Vorstoßes zunächst der Mariengemeinde, dann auch der anderen Kirchenvorstände — das Ministerium im Auftrag des Senats 1890 die Sache in Angriff nahm. Für Lindenberg, der den Entwurf anfertigte, lag das Ziel nicht darin, etwas Neues, „Zeitgemäßes" zu kreieren, sonden die alte lutherische Liturgie wiederzuerwecken. Es ging also um Restauration der Kirchlichkeit. Die bereits 1891 vom Geistlichen Ministerium fertiggestellte Agende wurde noch eingehend von der Liturgiekommission des Senats beraten und nach einigen Änderungen mit Dekret vom 30. August 1893 vom Senat verabschiedet, indem der Wunsch bekräftigt wurde, „durch reichere liturgische Ausgestaltung den Gemeinden die Möglichkeit größerer selbstthätiger Theilnahme an den Gottesdiensten zu gewähren und dadurch zur Förderung des Besuches der Gottesdienste beizutragen"[26]).

Mit der neuen Agende von 1893 kehrte Lübeck zu der reformatorischen Grundform der Messe zurück, wobei der Abendmahlsteil allerdings nicht integriert, sondern angehängt war. Fraglos war die Abkehr von dem reinen Predigtgottesdienst ein Fortschritt, die Folgen der Aufklärung waren auf diesem Gebiet überwunden. Um die neue Liturgie zu üben und den Choralgesang zu aktivieren, wurden für einige Wochen Kinderchöre aus den Volksschulen eingesetzt, die die Gemeinden unterstützten. Insgesamt aber blieb der erhoffte Erfolg zunächst aus, wenn man die bleibenden Klagen über zu geringe Teilnehmerzahlen nimmt. (Eine Statistik der Gottesdienstbesucher, der man Genaueres entnehmen könnte, ist damals nicht geführt worden.)

Ein in verschiedener Hinsicht aufschlußreiches Beispiel für die kirchliche Situation um 1890 bot die Einführung des allgemeinen Buß- und Bettages. Die Bußtage — sowohl die regelmäßigen Wochenbettage am Donnerstag als auch die außerordentlichen Bußtage bei besonderen Anlässen — hatten als Akte einer auf das Gemeinwohl bezogenen öffentlichen Religiosität bis zum Ende des 18. Jahrhunderts Bedeutung gehabt. Dann waren sie weggefallen, weil man allgemein damit nichts mehr anfangen konnte. Ein Wiederbelebungsversuch 1826 scheiterte im Ansatz. Im Zuge der Reform des kirchlichen Lebens hatte die Eisenacher Konferenz der deutschen Kirchenregierungen 1852 die Einführung eines jährlichen allgemeinen Bußtages am Mittwoch vor dem letzten Sonntag des Kirchenjahres angeregt. Damit sollten die vielfältigen Bußtage, die in den verschiedenen Landeskirchen noch Brauch waren, vereinheitlicht werden. Z. B. hatte Mecklenburg vier Bußtage im Jahr, Hannover drei, Sachsen zwei, Preußen, Bayern und Württemberg je einen, aber dies alles zu verschiedenen Terminen.

Preußen, die mit Abstand größte Landeskirche, hatte die Befolgung des Eisenacher Vorschlags für 1893 beschlossen und forderte nun die übrigen norddeutschen Staaten zum Mitgehen auf. Der Lübecker Senat war damit vor eine primär politische Entscheidung gestellt. Immerhin wich die lübische Praxis von dem andernorts Üblichen auffällig ab. Noch 1870, bei Ausbruch des Krieges, hatte Lübeck den vom preußischen König angeregten besonderen Buß- und Bettag nicht gefeiert; man hatte sich auf Betreiben des Ministeriums mit einer speziellen Ausgestaltung des Sonntagsgottesdienstes begnügt. Auch jetzt war das Ministerium zurückhaltend. Deswegen überging der Senat es einfach (obwohl er es hätte konsultieren müssen) und ordnete von sich aus, in der Hoheit seines Kirchenregimentes, eine Übernahme des preußischen Verfahrens an. Es sollte ein „bürgerlicher Feiertag" mit christlichem Gepräge sein. „In kirchlichem wie in vaterländischem Interesse solle das Ziel erreicht werden, das Deutsche Volk in Demüthigung, Bitte und Dank vor Gott an einem gemeinsamen Feiertage in den Gotteshäusern versammelt zu finden"[27]). Gegen die Mißachtung seiner Rechte – und dies in einer Zeit, wo die Ablösung der Kirche vom Staat durch die Verfassungsreform ins Stadium der endlichen Realisierung kam – protestierte das Ministerium nicht lautstark, sondern drückte nur „in bescheidener Weise" sein Befremden aus.

Die Diskussion in der Bürgerschaft, deren Zustimmung der Senat brauchte, warf ein Schlaglicht auf die Problematik dieser „Reform"[28]). Konsul Eschenburg kritisierte das Vorhaben als völlig unzeitgemäß und dem allgemeinen Interesse zuwider, weil durch den Bußtag, der ja als stiller Feiertag begangen werden sollte, für Arbeiter und Handwerker die Einkünfte eines ganzen Tages entfielen. Demgegenüber betonte Theodor Behn: „Einen Tag im Jahr wird man doch opfern können, um im Stillen zu bedenken, worauf der Mensch vorzugsweise hingewiesen ist". Aus nationalen Gründen könnte Lübeck sich ein Abweichen von den anderen Staaten nicht leisten. Dieses Argument überzeugte die Bürgerschaft, und so wurde mit dem 22. November 1893 der Bußtag erstmals gefeiert. Obwohl er auf einer rein obrigkeitlichen Verordnung beruhte, war die Resonanz in der Bevölkerung erstaunlich, der Gottesdienstbesuch an diesem Tag gut[29]). Und allmählich drang im allgemeinen Bewußtsein durch, daß man einen neuen Feiertag hatte, denn der Senat achtete darauf, daß das von ihm erlassene Verbot von „Vergnügungen und Lustbarkeiten irgend welcher Art" befolgt wurde.

Kasualienreform. Zivilstandsgesetze

Die Realität der Volkskirche wurde von Theologen und Kirchenmännern um 1860–90 nur in ihrem defizitären Modus als „Entkirchlichung der Massen" diagnostiziert. Die positiven Möglichkeiten, die bei einer nominell hundertprozentig christlichen Bevölkerung verblieben waren, wurden nicht in einem angemessenen Konzept erfaßt. Die bewußte Strategie zielte, wie im vorstehenden beschrieben, auf Hebung der Kirchlichkeit. Es gehörte zu den mehr impliziten, aber gleichwohl nachhaltigen Erfolgen der Reformbemühungen jener Zeit, daß durch bestimmte Maßnahmen auch die diffuse volkskirchliche Christlichkeit stabilisiert und gefördert wurde.

An vorderster Stelle stand hier die Reform der sog. Kasualien, der kirchlichen Handlungen an den Knotenpunkten des Lebens (Geburt, Adoleszenz, Heirat, Tod). Hier geschah in der zweiten Hälfte des 19. Jahrhunderts Entscheidendes für die weitere Entwicklung der Kirche im folgenden Jahrhundert. Denn jetzt wurde die Präsenz des Evangeliums im Zyklus der individuellen Lebenswirklichkeit neu zur Geltung gebracht und damit die alte Integration von christlichem und bürgerlichem Leben in veränderter Weise, entsprechend den gewandelten Bedingungen, belebt. Die staatliche Zivilstandsgesetzgebung (1848 angeregt, in Lübeck erstmals 1851/52 diskutiert), die im Zusammenhang der Bismarck'schen Kulturkampfmaßnahmen 1875 auf Reichsebene durchgesetzt wurde, brachte eine einschneidende Lockerung der Bindung an die Kirche, weil für die Registrierung von Geburt, Ehe und Tod ab 1. Januar 1876 die neugeschaffenen Standesämter zuständig waren. Den „Geistlichen und anderen Religionsdienern" wurde die Tätigkeit eines Standesbeamten ausdrücklich verboten. Die Folge war, daß die Kirche viel stärker als früher die elementare religiöse Funktion dieser Amtshandlungen bedenken mußte.

Die kirchliche Trauung war durch die Zivilstandsgesetzgebung, die hier vor allem die katholische Kirche treffen sollte, am stärksten berührt. In Lübeck war sie noch 1852 durch Gesetz als die Regel festgeschrieben worden. Aber sie war keine spezifisch kirchliche Handlung, sondern ein durch den Pastor zumeist im Hause (gelegentlich auch in der Sakristei) vorgenommener Beurkundungsakt mit religiöser Umrahmung. Versuche, sie mit einem Gottesdienst in der Kirche zu verbinden, waren im Ansatz steckengeblieben[30]). Indem nun 1875/76 der weltliche Charakter der Eheschließung organisatorisch manifestiert wurde, entstand die Gefahr, daß die Kirche, die diese Handlung in ihrer religiösen Bedeutung bislang nicht recht gewürdigt hatte, hier überhaupt ausgeschaltet würde. (Für den Fortfall der Einkünfte aus den Trau- und Proklamationsgebühren erhielten die Geistlichen vom Staat immerhin eine Entschädigung.) Auch das öffentliche Aufgebot, bisher in der Kirche verkündet, wanderte ab ins Standesamt. Dem drohenden Funktionsverlust begegnete man nun dadurch, daß der geistliche Aspekt der Eheschließung gesondert thematisiert und damit hervorgehoben wurde. Welchen Erfolg die Kirche langfristig damit erzielte, wurde zunächst noch gar nicht deutlich.

Der Senat erließ „im Interesse der Erhaltung, Erleichterung und Förderung der kirchlichen Trauung" am 1. Dezember 1875 folgende Anordnungen[31]): „Das kirchliche Aufgebot darf erst nach dem standesamtlich angeordneten bürgerlichen Aufgebot stattfinden; Voraussetzung für die Trauung ist, daß die Brautleute getauft und konfirmiert sind; vollzogen werden darf sie erst, wenn dem Geistlichen der Vollzug der bürgerlichen Eheschließung nachgewiesen ist." Das Reichsgesetz hatte zur Ausschaltung der primär kirchlichen Prägung den Geistlichen für den Weigerungsfall harte Strafen angedroht.

Streit um die Trauung 1879/80

Zum Streit mit dem Ministerium kam es über der Frage der künftigen kirchlichen Trauformel. Während dieses in Anlehnung an die alte Formel von der Ehelich-Sprechung die Formel vorsah, daß der Pastor die Brautleute im Namen Gottes „zu christlichen Eheleuten zusammensprechen" sollte (wobei der neue Akzent auf dem „christlich" lag), wollte der Senat nur ein „erklären" zulassen[32]). In seinem Dekret vom

1. Dez. 1875 hatte er selbstherrlich, ohne Verständigung mit dem Ministerium, eine Trauformel festgesetzt[33]). Der Kulturkampf zeigte also seine Wirkungen auch im evangelischen Lübeck, wenn auch nur in begrenztem Maße.

Es ging hier um einen zentralen Aspekt, nämlich um die Frage, ob in der Trauung eine konstitutive Mitwirkung der Kirche vorläge, die außer dem Konsensus der Brautleute für die Gültigkeit erforderlich wäre, oder ob die Ehe durch den Staat geschlossen würde, der damit die Kirche aus ihrer bisherigen Rolle verdrängte. Der Senat hatte dies durch sein Formular entschieden. Dort hieß es eingangs: „Nachdem nun Ihr Beide kraft euerer Erklärung, mit einander die Ehe eingehen zu wollen, von Seiten der Obrigkeit als rechtmäßige Eheleute verbunden seid und jetzt den Segen der Kirche begehrt . . . ". Und später hieß es: „So erkläre ich . . . euch nunmehr für christliche Eheleute und segne eueren ehelichen Bund". War die kirchliche Trauung jetzt nur noch eine religiöse Zutat? Das durfte sie nach Meinung des Ministeriums nicht werden, und deshalb protestierte es dagegen, daß der Senat in dieser Sache wieder einmal über seinen Kopf hinweg entschieden hatte. Es praktizierte einfach die von ihm für richtig gehaltene Trauformel unter Nichtbeachtung des vorgeschriebenen Formulars, weil es in der Liturgie den Anschein vermeiden wollte, als wäre die Zivilehe bereits vollgültig. (Deswegen wurden z. B. der vom Senatdekret 1875 angeordnete Bezug auf die standesamtliche Eheschließung und die Anrede der Brautleute als Ehemann und Ehefrau weggelassen.) Erst die kirchliche Trauung sollte die Ehe begründen, weil es sich hier um eine christliche Ordnung handelte.

Daraufhin kam es 1879 zum Streit, in dem der Senat sogar Maßnahmen gegen renitente Pastoren erwog. Aufgrund seines scharfen Einspruchs, der sein Kirchenregiment schroff zur Geltung brachte und Widerstand nicht zu dulden bereit war, erklärte sich das Ministerium „unter der Ungunst obwaltender Umstände" (d. h. des Staatskirchentums) zu einem Kompromiß bereit. Danach sollte es ein Parallelformular geben mit den Worten „so bestätige ich Euren Bund als einen christlichen im Namen Gottes"[34]). Die Senatskommission für kirchliche Angelegenheiten unter Behns Leitung zeigte sich ebenfalls kompromißbereit, indem sie anerkannte, daß die praktizierte Liturgie nichts enthielte, was der Zivilehe die Gültigkeit abspräche, und war sogar bereit, die alte Formel vom Zusammen-Sprechen (nun als rein geistlicher Akt verstanden) zu akzeptieren. So kam es nach abermaligen Beratungen zu einem Kompromiß, der seinen Niederschlag im Traubuch von 1884 fand: „So spreche ich . . . euch nunmehr zusammen in den heiligen christlichen Ehestand."[35]). Für den Laien blieb allerdings die Abgrenzung zwischen ziviler und kirchlicher Trauung unklar. Die Konkurrenzfrage, was denn nun „das Eigentliche" wäre, bestand fort – eine Folge der nicht möglichen sauberen Scheidung zwischen bürgerlichen und christlichen Aspekten in der Volkskirche des 19. Jahrhunderts.

Der Streit um Zivilehe und Trauformular zeigte, mit welchen Schwierigkeiten für die Kirche die vom Reich dekretierte Ablösung von der alten Ordnung verbunden war. Der Senat mußte schon aus allgemeinen politischen Erwägungen der Reichstreue heraus diese Ablösung, die er noch 1852 abgelehnt hatte, mitvollziehen. Aber er ging doch ziemlich weit, wenn er dermaßen hart auf die Abschwächungsversuche des Ministeriums reagierte. Streit um die Trauung gab es auch andernorts reichlich, aber z. B. hatte der preußische Kultusminister Falk 1874 der hannoverschen Kirche nicht das Recht bestritten, die Trauformel „So spreche ich als verordneter Diener der Kirche sie als christliche Eheleute zusammen" zu verwenden. Das Lübecker Kirchenregiment war schärfer, scheute auch vor substantiellen Eingriffen nicht zurück. So demonstrierte der Traustreit von 1879/80 noch einmal, wie sehr der Staat die Kirche als Teil seiner Hoheit unterstehend empfand.

Es war eine offene Frage, inwieweit die Bevölkerung die neue, isolierte Form des kirchlichen Ritus beanspruchen würde. In dieser Situation traten die Gemeindevorstände mit einem als Flugblatt verteilten Aufruf zum 1. Januar 1876 hervor, um dem Irrtum zu begegnen, als hätte der Staat die kirchliche Trauung für überflüssig erklären wollen. Diese wäre als eine Weihe- und Segenshandlung auch in Zukunft für einen rechten Christen unerläßlich. Damit war der eigene geistliche Charakter der neuen Form verdeutlicht. Es verdient übrigens Beachtung, daß die Gemeindevorstände – in Wahrnehmung ihrer mit der Kirchengemeindeordnung von 1860 gegebenen Befugnisse, für die christliche Sitte in den Gemeinden zu sorgen – es waren, die sich äußerten; sie taten es als Ersatz für eine selbständige Kirchenleitung. Daß die Sorgen um den Rückgang der Trauungen unbegründet waren, zeigte die Entwicklung schon bald. Bereits im ersten Jahr der Neuregelung (1876) blieben nur 7,6 Prozent der Eheschließungen ohne kirchliche Trauung, 1877 waren es nur noch 1,8 Prozent, dann pendelte sich diese Quote ein. Bis 1900 ließen sich über 99 Prozent trauen – ein Zeichen dafür, daß hier eine neugeprägte volkskirchliche Sitte allgemein akzeptiert war. Zum Vergleich: In Berlin kam man über 60 Prozent nicht hinaus, in Hamburg waren es immerhin rund 85 Prozent.

Kirchliche Beerdigung

Noch deutlicher war der Erfolg der Kasualienreform bei der Beerdigung, noch deutlicher war hier, daß die Vorbereitung der Reform von der Erweckungsbewegung herkam und einen längeren Prozeß ausmachte[36]). Eine spezifisch kirchliche Handlung oder einen Gottesdienst gab es hier gar nicht mehr. Das Begräbnis war ein bürgerlich-christlicher Akt, bei dem die Gemeinde dem verstorbenen Glied (sofern es sich den Normen gemäß zur Kirche gehalten hatte) die Ehre des Totengeleits erwies, und zwar unter Beteiligung des zuständigen Pastors, der aber nur still mitzog und keinerlei geistliche Verrichtungen ausübte. (Manchmal zogen auch mehrere Geistliche mit.) Das wichtigste Element war neben dem Glockengeläut der Chor, aus Schülern des Katharineums gebildet, der Sterbelieder zur Begleitung der Leiche vom Haus zum Kirchhof sang. Die religiöse Prägung war also durchaus schwach, die Funktion des Geistlichen auf eine stumme Zeremonie beschränkt; nur gelegentlich wurde, wie seit 1813 bezeugt ist, eine Leichenpredigt gehalten. Oft wurde auch noch auf jene Feierlichkeiten verzichtet und die Leiche einfach morgens oder spätabends still beigesetzt, eine Sitte, die erst mit Beginn des 19. Jahrhunderts aufgekommen war.

Diese schwache Bindung an die Kirche wurde nun 1832 dadurch noch mehr gelockert, daß vor dem Burgtor der „Allgemeine Gottesacker" eröffnet wurde, ein staatlicher Friedhof, dessen Beziehung zu den Kirchen sich auf die formale Einteilung der Begräbnisplätze beschränkte. Nun hörten der bisherige Leichenzug und das Glockengeläut auf, einzelne Familien der höheren Schichten baten gelegentlich privat einen Geistlichen um eine kurze Ansprache im Trauerhaus oder am Grab. Bezeichnend für den Niedergang war die skandalöse Bestimmung der neuen städtischen Begräbnisordnung von 1834, wonach es nur bei Beerdigungen der ersten drei Klassen, d. h. bei den Beerdigungen der Wohlhabenden, den Familien anheim gestellt wurde, Chorgesang und geistliche Trauerrede zu veranlassen. Die Beerdigung war zu einer privaten bürgerlichen Zeremonie geworden, in der sich die Klassenunterschiede der Gesellschaft widerspiegelten. Der vorgesehene Bau einer Friedhofskapelle, deren Funktion allerdings unklar war, unterblieb aus finanziellen Gründen, ein Zeichen dafür, wie wenig der religiöse Charakter des Begräbnisses galt. (Nur in der Lorenzkirche mit dem zugehörigen Friedhof hatte sich die kirchliche Sitte gehalten.)

Schon 1834 hatte das Ministerium Vorschläge für eine Neukonzeption der Beerdigung als einer kirchlichen Feier gemacht, die nach einer festen liturgischen Ordnung stattfinden sollte. Um den Bezug zum Gemeindeleben herauszustellen, sollte der Gottesdienst in der zuständigen Pfarrkirche stattfinden; sollte eine Friedhofskapelle gebaut werden, müßte der kirchliche Charakter dort gesichert sein. Eine hinsichtlich der soziologischen Komponente nicht unwichtige Neuerung sollte die völlige Gleichheit des Ritus bei Arm und Reich sein (während die bisherigen Differenzen bei der Ausgestaltung durch die staatlich festgesetzten sechs Begräbnisklassen, einschließlich Armenbegräbnis, fortgeschrieben wurden). Doch die Verhandlungen mit dem Rat führten zu keinem Ergebnis[37]). Deswegen wurden Änderungen zunächst in individueller Regie betrieben. Die Geistlichen gingen dazu über, in dem Trauerhaus eine Ansprache zu halten, oder man schritt zu einem förmlichen Gottesdienst, indem man die Leiche in die Parochialkirche überführte und dort eine Trauerfeier mit Predigt, Choralgesang und Orgelspiel abhielt, bevor die Leiche auf den Friedhof überführt wurde.

Den Bau einer eigenen Begräbniskapelle förderte man durch Gründung eines Vereins (1852/53), dem es gelang, innerhalb von zwei Jahren die erforderlichen Mittel zu sammeln. Hier zeigte sich, daß es doch beachtliche Kräfte im Bürgertum gab, denen an einer Neubelebung christlich-kirchlicher Frömmigkeit gelegen war. Weil die staatliche Baugenehmigung aus nicht klar erkennbaren Gründen hinausgezögert wurde, konnte die Kapelle auf dem Burgtorfriedhof erst 1869 eingeweiht werden. Sie wurde für die Angehörigen aller christlichen Konfessionen bereitgestellt. Nun besaß die Stadt neben dem St.-Lorenz- und dem St.-Jürgenfriedhof einen dritten Platz, an dem Gottesdienst und Trauerfeier integriert werden konnten. Er war, wie Senior Lindenberg in der Weiherede ausführte, nicht mehr ein Platz der bloßen, stummen Totenklage, sondern der klar artikulierten Hoffnung und Versöhnung im Zeichen von Christi Auferstehung[38]).

Welche Bedeutung diese Reform, die so etwas wie einen kirchlichen Geländegewinn darstellte, für die Stabilisierung der Volkskirche hatte, zeigt auch hier die Statistik. 1880–84 waren nur 36,5 Prozent aller Beerdigungen kirchlich, d. h. evangelisch-lutherisch. Die neue Sitte setzte sich zunächst also nur langsam durch. Dann aber ging es stetig aufwärts: 1885–89 waren es 48,7 Prozent kirchliche Beerdigungen, 1895 56 Prozent, 1900 63 Prozent, 1914 73 Prozent[39]). Dieser Anstieg setzte sich nach dem Ersten Weltkrieg fort, die Zahlen pendelten sich bei etwa 85 Prozent ein.

Rein äußerlich war also die Reform ein Erfolg. Das zeigt auch der Vergleich mit anderen Landeskirchen: Z. B. waren in Hamburg noch 1899 die kirchlichen Beerdigungen so selten, daß sie gar nicht gezählt wurden, in Bremen und Braunschweig betrugen sie 1897 immerhin 52 Prozent. Die Eisenacher Kirchenkonferenz hatte angesichts der

Tatsache, daß es in vielen Landeskirchen überhaupt keine Verbindung des Begräbnisses mit der Kirche mehr gab, Reformempfehlungen vorgelegt, die als Mindestanforderung an die Beteiligung der Kirche vorsahen, was in Lübeck immer schon galt, nämlich die Begleitung durch den Geistlichen. Diese Empfehlungen haben dazu beigetragen, daß die Reform überall in Deutschland vorankam, wobei Lübeck durchaus seinen eigenen Weg gegangen war.

Taufe und Konfirmation

Die Taufe war die stabilste Amtshandlung geblieben, was verständlich ist angesichts der Tatsache, daß es – von den Juden abgesehen – unmöglich war, nominell kein Christ zu sein. Die Probleme lagen hier in der Verzögerung der Taufhandlung und in der eingebürgerten Praxis der Haustaufe, bei der wie bei der Haustrauung die Beurkundungsformalität den geistlichen Aspekt zurückgedrängt hatte. Schon 1814 hatte der Rat auf eine Eingabe des Ministeriums hin der Bevölkerung unter Strafandrohung eingeschärft, „daß die Kinder spätestens binnen sechs Wochen nach der Geburt künftig unausbleiblich getauft werden" sollten[40]). 1855 und 1875 wiederholte er dieses Dekret aus gegebenem Anlaß. Volkskirche bedeutete Kindertaufe, deswegen benützte er die Schulanmeldung als Kontrollmöglichkeit und als Hebel zur Abstellung des Mißstands. 1882 wurde seitens des Ministeriums mit Hilfe der Oberschulbehörde eine regelrechte Werbekampagne durchgeführt[41]). Von allen Schulanfängern sowohl in den öffentlichen als auch in den privaten Schulen wurde bei der Einschreibung die Vorlage des Taufscheins gefordert. Diejenigen, die keinen vorweisen konnten, wurden in einer Liste registriert, die jeweils halbjährlich dem Senior zugestellt wurde. Daraufhin gingen die zuständigen Geistlichen zu den betroffenen Familien und warben – mit Erfolg – für den Nachvollzug der Taufe. Schon 1883 gab es keinen ungetauften Schulanfänger mehr, doch dann flaute dieser Impuls etwas ab, so daß die Werbeaktion zu einer Dauereinrichtung wurde. Die Folge: Seitdem lagen die Taufzahlen über 99 Prozent, für die Zeit 1895–99 gar bei 99,85 Prozent. Zum Vergleich: Hamburg hatte zwischen 1880 und 1890 einen Schnitt von 82 Prozent, 1897 waren es 87,7 Prozent; Bremen kam 1896 auf 94 Prozent.

Der inhaltliche Aspekt, die Reform der Taufliturgie, war seit 1848 zunächst im Theologischen Verein diskutiert worden. Nach mancherlei Beratungen wurde dann 1860 ein neues Taufbuch herausgegeben[42]). Hier wurde zwar die Praxis der Haustaufe neben der Form des Gottesdienstes in der Kirche beibehalten, aber als leitender Gesichtspunkt herausgestellt, daß das Kind durch Gottes Gnade in die Gemeinde aufgenommen würde. Demgemäß wurden Eltern und Paten verpflichtet, „es sich eine angelegentliche Sorge sein (zu) lassen, ihr Kind mit aller Liebe, Weisheit und Geduld aufzuziehen in der Zucht und Vermahnung zum Herrn".

Mit der Taufe zusammenhängend, aber von erheblich größerer Bedeutung für das Leben der Volkskirche, stellten die christliche Unterweisung der Jugend und die Konfirmation einen Punkt dar, dem immer wieder intensives Augenmerk geschenkt wurde. Während der Katechismusunterricht in Schule und Kirche eine alte Tradition seit der Reformationszeit darstellte, hatte sich die Konfirmation, die 1816/17 offiziell eingeführt worden war, erst im Verlauf des 19. Jahrhunderts eingebürgert. Die Geistlichen hatten seit dem Streit um die Durchführung eines speziellen Konfirmationsunterrichts 1820—34 diese Unterweisung zunehmend als eine wichtige Aufgabe begriffen. 1854 hatte der Senat angeordnet, daß nur solche Kinder, welche mindestens vierzehn Jahre alt wären und am Konfirmationsunterricht teilgenommen hätten, zugelassen werden dürften[43]).

Als kirchliche Sitte war die Konfirmation allgemein fest verankert, Probleme ergaben sich aber hinsichtlich ihrer religiösen Bedeutung und des vorbereitenden Unterrichts. Ihr Kern, die Zulassung zum Abendmahl und die Bekräftigung des Taufbekenntnisses, war überlagert durch die damit verbundene Aufnahme der Jugendlichen in die Gemeinschaft der Erwachsenen. Bekenntnis und Gelöbnis waren deshalb seit Jahrzehnten Gegenstand von theologischen Differenzen in der Geistlichkeit[44]). Während die einen am apostolischen Credo und an der eidesähnlichen Bekräftigung durch die Konfirmanden festhielten, versuchten andere, mit zeitgemäßeren Formen die Wahrhaftigkeitsproblematik zu lösen. 1874 wurde deswegen eine „Ordnung der Konfirmation" erlassen, die eine einheitliche Praxis gewährleistete. Der Charakter als Bekenntnis- und Segensakt wurde damit fixiert.

Praktisch alle getauften Kinder ließen sich auch konfirmieren. Hier entsprach die Lübecker Statistik dem Befund in den anderen Landeskirchen. Die Zahlen in den Jahren 1880—84 lagen bei 1100, 1895—99 bei über 1600, und Senior Ranke konnte 1902 feststellen: „Fälle, in denen getaufte Kinder durch ihre Eltern von der Konfirmation zurückgehalten worden wären, sind nicht bekannt geworden und kommen wohl überhaupt nicht vor"[45]). Aber die Pastoren klagten zunehmend über die Veräußerlichung und Unwahrhaftigkeit der Feier, die ein bloßes Ritual in Verbindung mit dem Schulabgang geworden (bzw. geblieben) war[46]). Trotzdem hielten sie an der herkömmlichen Sitte fest in der klaren Erkenntnis, daß die Gemeindeglieder auf diese Feier großen Wert legten. Sie versuchten, die Vorbereitung als pädagogische Chance besser wahrzunehmen. Die konservative Forderung nach einer Erneuerung des Glaubensexamens wurde als unzeitgemäß (als „gewiß nicht mehr erbaulich") abgelehnt. Der Wunsch nach einer adäquateren Gestaltung der Konfirmation blieb gleichwohl lebendig. Man kann nicht sagen, daß die Kirche hier ihre pädagogische Aufgabe befriedigend gelöst hatte. Aber sie hat damals auch nicht versagt, wie die Stabilität dieses volkskirchlichen Ritus im 20. Jahrhundert beweist.

Kirche und Schule

Schlechter stand es dagegen mit dem kirchlichen Religionsunterricht, der „Katechisation", die zu dem schulischen Religionsunterricht hinzukam. Die Katechisationen waren im 16. Jahrhundert eingerichtet worden und jetzt neben Religionsunterricht und Konfirmandenunterricht funktionslos geworden. Sie galten nicht der Vorbereitung der Konfirmanden, sondern vor allem den Schülern der unteren Klassen und wurden – in Fortführung der alten Katechismuspredigten – von den Geistlichen in der Kirche, in deren Bereich die betreffende Schule lag, gehalten (im Winter von acht bis neun, im Sommer von sieben bis acht Uhr). Der Besuch war allerdings sehr gering und lag 1885 bei 6—7 Prozent[47]). Durch die Siedlungstätigkeit in den Vorstädten und die Schulneubauten war vielfach die Zuordnung zu den Stadtkirchen unklar geworden. Deswegen regelte der Senat 1887 auf Eingabe des Ministeriums die Verteilung der Volks- und Mittelschulen auf die verschiedenen Kirchen und ordnete für alle unteren Klassen während des Sommerhalbjahres den Besuch der Katechisationen („ohne Zumutung von Zwang") an[48]. Auch die zweimal pro Jahr in der Passionszeit und nach Michaelis in St. Marien veranstalteten Katechismuspredigten wurden beibehalten. Aber die Zustände waren unhaltbar geworden.

Da die Katechisationen prinzipiell freiwillig waren und seit den neunziger Jahren im Sommer mit dem Schulbeginn kollidierten, da zumal ihr pädagogischer Effekt bei dieser Art der Durchführung fragwürdig blieb (die Pastoren klagten nicht zufällig, daß die Kinder in der Kirche nur Unfug trieben!), wurde ihre Abschaffung seit 1894 von Lehrern wie Pastoren zunehmend gefordert. Aber hier stand ein seit der Reformationszeit gepflegter Brauch zur Diskussion, und deshalb erfolgte die Abschaffung auf Initiative des Geistlichen Ministeriums erst 1903; der Funktionsverlust des Katechismusunterrichts war zu offenkundig[49]. Die Beziehung der Schule auf die Inhalte des Christentums mußte sinnvoller, nämlich als Reform des schulischen Religionsunterrichts gestaltet werden. Doch auf der Basis des nach wie vor gebrauchten Katechismus von 1837, der zwar orthodox, aber wenig pädagogisch orientiert war, konnte das kaum gelingen.

Die seit dem Mittelalter konstitutive Verbindung zwischen Kirche und Schule war im Verlauf des 19. Jahrhunderts auch auf organisatorischem Gebiet aufgehoben worden. Die geistliche Schulaufsicht war seit 1810 formell eine Beteiligung am Schulkollegium geworden, aber erst durch das Gesetz für das Unterrichtswesen von 1866 wurde diese Beteiligung auf ein angemessenes Maß reduziert[50]. Das neue Oberschulkollegium bestand aus zwei vorsitzenden Senatoren und zwölf bürgerlichen Deputierten, von denen zwei Geistliche und zwei Lehrer waren, während vordem eine Parität Bürger – Pastoren bestand. Strenggenommen handelte es sich jetzt gar nicht mehr um eine Vertretung der Kirche, weil diese Geistlichen – die nicht evangelisch-lutherisch zu sein brauchten – als bürgerliche Deputierte fungierten. Die „Local-Inspektion" in den Volksschulen wurde ihnen endgültig 1874 abgenommen (mit Ausnahme der Dörfer) und dem Schulrat übertragen. Damit war ein Konfliktstoff ausgeräumt, der andernorts, vor allem in Preußen, noch bis 1918 das Verhältnis von Kirche und Schule belastete. Schließlich wurde durch das Gesetz von 1885 die kirchliche bzw. geistliche Vertretung ganz eliminiert[51]. Die Bürgerschaft hielt die alte Regelung für nicht mehr zeitgemäß. Wie empfindlich sie gegen vermeintliche und tatsächliche Eingriffe der Kirche reagierte, zeigte die Kontroverse um den Religionsunterricht im Jahre 1898 (dazu s. unten). Gleichwohl gehörten der Inspektionskommission für die Stadt- und Vorstadtschulen nach 1885 Senior Lindenberg und die Hauptpastoren Ranke und Trummer an[52].

Das Schulwesen war mittlerweile – vor allem in Anlehnung an das preußische Vorbild – grundlegend reformiert worden, was namentlich den Volksschulen, die jetzt achtstufig ausgebaut worden waren, zugutekam. Die Privatschulen wurden größtenteils aufgelöst bzw. in staatliche Regie genommen. Das galt auch für die beiden einzigen noch bestehenden kirchlichen Schulen. Die Gemeindeschulen von St. Lorenz und St. Jürgen wurden 1878 und 1886 in öffentliche Volksschulen umgewandelt[53]. Vorbildung und Besoldung der Lehrer wurden besser geregelt, die Lehrpläne wurden modernisiert, neue Mittelschulen wurden nach und nach eingerichtet, 1872 wurden die Realabteilung am Katharineum und die Höhere Bürgerschule am Dom (seit 1883 Realschule) gegründet. Und überall, hauptsächlich in den Vorstädten, wurden Neubauten errichtet, im Laufe der Zeit mehr als zwanzig. Mit dieser Bildungsreform war der Staat in gelungener Weise – besser als auf dem kirchlichen Sektor – den Herausforderungen der neuen Zeit begegnet.

Religionsunterricht. Kindergottesdienst

Die Trennung von Kirche und Schule war nun endgültig, problematisches Verbindungsglied blieb der Religionsunterricht. Nach dem Unterrichtsgesetz von 1885, das hierin die Bestimmungen von 1866 wiederholte, mußte der Religionsunterricht „nach dem evangelisch-lutherischen Bekenntnisse erteilt" werden (Art. 8). Damit wurde der Tatsache der konfessionellen Homogenität der Stadt Rechnung getragen. Die Aufsicht darüber, ob jene Bestimmung in der Praxis auch eingehalten wurde, war 1871 dem Senior übertragen worden. Als er 1898 von dieser Befugnis durch Visitationen, die mit dem Schulrat abgesprochen waren, Gebrauch machte, opponierte die Bürgerschaft beim Senat, weil sie darin einen Übergriff der Kirche in das Gebiet der Staatsgewalt sah. Der Senat rechtfertigte die Aufsichtsregelung damit, daß der Senior hier nur als fachkundiger Beauftragter des Senats als des Inhabers des Kirchenregiments fungierte[54]). Staatliche und kirchliche Aufsicht über den Religionsunterricht fielen so durch die staatskirchliche Konstruktion zusammen. Die Bürgerschaft gab sich damit zufrieden, doch die dahinterliegende Sachfrage, wie es mit der Bekenntnisbindung des Religionsunterrichts konkret stünde, blieb strittig.

Die pädagogische Herausforderung des sozialen Umbruchs in der zweiten Jahrhunderthälfte hat die Kirche nur teilweise wahrgenommen, zumeist nur als Teil der sozialen Frage im engeren Sinne. Im Grunde ging sie immer noch von der Fiktion aus, daß die christliche Erziehung der Jugend in den Häusern stattfände. Eine kirchliche Jugendarbeit kam nur zögernd in Gang, die Initiative lag vor allem bei den freien Vereinen und den Gemeinschaften. 1875 richtete die Jakobigemeinde einen speziellen Kindergottesdienst ein, der bald von gut zweihundert Kindern besucht wurde[55]). Die anderen Kirchen folgten, 1879 St. Marien sogar mit dem fortschrittlichen Gruppensystem, welches sich dann allgemein durchsetzte. Obwohl diese Einrichtung – nach dem Vorbild der englischen Sonntagsschule – damals überall propagiert wurde, war Lübeck hierin den meisten anderen Landeskirchen etwas voraus. Um die Jahrhundertwende wurden an neun Orten Kindergottesdienste gehalten mit etwa zweitausend regelmäßigen Teilnehmern. Damit war ein sinnvoller Ersatz für die dahinsiechenden Katechisationen bereitgestellt, der die Praxis der 1975 gegründeten Sonntagsschule (s. o. S. 364) in modifizierter Form aufnahm, aber nicht mehr nur auf die Fürsorge für verwahrloste oder arme Kinder beschränkt war und den unterrichtlichen Charakter zurücktreten ließ. Beachtlich ist, daß dies von vornherein als eine Aufgabe der Institution Kirche bzw. der Gemeinden begriffen wurde und nicht den freien Trägern der Inneren Mission überlassen blieb, wie es andernorts zumeist der Fall war. (In Hamburg z. B. gab es in St. Georg seit 1825 die erste freie Sonntagsschule, mit der Kirche verbunden wurde der Kindergottesdienst erst 1884.) Mit diesem Ansatz für die spätere Entfaltung der kirchlichen Jugendarbeit war eine besonders zukunftsträchtige Reform geleistet.

Insgesamt kann man sagen: Die Reform der Volkskirche ist nach 1860 in einem erstaunlichen Maße gelungen. Jetzt erst wirkten sich die Impulse, die von der Erweckungsbewegung herkamen, aus. Allerdings waren die Reformmaßnahmen, die eine spezielle neue Kirchlichkeit erzeugen sollten, nur begrenzt wirksam. Alle Reformmaßnahmen dagegen, die eine neue Integration der bürgerlichen mit der kirchlichen Lebensweise beförderten und verstärkten, sind weitgehend gelungen. Daneben stand das christliche Vereinswesen, das sich zunehmend der Institution Kirche annäherte und ganz entscheidende Verdienste um den Bestand der Volkskirche hatte.

23. Kapitel
Reform der Kirchenverfassung 1871—1895

Die alte Integration von Bürgertum und Christentum fand nach wie vor einen ebenso signifikanten wie ambivalenten Ausdruck im Kirchenregiment des Senats. Alle gut begründeten Anläufe nach 1830 und nach 1848, dies zu ändern, waren am Konservatismus der Regierenden wie der Regierten gescheitert. Denn nicht nur der Senat wollte seine Kontrolle des Kirchenwesens, die ihm eine wichtige Möglichkeit zur Beeinflussung der öffentlichen Meinung sicherte, nicht preisgeben. Auch die Geistlichkeit, voran Senior Lindenberg, zögerte, eine größere Trennung zwischen Staat und Kirche mit allem Nachdruck zu fordern, weil sie fürchtete, dadurch den institutionell gesicherten Einfluß auf die Bevölkerung zu verlieren und so die Erosion der Volkskirche voranzutreiben. Das solcherart auf Erhaltung institutionalisierter Macht fixierte Bewußtsein führte dazu, daß das Staatskirchentum als hohle Fassade stehenblieb und die lebendigen Kräfte des Christentums sich abseits davon in den mancherlei Freiräumen, die von engagierter Vereinstätigkeit bis hin zu distanzierter Unkirchlichkeit reichten, entwickelten.

Die Geschichte der Kirchenverfassung ist somit ein Paradigma für die Fähigkeit bzw. Unfähigkeit der Institutionen Staat und Kirche, auf langfristige Veränderungen zu reagieren. Insofern ist es gerechtfertigt, sie ausführlicher zu thematisieren, zumal hier der konservative Grundzug lübischer Politik mitunter groteske Formen annahm. Wenn endlich 1894/95 die das ganze Jahrhundert andauernde Stagnation durch die Verabschiedung einer Kirchenverfassung aufgebrochen wurde, dann markiert dies eine der bedeutsamsten Zäsuren innerhalb der Lübecker Kirchengeschichte, welche zusammen mit dem epochalen Umbruch von 1918/19 das Ende jener Periode bildet, die 1530 mit der Reformation begonnen hatte. Die Zeit seit 1814 ist gleichsam die lange Vorgeschichte dieser Zäsur, deren letzte, nicht ohne Dramatik verlaufende Abschnitte in den siebziger und neunziger Jahren liegen.

Neuordnung des Seniorats 1863—71

Nachdem die Kirchengemeindeordnung von 1860 neues Leben auf der parochialen Ebene freigesetzt hatte, wurde das nahezu völlige Fehlen gesamtkirchlicher Instanzen immer stärker als Mangel empfunden. Lindenberg hatte schon 1846 vergeblich auf eine Neuordnung des Seniorats gedrängt, um wenigstens die Funktion des leitenden geistlichen Amtes zu klären, nachdem der Senat eine Lösung der Frage, wie es mit der Besetzung der Superintendentur zu halten wäre, seit 1796 beharrlich verweigert hatte[1]). Er hatte kein Interesse an einer Profilierung der geistlichen Kirchenleitung, durch welche ein selbstbewußter Mann nur in unliebsame Opposition zu seinem weltlichen Kirchenregiment hätte treten können. Außerdem sparte er durch die Vakanz des Superintendentenamtes Geld, weil das Seniorat von einem der Pastoren nebenamtlich verwaltet wurde. Die institutionelle Schwäche des Seniorats trug entscheidend dazu bei, daß ein so fähiger Mann wie Lindenberg gegenüber dem Senat die kirchlichen Interessen nicht stärker durchsetzen konnte, wobei dahingestellt bleiben mag, ob er dies nicht hätte ändern können, wenn er ernsthaft gewollt hätte. Er war viel zu sehr Lübecker, um eine

Änderung hergebrachter Strukturen gegen den Willen der Mehrheit (und das hieß in diesem Falle: der Mehrheit der Herrschenden) durchzusetzen.

Immerhin versuchte Lindenberg wenigstens, auf der Basis des status quo zu einer möglichst sinnvollen Verfahrensregelung zu kommen. Nachdem die Kirchengemeindeordnung stillschweigend die Funktionen des Superintendenten dem Senior übertragen hatte, beauftragte der Senat ihn mit einem Gutachten über die Neuordnung des Seniorats, woraufhin er 1861 mit einer Vorschlagsliste für die künftigen Aufgaben des Seniors aufwartete, die aus dem Seniorat ein bischöfliches Amt entsprechend der alten Superintendentur machen sollte[2]). Ganz mochte der Senat einem solchen Kompetenzzuwachs nicht zustimmen, nachdem seine Kirchenkommission unter Bürgermeister C. L. Roeck Lindenbergs Vorschläge in entscheidenden Punkten abgelehnt hatte. Vor allem ließ er die verfassungsrechtliche Entscheidung offen, ob das alte Superintendentenamt definitiv ersetzt werden sollte, so daß der Senior weiterhin nur dessen Vertretung ausübte. Doch mit dieser Einschränkung erweiterte die Instruktion zur Ordnung der Aufgaben des Seniors vom 17. Januar 1863 dessen Befugnisse so, daß im Ansatz ein bischöfliches Amt entstand, welches nicht mehr vom Vorsitz im Ministerium her definiert wurde, sondern eigene geistliche Leitungskompetenz besaß[3]). Damit war ein wichtiger Schritt zur Verbesserung der kirchlichen Arbeit getan, aber die Neuordnung war mehr eine faktische, hatte jedenfalls keine verfassungsrechtliche Relevanz, auch keine Folgen für die Besoldung, und letzteres spielte – lächerlich genug! – für beide Seiten immer noch eine erhebliche Rolle.

Lindenberg war nun in der Folgezeit bemüht, diesen Mangel, der mehr als nur ein formaler oder pekuniärer war, zu beseitigen und so gleichsam durch die Hintertür eine Verfassungsreform in kleinen Raten zu erreichen. Ein Vorstoß 1867, die rechtliche Position des Seniors entsprechend seinen Funktionen zu definieren, d. h. das Superintendentenamt zu ersetzen, brachte nichts, doch unermüdlich erneuerten Lindenberg und das Ministerium 1869 ihr Petitum. Die Kirchenkommission des Senats unter der Leitung des Juristen Dr. Philipp Wilhelm Plessing (1823–1879) brauchte zwei Jahre Zeit, um in einem Gutachten zu der ablehnenden Feststellung zu kommen, daß zwar „dem Seniorate thatsächlich alle wesentlichen Funktionen der früheren Superintendentur übertragen" worden wären, "daß aber eine Nothwendigkeit, über die endgültige Aufhebung der Superintendentur zu beschließen, derzeit so wenig wie früher vorliege, daß es vielmehr sich empfehle, um ein Zurückkommen auf künftige Wiederbesetzungen des Amtes nicht zu erschweren, jene Frage noch als eine offene unentschieden zu lassen"[4]).

Der konservative Senat wollte an der alten Ordnung nichts ändern, solange er nicht gezwungen war, in der Verfassungsfrage voranzuschreiten. Nur dies sollte geändert werden, daß der Senior hinfort nicht mehr vom Geistlichen Ministerium, sondern vom Senat gewählt würde. Doch Lindenberg ließ nicht locker und erreichte dank seiner guten Kontakte zu dem regierenden Bürgermeister Theodor Behn, daß am 28. Oktober 1871 eine Senioratsordnung gemäß den Vorschlägen des Ministeriums verabschiedet wurde[5]). Damit war ein weiteres wichtiges Teilstück der Verfassungsreform nach der Gemeindeordnung von 1860 realisiert. Das alte Amt des Superintendenten war aber immer noch nicht formell aufgehoben, weil man nach wie vor von der Fiktion ausging, die Bugenhagensche Ordnung stünde in Geltung. Dem Senior wurden nun endgültig – in

Festschreibung der Regelung von 1863 – die Befugnisse des Superintendenten bloß übertragen, doch er war künftig der Leiter der gesamten Kirche, nicht mehr nur der Vorsitzende des Ministeriums, und bekam mit Visitation und Ordination wesentliche bischöfliche Aufgaben. Unter dem weltlichen Kirchenregiment des Senats gab es jetzt ein evangelisches Bischofsamt, eine erste gesamtkirchliche Institution, da dem Ministerium formell eine derartige Qualität ja gar nicht zukam, auch wenn es sie faktisch hatte.

Neue Reformpläne. Th. Behns Aktivitäten

Die Reform des Seniorats war gleichsam der Probelauf für eine neue Runde im Kampf um die Verfassungsreform. Heinrich Theodor Behn (1819–1906), im Jahre 1871 erstmals Bürgermeister, seit 1850 für die Verfassungsreform engagiert, mit Lindenberg seit langem freundschaftlich verbunden, gab im selben Jahr 1871, nachdem er die neue Senioratsordnung durchgesetzt hatte, auch einen neuen Anstoß für die 1858 abgebrochene Vorbereitung einer Kirchenverfassung. Er arbeitete eine Denkschrift aus, nach welcher die Kirchenleitung in Zukunft bei einem Kirchenrat als einer Oberbehörde, welcher der Senat seine Hoheit in vollem Umfang zu übertragen hätte, liegen sollte. Als Vertretung der Gemeinden sollte dem Kirchenrat eine Synode gegenübertreten, der allerdings nur wenig Kompetenzen zugewiesen wurden[6]).

Doch Behns Vorstoß, der das damals gängige Schema einer konsistorial-synodalen Ordnung auf Lübeck übertrug, scheiterte schon im Ansatz an der Abneigung der Mehrheit im Senat. Plessing weigerte sich, die Vorlage in der Kirchenkommission zu behandeln, weil er von einer Fortentwicklung der Verfassung gar nichts hielt. Darin traf er sich mit Lindenberg und der Mehrheit der Geistlichen, die ihrerseits Behn keinerlei Schützenhilfe leisteten. Der Senior gab 1874 vor der Eisenacher Kirchenkonferenz das bezeichnende Votum ab, in Lübeck fehlten die Vorbedingungen für die allseits geforderte Synodalverfassung[7]).

Einzelne Prediger wie Petersen und Luger versuchten 1875 – als in der Auseinandersetzung der Kirchenvorstände über die Einführung der öffentlichen Beichte das Fehlen einer gesamtkirchlichen Vertretung erneut schmerzlich fühlbar wurde – mit Erfolg, die Diskussion über die Errichtung einer Synode wieder in Gang zu bringen. Da im Ministerium über die Beschaffenheit und die Arbeitsweise eines „Centralorgans" der Gemeinden durchaus unterschiedliche Vorstellungen vorhanden waren, blieb Skepsis hinsichtlich eines Ergebnisses dieser Diskussion angebracht. Und Senator Plessing, der zum Jahreswechsel 1874/75 den Kommissionsvorsitz an Theodor Curtius abgegeben hatte, bestätigte die Berechtigung solcher Skepsis durch ein ausführliches Memorandum vom 28. April 1875, in welchem er die alte staatskirchliche Position noch einmal in schroffer Kühle zusammenfaßte[8]). Die Forderung nach Verselbständigung der Kirchenverwaltung tat er als neumodische Idee ab; gerade aus seinem Interesse an der Integration von Bürgertum und Christentum heraus konnte er für die Ansicht, die Kirche bedürfte einer vom bürgerlichen Gemeinwesen unabhängigen geistlichen Leitung, keinerlei Verständnis aufbringen.

Doch nun wurden auch die Kirchenvorstände mit einer Eingabe an den Senat vom 16. Mai 1875 aktiv[9]). Es zeigte sich, daß die Reform von 1860 allmählich ihre eigene Dynamik entfaltete, indem von der Basis her das Interesse an einer kirchenspezifischen

Organisation wuchs. Denn eine isolierte Verwaltung der einzelnen Gemeinden erwies sich als unmöglich, und so hatten sich die Vorstände sporadisch zur Erörterung von übergreifenden Problemen zusammengefunden, waren aber gerade angesichts fehlender Möglichkeiten zur übergeordneten Konfliktregelung mit der unbefriedigenden Verfassungssituation konfrontiert worden. Daraus ergab sich die Forderung nach einer Synode, welcher allerdings einige Vertreter der Kirchenvorstände, wie z. B. der Jurist Dr. Martin Funk, der Sohn des früheren Marienpastors, der die Initiative der Gemeinden angeregt hatte, kritisch begegneten. Sie verlangten nur eine oberste Kirchenbehörde. Doch beides wurde von Behn verbunden, der sich als Vorsitzender des Jakobivorstands höchst interessiert der Sache annahm, weil er so seinen gescheiterten Plan von 1871 erneut in den Senat einbringen konnte, diesmal von außen getragen.

Kontroverse Behn—Curtius. Scheitern der Reform 1879

In der zuständigen Kirchenkommission, der neuerdings auch Behn angehörte, kam es nun 1875 zu einer bemerkenswerten, heftigen Kontroverse zwischen Behn und Theodor Curtius[10]). Dieser vertrat die harte staatskirchliche Position und erhielt dabei sogar die Unterstützung Lindenbergs, der in der ganzen Angelegenheit — zwischen Ablehnung einer Demokratisierung der Kirche durch eine Synodalverfassung und dem Wunsch nach größerer kirchlicher Autonomie hin- und hergerissen — eine recht unglückliche Rolle spielte[11]). Es gelang Behn nur mit Mühe, im Senat eine Ablehnung der neuen Verfassungsvorlage zu verhindern und eine weitere Diskussion offenzuhalten, wogegen Curtius in scharfer Form seine Bedenken äußerte, indem er Behn sogar vorwarf, faktisch demokratische Tendenzen zu unterstützen.

Wieder einmal wurde die Beratung verzögert. Nach längeren Beratungen lieferte das Ministerium sein vom Senat angefordertes Gutachten erst zwei Jahre später in Gestalt eines neuen eigenen Verfassungsentwurfs vom 13. Oktober 1877[12]). Dieser von Lindenberg geprägte Entwurf verdient Beachtung, weil er mit seiner Modifikation der bisherigen Pläne und mit neuen Vorschlägen die weitere Arbeit bis zur endgültigen Verabschiedung der Kirchenverfassung 1894/95 entscheidend bestimmte.

Vom Prinzip der Staatskirche abzurücken, war die Geistlichkeit nicht bereit; der Senat sollte — analog zur Hamburger Regelung von 1870 — durch seine lutherischen Mitglieder weiterhin das Kirchenregiment als „Schirmrecht" bzw. „Episkopat" ausüben. Nur die kirchliche Verwaltung sollte von der Staatsverwaltung klarer getrennt werden, und zwar durch die Einrichtung des schon lange vorgeschlagenen Kirchenrats. Das Ministerium sollte als gesamtkirchliches Organ an der Kirchenleitung partizipieren, was es außer in Hamburg ansonsten in keiner anderen deutschen Landeskirche gab. Eine eigene Kirchenkasse, ein „Ärar" sollte die Selbständigkeit der Verwaltung fördern und dem Finanzausgleich zwischen den sehr unterschiedlich begüterten Gemeinden dienen. Aber die damals allgemein in Deutschland diskutierte und in Lübeck schon 1829 angeregte Einführung einer Kirchensteuer wurde mit der bemerkenswerten Begründung abgelehnt, dadurch könnte die Unabhängigkeit der Kirche vom Staat nicht gefördert werden. Von einer echten synodalen Verfassung wollte der Entwurf nichts wissen; was er über das „Kirchenkollegium" der Stadtgemeinden und über die durch die Vertreter der Landgemeinden erweiterte „Synode" sagte, war ein bloßes Zugeständnis an alte Forderungen, echte Kompetenzen sollten hier nicht entstehen.

Behn arbeitete den neuen Entwurf zügig um, wobei er eine finanzielle Selbständigkeit, die über die Ebene der Gemeindeverwaltung hinausging, ausschloß, und präsentierte 1878 das Ergebnis dem Senat, der unter Leitung des nunmehrigen Bürgermeisters Curtius, des Hauptopponenten gegen jedwede Neuregelung, die Sache wie gehabt verschleppte. Als Behn dann 1879 wieder das Präsidium im Senat hatte und die Angelegenheit erneut einbrachte, beschloß der Senat mit der klaren Mehrheit von neun gegen zwei Stimmen (gegen Behn und C. T. Overbeck), sie „bis auf Weiteres auf sich beruhen zu lassen". Dabei leitete die an der Konservierung der alten Machtverhältnisse interessierten, für die kirchlichen Erfordernisse in einer sich rapide verändernden Situation verschlossenen Senatoren, wie Behn vermerkte, die „Besorgniß, durch nicht absolut nothwendige Neuerungen auf kirchlichem Gebiete Gegensätze und Leidenschaften hervorzurufen, die hier noch schlummern und den bisher hier noch herrschenden kirchlichen Frieden zu stören geeignet sind"[13]).

Man kann zur Illustration dieser Beschlußfassung z. B. auf den damals im Gange befindlichen Streit des Senats mit dem Ministerium um die Gestaltung des Trauformulars nach Einführung der Zivilehe verweisen. In einer Zeit, wo die Hoheitsrechte des Senats zunehmend durch die Mitwirkung der Bürgerschaft eingegrenzt wurden, war es für sein Selbstbewußtsein wichtig, wenigstens die „oberbischöflichen Rechte" noch ungeschmälert und ungeteilt wahrnehmen zu können[14]).

In Lübeck gingen offenkundig die Uhren anders als in den meisten deutschen Staaten, wo man längst daran gegangen war, Kirchenverfassungen zu erarbeiten und eigene Kirchenbehörden zu schaffen (z. B. Preußen seit 1850 mit dem Evangelischen Oberkirchenrat, Hamburg 1870 mit einer neuen Verfassung). Es entbehrte nicht der Pikanterie, wenn hier in den Jahren 1881/82 ein Bürgermeister reformierter Konfession (Arthur G. Kulenkamp) den Summepiskopat repräsentierte und damit die Kirchenleitung über die lutherische Kirche uneingeschränkt und direkt ausübte, während der katholische König von Bayern seine bischöflichen Rechte über die protestantische Kirche nur indirekt unter Zwischenschaltung eines evangelischen Oberkonsistoriums wahrnahm. Die Reform blieb für über zehn Jahre erledigt, war aber je länger desto mehr eine unabweisbare Notwendigkeit.

Probleme der Landgemeinden

Nur ein Teilstück dieser Reformproblematik, aber ein gleichwohl gravierendes Problem bildeten die Zustände in den Landgemeinden Genin, Schlutup, Nusse, Behlendorf und im Städtchen Travemünde, welche seit jeher notorisch vernachlässigt wurden[15]). Wie der Staat sich auf die Stadt konzentrierte, so auch die Kirche, und darum lebten die Landgemeinden isoliert für sich. Sie hatten teilweise sehr umfangreiche Kirchspiele, in denen die Rechtsverhältnisse aufgrund der verschiedenen geschichtlichen Entwicklung überaus divergent waren, zumal nach der territorialen Neuordnung von 1803/04 in Travemünde drei fürstbischöflich-oldenburgische Dörfer und in Nusse vier Dörfer aus Mecklenburg-Strelitz und fünf Dörfer aus Lauenburg eingepfarrt waren, was die Ausübung des obrigkeitlichen Kirchenregiments ungemein kompliziert machte. Genin hatte bis 1804 unter dem Patronat des Domkapitels auf vielen Gebieten eine Sonderentwicklung, oft in Anlehnung an Eutiner Regelungen durchgemacht. Seit 1813/14 lag die

Ausübung des Kirchenregiments beim Landgericht (vordem bei der Kämmerei), nach 1848 beim Stadt- und Landamt[16]).

Eine von den Ratsherren des Landgerichts 1814 angeregte Reform der kirchlichen Verhältnisse war schon in der Bestandsaufnahme steckengeblieben. Außer den Rechtsverhältnissen hatten sich auch auf so wichtigen Gebieten wie denjenigen der Liturgie und der Finanzen erhebliche Unterschiede entwickelt. In Liturgie, Gesangbuch und Katechismus orientierten einige Gemeinden sich an der Stadt, andere wiederum am Fürstbistum und an Holstein. Für die Bauunterhaltung und Besoldung waren die Gemeinden auf sich allein gestellt und mußten – da sie im Unterschied zu den Stadtgemeinden kaum Zinserträge aus kirchlichem Vermögen hatten – auf besondere Abgaben und Dienstleistungen zurückgreifen, wozu allerdings in letzter Zeit auch Zuschüsse des Landamtes traten. In der Armenfürsorge waren sie ganz auf sich gestellt und hatten keinen Zugang zu den ansehnlich ausgestatteten städtischen Stiftungen[17]).

Bis zur Reform der Staatsverfassung 1848 waren die Bewohner der Landgemeinden Gutsuntertanen der Stadt, und der Senat hatte die alleinige politische Gewalt über sie. Danach wurden für die kommunale Verwaltung Gemeinderäte und -vorstände etabliert, nach welchem Vorbild dann in der Ordnung der Kirchengemeinden von 1862/66 auch für sie Mitverwaltungsorgane in Form von Kirchenvorständen und Gemeindeausschüssen gebildet wurden. Doch auf die gesamtkirchlichen Entscheidungsprozesse hatten die Landgemeinden keinerlei Einfluß, zumal ihre Geistlichen nicht dem Ministerium angehörten, und untereinander hatten sie keine Kontakte, was zu ändern angesichts der räumlichen Zerstreuung und der verschieden geprägten Kirchstrukturen auch wenig Sinn gehabt hätte. Die bisherigen Reformvorschläge, sie zu einer eigenen Synode oder ihre Geistlichen zu einem eigenen Ministerium zusammenzufassen, waren deshalb wenig praktikabel. Eine leidliche Besserung hatte sich infolge der neuen Stellung des Seniors ergeben, der mit seinen (freilich geringen) Aufsichts- und Anordnungsbefugnissen ein gewisses Maß an Koordination ermöglichen konnte[18]). Dadurch wurde die Absurdität, daß die Aufgaben der Kirchenleitung nur durch eine weltliche Behörde ohne jede geistliche Mitwirkung wahrgenommen wurden, etwas gemildert. Gleichwohl blieb die Kirchenverfassungsreform für die Gemeinden außerhalb der Stadt, auch wenn sie dort noch komplizierter war als hier, dringend geboten, um eine funktionelle Einheit der Landeskirche überhaupt erst herzustellen.

Finanzfrage und Verfassung 1890–93

Drei Anläufe zur Reform der Kirchenverfassung in den Jahren 1825 ff, 1849 ff und 1871 ff waren gescheitert. Das Trauerspiel zeigte nur, wie hartnäckig der Senat sein obrigkeitliches Kirchenregiment festhielt, das durch die Zeitläufte überholt war. Dringende kirchliche Erneuerungsmaßnahmen unterblieben oder fielen unbefriedigend aus, weil der verfassungsmäßige Rahmen fehlte. Lübischem Herkommen entsprach es nun durchaus, wenn schließlich die unabweisbare Neuregelung der kirchlichen Finanzen eine Lösung der Verfassungsfrage erzwang[19]).

Die für die Überwachung der Kirchenfinanzen als Revisionsbehörde zuständige Central-Armendeputation (CAD) kam 1890 angesichts der Tatsache, daß die staatlichen Zuschüsse zur Bauunterhaltung der großen Stadtkirchen und zur Pfarrbesoldung immer stärker gestiegen waren und überdies die vorstädtischen Neubaugebiete eigene kirchliche Zentren erforderten, auf den alten Vorschlag zurück, das Finanzwesen durch die Etablierung einer vom Staat unabhängigen Kirchenkasse und durch die Einführung einer Kirchensteuer zu sanieren. Der Anregung der CAD folgend legte der Senat am 10. Oktober 1891 der Bürgerschaft einen entsprechenden Gesetzentwurf zur Genehmigung vor[20]. Hatte er sich bislang erfolgreich dagegen gewehrt, die kirchliche Verwaltung aus der staatlichen auszugliedern, so motivierte ihn die prekäre Finanzlage ohne weiteres dazu, wenigstens auf diesem Gebiet die Trennung zwischen Staat und Kirche in die Wege zu leiten.

Doch die Bürgerschaft, die in der Vergangenheit stets auf den Erlaß einer Kirchenverfassung gedrängt hatte, weil sie mehr Gespür für spezifisch kirchliche Belange hatte, mochte den Senat nicht so billig aus seiner Verantwortung entlassen. Der Bürgerausschuß beharrte 1892 nach sorgfältiger Prüfung der Sachlage auf dem Junktim, daß die Finanzfrage nicht ohne eine Synodalverfassung geregelt werden dürfte, damit einerseits die Kirche die nötige Selbständigkeit bekäme und andererseits die Bürger, die bisher wegen der erforderlichen Zustimmung der Bürgerschaft zu staatlichen Zuschüssen wenigstens partiell an der Kirchenverwaltung beteiligt waren, nicht in ihrer Mitwirkung geschmälert würden[21].

Somit war es der Bürgerschaft zu verdanken, wenn im Sommer 1892 der Senat sich zu einer neuen Runde in der Verfassungsdiskussion bereiterklärte. Wieder ging hier die Initiative von Theodor Behn aus, der in einem Gutachten die nicht überholten Anliegen der bisherigen Überlegungen zusammenstellte und den Senat dazu bewog, die Federführung Senator Dr. Heinrich Alphons Plessing (1830–1904) anzuvertrauen. Der Jurist Plessing war seit seinem Eintritt in den Senat 1879 mit Kirchenfragen befaßt und anders als sein Bruder, der frühere langjährige Kirchenkommissionsvorsitzende, für kirchliche Autonomiebestrebungen aufgeschlossen. Nun kam die Sache zügig voran. Auf der Basis der Arbeiten Behns von 1878 legte Plessing schon im November 1892 dem Senat einen Verfassungsentwurf vor, der zwar das obrigkeitliche Kirchenregiment beibehielt, aber Kirchenrat und Synode an dessen Ausübung beteiligte[22]. Obwohl bei der Beratung im Senat (März 1893) die alten Bedenken, daß eine stärkere Beteiligung der Gemeinde nur den Frieden stören könnte, zur Sprache kamen, wurde der Entwurf an das Ministerium und die Kirchenvorstände zur Begutachtung weitergeleitet.

Initiativen des Ministeriums und der Kirchenvorstände

Mit dem neuen Senior Leopold Friedrich Ranke (zu ihm s. S. 478), der 1892 Lindenberg ablöste, hatte das Ministerium einen Leiter bekommen, der sachkundig und entschlossen die Verfassungsreform durchzuführen bemüht war. Wie schon 1877 brachte auch jetzt das Geistliche Ministerium Vorschläge ein, die den weiteren Gang der Verhandlungen bestimmten[23]. Sie liefen darauf hinaus, Lübeck als eine einheitliche, Stadt- und Landgemeinden integrierende Landeskirche zu organisieren, und brachten somit einen bedeutsamen Fortschritt in der Reformfrage. In der staatsrechtlichen Prinzipienfrage, ob das Kirchenregiment dem Senat als ganzem zustände (weil er eine einheitliche Körperschaft bildete) und insofern auch die reformierten Mitglieder beteiligt wären oder nur von den lutherischen Senatoren als Patronat ausgeübt werden dürfte, verfocht das Ministerium gegen die Auffassung der Senatsmehrheit die letztere Lösung und setzte sich damit schließlich auch durch.

Die Gemeindevorstände, die ein halbes Jahr später, im Dezember 1893, ihr Gutachten vorlegten und sich damit nach fast zwanzigjähriger Ruhepause wieder in die Diskussion einschalteten, verstärkten die Argumentation der Geistlichkeit, indem sie eine einheitliche Synode für das ganze Staatsgebiet vorschlugen und auch die Möglichkeit für eine Stadt und Land zusammenfassende Kirchenkasse offenhielten. Ein retardierendes Moment brachten sie insofern in die Beratungen, als sie für die Abschaffung der 1860 eingerichteten Gemeindeausschüsse und ebenso wie das Ministerium für die Integration der Kirchengemeindeordnung in die Verfassung plädierten[24]). Der Senat entschied aber vorweg in einem Grundsatzvotum gegen beide Anregungen. Aufgrund ihrer Zusammensetzung stellten die Vorstände ein wichtiges Bindeglied zwischen Bürgerschaft, Ministerium und Senat dar und förderten eine konvergierende Meinungsbildung. Den Vorsitz in ihrer Verfassungskommission führte mit Senator J. G. Eschenburg ein Mann, der schon 1879 zusammen mit Behn vergeblich versucht hatte, die Reform nicht am Widerstand des Senats scheitern zu lassen[25]); und der als theologischer Sachverständiger maßgeblich mitwirkende Hauptpastor Heinrich Lindenberg unterstützte ganz anders als sein Vater die im Ministerium vorhandenen Reformintentionen.

So gelang es endlich den vereinten Kräften der Reformer, im Sommer 1894 Plessings Entwurf mit den Modifikationen, die Ministerium und Gemeindevorstände vorgeschlagen hatten, durch den Senat zu bringen. Die Finanzfragen (Kirchenkasse und Kirchensteuer) wurden detailliert mit Bürgerschaft und Bürgerausschuß geregelt, hinsichtlich der Verfassung selber stimmten beide Organe der Auffassung des Senats zu, daß dieser wie 1860 aufgrund seiner Kirchenhoheit für die Verabschiedung allein zuständig wäre. Am 17. Dezember 1894 beschloß der Senat die Zustimmung, und da noch die Präambel formuliert und einige Textstellen geändert werden mußten, fand die endgültige Verabschiedung erst am 2. Januar 1895 statt. Das Werk, das fast ein Jahrhundert beansprucht hatte, war endlich getan[26]).

Die Kirchenverfassung von 1895

Mit der Verfassung übertrug der Senat „wesentliche Theile seiner bisherigen Befugnisse dem Kirchenrathe und der Synode", wie er in der Präambel betonte, blieb aber „Inhaber des Kirchenregimentes". Letzteres äußerte sich darin, daß er vor allem mit der Bestätigung von Kirchengesetzen, der Wahl des Seniors und der Kirchenratsmitglieder wichtige Hoheitsrechte behielt und daß der Vorsitzende des Kirchenrates und damit der faktische Leiter und höchste Repräsentant der Kirche ein Senator war. Das alte ius liturgicum wurde gleichsam zwischen dem Senat und der neuen Behörde geteilt, sofern er dieser „die Ueberwachung der gottesdienstlichen Einrichtungen und der Liturgie..., die Genehmigung zur Einführung neuer Gottesdienste, zur Aussetzung und Aufhebung bestehender Gottesdienste" übertrug, aber auf dem Wege des Gesetzgebungsverfahrens bei grundsätzlichen Änderungen mitreden konnte und sich überdies „die Anordnung neuer, sowie die Aufhebung bestehender kirchlicher Feiertage" vorbehielt[27]).

Die neue Ordnung der Lübecker Kirche war im wesentlichen eine konsistoriale, da „die Vertretung der evangelisch-lutherischen Kirche, sowie die Wahrung und Fortbildung ihrer Einrichtungen" und damit alle entscheidenden Leitungsaufgaben dem Kirchenrat zustanden (so z. B. die Oberaufsicht über die Amtsführung der Geistlichen[28]). Doch sie wurde durch beträchtliche episkopale Elemente ergänzt, da die Senioratsordnung von

1871 fortgalt und der Senior das einzige geborene Mitglied des Kirchenrats (wenngleich nicht deren Vorsitzender) war. Als nunmehr in der Verfassung verankertes Organ partizipierte das Geistliche Ministerium insofern an episkopalen Funktionen, als es „das kirchliche Lehramt und die theologische Wissenschaft" vertrat. Neu war, daß ihm jetzt sämtliche amtierenden Geistlichen, d. h. auch diejenigen der Landgemeinden angehörten. Das synodale Element war am schwächsten ausgeprägt, bot aber durchaus die Handhabe für eine weitere Entwicklung in der Praxis, weil die Synode (die Vertretung der Gesamtheit der Kirchengemeinden, also auch der ländlichen) die Kompetenz der Mitgenehmigung neuer Ordnungen und Gesetze hatte und alle Fragen des kirchlichen Lebens erörtern konnte[29]).

Lübeck war nun erstmals seit der in dieser Hinsicht gescheiterten Ordnung von 1531 als einheitliche Territorialkirche organisiert, da die neuen Organe Kirchenrat, Senior, Ministerium und Synode gesamtkirchliche waren. Allerdings klang der alte Verfassungsaufbau noch nach, wenn in Artikel 1 die Lübecker Kirche als „die Gemeinschaft der im Lübeckischen Staatsgebiete bestehenden evangelisch-lutherischen Kirchengemeinden" definiert wurde. Einheitliches und gegenüber dem Staat selbständiges Handeln war hinfort in viel stärkerem Maße als früher möglich. Insofern bot die neue Verfassung im Rahmen des staatlichen Kirchenregiments große Chancen, auch wenn mit ihr eine Trennung zwischen Staat und Kirche, wie Bürgermeister W. Brehmer anläßlich der Inkraftsetzung öffentlich äußerte[30]), nicht gegeben war. Auffällig ist, daß die Bekenntnisbindung, die zuletzt im Entwurf von 1853 ausgesprochen war, nicht mehr vorkam – erst in der Verfassung von 1948 wurde sie dann wieder aufgenommen. In der Praxis blieb allerdings die Verpflichtung der Geistlichen auf das Konkordienbuch erhalten.

Errichtung der Allgemeinen Kirchenkasse

Das Problem, die für kirchliche Zwecke benötigten Finanzmittel staatlicherseits bereitzustellen, war seit 1825 ein wichtiger Teilkomplex der Verfassungsdiskussion gewesen. Insbesondere die Bürgerschaft drängte immer wieder aus finanziellen Erwägungen auf eine Verselbständigung der Kirche. Obwohl im Prinzip die Kirchengemeinden die finanziellen Aufwendungen aus Abgaben, Stiftungs- und Kapitalerträgen bestreiten mußten, war doch der Staat zunehmend subsidiär eingetreten. War noch im Verfassungsentwurf von 1852/53 für die gesamtkirchlichen Finanzen nur die Bildung einer Kasse des Kirchenrates für dessen Verwaltungsaufwand vorgesehen, während die eigentliche Finanzverwaltung bei den einzelnen Gemeinden bleiben sollte, so wurde im Zusammenhang mit der Verfassung von 1895 eine zentrale kirchliche Finanzverwaltung geschaffen. Diese wurde ein wesentlicher Faktor der neuen lübischen Landeskirche und der nach 1895 angestrebten Reformen.

Einführung der Kirchensteuer 1895

Es waren mehrere Gründe, die zu dieser Neuordnung führten. Die einzelnen Gemeinden waren nicht mehr in der Lage, die steigenden Ausgaben für die Pfarrbesoldung und die Instandhaltung der alten Kirchengebäude zu finanzieren. Dies konnten sie um so weniger, als ihr früheres Kirchenvermögen durch die Wirtschaftskrise zu Beginn des 19. Jahrhunderts erheblich vermindert worden war. Der Staat hatte einst in der Reformationszeit und dann in den Jahren nach 1803 aufgrund des Reichsdeputationshauptschlusses einen Teil des Kirchengutes säkularisiert; er war als Inhaber des Kirchenregiments zwar verpflichtet, für den Unterhalt der lutherischen Kirchen zu sorgen, aber aufgrund der Distanz des im Prinzip konfessionell neutralen Staates wurde dies als eine von außen herangetragene, „fremde" Last empfunden, die zudem im Laufe der Jahre immer drückender wurde. Deswegen war der Staat bereit, der Kirche auch und gerade im finanziellen Bereich eine neue Selbständigkeit einzuräumen, zumal damit die Möglichkeit zu einem Aufschwung der kirchlichen Entwicklung angesichts der in den letzten Jahrzehnten enorm gestiegenen Aufgaben gegeben wurde.

Aus diesen Gründen schufen Senat und Bürgerschaft durch Gesetz vom 16. Januar 1895 die „allgemeine Kirchenkasse für die evangelisch-lutherischen Kirchengemeinden der Stadt Lübeck und deren Vorstädte"[31]). Der Senat ging in seinem Antrag an die Bürgerschaft zur Begründung der Gesetzesvorlage vom 17. Dezember 1894 ausführlich auf die Finanzsituation ein und betonte, daß eine rechtliche Verpflichtung des Staates zu den bisherigen Zuschüssen nicht bestünde, wobei er die Säkularisierungsproblematik weitherzig zu seinen Gunsten auslegte und die Tatsache, daß die Kirchengemeinden ihre Kapitalien seinerzeit in Obligationen der Stadtkasse hatten anlegen müssen, welche seit 1825 keine Zinsen mehr erbrachten, verharmloste[32]). Die neue Kirchenkasse war nur bedingt eine „allgemeine", denn sie umfaßte nicht die Verwaltung der fünf Landgemeinden. Sie war anders als die Synode keine eigentlich landeskirchliche Einrichtung. Die Frage, wie die zum Teil drückenden Finanzprobleme der Landgemeinden gelöst werden könnten, wurde in den folgenden Jahren intensiv diskutiert, 1894/95 aber ausgeklammert. Erst 1920 wurden sie in die allgemeine Kirchenkasse aufgenommen.

Die nötigen Einnahmen flossen der Kirchenkasse aus zwei Quellen zu: aus Kapitalerträgen von ehemaligem Kirchengut sowie aus Beiträgen der Kirchenmitglieder. Dazu wurde zum einen ein Kapitalfonds eingerichtet, zum andern eine Kirchensteuer eingeführt – letztere bildete eine der wichtigsten Reformen, die damals geleistet wurden. Der Kirchenfonds wurde mit einem unantastbaren Stammkapital in Höhe von 150.000 Mark ausgestattet. Diese Summe wurde bereitgestellt aus den zwischenzeitlich angesammelten Überschüssen, die durch die Verwaltung der Güter des St. Johannis-Jungfrauenklosters, des Heiligen-Geist-Hospitals und des Burgklosters erwirtschaftet worden waren. Zu den Zinseinnahmen aus diesem Kapital trat ein laufender jährlicher Zuschuß aus den Erträgen des Johannis-Klosters[33]).

Bemerkenswert ist die in diesem Zusammenhang mit dem Senatsbeschluß vom 14. November 1894 erfolgte Aufhebung des Burgklosters. 1892/93 hatte der Senat die Central-Armen-Deputation mit der Prüfung der Frage beauftragt, „ob die Beibehaltung einer besonderen Vorsteherschaft des Burgklosters noch fernerhin als nothwendig zu erachten" wäre. Die Deputation hatte vorgeschlagen, die Verwaltung mit derjenigen des Heilig-Geist-Hospitals zu verbinden und die Grundstücke des Burgklosters vollends aufzulösen (womit schon 1874 mit dem Bau der Burgschule begonnen worden war)[34]).

Die Einführung einer Kirchensteuer, die schon im Verfassungsentwurf von 1829 vorgesehen war, kennzeichnet den Stand des Verhältnisses zwischen Staat und Kirche gegen Ende des 19. Jahrhunderts mit seiner eigentümlichen Mischung aus Distanz und

Verbundenheit. Einerseits galt das Prinzip der Staatskirche noch, weswegen die Beiträge der Mitglieder in Form einer Steuer durch den Staat (die Lübecker Stadtkasse), und zwar gegen eine Hebegebühr von 3 % des Gesamtaufkommens als Zuschlag zur Einkommensteuer normativ festgelegt und zwangsweise eingezogen – also nicht mehr wie früher als freiwillige Leistung erbracht – wurden. Andererseits wurde der Kirche eine gegenüber früher verstärkte Eigenständigkeit zugestanden; der Staat hatte denjenigen Teil ihrer Aufgaben übernommen, der allgemeine öffentliche Bedeutung hatte, war aber prinzipiell nicht mehr willens, die Wahrnehmung der übrigen spezifisch kirchlichen Aufgaben zu finanzieren. Deswegen wurde in den meisten deutschen Staaten eine Kirchensteuer eingeführt, zuerst in Hessen 1875, in Hamburg 1885/86, in Preußen erst relativ spät (1905/06).

Die Kirchensteuer wurde von jedem Kirchenmitglied der städtischen und vorstädtischen Gemeinden mit einem zu versteuernden Jahreseinkommen in Höhe von 1500 Mark erhoben (das entsprach ungefähr dem Einkommen eines gut verdienenden Arbeiters, während die meisten Arbeiter darunter lagen und zum Teil nicht einmal das Existenzminimum von ca. 1200 Mark hatten)[35]). Der Hebesatz wurde jährlich neu festgesetzt, zunächst mit 5 % der Einkommensteuer, ab 1902/03 dann gelegentlich auf 6 % und ab 1911 auf 7 % steigend. Durch diese bis heute fortbestehende Koppelung an die allgemeine Einkommensentwicklung konnte das Steueraufkommen bald beträchtlich gesteigert werden, geriet aber schon damals in besondere Abhängigkeit von den höheren Einkünften der gut verdienenden Bürger. Bereits im Jahresbericht für 1897 trat das zutage:[36]) Betrug im ersten Jahr 1895/96 das Kirchensteueraufkommen 27.375,83 Mark (d. h. etwa 57 % der Gesamteinnahmen), so steigerte es sich schon 1897/98 auf 44.267,15 Mark (= 67 Prozent), 1913 gar auf 185.264,66 Mark (= 85 Prozent).

Die Gemeinden finanzierten allerdings die speziellen Aufgaben noch weitgehend aus anderen Quellen, aus Kapitaleinkünften und Spenden[37]). Die Mittel für Pfarrbesoldung und Bauleistungen waren die wesentlichen Ausgabeposten der neuen Zentralkasse. Sie waren bisher weitgehend vom Staat aufgebracht worden. Die Bedeutung des Sektors Kirchbau – neben den erforderlichen Neubauten verschlang der Unterhalt der großen Stadtkirchen riesige Summen – erhellt aus § 7 des Gesetzes über die Kirchenkasse, der mindestens ein Drittel der ordentlichen Jahreseinnahmen für Kirchenbauten bestimmte und überdies die Bildung eines Kirchbaufonds als Rücklage vorschrieb.

Eine Mitwirkung des Staates blieb insofern erhalten, als die Höhe des Kirchensteuersatzes von Senat und Bürgerschaft genehmigt werden mußte und die Genehmigung des Senates außerdem erforderlich war bei Besoldungserhöhungen und Entschädigungen für aufgehobene Gebühren.

Die Bedeutung der neuen Kirchensteuer für das kirchliche Leben, insbesondere für Reformmöglichkeiten hob Senator Ranke 1902 hervor: „Diese Kirchensteuer . . . hat . . . sich bereits als wichtiger Faktor für die Fortentwicklung des Lübeckischen Kirchenwesens bewährt, sofern sie die Erbauung zweier neuer Gotteshäuser ermöglicht hat und für weitere Unternehmungen derselben Art die nötige finanzielle Unterlage bietet"[38]). Für die Bevölkerung aber bedeutete die Kirchensteuer eine neue Belastung, die – auch wenn sie die geringer Verdienenden nicht betraf – zum Teil nur mit erheblichem Unwillen aufgenommen wurde[39]).

Neue Gemeindeordnungen

Die Kirchenverfassung von 1895 war insofern unvollständig, als sie keine Bestimmungen über das Seniorat und die Gemeinden enthielt. In der Reformdiskussion war 1893 weitgehende Übereinstimmung erzielt worden, die 1860 eingerichteten Gemeindeausschüsse abzuschaffen, weil sie kaum praktische Arbeit leisteten und nicht in Anspruch genommen wurden. Die Synode regte deshalb schon im April 1896 auf Initiative des Katharineumprofessors Ludwig W. H. Mollwo eine Revision der Kirchengemeindeordnung von 1860 an. Die Beratungen kamen zügig voran, der Fortfall der Gemeindeausschüsse war nicht strittig, eine längere Diskussion gab es nur über die Aufteilung der Gemeinden in Seelsorgebezirke[40]).

Das ganze war ein geglücktes Modell für die gesetzgeberische Zusammenarbeit der neuen Gremien. Nach Zustimmung von Synode und Kirchenrat konnte der Senat am 8. Dezember 1897 die Ordnung für die Kirchengemeinden der Stadt erlassen[41]). Neu war die direkte Wahl des Kirchenvorstandes durch die stimmfähigen, d. h. „unbescholtenen, einen christlichen Lebenswandel führenden männlichen Gemeindeglieder, die einem eigenen Haushalt vorstehen". Die Gemeinden wurden entsprechend der Zahl ihrer Geistlichen in diesen zugeordnete Seelsorgebezirke aufgeteilt, wobei aber altem Herkommen gemäß der Parochialzwang durch die Zulässigkeit von Personalgemeinden modifiziert wurde: Für Seelsorge und Amtshandlungen konnte jedes Gemeindeglied sich auch an einen anderen Geistlichen halten, nur die Taufen mußten vom zuständigen Gemeindepastor vollzogen werden. Daß der Vorsitzende des Kirchenvorstands ein Laie sein konnte, entsprach der Tradition, auch wenn man in der Praxis allmählich dazu überging, einem Pastor den Vorsitz zu übertragen (so vor allem in den späteren Vorstadtgemeinden). Der traditionelle Vorsitz eines Laien war eine gegenüber den anderen deutschen Landeskirchen fast vereinzelt dastehende Regelung, deren Vorteile (stärkeres Engagement von Gemeindegliedern, Entlastung des Pastors von Verwaltungsarbeit) man gerne betonte[42]).

Die butenstädtischen Gemeinden hatten mit Ausnahme von Nusse und Behlendorf 1862/66 eigene Ordnungen bekommen. In diesen beiden Kirchspielen war aufgrund der Zugehörigkeit der Bewohner zu drei verschiedenen Staaten (Lübeck, Mecklenburg-Strelitz, Lauenburg bzw. Preußen) die Rechtslage so kompliziert, daß der Senat sich erst nach 1877, als Preußen durch die Einführung der schleswig-holsteinischen Kirchengemeindeordnung in Lauenburg für die Behandlung lübischer Untertanen in lauenburgischen Kirchspielen ein Präjudiz geschaffen hatte, zu einer Regelung ermutigt sah, die durch die Verfassung von 1895 unabweisbar wurde, weil diese beiden Gemeinden ja in der Landeskirche vertreten sein mußten[43]). Schon am 30. April 1896, also lange vor der städtischen Kirchengemeindeordnung, konnte die Ordnung für Nusse und Behlendorf in Kraft treten[44]). Als Besonderheit gegenüber der Stadt ergab sich hier die Beibehaltung des Gemeindeausschusses, welcher nicht nur an den Wahlen, sondern auch an der Finanzverwaltung beteiligt wurde. Die Stimmfähigkeit der Gemeindeglieder war hier beschränkter als in der Stadt (eingegrenzt auf solche Männer, die „eine selbständige Stellung" hatten), auch lag der Vorstandsvorsitz obligatorisch beim Pastor. Für Travemünde wurde nach dem Vorbild der städtischen eine eigene neue Gemeindeordnung am 3. Oktober 1900 erlassen, die entsprechende Änderungen gegenüber 1862 brachte[45]).

Die neunziger Jahre hatten eine Fülle rechtlicher Neuordnungen gebracht, die eine notwendige und hilfreiche Ergänzung zu den mancherlei praktischen Reformen darstellten und diese in mehrfacher Hinsicht hinfort förderten. Die seit Jahrzehnten in Gang befindlichen Maßnahmen zur Erneuerung der Kirche wurden durch sie abgeschlossen, und neue Möglichkeiten wurden eröffnet, den Weg von der in alten Formen erstarrten Staatskirche zu einer zeitgemäßeren Volkskirche konsequenter zu beschreiten.

24. Kapitel
Kirchliches Leben im Übergang vom staatlichen Kirchenregiment zur Autonomie 1895—1918

Der seit der Jahrhundertmitte allgemein beklagte Tiefstand des kirchlichen Lebens war allmählich durch die mancherlei Reformen überwunden worden, auch wenn viele Zeitgenossen das nicht wahrhaben wollten[1]). Zwar gab es keinen Aufschwung zu neuer Kirchlichkeit breiter Kreise, aber immerhin eine Konsolidierung der volkskirchlichen Strukturen auf einem mittleren Niveau. Institutionell noch an den Staat gebunden, gewann die Kirche eine organisatorische Selbständigkeit, deren Bedeutung sich zunächst an der Tätigkeit der neuen Selbstverwaltungsorgane Kirchenrat und Synode sowie an der Finanzautonomie erwies. Letztere ermöglichte — obwohl die Kirche nicht vom Geld lebt — eine Reihe von Reformen. In vieler Hinsicht legte die hier verhandelte Epoche Grundlagen für das kirchliche Leben im 20. Jahrhundert.

Kirchenrat und Synode

Die Mitglieder des seit Anfang 1895 amtierenden Kirchenrats bestimmte der Senat. Vorsitzender und damit der nominelle Leiter der Gesamtkirche war der Mann, der sich in besonderer Weise um die neue Kirchenverfassung verdient gemacht hatte, Senator Heinrich Alphons Plessing (1830—1904), ein Konservativer, der sich in verschiedenen Bereichen kirchlich engagiert hatte und hinfort die Kirche würdig repräsentierte, unermüdlich in ihren Geschäften aktiv, wobei er um die Kontinuität des Staatskirchentums in den neuen Formen bei gleichzeitiger Aufgeschlossenheit für notwendige Änderungen bemüht blieb, ein in jeder Hinsicht guter Mann des Übergangs[2]). Der zweite Senatsvertreter neben ihm, der Jurist Johann Georg Eschenburg, der 1905 seine Nachfolge im Kirchenrat antrat und dieses Amt bis 1918 innehatte, blieb dieser Linie treu.

Als geborenes Mitglied gehörte der Senior, L. F. Ranke bis 1909, dem Kirchenrat an, als zweiter Geistlicher der Dompastor E. F. Petersen aus der alten Lübecker Predigerfamilie. Als Gemeindevertreter kamen P. M. Hoffmann, J. B. Jürss und H. W. Textor hinzu. Zum Vorsitzenden der ersten Synode wurde mit Emil Ferdinand Fehling (1847—1927) ein hervorragender Politiker gewählt, der seit 1896 im Senat eine führende Rolle spielte, ein typischer Repräsentant bürgerlicher Christlichkeit und einer der letzten großen hanseatischen Staatsmänner, der die Gewähr dafür bot, daß das neue „demokratische" Organ Synode keine irgendwie die Kirchenbehörde und den Senat störenden Aktivitäten entfaltete. 1903 schied Fehling aus diesem Amt (1905—1910 war er dann Mitglied des Kirchenrates und dessen stellvertretender Vorsitzender); sein Nachfolger als Synodalpräses wurde der Amtsrichter August Leverkühn.

Die Synode fand nur mühsam die Verfahrensweise für eine nennenswerte Mitwirkung an der Leitung der Kirche. Am besten gelang dies noch bei den Finanzfragen, an der Gesetzgebung war sie zwar beteiligt, aber nennenswerte Initiativen kamen kaum aus ihrer Mitte. Gelegentlich diskutierte sie Grundsatzfragen, und hier wie bei der Beteiligung an den Beratungen über kirchliche Ordnungen zeigte sich der neue geistliche

Aspekt eines kirchenleitenden Organs, in welchem sich jetzt auch die Gemeinde durch ihre Vertreter zu substantiellen Fragen äußern konnte. Auch wenn die Synode als ein Honoratiorenparlament in soziologischer Hinsicht keineswegs die Gesamtheit der evangelischen Christen repräsentierte, konnte sie deren Interessen artikulieren. Die Synodalen stammten zumeist aus der „zweiten Garnitur" der in der Stadt tonangebenden Kräfte; Kaufleute, Handwerker und Akademiker waren vertreten, Kleinbürger und Arbeiter dagegen gar nicht, aus den Landgemeinden kamen einige Kleinbauern[3]. Frauen gehörten der Synode ebensowenig wie den Gemeindevorständen an, denn das seit 1913 diskutierte und 1917/18 beantragte aktive und passive Wahlrecht für Frauen wurde erst im Zusammenhang der neuen Verfassung 1920 realisiert. Entsprechend der staatlichen Gesetzgebung zählten sie nicht zu den „stimmfähigen Gemeindegliedern". Fast die Hälfte der Synodalen waren Geistliche (1895: 15 von 37; 1910: 18 von 44).

Die Synode tagte in der Regel drei- bis viermal jährlich, erhielt durch ihre Mitwirkung an den wichtigsten kirchlichen Entscheidungen zwar einige Einflußmöglichkeiten, machte aber davon keinen nachdrücklichen Gebrauch. Große Publizität in der Stadt erlangte sie durch ihre meist hinter verschlossenen Türen abgehaltenen Verhandlungen nicht, wobei andererseits das Interesse der Öffentlichkeit an ihr auch gering blieb. An einer Demokratisierung lag nur wenigen etwas.

Die staatskirchliche Realität zeigte sich in der Verteilung der Macht, weil der Kirchenrat gegenüber der Synode eindeutig dominierte und er wiederum dadurch, daß er vom Senat eingesetzt wurde und zwei Senatoren als vorsitzende Mitglieder hatte, an die Willensbildung des Senates gebunden blieb. Allerdings wirkte es sich positiv im Sinne größerer Freiheit aus, daß die entscheidenden Fragen, bei denen früher der Senat blockiert hatte, nicht mehr direkt dort, sondern in einem Gremium verhandelt wurden, welche ein eigenes, spezifisch kirchliches Selbstbewußtsein entwickeln konnte.

Die staatskirchliche Realität fand weiterhin mannigfachen symbolischen Ausdruck. Die Synode tagte in der Kriegsstube des Rathauses, St. Marien besaß noch immer neben der kirchlichen Funktion die öffentlich-rechtliche Eigenschaft der Ratskirche, die städtischen Urkunden wurden weiterhin dort in der Trese aufbewahrt, die Fahnen des Lübecker Regiments in der Kirche aufgehängt, die Senatoren bei ihrer Amtseinführung in das alte Ratsgestühl eingewiesen (so bis 1920), auch wenn der Senat nur noch bei besonders feierlichen Gelegenheiten seine Sitzungen mit einem Gottesdienst in St. Marien eröffnete (so zuletzt 1913)[4]. Beim Tode eines Senators mußten die Geistlichen im darauf folgenden Sonntagsgottesdienst ein Gebet für den Verstorbenen sprechen und bei einer Neuwahl durch eine feierliche Abordnung dem Senator Glückwünsche überbringen[5].

Senior Ranke. Die Geistlichkeit

Die neue Verfassung stärkte mit den Kompetenzen der Kirchenleitung auch diejenigen des Seniors. Zwar engte die kollegiale Entscheidungsstruktur auf staatlicher wie auf kirchlicher Ebene die Entfaltungsmöglichkeiten einzelner Führungskräfte ein und führte oft zu beklagenswertem Stillstand, aber es gab immer wieder überragende Persönlichkeiten, die das kirchliche Leben prägten. Ohne die Leistungen anderer zu verdunkeln, kann man für die hier verhandelte Epoche von einer Ära Ranke sprechen, die an die lange Periode der Führerschaft Lindenbergs anschloß.

Leopold Friedrich Ranke (1842–1918), seit 1878 Hauptpastor an St. Marien, war 1892 vor allem wegen seiner theologischen Fähigkeiten, die ihn aus dem Kreis der Hauptpastoren hervorhoben, vom Senat (welcher erstmals aufgrund der Senioratsordnung von 1871 die Entscheidung fällte) zum Nachfolger Lindenbergs als Senior ernannt worden[6]). Er bekleidete dieses Amt bis 1909 in einer Zeit, als hinter der Fassade konservativer Gesellschaftsstrukturen im kirchlichen Bereich bedeutsame Veränderungen vor sich gingen. Dem ambivalenten Charakter der wilhelminischen Epoche mit ihrer eigentümlichen Mischung aus Modernität und Traditionalität, aus gravierenden ökonomischen Verschiebungen, bedenklichem politischen Stillstand und soziokulturellem Quietismus (vgl. dazu auch Kapitel 25) entsprach ein Mann wie Ranke, der sich einem simplen Beurteilungsschema durchaus entzog[7]). Für lange Zeit war er der letzte bedeutende, auch überregional herausragende Lübecker Kirchenführer.

Wie die meisten in der Lübecker Kirchengeschichte hervorgetretenen Führungspersönlichkeiten kam er von außerhalb, ein Franke aus Bayreuth. Die Lübecker Kirche bewies ja stets ein eigentümliches Unvermögen zur Pflege heimischer Talente! Als Mann der Inneren Mission war er schon im bayerischen Pfarramt bekanntgeworden und als ein solcher tat er sich auch in Lübeck hervor, indem er zahlreiche sozialkaritative Aktivitäten förderte. Mit großem Geschick brachte er die Verfassungsarbeiten zum Abschluß; an der im Gange befindlichen Reform der Volkskirche war er auf allen Gebieten führend beteiligt. Seine Predigten und Vorträge wurden geschätzt, als Seelsorger war er wegen seiner hohen Sensibilität allgemein beliebt[8]).

Durch seine vermittelnde Position eines milden Luthertums trug Ranke dazu bei, daß die verschiedenen theologischen Richtungen auch weiterhin in der Lübecker Pastorenschaft schiedlich-friedlich koexistierten, wobei zu schroffen Polarisierungen hier ohnehin wenig Neigung bestand. Dies war in einer Zeit, in der anderen Landeskirchen der Parteienstreit zwischen Modernisten und Konservativen, Liberalen und Positiven zu schaffen machte, gewiß kein geringes Verdienst. Herausragende Theologen oder Organisatoren gab es in dieser Epoche unter den Lübecker Geistlichen ansonsten nicht, weswegen man die großen politischen, sozialen und geistigen Herausforderungen der Zeit kaum adäquat wahrnahm. Die pastorale Tätigkeit verschob sich gegenüber früher allmählich und forderte mehr den Praktiker, der den vielfältigen Anforderungen einer neu erschlossenen Gemeindearbeit gewachsen war, als den geistigen Führer. Geistig-theologisch war Lübeck nicht mehr als eine Provinzstadt.

Den neuen Erfordernissen entsprachen einige Änderungen der kirchlichen Organisation. Schon 1880/81 war die altehrwürdige Titulatur der Geistlichen geändert worden. Die bisherigen Pastoren an den fünf Stadtkirchen galten jetzt als „Hauptpastoren" (wobei die privilegierte Stellung zunehmend abgebaut wurde und diese Bezeichnung immer mehr zu einem leeren Titel wurde, den auch die Pastoren an den neuen Kirchen bekamen). Die ihnen bisher untergeordneten Prediger wurden unter Aufgabe der altmodischen Titel „Archidiaconus" und „Diaconus" zu Pastoren[9]). Die früher erheblich divergierende Besoldung und Ausstattung wurde angeglichen, in der Gehaltsordnung von 1911 schrumpften die Unterschiede bis auf eine geringfügige Hauptpastorenzulage[10]).

Diese Änderung entsprach der Funktionsangleichung unter den Geistlichen. War z. B. die Konfirmation früher ein besonderes Vorrecht der Hauptpastoren, an dem die anderen Geistlichen allerdings im Wechsel partizipieren konnten, so setzte sich seit 1893 die Übung durch, daß jeder Pastor die von ihm unterrichteten Konfirmanden auch einsegnete[11]). Das Ordinationsprivileg, ebenfalls ein Stück alter „bischöflicher" Funktion, war den Hauptpastoren schon 1871 durch die Senioratsordnung genommen worden. Die neue Kirchengemeindeordnung von 1897 sah keinerlei Unterschiede zwischen den Geistlichen mehr vor, und die 1898 in Kraft getretene Aufteilung der Gemeinden in Seelsorgebezirke, welche eine Größe von 3500—5000 Mitglieder haben sollten, schrieb die Gleichberechtigung fort[12]). Diese heute geläufige Regelung erwuchs damals aus den Veränderungen der Seelsorgetätigkeit, in der die Hausbesuche — Ausdruck der Reform der Volkskirche zu einer pastoralen Betreuungskirche! — einen ganz neuen Stellenwert gewannen. Damit unter den Geistlichen keine Konkurrenz um die zu betreuenden Häuser entstünde, war die Aufteilung entsprechend dem auch andernorts aufkommenden Brauch sinnvoll. Die dadurch notwendige Neuordnung der Kasualpraxis regelten 1903 „Grundsätze und Bestimmungen über das Verhalten der Geistlichen . . . bei Amtshandlungen etc."[13]).

Entkirchlichung als Dauerproblem

Die „Entkirchlichung" der Massen blieb auch in dieser Periode ein ständiges Thema. Man suchte weiterhin nach einer Strategie, die durchschlagenden Erfolg bringen sollte, ohne dabei genügend zu würdigen, wieviel die kleinen Schritte der verschiedenen Reformen zur Bestandserhaltung beigetragen hatten. Ein volksmissionarisches Gesamtkonzept wurde indessen nicht erkennbar.

Im Jahre 1900 war begreiflicherweise das Bewußtsein weit verbreitet, an der Schwelle einer neuen Zeit zu stehen. Die Erfolge des Deutschen Reiches wirkten sich auch auf den allgemeinen Aufschwung der Lebensverhältnisse in Lübeck aus: „Der Geist der Hansa ist wieder lebendig geworden . . . Bis zu den fernsten Meeren steht der deutsche Mann in hoher Achtung . . . Wer hätte es am Anfang des Jahrhunderts zu hoffen gewagt! So hat der Herr in dem nun abgeschlossenen Zeitraum unserem Volk reichen Segen verliehen". Dies stellte Senior Ranke in seiner Neujahrspredigt des Jahres 1900 dankbar fest, doch er wies zugleich auf die großen Aufgaben der Kirche hin: „Wie viel Sünde hat sich doch angehäuft in unserem Volke, in unserer Stadt, in unserem eigenen Leben!" Dies müßte durch den Anschluß an Christus überwunden werden, wobei Ranke die strukturellen Probleme keineswegs negierte, da er die Lösung der sozialen Frage als die wichtigste Aufgabe im neuen Jahrhundert bezeichnete[14]). Noch blieb das Bewußtsein, daß die Kirche in einer Krise stecke, vorherrschend.

Im höheren Lübecker Bürgertum gab es seit langem eine besondere Kirchenfrömmigkeit nicht mehr; auch im Kleinbürgertum und in der Arbeiterschaft war sie spätestens im 19. Jahrhundert abhanden gekommen. Als typisch für diese Einstellung kann z. B. der 1886 nach Lübeck übergesiedelte Fabrikant Heinrich Dräger gelten. Dieser konservative Liberale war in seiner Jugend von freireligiösen Ideen beeinflußt worden, hielt sich in Lübeck zur Loge, ohne sich von der Kirche abzukehren. Ihm war die verknöcherte Pastorenorthodoxie zuwider, nicht aber das Christentum mit seinen Glaubensinhalten, die nur mit den modernen Wissenschaften und den sozialen Aufgaben vermittelt werden müßten[15]).

Ein Christentum der Tat fand allgemein Anerkennung. Auch die politisch und wirtschaftlich führenden Männer der Stadt waren kaum religiös engagiert, doch sie arbeiteten in den Leitungsorganen der Kirche mit, weil das zu ihrer Tätigkeit für das Gemeinwesen gehörte. Dafür seien exemplarisch zwei Namen von Senatoren genannt, des Lübecker Reichstagsabgeordneten und späteren Bundesratsvertreters Carl Peter Klügmann (1835–1915), der lange Jahre als Vorsitzender des Jakobi-Kirchenvorstandes amtierte, und seines Nachfolgers in diesem Amt Emil Ferdinand Fehling (zu ihm s. o.)[16]).

Aktivitäten gegen die Entkirchlichung in Konfrontation mit der Institution Kirche entfaltete die Gemeinschaftsbewegung, die sich als Ausläufer der Erweckungsbewegung 1884 im Deutschen Evangelisationsverein und seit 1888 in den Gnadauer Pfingstkonferenzen organisierte und unter Jasper von Oertzens Führung in Schleswig-Holstein und Hamburg viele Anhänger gewann[17]). Seit 1896 suchte sie mit ihrer Evangelisationsarbeit und Gemeinschaftspflege auch in Lübeck Fuß zu fassen, wo sie einen Prediger als „Sendboten" stationierte, stieß aber wegen ihres neupietistischen Fundamentalismus auf weitgehende Ablehnung in Geistlichkeit und Bürgerschaft. Nur in der kleinbürgerlichen Matthäigemeinde (zu deren Gründung s. u.) fand sie Resonanz, wo aber schon bald eine Integration in die Parochie gelang, was das Gesicht dieser Gemeinde bis in die Gegenwart hinein prägte[18]). Diese Bewegung paßte nicht zu der nüchternen, weltförmigen Christlichkeit der Hanseaten und lebte vor allem von ihren Verbindungen zu den Kreisen in Holstein, weswegen sie gerade unter den Neubürgern ihre Anhänger hatte. Einen Antrag des Verbandes für Gemeinschaftspflege, unter Beteiligung von landeskirchlichen Geistlichen eigene Abendmahlsfeiern halten zu dürfen, lehnte der Kirchenrat 1907 ab[19]). Die andernorts starken Tendenzen zur Separation von der Volkskirche waren in den Lübecker Gemeinschaftskreisen nicht ausgeprägt.

Auch Freikirchen und Sekten fanden nur zögernd Zulauf. Um 1880 gab es keine solchen Bewegungen, nachdem sich die freie Gemeinde, die noch 1875 22 Mitglieder umfaßte, aufgelöst hatte[20]). 1901/02 zählte man 227 Mitglieder „sonstiger" religiöser Gemeinschaften neben Reformierten und Katholiken. Es waren dies neben Baptisten und Irvingianern die seit 1900 in der Stadt hervortretenden Mormonen, zu denen nach 1908 Adventisten und Neuapostolische traten. Insgesamt blieben es aber auf Jahre hinaus numerisch unbedeutende Bewegungen. Die Landeskirche grenzte sich scharf gegen sie ab, ihre Taufen und Trauungen wurden laut Beschluß des Ministeriums von 1910 nicht anerkannt[21]).

Kirchenaustritte

Eine völlig neue Form des Teilnahmeverhaltens ergab sich mit der 1895 eingeräumten Möglichkeit des Kirchenaustritts. Bis weit ins 19. Jahrhundert hinein galt es allgemein als unvorstellbar, daß jemand überhaupt keiner christlichen Gemeinschaft angehörte, und so gab es nur den Übertritt in eine andere Konfession. Doch aus dem Grundrecht der Religionsfreiheit mußte die Möglichkeit des Austritts resultieren, und die freisinnige bzw. atheistische Agitation vor allem der Sozialdemokratie drängte auf einen solcherart zu vollziehenden Bruch mit der Kirche als der „schwarzen Polizei" des Obrigkeitsstaates. Preußen hatte schon 1873, Hamburg 1888 den Kirchenaustritt gesetzlich geregelt, in Lübeck gingen wie in der ganzen Verfassungsfrage auch hier die Uhren etwas nach.

Unabweisbar wurde das Gesetz über den Kirchenaustritt durch die Einführung der allgemeinen Kirchensteuerpflicht, der man sich nicht anders entziehen konnte, während man vordem die kirchlichen Gebühren bei Nichtinanspruchnahme der Amtshandlungen nicht zu zahlen brauchte. Da der Staat Massenaustritte verhindern wollte, nahm er wie in Preußen und andernorts die vorgeschriebenen Formalitäten in eigene Regie: Die Austrittserklärung mußte vor dem Stadt- und Landamt abgegeben werden, wobei sie mindestens vier Wochen vorher schriftlich beantragt werden mußte und nur für Volljährige möglich war. Mit dieser sogenannten Deliberationsfrist von einem Monat sollte eine gewisse Hürde aufgebaut werden, „damit ein so bedeutungsvoller Entschluß . . . nicht übereilt und ohne genügende Ueberlegung zur Ausführung gelange"[22]. Außerdem erhielten die Kirchenvorstände eine Mitteilung von dem Antrag, um den Pastoren ein seelsorgerliches Gespräch vor dem definitiven Austritt zu ermöglichen. Manche Bürger protestierten gegen die Mitwirkung des Staates und machten geltend, daß es sich um eine rein innerkirchliche Angelegenheit handelte[23].

Die Austrittszahlen waren in den ersten Jahren nach Erlaß des Gesetzes extrem niedrig, ein Zeichen dafür, daß Entkirchlichung nicht schon den völligen Abschied von der Institution Kirche bildete und auch in der Arbeiterschaft die alte Bindung noch erhalten blieb. Erst infolge der systematischen Propaganda der Freidenker (mit ihrem „Komitee Konfessionslos") und der sozialdemokratischen Presse kam es vor allem in Preußen nach 1900 zu einer regelrechten Austrittsbewegung, die infolge des dortigen Volksschulstreits 1906 mit rund 12000 Austritten einen ersten Höhepunkt brachte (im ganzen Reich 17000)[24]. Schon 1909 ging die Bewegung erheblich zurück, um dann 1910 wieder anzuschwellen (rund 23000 Austritte in allen evangelischen Landeskirchen).

Sie beschränkte sich auf die Großstädte, doch Lübeck wurde davon zunächst nicht nennenswert erfaßt: 1907 traten nur 4 Personen aus, 1908 immerhin 21, von denen aber 20 zu den Neuapostolischen und Adventisten übertraten (ein Indiz für Unzufriedenheit mit dem großkirchlichen Gemeinschaftsleben), 1909 und 1910 waren es von 20 und 25 Austritten 11 bzw. 20 zur völligen Konfessionslosigkeit[25]. Anders als in Preußen war in Lübeck eine stetige Zunahme der Austritte zu vermerken, die 1913 und 1914 mit 107 bzw. 115 kulminierte, um dann 1915 kriegsbedingt wie andernorts jäh abzufallen (5 Austritte)[26]. Das Geistliche Ministerium sah sich außerstande, eine Strategie gegen die Austrittspropaganda zu entwickeln[27].

Neue Gemeinden, Kirchbauten, Aktivitäten

Maßnahmen gegen die Entkirchlichung erforderten vor allem die neuen Vorstädte. Diese expandierten seit 1870 stetig, doch die kirchliche Versorgung hielt damit nicht Schritt, was allgemein beklagt wurde. Die neue Finanzstruktur der Kirche bot nun die Handhabe zur Abhilfe. Vor allem in der Vorstadt St. Lorenz, die sich infolge der Industrieansiedlungen und der Neubauviertel gewaltig ausgedehnt hatte, waren die Verhältnisse untragbar geworden. Um 1895 wurden über 18000 Gemeindeglieder von zwei Pastoren betreut, und die alte Kirche war zu klein und baufällig. So plante man eine Teilung der Vorstadt in drei Gemeinden mit entsprechenden neuen Kirchen.

Zunächst wurde im Norden 1896 die Matthäigemeinde errichtet, zu deren Pastor man den Holsteiner Carl Haensel berief. (Schon 1903 kam eine zweite Pfarrstelle hinzu.) Der Kirchbau von St. Matthäi konnte im Jahre 1900 fertiggestellt werden; die Lorenzgemeinde mit weiterhin zwei Pfarrstellen erhielt im selben Jahre ihre neue Kirche – beide in dem für jene epigonenhafte Zeit charakteristischen „germanischen" Stil, den das sog. Eisenacher Regulativ der Kirchenkonferenz 1861 als der „Würde des christlichen Kirchenbaus" entsprechend empfohlen hatte. Im südlichen Teil der Vorstadt entstand 1915 die Luthergemeinde, deren Namensgebung einen bemerkenswerten, aus dem nationalprotestantischen Zeitgeist heraus erklärlichen Traditionsbruch darstellte und entsprechende Proteste hervorrief. Sie besaß längere Zeit nur einen Gemeindesaal, weil der Kirchbau infolge des Krieges zurückgestellt werden mußte, entwickelte aber dank der Tüchtigkeit ihres Pastors Mildenstein ein reges Leben, wie es überhaupt in der ganzen Lorenzvorstadt erstaunlich gut gelang, in den durch sozialen Umbruch gekennzeichneten Neubaugebieten der allgemeinen Entkirchlichung entgegenzuwirken[28]).

Die Vorstadt St. Gertrud, in deren südöstlichem Teil auf Marli eine Fülle neuer Mietshäuser entstanden, wurde nach längeren Verhandlungen 1902 gegenüber der Jakobigemeinde verselbständigt (mit Evers als Pastor), weil die neuen Wohngebiete von dort aus nicht mehr sinnvoll versorgt werden konnten. Auf Anregung des in Berlin wirkenden Architekten Hermann von der Hude, eines gebürtigen Lübeckers, baute man 1910 zusammen mit der St. Gertrud-Kirche die für ein modernes Gemeindeleben erforderlichen Baulichkeiten (Gemeindesaal, Pfarr- und Küsterwohnungen, Schwesternstation, Kleinkinderschule) als Ensemble[29]).

Im selben Jahr wurde auch die Kirche in dem neuen Industrievorort Kücknitz fertiggestellt, wo die seit 1907 gemachten Ansätze zur Versorgung der dort im Hochofenwerk tätigen Arbeiter durch Bildung einer eigenen Gemeinde ausgebaut wurden[30]). Für die Neubauviertel vor dem Mühlentor, die zur Domgemeinde gehörten, stand die alte St. Jürgenkapelle zur Verfügung; der Expansion in der Gegend um die Kronsforder Allee herum trug man erst nach dem Ersten Weltkrieg Rechnung. Insgesamt bewiesen die hier skizzierten Maßnahmen, was eine aus staatlicher Bevormundung weitgehend befreite Kirche, die sich auf ihre neuen Aufgaben einstellte, zu leisten vermochte.

Die Veränderungen der neuen Zeit suchte man auch als theologische Herausforderung zu begreifen. „Heute, wo die Leute so wenig in die Kirche gehen, muß die Kirche ins Leben eingehen" – dies Urteil gab einer verbreiteten Stimmung Ausdruck[31]). Im Theologischen Verein, im Geistlichen Ministerium und in der Synode diskutierte man seit 1905 über neue Formen der Verkündigung, theologische Aufklärungsarbeit durch Vorträge und Publizistik sowie über Reformen des Religionsunterrichts[32]). Aufsehen erregte die Initiative einiger Pastoren, die erstmals 1905 in einem großen Tanzsaal eine Vortragsreihe über „Religiöse Fragen im Lichte der modernen Theologie" veranstalteten und dabei trotz eines Eintrittsgeldes so großen Zulauf fanden, daß etliche Interessenten keinen Einlaß bekamen. Derlei Bildungsarbeit kam also einem verbreiteten Bedürfnis entgegen, und so wurde diese Vortragsreihe bis zum Weltkrieg fortgesetzt, auch wenn sie bei den Konservativen als liberaler Modernismus auf Ablehnung stieß[33]). Moderne Theologie hielt auch im Religionsunterricht ihren Einzug, so z. B. mit den populären Arbeiten des bedeutendsten Kopfes der religionsgeschichtlichen Schule Wilhelm Bousset (1865–1920), welcher als Sohn des Lorenzpastors Johann Hermann

Bousset zu Lübeck besondere Verbindungen besaß. Auch Hugo Greßmann (1877–1927), Sohn eines Möllner Pastors und Lübecker Kandidat, gehörte zu den Protagonisten der neuen religionsgeschichtlichen Orientierung der Theologie, fand aber in Lübeck ebensowenig wie Bousset nachhaltige Resonanz[34]).

Nachdem viele wichtige Aktivitäten sich nur in den freien Vereinen entfalteten, gehörte die Intensivierung des Gemeindelebens zu den wichtigsten Aufgaben. Damit bahnte sich eine fundamentale Umstrukturierung an: Die Gemeinde sollte fortan nicht mehr bloß die im Gottesdienst versammelte Kultgemeinde, sondern der Raum eines vielfältigen Gemeinschaftslebens sein, das sich in Frauen-, Männer- und Jugendkreisen darstellte. Doch zu dieser Überwindung des Dualismus von verfaßter Kirche und Vereinskirche zeigten sich in der Zeit bis 1918 nur Ansätze.

Kirchliche Publizistik

Die Bemühungen um eine breitere Öffentlichkeitsarbeit durch eine eigene kirchliche Presse führten nur allmählich zum Erfolg. Schon im 19. Jahrhundert gab es Ansätze in dieser Richtung. Der Versuch Kunhardts war 1857 steckengeblieben. Die drei Tageszeitungen, die nationalliberale „Lübecker Zeitung", seit 1890 mit den „Lübeckischen Anzeigen" vereint, die freisinnige „Eisenbahn-Zeitung" und der seit 1882 bestehende „Lübecker Generalanzeiger" boten kaum Raum für kirchlich-religiöse Fragen. Die „Lübeckischen Blätter" der Gesellschaft zur Beförderung gemeinnütziger Tätigkeit (die 1859 die „Neuen Lübeckischen Blätter" ablösten) bildeten ein wichtiges Diskussionsforum, wo auch alle relevanten kirchlichen Probleme verhandelt wurden, doch sie erreichten nur das gehobene Bürgertum und konnten eine religiöse Presse nicht ersetzen. Die Vereine gaben ihre Jahresberichte und Nachrichten heraus, erreichten damit aber nur spezielle Kreise. Die vom Kirchenrat seit 1895 publizierten amtlichen Jahresberichte boten nur nüchterne Informationen und Statistiken.

Außerhalb Lübecks war mittlerweile, zumeist unter dem Einfluß der Inneren Mission und der Erweckungsbewegung, eine kirchliche Volkspresse aufgeblüht, die zum Teil auch hier verbreitet war. In Schleswig-Holstein gab es eine Fülle derartiger Organe, z. B. bis 1873 den weit verbreiteten Sonntags-Boten, den Monatlichen Botschafter des Vereins für Innere Mission, seit 1870 Christian Jensens „Sonntagsblatt fürs Haus", seit 1880 den liberalen Evangelischen Gemeindeboten, und die Gemeinschaftsbewegung gab seit 1885 den „Gemeinschaftsfreund" heraus[35]). Auch in Hamburg wurde auf diesem Sektor mehr getan als in Lübeck[36]). Seit 1881/82 erschienen zwei allgemeine Wochenschriften, der „Lübecker Sonntagsbote" und das „Illustrierte Sonntagsblatt" (als Beilage zur Lübecker Zeitung seit 1884, seit 1890 verbunden mit den Lübeckischen Anzeigen), beides aber keine spezifisch kirchlichen oder religiösen Publikationen[37]).

Seit etwa 1900 fand mit den Gemeindeblättern ein neuer Typ kirchlicher Presse überall in Deutschland rasche Verbreitung. Das erste Lübecker Gemeindeblatt erschien seit 1913 unter dem Titel „Saatkorn" für die Matthäi-Gemeinde, herausgegeben von deren Pastor Haensel, und zwar in Verbindung mit dem in Neumünster seit 1893 von der Gemeinschaftsbewegung publizierten Erbauungsblatt „Nimm und lies" (bzw. später „Saatkorn")[38]). Ganz im pietistischen Geist gestaltet, zielte es auf Erweckung und Stärkung einer festen Jesus-Gläubigkeit. Haensel bezeichnete es in der ersten Nummer als „Werbeblatt", „denn es möchte gern für unseren großen und herrlichen Heiland werben". Auch außerhalb der Matthäi-Gemeinschaft las man es in Lübeck (mit einer Auflage von gut 2000)[39]).

Nach längeren Vorbereitungen konnte 1915 das offizielle, von den Geistlichen getragene und vom Kirchenrat herausgegebene „Evangelisch-Lutherische Gemeindeblatt" erscheinen. Bei monatlicher Erscheinungsweise und vier Seiten Umfang wurde es unentgeltlich in allen Haushalten verteilt. Jeweils eine Seite diente für Informationen aus der betreffenden Gemeinde, während der Stammteil – dessen Redaktion zunächst bei den Hauptpastoren Papenbrock und Boelke, später bei Denker lag – allgemeinen religiösen und gesamtkirchlichen Themen vorbehalten war. Trotz der kriegsbedingten Einschränkungen konnte dieses Blatt, das weder Erbauungsschrift noch Tageszeitung ersetzen wollte, in hoher Auflage erscheinen und so eine neuartige Verbindung zwischen der Kirche und ihren zahlreichen distanzierten Mitgliedern knüpfen[40]).

Ein „Kirchlicher Wegweiser", der ebenfalls 1915 erstmals veröffentlicht und in den Gemeinden verteilt wurde, diente der Information der Gemeindeglieder mit kurzen Hinweisen auf Veranstaltungen und Fürsorgeeinrichtungen, ohne die Möglichkeit einer „Werbung" für die Kirche zu nutzen[41]).

Vereinstätigkeit. Jugendarbeit

Die Jugendarbeit, die in starkem Maße Sozialarbeit implizierte, wurde im wesentlichen von den freien Vereinen getragen, in Kooperation mit der Geistlichkeit. Als ältester Verein auf diesem Gebiet betrieb der Evangelische Jugendverein „Feierabend" durch Vorträge, Bibelstunden, Gesang und Turnen Freizeitgestaltung und Bildungsarbeit mit regem Zulauf. Die Ortsgruppe des Christlichen Vereins Junger Männer (CVJM) entstand aus den Impulsen dieser weltweiten, mit der Allianz verbundenen evangelikalen Bewegung, ebenso die Parallelorganisation für junge Frauen und Mädchen. Zwei Jungfrauenvereine, die stärker kirchlich angebunden waren, der „Lydiaverein" vornehmlich für Dienstboten und der „Marthaverein" für junge Fabrikarbeiterinnen sowie der „Klub junger Mädchen" in der Johannisstraße schlossen sich 1907 auf Anregung des großen Organisators der weiblichen Jugendarbeit Johannes Burckhardt aus Berlin unter einem Dach des Vereins zur Fürsorge für die weibliche Jugend zusammen[42]). Sie orientierten sich nicht so stark wie der CVJM an erwecklicher Erbauung, sondern mehr an praktischer Betätigung und weltverbundener Frömmigkeit.

Mit der hauptsächlich von Ranke und dem Jakobipastor Hofmeier betriebenen Gründung des Evangelischen Vereinshauses in der Fischstraße entstand im Jahre 1885 ein Zentrum für die Jugendarbeit, das attraktiv wirkte, weil es dem Streben nach Gemeinschaft und Geselligkeit eine passende Unterkunft bot[43]). Neben den vorerst noch geringen säkularen Vereinshäusern bot es endlich für die evangelischen Gemeinden die Möglichkeit, Zusammenkünfte außerhalb der Pfarrkirchen zu veranstalten. Deswegen tagten hier auch andere Vereine, und in dem angeschlossenen Hospiz – das der seit 1860 inaugurierten Hospizbewegung folgte, welche ein evangelisches Gegenstück zu den katholischen Gesellenheimen und den „Herbergen zur Heimat" bildete (letztere gab es seit 1874 auch in Lübeck) – sollten Ansätze einer volkstümlich-christlichen Gastlichkeit für die mittleren und unteren Schichten realisiert werden.

Rankes Aktivitäten in der Fürsorge

Auf dem Gebiet der karitativen Fürsorge, wo sich infolge der enormen gesellschaftlichen Strukturveränderungen immer neue Aufgaben stellten, blieb die Vereinstätigkeit weiterhin kreativ. In bewährter Tradition integrierte man kirchliche und bürgerliche Initiativen zumeist. Von den alten, im 19. Jahrhundert gegründeten Vereinen florierten etliche noch, so der Frauenverein zur Unterstützung nicht völlig verarmter Familien, der weibliche Armenverein, der einen Besuchsdienst und Arbeitsbeschaffung für arme Frauen und Mädchen organisierte, der Verein des „Rettungshauses" Fischerbuden für verwahrloste Knaben, der unter der Leitung des Ägidienpastors Lütge arbeitende Verein für entlassene Strafgefangene und sittlich Verwahrloste, der sich mühsamen Einzelaktionen zur Resozialisierung widmete. Daneben gab es neuere Gründungen: den Verein zur Förderung weiblicher Berufs- und Erwerbstätigkeit, der Lehrkurse für die praktische Ausbildung unbemittelter Mädchen abhielt; den seit 1874 bestehenden Verein für die Krankenpflege durch Ludwigsluster Diakonissen, welcher im Jahre 1900 bereits mit 18 Schwestern und 4 Stationen in der Stadt und in den Vorstädten zur unentbehrlichen Hilfe bei der häuslichen Kranken- und Familienpflege geworden war. Daneben betreuten weitere Diakonissen das Kinderhospital. Ein neugeschaffenes evangelisches Krankenhaus, von einem eigenen Verein in deutlicher Konkurrenz zu dem florierenden katholischen Krankenhaus ins Leben gerufen, mußte allerdings schon nach kurzer Zeit 1902 wegen mangelnder Frequenz seinen Betrieb wieder einstellen. Spezielle Organisationen hatten sich für die Kinderfürsorge gebildet, so der Verein für die Kleinkinderschulen, Kinderkrippen und -horte, der berufstätigen Frauen zu helfen versuchte, und der Verein für Ferienkolonien, der jährlich etwa 120–200 Kindern einen Urlaub an der See, seit 1908 in einem eigenen Heim auf dem Priwall, ermöglichte[44].

In einer Zeit, als die sozialen Probleme der Gesellschaft noch nicht mit politischen Mitteln von dem Staat gelöst wurden, der der Entstehung dieser Probleme tatenlos zugesehen hatte, und als die Institution Kirche, die ihr Aufgabenfeld traditionsgemäß vorwiegend im kultischen Bereich gesehen hatte, ebenfalls erst allmählich die Herausforderung erkannte, waren die aus freier Bürgerinitiative entstehenden Vereine nach wie vor ein hervorragendes, wenngleich oft genug zu schwaches Mittel, um Abhilfe zu leisten. Drei instruktive Beispiele seien hier erwähnt, an denen Senior Ranke, der unermüdliche Vorkämpfer der Inneren Mission, maßgeblich beteiligt war.

Ein spezielles Problem betraf die Fürsorge für junge Mädchen, die auf Stellungssuche vom Land in die Städte reisten und dort, ohne Kontakte hilflos auf sich allein gestellt, oft zwielichtigen Subjekten, manchmal sogar regelrechten Mädchenhändlern in die Hände fielen. Die Bahnhofsmission wandte sich überall gerade dieser Aufgabe zu, doch in Lübeck kam sie nur zögernd in Gang. Die Anzahl der bisher jährlich zureisenden weiblichen Dienstboten wurde auf 1500 geschätzt. Um diesen passable Unterkunft, Betreuung und Beratung bei der Stellensuche zu verschaffen, warb der evangelische Frauenbund 1903 für die Gründung eines Vereins „Frauenherberge", und Ranke setzte sich dafür ein: „Wieder ein neuer Verein? ... Wer wäre in unserer Zeit nicht vereinsmüde! Doch was hilft's? Wenn ein Notstand vorliegt, so ist es die unabweisbare Pflicht derjenigen, welche ihn erkennen, sich zur Abhülfe zu vereinigen"[45]. Die unermüdliche Privatinitiative führte auch in diesem Fall zum Erfolg. In der Braunstraße erwarb der Verein ein eigenes Haus, welches als „Marthaheim" gute Betreuungsdienste leistete.

Da die Fürsorge für geistig behinderte Kinder im argen lag – abgesehen vom „Irrenhaus" für Geisteskranke fehlte eine eigene Anstalt, und in den Familien verkümmerten die Kinder weithin – gründete Ranke zusammen mit Vertretern der Kirche und der Gemeinnützigen Gesellschaft 1903 den „Verein zur Fürsorge für Schwachsinnige". Dank kräftiger Geldspenden gelang es schon 1906, zunächst in der Klosterstraße eine „Idiotenanstalt" für 30–40 Zöglinge einzurichten, die außer der adäquaten Pflege auch Elementarunterricht erhielten. Ranke führte bis 1909 den Vorsitz, in der Vorsteherschaft engagierten sich außer Pastoren auch Ärzte und Senatoren. Mit Hilfe der Stadt konnte die Anstalt in Strecknitz 1913 bedeutend ausgebaut werden, und allmählich wurde sie dann in kommunale Regie übernommen – ein gutes Beispiel für die Initiativkraft des christlich-bürgerlichen Vereinswesens[46]).

Ein weiteres Beispiel, in dem Vereinstätigkeit und berufsgruppenbezogene kirchliche Arbeit sich verbanden, bot der ebenfalls von Ranke im Jahre 1904 initiierte (1906 formell gegründete) Verein für Seemannsmission, der 1905 in der Hafenstraße ein Heim unter Leitung eines Seemannsmissionars eröffnete, 1912/13 gar einen eigenen Neubau errichten konnte. Der Diakon Jordan betreute Seeleute und Kahnschiffer im Heim und durch Schiffsbesuche, wobei die Pflege einer humanen Geselligkeit mit Seelsorge und Evangelisation verbunden war. Damit fand Lübeck den Anschluß an die seinerzeit von den deutschen Auslandsgemeinden in England ausgegangene Bewegung, die in anderen Hafenstädten schon früher zum Aufbau einer Seemannsmission geführt hatte, und nahm seine christliche Verantwortung gegenüber einem Berufsstand wahr, der das Bild der Stadt seit jeher prägte[47]).

Staatliche und kirchliche Armenpflege

Die Armenfürsorge als traditionelle Aufgabe wurde von der Kirche institutionell wahrgenommen. Seitdem die Kirchengemeindeordnung von 1860 diesen Tätigkeitsbereich neu geregelt hatte, war der Aufwand an Unterstützungen für die in den Gemeinden ansässigen bedürftigen Familien ständig gestiegen, doch die zur Verfügung stehenden Mittel wurden gar nicht voll ausgegeben[48]). Das lag vor allem daran, daß der Staat zunehmend in diesem Bereich tätig geworden war und die Kirche sich auf ein notdürftiges Kurieren der allerärgsten Symptome beschränkte. Die staatliche Fürsorge befriedigte insgesamt keineswegs, zumal sie wegen ihrer zentralisierten Organisation in ihrer Effektivität gehemmt war; deswegen mußte sie im Jahre 1911 mit der Schaffung der Armenbehörde neu geordnet werden.

Als Spitze des Eisberges wirtschaftlichen und sozialen Elends traten Bettelei, Land- und Stadtstreicherei nach wie vor im Erscheinungsbild der Stadt hervor und wurden wie eh und je mit Polizeimitteln bekämpft, indem man diese auffälligen Asozialen ins Werk- und Zuchthaus zu St. Annen einsperrte oder polizeilich bestrafte (rund 500 Fälle pro Jahr)[49]).

Längst hatte sich die kommunale Sozialarbeit gegenüber der kirchlichen verselbständigt und hielt keine Kontakte zu dieser (z. B. war die Beteiligung der Geistlichen an der Armenanstalt abgeschafft). Die Verbindung beider klang nur darin nach, daß immer noch der überwiegende Teil der Kapitalmittel der Allgemeinen Armenanstalt aus dem alten Vermögen der Hospitäler und Bruderschaften, insbesondere des Klemenskalandes stammte. Mit der reichsgesetzlichen Festlegung von 1871, daß Armenfürsorge nicht als Wohltätigkeit, sondern als gesetzliche Verpflichtung des Staates gegenüber allen, auch den zugereisten Einwohnern, galt, war im Grundsatz ein bedeutsamer Schritt zur Entwicklung des modernen Sozialstaates getan. Doch dessen Realisierung in der Praxis bedurfte noch langwieriger Bemühungen.

Die kirchliche Armenpflege rückte dadurch zunehmend in eine rein subsidiäre Position. Wie wenig konsequent sie infolge ihres Funktionsverlustes geübt wurde, zeigt die Tatsache, daß im Jahre 1913, als die Arbeitslosigkeit einen besorgniserregenden Stand erreicht hatte, von den zur Verfügung stehenden Mitteln (31.183 Mark) nur die Hälfte (16.461 Mark) ausgegeben wurde[50]. Dabei blieben, wie die Aktivitäten der Vereine zeigten, hinreichend Möglichkeiten für Initiativen in den Lücken, die die staatliche Fürsorge allenthalben offenließ. Ein eher kurioses Relikt der alten Integration kirchlicher und bürgerlicher Armenpflege stellten die Kollekten für die städtische Armenanstalt dar, die jetzt systemwidrig und materiell unerheblich waren, deren Abschaffung der Kirchenrat aber 1896 wegen ihres symbolischen Ausdrucks der Verbundenheit mit dem Staat ablehnte[51].

Die Reform der staatlichen Armenpflege 1911/12 leitete, vorbildlich für andere Staaten, den Übergang zur modernen Wohlfahrtspflege ein, 1914 ergänzt durch die Schaffung eines speziellen Jugendamtes, welches als eines der ersten Ämter dieser Art im Reich alle Jugendwohlfahrtsbestrebungen zusammenfaßte[52]. Christliche Motivation begegnete hier nicht mehr ausdrücklich, doch die Affinität der verwirklichten sozialpolitischen Prinzipien zu christlichen Grundsätzen kann nicht bestritten werden: Die Reform zielte auf individualisierende Fürsorge durch Dezentralisierung, auf enge Zusammenarbeit mit der kirchlichen und privaten Armenpflege (wollte also kein staatliches Monopol), auf vorbeugende Fürsorge durch Bereitstellung eines Fonds für spezielle Maßnahmen, „um die Ursache der Hilfsbedürftigkeit an der Wurzel zu fassen", auf eine Erweiterung des ehrenamtlichen Helferkreises durch die Hinzuziehung von Frauen.

Gottesdienstpraxis. Einzelkelchbewegung

Die Gottesdienstreform von 1893 mit ihrer Verstärkung des musikalisch-liturgischen Elements erbrachte entgegen manchen Erwartungen keinen Anstieg der Besucherzahlen[53]. Die Zahlen stagnierten auf einem insgesamt nicht unbefriedigenden Niveau. Statistisch genau erfaßt wurden nur die Abendmahlsteilnehmer, bei denen von 1890 bis 1905 ein Absinken von 15–20 % (in Relation zur Gesamtmitgliederzahl) auf 10–15 % zu vermerken ist. Diese Beteiligungsquote hielt sich bei gestiegener Bevölkerungszahl bis 1913 (15975 Kommunikanten bei 108 389 lutherischen Einwohnern, wobei ein- bis zweimal Abendmahlsteilnahme pro Jahr anzusetzen ist)[54].

Neue Sondergottesdienste signalisierten eine Aufwärtstendenz: Seit 1895 feierten mit St. Ägidien und St. Petri nunmehr alle Stadtkirchen einen Silvestergottesdienst, der einem Bedürfnis der Gemeinden entsprach und deshalb stark besucht wurde. Großen Zulauf erfuhren auch die Passionsgottesdienste mit Abendmahl in der Stillen Woche. Seit 1900 fanden abwechselnd in den Kirchen einmal monatlich Missionsgottesdienste und in einigen Gemeinden Bibelstunden statt. 1914 ff stießen die speziellen Kriegsgottesdienste auf breite Resonanz. 1917 wurde der letzte Sonntag im Kirchenjahr zum offiziellen Gedenktag für die Toten (eine Tradition, die sich bis heute erhalten hat), während die meisten anderen Landeskirchen einen solchen „Totensonntag" schon im 19. Jahrhundert nach dem Vorbilde Preußens (1816) eingeführt hatten[55]).

Klagen über die Störung der Sonntagsheiligung, ein uraltes Thema der Lübecker Geistlichkeit, wurden gelegentlich noch vorgebracht[56]). Doch inzwischen nahm man es hin, daß die Mehrheit der Bevölkerung der alten Sonntagspraxis entwöhnt war. Die Problemstellung verlagerte sich von der Frage der eigentlichen Sonntagsheiligung in Verbindung mit dem Schutz der Gottesdienste auf die soziale Frage der Einhaltung einer Sonntagsruhe zum Schutz der Angestellten (so 1891 reichsgesetzlich durch die Neuformulierung der Gewerbeordnung geregelt). Der Aspekt des Feiertagsschutzes kam allenfalls noch in den Diskussionen über die Öffnungszeiten für Läden und Geschäfte zum Tragen[57]).

Die Predigtweise der Pastoren war so konventionell wie eh und je, daß davon keine Besserung des kirchlichen Lebens erwartet werden konnte. Anregungen, durch die Thematisierung von öffentlich relevanten Fragen den Gottesdienst zu einem „Gewissensforum" der Gesellschaft zu machen, blieben selbst in der dafür empfänglichen Zeit des Weltkrieges ohne nachhaltige Wirkung[58]). Dagegen stand die Kirchenmusik nach wie vor in Blüte. Der Marienorganist Karl Lichtwark, der sich schon seit 1880 durch Orgel- und Vokalkonzerte verdient gemacht hatte, erschloß durch volkstümliche Kirchenkonzerte das Interesse breiter Kreise[59]). Die emotionale Teilhabe war stärker gefragt als die intellektuelle Auseinandersetzung mit der christlichen Tradition.

In der Abendmahlspraxis ergab sich eine kurzlebige, für den damaligen Zeitgeist bezeichnende Kuriosität: die Einzelkelchbewegung[60]). Sie entstand 1902 in Bremen, wo Einflüsse aus den USA und England einwirkten, und artikulierte sich in zahlreichen Broschüren, die vom hygienischen Standpunkt aus Bedenken gegen das übliche Abendmahl mit der Verwendung eines gemeinsamen Kelches vorbrachten. Nachdem die Eisenacher Konferenz der evangelischen Kirchen 1905 den Einzelkelch freigegeben hatte, bürgerte sich die Praxis ein, daß die Kommunikanten an Tischen vor dem Altar eine Mahlfeier mit einzelnen Kelchen (in der Größe eines kleinen Weinglases, oft als Metallkelch gestaltet) hielten. Die hygienischen Argumente verbanden sich mit einer eucharistischen Reform, weil so der Gemeinschaftsbezug stärker hervortrat.

In Lübeck wurde die Diskussion 1904 durch ein Gutachten des Reichsgesundheitsamtes angestoßen, welches auf die Gefahr der Übertragung von Seuchen und anderen Krankheiten beim Gemeindekelch hinwies[61]). Deswegen beantragten im Oktober 1905 die Vorstände von St. Jakobi und St. Gertrud die Einführung des Einzelkelchs. Eine vom Kirchenrat eingeholte Stellungnahme des städtischen Medizinalkollegiums befürwortete den obligatorischen Einzelkelch aus gesundheitspolitischen Gründen. Das Geistliche Ministerium kam nach reiflicher Überlegung im Dezember 1906 zu der Auffassung, daß der übliche Gemeindekelch dem Charakter des Abendmahls als Gemeinschaftsmahl zwar besser entspräche, daß aber keine zwingenden theologischen Bedenken gegen den Einzelkelch bestünden.

Daraufhin beschlossen Kirchenrat und Synode im Januar 1907, den Gemeinden fakultativ diese Praxis zu gestatten. St. Jakobi und St. Gertrud führten die Neuerung ein, 1908 auch der Dom, mit der Feier an im Altarraum eigens aufgestellten Tischen. Doch insgesamt war der Praxis weder eine weitere Verbreitung noch ein langes Leben beschieden (in St. Jakobi bis 1920), auch wenn sie teilweise heute noch außerhalb Lübecks, z. B. in Coburg und teilweise in Dänemark, gepflegt wird.

Gesangbuchreform 1916. Deutscher Evangelischer Kirchenausschuß

Das Gesangbuch von 1916 verdient deswegen eine besondere Würdigung (abgesehen von dem heftig umkämpften Umstand, daß es erstmals mit Noten versehen war), weil es in einem umfassenden kirchenpolitischen Zusammenhang entstanden ist: Es handelte sich dabei um das erste gesamtdeutsche evangelische Kirchengesangbuch, welches seit 1910 von der Deutschen evangelischen Kirchenkonferenz als Einheitsgesangbuch geplant war, 1914/15 aber nur als Gesangbuch für die deutschen Schutzgebiete und Auslandsgemeinden verbindlich eingeführt werden konnte[62]).

Seit 1912 diskutierte die Lübecker Kirche eine Reform des Gesangbuches von 1859/ 1877 (das 1905 eine letzte Neuauflage erfahren hatte) entsprechend der von Schleiermacher ausgegebenen Devise, alle fünfzig Jahre das Liedgut dem Zeitgeist anzupassen. Bestrebungen, das schleswig-holsteinische Gesangbuch von 1884 zu übernehmen, kamen nicht zum Zuge, und so beschloß die Synode 1913 einmütig, die Vorbereitungen der Kirchenkonferenz für das Einheitsgesangbuch abzuwarten. Dieses, von den bedeutendsten deutschen Hymnologen erarbeitet, bot das damals beste Liedgut, doch den Ausschlag für die Übernahme gab der nationale Gedanke, beispielhaft einen praktischen Schritt für die Einheit des deutschen Protestantismus zu tun, wie der Kirchenrat betonte[63]). Zu Ostern 1916 wurde das „Deutsche Evangelische Gesangbuch" (DEG) ohne Änderungen und ortskirchlichen Anhang eingeführt. Erst 1928 folgten andere Landeskirchen dem Lübecker Beispiel; seit 1930 galt das DEG als Einheitsgesangbuch in den nordelbischen und mecklenburgischen Kirchen[64]).

Die seit 1900 im Gange befindlichen Bestrebungen, die Einheit des deutschen Protestantismus durch einen engeren Zusammenschluß der Landeskirchen zu fördern, begrüßte Lübeck vorbehaltlos. Der kirchliche Bereich war ja durch die Reichsgründung 1871 nicht tangiert worden. Zwar unterlag langfristig auch der Bereich der Innenpolitik erheblichen Veränderungen, aber beim Kirchenregiment ergab sich für den Senat kein unmittelbarer Anpassungsdruck, auch wenn der Einfluß des übermächtigen Nachbarn Preußen sich hier und da bemerkbar machte. Gerade deswegen war man wie in den anderen Kleinstaaten darauf bedacht, die kirchliche Eigenständigkeit zu wahren. Die Bestrebungen des frühen 19. Jahrhunderts, eine evangelische Nationalkirche zu errichten, waren in Lübeck nicht auf fruchtbaren Boden gefallen; dagegen hatte es in der seit 1852 etablierten Eisenacher Konferenz der Kirchenregierungen regelmäßig mitgearbeitet. Unter der Voraussetzung, daß die Autonomie beibehalten würde, bot diese Zusammenarbeit ein gutes Gegengewicht gegen die preußische Übermacht.

Im Frühjahr 1900 richtete der dem nationalen Gedanken besonders verpflichtete Evangelische Bund an die Eisenacher Konferenz das Ersuchen, endlich Schritte zu einer engeren Verbindung der evangelischen Landeskirchen zu unternehmen, um die gemeinsamen Interessen wirkungsvoller vertreten zu können. Dieser Antrag wurde abgelehnt, doch eine Intitiative von Sachsen-Coburg-Gotha brachte 1902 eine umfassende Beratung in Gang, die 1903 zu einer organisatorischen Verbesserung führte: Es wurde ein Deutscher Evangelischer Kirchenausschuß (DEKA) mit 15 Mitgliedern als ständige Einrichtung gebildet, der die gemeinsamen Interessen der Kirchenregierungen effektiver vertreten sollte (insbesondere gegenüber dem Reich, der katholischen Kirche und den deutschen Gemeinden im Ausland), ohne jedoch die landeskirchliche Autonomie zu beeinträchtigen. Lübeck befürwortete diese Kooperation, die Synode plädierte 1905 für die Ergänzung der rein kirchenregimentlichen Organisation durch eine synodale Vertretung aller Kirchen. Die drei Hansestädte erhielten in dem neuen Ausschuß zusammen einen Vertreter, zu welchem der Hamburger Senior Behrmann bestimmt wurde[65]). Bedeutende Spuren im kirchlichen Leben Lübecks hinterließ die Arbeit des DEKA mit Ausnahme des Gesangbuches zunächst nicht. Doch langfristig wirkte sich die gesamtkirchliche Orientierung vor allem im öffentlichen Handeln der Kirche aus.

Verhältnis zu Schleswig-Holstein

Organisatorische Verbindungen zu den Nachbarkirchen gab es bislang kaum. So war es ein bedeutsamer Schritt, daß Lübeck mit Schleswig-Holstein 1901/02 die Vereinbarung traf, künftig die theologische Prüfung der Lübecker Kandidaten vor dem Konsistorium in Kiel abnehmen zu lassen. Seit 1649 bildete die Prüfungshoheit des Geistlichen Ministeriums einen wichtigen Bestandteil des Kirchenregiments, weil mit der Prüfung über die Zulassung des Nachwuchses zum Predigtamt befunden wurde. Noch 1890 hatte Lübeck sich eine eigene neue Prüfungsordnung gegeben, die für die Aufnahme von Kandidaten nach Absolvierung des Universitätsstudiums (in der Regel in Kiel und Rostock) galt[66]).

Angesichts der beschränkten Aufnahmemöglichkeiten blieben aber die meisten Lübecker Kandidaten auf eine Einstellung in schleswig-holsteinischen Gemeinden angewiesen. Diese Möglichkeit war nun seit 1898 verbaut, weil Kiel ein Lehrvikariat und daran anschließend ein zweites theologisches Examen eingeführt hatte, was der Praxis der meisten Landeskirchen entsprach. In den daraufhin von Plessing und Ranke geführten Verhandlungen des Kirchenrats mit dem Kieler Konsistorialpräsidenten Chalybaeus und dem Schleswiger Generalsuperintendenten Kaftan wurde vereinbart, die Lübecker Studenten ihr erstes Examen vor dem Kieler Konsistorium, in das ein Lübecker Vertreter entsandt werden sollte, ablegen zu lassen, sie dann nach der schleswig-holsteinischen Vikariatsordnung weiter auszubilden und sie auch in das neue Predigerseminar in Preetz aufzunehmen[67]).

Diese Vereinbarung stieß auf erbitterten Widerstand im Geistlichen Ministerium, das sich übergangen und in seiner Prüfungshoheit bedroht fühlte. Fraglos wurde ein wesentliches Stück landeskirchlicher Autonomie preisgegeben. Doch die Lübecker Praxis war aus verschiedenen Gründen auf die Dauer unhaltbar. Mit nur einer Prüfung mußte das Ausbildungsniveau geringer als andernorts sein; die Geistlichen, die bisher die Aufsicht über die Vorbildung der Kandidaten führten, waren durch die Strukturveränderungen der pfarramtlichen Tätigkeit, wo die gestiegenen Gemeindeaktivitäten immer weniger Zeit für wissenschaftliche Arbeit ließen, kaum noch in der Lage, qualifizierte Prüfungen abzunehmen; schließlich mußte der Wegfall der Anstellungsmöglichkeiten in Schleswig-Holstein die Lübecker Kandidaten in eine Notlage bringen. Deswegen setzte sich der Kirchenrat in dem Konflikt mit dem Ministerium, welches am 2. September 1900 sogar einen eigenen Entwurf für eine neue zweite Prüfung vorlegte, im April 1901 über dessen Bedenken hinweg[68]). Aufgrund dieser Entscheidung und der Zustimmung der Synode ordnete der Senat, nachdem Kiel zugestimmt hatte, am 30. April 1902 die Geltung der oben skizzierten Vereinbarung an[69]).

Dadurch wurden langfristig die personellen Verbindungen zur schleswig-holsteinischen Kirche gestärkt. Nicht zufällig erhielt Senior Ranke im selben Jahr 1902 von der Kieler Fakultät anläßlich seines 60. Geburtstages die damals hoch angesehene Ehrendoktorwürde[70]). Er hatte stets die Kontakte zur Nachbarkirche gepflegt, war z. B. mit dem Kieler Generalsuperintendenten Wallroth freundschaftlich verbunden. Die alte Isolierung Lübecks gegenüber Schleswig-Holstein wurde unter seiner Führung allmählich aufgebrochen — auch dies war eine für das weitere kirchliche Leben bedeutsame Veränderung.

Verhältnis zu Preußen

Eine weniger spektakuläre organisatorische Verbindung nach außerhalb ergab sich durch die Neuordnung des Militärkirchenwesens[71]). Die Lübecker Garnison unterstand seit 1867 Preußen, kirchlich war sie dem Dom zugeordnet, wo ihre Gottesdienste gehalten wurden. Seit 1907 fungierte der dortige zweite Pastor, Carl Aereboe, als nebenamtlicher Garnisonsgeistlicher. Aufgrund der lübisch-preußischen Militärkonvention galt für die Garnison die preußische Militärkirchenordnung (z. B. durften alle Amtshandlungen an Angehörigen des Militärs nur durch den Garnisonsgeistlichen vorgenommen werden), so daß hier eine isolierte Gemeinde innerhalb der Lübecker Kirche entstand[72]). Durch die Einbindung in das Militärkirchenwesen wurden die Kontakte mit den anderen Landeskirchen verstärkt.

Im Zuge der Kulturkampfgesetze war 1872 im Reich ein Verbot des Jesuitenordens (SJ) betrieben worden, und Lübecks Senat sah keine Veranlassung, dem im Bundesrat nicht zuzustimmen, zumal es in der Stadt seit 1773 keine Jesuitenniederlassung gab und man hier traditionsgemäß gerade den Jesuiten als Trägern der Gegenreformation feindlich gesonnen war. Als deswegen nach 1890 Bestrebungen im Reichstag aufkamen, das Verbot zu lockern, oder sogar ganz aufzuheben, verhielt der Senat sich zunächst ablehnend, meinte aber in den Verhandlungen 1897—1903 über die Aufhebung von § 2 des Jesuitengesetzes (der den Staaten das Recht gab, einzelne Ordensmitglieder auszuweisen), sich der Auffassung des Reichskanzlers, der die Aufhebung als Zugeständnis an das Zentrum befürwortete, anschließen zu sollen[73]).

Daraufhin erhoben sich in der Stadt allgemein und speziell in der Bürgerschaft laute Proteste, die den Senat „als Regierung eines Staates mit überwiegend evangelischer Bevölkerung" bewogen, seine Instruktion an den Bundesratsgesandten Klügmann abzuändern, was nun wiederum Preußen verärgerte. Es gab im Verlauf des Jahres 1903 intensive außen- und innenpolitische Verhandlungen über dieses Thema, zumal Hamburg zustimmen und Bremen sich enthalten wollte. Nach einer erregten Auseinandersetzung im Senat kam es dahin, daß dieser — u. a. gegen das Votum Fehlings — seinen Ablehnungsbeschluß wieder aufhob und für Stimmenthaltung im Bundesrat votierte, so daß Preußen sich durchsetzen konnte. Die Bürgerschaft mißbilligte mit großer Mehrheit das Verhalten des Senats, welches allerdings ganz der Linie seiner Bundesratspolitik, nach Möglichkeit Preußen und dem Reich zu folgen, entsprach.

Katholische Gemeinde

Dieser Vorgang des Jahres 1903/04 illustriert beispielhaft das nach wie vor gespannte Verhältnis Lübecks zum Katholizismus. Die katholische Gemeinde nahm seit Ende des Jahrhunderts einen respektablen Aufschwung, verglichen mit dem Zuwachs der Gesamtbevölkerung wuchs sie viermal so schnell: von 237 Mitgliedern im Jahre 1851 auf 2176 im Jahre 1900, was aber nur gut zwei Prozent der Gesamtbevölkerung ausmachte. Sie hatte auf Grundstücken der alten Domherrenkurien an der „Parade" 1874/88 ein Krankenhaus, ein neues Gebäude für die 1850 errichtete Gemeindeschule und eine 1890 fertiggestellte Kirche errichtet[74]).

1904 verabschiedete der Senat an Stelle des Regulativs von 1841 die neue Gemeindeverfassung, die die Rechtsposition der Katholiken weiterhin verbesserte. Begreiflicherweise beobachtete die lutherische Kirche die Entwicklung mit Sorge, während es ansonsten in der Bevölkerung neben schroffer Ablehnung auch freundlichere Stimmen gab[75]). Das Ministerium verweigerte sich 1890 einer Aufforderung des Senats, an der Einweihung der Herz-Jesu-Kirche teilzunehmen, mit der Begründung, diese für die Bedürfnisse der Gemeinde zu große Kirche dokumentiere ebenso wie der überflüssige Krankenhausbau den Willen der katholischen Kirche, den deutschen Norden zu missionieren und dem Papst zu unterwerfen[76]).

Eine im konfessionspolitischen Interesse begründete Ausdehnung versuchte man nach Möglichkeit zu verhindern. 1905 befaßte sich die Synode im Anschluß an einen Vortrag von Johannes Evers mit diesem Thema[77]). 1906 widersetzte der Kirchenrat sich dem katholischen Antrag, in der Lorenz-Vorstadt einen eigenen Kindergarten mit Schwesternheim zu errichten, und zwar mit der Begründung, die Katholiken könnten durch die entsprechenden evangelischen Einrichtungen versorgt werden[78]). Auf die mancherlei missionarischen Aktivitäten, insbesondere auch auf das Vereinsleben, reagierten die Geistlichen als auf eine „moderne Gegenreformation" abweisend und plädierten dafür, daß die evangelische Kirche für die erwartete konfessionelle Auseinandersetzung in Zukunft besser gerüstet sein müßte.

Angesichts der numerischen Geringfügigkeit bot die Lübecker katholische Gemeinde keinen Anlaß zur Beunruhigung, es war mehr der von außen genährte Geist des Nationalprotestantismus, der zur konfessionellen Verhärtung führte. Die evangelische Reaktion auf die Borromäus-Enzyklika des Papstes führte z. B. dazu, daß der Evangelische Bund in dem einen Jahr 1910 die Mitgliederzahl von 961 auf 1625 steigerte[79]). Von einer ökumenischen Gesinnung, die im Verhältnis zu den Reformierten längst eingebürgert war, konnte im Blick auf die Katholiken keine Rede sein. Erst der Kirchenkampf nach 1933 und der Zustrom katholischer Heimatvertriebener nach dem Zweiten Weltkrieg brachte hier einen grundsätzlichen Wandel.

Das kirchliche Leben im 20. Jahrhundert wurde durch die Belebung in der Epoche vor dem politischen Umbruch von 1918/19 wesentlich beeinflußt. Die Beiträge zu einer Überwindung des Hiatus zwischen „Amtskirche" und „Vereinskirche" wirkten ebenso wie die mancherlei Versuche, auf die Herausforderungen des der Kirche kritischer begegnenden Zeitgeistes positiv zu reagieren, langfristig stabilisierend. Verfassungsrechtlich handelte es sich immer noch um eine Staatskirche, und die Verflechtungen mit dem Staat blieben erheblich. Doch in der umfassenden Bemühung um eine spezifische Verantwortung für das Gemeinwesen trat der Charakter einer von breiten Kreisen weiterhin als relevant akzeptierten Volkskirche hervor, auch wenn viel daran fehlte, daß die kirchliche Wirksamkeit als volkstümlich bzw. als breit in der Bevölkerung verankert gelten konnte.

25. Kapitel
Kirche und Nation als Grundproblem im 19./20. Jahrhundert

Die Kirchengeschichte des 20. Jahrhunderts wird – jedenfalls in einem zentralen Sektor – durch eine gegenüber früher neuartige Öffentlichkeitsverantwortung bestimmt. Diese hat sich bis heute in durchaus vielfältigen Formen artikuliert; für die frühe Zeit, d. h. bis 1918, fortgeführt in situationsbedingten Modifikationen bis 1933 und 1933–45, stellt sie sich als kirchliche Auseinandersetzung mit dem deutschen Nationalismus dar. Das Bestreben, die biblische Botschaft zu der jeweils spezifischen Situation der Adressaten in Beziehung zu setzen, führte seit der Reichsneugründung 1871, zugespitzt dann im Weltkrieg 1914–18 zu einer religiösen Qualifizierung des Themas Nation, die paradigmatisch den Geist jener Epoche der Kirchengeschichte erhellt.

Die „nationale Frage", die Überwindung der territorialen Zerrissenheit durch ein neues Reich und die politische Stärkung desselben im europäischen Konzert der Mächte, gehörte seit den Befreiungskriegen zu den Themen, an denen sich das deutsche Bürgertum besonders intensiv engagierte. Mit der Etablierung des auf die preußische Militärmacht gebauten kleindeutschen Reiches von 1871 wurden Nationalgefühl und Patriotismus in zunehmend bedenklicher Form durch einen ideologischen Nationalismus überlagert, der der politischen Stabilisierung der Herrschaftsverhältnisse im wilhelminischen Reich diente und in der Zeit vor dem Ersten Weltkrieg immer stärker ein imperialistisch-militaristisches Gepräge trug[1]).

Für die Kirchengeschichte ist das Thema in verschiedener Hinsicht relevant. Die Kulmination der religiösen Überhöhung des Nationalismus in der Zeit des Weltkrieges mit der folgenden Krise markiert sowohl das Ende des 19. Jahrhunderts als auch den Übergang zum 20. Jahrhundert: Die Lebensprobleme der Nation bleiben ein zentrales historisches Thema auch für die Kirche; aber diese handelt nach der Trennung von Staat und Kirche als eigenständige Größe, als Partner von Staat und Gesellschaft und zunehmend auch als kritisches Gegenüber. Mit dem Problem „Kirche und Nation" stellt sich unser Grundthema der Integration von Christentum und Bürgertum in neuer, für die Zeit 1871–1945 charakteristischer Weise. Der Erste Weltkrieg als kirchengeschichtliche Epochenschwelle bildet innerhalb dieser Entwicklung eine Zäsur.

Reichsidee und religiöser Patriotismus bei E. Geibel

Die nationale Orientierung, lange Zeit nur Ausdruck politischer Hoffnungen, bestimmte durch die Realität des neuen Reichs von 1871 auch in Lübeck zunehmend nicht nur das Bewußtsein, sondern auch die politischen, ökonomischen und sozialen Verhältnisse (dazu s. Kapitel 22 und 24). Wie alle Reichsstädte war es an einer Zentralgewalt des Reichs interessiert; unter der Auflösung des alten Reichs 1806 hatte es wegen der Einschnürungspolitik Dänemarks in besonderem Maße gelitten. Auch von dem übermächtigen Preußen, das seit 1864 durch die Annexion Holsteins und Lauenburgs zum unmittelbaren Nachbarn geworden war, drohte Gefahr für die Selbständigkeit. Das vor allem von dem weitsichtigen Theodor Curtius betriebene Bündnis mit Preußen (1866) brachte einen ersten Schritt aus der Isolation heraus. Die Neukonstituierung des Kaiserreichs unter Preußens Führung wurde in Lübeck aus politischen und wirtschaftlichen Gründen, aber auch aus allgemein vaterländischer Begeisterung heraus begrüßt[2]). Dafür war Curtius' Haltung durchaus repräsentativ, der noch der Generation angehörte, welche sich vor 1848 für die deutsche Einigung eingesetzt hatte, und der über gute persönliche Beziehungen zum Hohenzollernhaus verfügte. Max Hoffmann faßte 1892 am Schluß seiner Lübecker Geschichte dies neue Bewußtsein zutreffend zusammen: „Stärker, als bei den Kaiserbesuchen und Hansetagen im Mittelalter, giebt sich jetzt, zumal bei festlichen Gelegenheiten, das Nationalgefühl kund. Auch der geringste weiß, daß sein bürgerliches Leben von der großen Gemeinschaft des Reiches geschützt und geleitet wird". Und Gustav Radbruch urteilte rückblickend: „Wir waren Republikaner nur nach dem staatsrechtlichen Begriff, nicht in unserem politischen Bewußtsein, zwar keinem Landesherrn untertan, aber um so mehr erfüllt von monarchischer Anhänglichkeit an das Kaiserhaus"[3]).

Die daran sichtbare Verschiebung des Bewußtseins gegenüber früheren Zeiten, die den Versuchen zur Überwindung provinzieller Enge entsprach, spiegelte sich exemplarisch-vorgreifend im Werk Emanuel Geibels (vgl. S. 422ff). Er ist für uns deswegen wichtig, weil er als „der Dichter" oder „unser Dichter", wie er in der Stadt allgemein hieß, die zeitgenössischen bürgerlichen Auffassungen poetisch aussprach und damit die Einstellungen in weiten Kreisen des Bürgertums prägte. Immer wieder wurde er gerade mit seinen patriotischen Äußerungen zitiert, deren politische Bedeutung aus ebendieser öffentlichen Breitenwirkung resultierte. Nicht zufällig war deswegen in der bayerisch-preußischen Auseinandersetzung um die kleindeutsche Lösung Geibels Eintreten für ein Kaisertum der Hohenzollern 1868 der Anlaß, daß er beim Bayernkönig Ludwig II. in Ungnade fiel, seinen Wirkungskreis in München verlassen mußte und sich nach Lübeck zurückzog, wo er bis zu seinem Tode 1884 hochgeachtet, wie ein lebendiges Denkmal, wirkte. Sein Lebensweg verdeutlichte in den Äußerungen zum Thema Nation die Entwicklung des deutschen Nationalismus von dem primär liberal-demokratischen Patriotismus der Vormärzzeit zu der militaristisch-imperialen Übersteigerung in der wilhelminischen Epoche.

Das politische Fundament von Geibels Patriotismus lag – wie die Vaterlandslyrik der dreißiger und vierziger Jahre zeigt – einerseits in liberalen Ideen, die sich gegen die Restauration richteten, andererseits in der Erfahrung nationaler Bedrückung durch auswärtige Mächte, wie er sie gegenüber Dänemark 1844 in dem Gedicht „Lübecks Bedrängnis" formulierte[4]). Das religiöse Fundament lag in dem biblisch begründeten (vor allem alttestamentlichen) Glauben an Gottes Walten in der Geschichte und in der Hoffnung auf Gottes befreiendes Eingreifen in gegenwärtigen Notsituationen. So hoffte Geibel auf eine Wiederholung des Wunders von 1813: „Einst geschieht's, da wird die Schmach / Seines Volks der Herr zerbrechen; / Der auf Leipzigs Feldern sprach, / Wird im Donner wieder sprechen" (so 1859). Von da aus legte es sich nahe, den Sieg von 1870/71 als Erfüllung dieser Hoffnung religiös zu qualifizieren[5]). „Der Zeiten Schritt", „die Kette der Weltgeschicke" offenbarte für Geibel Gott als den Herrn der Welt, der sein Strafgericht gegen das götzendienerische, unsittliche Frankreich (als Modell des sündigen Babel) übte und das deutsche Heer als Werkzeug seines Handelns benutzte.

Damit erschien Deutschland als das von Gott erwählte Volk (als Modell des Gottesvolkes Israel). Allerdings formulierte Geibel das meist so, daß er daraus die Verpflichtung ableitete, die Deutschen müßten sich durch eine neue Moralität dieser Erwählung würdig erweisen („das Welschtum auszumerzen in Glauben, Wort und That")[6]. Deutschlands Sendung (sein „Beruf") konnte dann darin bestehen, daß an dem durch bestimmte Tugenden definierten „deutschen Wesen einmal noch die Welt genesen" sollte[7].

Hier kündigte sich ein neuer, weil einen moralisch qualifizierten Gegensatz zu anderen Völkern konstruierender Nationalismus an, der die Funktion einer deutschen Ersatzreligion anzunehmen drohte. Bei Geibel war er noch ganz an das unmittelbare Erleben geknüpft: Der Dichter, der sich als „Herold" der deutschen Einheit in schwerer Zeit vor und nach 1848 für die Belange der Nation eingesetzt hatte, durfte die überwältigende Erfüllung seiner Hoffnung erfahren: „Die Zeit der Trauer ist dahin"[8]. Erwartete er vordem die Einigung der deutschen Stämme als ein Volk in einem Reich letztlich durch das wunderbare Eingreifen Gottes als des Herrn der Geschichte, so mußte ihm das Erlebnis von 1870/71 gleichsam als ein Gottesbeweis erscheinen. An dieser politischen Religiosität partizipierte die Verklärung des Vaterlandes, so daß — gerade in der Folgezeit, als man sich an das „Wunder" gewöhnt hatte — die Nation und das Reich als letzter Wert an die Stelle Gottes bzw. neben ihn treten konnten: Ihm verdankte man seine Existenz und mußte folglich ihm auch „alles" hingeben[9]. Isoliert genommen bestärkten Geibels Gedichte nach 1871 die Tendenzen, den neuen Nationalismus als bürgerliche Religiosität in einem Syndrom von metaphysischer Bindung und ethischer Verpflichtung zu kultivieren.

Die Kriegspredigt 1870/71 und das neue Reich

Der glänzende Sieg über den „Erbfeind" Frankreich gab dem nationalen Selbstbewußtsein großen Auftrieb. Die damaligen Kriegspredigten spiegelten das wider, doch sie unterschieden sich deutlich von dem späteren Nationalismus. Eine simple religiöse Glorifizierung des Krieges fand sich kaum; nationalistische Töne erklangen eher bei den liberalen als bei den konfessionell-konservativen Predigern, und bei vielen schwang auch eine Reserve gegenüber der Hegemonialmacht Preußen mit[10]. Typisch war, in welch starkem Maße die Prediger den Krieg als Aufruf zur Buße interpretierten und von dem nationalen Aufbruch eine neue Hinwendung zum „Gott der Väter" sowie eine moralische Umkehr des Volkes erwarteten. Damit zeigte sich der für unsere Betrachtung grundlegende Aspekt in ersten Ansätzen: Die Kirche bemühte sich, den politischen Aufbruch der Nation als volksmissionarische Chance zu nutzen, um ihrem Jahrhundertproblem der Entkirchlichung zu begegnen.

Für Lübeck können die Predigten des Archidiaconus am Dom Friedrich Luger vom Jahre 1870 als repräsentativ gelten, der — seit 1845 amtierend, an mancherlei Reformvorhaben beteiligt — im glühenden Patriotismus Geibel verbunden war und theologisch dem Liberalismus zuneigte. Wenn er den Krieg als gerechte und heilige Verteidigung der deutschen Werte darstellte, dann verstärkte er, wie es viele Prediger damals taten, zunächst nur die offizielle preußische Propaganda in religiöser Form. Aber er warnte vor einer Verharmlosung des Krieges, stellte dessen Schrecken sowie Deutschlands Mitschuld daran heraus und suchte ihm positive pädagogische Folgen abzugewinnen: Er müßte eine neue innere Einheit begründen, die die sozialen Spannungen überwinden könnte, ein neues Gemeinschaftsbewußtsein stiften, das den allgemeinen Materialismus verdrängen müßte, und so das deutsche Volk (welches „unter den Völkern der Christenheit" allein sich rühmen dürfte, „**das Volk Gottes zu sein**") dazu erziehen, sich seiner Pflichten gegenüber Gott würdig zu erweisen[11]).

Die Heimkehr des Lübecker Füsilierbataillons aus dem Krieg wurde am 18. Juni 1871 mit einem Festakt auf dem Markt gefeiert, wo Senior Lindenberg ein Dankgebet sprach und die Versammlung den zur vaterländischen Hymne gewordenen Choral „Nun danket alle Gott" sang. Lindenbergs Ansprache war frei von nationalistischen Tönen, ganz von dem Interesse getragen, daß der überwältigende Sieg allein als Gottes Tat begriffen würde und das geeinte Deutschland vor Gott als ein „edles, freies, christliches Volk" wandeln möge[12]). In allen Kirchen fanden „Friedens-Dankfeste" mit Fürbitten für das neue Reich, für den Kaiser und die Lübecker Obrigkeit statt[13]). Emanuel Geibel gab die „Heroldsrufe", seine Sammlung von vaterländischen Gedichten, heraus. Zur Lübecker Friedensfeier dichtete er: „Zieh ein zu allen Thoren / Du starker, deutscher Geist, / Der aus dem Licht geboren / Den Pfad ins Licht uns weist, / Und gründ' in unsrer Mitte / Wehrhaft und fromm zugleich / In Freiheit, Zucht und Sitte / Dein tausendjährig Reich: / Preis dem Herrn, dem starken Retter, / Der nach wunderbarem Rath / Aus dem Staub uns hob im Wetter / Und uns heut im Säuseln naht!"[14]).

Die Integration des bürgerlichen und des christlichen Lebens begegnete in einer für jene Epoche typischen neuen Gestalt: in der Verschränkung von Religiosität und Nationalismus. Nahm dieser schon bald die Züge einer Ersatzreligion an, so bemühte sich andererseits die Kirche darum, das neue Lebensgefühl der „verspäteten Nation" für eine Belebung der Frömmigkeit fruchtbar zu machen. Es handelte sich um durchaus verschiedene Formen der Zuordnung beider Komplexe, von der nüchternen Dankbarkeit und Verantwortung gegenüber Gott angesichts der neugewonnenen nationalen Einheit bis hin zur theologisch bedenklichen Überhöhung der Nation. Religion und Politik waren in der Lübecker Kirchengeschichte immer zwei eigenständige, aber aufeinander bezogene Bereiche gewesen; die zunehmende Vermischung beider in einer national-politischen Religiosität brachte nach 1871, angebahnt seit den Befreiungskriegen, ein neues Element.

Sedanfeiern und Nationalprotestantismus

In den Sedanfeiern zur Erinnerung an den kriegsentscheidenden Sieg vom 5. September 1870 fand die nationale Religiosität eine Gelegenheit, die Mentalität ganzer Generationen von Jugendlichen zu prägen. Bislang feierte Lübeck am 5. Dezember mit Dankgottesdiensten die Befreiung von den Franzosen im Jahre 1813 (so bis 1872); kurzfristig verdrängt wurde diese Feier 1873 durch einen Gedenktag der „Wiederaufrichtung des Deutschen Kaiserreiches" am 18. Januar, dem Tage von Versailles, welcher allerdings kein kirchlicher Feiertag wurde[15]). Vor allem der aufblühende Militarismus und der Gegensatz gegen Frankreich führten dann dazu, daß ausgerechnet die Schlacht von Sedan mit einem nationalen Feiertag bedacht wurde, wobei man an die Tradition des Dankfestes vom 19. Oktober anknüpfen konnte, das seit 1816 auch die Lübecker Kirche zur Erinnerung an die Völkerschlacht von Leipzig feierte. Der nationalliberale Protestantenverein regte im Frühjahr 1871 in einer Eingabe an Kaiser Wilhelm I.

die Sedanfeier als „Tag eines allgemeinen deutschen Volks- und Kirchenfestes als Stiftungsfest des Reiches" an, und weite Kreise der evangelischen Kirche schlossen sich diesem Drängen an[16]). So stand schließlich auch Lübecks Senat nicht zurück und dekretierte erstmals für den 2. September 1873, daß mit einem Festgottesdienst in St. Marien, mit Glockengeläut aller Kirchen und mit Gedenkfeiern in den Schulen die nationale Bedeutung jenes Tages gewürdigt werden sollte[17]). Die kirchlichen Feierlichkeiten waren nicht gesetzlich institutionalisiert, sondern wurden jedes Jahr eigens angeordnet, bis 1888 der spezielle Festgottesdienst durch eine Gedenkfeier am folgenden bzw. vorhergehenden Sonntag ersetzt wurde[18]).

Der theologische Gehalt der Sedanfeiern entsprach dem inzwischen eingebürgerten Nationalprotestantismus. Auf einige Beispiele sei hier verwiesen. Der Marienprediger Ludwig Adolf Trummer, Geibels Schwager, stellte 1878 in seiner Sedanpredigt die mit der Beugung unter Gottes Herrschaft identifizierte Bindung an das Vaterland als Wert gegen die „Vaterlandslosen" heraus, „die das von Gott selbst gewollte und geknüpfte Band zerreißen"; das neue Nationalgefühl sollte sowohl eine Überwindung der Gottlosigkeit als auch einen Abbau der sozialen Gegensätze fördern[19]). Die innere Einheit des deutschen Volkes stand auch im Zentrum der – aufgrund alter Tradition politisch bedeutsamen – Fürbittgebete des Sedantages, für die das Handbuch „Lübecker Kirchengebete" 1909 ein offizielles Formular vorschrieb[20]). Die Dankbarkeit für Gottes gnädige Führung sollte hier das Motiv zu einem der nationalen Berufung würdigen Lebenswandel sein, ohne daß ein Nationalismus die spezifisch christliche Frömmigkeit nivellierte.

Nicht unbedenklich war die Verschmelzung von Nationalbewußtsein und Religiosität, wie sie in den Predigten des Seniors L. F. Ranke, des Hauptpastors an St. Marien zutagetrat. Immer wieder hob er das „Wunder" von 1870/71 hervor, indem er die Einigung des deutschen Volkes als ein herrliches Eingreifen Gottes interpretierte, welchem zeichenhafte Bedeutung für das gegenwärtige Wirken Gottes zukomme. In einer Festpredigt 1893 machte er mit dem Predigttext Ps. 144,9–12 das Vaterland ausdrücklich zum Thema[21]): „Was erwartet das Vaterland von uns? Es erwartet: 1. daß wir Gottes Wundergüte gegen uns Deutsche mit neuen Liedern fröhlich preisen; 2. daß wir uns vor undeutschen Lehren und Werken fleißig in Acht nehmen; 3. daß wir das junge Geschlecht zu echt deutscher Art treulich und ernstlich anleiten." Inhaltlich bedeute dies, sich z.B. vor Klassenkampf und materiellem Eigennutz zu hüten; deutsches Wesen sei charakterisiert durch die innerliche Aufnahme des Evangeliums, durch die Hinwendung zum Ewigen und durch Gottesfurcht. Da aber viele „keine Deutschen und keine Christen mehr sein" wollten, sei eine Umkehr nötig, die bei der Jugenderziehung in Schule und Konfirmandenunterricht ansetzen müsse, „um unsere Söhne und Töchter in jene echt deutsche Art einzugewöhnen, welche zugleich die echt evangelische und echt christliche Art ist". Eine solche Sprache signalisierte die Gefahr, daß auf die Dauer aus dem Bündnis der Kirche mit der neuen nationalen Religiosität eine Verflachung des spezifisch Christlichen durch Anpassung an den Zeitgeist erwachsen konnte.

Nationalismus als innenpolitischer Stabilisator

Das durch Bismarcks kriegerische Außenpolitik geschaffene Reich lebte im Innern trotz erheblicher sozialer Spannungen von der Konservierung der bestehenden Herrschaftsstrukturen und trug insofern ein Doppelgesicht, als seiner veralteten sozialen Ordnung eine imponierende industrielle Modernität gegenüberstand[22]). Patriotismus, Nationalismus oder gar eine Ideologie des Deutschtums bildeten den Versuch, dem Ganzen künstlich ein Wertesystem überzustülpen. Das damit verbundene, gänzlich unhanseatische Pathos bestimmte auch in Lübeck die öffentlichen Äußerungen, z. B. von Flottenverein (seit 1898) und Alldeutschem Verband (seit 1891/94), dem auch viele Senatoren angehörten und in dessen Reichsleitung J. M. Neumann (s. u.) eine führende Rolle spielte, oder bei der Einweihung des Bismarckdenkmals 1903[23]).

Die nationale Idee diente auch in kirchlichen Verlautbarungen dazu, die inneren politischen und sozialen Spannungen Deutschlands zu überbrücken oder zu überdecken. Unter Berufung auf die „deutsche Art" sollte das große religiöse und geistige Potential der deutschen Geschichte für eine dem materialistischen Zeitgeist entgegenwirkende kirchliche Erziehung eingesetzt werden. Damit schien jedoch nur eine neue Ideologie an die Stelle des bekämpften Zeitgeistes zu treten und die Kirche sich allzu kritiklos zur Gehilfin des Staates zu machen. Von der biblischen Botschaft her berechtigte Anliegen vermischten sich mit bedenklichen Deutungen der Zeit: „Seit Jahrzehnten wird unser Volk durch Lehren der verderblichsten Art bis in die Tiefe aufgewühlt. Immer größer wird die Zahl derer, die an den Grundfesten des Staates, der Kirche, der Gesellschaft rütteln. Ohne Scheu zerrt man die edelsten Güter in den Staub, begeifert Ehe und Familie, spottet über Religion und Vaterland. Es kommt hinzu, daß in allen Schichten der Bevölkerung in einem früher unerhörten Grade der Unglaube sein Haupt erhebt . . . Soll uns nicht bange werden, wenn wir das alles bedenken? Was wird aus unserem Volke, was wird aus dem Deutschen Reiche werden, wenn jene Sturmflut hereinbricht, deren fernes Rauschen ein scharfhörendes Ohr schon jetzt mitunter zu vernehmen meint?" So deutete Ranke in seiner Neujahrspredigt 1905 die gespannte Situation[24]).

Die durch die Reichsgründung eingetretene Verschiebung, wonach der Bezugspunkt Staat nicht mehr allein in der Stadtobrigkeit, sondern zunehmend im Reich lag, hatte für die politische Ethik der Lübecker Kirche langfristige Folgen. Nicht zufällig bezogen sich die großen öffentlichen Festgottesdienste nunmehr fast ausschließlich auf Ereignisse und Gestalten des Reiches: die umfangreichen Trauerfeiern für Wilhelm I. (den man als Ideal eines gottesfürchtigen Regenten der Jugend zum Vorbild hinstellte) und Friedrich III. 1888, die Gedenkgottesdienste zum Jubiläum der Reichsgründung 1896, Gedächtnisgottesdienste für Wilhelm „den Großen" zum 100. Geburtstag 1897 und zum 25. Todestag 1903. Auch das Lutherjubiläum von 1883 wurde vom nationalen Gedanken geprägt; der Senat ordnete Festgottesdienste an, um „Gott für die Segnungen zu danken, welche durch Luther's unvergängliches Reformationswerk dem deutschen Volk zu Theil geworden sind". Und die Feiern für Melanchthon 1897 sollten seiner gedenken als des treuen Helfers Luthers „im Kampfe gegen römische Glaubensbedrückkung", wie der Kirchenrat in seiner Verordnung formulierte[25]). Durch die Integration mit der Vaterlandsbegeisterung erfuhr die Religiosität fraglos eine Neubelebung, z. B. auch bei der eindrucksvollen Feier in St. Marien anläßlich des Kaiserbesuchs in Lübeck am 10. August 1913[26]). Die psychologische Wirkung solcher symbolischen Akte mit ihren Möglichkeiten zu volksmissionarischer „Anknüpfung" war nicht gering.

Doch die Identifizierung mit Nationalismus und Konservativismus führte dazu, daß die Kirche, sofern sie Volkskirche als Kirche des deutschen Volkes sein wollte, ihre

Verkündigung zu stark mit nationalkonservativen Inhalten füllte, auch wenn der Lübecker Nationalprotestantismus insgesamt sehr gemäßigte Züge trug. Eine neue Kirchlichkeit der entfremdeten Massen konnte sie damit kaum produzieren, wohl aber ihre Solidarität mit Staat und Volk bekunden, die das Verbundenheitsgefühl der Mehrheit ihrer Mitglieder nicht schwächer werden ließ, vielleicht sogar stärkte. Für die in Opposition zum wilhelminischen Staat stehenden Anhänger der Sozialdemokratie gewann sie dadurch allerdings nicht an Attraktivität, weil sie nur noch deutlicher als Teil der alten Ordnung erschien; Kritik, die bis zur Kirchenfeindlichkeit führte, kam aus diesen Reihen aber nicht.

Der Kriegsausbruch 1914 als religiöser Aufbruch

Der Erste Weltkrieg brachte die Kulmination des religiös qualifizierten Nationalismus, signalisierte damit aber auch eine Krise der kirchlichen Öffentlichkeitsverantwortung, die nach 1918 deutlich wurde. Trat in den Kriegspredigten 1870/71 die Bußgesinnung noch deutlich hervor, so überwogen jetzt der Hurrapatriotismus, die Anpassung an die offizielle Propaganda mit der These vom Notwehrkrieg, eine kritiklose Überhöhung der eigenen Nation mit ihren „wahren Werten" gegenüber westlicher Dekadenz und Perfidie, insgesamt eine problematische Integration von Christentum und Deutschtum[27]).

Die Kirche versuchte, der allgemeinen Kriegsbegeisterung zu entsprechen und den Kriegsausbruch als Chance zu neuem, elementarem Erleben der Wirklichkeit zu begreifen. Dem Bericht des „Lübecker General-Anzeiger" zufolge strömten am Sonntag nach der Mobilmachung Tausende in die Kirchen: „In dieser eisernen Zeit ist es wieder der Glaube an Gott, der die Herzen aufrichtet und Vertrauen zu dem Sieg der gerechten Sache in die Seele gießt". Beim Ausrücken der Soldaten erklang immer wieder das Lutherlied „Ein feste Burg ist unser Gott"[28]). Gleichsam in Geibels Nachfolge fühlten viele Lübecker sich vom Dichtergeist gepackt, so daß z. B. die „Lübeckischen Blätter" eine Rubrik „Unsere lübeckischen Dichter in großer Zeit" einrichteten, wo epigonale nationalistische Ergüsse wie Otto Anthes' Blasphemie „Und Gott sprach Deutsch" erschienen[29]).

Kritische Stimmen ertönten selten, doch im Chor der allgemeinen Begeisterung waren einige zu nüchterner Betrachtung fähig. Gleichsam das Leitmotiv der kirchlichen Äußerungen bildete die alte Hoffnung, daß die Aufbruchsstimmung zu einer allgemeinen religiösen Neubelebung im Volk führen müßte[30]). So tat es z. B. der seit 1914 als Senior amtierende Johannes Becker (1859–1919) in seiner Predigt zum Kriegsausbruch in St. Marien am 2. August. In Anknüpfung an die Tradition der Sedanfeiern sollte die Losung „Gott mit uns" als Trost angesichts der Gefahr eines beispiellosen Weltbrandes und als Mahnung zu demütiger Hingabe an den Lenker der Geschichte alle Lübecker beseelen[31]). Die „Lübeckischen Anzeigen" sahen in dem „tiefen religiösen Sehnen", welches sich in dem überwältigenden Gottesdienstbesuch bei Kriegsausbruch kundtat, einen Beweis dafür, daß „von einer zunehmenden Entfremdung des Deutschen von der Religion" keine Rede sein könnte[32]).

In der Tat nahm in den ersten Kriegswochen das kirchliche Leben einen beachtlichen Aufschwung, angefangen mit den von Kaiser Wilhelm II. angeregten Betgottesdiensten in allen Kirchen am 5. August bis hin zu Abschiedsgottesdiensten für die jeweils ausrückenden Kriegsteilnehmer und speziellen Kriegsandachten mit Abendmahlsfeiern an Wochentagen. Die Kirchen waren oft überfüllt, zumal bei den ersten öffentlichen Trauerfeiern für die Gefallenen[33]). Die religiöse Motivation war dabei keineswegs eindeutig, die Gefahr nicht von der Hand zu weisen, daß die Kirchen zu Kultstätten der Heldenverehrung umfunktioniert wurden, wie es z. B. in Kücknitz der junge Pastor Kurt Ziesenitz machte. Deswegen hielten sich nicht wenige Geistliche vor Übersteigerungen zurück. Auf die öffentliche Anregung, sonntäglich ein Totengedächtnis zu feiern, bei dem die Namen der Gefallenen unter Glockengeläut von der Kanzel verlesen würden, reagierte das Geistliche Ministerium ablehnend. Verstärktem Glockengeläut bei Siegesmeldungen stimmte es dagegen zu, nachdem Senator Kulenkamp öffentlich dafür plädiert hatte[34]). Von zeitbedingten Entgleisungen hielt sich natürlich auch die Pastorenschaft nicht frei[35]). Doch der späteren Anregung, die gesamte Katharinenkirche zu einem einzigen Kriegerdenkmal umzugestalten, damit künftigen Geschlechtern die Helden der Stadt eindrucksvoll präsent wären, widerstand man[36]).

Die Krise der Christlichkeit äußerte sich in einer Nivellierung der unzeitgemäßen Züge von Gesetz und Evangelium, in einer allzu direkten Anpassung an die politische Situation. Aussagen wie solche, die den Sinn des Weihnachtsfestes 1914 in der Stärkung des „unerschütterlichen Glaubens an den Lenker der Schlachten" und den Charakter der Heiligen Nacht in der Heiligung „durch das starke Band, das der Krieg um uns Deutsche gewoben", sahen[37]), entsprachen einer Predigtweise, die durch Kriegsmentalität das Christentum relevant für die Zeitgenossen präsentieren wollte. Der Marienpastor Paul Denker gab ein eindrucksvolles Beispiel dafür, wie zunächst mit Inbrunst, dann aber durch ständige Wiederholung der Abnutzung unterliegend, der Prediger die nationalistischen Parolen als christliche Wahrheiten vortragen konnte[38]): Gott werde das deutsche Volk deswegen zum Sieg führen, weil er zu ihm ein ganz besonderes Verhältnis habe und seine Treue, Opferwilligkeit und Kriegsbegeisterung, seine Abwendung vom Materialismus und von allem undeutschen, unfrommen Wesen belohnen würde.

Kriegsfrömmigkeit

Die religiöse Dimension des Krieges wurde als zentrales Thema auf Gemeinde- und Vereinsabenden, in der Presse und in Flugschriften verhandelt. Z. B. verteilte der nationalprotestantisch geprägte Evangelische Bund 1914/15 tausendfach „Heroldsrufe in eiserner Zeit" und „Volksschriften zum großen Kriege"; die Ortsgruppe der Hanseatisch-oldenburgischen Missionskonferenz veranstaltete einen Abend zum Thema „Der Segen des Krieges für Kirche und Mission"[39]). Auch das „Saatkorn", das von der Gemeinschaftsbewegung herausgegebene St. Matthäi-Gemeindeblatt, stellte sich auf die nationalreligiöse Kommentierung und erbauliche Auswertung der Kriegsereignisse um: Bilder von Schlachtgetümmel und Heldentum schmückten die Titelseiten in einer für ein kirchliches Blatt erstaunlichen Aufmachung[40]). Auch hier zielte das Interesse auf eine christliche Erweckung im Medium der Kriegserfahrung.

Die besonderen Kriegsandachten an Wochentagen erfreuten sich noch 1915 auffallender Beliebtheit, doch insgesamt erlahmte das Engagement. Z. B. wurden die Sonntagabend-Andachten im Dom 1915 eingestellt, in St. Ägidien waren sie nur schwach besucht, und seit 1916 ging der Besuch allgemein zurück. Auch die Abendmahlsteilnahme war rückläufig. Der Christliche Verein Junger Männer (CVJM), in seiner Arbeit durch die Einberufungen stark behindert, richtete Bibelstunden für Soldaten und einen Korrespondenzdienst für seine im Felde stehenden Mitglieder ein. Die karitative Tätigkeit paßte sich dem Krieg an, für die Lazarette wurde ein Seelsorgedienst eingerichtet, und auch die ausländischen Kriegsgefangenen wurden betreut. Spürbare Einschränkungen zeigten sich erst im Kriegswinter 1917, als z. B. wegen Brennstoffmangels die Gottesdienste im Dom ganz ausfallen mußten, St. Marien und St. Jakobi nicht mehr beheizt und alle Kirchen nur noch notdürftig beleuchtet wurden[41]).

Neben dem patriotischen Pathos trat in den Predigten, Gemeindeblättern und Traktaten das seelsorgerliche Bemühen deutlich hervor, dem festgefahrenen Krieg unabhängig von militärpolitischen Aspekten einen erzieherischen Wert in religiöser und moralischer Hinsicht abzugewinnen. Hier zeigte sich echte geistliche Kraft, z. B. in den uns überlieferten Predigten des Hauptpastors am Dom Christian Reimpell und des Gertrudpastors Johannes Evers, die die Erfahrungen von Leid und Not, nicht das Erlebnis von Erfolgen, als „Erziehung des deutschen Volkes zu einem Volke des Herrn" interpretierten[42]). „Notfrömmigkeit" nannte Wilhelm Jannasch (1888–1966, seit 1914 Pastor an St. Ägidien) in seiner vom Pietismus bestimmten Art das Phänomen, daß viele Lübecker sich gerade unter dem Eindruck der Grenzerlebnisse dem Gott wieder zuwandten, den sie schon abgeschrieben hatten[43]).

Zum unerträglich strapazierten Stereotyp wurde die religiöse Überhöhung des Soldatentodes als einer Hingabe in der Nachfolge Jesu. Kaum ein Bibelwort zitierten die Prediger so häufig wie Joh. 15,13 („Niemand hat größere Liebe denn die, daß er sein Leben läßt für seine Freunde"), um damit in der menschlich schwierigen Lage den Hinterbliebenen seelsorgerlichen Trost, daß der Tod nicht sinnlos wäre, zu spenden[44]).

Mancher Pastor wurde angesichts der schwierigen, immer weniger aussichtsreichen Kriegslage zum Prediger der Durchhalteparolen der deutschen Heeresleitung. Hatte die ursprünglich mit dem Krieg verbundene Hoffnung auf eine religiöse Erweckung getrogen, so ließen Männer wie Paul Denker in ihrem Bemühen nicht nach, durch moralische Appelle trotz aller Rückschläge Geduld, Treue, Mut, Pflichtgefühl, Fleiß und Frömmigkeit als die Merkmale des „deutschen Wesens", welches letztlich siegen müsse, zu predigen[45]). Selbst Wilhelm Jannasch erwartete Hilfe von der „Predigt unbeugsamer Härte, nicht nur im Kämpfen, auch im Empfinden" („Wir dürfen nicht weich werden, wenn wir deutsche Stärke wollen!")[46]). Der Kirchenrat, der 1917 den Aufruf der Reichsbank zur Ablieferung von kriegswichtigem Gold nachdrücklich in den Gemeinden verbreitete, nahm die Aufforderung der Obersten Heeresleitung an die Kirchen, sich aktiv an der vaterländischen Aufklärungsarbeit zu beteiligen, zurückhaltend auf. Zum Beginn des vierten Kriegsjahres am 1. August 1917 rief er in einem Wort an alle Gemeindeglieder dazu auf, unerschütterlich auf Gottes Hilfe zum Sieg zu hoffen und sich unter die erfahrene Not als Gottes Gericht „mit heiligem Bußernst" zu beugen. In allem Durchhalte-Patriotismus begegnete hier durchaus christliche Substanz, wenn er dazu ermahnte, sich gegenüber den Feinden durch Humanität als Christen zu erweisen und Notleidenden zu helfen[47]).

Immer wieder wurde der Glaube an Gottes Eingreifen beschworen, welches trotz aller Rückschläge schon zum Sieg führen würde, wenn die Deutschen nur die erforderliche

Frömmigkeit und Einsatzbereitschaft aufbrächten. Die Formulierung solcher Hoffnungen konnte angesichts des zunehmend offenkundigen Scheiterns nicht ohne Folgen für das Verhältnis von Kirche und Gesellschaft bleiben, weil sich später bei der Diskussion um die Ursachen der Niederlage die Frage aufdrängen mußte, woran die erstrebte Erneuerung des Volkes gescheitert war. Das alte Problem der Unkirchlichkeit mußte sich verschärfen, wenn die enttäuschte Abwendung von einem Christentum hinzukam, das vergeblich auf einen „Gott der Stärke" gebaut hatte.

Reformationsjubiläum 1917

Die Lutherfeiern zum Jubiläum des Thesenanschlags, die in Anknüpfung an die Gedenkfeiern von 1817 die innovatorische Kraft der Reformation aufzuspüren suchten, standen in Deutschland weithin im Zeichen der nationalen Besinnung auf den antirömischen „deutschen Luther" als Propheten des Deutschtums. Wenn man hier einen „Tiefstand von theologischer wie politischer Erkenntnis" in der Dominanz militantnationalistischer Töne meinte konstatieren zu müssen[48]), dann sind an einem solchen Urteil von dem Lübecker Befund her erhebliche Korrekturen anzubringen. Zwar fehlten hier solche Töne nicht, aber sie bestimmten keineswegs das Gesamtbild des Jubiläums, welches in einer Fülle festlicher Feiern, sorgfältig vorbereitet durch Kirchenrat und Geistliches Ministerium, teilweise in Kooperation mit Evangelischem Bund und Gustav-Adolf-Verein, stattfand. Man bemühte sich in der Erschütterung des Krieges um eine Besinnung auf die Grundlagen der evangelischen Kirche als einer mit dem deutschen Volk eng verbundenen Institution[49]).

Neben nationalem Pathos stand in der Festpredigt von Johannes Evers ebenso wie in der Rede des Kirchenratsvorsitzenden J. G. Eschenburg der Hinweis auf die Freiheit des Glaubens und die weltüberwindende Kraft des Evangeliums im Zentrum; einen überspitzten Nationalprotestantismus artikulierte nur Paul Denker („Evangelisch bis zum Sterben! Deutsch bis in den Tod hinein!"), der zum Kampf „gegen alle finsteren Mächte, die die Seele unseres Volkes vergiften und verderben wollen" aufrief und damit vor allem den vordringenden Katholizismus meinte[50]). Doch die anderen Pastoren (Reimpell, Stülcken, Papenbrock, Haensel, Bode) stellten die evangelische Frömmigkeit in ihrer aktuellen Bedeutung als ein Leben aus der durch Gottes Gnade geschenkten Freiheit von aller Angst heraus, würdigten die Kulturbedeutung der Reformation für das öffentliche wie für das private Leben und sprachen im Blick auf „eine der brennendsten Fragen der Zukunft, die soziale Frage" auch die sozialpolitischen Konsequenzen der Reformation wie z. B. freie Selbstbestimmung und Verbesserung der Lebensbedingungen an. Hinweise auf den „heldischen Luther" traten fast ganz hinter der Betonung des Evangeliums zurück („Die Reformation war in erster und letzter Hinsicht eine religiöse Tat, und nicht zunächst eine nationale Tat")[51]).

So machte das Reformationsjubiläum inmitten der durch die Kriegsmentalität bedingten theologischen Verkümmerung auf die Tiefendimensionen des Christentums aufmerksam, die die tagespolitischen Fragen als nebensächlich erscheinen ließen. Deswegen wird man trotz aller bedenklichen Erscheinungen in den kirchlichen Äußerungen zwischen 1914 und 1918 von einem theologischen Substanzverlust der Lübecker Kirche insgesamt nicht sprechen dürfen. Ihr ging es darum, in situationsgemäßer Weise die Sache Jesu Christi ihrer Zeit zu vermitteln und dem Volk eine Zukunft auch in religiöser Hinsicht zu eröffnen. Daß sie, die gerne die Kirche des ganzen Volkes sein wollte, ihre Identität in der Kriegszeit rein bewahrt hätte, wird man allerdings auch nicht behaupten können. Die durch ihre Verkündigung geprägte nationalreligiöse Einstellung wirkte gerade bei den Jüngeren fort, die als Akteure für die Kirchengeschichte nach 1919 und nach 1933 bedeutsam wurden.

Die „Novemberrevolution" 1918

Angesichts der Durchhalteparolen einer Siegfriedenspropaganda mußten viele Menschen die militärische Niederlage und den politischen Zusammenbruch des Kaiserreichs als schmachvolle Katastrophe empfinden, in die sie unvorbereitet hineinstürzten. Die Revolution der Soldaten und Arbeiter, die mit der Meuterei der Matrosen in Kiel am 4. November 1918 begann und sich, ohne auf nennenswerten Widerstand zu stoßen, rasch über das Reich ausbreitete, erschütterte das bisherige System scheinbar in seinen Fundamenten. Sie offenbarte schlagartig, wie sehr Nationalismus und Kriegsmentalität die ungelösten politischen und sozialen Probleme zugedeckt hatten. Von der allgemeinen Verunsicherung im Bürgertum ließ sich zunächst auch die evangelische Kirche (aufgrund ihrer engen Verflechtung mit dem Staat von vielen als integraler Teil jenes Systems betrachtet) anstecken, gewann aber schon bald das nötige Selbstbewußtsein zurück[52]). Das gelang in Lübeck relativ problemlos, weil die Verhältnisse sich hier weniger kritisch als in den monarchischen Staaten zuspitzten. Anders als im Reich und in den anderen deutschen Staaten kam es hier zu keinem Umsturz der Staatsverfassung, und die durch den Soldaten- und Arbeiterrat seit dem 6. November 1918 erzeugte innere Unruhe legte sich bald. Dazu trug einerseits die Bereitschaft der Sozialdemokraten (mit Fritz Mehrlein, Paul Löwigt und William Bromme an der Spitze) zu konstruktiver Kooperation, andererseits die besonnene Senatspolitik unter der überaus geschickten Führung von Bürgermeister E. F. Fehling entscheidend bei[53]).

Statt den Weg der Revolution ging man in Staat und Kirche den Weg der behutsamen Reform, welche die hergebrachten Strukturen berücksichtigte. Die Kontinuität, das alte Prinzip der lübischen Geschichte, bewährte sich auch jetzt. Die bisherige Benachteiligung der Unterschichten durch das 1902–1907 verschärfte Klassenwahlrecht wurde im Dezember 1918 mit dem allgemeinen und gleichen Wahlrecht abgebaut, woraufhin die Sozialdemokraten mit 42 Sitzen in der Bürgerschaft eine knappe Mehrheit erlangten (gegenüber 29 Sitzen der Demokratischen Partei und 9 Sitzen der Deutschnationalen Volkspartei). Mit der neuen Rolle der Parteien zog ein ganz ungewohntes Element in die städtische Politik ein; Vertreter der SPD wurden auf der Basis der alten Verfassung in den Senat gewählt (Bromme, Löwigt, Mehrlein). Infolge der Reform vom März 1919 und der neuen, maßgeblich von Fehling ausgearbeiteten Verfassung vom 23. Mai 1920, die das in der Weimarer Reichsverfassung verankerte Prinzip der Volkssouveränität berücksichtigte, war Lübeck fortan eine parlamentarische Demokratie[54]). Das bedeutete bei aller Kontinuität eine so einschneidende Veränderung der Stadtverfassung, wie es sie seit 1159 nicht gegeben hatte – ein Signal dafür, daß der im 19. Jahrhundert erfolgten Wandlung des Charakters von Stadt und Bürgertum als politischer Determinanten Rechnung zu tragen war. Die Staatsgewalt ging nunmehr vom Volk aus, ausgeübt wurde sie durch Bürgerschaft und Senat gemeinsam, wobei dessen Zusammensetzung (nachdem die Selbstergänzung schon 1848 weitgehend eingeschränkt war) ohne standesmäßige Bindungen von der Bürgerschaft bestimmt wurde und dessen Regierungs- und Verwaltungsentscheidungen grundsätzlich an deren Zustimmung gebunden waren.

Unabhängig von dieser Neukonstruktion mußte aufgrund der durch die Reichsverfassung dekretierten Trennung von Staat und Kirche (Art. 137,1 WRV) das alte Kirchenregiment des Senats entfallen. Der alten Verbindung von „Thron und Altar" in den monarchischen Staaten, die über die Verfassungswirklichkeit des landesherrlichen Kirchenregiments hinaus eine geistige und politische Übereinstimmung der Kirche mit den Prinzipien des Obrigkeitsstaates implizierte, entsprach der seit 1870/71 gepflegte Nationalismus. Die Bindung der Kirche an die Nation schien mit dieser Fixierung auf die Monarchie identisch zu sein, so daß das Gebot der Trennung für die Kirche eine Grundlagenkrise signalisierte, die über den verfassungsrechtlichen Aspekt weit hinausging.

Trennung von Staat und Kirche

Die von Sozialisten wie Liberalen ausgegebene Parole der Trennung erzeugte in der durch die Revolution bestimmten Umbruchssituation auch in Lübecks Kirche vielfältige Ängste[55]). Dabei spielte die Vorstellung eine Rolle, als sei die jahrhundertealte, zuletzt im Krieg bekräftigte Verbindung mit dem Staat eine zwar nur äußere, aber für kirchliches Wirken notwendige Stütze. Man unterschätzte dabei, in welchem Maße das städtische Gemeinschaftsleben auch innerlich dem Christentum verpflichtet war und auf die Aktivitäten der Kirche angewiesen blieb. Wenn man jetzt dezidiert das Schlagwort „Volkskirche" als Leitbild einer künftigen Gestalt von Kirche jener Trennungsparole entgegensetzte, dann trat darin über die vordergründig defensive Taktik hinaus kein hohler Anspruch, sondern eine gut begründete Realität zutage. Allerdings wirkte die Konzentration auf die nationale Frage (die Volkskirche der „Nation" als pauschalem Wert verpflichtet) auch nach 1918 in mancher Engführung nach.

Unmittelbar das kirchliche Leben tangierende Konsequenzen zeitigte die Trennungsparole in der Kirchenaustrittsbewegung und in der Forderung nach Abschaffung des schulischen Religionsunterrichts. Wenngleich beide Bewegungen in Lübeck sich in Grenzen hielten, wirkten doch über die Presse vom Reich her die Propaganda der Freidenker und die grobschlächtige Politik des preußischen Kultusministers Adolf Hoffmann (USDP) im November/Dezember atmosphärisch überaus belastend[56]). In Lübeck gaben gemäßigte Sozialdemokraten den Ton an. Schon im Dezember 1918 konnte das Geistliche Ministerium beruhigt feststellen, daß der hiesige Arbeiter- und Soldatenrat sich in jenen Fragen zurückhielt. So hatte dieser in seinem Aufruf vom 28. November, in welchem er verschiedene Maßnahmen „im Kampf gegen die alten Gewalten" forderte, die von Männern wie Adolf Hoffmann zu diesen Gewalten gerechnete Kirche völlig verschont[57]). Die Pastoren wußten in jener Umbruchszeit keine größeren Probleme zu vermelden als das Tragen roter Schleifen bei Begräbnissen von Soldaten[58]). Lübecks Sozialdemokraten waren ja traditionsgemäß nicht kirchenfeindlich eingestellt, und die Kirche hatte sich mit Polemik ihr gegenüber ebenfalls weitgehend zurückgehalten. Das erleichterte die Neuordnung nach 1918. Ein Einzelbeispiel wie die Diskussion um die Abschaffung des Bußtages, die von den Werftarbeitern gefordert wurde, in den Jahren 1919–22 belegt das: Selbst der Lübecker Gewerkschaftsbund wandte sich „als christl. nationale Vertretung weiter Arbeitnehmergruppen gegen die Verletzung unserer religiösen Gefühle" durch radikale Marxisten[59]).

Den Kirchenaustritt propagierten Marxisten und Freidenker wie schon vor dem Krieg (s. o.) massiv jetzt auch in Lübeck, erzielten damit aber nur geringe Erfolge. 1919 traten 183 Personen aus, 1920 immerhin 668 (wobei die Heranziehung der geringer verdienenden Schichten zur Kirchensteuer sich auswirkte), 1921 nur noch 163, 1922 wieder 234; seit 1923 mit 79 Austritten war die Entwicklung rückläufig, insgesamt brachte sie mit 0,2 Prozent Austritten 1919 und 0,6 Prozent 1920 (gegenüber 0,6 und 0,8 im Reichsdurchschnitt) keinen Erdrutsch[60]). Eine Gefahr für den Bestand der Kirche ergab sich daraus nicht.

Noch weniger erfolgreich blieb der Kampf gegen den Religionsunterricht. Gegen die Pläne, ihn als obligatorisches Schulfach abzuschaffen oder gar ganz aus der Schule zu verbannen, erhob sich seit Dezember 1918 in ganz Deutschland ein durch die Volkskirchenbünde exzellent organisierter Proteststurm – die evangelische „Basis" in den Gemeinden erwies sich erstmals als ein politischer Machtfaktor[61]). Die Unterschriftenaktion, mit der die Kandidaten für die Weimarer Nationalversammlung (bzw. seit der Wahl im Januar 1919 die Abgeordneten) unter plebiszitären Druck gesetzt werden sollten, ergab in Lübeck, von Senior Becker und Hauptpastor Evers vorbereitet, bis zum Frühjahr 24.337 Voten, also über 22 Prozent der evangelischen Bevölkerung (im ganzen Reich fast 7 Millionen)[62]). Die Weimarer Verfassung trug dem dann durch die Bestandsgarantie von Artikel 149 Rechnung. Der Propaganda zur Abmeldung vom Religionsunterricht folgten nur wenige Lübecker Kinder (von gut 2600 Schülern bloß 43 im Jahre 1919). Vielmehr setzte sich das in kirchlichen Versammlungen und Verlautbarungen sowie in privaten Publikationen immer wieder vorgetragene Argument durch, daß man auf den Bildungs- und Erziehungswert der christlichen Religion gerade in einem demokratischen Staat nicht verzichten dürfte[63]).

Nach diesen Tests auf die Stabilität der Volkskirche in den Sturmjahren 1919/20 legte sich die Angst vor einem Zerfall der Institution. Dem korrespondierte positiv die weiterhin starke Stellung der Kirche im öffentlichen Leben.

„Volkskirche" als Verfassungsanspruch

Als beachtlicher Ausdruck der Kontinuität konnte auch die Neuordnung der Kirchenverfassung gelten, die in Lübeck auf singuläre Weise erfolgte. Nirgendwo sonst in Deutschland übertrug der bisherige Inhaber des Kirchenregiments die staatliche Kirchenhoheit auf kirchliche Organe (kein Fürst dankte in seiner Eigenschaft als summus episcopus ab – man vergaß das schlicht!), nur Lübeck wahrte hierin strikt die Rechtskontinuität. Einzelheiten der Verfassungsgeschichte 1919–21 können hier nicht berührt werden[64]). Nur deren Ergebnis ist als Abschluß der Kirchengeschichte des 19. Jahrhunderts wichtig, und zwar vor allem die grundlegende programmatische Aussage in Artikel 3 der neuen Verfassung, die sich nur in 8 von insgesamt 28 deutschen Landeskirchen fand: „Die evangelisch-lutherische Kirche im Lübeckischen Staat ist eine Volkskirche. Die Kirchengewalt geht von der Gesamtheit der Mitglieder der Landeskirche aus. Sie wird in deren Auftrag vom Kirchentage und vom Kirchenrate ausgeübt".

Damit übernahm man — unter weitgehendem Verzicht auf theologische Reflexion (die Verfassungsarbeiten leitete Senator bzw. Bürgermeister J. M. Neumann) — das demokratische Prinzip der neuen Staatsverfassung mitsamt deren Zweikammersystem. Der Begriff Volkskirche sollte aber nicht nur die verfassungsrechtliche Demokratisierung bekunden, sondern auch der bisher damit in verschiedener Weise beanspruchten Übereinstimmung von Kirche und Nation, Christentum und Bürgertum entsprechen. Wie problematisch dies Verfahren, unter Ausklammerung der inhaltlichen Diskussion formale Prinzipien für die Einordnung der Kirche in Staat und Gesellschaft aus dem säkularen Bereich zu übernehmen, im Grunde war, erwies sich erst nach 1933, als man ebenso unbedacht die dann herrschenden Ordnungsvorstellungen zum Leitmotiv von Verfassung und kirchlichem Handeln machte. Erstaunlicherweise entzündete sich an jener Grunddefinition als „Volkskirche" keinerlei Diskussion; sie wurde von Anfang an allseits akzeptiert, weil Kirche wenigstens dem Anspruch nach eine Sache des ganzen Gemeinwesens bleiben sollte, auch wenn die Auffassung weit verbreitet war, „daß die überwältigende Mehrheit des deutschen Volkes ihr fern, heute ferner denn je, steht"[65]).

Mit der Wesensbestimmung „Volkskirche" verband man eine eher nebulöse Strategie kirchlichen Handelns, nämlich, daß es keine Theologen-, sondern eine „zeitgemäße" Kirche sein sollte (welch interessanter Gegensatz!). Nach Artikel 1 der Verfassung beanspruchte man, „das Erbe der Reformation ... für das Volksleben fruchtbar zu machen", aber auf die erforderliche Aussage über eine Bindung an die lutherischen Bekenntnisschriften verzichtete man. Zwei heftig diskutierte Konkretionen bestanden darin, daß Predigt und Abendmahlsausteilung in besonderen Fällen „auch evangelischen Christen, welche nicht Geistliche sind", gestattet sein sollten und daß die kirchlichen Räume auch für andere religiöse Vereinigungen zur Verfügung stehen sollten[66]). In derartigen Regelungen bekundete sich der Vorsatz, die Kirche zur Gesellschaft hin offenzuhalten. Daß man schon vor Verabschiedung der Verfassung das Frauenwahlrecht einführte und die verfassunggebende Synode teilweise aus allgemeinen Wahlen aller Kirchenmitglieder hervorging, gehörte ebenfalls in diesen Kontext.

An der Beratung der neuen Kirchenverfassung beteiligte sich der Senat bis in Detailfragen hinein (auch dies ein Unikum in deutschen Landen)[67]. Er war es, nicht die Kirche, der die Verfassung am 17./21. Dezember 1921 erließ und damit einen Schlußstrich unter eine vierhundertjährige Geschichte des staatlichen Kirchenregiments zog. Überlegungen, die alte Kirchenhoheit des Senats beizubehalten, weil dieser ja ein republikanisches Organ sei, ließen beide Seiten fallen, als Wilhelm Kahl, einer der bedeutendsten Kirchenjuristen des Reichs, in einem Gutachten 1920 die Unvereinbarkeit mit der Reichsverfassung dargelegt hatte[68]). So übertrug der Senat mit dem Erlaß der Kirchenverfassung „als Inhaber des Kirchenregimentes" seine bisherigen Rechte „auf die Kirche selbst" unter ausdrücklichem Verzicht: „Er vertraut darauf, daß die evangelisch-lutherische Kirche im Lübeckischen Staate ... das hohe geistige Gut, dessen Pflege in der Ausübung der Kirchengewalt eingeschlossen und ihr nunmehr überlassen ist, allezeit zum Segen der Allgemeinheit wie der Einzelnen wahren wird"[69]).

Eine neue Epoche der Partnerschaft von Staat und Kirche begann, doch gerade auf dem engen Raum der Stadt blieben die alten personellen Verzahnungen bestehen und wirkten einflußreicher als manche Verfassungsgrundsätze. Bestes Beispiel dafür war die Tatsache, daß der 1919 vom Senat zum Vorsitzenden des Kirchenrates ernannte Senator Johann Martin Neumann (1865–1928), der die Nachfolge des in den Novemberwirren zurückgetretenen Senators Johann Georg Eschenburg antrat, als seit 1921 amtierender Bürgermeister in diesem Amt, 1922 aufgrund der neuen Verfassung vom Kirchentag wiedergewählt, bis zu seinem Tode verblieb und für Kontinuität sorgte – auch in der Orientierung der Kirche an nationaler Gesinnung, die Neumann in markanter Weise verkörperte[70]). Hier wurde eine Tradition aus wilhelminischer Zeit fortgesetzt (wie auch sonst in fast allen führenden Positionen der Kirche), deren Beibehaltung sich in der Situation nach 1933 als problematisch erwies.

Die „nationale Frage" nach 1918

Die Verpflichtung gegenüber der Nation blieb nach 1918 ein Kernstück kirchlichen Engagements, und zwar nicht selten in nationalistischer Engführung. Das zeigte sich schon bei den weitgehend berechtigten Protesten gegen die Behandlung Deutschlands durch die Siegermächte: Fast überall verdrängte man dabei die Tatsache, daß Deutschland einen Krieg verloren hatte, dessen Ausbruch es entscheidend mitverschuldet und den es niemals hatte gewinnen können, und daß es dafür Tribut zahlen mußte. Der Senat hatte kraft seiner Kirchenhoheit noch für den 20. Oktober 1918, dem preußischen Vorbild folgend, einen allgemeinen Bettag „angesichts der schweren Sorgen um das geliebte Vaterland" angeordnet[71]). Nunmehr nahm der Kirchenrat, Anregungen Preußens gemäß, die verweigerte Freilassung der Kriegsgefangenen und die harten Friedensbedingungen von Versailles zum Anlaß, im März und Mai 1919 „in gerechter Empörung über die schmachvolle Behandlung des deutschen Volkes" Fürbittgottesdienste zu empfehlen und – als das Verhängnis seinen Lauf nahm – für den 6. Juli 1919 wegen des Friedensdiktats allgemeine Trauerbekundungen in den Gottesdiensten samt Trauergeläut in der ganzen Stadt anzusetzen[72]).

Überfüllt waren auch die Protestgottesdienste anläßlich der alliierten Forderung nach Auslieferung der deutschen Heerführer (in St. Marien sprach neben Hauptpastor Denker ein General markige Worte), wie überhaupt die Kirche fortan bei jeder als national belangvoll erachteten Gelegenheit durch Festgottesdienste mitwirkte, von der Begrüßung der heimkehrenden Kriegsgefangenen über die Einbringung der Fahnen des Regiments Lübeck in die Marienkirche 1920 bis hin zum Trauergottesdienst für Kaiserin Auguste Viktoria und zu den nationalprotestantisch geprägten Lutherfeiern (Wormser Reichstag) 1921[73]). Kirchlich-kultisches Handeln behielt so seine politische Funktion, allerdings zumeist nur in einseitiger Bindung an fragwürdig gewordene Inhalte, nicht aber in Orientierung an den wirklichen Lebensfragen der Nation.

Die allgemein als Demütigung Deutschlands empfundene Situation nach dem Versailler Frieden führte, gepaart mit Skepsis gegenüber den neuen politischen Führungsschichten im Reich und mit den wirtschaftlichen Problemen der Nachkriegszeit, in den weiterhin das kirchliche Leben prägenden bürgerlich-konservativen Kreisen zu einer prinzipiell kritischen Einstellung gegenüber der Weimarer Republik mit ihrem demokratischen Wertesystem. Viele gaben in Verkennung der wahren Sachlage „der Revolution" von 1918 die Schuld an den Mißständen[74]). So erweiterte sich die Diskussion um die Kriegsschuldfrage zu einer auch die kirchliche Arbeit bestimmenden Grundsatzkontroverse, die die Fundamente des Staates erschütterte.

In kirchlichen Stellungnahmen überlagerte eine pessimistische Kulturkritik diejenigen Ansätze, welche die in der Neuordnung begründeten Chancen sahen. Man führte die Tradition der Sedanfeiern und Kriegspredigten insofern fort, als die volkspädagogische Aufgabe der Kirche inhaltlich sich weithin auf eine Pflege des Nationalgefühls beschränkte. Bei der Überwindung der „ernsten Schäden an der Seele unseres Volkes" und der „Erneuerung von innen heraus" sollte „die Religion in erster Linie helfen", wie Johannes Baltzer als Vorsitzender der Synode am 4. Juli 1919 programmatisch erklärte[75]). Das konnte durchaus eine konstruktive Mitarbeit im republikanischen Reich bedeuten, denn in veränderter Situation bot die nationalreligiöse Orientierung Ansätze zur Wahrnehmung öffentlicher Verantwortung auf dem Boden der Demokratie.

Die Kirche betrachtete sich hier wie andernorts im weltanschaulich neutralen Staat als in besonderer Weise für die Pflege der Grundwerte zuständig[76]). Entscheidend war freilich, ob sie denjenigen des alten Obrigkeitsstaates nachhing oder die Prinzipien des neuen Staates akzeptierte. Wie sie das im einzelnen tat und welche Probleme sich aus ihrer Bindung an ein überholtes nationales Ideal in der kritischen Situation der vorgeblichen „nationalen Erneuerung" nach 1933 ergaben, als die Werte und der Bestand der Nation brutal zerschlagen wurden, muß einer ausführlichen Analyse vorbehalten bleiben. Mit Pauschalurteilen ist hier wenig geholfen. In unserem Zusammenhang kommt es nur darauf an zu sehen, daß die Kirche mit dem Grundthema „Nation" im Zeitraum von 1871 bis 1945 die politische Ethik zu einer zentralen Aufgabe ihres Handelns machte, ohne theologisch darauf vorbereitet zu sein und ohne klar genug zu erkennen, welche Folgerungen das in einer Zeit haben mußte, die für Lübecks Geschichte die größte Umwälzung brachte: neben der moralischen und kirchlichen Katastrophe schließlich 1937 das Ende von Lübecks Eigenstaatlichkeit und 1945 das Ende seiner seit den Anfängen bestehenden Verbindungen zum östlichen Ostseeraum. Die mit der Nation so eng verbundene Kirche trug gerade in Lübeck mit der einseitig-kurzsichtigen Option für den Nationalsozialismus ein spezifisches Maß an Mitschuld.

Diese Krise der Synthese von Christentum und Bürgertum (die sich in der deutschchristlichen Epoche 1933–45 in einer – aufgrund der in diesem Kapitel angesprochenen Tendenzen verständlichen – Irreführung pervertiert darstellte) zeigte dann überdeutlich, worauf es im kirchlichen Leben zu allen Zeiten ankommt: Jede Generation ist herausgefordert, dem Evangelium in ihrer spezifischen Situation durch Umsetzung in konkrete Lebensvollzüge zu dienen. Aber der Größe dieser Aufgabe, Zeuge Gottes in der Nachfolge Jesu Christi zu sein, genügt die Kirche als menschliche Größe nur in seltenen Momenten und oft genug versagt sie, manchmal in tragischer Kumulation von Schuld. Wer von den Nachgeborenen könnte es heute leichtfertig wagen, „den ersten Stein zu werfen"? Die Kirchengeschichte liefert den Christen als Mitakteuren Gottes wahrlich keinen Grund, sich eigener Leistungen zu rühmen. Sie verweist in ihrer Weise auf das Geheimnis, daß hinter allen vordergründigen Triebkräften, die in dieser Darstellung beschrieben worden sind, letztlich Gott in Gnade und Gericht am Werke ist. Wie hätte seine Kirche sonst noch Bestand haben können? Die historische Betrachtung kann das nicht erklären; sie kann nur versuchen, trotz ihrer Standortgebundenheit die Vergangenheit zu verstehen.

Anmerkungen

1. Kapitel
Die Christianisierung Wagriens und das alte Lübeck im 11./12. Jahrhundert

1) Zum jüngsten Stand s. den Forschungsbericht von Günter P. Fehring, Alt-Lübeck und Lübeck, in: Lübecker Schriften zur Archäologie und Kulturgeschichte Bd. 1, Frankfurt 1978, S. 29–38 und die Beiträge von G. P. Fehring, W. Erdmann, M. Gläser, in: Archäologie S. 23ff. 28ff. 35 ff.
2) Zum Namen: Gegen W. Ohnesorges gründliche Forschungen (Deutung des Namens Lübeck, Beilage zum Jahresbericht des Katharineums zu Lübeck 1910) steht die kritische Analyse und Forschungsübersicht von Kahl, Ortsname. – Zur Frühgeschichte vgl. außer den A.1 genannten Arbeiten H. Hellmuth Andersen, Neue Grabungsergebnisse 1977 zur Besiedlung und Bebauung im Innern des slawischen Burgwalls Alt-Lübeck, in: Lüb. Schriften z. Archäol. u. Kulturgesch. Bd. 3, Bonn 1980, S. 39–53.
3) Hammel, Bild S. 214; Fehring und Erdmann, in: Archäologie S. 35f. 40f.
4) Instruktive Zusammenfassung von Ansgars Wirken und der Anfänge der Christianisierung Nordalbingiens bei Walter Göbell, Die Christianisierung des Nordens und die Geschichte der nordischen Kirchen bis zur Errichtung des Erzbistums Lund, in: Schleswig-Holsteinische Kirchengeschichte Bd. 1, Neumünster 1977, S. 63–104.
5) Einzelheiten hierzu und zum folgenden bei Schubert, Kirchengeschichte S. 60ff; Hein, Slawenmission S. 114–118; Petersohn, Ostseeraum S. 18–28 und bei Helmut Beumann, Die Gründung des Bistums Oldenburg und die Missionspolitik Ottos d. Gr., in: Aus Reichsgeschichte und Nordischer Geschichte, hg. v. H. Fuhrmann, u. a., Stuttgart 1972, S. 54–69.
6) Helmold, Chronik 12, S. 70, 15f.
7) Vgl. Hein S. 120ff; Lammers S. 126f.
8) Zur slawischen Religiosität vgl. Erich Hoffmann, Schleswig und Holstein zur Zeit des Beginns der christlichen Mission, in: Schleswig-Holsteinische Kirchengeschichte Bd. 1, Neumünster 1977, S.15–61.
9) Adam, Gesta III, 22; S. 356, 18f.
10) Zu Gottschalk vgl. den Artikel von K. Jordan, NDB 6, 1964, S. 684; Hauck, Kirchengeschichte Bd. 3, S. 654ff; Lammers S. 128ff.
11) Divergierende Nachrichten über ihn bei Adam von Bremen und Saxo Grammaticus. Zu deren Interpretation vgl. Lammers S. 127 und Hein S. 123.
12) Vgl. Adam II, 66; III, 19ff; Helmold 19f.
13) Adam III, 20.
14) Vgl. dazu Adam III, 19.
15) Adam III, 20; Helmold c. 20.
16) Eine objektive, zurückhaltende Zusammenfassung in den Arbeiten W. Neugebauers (s. Lit.verz.). Ältere Forschung bei Ohnesorge und Hofmeister. Neuere Zusammenfassung bei Fehring, Lübeck S. 269ff.
17) Vgl. Helmold 14, S. 78, 31f; 20, S. 100, 8f: „Auch die einst zerstörten Kirchen wurden überall im Lande der Wagrier, Polaben und Obotriten wieder aufgebaut".
18) Adam III, 49f; Helmold 22–24. Vgl. Jordan, Bistumsgründungen S. 73.
19) Dazu Hammel, Bild S. 212; G. P. Fehring und W. Erdmann, in: Archäologie S. 35–41.
20) Helmold 34.
21) Ebd. S. 146, 1f.
22) Ebd. c. 36.
23) Allgemein vgl. Werner Neugebauer, Neues zur Person Heinrichs, Fürsten von (Alt-)Lübeck, ZVLG 45, 1965, S. 127–132.
24) Dazu Kamphausen, Baudenkmäler S. 116ff; Neugebauer, Burgwall S. 178–181, Ausgrabungen S. 34.
25) Helmold 48, S. 186, 17f. Die Existenz einer zweiten Kirche ist gelegentlich zu Unrecht bestritten worden, z. B. von Hofmeister, Altlübeck S. 61–71.
26) Zu diesem Typ allgemein s. Paul Johansen, Die Kaufmannskirche, in: Die Zeit der Stadtgründung im Ostseeraum, Acta Visbyensia 1, 1965, S. 85–134.

Anmerkungen zu S. 27–33

27) Zusammenfassung des archäologischen Befunds bei Neugebauer, Suburbium S. 27, Burgwall S. 249ff.
28) Vgl. E. Hoffmann, Vicelin S. 121f.
29) Zu Vizelins Biographie s. Helmold 42–46; dazu Neugebauer, Helmold S. 9ff, Vicelin S. 5ff. Eine instruktive Übersicht über Vizelins Wirken bei Hoffmann S. 124ff; Hein, Slawenmission S. 128ff; Neugebauer, Missionsversuch S. 5ff.
30) Heinrichs Initiative wird durch Helmold 46, S. 180, 7f. belegt.
31) Text in Stoobs Helmold-Ausgabe S. 181 A. 3.
32) Dazu Ulrich March, Zur Kirchengeschichte Nordelbingens in vorschauenburgischer Zeit, in: H. Fuhrmann u. a. (Hg.), Aus Reichsgeschichte und Nordischer Geschichte, Stuttgart 1972, S. 153–160.
33) Zur Wende in Vizelins Plan s. Neugebauer, Vicelin S. 12.
34) Vgl. Helmold 47.
35) Vgl. Schubert, Kirchengeschichte S. 133.
36) Helmold 48.
37) Helmold 49. Die Zerstörung von 1129 dürfte nicht so gründlich gewesen sein, daß ein wenigstens partieller Wiederaufbau nicht mehr lohnte. Bezweifelt wird ein solcher z. B. von Stoob, Schleswig-Lübeck S. 13.
38) Vgl. Jordan, Bistumsgründungen S. 74, Heinrich S. 16ff; Hoffmann, Vicelin S. 117f.
39) Hoffmann, Vicelin S. 127.
40) Helmold 53.
41) Ebd. 55.
42) Ebd. 56; vgl. Jordan, Nordelbingen S. 33.
43) UStL I, Nr. 1.
44) Vgl. Hofmeister, Altlübeck S. 83f.
45) Helmold 57. Zum allgemeinen Rahmen dieser Kolonisation s. Jordan, Heinrich S. 25–31.
46) Vgl. Neugebauer, Burgwall S. 246.
47) Vgl. Spethmann, Stadthügel S. 132.
48) Helmold 57, S. 212, 14.
49) Neuere Forschungen könnten größere Sicherheit bringen; vgl. einstweilen die Zusammenfassung bei Stoob S. 13–16 und Hammel S. 214. Die postulierte Fischersiedlung bei der späteren Kiesau (so Spethmann, Stadthügel S. 69f) ist nicht mehr als eine Vermutung.
50) Ein sicheres Gründungsdatum 1143 gibt es nicht, nur diesen terminus a quo; vgl. U. Lange, ZVLG 56, 1976, S. 103.
51) Reetz, Bistum S. 158f A. 964.
52) Verwiesen sei nur auf W. Brehmer (Dom), E. Keyser (Petri), Rörig und Am Ende (Markt) und Schlesinger (Koberg).
53) Vgl. Stoob S. 17f; Spethmann S. 18ff; Klöcking S. 12f. Diese Annahme berücksichtigt die Beobachtungen von Brehmer, Reuter, Keyser u.a.
54) Helmold 87, S. 308, 3. Zur Lokalisierung der Kirche vgl. z. B. Spethmann, Stadthügel S. 24ff.
55) Damit dürfte der 1314 ausgesprochene Verzicht der Schauenburger auf alle Rechte in diesem Kirchspiel zusammenhängen; vgl. BuK Bd. 3, S. 36 A. 1.
56) Helmold 90, S. 314, 22.
57) Helmold 86, S. 304, 15.
58) E. Keyser, Städtegründungen S. 207 hält Petri für die älteste Kirche.
59) Helmold 69, S. 246, 19f. Die Datierung ergibt sich aus dem Zusammenhang (vor der Aussöhnung mit Heinrich dem Löwen Ende 1150). Jordan, Lübeck S. 146 datiert auf 1150 oder 1151; vgl. dens., Bistumsgründungen S. 84 A. 1.
60) Vgl. Helmut Beumann, Kreuzzugsgedanke und Ostpolitik im hohen Mittelalter, in: Ders. (Hg.), Heidenmission und Kreuzzugsgedanke in der deutschen Ostpolitik des Mittelalters, Darmstadt 1963, S. 121–145, dort S. 130ff.
61) Beumann ebd. S. 138ff. Vgl. Jordan, Bistumsgründungen S. 79ff; Lotter, Christianisierung S. 400ff.
62) Zum folgenden s. Helmold 63.
63) Vgl. Lotter, Christianisierung S. 433ff.
64) Ebd. S. 420–426.

65) Weimar, Pfarrorganisation S. 112−117; Kamphausen, Baudenkmäler S. 14ff.
66) Zum Investiturstreit s. Helmold 69; Jordan, Bistumsgründungen S. 81−91.
67) Helmold 70.
68) Helmold 75. 78.
69) Jordan, Bistumsgründungen S. 85.
70) Helmold 77; Jordan ebd. S. 86f; ders.: Die Anfänge des Bistums Ratzeburg, in: H. H. Schreiber (Hg.), Der Dom zu Ratzeburg, Ratzeburg 1954, S. 12−17.
71) Jordan, Heinrich S. 145.
72) Zur Person Gerolds s. Meinhold S. 17ff. Gerolds Schüler Helmold berichtet über ihn recht detailliert.
73) Helmold 80−81.
74) Helmold 83. Zu Pribislaw s. Lotter, Christianisierung S. 433f.
75) Ausführlicher Bericht hierzu und zum folgenden bei Helmold 84; vgl. die Auswertung bei Biereye, Bistum S. 280−289.
76) Helmold 84, S. 290, 11ff.
77) Ebd. S. 294, 15f.
78) Ebd. S. 296,9ff. 28ff; 298,3ff; 294,16ff.
79) Vgl. Lotter, Christianisierung S. 440f; Petersohn, Ostseeraum S. 2f.

2. Kapitel
Stadt und Bistum in der Zeit der Neugründung nach 1159

1) Zum folgenden s. Helmold 76; dazu A. v. Brandt, Zur Einführung und Begründung, Festgabe zum 800jährigen Bestehen Lübecks = ZVLG 39, 1959, S. 5−10; Jordan, Nordelbingen S. 39.
2) Hierzu und zum folgenden s. Helmold 86; v. Brandt ebd. S. 7.
3) Zur Diskussion um die Lage der Löwenstadt in der Nähe von Herrnburg s. Spethmann, Stadthügel S. 182−191.
4) Zur Datierungsfrage s. v. Brandt ebd. S. 7.
5) Helmold 86, S. 304, 14ff.
6) So mit den Arbeiten von Fink, Reincke, v. Brandt, Scheper, Ebel, Jordan, Bosl gegen v. Winterfeld, Mayer, Schlesinger, Am Ende, U. Lange, deren Kritik hier jedoch berücksichtigt wird.
7) Jordan, Städtepolitik S. 34.
8) Dazu s. die plastische Skizze bei Reincke, Städtegründungen S. 338−351.
9) UStL I, Nr. 9. Vgl. dazu Rörig, Ursprung S. 19ff; Reincke ebd. S. 344ff; v. Brandt, Stadtgründung S. 89ff; Ebel, Recht S. 20ff.
10) Zum Datum s. Jordan, Städtepolitik S. 11ff, Lübeck S. 152ff. Zur Kore s. Wilhelm Ebel, Die Willkür. Eine Studie zu den Denkformen des älteren deutschen Rechts, Göttingen 1953; Ders., Recht S. 168ff. Zur Ratsverfassung s. Rörig, Stadt S. 19ff, Ursprung S. 25ff.
11) Übersicht über die komplexe Erforschung der Städtegeschichte bei Bosl S. 193−215 und im Sammelwerk von C. Haase (Hg.), Die Stadt des Mittelalters, 3 Bde, Darmstadt 1969−73.
12) Allgemein dazu Lotter, Christianisierung S. 442.
13) Vgl. dazu v. Brandt, Stadtgründung S. 93−95; Reincke S. 348f. Wenig überzeugend ist demgegenüber der Versuch, den Adel als separaten Stand zu behaupten, bei Tage E. v. Gerber, Über die Gründung Lübecks und den mittelalterlichen Adel im Staate Lübeck, Göteborg 1956.
14) Ernst Werner, Stadtluft macht frei. Frühscholastik und bürgerliche Emanzipation in der ersten Hälfte des 12. Jahrhunderts, Berlin 1976 (= Sitzungsberichte d. Sächs. Akademie d. Wiss., Phil.-hist. Kl. 118) hat diese Zusammenhänge herausgestellt, behauptet aber zu Unrecht eine materialistische Kausalität.
15) Grautoff, Verlegung S. 129ff; Jordan, Bistumsgründungen S. 91−98.
16) Grautoff ebd. S. 134f.
17) So bei Helmold 92, S. 320, 12 (1162/63); vgl. UBL Nr. 3−7 (1163/64).
18) Jordan, Bistumsgründungen S. 96, Heinrich S. 98.
19) Helmold 90.
20) Zur Ausstattung des Kapitels vgl. Wehrmann, Mittheilungen S. 1ff (der zu Unrecht gegen Helmold 90 mit 14 Präbenden rechnet); Prange, Domkapitel S. 110.

Anmerkungen zu S. 42–50

21) Helmold 90, S. 314, 22.
22) W. Brehmer, Die Straßennamen in der Stadt Lübeck und deren Vorstädten, ZVLG 6, 1892, S. 1–48; dort S. 8 (Oberstadtbuch zu 1318); vgl. UStL I, Nr. 250 (zu 1263).
23) Bericht bei Helmold 94. Zum Patronat Maria-Nikolaus s. UBL Nr. 4. Zum Bau s. J. Baltzer – F. Bruns in BuK 3, S. 13.
24) UBL Nr. 3–6; vgl. Jordan, Bistumsgründungen S. 114.
25) Jordan ebd. S. 98.
26) Grautoff, Unterrichtsanstalten S. 342ff.
27) Helmold 90 bezeichnet die Domherren für 1160 als nach einer Regel lebend (clericorum canonice viventium) und ihr Wohngebiet beim Dom als klösterlich (claustrales).
28) UBL Nr. 162, S. 169ff nennt das Dormitorium, aber auch einzelne Kurien.
29) Gegen L. v. Winterfelds entsprechende Thesen (s. 383ff. 444f.) s. zuletzt Scheper S. 54–62.
30) UBL Nr. 4; vgl. dazu Suhr, Kirche S. 14f.
31) Helmold 95, S. 332, 13.
32) UBL Nr. 8; vgl. Jordan, Bistumsgründungen S. 123ff. Ausführliche Interpretation bei Radtke S. 9–19.
33) Helmold 73, S. 266,12; 84, S. 292,27ff; vgl. Prange, Hufen S. 244f.
34) Vgl. Prange, Hufen S. 257f.
35) UBL Nr. 30. UBL Nr. 31 von 1216 (Bestätigung des Papstes Honorius III.) nennt 34 Dörfer. Vgl. die Aufstellungen bei Hou, Bistum S. 6–72 (mit Tabellen S. 153ff), Radtke S. 19ff, Prange S. 247ff.
36) Vgl. UBL Nr. 29 (Bestätigung durch König Waldemar 1215).
37) Angaben nach Lappenberg und Waitz bei Loy S. 4; Karte bei Weimar, Pfarrorganisation S. 164.
38) UBL Nr. 142; Weimar S. 209. 235f.
39) Jordan, Bistumsgründungen S. 124ff; Hou S. 117ff (vgl. Kurzfassung S. 150); Radtke S. 59ff.
40) Hou S. 84–97 (Kurzfassung S. 148f); Radtke S. 76ff.
41) Einzelheiten bei Loy S. 4–37; Kuujo S. 71–94.
42) Helmold 12. 14. 18; dazu Loy S. 21f; Jordan, Bistumsgründungen S. 115f.
43) Loy S. 13f.
44) Ebd. S. 25–29. 39.
45) Loy S. 52–56; Kuujo S. 154f; Jordan, Bistumsgründungen S. 116f. Zu den Auseinandersetzungen mit den holsteinischen Grafen s. Hou S. 73–83.
46) Helmold 92.
47) Vgl. BuK Bd. 3, S. 231f; Abbildungen bei Meinhold S. 19. 24.
48) Näheres bei Kamphausen, Baudenkmäler S. 21–27. 136–167; Weimar, Pfarrorganisation S. 117–127.
49) Helmold 97. Zur Person Konrads s. Biereye S. 295–301.
50) Helmold 105.
51) Helmold 107.
52) Arnold, Chronik I, 2.8.
53) Zu Bischof Heinrich s. Arnold I, 13; III, 3 und Biereye, Bistum S. 301ff.
54) Arnold I, 5–8.
55) Arnold III, 6, S. 80, 13ff.
56) Zuammenfassender Überblick zur geologisch-topographischen Situation bei Hans Spethmann, Wie sah der Stadthügel aus, als Lübeck gegründet wurde?, Wa. 1955, S. 5–12 (ausführlicher in dem Buch von 1956).
57) Vgl. Stoob, Schleswig S. 19f.
58) UBL Nr. 9; vgl. Nr. 17 (päpstliche Bestätigung von 1195).
59) UBL Nr. 11; Brehmer, Kapelle S. 261f. 265f; BuK Bd. 4, S. 345ff.
60) UBL Nr. 9 (21.11.1170); vgl. Teuchert, Baugeschichte S. 29.
61) Arnold I, 13. 9. Allgemein dazu Grundmann, Lübecker Dom. Zur Baugeschichte s. Venzmer und Gerlach.
62) Bericht bei Arnold I, 13; vgl. UBL Nr. 11.
63) Näheres bei Venzmer S. 63f.
64) Ebd. S. 53f; Gerlach, Modell S. 358.

Anmerkungen zu s. 50—59

65) UBL Nr. 98, S. 91f; vgl. auch UStL I, Nr. 9, S. 14 (im Chor 1201).
66) Vgl. Freytag, Klöster (passim); Ulrich March, Zur Kirchengeschichte Nordelbingens in vorschauenburgischer Zeit, in: H. Fuhrmann u. a. (Hg.), aus Reichsgeschichte und Nordischer Geschichte, Stuttgart 1972, S. 153—160.
67) Arnold II, 5.
68) Arnold I, 19. Die Stiftung des Klosters, die Arnold ebenfalls für 1177 angibt, muß eher erfolgt sein; vgl. Detmar, Chronik 97, S. 35f; Dittmer, Johannis-Kloster S. 8f; Am Ende, Studien S. 117f.
69) Arnold I, 19; dazu Dittmer S. 10f; Am Ende S. 117f.
70) Wilde, Baugeschichte S. 49.
71) Über Arnolds Leben ist kaum etwas bekannt; vgl. W. Wattenbach, ADB 1, 1875, S. 582f; Damus, Slavenchronik S. 196—205; H.-J. Freytag, NDB 1, 1953, S. 381.
72) Arnold I, 13.
73) Zur Tendenz des Arnold'schen Werkes s. Damus S. 206ff.
74) Trotz der Verfälschung ist in UStL I, Nr. 7 (S. 10, 11f) ein echter, aber nicht wörtlich erhaltener Kern anzunehmen; vgl. Suhr, Kirche S. 75.
75) Dazu s. Reetz, Ecclesia forensis.
76) Päpstliche Urkunde vom 5. Mai 1195 in UBL Nr. 17.
77) Vgl. v. Brandt, Ratskirche S. 85f.
78) So Ellger, Baugeschichte S. 30. Vgl. auch Hasse, St. Marien S. 128.

3. Kapitel
Reichsfreiheit und bürgerliches Selbstbewußtsein 1181—1250

1) Zusammenfassung hierzu und zum folgenden bei Jordan, Heinrich S. 187—213.
2) Ausführlich darüber Arnold II, 21.
3) Text des (verfälschten) Barbarossaprivilegs von 1188 in UStL I, Nr. 7; dazu Bloch, Freiheitsbrief; Am Ende, Studien S. 24ff; U. Lange, Grafen S. 162f.
4) Dazu s. U. Lange, Grafen S. 165, Anfänge S. 105f.
5) Vgl. Hou, Bistum S. 140ff.
6) Zum folgenden s. Arnold III,6 und Biereye, Bistum S. 310—313.
7) Arnold III, 14.
8) Dazu s. Heineken, Münzprägung S. 209f.
9) Überblick bei Biereye, Bistum S. 316—333.
10) UBL Nr. 13—14.
11) UBL Nr. 15—16; dazu Biereye S. 316f.
12) Dazu Hans-Joachim Freytag, Die Eroberung Nordelbingens durch den dänischen König 1201, in: H. Fuhrmann u. a. (Hg.), Aus Reichsgeschichte und Nordischer Geschichte, Stuttgart 1972, S. 222—243; E. Hoffmann, Bedeutung S. 14ff.
13) Vgl. Arnold VI, 13, S. 235; Am Ende S. 144 betont die Zäsur zu stark.
14) Das sog. Waldemarprivileg von 1204 (UStL I, Nr. 12) ist wahrscheinlich eine Fälschung; s. Am Ende S. 10—23.
15) Vgl. Schöffel, Kirchengeschichte Hamburgs S. 151—154.
16) Einzelheiten bei Biereye, Bistum S. 335.
17) UBL Nr. 29 (29. Juli 1215).
18) Vgl. E. Hoffmann, Bedeutung S. 24ff.
19) Einzelheiten bei Hubatsch S. 7ff; Am Ende S. 159ff.
20) Zum Text (mit den genauen Einzelheiten) s. Antjekathrin Graßmann, Die Urkunde, in: Lübeck 1226. Reichsfreiheit und frühe Stadt, hg. v. O. Ahlers u. a., Lübeck 1976, S. 9—19. Zur Interpretation s. H. Boockmann, Reichsfreiheitsprivileg S. 99ff.
21) Vgl. Hubatsch, Reichsfreiheit S. 5.8.
22) Zur Rekonstruktion der militärisch-politischen Situation s. Paul Hasse, Die Schlacht von Bornhöved, ZGSHG 7, 1877, S. 1ff. Zu den politischen Folgen s. E. Hoffmann, Bedeutung S. 29ff; Fritz Rörig, Die Schlacht von Bornhöved, ZVLG 24, 1928, S. 281—299; abgedr. in: Ders., Vom Wesen und Werden der Hanse, Leipzig 1940, S. 55—82.

Anmerkungen zu S. 59—69

23) Nachweise bei Boockmann S. 105ff.
24) Stoob, Schleswig S. 23ff; Dollinger, Hanse S. 41ff.
25) Zum ganzen s. Benninghoven, Schwertbrüder S. 19ff.
26) E. Hoffmann, Bedeutung S. 17—24.
27) Zur livländischen Kreuzzugsidee vgl. Nyberg S. 177ff; Albert Bauer, Der Livlandkreuzzug, in: Baltische Kirchengeschichte, hg. v. R. Wittram, Göttingen 1956, S. 26—34; Benninghoven, Schwertbrüder S. 37ff.
28) Einzelnachweise bei Ernst Günther Krüger, Die Bevölkerungsverschiebung aus den altdeutschen Städten über Lübeck in die Städte des Ostseegebiets, ZVLG 27, 1934, S. 101—158. 263—313.
29) Einzelheiten bei Benninghoven, Schwertbrüder S. 27ff.
30) Zum ganzen s. Nyberg S. 187f; Helmut Roscher, Papst Innozenz III. und die Kreuzzüge, Göttingen 1969, S. 198—205.
31) UStL I, Nr. 36.
32) Dazu Nyberg S. 189ff; Hoffmann, Bedeutung S. 21f.
33) Zum ganzen s. P. Hasse, Kampf S. 120f. 147f. Ferner UStL I, Nr. 55—56; Kallmerten S. 57; Benninghoven, Schwertbrüder S. 359f; UStL I, Nr. 68—72 zu den Auseinandersetzungen mit dem Bistum wegen Kirchenzerstörungen in Ostholstein 1234.
34) Hierzu und zum folgenden s. Benninghoven S. 20—54.
35) Wehrmann, Haus S. 461. Dem Deutschen Orden gehörte das Haus erst nach der Zusammenlegung beider Orden nach 1237.
36) Benninghoven S. 206ff.
37) Vgl. Paul Johansen, Novgorod und die Hanse, in: Städtewesen und Bürgertum. Gedächtnisschrift f. F. Rörig, Lübeck 1953, S. 121ff. 135ff.
38) Vgl. G. Uhlhorn, Art. Deutschorden, RE 4, S. 589—595; Hubatsch, Hermann S. 49. 53. Die Arbeit von Marianne Pohl, Lübeck und der Deutsche Orden, Diss. phil. (masch.) Berlin 1942 ist derzeit nicht greifbar (s. Ketterer S. 15 A.4.).
39) Vgl. Biereye, Bistum S. 354f.
40) UStL I, Nr. 117.
41) Dazu Werner Neugebauer, Die Gründung Elbings durch den Deutschen Orden und Lübecker Bürger 1237, in: Reichsfreiheit und frühe Stadt, Lübeck 1976, S. 227—266.
42) Krüger (s. A. 28) S. 264ff. 289ff.
43) Biereye, Bistum S. 335ff.
44) Text in UBL Nr. 27 (6. November 1212).
45) Sorgfältige Übersicht bei Kurze, Pfarrerwahlen; dort S. 401—408. 434—450 zu Lübeck.
46) Die Vorgänge sind durch die Andeutungen in der Urkunde UBL Nr. 42 von 1222 bekannt.
47) UBL Nr. 42. Zur Interpretation s. Suhr, Kirche S. 72; v. Winterfeld S. 384.
48) Die Rechtslage ist nicht ganz klar; vgl. v. Brandt, Stadtgründung S. 89; Scheper S. 56ff.
49) UStL I, Nr. 30; vgl. Neugebauer, Stand S. 111.
50) UStL I, Nr. 7, S. 10, 11ff; dazu Suhr, Kirche S. 73ff; Ebel, Recht S. 154f.
51) UStL I, Nr. 24—25.
52) UBL Nr. 59; vgl. UStL I, Nr. 32 (S. 41, 10f); dazu Biereye, Bistum S. 353.
53) Vgl. G. W. v. Brandt, Vogtei S. 163—168.
54) Allgemein dazu Steynitz S. 15—22. Zu Lübeck s. Dittmer, Hospital S. 11—17; Plessing S. 5f.
55) Zeugnis für die folgenden Vorgänge ist eine Urkunde aus der Zeit um 1234 (UStL I, Nr. 66, S. 73—75), die mit den Urkunden von 1227 (UBL Nr. 56—59) in Verbindung zu bringen ist. Zur Interpretation vgl. Dittmer S. 100ff; Biereye S. 353ff.
56) Vgl. UBL Nr. 46—47.
57) UBL Nr. 48—49.
58) UStL I, Nr. 66, S. 74, 2ff.
59) Allgemein dazu s. Grundmann, Religiöse Bewegungen S. 199ff. 487ff und Karl Suso Frank, Grundzüge der Geschichte des christlichen Mönchtums, Darmstadt 1975, S. 86—108.
60) Detmar-Chronik I, S. 304. II, S. 166; UStL I, Nr. 59 (zu 1234). Ansonsten ist über die Frühgeschichte der Franziskaner in Lübeck nichts bekannt; vgl. Schlager S. 1f und die Zusammenfassung bei Jaacks, St. Katharinen S. 10ff.
61) UStL I, Nr. 86 (1240) und Nr. 229.

62) Franz Ehrle, Neuere Quellen-Publikationen zur älteren Franziskaner-Geschichte, Zs. f. kath. Theol. 7, 1883, S. 772f; K. E. H. Krause, Provinzialkapitel der Minoriten in Lübeck, MVLG 2, 1885, S. 35–37.
63) UStL I, Nr. 203 (von 1253). Zu den Kontakten innerhalb der Kustodie vgl. das Schreiben von 1276 bei M. Perlebach, Aus norddeutschen Minoriten-Klöstern, Altpreuß. Monatsschriften 10, 1875, S. 1–3.
64) BuK 3, S. 167f; UStL I, Nr. 75.
65) Einzelheiten bei Biereye, Bistum S. 345f. 53f.
66) Summarische Berichte in UStL I, Nr. 104. 114–115.
67) Hierzu und zum folgenden s. Biereye, Bistum S. 56–60. 85–91.

4. Kapitel
Der Entscheidungskampf zwischen geistlicher und weltlicher Gewalt

1) Hauck, Kirchengeschichte Bd. 4, S. 682–684. Vgl. P. v. Goetze, Albert Suerbeer. Erzbischof von Preussen, Livland und Ehstland, Petersburg 1854, S. 17ff. Zum Legaten Balduin s. Benninghoven, Schwertbrüder S. 279–301.
2) August Potthast (Hg.), Regesta Pontificum Romanorum Bd. 2, Berlin 1875, S. 1068, Nr. 12680; vgl. Biereye S. 73. 77.
3) UBL Nr. 100 vom 1. Dezember 1247.
4) Vgl. Goetze, Albert Suerbeer S. 76ff.
5) UStL I, Nr. 121 in Verb. mit Nr. 113.
6) Zu einem Fall des Jahres 1362 s. Reetz, Prozesse S. 10f und Friedrich Techen, Eine Fälschung und ihre Sühne, ZVLG 20, 1920, S. 303–310. Zu den prozessualen Komplikationen s. Reetz ebd. S. 18ff.
7) UStL I, Nr. 143 und 141.
8) UStL I, Nr. 134. 139. 145; dazu M. Hoffmann, Geschichte Bd. 1, S. 53.
9) UStL I, Nr. 145 und 144.
10) UStL I, Nr. 181.
11) UStL II, Nr. 23.
12) UStL I, Nr. 112; dazu Biereye, Bistum S. 105f; Hou, Bistum S. 140ff (Kurzfassung S. 151f).
13) Einzelheiten bei Biereye S. 102f.
14) Zum ganzen vgl. Hoffmann, Geschichte Bd. 1, S. 53f; Biereye S. 109f.
15) UStL I, Nr. 206–208.
16) UStL I, Nr. 234. 240 und 236. 238.
17) UStL I, Nr. 356; UBL Nr. 242 und 271; vgl. Hou, Bistum S. 142 (Kurzfassung S. 152).
18) Insgesamt dazu Kallmerten, Bündnispolitik S. 7ff. 16ff. 46ff.
19) Zum ganzen s. z. B. UBL Nr. 264 von 1277; Suhr, Bild S. 110 und ausführlich Reetz, Bistum S. 150–158.
20) UStL I, Nr. 275, S. 255–264 (lat. und niederdt.); dazu Dittmer, Hospital S. 42–52.
21) UStL VII, Nr. 730; Pauli, Zustände Bd. 1, S. 217; Brehmer, Häusernamen MVLG 3, 1887/8, S. 132.
22) Vgl. G. Schaumann in BuK Bd. 2, S. 453. 463; M. Neugebauer, Hospital; Ders., Zur Baugeschichte des Heiligen-Geist-Hospitals in Lübeck, in: Archäologie S. 69–74.
23) Namensliste aufgrund der Wandmalereien bei Schaumann ebd. S. 466 und Brandt, Bildnisse S. 42f.
24) Zum Vergleich mit Hospitälern anderer Städte s. Schlippe, Hospital S. 26ff.
25) Einzelheiten bei Dittmer, Hospital S. 18–41.
26) Allgemein dazu Uhlhorn, Liebesthätigkeit Bd. 2, S. 251ff; Siegfried Reicke, Das deutsche Spital und sein Recht im Mittelalter, Kirchenrechtl. Abh. 111–114, Stuttgart 1932.
27) Texte bei Dragendorff, Leprosen-Ordnung. Aus Eintragungen im Oberstadtbuch von 1290 und 1336 ergibt sich, daß dieses Spital vor dem Mühlentor lag; vgl. BuK Bd. 4, S. 389 A. 3–4.
28) UBL Nr. 149.
29) Zur St. Jürgen-Kapelle s. Rahtgens-Bruns, BuK Bd. 4, S. 389ff.
30) UStL III, Nr. 32. Vgl. die spätere Ordnung von ca. 1450 in UStL VIII, Nr. 739.
31) Einzelheiten bei Reetz, Bistum S. 129.

Anmerkungen zu S. 81–108

32) Ausführliche Quellen für diesen Streit sind – da die Detmar-Chronik I, S. 359ff und die Annales Lubicenses S. 417ff nicht viel bringen – die Urkunden UBL Nr. 259–282, S. 250–290. Auswertung bei Dittmer, Burchard S. 13–25 und Reetz, Bistum S. 128–139.
33) Zu seiner Person s. Friederici Bd. 2, S. 336; Reetz S. 137f.
34) UBL Nr. 260.
35) UBL Nr. 264. Zu den „maiores" s. Reetz S. 185 A. 1146.
36) UBL Nr. 282, S. 285; dazu Suhr, Kirche S. 113.
37) UBL Nr. 275.
38) UBL Nr. 282; vgl. Nr. 277; zum ganzen s. Reetz S. 135f. 138f. 142.
39) UBL Nr. 299; vgl. Suhr S. 78f.
40) Vgl. Reincke, Vorabend S. 38.
41) Kallmerten, Bündnispolitik S. 51.
42) Quellen für diesen Streit sind die Urkunden (von Dittmer, Burchard S. 26–42 ausgewertet) und die Protokolle des Prozesses, die Reetz erstmals durch minutiöse Analysen erschlossen hat (S. 24–120; Darstellung S. 150–252).
43) Zur politischen Situation s. Kallmerten S. 35f. 54f.
44) UStL I, Nr. 680; vgl. Nr. 678.
45) Urkundensammlung der Schleswig-Holstein-Lauenburgischen Gesellschaft für vaterländische Geschichte Bd. 1, hg. v. A. L. J. Michelsen, Kiel 1839–49, Nr. 134/III und VI.
46) Ebd. Nr. 134/IV; vgl. Dittmar S. 31.
47) Einzelheiten bei Reetz S. 171–176.
48) Ebd. S. 176–190.
49) Urkundensammlung (s. A. 45) Nr. 134/X-XI.
50) Zur juristischen Situation s. Suhr, Bild S. 128ff; Einzelheiten der Vorgänge bei Reetz S. 195ff.
51) Hierzu und zum folgenden s. Reetz S. 206–214 aufgrund der Prozeßprotokolle.
52) Suhr, Bild S. 121.
53) Reetz, Bistum S. 215ff.
54) Vgl. v. Lehe, Kaufmann, S. 85ff; Rörig, Großhandel S. 218f.
55) Grautoff, Unterrichtsanstalten S. 374ff.
56) Reetz S. 225–237.
57) Text des Vergleichs in UBL Nr. 429; vgl. UStL II, Nr. 237–238. Zur politischen Lage s. Kallmerten S. 14. 39f.
58) UBL Nr. 449; zum ganzen s. Reetz S. 242–249.
59) UBL Nr. 480.

5. Kapitel
Bürgerliche Frömmigkeit in Lübecks großer Zeit

1) Vgl. J. M. Andersson, König Erich Menved und Lübeck, ZVLG 39, 1959, S. 69–116.
2) Zusammenfassungen dazu bei Hoffmann, Geschichte Bd. 1, S. 98–134; Rörig, Geschichte S. 38–51.
3) Insgesamt dazu Dollinger, Hanse S. 116–155. 244–340.
4) Dazu und zum folgenden s. Stoob, Karl; Heinrich Reincke, Kaiser Karl IV. und die deutsche Hanse, Pfingstbl. d. Hans. Gesch.vereins 22, Lübeck 1931.
5) Vgl. auch Wilhelm Mantels, Kaiser Karls IV. Hoflager in Lübeck, in: Ders., Beiträge S. 289–323.
6) Wichtige Analyse mit nötigen Differenzierungen bei v. Brandt, Knochenhaueraufstände. Eine Übersicht über die Situation 1403–08 bei Reinhard Barth, Argumentation und Selbstverständnis der Bürgeropposition in städtischen Auseinandersetzungen des Mittelalters, Köln–Wien 1974, S. 25–120.
7) Zur folgenden Zusammenfassung s. BuK Bd. 2, S. 123ff. 150ff und die Arbeiten von Ellger, Hasse, Kamphausen, Sedlmaier.
8) Urkunde von 1266 in UBL Nr. 183. Zum folgenden vgl. BuK Bd. 3, S. 48–56; Venzmer, Erweiterungsbau S. 92ff; Grundmann, Dom S. 81ff.
9) Vgl. UBL Nr. 622, S. 789; Detmar-Chronik Bd. 1, S. 488.
10) Vgl. Hasse, Bischofshof.

Anmerkungen zu S. 108–117

11) Dazu s. Rörig, Stadt S. 20ff; Kamphausen, Marienkirche; Weimann, Bürger; Hootz, Kirchenbaukunst.
12) Zum folgenden s. Teuchert, Baugeschichte S. 56ff.
13) Zur Baugeschichte s. BuK Bd. 3, S. 309–330.
14) Ebd. S. 459–472; Lutz Wilde, Die Ägidienkirche in Lübeck, Große Baudenkmäler 253, 3. A. Berlin 1976.
15) BuK Bd. 4, S. 168–193.
16) Jaacks, Katharinen S. 19–44.
17) Nachricht zum Klosterbau in der Detmar-Chronik Bd. 1, S. 523. 528.
18) Wilde, Baugeschichte S. 52.
19) Allgemein dazu Hauck Bd. 5, S. 380ff und H. Haupt, RE 6, S. 432–444.
20) Detmar-Chronik Bd. 1, S. 520f.
21) Ebd. S. 514. Zu Rostock 1350 vgl. Schlichting S. 75. Allgemein s. Willehad P. Eckert, Hoch- und Spätmittelalter, in: Kirche und Synagoge. Handbuch zur Geschichte von Christen und Juden, hg. v. K. H. Rengstorf – S. v. Kortzfleisch, Bd. 1, Stuttgart 1968, S. 210–306.
22) Text in UStL III, Nr. 100; vgl. Nr. 100 A. Übersetzung bei Wilmanns-Schneider Bd. I, S. 122ff; Carlebach S. 2f.
23) Zum folgenden s. E. Peters, Sterben S. 38ff. 83ff. 139ff. Zu den Zahlen s. Brandt, Struktur S. 220.
24) Peters S. 41ff.
25) Detmar-Chronik, Chroniken Bd. 1, S. 523; Reimar Kocks Chronik bei Grautoff, Chronik Bd. 1, S. 472.
26) BuK Bd. 4, S. 384.
27) Zum folgenden s. die grundlegenden Forschungen von Rosenfeld, Totentanz S. 44–117.
28) So Rosenfeld S. 100f. 183ff. Vgl. Wilhelm Mantels, Der Todtentanz in der Marienkirche zu Lübeck, Lübeck 1866, S. 9.
29) Dazu s. die Regesten bei v. Brandt Bd. 2. Allgemein zu den Stiftungen s. Schlichting S. 51ff.
30) Brandt, Regesten Bd. 2, S. 33, Nr. 458.
31) Ebd. S. 40f, Nr. 470.
32) Wehrmann, Memorienkalender S. 9f.
33) Text für die Marienkirche ebd. S. 63–109.
34) Beispiele bei v. Brandt, Regesten Bd. 2, S. 225. 236f.
35) Allgemein dazu E. W. Mc Donnell, Art. Beginen/Begarden, TRE Bd. 5, 1980, S. 404–411; Hauck Bd. 5, S. 421–428; Grundmann, Bewegungen S. 319–354. 524–538.
36) Detmar-Chronik zum Jahre 1368, Chroniken Bd. 1, S. 539.
37) Hartwig, Frauenfrage S. 36–64.
38) Zum folgenden s. Melle, Nachricht S. 303–305; Wehrmann, Beiträge/Beginenhäuser S. 83ff; Hartwig, Frauenfrage S. 80–88; Lütgendorff, Lübeck Bd. 3, S. 25–38. Alle vernachlässigen die religiöse Problematik.
39) Vgl. Manfred Neugebauer, Der ehemalige Kranenkonvent zu Lübeck, in: Archäologie S. 76–78.
40) Zur Datierung s. Melle, Nachricht S. 296; Lütgendorff Bd. 3, S. 30 datiert gar auf „vor 1300".
41) Text bei Carl Wehrmann, Die Kunst, weiße Seife zu machen, MVLG 7, 1895, S. 53–58.
42) Zu den vier Häusern vgl. Lütgendorff Bd. 3, S. 36–39.
43) Text in UStL VII, Nr. 764, S. 760–763.
44) Korner, Chronica S. 546, Nr. 1154; Chroniken Bd. 3, S. 29f.
45) Zusammenfassung bei v. Melle, Nachricht S. 310–313. 336–350; Link, Brüderschaften S. 26–75; Neumann, Leben S. 81–95. Den neuesten Forschungsstand bietet die schöne Arbeit von M. Zmyslony, die allerdings die geschichtliche Entwicklung nicht deutlich genug herausarbeitet.
46) Gertrud Brandes, Die geistlichen Brüderschaften in Hamburg während des Mittelalters, ZVHG 34, 1934, S. 75–176; 35, 1936, S. 57–96; 36, 1937, S. 65–110.
47) Neuere Zusammenfassung des Sachverhalts bei Zmyslony S. 47ff.
48) UBL Nr. 406, S. 484–486.
49) Zmyslony S. 52 mit A. 203.
50) UStL III, Nr. 93, S. 88f; IV, Nr. 477, S. 523f; vgl. Zmyslony S. 49f.

Anmerkungen zu S. 117–125

51) UStL IX, Nr. 618; IV, Nr. 116.
52) Melle, Nachricht S. 311f; Zmyslony S. 53–57.
53) Zum Gründungsdatum s. Dittmer, Clemens-Kaland S. 322 (bzw. 134); Zmyslony S. 55f.
54) Text bei Dittmer S. 322; vgl. v. Melle, Nachricht S. 312f.
55) Zum ganzen s. Dittmer S. 323ff. (bzw. 135ff).
56) Dazu Dittmer S. 330ff. 337ff.
57) Zum ganzen s. Wehrmann, Zunftrollen S. 149–156.
58) Statuten bei Wehrmann S. 259–266, dort s. S. 265.
59) UStL IV, Nr. 360, vgl. Nr. 474; v. Melle, Nachricht S. 342f; Link, Brüderschaften S. 29–32; Zmyslony S. 46 klammert sie zu Unrecht aus.
60) Vgl. Carl Wehrmann, Die Fastnachtsspiele der Patrizier in Lübeck, Jb. d. Vereins f. niederdt. Sprachforschung 6, 1880, S. 1–5; Johannes Warncke, Das Haus der Zirkelkompagnie zu Lübeck, ZVLG 27, 1934, S. 239–261 (zur Neuzeit).
61) Melle S. 346; BuK Bd. 3, S. 405; Statuten bei Wehrmann, Zunftrollen S. 499–503.
62) UStL IV, Nr. 690; V, Nr. 208; Melle S. 345f; Zmyslony S. 69f.
63) UStL VI, Nr. 301 (Statuten von 1420) und BuK Bd. 4, S. 93; UStL XIV, Nr. 36; Zmyslony S. 30. 32.
64) UStL V, Nr. 644; vgl. Paul, Handeln S. 18ff; Lindtke, Schiffergesellschaft S. 29ff; Zmyslony S. 88ff.
65) Vgl. Bruns, Bergenfahrer S. CXXX.
66) Vgl. die Aufstellungen bei v. Melle, Nachricht (passim) und Zmyslony S. 100.
67) Zum ganzen s. Arthur Witt, Die Verlehnten in Lübeck, ZVLG 18, 1916, S. 157–197; 19, 1918, S. 39–92. 191–245; dort S. 178ff. 211ff.

6. Kapitel
Klerus und Bürgertum im 14./15. Jahrhundert

1) Zu Einzelfällen s. Reetz, Prozesse S. 30.
2) Suhr, Kirche S. 116 (nach v. Melle, Lubeca religiosa); personenstandliche Untersuchungen bei Friederici Bd. 2
3) Suhr S. 7 mit A. 36 und S. 12.
4) Zitat nach Busch, Liber de reformatione S. 672; dt. Paraphrase bei Brehmer, Busch S. 121.
5) Suhr S. 9. 12.
6) Radtke, Herrschaft S. 40ff. 57ff. 74ff; Hou, Bistum S. 146ff.
7) Zu 1434/38 s. Ammon, Schele S. 7f; zu 1474 s. Brandt-Klüver S. 135.
8) Zu Schele s. G. Hödl, NDB 10, 1974, S. 494f; K. Wriedt, SHBL 4, 1976, S. 201f; Zimmermann, Herkunft; Ammon, Schele; Hödl, Reichspolitik.
9) Dazu Ammon S. 12–60.
10) Ebd. S. 68ff; Hödl S. 47f.
11) Zu N. Sachow s. Chronica episcoporum S. 401f; Ammon S. 84.
12) Chronica episcoporum S. 402; vgl. K. Wriedt, Art. Arnold Westphal, SHBL 4, 1976, S. 233–235.
13) Chronica S. 403–405; Hasse, Krummediek; Vetter, Programm; Heinrich Reincke, Art. Albert II., NDB 1, 1953, S. 129.
14) Vgl. G. Meyer, Erinnerung S. 155; Vetter S. 19.
15) Einzelheiten der Deutung in den Arbeiten von M. Hasse und E. Vetter.
16) Zum folgenden s. Wehrmann, Mittheilungen; Suhr, Kirche S. 10ff; Friderici Bd. 1, S. 5ff; Prange, Domkapitel S. 110ff.
17) Zur Geschichte dieses Typs s. Friederici Bd. 1, S. 37ff.
18) Ebd. S. 46ff.
19) Ebd. S. 19–37; Suhr S. 113.
20) Vgl. UBL Nr. 527, S. 656.
21) Wehrmann S. 5; Suhr S. 42. 68.
22) Genaue Zahlen bei Friederici Bd. 1, S. 179 und Suhr S. 117.
23) Zitat bei Johannes Busch (s. o. A. 4).
24) Zum folgenden s. Wehrmann S. 4ff; Friederici Bd. 1, S. 66–103.

Anmerkungen zu S. 126–135

25) Prange, Domkapitel S. 116f.
26) Ebd. S. 116.
27) Dazu Suhr, Kirche S. 19f; Jannasch, Reformationsgeschichte S. 32.
28) Vgl. z. B. die unterschiedlichen Testamente um 1350 bei v. Brandt, Regesten Bd. 2, Nr. 447, 461, 479, 538, 619, 654, 720.
29) Zu den Zahlen s. Jannasch S. 39. 354; Hartwig, Frauenfrage S. 41ff.
30) Zahlen nach Hartwig S. 45f.
31) Allgemein zum folgenden: Grautoff, Vikarien; Wehrmann, Memorienkalender (Separatdruck) S. 41–62.
32) Stiftungsurkunde: UBL Nr. 66.
33) Text der Urkunde: UBL Nr. 132.
34) UStL I, Nr. 129.
35) Zahlen nach den Vikarienverzeichnissen in BuK Bd. 3, S. 120–132; Bd. 2, S. 202–213; Bd. 3, S. 344–350 und S. 486–489. Für St. Petri fehlen Angaben. Allgemein vgl. Schlichting S. 54.
36) BuK Bd. 4, S. 22ff; Suhr, Kirche S. 25.
37) Brehmer, Errichtung; BuK Bd. 2, S. 208 Nr. 35.
38) Zum ganzen s. UStL V, Nr. 17 (= Grautoff S. 324–327); BuK Bd. 2, S. 170; Bruns, Bergenfahrer S. CXXVI ff.
39) So nach den entsprechenden Registern in BuK Bd. 2–3 und nach der Tabelle bei Zmyslony S. 31ff.
40) Zum ganzen s. UStL III, Nr. 309; IV, Nr. 63. 64.
41) Abdruck des Memorienbuches aus St. Marien bei Wehrmann S. 63–98.
42) Zum ganzen s. Wehrmann S. 50ff; Leverkus, Statuta (für die Domvikare).
43) Suhr S. 63; Hartwig, Schoß S. 51ff.
44) Zum ganzen s. Suhr S. 64f.
45) Ebd. S. 43ff. 62. Zum Fall Mul s. UStL II, Nr. 822.
46) Friederici Bd. 1, S. 124ff. 139ff.
47) Zu beiden Beispielen s. Suhr S. 119 A. 770; Jannasch S. 347ff.
48) Schlichting S. 76.
49) Lübecker Beispiele bei Friederici Bd. 1, S. 112.
50) Text bei Baethcke, Dodes Danz S. 32. 43f.
51) Schlichting S. 68.
52) UStL VII, Nr. 39. 724; VIII, Nr. 508 sind clerici uxorati bzw. coniugati erwähnt.
53) Dazu s. Georg Denzler, Das Papsttum und der Amtszölibat Bd. 1, Stuttgart 1973, S. 128f.
54) Schlichting S. 70. 73; Jannasch S. 67.
55) Schwencke, Kreis S. 38ff.
56) Zitat bei J. Schmidt in Schleswig-Holst. Kirchengeschichte Bd. 2, Neumünster 1978, S. 236.
57) UStL II, 2, Nr. 711.
58) Hierzu und zum folgenden s. Grautoff, Unterrichtsanstalten S. 377ff; Ruge, Schulen S. 411ff.
59) Text in UStL VI, Nr. 41; vgl. Grautoff S. 382ff.
60) Einzelheiten zum Verhältnis Lübeck–Preetz bei Bertheau und Rudloff.
61) Texte zur Gründungsgeschichte bei Bruns, St. Annen S. 177ff. und K. Fischer S. 273ff.
62) Busch, Liber de reformatione S. 671f; Brehmer, Busch S. 121f.
63) Zum ganzen s. Fischer S. 275–282; zur Baugeschichte ebd. S. 285–295.
64) Vgl. Jannasch, Reformationsgeschichte S. 56.
65) Übersicht bei K. Neumann, Leben S. 150–172.
66) Edition von Lappenberg 1859. Zur Verfasserfrage mit Wriedt S. 560ff gegen F. Bruns, Der Verfasser der Lübecker Annalen, in: Lübische Forschungen, Lübeck 1921, S. 255–266 (Stadtschreiber Alexander Hunes).
67) Zu Detmar s. O. Ahlers, NDB 3, 1957, S. 618f; Bruns, Kock S. 86f.
68) Text in Chroniken Bd. 19 und 26. Vgl. Detmars Vorreden Bd. 19, S. 121f. 195f.
69) Zu Korner s. Schwalms Angaben in der Edition der Chronica novella S. III-X. Vgl. Brehmer, Studenten S. 216ff; H. Reincke, ZVLG 36, 1956, S. 154.
70) Text der Chronica episcoporum bei Meibom.
71) Vgl. Franz Mitzka (Hg.), Henrici de Lübeck O. P. Quaestiones de motu creaturarum et de concursu divino, Münster 1932 (dort S. 5f. biographische Angaben).

Anmerkungen zu S. 136–143

7. Kapitel
Das Spätmittelalter als religiöse Blüte- und Umbruchszeit

1) Insgesamt dazu: Bernd Moeller, Frömmigkeit in Deutschland um 1500, Archiv f. Ref.gesch. 56, 1965, S. 5–31; Hermann Heimpel, Das Wesen des deutschen Spätmittelalters, in: Der Mensch in seiner Gegenwart, Göttingen 1954, S. 109–135.
2) Carl Wehrmann, Ein Urtheil über Lübeck aus der Mitte des funfzehnten Jahrhunderts, ZVLG 4, 1881/4, S. 271–274; Zitat dort S. 274.
3) Allgemeine Literatur: Walther Delius, Geschichte der Marienverehrung, München 1963.
4) Text bei Brandes, Narrenschyp S. XLVII-LI.
5) Lübecker Plenar von 1492 bei Kämpfer S. 145. Zum ganzen s. Schwencke Kreis S. 52ff.
6) Vgl. die Listen bei v. Melle, Nachricht S. 347ff, Zmyslony S. 28ff.
7) Dazu Horst Weimann, Hauptaltäre 1425 und 1696, St. Marien-Jb. 4, 1959/60, S. 42–47.
8) Vgl. dazu Thies Karstens – Jürgen Wittstock, Zwei mittelalterliche Madonnen im St. Annen-Museum, LBl 138, 1978, S. 329–331.
9) Chronicon Slavicum S. 185; vgl. BuK Bd. 3, S. 89ff.
10) Zum folgenden s. Wehrmann, Sänger-Kapelle S. 365ff; vgl. Neumann, Castorp S. 97ff.
11) Vgl. Grautoff, Unterrichtsanstalten S. 386f.
12) Wehrmann S. 374f.
13) Ebd. S. 380f; Melle, Nachricht S. 347f; Zmyslony S. 79ff (dort Nachweis, daß diese Bruderschaft nicht mit der Greveradenkompagnie identisch ist).
14) Zum folgenden s. Vetter, Triumphkreuz; Bilder und Berichte über die Restauration des Werkes in: Triumphkreuz im Dom zu Lübeck, Wiesbaden 1979.
15) Carl Georg Heise – Wilhelm Castelli, Der Lübecker Passionsaltar von Hans Memling, Hamburg 1950, S. VI ff; Max Hasse, Hans Memlings Lübecker Passionsaltar, Lübeck 1979; Ders., Passionsaltar S. 37ff.
16) Einzelheiten bei v. Melle, Nachricht S.533–540; BuK Bd. 4, S. 623–627.
17) Vgl. Joachim Birke, Zur Geschichte der Passionsaufführungen in Hamburg, ZVHG 44, 1958, S. 219–232; Rosenfeld, Osterspiel.
18) Gustav Lindtke, Lübecker Vesperbilder, Wa. 1959, S. 42–50; Hasse, St. Annen-Museum S. 96f. 131. 133.
19) BuK Bd. 2, S. 482f; Hasse ebd. S. 128. 130; Paatz, Notke und sein Kreis Bd. 1, S. 104f (für Zuschreibung an Notke).
20) Melle, Nachricht S. 345f.
21) BuK Bd. 2, S. 49. 232ff; Wilhelm Brehmer, Die bronzenen Sakramentshäuschen unserer Kirchen, ZVLG 4, 1881, S. 91–94.
22) Chronicon Slavicum S. 165; Kock-Petersen S. 62; vgl. Jannasch, Reformationsgeschichte S. 61. 362.
23) Zum ganzen s. Hasse, St. Annen-Museum S. 133f. 143f. 147f. 151f; Paatz, Notke und sein Kreis Bd. 1, S. 195–205; Carl-Georg Heise – Wilhelm Castelli, Die Gregorsmesse des Bernt Notke, Hamburg 1941.
24) Allgemein s. Stephan Beissel, Die Verehrung der Heiligen und ihrer Reliquien in Deutschland im Mittelalter, 1890 (Nachdr. 1976).
25) Dazu Zender S. 4ff.
26) Vgl. das Werk von Beissel A. 24.
27) Zum folgenden s. Mantels, Reliquien und Neumann, Leben S. 73f.
28) UStL IV, Nr. 198. 275f. 281.
29) Detmar-Chronik, Chroniken Bd. 2, S. 60; Mantels S. 335f; UStL IX, Nr. 731.
30) UStL VIII, Nr. 595; Hasse, St. Annen-Museum S. 85.
31) Dittmer, Hospital S. 118; vgl. Hasse ebd. S. 154.
32) Insgesamt s. Wehrmann, Verzeichniß S. 133f. 140. 142; Hasse ebd. S. 71. 112. 147. Der Verlust von Melles „Lubeca Religiosa" erschwert weitere Präzisierungen. Zu Schele s. UStL VI, Nr. 588; VII, Nr. 341.
33) Vgl. Neumann, Leben S. 74.
34) Übersicht bei v. Melle, De itineribus; Warncke, Pilgerzeichen.
35) Alphabetische Liste bei Melle S. 24–128 mit einer Fülle weiterer Wallfahrtsorte der Lübecker.

Anmerkungen zu S. 143—150

36) Vgl. Bodo Heyne, Von den Hansestädten nach Santiago: Die große Wallfahrt des Mittelalters, Brem. Jb. 52, 1972, S. 65—84.
37) Dazu Warncke S. 157—161. Vgl. auch Otto-Friedrich Gandert, Das Heilige Blut von Wilsnack und seine Pilgerzeichen, in: Brandenburgische Jahrhunderte. Festgabe für Johannes Schultze, Berlin 1971, S. 73—90.
38) UStL X, Nr. 56.
39) Texte bei v. Melle, De itineribus S. 31. 41.
40) Beschreibung von Pilgerzeichen bei Warncke S. 170—183.
41) Allgemein dazu: Bernhard Poschmann, Der Ablaß im Lichte der Bußgeschichte, Bonn 1948; Gustav A. Benrath, Art. Ablaß TRE 1, 1977, S. 347—364.
42) Zu 1221/22 s. UBL Nr. 37. 39 und 44; zu 1247 ebd. Nr. 98.
43) Text in BuK Bd. 3, S. 84.
44) UStL VI, Nr. 588.
45) UStL IX, Nr. 731; VIII, Nr. 595; vgl. v. Melle, Nachricht S. 200.
46) UStL VII, Nr. 843; Neumann, Leben S. 75 A. 284.
47) Ratschronik, Chroniken Bd. 4, S. 175f.
48) Ausführlicher Bericht in Chroniken Bd. 4, S. 351—355.
49) UStL XI, Nr. 146.
50) Chroniken Bd. 5,1, S. 78f.
51) Text bei Illigens, Glaube S. 50—54; vgl. auch Jimmerthal, Chronik S. 94; Schmaltz Bd. 1, S. 285.
52) Zum ganzen s. Neumann, Leben S. 79; Jannasch, Reformationsgeschichte S. 63 (nach Kocks Chronik).
53) Allgemein vgl. Paatz, Notke S. 13f. 35ff; Ders., Notke und sein Kreis Bd. 1, S. 172—180; Brockhaus, Totentanz. Text bei Paatz S. 36—40; Illigens, Glaube S. 42—49.
54) Dazu generell Rosenfeld, Totentanz S. 59ff; zu Lübeck ebd. S. 180—203; vgl. auch Krause, Totentänze.
55) BuK Bd. 2, S. 316f; Gustav Lindtke, Der Lübecker (Revaler) Totentanz, LBl 123, 1963, S. 279—283.
56) Text bei Paatz S. 37—39.
57) Ebd. S. 40; vgl. Rosenfeld S. 203.
58) Vgl. Rosenfeld, Osterspiel. Datierung und Lokalisierung sind umstritten. Text hg. von Brigitta Schottmann, Das Redentiner Osterspiel, Stuttgart 1975 (Reclam 9744—47).
59) Allgemein dazu: Ludwig Schulze, Art. Brüder des gemeinsamen Lebens, RE 3, 1897, S. 472—507; 23, 1913, S. 260—269; Erwin Iserloh in: Handbuch d. KG Bd. III/2, S. 516—538; Robert Stupperich, TRE 7, 1980, S.220—225.
60) Nachweise bei Busch, Liber S. 672—674 (dt. Übers. bei Brehmer, Berichte). Vgl. auch Jannasch, Reformationsgeschichte S. 57f. 361; Hartwig, Frauenfrage S. 86f.
61) Text der Ordnung in UStL X, Nr. 390, S. 413—416.
62) Genehmigung der Kapelle: UStL X, Nr. 440. Dort der Begriff „devotae filiae".
63) Hagen, Handschriften S. 70ff; Gläser, Bruchstücke H. 1, S. 66ff; Mantels, Gedichte S. 572ff. 576ff; Ders., Lieder S. 529ff.
64) Zum folgenden s. den Überblick bei Pieth, Lübeck S. 219—233 und Wiegendrucke S. 96ff; ferner Collijn, Frühdrucke; Weber, Inkunabelsammlung. Weitere Literatur zu Einzelfragen bei Meyer-Graßmann S. 290—294. Werkverzeichnisse bei Kämpfer S. 249ff; Gläser S. 9—43.
65) Vgl. die Titelangaben bei Ferdinand Geldner, Art. Lucas Brandis, NDB 2, 1955, S. 525 f.
66) Pieth, Wiegendrucke S. 104; F. Geldner, Art. Matthäus Brandis, NDB 2, 1955, S. 526.
67) Zu Snell s. Pieth, Lübeck S. 222f; Meyer-Graßmann Nr. 3290—91.
68) Siegfried Joost, Art. Ghotan, NDB 6, 1964, S. 367; Wilhelm Gläser, Bartel Ghotan. Domvikar und Diplomat, Schriftgießer und Buchdrucker, in: Ders., Bruchstücke H. 2, S. 1—45.
69) A. v. Brandt, Art. Hans van Ghetelen, NDB 6, 1964, S. 352; Abdruck der Signets bei Pieth, Lübeck S. 230; Stammler, Geschichte S. 53—57.
70) Vgl. die Neudrucke dieser Texte bzw. die Untersuchungen zu ihnen bei Baethcke, Brandes, Kämpfer, Katara, Prien-Leitzmann.
71) Text bei Ising, Bibelfrühdrucke. Vgl. Olof Ahlers, Art. Stephan Arndes, NDB 1, 1953, S. 357f; Pieth, Lübeck S. 231f.

Anmerkungen zu S. 150—173

72) Die Zuweisung an Notke ist umstritten, vgl. Paatz Bd. 1, S. 227—266; Max J. Friedländer (Hg.), Die Lübecker Bibel, München 1923.
73) Zum folgenden s. Friedrich Maurer, Studien zur mitteldeutschen Bibelübersetzung vor Luther, Heidelberg 1929, S. 14—23.
74) Ising, Bibelfrühdrucke Bd. 6, S. 676.
75) Schwencke, Glossierung S. 162—190, Kreis S. 49—58.
76) Detaillierte Analyse der Auslegung bei Schwencke, Glossierung S. 62—156.
77) W. L. Frhr. v. Lütgendorff, Der Kerckring-Altar von 1520 in Riga, ZVLG 20, 1919/20, S. 117—128.
78) Zusammenfassung zum ganzen bei Schwencke, Kreis S. 28—54.
79) Vgl. Kämpfer, Studien S. 143ff. 173ff. 202ff.
80) Vgl. Baethcke S. 1ff.
81) Text bei Brandes S. 229. Ghetelens Verfasserschaft wird bestritten, z. B. von L. Baucke, Das mittelniederdeutsche Narrenschiff und seine hochdeutsche Vorlage, Jb. d. Vereins f. niederdt. Sprachforschung 58/59, 1932/33, S. 115—164.
82) Textausgabe von Prien-Leitzmann; vgl. die Vorrede von W. Steinberg S. IVff.
83) Vgl. auch die Beispiele bei Geffcken, Bildercatechismus, Beilagen S. 123—157.
84) Zum ganzen s. Schwencke, Kreis S. 31—43.

8. Kapitel
Die Anfänge der evangelischen Bewegung 1522—1529

Die wichtigsten Quellen für die folgende Darstellung sind zwei zeitgenössische Berichte: 1. Das lateinische Protokollbuch (die Actus capitulares) des Domdekans Johannes Brand von 1523—1530, Landesarchiv Schleswig, Stift Lübeck Abt. 268 Nr. 394—399, das von W. Jannasch, Reformationsgeschichte erstmals so umfassend ausgewertet wurde, daß im folgenden auf dessen große Arbeit für die Belege aus Brand verwiesen werden kann. (Teilweise Abschrift mit 54 Blättern in AKL, Lu 58) — 2. Der Bericht des Lübecker Franziskaners Reimar Kock; Abdruck einer Lübecker Handschrift bei: Ausführliche Geschichte der Lübeckischen Kirchen-Reformation in den Jahren 1529 bis 1531, hg. v. F. Petersen, Lübeck 1830. (Dazu Jannasch, ZVLG 27, 1934, S. 315—318.) — Durch Jannaschs Reformationsgeschichte sind seine ältere Arbeit „Kampf um das Wort" und Schreibers Buch weitgehend überholt.

1) Vgl. Jannasch S. 88ff. 366. — Benedicti, wie er sich selber nannte, heißt in anderen Quellen, z. B. bei Kock, nach seinem Stiefvater Sengestake.
2) Vgl. Fink, Leonhardsbruderschaft S. 343ff; Jannasch S. 195f. 239. 369.
3) Vgl. die sog. Koeler-Notiz bei Jannasch S. 367.
4) Text bei Waitz I, S. 266.
5) Vgl. Jannasch S. 101.
6) Einzelheiten ebd. S. 103ff.
7) Vgl. z. B. Jannasch S. 67f. 163ff. 230f.
8) Zum ganzen s. den Bericht Brands bei Jannasch S. 107.
9) Einzelheiten nach Brand bei Jannasch S. 108ff.
10) Brand bei Jannasch S. 109f.
11) Diese Äußerung Wickedes von 1525 stand im Zusammenhang des Streits mit Dänemark und Schweden um Gotland; vgl. Hanserecesse III, Bd. 9, Nr. 94 § 71.
12) Einzelheiten bei Jannasch S. 121. 130ff.
13) Text nach Brand ebd. S. 123f.
14) Jannasch S. 126 nach Brand.
15) Vgl. Kretzschmar, Beiträge S. 182f.
16) Jannasch S. 129f nach Brand.
17) Ebd. S. 114f. 117 nach Brand.
18) Hanserecesse III, Bd. 9, Nr. 2, S. 18f.
19) Ebd. Nr. 137, S. 284f; Nr. 131, § 181, S. 229. Vgl. den Bericht der Danziger ebd. Nr. 132, § 120f, S. 264.
20) Ebd. Nr. 260. 269; S. 402—404. 408.
21) Vgl. Jannasch S. 152f.

Anmerkungen zu S. 173–184

22) Jannasch S. 152–154 nach Brand.
23) Einzelheiten nach Brand bei Jannasch S. 163–167.
24) Kretzschmar, Beiträge S. 181f.
25) Jannasch S. 175. 236f nach Brand.
26) Feddersen, Kirchengeschichte S. 49f; Klaus Deppermann, Melchior Hoffman. Soziale Unruhen und apokalyptische Visionen im Zeitalter der Reformation, Göttingen 1979, S. 84.
27) Jannasch S. 191 nach Brand.
28) Kretzschmar, Beiträge S. 183–187.
29) Brief Clemens' VII. vom 16. März 1526 bei Dietrich Schröder, Evangelisches Mecklenburg Bd. 1, Rostock 1788, S. 111f.
30) Vgl. Jannasch S. 186–188 und O. Scheib, Reformationsdiskussionen S. 121.
31) C. Curtius, Thesen; Bericht Brands bei Jannasch S. 189f. 378ff.
32) Brand bei Jannasch S. 212f.
33) Jannasch S. 209ff.
34) Ebd. S. 219ff nach Brand.
35) Ebd. S. 226.
36) Ebd. S. 226 nach Brand.
37) Kretzschmar, Beiträge S. 182f.
38) Zusammenfassung des Mandates bei Jannasch S. 231.
39) Ebd. S. 240–243.
40) Ebd. S. 244 nach Brand zitiert.
41) Kock-Petersen S. 25.
42) Ebd. S. 3; vgl. Jannasch S. 249f.
43) Hanserecesse III, Bd. 9, Nr. 477, S. 602–604 (Schreiben vom 14. Mai 1529).

9. Kapitel
Die Einführung der Reformation 1530/31

1) Zum folgenden s. Hauschild, Reformation in Hamburg, Lübeck und Eutin; Lohse, Reformation S. 54ff; Scheib, Reformationsdiskussionen S. 123ff; Carl H. W. Sillem, Die Einführung der Reformation in Hamburg, SVRG 16, Halle 1886.
2) Wilhelm Jensen, Das Hamburger Domkapitel und die Reformation, AKGH 4, Hamburg 1961, S. 36. 45ff.
3) AHL, Senatsakten Eccl. Kath. Relig. I, 5–6; vgl. Jannasch S. 251f.
4) Kock-Petersen S. 13–19.
5) Ebd. S. 5.
6) Einzelheiten bei Jannasch S. 272–275. Eine Zusammenfassung der Ereignisse bei J. v. Melle, Reformation S. 11–18.
7) Vgl. W. Jannasch, Evangelischer Liederkrieg in Basel und Lübeck, Mainz 1961 (masch.), Karl Dienst, „Evangelische Singebewegung" in Basel, Lübeck und Frankfurt/M., Jb. d. Hess. Kirchengesch. Vereinigung 17, 1966, S. 281–290.
8) Zum ganzen s. Kock-Petersen S. 17–28.
9) Text des Briefes bei Luther Werke (Weimarer Ausgabe) Briefe Bd. 5, S. 220f; deutsche Übersetzung bei Jannasch S. 281; unter Bugenhagens Namen hg. v. O. Clemen in MVLG 12,1, 1905, S. 87–90. Brief Philipps von Hessen in: Zwingli Werke Bd. 10 (1929), S. 423.
10) Jannasch S. 282–285 nach Brand.
11) Zur Situation s. Kock-Petersen S. 31; vgl. Bugenhagens Brief an Cordatus in Zwickau vom 25.2.1530 in: Bugenhagen, Briefwechsel hg. v. Vogt, S. 92 und den Bericht in Hanserecesse III, Bd. 9, Nr. 566, S. 681f.
12) Zum ganzen s. Kock-Petersen S. 33–40.
13) Zum ganzen s. ebd. S. 41–67; Jannasch S. 300–314.
14) Text bei Kock-Petersen S. 75f.
15) Ebd. S. 77.
16) Schilderung der Vorgänge ebd. S. 79f; zu Brand s. Jannasch S. 324. 333.
17) Vgl. Hauschild, Kathedrale S. 141.
18) Kock-Petersen S. 83–88; eine nicht ganz vollständige Liste der Kirchenschätze (nach Rehbeins Chronik) bei Wehrmann, Verzeichniß.

Anmerkungen zu S. 184—194

19) Luthers Brief vom 11. September an Melanchthon in: Luthers sämmtliche Werke, Briefwechsel Bd. 8 (Erlanger Ausgabe) 1898, S. 252; vgl. Kock-Petersen S. 88. Ebd. Bd. 7, S. 346 eine Notiz Luthers vom Mai 1530.
20) Melanchthons Brief an Veit Dietrich vom 28. Juli 1530: CR 2, Sp. 228. Zum Text des Mandats s. Waitz Bd. 1, S. 278 und Jannasch S. 330.
21) Kock-Petersen S. 85.
22) Zu den Mandaten s. Kock-Petersen S. 94f.
23) Text bei Waitz Bd. 1, S. 289—292; vgl. Kock-Petersen S. 98. Zum Protokoll der Verhandlungen vom 12. Oktober 1530 vgl. Waitz Bd. 2, S. 421ff.
24) Namensliste der 164 Bürger bei Regkmann S. 148f; vgl. auch Korell S. 126f.
25) Kock-Petersen S. 99. Korrektur des Datums nach Karl A. T. Vogt, Johannes Bugenhagen Pomeranus, Elberfeld 1867, S. 331. Zum ganzen vgl. Schreiber, Reformation S. 72ff.
26) Zu Bugenhagen s. allgemein: Leder, Bugenhagenforschung S. 81ff; Hans H. Holfelder, Art. Bugenhagen, TRE 7 (1981), S. 354—363 (dort weitere Literatur). Zur Kirchenordnung s. Schulze, Bugenhagen in Lübeck; Robert Stupperich, Johann Bugenhagen und die Ordnung der Kirche im nordostdeutschen Raum, in: Kirche im Osten 3, 1960; S. 116—129; Ernst Wolf, Johannes Bugenhagen. Gemeinde und Amt, in: Ders., Peregrinatio Bd. 1, München 1954, S. 257—278; Kurd Schulz: Bugenhagen als Schöpfer der Kirchenordnung, in: Rautenberg, Bugenhagen S. 51—63.
27) Text bei Bugenhagen, Briefwechsel ed. Vogt S. 101—105. Vgl. Luthers Brief vom 1. Dezember 1530 an W. Link, Briefwechsel Bd. 8, S. 326.
28) Text des Vergleichs bei Grautoff, Zustand S. 304f.
29) Kock-Petersen S. 101.
30) Ebd. S. 101f. Text der Artikel bei Waitz Bd. 1, S. 292—294. Zur Schulplanung vgl. Bugenhagens Brief vom 28. Dezember 1530 (nicht 1531!) in: Briefwechsel ed. Vogt S. 122.
31) Vgl. 10. Kapitel bei Anm. 13.
32) Artikel 7 der Gemeinde vom 7. Januar 1531 bei Waitz Bd. 1, S. 293; vgl. Schulze, Bugenhagen in Lübeck S. 21. 23f.
33) Kock-Petersen S. 102. Vgl. auch Fabian, Bundesabschiede S. 17.
34) Zu den Verhandlungen s. ebd. S. 104—107.
35) Vgl. Virck, Schmalkaldischer Bund S. 23 A.1; Fabian, Bundesabschiede S. 20. 22.
36) Kock-Petersen S. 108f. Brief von Brömse und Plönnies zur Begründung ihres Schrittes bei Waitz Bd. 1, S. 299f. Verteidigungsschrift des Bürgerausschusses bei Regkmann S. 137—149.
37) Zu den folgenden Vorgängen s. Kock-Petersen S. 110—125 und Waitz Bd. 1, S. 90—99.
38) Vgl. Sillem (s. Anm. 1) S. 82ff; Schildhauer S. 117ff.
39) Zur Möllner Reformation vgl. Kock-Petersen S. 97f; Waitz Bd. 1, S. 290; Martin Burmeister — Hansjörg Zimmermann, Lübecker Vögte und Hauptleute in Mölln 1367—1683, ZVLG 58, 1978, S. 21—48; Bruns, Einführung der Reformation in Mölln i. Lbg, Mölln 1931.
40) Vgl. Martin H. Burmeister, Jacob Krappe, Lübecker Vogt in Mölln 1532—1535, in: Lauenburg. Heimat N.F. 30, 1960, S. 4—16; ders., Die Lübecker Vögte der Reformationszeit in Mölln, ebd. 36, 1962, S. 7—26.
41) Vgl. den Text bei Hauschild (Hg.), Kirchenordnung S. 191ff; bei Carstens S. 5, Sehling Bd. 5, S. 381f.
42) Kock-Petersen S. 89f.
43) Vgl. die Travemünder KO bei Hauschild S. 203ff; Carstens S. 9ff.

10. Kapitel
Bugenhagens Kirchenordnung von 1531 und die evangelische Neugestaltung der Stadt

1) Vgl. Kock-Petersen S. 125. Zum Gedenken an die Proklamation setzte die Ordnung (s. dort S. 151) ein alljährliches Gedächtnisfest am Trinitatissonntag fest. In der älteren Literatur wird als Datum fälschlich der 14. Mai angegeben. 1531 fiel aber der Pfingstsonnabend (so Kock und KO) auf den 27. Mai.
2) Zitiert wird nach dem Neudruck von 1981, dessen Paginierung dem Nachdruck von 1877 entspricht. Auszug daraus bei Sehling, Kirchenordnung Bd. 5, S. 334—368. Zur Hamburger Ordnung s. Wenn S. 265ff. und Lohse, Reformation S. 55ff. Zu Bugenhagen s.o. Kap. 9, A. 26.

Anmerkungen zu S. 194—204

3) Vgl. die oben zu Kapitel 9, Anm. 26 genannte Literatur, ferner J. Ä. L. Funk, Die Grundlage der ursprünglichen Einrichtungen der Lübecker Kirche, Lübeck 1831.
4) KO S. 15.
5) KO S. 185.
6) KO S. 164ff. Vgl. die Hamburger Ordnung ed. Wenn S. 273f.
7) KO S. 173f.
8) KO S. 175—184.
9) KO S. 155—158.
10) Dies betont die Einleitung der KO S. 12f. Vgl. zum folgenden M. Funk, Armen-Diakonat S. 171ff.
11) KO S. 11. 160ff.
12) Die KO enthält S. 21—62 eine ausführliche Schulordnung.
13) Vgl. hierzu Deecke, Catharineum S. 4ff und K. B. Hasselmann, Die Gründung des Katharineums, in: Festschrift zur Vierhundertjahrfeier des Katharineums zu Lübeck, Lübeck 1931, S. 9—20.
14) KO S. 49ff.
15) KO S. 46f.
16) KO S. 89ff.
17) KO S. 91f. 101. Allgemein s. Bernhard Lohse, Das Verständnis des leitenden Amtes in lutherischen Kirchen in Deutschland, in: I. Asheim — V. R. Gold (Hg.), Kirchenpräsident oder Bischof? Göttingen 1968, S. 55—74.
18) KO S. 98f.
19) Zitat KO S. 16; zum übrigen vgl. auch S. 101.
20) Zum folgenden vgl. das von O. Grube bearbeitete Pastorenverzeichnis (passim); v. Melle, Nachricht S. 188f. 203f. 215f. 226f. 240f und Jannasch, Reformationsgeschichte S. 280. 283f. Die dortigen, z.T. fehlerhaften Angaben sind korrigiert, wo sie nicht den anderweitig belegten Tatsachen entsprechen.
21) Zu Bonnus vgl. auch S. 204ff. Die Datierung gegen Spiegel, Bonnus S. 29f (9. Februar 1531), Starck S. 22f u.a. mit Reimar Kock in der Chronik v. Hövelns, Bonnus' Grabinschrift (AHL Personenkartei) und KO S. 91; Bonnus bei Spiegel S. 148; v. Melle S. 186.
22) KO S. 171f.
23) KO S. 159.
24) Vgl. Link, Brüderschaften S. 42. 76ff. Zu Hamburg s. Arthur Obst, Die Brüderschaft der Heiligen Märtyrer, ZVHG 11, 1903, S. 377—387.
25) Vgl. zum ganzen BuK Bd. 4, S. 4f. 286ff; v. Melle, Nachricht S. 266. 274. 293.
26) Vgl. insgesamt BuK Bd. 4, S. 447ff. 384f. 390f. 346f. 363; v. Melle, Nachricht S. 252ff; Jaacks, Sakralbauten S. 20. 26.
27) KO S. 62—68. Vgl. dazu Jannasch, Gottesdienst S. 13—54; Johannes Bergsma, Die Reform der Messliturgie durch Johannes Bugenhagen, Kevelaer—Hildesheim 1966, S. 89. 205; Stahl, Unsere Liturgie S. 26—28.
28) KO S. 71.
29) KO S. 74; vgl. Bergsma S. 205.
30) Tabellarische Übersicht bei Jannasch, Gottesdienst S. 21.
31) Vgl. Gerhard Bosinski, Das Schrifttum des Rostocker Reformators Joachim Slüter, Göttingen 1971, S. 249. 262.
32) Stahl, Kirchenmusik S. 462; Ders., Musikgeschichte S. 30ff; Jannasch, Gottesdienst S. 35.
33) KO S. 114; vgl. Stahl, Kirchenmusik S. 463.
34) KO S. 145.
35) KO S. 149—152.
36) KO S. 107; vgl. S. 115 zur Passionszeit.
37) Jannasch, Gottesdienst S. 45.
38) KO S. 152—155.
39) KO S. 88f.
40) KO S. 32. 46. 48.
41) KO S. 103f. 108—111.

Anmerkungen zu S. 204–210

42) Druck Magdeburg 1539. Nachdruck hg. v. Bernhard Spiegel, Osnabrück 1875. Vgl. die Zusammenfassung bei Ranke, Katechismusgeschichte S. 203ff.
43) Ebd. Frage 148ff.
44) Ebd. Frage 30, S. 6.
45) Ebd. Frage 120f, S. 26f.
46) Ebd. Fragen 37ff. 42ff. 71ff. 82ff. 105ff. 124ff.
47) Überlieferung der Namen nach Johannes Draconites. Vgl. Starck, Kirchenhistorie S. 26; Schulze, Bugenhagen in Lübeck S. 29; Hering, Bugenhagen S. 90f.
48) Das Exemplar im Lübecker St. Annen-Museum ist 1533 gedruckt (vgl. Abbildung Nr. 48). Zum ganzen s. Ernst Kruse, Bugenhagens plattdeutsche Bibel, in: Luther 1958, S. 73–83. 135–140; Jürgens, Altdorfer S. 33ff (vgl. unten Anm. 62).
49) Jannasch, Gottesdienst S. 92; Bosinski, Slüter (s. A. 31) S. 96ff.
50) Jannasch, Gottesdienst S. 70. 93. Nähere Angaben bei Spiegel, Bonnus S. 106f und Stahl, Gesangbuch. Zu Inhalt und Wirkungsgeschichte s. Pauli, Gesangbücher S. 1–23.
51) Zum Kirchengesang vgl. KO S. 50. 73. 79f.
52) Zu weiteren Chorälen s. Spiegel, Bonnus S. 108–112; Starck, Kirchenhistorie S. 72–76; Stahl, Musikgeschichte S. 29f.
53) Vgl. Strasser, Kirchenkunst S. 396f.
54) Vgl. Hasse, Museumsführer S. 42f; Busch, Meister S. 21ff.
55) Hasse ebd. S. 44.
56) G. Schumann – F. Bruns in BuK Bd. 2, S. 234f.
57) J. Baltzer – F. Bruns in BuK Bd. 3, S. 149f.
58) Vgl. BuK Bd. 2, S. 57; Bd. 3, S. 371f; 491; Bd. 4, S. 104.
59) So Stahl, Kirchenmusik S. 463, Musikgeschichte S. 34.
60) Vgl. dazu die erhellende Interpretation von Lindtke, Reformationskunst. Dort S. 22 zur Biographie Kemmers; vgl. Hasse, Museumsführer S. 48.
61) Lindtke ebd. S. 24; vgl. Rudolph, Epitaph S. 75ff.
62) Vgl. Walther Jürgens, Erhart Altdorfer. Seine Werke und seine Bedeutung für die Bibelillustration des 16. Jahrhunderts, Lübeck 1931.
63) Vgl. Lindtke S. 24. 27; BuK Bd. 2, S. 322–325; Rudolph S. 74f.
64) So Heise, Plastik S. 242; vgl. auch Busch, Meister S. 63.
65) Vgl. Pieth, Buchdruckerkunst S. 236ff.
66) Zu Arndes s. Jannasch, Reformationsgeschichte S. 91. 94. 237; zu Stephan Arndes s. Olof Ahlers in NDB 1, S. 357; zu Dietz s. Josef Benzing in NDB 3, S. 708.
67) Vgl. Pieth S. 237; Josef Benzing in NDB 1, S. 559; ferner: Arthur Kopp, Johann Balhorn, Druckerei zu Lübeck 1528–1603, Lübeck 1908; F. Bruns, Lebensnachrichten über die beiden Lübecker Buchdrucker Johann Balhorn, MVLG 12, 1905–06, S. 126–131; Willy Lüdtke, Verzeichnis der Balhorn-Drucke, ZVLG 9, 1907, S. 147–170, dort S. 151f elf Drucke aus der Zeit vor 1539.
68) Vgl. Pieth S. 234f.
69) Vgl. die Ausgaben von Carstens und Hauschild, Kirchenordnung S. 191ff. Abdruck bei Sehling Bd. 5, S. 377–385. Hochdeutsche Übersetzung der Travemünder Ordnung auch bei: Ludwig Heller (Hg.), Die Travemünder Kirchenordnung von Johann Bugenhagen, Lübeck 1837.
70) So Carstens S. VIIIf. Die Vorrede spricht von „D. Pomeranus" als von einem Dritten. Daß Bonnus ihr Verfasser sei (so Spiegel S. 97 A. 1), ist unwahrscheinlich, weil dieser 1531 noch nicht Superintendent gewesen sein dürfte.
71) Vgl. Pastorenverzeichnis S. 13; v. Melle, Nachricht S. 385, 412ff. Zur Schule in Travemünde s. Rudolf Nehlsen, Zum 400jährigen Bestehen der Schule zu Travemünde, Vaterstädt. Bl. 1931/32, Nr. 5, S. 17–22.
72) Vgl. zum ganzen Klug, Landkirchen S. 3–7.
73) Zu Genin s. S. 227 und Klug S. 3; Pastorenverzeichnis S. 14; Weimann, Kapitelsdörfer.
74) Hans Kellinghusen, Das Amt Bergedorf. Geschichte seiner Verfassung und Verwaltung bis zum Jahre 1620, ZVHG 13, 1908 (S. 181–373), S. 343ff; Heinrich Reincke, Die Reformation im hamburgischen Landgebiet, Hamburg 1929, S. 9–26; Bergedorfer Kirchenordnung von 1544 bei Sehling Bd. 5, S. 385–390; vgl. auch v. Melle, Nachricht S. 390–407.

Anmerkungen zu S. 213—224

11. Kapitel
Politische Folgen der Reformation und obrigkeitliches Kirchenregiment 1531—1555

1) Vgl. K. Schmaltz Bd. 2, S. 23ff.
2) Dazu s. Dollinger, Hanse S. 413ff.
3) Zum ganzen s. Kock-Petersen S. 134ff; Waitz Bd. 1, S. 102f.
4) Bericht und Vertragstext (20. September 1531) bei Kock-Petersen S. 139—144, womit dessen Darstellung endet.
5) Vertragstext (10. November, besiegelt am 31. Dezember 1531) bei Grautoff, Verfassung, Bd. 1, S. 306—316.
6) Grautoff ebd. S. 310. G. Fink, Stadtgebiet S. 289f mit A. 216 bezieht sich auf ein Gutachten des Lübecker Archivs (106/1930), wonach das Eigentum an den Kirchengebäuden und Kunstgegenständen nicht auf den Staat übergegangen wäre. Es steht aber außer Frage, daß der Vertrag von 1531 mit seiner Übertragung neues Recht setzte.
7) Waitz Bd. 1, S. 153f. Zu den Verhandlungen im Schmalkaldischen Bund s. Ekkehard Fabian, Die Entstehung des Schmalkaldischen Bundes und seiner Verfassung, Tübingen 1956, S. 112ff.
8) Zu den folgenden Vorgängen s. die ausführliche Darstellung bei Waitz Bd. 1, S. 110—189 und die Zusammenfassung bei Hoffmann, Geschichte Bd. 2, S. 29ff; Häpke, Karl V. S. 153ff; Dollinger, Hanse S. 419ff. Für die wirtschaftspolitische Situation vgl. Friedland, Kaufmannstum S. 11ff.
9) Zu Wullenwever s. Waitz Bd. 1, S. 75ff; Dietrich Schäfer in ADB 44, 1898, S. 299—307; Fink, Wullenwever; Kupisch, Demokratie. Die Arbeit von G. Korell bietet nichts Neues.
10) Zu Marx Meyer s. Heinrich Reincke, Agneta Willeken. Ein Lebensbild aus Wullenwebers Tagen, Pfingstblätter d. Hans. Geschichtsvereins 19, Lübeck 1928. Zu den Verhandlungen mit dem Schmalkaldischen Bund s. Fabian, Bundesabschiede 1533—36, S. 23. 26f.
11) Hierzu und zum folgenden Waitz Bd. 1, S. 198ff. 373f.
12) Zu Oldendorp s. Erik Wolf, Große Rechtsdenker, 3. A. 1951, S. 134—175 (dort weitere Literatur).
13) Beschreibung der erhaltenen Reste bei Hasse, St. Annen-Museum S. 201ff.
14) Zum ganzen s. Waitz Bd. 1, S. 231—246.
15) Text nach Kocks Chronik bei Spiegel, Bonnus S. 147—158; vgl. Starck S. 86—88.
16) Eine „Vereinigung" von Rat und Gemeinde sollte im November 1534 die Spannungen beheben; Text bei Regkman S. 181—183.
17) Ausführliche Darstellung des Krieges bei Waitz Bd. 2, S. 3—163.
18) Zum ganzen s. Waitz Bd. 2, S. 158—163.
19) Dazu s. ebd. S. 164—242.
20) Waitz Bd. 3, S. 11ff.
21) Vgl. Schmaltz Bd. 2, S. 28f.
22) Text bei Sehling Bd. 5, S. 540—543, im folgenden ausgewertet.
23) Zur Bedeutung der Hamburger Artikel für die gesamtlutherische Bekenntnisgeschichte s. Hauschild, Corpus Doctrinae S. 237f.
24) Hamburger Artikel Ziff. II, Sehling S. 541.
25) Waitz Bd. 3, S. 12f. 362ff.
26) Ebd. S. 50f. 397f. Text des Edikts: Hanserecesse Bd. IV, 2, S. 83 (Nr. 86 § 126). Zur Diskussion vgl. ebd. S. 116—125.
27) Waitz Bd. 3, S. 97f.
28) Text des Rezesses ebd. S. 440—443 und bei Regkman S. 186—191. Vgl. auch Hoffmann, Geschichte Bd. 2, S. 41; Funk, Kirchenrecht I, Kap. 1, Bl. 17f.
29) Grautoff, Verfassung S. 269f.
30) Thieme, Prozeß S. 353ff.
31) Waitz Bd. 3, S. 398f.
32) Ebd. S. 210f. 507f. 510.
33) Ebd. S. 492, Ziff. 22.
34) Virck, Lübeck S. 572. 575.
35) Waitz Bd. 3, S. 243. Wullenwevers „Bekenntnis" zur Wiedertäuferei in LBI 1827, S. 186f.
36) Virck, Bund S. 26. 48f; Fabian, Bundesabschiede 1533—36 S. 90ff.

Anmerkungen zu S. 224—244

37) Virck S. 35.
38) Abdruck ihres Briefes vom 1. September 1536 bei Freytag, Lübeck; dort S. 64f.
39) Text bei Virck, Bund S. 50f.
40) Zum Ganzen s. Virck S. 36ff; Waitz Bd. 3, S. 555ff; Fabian S. 117f.
41) Waitz Bd. 3, S. 320 (nach Bonnus); Illigens, Geschichte S. 9. 16ff.
42) Vgl. Bruns, Reimar Kock S. 96.
43) Lüdtke, Materia (Text dort S. 174—191). Hier bezeichnet Lüthken sich selber als Prediger, wie es auch Wullenwever tat (ebd. S. 171. 173). Er war also entgegen der üblichen Annahme nicht Pfarrherr am Dom.
44) Treueid bei Waitz Bd. 3, S. 559.
45) Zum ganzen s. W. Prange, Art. Balthasar Rantzau, in: Schlesw.-Holst. Biogr. Lex. Bd. 4 (1976), S. 191f; W. Prange, Tiedemann S. 7—41 (vor allem über dessen Pfründen); Peters, Eutin S. 65f.
46) Bugenhagens Briefwechsel S. 198; zu 1536 s. Starck S. 40.
47) Waitz, Nachrichten S. 116.
48) Ebd.; Illigens S. 142; Prange, Domkapitel S. 124f.
49) Texte bei Illigens, Geschichte S. 29. 150; vgl. S. 18. 146.
50) Leverkus, Statuta S. 248. 250.
51) Schreiben von H. Bonnus bei Spiegel S. 190—192. Text des Mandats in AHL, Senatsakten Eccl. Kath. Rel. I, 27ff.
52) Bericht des Kapitels bei Illigens, Geschichte S. 141 (lat.). S. 13 (dt. Übers.) sowie ebd. S. 30.
53) Einzelheiten dazu bei Fischer-Hübner, Reformation Bd. 1, S. 84f.
54) Bericht ebd. S. 143. 15; Starck S. 135f.
55) Vgl. Dittmer, Johannis-Jungfrauenkloster S. 92ff. 209ff.
56) Einzelheiten zum Krieg in Nordwestdeutschland bei Häpke S. 233—281.
57) Ebd. S. 282ff.
58) Dazu s. Hauschild, Interim S. 61—63. Text bei: Joachim Mehlhausen (Hg.), Das Augsburger Interim von 1548, Neukirchen 1970.
59) Hauschild ebd. S. 70f, A. 53 und 59.
60) Ebd. S. 67f.
61) Zum Ganzen s. ebd. S. 66f.
62) Bekenntnisse und Erkleringe up dat Interim, dorch der Erbarn Stede Lübeck, Hamborch, Lüneborch etc. Superintenden, Pastorn und Predigere tho Christliker und nödiger Underrichtinge gestellet, Hamburg 1548. Zum Inhalt s. Hauschild, Interim S. 72—78.
63) Kirchring—Müller, Compendium S. 224f.
64) Vgl. Einzelheiten bei Hauschild S. 70f.
65) Nuntiaturberichte aus Deutschland 1. Abt., Bd. 11 (1548—49), bearb. v. W. Friedensburg, Berlin 1910, S. 211f. 216. 329f. 437.
66) Häpke S. 313ff; Druffel Bd. 2,S. 9. 352 (Nr. 876. 1250).
67) Häpke S. 320f; Druffel Bd. 2, S. 398. 437. 472. 549 (Nr. 1304. 1360. 1400. 1488).
68) Druffel Bd. 2, S. 772 (Nr. 1775).
69) Matthias Simon, Der Augsburger Religionsfriede, Augsburg 1955, S. 55. 58ff; Gerhard Pfeiffer, Der Augsburger Religionsfriede und die Reichsstädte, Zeitschr. d. Hist. Vereins f. Schwaben 61, 1955, S. 213—321.
70) Karl Brandi (Hg.), Der Augsburger Religionsfriede vom 25. September 1555, 2. A., Göttingen 1927, S. 49f.

12. Kapitel
Lehrstreitigkeiten um das evangelische Bekenntnis nach 1548

1) Zu den Lehrstreitigkeiten vgl. allgemein Tschackert S. 505—564 und Lohse, Dogma und Bekenntnis S. 108—164 (dort weitere Literatur). Zu den Lübecker Vorgängen findet sich reichhaltiges Material in den Ministerialakten tom. I (verschollen) und II, das von Starck ausgewertet wurde.
2) Brief an M. Chemnitz bei Rehtmeyer, Beilagen T. III, S. 188f.
3) Zitat bei Starck S. 97. Vgl. Gustav Kawerau, Art. Draconites, RE 5, 1898, S. 12—15.
4) Starck S. 116f; W.-D. Hauschild. Art. Curtius, SHBL Bd. 6, 1981.

5) Vgl. Preger Bd. 1, S. 133–304; Lohse, Dogma S. 110ff.
6) Text des Hamburger Votums bei Staphorst, Bekenntnüß S. 136–146.
7) Text in AHL, Min.akten tom. II, Nr. 96f. 420ff.
8) Ein tendenziöser Bericht bei Starck S. 103–114. Aufgrund der Akten gab Th. Sippell eine objektive Darstellung der Vorgänge; vgl. AHL, Ministerialakten, t. II, Nr. 97–102 (Film).
9) Vgl. Kocks Chronik bei Fahne S. 8; Sippell S. 240; Starck S. 110.
10) Abdruck aus Mörskens Verteidigungsschrift bei Sippell S. 246.244.
11) Ebd. S. 244; vgl. auch Salig Bd. 3, S. 40–42.
12) Text des Rezesses bei Starck S. 176f.
13) Vgl. Mörskens Brief an den Rat vom 29. April 1551 bei Sippell S. 251–254.
14) Allgemein dazu: Lohse, Dogma S. 113ff. Zu Lübeck s. Starck S. 114f.
15) Text bei Schlüsselburg S. 592–608; Staphorst S. 221–227; vgl. Heppe, Entstehung S. 53f.
16) Text bei Schlüsselburg S. 628–635 und Staphorst S. 236–239.
17) De Majoristis sententia Ministrorum Christi in Ecclesia Lubecensi, Hamburgensi, Luneburgensi et Magdeburgensi de corruptelis doctrinae iustificationis, Magdeburg 1553; abgedr. bei Schlüsselburg S. 562–658; vgl. Staphorst S. 207–250.
18) Vgl. Gustav Kawerau, Art. Major, RE 12, S. 85–91, dort S. 89.
19) Ausführlich dazu Martin Stupperich, Osiander in Preußen 1549–1552, Arb. z. Kirchengesch. 44, Berlin 1973; Zusammenfassung bei Lohse, Dogma S. 125ff.
20) Melanchthons Brief vom 4. März 1551 in: CR Bd. 7, Sp. 749f; Brief vom 23. März 1552 ebd. 966f. Zu Petrus Vincentius s. Jöcher Bd. 4, Sp. 1630f.
21) Vgl. Stupperich S. 184f.
22) Eine korte und gründlike declaration up dat boek Andreae Osiandri von der iustification, Lübeck 1552; vgl. Stupperich S. 295.
23) Stupperich S. 293.
24) Vgl. Starck S. 150ff; Salig Bd. 3, S. 1043. Text der Hamburger Erklärung bei Staphorst S. 147–206.
25) R. Dollinger, Mennoniten S. 193f.
26) Näheres ebd. S. 192f.
27) Dazu s. Christoph Bornhäuser, Leben und Lehre Menno Simons', Beitr. z. Gesch. u. Lehre d. Ref. Kirche 35, Neukirchen 1973.
28) Starck S. 52. Zur Auseinandersetzung in der Täufergemeinde s. Bornhäuser S. 31–42.
29) Dollinger S. 194.
30) E. Behrends, Taufgesinnte S. 64.
31) Text des Mandats (Abschrift) in AHL, Nachlaß Funk Nr. 121; vgl. Starck S. 132.
32) Starck S. 164. 289. 315. 320; Funk, Kirchenrecht Einl. fasc. 2; Text des Mandats von 1576 bei Bertram, Beil. T. II, S. 311f und (zusammen mit entsprechenden Mandaten von 1591–1603) in AHL, Ministerialakten t. II, Nr. 18–23 (Film).
33) Carl Mönckeberg, Joachim Westphal und Johannes Calvin, Hamburg 1865.
34) Starck S. 125f; Salig Bd. 3, S. 1103f.
35) Starck S. 128ff; Salig ebd.
36) Hamburger Bekenntnis vom Abendmahl 1557 bei Staphorst S. 250–259.
37) Text der Artikel bei Bertram, Beil. T II, S. 35f.
38) Darstellung und Dokumente bei Starck S. 138–142. 178–193. Genaueres bei Preger Bd. 2, S. 32–59.
39) Allgemein dazu: Hanns Engelhardt, Der Irrlehreprozeß gegen Albert Hardenberg 1547–1561, Diss. Frankfurt 1961; Ders. Der Irrlehrestreit zwischen Albert Hardenberg und dem Bremer Rat (1547–1561), HospEccl 4, 1964, S. 29–52; Richard Schröder, Erinnerungen an den Bremer Abendmahlsstreit um Albert Hardenberg, HospEccl 11, 1978, S. 13–34.
40) Vgl. Engelhardt S. 41 mit Anm. 89.
41) Ebd. S. 33; Carl Bertheau, Art. Hardenberg, RE 7, 1899, S. 408–416, dort S. 414.
42) Vgl. Starck S. 157–161. Text der Vorlage der niedersächsischen Theologen ebd. S. 206f.
43) Dollinger, Hanse S. 414. 434; vgl. Peter F. Barton, Umsturz in Bremen, in: Geschichtsmächtigkeit und Geduld. Festschrift d. Ev.-Theol. Fakultät, Wien, München 1972, S. 66–76.
44) Text bei A. Petersen S. 68f. (= SVSHKG II, 28, S. 135f) und Starck S. 196f. Zur Vorgeschichte vgl. Gercken, Dissertatio S. 23ff.

Anmerkungen zu S. 255—266

45) Text bei Staphorst; vgl. Hauschild, Corpus Doctrinae S. 242f.
46) Das sog. Besonderes Buch (so von Starck bezeichnet), in AHL als Formula consensus, hg. v. A. Petersen. In ihm sind verschiedene Originale zusammengebunden, für Apologie und Katechismus sind entsprechende Lücken freigelassen.
47) Unterschriftenliste bei A. Petersen S. 69—84.
48) Text bei Starck S. 208—243.
49) Einzelheiten bei W. Schäfer, Holle S. 44—55; vgl. auch Prange, Tiedemann.
50) Schäfer S. 50ff. 57f; Prange, Domkapitel S. 126.
51) Hauschild, Dom S. 142; Schäfer S. 106ff; Waitz, Urkunden S. 120.
52) Dazu s. Starck S. 249ff. 417—438. 450—460; Heppe, Geschichte Bd. 2, S. 385ff; Wiggers S. 613ff und vor allem die ausführliche Darstellung von Schöne, Gegenwart S. 10f. 19f. 25—39.
53) Starck S. 249; Wiggers S. 614; Fehling, Ratslinie S. 90 (bei v. Melle heißt dieser Ratsherr ebenfalls Saliger). Eintragung Saligers im Lübecker Bekenntnisbuch ohne Datum, vor dem 4. Juni 1568; s. Petersen, Buch S. 71.
54) Text bei Starck S. 417—419.
55) Text ebd. S. 420 in Saligers Antwortschreiben.
56) Text ebd. S. 423ff.
57) Starck S. 432. 251f, wo die Ministerialakten benutzt sind, was Schöne S. 29f übersieht.
58) Text des Protestschreibens vom 15. November 1568 bei Starck S. 427f.
59) Text ebd. S. 431—438.
60) Konkordienformel § 73—90, bes. § 73. 83—85; BSLK S. 997f. 1000f.
61) Bericht und Texte bei Starck S. 276ff. 450ff.
62) Text bei Bertram, Beil. T. II, S. 191—196.
63) Vgl. Starck S. 319.

13. Kapitel
Lübecks Beteiligung am lutherischen Einigungswerk 1558—1580

1) Zu den umfangreichen Verhandlungen der Jahre nach 1555 s. Heppe, Geschichte Bd. 1, S. 159ff; Bernhard Lohse, Das Konkordienwerk von 1580, in: P. Meinhold (Hg.), Kirche und Bekenntnis, Wiesbaden 1980, S. 94—122; Lohse, Dogma S. 138—143.
2) Text: CR 9, Sp. 489—507. Vgl. auch J. A. Wagenmann — C. Enders, Art. Frankfurter Rezeß, RE 16, 1905, S. 169—172.
3) Zum gesamten Thema s. Hauschild, Corpus Doctrinae.
4) Text bei Starck S. 193—196; vgl. S. 152.
5) Zum Zusammenhang mit anderen norddeutschen Territorien s. Hauschild, Theologiepolitische Aspekte.
6) Vgl. G. Kawerau, Art. Naumburger Fürstentage, RE 13, 1903, S. 661—669; Salig, Historie Bd. 3, S. 652—715.
7) Text des Möllner Rezesses bei Bertram, Evang. Lüneburg, Beilagen T. III, S. 55—58.
8) Text der Lüneburger Artikel bei A. Petersen (Hg.), Das Besondere Buch S. 121ff (= Sonderdruck S. 54—67). Zum Ganzen vgl. Salig, Historie S. 763—801.
9) Vgl. Mörlins Brief bei Rehtmeyer T. III, S. 247.
10) Zur Datierung s. Hauschild, Theologiepolitische Aspekte S. 59. A. 22. Text des Mandats bei Planck, Geschichte Bd. 6, S. 291.
11) Vgl. Feddersen, Schleswig-Holstein und die lutherische Konkordie, S. 37—44. Text des Rostocker Gutachtens bei Bertram, Beilagen III, S. 58—71. Für Hamburg s. Westphals Gutachten in: Dänische Bibliothec Bd. 7, Kopenhagen 1745, S. 193—202. Zu Mörlin und Heßhusius s. Valentin Ernst Löscher, Ausführliche Historia Motuum zwischen den Evangelisch Lutherischen und Reformirten, 2. Theil, Frankfurt—Leipzig 1708, S. 213—215.
12) Schmaltz Bd. 2, S. 126; Starck S. 165.
13) Text des Möllner Rezesses bei Starck S. 243f; vgl. Bertram II, S. 191.
14) Vgl. Martin Brecht, Art. Andreae, TRE Bd. 2, 1978, S. 672—680; F. Frank — R. Seeberg, Art. Konkordienformel, RE 10, 1901, S. 732—745.
15) Starck S. 259f.

16) Brief des Rats bei Bertram, Lüneburg; Beilagen II, S. 108f. Bericht von Dionysius Schünemann und Gerhard Schröder bei Starck S. 440f.
17) Text vom 1.5.1570 in AHL, Ministerialakten I, Nr. 70.
18) Rostocker Brief vom 8.1.1570 an Lüneburg und Gutachten bei Bertram, Beilagen II, S. 90. 91ff.
19) Text des Zerbster Abschieds bei Bertram, Beilagen II, S. 110–115. Übersicht über die Verhandlungen bei Heppe, Geschichte Bd. 2, S. 303–312.
20) Textauszug bei Heppe, Entstehung S. 134–148. Zu den Vorgängen vgl. Rehtmeyer S. 375–377.
21) Brief von P. Friemersheim an Lüneburg bei Bertram II, S. 130–132; vgl. Starck S. 264f.
22) Vgl. Starck S. 269.
23) Briefwechsel mit Chemnitz und der Tübinger Fakultät bei Bertram, Beilagen II, S. 169ff; Starck S. 448–450.
24) Text bei H. Hachfeld, Die schwäbische Confession nach einer Wolfenbütteler Handschrift, Zeitschrift f. hist. Theologie 30, 1866, S. 230–301.
25) Starck S. 281f.
26) Briefwechsel bei Bertram, Beilagen II, S. 186–191.
27) Starck S. 290. Text des Rezesses und der Notae bei Bertram, Beilagen II, S. 198–201.
28) Vgl. Brief ebd. II, S. 207–210.
29) Text des Bergedorfer Abschieds vom 25.10.1574 ebd. II, S. 210–217; dort S. 217–222 eine andere Textfassung, die wohl das Lüneburger Konzept darstellt.
30) Sol. Decl., BSLK S. 997, 35 – 998,1: Nihil habet rationem sacramenti extra usum – ein wörtliches Zitat aus dem Lübecker Rezeß; vgl. Bertram, Beilagen II, S. 198.
31) Die Äußerungen von Rat und Ministerium (November 1574) bei Bertram ebd. S. 222–225.
32) Schreiben an die Lübecker vom 24.11.1574 ebd. S. 226–229. Deren Voten hatte er bereits nach Rostock gegeben.
33) Briefe an den Lübecker Rat vom 3. und 31.12. ebd. S. 229–231. 244f. Zum Brief an Hamburg s. ebd. S. 245f. 234.
34) Starck S. 308. Texte bei Bertram ebd. S. 243–246. 286. 288.
35) Zu ihm s. Beckemeier, Pouchenius (mit einigen Ungenauigkeiten) und W.-D. Hauschild, Art. Pouchenius, SHBL 6, 1981.
36) Text der Verhandlungen und des Möllner Abschieds bei Bertram, Beilagen II, S. 283–298; vgl. Starck S. 313–316.
37) Text bei Christoph Matthäus Pfaff, Acta et scripta ecclesiae Wirttembergicae, Tübingen 1720, S. 381–551; andere Fassungen bei Heppe, Geschichte Bd. 3, Beilagen S. 75ff. 166ff. Chemnitz' Brief an Andreä bei Pfaff S. 516–520.
38) Starck S. 321–327. Korrespondenz mit Pouchenius ebd. S. 466–472.
39) Text des Möllner Rezesses von 1576 bei Bertram, Beilagen II, S. 321–339.
40) Korrespondenz ebd. S. 339–346.
41) Aktenstücke ebd. S. 362–372.
42) Text der Verpflichtung bei Starck S. 479f.
43) Johann Hinrich Pratje, Altes und Neues aus den Herzogthümern Bremen und Verden Bd. 11, Stade 1179, S. 18ff.
44) Starck S. 335–342. Text der Lübecker Ergänzung zur Subskriptionsformel bei Bertram S. 394–402.
45) Text des Lübecker Votums bei Starck S. 491ff; vgl. BSLK S. 744 mit A. 2.
46) Vgl. Starck S. 365.
47) Text der Präambel im Lübecker Konkordienbuch bei A. Petersen (Hg.), Konkordienbuch S. 31ff.
48) Vgl. Feddersen, Schleswig-Holstein und die lutherische Konkordie; Ders., Philippismus und Luthertum.

14. Kapitel:
Staatliches und geistliches Kirchenregiment im Konflikt 1580–1620

1) Dazu s. Horst Weimann, „Ein wolwürdiges Consistorium" 1545–1811, Gem. 22, 1970, Nr. 15, S. 7; Sehling Bd. 5, S. 331; Funk, Kirchenrecht I. Buch, 1. Kap. II.
2) Vgl. Kurt Feilcke bei Fischer-Hübner, Reformation Bd. 2, S. 28–52.

Anmerkungen zu S. 278—292

3) Text der Lauenburgischen Kirchenordnung bei Sehling Bd. 5, S. 397—460. Dazu vgl. den anonymen Beitrag „Zur Lübeckischen Kirchengeschichte", NLBl 3, 1837, S. 202—204.
4) Vgl. Wilken, Kirchen-Ordnungen S. 140—149.
5) Dazu Starck S. 398 und Friedrich Pauly, Der dütsche Schlömer, Wa. 1955, S. 50—59.
6) Text bei Sehling Bd. 5, S. 368f.
7) Vgl. Starck S. 320.
8) Hierzu und zum folgenden s. Starck S. 344f. 488; Sehling Bd. 5, S. 370.
9) Text des Dekrets vom 3.1.1582 unter falschem Datum bei Sehling Bd. 5, Nr. 67, S. 369 (= Nr. 69, S. 372f, einer Kopie von Nr. 67); Text der den Predigern vorgetragenen, mit dem Dekret inhaltlich übereinstimmenden Grundsatzerklärung ebd. S. 370. Vgl. dazu Jannasch, Gottesdienst S.123 A. 1.
10) Vgl. Wilken, Kirchen-Ordnungen S. 104ff.
11) Starck S. 368f.
12) Deecke, Catharineum S. 27.
13) Text bei Dedekind, Schulordnungen S. 20—26.
14) Deecke, Catharineum S. 5f.
15) Dazu und zum folgenden s. Klug, Conflict S. 15ff; Starck S. 379ff; ausführliche Dokumentation bei v. Seelen, Athenae Bd. 4, S. 144—204.
16) Text bei Sehling Bd. 5, S. 374f; vgl. Starck S. 382f.
17) Insgesamt dazu Asch, Rat S. 56—93; Fahne, Chronik S. 81ff. 112ff.
18) Text bei Asch S. 57.
19) Asch S. 70 A. 30.
20) Dazu Asch S. 78—91; Fehling, Verfassungsbewegung S. 337.
21) Zum ganzen s. Starck S. 556f. 621f und Asch S. 71. 78.
22) Funk, Armen-Diakonat S. 201ff.
23) Asch S. 75—77; Michelsen, Innere Mission S. 34f.
24) Vgl. Plessing, Hospital S. 16—27. Text der Hospitalordnung von 1602 bei Dittmer, Hospital S. 112—117.
25) Fehling, Verfassungsbewegung S. 336. 339.
26) Vgl. Dittmer, Hospital S. 52—60.
27) Zusammenfassung bei Starck S. 392f. Zu Streitfällen jener Zeit s. ebd. S. 565f. 582f; Pauli, Brokes S. 2ff.
28) Zum ganzen Pauli, Brokes S. 1f. 255f.
29) Starck S. 604f; Deecke, Verhältnisse S. 211; Funk, Kirchenrecht Einl. 3. Kap. Bl. 9f; Dreyer, Einleitung S. 89.
30) Bericht bei Starck S. 372—375, Protokoll des Kolloquiums ebd. S. 507—521. Vgl. auch A. H. A. Sartori, Caspar Holste, Prediger an St. Petri, ZVLG 1, 1860, S. 348—361.
31) Deiß, Geschichte S. 35f.
32) Allgemein dazu Römer, Commercia S. 56—59.
33) Vgl. Feddersen, Philippismus und Luthertum.
34) Zum ganzen s. Starck S. 585f, Texte C. Holstens ebd. S. 626—633.
35) Zur Biographie Stampels s. Starck S. 576ff; Klug, Streit S. 311ff; Kunhardt, Stampel; Pauli, Brokes S. 4ff.
36) Vgl. Dollinger, Hanse S. 444—468.
37) Becker, Geschichte Bd. 2, S. 329ff; Starck S. 634; Pauli, Brokes S. 11ff. 256ff; Ferdinand Grautoff, Die Beziehungen Lübecks zu Christian IV. bis zum Dreißigjährigen Krieg, Diss. phil. Marburg 1899, S. 35ff.
38) Zum folgenden s. die Darstellungen bei Pauli, Brokes S. 277ff; Starck S. 587ff; Klug, Streit S. 314ff; Kunhardt, Stampel S. 4ff; Weimann, Geistliche S. 105ff.
39) Texte bei Starck S. 635—664 und 665—702.
40) Zitate bei Klug, Streit S. 343.

15. Kapitel
Kirche und Politik in der Zeit des Dreißigjährigen Krieges 1618—1648

1) Allgemein dazu: Ernst Walter Zeeden, Das Zeitalter der Glaubenskämpfe 1555—1648, in: Handbuch der deutschen Geschichte, hg. v. H. Gebhardt — H. Grundmann, Bd. 2, 9. A.

Anmerkungen zu S. 292—301

Stuttgart 1970 = Taschenbuch dtv WR 4209, München 1973. — Moritz Ritter, Deutsche Geschichte im Zeitalter der Gegenreformation und des Dreißigjährigen Krieges, 3 Bde, Stuttgart 1889—1908 (Nachdr. Darmstadt 1974).
2) Einzelheiten bei Pauli, Brokes S. 427—434.
3) Ebd. S. 428. 433.
4) Vgl. Melle, Nachrichten S. 254. 329.
5) Dazu Opel, Krieg Bd. 1, S. 384—550; Bd. 2, S. 54—159.
6) Einzelheiten bei Opel Bd. 3, S. 449—511; Messow, Hansestädte S. 11—21.
7) Messow S. 31ff. 41ff. 63ff.
8) Ebd. S. 83f.
9) Becker, Geschichte Bd. 2, S. 356.
10) Einzelheiten bei Julius Hartwig, Spuren des Dreißigjährigen Kriegs im Nusser Kirchspiel, MVLG 15, 1939, S. 229—231. Eine volkstümliche Skizze bei Horst Weimann, Der 30jährige Krieg im lübischen Raum zwischen Elbe und Fehmarn, Lübeck 1954.
11) Dazu s. Opel, Krieg Bd. 3, S. 731—740; Wilmanns, Friede S. 24—64; Fritz Fester, Vor 300 Jahren, LBl 71, 1929, S. 374—379; Richard Fester — Georg Fink, Beiträge zur Geschichte des Lübecker Friedens von 1629, ZVLG 26, 1930, S. 135—154.
12) Text der Friedensurkunde bei Wilmanns S. 80—83.
13) Starck S. 770f; Jimmerthal S. 226.
14) Becker, Geschichte Bd. 2, S. 385—387.
15) Allgemein dazu: Johann Paul, Gustav Adolf, 3 Bde. 1927—32; Gerhard Ritter, Gustav Adolf, Deutschland und das nordische Luthertum, in: Ders., Die Weltwirkung der Reformation, Leipzig 1941, S. 158—176.
16) Dollinger, Hanse S. 472ff.
17) Näheres bei Becker Bd. 2, S. 401—405.
18) Vgl. ebd. S. 412ff.
19) Beispiele aus zeitgenössischen Quellen bei Weimann, Superintendenten S. 33—39.
20) Ausührlich dazu Becker Bd. 2, S. 427—432; vgl. Feine S. 439f.
21) Deiß, Gemeinde S. 42ff.
22) Verzeichnis der katholischen Benefizien vor 1648 bei Illigens, Geschichte S. 50—66. 161—165.
23) Dazu Illigens S. 67—82; Quellen für die katholische Religionsausübung 1648 ebd. S. 168—184.
24) Zum ganzen s. Dittmer, Johannis-Kloster S. 96—116; Becker Bd. 3, S. 42—54.
25) Starck S. 738; Text des Dekrets von 1623 bei Funk, Kirchenrecht Buch II, Kap. 1, Teil VII, Bl. 186ff; Jimmerthal S. 245. 247; Becker, Geschichte Bd. 2, S. 437. 441f; AHL, Nachlaß Funk Nr. 121.
26) Allgemein dazu s. Holl, Kriege S. 304—347.
27) Starck S. 796; Schneider, Morsius S. 36f; Briefwechsel mit J. Kirchmann bei v. Seelen, Athenae Bd. 4, S. 261ff.
28) Starck S. 758ff; Heller, Hunnius S. 57ff.
29) Texte bei Starck S. 939—946.
30) Vgl. Dollinger, Mennoniten S. 195f.
31) Starck S. 790ff; Heller S. 63ff.
32) Vgl. E. G. Wolters, Paul Felgenhauers Leben und Wirken, JGNKG 54, 1956, S. 63—84; 55, 1957, S. 54—94.
33) Zum folgenden s. Pauli, Heyling; A. Michelsen, Art. Peter Heyling, ADB 12, S. 372f; Otto F. A. Meinardus, Peter Heyling in the Light of Catholic Historiography, Ostkirchl. Studien 18, 1969, S. 16—22.
34) Zu Hunnius' Person s. Heller S. 1—50; J. Kunze — L. Heller, Art. Hunnius, RE 3. A. Bd. 8, S. 459—462; W. Jannasch in RGG 3. A. Bd. 3, Sp. 491.
35) Aufstellungen dazu bei Wilken, Kirchen-Ordnungen S. 112—114.
36) So seit 1617 in seinen Schriften gegen Valentin Weigel und Paracelsus. Ferner: Ausführlicher Bericht von der Neuen Propheten . . . Religion, Lehr und Glauben, Lübeck 1634; Nothwendige und gründliche Beantwortung . . ., Lübeck 1640.
37) Texte bei Starck S. 966—973; vgl. Heller S. 66ff.

Anmerkungen zu S. 302–312

38) Text bei Heller S. 79f.
39) Text bei Starck S. 977–980. Zum Neddersassischen Handtboek s. ebd. S. 800f und Heller S. 85f.
40) Zusammenfassung bei Heller S. 86–97; Nerling, Hoburg S. 10ff.
41) Dazu Starck S. 806ff. 866ff; Heller S. 100ff; Schulze, Anfänge S. 72ff. Texte von Raselius bei Starck S. 1034–79.
42) Einzelheiten zum ganzen bei Starck S. 765f; Heller S. 134–142.
43) Necessaria depulsio grauissimarum accusationum . . . , Wittenberg 1628; vgl. Salig Bd. 1, S. 803f; Starck S. 767f und ebd. S. 908–911 das Schriftenverzeichnis.
44) Starck S. 777f; Jimmerthal S. 227. In diesem Zusammenhang erschien Hunnius' Buch über den Abfall der Römischen Kirche von der alten apostolischen und wahren christlichen Reinheit (lat.), Lübeck 1630, welches hinfort mehrfach, auch deutsch aufgelegt wurde.
45) Consultatio oder wohlmeynendes Bedencken, ob und wie die evangelisch-lutherischen Kirchen die jetzt schwebenden Religions-Streitigkeiten entweder friedlich beylegen oder durch Christliche und bequeme Mittel fortstellen und endigen mögen, Lübeck 1632 (weitere Auflagen 1638, 1666, 1667). Vgl. die Zusammenfassung bei Starck S. 783–789 und Heller S. 253–271.
46) Diaskepsis theologica de fundamentali dissensu doctrinae Evangelicae-Lutheranae et Calvinianae seu Reformatae, Wittenberg 1626.
47) Allgemein s. Paul Tschackert, Art. Duräus, RE 3. A. Bd. 5, S. 92–95. Zum Kontakt mit Lübeck s. Starck S. 860ff; Heller S. 121ff.
48) Handschriftliches Exemplar der „Ministerii ecclesiastici Lubecensis Theologica consideratio", des sog. Anti-Duräus von 1641 in AHL, Geistl. Min. Rep. 57, Nr. 5.
49) Ministerii Ecclesiastici zu Lübeck Bedenken auff drey Fragen das Straff-Ampt betreffend, Lübeck 1626 (benutzt nach der Ausgabe 1668).
50) Vgl. Heller S. 162–166.
51) Zum ganzen s. Starck S. 764f; Heller S. 145–150.
52) So der zweite Teil des Titels der Epitome credendorum (benutzt nach der Ausgabe von 1664).
53) Zitiert nach der Ausgabe Wittenberg 1664.
54) Texte bei Dedekind, Schulordnungen S. 26ff. 33ff.
55) Akten bei Heller S. 168f.
56) Vgl. Heller S. 169–173.
57) Z.B. zu Pomarius s. Melle Bd. 2, S. 242ff.
58) Ranke, Katechismusgeschichte S. 206f.
59) Ebd. S. 209; Heller S. 152–160 (Hunnius-Zitat ebd. S. 152).
60) Einzelheiten bei Heller S. 193–198; Deecke, Catharineum S. 17f.
61) Zur Schabbelstiftung s. Sellschopp S. 241ff.
62) Text der Ordnung ebd. S. 245–263; Zitate S. 254. 258.
63) Vgl. Soll, Westerau S. 20f; Gerhard Schneider, Die Westerauer Stiftung, Wa. 1966, S. 94–98.
64) Zum folgenden s. Wehrmann, Sklavenkasse S. 162ff.
65) Starck S. 800; Heller S. 114f.
66) Einzelheiten zum folgenden bei Hauschild, Staat-Kirche S. 74–82.
67) Einzelheiten zum folgenden ebd. S. 83–91.
68) Zitat nach Hunnius' handschriftlicher „Beandtwortung und Erklärung . . . " ebd. S. 85. Vgl. auch die umfangreichen Zitate bei Heller S. 175–185.
69) Starck S. 856f; Heller S. 186f. Die Rechtfertigungsschrift ist im Vorstehenden ausgewertet.

16. Kapitel
Die Problematisierung des konfessionellen Absolutismus

1) Hilmers, Lob-Eck S. 43f; H. Heppe, Art. Hanneken, ADB 10, S. 521f. Die handschriftliche Fortsetzung von Starcks Kirchengeschichte, die die Zeit 1628–1725 umfaßte, ist heute verschollen (Exemplare der Stadtbibliothek und des Geistlichen Ministeriums).
2) Umfangreicher Nachlaß dazu in AHL, Hanneken Nr. 17–22.
3) Biographie und Schriftenverzeichnis zu Pomarius bei Moller, Cimbria Bd. 2, S. 648–653; vgl. Jöcher Bd. 3, Sp. 1674f. Melles weitschweifige Biographie bietet kaum kirchengeschichtlich Relevantes; auf ihr basiert E. Gercken.

Anmerkungen zu S. 312—323

4) Pomarius, Ehren-Gedächtniß; Melle, Pomarius Bd. 2, S. 252ff. 262ff. 280ff. 290ff. 312ff.
5) Schimmelpfennig, Art. August Pfeiffer, ADB 25, 1887, S. 631f; zur Wahl vgl. Hilmers S. 47f.
6) Zeller, Protestantismus S. LV; ebd. S. 317—327 Pfeiffers Antimelancholicus.
7) Vgl. die entsprechenden Artikel in RGG Bd. 3, Sp. 66; Bd. 5, Sp. 243; ADB 44, S. 552f. und Melle, Wörger.
8) Einzelheiten bei Asch S. 99—173; vgl. Kretzschmar, Geschichte S. 77—87.
9) Weimann, Zwei Superintendenten S. 44f.
10) Hannekens Memorandum in AHL, Nachlaß Nr. 35; Auswertung bei Weimann ebd. S. 47f. Einzelheiten zu den Vorgängen bei Asch S. 109—122.
11) Fehling, Verfassungsbewegung S. 338ff.
12) Dazu Fink, Patriziat S. 274; zum ganzen ebd. S. 269—278.
13) Zum ganzen s. Asch S. 123—133.
14) Ebd. S. 139—154.
15) Belege ebd. S. 158—160.
16) Text des Bürgerrezesses bei Becker Bd. 3, Beil. 1; Zusammenfassung bei Asch S. 170ff und Krabbenhöft S. 18ff.
17) So Fehling, Verfassungsbewegung S. 342f.
18) Einzelheiten bei Bruns, Rat S. 7—11.
19) Vgl. Asch S. 170f.
20) Zum ganzen s. Funk, Kirchenrecht I. Buch, 3. Kapitel; Behrens, Topographie Bd. 2, S. 237f.
21) Funk, Armen-Diakonat S. 176—201.
22) Zum ganzen s. die Angaben bei Melle, Nachricht S. 184f. 202. 215. 224f. 250f. 266. 274f; Funk, Kirchliches Leben S. 472.
23) Zur Biographie Hoburgs vgl. v. Nerling S. 17ff; Hans-Jürgen Schrader, Art. Hoburg, SHBL 5, 1979, S. 132—136; M. Schmidt, Pietismus S. 151ff; Schriftenverzeichnis bei Moller, Cimbria Bd. 2, S. 337—347.
24) Zu Hoburgs Theologie s. Nerling S. 42—132; Martin Schmidt, Christian Hoburgs Begriff der „Mystischen Theologie", in: Glaube, Geist, Geschichte. Festschrift f. Ernst Benz, Leiden 1967, S. 313—326; Martin Kruse, Speners Kritik am landesherrlichen Kirchenregiment und ihre Vorgeschichte, Witten 1971, S. 141—173.
25) Zum folgenden s. Schulze, Pietismus S. 80ff; Arnold, Kirchen- und Ketzerhistorie Bd. II, 3, S. 144ff.
26) Zu Breckling s. Schmidt, Pietismus S. 153f; D. Blaufuß, TRE 7 (1980), S. 150—152.
27) Zu Taube s. Arnold S. 145f; Schulze S. 85—90.
28) Vollständiger Titel bei Schulze S. 91 A. 50.
29) Allgemein dazu: Martin Schmidt, Pietismus, Stuttgart 1972; Johannes Wallmann, Reformation, Orthodoxie, Pietismus, JGNKG 70, 1972, S. 179—200; Martin Greschat (Hg.), Zur neueren Pietismusforschung, Darmstadt 1977.
30) J. Wagenmann — C. Bertheau, Art. J. W. Petersen, RE 15, 1904, S. 169—175; Schmidt, Pietismus S. 155—159.
31) Schulze S. 100f.
32) Zum folgenden s. Schulze S. 102ff; Wotschke, Debora S. 265ff.
33) Vollständiger Text bei Schulze S. 103f A. 76.
34) Zum ganzen s. ebd. S. 105—108.
35) Zum Briefwechsel Schwartz-Francke s. Wotschke, Debora S. 267—279.
36) Wotschke S. 281f.
37) Schulze S. 108—111; Wotschke, Seelen S. 217f. Debora S. 283.
38) Dollinger, Mennoniten S. 196f. 200f.
39) Zu Francke s. die Arbeiten von Kramer, Beyreuther, Sellschopp und Wotschke.
40) Franckes Korrespondenz mit der Schabbelstiftung in AHL.
41) Text in AHL; teilweise Auswertung bei Sellschopp.
42) Zum ganzen s. Sellschopp, Stipendium S. 266—277 (Zitat ebd. S. 270); Kramer S. 54f. 61f; Beyreuther S. 55f.
43) Vgl. Beyreuther S. 79—83.
44) Dazu Wotschke, Briefwechsel S. 113—118.
45) Einzelheiten zum folgenden bei (Anonymus) Honstede S. 86f. 93ff.

Anmerkungen zu S. 323–346

46) Zum ganzen s. AHL, Nachlaß Hanneken Nr. 34; Wilhelm Brehmer, Polnische Socinianer in Lübeck, MVLG 6, 1893/4, S. 156f.
47) Zum folgenden s. Radbruch, Günther S. 8f; Arnold, Kirchen- und Ketzerhistorie Bd. II,4, S. 801–810 (mit Dokumenten); (Anonymus) Geschichte des wegen Gotteslästerung A. 1687 zu Lübeck hingerichteten Peter Günther, LBl 1827, S. 167–171. 173–175. 177–179. Handschriftl. Materialsammlung in AKL, Nachlaß Ranke (nach den Ministerialakten).
48) Einzelheiten bei Radbruch S. 6–10; LBl 1827 S. 171.
49) LBl 1827, S. 174f.
50) Texte bei Arnold S. 805ff.
51) Zum Text der Gutachten s. AKL, Nachlaß Ranke Bl. 28ff. 38ff; Arnold S. 808ff; LBl 1827, S. 173f.
52) Text bei Arnold S. 803.
53) Vgl. Becker Bd. 3, S. 128.
54) Georg Heinrich Götze, Ecloge theologica de facinorosis supplicio adiudicatis, Lübeck 1714.
55) Material zum folgenden bei Becker Bd. 3, S. 108–110; Brehmer Hexenprocesse.
56) Die Angaben bei Becker S. 109 und Brehmer S. 33ff (aufgrund der Ratsprotokolle) differieren. Zu zwei Verbrennungen im Landgebiet 1669/76 s. Jimmerthal, Chronik S. 269f und Brehmer, MVLG 4, 1889, S. 80.
57) Hierzu und zum folgenden s. Deiß, Geschichte S. 42–51; Klug, Bekenner S. 401ff.
58) Zum folgenden s. Deiß S. 52–62.
59) Vgl. z. B. Klug, Bekenner S. 41f.
60) Deiß S. 63–74.
61) Einzelheiten bei Klug S. 417ff. 425ff.
62) Ebd. S. 427; Deiß S. 96.
63) Deiß S. 101–105; Grundmann, Flüchtlinge S. 15–25.
64) Vgl. Schulze, Ministerium S. 402.
65) Zum ganzen s. Klug S. 41–44; Deiß S. 106–146.
66) Bode, Geschichte S. 5; Grundmann, Flüchtlinge S. 42f.
67) Brandt, Reformierte S. 25f; Bode S. 8ff.
68) Zum ganzen s. Deiß S. 136ff. 150ff. 190ff.

17. Kapitel
Kirchliches Leben zwischen Orthodoxie und Aufklärung

1) Allgemein vgl. Wilhelm Maurer, Art. Orthodoxie, RGG 4, 1960, Sp. 1719–1730; Friedrich Wilhelm Kantzenbach, Orthodoxie und Pietismus, Gütersloh 1966.
2) Hilmers, Lob-Eck S. 1 unter Berufung auf das Buch von Hermann Lebermann, Die beglückte und geschmückte Stadt Lübeck, Lübeck 1697.
3) Einzelheiten bei A. Michelsen, Art. J. v. Melle, ADB 21, 1885, S. 297f; C. E. Carstens, Art. H. v. Seelen, ADB 33, 1891, S. 578f; G. Karstädt, MGG 12, 1965, Sp. 457; Wegener, Scharbau; Pieth, Mitteilungen S. 4ff.
4) Über Person und Werk Götzes bietet nur Jöcher Bd. 2, Sp. 1049–52 Angaben. Die umfangreiche Sammlung von „Goetziana" der Lübecker Stadtbibliothek ist seit 1945 verschollen.
5) Lübeckisches Gesangbuch, Anhang S. 421f. 423 (Zitat nach der Ausgabe von 1729).
6) Lübeckisches Kirchenhandbuch, Lübeck 1754, S. 401–429.
7) Vgl. die Aufstellung bei Jannasch, Gottesdienst S. 174ff. Zu den Gottesdienstzeiten s. Hartwig, Vorfahren S. 150.
8) Pfeiffer, Einweihung ... 1691, S. 27ff.
9) Ebd. S. 49; vgl. S. 43f.
10) Pfeiffer, Friedens-Altar S. 1–38; konfessionelle Polemik ebd. S. 39ff.
11) Pfeiffer, Klugheit S. 4ff.
12) Ebd. S. 41ff. 47ff. 192ff.
13) Vgl. z. B. (Anonymus) Honstede über die Zeit um 1700.
14) Becker, Geschichte Bd. 2, S. 437. Abschrift des Mandats in AHL, Nachlaß Funk Nr. 121.
15) Hartwig, Geschichte S. 162f; Korrektur des Datums nach Funk, Kirchenrecht, II. Buch, 1. Kap. VII.

Anmerkungen zu S. 346–354

16) Einzelheiten bei Hartwig S. 164ff.
17) Vgl. Stahl, Musikgeschichte S. 47ff.
18) Lübeckisch-Vollständiges Gesängbuch, anietzo biß auf 974 Gesänge vermehret, Lübeck–Leipzig 1699. Vgl. Pauli, Gesangbuch S. 24ff; (Anonymus) Honstede S. 247–249.
19) Lübeckisches Gesangbuch nebst Anfügung eines Gebeth-Buches, Lübeck 1703 (mehrfach nachgedruckt: 1707. 1709. 1716. 1723. 1729, zuletzt 1759, seit 1748 um einen Anhang von 106 Liedern vermehrt); Vorrede ebd. S. 7ff.
20) Zu den Verhandlungen s. (Anonymus) Honstede S. 246–248.
21) Text im Anhang zum Gesangbuch von 1703: Christliches Gebeth-Buch (Ausgabe von 1759) S. 5ff.
22) Vgl. (Anonymus) Honstede S. 248.
23) So Söhngen, Abendmusiken S. 9. Vgl. die Übersicht bei Stahl, Art. Abendmusik, MGG 1, 1949/51, Sp. 32–35.
24) Text Tunders von 1646 bei Stahl, Tunder S. 11.
25) Entsprechende Quellenbelege bei Stahl, Tunder S. 8–28; ders., Abendmusiken S. 5f.
26) Nachweis bei Söhngen S. 10f. 16–19. Vgl. auch Karstädt, Abendmusiken S. 12f; Moser, Buxtehude S. 19.
27) Quellen zu Helms bei Fritz Hirsch, Beiträge zur Kirchenmusik in Lübeck, MVLG 10, 1901, S. 58–62.
28) Zitat bei Stahl, Tunder S. 26; zur Aufführungspraxis ebd. S. 65–74; Karstädt S. 19–35.
29) Vgl. Stahl, Abendmusiken S. 64; Karstädt S. 17–19; Moser S. 20; Blume Sp. 553f.
30) Übersicht in BuK Bd. 2, S. 334–381.
31) Kunstgeschichtliche Charakterisierung ausgewählter Epitaphien bei Wilde S. 112–127 (mit instruktiven Abbildungen) und Rudolph S. 79–81.
32) Vgl. BuK Bd. 2, S. 200ff; zur Person Fredenhagens s. A. v. Brandt, Thomas Fredenhagen (1627–1709). Ein Lübecker Großkaufmann und seine Zeit, HGbl 63, 1938, S. 125–160, dort S. 137. 155f.
33) Zum ganzen s. BuK Bd. 2, S. 45f. 57. 61f. 236f; Bd. 3, S. 119f. 166f. 342f. 372f. 378. 484f. 491f. 498ff.
34) Biographie und Abbildungen bei Paul Hasse, Burchard Wulff, ein Lübecker Maler des siebzehnten Jahrhunderts, Lübeck 1898.
35) M. Hasse, Maria S. 75ff.
36) Allgemein dazu: Wolfgang Philipp, Spätbarock und Aufklärung, in: Kirche und Synagoge. Handbuch zur Geschichte von Christen und Juden, hg. v. K. H. Rengstorf – S. v. Kortzfleisch, Bd. 2, Stuttgart 1970, S. 23–86.
37) Zum ganzen s. Carlebach S. 5ff; Winter S. 12ff; Text bei Hofmeister S. 16.
38) Text nach Hofmeister S. 19.
39) Ebd. S. 20.
40) Zum ganzen s. Carlebach S. 22ff; Winter S. 96ff; (Anonymus) Honstede S. 241f.
41) Text bei Winter S. 13.
42) Text bei Hofmeister S. 27–29; vgl. Winter S. 101f; (Anonymus) Honstede S. 242.
43) Einzelheiten bei Winter S. 103–117.
44) Zum ganzen s. Winter S. 20–75.
45) Dazu Carlebach S. 29ff; Winter S. 124ff.
46) Vgl. v. Melle, Pomarius Bd. 2, S. 309ff; Funk, Kirchenrecht Bd. I, Kap. 4, Bl. 29ff.
47) Zu J. G. Carpzov s. die Artikel von G. Müller, RE 3, 1897, S. 730f; C. Siegfried, ADB 4, 1876, S. 22–25; O. Achelis, NDB 3, 1957, S. 157. Schriftenverzeichnis bei Jöcher, Erg.-Bd. 2, 1787, Sp. 133–136. Zitat Carpzovs in: Treuer Lehrer An- und Abtritt S. 62.
48) Wotschke, Briefe von Seelens S. 16.
49) Vgl. die Briefe Carpzovs von 1731 an E. S. Cyprian bei Wotschke S. 417–420 und von 1733 ebd. S. 448f.
50) Zu Rahtmann s. R. H. Grützmacher, RE 16, 1905, S. 410–412; M. v. Engelhardt, Der Rahtmannische Streit, Zs. f. hist. Theol. 24, 1854, S. 43–131.
51) J. G. Carpzov, Introductio ad libros canonicos bibliorum Veteris Testamenti, 2 Bde, Leipzig 1714–21.

Anmerkungen zu S. 354–362

52) J. G. Carpzov, Treuer Lehrer S. 31–64 (Antrittspredigt 1731); Treuer Lehrer Amts-Rechenschaft (1752) S. 10ff.
53) Zum folgenden s. Klug, Unterdrückung S. 6ff; Becker Bd. 3, S. 240ff.
54) J. G. Carpzov, Die Heiligung des abgesonderten Volckes Gottes, Lübeck 1739. Zum ganzen s. Klug S. 17ff.
55) Text des Briefes bei Klug S. 25f.
56) Text des Mandats vom 12. Oktober 1740 ebd. S. 27–30; Zitat S. 29.
57) Brief an V. E. Löscher vom 28. September 1740 bei Wotschke S. 427.
58) Religions-Untersuchung der Böhmischen- und Mährischen Brüder, von Anbeginn ihrer Gemeinen bis auf gegenwärtige Zeiten, Leipzig 1742.
59) Vgl. Ranke, Katechismusgeschichte S. 212; Zitat aus dem Ratsdekret von 1647 ebd. S. 209.
60) Einfältige, doch Gründliche Catechismus-Erklärung, Lübeck 1702. Zur Vorgeschichte und Charakteristik s. Ranke S. 214–224; (Anonymus), Honstede S. 246–249.
61) Vorrede des Geistlichen Ministeriums ebd. S. 9f. 13f (Ausgabe 1760).
62) Zum folgenden s. Becker, Konfirmation S. 129–140.
63) Einzelheiten bei Funk, Kirchenrecht I. Buch, 5. Kap., fasc. II, Bl. 29f; Ranke, Katechismusgeschichte S. 225.
64) Vgl. Stoltenberg, Cramer S. 23ff; A. Elschenbroich, NDB 3, 1957, S. 389f; W. Rustmeier, SHBL 2, 1971, S. 118f.
65) Der Catechismus Lutheri in einer kurzen und ausführlichen Auslegung erklärt, Lübeck 1774. Zur Vorgeschichte s. Ranke S. 224–228.
66) Zitate nach der Vorrede S. 1f.
67) Z. B. bietet die Kurze Erklärung S. 2ff einen ausführlichen Ansatz beim Erleben der täglichen Naturvorgänge.
68) Ebd. S. 10f.
69) So die Einleitung zur Ausführlichen Erklärung S. 1.
70) Zum ganzen s. ebd. S. 16–19. 56.
71) Vgl. dazu Hugo G. Bloth, Die Kirche in Pommern, Köln–Wien 1979, S. 18.

18. Kapitel
Folgen der Aufklärung und bürgerliche Christlichkeit

1) Allgemein dazu: Martin Schmidt, Aufklärung, TRE 4, 1979, S. 594–608; Friedrich Wilhelm Kantzenbach, Das protestantische Christentum im Zeitalter der Aufklärung, Gütersloh 1965.
2) Zur Biographie Schinmeiers s. Bülow, ADB 31, 1890, S. 302f; Hinrich v. d. Hude, Die große Pflicht der Lehrer, Lübeck 1779, S. 38ff.
3) Vgl. z. B. Schinmeier, Predigten 1773 und Betrachtungen 1785.
4) Zum ganzen s. Schinmeiers Antrittspredigt 1779, die Predigt für J. D. Denso 1784 (Zitate dort S. 4. 15) und die Katechismus-Predigten 1780.
5) Z. B. v. d. Hude (s. Anm. 2); J. F. Petersen, Das Leben der Menschen auf Erden, ein Leben für die Ewigkeit, Lübeck 1785; F. Köppen, Leben; J. H. v. Melle, Vollständiger Auszug einer Predigt . . . , Lübeck 1792 (Karfreitagspredigt).
6) Z. B. Ludewig Suhl, Zwo Predigten, Lübeck 1783; Bernhard Eschenburg, Der Christ im Kampfe wider die Sünde, Lübeck 1792; Heinrich Kunhardt Vorlesungen über Religion und Moral, Hamburg 1815.
7) Z. B. Jannasch, Art. Lübeck, RGG 4, 1960, Sp. 469.
8) Für Lübeck s. die Darstellungen von Hennings, Kemper, Hagenström sowie v. Brandt, Geistesgeschichte S. 44ff; allgemein s. G. Schenkel, Art. Freimaurerei, RGG 2, 1958, Sp. 1113–1118.
9) Hennings, Geschichte S. 24–28.
10) Hierzu und zum folgenden s. Hennings S. 43–79.
11) Zum ganzen s. Hennings S. 80–101. 149–156 und Kemper S. 1–16.
12) Vgl. Hennings S. 8. 16.
13) Matrikel bei Kemper S. 173ff.
14) Personalangaben bei Hennings passim, z. B. S. 86ff.
15) Zitiert bei Hennings S. 109f.

Anmerkungen zu S. 362–372

16) Hennings S. 168f; Kemper S. 69f.
17) Z. B. Kemper S. 32 (unter Suhl); Hennings S. 106ff (unter Geibel).
18) Kunhardt, Vorträge . . . , Lübeck 1807. Zu seiner Biographie s. J. J. Merlo, ADB 17, 1883, S. 378f.
19) Zum folgenden s. Heller S. 7ff; Hach, Gesellschaft S. 1–46; v. Brandt, Bürgertum S. 27ff; Dokumente S. 19–26.
20) Suhls Gründungsaufruf zitiert in: Dokumente S. 19.
21) Tabelle der Mitglieder bei Hach S. 15.
22) Zitate aus den „Verfassungspunkten" von 1795 nach: Dokumente S. 24f.
23) Vgl. die Zusammenstellungen bei Hach S. 54ff. 151ff; Hartwig S. 27ff. 73ff; Behrens S. 31ff.
24) Dazu Hach S. 83ff. 172ff; Hartwig S. 85ff. 111ff.
25) Hach S. 140ff; Behrens S. 55ff; Bericht in Lüb. Kirchenblatt 1857, S. 7.
26) Behrens S. 45.
27) Vollständiger Text: Dokumente S. 25; vgl. Hennings, Johannis-Loge S. 97f.
28) Texte bei Funk, Kirchenrecht I. Buch, 2. Kapitel, Bl. 30f.
29) Ebd. Bl. 32b–d.
30) Einzelheiten bei Jimmerthal, Chronik S. 283. 350 (Meßgewänder), S. 373f (Liturgie) und Gebler, Beiträge S. 88ff.
31) Vgl. Becker, Geschichte Bd. 3, S. 379.
32) Einzelheiten bei Funk, Was muß . . . S. 11ff.
33) Funk, Kirchliches Leben S. 472.
34) Zum ganzen s. Funk ebd. S. 19f; Jaacks, Sakralbauten S. 23. 28.
35) Dazu Max Hasse, Denkmalpflege in Lübeck. Das 19. Jahrhundert, Lübeck 1975, S. 3f.
36) Vgl. Gebler, Beiträge S. 83ff.
37) Vgl. Cramer, Oden und Lieder.
38) Text bei Pauli, Gesangbuch S. 35.
39) Ebd. S. 36.
40) Neues Lübeckisches Gesangbuch zum öffentlichen Gottesdienste und zur häuslichen Andacht, Lübeck 1790.
41) Bruns, Rat S. 17ff. 29f. 52ff.
42) Funk, Was muß . . . S. 14.
43) Vgl. v. Brandt, Ratskirche S. 94.
44) Zum folgenden s. Hartwig, Bußtage S. 162.
45) Ebd. S. 163f.
46) Zum folgenden s. Hauschild, Reform S. 70f.
47) Zu den Einzelheiten s. Funk, Kirchenrecht I. Buch, 1. Kapitel IV, Bl. 86ff.
48) Einzelheiten bei Deecke, Verhältnisse S. 228ff.
49) Allgemein dazu: Kretzschmar, Geschichte S. 91ff; Hoffmann, Geschichte Bd. 2, S. 117ff.
50) Grundmann, Flüchtlinge S. 70ff; Conrad Neckels, 175 Jahre Zeit- und Zeitungsgeschichte, in: Lübeck seit Mitte des 18. Jahrhunderts, Lübeck 1926, S. 271–278.
51) Zitiert bei Funk, Dichtungen S. 112f.
52) Zum ganzen s. Hoffmann, Geschichte Bd. 2, S. 129f; Wehrmann, Mittheilungen S. 66ff.
53) Einzelheiten bei Ernst Wilmanns, Preußen und die Hansestädte 1795–1800, in: Lübische Forschungen, Lübeck 1921, S. 371–429.
54) Wehrmann, Mittheilungen S. 68ff.
55) Text bei: R.v. Oer (Hg.), Die Säkularisation 1803, Hist. Texte. Neuzeit Bd. 9, Göttingen 1970, S. 62. 65.
56) Dittmer, Johannis-Kloster S. 173ff. Zum Zustand im 19. Jahrhundert vgl. Lütgendorff, Lübeck Bd. 3, S. 1–13.
57) Dittmer S. 183; Fink, Stadtgebiet S. 280f.
58) Zum ganzen s. Wehrmann, Mittheilungen S. 25–38.
59) Becker, Geschichte Bd. 3, S. 299f; A. v. Brandt, Art. J.C.H. Dreyer, NDB 4, 1959, S. 122f.
60) Becker Bd. 3, S. 139–145.
61) Ebd. S. 210ff. 238ff. 346ff.
62) Text bei Wehrmann S. 40ff; vgl. auch Prange, Domkapitel S. 128f.
63) Einzelheiten bei Wehrmann S. 72–84.

64) Text ebd. S. 99–119.
65) Einzelheiten zum militärischen Ablauf bei Möller, Politik S. 49–71, zu den kirchlichen Folgen bei Boelke, Drangsalsjahre S. 102f.
66) Zum ganzen s. Klug, Geschichte Bd. 1, S. 72ff. 91ff; Carlebach, Juden S.43ff.
67) Vgl. auch Hans-Bernd Spies, „Erhebungen". Eine patriotische Zeitschrift aus Lübeck (1809–1810), ZVLG 59, 1979, S. 83–105.
68) Zum ganzen s. Henrich Kunhardt, Vaterländische Gesänge, Lübeck 1815; Ders., Poetisches Denkbuch aus den Zeiten des Leits und der Freude, Lübeck 1839; Funk, Dichtungen S. 124–138; die Rede F. Hermanns von 1813 bei Klug Bd. 2, S. 13–17.
69) Ratsverordnung in SLVOB vom 11.10.1815. Sammlung von Verlautbarungen der Folgezeit in AHL, Alte Bürgerschaft 73, 4–5.

19. Kapitel
Neuaufbruch im Geist von Romantik und Erweckung 1814–1830

1) Entsprechende Stilisierungen finden sich allerorten in der Literatur, von J.Ä.L. Funk und J. C. Lindenberg über M. Funk, L. Tiesmeyer bis hin zu W. Jannasch. Dagegen s. allgemein Holl, Kriege S. 347ff.
2) Matthias Claudius, Sämtliche Werke, hg. v. H. Geiger, Wiesbaden o. J. (Tempel-Klassiker), S. 695–706.
3) Genaue Zahlen bei Klug, Geschichte Bd. 1, S. 11.
4) Beurmann, Skizzen S. 2f. 7.
5) Zitat des Kollegien-Konsulenten Dr. Lemke bei Horstmann, Liberalismus S. 42. Vgl. Emil Ferdinand Fehling, Die Revision der lübeckischen Staatsverfassung in den Jahren 1814–1817, ZVLG 16, 1914, S. 231–260.
6) Vgl. dazu Carlebach, Juden S. 43–141; Winter, Gemeinde S. 79–85; G. K. Schmidt, Geschichte S. 96–102. H. Hofmeister, Hansegeist S. 57–105 bietet eine materialreiche Darstellung, deren historischer Wert durch ihren agitatorischen Rassenantisemitismus nicht gänzlich aufgehoben wird.
7) Abdruck bei Hofmeister, Hansegeist S. 62–67.
8) Anonym erschienen: Die Juden in Lübeck, Frankfurt a.M. 1816.
9) Zitat aus einem Beitrag Hachs vom 25.9.1816 in der Bremer Zeitung nach Hofmeister S. 86. Ähnliche Ausführungen in seiner Anm. 8 genannten Schrift S. 37–39.
10) Hach, Juden S. 33f. 35. 37.
11) Ausführlich darüber Hofmeister S. 87–105; vgl. Winter S. 83f.
12) W. Jannasch, Johannes Geibel, NDB 6, 1964, S. 140f. Über Geibels religiöse Entwicklung vgl. Deiß, Gemeinde S. 202ff und Tiesmeyer, Erweckungsbewegung S. 176ff.
13) Vgl. J. Hennings, Johannis-Loge S. 102–121.
14) Zitiert bei Tiesmeyer S. 177f. Vgl. auch Geibels Predigt über Off 21,28 von 1807 bei Deiß, Gemeinde S. 203.
15) Zusammenfassung seiner Position bei Johannes Geibel, Des Glaubens weltüberwindende Kraft. Eine Predigt, Lübeck 1810.
16) Ebd. S. 22. 25. 27.
17) Vgl. Geibels katechetische Zusammenfassung: Einleitung in die christliche Lehre, Lübeck 1821.
18) Johannes Geibel, Prüfet Alles, und behaltet das Gute. Reden für evangelische Freiheit und Wahrheit, Lübeck 1818.
19) Auszüge aus Geibels Predigt bei Deiß, Gemeinde S. 208f.
20) Johannes Geibel, Über die Bibelgesellschaft. Ein Wort an meine Mitbürger, Lübeck 1814. Text dieses Aufrufs und Informationen über die Geschichte der Bibelgesellschaft bei Martin Funk, Ein vergessenes Jubiläum, LBl 56, 1914, S. 786–790. Vgl. auch Horst Weimann, Aus der Gründungsgeschichte der Lübecker Bibelgesellschaft, in: 150 Jahre Lübecker Bibelgesellschaft, Lübeck 1964, S. 9–13.
21) Nachricht über die Lübeckische Bibelgesellschaft, Lübeck 1822.
22) Nachrichten über die Bibelgesellschaft Nr. 2 und 3, 1825 und 1829.

Anmerkungen zu S. 384–396

23) Vgl. Weimann, Von Lübeck nach Grönland; Ders., Der Lübecker Verein S. 63f; Nachrichten des Missionsvereins 1–74, 1829–1907.
24) Bericht von J. C. Lindenberg in: Zweite Nachricht des Lübeckischen Vereins zur Beförderung der Missionen, Lübeck 1835, S. 5f. 10f.
25) Weimann, Verein S. 66f.
26) Für einen Einzelfall s. die Schilderung bei E. Raabe, Der Fischer von Lübeck, 2. Aufl., Hamburg 1873, S. 138ff.
27) M. Funk, Mittheilungen S. 7.
28) Repräsentativ dafür ist Ernst Deecke (unter dem Pseudonym Hans v. Eppen), Ueber den Mystizismus, in: Die Glocke 1818, No. 7–8, Sp. 98ff. 112ff.
29) Carl Georg Heise (Hg.), Overbeck und sein Kreis, München 1928; Pecht, Johann Friedrich Overbeck, ADB 25, 1887, S. 7–14.
30) Ausführliche Darstellung zum „Einzug Christi" bei Lindtke; vgl. ferner Willibald L. v. Lütgendorff, Das Overbeck-Zimmer im Museum am Dom zu Lübeck, Lübeck 1915; Jens Chr. Jensen, Friedrich Overbeck, Die Werke im Behnhaus, Lüb. Museumshefte 4, Lübeck 1963.
31) Johann Henrich Carstens, Weisheit und Bedürfniß einer auf Ehrfurcht und Liebe zu Gott gegründeten Tugend. Eine Predigt über die drey ersten Gebote, Lübeck 1816.
32) Johann Henrich Carstens, Täglicher Anschluß an Gott und Jesum Christum, Lübeck 1828.
33) Zur Person von H. F. Behn vgl. den Nachruf in NLBl 12, 1846, S. 125–127.
34) Material in den Protokollbüchern 1829ff, 6 Bde.
35) AHL Nachlaß Funk Nr. 121; Funk, Mittheilungen S. 34–37; Horst Weimann, Prüfungsbuch zur Aufnahme der Theologie Studirenden zu hiesigen Candidaten, LBI 125, 1965, S. 367f.
36) Lübeckische Blätter 1827. 1828, dort S. 1–5. 13–16: J. F. Petersen, Vergangenheit und Gegenwart.
37) So Overbeck in der „Einläutung", Die Glocke H. 1, 1828, Sp. 5.
38) Glocke Nr. 21, 1829, Sp. 330.
39) Plessing, Curtius S. 59f (Zitat Lindenberg); vgl. dort auch S. 31ff. 47ff. 60f.
40) Zum folgenden s. Hauschild, Kirchenverfassung S. 54ff.
41) Deiß, Gemeinde S. 229. 232.
42) Text des Ratsvotums ebd. S. 227.
43) SLVOB vom 10.12.1825.
44) M. Funk, Mittheilungen S. 87–89; AHL Nachlaß Funk Nr. 21; dort auch die Korrespondenz mit Lindenberg.
45) J. L. Funk, Hauptpunkte S. 32–45; Hauschild, Kirchenverfassung S. 57.
46) Funk, Hauptpunkte S. 22ff.
47) F. Petersen, Warum feiern wir den 25. Juni 1530 in Deutschland und besonders in Lübeck?, Lübeck 1830. Im Zusammenhang damit stand auch Petersens Edition der Reformationschronik Reimar Kocks.
48) F. Petersen, Wünsche für eine künftige Kirchen-Verfassung, Lübeck 1830.
49) Zitate ebd. S. 22. 25.
50) Johann Ä. L. Funk, Die Grundlage der ursprünglichen Einrichtung der Lübeckischen Kirche, Lübeck 1831; W. Curtius, Über Trennung der Kirche vom Staate, NLBI 5, 1839, S. 311–313. 319–322. 325–327. 338–340.

20. Kapitel
Restauration, Innere Mission, soziale und kirchliche Strukturprobleme 1830–1848

1) Zur Biographie s. Evers, Lindenberg S. 9ff.
2) M. Funk, Mittheilungen Bd. 1, S. 113ff; Hans Beyer, Johann Ä. L. Funk, in: Das Buch von St. Marien zu Lübeck, Stuttgart 1951, S. 75–78.
3) M. Funk, Mittheilungen Bd. 2, S. 149ff.
4) AHL, St. Jakobi VIII, 3; M. Funk, Was muß S. 24.
5) J. L. Funk, Hauptpunkte S. 47–52; M. Funk, Mittheilungen S. 45–49.
6) Funk, Mittheilungen S. 57f.
7) Carl A. Fabricius, Einige Vorschläge zur Verbesserung des Kirchengesanges mit besonderer Beziehung auf die St. Jacobi-Gemeinde zu Lübeck, Lübeck 1832. Zitate dort S. 3. 11.
8) Pauli, Gesangbücher (Vorwort); Deiß, Gemeinde S. 237f.

Anmerkungen zu S. 396—407

9) Funk, Mittheilungen S. 112ff; Evers, Lindenberg S. 26f; verschiedene Beiträge in NLBl 1, 1835, S. 386ff. 393ff; 2, 1836, S. 61ff. 67ff. 91ff. 101ff; 3, 1837, S. 310f. 315f.
10) Zitat nach Funk, Mittheilungen S. 119f; dort S. 112ff eine Darstellung des Streits. Vgl. auch Pauli, Gesangbücher S. 38f.
11) Johann Carl Lindenberg, Ueber das Lübeckische Gesangbuch, Lübeck 1836 (Vorlesung in der Gemeinnützigen Gesellschaft von 1835), dort besonders S. 16. 28. 37.
12) Friedrich Petersen, Auch ein Wort in der Gesangbuchs-Sache, Lübeck 1836.
13) Anonymer Beitrag „Einige Worte zu Gunsten des gegenwärtigen Gesangbuchs" in NLBl 2, 1836, S. 61—63; Zitat dort S. 62.
14) Deiß, Gemeinde S. 237f.
15) Evangelisch-Lutherisches Gesangbuch, herausgegeben von E. Ehrw. Ministerium der freien Hanse-Stadt Lübeck, Lübeck 1839. In der Vorrede werden die Grundsätze der Gestaltung dargelegt.
16) Lübeckisches evangelisch-lutherisches Gesangbuch für den öffentlichen Gottesdienst und die häusliche Andacht, Lübeck 1859; Lindenbergs Äußerung bei Evers, Lindenberg S. 28. Eine puristische Kritik dieses Gesangbuchs bei Pauli, Gesangbücher S. 40—116.
17) Funk, Mittheilungen S. 139ff; AKL, Senioratsakte 244; Prot. Geistl. Min. S. 105—110.
18) Zum folgenden s. Becker, Konfirmation S. 145—155.
19) Texte der Ratsverordnungen in SLVOB 1816, Nr. 49 (18.9.1816) und 1817, Nr. 57 (22.3.1817).
20) „Kirchliche Anzeige" in den Lübeckischen Anzeigen, Beylage zu Nr. 74 vom 13.9.1834.
21) Eingabe der Bürgerschaft an den Rat vom 25.10.1834 in AHL, Alte Bürgerschaft 73, 3.
22) Evers, Lindenberg S. 18f; Funk, Mittheilungen S. 108f.
23) Funk ebd. S. 111.
24) Erklärung des kleinen Katechismus Luthers mit Eines Hochedlen und Hochweisen Rathes Genehmhaltung zum öffentlichen Gebrauche herausgegeben von Einem Ehrwürdigen Ministerio der freien Stadt Lübeck, Lübeck 1837. Text des Ratsdekrets dort im Vorspann.
25) So urteilt auch Ranke, Katechismus S. 235f.
26) Zu M. E. Jenisch s. A. Michelsen, Innere Mission S. 6ff. 99f.
27) Zu F. Amelung s. ebd. S. 67ff. 87ff.
28) Zum Frauenverein s. ebd. S. 72f.
29) Prot. Theol. Ges.; vgl. Weimann, Michelsen S. 45 A. 7.
30) A. Michelsen, Innere Mission S. 60f; G. Behrens, Gemeinnütziges Wirken S. 75ff.
31) Michelsen S. 61, Behrens S. 81.
32) Michelsen S. 61ff.
33) Weimann, Michelsen S. 44ff; H. Beyer, Michelsen S. 95ff (zur Spätzeit).
34) Vgl. O. Grube, Wichern; Horst Weimann, Lübecker Männer und Frauen um Johann Hinrich Wichern, Gem 17, 1965, Nr. 8.
35) Zitiert bei Weimann, Pauli Briefe S. 107.
36) Weimann, Briefe von Henriette Nölting.
37) Dazu Michelsen, Innere Mission S. 70ff.
38) Zum ganzen s. Weimann, Wakenitzhof; Michelsen, Innere Mission S. 75ff; Erster Jahresbericht des Rettungshauses auf dem dritten Fischerbuden bei Lübeck, Lübeck 1846, S. 4ff.
39) Vgl. Jahresbericht 1846, S. 7f.
40) Zitate ebd. S. 14f.
41) Einzelheiten bei Weimann, Hausväter S. 517f.
42) Michelsen, Innere Mission S. 84ff.
43) Z. B. Luger, Christus S. 136f (im Jahre 1853).
44) Rolf Engelsing, Hanseatische Lebenshaltungen und Lebenshaltungskosten im 18. und 19. Jahrhundert, in: Ders., Sozialgeschichte S. 28—50.
45) Zahlen nach Behrens, Topographie Bd. 1, S. 224.
46) Verordnung vom 1.2.1837 und weiteres in AHL, Polizeiamt 392.
47) M. Funk, Armenpflege; Hayessen, Wohlfahrtspflege S. 91ff.
48) Vierter Allgemeiner Bericht der Central-Armen-Deputation vom 24.11.1843 bis 6.8.1844; vgl. dazu diverse Beiträge in NLBl 1844/45.
49) Z. B. Johann L. Funk, Zur Reform des Armenwesens, Lübeck 1844; Lübecker Bürgerfreund 1845, S. 6f.

50) Vgl. dazu Funk, Mittheilungen S. 184. Gegen diese Auffassung erhoben außer Funk (vgl. Johann L. Funk, Ist der Staat die Kirche?, Lübeck 1845) auch andere ihre Stimme, vgl. NLBl 11, 1845, S. 206. 214.
51) Abdruck der Erklärung in NLBl 11, 1845, S. 217–233, Zitat dort S. 217.
52) Text in SLVOB 1846.
53) Behncke, Kaufmannsfamilie Bd. 2, S. 189. Zu einer ähnlichen Beurteilung bei Th. Behn (1842) s. E. F. Fehling, Behn S. 60. Vgl. M. Funk, Straßentumulte.
54) So P. Curtius, Theodor Curtius S. 36.
55) Vgl. A. v. Brandt, Erhebung S. 168ff; Horstmann Liberalismus S. 277ff.
56) Vgl. 1. Jg. 1835, Nr. 1 und Horstmann, Liberalismus S. 277f. 280.
57) Carl Dettmer, Professor Gustav Evers. Eine Lebensskizze, Lübeck 1859.
58) So J. Funk, Hauptpunkte S. 2 – in einer repräsentativen Programmschrift von 1843.
59) Karl Mosche, Untersuchung über das Wort Kirche mit Rücksicht auf Sprache und Geschichte, Lübeck 1845.
60) Ebd. S. 9.
61) NLBl 11, 1845, S 214f; vgl. S. 206f.
62) Vgl. Alfred Dreyer, Eisenbahnpolitik um Lübeck. Zur Vorgeschichte der Lübeck-Büchener, Wa. 1942/44, S. 58–70.
63) Zu beiden s. A. v. Brandt, Erhebung S. 175–182.
64) NLBl 13, 1847, S. 230f. 256.

21. Kapitel
Anfänge der Auflösung des Staatskirchentums. Liberalismus und Konfessionalismus 1848–1860

1) Zum Jahresbeginn, NLBl 11, 1845, S. 1.
2) Ausführliche Darstellung der beiden Verfassungen von 1848 bei Friedrich Bruns, Verfassungsgeschichte des Lübeckischen Freistaates 1848–1889, Lübeck 1889, S. 12ff; übersichtliche Zusammenfassung bei Krabbenhöft, Verfassungsgeschichte S. 25ff.
3) Lindenberg, Predigt über Evang. Matthäi (die Zinsgroschenperikope!) S. 11.
4) Vgl. Hauschild, Kirchenverfassung S. 60.
5) Zur Würdigung seiner Person s. Evers, Lindenberg und den Nachruf in LBl 34, 1892, S. 269. 273–276.
6) Hauschild, Kirchenverfassung S. 70–73.
7) Prot.buch Theol. Verein 29.5., 13.11., 27.11. und 18.12.1848.
8) Zum folgenden s. Hauschild ebd. S. 61f.
9) Bedenken des Ministeriums und der Landgeistlichen der evangelisch-lutherischen Kirche des Lübeckischen Freistaates gegen die vom Senate beabsichtigte Ausschließung der Kirche von der ferneren Theilnahme an der Verwaltung des Schul- und Begräbnißwesens, Lübeck 1850. (Das Problem des Begräbniswesens, das sich aus der Neuordnung der Verwaltung ergab, bleibt hier unerörtert, weil es nicht dieselbe Bedeutung hat.)
10) Vgl. auch NLBl 16, 1850, S. 245. 249. 276. 293; Funk, Mittheilungen S. 231–234.
11) Vgl. M. Funk, Kirche und Schule S. 21f; Fehling, Behn S. 155f.
12) Fehling, Ratslinie 1814–1914 S. 21.
13) SLVOB 9. Oktober 1851.
14) Vgl. Hauschild, Kirchenverfassung S. 63f. Faksimiledruck der „Anzeigen" in: Wagen 1976, S. 40.
15) Zum ganzen s. AHL, Bürgerschaftsakten 24, 16; Winter, Jüdische Gemeinde S. 122f; Carlebach S. 141ff.
16) Vgl. Funk, Mittheilungen S. 218.
17) Winter S. 144f; Hofmeister S. 119.
18) Text des Gesetzes in SLVOB 19, 1852; Ordnung für die israelitische Gemeinde zu Lübeck, SLVOB 32, 1865, S. 29.
19) Regulativ für die römisch-katholische Gemeinde zu Lübeck vom 14. Juli 1841 in SLVOB; vgl. AHL, Alte Bürgerschaft 73, 6.
20) Material dazu in AHL, Nachlaß Funk Nr. 21; vgl. auch Funk, Mittheilungen S. 249ff.

Anmerkungen zu S. 419–424

21) Vgl. NLBl 5, 1839, S. 370–373.
22) Dazu s. Horstmann, Liberalismus S. 308ff.
23) Lübecker Korrespondent 1848, Nr. 10.
24) Adolf Timotheus Wislicenus, Entstehung, Anschauung und Sittlichkeit der freien Gemeinde, Lübeck 1851; Eduard Baltzer, Lübecks Wahlspruch als Wahlspruch freier Gemeinden, Nordhausen 1851.
25) Gesetz, hieselbst sich bildende neue Religionsgesellschaften betreffend (Entwurf) § 1; AHL, Nachlaß Funk Nr. 21.
26) NLBl 18, 1852, S. 18ff.
27) Lindenberg, Predigt über Evang. Matth. S. 7.
28) Vgl. auch Johann Ä. L. Funk, Wer sind und was wollen die Wiedertäufer oder Baptisten?, Leipzig 1857.
29) AKL, Senioratsakte 174. 232; AHL, Nachlaß Funk Nr. 21.
30) Vgl. Funk, Mittheilungen S. 257f.
31) NLBl 18, 1852, S. 18. 21.
32) SLVOB 19, 1852, S. 47 (26./27. April 1852).
33) Werner Neugebauer, Die Geschwister Siemens und ihre Beziehungen zu Lübeck, Wa. 1976, S. 25–44, dort S. 39f.
34) Friedrich Wilhelm Kantzenbach, Zur Entfaltung der Problematik von „Kirchlichkeit" und „Unkirchlichkeit" in der ersten Hälfte des 19. Jahrhunderts, HospEccl 11, 1978, S. 93–128 (umfassende Analyse von biographischem Material).
35) Zum ganzen s. Behncke, Kaufmannsfamilie Bd. 1, S. 716f; Bd. 2, S. 193f. 316f. 550f. Zur Kritik an der Predigtweise s. NLBl 21, 1855, Nr. 50.
36) Fehling, Aus meinem Leben S. 13. Ähnlich für die Zeit um 1890 Gustav Radbruch über seinen Vater (Der innere Weg. Aufriß meines Lebens, Stuttgart 1951, S. 23).
37) Fehling ebd. S. 28ff; vgl. AHL, Nachlaß Fehling Nr. 52. 77. 134.
38) Dazu G. Deecke, Ernst Deecke S. 22ff. 67f.
39) Hennings, Loge S. 175ff; Deecke ebd. S. 19. 66ff.
40) Zitiert bei Deecke S. 68.
41) Luger, Christus S. 79.
42) Vgl. allgemein M. Koch, Art. Emanuel Geibel, ADB 49, 1904, S. 265–274; Adalbert Elschenbroich, Art. Emanuel Geibel, NDB 6, 1964, S. 139f; Karl Theodor Gaedertz, Emanuel Geibel, Sänger der Liebe, Herold des Reiches. Ein deutsches Dichterleben, Leipzig 1897.
43) Zu Geibels politischer Position vgl. Horstmann S. 299–304.
44) Alexander Michelsen, Emanuel Geibel, in: Allgemeine conservative Monatsschrift 1884 (S. 345–368), S. 347.
45) Heinrich Lindenberg, Emanuel Geibel als religiöser Dichter, Lübeck 1888. Vgl. auch die religiösen Gedichte bei Reinhold Schröder (Hg.), Geibel-Gedenkbuch, Braunschweig-Leipzig 1925, S. 131–153.
46) Fehling, Aus meinem Leben S. 74.
47) Sprüche Nr. 23, Ges. Werke Bd. 4, S. 92. Vgl. auch Wintertagebuch VIII ebd. S. 170.
48) Sprüche Nr. 21, ebd. S. 92.
49) An den König von Preußen, Ges. Werke Bd. 1, S. 227.
50) Zum ganzen s. z.B. die Sprüche Nr. 4–8. 42–46, Ges. Werke Bd. 3, S. 63ff; Sprüche Nr. 18f, Ges. Werke Bd. 4, S. 91f; Was uns fehlt, Ges. Werke Bd. 1, S. 195f (zu 1. Kor. 13); Zuflucht, ebd. S. 202f; Gebet, Ges. Werke Bd. 2, S. 42; Sonett III, ebd. S. 99f; Auch der Schmerz ist Gottes Bote, Ges. Werke Bd. 3, S. 54; Zwei Psalmen, ebd. S. 106f; Vom Beten, ebd. S. 28; Wintertagebuch, Ges. Werke Bd. 4, S. 170.
51) H. Lindenberg, Geibel S. 30f.
52) Geschichte und Gegenwart (ca. 1855?), Ges. Werke Bd. 3, S. 223f.
53) Z.B. Tempora mutantur, Ges. Werke Bd. 3, S. 168: „ . . . Wo ein Geheimniß, ewig unbegriffen/ Uns Wahrheit ward durch unser wahr Gefühl!"
54) Den Verneinenden, Ges. Werke Bd. 1, S. 155.
55) Reformation (aus den Gedichten und Gedenkblättern von 1864), Ges. Werke Bd. 3, S. 220f.
56) Distichen aus dem Wintertagebuch VIII, Ges. Werke Bd. 4, S. 169.
57) Zahlen für Hamburg, die sich auf Lübeck übertragen lassen, bei Rolf Engelsing, Das häusliche

Personal in der Epoche der Industrialisierung, in: Ders., Sozialgeschichte S. 225–261, dort S. 249.
58) Vgl. die eingehende Analyse bei Rolf Engelsing, Dienstbotenlektüre im 18. und 19. Jahrhundert, in: Ders. Sozialgeschichte S. 180–224, bes. S. 194ff. Seine verallgemeinerungsfähigen Ergebnisse lassen sich von Lübeck her bestätigen, vgl. nur Funk, Mitteilungen S. 28f. 169. Für einen ländlichen Bezirk bei Göttingen, wo diese Entwicklung später einsetzte, in der Zeit nach 1853 s. Rainer Marbach, Säkularisierung und sozialer Wandel im 19. Jahrhundert, Studien z. KG Niedersachsens 22, Göttingen 1978.
59) Vgl. R. Burmester, Lübecks Wirtschaft in den letzten 175 Jahren, in: Lübeck seit Mitte des 18. Jahrhunderts (S. 39–52) S. 49.
60) Funk, Mitteilungen S. 175; Otto Friedrich, Lübeck im Jahre 1845, in: Lübeck seit Mitte des 18. Jahrhunderts (S. 259–270) S. 268f.
61) So eine Zeitungsnotiz, zitiert bei G. Lindtke, Stadt S. 33.
62) Vgl. Rolf Engelsing, Zur politischen Bildung der deutschen Unterschichten 1789–1863, in: Ders., Sozialgeschichte S. 174ff.
63) Akten in AHL, Polizeiamt Nr. 483–484.
64) Jahresbericht des Volks-Vereins, Lübeck 1851.
65) Vgl. Michelsen, Innere Mission S. 12f. 66.
66) So das anonyme Eingesandt eines Geistlichen im Kirchenblatt 1857, S. 65f. Vgl. auch die Diskussion im Theologischen Verein über das kritische Referat von Prediger Wilhelm Suhl, Prot.buch zum 21.3.1850.
67) Johann Carl Lindenberg, Confirmations-Rede S. 11f. Vgl. auch Luger, Christus S. 154.
68) Lübecker Kirchenblatt 1857, S. 13f.
69) Ebd. S. 13–17. 46f; Luger, Christus S. 132ff.
70) Vgl. Weimann, Presse S. 53f. 56f.
71) NLBl 12, 1846, S. 20ff. Lübecker Bürgerfreund 3, 1846, S. 7. 23. 40. Vgl. Alfred Adam, Nationalkirche und Volkskirche im deutschen Protestantismus, Göttingen 1938, S. 64.
72) Funk, Mitteilungen S. 236f. 269.
73) Bericht darüber bei H. Weimann, Kirchentag S. 130 und Prot. Geistl. Min. S. 199 (22.8.1855).
74) Vgl. dazu K. L. Biernatzki (Hg.), Die Verhandlungen des achten deutschen evangelischen Kirchentages zu Lübeck im September 1856, Berlin 1856.
75) Zum ganzen s. Michelsen, Innere Mission S. 95ff; Jahresberichte des Lübeckischen Hauptvereins der Gustav-Adolf-Stiftung seit 1856; Statuten von 1844; C.D.B. v. Großheim, Mitteilungen über den evang. Verein der Gustav-Adolf-Stiftung, Lübeck 1845; Hermann-Wolfgang Beyer, Die Geschichte des Gustav-Adolf-Vereins in ihren kirchen- und geistesgeschichtlichen Zusammenhängen, Göttingen 1932.
76) Funk, Mitteilungen S. 270ff.
77) Beitrag zur hiesigen Feier des Religionsfriedens, NLBl 31, 1855, S. 315f. Zur Verteidigung von Pauli eine anonyme (vom reformierten Prediger Deiß verfaßte) Schrift: Ein Wort über den Streit der Confessionen, Lübeck 1855. Zur Person Paulis s. den Artikel von F. Frensdorff in ADB 25, 1887, S. 262–266.
78) Carl W. Pauli, Der Lübeckische Verein zur Beförderung der Missionen unter den Heiden, Lübeck 1856.
79) Johann C. Lindenberg, Noch ein Wort über den Lübeckischen Verein zur Beförderung der evangelischen Missionen unter den Heiden, Lübeck 1856.
80) Carl W. Pauli, Nothgedrungene Erklärung in Sachen des Lübeckischen Vereins zur Beförderung der evangelischen Missionen, Lübeck 1857.
81) Vgl. Lübecker Kirchenblatt 1857, S. 15. 30. 34 (P. Gleiß). 109f; A. Lütge, An ihren Früchten sollt ihr sie erkennen!, Lübeck 1857; 24. Nachricht des Missionsvereins 1857, S. 20–27 (Lindenberg). Zum ganzen vgl. auch H. Weimann, Verein S. 67f.
82) Vgl. Hauschild, Kirchenverfassung S. 65ff.
83) Text in SLVOB 27, 1860, S. 77ff; Zusammenfassung des Inhalts bei Hauschild ebd. S. 68f.

22. Kapitel
Entkirchlichung der Massen und Versuche zur Reform der Volkskirche 1860–1890

1) Vgl. Keibel, Wirtschaftliche Entwickelung; Johannes Kahns, Die Entwicklung der Industrie Lübecks, Wa. 1956, S. 120–131.

Anmerkungen zu S. 445–458

2) Klöcking, St. Lorenz S. 76–101.
3) Zum folgenden s. die Akten des Polizeiamtes in AHL: Nr. 483–485. 499. 501. 506–507. Dieses Bild wird für Schleswig-Holstein durch die Darstellung von Franz Osterroht, 100 Jahre Sozialdemokratie in Schleswig-Holstein, Kiel 1963 bestätigt.
4) Vgl. AHL Polizeiamt 483.
5) Polizeibericht ebd. 501.
6) Ebd. Bericht vom Januar 1874.
7) Ebd. Bericht vom 5. Juni 1877.
8) Zur politischen Entwicklung der Sozialdemokratie s. H. Fuchs, Privilegien S. 72ff. 284ff. Zu Theodor Schwartz s. dessen Buch Bilder aus Lübecks Vergangenheit, Lübeck 1905.
9) Vgl. Dahl, Lübeck S. 48–52.
10) AKL, Senioratsakte 22.
11) Wichtiges Material zur folgenden Darstellung findet sich in den handschriftlichen Jahresberichten, die die Senioren Lindenberg und Ranke 1872–91 und 1892–93 dem Senat einreichten (AKL, Altes Register 4). Eine schöne Auswertung gibt Weimann, Gemeindeleben.
12) M. Funk, Was muß bei uns S. 22f.
13) AKL, St. Marien, handschr. Notiz betr. Kirchenbesuch (Mitteilung von H. Weimann).
14) Ranke, RE 11, S. 674.
15) Zahlen nach Th. Behn in AHL Senioratsakte 147; vgl. Jahresbericht Lindenberg.
16) VO vom 4.1.1865, Senioratsakte 134. Vgl. LBl 1, 1859, Nr. 4.
17) AHL Jakobi-Akten VIII, 9.
18) Senioratsakte 107. 113; Protokollbuch Geistl. Minist. S. 227ff.
19) Gutachten vom Sept. 1863, AHL Jakobi-Akten.
20) Drucksache S. 9, AKL Senioratsakte 113.
21) (Anonym = C. A. v. Duhn) Kirchenrechtliches Votum über die Einführung einer sog. öffentlichen Beichte in der Evangelisch-Lutherischen Kirche zu Lübeck, Lübeck 1866 (AHL Bibl. L X 327).
22) Ordnung für die allgemeine öffentliche Beichte, Lübeck 1875; AHL, Jakobi-Akten VIII, 9 Nr. 81.
23) Protokollbuch Geistl. Minist. S. 239f.
24) M. Funk, Was muß bei uns S. 23.
25) AHL Jakobi-Akten II, 3.
26) SLVOB 1893 Nr. 362; Jahresbericht Ranke 1893, AKL Altes Register 4; vgl. Weimann, Gemeindeleben S. 17. Ordnung des Hauptgottesdienstes in den Lübeckischen Kirchen, Lübeck 1893; dazu die Erläuterung von H. Gädeke, Was ist unsere Liturgie?, Lübeck 1893.
27) Senatsvorlage an die Bürgerschaft 5.10.1892, AHL Alte Bürgerschaft 24 Nr. 17; Protokollbuch Geistl. Minist. S. 302f.
28) Beilage zu LBl 35, 1893, S. 74f.
29) Ranke, Jahresbericht 1893, AKL Altes Register 4.
30) Funk, Mittheilungen, S. 28.
31) SLVOB 1875 Nr. 42.
32) Protokollbuch Geistl. Minist. S. 361ff. Zur alten Ordnung s. Trauungsbuch der Lübeckischen evang.-luth. Kirche, Lübeck 1865, S. 27.
33) Beilage zum Amtl. Theil d. Lüb. Anzeigen 1876 Nr. 286. Text des Trauformulars s. AHL, Bibl. L X316.
34) Protokollbuch Geistl. Minist. S. 272f; Senioratsakte 233.
35) Trauungsbuch der Lübeckischen evangelisch-lutherischen Kirche, Lübeck 1884, S. 12.
36) J.Ä.L. Funk, Hauptpunkte S. 47ff; Mittheilungen, S. 45ff; vgl. den Beitrag „Das kirchliche Begräbniß" in: Lüb. Kirchenblatt 1857, S. 175ff. 187ff. 199ff.
37) Funk, Hauptpunkte S. 51.
38) Separatdruck „Die Feier der Eröffnung der Kapelle auf dem allgemeinen Gottesacker in Lübeck am 20. Juli 1869", Lübeck 1869; AKL Senioratsakte 142.
39) Lindenberg beklagte in seinen Jahresberichten 1872ff das geringe Interesse. Zu den Zahlen s. Ranke, RE 11, S. 674 und die Jahresberichte des Kirchenrats.
40) Zitiert bei M. Funk, Was muß bei uns S. 21; vgl. Funk, Mittheilungen, S. 4.
41) Jahresberichte Lindenberg 1882/83, AKL Altes Register 4; Ranke, RE 11, 673; vgl. Weimann, Gemeindeleben S. 18.

Anmerkungen zu S. 458—472

42) Taufbuch der Lübeckischen evangelisch-lutherischen Kirche, Lübeck 1860.
43) SLVOB 1854 Nr. 41a vom 8. November.
44) Weimann, Gemeindeleben S. 19.
45) Ranke, RE 11, S. 674.
46) Vgl. die Diskussion im Theol. Verein lt. Protokollbuch 1893 und 1900 (AKL).
47) M. Funk, Was muß bei uns S. 24.
48) Weimann, Gemeindeleben S. 19.
49) Jahresberichte des Kirchenrathes 1901, S. 5; 1902, S. 5; 1903, S. 3. 5; Protokollbuch Geistl. Minist. S. 316. 348. 350; Akten AKL Altes Register 13.
50) M. Funk, Kirche und Schule S. 24.
51) Unterrichtsgesetz vom 20.10.1885, SLVOB 1885, S. 61—98.
52) Staats-Handbuch 1885, S. 66.
53) Vgl. W. Bangert, Schulwesen; SLVOB 1878 Nr. 10 vom 20./21. März.
54) AKL Altes Register 14; M. Funk, Kirche und Schule S. 27—31.
55) Jahresbericht Lindenberg, AKL Altes Register 4; Ranke, RE 11, S. 674.

23. Kapitel
Reform der Kirchenverfassung 1871—1895

1) Einzelheiten dazu bei Hauschild, Kirchenverfassung S. 90ff.
2) Ebd. S. 74f.
3) Text in AKL, Senioratsakte 176.
4) Ebd. 175 (Vorlage S. 8).
5) Text in SLVOB 38, 1871, Nr. 45. Zusammenfassung bei Hauschild S. 77f.
6) Näheres bei Hauschild, Kirchenverfassung S. 79f.
7) Ebd. S. 80 mit A. 127.
8) Ebd. S. 80f. Text in: AHL, Senatsakten IX, 1; 3,1.
9) Text ebd.
10) Einzelheiten bei Hauschild S. 82f.
11) Näheres ebd. A. 137.
12) Drucksache in: AHL, St. Jakobi II, 2a, Nr. 1. Zusammenfassung bei Hauschild S. 84f.
13) Einzelheiten und Textnachweise ebd. S. 86—88.
14) Zur Bedeutung der „oberbischöflichen Rechte" für die Hoheitsausübung des Senats s. Klügmann, Staatsrecht S. 44. 53.
15) Vgl. allgemein dazu Klug, Landkirchen; BuK Bd. 4, S. 453—613.
16) Klug S. 11; Klügmann, Staatsrecht S. 61—63.
17) Klug S. 10. 13—15; Klügmann S. 61.
18) Senioratsordnung von 1871 Art. 3, Ziff. 1—16.
19) Zum folgenden s. ausführlich Hauschild, Kirchenverfassung S. 89—96.
20) AHL, Senatsakten IX,1; 3, 2.
21) Gutachten der Kommission des Bürgerausschusses und Beratungsergebnisse ebd. IX,1; 3,2 Nr. 18/18a.
22) Text ebd. IX,1; 3,4 und ALK, Senioratsakte 173.
23) Gutachten als Senatsdrucksache ebd. IX,1; 3,4.
24) Text ebd. und ALK, Kirchengesch./Verf. 6.
25) Vgl. Hauschild S. 87f mit A. 165.
26) Text in SLVOB 62, 1895, Nr. 1; Abdruck bei Hauschild S. 96—102. Vgl. dazu Lange, Nordelbische Kirche S. 85—87.
27) Ebd. Art. 6, Ziff. 3—4; Art. 2, Ziff. 5.
28) Ebd. Art. 6, Ziff. 1—16.
29) Ebd. Art. 14, Ziff.1—9.
30) Beilage zu LBl 40, 1898, Nr. 49, S. 150.
31) Text in SLVOB 1895, Nr. 4.
32) Drucksache Anträge des Senats S. 154—157 (AKL, Sammelband).
33) Ebd. S. 156f.
34) Ebd. S. 152.

35) Vgl. Fuchs, Privilegien s. 82. 288.
36) JbKR 1897, S. 12.
37) Vgl. die jährlichen Vermögensaufstellungen in JbKR.
38) Ranke, Art. Lübeck S. 672.
39) Vgl. z. B. den anonymen Artikel „Auch ein Wort über Kirchensteuer" LBl 36, 1894, S. 532f. Einzelne Beschwerden über die Veranlagung in AHL, Senatsakten IX,1; 3,8.
40) Erster Bericht der Kommission zur Revision der Kirchengemeindeordnungen an die Synode vom 10.12.1896 (Drucksache in AKL).
41) Text in SLVOB 1897, Nr. 39, S. 55ff. Vgl. AKL, Kirchengesch./Verf. 5; AHL, Senatsakten IX,1; 3,9; auch Lange S. 87–90.
42) Vgl. z. B. die Diskussion im Theologischen Verein; s. Prot.buch vom 1.2.1904.
43) Vorlage des Kirchenrathes an die Synode vom 1.4.1896 (Drucksache in AKL).
44) Text in SLVOB 1896, Nr. 20, S. 21ff.
45) Text in SLVOB 1900, Nr. 72, S. 274ff. Zur Vorarbeit vgl. ALK, Kirchengesch./Verf. 9.

24. Kapitel
Kirchliches Leben im Übergang vom staatlichen Kirchenregiment zur Autonomie 1895–1918

1) Martin Funk z. B. beurteilte vom konservativen Standpunkt aus die Entwicklung sehr skeptisch; vgl. sein Manuskript „die Lübeckische Kirche in den Jahren 1892–1909" in AHL, Nachlaß Funk 107.
2) Zu Plessing vgl. den Nachruf in LBl 46, 1904, S. 689–692; Fehling, Ratslinie 1814–1914, S. 49 f.
3) Zur Zusammensetzung der Synode s. JbKR 1894, S. 1f; ProtSyn 1901, Nr. 2; 1910, Nr. 1.
4) Vgl. A. v. Brandt, Ratskirche S. 94f.
5) Einzelne Vorgänge dazu in AKL, Altes Register und Prot. Geistl. Min., z. B. S. 347f (11.12.1901).
6) Interessante Einzelheiten über die Wahl in AHL, Senatsakten IX, 1–4,3.
7) Zu seiner Person vgl. Horst Weimann, Gotthilf Paul Emil Leopold Friedrich Ranke, Gem 16, 1964, Nr. 20, S. 10 (über den Nachlaß) und die Nachrufe in: Von Lübecks Türmen 19, 1909, Nr. 42, S. 334f; LBl 60, 1918, S. 172f.
8) Eine Auswahl seiner Predigten und Vorträge in AKL, Nachlaß Ranke.
9) Vgl. AKL, Prot. Geistl. Min. S. 273f (4.11.1880); M. Funk, Kirchenrecht T. I, Kap. 4 II.
10) SLGVO 1911 Nr. 42 vom 26. April 1911 (§ 1).
11) Vgl. Weimann, Gemeindeleben S. 19.
12) JbKR 1898, S. 1f; Prot. Geistl. Min. S. 333.
13) Druck Lübeck 1903; vgl. Prot. Geistl. Min. S. 351ff.
14) Senior Ranke, Neujahrspredigt, Lübeck 1900, S. 3.5.
15) Vgl. H. Dräger, Lebenserinnerungen, Lübeck 1913, S. 54. 62f. 150. 160ff zu unserer Thematik; ferner Gustav Radbruch, Der innere Weg, Aufriß meines Lebens, Stuttgart 1951, S. 23 (über seinen Vater um 1890).
16) Fehling, Ratslinie S. 165; AHL, St. Jakobi.
17) Allgemein dazu: Paul Fleisch, Die moderne Gemeinschaftsbewegung in Deutschland, Bd. 1, Leipzig 1912 (S. 172 zu Lübeck); Jörg Ohlemacher (Hg.), Die Gemeinschaftsbewegung in Deutschland, Gütersloh 1977.
18) AKL, Prot. Geistl. Min. S. 326f (21.10.1896).
19) JbKR 1907, S. 1.
20) A. Michelsen, Art. Lübeck, RE 2. A. Bd. 8 (1881), S. 785–788.
21) Ranke, Lübeck S. 674; JbKR 1908, S. 8; Prot. Geistl. Min. 1910, Nr. 4.
22) So die Begründung des Senats in seiner Vorlage von 1892 und 1894; zur Diskussion mit der Bürgerschaft s. AHL, Senatsakten IX,1; 3,3. Text des Gesetzes in SLVOB vom 16.1.1895.
23) So z. B. LBl 36, 1894, S. 531f.
24) Diese und weitere Zahlen s. im Artikel Kirchenaustrittsbewegung von B. Violet, RGG 2. Aufl. Bd. 3, Sp. 827ff (1929); vgl. auch RGG 3. Aufl. Bd. 3, Sp. 1344ff (1959).

25) JbKR 1907, S. 7; 1908, S. 8; 1909, S. 6; vor 1907 enthalten die Jahresberichte keine Angaben.
26) Ebd. 1913, S. 3; 1914, S. 3; 1915, S. 4. 1916/17 wurden wegen kriegsbedingter Geheimhaltung keine Zahlen veröffentlicht. 1918 waren es 21 Austritte. Abweichende Zahlen bei P. Denker, Die Kirchenaustrittsbewegung, Gem.bl. 6, 1920, Nr. 5, S. 2 (1913: 108; 1914: 152; 1915−19: 42).
27) Prot. Geistl. Min. vom 26.10.1910 und 25.2.1911.
28) Zum ganzen s. JbKR und die Synodalvorlagen 1895ff.
29) Zu St. Gertrud s. die Synodalvorlage der Kommission vom Juni 1900, ferner JbKR 1902, S. 3; 1910, S. 2; Horst Weimann, V. d. Hude und St. Gertrud, Gem 15, 1963, Nr. 4.
30) JbKR 1908, S. 2; 1910, S. 2.
31) So ein anonymer Beitrag in LBl 42, 1900, S. 628.
32) Prot. Theol. Verein Jan./Febr. 1905 und 7.2.1910; Prot. Syn. 21.3.1905, Ziff. 8.
33) Z. B. Martin Funk in AELKZ 39, 1905, S. 1155; JbKR passim.
34) Vgl. die Kritik M. Funks in LBl 47, 1905, S. 6f. Zu Wilhelm Bousset s. z. B. J. M. Schmidt, TRE 7 (1980), S. 97−101. Kirchengeschichtlich unergiebig ist Hermann Bousset, Pastorenjungs, Berlin 1919.
35) Gottfried Mehnert, Evangelische Publizistik in Schleswig-Holstein, in: W. Baader (Hg.), Evangelische Publizistik in Nordelbien, Kiel 1972, S. 5−38.
36) Vgl. Helga-Maria Kühn, Hamburg und seine kirchliche Presse, ebd. (s. Anm. 35) S. 39−51.
37) Diese Zeitungen sind heute in Lübeck nicht mehr vorhanden; vgl. Katalog der Stadtbibliothek und H. Weimann, Presse S. 58.
38) Jg. 1, 1913−8, 1921 (= Jg. 20−28 der allgemeinen Ausgabe) in AKL.
39) H. Weimann, Kirchliche Presse S. 58.
40) Ebd. S. 59; Prot. Geistl. Min. 1911, Nr. 4.
41) Kirchlicher Wegweiser für die evangelisch-lutherischen Gemeinden Lübecks, hg. v. Geistlichen Ministerium 1914, Lübeck 1915; vgl. Prot. Geistl. Min. 1915, Nr. 1.
42) JbKR 1907, S. 15.
43) Statuten von 1885 in AKL.
44) Nachrichten über diese Vereine finden sich in JbKR 1900ff und in den Nachrichten der LBI.
45) L. F. Ranke, Vortrag zum Besten des Vereins „Frauenherberge", in: Monatsschrift für innere Mission 23, 1903, S. 277−286. Zur Gründung des Vereins s. JbKR 1903, S. 13.
46) Zum ganzen s. JbKR 1903, S. 12; 1906, S. 14; Akten in AHL, Polizeiamt 403.
47) Vgl. allgemein W. Thun, Seemannsmission, in: Gleiß, Handbuch S. 154 ff. Zu Lübeck s. JbKR 1904, S. 13; 1905, S. 15f; Festschrift der Seemannsmission, Lübeck 1966; H. Weimann, Ein christliches Bürgervorhaben: Das Seemannsheim, in: Das karitative Handeln der Kirche in früheren Zeiten. Festschrift zur Einweihung des Hauses „Seefahrt", Lübeck o.J. (1977), S. 35−40.
48) Z. B. wurden 1897 von M 12.969 nur M 9.542 an Unterstützungen ausgezahlt, 1905 von M 22.405 nur 14.255; s. JbKR.
49) Übersicht über die Vorgänge 1882−1895 in AHL, Polizeiamt 393.
50) JbKR 1913, S. 5.
51) Vorlage an die Synode vom 28.5.1896.
52) Berichte der Zentral-Armendeputation und des Armenkollegiums von 1910 in AHL, Polizeiamt 399, die Armenordnung vom 14.12.1911 in SLGVO 1911, Nr. 93.
53) Martin Funk, Der evangelische Gottesdienst und seine Zukunft, LBI 58, 1916, S. 273−275.
54) Zahlen für den Zeitraum 1890−99 bei Ranke, Lübeck S. 674, für die Jahre 1900ff in JbKR.
55) Zu den gottesdienstlichen Neuerungen s. JbKR 1895, S. 2; 1896, S. 1f; 1897, S. 4; 1899, S. 4; 1900, S. 5; 1903, S. 6; 1917, S. 1.
56) Z. B. AKL, Prot. Geistl. Min. 1910, Nr. 1; 1912, Nr. 3; M. Funk (s. Anm. 53) S. 274.
57) AHL, Polizeiamt 954−970. Vgl. auch Martin Funk, Die Sonntags-Heiligung, Leipzig 1907, S. 13f. 17f.
58) Wilhelm Jannasch, Der evangelische Gottesdienst und seine Zukunft, LBl 58, 1916, S. 236−239. 249−252. 264−267; Zitat dort S. 236.
59) JbKR 1896, S. 2; 1898, S. 6; Stahl, Musikgeschichte S. 159ff.
60) Vgl. allgemein G. Ammer, Art. Einzelkelch, RE 23, 1913, S. 377−380; F. Spitta, Die Kelchbewegung in Deutschland und die Reform der Abendmahlsfeier, Göttingen 1904.

Anmerkungen zu S. 488–496

61) Zu den Lübecker Vorgängen s. Vorlage des Kirchenrats an die Synode vom 22.1.1907 mit Beilagen (Drucksache in AKL); Prot. Geistl. Min. S. 372f; Prot. Syn. 1907, Nr. 2; JbKR 1906, S. 3f; 1907, S. 1; 1908, S. 7; AKL, Altes Register 27. Ausführliches Material auch in AHL, St. Jakobi VIII, 14.
62) Die mit umfangreichen Gutachten geführte Auseinandersetzung um das Gesangbuch ist dokumentiert in AKL, Altes Register 31.
63) Vgl. Synodalvorlage; Drucksache vom 29.5.1915, AKL, Altes Register 31; Prot. Syn. 1916, Nr. 1. – Deutsches evangelisches Gesangbuch hg. v. Deutschen Evangelischen Kirchenausschuß. Nebst Sammlung gottesdienstlicher Stücke und Gebete bearb. vom Geistl. Ministerium in Lübeck, Berlin 1916.
64) Vgl. S. Fornacon, Art. Gesangbuch I, RGG 2, Sp. 1459; Jannasch, Lübeck Sp. 1742.
65) Vorgänge 1902–03 in AHL, Senatsakten IX, 1; 1,6. Vgl. JbKR 1900, S. 1; 1903, S. 1f; 1905, S. 5; Prot. Syn. 29.8.1905, S. 2.
66) Text in SLVOB 1890, Nr. 8 vom 17.4.1890.
67) Vgl. Weimann, Examensbestimmungen S. 109f.
68) Prüfungsordnung für die evangelisch-lutherischen Kandidaten in Lübeck, Lübeck 1901; Prot. Geistl. Min. S. 346f; JbKR 1900, S. 5; 1902, S. 2.
69) SLGVO 1902, Nr. 55. Eine instruktive Darstellung der Einzelheiten bei Weimann, Examensbestimmungen S. 111ff. 119ff.
70) AKL, Altes Register 11 (Nachlaß Ranke) und AHL, Senatsakten IX, 1–8a, 2.
71) Vgl. allgemein Hartmut Rudolph, Das evangelische Militärkirchenwesen in Preußen, Göttingen 1973.
72) Grundsätze und Bestimmungen über das Verhalten der in der evangelisch-lutherischen Kirche im Lübeckischen Staate angestellten Geistlichen, Lübeck 1903, § 18–22; M. Funk, Kirchenrecht I, Kap. 3 Anhang.
73) Ausführliche Darstellung der Vorgänge hierzu und zum folgenden bei Dahl, Bundesrat S. 55–60.
74) Vgl. Illigens, Geschichte S. 127–135.
75) Positive Stellungnahme in LBl 33, 1891, S. 220ff, kritisch dagegen M. Funk in AELKZ 24, 1890, S. 278f.
76) Prot. Geistl. Min. S. 290.
77) J. Evers, Beziehungen; SynProt 29.8.1905, S. 2.
78) JbKR 1906, S. 4f.
79) JbKR 1910, S. 7; Evers, Beziehungen S. 531; P. Denker in: Reformations-Jubelfeier 1917, S. 76f.

25. Kapitel
Kirche und Nation als Grundproblem im 19./20. Jahrhundert

1) Vgl. allgemein dazu die Beiträge von M. Jacobs, K. Kupisch und W. Tilgner in: Horst Zilleßen (Hg.), Volk-Nation-Vaterland. Der deutsche Protestantismus und der Nationalismus, Gütersloh 1970.
2) Vgl. Dahl, Lübeck im Bundesrat S. 24ff. 72ff; P. Curtius, Bürgermeister Curtius S. 101ff. 172ff.
3) Hoffmann, Geschichte Bd. 2, S. 191f, Gustav Radbruch, Der innere Weg. Aufriß meines Lebens, Stuttgart 1951. S. 9.
4) Vgl. insgesamt Berthold Litzmann, Emanuel Geibels politisch-patriotische Dichtung, in: Deutschland, Monatsschrift für die gesamte Kultur 1902, S. 10–19. 215–224; Des Reiches Herold. Auswahl aus den Werken Emanuel Geibels unter besonderer Berücksichtigung seiner Vaterlandsdichtung, hg. v. Wilhelm Müller-Rüdersdorf, Berlin o.J. (1915).
5) Ges. Werke IV, S. 213 (1859); ebd. S. 251 (1870).
6) Z. B. „Psalm wider Babel" (1870), ebd. S. 244–246. Zur Friedensfeier, ebd. S. 259.
7) Aus „Deutschlands Beruf" 1861.
8) Vgl. „Barbarossas Erwachen" von 1843, Jugendgedichte, Ges. Werke I, S. 207; „An Deutschland" (Januar 1971).

Anmerkungen zu S. 496–503

9) So schon die Jugendlieder (1835–42) Nr. 14, Ges. Werke IV, S. 183.
10) Vgl. allgemein die Untersuchung von Paul Piechowski, Die Kriegspredigt von 1870/71, Diss. Königsberg, Leipzig 1916.
11) Luger, Aus der Zeit S. 5f. 11–14. 48. 59f.
12) Abdruck von Lindenbergs Ansprache und Dankgebet in LBl 13, 1871, S. 285f.
13) AHL, St. Jakobi II, 4f; vgl. die Berichte in LBl 13, 1871, S. 281–292.
14) E. Geibel, Ges. Werke IV, S. 259f.
15) Vgl. SLVOB vom 30.10.1872 und SLVOB vom 30.10.1872 und SLVOB vom 11.1.1873.
16) Vgl. Theodor Schieder, Das deutsche Kaiserreich von 1871 als Nationalstaat, Köln-Opladen 1961, S. 126. 134.
17) SLVOB vom 20.8.1873.
18) AHL, St. Jakobi II, 4f; SLVOB 1888ff.
19) L. Trummer, Predigt am Sedantage 1878, Lübeck 1878.
20) Lübecker Kirchengebete, Lübeck 1909, S. 56f.
21) Separatdruck, vorhanden in AKL, Ranke/Predigten.
22) Dazu s. z. B. Hans-Ulrich Wehler, Das Deutsche Kaiserreich 1871–1918, Deutsche Geschichte Bd. 9, Göttingen 1973.
23) Zur Bismarckfeier vgl. die Reden von Fehling und Neumann in Lüb. Anzeigen 153, 1903 vom 3.9.1903, S. 1f.
24) Separatdruck von 1905, vorhanden in AKL (s. A. 21). Ähnlich ist Rankes „Rede zum Gedächtnistag der Schlacht bei Lübeck" vom 6. November 1906 (ebd.).
25) Zum ganzen s. AHL, Jakobi II, 4f Eginhard Friedrich Petersen, Zum Andenken an weil. Se. Majestät unsern Kaiser, König Wilhelm I. von Preußen, Lübeck 1888.
26) Vgl. LBl 55, 1913, Nr. 33 (17. August) und AHL Fehling Nachlaß Nr. 179.
27) Allgemeine Literatur zum Thema: Wilhelm Pressel, Die evangelische Kriegspredigt im Ersten Weltkrieg 1914–1918, Göttingen 1968; Karl Hammer, Deutsche Kriegstheologie (1870–1918), München 1971; Günter Brakelmann, Protestantische Kriegstheologie im 1. Weltkrieg, Witten 1974.
28) 1.Beilage zum Lüb. Gen.-Anzeiger Jg. 33, Nr. 181 vom 5.8.1914, S. 1.
29) LBl 56, 1914, S. 514. Vgl. ebd. S. 530: „Kriegers Gebet im Buchenwald" und „Gebet vor dem Kampf".
30) Vgl. dazu vor allem den Sammelband: Der Herr hat Großes an uns getan. Kriegspredigten Lübeckischer Geistlicher, hg. v. K. Ziesenitz, Lübeck 1917.
31) Ebd. S. 3.
32) Lüb. Anzeigen, 2. Blatt Ausgabe A Nr. 392 vom 6.8.1914, S. 1.
33) Vgl. JbKR 1914, S. 3. Die Zahl der Abendmahlsteilnehmer stieg aber nur auf 20 475 gegenüber 15 975 im Jahre 1913.
34) Vgl. AKL, Prot. Geistl. Min. vom 2.12.1914; LBl 56, 1914, S. 775.
35) So z. B. Mildensteins Gedicht „Heiliger Krieg!" in LBl 57, 1915, S. 51.
36) LBl 58, 1916, S. 263f; AKL, Altes Register 30, Bl. 276ff.
37) So die Betrachtung „Weihnachten 1914" in LBl 56, 1914, S. 814f.
38) Vgl. Denkers Predigten in dem Anm. 30 genannten Sammelband S. 4ff und S. 139ff.
39) JbKR 1915, S. 1. 7.
40) Z. B. „Saatkorn" Jg. 21 (= Jg. 2 der Lübecker Ausgabe), 1914, Nr. 38. 41. 42. 48.
41) Zum ganzen s. JbKR 1915, S. 3; 1917, S. 3. 8; 1918, S. 7; AKL, Altes Register 23, Bl. 270f.
42) Bei Ziesenitz (Hg.), Kriegspredigten S. 21–24. 29–34.
43) Ebd. S. 81–87.
44) Z. B. Becker ebd. S. 7ff; Ziesenitz ebd. S. 26ff.
45) Vgl. Paul Denker, Deutsches Wesen. Sonderdruck von Aufsätzen aus der Lübecker Lazarett-Zeitung, Lübeck 1917.
46) W. Jannasch bei Ziesenitz (Hg.), Kriegspredigten S. 130–135 zum Sedantag 1916.
47) AKL, Prot. KR Bl. 165f. 180f.
48) So Kupisch, Deutschland S. 96f; vgl. auch Mehnert, Kirche S. 48–51.
49) Die vierhundertjährige Reformations-Jubelfeier in Lübeck, Lübeck o. J. (1917), ein Sammelband mit den Ansprachen.
50) Evers ebd. S. 54ff; Eschenburg ebd. S. 64ff; Denker ebd. S. 73ff.

Anmerkungen zu S. 503–509

51) Zu den Vorträgen Reimpells, Stülckens, Papenbrocks und Bodes s. ebd. S. 21f. 39f. 41f. 49. 67f. Zu Haensel s. „Saatkorn" 24, 1917, Nr. 43/44, der ganz auf die Sündenvergebung als das Zentrum reformatorischer Theologie abhob. Vgl. auch Stülcken in LBl 59, 1917, S. 549f (Luther als „Mann der Innerlichkeit", nicht als Volksheld).
52) Einzelheiten zur Situation in Deutschland bei Mehnert S. 93–115.
53) Fehling, Leben S. 185–200; ders., Ratslinie 1915–21, S. 16–19; AHL, Nachlaß Fehling Nr. 222.
54) Text in SLGVO 1920, S. 114ff. Vgl. dazu die vorhergehenden Verfassungsänderungen ebd. 1918, S. 278ff.; 1919, S. 143ff. Ausführliche Zusammenfassung zum ganzen bei Krabbenhöft S. 39–43.
55) Repräsentativ dafür die Diskussion im Geistlichen Ministerium: AKL, Prot. Geistl. Min. Bd. 2 zum 14.11. und 16.12.1918.
56) Vgl. dazu Friedrich Thimme, Das Verhältnis zwischen Staat und Kirche und seine Veränderung durch die Revolution, in: F. Thimme – E. Rolffs (Hg.), Revolution und Kirche, Berlin 1919, S. 1–50; Jochen Jacke, Kirche zwischen Monarchie und Republik, Hamburg 1976, S. 44–47.
57) AKL, Prot. Geistl. Min. 16.12.1918; AHL, Nachlaß Fehling Nr. 222.
58) AKL, Prot. KR 21.11.1918.
59) AHL, Senatsakten IX,1; 6,10.
60) Zahlenangaben nach JbKR 1919, S. 5; 1923, S. 12. Zur Situation im Reich s. Kirchliches Jahrbuch, hg. v. J. Schneider, 51, 1924, S. 206 und B. Violet, Art. Kirchenaustrittsbewegung, RGG 2. A., Bd. 3 (1929), Sp. 828.
61) Vgl. Mehnert, Kirche S. 115ff; Jacke (s. Anm. 56) S. 94ff.
62) AKL, Prot. Geistl. Min. zum 26.3.1919.
63) Zahlen nach AKL, Jimmerthal-Chronik S. 712; vgl. Prot. Geistl. Min. vom 9.11.1921 und diverse Aufsätze in LBl 61, 1919, S. 141f. 172f. 315f.
64) Ein auf die wichtigsten Daten beschränkter Abriß bei Lange, Kirche S. 91–97. Materialsammlung in AKL, Kirchengeschichte/Kirchenverfassung und AHL, Senatsakten IX, 1; 3, 13.
65) (Anonymus) Um eine neue Verfassung unserer evangelischen Kirche, LBl 61, 1919, S. 530.
66) Vorlage der Verfassungskommission vom 1.6.1921; vgl. AKL, Kirchenverfassung. Zur Diskussion s. LBl 63, 1921, S. 326ff; Lüb. Anzeigen vom 4.11.1921, S. 1.
67) Beschlüsse in AHL, Senatsakten IX,1; 3,13.
68) Drucksache in AKL, Kirchenverfassung.
69) So der Text der Bekanntmachung der Kirchenverfassung SLGVO vom 21.12.1921.
70) Instruktiver Überblick bei Hermann Christern, Johann Martin Andreas Neumann, Deutsches Biographisches Jahrbuch 10, 1931, S. 187–201.
71) AHL, Senatsakten IX,1; 2,1.
72) Ebd. IX,1; 6,9; AKL, Prot. KR, Bl. 188–195.
73) AKL, Jimmerthal-Chronik S. 716f.
74) Repräsentativ dafür der „Rückblick und Ausblick" LBl 62, 1921, S. 1–7 und AKL, Jimmerthal-Chronik S. 710f zur Jahreswende 1918/19.
75) Prot. Syn. 1919, Nr. 2, S. 1; entsprechend der Vertreter des Kirchenrates Lienau ebd. S. 2.
76) Z. B. Aufruf des Kirchentages vom 31.10.1922, Prot. KT 1922, Nr. 2, S. 4; Denker, Sonntags-Worte (eine Serie von Beiträgen aus den Lübeckischen Anzeigen).

Abkürzungsverzeichnis

ADB	Allgemeine deutsche Biographie, 56 Bde, Leipzig 1875—1912
AHL	Archiv der Hansestadt Lübeck
AKL	Archiv der Ev.-Luth. Kirche in Lübeck (seit 1977: Kirchenkreis)
AKGH	Arbeiten zur Kirchengeschichte Hamburgs 1, 1958ff
BSLK	Die Bekenntnisschriften der evangelisch-lutherischen Kirche, 6. A. Göttingen 1967
BuK	Die Bau- und Kunstdenkmäler der Freien und Hansestadt Lübeck
CR	Corpus Reformatorum 1, 1834ff
Gem	Die Gemeinde, Lübeck 1, 1948ff
Gem.bl.	Evangelisches Gemeindeblatt, Lübeck 1, 1915ff
HGbl	Hansische Geschichtsblätter 1, 1871ff
HospEccl	Hospitium Ecclesiae. Forschungen zur bremischen Kirchengeschichte 1, 1954ff
Jb	Jahresbericht bzw. Jahrbuch
JbKR	Jahresbericht des Kirchenrathes (Kirchenrats) 1, 1894ff
JGNKG	Jahrbuch der Gesellschaft für niedersächsische Kirchengeschichte 46, 1941ff (vorher = ZGNKG)
KABl	Kirchliches Amtsblatt der ev.-luth. Kirche in Lübeck
LBl	Lübeckische Blätter 1, 1859ff
LThK	Lexikon für Theologie und Kirche, 2. A., 10 Bde, Freiburg 1957—65
MVLG	Mitteilungen des Vereins für Lübeckische Geschichte und Altertumskunde 1, 1884 — 16, 1941
NDB	Neue deutsche Biographie, Berlin 1, 1953ff
NKZ	Neue kirchliche Zeitschrift
NLBl	Neue Lübeckische Blätter 1, 1835 — 24, 1958
Prot.	Protokoll
RE	Realencyklopädie für protestantische Theologie und Kirche, 3. A., 24 Bde, Leipzig 1896—1913
RGG	Die Religion in Geschichte und Gegenwart, 3. A., 6 Bde, Tübingen 1956—62
SHBL	Schleswig-Holsteinisches Biographisches Lexikon, Neumünster 1, 1970ff
SLVOB	Sammlung der Lübeckischen Verordnungen und Bekanntmachungen 1, 1813ff
SLGVO	Sammlung der Lübeckischen Gesetze und Verordnungen 67, 1900ff
SVRG	Schriften des Vereins für Reformationsgeschichte 1, 1883ff
SVSHKG	Schriften des Vereins für Schleswig-Holsteinische Kirchengeschichte I = 1. Reihe, 1, 1899ff; II = 2. Reihe, 1, 1900ff
TRE	Theologische Realenzyklopädie, Berlin 1, 1977ff
UBL	Urkundenbuch des Bisthums Lübeck
UStL	Urkundenbuch der Stadt Lübeck
VGHL	Veröffentlichungen zur Geschichte der (bis Bd. 12: Freien und) Hansestadt Lübeck 1, 1912ff

Wa.	Der Wagen. Ein Lübeckisches Jahrbuch 1919ff
ZGSHG	Zeitschrift der Gesellschaft für schleswig-holsteinische Geschichte 1, 1870ff
ZKG	Zeitschrift für Kirchengeschichte 1, 1877ff
ZVHG	Zeitschrift des Vereins für Hamburgische Geschichte 1, 1841ff
ZVLG	Zeitschrift des Vereins für Lübeckische Geschichte und Altertumskunde 1, 1860ff

Abbildungsverzeichnis

Die Bildvorlagen wurden zum größten Teil vom Bildarchiv des Museums für Kunst und Kulturgeschichte der Hansestadt Lübeck sowie vom Bildarchiv des Kirchenkreises Lübeck mit freundlicher Genehmigung zum Abdruck zur Verfügung gestellt (Abkürzungen im folgenden: MKKL und KL). Alle Rechte an diesen Abbildungen bleiben beiden Institutionen vorbehalten.

Abb. 1—20 zum I. Teil (Mittelalter) auf S. 89—104

1. Stadtansicht von Osten aus Hartmann Schedels Weltchronik 1493: MKKL.
2. Stadtansicht von Osten. Ausschnitt aus dem Hochaltar zu St. Nikolai in Reval von Hermen Rode 1484: MKKL.
3. Burg und Siedlung Alt-Lübeck vor 1127. Rekonstruktion von G.P. Fehring in: Archäologie in Lübeck S. 29. Abdruck mit Genehmigung des MKKL.
4. Bistum Lübeck mit Pfarreien um 1300. Zeichnung W.-D. Hauschild nach den Angaben bei W. Weimar, Pfarrorganisation.
5. Früheste Stadtsiedlung bis 1250. Zeichnung W.-D. Hauschild.
6. Modell „Lübeck um 1250" (im Holstentormuseum). Entwurf von D. Gerlach und W. Neugebauer. Abdruck mit freundlicher Genehmigung von Herrn Dr. Neugebauer.
7. Dom um 1250. Modell nach dem Entwurf von D. Gerlach, angefertigt von M. Schulcz (modellbau hannover). Foto: Archiv der Domgemeinde.
8. Dom von Süden mit Predigthaus (Zustand um 1880): MKKL.
9. St. Petri von Nordosten (vor 1942): MKKL, Foto W. Castelli.
10. St. Petri Rekonstruktion der dreischiffigen gotischen Kirche um 1350 nach W. Teuchert, Baugeschichte S. 65.
11. St. Marien von Osten (vor 1942): MKKL, Foto W. Castelli.
12. St. Marien. Grundriß mit Rekonstruktion der romanischen Basilika nach D. Ellger, St. Marien S. 3.
13. St. Jakobi von Norden: Archiv der Jakobigemeinde.
14. St. Ägidien von Osten: MKKL, Foto W. Castelli.
15. Franziskanerkirche St. Katharinen von Nordosten: MKKL, Foto W. Castelli.
16. St. Katharinen. Blick in den Chor: MKKL, Foto W. Castelli.
17. Dominikanerkirche St. Maria Magdalena (Burgkirche). Ausschnitt aus der Stadtansicht von Elias Diebel (s. Abb. 36) 1552.
18. Heiligen-Geist-Hospital mit Kirche von Westen: MKKL, Foto W. Castelli.
19. Heiligen-Geist-Hospital. Grundriß nach der Rekonstruktion von W. Neugebauer in: Archäologie in Lübeck S. 73 (mit Genehmigung des MKKL).
20. Kranenkonvent (Beginenstift) in der Kleinen Burgstraße: MKKL, Foto W. Castelli.

Abb. 21—35 zum I. Teil (Mittelalter) auf S. 155-164

21. Grabmonument des Bischofs Hinrich Bockholt (gest. 1341) im Chor des Doms: MKKL, Foto W. Castelli.
22. Grabplatte der Bischöfe Burkhard von Serkem (gest. 1317) und Johann von Mul (gest. 1350) im Dom: MKKL, Foto W. Castelli.
23. Bischof Albert Krummediek (gest. 1489). Figur vom Triumphkreuz im Dom: KL, Foto H. Göbel.
24. a. Bischofssiegel Krummedieks: KL.
24. b. Großes Siegel des Domkapitels: Landesarchiv Schleswig.
25. Wegekreuz für Wilsnack-Pilger 1436 an der Straße nach Schwerin: BuK Bd. 4, S. 617.
26. Monstranz aus der Ägidienkirche um 1430—50 (heute im St. Annen-Museum). MKKL.
27. St. Olav. Standbild aus dem Haus der Bergenfahrer 1472: MKKL, Foto W. Castelli.
28. St. Nikolaus. Statue der Bruderschaft der Schiffer um 1401 mit Reliquienkammern in Mithra und Brust: MKKL, Foto W. Castelli.
29. Madonna mit Kind im Dom um 1460: MKKL, Foto W. Castelli.
30. St. Anna Selbdritt. Statue der Annenbruderschaft der Bootsleute: MKKL, Foto W. Maaß.

31. Altarschrein der Lukasbruderschaft der Maler in St. Katharinen von Hermen Rode 1484 (Szenen aus dem Leben des Lukas): MKKL.
32. Fronleichnamsaltar mit Gregorsmesse im Mittelschrein des Altars der Leichnamsbruderschaft in der Burgkirche von Henning van der Heide 1496: MKKL, Foto W. Castelli.
33. Triumphkreuz des Bernt Notke im Dom 1477: KL, Foto H. Göbel.
34. Passionsaltar des Hans Memling im Dom 1491 (Mitteltafel): MKKL, Foto W. Castelli. (Aufstellung z.Z. noch im St. Annenmuseum)
35. Totentanz in der Marienkirche von Bernt Notke 1463 (1942 verbrannt). Ausschnitt: Küster, Kaufmann. KL.

Abb. 36−49 zum II. Teil (Reformation) auf S. 233−242

36. Stadtansicht von Osten. Monumentaler Holzschnitt von Elias Diebel 1552 (Maße 73 × 340 cm): MKKL, Foto W. Castelli.
37. Stadtansicht von Osten. Ausschnitt aus dem Gemälde von Johann Willinges 1596: St. Marien, St. Katharinen, St. Jakobi, Heiligen-Geist-Hospital, Burgkirche, Burgtor, Gertrudenkirche: MKKL.
38. Ausschnitt aus der Stadtansicht von Diebel (s. Abb. 36): St. Ägidien, Hüxtertor, St. Petri, Rathaus: MKKL.
39. Ausschnitt aus der Stadtansicht von Diebel (s. Abb. 36): Rathaus, St. Marien : MKKL.
40. Bürgermeister Nikolaus Brömse (gest. 1543). Ausschnitt aus dem Brömsen-Altar der Jakobikirche: KL
41. Bürgermeister Jürgen Wullenwever (gest. 1537): KL
42. Johannes Bugenhagen (1485−1558). Porträt von Lucas Cranach 1537.
43. Hermann Bonnus (1504−1548), erster Superintendent. Kupferstich bei C.H. Starck: KL.
44. Peter Friemersheim (gest. 1574), erster evangelischer Pastor an St. Jakobi. Epitaph ebd: KL.
45. Johannes Walhoff (gest. 1543), erster evangelischer Pastor an St. Marien. Epitaph ebd.: KL.
46. Bischof Eberhard von Holle (1522−1586), der Reformator des Hochstifts. Reliefbild im St. Annen-Museum: MKKL, Foto W. Castelli.
47. Titelblatt der Lübecker Kirchenordnung 1531.
48. Titelblatt der niederdeutschen Bibel 1533/34. Holzschnitt von Erhart Altdorfer: KL.
49. Epitaph des Hinrich Gerdes aus St. Katharinen von Hans Kemmer 1544: MKKL, Foto W. Castelli.

Abb. 50−65 zum III. Teil (Orthodoxie und Aufklärung) auf S. 331−342

50. Stadtansicht von Westen (Zustand um 1620) aus der Werkstatt des Matthäus Merian 1641: MKKL.
51. Stadtmodell von Asmus Jessen 1934 (im Holstentormuseum): MKKL.
52. Andreas Pouchenius (1526−1600), Superintendent 1575−1600. Kupferstich bei C.H. Starck: KL
53. Georg Stampelius (1561−1622), Superintendent 1613−1622. Kupferstich bei C.H. Starck: KL.
54. Nikolaus Hunnius (1585−1643), Superintendent 1624−1643. Kupferstich bei C.H. Starck: KL.
55. Meno Hanneken (1595−1671), Superintendent 1646−1671. Kupferstich: KL.
56. Georg Heinrich Götze (1667−1728), Superintendent 1702−1728. Kupferstich: KL.
57. Johann Gottlob Carpzov (1679−1767), Superintendent 1730−1767. Kupferstich: MKKL.
58. Johann Andreas Cramer (1723−1788), Superintendent 1771−1744. Kupferstich: MKKL.
59. Johann Adolph Schinmeier (1733−1796), Superintendent 1779−1796. Kupferstich: MKKL.
60. Barockepitaph des Bürgermeisters Peter Hinrich Tesdorpf (1648−1723) in der Marienkirche: KL
61. Orgel im Dom nach Plänen von Arp Schnitger 1696−99 (1942 verbrannt): KL.
62. Barockaltar (sog. Fredenhagenaltar) in St. Marien 1697 von Thomas Quellinus: (1942 zerstört) KL.
63. Evangelisches Meßgewand (Kasel) aus St. Marien, 1697 von Thomas Fredenhagen gestiftet: MKKL, Foto W. Castelli.

64. Abendmahlsgerät. Kelch und Altarkanne aus der St. Annenkirche 1614: MKKL, Foto W. Castelli.
65. Bürgermeisterstuhl (später Senatsstuhl) in St. Marien von 1574/75: MKKL, Foto W. Castelli.

Abb. 66–87 zum IV. Teil (19. Jahrhundert) auf S. 435–444

66. Stadtpanorama von Osten mit Blick über die Wakenitz. Lithographie von W. Pero 1859: MKKL.
67. Stadtansicht von Südwesten mit Bahnhof. Lithographie um 1860: MKKL.
68. Marktplatz mit St. Marien und Rathaus. Federzeichnung um 1830: MKKL.
69. Dom mit Kurien und Parade. Federzeichnung von J. M. David 1799: MKKL.
70. Bischofshof (Rückseite), Ansicht von der Mühlenstraße. Gouache vor 1819: MKKL.
71. Dom mit Obertrave. Bleistiftzeichnung von J. F. Th. Schmidt 1857: MKKL.
72. Koberg mit St. Jakobi und Heiligen-Geist-Hospital. Kupferstich nach einer Zeichnung von A. Radl 1821: MKKL.
73. „Christi Einzug in Jerusalem" von Friedrich Overbeck 1824 in St. Marien (1942 verbrannt): MKKL, Foto W. Castelli.
74. Reformierte Kirche, erbaut 1824–26: MKKL.
75. Katholische Kirche, erbaut 1888–91, mit alten Domkurien: MKKL.
76. Die alte St. Lorenzkirche von 1669 (1899/1900 abgerissen): KL
77. St. Matthäi, der erste ev.-luth. Kirchenneubau 1899/1900: Archiv der Matthäigemeinde.
78. Prediger Ludwig Suhl (1752–1819). Medaillonbildnis von F.C. Gröger: MKKL.
79. Bürgermeister Christian Adolph Overbeck (1755–1821): MKKL.
80. Pastor Johannes Geibel (1776–1853). Gemälde von F. C. Gröger: KL.
81. Margarete Elisabeth Jenisch (1763–1832): KL.
82. Senior Johann Henrich Carstens (1738–1829). Epitaph im Dom: KL.
83. Senior Hermann Friedrich Behn (1767–1846). Lithographie: KL.
84. Senior Johann Carl Lindenberg (1798–1892): KL.
85. Johann Ä. L. Funk (1792–1867), Pastor an St. Marien. Ausschnitt aus einer Fotografie: MKKL.
86. Bürgermeister Theodor Behn (1819–1906). Plastik von F. Behn: MKKL.
87. Senior Leopold Friedrich Ranke (1842–1918): KL.

Literaturverzeichnis

Adam von Bremen: Gesta Hammaburgensis Ecclesiae Pontificum, hg. und übers. von W. Trillmilch, Ausgewählte Quellen zur deutschen Geschichte des Mittelalters 11, Darmstadt 1961 S. 137–503
Ammon, Hans: Johannes Schele, Bischof von Lübeck, auf dem Basler Konzil, VGHL 10, Lübeck 1931
Annales Lubicenses, hg. v. J. M. Lappenberg, Monumenta Germaniae Historica, Scriptores 16, Hannover 1859, S. 411–429
(Anonymus): Thomas Honstede und seine Wirksamkeit. Ein biographischer Versuch, NLBL 5, 1839, S. 77–80. 85–87. 93–95. 104–07. 120–23. 229–31. 240–43. 245–49. 255–58.
Archäologie in Lübeck. Erkenntnisse von Archäologie und Bauforschung zur Geschichte und Vorgeschichte der Hansestadt, hg. vom Museum für Kunst und Kulturgeschichte, Lübeck 1980
Arnold von Lübeck: Chronica Slavorum, ed. J. M. Lappenberg, Monumenta Germaniae Historica, Scriptores in usum scholarum 14, hg. v. G. H. Pertz, Hannover 1868 (Nachdruck 1978)
Arnold, Gottfried: Unpartheyische Kirchen- und Ketzerhistorie vom Anfang des Neuen Testaments bis auf das Jahr Christi 1688, 2 Bde., Frankfurt 1699–1700 (Nachdruck Hildesheim 1967)
Asch, Jürgen: Rat und Bürgerschaft in Lübeck, VGHL 17, Lübeck 1961

Baethcke, Hermann (Hg.): Des Dodes Danz. Nach den Lübecker Drucken von 1489 und 1496, Bibl. d. Litterar. Vereins 127, Tübingen 1876
Bangert, W.: Die Entwicklung des Schulwesens in Lübeck, in: Lübeck seit Mitte des 18. Jahrhunderts (1751), Lübeck 1926, S. 137–152
Die Bau- und Kunstdenkmäler der Freien und Hansestadt Lübeck Bd. 1–4, Lübeck 1906–1974
    Bd. 1,1: H. Rahtgens – F. Bruns, Stadtpläne und -ansichten, 1939
    Bd. 1,2: H. Rahtgens – F. Bruns – L. Wilde, Rathaus und öffentliche Gebäude, 1974
    Bd. 2: F. Hirsch – G. Schaumann – F. Bruns, Petrikirche, Marienkirche, Heiligen-Geist-Hospital, 1906
    Bd. 3: J. Baltzer – F. Bruns, Kirche zu Alt-Lübeck, Dom, Jakobikirche, Aegidienkirche, 1920
    Bd. 4: J.Baltzer – F. Bruns – H. Rahtgens, Die Klöster. Die kleinen Gotteshäuser der Stadt, 1928.
Beckemeier, Ludwig: Mag. Andreas Pouchenius. Lübecks Superintendent 1575–1600, Lüb. Kirchenkalender 1941, S. 48–61
Becker, Johannes: Die Einführung der öffentlichen Konfirmation in Lübeck, ZVLG 18, 1916, S. 129–156
Becker, Johann Rudolph: Umständliche Geschichte der Kaiserl. und des Heil. Römischen Reichs freyen Stadt Lübeck, 3 Bde, Lübeck 1782–1805
Behncke, Heinrich Leo: Eine Lübecker Kaufmannsfamilie, 2 Bde, Lübeck 1900–01
Behrends, Ernst: Taufgesinnte in und um Lübeck, Wa. 1954, S. 61–67
Behrens, Georg: 175 Jahre Gemeinnütziges Wirken (= Festschrift zum Jubiläum der Gesellschaft zur Beförderung gemeinnütziger Tätigkeit), Lübeck o.J. (1964)
Behrens, Heinrich L. und Carl G.: Topographie und Statistik von Lübeck und dem mit Hamburg gemeinschaftlichen Amt Bergedorf, 2 Bde, Lübeck 1829–39
Die Bekenntnisschriften der evangelisch-lutherischen Kirche, 6. Aufl. Göttingen 1967
Benninghoven, Friedrich: Der Orden der Schwertbrüder, Köln–Graz 1965
Bergemann, Hans Georg: Staat und Kirche in Hamburg während des 19. Jahrhunderts, AKGH 1, Hamburg 1958
Bertheau, Friedrich: Die Beziehungen Lübecks zum Kloster Preetz, ZVLG 19, 1918, S. 153–190
Bertram, Johann Georg: Das evangelische Lüneburg oder Reformations- und Kirchen-Historie der alt-berühmten Stadt Lüneburg, Braunschweig 1719
Beurmann, Eduard: Skizzen aus den Hansestädten, Hanau 1836
Beyer, Hans: Der Lübecker Pastor Alexander Michelsen (1805–1885). Seine kirchenpolitische Haltung und seine Rolle als Vermittler skandinavischen Schrifttums, ZVLG 37, 1957, S. 95–124
Beyreuther, Erich: August Hermann Francke, 3. A. Marburg 1969

Biereye, Wilhelm: Das Bistum Lübeck bis zum Jahre 1254, ZVLG 25, 1929, S. 261–364; 26, 1930/32, S. 51–112
- Untersuchungen zur Geschichte des Bistums Lübeck von 1254 bis 1276, ZVLG 28, 1936, S. 59–101. 225–301.

Birke, Joachim: Zur Geschichte der Passionsaufführungen in Hamburg bis zum Tode des Kantors Thomas Selle (1663), ZVHG 44, 1958, S. 219–232

Bloch, Hermann: Der Freibrief Friedrichs I. für Lübeck und der Ursprung der Ratsverfassung in Deutschland, ZVLG 16, 1914, S. 1–43

Blume, Friedrich: Dietrich Buxtehude, in: Die Musik in Geschichte und Gegenwart Bd. 2, 1952, Sp. 548–571

Bode, Otto A.: Aus der Geschichte der evangelisch-reformierten Gemeinde zu Lübeck, Lübeck o. J. (= Lübecker Jahrbuch 1925, S. 57–73)

Boelke, Karl: Aus der Geschichte der Lübeckischen Kirche während der Drangsalsjahre 1806–1812, in: Lübeck seit Mitte des 18. Jahrhunderts, Lübeck 1926, S. 99–106

Boockmann, Hartmut: Das „Reichsfreiheitsprivileg" von 1226 in der Geschichte Lübecks, in: Lübeck 1226. Reichsfreiheit und frühe Stadt, hg. v. O. Ahlers u.a., Lübeck 1976, S. 97–114

Borchling, Conrad – Claußen, Bruno: Niederdeutsche Bibliographie, 3 Bde, Neumünster 1936-57

Bosl, Karl: Staat, Gesellschaft, Wirtschaft im deutschen Mittelalter, in: Handbuch der deutschen Geschichte, hg. v. Gebhardt Grundmann, 9. A., Bd. 1, Stuttgart 1970, S. 694–835; = Taschenbuchausgabe Bd. 7, dtv 4207, 3. A. 1976

Brandes, Hermann (Hg.): Dat Narrenschyp von Hans van Ghetelen, Halle 1914

Brandt, Ahasver v.: Lübeck in der deutschen Geistesgeschichte, in: Ders., Geist und Politik in der Lübeckischen Geschichte, Lübeck 1954, S. 11–52
- Hamburg und Lübeck, Beiträge zu einer vergleichenden Geschichtsbetrachtung, ebd. S. 123–146
- Lübeck und die deutsche Erhebung 1847/48, ebd. S. 165–189
- Die Ratskirche. St. Marien im öffentlichen und bürgerlichen Leben der Stadt, ebd. S. 83–96
- Die ältesten Bildnisse Lübecker Bürger, Von den Wandmalereien im Heiligen-Geist-Hospital, Wa. 1955, S. 39–44
- Aus dem Kreise der Lübecker Reformierten im 18. Jahrhundert, ZVLG 38, 1958, S. 25–40
- Das Lübecker Bürgertum zur Zeit der Gründung der „Gemeinnützigen" – Menschen, Ideen und soziale Verhältnisse, Wa. 1966, S. 18–33
- Die Lübecker Knochenhaueraufstände von 1380/84 und ihre Voraussetzungen. Studien zur Sozialgeschichte Lübecks in der zweiten Hälfte des 14. Jahrhunderts, ZVLG 39, 1959 S. 123–202
- Regesten der Lübecker Bürgertestamente des Mittelalters, Bd. 1: 1278–1350, VGHL 18, Lübeck 1964; Bd. 2: 1351–1363, VGHL 24, Lübeck 1973
- Geistliche als kaufmännisches Schreiberpersonal im Mittelalter, ZVLG 38, 1958, S. 164–167
- Stadtgründung, Grundbesitz und Verfassungsanfänge in Lübeck, ZVLG 36, 1956, S. 79–95
- Die gesellschaftliche Struktur des spätmittelalterlichen Lübeck, in: Untersuchungen zur gesellschaftlichen Struktur der mittelalterlichen Städte in Europa = Vorträge und Forschungen Bd. 11, Sigmaringen 1966, S. 215–239

Brandt, Georg Wilhelm v.: Vogtei und Rektorat in Lübeck während des 13. Jahrhunderts, Blätter f. dt. Landesgesch. 107, 1971, S. 162–201

Brandt, Otto – Klüver, Wilhelm: Geschichte Schleswig-Holsteins. Ein Grundriß, 7. Aufl. Kiel 1976

Brehmer, Wilhelm: Beiträge zu einer Baugeschichte Lübecks, ZVLG 5, 1886, S. 117–156
- Beiträge zur Lübeckischen Geschichte: 1. Die Lübeckischen Beginenhäuser, ZVLG 4, 1881, S. 83–89
- Aus den Berichten des Augustinerpropstes Johann Busch, MVLG 7, 1895/6, S. 119–122. 134–136. 145–156
- Die Errichtung eines Altars für den Schonenfahrer-Schütting in der Marienkirche, MVLG 6, 1895, S. 18–27
- Lübeckische Hexenprocesse im siebzehnten Jahrhundert, MVLG 4, 1890, S. 97–101; 6, 1893, S. 34–40
- Die Kapelle des heiligen Johannis, ZVLG 4, 1884, H.3, S. 261–270

- Das häusliche Leben in Lübeck zu Ende des fünfzehnten Jahrhunderts, HGbl 15, 1886 (1888), S. 3–30
- Lübeckische Studenten auf der Universität Erfurt, ZVLG 4, 1884, S. 216–221

Brockhaus, Paul: Der Totentanz in der Marienkirche, Wa. 1951, S. 53–62

Bruns, Friedrich: Zur Geschichte des St. Annenklosters, ZVLG 17, 1915, S. 173–204
- Die Lübecker Bergenfahrer und ihre Chronistik, Hans. Geschichtsquellen N.F. 2, Berlin 1900
- Der Lübecker Rat. Zusammensetzung, Ergänzung und Geschäftsführung von den Anfängen bis ins 19. Jahrhundert, ZVLG 32, 1951, S. 1–69
- Die Lübecker Syndiker und Ratssekretäre bis zur Verfassungsänderung von 1851, ZVLG 29, 1937, S. 91–168
- Reimar Kock. Der lübische Chronist und sein Werk, ZVLG 35, 1955, S. 85–104

Bugenhagen, Johannes: Der Ehrbaren Stadt Hamburg Christliche Ordnung 1529, hg. v. Hans Wenn, AKGH 13, Hamburg 1976
- Briefwechsel, hg. von J. Vogt, Stettin 1888; Nachdruck der Ausgabe mit Ergänzungen Stettin 1888–99, Gotha 1910 und Nachträgen hg. von E. Wolgast – H. Volz, 1966
- Lübeckische Kirchenordnung. Getreu nach dem Autograph von 1531, Lübeck 1877
- Lübecker Kirchenordnung von Johannes Bugenhagen, hg. v. W.-D. Hauschild, Lübeck 1981

Busch, Johannes: Des Augustinerpropstes Johannes Busch Chronicon Windeshemense und Liber de reformatione monasteriorum, hg. v. Karl Grube, Gesch.quellen d. Provinz Sachsen 19, Halle 1886

Busch, Harald: Meister des Nordens. Die Altniederdeutsche Malerei 1450–1550, Hamburg 1940

Carlebach, Salomon: Geschichte der Juden in Lübeck und Moisling, Lübeck 1898

Carpzov, Johann Gottlob: Treuer Lehrer An- und Abtritt, Leipzig 1731
- Treuer Lehrer obliegende Amts-Rechenschafft, Lübeck 1752

Carstens, Heinrich (Hg.): Kirchen-Ordnung für das Lübeckische Landgebiet, für die Stadt Mölln, und für Travemünde, Lübeck 1843

Chronica episcoporum: Alberti Crummedycki episcopi Lubecensis Chronica episcoporum Lubecensium, bei: Heinrich Meibom, Rerum Germanicarum Bd. 2, Helmstedt 1688, S. 391–410

Die Chronica novella des Hermann Korner, hg. von Jakob Schwalm, Göttingen 1895

Chronicon Sclavicum quod vulgo dicitur parochi Suselensis, hg. v. E. A. Th. Laspeyres, Lübeck 1865

Die Chroniken der niedersächsischen Städte: Lübeck, 5 Bde., = Die Chroniken der deutschen Städte vom 14. bis ins 16. Jahrhundert Bd. 19, 26, 28, 30, 31, Leipzig 1884–1914 (Neudruck Göttingen 1967–68)

Codex Dipomaticus Lubecensis: Lübeckisches Urkundenbuch, 1. Abt.: Urkundenbuch der Stadt Lübeck, Bd. 1–11, Lübeck 1843–1905

Lübeckisches Urkundenbuch, 2. Abt.: Urkundenbuch des Bisthums Lübeck, hg. v. W. Leverkus, Bd. 1, Oldenburg 1856

Collijn, Isak: Lübecker Frühdrucke der Stadtbibliothek zu Lübeck, ZVLG 9, 1908, S. 285–333

Cramer, Johann Andreas: Neue geistliche Oden und Lieder, Lübeck 1775
- Christliche Betrachtungen über die älteste Geschichte Mosis ... in Lübeck vorgetragen, Leipzig 1785

Curtius, Carl: Thesen zu einer Disputation im St. Katharinen-Kloster zu Lübeck, ZVLG 12, 1910, S. 69–79

Curtius, Paul: Bürgermeister Curtius. Lebensbild eines hanseatischen Staatsmannes im neunzehnten Jahrhundert, Berlin 1902

Dahl, Helmut, P.: Lübeck im Bundesrat 1871–1914. Möglichkeiten und Grenzen einzelstaatlicher Politik im Deutschen Reich, VGHL 23, Lübeck 1969

Damus, Rudolf: Die Slawenchronik Arnolds von Lübeck, ZVLG 3, 1876, S. 195–253

Daur, Georg: Von Predigern und Bürgern. Eine hamburgische Kirchengeschichte von der Reformation bis zur Gegenwart, Hamburg 1970

Dedekind, Werner: Die Schulordnungen des Katharineums zu Lübeck von 1531 bis 1891, Beilage zum Jahresbericht 1911 des Katharineums, Lübeck 1911

Deecke, Ernst: Das Catharineum zu Lübeck vor 1800, Lübeck 1843
- Die früheren Verhältnisse des hiesigen Ministerii im Überblick, NLBl 4, 1838, S. 209–212. 219–223. 227–230. 237–238.

Deecke, Georg: Professor Dr. Ernst Deecke. Sein Leben und Wirken, Lübeck 1912

Deiß, Wilhelm: Geschichte der evangelisch-reformierten Gemeinde in Lübeck, Lübeck 1866

Denker, Paul: Deutsches Wesen, Lübeck 1917
- Sonntags-Worte, Lübeck 1928

Detmar-Chronik: s. Die Chroniken der niedersächs. Städte Bd. 1–2 (= Bd. 19.26)

Dittmer, Georg Wilhelm: Geschichte und Verfassung des St. Johannis-Jungfrauenklosters zu Lübeck von dessen Gründung bis auf unsere Zeit, Lübeck 1825
- Das heil. Geist Hospital und der St. Clemens-Kaland zu Lübeck, 2. Aufl., Lübeck 1838
- Der Lübeckische Bischof Burchard von Serken und seine Zeit, vom Jahre 1276 bis zum Jahre 1317, Lübeck 1860

Des Dodes Danz: s. bei H. Baethcke

Dokumente aus den Anfängen der Gemeinnützigen Gesellschaft, Wa. 1930, S. 19–26

Dollinger, Philippe: Die Hanse, Kröners Taschenausgabe 231, 2. Aufl., Stuttgart 1976
- Die Bedeutung des Stralsunder Friedens in der Geschichte der Hanse, HGbl 88, 1970, S. 148–162

Dollinger, Robert: Geschichte der Mennoniten in Schleswig-Holstein, Hamburg und Lübeck, Quellen u. Forsch. z. Gesch. Schleswig-Holsteins 17, Neumünster 1930

Dragendorff, Ernst: Zwei Lübische Leprosen-Ordnungen, ZVLG 8, 1900, S. 255–261

Dreyer, Johann Carl H.: Einleitung zur Kenntniß der in Geist- Bürgerlichen- Gerichts- Handlungs- Policey- und Kammer-Sachen E. Hochw. Raths der Reichsstadt Lübeck von Zeit zu Zeit ergangenen allgemeinen Verordnungen, Lübeck 1769

Druffel, August von: Briefe und Akten zur Geschichte des sechzehnten Jahrhunderts, 3 Bde., München 1873–1882

Ebel, Wilhelm, Lübisches Recht, Bd. 1, Lübeck 1971

Ellger, Dietrich – Kolbe, Johanna: St. Marien zu Lübeck und seine Wandmalereien, Neumünster 1951

Ellger, Dietrich: Die Baugeschichte von St. Marien, in: Das Buch von St. Marien, hg. von P. Brockhaus, Stuttgart 1951, S. 29–33

Engelsing, Rolf: Zur Sozialgeschichte deutscher Mittel- und Unterschichten, Krit. Studien z. Gesch.wiss. 4, Göttingen 1973

Evers, Johannes: Die Beziehungen der evangelisch-lutherischen Landeskirche zur römisch-katholischen Gemeinde in Lübeck, LBl 47, 1905, S. 513–517. 527–532
- Senior D. Lindenberg. Ein Lebensbild aus der neueren Lübeckischen Kirchengeschichte, Lübeck 1899
- Wahl und Amtseinführung eines lübeckischen Geistlichen im Jahre 1751, in: Lübeck seit Mitte des 18. Jahrhunderts, S. 107–112

Fabian, Ekkehard (Hg.): Die Schmalkaldischen Bundesabschiede 1530–1532, Tübingen 1958
- Die Schmalkaldischen Bundesabschiede 1533–1536, Tübingen 1958

Fahne, A. (Hg.): Gotthard V. von Hövel, Chronik = Die Herren und Freiherren von Hövel, Bd. 3, Köln 1856

Feddersen, Ernst: Kirchengeschichte Schleswig-Holsteins, Bd. II: 1517–1721, SVSHKG I, 19, Kiel 1938
- Schleswig-Holstein und die lutherische Konkordie, SVSHKG I, 15, Kiel 1925
- Philippismus und Luthertum in Dänemark und Schleswig-Holstein, Festschrift f. Hans v. Schubert, Leipzig 1929, S. 92–114

Fehling, Emil Ferdinand: Heinrich Theodor Behn. Bürgermeister der freien und Hansestadt Lübeck, Leipzig 1906
- Lübeckische Ratslinie von den Anfängen der Stadt bis auf die Gegenwart, VGHL 7, 1, Lübeck 1925 (Nachdruck 1978)
- Zur Lübeckischen Ratslinie 1814–1914, VGHL 4, 1, Lübeck 1915
- Zur lübschen Verfassungsbewegung im 17. Jahrhundert, ZVLG 24, 1928, S. 335–344
- Aus meinem Leben. Erinnerungen und Aktenstücke, Lübeck 1929

Fehring, Günter P.: Lübeck, Archäologie einer Großstadt des Mittelalters, in: Lübeck 1226. Reichsfreiheit und frühe Stadt, hg. v. O. Ahlers u.a., Lübeck 1976, S. 267–298
— (Hg.) Lübecker Schriften zur Archäologie und Kulturgeschichte Bd. 1, Frankfurt/M. – Bern 1978
Feine, Hans Erich: Das protestantische Fürstbistum Lübeck, Zeitschr. d. Savigny-Stiftung f. Rechtsgesch., Kanonist. Abt. 11, 1921, S.439–442.
Fink, Georg: Die geschichtliche Gestalt Jürgen Wullenwevers, Wa. 1938, S. 27–41.
— Die Lübecker Leonhardsbrüderschaft in Handel und Wirtschaft bis zur Reformation, in: Lübische Forschungen. Jahrhundertgabe des Vereins für Lübeckische Geschichte und Altertumskunde, Lübeck 1921, S. 325–370
— Die Frage des lübeckischen Patriziates im Lichte der Forschung, ZVLG 29, 1938, S. 257–279
— Lübecks Stadtgebiet (Geschichte und Rechtsverhältnisse im Überblick), in: Städtewesen und Bürgertum. Gedächtnisschrift f. Fritz Rörig, Lübeck 1953, S. 243–296
Fischer-Hübner, Martin: Die Reformation in Lauenburg, 2 Teile, Ratzeburg 1931–33
Fischer, Kurt: Das St. Annen-Kloster zu Lübeck. Ein Beitrag zur Kunstgeschichte Lübecks, ZVLG 20, 1921, S. 271–302; 21, 1923, S. 53–102
Freytag, Erwin: Die Reichsstadt Lübeck und der Schmalkaldische Bund, SVSHKG II, 30/31, 1974/75, S. 61–65
Friederici, Adolf: Das Lübecker Domkapitel im Mittelalter, 2 Bde., Diss. phil. Kiel 1957 (masch.)
Friedland, Klaus: Kaufmannstum und Ratspolitik im späthansischen Lübeck, ZVLG 43, 1963, S. 5–18
Fuchs, Hartmut: Privilegien oder Gleichheit. Die Entwicklung des Wahlrechts in der freien und Hansestadt Lübeck 1875 bis 1920, Diss. phil. Kiel 1971
Funk, Johann Ä. L.: Die Hauptpunkte des evangelisch-protestantischen Kirchenregiments. Lübekkisches und Allgemeines, Lübeck 1843
— Die Grundlage der ursprünglichen Einrichtung der Lübeckischen Kirche, Lübeck 1831
Funk, M. (Hg.): Johann Ägidius Ludwig Funk. Mittheilungen aus seinem Leben. Zweiter Theil: 1829–1867, Gotha 1884
Funk, Martin S.: Das Armen-Diakonat an den Kirchen der Stadt Lübeck. 1531–1861, ZVLG 2, 1865, S. 171–254
— Erinnerungen aus dem Jahre 1848, MVLG 8, 1899, 162–196
— Lübische politische Dichtungen aus der Zeit vor hundert Jahren, ZVLG 15, 1913, S. 111–153
— Was muß bei uns auf kirchlichem Gebiet geschehen? Hamburg 1885 (auch in: Monatsschrift f. die evang.-luth. Kirche im Hamburgischen Staat 4, 1884, S. 434ff)
— Der kleine Katechismus Luthers in Lübeck, MVLG 13, 1917/19, S. 69–77
— Kirche und Schule in Lübeck seit der Reformation, Braunschweig–Leipzig 1911
— Lübisches Kirchenrecht, 5 Bücher in 40 Faszikeln (handschr.) = AHL, Hs. 1062
— Das kirchliche Lübeck einst und jetzt, LBl 59, 1917, S. 471–475. 486–490, 499–503
— Die Straßentumulte in Lübeck 1843 und 1848, ZVLG 8, 1900, S. 270–313
— Kurze Übersicht über die Entwickelung der Armenpflege in Lübeck, Lübeck 1901

Gebler, H.: Beiträge zur Geschichte der Entwicklung des Kirchengesangs in der Freien und Hansestadt Lübeck, Siona. Monatsschrift f. Liturgie u. Kirchenmusik 21, 1896, S. 83–91
Geffcken, Johannes: Der Bildercatechismus des funfzehnten Jahrhunderts und die catechetischen Hauptstücke in dieser Zeit bis auf Luther, Leipzig 1855
Geibel, Emanuel: Gesammelte Werke, 8 Bde., Stuttgart 1883
Geibel, Johannes: Einleitung in die christliche Lehre, Lübeck 1821
— Des Glaubens weltüberwindende Kraft. Eine Predigt, Lübeck 1810
— Prüfet Alles, und behaltet das Gute. Reden für evangelische Freiheit und Wahrheit, Lübeck 1818
Die Gemeinde. Evangelisch-lutherisches Sonntagsblatt 1, 1948–28, 1976
Gemeindeblatt, Evangelisches für die Lübeckischen Kirchengemeinden in Stadt und Land 1, 1915 – 9, 1923. Neue Folge 1, 1924 – 18, 1941 (= Evangelisches Gemeindeblatt f. Lübeck)
Gercken, Erich: Samuel Pomarius. Ein bewegtes Leben, Wa. 1970, S. 54–64
Gercken, Johann Hermann: Dissertatio historico-theologica de Formula Consensus Lubecensi, Göttingen 1755

Gerlach, Dankwart: Ein Modell des romanischen Doms zu Lübeck, in: Lübeck 1226. Reichsfreiheit und frühe Stadt, hg. v. O. Ahlers u. a., Lübeck 1976, S. 353−364
Gläser, Wilhelm: Bruchstücke zur Kenntnis der Lübecker Erstdrucke von 1464 bis 1524, Heft 1−2, Lübeck 1903
Gleiß, Friedrich (Hg.): Handbuch der Inneren Mission in Schleswig-Holstein, Bordesholm 1917
Grautoff, Ferdinand Heinrich: Ueber die älteste gedruckte Chronik der Stadt und des Bisthums Lübeck, in: Historische Schriften aus dem Nachlasse von Dr. F. H. Grautoff, Bd. 2, Lübeck 1836, S. 317−343
− Die Verlegung des Bischofssitzes von Oldenburg nach Lübeck, ebd. Bd. 1, Lübeck 1836, S. 119−146
− Sieben Vorlesungen über die Lübeckische Reformationsgeschichte, ebd. Bd. 2, S. 1−266
− Ueber den Zustand und die Verfassung der Kirchen in Lübeck sowohl vor als kurz nach der Zeit der Reformation, ebd. Bd. 1, S. 233−304
− Abhandlung über den Zustand der öffentlichen Unterrichtsanstalten in Lübeck vor der Reformation der Kirche, ebd. Bd. 1, S. 329−388
− Über die ehemals in Lübeckischen Kirchen bestandenen Vikarien, ebd. Bd. 1, S. 317−327
Grube, Otto: Johann Hinrich Wichern und Lübeck, Wa. 1951, S. 129−132
− Pastorenverzeichnis (s. dort)
Grundmann, Günther: Die kunst- und kulturgeschichtliche Bedeutung des Lübecker Doms, in: 800 Jahre Dom zu Lübeck, Lübeck 1973, S. 75−83
Grundmann, Herbert: Religiöse Bewegungen im Mittelalter, 2. Aufl., Darmstadt 1961
Grundmann, Paul: Französische Flüchtlinge in Lübeck: Réfugiés und Emigrés (Hugenotten und Emigranten), Diss. phil. Leipzig 1920 (Schönberg/Meckl.)

Hach, Adolph: Die Gesellschaft zur Beförderung gemeinnütziger Thätigkeit in Lübeck, Lübeck 1889
Hach, Johann Friedrich: Die Juden in Lübeck, Frankfurt a.M. 1816
Häpke, Rudolf: Die Regierung Karls V. und der europäische Norden, VGHL 3, Lübeck 1914
Hagen, Paul: Die deutschen theologischen Handschriften der Lübecker Stadtbibliothek, Veröff. d. Stadtbibl. Lüb. 1/2, Lübeck 1922
Hagenström, Walter: Geschichte der Johannis-Loge „Zum Füllhorn" zu Lübeck, Lübeck 1972
Hammel, Rolf: Ein neues Bild des alten Lübeck, ZVLG 59, 1979, S. 211−222
Handbuch der Kirchengeschichte, hg. v. Hubert Jedin, Bd. III: Die mittelalterliche Kirche; Bd. IV: Reformation. Katholische Reform und Gegenreformation, Freiburg 1966−68
Hanserecesse, III. Abt. Bd. 9, bearb. von D. Schäfer − F. Techen, Leipzig 1913
Hartwig, Julius: Lübecks Einwohnerzahl in früherer Zeit, MVLG 13, 1917, S. 77−92
− Die Frauenfrage im mittelalterlichen Lübeck, HGbl 35, 1908, S. 35−94
− Zur Geschichte des Bußtages in Lübeck, Nordelbingen 13, 1937, S. 161−167
− Die Gesellschaft zur Beförderung gemeinnütziger Tätigkeit in Lübeck 1789−1914, Lübeck o.J. (1914)
− Der Lübecker Schoß bis zur Reformationszeit, Staats- und sozialwiss. Forsch. 21,6, Leipzig 1903
− Wie unsere Vorfahren den Tag einteilten, MVLG 13, 1918, S. 143−168
Hasse, Max: Albert Krummediek, ein Bischof von Lübeck, Wa. 1952−53, S. 68−73
− Hans Memlings Lübecker Passionsaltar, Lübeck 1979
− Der Lübecker Bischofshof, Wa. 1963, S. 18−22
− Der Lübecker Passionsaltar Hans Memlings als Denkmal mittelalterlicher Frömmigkeit, Wa. 1958, S. 37−42
− Lübeck St. Annen-Museum. Die sakralen Werke, Lübecker Museumsführer Bd. 1, 2. Aufl. Lübeck 1970
− Maria und die Heiligen im protestantischen Lübeck, Nordelbingen 34, 1965, S. 72−81
− St. Marien zu Lübeck. Neue Forschungen, ZVLG 33, 1952 S. 127−135
− Das Triumphkreuz des Bernt Notke im Lübecker Dom, Hamburg 1952
Hasse, Paul: Der Kampf zwischen Lübeck und Dänemark von 1234 in Sage und Geschichte, HGbl 4, 1874, S. 117−148
Hauck, Albert: Kirchengeschichte Deutschlands, 5 Bde., 3./4. Aufl., Leipzig 1912−1929

Hauschild, Wolf-Dieter: Theologiepolitische Aspekte der lutherischen Konsensusbildung in Norddeutschland, in: W. Lohff – L. W. Spitz (Hg.), Widerspruch, Dialog und Einigung, Stuttgart 1977, S. 41–63
- Corpus Doctrinae und Bekenntnisschriften. Zur Vorgeschichte des Konkordienbuches, in: M. Brecht – R. Schwarz (Hg.), Bekenntnis und Einheit der Kirche, Stuttgart 1980, S. 235–252
- Christentum und Bürgertum. Ein Rückblick auf 800 Jahre Lübecker Kirchengeschichte, LBl 137, 1977, S. 1–5. 16–18. 25–29
- Zum Kampf gegen das Augsburger Interim in norddeutschen Hansestädten, ZKG 84, 1973, S. 60–81
- Von der Kathedrale zur Pfarrkirche. Die Stellung des Doms in der Lübecker Kirchengeschichte, in: 800 Jahre Dom zu Lübeck = SVSHKG I, 24, 1973, S. 138–145
- Die Reform der Lübecker Kirchenverfassung im 19. Jahrhundert, ZVLG 57, 1977, S. 52–102
- Die Reformation in Hamburg, Lübeck und Eutin, in: Schleswig-Holsteinische Kirchengeschichte Bd. 3, Neumünster 1981
- Zum Verhältnis Staat–Kirche im Lübeck des 17. Jahrhunderts, ZVLG 50, 1970, S. 69–91

Hayessen, Walter: Die Wohlfahrtspflege in Lübeck von 1750 bis 1914, in: Lübeck seit Mitte des 18. Jahrhunderts S. 87–96

Hein, Lorenz: Anfang und Fortgang der Slawenmission, in: Schleswig-Holsteinische Kirchengeschichte Bd. 1, Neumünster 1977, S. 105–145

Heineken, Hermann: Die älteste Münzprägung der Bischöfe von Lübeck, in: Forschungen und Versuche zur Geschichte des Mittelalters und der Neuzeit. Festschrift f. Dietrich Schäfer, Jena 1915, S. 197–210

Heise, Carl Georg: Lübeckische Plastik und Malerei, in: Lübecker Heimatbuch, Lübeck 1926, S. 206–250

Heller, Ludwig: Geschichte der Lübeckischen Gesellschaft zur Beförderung gemeinnütziger Thätigkeit, Lübeck 1839
- Nikolaus Hunnius. Sein Leben und Wirken, Lübeck 1843

Helmold von Bosau: Chronica Slavorum, hg. u. übers. v. H. Stoob, Ausgew. Quellen z. dt. Gesch. d. Mittelalters 19, Darmstadt 1963

Hennings, Johann: Geschichte der Johannis-Loge „Zum Füllhorn" zu Lübeck 1772–1922, Lübeck 1922

Heppe, Heinrich: Die Entstehung und Fortbildung des Luthertums und die kirchlichen Bekenntnisschriften desselben von 1548–1576, Kassel 1863
- Geschichte des deutschen Protestantismus in den Jahren 1555–1581, 4 Bde, Marburg 1852–1859

Hering, Hermann: Doktor Pomeranus Johannes Bugenhagen, SVRG 22, Halle 1888

Hilmers, Johannes: Die von Gott gewürdigte Lob-Eck, Lübeck 1716

Hödl, Günther: Zur Reichspolitik des Basler Konzils: Bischof Johannes Schele von Lübeck (1420–1439), Mitteilungen des Instituts f. Österr. Geschichtsforschung 75, 1967, S. 46–65

Hoffmann, Erich: Die Bedeutung der Schlacht von Bornhöved für die deutsche und skandinavische Geschichte, ZVLG 57, 1977 S. 9–37
- Schleswig und Holstein zur Zeit des Beginns der christlichen Mission, in: Schleswig-Holsteinische Kirchengeschichte Bd. 1, Neumünster 1977, S. 15–61
- Vicelin und die Neubegründung des Bistums Oldenburg/Lübeck, in: O. Ahlers u. a. (Hg.), Lübeck 1226. Reichsfreiheit und frühe Stadt, Lübeck 1976, S. 115–142

Hoffmann, Max: Geschichte der freien und Hansestadt Lübeck, 2 Bde, Lübeck 1889–92

Hofmeister, Hermann: Altlübeck, ZVLG 14, 1912, S. 41–89
- Vom Hansegeist zum Händlergeist, Leipzig 1925

Holl, Karl: Die Bedeutung der großen Kriege für das religiöse und kirchliche Leben innerhalb des Protestantismus, in: Ders., Ges. Aufs. z. Kirchengesch. Bd. 3, Tübingen 1928, S. 302–384

Holtz, Gottfried: Niederdeutsch als Kirchensprache, Wiss. Zeitschr. d. Univ. Rostock 4, 1954/55, Gesellschafts- und Sprachwiss. Reihe H. 2, S. 151–165 (Neudruck: Festgabe G. Holtz, Göttingen 1980)

Hootz, Reinhardt: Die Kirchenbaukunst des 13. Jahrhunderts als Ausdruck der Geistigkeit ihrer Zeit, St. Marien-Jahrbuch 2, 1955/56, S. 7–31

Horstmann, Siegfried: Der lübeckische Liberalismus in der 1. Hälfte des 19. Jahrhunderts, ZVLG 26, 1930–32, S. 1–49. 277–318

Hou, Peter: Das Bistum Lübeck und die Grafschaft Holstein im Mittelalter, Diss. phil. Kiel 1952 (masch.); Kurzfassung in: Stadt und Land in der Geschichte des Ostseeraumes, Festschrift f. Wilhelm Koppe, Lübeck 1973, S. 146–154

Hubatsch, Walther: Hermann von Salza und Lübeck, in: Lübeck 1226, Reichsfreiheit und frühe Stadt, hg. v. O. Ahlers u.a., Lübeck 1976, S. 49–56
– Lübecks Reichsfreiheit und Kaiser Friedrich II., ZVLG 56, 1976, S. 5–15

Hunnius, Nikolaus: Anweisung zum Rechten Christenthumb, Für junge und einfältige Leute, Wittenberg 1637 (Nachdr. 1664)
– Epitome credendorum, Oder Kurtzer Inhalt Christlicher Lehre, Wittenberg/Lübeck 1625 (Nachdr. 1664)

Illigens, Everhard: Geschichte der Lübeckischen Kirche von 1530 bis 1896, das ist Geschichte des ehemaligen katholischen Bistums und der nunmehrigen katholischen Gemeinde, Paderborn 1896
– Der Glaube der Väter dargestellt in den kirchlichen Altertümern Lübecks, Paderborn 1895

Ising, Gerhard (Hg.): Die Bedeutung der niederdeutschen Bibelfrühdrucke für Frömmigkeitsgeschichte und Sprachgeschichte, Nederlands archief voor kerkgeschiedenis 56, 1975/76, S. 35–50
– Die niederdeutschen Bibelfrühdrucke, 6 Bde., = Deutsche Texte des Mittelalters Bd. 54, 1–6, Berlin 1961–76

Jaacks, Günther H.: Die abgebrochenen Sakralbauten Lübecks, ZVLG 48, 1968, S. 17–38
– St. Katharinen zu Lübeck. Baugeschichte einer Franziskanerkirche, VGHL 21, Lübeck 1968

Jahresberichte des Kirchenrat(h)es 1895–1931

Jahresbericht des Rettungshauses auf dem dritten Fischerbuden bei Lübeck, Jg. 1, 1846–42, 1911

Jannasch, Wilhelm: Art. Lübeck, RGG 2. Aufl., Bd. 3, 1929, Sp. 1739–1743; RGG 3. Aufl., Bd. 4, 1960, Sp. 467–470
– Geschichte des lutherischen Gottesdienstes in Lübeck von 1522 bis 1633, Gotha 1928
– Der Kampf um das Wort, Lübeck 1931
– Reformationsgeschichte Lübecks vom Petersablaß bis zum Augsburger Reichstag 1515–1530, VGHL 16, Lübeck 1958

Jimmerthal, Hermann: Zur Geschichte der St. Marien Kirche in Lübeck und deren inneren und äußern Verhältnisse gesammelte Materialien aus den sämmtlichen Schriften des Kirchen Archivs, älteren Lübeckischen Chroniken etc. (sog. Jimmerthal-Chronik) Manuskript 1857 (im AKL; mit Forts.)

Jöcher, Christian Gottlieb (Hg.): Allgemeines Gelehrten-Lexicon, 4 Bde. u. 7 Erg.-Bde., Leipzig 1750/51 u. 1784–1897 (Nachdr. 1960/61)

Jordan, Karl: Die Anfänge des Bistums Oldenburg-Lübeck im Rahmen der nordalbingischen Missionspolitik des 12. Jahrhunderts, in: 800 Jahre Dom zu Lübeck, Lübeck 1973, S. 103–108
– Die Bistumsgründungen Heinrichs des Löwen, Monumenta Germaniae Historica Schriften Bd. 3, 1939; Nachdruck Stuttgart 1962
– Heinrich der Löwe, München 1979
– Lübeck unter Graf Adolf II. von Holstein und Heinrich dem Löwen, in: Lübeck 1226. Reichsfreiheit und frühe Stadt, hg. v. O. Ahlers u. a., Lübeck 1976, S. 143–159
– Nordelbingen und Lübeck in der Politik Heinrichs des Löwen, ZVLG 39, 1959, S. 29–48
– Die Städtepolitik Heinrichs des Löwen, HGbl 78, 1960, S. 1–36

Kämpfer, Winfried: Studien zu den gedruckten mittelniederdeutschen Plenarien, Niederdeutsche Studien 2, Münster-Köln 1954

Kahl, Hans-Dietrich: Der Ortsname Lübeck, ZVLG 42, 1962, S. 79–114

Kallmerten, Paul: Lübische Bündnispolitik von der Schlacht von Bornhöved bis zur dänischen Invasion unter Erich Menved (1227–1307), Diss. phil. Kiel 1932

Kamphausen, Alfred: Die Baudenkmäler der deutschen Kolonisation in Ostholstein und die Anfänge der nordeuropäischen Backsteinarchitektur, Neumünster 1938
– Die Marienkirche in Lübeck in der norddeutschen Backsteingotik, St. Marien-Jahrbuch 7, 1967, S. 16–49

Karstädt, Georg: Die „extraordinairen" Abendmusiken Dietrich Buxtehudes. Untersuchungen zur Aufführungspraxis in der Marienkirche zu Lübeck, Lübeck 1962
– Die Lübecker Marienorganisten, St. Marien-Jahrbuch 5, 1960/61, S. 21–32

Katara, Pekka (Hg.): Speygel der Leyen. Neuausgabe eines Lübecker Mohnkopfdruckes aus dem Jahre 1496, Helsinki 1952

Keibel, Rudolf: Wirtschaftliche Entwickelung Lübecks seit Beginn des 19. Jahrhunderts, in: Lübecker Heimatbuch, Lübeck 1926, S. 67–103

Kemper, Adolf: Geschichte der Loge zur Weltkugel in Lübeck 1779–1929, Lübeck 1929

Ketterer, Günter: Die Hanse und der Deutsche Orden unter den Hochmeistern Heinrich von Plauen und Michael Küchmeister (1410–1420), HGbl 90, 1972, S. 15–39

Keyser, Erich: Städtegründungen und Städtebau in Nordwestdeutschland im Mittelalter, Teil 1: Textband, Remagen 1958

Lübecker Kirchenblatt (hg. v. P.F.J. Kunhardt), No. 1–52, Lübeck 1857

Lübeckischer Kirchenkalender 1, 1932 – 9, 1941

Kirchring, Gottschalck – Müller, Gottschalck: Compendium Historiae Lubecensis oder Auszug und Historischer Kern Lübeckischer Chroniken, Hamburg 1677

Klöcking, Johannes: 800 Jahre Lübeck. Kurze Stadt- und Kulturgeschichte, Lübeck 1950
– St. Lorenz, die Holstentorvorstadt Lübecks und der westliche Landwehrbezirk, Lübeck 1953

Klügmann, Karl P.: Das Staatsrecht der freien und Hansestadt Lübeck, in: Handbuch des Oeffentlichen Rechts, hg. v. H. Marquardsen, Bd. III/2/3, Freiburg–Tübingen 1884, S. 39–63

Klug, Karl: Die Bekenner der evangelisch-reformirten Lehren in Lübeck. Eine kirchengeschichtliche Darstellung, NLBl 3, 1837, S. 377–380. 385–89. 401–04. 409–11. 417–19. 425–27; NLBl 4, 1838, S. 41–44. 65–69. 74–77.
– Der Conflict zwischen dem Lübeckischen Superintendenten M. Andreas Pouchenius und dem Rector der Catharinenschule M. Pancratius Crüger, Lübeck 1850 (auch in NLBl 6, 1850 S. 155ff)
– Geschichte Lübecks während der Vereinigung mit dem französischen Kaiserreiche 1811–1813, 2 Bde, Lübeck 1856–57
– Die Lübeckischen Landkirchen nach ihren äußeren Verhältnissen seit der Reformation, Lübeck 1843
Der kirchliche Streit, welcher im Jahre 1613 in Lübeck über ein mit den Niederländern geschlossenes Bündniß entstand, NLBl 15, 1849, S. 303–306. 311–315. 319–325. 327–330. 335–338. 343–346. 351–354; auch separat Lübeck 1849
– Die Unterdrückung der Herrnhuter in Lübeck. Ein Beitrag zur Lübeckischen Kirchengeschichte des 18. Jahrhunderts, Lübeck 1864

Kock, Reimar: s. bei F. Petersen

Köppen, Friedrich: Leben meines Vaters Joh. Gerh. Köppen, weiland Pastors an St. Petri, Lübeck 1814

Korell, Günter: Jürgen Wullenwever. Sein sozial-politisches Wirken in Lübeck und der Kampf mit den erstarkenden Mächten Nordeuropas, Weimar 1980

Korner: s. Chronica

Krabbenhöft, Günter: Verfassungsgeschichte der Hansestadt Lübeck. Eine Übersicht, Lübeck 1969

Kramer, Gustav: August Hermann Francke, 2 Bde, Halle 1882

Krause, Rudolf A. Th.: Die Totentänze in den Marienkirchen zu Lübeck und Berlin, ZVLG 9, 1908, S. 334–351

Kretzschmar, Johannes: Neue Beiträge zur Lübecker Reformationsgeschichte, MVLG 13, 1919, S. 180–199
– Geschichte Lübecks in der Neuzeit, in: Fritz Endres (Hg.), Geschichte der freien und Hansestadt Lübeck, Lübeck 1926, S. 57–112

Kunhardt, F. Julius: Leben und Wirken des M. Georg Stampel, Lübeck 1843

Kunhardt, Heinrich: Vorträge über Gegenstände der Moral und Religion, in der Loge zum Füllhorn gehalten, Lübeck 1807
- Vorlesungen über Religion und Moral, Hamburg 1815

Kupisch, Karl: Demokratie und Reformation. Zur Geschichte Jürgen Wullenwevers, in: Theologia viatorum 8, 1961/62, S. 139—156; Abdruck in: Ders., Durch den Zaun der Geschichte, Berlin 1964, S. 98—116
- Deutschland im 19. und 20. Jahrhundert, = Die Kirche in ihrer Geschichte, hg. v. K. D. Schmidt — E. Wolf Lfg. R/2, Göttingen 1966

Kurze, Dietrich: Pfarrerwahlen im Mittelalter, Forsch. z. kirchl. Rechtsgesch. 6, Köln—Graz 1966

Kuujo, E. O.: Das Zehntwesen in der Erzdiözese Hamburg—Bremen bis zu seiner Privatisierung, Annales Academiae Scientiarum Fennicae Ser. B. 62,1, Helsinki 1949

Lammers, Walter: Das Hochmittelalter bis zur Schlacht von Bornhöved, Geschichte Schleswig-Holsteins, hg. v. O. Klose, Bd. 4, Lfg. 1—3, Neumünster 1961—72

Lammert, Friedrich: Die älteste Geschichte des Landes Lauenburg, Ratzeburg 1933

Lange, Hartmut: Die Nordelbische Evangelisch-Lutherische Kirche. Vorgeschichte und rechtliche Gliederungsprobleme, Diss. iur. Kiel 1972

Lange, Ulrich: Die Grafen von Holstein und Lübeck um 1200, in: Lübeck 1226. Reichsfreiheit und frühe Stadt, hg. v. O. Ahlers u. a., Lübeck 1976, S. 161—172
- Lübecks Anfänge in neuer Sicht, ZVLG 56, 1976, S. 99—106

Leder, Hans-Günter: Zum Stand und zur Kritik der Bugenhagenforschung, in: Herbergen der Christenheit 11, 1977/78, S. 65—100

Leverkus, Wilhelm (Hg.): Statuta et consuetudines Vicariorum Majoris Ecclesiae Lubecensis, ex auctoritate Collegii anno 1565 in unum conscriptae, in: Nordalbingische Studien 1, 1844, S. 227—253

Lindenberg, Heinrich: Emanuel Geibel als religiöser Dichter, Lübeck 1888

Lindenberg, Johann Carl: Confirmations-Rede gehalten am Palmsonntage des Jahres 1858, Lübeck o.J.
- Ueber das Lübeckische Gesangbuch, Lübeck 1836
- Predigt über Evang. Matthäi Cap. 22 v. 15 bis 22, Lübeck 1864
- Noch ein Wort über den Lübeckischen Verein zur Beförderung der evangelischen Missionen unter den Heiden, Lübeck 1856

Lindtke Gustav: Lübecker Reformationskunst. Zu den Bildern von Hans Kemmer im St. Annen-Museum, Wa. 1961, S. 21—30
- Overbecks „Einzug Christi in Jerusalem". Zur Geschichte eines Bildes, St. Marien-Jahrbuch 5, 1961, S. 48—61
- Die Schiffergesellschaft zu Lübeck, Lübeck 1977
- Die Stadt der Buddenbrooks. Lübecker Bürgerkultur im 19. Jahrhundert, Lübeck 1965

Link, Hanna: Die geistlichen Brüderschaften des deutschen Mittelalters, insbesondere die Lübekker Antoniusbrüderschaft, Diss. phil. Marburg, Lübeck 1919 (zugleich in ZVLG 20, 1920, S. 181—270)

Lohse, Bernhard: Dogma und Bekenntnis in der Reformation: Von Luther bis zum Konkordienbuch, in: Geschichte der christlichen Lehre. Handbuch der Dogmen- und Theologiegeschichte, hg. v. C. Andresen, Bd. 2, Göttingen 1980, S. 1—164
- 1529—1579. 450 Jahre Reformation in Hamburg, in: W. Lohff (Hg.), 450 Jahre Reformation in Hamburg, Hamburg 1980, S. 41—62

Lorenzen-Schmidt, Klaus-Joachim: Die Geistlichen der schleswig-holsteinischen Städte vor der Reformation und ihre Stellung in den Stadtgemeinden, in: B. Moeller (Hg.), Stadt und Kirche im 16. Jahrhundert, SVRG 190, Gütersloh 1978, S. 125—127

Lotter, Friedrich: Bemerkungen zur Christianisierung der Abodriten, in: Festschrift f. W. Schlesinger (= Mitteldt. Forsch. 74), Köln—Wien 1974, Bd. 2, S. 395—442

Loy, Georg: Der kirchliche Zehnt im Bistum Lübeck von den ersten Anfängen bis zum Jahre 1340, Diss. phil. Kiel 1909, (= SVSHKG II, 5, 1910, S. 1—71)

Lübeck seit Mitte des 18. Jahrhunderts (1751). Ein Jubiläumsbeitrag zur 700 Jahrfeier der Reichsfreiheit Lübecks, Lübeck 1926

Lüdtke, Willy: Die „Materia corrasa" des Lübecker Dompredigers Johann Lüthken, ZVLG 9, 1907, S. 170—191

Lütgendorff, Willibald Leo Frhr. v.: Lübeck zur Zeit unserer Großeltern, 4 Bde., Lübeck 1931–1938
Luger, Friedrich: Christus unser Leben. Zwanzig Predigten, Göttingen 1855
— Aus der Zeit und für die Zeit. Zehn Predigten, gehalten in den Kriegsmonaten des Jahres 1870, Göttingen 1871

Mantels, Wilhelm: Niedersächsische geistliche Gedichte, ZVLG 3, 1876, S. 568–590
— Niedersächsische geistliche Lieder aus der vorreformatorischen Zeit, ZVLG 2, 1863–67, S. 528–541
— Die Reliquien der Rathskapelle zu St. Gertrud in Lübeck, in: Ders., Beiträge zur lübisch-hansischen Geschichte, Jena 1881, S. 325–340
— Hermann Bonnus, Lübecks erster Rector und Superintendent, als lübscher Chronist, ebd. S. 371–391
Mayer, Theodor: Die Anfänge von Lübeck. Entstehung und Auflösung eines Schlagworts (1956), abgedr. in: Ders., Mittelalterliche Studien, Konstanz 1959, S. 265–272
Mehnert, Gottfried: Evangelische Kirche und Politik 1917–1919, Düssldorf 1959
Meinhold, Peter: Bischof Gerold von Lübeck und seine Zeit, SVSHKG II, 19, 1963, S. 1–21 (auch als Sonderdruck Flensburg 1963); abgedr. in: Wa. 1972, S. 22–36
Melle, Jacob von: Gründliche Nachricht von der Kaiserl. freyen und des H. R. Reichs Stadt Lübeck, 3. Aufl., Lübeck 1787
— Von der Reformation und Annahme des Evangelii zu Lübeck, hg. v. W. Jannasch, Wa. 1930, S.11–18
— De itineribus Lubecensium sacris seu de Religiosis et votivis eorum peregrinationibus, vulgo Wallfahrten, Lübeck 1711
Melle, Johann Carl J.: Franz Wörger, von 1673 bis 1692 Pastor der Gemeinde zu St. Lorenz, NLBl 4, 1838, S. 121–124. 130–132.
Melle, Johann Hermann: Ausführliche Nachricht von dem Leben und Character des Doctor Samuel Pomarius, 3 Bde, Lübeck 1784–90
Messow, Hans-Christoph: Die Hansestädte und die Habsburgische Ostseepolitik im 30jährigen Kriege (1627/28), Berlin 1935
Meyer, Gerhard — Graßmann, Antjekathrin: Lübeck-Schrifttum 1900–1975, München 1976
— Kleiner Führer durch die Lübeck-Literatur, = Senat d. Hansestadt Lübeck. Amt f. Kultur, Veröff. X, Lübeck 1977
Meyer, Gerhard: Zur Erinnerung an den Beginn des Lübecker Buchdrucks vor fünfhundert Jahren, ZVLG 55, 1975, S. 155f
Meyer, Johannes: Kirchengeschichte Niedersachsens, Göttingen 1939
Michelsen, Alexander: Die innere Mission in Lübeck, = Die innere Mission in Deutschland Bd. 4, Hamburg 1880
Moller, Johannes: Cimbria literata sive scriptorum ducatus utriusque Slesvicensis et Holsatici... Historia, 3 Bde, Kopenhagen 1744
Mosche, Karl: Untersuchung über das Wort Kirche mit Rücksicht auf Sprache und Geschichte, Lübeck 1845
Moser, Hans Joachim: Dietrich Buxtehude. Der Mann und sein Werk, Berlin 1957

Nachrichten über die Lübeckische Bibelgesellschaft No. 1ff., Lübeck 1822ff.
Nachrichten des Lübeckischen Vereins zur Beförderung der evangelischen Missionen unter den Heiden 1, 1829; 2, 1835–74, 1907
Narrenschyp: s. bei H. Brandes
Nerling, Mark v.: Christian Hoburgs Streit mit den geistlichen Ministerien von Hamburg, Lübeck und Lüneburg. Ein Beitrag zur Auseinandersetzung zwischen Spiritualismus und Orthodoxie im 17. Jahrhundert, Diss. theol. Kiel 1950 (masch.)
Neugebauer, Manfred: 700 Jahre Heiligen-Geist-Hospital in Lübeck, Wa. 1980, S. 71–78
Neugebauer, Werner: Der Burgwall Alt-Lübeck. Geschichte, Stand und Aufgaben der Forschung. Offa 21/22, 1964/65 (Berichte u. Mitt. aus d. Schlesw.-Holst. Landesmuseum), S. 127–257
— Helmold, Das Leben des Wagrierapostels Vizelin, Wa. 1960, S. 6–24
— 100 Jahre Ausgrabungen in Alt-Lübeck, Wa. 1953, S. 27–52
— Das Suburbium von Alt-Lübeck, ZVLG 39, 1959, S.11–28
— Vicelins erster Missionsversuch in Alt-Lübeck, Wa. 1958 S. 5–12

Neumann, Gerhard: Hinrich Castorp. Ein Lübecker Bürgermeister aus der zweiten Hälfte des 15. Jahrhunderts, VGHL 11, Lübeck 1932
Neumann, Käthe: Das geistige und religiöse Leben Lübecks am Ausgang des Mittelalters, ZVLG 21, 1923, S. 113–183; 22, 1925, S. 65–119
- Von Lübecks Klöstern, Wa. 1927, S. 65–69
Nyberg, Tore: Kreuzzug und Handel in der Ostsee zur dänischen Zeit Lübecks, in: Lübeck 1226. Reichsfreiheit und frühe Stadt, hg. v. O. Ahlers u.a., Lübeck 1976, S. 173–206

Ohnesorge, Wilhelm: Einleitung in die lübische Geschichte. Teil I: Name, Lage und Alter von Altlübeck und Lübeck, ZVLG 10, 1908, S. 1–254
Opel, Julius Otto: Der niedersächsisch-dänische Krieg, 3 Bde, Halle 1872–94

Paatz, Walter: Bernt Notke und sein Kreis, 2 Bde, Berlin 1939
- Bernt Notke, Wien 1944
Pastorenverzeichnis: Die Pastoren der evangelisch-lutherischen Kirche in Lübeck seit der Reformation, Beilage zum KABl 1950, Nr. 1, Lübeck 1950 (bearb. v. Otto Grube)
Paul, Ottomar: Das karitative Handeln der Kirche in früheren Zeiten als Beispiel und Impuls sozialdiakonischer Tätigkeit der Gegenwart, in: Das karitative Handeln der Kirche. Festschrift zur Einweihung des Hauses „Seefahrt", Lübeck o.J. (1977), S. 7–34
Pauli, Carl Wilhelm: Geschichte der Lübeckischen Gesangbücher und Beurtheilung des gegenwärtigen, Lübeck 1875
- Peter Heyling, der erste evangelische deutsche Missionar, Allg. Missions-Zeitschr. 3, 1876, S. 206–223
- Aus dem Tagebuch des Lübeckischen Bürgermeisters Henrich Brokes, ZVLG 2, 1863–67, S. 1–37. 254–296. 367–465.
- Lübeckische Zustände im Mittelalter, 3 Bde, Lübeck 1847–78
Peters, Elisabeth: Das große Sterben des Jahres 1350 in Lübeck und seine Auswirkungen auf die wirtschaftliche und soziale Struktur der Stadt, ZVLG 30, 1939, S.15–148
Peters, Gustav: Geschichte von Eutin, 2. Aufl. Neumünster 1971
Petersen Annie (Hg.): Das Besondere Buch. Formula consensus. Ein handschriftliches Text- und Unterschriftenwerk der evang.-luth. Kirche in Lübeck, SVSHKG II, 28, 1972, S. 116–153. 169–170.
- Das Lübecker „Concordienbuch". Interessante Funde bei der Entzifferung seines handschriftlichen Teils, Heimat 77, 1970, S. 266–272
- Das Konkordienbuch der evang.-luth. Kirche in Lübeck, SVSHKG II, 26/27, 1970/71, S.26–69. 165–168.
- Das Konkordienbuch der evang.-luth. Kirche in Lübeck. Das Besondere Buch, Flensburg o.J. (= Sonderdruck der o. g. Aufsätze)
Petersen, (Johann) Friedrich (Hg.): Ausführliche Geschichte der Lübeckischen Kirchen-Reformation in den Jahren 1529 bis 1531 aus dem Tagebuche eines Augenzeugen, Lübeck 1830 (= Reimar Kock)
- Geschichte der Einführung des Lutherthumes in Lübeck, LBl 1827, S. 253–256. 261–271. 277f. 281f. 284–288. 293–295.
- Wünsche für eine künftige Kirchenverfassung, Lübeck 1830
Petersohn, Jürgen: Der südliche Ostseeraum im kirchlich-politischen Kräftespiel des Reichs, Polens und Dänemarks vom 10. bis 13. Jahrhundert, Köln–Wien 1979
Pfeiffer, August: Einweihung der ersten und ältesten Cantzel, wie dieselbe von Gott selbst im Paradies verrichtet ist, Lübeck 1691
- Gideons Friedens-Altar, Lübeck 1698
- Klugheit der Gerechten. Acht Catechismus-Predigten, Lübeck–Leipzig 1693
Pieth, Willy: Mitteilungen über die Lübeckische Stadtbibliothek 1616(1622)–1922, Veröff. d. Stadtbibl. 1, Lübeck 1922
- Lübeck als Pionier der Buchdruckerkunst, in: F. Endres (Hg.), Geschichte der freien und Hansestadt Lübeck, Lübeck 1926, S. 210–244
- Von Lübecker Wiegendrucken und ihren Meistern, Nordelbingen 7, 1928, S. 95–112

Planck, Gottlieb Jakob: Geschichte der Entstehung, der Veränderungen und der Bildung unseres protestantischen Lehrbegriffs vom Anfang der Reformation bis zur Einführung der Konkordienformel, Bd. 6, Leipzig 1800
Plessing, Wilhelm: Das Heilige Geist Hospital in Lübeck im 17. und 18. Jahrhundert, Lübeck 1914
Plessing, Wilhelm: Carl Georg Curtius, Doctor der Rechte, Syndicus der freien und Hansestadt Lübeck. Darstellung seines Lebens und Wirkens, Lübeck 1860
Pomarius, Samuel: Hundert-Jähriges Ehren-Gedächtniß des Christlichen Concordien-Buches, Lübeck 1680
Postel, Rainer: Zur Bedeutung der Reformation für das religiöse und soziale Verhalten des Bürgertums in Hamburg, in: B. Moeller (Hg.), Stadt und Kirche im 16. Jahrhundert, SVRG 190, Gütersloh 1978, S. 168–176.
Prange, Wolfgang: Das Lübecker Domkapitel, in: 800 Jahre Dom zu Lübeck, Lübeck 1973, S. 109–129
– Die 300 Hufen des Bischofs von Lübeck. Beobachtungen über die Kolonisation Ostholsteins, in: Aus Reichsgeschichte und Nordischer Geschichte. Festschrift Karl Jordan, Stuttgart 1972, S. 244–259
– Johannes Tiedemann, der letzte katholische Bischof von Lübeck, ZVGLG 54, 1974, S. 7–41
Preger, Wilhelm: Matthias Flacius Illyricus und seine Zeit, 2 Bde, Erlangen 1859–61 (Neudruck 1964)

Radbruch, Gustav: Peter Günther der Gotteslästerer. Ein Lübecker Kulturbild aus dem Jahrhundert der Orthodoxie, Lübeck 1911
Radtke, Wolfgang: Die Herrschaft des Bischofs von Lübeck. Ein Beitrag zur Verfassungs- und Sozialgeschichte, Diss. phil. Hamburg 1968
Ranke, Leopold Friedrich: Zur Lübecker Katechismusgeschichte, MVLG 13, 1919, S. 201–236
– Art. Lübeck. Kirchliche Verfassung und Statistik, RE 3. Aufl., Bd. 11, 1902, S. 671–674
Rautenberg, Werner (Hg.): Johann Bugenhagen. Beiträge zu seinem 400. Todestag, Berlin 1958
Reetz, Jürgen: Bistum und Stadt Lübeck um 1300. Die Streitigkeiten und Prozesse unter Burkhard von Serkem, Bischof 1276–1317, Lübeck 1955 (= Diss. phil. Hamburg 1951; Zusammenfassung in: Wa. 1952/53, S. 19–25)
– Ecclesia forensis, ZVLG 44, 1964, S. 117–119
– Die Prozesse um den Priester Johann van der Helle (1362–1367), ZVLG 36, 1956, S. 7–30
Die vierhundertjährige Reformations-Jubelfeier in Lübeck, Lübeck o.J., (1917)
Regkmann, Hans: Lübeckische Chronick, Speyer 1619
Rehtmeyer, Philipp Julius: Antiquitates Historiae Ecclesisticae Inclytae Urbis Brunswigae oder der berühmten Stadt Braunschweig Kirchen-Historie, Teil III, Braunschweig 1710
Reimers, Karl Friedrich: Lübeck im Kirchenkampf des Dritten Reiches, Göttingen 1965
Reincke, Heinrich: Hamburg am Vorabend der Reformation, hg. v. E. v. Lehe, AKGH 8, Hamburg 1966
– Über Städtegründungen. Betrachtungen und Phantasien, HGbl 75, 1957, S. 4–28; abgedr. in: C. Haase (Hg.), Die Stadt des Mittelalters Bd. 1, Darmstadt 1969, S. 331–363
Reinke de Vos, hg. von Albert Leitzmann nach der Ausgabe von Friedrich Prien, Altdt. Textbibl. 8, Halle 1925, 3. Aufl. 1960
Reisner, Wilhelm: Die Einwohnerzahl deutscher Städte in früheren Jahrhunderten mit besonderer Berücksichtigung Lübecks, Jena 1903
Römer, Christof: Commercia und Religion 1585. Der hansisch-protestantische Konflikt um Ostfriesland im Niedersächsischen Reichskreis, HGbl 90, 1972, S. 40–62
Röpcke, Andreas: Das Eutiner Kollegialstift im Mittelalter 1309–1535, Neumünster 1977
Rörig, Fritz: Geschichte Lübecks im Mittelalter, in: Geschichte der freien und Hansestadt Lübeck, hg. v. F. Endres, Lübeck 1926, S. 28–56
– Lübeck und der Ursprung der Ratsverfassung, ZVLG 17, 1915, S. 27–62; abgedr. in: Ders., Wirtschaftskräfte im Mittelalter. Abhandlungen zur Stadt- und Hansegeschichte, Weimar 1959 (2. Aufl. Wien–Köln 1970), S. 1–35
– Großhandel und Großhändler im Lübeck des 14. Jahrhunderts, ebd. S. 216–246
– Die Stadt in der deutschen Geschichte, ZVLG 33, 1952, S. 13–32; abgedr. in: Wirtschaftskräfte S. 658–680

- Mittelalterliche Weltwirtschaft. Blüte und Ende einer Weltwirtschaftsperiode, Jena 1933, abgedr. in: Wirtschaftskräfte S. 351–391
Rosenfeld, Hellmut: Das Redentiner Osterspiel – ein Lübecker Osterspiel, Beitr. z. Gesch. d. dt. Sprache 74, 1952, S. 485–491
- Der mittelalterliche Totentanz. Entstehung – Entwicklung – Bedeutung, 2. A. Köln–Graz 1968
Rudloff, Diether: Die Beziehungen des Klosters Preetz zur Hansestadt Lübeck, Wa. 1955, S. 60–67
Rudolph, Herbert: Vom geistesgeschichtlichen Gehalt des Epitaphs in Lübeck, Wa. 1936, S. 71–81
Ruge, Willy: Die Blüthezeit der deutschen Schulen Lübecks in der zweiten Hälfte des 16. Jahrhunderts, ZVLG 8, 1900, S. 410–546

Saatkorn [Zeitschrift der Gemeinschaftsbewegung, Gemeindeblatt St. Matthäi Lübeck] 20 (= Jg. 1 der Lübecker Ausgabe), 1913 – 29, 1922
Salig, Christian August: Vollständige Historie der Augspurgischen Confeßion, Bd. 3, Halle 1735
Sartori, G.A. – Plitt, C. G. u. a.: Ordnung des Gottesdienstes in den Kirchen zu Schlutup, Nusse, Behlendorf, Genin, Lübeck 1843
Schäfer, Walter: Eberhard von Holle. Bischof und Reformator, Beih. z. JGNKG 65, 1967, Verden 1967
Scheib, Otto: Die Reformationsdiskussionen in der Hansestadt Hamburg 1522–1528, RGST 112, Münster 1976
- Die Religionsgespräche in Norddeutschland in der Neuzeit und ihre Entwicklung, JGNKG 75, 1977, S. 39–88
Scheper, Burchard: Frühe bürgerliche Institutionen norddeutscher Hansestädte. Beiträge zu einer vergleichenden Verfassungsgeschichte Lübecks, Bremens, Lüneburgs und Hamburgs im Mittelalter, Quellen und Darstellungen zur Hans. Gesch. N.F. 20, Köln–Wien 1975
Schildhauer, Johannes: Soziale, politische und religiöse Auseinandersetzungen in den Hansestädten Stralsund, Rostock und Wismar im ersten Drittel des 16. Jahrhunderts, Weimar 1959
Schinmeier, Johann Adolph: Predigten über den Catechismus Luthers, Lübeck 1780
- Predigten über das Göttlich-Beruhigende des Christenthums, Flensburg–Leipzig 1773
- Predigt, bey feyerlicher Uebernehmung seines wichtigen Amtes gehalten, Lübeck 1779
- Rede bey der feierlichen Einweihung des Herrn Candidaten Johann Daniel Denso zum Prediger der Landgemeinde zu Behlendorf, Lübeck 1784
Schlichting, Mary Elisabeth: Religiöse und gesellschaftliche Anschauungen in den Hansestädten des späten Mittelalters, Diss. Berlin, Saalfeld 1935
Schlippe, Bernhard: Das Heiligen-Geist-Hospital zu Lübeck, Wa. 1963, S. 23–30
Schlüsselburg, Conrad: Catalogus haereticorum. Liber VII, Frankfurt 1599
Schmaltz, Karl: Kirchengeschichte Mecklenburgs, 3 Bde, Schwerin–Berlin 1935–52
Schmidt, Gerhard K.: Zur Geschichte der Juden in Lübeck, Lüb. Kirchenkalender 1940, S. 83–104
Schmidt, Martin: Der Pietismus in Nordwestdeutschland, JGNKG 70, 1972, S. 147–178
Schmidt von Nedden, Hermann: Kirche und Staat in Lübeck von der Reformation bis zur Kirchenverfassung von 1921, Wa. 1964, S. 5–11
Schneider, Heinrich: Die Lübecker Bibel von 1494 und die „Narrenbibel", in: W. Pieth (Hg.), Bücherei und Gemeinsinn, Lübeck 1926, S. 114–125
- Joachim Morsius und sein Kreis. Zur Geistesgeschichte des 17. Jahrhunderts, Lübeck 1929
Schöffel, Johann Simon: Kirchengeschichte Hamburgs, 1. Band: Die Hamburgische Kirche im Zeichen der Mission und im Glanze der erzbischöflichen Würde, Hamburg 1929
Schöne, Jobst: Um Christi sakramentale Gegenwart. Der Saligersche Abendmahlsstreit 1568/1569, Berlin 1966
Schorer, Otto: Überblick über die Lübecker Kirchenverfassung seit Bugenhagen und die Bedeutung des Kirchenrechts, Beilage z. KABl. Nr. 3, 1946, S. 1–2
Schreiber, Heinrich: Die Reformation Lübecks, SVRG 74, Halle 1902
Schröder, Johannes v. – Biernatzki, Hermann: Topographie der Herzogthümer Holstein und Lauenburg, des Fürstenthums Lübeck und des Gebiets der freien und Hanse-Städte Hamburg und Lübeck, 2 Bde, 2. Aufl. Oldenburg/Holst. 1855–56
Schubert, Hans v.: Kirchengeschichte Schleswig-Holsteins, Bd. 1, SVSHKG I, 3, Kiel 1907
Schulze, Theodor: Die Anfänge des Pietismus in Lübeck, MVLG 10, 1901–02, S. 68–96. 99–113.

- Bugenhagen in Lübeck, Wartburghefte für den Evangelischen Bund 30, Leipzig 1904
- Das Ministerium Tripolitanum (1535–1712). Ein Stück Lübecker Kirchengeschichte, LBl 38, 1896, S. 369–71. 377f. 387–89. 393–96. 399–402

Schwencke, Olaf: Die Glossierung alttestamentlicher Bücher in der Lübecker Bibel von 1494, Berlin 1967
- Ein Kreis spätmittelalterlicher Erbauungsschriftsteller in Lübeck, Jahrbuch d. Vereins f. niederdt. Sprachforschung 88, 1965, S. 20–58

Sedlmaier, Richard: St. Marien zu Lübeck in der Baugeschichte der Gotik, in: Paul Brockhaus (Hg.), Das Buch von St. Marien zu Lübeck, Stuttgart 1951, S. 20–27

Seelen, Johann Heinrich v.: Athenae Lubecenses sive ... in Rempublicam sacram, ciuilem et litterariam Commentarius, 4 Bde, Lübeck 1719–22

Sehling, Emil (Hg.): Die evangelischen Kirchenordnungen des XVI. Jahrhunderts Bd. 5, Leipzig 1913

Sellschopp, Adolf: August Hermann Francke und das Schabbelsche Stipendium, NKZ 24, 1913, S. 241–277
- Neue Quellen zur Geschichte August Hermann Franckes, Halle 1913

Söhngen, Oskar: Die Lübecker Abendmusiken als kirchengeschichtliches und theologisches Problem, St. Marien-Jahrbuch 3, 1957/58, S. 9–20

Soll, Karl: Die Geschichte des Stiftsdorfes Westerau, VGHL 4, 2, Lübeck 1914

Spethmann, Hans: Der Stadthügel zur Zeit von Lübecks Gründung, Lübeck 1956 = Sonderdruck aus: Mitt. d. Geograph. Ges. 46, 1956

Speygel der Leyen: s. bei P. Katara

Spiegel, Bernhard: Hermann Bonnus. Erster Superintendent von Lübeck und Reformator von Osnabrück, 2. Aufl., Göttingen 1892 (Vgl. dazu die Rezension zur 1. Aufl. von Ludwig Gratz in Zs. f. hist. Theol. 36, 1866, S. 435–450)

Stahl, Wilhelm: Die Lübecker Abendmusiken im 17. und 18. Jahrhundert ZVLG 29, 1937/38, S. 1–64
- Die Anfänge evangelischer Kirchenmusik in Lübeck, LBl 59, 1917, S. 460–463
- Franz Tunder und Dietrich Buxtehude, ZVLG 20, 1919/20, S. 1–84 (Verbess. Neuaufl. separat Leipzig 1926)
- Das älteste lübeckische Gesangbuch, LBl 57, 1915, S. 260–263. 276–278.
- Unsere Liturgie, LBl 58, 1916, S. 26–29. 54–57
- Musikgeschichte Lübecks, Bd. 2: Geistliche Musik, Kassel 1952

Stammler, Wolfgang: Geschichte der niederdeutschen Literatur, Aus Natur und Geisteswelt 815, Leipzig–Berlin 1920

Staphorst, Nicolaus: Die Bekenntnüß der Kirchen zu Hamburg, Hamburg 1728

Starck, Caspar Heinrich: Kurtz-gefaßte Lebens-Beschreibung Derer Lübeckischen Herren Superintendenten (I. Theil: H. Bonnus), Lübeck–Leipzig 1710
- Lubeca Lutherano-Evangelica, das ist ... Lübeckische Kirchen-Historie, Hamburg 1724

Steynitz, Jesko von: Mittelalterliche Hospitäler der Orden und Städte als Einrichtungen der sozialen Sicherung, Sozialpolit. Schriften 26, Berlin 1970

Stoob, Heinz: Kaiser Karl IV. und der Ostseeraum, HGbl 88, I, 1970, S. 163–214
- Schleswig-Lübeck-Wisby, ZVLG 59, 1979, S. 7–27

Stoltenberg, Gustav: Johann Andreas Cramer, seine Persönlichkeit und seine Theologie, SVSHKG II, Bd. 9 H. 4, Kiel 1935

Storck, G. Fr.: Von der Armenpflege zur Wohlfahrtspflege. Ein Beitrag zur Frage: Lübeck und das Reich, Wa. 1930, S. 85–88

Strasser, Ernst: Lübeckische Kirchenkunst im Zeitalter der Reformation und Nachreformation nach den noch vorhandenen oder feststellbaren Denkmälern in den fünf alten Stadtkirchen, NKZ 37, 1926, S. 393–415

Suhr, Wilhelm: Ein neues Bild von Lübeck am Ende des 13. Jahrhunderts, ZVLG 38, 1958, S. 109–134
- Die Lübecker Kirche im Mittelalter. Ihre Verfassung und ihr Verhältnis zur Stadt, VGHL 13, Lübeck 1938

Teuchert, Wolfgang: Die Baugeschichte der Petrikirche zu Lübeck, VGHL 15, Lübeck 1956 (Zusammenfassung unter demselben Titel in: Wa. 1954, S. 24–29)

Thieme, Hans: Der Prozeß Jürgen Wullenwevers, in: Städtewesen und Bürgertum. Gedächtnisschrift f. Fritz Rörig, Lübeck 1953, S. 349–375
Tiesmeyer, L.: Die Erweckungsbewegung in Deutschland während des XIX. Jahrhunderts. Heft 10: Die drei Hansestädte Bremen, Hamburg und Lübeck, Kassel 1908
Tschackert, Paul: Die Entstehung der lutherischen und der reformierten Kirchenlehre samt ihren innerprotestantischen Gegensätzen, Göttingen 1910 (Neudruck 1979)

Uhlhorn, Gerhard: Die christliche Liebesthätigkeit. Bd. 2: Das Mittelalter, Stuttgart 1884
Urkundenbuch: s. Codex Diplomaticus

Veeck, Otto: Art. Lübeck, RGG 1. A., Bd. 3, 1912, Sp. 2400–2403
Venzmer, Wolfgang: Der Lübecker Dom als Zeugnis bürgerlicher Kolonisationskunst, ZVLG 39, 1959, S. 49–68
— Der gotische Erweiterungsbau des Doms, Wa. 1959, S. 89–94
Vetter, Ewald M.: Programm und Deutung des Kreuzes im Dom zu Lübeck, Zs. f. Kunstgesch. 40, 1977, S. 115–134
— Programm und Deutung des Triumphkreuzes im Dom zu Lübeck, in: Triumphkreuz im Dom zu Lübeck, Wiesbaden 1979, S. 17–54
Virck, Hans: Lübeck im Jahre 1536. Nebst einem Brief Bugenhagens, ZKG 12, 1891, S. 566–575
— Lübeck und der Schmalkaldische Bund im Jahre 1536, ZVLG 7, 1898, S. 23–51

Waitz, Georg: Einzelne Nachrichten über das Bisthum Lübeck in der Zeit der Reformation, in: Ders.: Urkunden und andere Actenstücke zur Geschichte der Herzogthümer Schleswig und Holstein H. 1, Kiel 1863, S. 112–120
— Lübeck unter Jürgen Wullenwever und die europäische Politik, 3 Bde., Berlin 1855–56
Warncke, Johannes: Mittelalterliche Pilgerzeichen aus Lübeck und Lauenburg, Nordelbingen 8, 1930/31, S. 158/183
Weber, Franz: Die Inkunabelsammlung, in: W. Pieth (Hg.), Bücherei und Gemeinsinn, Lübeck 1926, S. 74–113
Wegener, Herbert: Hinrich Scharbau und die Scharbau-Stiftung, Wa. 1951, S. 125–128
Wehrmann, Carl: Geschichte der Sklaven-Kasse, ZVLG 4, 1884, S. 158–193
— Das Haus des Deutschen Ordens in Lübeck, ZVLG 5, 1886 S. 461–464
— Der Memorienkalender (Necrologium) der Marienkirche in Lübeck, ZVLG 6, 1889/92, S. 49–160; Separatdruck Lübeck 1889
— Mittheilungen über das ehemalige Lübeckische Domkapitel, ZVLG 3, 1876, S. 1–119
— Die ehemalige Sänger-Kapelle in der Marien-Kirche, ZVLG 1,1855–60, S. 362–385
— Überblick über die Geschichte der freien und Hansestadt Lübeck, Lübeck 1921
— Verzeichniß der Gegenstände, die 1530 aus den Kirchen weggenommen und an die Trese gebracht sind, ZVLG 2, 1863, S. 133–145
— Die älteren Lübeckischen Zunftrollen, Lübeck 1864
Weimann, Horst: Alexander Michelsen und Johann Hinrich Wichern, ZVLG 45, 1965, S.41–83
— Die Armenkasse des Geistlichen Ministeriums zu Lübeck, St. Marien-Jahrbuch 5, 1961, S. 62–73
— Briefe von Henriette Nölting an Johann Hinrich Wichern, LBl 123, 1963, S. 173–175. 187–188.
— Der hansische Bürger als Bauherr des 13. und 14. Jahrhunderts, Lübeck 1955
— Carl Wilhelm Pauli: Briefe an Johann Hinrich Wichern 1842–1860, Wa. 1965, S. 106–112
— Lübecker Examensbestimmungen, SVSHKG II, 19, 1963 S. 106–122
— Frauenholz – St. Mariens Landgut, St. Marien-Jahrbuch 3, 1957/58, S. 36–49
— Lübecker Geistliche im 16. bis 18. Jahrhundert. Ihre Ärgernisse mit Rat und Bürgern, St. Marien-Jahrbuch 8, 1974/75, S. 102–109
— Das Gemeindeleben vor 100 Jahren. Nach Notizen der Senioren Lindenberg und Ranke. Ein kirchenkundlicher Beitrag (1860–1894), Gem. 15, 1963, H. 11, S. 16–20
— Das Lübecker Seniorat, Gem. 22, 1970, Nr. 10–12
— Der Kirchentag in Lübeck 1856, LBl 125, 1965, S. 130–132
— Literatur, Urkunden und Quellen zur Kirchengeschichte Lübecks, Lübeck 1958 (masch., mit Nachtrag 1961)

- Das „Opferbuch" von St. Marien, LBl 115, 1955, S. 174–176
- Die kirchliche Presse in Lübeck und Eutin, in: W. Baader (Hg.), Evangelische Publizistik in Nordelbien, Nordelb. Konvent Beiheft 13, Kiel 1972, S. 52–64
- Superintendent Hannekens' Wirken für Rat und Zünfte im Herbst 1664, LBl 115, S. 25–27
- Zwei Superintendenten. Lübecker Volks- und Sittenspiegel, St. Marien-Jahrbuch 2, 1955/56, S. 32–49
- Der Lübecker Verein zur Beförderung der Verbreitung des Christentums unter den Heiden, Wa. 1966, S. 63–70
- J. H. Wichern und seine Lübecker Hausväter, Die Innere Mission 56, 1966, S. 516–519
- Wakenitzhof 1845–1965, Türme, Maste, Schloten H. 16, Lübeck 1965

Weimar, Wolfgang: Der Aufbau der Pfarrorganisation im Bistum Lübeck während des Mittelalters (Diss. phil. Kiel 1948), ZGSHG 74/75, 1951, S. 95–243

Wiggers, Julius: Der Saliger'sche Abendmahlsstreit, in: Zeitschr. f. d. hist. Theol. 18 (= N.F. 12), 1848, S. 613–666

Wilde, Lutz: Zur Baugeschichte der Kirche des Johannisklosters in Lübeck, Wa. 1965, S. 46–54
- Die Epitaphien der St. Marien-Kirche, St. Marien-Jahrbuch 8, 1974/75, S. 111–128

Wilken, Johannes: Die niederdeutschen evangelischen Kirchenordnungen des sechzehnten Jahrhunderts als Quelle zur deutschen Kulturgeschichte, Niederdt. Zeitschr. f. Volkskunde 4, 1926, S. 85–114. 140–178.

Wilmanns, Ernst: Der Lübecker Friede 1629, Bonn 1905

Wilmanns, Ernst – Schneider, Benno (Hg.): Aus Lübecks großer Zeit. Ein Quellenbuch, 2 Bde, Lübeck 1911–13

Winter, David Alexander: Geschichte der Jüdischen Gemeinde in Moisling/Lübeck, VGHL 20, Lübeck 1968

Winterfeld, Luise von: Versuch über die Entstehung des Marktes und den Ursprung der Ratsverfassung in Lübeck, ZVLG 25, 1929, S. 365–488

Wotschke, Theodor: August Hermann Franckes Briefwechsel mit Lübeck, MVLG 15, 1931, S. 99–118
- August Hermann Franckes Debora, NKZ 40, 1929, S. 265–283. 293–303.
- Briefe des Lübecker Superintendenten Johann Gottlieb Carpzov, ZGSHG 55, 1926, S. 414–449
- Fünf Briefe von Seelens an Löscher, MVLG 15, 1929, S.1–18

Wriedt, Klaus: Die Annales Lubicenses und ihre Stellung in der Lübecker Geschichtsschreibung des 14. Jahrhunderts, Dt. Archiv f. Erforschung des Mittelalters 22, 1966, S. 556–586

Zender, Matthias: Heiligenverehrung im Hanseraum, HGbl 92, 1974, S. 1–15

Zeller, Winfried: Der Protestantismus des 17. Jahrhunderts, Klassiker des Protestantismus Bd. 5, Bremen 1962

Ziesenitz, Kurt (Hg.): Der Herr hat Großes an uns getan. Kriegspredigten Lübeckischer Geistlicher, Lübeck 1917

Zimmermann, Helmut: Die Herkunft Johann Scheles, Bischof von Lübeck, Hannoversche Geschichtsblätter N.F. 23, 1969 S. 77–84

Zmyslony, Monika: Die Bruderschaften in Lübeck bis zur Reformation, Beitr. z. Sozial- und Wirtschaftsgesch. 6, Kiel 1977

Register

1. Namensregister (Personen, Orte)

Aachen 142f
Aarhus 22
Abodriten (Obotriten) 21-33, 35f
Achelen, J. 184, 186, 205, 223
Adalbero II. 27f
Adalbert 24f
Adam von Bremen 21, 23, 25
Aderkas 384
Adler, A. 417f
Adolf, König 84
Adolf I. von Schauenburg 26, 29
Adolf II. von Schauenburg 29-32, 34-42, 44
Adolf III. von Schauenburg 55-57, 62
Adolf IV. von Schauenburg 58f, 62, 69f, 75
Adventisten 480f
St. Ägidien (Ägidienkirche, Ägidiengemeinde) 83, 86f, 99 (Abb.), 107, 109f, 126-130, 133, 140, 142, 148, 170, 173, 177, 181f, 188, 198f, 207, 234 (Abb.), 350, 448, 487, 501f
Ägidienkonvent (Beginen) 115, 406f
Ägidius, Heiliger (St. Gilles) 51, 140
Ägypten 63, 300
Äpinus, J. 210, 219, 229, 245, 247, 249f
Aereboe. C. 491
Äthiopien 300
Ahrens 426
Ahrensbök 142
Akkon 63
Alba, Herzog 288
Alber, E. 247, 250
Albert, Bischof, s. Krummediek
Albert, Erzbischof, s. Suerbeer
Albert v. Riga 60-62
Albrecht, König 86
Albrecht d. Bär 29
Albrecht v. Mansfeld 228
Albrecht v. Mecklenburg 190
Albrecht v. Orlamünde 57f, 70
Albrecht v. Preußen 179, 249f
Albrecht v. Sachsen 58
Alexander III., Papst 61
Alexander IV., Papst 75, 81
Alfons v. Kastilien 75
Altdorfer, E. 205, 208

Altenkrempe 36, 47
Althusius, J. 314
Alt-Lübeck (Oldenlubeke) 21, 25, 30-32, 36, 44f, 58, 66, 84, 90 (Abb.)
Altona 317f, 329
Amelung, Franziska 384, 400, 403
Amsdorff, N. 169, 230, 245, 248
Amsterdam 299, 301
Andreä, J. 265-268, 271f
Anhalt-Zerbst 179
Anna, Heilige 134, 137, 141, 159 (Abb.)
St. Annen-Armenhaus 316, 383, 400, 406
St. Annenkirche 201, 316
St. Annenkloster 133f, 192f, 285, 406
St. Annen-Werkhaus 285, 303, 383, 404, 406, 486
Ansbach-Bayreuth 179
Ansgar 22, 203
Ansverus 25
Anthes, O. 500
Antoni, W. 198
Antwerpen 256, 350
Arnd, J. 299, 318, 324
Arndes (Bischof) s. Dietrich
Arndes, Hans 168, 174, 209
Arndes, Stephan 150f, 209
Arndt, E. M. 396
Arnim, Major v. 382
Arnold v. Lübeck, Abt 42, 55, 70f
Arnold, Bischof s. Westphal
Artlenburg 35, 42
Asseburg, Rosamunde J. v. 320
Athelo s. Ethelo
Attendorn, V. v. 115
Auctor, Heiliger 51
Augsburg 182-184, 192, 228, 231, 303, 371
August Friedrich, Fürstbischof 320
August v. Sachsen 271
Augustiner 68, 133f, 192
Aurifaber, J. 244, 247
Avignon 105

Bach, J. S. 312
Backmeister, L. 258, 268, 270

577

Baden 390
Balduin, Legat 73
Baldwin, Erzbischof 48
Balhorn, J. 174, 194, 209, 240
Baltikum 60-64, 72f
Baltzer, E. 418f
Baltzer, J. 509
Bannier, J. 299
Baptisten 420
Barbara, Heilige 142
Barby, Andreas v., Bischof 226
Bardowik 30
Barmen 384f, 431
Barnabas, Heiliger 142
Barth, G. 250, 254, 268
Bayern 48, 390, 453, 467, 478, 495
Bayreuth 478
Becker, G. A. 367, 383, 391
Becker, J. 500, 506
Behlendorf 209f, 294, 467, 474
Behn, H. F. 364, 387, 391, 394, 413, 443 (Abb.)
Behn, H. Theodor 408f, 416, 420, 422, 432, 444 (Abb.), 451, 453, 455, 464-467, 469
Behncke, H. L. 408, 421
Benedicti (Sengestake), J. 168f, 182, 188
Benediktiner 68, 70f
Bentze, J. 170
Bergedorf 210f, 223, 268f
Bergen 129, 178
Bergen (Kloster) 272
Bergenfahrer 119f, 129, 141, 246
Berlin 321, 328f, 360, 377, 384, 401f, 423, 429, 446, 456
Bernhard v. Anhalt 54f
Bernhard v. Clairvaux 32
Berno 48
Bertano 230
Bertold, Bischof 58, 64-68
Bertram Cremon, Bischof 129
Bertramshof 78
Beurmann, E. 378
Birgitta, Heilige 149
Bismarck, O. v. 454, 499
Blaue Jungfern 115
Bliestorf 118
Blöker, J. 227

Blücher, G. L. v. 373
Blumenhagen, A. 300
Bockholt, Bischöfe s. Heinrich
Bodin, J. 314
Bodivoj (Buthue) 25, 28
Böhme, J. 299
Böhmen 151, 292
Boelke, K. 484
Boldemann, C. 419f
Bomhower, J. 168, 171, 174
Bonifatius VIII., Papst 87, 145
Bonn 423
Bonne, Chr. 210
Bonnus, H. 188, 198f, 203-206, 217-219, 226, 237 (Abb.), 244, 346
Bornhöved 33, 59, 63, 69, 203
Borneo 385
Bosau 33-35, 44f
Bousset, J. H. 482f
Bousset, W. 482f
Brand, J. 169f, 173, 177
Brandanus, Heiliger 141
Brandenburg 74f, 84, 106, 213, 260, 271, 296, 326-328
Brandes, J. F. 362, 364
Brandis, L. 149
Brandis, M. 149f
Brant, S. 150
Braunschweig 35, 48, 51-53, 74, 179, 184, 187f, 201f, 228, 246, 253f, 258, 263-267, 270f, 281 457
Braunschweig-Lüneburg 179, 189, 224, 264, 272, 292
Braunschweig-Wolfenbüttel 185, 213, 266f
Breckling, F. 318
Brehmer, W. 471
Bremen (Erzbistum) 22, 41, 58, 60f, 67, 73, 85, 169, 172, 174, 185, 213, 228, 293-296
Bremen (Stadt) 63, 169, 172, 179, 189, 217, 219, 228, 230f, 246, 253f, 263, 287, 295f, 325, 371, 377, 380f, 405, 429, 457f, 488, 490f
Briesmann, J. 188
Brockdorff, D. J. v. 361
Brodten 373
Brömse (Familie) 314
Brömse, Adelheid 193. 227
Brömse, Andreas A. v. 200

Brömse, Dietrich v. 314
Brömse, Hinrich 184, 217
Brömse, Nikolaus 174, 177, 189-192, 210, 213, 221-223, 228, 236 (Abb.)
Brokes (Familie) 314
Brokes, H. 227
Brokes, Hinrich 283f, 286-289, 292
Brokes, J. 268, 281
Bromme, W. 504
Brüggen, S. v. d. 78, 81
Brüssel 48, 190
Bruno 29, 36
Bruns, C. 326
Bucer, M. 187, 216
Buchholz, K. F. 379, 417
Bucholt, N. 151
Bucu 25, 30f
Büren, D. v. 254
Büssau (Nieder-/ Ober-) 21, 42, 126, 373
Bugenhagen, J. 180-188, 194-206, 212, 220, 226, 229, 237 (Abb.), 245, 248, 262, 286f, 306
Burchard, A. 289f
Burckhardt, J. 484
Burgkirche (St. Maria Magdalena) 69, 102 (Abb.), 110, 120, 142, 169, 201, 226, 278, 286, 366
Burgkloster (Dominikaner) 59, 134f, 183, 192f, 196, 201, 367, 472
Burgstraße 62, 115, 407
Burgtor 78, 112, 142
Burgtorfriedhof 395, 456f
Burkhard von Serkem, Bischof 75, 81-88, 108, 155 (Abb.)
Busch, J. 121, 133, 148
Butendach, O. 363
Buxtehude 169
Buxtehude, Dietrich 347-349
Buxtehude, W. 133
Byzanz 72

Calixt, G. 304
Calvin, J. 252, 254
Calvinisten 250-252, 289f, 298, 303, 312, 345 (vgl. auch Reformierte)
Carpzov, J. B. 322
Carpzov, J. G. 335 (Abb.), 344, 353-355
Carstens, J. H. 386f, 443 (Abb.)

Castorp, H. 138, 188
Chemnitz, M. 253, 257f, 263, 266-268, 270-272
Christian I. von Dänemark 123
Christian II. von Dänemark 171, 175, 189f, 215f, 218f
Christian III. von Dänemark 172, 179, 215f, 218f, 225f, 229
Christian IV. von Dänemark 289, 293, 295
Christian V. von Dänemark 352
Christian, Herzog s. Christian III.
Christian von Braunschweig 293
Christoph von Bremen 172, 174, 223, 228
Christoph von Oldenburg 218f, 228
Christoph von Württemberg 262
Christus s. Jesus
Chyträus, D. 258, 262, 264f, 270f
Cismar 70f, 142
Claudius, F. M. J. 416
Claudius, M. 377
Clemens III., Papst 56
Clemens V., Papst 88
Clemens VII., Papst 174
Clementia (Äbtissin) 71
Clementia (Herzogin) 34
Cleve 51
Cölestin III., Papst 56
Coccejus, J. 326
Colonna 82
Conradi, J. 314
Constin, H. 139
Cosmas und Damian, Heilige 141
Cramer, J. A. 336, (Abb.), 357-359, 367
Cranach, L. 208
Crane, W. 115 (vgl. auch Kranenkonvent)
Cremona 59
Crispinus, Heiliger 141
Crome, F. 418-421
Crüger, P. 281f
Curtius, Carl Georg 378, 383, 386, 388-392, 399, 401, 403, 413, 422
Curtius, Ernst 408
Curtius, Georg 408
Curtius, Theodor 408-410, 422, 465-467, 495
Curtius, Valentin 199, 229, 244, 252-255, 261, 265f
Cusanus, J. 168, 174
Cypern 145

Dänemark 22, 24f, 55, 57-63, 87, 105f, 123, 175, 189, 215f, 218f, 223, 252, 289, 293f, 328, 352, 355, 357, 371, 410, 489, 494f
Dänischburg 373
Danzig 172f, 179, 217, 257, 289, 304, 323, 354
Dassow 113
David 56f
Deecke, E. 388, 408f, 422
Deiß, W. 421
Denker, P. 484, 501-503, 508
Detmar 134
Dettmer, C. H. 408f, 412
Deutschland 51, 74, 79, 112, 122f, 148, 171, 285, 305, 324, 352, 377, 402, 426, 458, 466
Deutscher Orden 59, 63f, 67f, 73
Deutsches Reich 28f, 57, 74, 106, 166f, 182f, 296, 298, 373, 445, 479, 491, 495-499, 505
Deventer 148
Dietrich I. (Theoderich), Bischof 56-58, 65
Dietrich II. Arndes, Bischof 133f, 138
Dietz, L. 168, 205, 208f, 241
Dillingen 303
Dithmarschen 22, 25, 27, 29, 57, 122, 172, 218
Dives, Bertold 138
Dobbin, J. 284
Dom 31, 38, 42f, 45, 49f, 53, 65, 86f, 94 (Abb.), 107f, 117, 120, 126, 128f, 142, 144, 181, 183f, 188, 196, 198, 207, 223, 225f, 256, 316, 350, 373, 436f (Abb.), 446, 448, 482, 488, 491, 501f
Domhof 85, 88, 126
Dominikaner 68-70, 81, 85, 110, 112, 132-135, 142, 169f
Dominikus 68
Dorne, H. v. 300
Draconites, J. 244, 247
Dräger, H. 479
Drakenburg 228
Dresden 322
Dreyer, B. 207
Dreyer, J. H. C. 367, 372
Düna 60
Duhn, C. A. v. 408
Dumme, F. 62f, 128
Dumme, H. 63
Dummersdorf 371

Durie (Duräus), J. 304
Dwerg, H. 131, 133

Eckenberg, J. 261
Eckhorst 314
Eisenach 429
Eitzen, P. v. 252, 261, 265, 273
Ekward, Bischof 23, 25
Elbe 35, 58, 171
Elbe-Trave-Kanal 445
Elberfeld 429
Elbing 64
Elde 58
Electus 69
Eligius, Heiliger 141
Elpen, J. v. 223
Elsabenhaus 115
Emeke 110
Emkendorf 377
Engelstede, G. 188, 191, 205
Engenhagen, H. 318
England 24, 105, 304, 321, 410, 488
Englandfahrer 141, 173
St. Enwald 143
Erasmus von Rotterdam 209
Erfurt 134, 151, 321f
Erich von Calenberg 228
Ernst von Gotha 303, 321
Ernst von Mansfeld 293f
Eschenburg, B. 360, 363, 383
Eschenburg, J. G. 470, 476, 503, 508
Eschenburg, J. H. 453
Estland 61-63, 72
Ethelo 31f, 42f, 49
Eugen III., Papst 32
Europa 105, 298, 304
Eutin 35, 41, 44f, 47f, 82, 85, 88, 121f, 169, 225, 256, 320, 324, 381, 384, 467f
Evermod 34, 48
Evers, G. 408f
Evers, J. 482, 492, 502f, 506
Evers, T. 350
Eziko, Bischof 23, 25
Ezzo, Bischof 24

Fabricius, C. A. 394-396, 398f, 401
Fabricius, F. A. 399

Fabricius, Meta 403
Faldera (vgl. Neumünster) 28, 42
Falkenhusen 78
Fehling, E. F. 421, 476, 480, 491, 504
Fehling, J. C. 421
Feldhusen, J. 308
Felgenhauer, P. 299f, 302
Ferdinand I., König/Kaiser 231, 260
Ferdinand II., Kaiser 292-294
Finnland 60f
Fischer, C. 268
Fischer, E. 355
Fischer, H. 318
Fischerbuden 403-405
Flacius, M. 230, 245, 249, 253
Flagellanten 111
Flandern 30, 107, 114
Florenz 106
Forster, J. 224
Francke, A. H. 307, 312, 321f
Francke, J. 321
Franken 377
Frankfurt/Main 181, 224, 260, 319, 371, 379, 429
Frankfurt/Oder 175, 288
Frankreich 105, 107, 111, 231, 295f, 298, 369-373, 408, 496f
Franz II. von Lauenburg 278
Franziskaner 68-70, 81f, 85, 110, 112, 119, 132-134, 137, 146, 150-152, 175
Franziskus 68f
Fredeland, H. 256-258, 266, 268
Fredeland, L. 256, 258f, 266, 268
Fredenhagen, Th. 345, 350
Fresenburg (Wüstenfeld) 251
Friedrich I. (Barbarossa), Kaiser 34, 41, 48, 52, 54-56, 63, 68f, 314
Friedrich II., Kaiser 57-59, 63f, 66, 73, 82, 314
Friedrich III. von Brandenburg 328
Friedrich I. von Dänemark 172, 175, 179, 189, 215
Friedrich d. Große 360
Friedrich, Fürstbischof 296
Friedrich von der Pfalz 265
Friedrich der Weise von Sachsen 167
Friedrich Wilhelm von Brandenburg 328

Friemersheim, P. v. 177, 183, 198f, 224, 238 (Abb.), 246, 252, 254, 256, 261, 263
Friesland (vgl. auch Ostfriesland) 30, 250, 252, 325
Frister, B. H. 392, 396
Fritze, J. 170f, 179
Fründ, M. 177
Funk, Henriette 403
Funk, J. Ä. L. 385, 387, 390-399, 403, 409f, 422f, 425, 429-431, 443 (Abb.)
Funk, M. 452, 466

Gallus, N. 249
Ganslandt, R. 390
Geibel, Emanuel 408, 422-425, 494-498
Geibel, Johannes 362, 374, 381-385, 388-390, 393, 396, 400, 403, 409, 423, 442 (Abb.)
Gellert, C. F. 367
Genin 42, 126, 210, 227, 373, 432, 467
St. Georg s. St. Jürgen
Georg von Bremen 254
Georg von Sachsen 185
Gercken, J. 222, 228
Gerd de Odesloe 115
Gerdes, H. 208
Gerhard, Abt 70
Gerhard, J. 309
Gerhard von Bremen 73
Gerhardt, P. 347, 349
Gerold 34-36, 41f, 44, 47-50, 88, 121
Gertrud, Heilige 141
St. Gertrud-Friedhof 112
St. Gertrud-Hospital 77
St. Gertrud-Kirche 482, 488f
St. Gertrud-Pockenhaus 406
St. Gertrud-Vorstadt 445f, 482
St. Gertruden-Kapelle 112, 142, 144, 201, 293
Ghetelen, H. v. 137, 149-152
Ghotan, B. 149
Gießen 319
Giselbert von Bremen 82, 84
Gladdenbrügge 51
Gleschendorf 373
Glockengießerstraße 69, 115
Gloxin, A. H. 321f
Gloxin, D. 296, 313-315, 319, 321, 326

Gnesiolutheraner 244f, 248f, 252, 260
Gneverstorf 373
Gödemann, C. 268
Götze, G. H. 325, 335 (Abb.), 343f, 353
Goslar 34, 54
Gotland 60
Gottorf 188, 296, 372
Gottschalk 23-26, 28f, 35
Grabow, C. 143
Grammendorp, J. 191
Gregor I., Papst 140, 161 (Abb.)
Gregor IX., Papst 62, 67
Gregor, Legat 144
Greifswald 69, 188
Greßmann, H. 483
Greven, H. 193
Greverade, A. 139
Greverade, H. 139
Greveradenkompagnie 138
Grömitz 70
Grönau 123, 177, 250
Grönland 384
Groote, G. 148
Grothe, K. 180
Grotius, H. 300
Grube 278
Günther, P. 323f
Güstrow 69, 142
Gütschow, A. D. 363
Gustav Adolf von Schweden 295, 304
Gustav Wasa von Schweden 168, 175, 215

Haack, J. 322
Habsburg 294
Hach, J. F. 378-380, 386, 388, 401
Hadeln 223
Hadrian IV., Papst 35
Haensel, C. 482f, 503
Haithabu 21, 27
Halberstadt 213, 295
Halle 321f, 422
Hamberge 42, 85, 126
Hamburg 22, 24, 29, 41, 45, 69, 84, 116, 121, 143, 150, 166-169, 171-174, 177, 179f, 184, 186-189, 192, 194, 196f, 200-203, 210f, 216-220, 228-231, 245-247, 249f, 252, 255, 258, 261-263, 266-270, 276, 289, 295f, 301f, 304, 307, 311, 317, 319, 321, 328f, 354, 371, 377, 398, 400-403, 420, 429, 446, 456-458, 461, 466f, 473, 480f, 483, 491
Hanneken, B. 320, 322
Hanneken, M. 305, 311-313, 318, 323, 327, 334 (Abb.), 348, 356
Hanneken, Ph. L. 312
Hannover 122, 320, 377, 429, 453
Hansfelde 42, 126
Hardenberg, A. 253f
Harleß, A. 429
Harms, C. 377, 382
Harms, L. 385, 431
Hartmann, W. 447
Hartwig I. von Bremen 33-35, 41f, 48
Hartwig II. von Bremen 56, 58
Hattenbach, J. 321
Havelberg 48, 142
Hedwig Sophie von Hessen-Kassel 326
Heide 172
Heide, H. v. d. 139 f
Heide, J. v. d. 143
Heiligen-Geist-Hospital 67f, 76-78, 103 (Abb.), 115, 118f, 139, 142, 183, 201, 226, 285f, 316, 371, 401, 406, 472
Heiligenstedten 22
Heilig-Kreuz-Wegekapellen 201
Heinemann, B. 188
Heinrich (Abodritenfürst) 25-29, 38
Heinrich I., Bischof 48-50, 52, 55, 61, 71
Heinrich II. (Hinrich Bockholt), Bischof 88, 108, 121, 155 (Abb.)
Heinrich III. (Heinrich Bockholt), Bischof 131, 146, 169, 177, 225
Heinrich VI., Kaiser 55, 57
Heinrich von Badwide 29f
Heinrich von Braunschweig-Wolfenbüttel 185, 223f, 228
Heinrich der Löwe 30-35, 37-42, 44-57, 60, 65, 74, 130, 142, 190, 314
Heinrich von Lübeck (Scholastiker) 135
Heinrich Raspe, Landgraf 72
Heinrich der Stolze 29
Heinrich von Zütphen 172
Heller, L. 416
Helmold von Bosau 21f, 24, 26, 31f, 37f, 42, 49, 52

Helms, A. 348
Helmstedt 281, 304
Hengstenberg, E. W. 429
Henninges, F. 247, 261
Henninges, H. 297
Herberding, H. 268
Hering, B. 207
Hermann 29
Hermann Billung 22, 26
Hermann von Salza 59, 63f
Hermannsburg 431
Herrenwyk 371
Herrmann, F. 374
Herrnhuter 354f, 384
Herz-Jesu-Kirche 440 (Abb.), 492
Heshusius, T. 264
Hessen 179, 473
Heyling, P. 300f
Hieronymus von Kreta 145
Hildesheim 27, 48, 52, 56, 148, 213
Hilmers, J. 343
Hinckelmann, A. 321
Hoburg, Chr. 316-318
Hodtfilter, Jodokus, Bischof 225
Högersdorf 33, 36
Höveln, G. v. 188, 214, 284f, 313f, 325
Hoffman, Melchior 174
Hoffmann, A. 505
Hoffmann, Max 495
Hoffmann, P. M. 476
Hofmeier, F. G. A. 405, 484
Holland 30, 74, 105, 148, 189, 215, 217-219, 231, 256, 258, 288-290, 304, 318, 323, 325, 348
Holle, Eberhard v., Bischof 226, 239 (Abb.), 255f, 272f
Holstein 26-29, 45, 47, 55, 57-59, 65, 76, 78, 84, 105, 118, 122f, 133, 177, 179, 212, 215, 265, 268, 288, 293f, 296, 299, 351-353, 371f, 384, 468, 480, 494
Holsten, C. 288
Holstenort 126
Holstentor 326-329, 352
Holthusen, B. 118
Honorius III., Papst 62f, 144
Honstede, Th. 347, 356
Hoya 270

Hüxtertor 234 (Abb.)
Hude, Hinrich v. d. 360-362, 364, 367
Hude, Hermann v. d. 482
Hudlen, G. v. 210
Hugenotten 328
Hugo, Legat 75
Hundestraße 51, 138
Hunnius, N. 292, 299, 301-319, 333 (Abb.), 356, 359
Hussiten 145f
Huttenbarch, H. 189

Imperialissimameister 140
Innozenz III., Papst 57f, 61, 65
Innozenz IV., Papst 50, 71-75, 81, 144
Innozenz VI., Papst 129
Innsbruck 231
Irland 72
Israhel, H. 168, 176, 182, 223
Italien 34, 111, 123, 142
Ivendorf 373

Jacobi, F. H. 381
St. Jakobi (Jakobikirche, Jakobigemeinde) 83, 87, 98 (Abb.), 107, 109, 117-120, 126-133, 137, 139, 142, 144, 181, 188, 196-199, 207, 256, 286, 316, 350, 367, 438 (Abb.), 446, 449-452, 461, 466, 482, 488f, 501f
Jakobus, Apostel 141f
Jannasch, W. 502
Jena 309
Jenisch, M. E. 400, 402 (Abb.)
Jensen, C. 483
Jerusalem 50, 63, 110, 142
Jerusalemsberg 139
Jesuiten 292, 294, 299f, 303, 312, 319, 491
Jesus Christus 13f, 69f, 78, 139f, 147f, 151, 165, 207f, 246, 249, 351, 354, 385f, 479, 509
Johann, Abt 70
Johann Adolph von Schleswig-Holstein 288
Johann by der Erde 181, 198f
Johann, Fürstbischof 296
Johann von Münster 288
Johann von Sachsen 172, 184, 186, 189
Johann Friedrich, Fürstbischof 294f
Johann Friedrich von Sachsen 224, 228

583

Johann Volkward 59
Johannes, Apostel 33, 49, 141
Johannes I., Bischof 68, 70
Johannes II. von Diest, Bischof 75
Johannes III. Tralau, Bischof 75f, 79, 108
Johannes IV. von Mul, Bischof, 108, 111f, 131, 155 (Abb.)
Johannes VII. Schele, Bischof 122f. 132, 138, 142, 144
Johannes XXII., Papst 88
Johannes der Täufer 49, 144
St. Johannis auf dem Sande 49, 117, 201
St. Johannis (Klosterkirche) 51, 110, 128, 142, 144, 201, 306, 316, 366f
Johanniskloster 51f, 54, 68, 70f, 78, 115, 121, 133, 192f, 201, 226f, 283, 297, 371, 406, 472
Johanniskonvent 115
Johannisstraße 38, 115
Johanniter 67
Jordan 486
Joris, D. 250
Joschonneck, A. 446
Judas, Apostel 206
Juden 111, 351-353, 373, 379-381, 414, 417, 448, 458
St. Jürgen, Heiliger 79, 141
St. Jürgenkapelle 201, 293, 446, 482
St. Jürgen-Spital 78-80, 118, 183, 285, 406f
St. Jürgen-Vorstadt 400, 445f, 482
Jürss, J. B. 476
Julius II., Papst 134
Julius von Braunschweig-Wolfenbüttel 266-268
Junge, J. 139
Jungius, J. 299

Kaftan, Th. 490
Kahl, W. 507
Kaltenhof 84f, 88, 225
Karl d. Große 22, 46
Karl IV., Kaiser 106, 141, 151
Karl V., Kaiser 167, 171, 182, 184f, 189f, 215f, 223, 227f, 231
Kartäuser 68, 303
Kassel 304
Katharina, Heilige 69, 142

St. Katharinen (Klosterkirche) 69, 81, 100f (Abb.), 110, 115, 119, 201, 207, 220, 259, 273, 316, 366f, 403, 430, 501
Katharinenkloster (Franziskaner) 69, 110, 112, 134, 151, 175, 183, 192, 197, 277
Katharinenkonvent 115
Katharineum 188, 204, 249, 280-282, 299, 305f, 321, 343, 409, 415, 456
Katholiken 297, 303, 373, 390, 448, 480, 492
Kemmer, H. 208, 242
Kempe, Stephan 179
Kempen, Chr. v. 227
Kerckring, H. 152, 208, 217
Kerkring (Familie) 314
Kerkring, H. 324, 326-329
Kiel 174, 177, 321, 324, 357, 377, 445, 490f, 504
Kieperhorst 84
Kindler, C. F. 385, 394
Kirchmann, J. 299, 305
Kittel, J. 265
Klarissen 69
Klein-Schlamin 118
St. Klemenskirche 87, 118, 201, 316, 366
Kliefoth, Th. 429
Klingenberg 31, 67, 76, 326
Klopstock, F. G. 377, 386
Klügmann, C. P. 480, 491
Klug, J. 205
Klug, K. 362, 412, 416, 418f, 430
Knoelke, M. 371
Knud VI. von Dänemark 57
Knut von Dänemark 24
Knut Laward 28
Koberg 78, 427
Kock, J. 210
Kock, R. 134, 175, 198f, 218
Koel, D. 210
Köln 69, 142, 148
Königsberg 249f, 309
Königslutter 142
Königstraße 69, 107, 119, 390
Könneken, J. 321
Köppen, F. C. 394
Köppen, J. G. 360, 363
Konrad, Bischof 35, 48f, 56
Konrad III., König 30

Konrad IV., König 74
Konrad von Masowien 63
Konstantinopel 49
Konstanz 131
Kopenhagen 357, 385
Korner, H. 134f
Kortholt, Chr. 321
Koswig 253
Kranenkonvent 104 (Abb.), 115, 406f
Krappe, J. 168, 182, 184, 186, 190, 192, 205
Krechting, B. 327
Krevet, J. 191f
Kröger, M. E. 363
Kronsforde 373
Krüger, F. 408
Krummediek, Albert, Bischof 121-124, 132, 135, 138f, 142, 156 (Abb.)
Krumtinger, M. 284
Kruse, J. 115
Krusenkonvent 115, 406f
Kruto 25f, 29
Kuckucksmühle 84, 88
Kücknitz 376, 482
Kulenkamp, A. G. 467
Kulenkamp, E. A. 501
Kulenkamp, Emilie 403
Kulm 64
Kunhardt, F. J. 428f
Kunhardt, H. 360, 362, 374

Langheside, M. 113
Laski, J. 252
Lassalle, F. 447
Lauenburg 21f, 78, 177, 179, 212, 278, 294, 384, 467, 474, 494
Lausitz 106
Lavater 377
Leipzig 309, 312, 321f, 328, 345, 353f, 374, 419, 431, 495, 497
Lenzen 24
Leopold, Kaiser 319
Leopold Wilhelm, Erzbischof 295
Lessing, G. E. 361
Lestemann, H. 246
Leverkühn, A. 476
Lichtwark, F. 404f

Lichtwark, K. 488
Lilienthal 71
Limes Saxoniae 22
Lindenberg, C. 322
Lindenberg, H. 423, 470
Lindenberg, J. Carl 384f, 387, 389-391, 393, 396-401, 403, 409, 412-416, 420, 422f, 427, 429-432, 443 (Abb.), 450f, 460, 463-465, 469, 478, 497
Lindenberg, J. Caspar 393
Lipstorf, D. 327
Litauen 60
Liutizen 22, 25
Livland, Liven 59-64, 72f
Loccum 61f
Löscher, V. E. 353
Löwenstadt 37
Löwigt, P. 504
Lohmann, A. G. 70
London 141, 251f, 360, 383
St. Lorenz(kirche) 316, 441 (Abb.), 451, 457, 482
St. Lorenz-Vorstadt 445f, 481f, 492
Lothar, Sachsenherzog/Kaiser 26, 28-30, 33
Ludolf, 27, 29
Ludwig der Fromme 22
Ludwigslust 400, 485
Lüneburg 24, 37f, 78, 118, 172, 174, 213, 217, 219, 221, 229-231, 246f, 249-251, 255, 261-273, 301f, 320, 322, 328
Lüneburg (Familie) 314
Lüthge, W. 485
Lüthken, J. 224f
Lütjenburg 36, 47
Luger, F. P. L. 413, 416, 430, 465
Lukas, Apostel 141, 160 (Abb.)
Lunte, G. 192, 214
Luther, M. 166-169, 171, 175, 181, 183f, 187, 202, 205, 209, 244f, 252, 262, 281, 284, 304, 314, 351, 356f, 400, 402, 499, 503
Lutheraner 176, 180, 251-253, 258, 267, 288f, 431, 448
Luthergemeinde 482
Lutter am Barenberge 293
Lyon 73

Magdeburg 22, 27, 32, 34, 149, 179, 189, 213, 228, 245, 248-250, 262-264, 266, 292, 295f

Magnus von Lauenburg 174
Magnus von Mecklenburg 133
Magnus von Sachsen 26
Major, G. 246, 248f
Mann, T. 15
Mansfeld 258
Mantels, W. 408
Marburg 311f
Marcus, S. 418
Maria 51, 61, 136f, 139, 141f, 151, 159 (Abb.), 386
Maria Magdalena 59, 69, 139, 141f, 203, 386
Maria am Stegel, Kapelle 110, 201
Maria Einsiedeln 143
St. Marien (Marienkirche) 49, 52f, 65f, 81, 83, 86f, 96f (Abb.), 107f, 110, 113, 118, 120, 126f, 128-130, 133, 137, 140, 142, 144, 146, 169-171, 176f, 181, 188, 192, 196-199, 201, 207, 217, 226, 235 (Abb.), 256, 289, 301, 306, 316, 322, 345, 347f, 350, 366, 368, 385, 410f, 436 (Abb.), 448, 461, 477, 489f, 502, 508
Mariengemeinde 168f
Marientidenkapelle 108, 138
Maria Tudor 252
Marinus de Fregeno 146
Marko, Weihbischof 22
Marlesgrube 67, 78, 126
Marquard von Westensee 129
Martinianer 170f, 181, 187
Marx, K. 427
Marxdorf 118
St. Matthäi(kirche) 441 (Abb.), 480, 482-484, 501
Matthiesen, J. F. 384f
Mauritius, Heiliger 142
Maximilian von Bayern 292
Mecklenburg 21, 23f, 28, 33, 41, 57, 78, 84, 126, 133, 208, 212, 218, 223, 258, 262, 264, 293f, 296, 371, 384, 467, 474
Mehrlein, F. 504
Meinhard, Bischof 60f
Melanchthon, P. 168, 184, 229f, 244-249, 251, 253, 260-262, 281f, 310, 499
Melanchthonianer 252, 266
Meldorf 22
Melle, J. von 343
Melle, J. H. von 360

Memling, H. 139, 163
Menge, C. 384
Mengstraße 38, 362
Menken, G. 381, 393
Menne, H. 290
Mennoniten 250f, 299, 321
Merkendorf 118
Meyer, B. C. A. 428
Meyer, F. V. T. 399
Meyer, M. 216, 218f
Michaeliskonvent (Beginen) 115, 148f, 201
Michelsen, A. 394, 398f, 401, 404, 409, 416, 423, 450
Mikronius, M. 252
Milde, C. J. 403
Mildenstein, W. 482
Minden 213
Minoriten (Minderbrüder) s. Franziskaner
Missizla, Abodritenfürst 23
Möller, H. 273
Mölln 113, 191f, 209f, 229, 261-263, 265, 270f, 294, 302
Mönkhof 78
Möring, J. G. 361
Mörlin, J. 250, 252, 263f
Mörsken, L. 246-249
Mohnkopfdruckerei 149f, 152
Moisling 314, 351f, 380f, 417
Mollwo, L. W. H. 474
Moltke, F. L. von 361, 363, 365
Momma, W. 326f
Mori 314
Moritz von Sachsen 230f
Mormonen 480
Morneweg, B. 78
Morsius, J. 299, 303
Mosche, K. 407, 409f
Mühlberg 228
Mühlenstraße 126
Mühlentor 31, 78f, 482
München 423, 495
Münster/Westf. 148, 190, 213, 218f, 250
Münzenberger, P. H. 394

Nakoniden 23, 35
Napoleon Bonaparte 373f

Nassau 287
Naumburg 169, 245, 262
Nazarener 385f
Neander, A. 393
Neander, J. 367
Neuapostolische 480f
Neukirchen 47
Neumann, J. M. 499, 507f
Neumünster 28f, 42, 45, 51, 65
Neustadt/Holst. 148
Never, H. 219
Niederlande s. Holland
Niedersachsen 253f, 267, 270, 292f
Niemeyer, C. W. 394
Niemeyer, H. F. 363f, 396
Niendorf 314
Niklot, Abodritenfürst 28f, 33, 35, 41
St, Nikolai 31, 42, 50, 52, 67, 83, 86, 126, 184
Nikolaus, Heiliger 32, 50, 141, 144, 158 (Abb.)
Nikolaus, Dekan 68
Nikolaus von Dithmarschen 168, 199
Nikolaus von Lyra 151
Nikolaus von Riga, Bischof 73
Nikolaus II. Sachow, Bischof 108, 123, 132, 140
Nitzsch, K. I. 423
Nölting, A. W. 367
Nölting, C. A. 403
Nölting, Henriette 403
Nördlingen 295
Norbert von Xanten 27
Nordanus, B. 252
Norddeutschland 111, 166, 169, 180, 189, 212f, 224, 252f, 257, 266, 270, 292f, 295, 299, 318, 343, 348, 360
Nordelbingen (Nordalbingien) 19, 23, 29, 34, 50, 55, 59, 61, 69
Nordeuropa 110f, 145f
Nordhausen 418
Nordhorn, G. 199
Nordsee 289
Norwegen 215
Notke, B. 124, 138-140, 146f, 150f, 164
Nowgorod 63
Nowgorodfahrer 119, 129, 189
Nürnberg 75, 167, 249, 298, 371
Nusse 209f, 467, 474

Oding, H. 181
Odinkberg, G. 191
Odo, Domdekan 43
Oertzen, J. von 480
Ösel 61
Österreich 370, 379, 410, 414
Olav, Heiliger 129, 141, 158 (Abb.)
Olavsburg 119
Oldenburg (Wagrien) 22-25, 33, 35, 41, 44, 47
Oldenburg, Grafschaft 179, 270
Oldenburg, Herzogtum 371-373
Oldendorp, J. 216f, 219, 223
Oldesloe 33, 37, 84, 113, 177, 251, 355
Omeke, L. 113
Osenbrügge, J. 171f, 176
Osiander, A. 249
Osnabrück 142, 213, 296
Ostfriesland 179, 287f
Ostholstein s. Wagrien
Osthusen, J. 125
Ostpreußen 323
Ostsee 289, 445
Ostseeraum 60-64, 72-74, 76, 105, 107, 109, 140f, 145f, 212, 293, 348, 509
Ottendorf, H. 302
Otto der Große, Kaiser 22
Otto IV., Kaiser 57f
Otto von Lüneburg 86, 111
Overbeck, C. A. 363, 378, 383-385, 388, 442 (Abb.)
Overbeck, C. G. 401, 403f, 408
Overbeck, C. T. 467
Overbeck, F. 385f, 439 (Abb.)
Overbeck, H. C. A. 388

Pack, O. von 216
Pakebusch, M. 191
Palästina 63, 139, 142
Papenbrock, O. 484, 503
Parchim 69
Paris 48, 300, 370
Passau 231
Pastor, A. 251
Patterson, J. 383
Pauli, C. W. 385, 396, 402, 408, 431
Pauli, Emmy 403
Paulus, Apostel 33, 49, 142

Penshorn, D. 268
Peraudi. R. 146
Perceval, J. 106
Peter Friedrich Ludwig, Fürstbischof 371f
Petersen, E. F. 476
Petersen, Johanna E. 320
Petersen, J. F. jun 388, 391, 393, 397, 399, 409, 450, 465
Petersen, J. F. sen. 360, 363f, 383, 391
Petersen, J. W. 319-321, 324
St. Petri(kirche) 31f, 38, 49, 52, 83, 87, 95 (Abb.), 109, 118, 120, 127, 129, 133, 140, 144, 181, 188, 198f, 207, 226, 234 (Abb.), 288, 350, 367, 448, 487
Petrus, Apostel 49, 141f
Pfalz 260, 265, 287
Pferdemarkt 88
Pfeiffer, A. 311f, 320-322, 328, 343-345, 356
Philipp, König 57
Philipp von Hessen 181, 189, 224, 228
Philippisten 244f, 248, 252, 260
Pinkerton, R. 383
Pisa 106
Pius II., Papst 145
Pius IV., Papst 255
Platzmann, C. 390
Pleskow, Familie 314
Pleskow, Jakob 106
Pleskow, Jordan 106, 140
Plessing, H. A. 469f, 476, 490
Plessing, Ph. W. 464f
Plitt, C. D. 416
Plön 30, 47, 142
Plöner See 44
Plönnies, H. 189-191, 221
Poel 126
Pöppendorf 21, 371
Polaben 21f, 28, 32, 34
Polen 24, 323, 351
Pomarius, S. 304, 312, 353
Pommern 78, 212, 262, 268, 377
Pouchenius, A. 244, 267, 270-273, 278-283, 288f, 332 (Abb.)
Prämonstratenser 27, 56, 68, 171
Predigerorden s. Dominikaner
Preetz 68, 133, 490

Preußen 59f, 63f, 72f, 111, 136, 179, 370, 373, 379, 383, 410, 414, 429, 447, 453, 460, 467, 472f, 481, 491, 494, 496, 505-508
Pribignew, Abodritenfürst 23
Pribislaw, Abodritenfürst 29f, 35
Priwall 485
Protestanten 182, 228, 292f, 294
Prove, Slavengott 22, 35

Quellinus, T. 339 (Abb.), 350

Race, Rugierfürst 29
Radbruch, G. 495
Rahtmann, H. 354
Ranen 26, 28f
Rangenberg 26
Ranke, G. L. F. 444 (Abb.), 448, 459f, 469, 473, 376- 479, 484, 490f, 498f
Rantzau, Balthasar, Bischof 225
Raselius, C. A. 302
Ratekau 36, 47
Ratzeburg 22-25, 34, 41, 44f, 50, 53, 55, 57f, 73, 83, 87, 142, 172, 174, 210, 213, 231, 296, 321
Rauhes Haus 402-405
Rautenberg, J. W. 401
Reformierte (s. a. Calvinisten), 250, 252, 296f, 304, 308f, 325-329, 373, 390, 402, 430f, 448, 467, 480
Regensburg 370
Reiche, J. 323
Reimpell, C. 502f
Reinbek 225
Reinfeld 62, 68, 113
Reinold 39
Reiser, H. 283f, 313
Rensefeld 44, 47, 51, 250
Rensen, R. von 199
Reval 63, 146
Reventlow, Detlev, Bischof 184, 225
Rhau, M. 282
Rheden, Dietrich von, Bischof 225
Rhegius, U. 281
Rheinland 40, 61, 111, 370
Rhena 133
Ribnitz 69
Richertz, G. H. 356
Richolf, J. 209

588

Riga 60-63, 69, 72-73, 188
Rikborg, Witwe 81
Ritterstraße 134
Ritzerau 299
Rochuskapelle (Dom) 144
Rodde, M. 370
Rode, J. 214
Roeck, C. L. 383, 464
Rönnau 371
Rohden, v. 384f
Rom 24, 34, 72, 82f, 85, 87f, 106, 123, 131, 142, 145, 174, 225, 230, 300, 385
Rostock 69, 84, 111, 149, 168, 172, 177, 199, 202, 205, 213, 215f, 219, 221, 246f, 252, 257f, 263-271, 289, 290, 311, 320, 490
Roux, J. 328
Rudel, J. 246
Rudolf 27, 32f
Rudolf von Habsburg 75
Rudolf von Rheinau 83
Rühn 113
Rumohr, C. F. v. 386
Rußland 37, 60, 72, 276, 351, 372, 374, 410

Sachow, Nikolaus, Bischof 108, 123, 132, 140
Sachsen 22, 25-30, 32, 34, 54, 61, 69, 74, 179, 213, 228, 260, 262, 268, 271, 272, 295, 353f, 418, 453
Saliger, J. 256-259, 266, 269
Samland 64, 75
Sandhagen, H. 322
Sandow, J. 182, 189
San Jago di Compostela 142f
Schabbel, Hieronymus 307
Schabbel, Hinrich 307
Scharbau, H. 344
Scharbeutz 78, 373
Schein, C. 280
Schele s. Johannes VII.
Scherenhagen, G. 284
Schinmeier, J. A. 336 (Abb.), 353, 359-361, 363, 367f, 386
Schlamersdorf 33
Schlesien 106
Schleswig, Bistum/Stadt 22, 37, 45, 68, 174, 225

Schleswig, Herzogtum 123, 179, 212, 215, 265, 273, 288, 293
Schleswig-Holstein 272f, 354, 377, 383, 429, 480, 483, 489, 491
Schlözer, Dorothea v. 370
Schlözer, Kurd v. 408
Schlutup 209f, 256, 272, 432, 467
Schmalhertz, V. 299
Schmalkalden 224
Schnitger, A. 350
Schonenfahrer 119, 129, 307
Schröder, G. 266, 268
Schünemann, D. 207, 252f, 263, 265f
Schuweshusen, G. 143
Schwan, S. 287, 289
Schwartau 79, 84f, 113, 142
Schwartz, Adelheid 320f
Schwartz, T. 447
Schweden 60, 111, 175, 209, 215, 218, 283, 289, 293-296, 304
Schwerin 41, 45, 48, 58, 65, 69, 71, 73, 84, 142, 172, 174, 213, 296,
Schwertbrüder 61-63
Sedan 497f
Seelen, J. H. v. 343
Segeberg 18f, 33, 36, 45, 50f, 56, 60, 65, 83, 148
Segeberg, J. 148
Segebergkonvent (Beginen) 115, 148, 371
Selnecker, N. 272
Sengestake s. Benedicti
Sengestake, H. 168, 182, 188, 216
Serkem s. Burkhard
Siems 371
Sieveking, Amalie 401, 403
Sigismund, Kaiser 122, 142
Simon, C. 268
Simons, M. 250f
Siricius, M. 294
Siricius, M. jun 312
Skandinavien 24, 37, 149
Slawen 21ff, 26ff, 32, 35f, 39f, 46f, 60
Slüter, J. 202, 205
Snell, J. 149f
Soest 39
Sommer, M. 350
Sozinianer 323

Spanien 142, 167, 288, 294
Speigelberg, H. 118
Spener, Ph. J. 312, 319, 321f
Speyer 180
Spiritualisten 250f, 275, 299f, 303, 317-319
Stade 55, 67, 171
Stalbuk, B. 81
Stampelius, G. 288-290, 306, 332 (Abb.)
Stampius, H. 257
Staphylus, F. 244
Staritius, J. 299
Staufer 75
Stavenstraße 115
Stecknitzfahrer 129
Steenhoff, J. 169
Steinrade 250, 314
Stendal 87
Steterburg 134
Stettin 179, 289, 359
Stiten (Familie) 314
Stiten, G. van 268
Stiten, H. van 273
Stiten, T. van 190, 217
Stockelsdorf 44, 218, 314
Stockholm 174, 359
Stockholmfahrer 412
Stolberg, F. L. 377, 381
Stolterfoht, G. N. 363f, 366
Stolterfoth, J. 289
Stormarn 22, 26f, 29, 45, 122
Stralsund 69, 105f, 111, 168, 172, 179, 191, 219, 293
Straßburg 167, 371
Strecknitz 486
Strelitz 69
Stricker, J. 278
Struensee, J. F. 357
Stuttgart 429
Süddeutschland 111, 141, 179f, 228, 231, 252, 295, 371, 430
Südeuropa 109
Süsel 36, 47
Suerbeer, Albert, Erzbischof 71-73, 75
Suhl, L. 360, 362-364, 442 (Abb.)
Sunniva, Heilige 129
Sventipolk 28

Swarte, A. 128
Swarting, S. 141

Täufer 218-221, 250f
Tanck. O. 308
Tangenelch 51
Tankmar, J. 302
Tanto, T. 318f, 326
Taschemaker, L. 223
Taube, J. 318, 326
Teutendorf 371, 373
Theoderich von Treiden 62
Thöl, H. 408
Thomas, Apostel 49, 141
Thomas Becket, Heiliger 141f
Thomas a Kempis 137, 148
Tiedemann, Johannes, Bischof 225f, 255
Tilly, J. v. 293f
Torgau 271
Tralau, s. Johannes III.
Trave 21f, 25f, 28-31, 33, 37f, 42, 44f, 49, 66, 84, 293, 314, 327
Travemünde 62, 84, 113, 191f, 209f, 252, 272, 432, 467, 474
Travemünder Winkel 126, 372f
Trems 84f, 88
Trier 142f
Trummer, L. A. 460, 498
Tübingen 265, 268, 282
Türken 145f, 300, 347
Tunder, F. 347f

Uelzen 272, 317
Üxküll 60
Ulrich von Mecklenburg 262, 264f
Ungarn 24, 144, 312
Ursula, Heilige 142
Utenhove, J. 252
Uto, Abodritenfürst 23

Veling, Z. 288
Venedig 106, 145
Verden 142, 172, 210, 213, 256, 272, 293, 296
Versailles 508
Vicelin 27-30, 32-35, 47-49
Vifhusen, L. 63
Villers, C. 370
Vincentius, P. 249

Volkward 28
Volkwin 63
Volrad von Manfeld 231
Vorrade 45, 126, 373
Voß, J. H. 381

Wago, Bischof 23
Wagrien (Ostholstein) 19, 21ff, 28ff, 32ff, 35f, 37, 41, 60, 122, 126
Wahmstraße 38, 117, 417
Wakenitz 21, 25, 31, 37, 45, 49, 404
Wakenitzhof 404
Waldeck 62
Waldemar I. von Dänemark 54
Waldemar II. von Dänemark 57-59, 60, 62, 66
Waldemar IV. von Dänemark 105
Waldemar, Erzbischof 58
Walhoff, J. 176f, 181, 183, 198, 208, 238 (Abb.)
Walkmühle 84
Wallenstein, A. von 293-295
Wallroth 491
Walter, B. 299
Wandsbeck 377
Warder 23, 47
Warendorf, Familie 314
Warendorp, B. 106
Warendorp, W. von 115
Warmböke, H. 268, 270, 273
Warnstorf 373
Warschau 358
Wattenbach 408
Wedderkopp, M. 352
Wegscheider, J. A. L. 422
Weigel, V. 299
Weißenburg 179
Welfen 56f
Wenden 21ff, 34, 47
Wendische Städte 111, 219, 229
Wendt, J. 327
Werdenhagen, A. 302
Werle, Graf 65
Wesenberg 45
Weser 69, 228
Wessel, J. 302
Westerwieck, C. F. 363, 383

Westfalen 30, 40, 61f, 107, 109, 270
Westphal, Arnold, Bischof 121, 123, 125, 148
Westphal, H. 143
Westphal, J. 250, 252, 261, 264, 267
Wibbeking, C. 217
Wichern, J. H. 402-405, 428
Wichmann von Magdeburg, Erzbischof 48
Wickede, Familie 314, 352
Wickede, G. 325
Wickede, T. 170f
Wiclifiten 145
Wiedenbrügge, J. 171
Wienken, J. 171
Wilhelm I., Kaiser 453, 497-499
Wilhelm II., Kaiser 500
Wilhelm von Braunschweig-Lüneburg 272
Wilhelm von Holland, König 73-75
Wilhelm von Modena 62, 64, 67
Willehad 203
Wilms, A. 173f, 176f, 181, 198, 225, 226
Wilsnack 142f
Winckler, B. 310
Windsheim 179
Wippendorf 28
Wisby 60
Wislicenus, A. T. 418f
Wismar 69, 111, 172f, 179, 191, 213, 215, 219, 221, 252, 258, 289, 293, 323
Wittenberg 166-169, 176, 182, 184, 186, 188, 201, 205f, 229, 245f, 253, 263, 303, 309, 311f, 324, 328
Wörger, F. 312
Wollschwestern 115, 148
Worms 167
Wrede, B. 182, 188, 189, 223
Württemberg 262, 270f, 377, 429, 453
Würzburg 112
Wulbodo 81, 83
Wulff, B. 350
Wullenpunt, H. 128
Wullenwever, J. 182, 189-191, 200, 207f, 212f, 215-219, 222-224, 236 (Abb.)

Zarrentin 133
Zegenhagen, J. 179
Zerbst 266
Zeven 56, 67

Zietz, J. H. 405
Zinzendorf, N. L. v. 354f
Zisterzienser 61f, 68, 70f, 192

Zisterzienserinnen 81
Zürich 166
Zwingli, U. 181, 194, 216, 219, 254

2. Sachregister

Abendmahl 138, 140, 177, 244, 247, 250-254, 256-258, 265, 267, 269, 288, 305, 318f, 329, 345, 365, 448-452, 487f, 502, 507
Ablaß 50, 140, 142-146, 149
Adel 38-40, 61-63, 119, 121-123, 278, 314
Agende s. Liturgie
Altar 139-142, 200f, 206f, 345, 350
Anthropologie 248, 257, 357, 362
Apokalyptik 111, 299f, 320
Arbeiter 419, 425f, 446f, 473, 479, 481, 504
Arbeiterverein 426, 446
Archidiaconus 316, 478
Armenanstalt 406f, 486f
Armenfürsorge 46, 66f, 68, 77, 113, 115-117, 120, 123, 195f, 199f, 210, 284f, 316, 383, 387, 400-403, 405-407, 416, 428, 485-487
Armenverein 401, 403, 485
Atheismus 322f, 419
Aufklärung 275, 343, 357f, 359-374, 377, 379f, 386-388, 396

Bahnhofsmission 485
Bann 71, 74, 81f, 85, 146, 258, 278
Barock 349f
Beginen 114-116
Begräbniswesen 80f, 373, 395, 456-458
Beichte 85, 171, 450f
Bekenntnis 220f, 227f, 245, 247, 253-255, 343, 357, 388, 396, 398, 414, 459
Bekenntnisschriften 254f, 261-267, 322
Bevölkerung 112, 127, 276, 403, 445f, 448, 477, 492
Bibel 150-153, 205, 220, 254, 300-302, 322, 343f, 354, 357, 360, 383, 396f, 425
Bibelgesellschaft 383, 394, 400
Bibellektüre 151f, 166, 319, 425
Bibelstunden 394f, 502
Bibliothek 125, 148, 344, 373
Bischof 22f, 32f, 34f, 40-50, 54-56, 64f, 70f, 76, 85-88, 121-123, 169, 225f, 464f
Bischofshof 45, 58, 84, 121, 373, 437 (Abb.)

Bistum 22f, 35f, 41f, 44-47, 55f, 72f, 76, 122, 225f, 243, 255f, 273, 293-296, 371f
Bruderschaften 77, 80, 114, 116-120, 129, 137, 148, 185, 196, 200, 407
 Antoniusbruderschaft 168
 Leichnamsbruderschaft 119f
 Leonhardsbruderschaft 168f
 Marienbruderschaften 120, 137f
 Nikolausbruderschaft 120
 Olavsbruderschaft 120, 129
Buchdruck 137, 149f, 168, 171-173, 208f, 299
Bürger, Bürgertum 14-17, 40f, 52f, 63-68, 81, 85, 107f, 165, 168, 188, 191, 216, 315, 364f, 408-410, 417, 457, 479, 495, 504
Bürgerliche Religiosität 77f, 108f, 113, 117, 120, 167f, 194f, 347, 349, 355, 358, 362, 364f, 367f, 385, 389, 409f, 421-424, 479f
Bürgereid 283f, 286f
Bürgerrecht 329, 379
Bürgerrezeß 315, 352
Bürgerschaft 170, 185f, 213f, 222, 283, 286, 313-315, 347, 351f, 379f, 389-391, 407, 412f, 416, 419f, 453, 460, 469f, 491, 504f
Buße 111f, 143f, 451, 496
Bußtag 298, 346, 368, 452f, 505f, 508

Calvinismus 252-254, 265, 287-290, 304, 308f
Central-Armen-Deputation 389, 404, 406f, 468f
Choral (vgl. Gesangbuch) 181f, 202, 205f, 347, 367, 452, 497
Christologie 251f, 267, 302, 323f, 329
Christusfrömmigkeit 138f, 166, 208, 317, 381, 383, 393, 483f
Chronistik 123, 134
Collegium Hunnianum 303
Confessio Augustana 212, 221, 247, 254f, 260, 264, 267, 269f, 287, 303, 391
Corpus Doctrinae s. Bekenntnisschriften

Demokratie, Demokratisierung 183-186, 191, 391, 416, 432, 466, 476
Deutscher Bund 379f, 389f

Devotio moderna 147-153, 166
Diaconus 316, 478
Diakon 196, 284, 316, 407
Diakonie s. Armenfürsorge/Krankenpflege
Diakonisse 400, 485
Dichtung 148, 370, 374, 423f, 495-497, 500
Domdekan 42, 125, 131, 134, 169, 177, 361
Domherren (vgl. Kapitel) 42f, 81, 83-86, 125, 132, 183f, 226, 256, 297, 319, 361, 372f
Dompropst 42f, 49, 56f, 125, 372

Ehe (vgl. Trauung) 309, 414, 420f, 455
Einzelkelchbewegung 488f
Ekklesiologie 220, 244, 260, 424
Enthusiasmus 320f
Entkirchlichung 366, 375, 402, 410, 420, 446-448, 450f, 479f
Epitaphien 208, 349f
Erbauungsschriften 137, 148-153, 171, 205, 299f, 344
Erweckungsbewegung 377f, 381-386, 393f, 398-403, 480, 502f
Ethik 246, 248f, 359, 387
Evangelischer Bund 489, 492, 501, 503
Examen 387, 490f
Exkommunikation s. Bann

Finanzwesen 46f, 56f, 124, 130f, 180f, 185, 194-196, 199, 209f, 214, 312f, 378, 389, 407, 463f, 466-473, 476
Franzosenzeit 275, 373f, 377f, 382
Frauen 15, 114f, 133f, 320f, 325, 400f, 425, 432, 484f, 507
Freidenker 481, 505f
Freikirchen 420, 480
Freimaurer s. Logen
Freireligiöse Bewegung 418-420, 479
Frieden 105, 293-297, 370, 497, 508
Frömmigkeit 76-78, 80, 117, 136-142, 146-148, 151f, 275, 298, 317-321, 343, 349, 355, 358f, 374, 377f, 381-383, 400f, 421, 423, 497, 501f
Fronleichnamsfest 120, 140
Fürbitte 77, 79f, 116, 119, 280, 347, 397
Fürsorge s. Armenfürsorge

Gegenreformation 294f, 303, 491f
Geistlichkeit 86, 117f, 198f, 209f, 221, 277-281, 286f, 289f, 309f, 316, 320, 322, 324, 359f, 362f, 366, 386f, 416, 448, 468, 477-479, 501, 505
Geistliche Gerichtsbarkeit 45, 65, 74, 76, 78, 81-88, 124f, 130f
Geistliche Gewalt 34, 64-66, 72, 74, 86-88, 124-126
Gemeinde 175f, 182f, 185f, 188, 195, 296, 314, 410, 413f, 450
Gemeindeausschuß 391, 432, 474
Gemeindeordnung 390, 431f, 450, 474
Gemeinnützige Gesellschaft 363f, 388, 391, 401, 403, 408
Gemeinschaftsbewegung 480
Gesangbuch 205f, 346f, 367f, 395-397, 489
Glaube 14, 166, 246-248, 381f, 391, 422
Gott 248, 357, 359, 362, 368, 374, 381f, 419, 424, 495f, 502f, 509
Gottesdienst 43, 67, 85f, 113, 125f, 148, 181-185, 188, 200-202, 225, 227, 251, 294, 297f, 326-328, 344, 355, 366, 368, 382, 448, 452, 477, 487f, 498f, 500f, 508
Gottesdienstbesuch 323, 365, 421f, 425, 448f, 453, 487f, 500
Gotteslästerung 323f
Gustav-Adolf-Verein 430, 503

Häresie, Häretiker (vgl. Irrlehre) 114, 116, 151, 169, 171f, 288, 322, 329
Handwerker 26, 32, 118-120, 207, 313f, 325, 355, 363, 477
Hanse, Hansestädte 105f, 172f, 177f, 212f, 215, 217-219, 221, 228f, 231, 243, 245, 253f, 275f, 288, 293-295, 370, 479, 490
Heil 141, 151f, 246, 402
Heilige, Heiligenverehrung 31, 59, 116, 120, 129, 136f, 140f, 170, 206
Hexenverbrennung 325
Hospital 63f, 66-68, 76-80, 113, 285f
Humanität 359, 362-365, 369, 386f, 417, 419
Humanismus 123, 152, 282, 361

Industrialisierung 425, 445f, 481
Innere Mission 402f, 404f, 428
Interdikt s. Bann
Interim 227-231, 244f, 247, 249
Irrlehre 262, 272f, 299

Jugend 399f, 403-405, 458f, 461, 484f, 487, 499
Jung-Lübeck-Bewegung 407-409
Jus liturgicum 280f, 305, 308, 397, 450, 470

Kaland 117-119, 137
Kandidaten 387, 490f
Kanzel 207, 255, 345
Kapellen 108, 110, 129, 201, 457
Kapitel 42-47, 56f, 82-88, 124-126, 132, 169f, 176f, 214, 225-227, 255f, 297, 371f, 467
Kassarezeß 313
Kasualien 203, 281, 454-459
Katechismus 204, 302, 306, 344, 356-358, 398-400
Katechismuspredigten 204, 289, 309, 345f
Katechismusunterricht 203f, 306, 356, 458-460
Katholizismus 204, 223f, 226f, 230, 244f, 247f, 255f, 263f, 295-297, 303, 385, 418, 491
Kaufmann, Kaufmannschaft 26f, 30-32, 60f, 107-109, 117, 191, 213, 313-315, 325, 363, 378f, 421
Kinderfürsorge 400, 402-405, 485
Kindergottesdienst 461
Kirche (Institution) 13f, 46, 68, 121, 153, 165f, 275, 318, 349, 383, 393, 409f, 424, 463, 485
Kirchen s. St. Ägidien, St. Jakobi usw.
Kirchenausschuß, Deutscher Evangelischer 489f
Kirchenaustritt 419, 480f, 505f
Kirchengebäude, Kirchbau 25-27, 31f, 47, 49-53, 107-110, 200f, 222, 366, 424, 468f, 471, 473, 482, 491
Kirchenkasse 469-473
Kirchenkommission des Senats 389, 396, 451, 464-467, 469f
Kirchenkonferenz, Eisenacher 429, 452f, 465, 482, 489
Kirchenmusik s. Musik
Kirchenordnung 167, 179, 186, 188, 194-204, 209-211, 220f, 273, 278, 390f, 414, 464f
Kirchenrat 414, 416, 465f, 470-472, 474, 476f, 480, 484, 488f, 502f, 506-508
Kirchenregiment 199f, 212, 222, 277, 280f, 309f, 316f, 373, 389, 392, 413f, 455, 463, 465f, 468f, 472, 506f
Kirchenschatz 183f, 206, 216f
Kirchensteuer 389, 466, 469-473, 481, 506
Kirchentag, Deutscher 429f
Kirchenverfassung 188f, 194f, 214, 221f, 287, 316, 375f, 389-392, 413-417, 432, 463-471
Kirchenvorstand, -vorsteher 66, 183, 195f, 199f, 316, 385, 403, 432, 450, 456, 465f, 470, 474

Kirchenzucht 277-282, 302, 305, 308, 317, 365, 451
Kirchlichkeit 152, 365f, 383, 393, 409f, 413, 425, 449, 476
Kirchspiele 49f, 66, 126f, 183f, 195f, 198f, 316
Klemenskaland 118, 137, 407
Kleriker, Klerus 39f, 76, 117f, 124-127, 130f, 136, 152, 165f, 200f, 214
Klöster s. St. Annen, Burgkloster, St. Johannis, St. Katharinen
Konfessionalismus 298, 303f, 311f, 328f, 377f, 385, 399, 409f, 419, 422f, 429-431
Konfirmation 356f, 398f, 404, 458f, 479
Konkordienbuch 254f, 273f, 312
Konkordienformel 258, 265-272
Konsistorium 277f, 365
Konventikel 318-321, 378, 385
Konzil 123, 131f, 224, 228, 262f
Krankenpflege 63f, 66f, 69, 77, 79, 115, 196, 400f, 485f
Kreuzzug 32f, 62-64, 145f
Krieg 175, 227f, 293-299, 317, 346, 370, 373, 377f, 496f, 500-503
Kulturkampf 454f, 491
Kunst 123f, 139, 146f, 206-208, 349f, 366f, 385f

Landgebiet, -gemeinden 191f, 209-211, 225, 227, 294f, 414, 467-469, 417f, 474
Lehre 220f, 245, 254, 274, 324
Lehrer (vgl. Schulwesen) 117, 272f, 306, 364, 398
Liberalismus 370, 378, 407-410, 412, 417-423, 432, 496, 505
Liturgie (vgl. auch Gottesdienst) 194, 202, 220, 395f, 452, 455, 457
Logen 360-362, 381, 422, 479, 483
Lübeckische Blätter 388, 408, 412, 417, 425, 428
Luthertum 243, 251f, 287-290, 429, 431, 478

Malerei s. Kunst
Marienfrömmigkeit 69, 116, 136-138, 203, 207
Markt 31f, 35, 40
Messe 79, 113, 116-120, 128-130, 167, 171, 181, 183f, 200-202, 226, 245, 297, 452
Militärkirche 491
Ministerium, Geistliches 229, 245f, 257-259, 261, 268f, 284, 286, 304-306, 308-310, 316, 319f, 323f, 326f, 329, 348, 351-353, 357, 365,

367, 391, 398, 414-416, 449-459, 464f, 468-471, 492, 501, 503, 505
Ministerium Tripolitanum 229f, 249f, 253, 261, 263, 265f, 268-273, 301f, 317, 328
Mission 17, 21-36, 60-63, 300f, 384f, 394f, 430f, 501
Missionsverein 384f, 400, 430f
Mönchtum 27f, 43, 51f, 68-71, 80f, 85, 151, 166, 185, 192
Musik 138, 202f, 347-349, 395, 410f, 488
Mystik 136, 139, 145, 152, 298f, 302

Narrenschyp 132, 150, 152
Nation 380, 424, 489, 494f
Nationalismus 374, 376, 380, 382, 421, 424, 494-509
Nationalprotestantismus 378, 482, 492, 497-500
Nationalsozialismus 509
Normaljahr 296f

Ökumene 300f, 304
Ordination 121, 198, 221, 479
Orgel 207, 348, 350
Orthodoxie 275, 278, 281, 301-306, 311f, 317-324, 327, 343-346, 359f, 377f, 393, 396, 399

Papst, Papsttum 64, 71, 73f, 88f, 106, 129-131, 143f, 147, 152, 225, 255f, 263, 298, 492
Pastoren s. Geistlichkeit, Pfarrer, Prediger
Patriotismus 374, 382, 424, 494, 498, 502
Patriziat 106f, 314
Pfarrer (vgl. Prediger) 31f, 49f, 65f, 83, 86f, 117, 126f, 131f, 170f, 192, 198f, 225, 286f, 328, 359-364, 386f, 390f, 393f, 478f
Pfarrerwahl 65f, 83f, 86, 129f, 195, 200, 223, 286f
Pfarrechte 43, 49, 65-67, 81, 88
Pfarrorganisation 22f, 33, 36, 43, 49-53, 56, 126f, 198f
Pfründen 77, 124f, 131, 256, 297
Pietismus 275, 311f, 319-322, 353-355, 377f
Pilger s. Wallfahrten
Plenarien 150, 152
Prediger 165, 168, 170-172, 174, 176f, 180-182, 198f, 217f, 225, 227, 272f, 282, 284, 314f, 327
Predigt 68-70, 126f, 171, 251, 289f, 294, 324, 344f, 360, 387, 421-423, 427, 488, 496-503
Presse 364, 388, 408, 420, 428f, 483f, 501
Priester s. Pfarrer

Privilegien 54f, 58f, 74f, 80f, 88, 106, 130f, 170, 183, 314
Prozession 65, 88, 140, 175, 368
Rat 38f, 57, 66, 81-88, 106, 125, 169, 171-174, 177f, 180, 185f, 189-191, 213f, 217, 227, 247, 252, 257f, 266, 268, 273, 279-281, 286f, 313-316, 319f, 324, 326f, 347, 351f, 353f, 357, 365, 367, 389-392
Rationalismus 354, 359, 361, 367-370, 381, 389
Ratskirche (vgl. auch St. Marien) 52f, 65, 368, 477
Rechtfertigungslehre 166, 204, 208, 247-249, 260, 268
Redentiner Osterspiel 139, 147
Reform 122, 132, 173, 176, 194, 201f, 304-306, 311, 317, 319, 346f, 364, 375f, 378, 388f, 394-397, 402, 408f, 432, 449f, 451f, 457, 478, 504
Reformationsjubiläum 382, 503f
Reich s. Deutsches Reich
Reichsdeputationshauptschluß 371f, 472
Reichsfreiheit, Reichsunmittelbarkeit 41, 54-56, 58f, 66, 74f, 86, 122, 227, 296f, 371, 509
Reinke de Vos 132, 150, 152
Religionsfrieden 222, 231, 260, 270, 287, 292, 296, 481
Religionsunterricht 398f, 459-461, 482, 505f
Reliquien 120, 140, 141f
Renaissance 123, 169, 350
Restauration 378, 380f, 388, 399, 408
Restitutionsedikt 294f
Rettungshaus 403-405
Revolution (Aufstand, Aufruhr) 105, 119, 184f, 191, 284, 317, 363, 369f, 408, 412, 414, 504f, 508
Romantik 377f, 381f, 393, 423

Säkularisation 225, 294-297, 370-373, 472
Sängerkapelle 138, 197, 386
Sakrament 139f, 245
Schabbelstiftung 307, 319, 321f
Schiffergesellschaft 307
Schmalkaldische Artikel 254
Schmalkaldischer Bund 189f, 215, 222, 224, 228
Schmalkaldischer Krieg 227f
Schule, Schulwesen 43, 86-88, 125, 132f, 148, 188, 196f, 281f, 302, 305f, 383, 387, 399-401, 414f, 460
Seelsorge 43, 67f, 128, 148, 152, 198, 246f, 450f, 474, 479, 502

Seelsorgebezirke 474, 479
Seemannsmission 486
Sekten 420, 480
Senat (vgl. auch Rat) 392, 412f, 419, 453-455, 461, 464, 466-470, 474, 477, 491f, 498, 504, 507f
Senior 198, 323, 327, 343f, 356, 369, 386f, 413f, 461, 463-465, 470f, 478
Separatismus 299f, 302, 317f
Sittenzucht 220f, 277f, 279f, 309f
Sklavenkasse 307
Sonntagsheiligung 279f, 309, 323, 366, 427, 449, 488
Sonntagsschule 364, 401, 461
Soziale Frage 375, 403f, 405f, 425, 427f, 446f
Sozialdemokratie 446f, 480f, 500, 504f
Sozialfürsorge 484-487
Sozialismus 426, 428
Spiritualismus 260, 275, 298-302, 317-319, 354
Staatskirche 308f, 375f, 392, 397, 407, 410, 417, 455, 461, 466f, 473, 477, 504f
Stadtgemeinschaft 15f, 19f, 39f, 52f, 54f, 65f, 76, 88, 105, 125, 129, 135, 170f, 182, 185f, 194f, 283f, 309f, 312f, 353
Stadtverfassung 38f, 57-59, 185f, 189-191, 199f, 213f, 283f, 313-315, 378f, 388f, 412f, 417, 504f
Stiftungen 76f, 112f, 127-130, 139, 143, 185, 196, 306f, 378, 406, 486
Strafamt s. Kirchenzucht
Summepiskopat 308f, 315, 347, 397, 415, 467, 506
Superintendent 188, 198f, 204, 229, 270, 280-284, 288f, 299, 301, 311f, 316, 343f, 353, 356, 368f, 386, 416, 463-465
Synagoge 353, 417f
Synode 85, 121, 172, 174, 414, 416, 465f, 470-472, 474, 476f, 488f, 491

Taufe 36, 183, 203, 220, 224, 250f, 328f, 353, 373, 398, 458f, 480
Theologie 70, 126, 134f, 151-153, 165, 172, 197, 301, 305, 325, 357, 359, 374, 423, 478, 482f, 503f
Theologiestudium 307, 322, 387, 490

Theologischer Verein 387, 401, 413, 428, 458, 482
Toleranz 252, 260, 290, 299f, 319, 323, 326, 328f, 351, 379, 387, 417f
Trauung 329, 373, 420f, 454-456, 480
Trennung Staat-Kirche 391, 413-416, 463, 471, 505f
Trese 184, 477
Trinitätslehre 250f, 323f
Trinitatisfest 140, 221

Union 304, 390
Unkirchlichkeit (vgl. Entkirchlichung) 409f, 421f, 425-428
Unterschichten 15, 120, 300, 348, 363, 403, 405f, 424, 426, 504

Vereine 383f, 386, 393f, 400f, 405, 426, 429-431, 446f, 457, 483-487
Vereinshaus 484
Vikare, Vikarien 118, 127-130, 185, 214, 226, 297
Volk 380, 382, 402, 495-497, 501-504
Volkskirche 17, 402, 413, 450, 453f, 457, 461-463, 478, 493, 499f, 506f

Wahlrecht 412, 419, 504
Wallfahrten (Pilger) 48, 61f, 77, 142f
Weihnachtsfest 421, 501
Weimarer Reichsverfassung 504-507
Werke, Gute 112-114, 143, 204, 244, 246-249, 269
Westerauer Stiftung 307
Witwen- und Waisenkasse 306
Wochengottesdienste 202, 298, 344, 346, 395, 501
Wort Gottes 165, 177, 181, 220, 244, 274, 280, 346

Zensur 171-173, 272, 299, 301, 428
Zeremonien 183, 221, 245
Zirkelgesellschaft 118f, 314
Zivilehe s. Trauung
Zölibat 132, 181, 319